[개정9판]

한권으로 끝내는

민사소송준비부터
가압류 강제집행까지

법학박사 김동근 · 변호사 최나리 共著

법률출판사

개정9판 머리말

본서의 저술목적은 초판에서부터 현 제9판에 이르기까지 오직 하나 당사자가 처한 민사분쟁에서 효율적인 길라잡이 역할을 하는 것이었습니다. 이를 위해 본서는 수송수행을 위한 증거수집의 기초인 내용증명에서부터 보전처분, 소장작성 그리고 강제집행에 이르기까지 소송의 전 과정을 망라하였고, 각 단계별로 당사자가 필요로 하는 필수 법률이론 및 판례 그리고 각종 서식들을 삽입하는 방식으로 구성하였습니다.

금번 개정판은 위와 같은 취지에 더욱 부합하기 위하여, 기존 판에 없었던 공탁과 관련된 내용(변제공탁, 집행공탁, 보증공탁 등) 및 공탁관련 각종 서식 등을 삽입함은 물론 소장 작성 시 핵심적 내용인 사건별 유형별 요건사실(이행의 소 중심)을 삽입하였고, 그 외 당사자 사망 등 소송중단의 사유발생 시 소송계속을 위해 필요한 소송수계신청에 관한 내용 및 관련 서식, 소송준비나 증거수집 등을 위한 각종 내용증명 관한 서식, 지급명령(독촉절차)에 관한 여러 서식 등을 삽입함으로써, 본서 한권만 참고할 경우 우리생활 주변에서 일상적으로 발생할 수 있는 민사분쟁 또는 소송에 대한 전반적인 대처나 대응능력을 향상시키는 방향으로 개정하였다는데 그 특징이 있습니다.

마지막으로 본서가 우리 일상생활에서 발생하는 여러 민사상 분쟁에서 당사자에게 관련 분쟁의 해결에 작은 도움이라도 될 수 있기를 소망해 봅니다.

2024년 4월
저자 김동근 씀

개정8판 머리말

본 개정판에서는 기존 7판 출간 후 2011. 8. 17. 일부개정 된 후 2021. 11. 18. 시행된 비디오 등 중개장치 등에 의한 기일지정에 대한 내용을 추가로 담았습니다.

2020년 초부터 시작된 코로나바이러스감염증-19(COVID-19)의 급속한 국내 확산을 막기 위한 사회적 거리두기 정책에 따라 각급 법원에서 상당수 재판이 지연되는 사태가 발생하였는바, 이러한 사태를 미연에 방지하고 국민의 재판받을 권리를 보장하기 위해서, 재난 등의 사유가 있더라도 적시에 필요한 재판 절차를 진행할 수 있는 방법을 강구할 필요가 있게 되었습니다.

최근의 전자통신·인터넷 분야 기술의 획기적인 발전은 재판관계인이 직접 법정에 출석하지 않더라도 이른바 '비대면' 방식으로 각종 재판절차를 진행하는 것을 가능하게 하였고, 이는 재판관계인의 편의 증진, 재판 비용 절감, 분쟁 해결의 효율성 제고 등 다양한 장점이 있어 그 이용을 계속 확대할 필요가 있게 되었습니다. 이미 법원은 「민사소송법」 개정에 따라 2016년에 증인·감정인에 대하여 영상신문 제도가 도입되어 법정에 비디오 등의 중계시설을 설치하여 영상재판을 위한 기본적인 인적·물적 기반을 갖추고 있기 때문에 이번 비디오 등 중개장치 등에 의한 기일지정제도 도입은 영상재판 방식으로 변론준비기일, 심문기일 및 변론기일을 열기 위한 요건 및 절차를 규정함으로써 국민의 재판받을 권리를 보장하고, 사법접근성 확대에 이바지하려는 것입니다.

이렇듯 시대상황에 따라 민사소송법도 변화되고 있는 상황입니다. 본서는 앞으로도 개정된 민사소송법을 신속히 반영하여 언제든 최신성이 유지되도록 최선을 다하겠습니다.

끝으로 코로나 및 경기침체 등 여러 어려운 여건 속에서도 본서의 출판을 위하여 불철주야 노력하신 법률출판사 김용성 사장님을 비롯하여 편집자 및 임직원분들께 깊은 감사를 드립니다.

2022년 1월
저자 김 동 근 씀

차 례

제3장 민사소송 _ 327

제4장 강제집행 _ 759

제5장 전자소송 _ 961

제6장 공 탁 _ 1023

제1장
민사소송의 준비

제1장 민사소송의 준비

1. 인적 사항의 파악

소장을 제출하기 전에 상대방의 인적 사항을 주민등록증, 등기사항증명서 등에 의하여 정확하게 확인하여야 한다. 소송의 진행 과정에서 소장의 송달을 위해서 우편물의 송달 주소나 전화번호 등을 알아 둘 필요가 있기 때문이다. 상대방이 개인기업이라면 그 사업자등록증을 통해, 법인기업이라면 등기사항증명서에 의해 그 기업의 중요 사항을 알 수가 있다.

2. 사실관계의 정리

소송을 진행하기 전에 당사자 간의 사실관계를 세밀히 정리한 후 어떤 사실이 법률적으로 의미를 갖는지를 검토하여 주요 법률사실을 놓치는 일이 없도록 하여야 한다. 또한 소송 진행 중에도 이 같은 노력을 지속하여야 한다.

3. 증거의 확보

당사자 사이에 관련된 증거자료를 모두 확보 한 다음 자기에게 유리한 증거와 불리한 증거를 검토한 후 소에서 상대방에게 주장하려는 주장과 증거들이 모순되는 점은 없는지 확인하고 나아가서는 증인이 될 만한 사람의 말을 미리 들어 보고, 현장 등 계쟁 목적물을 직접 확인하여야 한다. 증거가 되는 문서는 원본을 열람하고 증인의 진술은 후일 기억의 소실이나 진술의 번복을 대비하여 내용의 확인서를 받아 두거나 녹음을 하여 둘 필요가 있다[1].

---

1) 통신비밀보호법 제3조는 공개되지 아니한 타인간의 대화를 녹음 또는 청취하지 못하게 하고 있으므로 진술자의 의사에 반하여 녹음을 하여야 하는 경우에 대화의 당사자가 직접 녹음을 하여야 한다. 한편 3인간의 대화에 있어서 그 중 한 사람이 그 대화를 녹음하는 경우는 통신비밀보호법 제3조 1항에 위배되지 않는다(대판 2006. 10. 12. 2006도4981).

4. 법률의 검토

파악한 사실관계에 터 잡아 이에 적용될 실체법을 면밀히 검토하여야 한다. 사회 경제의 복잡화에 따라 양산된 각종 특별법은 많은 경우 민법이나 상법과 같은 기본적 실체법의 규정을 제한하거나 변경하고 있으므로 사안에 적용될 특별법이 있는지 그 내용이 무엇인지를 확인하여야 한다. 법률규정에 대한 해석에 다른 견해가 있을 수 있는 경우에는 실무에서는 판례가 우선적으로 적용되고 있으므로 특히 대법원 판례를 찾아보고 대법원 판례가 없으며 하급심 판례도 선례가 될 수 있으므로 찾아보아야 한다.

5. 처리 방법의 선택

1) 사건에 있어서 목적을 달성하는 데 시간, 비용, 효과 면에서 가장 적합한 방법이 무엇인지 생각 해 보아야 한다. 분쟁 초기나 금액이 크지 않는 경우에는 쉽게 화해할 여지가 있으므로 임의적 화해 가능성도 고려 해 볼 수 있다. 그러나 대부분의 민사분쟁의 경우 소의 제기 등을 통해 강제 수단을 동원할 수 있는 집행권원의 획득을 필요로 한다. 그러나 비록 강제적 수단에 호소한다 하더라도 상대방의 다투는 정도가 미약한 때에는 소의 제기 외에 제소전화해의 신청(법 385조), 지급명령신청(법 462조) 또는 조정신청을 하여 비용을 절감할 수 있다. 조정 등이 성립하지 아니한 경우 통상의 소로 전환될 수 있어 시간상으로 급박한 사건이 아니라면 적극 시도하여 볼 필요가 있다.

2) 소를 제기하는 것은 특별한 사정이 없는 한 승소판결을 받아 강제집행으로 목적을 달성하려고 하는 것이므로 기각 될 청구를 하여서는 아니 될 것이다. 또한 승알코올농도능성이 있다 하더라도 당사자의 무능력 등으로 강제집행이 불가능하면 당사자의 목적은 달성할 수 없으므로 승소 후에 강제집행을 할 수 있는 방법 즉 보전처분을 미리 검토해 두어야 한다.

6. 부수적 조치의 검토

1) 사건의 처리 방법이 정하여진 경우 이를 실행하기에 앞서 부수적 또는 잠정적으로 반드시 취하여야 할 실체법 또는 절차법상의 조치가 있는 경우가 있다. 많은 경우 제소 전에 이행의 제공, 최고, 해제, 취소통지 등 실체법상의 의사표시 또는 관념의 통지를 하여 놓을 필요가 있다. 이러한 의사표시의 방법으로 가장 일반적으로 사용되고 있는 것이 내용증명의 방법이다.

2) 또한 소송이후 강제집행의 실효성을 위해 가압류, 가처분 등의 필요한 조치를 하여야 한다. 이러한 조치는 시일이 급박한 경우가 많고 그 조치를 취하여 두지 아니하면 승

소하더라도 집행을 못하게 될 수 있으며 강제집행 관련 소송에서 소송 중에 집행이 종료된 경우처럼 소의 이익이 없어져 승소할 사건을 패소하는 경우도 있으므로 본안 소송의 수행 이상으로 유념할 필요가 있다.

Ⅱ. 내용증명

1. 개 설

내용증명우편이란 내용물이 봉인되어 발송되는 일반 등기우편의 경우와 달리 발송인이 그 내용물을 봉인하지 아니한 채 3부를 우체국에 제출하면, 그 중 1부를 우체국에서 보관하고 1부는 수취인에게 발송하고 나머지 1부는 발신인이 가져가기 때문에, 이후 발송인이 수취인에게 어떤 내용의 문서를 언제 발송하였는지 여부를 공적으로 증명하여 줄 수 있는 우편제도를 말한다.

2. 내용증명의 작성 및 발송

(1) 작성방법

내용증명을 작성하는데 특정된 형식이 있는 것은 아니고 일반적으로 A4용지에 내용증명, 통지서, 최고서 등 의사표시의 내용에 맞는 제목을 붙이고 그 아래에 수신인의 성명과 주소를 기재한 다음 상대방에게 통지하려는 내용을 기재한 다음 작성 날짜와 발신인의 성명과 주소 그리고 날인을 하면 된다. 내용증명에 별도로 첨부할 서류(계약서, 확인서 등)가 있으면 그 서류 명을 기재한 다음 첨부하면 된다. 내용증명은 발신용 1통, 우체국보관용 1통, 발신자 소지용 1통 총 3부를 작성한다.

(2) 발 송

1) 작성한 내용증명은 3통을 우체국에 편지봉투[2]와 같이 제출하면 우체국은 내용증명의 원본과 등본이 모두 같은지 확인한 다음 내용증명을 몇 · 월, 몇 · 일자로 발송하였다는 직인을 찍은 다음 1통은 편지봉투에 넣어 수신인에 발송하고 1통은 발신인에게 돌려주고 나머지 1통은 우체국에서 3년간 보관한다. 따라서 그 사이 본인이 가지고 있는 내용증명을 분실한 경우에는 우체국에 그 등본의 교부를 청구할 수 있다.

---

[2] 편지봉투에 보내는 사람 및 받는 사람의 성명과 주소는 내용증명에 기재된 발신인과 수신인의 성명과 주알코올농도 반드시 일치해야 한다. 다르면 우체국에서 받아주지 않으므로 주의해야 한다.

2) 우리의 법제도상 의사표시의 대부분은 상대방에게 도달되어야 그 효력이 발생하므로, 내용증명우편을 발송할 때에는 동시에 **배달증명**도 신청해 두는 것이 편리하다. 배달증명 우편으로 보내게 되면 수신인에게 배달되었는지를 발신인에게 서면으로 알려준다.

법원 내에 우체국이 있어 쉽게 이용할 수 있다

3. 내용증명우편의 효력

내용증명우편은 우체국에서 누가, 누구에게, 언제, 어떤 내용의 문서를 발송하였다는 사실 그 자체만을 증명하여 줄 뿐, 그 내용의 사실여부나 진실성에 대한 부분까지 입증하여 주는 것은 아니다. 다만 이러한 내용증명우편에 대한 상대방의 답신내용은 유력한 증거가 될 수 있고, 또한 발송인이 소송을 위한 다른 입증자료를 가지고 있지 아니한 경우에 상대방이 이러한 내용증명우편을 받고도 아무런 답변이 없으면, 내용증명의 사실을 묵시적으로 동의한 것으로 보아 이러한 내용증명을 소송의 첨부서류로 이용할 수 있는 것이다 (다만, 묵시적으로 동의한 것으로 보는지 여부는 판사의 재량이다).

4. 발송 후 조치

(1) 재증명 청구

내용증명의 발송인 및 수취인은 3년간 발송우체국에 발송인 및 수취인이라는 사실을 증명한 다음 내용증명의 재증명을 청구할 수 있다.

(2) 등본 열람청구

내용증명의 발송인 및 수취인은 3년까지 발송우체국에 발송인 및 수취인이라는 사실을 증명한 다음 내용증명의 재증명을 청구할 수 있다.

(3) 배달조회

발신인은 배달증명이 아니더라도 인터넷 우체국(http://www.epost.go.kr/)에서 그 배달여부를 확인할 수 있다.

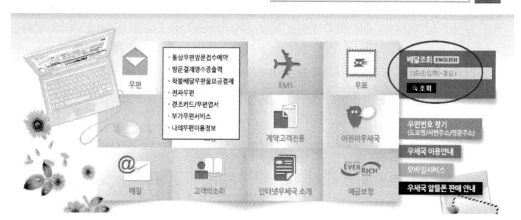

[서식] 내용증명우편

내용증명

수신인(임대인) 이 ○ ○

　　　　　　　　서울시 ○○구 ○○동 123 (5층)

발신인(임차인) 김 ○ ○

　　　　　　　　서울시 ○○구 ○○동 89 빌리지

　　　　　　　　○○아파트 101-201호

제 목 : 주택임대차계약 해지 통보

위 발신인 김○○은 서울시 ○○구 ○○동 89 빌리지 임대아파트 101호에 임차보증금 금 20,000,000원에 거주하고 있는 자인 바, 20○○. ○. ○. 기간이 만료될 예정임에 따라 주택임대차보호법 제6조에 의거, 위 임대차계약의 해지를 통보하오니, 위 기간이 만료되는 즉시 위 임차보증금을 반환하여 주시기 바랍니다.

20○○. ○. ○.

위 통지인 김 ○ ○ (인)

＊ 첨부서류 : 임대차계약서 사본　　　1통

이○○ 귀하

■ 작성 · 접수방법

1. 수신인과 발신인의 성명, 주소, 내용을 기재한 다음 날짜와 발신인의 성명과 날인을 한다. 내용증명에 별도로 첨부할 서류(계약서, 확인서 등)가 있으면 그 서류명을 기재한다.
2. 발신용 1통, 우체국보관용 1통, 발신자 소지용 1통 총 3부를 작성한다.

내용증명

발신인 :   김 ○ ○

                  서울시 ○○구 ○○동 40-4 ○○아파트 503호

수신인 :   ○○창호 이○○

                  경기도 ○○시 ○○구 ○○3동 12

제 목 : 채무부존재 통지서

1. 귀하의 하시는 일이 일익 번창하길 바랍니다.

2. 귀하가 2013. 4. 3.자로 발송한 채권양도·양수금 이행 촉구서는 잘 받아 보았습니다. 귀하는 발신인에 대한 ○○종합건설의 채권 6,750,000원을 ○○종합건설로부터 채권양도·양수계약에 따라 인수하였음으로 발신인은 귀하에게 채권양도·양수금 6,750,000원을 지급해야 할 의무가 있다면서 발신인으로 하여금 2013. 4. 17일까지 위 양수금 6,750,000원을 입금 하라는 통고를 하였습니다.

3. 그러나 귀하가 양수하였다고 주장하는 발신인에 대한 ○○종합건설의 공사대금 청구채권은 ○○종합건설이 미시공 및 하자공사로 인한 보수비등으로 모두 정산되어 존재하지 않는 것이며, 오히려 위 공사대금으로도 정산되지 못한 하자공사비를 위 ○○종합건설이 발신인에게 배상해 주어야 합니다.

4. 따라서 귀하가 최고한 양수금 채권은 위 ○○종합건설의 발신인에 대한 공사대금 채권이 있음을 전제로 하는 것인데 위에서 본바와 같이 ○○종합건설의 발신

인에 대한 채권은 존재하지 않기 때문에 귀하의 채권도 존재하지 않는 것인 바, 귀하의 최고는 사실과 다른 내용으로 발신인은 귀하에게 지급할 채무가 없음을 통고하는 바입니다.

20○○. ○. ○.
위 발신인   김 ○ ○ (인)

[서식] 내용증명 - 매매계약해제 통지

내용증명

받는 사람　　　성명 :

　　　　　　　주소 :

보내는 사람　　성명 :

　　　　　　　주소 :

〈부동산의 표시〉

〈매매금액〉금　　　　원

계약금 :　　　　원은 2000년　월　일(계약일) 지급한다.

중도금 :　　　　원은 2000년　월　일(계약일) 지급한다.

잔 금 :　　　　원은 2000년　월　일(계약일) 지급한다.

1. 위와 같이 내용의 매매계약을 양당사자 사이에 체결한 후 귀하는 위 매매대금 중 계약금
   과 중도금만을 지급한 채 지금껏 잔금　원에 대하여는 지급치 아니하고 있는 상황입니
   다. 이에 본인은 귀하에게 이미 그 지급을 독촉하는 내용의 내용증명을 2000. 00. 00.
   발송한 바 있습니다.

2. 다시 그 매매잔금의 지급을 독촉하오니, 이를 2000. 00. 00.까지 지급해 주시기 바랍니
   다. 만일 위 기일까지 이를 지급치 아니할 경우 2000. 00. 00.자로 별도의 서신통보 없
   이 본 내용증명으로 본건 계약이 해제됨을 알려드립니다.

3. 이에 따라 본건 계약이 해제되면 계약금은 몰취되고 그 외 중도금 중 일부금　원은 계
   약해제로 인한 손해액으로 감액한 후 나머지 금액에 대하여는 반환 또는 공탁할 것임을
   알려드립니다.

20○. 00. 00.

발신인 000(인)

내 용 증 명

발 신 인 ○ ○ ○

　　　　　　　 주 소

수 신 인 ○ ○ ○

　　　　　　　 주 소

공 사 대 금 청 구

1. 본인은 20○○. ○. ○○. 귀하 소유의 ○○시 ○○구 ○○길 ○○ 소재 ◎◎연립주택(25세대)의 도배 및 바닥공사에 대하여 아래와 같이 도급계약을 체결하였습니다.

　　(1) 공 사 기 간 : 20○○. ○. ○○. 착공

　　(2) 총　대　금 : 금 38,000,000원

　　(3) 대금지급방법 : 공사착수시에 선급금으로 금 5,000,000원을 지급하고, 나머지는 공사가 끝나는 즉시 전액 지급하기로 함.

2. 본인은 위 계약에 따라 선급금으로 금 5,000,000원을 받고, 20○○. ○. ○○. 공사에 착수하여 같은 해 ○○. ○. 도배 및 바닥공사 일체를 완료하였는데, 귀하는 나머지 공사대금 33,000,000원을 지금까지 지급하지 않고 있습니다.

3. 따라서 본인은 귀하가 본 내용증명 우편을 받은 날로부터 1주일 이내에 위 공사대금 33,000,000원을 지불하지 않을 때는 민사상 손해배상 청구를 하겠으니 이점 양지하시기 바랍니다.

　　　　　　　　　　20○○. ○. ○.

　　　　　　　　　　위 발신인　 ○ ○ ○

내용증명	• 내용증명은 우편법 시행규칙 제25조 ①항 4호 가목에 따라 등기취급을 전제로 우체국창구 또는 정보통신망을 통하여 발송인이 수취인에게 어떤 내용의 문서를 언제 발송하였다는 사실을 우체국이 증명하는 특수취급 제도입니다. 예컨대 채무이행의 기한이 없는 경우 채무자는 이행의 청구를 받은 때로부터 지체책임을 지게 되며 이 경우 이행의 청구를 하였음을 증명하는 문서로 활용할 수 있습니다.
내용증명의 활용	• 민법은 시효중단의 한 형태로「최고」를 규정하고 있으며「최고」후 6월내에 재판상의 청구, 파산절차참가, 화해를 위한 소환, 임의출석, 압류 또는 가압류, 가처분을 하지 않는 경우 시효중단의 효력이 없는 것으로 규정하고 있습니다. 따라서 소멸시효가 임박한 경우「최고서」를 작성하여 내용증명우편으로 송부하고 소송 시「최고」를 하였음을 입증하는 자료로 사용할 수 있습니다. • 계약의 해제(해지), 착오 등을 이유로 취소하는 경우 내용증명을 통하여 의사표시를 하는 것이 후일 분쟁을 미리 예방 할 수 있는 방법이 될 수 있습니다. • 민법 제450조는 지명채권의 양도는 양도인이 채무자에게 통지하거나 채무자의 승낙을 요하며, 통지나 승낙은 확정일자 있는 증서에 의하지 않으면 채무자 이외의 제3자에게 대항할 수 없도록 규정하고 있습니다. 따라서 채권의 양도통지를 할 경우 내용증명에 의하여 통지하면 제3자에게도 대항할 수 있게 됩니다. (※ 배달증명은 확정일자 있는 증서로 보지 않음 대법원 2001다80815)
제출부수	• 3부를 작성하여 봉투와 함께 우체국에 제출
기 타	• 내용증명 우편은 3년간 보관하며 분실한 경우에도 재발급 받을 수 있음

내 용 증 명

제목 : 임차건물 보일러 누수 수리 요청

수신 : ○ ○ ○

주소 : ○○시 ○○구 ○○동 ○○-○○

발신 : ○ ○ ○

주소 : ○○시 ○○구 ○○동 ○○-○○

1. 귀하의 무궁한 발전을 기원합니다.

2. 다름이 아니옵고 귀하는 위 부동산의 임대인으로서 ○○시 ○○구 ○○로 ○○○, ○○동 ○○호 건물에 대하여 임대보증금 금○○만원, 임대기간을 20 . . .부터 20 . . .까지 총 ○년간으로 하는 임대차계약을 본인과 체결한 바 있습니다.

3. 그러나 본인은 위 건물을 사용하던 도중 보일러가 수명이 다하여 노후화됨으로써 누수가 발생하여 생활하는데 막대한 불편을 겪고 있는 상황입니다. 이에 대하여 임대인인 귀하에게 구두상으로 수차에 걸쳐 보수를 요구하였으나 귀하가 보수를 하여주지 않아 이에 정식으로 보수하여 주실 것을 독촉하는 바이오니 조속한 시일내에 하자를 보수하여 주시기 바랍니다.

4. 민법 제623조, 제626조에 의하여 임대인은 임대물의 사용, 수익에 필요한 상태를 유지하게 할 의무를 부담하고, 임차인이 임차물의 보존에 관한 비용을 지출한 때에는 임대인에게 그 비용을 청구할 수 있습니다. 우리 대법원 판례는 대파손의 수리, 건물의 주요 구성부분에 대한 대수선, 보일러 교체와 같은 기본적 설비 부분의 교체등과 같은 대규모의 수

선은 임대인이 부담해야 한다(대법원 1994. 12. 9. 선고 94다34692판결)고 판시하고 있는 바, 수명이 다한 보일러의 교체는 임대인의 부담으로 판단되오니 조속한 하자 보수를 바랍니다.

20 . . .

발신인 ○ ○ ○ (인)

내 용 증 명

발 신 인 ○ ○ ○
　　　　주 소

수 신 인 ○ ○ ○
　　　　주 소

1. 본인은 채무자 ◆◆◆에 대한 채권자로서, 귀하는 ◆◆◆에 대하여 20,000,000원의 대여금채무를 부담하고 있는 제3채무자입니다.

2. 본인은 ○○지방법원 20○○타채○○호로 ◆◆◆가 귀하에 대하여 가지는 위 대여금채권에 대한 채권압류 및 추심명령을 받았고, 그 채권압류 및 추심명령 정본이 2018. 6. 10. 피고에게 송달되었습니다.

3. 본인은 추심명령에 따라 귀하께 위 대여금채권에 대한 직접 지급을 요청드리는 바입니다(민사집행법 제229조 제2항) 그럼에도 불구하고 귀하께서 2018. △. △.까지 의무를 이행하지 아니하신다면, 본인으로서는 부득이 추심소송 등 법적 조치를 취할 수밖에 없사오니 이 점 양지하시기 바랍니다.

　　　　　　　　　　20○○.　○.　○.
　　　　　　　　　　위 발신인　○○○

내 용 증 명

발 신 인 갑
　　　　　　주소

수 신 인 을
　　　　　　주소

임대차계약 해지 통고

1. 본인(발신인, 이하 '본인'이라 칭함)은 0000년 00월 00일 귀하(수신인, 이하 '귀하'라고 칭함)에게 아래와 같은 약정내용으로 본인 소유의 주택을 임대한 바 있습니다.

－ 아   래 －

임대차목적물 : 00시 00로 00번길 00 00길 000호 아파트 000㎡
임차보증금 : 금 00,000,000원
월 임대료 : 금 000,000원
임대차기간 : 0000년 00월 00일부터 0000년 00월 00일까지

2. 귀하께서는 위 계약에 따라 본인에게 계약금 0,000,000원을 계약 당일 지급하고, 나머지 임대보증금의 잔금 00,000,000원은 같은 해 00월 00일 지급하였고, 위 잔금지급일부터 위 임대차목적물에 입주하여 거주하고 계십니다.

3. 그런데, 위 임대차계약은 현재부터 그 기간의 만료일인 0000년 00월 00일까지 약 3개월 정도 밖에 남지 않았는바, 임대인인 본인으로서는 계약조건의 변경(임대차보증금 또는 차

임의 인상 - 구체적 내용 설시)없이는 귀하와 위 임대차계약을 갱신할의사가 없음을 통지합니다.

4. 따라서, 만약 귀하께서 위 계약조건의 변경에 동의하지 않으신다면, 위 계약기간이 만료하는 즉시 위 임대차계약은 종료됨을 통지하는 바, 귀하께서는 위와 같은 점을 양지하여 주시기 바랍니다. 그리고, 귀하께서는 계약기간 만료일에 본인으로부터 임대차보증금을 지급받는 동시에 위 임대차목적물을 본인에게 명도해주시기 바랍니다.

20○○. ○. ○.
발신인   갑 (서명 또는 날인)

수신인   을   귀하

내 용 증 명

발 신 인 ○ ○ ○

　　　　주 소

수 신 인 ○ ○ ○

　　　　주 소

대여금 변제 최고

1. 귀하의 무궁한 발전을 기원합니다.

2. 귀하는 20○○. ○. ○. ○○:○○경 ◎◎◎와 사이에 체결한 계약에 따라 ◎◎◎에 대하여 금 ○○○원의 채무를 부담하고 있습니다.

3. 본인은 20○○. ○. ○. ○○:○○경 ◎◎◎으로부터, 제2항 기재 채권을 양수하였고, 이에 ◎◎◎는 20○○. ○. ○.경 채권양도사실을 귀하께 통지하였습니다.

4. 제2항 기재 채권의 변제기일이 도래하였으므로, 이에 귀하께 원금 금 ○○○원을 20○○. ○. ○.까지 본인에게 지급하여 줄 것을 최고하며, 만약 귀하께서 이행치 아니할시 부득이 법적인 조치를 취할 수밖에 없음을 통지하니 양지하시기 바랍니다.

　　　　　　　　20○○. ○. ○.

　　　　　　　　위 발신인 ○○○

내 용 증 명

발 신 인 ○ ○ ○

　　　　주 소

수 신 인 ○ ○ ○

　　　　주 소

손해배상금 지급 청구

1. 귀하의 무궁한 발전을 기원합니다.

2. 20○○. ○. ○. 경, 본인은 공인중개사인 귀하의 중개 하에 서울시 ○○구 ○○길 ○○주택에 관하여 보증금 5,000만원으로 정한 임대차계약을 체결한 사실이 있습니다. 그런데 최근 이 사건 주택에 관하여 임의경매절차가 진행되었고, 본인은 후순위자라는 이유로 배당을 전혀 받지 못하였습니다.

3. 이 사건 계약을 체결하기 전, 귀하는 이 사건 주택의 시세 및 권리관계에 관한 사항을 제대로 확인하지도 않은 채 본인에게 혹여 경매절차가 진행되더라도 보증금을 모두 반환받을 수 있을 것이라는 거짓된 정보를 전달하였고, 본인은 그 정보를 믿고 상대방과 계약을 하였습니다.

4. 따라서 본인이 입은 임대차보증금 상당의 손해는 귀하의 과실에 의한 것인 바, 본인은 귀하에게 금○○○원의 손해배상금을 20○○. ○. ○.까지 지급하여 줄 것을 최고합니다.

20○○. ○. ○.

위 발신인 ○ ○ ○

내 용 증 명

수신인   ○○○ (주민등록번호)

○○시 ○○구 ○○길 ○○(우편번호 ○○○○○)

전화 · 휴대폰번호:

발신인   ◇◇◇

○○시 ○○구 ○○로 ○○(우편번호 ○○○○○)

전화 · 휴대폰번호:

1. 귀하의 무궁한 발전을 기원합니다.

2. 피상속인 망 XXX(주민등록번호, 최후주소:)의 법정상속인 발신인 ◇◇◇은 위 망인의 재산상속에 대한 상속포기신고가 ●●가정법원 2018느단1234호로 수리되었습니다.

3. 이에 발신인 ◇◇◇은 위 망인의 수신인 ○○○에 대한 채무에 대하여 일체의 법적 책임이 없으므로, 이를 참고하여 본인에게 채무의 변제를 청구하는 일이 없도록 유의바랍니다.

– 첨 부 –

1. 상속포기결정서

20○○.   ○.   ○.

위 발신인   ◇◇◇ (서명 또는 날인)

제2장
보전처분

제2장 보전처분

제1절 보전처분의 개념

I. 보전처분이란

1. 의 의

채권자가 권리를 실현하기 위해서는 민사소송을 통하여 집행권원을 얻은 다음에, 강제집행절차를 밟아야 하는데, 통상 이러한 민사소송절차에는 오랜 시일이 걸리게 마련이므로(4 ~ 12개월), 그 사이에 채무자의 재산상태가 변하거나 다툼의 대상(**계쟁물**, 내 것이니 네 것이니 하는 다툼의 대상물)이 멸실되거나 처분되는 등의 사태가 발생할 수도 있어 채권자는 많은 시일과 경비를 소비하였을 뿐, 자기의 권리를 실현하지 못하게 되는 불상사가 발생할 수도 있는 것이다. 따라서 이를 방지하기 위해서는 재판을 하기 전에, 그 사안에 따라, 미리 채무자의 일반재산을 처분하지 못하도록 하여 놓는다든가(**가압류**), 다툼의 대상에 대한 현상의 유지 또는 임시의 잠정적인 법률관계의 형성 등의 조치를 취하여 놓을 필요가 있어서(**가처분**), 채권자의 신청에 따라 법원이 최소한의 필요한 심리절차만을 거친 후 집행보전을 위한 잠정적인 조치를 명하는 재판을 보전처분이라 하는데 가압류와 가처분이 그 대표적인 것이다. 즉 보전처분은 권리 또는 법률관계에 관한 쟁송[3]이 있을 것을 전제로 하여 이에 대한 판결의 집행을 용이하게 하거나 확정판결이 있을 때까지 손해가 발생하는 것을 방지할 목적으로 일시적으로 현상을 동결하거나 임시적 법률관계를 형성하게 하는 재판이다. 한마디로 말해서 집행보전 또는 손해방지를 위하여 잠정적 조치를 명하는 재판으로서 **보전재판**이라고 부르고 이러한 처분을 얻기 위한 절차와 그 당부를 다투는 쟁송절차 및 그 처분의 집행절차를 가리켜 보전 소송절차 또는 보전절차라고 부른다.

---

3) 이를 본안소송이라 한다.

[표] 보전처분의 처리과정

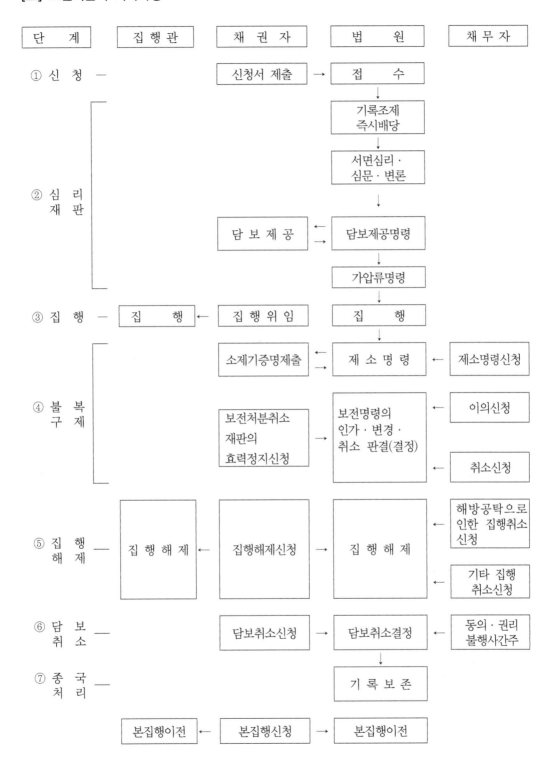

2. 보전처분의 종류

(1) 가압류

가압류는 금전채권이나 금전으로 환산할 수 있는 채권의 집행을 보전할 목적으로 미리 채무자의 재산을 동결시켜 채무자로부터 그 재산에 대한 처분권을 잠정적으로 빼앗는 집행보전제도이다.

실무상 집행의 대상이 되는 재산의 종류에 따라 ① 부동산가압류, ② 선박·항공기·자동차·건설기계에 대한 가압류, ③ 채권가압류, ④ 유체동산가압류, ⑤ 그 밖의 재산권에 대한 가압류로 구분하고 있다.

가압류 후 금전의 지급을 명하는 확정판결이 있게 되면 가압류는 본압류로 전이되어 가압류된 재산에 대한 금전채권의 강제집행절차를 밟게 된다.

(2) 가처분

금전채권 이외의 권리 또는 법률관계에 관한 확정판결의 집행을 보전하기 위한 집행보전제도로서 다툼이 있는 **물건에 관한 가처분과 임시의 지위를 정하는 가처분**이 있다.

1) 다툼의 대상에 관한 가처분(계쟁물에 대한 가처분)

채권자가 금전채권 이외의 특정 물건이나 권리를 대상으로 하는 청구권을 가지고 있을 때 그 강제집행시까지 다툼의 대상(**계쟁물**)이 멸실·처분되는 등 사실상·법률상 변경이 생기는 것을 막기 위하여 다툼의 대상의 현상을 동결시키는 보전처분이다.

청구권을 보전하기 위한 제도임에는 가압류와 같으나 그 청구권이 금전채권이 아니라는 점과 그 대상이 채무자의 일반재산이 아닌 특정 물건이나 권리라는 점에서 가압류와 구별된다. 다툼이 있는 물건의 현상변경을 금지하는 방법은 일반적으로 처분행위, 점유이전행위 등을 금지하는 부작위명령의 형식으로 발하여지는데 이를 **처분금지가처분과 점유이전금지가처분**이라고 한다.

가처분 후 본안소송에 관한 확정판결이 있게 되면 그대로 본 집행으로 이전되는 것이 아니고 가처분된 상태에서 따로 청구권 실현을 위한 강제집행을 하게 된다.

2) 임시의 지위를 정하기 위한 가처분

당사자 사이에 현재 다툼이 있는 권리 또는 법률관계가 존재하고 그에 대한 확정판결이 있기까지 현상의 진행을 그대로 방치한다면 권리자가 현저한 손해를 입거나 급박한 위험에 처하는 등 소송의 목적을 달성하기 어려운 경우에 그로인한 위험을 방지하기 위해 잠정적으로 권리 또는 법률관계에 관하여 임시의 지위를 주어 그와 같은 손해를 피하거나 위험을 막을 수 있도록 하는 보전처분이다. 가압류 또는 다툼의 대상에 관한 가처분과는 달리 보전하는 권리 또는 법률관계의 종류는 묻지 아니한다.

Ⅱ. 보전소송의 관할

1. 보전소송의 토지관할

보전소송의 토지관할은 보전소송의 종류에 따라 다르다.

(1) 가압류 사건

가압류사건은 **가압류 할 물건이 있는 곳을 관할하는 지방법원**이나 **본안의 관할법원**이 관할한다(민집 278조).

(2) 가처분 사건

가처분 사건은 **본안의 관할법원** 또는 **다툼의 대상이 있는 곳을 관할하는 지방법원**이 관할한다(민집 303조). 종래에는 가처분의 경우 원칙적으로 본안의 관할법원이 관할하고 다만 급박한 경우에는 다툼의 대상(계쟁물)이 있는 곳을 관할하는 지방법원에서도 본안의 관할법원에서 재심사를 받을 것을 전제로 가처분을 할 수 있었다. 그러나 민사집행법에서는 본안법원의 재심사제도를 폐지하고 다툼의 대상이 있는 곳을 관할하는 지방법원을 가처분의 일반적인 관할법원으로 규정하였다.

2. 보전소송의 사물관할

보전소송의 사물관할은 피보전권리의 가액에 의하여 결정된다. 따라서 본안이 단독판사 관할인 경우에는 보전소송도 단독판사의 관할에 속하고 본안이 합의부 관할인 경우에는 보전소송도 합의부 관할에 속한다.

3. 보전소송의 전속관할

보전소송의 관할 중 토지관할(재판적)은 전속관할이다(민집 21조). 따라서 합의관할(민소 29조)이나 변론관할(민소 30조)에 관한 규정은 적용의 여지가 없다. 보전소송의 사물관할도 전속관할인가? 민사집행법 21조는 '이 법에 정한 재판적은 전속관할로 한다.'라고 규정하고 있는데 재판적이란 토지관할의 발생 원인이 되는 사건과 특정지역과의 관련지점을 지칭하는 개념으로서 사물관할과는 관계가 없고 명문의 규정도 없이 사물관할을 전속관할로 할 필요성도 없으므로 보전소송의 사물관할은 전속관할이 아니라고 보는 것이 타당하다.

4. 관할위반의 경우

관할권 없는 법원에 보전처분의 신청이 있으면 사건을 관할법원으로 이송하는 하는 것이 원칙이다. 전속관할에 위반된 이송결정도 기속력이 있으므로 관할권 없는 법원으로 잘못 이송하였더라도 이송 받은 법원은 이송결정에 기속 된다.

만일, 관할권 없음을 간과하고 보전처분을 하였을 때에는 이의사유가 된다. 그러나 관할권 없는 법원이 발한 보전처분도 이의에 의하여 취소되지 않는 한 유효하며(대결 1964. 4. 11. 64마66), 준재심사유가 아니므로 확정되면 관할 위반의 흠이 치유된다.

[서식] 관할합의서

관 할 합 의 서

신 청 인 　ㅇ　ㅇ　ㅇ (000000-0000000)
　　　　　ㅇㅇ시 ㅇㅇ구 ㅇㅇ로 ㅇㅇ(ㅇㅇ동)
　　　　　(전화번호 : 000-0000)

피신청인 　ㅇ　ㅇ　ㅇ (000000-0000000)
　　　　　ㅇㅇ시 ㅇㅇ구 ㅇㅇ로 ㅇㅇ(ㅇㅇ동)
　　　　　(전화번호 : 000-0000)

위 당사자간 20ㅇㅇ년 ㅇ월 ㅇ일 체결한 ㅇㅇ계약에 관하여 ㅇㅇ계약에 의한 소송은 제1심의 관할법원을 ㅇㅇ지방법원으로 하기로 합의한다.

　　　　　　　　20ㅇㅇ. 　ㅇ. 　ㅇ.
　　　　　　　　신 청 인 ㅇ　ㅇ　ㅇ (인)
　　　　　　　　피신청인 ㅇ　ㅇ　ㅇ (인)

■ 작성 · 접수방법

1. 합의에 관한 서식이므로 인지, 송달료 등은 첨부하지 않는다.
2. 합의서 1부를 합의된 법원에 제출한다.
3. 관할합의가 있으면 법정관할권은 합의부에 의하여 관할권을 잃으므로 합의관할이 아닌 법정관할에 신청한 경우 관할위반의 항변을 제기할 수 있다.

5. 본안의 관할법원(가압류, 가처분)

본안이라 함은 보전처분에 의하여 직접 보전될 권리 또는 법률관계의 존부를 확정하는 민사재판절차를 말한다. 반드시 통상의 소송절차이어야 할 필요는 없고 독촉절차, 제소전화해절차, 조정절차, 중재판정절차 등도 모두 본안에 포함된다. 가사소송사건 또는 마류 가사비송사건을 본안사건으로 하는 가압류 또는 가처분사건은 가정법원의 전속관할에 속한다(가소 63조).4)

본안의 관할법원을 보전소송의 관할법원으로 한 이유는 본안의 관할법원이 피보전권리의 존부에 관하여 가장 잘 판단할 수 있기 때문이다. 그러나 보전처분의 피보전권리와 본안 소송물인 권리는 엄격히 일치함을 요하지는 않고 청구의 기초의 동일성이 인정되는 한 본안이라고 할 수 있다.

6. 목적물이 있는 곳을 관할하는 지방법원(가압류)

가압류에서는 가압류할 물건이 있는 곳(목적물의 소재지)을 관할하는 지방법원도 관할법원이 된다(민집 278조). 집행의 편의를 고려한 규정이다. 가압류할 물건이 동산이나 부동산인 경우에는 그 동산이나 부동산이 있는 곳의 지방법원이 관할법원이 되고 채권인 경우에는 제3채무자의 보통재판적이 있는 지방법원이 관할법원이 된다.

7. 다툼의 대상이 있는 곳을 관할하는 지방법원(가처분)

가처분의 경우 다툼의 대상이 있는 곳을 관할하는 지방법원도 관할법원이 된다(민집 303조). 이 경우 다툼의 대상이란 민사집행법 300조 1항의 다툼의 대상에 관한 가처분에서의 다툼의 대상(계쟁물)보다 넓은 의미로 같은 조 2항의 다툼이 있는 권리관계에 관하여 가처분하여야 할 유체물, 무체물을 모두 포함한다.

8. 재판장의 긴급처분권(가압류 · 가처분)

가압류 · 가처분의 신청이 있는데 법원의 사정으로 인하여 합의부 법관 전원의 합의를 신속히 얻을 수 없는 때에는 급박한 경우에 한하여 재판장이 단독으로 그 신청에 대한 재판을 할 수 있다(민집 312조).

---

4) 할부계약에 관한 소송, 특수판매업자(방문판매업자, 전화권유판매업자, 다단계판매업자 등)와의 거래에 관련된 소송, 통신판매업자와의 거래에 관련된 소송은 제소 당시 매수인 또는 소비자의 주소를, 주알코올농도 없는 경우에는 거소를 관할하는 지방법원의 전속관할이다(할부거래에 관한 법률 44조, 방문판매 등에 관한 법률 53조, 전자상거래 등에서의 소비자보호에 관한 법률 36조).

제2절 보전처분의 요건

Ⅰ. 서 론

보전처분을 하기 위해서는 우선 보전을 하여야 할 실체법상의 권리가 있어야 하고 다음에 그와 같은 권리를 미리 보전하여야 할 필요성이 있어야 한다. 전자를 **피보전권리**라 하고, 후자를 보전의 **필요성**이라고 부른다. 민사집행법 276조(가압류의 목적)와 277조(보전의 필요성)는 가압류에 관하여 위 두 가지 요건이 필요함을 밝히고 있고, 가처분에 관하여는 민사집행법 301조가 이를 준용하고 있다.

Ⅱ. 피보전권리

1. 각종 보전처분에 있어서의 피보전권리

가압류와 다툼의 대상(계쟁물)에 관한 가처분 및 임시의 지위를 정하기 위한 가처분은 전술한 바와 같이 그 목적하는 바가 다르므로 피보전권리의 태양도 서로 다르다.

(1) 가압류의 피보전권리(민집 276조)
1) 금전채권이나 금전으로 환산할 수 있는 채권일 것

가압류는 금전채권의 강제집행을 보전하기 위한 제도이다. 따라서 친족법상의 청구권이라든지 금전으로 평가할 수 없는 청구권은 가압류에 의하여 보전될 수 없다. 또 강제집행은 금전채권의 집행방법에 의하는 것이어야 하므로 그 피보전권리는 반드시 금전채권이나 금전으로 환산할 수 있는 채권이어야 한다.

2) 청구권이 성립하여 있을 것

재판시까지는 청구권이 성립하여 있어야 하므로 청구권이 생기게 될지 여부가 전혀 불확정적인 채권은 피보전권리가 될 수 없다.

3) 통상의 강제집행에 적합한 권리일 것

보전처분은 민사집행법상의 강제집행을 보전하기 위한 제도이므로 그 피보전권리는 통상의 강제집행방법에 따라 집행이 가능한 권리이어야 한다.

(2) 다툼의 대상(계쟁물)에 관한 가처분의 피보전권리(민법 300조 1항)

1) 특정물에 관한 이행청구권일 것

다툼의 대상에 관한 가처분은 다툼의 대상의 현상이 바뀌면 채권자가 권리를 실행하지 못하거나 이를 실행하는 것이 매우 곤란할 염려가 있을 경우에 허용되므로 그 피보전권리는 금전채권을 제외한 특정물에 관한 이행청구권이다.

2) 청구권이 성립하여 있을 것

다툼의 대상에 대하여 가처분명령을 발하려면 그 청구권이 이미 성립하였거나 적어도 그 내용 주체 등을 특정할 수 있을 정도로 요건이 갖추어져야 한다.

3) 민사소송절차에 의하여 보호받을 수 있는 권리로서 강제집행에 적합한 권리일 것

① 보전처분은 민사소송절차에 의하여 보호를 받을 수 있는 권리에 한하여 허용된다.
② 다툼의 대상에 관한 가처분은 실체적 청구권의 장래의 집행을 위한 것이므로 그 피보전권리는 후에 강제집행이 가능한 것이어야 한다. 따라서 소송으로 청구 할 수 없는 이른바 자연채무, 소송상 청구는 가능하나 집행이 불가능한 책임 없는 채무 등은 피보전권리가 되지 못한다.

4) 다툼의 대상의 현상에 관한 것일 것

다툼의 대상에 관한 가처분은 다툼의 대상의 현상이 변경되는 불안을 제거하는 것을 목적으로 한다. 민법 208조(점유의 소와 본권의 소와의 관계)에 의하면 점유권에 기인한 소는 본권에 관한 이유로 재판하지 못하므로 점유권을 피보전권리로 하는 때에는 본권이 존재하지 아니하더라도 피보전권리는 존재한다고 볼 것이다.

(3) 임시의 지위를 정하기 위한 가처분의 피보전권리(민집 300조 2항)

1) 권리관계가 현존할 것

임시의 지위를 정하기 위한 가처분은 장래의 집행보전이 아닌 현존하는 위험방지를 위한 것이므로 엄밀한 의미에서는 피보전권리라고 할 것이 없지만 보통 다툼이 있는 권리관계를 피보전권리라고 한다. 그 권리확정이 아직 이루어지기 전에 임시로 신청인에게 권리자로서의 지위를 주려는 것이다. 따라서 그 피보전권리는 반드시 집행에 적합하지 아니한 것이라도 상관없다.

2) 권리관계에 다툼이 있을 것

임시의 지위를 정하기 위한 가처분은 다툼이 있는 권리관계에 관하여 현재의 위험을 방지할 것을 목적으로 하여 권리확정이 이루어지기 전에 임시로 신청인에게 권리자의 지위를 주려는 것으로서 그 개념 요소로서 다툼 있는 권리관계의 존재를 그 요건으로 한다.

Ⅲ. 보전의 필요성

1. 개 설

보전처분은 소송에 의하여 권리의 존부가 확정되기 전에 그 집행을 보전하여 주기 위한 제도이므로 채무자에게는 큰 불편을 주게 된다. 그러므로 보전처분은 채무자에게 그와 같은 불편을 감수시키더라도 집행을 보전하기 위해서는 미리 보전처분을 하여야 함이 꼭 필요하다고 하는 경우가 아니면 함부로 발령해서는 안 된다.

2. 가압류에 있어서의 보전의 필요성

가압류의 보전의 필요성은 가압류를 하지 아니하면 판결 그 밖의 집행권원을 집행할 수 없거나 집행하는 것이 매우 곤란할 염려가 있을 경우에 인정된다(민집 277조).

3. 가처분에 있어서의 보전의 필요성

(1) 다툼의 대상에 관한 가처분

다툼의 대상에 관한 가처분은 현상이 바뀌면 당사자가 권리를 실행하지 못하거나 이를 실행하는 것이 매우 곤란한 염려가 있는 경우에 허용된다(민집 300조 1항).

(2) 임시의 지위를 정하기 위한 가처분

임시의 지위를 정하기 위한 가처분은 현저한 손해를 피하거나 급박한 위험을 막기 위하여, 또는 그 밖의 필요한 이유가 있을 경우에 하여야 한다(민집 300조 2항).

제3절 보전처분의 대상

I. 부동산

1. 의 의

토지와 그 정착물을 부동산이라 하고 그 밖의 물건을 동산이라고 한다(민법 제99조).[5] 부동산은 채무자의 재산 중 가장 일반적으로 재산적 가치가 있는 물건으로서 대표적인 보전처분의 대상이 된다.

2. 종 류

(1) 토지

토지란 일정한 범위의 지표면을 말한다. 토지는 연속되어 있으나 인위적으로 그 지표에 선을 그어 구별하며, 각 구역은 지적공부인 토지대장 또는 임야대장에 등록되고 독립된 지번이 부여됨에 따라 독립성을 취득한다.

(2) 건물

토지에 고정되어 있어 쉽게 이동할 수 없는 물건으로 그 상태대로 사용하는 것이 그 물건의 거래상의 속성으로 인정되는 것을 토지의 정착물이라 하는데(예를 들어 건물, 수목 교량등) 이러한 토지의 정착물 중 가장 중요한 것으로 토지로부터 독립한 별개의 부동산으로 건물등기부에 의하여 공시되는 것을 건물이라 한다. 따라서 토지와 건물은 따로 처분할 수 있을 뿐만 아니라 별개로 그 등기를 한다.

3. 미등기부동산에 관한 보전처분

미등기 부동산에 대해서도 보전처분을 할 수 있는데 소유권보존등기에 필요한 서면이 첨부되어 있는 경우에는 보전처분 결정시 등기관이 직권으로 소유권보전등기를 한 후 보전처분기입등기를 한다.[6]

---

5) 동산과 부동산의 중요한 차이로 공시방법, 시효취득의 요건, 공신의 원칙 여부, 소유권취득사유, 제한물건의 허용범위, 환매기간 등이 있다.

6) 미등기건물에 대한 사용승인이 있어 건축물대장등본이 있는 경우에는 소유자의 주소 및 등기용등록번호증명서, 건축물대장등본(소재도·평면도)을 첨부하고, 아직 사용승인이 없는 경우에는

미등기건물에 대한 집행관조사신청서

사　　건　　2013카합 123호 부동산가압류

채 권 자　　장 ○○

　　　　　　서울시 ○○구 ○○로 ○○

채 무 자　　문 ○○

　　　　　　서울시 ○○구 ○○로 ○○

위 당사자 간 사건에 관하여 채권자는 아래 부동산표시에 대하여 가압류신청을 한 바 민사집행법 제81조에 제3항에 따라 귀원 집행관으로 하여금 아래 조사사항을 조사할 수 있도록 명령하여 주시기 바랍니다.

아 래

※조사사항

1. 신축건물이 채무자의 소유임을 증명하는 서류

2. 신축건물의 지번, 구조, 면적을 증명할 서류

3. 신축건물의 건축허가를 증명할 서류

※부동산의 표시

서울시 ○○구 ○○동 ○○ 지상

벽조슬래브지붕 3층 주택 1층 80㎡, 2층 90㎡, 3층 90㎡

　　　　　　　　　　2010. 　0. 　.

　　　　　　　　　위 채권자 장 ○ ○

○○지방법원 귀중

소유자의 주소 및 등기용등록번호증명서, 건물이 채무자의 소유임을 증명하는 서류, 건물의 소재·지번·구조·면적을 증명하는 서류, 건축허가서(신고서)를 첨부한다.

1. 신청서 1부를 가압류신청서를 제출한 법원에 제출할 수 있다. 신청서와 동시에 제출할 수도 있다.
2. 인지는 500원 첨부하고, 집행관조사에 대해서는 민사예납금을 제출하는데 일반적으로 약 50만원정도를 납부하는데 정확한 금액은 재판부에 확인을 하면 된다.

Ⅱ. 채권

1. 의 의

채권이란 채권관계의 당사자 일방(즉 채권자)이 상대방(즉 상대방)에 대하여 가지는 개개의 급부청구권(예를 들어 매매대금청구권이나 매수인의 재산권이전청구권)을 말한다. 채권은 청구권에 속하며 그중에서도 가정 전형적인 모습의 것이다. 채권자는 국가의 도움을 받아 채무자에 대한 채권을 실현할 수 있는 가능성을 부여받는다. 따라서 완전한 채권은 소구가능성과 강제집행가능성(원칙적으로 자력구제가 금지된다)을 가진다.

2. 보전처분

채무자가 제3자(채무자의 채무자를 의미)에 대해 채권을 가지고 있다면 채무자의 채권자는 채무자의 제3자에 대한 채권(예를 들어 채무자가 은행에 갖고 있는 예금채권)도 좋은 보전처분의 대상이 될 수 있다.

Ⅲ. 유체동산

1. 의 의

부동산 외의 물건을 동산이라 하는데(민법 99조 2항), 동산 중에서 채권과 기타 재산권을 제외한 물건 및 유가증권을 유체동산이라 한다. 예를 들어 사무실의 집기류나 냉장고, TV, 가구 등이 유체동산에 포함된다.

2. 보전처분

채무자 소유의 유체동산을 가압류 등을 할 수 있는데 보통 특정 유체동산을 가압류 하지 않고 채무자 소유의 유체동산 전체를 대상으로 가압류하고 있다.

Ⅳ. 그 밖의 재산권

1. 의 의

그 밖의 재산권이란 위에서 말한 채권에 속하지 아니하는 양도 가능한 가입전화사용권, 유체동산의 공유지분권, 부동산의 환매권, 특허권 · 실용신안권 · 디자인권 · 상표권 · 저작권 등의 무체재산권, 골프회원권 · 스포츠회원권 · 콘도회원권 등과 같은 설비의 이용을 목적으로 하는 재산권, 합명회사 · 합자회사 · 유한회사의 사원지분권, 조합의 조합원지분권, 주권 발행전의 주주권, 예탁유가증권, 전세권 등이 있다.

2. 보전처분

위와 같은 여러 채무자의 재산에 대해서도 가압류 등을 할 수 있다.

제4절 보전처분의 절차

Ⅰ. 보전처분의 신청

1. 의 의

보전처분의 신청이라 함은 법원에 대하여 보전재판을 구하는 당사자의 신청행위를 말한다. 보전처분의 신청은 통상 민사소송에 있어서의 소의 제기에 해당하는 것이므로 성질에 반하지 않는 한 소의 제기에 관한 규정이 준용된다(민법 23조 1항).

보전처분의 신청은 본안소송의 제기 전에 행하여지는 것이 보통이나 본안소송이 제기된 후에도 집행권원을 얻을 때까지는 신청할 수 있다. 그러나 일단 집행권원을 얻으면 특별한 사정이 없는 한 보전의 필요성이 없기 때문에 신청을 할 수 없다고 할 것이다.

2. 신청의 방식

(1) 신청서의 제출

1) 서면신청

민사소송법 제161조 제1항에 신청 기타의 진술은 특별한 규정이 없으면 서면 또는 구술로 할 수 있다고 규정하고 있으므로 구술신청도 가능하다고 규정하고 있으나 실무상 구술로 보전처분을 신청하는 예는 거의 없다. 즉 보전처분의 신청은 취지와 이유 및 사실상의 주장을 소명하기 위한 증거방법을 적은 서면으로 하여야 한다(규칙 203조). 따라서 각급 법원은 이에 필요한 부동가압류신청서, 유체동산가압류신청서, 채권가압류신청서, 부동산처분금지가처분신청서, 가압류신청진술서 등의 서식을 아래 사진과 같이 비치하고 민원인으로 하여금 이를 상용하도록 하고 있다.

2) 접수방법

신청서 1부를 관할법원 신청계에 접수한다. 접수당시 접수를 해주는 법원공무원은 신분증을 통해 제출자가 작성명의인인 본인인지 여부를 확인하는데 만약 제출자가 작성명의인 본인이 아니라면 반드시 작성명의인 본인으로부터 제출권한을 수여받았다는 사실들을 입증할 수 있는 위임장을 같이 제출하여야 한다.

다만 관할법원을 받는 사람으로 해서 우편 접수도 할 수 있기 때문에 우편으로 접수할 경우에는 별도의 위임장을 첨부할 필요는 없다.

접수담당 공무원은 신청서에 잘못된 부분이 있는 경우에는 그 자리에서 보정할 것을 권고할 수 있지만 접수자체를 거부하지는 못한다. 법원 업무가 종료되어(오후6시이후) 접수계에 있는 공무원이 퇴근한 경우라도 법원 야간 당직실에(주로 법원출입문 쪽에 위치하고 있다) 접수를 받고 있으므로 이곳에다 접수를 하면 된다.

위 임 장

수임인 : 장 ○ ○(6003○○-10021○○)

주 소 : 서울 ○○구 ○○로 537-28

　　상기인에게 위임인이 수원지방법원에 채무자 ○○○을 상대로 부동산가압류신청을 신청함에 있어 위임인을 대리할 수 있도록 모든 권한을 위임함.

　　　　　　　　　　　　20○○.　○.　○.

　　　　　　　　　　　　위임인　　황 ○ ○(6808○○-12226○○)

　　　　　　　　　　　　주 소　　인천 중구 ○○동 19

수원지방법원　귀중

■ 작성·접수방법

1. 제출위임장에는 위임인의 인감증명서를 첨부할 필요는 없으며, 도장도 반드시 인감도장일 필요는 없다.
2. 그러나 사건을 종결시키는 취하서(포기서), 집행해제신청서 등에는 반드시 제출위임장에 작성명의인의 인감증명서를 첨부해야 한다.

3. 신청서의 기재사항

신청서는 크게 표지부분, 신청서부분, 별지목록부분으로 구성되는데, 표지부분은 송달료, 인지, 증지, 등록·교육세를 첨부하기 위하여 관례적으로 붙이는 부분이고, 별지부분은 보전처분할 목적물을 기재한다. 신청서에는 순서대로 ① 표제(부동산가압류신청서), ② 당사자인 채권자자·채무자의 성명, 주소, 전화번호, ③ 대리인의 성명, 주소, 전화번호, ④ 피보전권리의 요지, 부동산의 표시 ⑤ 신청취지, ⑥ 신청의 이유, ⑦ 소명방법 ⑧ 첨부서류, ⑨ 작성연월일, ⑩ 채권자의 표시·날인, ⑪ 법원명을 기재하고 첨부서류를 첨부하면 된다.

순번	가압류기재사항
1	**부동산가압류신청서**
2	채권자 김○○(721111-1147368) 　　　　　서울 ○○구 ○○로 123
3	소송대리인 변호사 ○○○ 　　　　　서울 서초구 서초동 ○○ 　　　　　전화 : 545-1234, 팩스 : 545-6547
2	채무자 이○○(600611-1123698) 　　　　　서울 ○○구 ○○로 111
4	**청구채권의 표시** 　　금 50,000,000원
5	**피보전권리의 요지** 　　20○○. ○. ○.자 대여금채권
6	**가압류할 부동산의 표시** 　　별지목록 기재와 같음
7	**신청취지** 채권자는 채무자에 대한 위 채권의 집행을 보전하기 위하여 채무자 소유의 별지목록 기재 부동산을 가압류한다. 라는 결정을 구합니다.
8	**신청의 이유** 1. 채권자는 20○○. 8. 1. 채무자에게 5,000만원을 변제기는 같은 해 10. 1.로 정하였습니다(갑제1호증 차용증 참고). 하지만 채무자는 변제기가 도과 하였음에도 변제하지 않았을 뿐만 아니라 채권자의 독촉에도 답변을 하지 않고 있습니다. 2. 채권자는 채무자에 대하여 대여금 청구의 소를 제기하기 위하여 준비중에 있으나 채무자는 다른 많은 채무를 부담하고 있는 바, 지금 채권자가 가압류를 해놓지 않으면 후일 승소판결을 받더라도 집행을 할 수 없으므로 이 사건 신청에 이르게 되었습니다.
9	**소명방법** 1. 소갑제 1호증　　　　　　　　　　　　　　　차용증서
10	**첨부서류** 1. 위 소명방법　　　　　　　　　　　　　　　각1통 2. 송달료납부서　　　　　　　　　　　　　　1통 3. 가압류신청진술서　　　　　　　　　　　　1통 4. 목록　　　　　　　　　　　　　　　　　　1통
11	2014. ○. ○.
12	위 채권자 ○○○
13	**서울중앙지방법원 귀중**

순번	가처분 기재사항
1	
2	**부동산처분금지 가처분신청서**
	채권자 김○○(721111-1147368)
3	서울 ○○구 ○○로 123
	소송대리인 변호사 ○○○
	서울 서초구 서초동 ○○
2	전화 : 545-1234, 팩스 : 545-6547
	채무자 이○○(600611-1123698)
	서울 ○○구 ○○로 111
4	**목적물의 가액**
	금 150,000,000원
5	**피보전권리의 요지**
	20○○. ○. ○.자 매매를 원인으로 하는 소유권이전등기청구권
6	**목적물의 표시**
	별지목록 기재와 같음
7	**신청취지**
	채무자는 그 소유명의의 별지목록기재 부동산에 대하여 매매·양도·전세권·저당권·임차권의 설정 및 기타 일체의 처분행위를 하여서는 아니된다.
	라는 재판을 구합니다.
8	**신청의 이유**
	1. 채권자는 20○○. 8. 1. 채무자에게 매매대금을 150,000,000원으로 하고 소유권이전 등기절차를 함과 동시에 위 대금을 지급하기로 하였습니다.(갑제1호증 차용증 참고). 하지만 채무자는 위 등기절차를 이행하지 않고 있을 뿐만 아니라 잔금도 수령하지 않고 있습니다.
	2. 그래서 채권자는 위 매매로 인한 소유권이전등기절차 등 청구의 소를 제기하려고 준비중에 있으나 채무자는 이 사건 부동산을 매각하려고 하고 있는 바, 지금 채권자가 신청취지와 같은 가처분을 해놓지 않으면 후일 승소판결을 받더라도 집행을 할 수 없으므로 이 사건 신청에 이르게 되었습니다.
9	**소명방법**
	1. 소갑제 1호증　　　　　　　　　　　　　　　매매계약서
	2. 소갑제 2호증　　　　　　　　　　　　　　　부동산등기부등본
10	**첨부서류**
	1. 위 소명방법　　　　　　　　　　　　　　　각1통
	2. 송달료납부서　　　　　　　　　　　　　　　1통
	3. 가압류신청진술서　　　　　　　　　　　　　1통
	4. 목록　　　　　　　　　　　　　　　　　　　1통
11	2014. ○. ○.
12	위 채권자 ○○○
13	**서울중앙지방법원 귀중**

1) 「표제」란

신청서의 제일 위 부분에 표제로 '부동산가압류신청서' 또는 '부동산처분금지가처분신청서'라고 기재한다.

2) 당사자

① 당사자와 대리인의 이름(명칭 또는 상호)·주소와 연락처(전화번호·팩시밀리번호 또는 전자우편주소 등)를 적어야 한다(민소 274조 1항). 당사자가 무능력자인 경우에는 그 법정대리인을, 법인인 경우에는 그 대표자를 적어야 한다. 공무원, 대기업직원의 임금퇴직금채권에 대한 가압류사건 등에는 채무자의 이름과 주소 외에 소속부서, 직위, 주민등록번호, 군번·순번(**군인·군무원의 경우**) 등 채무자를 특정할 수 있는 사항을 기재하여야 한다.

소속부서 육군 ○○부대 계급과 군번
소속부서 육군 ○○부대 군무원 ○급, 순번

---

② 당사자(채권자·채무자)의 성명을 적고, 그 옆에 괄호로 주민등록번호를 정확하게 기재하여 특정하여야 한다. 주민등록번호를 모르면 한자(漢字) 성명을 병기하도록 한다. 원래 주민등록번호나 한자성명은 기재하지 아니하여도 작성할 수는 있으나, 동명이인이 있는 경우가 많고 주소는 변동의 여지가 많기 때문에 당사자의 특정이 문제될 수 있으므로 동일인의 증명을 위하여 가급적이면 기재하는 것이 좋다.

③ 주소는 성명의 아래 줄에 기재하는데, 원칙적으로 성명의 첫 번째 글자부터 시작하여 기재한다. 주소는 특별시, 광역시의 경우에는 서울, 부산, 광주 등으로 표시하면 되고, 시(市)를 표시할 때에는 도의 표시를 하지 아니하며(예, 논산시), 읍·면에는 소속된 시·군을 표시한다(예, 전남 곡성군 곡성읍). 또한 번지에는 하이픈(-)을 사용한다(예, 12-3)⁷⁾. 주알코올농도 없거나 알 수 없는 경우에는 그가 현재 거주하고 있는 거소를 기재한다. 또한 거알코올농도 없거나 알 수 없는 경우에는 주소불명 또는 소재불명이라고 기재하거나 최후주소를 표시한다. 당사자의 주소와 실제 송달받을 장알코올농도 다른 경우 주소이외에 송달장소를 병기하여 소송서류가 송달받을 장소로 송달되도록 한다. 아울러 송달영수인을 정하여 신고할 수 있다. 당사자의 주소는 당사자의 특정 및 이에 따른 토지관할의 결정과 더불어 소송서류의 송달장소로서의 기능을 하므로

---

7) 도로명 주소로 기재할 경우에는 번지를 기재할 필요가 없으므로 문제가 되지 않는다. 현행법은 2011. 8. 4. 일제 시대에 만들어져 시행되어 온 지번주소 체계가 도로명주소체계로 변경되게 되었다. 재판서의 국내주소 표기는 도로명주소, 지번주소, 도로명주소와 지번주소의 병기 등 3가지 방식에 의할 수 있다.

정확하게 기재하여야 한다.

④ 주소 등은 빌딩의 이름, 호실이나 아파트의 동·호수 까지 정확하게 기재하여야 하고 송달의 편의를 위해 통, 반이나 우편번호를 기재함은 물론 송달이외의 방법으로도 신속한 연락이 가능하도록 전화번호 또는 팩스번호 등 연락처를 기재할 경우에는 주소 아래에 기재하면 된다.

채권자   김 ○ ○(741108-1047○○○)
        서울시 ○○구 ○○로 ○○아파트 108동 102호
        전화 : 010-1234-5678 팩스 : 02-123-5678

채무자   이 ○ ○(840511-20○○○○○)
        서울시 ○○구 ○○로 ○○번지

---

⑤ 동일한 지위에 있는 당사자가 다수일 때에는 당사자마다 표시하는 예도 있으나 중복 기재를 피하고 일련번호를 붙이는 것이 일반적이고, 필요에 따라서는 별도로 당사자 명부를 작성하여 첨부하고 당사자 표시란에는 '별지명부 기재와 같다'라고 기재할 수 있다.

제3채무자   1. 주식회사 신한은행
              서울시 ○○구 ○○ 25길 23
          2. 주식회사 국민은행
              서울 ○○구 ○○길 123

---

⑥ 당사자가 외국인이거나, 당사자가 성명 이외에 통칭, 예명, 외국명 등을 사용하는 경우에는 그것을 별도로 표시한다. 성명을 여러 개를 사용하는 경우에도 같다.

채권자   최○○(840511-20○○○○○), 일명 최삼석(崔三石)
        서울시 강남구 도산대로 25길 23
채무자   안혜진(651102-1045698), 미국명 신디(syndy)
        서울 서초구 ○○길 123

---

⑦ 당사자자 법인이나 기타 단체일 경우에는 상호 또는 명칭과 본점 또는 주사무소의 소
　재지를 기재한다. 법인 사무소로 송달을 할 수 없는 경우에는 대표이사의 주소로도
　송달을 하여야 한다.

채권자　○○주식회사
　　　　서울시 강남구 ○○로○○길 123
　　　　송달장소 서울 중구 을지로 123
　　　　대표이사 김○○

---

⑧ 법인의 상호가 변경되었는데 등기기록에는 종전의 상호로 표시된 채 존속하는 때에는
　그것이 동일한 법인임을 명확히 하기 위하여 종전의 상호를 표시하는 것이 좋다.

피 고　○○산업 주식회사(변경전 상호 : △△ 주식회사)
　　　　서울시 강남구 도산대로 25길 23
　　　　대표이사 김○○

---

⑨ 당사자가 국가, 지방자치단체일 때에는 대표자의 자격과 성명만을 표시하고 당사자나
　대표자의 주소는 표시하지 않는 것이 일반적이나 송달의 편의를 위하여 당사자의 주
　소를 기재하기도 한다.

피 고　대한민국
　　　　법률상 대표자 법무부장관 ○○○

피 고　서울특별시
　　　　대표자 시장 ○○○

피 고　용인시장
　　　　용인시 용인대로 ○○○

---

3) 신청대리인

① 신청대리인의 표시는 실제 처분의 수행자를 명백히 하고 송달을 용이하게 하기 위하
　여 요구되는 임의적 기재사항이므로 대리인의 성명과 주소 외에 연락 가능한 전화번

호, 팩스번호, 전자우편 주소도 기재하여 법원 및 상대방과의 송달 또는 연락이 용이
하도록 하여야 한다.

② 신청대리인이 변호사가 아닌 경우에는 자격을 지재할 여지가 없으나 변호사나 법무법
인 경우에는 꼭 그 자격을 기재하고 다수의 채권자를 대리하는 경우 중복하여 기재하
지 않고 마지막 부분에 일괄 기재한다.

채권자   1. 김 ○ ○(691108-1047○○○)
              서울시 ○○구 ○○동 ○○아파트 108동 102호
          2. 김 △ △(721108-1047○○○)
              서울시 ○○구 ○○동 ○○아파트 108동 102호
              원고들 소송대리인 변호사 △△△
              서울 서초구 서초동 ○○

---

4) 청구채권의 표시(가압류) · 목적물의 가액(가처분)

① 청구채권의 표시

청구채권 금액을 기재한다. 다만 일부 청구의 경우에는 전체 청구금액과 그 중 얼마를
일부로 구하는지 특정하여야 한다.

      청구채권의 표시
      금 30,000,000원(손해배상채권 50,000,000원 중 일부)

---

② 목적물의 가액

담보제공금액의 기준이 되는 목적물 가액을 기재한다.

      목적물의 가액
      금 150,000,000원(공동주택가)

목적물 가액의 기준은 다음과 같다

가. '토지' 목적물의 가액은 '개별공시지가'×면적(m^2)×50/100이다.

나. '건물' 목적물의 가액은 '시가표준액'×면적(m^2)×50/100이다.

5) 피보전권리의 요지

청구채권 또는 피보전권리의 특정이 가능하도록 발생일자 및 발생원인을 간략하게 기재한다.

> 피보전권리의 요지
> 　　20○○. ○. ○.자 대여금 채권
>
> 피보전권리의 요지
> 　　20○○. ○. ○. 교통사고로 인한 손해배상
>
> 피보전권리의 요지
> 　　20○○. ○. ○.자 공사대금 채권
>
> 피보전권리의 요지
> 　　20○○. ○. ○.자 매매를 원인으로 하는 소유권이전등기청구권
>
> 피보전권리의 요지
> 　　20○○. ○. ○.자 임대차계약 종료를 원인으로 하는 건물명도청구권
>
> 피보전권리의 요지
> 　　해고무효로 인한 피고용관계의 존재

6) 목적물의 표시

다툼의 대상에 관한 가처분은 그 피보전권리가 특정물에 관한 이행청구권이므로 가처분 신청서에 그 목적물을 명확하게 표시하여야 한다(대결 1999. 5. 13. 99마230).

목적물의 표시는 일반적으로 별지 목록으로 기재하여 아래 첨부서류로 제출한다.

> 가압류할 부동산의 표시
> 　　별지 목록 기재와 같음
>
> 목적물의 표시
> 　　별지 목록 기재와 같음

7) 신청의 취지

소장에서의 청구의 취지에 상응하는 것이다. 보전신청에 의하여 구하고자 하는 보전처분의 내용을 말한다. 자기의 권리를 보전하기 위하여 필요하다고 생각되는 보전처분의 종류와 태양을 적는다. 법원은 당사자의 신청취지에 구애받지 않고 적당한 보전처분을 선택할 수 있는 것이기 때문에 소장에서의 청구취지와 같이 법원을 구속하는 것은 아니지만 신청취지는 당사자의 신청목적과 한도를 나타내는 표준이 되므로 명확하게 적어야 한다.

8) 신청의 이유

신청의 취지를 구하는 근거가 되는 이유이다. 피보전권리의 존재와 보전의 필요성을 구체적으로 적어야 한다.

① 피보전권리

가. 가압류

가압류에서는 피보전권리인 청구채권을 표시하고 그 금액을 적는다. 만약 그 청구채권이 일정한 금액이 아닌 때에는 금전으로 환산한 금액을 적는다(민집 279조 1항 1호).

나. 다툼의 대상에 관한 가처분

다툼의 대상에 관한 가처분에서는 그 청구권을 표시하여야하나 금액을 표시할 필요는 없다.

다. 임시의 지위를 정하기 위한 가처분

임시의 지위를 정하기 위한 가처분에서는 현재 다툼이 있는 권리 또는 법률관계를 적는다.

② 보전의 필요성

민사집행법 277조의 규정에 따라 보전처분의 이유가 될 사실(보전의 필요성)을 구체적으로 명백하게 표시한다(민집 279조 1항 2호).

9) 소명방법의 표시

민사집행법 279조 2항은 청구채권과 보전처분의 이유가 되는 사실의 소명을 요구하고 있으므로 신청서에 그 소명방법을 적어야 한다. 민사집행규칙 203조 2항은 가압류 등의 보전처분 신청시뿐만 아니라 즉시항고, 이의신청시, 취소신청시 등에도 신청인의 사실상의 주장을 소명하기 위한 증거방법(소명방법)을 신청서에 적을 것을 요구하고 있다. 소명방법은 소명의 즉시성 때문에 서증 또는 즉시 조사할 수 있는 검증물 등에 한정 될 수밖에 없다.

10) 인지의 첩부 등 첨부서류

① 인지의 첩부

가압류·가처분 신청 및 그에 대한 이의 또는 취소의 신청서에는 1만원 상당의 인지를 붙여야 하고, 임시의 지위를 정하기 위한 가처분의 신청 및 그에 대한 이의 또는 취소의 신청은 상한액을 50만원으로 하여 그 본안의 소에 따른 인지액의 1/2에 해당하는 인지를 붙여야 한다(민사소송등 인지법 9조 2항).

② 송달료의 예납

송달료는 당사자의 수에 3회분을 곱한 금액을 예납하여야 한다. 예를 들어 당사자가 2인인 경우 송달료는 금 31,200원(=2명×3회분×5,200원)이다.

③ 등록세 및 등기신청수수료

등기나 등록이 필요한 보전처분(토지, 건물 등에 대한 보전처분)을 신청하는 경우에는 등록세(청구금액의 2/1,000)와 지방교육세(납부하여야 할 등록세액의 20/100)를 납부한[8] 영수필통지서 2매를 신청서에 첨부하고 등기의 목적 및 부동산의 개수 등에 상응하는 등기신청수수료(부동산 1개당 3,000원)를 수입증지로 납부하여야 한다.

④ 목적물의 목록

실무상으로는 가압류 또는 가처분의 결정은 정형화된 양식을 사용하고 있기 때문에 가압류 또는 가처분할 목적물의 목록은 따로 작성하여 신청서 말미에 첨부하는 것이 보통인데 이때에는 원본 또는 정본작성의 수만큼(등기 등의 촉탁이 필요하면 그 촉탁서 수만큼을 더해서)을 더 제출하도록 함이 관례이다.

〈별지〉

1동의 건물의 표시 : 서울특별시 ○○구 ○○동 ○○ ○○아파트 ○○동
전유부분의 건물의 표시
　　　　　건물의 번호 : 103-2-202
　　　　　구　　　　조 : 철근콘크리트조
　　　　　면　　　　적 : 2층 202호 87.98㎡
대지권의 표시
　　　　　토지의 표시 : 1. 서울특별시 ○○구 ○○동 ○○
　　　　　대지권의종류: 1. 소유권대지권
　　　　　대지권의비율: 1012분의 56.478

---

⑤ 담보 제공.

법원에서 가압류결정을 할 경우에는, 부당한 가압류로 인하여 채무자가 입을 손해를 담보하기 위하여 통상 담보의 제공을 그 조건으로 하고 있는데, 채권자는 그 조건에 따라 현금공탁이나 공탁보증보험증권을 제출하여야 한다. 유체동산가압류의 경우에는 현금공탁이 나오는 경우가 많다.

---

8) 청구금액에 × 0.0024를 곱한 금액을 납부하면 된다.

담보의 제공		
1. 담보의 목적 및 종류 : 보증보험증권 〉 현금 〉 유가증권		
2. 담보금액 산정기준		

유형	목적물	담보액 계산식
가압류	부동산, 자동차	청구금액의 1/10
	유체동산	청구금액의 4/5(절반 현금)
	채권	청구금액의 2/5 (임금, 영업자예금 : 절반 현금)
처분금지가처분	부동산	목적물가액의 1/10
	유체동산	목적물가액의 1/3
	채권	목적물가액의 1/5
점유이전금지가처분	부동산	목적물가액의 1/20
	유체동산	목적물가액의 1/5
임시지위 가처분		사건 따라(대체로 보증보험)

⑥ 가압류 신청 진술서

한편 가압류를 신청하는 경우 채권자는 법원창구에 비치되어 있는 가압류신청 진술서를 작성하여 이를 가압류신청서에 첨부하여 제출한다. 가압류 신청 진술서에는 가압류신청의 피보전권리, 보전의 필요성, 본안소송 및 중복가압류에 관한 일정한 질문이 기재되어 있는데, 채권자는 위 질문에 대하여 사실대로 답변을 기재하여야 한다. 가압류신청 진술서는 채권자나 채권자 대리인만이 날인 또는 서명할 수 있다. 만일 가압류를 신청할 때 가압류신청 진술서를 첨부하지 아니하거나 고의로 진술 사항을 누락하거나 허위로 진술한 내용이 발견된 경우에는 특별한 사정이 없는 한 보정명령 없이 신청을 기각할 수 있다. 이는 가압류 신청서에 소정의 답변이 기재된 소명서 또는 진술서를 첨부하도록 함으로써 보전처분 발령 전 심리를 용이하게 하고 보전처분 신청의 남용을 억제하기 위한 것이다.

⑦ 위임장, 법인등기부등본 등

소장의 경우와 같이 대리인 또는 대표자의 자격을 증명하는 서면(위임장, 법인등기부등본 등)을 첨부하여야 한다.

⑧ 신청서 부본

보전소송은 필수적 변론에 의하는 것이 아니므로 일반적으로 신청서부본을 제출할 필요가 없으나 상대방이 출석하는 신문이나 변론을 열어 심리하는 경우에는 이를 제출하여야 한다.

11) 작성한 날짜

2024년 ○월 ○일로 작성날짜를 표시한다.

12) 당사자 또는 대리인의 기명날인 또는 서명

13) 법원의 표시

그 신청이 관할권 있는 법원에 제대로 신청되었는지를 심사하기 위하여 법원을 표시할 필요가 있다.

3. 신청의 접수

(1) 접수처리

보전처분의 신청·접수 등의 절차는 일반소송사건에 준용한다. 서류에 흠이 있는 경우 접수담당자는 제출자에게 보정을 촉구한다.

(2) 신청의 병합·변경

보전절차에서도 병합이나 변경의 요건만 갖추면 처음부터 신청을 주관적·객관적으로 병합하여 신청할 수 있고 일단 신청한 후에 이를 변경할 수도 있다9). 객관적 병합에서는 예비적·선택적 병합도 가능하다.

(3) 신청의 대위

채권자는 채무자를 대위하여 그의 제3채무자에 대한 채권을 행사할 수 있으므로 보전처분의 신청도 대위하여 할 수 있다(대판 1958. 5. 29. 4290미상735). 가압류와 다툼의 대상에 관한 가처분의 신청은 물론이고 임시의 지위를 정하는 가처분의 신청도 대위할 수 있다. 채권자가 채무자를 대위하여 보전처분 신청을 한 경우에 이와 같은 사실을 채무자가 알게 된 후에는 채무자는 자기채권을 처분하거나 행사 할 수 없다(대판 2007. 6. 28. 2006다85921).

(4) 신청의 효과

1) 심리의 개시

보전처분의 신청은 먼저 법원으로 하여금 그 신청에 대한 심리를 개시하여 그 인용 여부의 재판을 하여야 할 의무를 부담시킨다.

---

9) 민사소송법의 개정으로 주관적 예비적·주관적 선택적 병합이 본안소송에서 허용되었지만 보전소송에서도 이를 허용할 경우 추후 본안소송에서 채무가 있다고 확정된 당사자와 집행이 보전된 당사자가 다를 염려가 있으므로 허용되지 않는다고 보는 것이 옳을 것이다. 주관적 예비적·주관적 선택적 병합으로 보전처분을 신청한 경우 보정명령을 통하여 단순병합으로 변경하도록 한 후 두 채무자에게 모두 보전명령을 하는 것이 타당할 것이다.

2) 중복신청의 금지

보전처분의 신청이 있으면 소의 제기에 준하여 보전사건의 계속이 생기게 되며 그 결과로서 중복된 소제기 금지 규정(민소 259조)이 준용되어 중복신청이 금지된다.

3) 시효의 중단

그 밖에 보전처분의 신청은 시효의 중단 등 실체법상의 효과가 있다.

(5) 신청의 취하

1) 서면주의

절차의 안전성과 명확성을 기하기 위하여 보전처분신청의 취하는 서면에 의하여 하고 다만 변론기일 또는 심문기일에서는 말로 할 수 있다(규칙 203조의2). 신청취하서에는 인지를 붙일 필요가 없다.

2) 상대방의 동의 여부

보전명령을 발한 후의 신청취하에 관하여 민사소송법 266조 2항을 준용하여 상대방의 동의를 얻어야 하는 가에 관하여는 논의가 있으나 보전소송은 변론을 열고 재판하여 확정이 되더라도 통상의 소송과 같은 실체적 확정력이 없으므로 소의 취하에서와는 달리 상대방의 동의를 받을 필요가 없다는 통설이다.

3) 시 기

보전명령이 일단 발하여진 후에도 보전명령 자체가 취소되어 있지 않는 한 그 집행여부에 관계없이 어느 단계에서든 신청의 취하는 가능하다.

Ⅱ. 보전처분의 집행

1. 강제집행 규정의 준용

가압류의 집행에 관하여는 292조 이하 및 조문의 특칙이 있는 것을 제외하고는 강제집행에 관한 규정을 준용한다(민집 291조). 가처분의 집행에 관하여도 같다(민집 301조). 그러므로 보전처분의 성질에 반하지 않고 특칙에서 따로 규정되어 있지 않는 한 보전처분의 집행에 관하여는 강제집행에 관한 규정이 모두 준용된다고 보아도 좋다.

2. 집행기관

집행기관은 강제집행의 경우와 같다. 따라서 유체동산의 가압류, 동산 또는 부동산 인도청구의 가처분, 채무자의 점유해제·집행보좌관의 가처분 등은 집행관이 이를 집행한다. 부동산, 선박, 항공기, 자동차 건설기계, 채권과 그 밖의 재산권에 대한 가압류와 처분금지가처분 등은 집행법원이 집행기관이 된다. 다만 선박·항공기의 경우 선박국적증서 등을 제출하는 방법에 의하여 집행하는 경우를 제외하고는 발령법원이 곧 집행법원이 된다(293조 2항)는 점은 강제집행의 경우와 다르다.

집행관실

3. 집행기간 도과의 효과

집행기간이 지나면 그 보전처분은 집행력을 잃는다. 따라서 채권자는 새로운 보전처분의 신청을 하여 재판을 받아야 집행이 가능하다. 집행기간이 지났는데도 집행을 하면 위법한 집행으로서 채무자는 집행에 관한 이의로 구제 받을 수 있다. 채권자가 임의로 가압류의 집행을 해제한 경우에도 그 명령만은 존속하고 있으므로 집행기간 내라면 다시 집행에 착수할 수 있다. 그러나 집행기간이 도과 하였다 하여 보전처분 자체의 효력이 상실되는 것은 아니므로 채무자가 보전처분 자체의 효력을 없애려면 보전처분에 대한 이의신청 또는 사정변경에 따른 취소신청을 하여야 한다.

보전처분의 집행시 주의사항

1. 집행기간 : 14일 이내에 집행에 착수해야

  1) 가압류
    ① 집행기관이 법원(부동산, 채권) : 자동
    ② 집행기관이 집행관(유체동산) : 집행위임해야
  2) 가처분
    ① 작위가처분 : 대체집행, 간접강제 신청을 해야
    ② 부작위가처분 : 간접강제 신청시 집행기간 제한 규정 준용×

2. 채권가압류 - 제3채무자 진술최고신청

  1) 진술최고 신청의 시기 : 가압류신청시 또는 가압류명령의 발송 전
  2) 제3채무자가 불응하는 경우 : 독촉 → 심문신청

4

제5절 각종 가압류의 구체적 절차

Ⅰ. 부동산에 대한 가압류

1. 의 의

가압류는 채권자가 채무자에 대하여 금전채권 또는 금전으로 환산할 수 있는 채권(손해배상채권, 부당이득반환채권 등)을 가지고 있는 경우에, 이에 대한 장래의 집행을 보전하기 위하여 미리 채무자의 재산을 동결시켜 채무자가 이를 처분하지 못하도록 하는 절차를 말한다(민집 276조). 가압류에는 집행하고자 하는 채무자의 재산의 종류에 따라 부동산가압류, 자동차가압류, 채권가압류, 유체동산가압류, 기타 재산권의 가압류가 있는데 이중 부동산은 보전처분으로서 가치가 가장 클 뿐만 아니라 누구나 쉽게 등기부등본을 통해 채무자 소유의 부동산을 확인할 수 있어 채권자에게 중요한 보전처분의 대상이 된다.

2. 부동산 가압류 신청

부동산가압류를 신청함에는 일반적인 인지 및 송달료 외에 등기촉탁에 필요한 등록세, 지방교육세와 담보제공, 등기신청수수료를 납입하여야 한다. 또 **신청서** 1부에 정본작성과 등기촉탁서 작성에 필요한 수(보통 5부)의 **부동산목록**을 같이 제출하도록 하는 것이 실무이다. **소명자료**(차용증 각서 등) 사본 1부, **부동산등기부등본** 1부, **가압류신청진술서** 1부. 당사자가 법인인 경우 **법인등기부등본** 1부, 대리인이 신청하는 경우에는 **위임장**도 같이 낸다.

(1) 가압류신청서를 작성한다

① 부동산가압류신청서에는 당사자의 표시, 신청의 취지, 청구채권의 표시, 신청의 이유, 법원의 표시, 소명방법의 표시, 연월일의 표시를 하고, 당사자가 기명날인하여야 한다. 당사자의 전화번호도 적당한 곳에 기재하도록 한다.

② **청구채권의 표시란**에는 청구채권의 종류와 청구금액을 표시하되, 청구채권이 일정한 금액이 아닌 경우에는 금액으로 환산하여 적는다.

③ **가압류할 목적물의 표시란**은 가압류의 대상이 되는 물건을 표시하는 란인데, 그 목적물의 표시가 긴 경우에는 별지를 이용하여 표시하도록 한다. 그 표시방법에 대하여는, 부동산가압류의 경우에는 등기부등본상의 표제부를 그대로 옮겨 적으

면 되고, 자동차가압류의 경우에도 자동차등록원부상의 자동차의 표시를 그대로 옮겨 적으면 된다(단, 자동차등록원부상의 갑구 사본으로 대체가능). 채권가압류의 경우에는 채무자가 제3채무자에 대하여 가지는 채권의 종류와 채권자의 청구금액을 적으면 된다. 유체동산가압류의 경우에는 목적물을 특정할 수 없기 때문에 목적물의 표시는 기재하지 아니한다.

④ 신청서가 여러장일 경우에는 장과 장 사이에 채권자의 도장 등으로 간인을 하여야 한다. 채권자가 2인 이상인 경우 간인은 그 중 1인만 하여도 된다.

(2) 수수료를 납부한다

① 인지는 10,000원이며 '현금납수서' 방식으로 납부하는데 법원 내 은행이나 신한은행에서 납부할수 있다.

② 송달료는 3회분(당사자의 수×3회)을 납부하여야 하는데, 2인 기준으로 31,200원(5,200원×3회×2인)이다. 법원구내 은행에 비치되어 있는 '송달료납부서'에 관할법원, 채권자의 성명·주소, 환급받을 은행계좌번호를 기재하고 납부한 다음 법원제출용 납부서(인지납부서도)를 표지 뒷면에 호치킷 등으로 고정해서 제출하면 된다.

(3) 담보를 제공한다

① 법원에서 가압류결정을 할 경우에는, 부당한 가압류로 인하여 채무자가 입을 손해를 담보하기 위하여 통상 담보의 제공을 그 조건으로 하고 있는데, 채권자는 그 조건에 따라 현금공탁이나 공탁보증보험증권을 제출하여야 한다. 유체동산가압류의 경우에는 현금공탁이 나오는 경우가 많다.

② 임금채권에 기하여 가압류를 하고자 하는 경우에는, 노동청에서 **무공탁가압류협조의뢰서**를 교부받아 첨부하면, 무담보로 가압류결정이 나오는 경우도 있다(단, 법원의 재량임).

③ 신청서와 함께 보증보험증권을 제출하는 경우를 '**선담보제공**'이라고 한다. 선담보제공을 하는 경우에는 곧바로 가압류 인용결정을 하지만 일반적으로는 선담보제공을 하지 않고 신청서를 제출하므로 접수 후 법원에서 담보제공명령이 내리면 이때 인근의 서울보증보험(주) 등에 방문하여 명령서를 제시하고 비용을 주고 **보증보험증권**[10)을 발부한 다음 그 이행증서를 신청계에 제출하면 된다. 이러한 보증보험증권을 처리해 주는 대리점은 법원 인근에서 쉽게 찾아볼 수 있다.

---

10) 가압류신청을 위해 법원에 담보액을 현금으로 납부하는 대신 보증보험회사에서 신청인이 소액의 보증보험료를 부담하는 조건으로 보증보험회사가 담보제공의 보증을 한다는 '지급보증위탁계약체결문서'를 말한다.

담보제공 공탁금의 기준

	부동산	채권	유체동산	자동차
담보제공액	1/10	2/5	4/5	1/10
제공방법	보험증권 또는 현금공탁	보험증권 또는 현금공탁 다만 임금영업자예금의 경우 1/5, 1/5증권으로 가능하다	2/5 현금공탁, 증권가능	보험증권 또는 현금공탁
선담보	가능	가능 다만 임금영업자예금은 불가	불가	가능

(4) 가압류신청진술서를 작성하여 첨부한다

가압류신청진술서제도는 가압류결정을 보다 엄격하게 하겠다는 목적으로 2003년 11월 1일부터 도입된 제도이다. 가압류신청진술서는 양식에 맞추어 작성하면 되는데, 가압류신청진술서를 허위로 작성한 경우에는 가압류신청이 기각될 수도 있다. 다만, 법원에서 이러한 가압류신청진술서의 허위작성 여부를 검증할 여력은 없기 때문에, 이에 다소 허위의 내용이 기재되어 있다 하더라도 대부분 가압류결정이 이루어지고 있는 것이 현실이다.

(5) 부동산가압류·자동차가압류를 신청하려면, 그 소재지의 시·군·구청에 가서 등록세(교육세)를 납부하여야 한다

① 부동산가압류를 신청하려면, 채권자는 부동산소재지를 관할하는 시·군·구청에 가서 등록세 및 교육세를 납부하고, 그 영수필증을 법원에 제출하여야 한다. 등록세는 가압류할 금액의 2/1,000(0.2%)이고, 교육세는 등록세액의 20/100(20%)이다. 등록세액이 3,000원 미만인 경우에는 3,000원을 납부하여야 한다.

② 또한 부동산 1개당 3,000원의 등기신청수수료를 납부하여야 한다(종전 증지로 납부하던 방식은 현재 현금납부 방식으로 변경되었다).

(6) 소명방법 및 첨부서류

소명방법 및 첨부서류는 신청서상의 첨부서류란 기재 순서대로 자료의 사본을 신청서 다음에 첨부하면 된다. 소명방법은 번호로 특정을 하는데 채권자가 제출하는 문서에는 소명의 '소'를 사용하여 '소갑제1호증' '소갑제2호증'으로 순서대로 특정하면 된다.

(7) 관할법원 신청계에 접수

가압류 사건은 가압류할 **물건의 소재지를 관할하는 법원**이나 **본안의 관할법원**이 관할한다. 본안의 관할법원이란 본안으로 삼을 법원을 말한다. 본안소송이 제기되지 않았더라도 본안을 제기할 경우인 채권자 또는 채무자 주소지 관할법원을 의미하므로 **채권자 또는 채무자 주소지 법원**에 제출할 수 있다

[서식] 부동산가압류신청서

표지-앞면

부동산가압류신청

채 권 자   김 ○ ○

채 무 자   이 ○ ○

청구금액	20,000,000원
인지대	10,000원
송달료	30,600원
수입증지	6,000원
등록 · 교육세	51,000원

○○**지방법원**   **귀중**

표지-뒷면

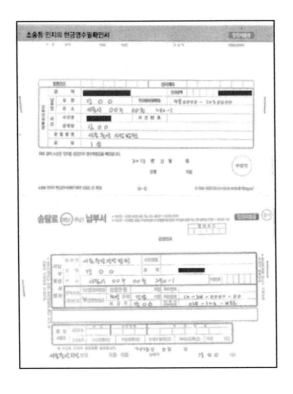

부동산가압류신청

채 권 자   김 ○ ○(671131-17○○○○○)

서울시 ○○구 ○○로 ○○ (T.010-123-456)

채 무 자   이 ○ ○(752031-1465○○○)

서울시 ○○구 ○○로 ○○

청구채권의 표시

금 20,000,000원

피보전권리의 요지

  임차보증금반환 청구채권

가압류할 부동산의 표시

  별지목록 부동산 표시와 같음

신 청 취 지

채권자가 채무자에 대하여 가지는 위 청구채권 표시의 채권의 집행을 보전하기 위하여 채무자 소유의 별지목록 기재의 부동산을 가압류한다.

라는 재판을 구합니다.

신 청 이 유

1. 채권자는 20○○. 3. 30. 서울시 ○○구 ○○동 ○○ 소재 채무자 소유의 상가건물에 임차보증금 금 20,000,000원, 기간 24개월(만기 20○○. 3. 30)로 하는 임대차계약을 체결한 후, 위 임차보증금 전액을 지급하고 입주하여 현재까지 학원을 운영해 오고 있는 사실이 있습니다.

2. 그런데 채권자는 위 임대차기간이 만료되어 다른 곳으로 이사하기 위하여 채무자에 대하여 위 임차보증금의 반환을 청구하였으나 채무자가 이에 응하지 않고 있어, 채권자는 장차 채무자를 상대로 위 임차보증금반환 청구의 소를 준비하고 있으나, 채무자의 재산이라고는 별지목록 기재의 부동산 밖에 없고, 따라서 채무자가 이를 언제 처분하여 버릴지 모르며, 이 재산이 처분되어 버린다면 채권자가 소송에서 승소하더라도 집행할 수 없는 사태가 우려되어 이를 보전하기 위하여 이 건 신청을 하기에 이르렀습니다.

3. 지급보증보험위탁계약체결문서의 제출에 의한 담보제공의 허가신청
   민사소송규칙 제22조에 의거 채권자는 지급보증위탁계약체결문서의 제출에 의한 담보제공으로 하여 주실 것을 허가하여 주시기 바랍니다.

소 명 방 법

1. 소갑제1호증   임대차계약서 사본
1. 소갑제2호증   부동산등기부등본
1. 소갑제3호증   내용증명우편

첨 부 서 류

1. 위 소명서류   각 1통
1. 가압류신청진술서   1통
1. 부동산 목록   5통
1. 납부서   1통

20○○.   4.   .
위 채권자 김 ○ ○   (인)

○○**지방법원**   **귀중**

〈별지〉

가압류할 부동산의 표시

1. 서울특별시 ○○구 ○○로 ○○   대 305㎡
2. 위 지상 세면블록조 기와집 단층 단독주책
    1층 180㎡

[첨부서류] 가압류신청 진술서

가압류신청 진술서

채권자는 가압류 신청과 관련하여 다음 사실을 진술합니다. 다음의 진술과 관련하여 고의로 누락하거나 허위로 진술한 내용이 발견된 경우에는, 그로 인하여 보정명령 없이 신청이 기각되거나 가압류이의절차에서 불이익을 받을 것임을 잘 알고 있습니다.

20○○. ○. .

채권자 <u>김 ○ ○</u> (날인 또는 서명)

※ 채무자가 여럿인 경우에는 각 채무자별로 따로 작성하여야 합니다.

◇ 다 음 ◇

1. 피보전권리(청구채권)와 관련하여

가. 채무자가 신청서에 기재한 청구채권을 인정하고 있습니까?

    ☑ 예

    □ 아니오 → 채무자 주장의 요지 :

    □ 기타 :

나. 채무자의 의사를 언제, 어떠한 방법으로 확인하였습니까? (소명자료 첨부)
20○○. ○. ○○. 임대차계약서(소갑제1호증)

다. 채권자가 신청서에 기재한 청구금액은 본안소송에서 승소할 수 있는 금액으로 적정하게 산출된 것입니까? (과도한 가압류로 인해 채무자가 손해를 입으면 배상하여야 함)

    ☑ 예   □ 아니오

2. 보전의 필요성과 관련하여

가. 채권자가 채무자의 재산에 대하여 가압류하지 않으면 향후 강제집행이 불가능하거나 매우 곤란해질 사유의 내용은 무엇입니까?

채무자는 별지목록 기재 부동산 이외에는 별다른 담보가치 있는 재산이 없어 부동산을 가압류하여 두지 않으면 후일 강제집행에 어려움이 예견됩니다.

나. 채권자는 신청서에 기재한 청구채권과 관련하여 공정증서 또는 제소전화해조서가 있습니까? **없습니다**

다. 채권자는 신청서에 기재한 청구채권과 관련하여 취득한 담보가 있습니까?

없습니다

있다면 이 사건 가압류를 신청한 이유는 무엇입니까?

라. [채무자가 (연대)보증인인 경우] 채권자는 주채무자에 대하여 어떠한 보전조치를 취하였습니까?

마. [다수의 부동산에 대한 가압류신청인 경우] 각 부동산의 가액은 얼마입니까? (소명자료 첨부)

바. [유체동산 또는 채권 가압류신청인 경우] 채무자에게는 가압류할 부동산이 있습니까?

　　□ 예　　　□ 아니오 → 채무자의 주소지 소재 부동산등기부등본 첨부

사. ["예"로 대답한 경우] 가압류할 부동산이 있다면, 부동산이 아닌 유체동산 또는 채권 가압류신청을 하는 이유는 무엇입니까?

　　□ 이미 부동산상의 선순위 담보 등이 부동산가액을 초과함 → 부동산등기부등본 및 가액소명자료 첨부

　　□ 기타 사유　→ 내용 :

아. [유체동산가압류 신청인 경우]

　① 가압류할 유체동산의 품목, 가액은?

　② 채무자의 다른 재산에 대하여 어떠한 보전조치를 취하였습니까? 그 결과는?

3. 본안소송과 관련하여

가. 채권자는 신청서에 기재한 청구채권과 관련하여 채무자를 상대로 본안소송을 제기한 사실이 있습니까?

　　□ 예　　☑ 아니오

나. ["예"로 대답한 경우]

　① 본안소송을 제기한 법원·사건번호·사건명은?

　② 현재 진행상황 또는 소송결과는?

다. ["아니오"로 대답한 경우] 채권자는 본안소송을 제기할 예정입니까?

　　☑ 예 → **본안소송 제기 예정일 : 20○○. ○월중으로 제기할 예정입니다**

　　□ 아니오 → 사유 :

4. 중복가압류와 관련하여

가. 채권자는 신청서에 기재한 청구채권(금액 불문)을 원인으로, 이 신청 외에 채무자를 상대로 하여 가압류를 신청한 사실이 있습니까? (과거 및 현재 포함)

　　　□ 예　　　☑ 아니오

나. ["예"로 대답한 경우]

　　① 가압류를 신청한 법원·사건번호·사건명은?

　　② 현재 진행상황 또는 결과(취하/각하/인용/기각 등)는? (소명자료 첨부)

다. [다른 가압류가 인용된 경우] 추가로 이 사건 가압류를 신청하는 이유는 무엇입니까? (소명자료 첨부)

■ 작성 · 신청방법

(1) 신청서 작성

신청서 1부에 정본작성과 등기촉탁서 작성에 필요한 수(보통 5부)의 **부동산목록**을 같이 제출하도록 하는 것이 실무이다. **소명자료**(차용증 각서 등) 사본 1부, **부동산등기부등본** 1부, **가압류신청진술서** 1부. 당사자가 법인인 경우 **법인등기부등본** 1부, 대리인이 신청하는 경우에는 **위임장**도 같이 낸다.

(2) 인지·송달료

　① 인지는 10,000원이며 '현금납수서' 방식으로 납부하는데 법원 내 은행이나 신한은행에서 납부할 수 있다

　② 송달료는 3회분(당사자의 수×3회)을 납부하여야 하는데, 2인 기준으로 31,200원(5,200원×3회×2인)이다.

(3) 가압류신청진술서

　가압류신청진술서는 양식에 맞추어 작성하면 된다.

(4) 담보를 제공

　법원에서 가압류결정을 할 경우 채권자는 그 조건에 따라 현금공탁이나 공탁보증보험증권을 제출하여야 한다. 통상 신청당시에는 인지, 송달료만을 납부하고 법원에서 담보제공명령이 나오면 보증보험회사 등을 통해 보증보험이나 현금공탁을 하면 된다.

(5) 등록세(교육세) 납부

　부동산소재지를 관할하는 시 · 군 · 구청에 가서 등록세 및 교육세를 납부하고, 그 영수필증을 법원에 제출 한다. 등록세는 가압류할 금액의 2/1,000(0.2%)이고, 교육세는 등록세액의 20/100(20%)이다.

(6) 등기신청 수수료

　부동산 1개당 3,000원의 등기신청 수수료를 납부하여야 하는데 종전 증지로 납부하던 것을 2013. 5.1.부터는 현금납부하고 있다 신한, 농협, 우체국에서 현금으로 납부한 다음 은행으로부터 받은 현금영수필확인서 및 통지서를 첨부하면 된다.

(7) 관할법원 신청계에 접수

　가압류할 물건의 소재지를 관할하는 법원 또는 본안의 관할법원 신청계에 접수한다. 본안의 관할법원이란 본안으로 삼을 법원을 말하므로 본안소송이 제기되지 않았더라도 본안을 제기할 경우인 채권자 또는 채무자 주소지 법원에 제출할 수 있다

3. 부동산 가압류 집행절차

부동산 가압류는 가압류재판에 관한 사실을 등기부에 기입하는 방법으로 집행한다(민집 293조 1항). 부동산가압류의 집행법원은 가압류 재판을 한 법원이 되나 가압류등기는 법원사무관 등이 촉탁한다(민집 239조 3항). 법원이 집행법원이 되는 부동산가압류에서는 보전처분 신청시에 그 인용재판에 대한 집행신청도 한 것으로 보아 따로 집행신청을 하지 않더라도 집행에 착수한다. 즉 부동산등기부등본 갑구란에 가압류취지가 기재되므로 채권자는 가압류 결정이 된 후 2~3일 후에 관할법원 등기소나 인터넷등기소를 통해 부동산등기부등본을 열람하여 가압류등기가 되어있는 것을 확인해 볼 수 있다.

[서식] 부동산가압류가처분된 부동산등기부등본

【갑 구】		(소유권에 관한 사항)		
순위번호	등기목적	접수	등기원인	권리자 및 기타사항
1	소유권보전	2004년 5월10일		소유자 김○○ 711109-1***** 서울 ○○구○○동 ○○
2	소유권이전	2005년 7월28일 제12345호	2005년5월20일 매매	소유자 이○○ 691012-1***** 서울 ○○구○○동 ○○
3	가압류	2006년 10월20일 제5678호	2006년10월18일 서울중앙지방법원의가압류결정(2006카단1234)	청구금액 20,000,000원 채권자 주식회사 신한은행 111111-○○○○○○ 서울 ○○구 ○○동 ○○
4	가처분	2007년 4월15일	2007년4월10일 서울중앙지방법원의가처분결정(2007카단1234)	피보전권리 사해행위취소를 원인으로한소유권이전등기말소청구권 채권자 ○○○ 서울 ○○구 ○○동 ○○ 금지사항 양도, 담보권설정, 기타 일체의 처분행위 금지

【을 구】		(소유권 이외의 권리에 관한 사항)		
순위번호	등기목적	접수	등기원인	권리자 및 기타사항
1	저당권설정	2004년 8월8일 제1234호	2004년 8월8일 설정계약	청구금액 200,000,000원 채무자 김○○ 서울 ○○구 ○○동 ○○ 저당권자 주식회사 국민은행 서울 ○○구 ○○동 (○○지점)
1-1	1번저당권 가압류	2005년 10월28일 제5678호	2005년10월20일 서울중앙지방법원의가압류결정(2005카단123)	청구금액 40,000,000원 채권자 이○○ 591109-1***** 서울 ○○구 ○○동 ○○

2	전세권설정	2006년 5월20일 제789호	2006년5월10일 전세권설정	전세보증금 100,000,000원 범 위 건물의 전부 존속기간 2006 ○월 ○일부터 2008 ○월 ○일까지 전세권자 김○○ 서울 ○○구 ○○동 ○○
2-1	2번전세권 가압류	2006년 7월10일 제987호	2006년7월5일 서울중앙지방법원의가 압류결정(2006카단 456)	청구금액 50,000,000원 채권자 손○○ 701109-1***** 서울 ○○구 ○○동 ○○

4. 미등기 부동산

(1) 미등기부동산의 가압류 여부

미등기부동산의 경위 민사집행법 제81조 제1항 제2호에 의하여 즉시 채무자명의로 등기할 수 있다는 것을 증명할 서류, 즉 채무자의 소유임을 증명하는 서류(부동산등기법 제130조 제3조)와 미등기 부동산이건물인 경우에는 그 건물의 지번, 구조 면적을 증명할 서류 및 그 건물에 관한 건축허가 또는 건축신고를 증명할 서류를 첨부한다면 직권으로 채무자 명의의 소유권보존등기를 한 후 가압류등기를 기입할 수 있다.

(2) 신청절차

1) 신청

신청서 1부에 정본작성과 등기촉탁서 작성에 필요한 수(보통 5부)의 부동산목록을 같이 제출하도록 하는 것이 실무이다. 소명자료(차용증 각서 등) 사본 1부, 미등기토지에 관한 서류(채무자명의로 등기할 수 있음을 증명하는 서류로 토지대장, 소유권확인 판결, 수요증명서 등)11) 1부, 가압류신청진술서 1부. 당사자가 법인인 경우 법인등기부등본 1부, 대리인이 신청하는 경우에는 위임장, 채무자주민증등초본 1부도 같이 낸다. 신청인이 미등기건물에 대한 공적장부를 제출하는 것이 사실상 어렵기 때문에 공적장부를 주관하는 공공기관에 문서송부촉탁신청을 하거나 집행관에 의한 현황조사명령을 신청할 수 있으므로 가압류신청서와 같이 제출한다.

---

11) 미등기 건물인 경우에는 ① 건물이 채무자의소유임을 증명할 서류(실무에서는 통상 건축허가서, 건축신고서를 받고 있으며 미흡하면 건축도급계약서 등을 추가로 받고 있다), ② 건물의 지번구조면적을 증명할 서류 ③ 건축법상 사용승인을 받았는지 여부를 증명하는 서면(사용승인을 받았는지 여부만 소명하면 되고 집행대상인 미등기 건축물이 사용승인의 대상인지 여부에 대한 판단은 필요 없다).

2) 인지, 송달료

① 인지는 10,000원이며 '현금납수서' 방식으로 납부하는데 법원 내 은행이나 신한은행에서 납부할 수 있다

② 송달료는 3회분(당사자의 수×3회)을 납부하여야 하는데, 2인 기준으로 31,200원(5,200원×3회×2인)이다.

3) 가압류신청진술서

가압류신청진술서는 양식에 맞추어 작성하면 된다.

4) 담보를 제공

법원에서 가압류결정을 할 경우 채권자는 그 조건에 따라 현금공탁이나 공탁보증보험증권을 제출하여야 한다. 통상 신청당시에는 인지, 송달료만을 납부하고 법원에서 담보제공명령이 나오면 보증보험회사 등을 통해 보증보험이나 현금공탁을 하면 된다. 미등기 부동산의 가압류도 선공탁이 가능하나 미등기 부동산이 건축허가 또는 신고 된 것과 면적, 구조 등에 차이가 있거나 사회통념상 건물이라고 볼 수 없거나 소명이 부족한 경우 기각될 염려가 있으니 선공탁을 하지 않고 담보제공명령이 있을 때까지 기다리는 것이 좋다.

5) 등록세(교육세) 납부

부동산소재지를 관할하는 시·군·구청에 가서 등록세 및 교육세를 납부하고, 그 영수필증을 법원에 제출 한다. 등록세는 가압류할 금액의 2/1,000(0.2%)이고, 교육세는 등록세액의 20/100(20%)이다.

6) 등기신청 수수료

부동산 1개당 3,000원의 등기신청 수수료를 납부하여야 하는데 종전 증지로 납부하던 것을 2013. 5.1.부터는 현금으로 납부하고 있다 신한, 농협, 우체국에서 현금으로 납부한 다음 은행으로부터 받은 현금영수필확인서 및 통지서를 첨부하면 된다.

7) 관할법원 신청계에 접수

가압류할 물건의 소재지를 관할하는 법원 또는 본안의 관할법원 신청계에 접수한다. 본안의 관할법원이란 본안으로 삼을 법원을 말하므로 본안소송이 제기되지 않았더라도 본안을 제기할 경우인 채권자 또는 채무자 주소지 법원에 제출할 수 있다.

8) 공적장부 제출

채권자는 가압류신청과 동시에 문서송부촉탁이나 집행관에 의한 현황조사명령 신청으로

공공기관이나 집행관이 공적장부를 제출하면 해당 가압류 재판부에 가서 등사신청을 하고 그 서면에 호증을 부여하여 다시 재판부에 제출하면 된다.

(3) 집행

미등기부동산의 경우에는 민사집행법 81조 1항 2호에 의하여 즉시 채무자 명의로 등기할 수 있다는 것을 증명할 서류, 즉 채무자의 소유임을 증명하는 서류(부동산등기법 65조)와 미등기부동산이 건물인 경우[12])에는 그 건물의 소재와 지번·구조·면적을 증명할 서류(같은 법 40조 1항 3호) 및 그 건물에 관한 건축허가 또는 건축신고를 증명할 서류를 첨부하여야 하며 등기관은 직권으로 채무자 명의의 소유권보전등기를 한 후 가압류등기의 기입을 한다.

---

12) 미등기건물이란 건축허가 또는 건축신고를 적법하게 마치고 신축공사를 진행하여 건물의 예정된 공정이 모두 완성되었거나 또는 그 미완성 부분이 극히 경미하여 사회통념상 완성된 것과 동일시할 수 있을 정도의 공정에 달한 건물로서 다만 건축법 위반사항이 있어서 사용승인을 받지 못하고 있거나 또는 그 밖의 건축주의 사정으로 사용승인신청을 하지 아니하고 있어서 부동산 등기법 65조가 규정하는 요건을 충족하는 서류를 구비할 수 없는 건물로 한정되는 것이고 아직 건물의 예정된 공정을 완성하지 못하였고 그 미완성부분을 완성하기 위하여 상당한 기간 동안 추가적인공사가 필요한 경우에는 비록 일반 거래관념이나 사회통념상 독립한 건물로서의 형태와 구조를 갖추고 있다고 할지라도 보전처분의 대상이 되는 미등기 건물로 취급할 수 없다.

부동산가압류신청

채 권 자   김 ○ ○(671131-17○○○○○)

　　　　　서울시 ○○구 ○○로 ○○ (T.010-123-456)

채 무 자   이 ○ ○(752031-1465○○○)

　　　　　서울시 ○○구 ○○로 ○○

청구채권의 표시

　금 20,000,000원

피보전권리의 요지

　임차보증금반환 청구채권

가압류할 부동산의 표시

　별지목록 부동산 표시와 같음

신 청 취 지

채권자가 채무자에 대하여 가지는 위 청구채권 표시의 채권의 집행을 보전하기 위하여 채무자 소유의 별지목록 기재의 부동산을 가압류한다.

라는 재판을 구합니다.

신 청 이 유

1. 채권자는 20○○. 3. 30. 서울시 ○○구 ○○동 ○○ 소재 채무자 소유의 상가건물을 짓기로 하는 계약을 체결하고 공사금은 ○○○만원으로 하고 채권자가 공사비를 부담하고 현재까지 공사를 진행하고 있습니다.

2. 그런데 채권자는 위 공사가 진행되어 채무자에 대하여 위 공사대금의 지급을 청구하였으나 채무자는 일부 공사비만을 지급하고 나머지 공사비에 대해서는 응하지 않고 있어, 채권자는 장차 채무자를 상대로 위 공사대금 청구의 소를 준비하고 있으나, 채무자의 재산이라고는 별지목록 기재의 부동산 밖에 없고, 따라서

채무자가 이를 언제 처분하여 버릴지 모르며, 이 재산이 처분되어 버린다면 채권자가 소송에서 승소하더라도 집행할 수 없는 사태가 우려되어 이를 보전하기 위하여 이 건 신청을 하기에 이르렀습니다.

3. 이 사건 건물은 신축건물로서 아직 사용검사는 나지 않았지만 독립된 부동산으로서의 건물의 요건을 갖추고 있을 뿐만 아니라 현재 공정률도 95%에 달하고 있습니다.

5. 지급보증보험위탁계약체결문서의 제출에 의한 담보제공의 허가신청
민사소송규칙 제22조에 의거 채권자는 지급보증위탁계약체결문서의 제출에 의한 담보제공으로 하여 주실 것을 허가하여 주시기 바랍니다.

소 명 방 법

1. 소갑제1호증	도급계약서
1. 소갑제2호증	건축허가서
1. 소갑제3호증	부동산등기부등본
1. 소갑제3호증	공사현장사진

첨 부 서 류

1. 위 소명서류	각 1통
1. 가압류신청진술서	1통
1. 부동산 목록	5통
1. 납부서	1통

20○○. 4. .

위 채권자 김 ○ ○ (인)

○○**지방법원 귀중**

〈별지〉

가압류할 부동산의 표시

1. 서울특별시 ○○구 ○○로 ○○길 대 305㎡
2. 위 지상 세면블록조 기와집 단층 단독주택
   1층 180㎡

■ 작성·신청방법

(1) 신청

 신청서 1부에 정본작성과 등기촉탁서 작성에 필요한 수(보통 5부)의 부동산목록을 같이 제출하도록 하는 것이 실무이다. 소명자료(차용증 각서 등) 사본 1부, 미등기토지에 관한 서류(채무자명의로 등기할 수 있음을 증명하는 서류로 토지대장, 소유권확인 판결, 수요증명서 등) 1부, 가압류신청진술서 1부. 당사자가 법인인 경우 법인등기부등본 1부, 대리인이 신청하는 경우에는 위임장, 채무자주민등록초본 1부도 같이 낸다. 신청인이 미등기건물에 대한 공적장부를 제출하는 것이 사실상 어렵기 때문에 공적장부를 주관하는 공공기관에 문서송부촉탁신청을 하거나 집행관에 의한 현황조사명령을 신청할 수 있으므로 가압류신청서와 같이 제출한다.

(2) 인지,송달료

 ① 인지는 10,000원이며 '현금납수서' 방식으로 납부하는데 법원 내 은행이나 신한은행에서 납부할 수 있다
 ② 송달료는 3회분(당사자의 수×3회)을 납부하여야 하는데, 2인 기준으로 31,200원(5,200원×3회×2인)이다.

(3) 가압류신청진술서

 가압류신청진술서는 양식에 맞추어 작성하면 된다.

(4) 담보를 제공

 ① 법원에서 가압류결정을 할 경우 채권자는 그 조건에 따라 현금공탁이나 공탁보증보험증권을 제출하여야 한다. 통상 신청당시에는 인지, 송달료만을 납부하고 법원에서 담보제공명령이 나오면 보증보험회사 등을 통해 보증보험이나 현금공탁을 하면 된다. 미등기 부동산의 가압류도 선공탁이 가능하나 미등기 부동산이 건축허가 또는 신고 된 것과 면적, 구조 등에 차이가 있거나 사회통념상 건물이라고 볼 수 없거나 소명이 부족한 경우 기각될 염려가 있으니 선공탁을 하지 않고 담보제공명령이 있을 때까지 기다리는 것이 좋다.

(5) 등록세(교육세) 납부

 부동산소재지를 관할하는 시·군·구청에 가서 등록세 및 교육세를 납부하고, 그 영수필증을 법원에 제출한다. 등록세는 가압류할 금액의 2/1,000(0.2%)이고, 교육세는 등록세액의 20/100(20%)이다.

(6) 등기신청 수수료

 부동산 1개당 3,000원의 등기신청 수수료를 납부하여야 하는데 종전 증지로 납부하던 것을 2013. 5.1.부터는 현금납부하고 있다 신한, 농협, 우체국에서 현금으로 납부한 다음 은행으로부터 받은 현금영수필확인서 및 통지서를 첩부하면 된다.

(7) 관할법원 신청계에 접수

 가압류할 물건의 소재지를 관할하는 법원 또는 본안의 관할법원 신청계에 접수한다. 본안의 관할법원이란 본안으로 삼을 법원을 말하므로 본안소송이 제기되지 않았더라도 본안을 제기할 경우인 채권자 또는 채무자 주소지 법원에 제출할 수 있다.

(8) 공적장부 제출

 채권자는 가압류신청과 동시에 문서송부촉탁이나 집행관에 의한 현황조사명령 신청으로 공공기관이나 집행관이 공적장부를 제출하면 해당 가압류 재판부에 가서 등사신청을 하고 그 서면에 호증을 부여하여 다시 재판부에 제출하면 된다.

집행관에 의한 현황조사명령 신청서

사　　　건　　20○○카단 1234 부동산가압류

채 권 자　　김 ○ ○

채 무 자　　이 ○ ○

위 당사자간 귀원 20○○카단 1234호 부동산가압류 신청사건에 관하여 신청인은 민사집행법 제81조 제2항, 제3항의 규정에 따라 아래와 같이 집행관에 의한 현황조사명령을 신청합니다.

아 래

1. 조사를 촉탁할 곳
　 ○○지방법원 집행관

2. 조사할 대상물건
　 별지 목록 기재와 같음

3. 조사할 내용
　 건물의 지번·구조·면적, 조사할 건물의 지번·구조·면적이 건축허가 또는 건축신고를 증명하는 서류의 내용과 다른 때에는 그 취지와 구체적인 내역 및 건물의 도면 등

2024.　　10.　　.

위 채권자　김 ○ ○(인)

서울○○지방법원 귀중

1. 선 박

(1) 방 법

선박에 대한 가압류의 집행은 ㉠ 가압류등기를 하는 방법이나 ㉡ 선박국적증서 등을 선장으로부터 받아 법원에 제출하는 방법으로 한다. 이들 방법은 함께 사용할 수 있다(민집 295조 1항).

(2) 관 할

㉠ 가압류 등기를 하는 방법에 의한 가압류 진행은 가압류명령을 한 법원이, ㉡ 선박국적증서 등을 받아 제출하도록 명하는 방법에 의한 가압류집행은 선박이 정박하여 있는 곳을 관할하는 지방법원이 집행법원으로서 관할한다(민집 295조 2항).

(3) 절 차

㉠ 가압류등기를 하는 방법에 의하여 선박가압류를 집행하는 때에는 법원사무관 등은 그 기입등기의 촉탁을 하여야 한다(민집 295조 3항). ㉡ 선박국적증서 등을 제출하는 방법으로 가압류를 집행하는 경우에는 집행법원은 집행관에게 선박국적증서, 그 밖에 선박운행에 필요한 문서를 선장으로부터 받아 법원에 제출할 것을 명하여야 한다(민집 295조 1항). 외국선박에 대하여는 등기의 방법으로는 집행할 수 없으므로 선박국적증서를 받아 제출하는 방법으로 집행해야 할 것이다.

(4) 효 력

가압류의 효력은 원칙적으로 채무자에게 그 결정이 송달된 때 또는 가압류등기가 된 때에 생기나(민집 291조), 그 외에 집행관이 선박국적증서 등을 받은 때에도 가압류의 효력이 생긴다. 위 시기 중 가장 빠른 때에 가압류의 효력이 발생하는 것이다.

(5) 감수보존

민사집행법이 선박가압류의 집행방법에서 구 민사소송법과는 달리 정박명령을 배제하였지만 특별한 사정이 있어 선박에 대하여 감수보전의 필요가 있는 경우 집행법원은 채권자의 신청에 의하여 선박을 감수하고 보존하기 위하여 필요한 처분을 할 수 있다(민집 291조 178조 1항). 감수보전의 방법에는 제한이 없으나 실무상 주로 사용되는 것은 집행관으로 하여금 선박을 보관하게 하는 것이다.

2. 항공기

항공기에 대한 강제집행절차는 부동산, 동산, 선박에 대한 강제집행규정에 준하여 대법원 규칙으로 정하도록 하였다(민집 187조). 이에 따라 민사집행규칙은 항공기에 대한 등록이 물권변동의 효력요건인 점에서 선박등기가 대항요건이 점과 다르나 항공기도 그 성질상 이동성을 가지고 그 운항 및 보관에 전문적 지식과 기술을 요한다는 점이 선박과 유사한 점이 많은 것을 고려하여 본집행과 마찬가지로 항공기에 대한 가압류의 집행도 선박에 대한 가압류집행의 예에 따라 실시하도록 하였다(규칙 209조).

3. 자동차, 건설기계

(1) 준용규정

자동차, 건설기계에 대한 강제집행절차는 부동산, 선박, 동산에 대한 강제집행규정에 준하여 대법원 규칙으로 정한다(민집 187조). 건설기계관리법에 의하여 등록된 건설기계에 대한 가압류의 집행에 대하여는 자동차에 대한 가압류집행의 규정들을 준용한다(규칙 211조).

(2) 신 청

신청서 1부, **목록**(자동차등록원부 갑구란을 복사해 제출해도 된다) 5부, **권리증서**(차용증, 계약서 등) 사본 1부, **자동차등록원부** 1부, **가압류신청진술서** 1부, 당사자가 법인인 경우 **법인등기부등본** 1부, 대리인이 신청서를 제출하는 경우에는 **위임장** 1부를 제출한다. 보전소송은 원칙적으로 필요적 변론에 의하는 것이 아니므로 부본을 제출할 필요는 없다. 권리증서가 없더라도 소명에 갈음한 현금공탁을 하면 가압류 할 수 있다.

(3) 자동차 가압류신청서를 작성한다

① 가압류신청서에는 당사자의 표시, 신청의 취지, 청구채권의 표시, 신청의 이유, 법원의 표시, 소명방법의 표시, 연월일의 표시를 하고, 당사자가 기명날인하여야 한다. 당사자의 전화번호도 적당한 곳에 기재하도록 한다.

② **청구채권의 표시란**에는 청구채권의 종류와 청구금액을 표시하되, 청구채권이 일정한 금액이 아닌 경우에는 금액으로 환산하여 적는다.

③ 목적물인 자동차에 관한 목록은 실무상 5부 정도를 첨부한다.

④ 신청서가 여러장일 경우에는 장과 장 사이에 채권자의 도장 등으로 간인을 하여야 한다. 채권자가 2인 이상인 경우 간인은 그 중 1인만 하여도 된다.

(4) 수수료를 납부한다

① 인지는 10,000원이며 '현금납수서' 방식으로 납부하는데 법원 내 은행이나 신한 은행에서 납부할수 있다.

② 송달료는 3회분(당사자의 수×3회)을 납부하여야 하는데, 2인 기준으로 31,200원 (5,200원×3회×2인)이다. 법원구내 은행에 비치되어 있는 '송달료납부서'에 관할법 원, 채권자의 성명·주소, 환급받을 은행계좌번호를 기재하고 납부한 다음 법원 제출용 납부서(인지납부서도)를 표지 뒷면에 호치킷 등으로 고정해서 제출하면 된다.

(5) 자동차가압류를 신청하려면, 그 소재지의 시·군·구청에 가서 등록세(교육세) 를 납부하여야 한다

자동차가압류를 신청하려면, 채권자는 자동차 등록지 관할 시·군·구청에 가서 등록세 및 교육세를 납부하고, 그 영수필증을 법원에 제출하여야 한다. 등록세는 가압류할 금액 과 관계없이 1건당 7,500원이다. 건설기계의 경우에는 가압류할 금액과는 관계없이 1건 당 등록세는 5,000원이고 교육세는 1,000원이다.

(6) 담보를 제공한다

① 법원에서 가압류결정을 할 경우에는, 부당한 가압류로 인하여 채무자가 입을 손 해를 담보하기 위하여 통상 담보의 제공을 그 조건으로 하고 있는데, 채권자는 그 조건에 따라 현금공탁이나 공탁보증보험증권을 제출하여야 한다. 비용부담이 많은 현금공탁보다는 부담이 적은 보증보험증권으로 대체하는 것이 보통이다.

② 자동차의 경우 담보제공액의 기준이 가압류 청구채권액의 1/10해당액으로 보험증 권 또는 현금공탁으로 허용하고 있다.

③ 신청서와 함께 보증보험증권을 제출하는 경우를 '**선담보제공**'이라고 한다. 자동차 가압류의 경우 선공탁이 허용되므로 신청서를 제출할 때 현금공탁이나 보증보험 증권을 발급하여 제출해도 된다. 선담보제공을 하는 경우에는 곧바로 가압류 인 용결정을 하지만 일반적으로는 선담보제공을 하지 않고 신청서를 제출하므로 접 수 후 법원에서 담보제공명령이 내리면 이때 인근의 서울보증보험(주) 등에 방문 하여 명령서를 제시하고 비용을 주고 **보증보험증권**을 발부한 다음 그 이행증서 를, 현금공탁은 가압류 결정 법원 내 공탁소에 현금공탁을 한 후 그 공탁서 사본 을 신청계에 제출한다.

(7) 가압류신청진술서를 작성하여 첨부한다

가압류신청진술서는 양식에 맞추어 작성하면 된다.

(8) 소명방법 및 첨부서류

소명방법 및 첨부서류는 신청서상의 첨부서류란 기재 순서대로 자료의 사본을 신청서 다음에 첨부하면 된다. 소명방법은 번호로 특정을 하는데 채권자가 제출하는 문서에는 소명의 '소'를 사용하여 '소갑제1호증', '소갑제2호증'으로 순서대로 특정하면 된다.

(9) 관할법원 신청계에 접수

가압류 사건은 가압류할 **물건의 소재지를 관할하는 법원**이나 **본안의 관할법원**이 관할한다. 본안의 관할법원이란 본안으로 삼을 법원을 말한다. 본안소송이 제기되지 않았더라도 본안을 제기할 경우인 채권자 또는 채무자 주소지 관할법원을 의미하므로 **채권자 또는 채무자 주소지 법원**에 제출할 수 있다. 따라서 가압류할 유체동산소재지, 채권자 주소지, 채무자 주소지 관할법원 중에서 제출 가능한 법원을 선택하여 신청과에 제출한다.

[서식] 자동차등록원부

자동차등록원부(갑)					
제 호			총 면중 제 면		
자동차등록번호		형식승인번호		말소등록일	
차 명				차종	
차대번호		원동기형식		용도	
연식		색상		출처구분	
최초등록일		최초접수번호		제작연월일	
최종소유자				주민등록번호	
사용본거지(차고지)					

검사유효기간			등록사항 화인일	
점검유효기간			폐쇄일자	

순위번호		사 항 란	세대주명 및 주민등록번호	등록일자	접수번호
주등록	부기등록				
		압류등록(압류) ○○구청 세무2과 2013-10-102345 2013년 ○월자동차세 세이 1234-567 촉탁일자		2013-○-○	1234

이등본은 자동차등록원부(갑)의 기재사항과 상위 없음을 증명합니다.

2013. ○. ○.

○○시 ○○구청장 ○○○(인)

[서식] 자동차가압류신청서

표지-앞면

자동차가압류신청

채 권 자   김 ○ ○

채 무 자   이 ○ ○

청구금액	20,000,000원
인지대	10,000원
송달료	30,600원

○○지방법원   귀중

표지-뒷면

자동차가압류신청

채 권 자　김 ○ ○(671131-17○○○○○)

　　　　　서울시 ○○구 ○○로 ○○ (T.010-123-456)

채 무 자　이 ○ ○(752031-1465○○○)

　　　　　서울시 ○○구 ○○로 ○○

청구채권의 표시

금 20,000,000원

피보전권리의 요지

20○○. ○. ○.자 대여금채권

가압류할 자동차의 표시

별지목록 기재와 같음

신 청 취 지

채권자는 채무자에 대한 위 채권의 집행을 보전하기 위하여 채무자 소유인 별지목록
기재 자동차를 가압류한다.

라는 재판을 구합니다.

신 청 이 유

1. 채무자는 20○○. 3. 30. 위 채권자로부터 금 20,000,000원, 변제기 20○○.
   3. 30.로 하는 대여금 계약을 체결하였지만 변제기가 지난 현재까지 돈을 일체
   갚지 않고 있을 뿐만 아니라, 채권자의 독촉에도 일절 답변을 하지 않고 있습
   니다.

2. 위와같이 채무자가 채권자의 요구에 응하지 않고 있어, 채권자는 장차 채무자를
   상대로 위 대여금 청구의 소를 준비하고 있으나, 채무자는 다른 사람에게도 많은
   채무를 부담하고 있으므로 채무자가 현재 가압류를 하지 않으면 후일 채권자가
   소송에서 승소하더라도 집행할 수 없는 사태가 우려되어 이를 보전하기 위하여
   이 건 신청을 하기에 이르렀습니다.

3. 지급보증보험위탁계약체결문서의 제출에 의한 담보제공의 허가신청
   민사소송규칙 제22조에 의거 채권자는 지급보증위탁계약체결문서의 제출에 의
   한 담보제공으로 하여 주실 것을 허가하여 주시기 바랍니다.

소 명 방 법

1. 소갑제1호증   차용증
1. 소갑제2호증   내용증명우편

첨 부 서 류

1. 위 소명서류   각 1통
1. 가압류신청진술서   1통
1. 납부서   1통

20○○.   ○.   .
위 채권자 김 ○ ○ (인)

○○**지방법원 귀중**

목록

1. 자동차등록번호   서울 ○○가 ○○○
1. 형식 승인 번호   1-000121-0011-00056
1. 차   명   아반떼○○
1. 차 대 번 호   KHLKJHYTR78945
1. 년   식   2009년식
1. 원 동 기 형 식   G5FK
1. 최 종 소 유 자   ○○○
1. 사용본거지(차고)   서울 ○○구 ○○로 ○○

(1) 신청서 작성

신청서 1부, **목록**(자동차등록원부 갑구란을 복사해 제출해도 된다) 5부, **권리증서**(차용증, 계약서 등) 사본 1부, **자동차등록원부** 1부, **가압류신청진술서** 1부, 당사자가 법인인 경우 **법인등기부등본** 1부, 대리인이 신청서를 제출하는 경우에는 **위임장** 1부를 제출한다. 보전소송은 원칙적으로 필요적 변론에 의하는 것이 아니므로 부본을 제출할 필요는 없다.

(2) 인지,송달료, 등록세

　① 인지는 10,000원이며 '현금납수서' 방식으로 납부하는데 법원 내 은행이나 신한은행에서 납부할 수 있다

　② 송달료는 3회분(당사자의 수×3회)을 납부하여야 하는데, 2인 기준으로 31,200원(5,200원×3회×2인)이다. 자동차가압류를 신청하려면, 그 소재지의 시·군·구청에 가서 등록세(교육세)를 납부하여야 한다

　③ 자동차 등록지 관할 시·군·구청에 가서 등록세 및 교육세를 납부하고, 그 영수필증을 법원에 제출하여야 한다. 등록세는 가압류할 금액과 관계없이 1건당 7,500원이다.

(3) 가압류신청진술서

　가압류신청진술서는 양식에 맞추어 작성하면 된다.

(4) 담보를 제공

　법원에서 가압류결정을 할 경우 채권자는 그 조건에 따라 현금공탁이나 공탁보증보험증권을 제출하여야 한다. 통상 신청당시에는 인지, 송달료만을 납부하고 법원에서 담보제공명령이 나오면 보증보험회사 등을 통해 보증보험이나 현금공탁을 하면 된다.

(5) 관할법원 신청계에 접수

　가압류할 물건의 소재지를 관할하는 법원 또는 본안의 관할법원 신청계에 접수한다. 본안의 관할법원이란 본안으로 삼을 법원을 말하므로 본안소송이 제기되지 않았더라도 본안을 제기할 경우인 채권자 또는 채무자 주소지 법원에 제출할 수 있다

[서식] 건설기계 가압류신청서

표지－앞면

건설기계 가압류신청

채 권 자　　김 ○ ○

채 무 자　　이 ○ ○

청구금액	20,000,000원
인지대	10,000원
송달료	30,600원

○ ○**지방법원 귀중**

표지-뒷면

건설기계 가압류신청

채 권 자   김 ○ ○(671131-17○○○○○)

           서울시 ○○구 ○○로 ○○ (T.010-123-456)

채 무 자   이 ○ ○(752031-1465○○○)

           서울시 ○○구 ○○로 ○○

청구채권의 표시

   금 20,000,000원

피보전권리의 요지

20○○. ○. ○.자 대여금채권

가압류할 건설기계의 표시

별지목록 기재와 같음

신 청 취 지

채권자는 채무자에 대한 위 채권의 집행을 보전하기 위하여 채무자 소유인 별지목록 기재 건설기계를 가압류한다.

라는 재판을 구합니다.

신 청 이 유

1. 채무자는 20○○. 3. 30. 위 채권자로부터 금 20,000,000원, 변제기 20○○. 3. 30.로 하는 대여금 계약을 체결하였지만 변제기가 지난 현재까지 돈을 일체 갚지 않고 있을 뿐만 아니라, 채권자의 독촉에도 일절 답변을 하지 않고 있습니다.

2. 위와같이 채무자가 채권자의 요구에 응하지 않고 있어, 채권자는 장차 채무자를 상대로 위 대여금 청구의 소를 준비하고 있으나, 채무자는 다른 사람에게도 많은 채무를 부담하고 있으므로 채무자가 현재 가압류를 하지 않으면 후일 채권자가 소송에서 승소하더라도 집행할 수 없는 사태가 우려되어 이를 보전하기 위하여 이 건 신청을 하기에 이르렀습니다.

3. 지급보증보험위탁계약체결문서의 제출에 의한 담보제공의 허가신청

    민사소송규칙 제22조에 의거 채권자는 지급보증위탁계약체결문서의 제출에 의한 담보제공으로 하여 주실 것을 허가하여 주시기 바랍니다.

소 명 방 법

1. 소갑제1호증   차용증
1. 소갑제2호증   내용증명우편

첨 부 서 류

1. 위 소명서류   각 1통
1. 가압류신청진술서   1통
1. 납부서   1통

20○○.   ○.   .
위 채권자 김 ○ ○   (인)

○○**지방법원 귀중**

목록

1. 명   칭: ○○○
1. 형   식: ○○○
1. 제 조 자 명   : ○○(주)
1. 제 조 연 월 일 : 20○○. ○. ○.
1. 제 조 번 호 : 제○○호
1. 원동기의   종류 등 : ○○○
1. 사 용 본 거 지: 서울 ○○구 ○○동 ○○
1. 등록연월일 및 번호 : 20○○. ○. ○.
1. 주된 영업소의 소재 : 서울 ○○구 ○○동 ○○

■ 작성 · 신청방법

(1) 신청서 작성
신청서 1부, **목록**(등록원부 갑구란을 복사해 제출해도 된다) 5부, **권리증서**(차용증, 계약서 등) 사본 1부, **건설기계등록원부** 1부, **가압류신청진술서** 1부, 당사자가 법인인 경우 **법인등기부등본** 1부, 대리인이 신청서를 제출하는 경우에는 **위임장** 1부를 제출한다. 보전소송은 원칙적으로 필요적 변론에 의하는 것이 아니므로 부본을 제출할 필요는 없다.

2. 자동차 · 건설기계 가압류 집행절차

(1) 등록촉탁

가압류의 집행은 부동산의 경우와 같이 목적물의 등록사무 소관청에 그 가압류의 기입등록을 촉탁함으로써 행한다. 따라서 채권자는 가압류결정이 된 후 2~3일 정도 지나 관할 시 · 군 · 구청에서 자동차 · 건설기계 등록원부를 열람하거나 신청하면 가압류 되어 있는 것을 확인할 수 있다.

(2) 운행등의 허가

인도집행된 자동차등에 대하여는 영업상의 필요 그 밖의 상당한 이유가 있는 때에는 이해관계를 가진 자의 신청에 의하여 집행법원이 자동차 등의 운행을 허가할 수 있고(민집규 210조), 법원은 위 운행허가를 함에 있어서 운행의 기간, 장소, 방법 등에 관하여 적당한 조건을 붙일 수 있다. 이 운행허가결정에 대하여는 즉시항고를 할 수 있다.

(3) 목적물의 현금화

가압류한 자동차, 건설기계는 가압류의 성질상 현금화를 하지 못한다. 다만 즉시 매각하지 아니하면 값이 크게 떨어질 염려가 있거나 그 보관이 지나치게 많은 비용이 드는 경우에는 집행관은 자동차 등을 매각하여 매각대금을 공탁하여야 한다(규칙 210조 3항). 이 규정은 그 형식으로만 보면 집행관이 그 자동차를 동산집행의 절차에 의하여 매각할 수 있는 것처럼 보이기도 하지만 자동차 등은 부동산에 대한 집행의 예에 준하여 그 집행기관이 법원으로 정하여져 있으므로 위와 같은 매각 여부도 집행법원이 결정하여 부동산집행의 절차에 따라 매각하여야 할 것이다.

Ⅲ. 유체동산 가압류

1. 유체동산이란

민법상 부동산 이외의 물건을 동산이라 하고 등기할 수 없는 토지의 정착물로서 독립하여 거래의 객체가 될 수 있는 것은 유체동산이라 한다. 유가증권으로서 배서가 금지되지 아니하는 것은 유체동산으로 본다. 어음, 수표, 화물상환증, 창고증권, 선하증권, 기명주식 등의 지시증권, 국채, 지방채, 공채, 사채, 무기명증권과 무기명채권증권(승차권, 입장권) 등은 유가증권에 해당한다.

2. 유체동산 가압류 신청

(1) 신 청

유체동산가압류를 신청함에는 일반적인 인지 및 송달료 외에 담보제공을 하여야 한다. 또 **신청서** 1부에 **소명자료**(차용증 각서 등) 사본 1부, **가압류신청진술서** 1부, 채무자 주소지 **부동산등기부등본** 1부(채무자 소유가 아니더라도 첨부함), 당사자가 법인인 경우 **법인등기부등본** 1부, 대리인이 신청하는 경우에는 **위임장**도 같이 낸다.

(2) 유체동산 가압류신청서를 작성한다

① 가압류신청서에는 당사자의 표시, 신청의 취지, 청구채권의 표시, 신청의 이유, 법원의 표시, 소명방법의 표시, 연월일의 표시를 하고, 당사자가 기명날인하여야 한다. 당사자의 전화번호도 적당한 곳에 기재하도록 한다.

② **청구채권의 표시란**에는 청구채권의 종류와 청구금액을 표시하되, 청구채권이 일정한 금액이 아닌 경우에는 금액으로 환산하여 적는다.

③ 다른 가압류 신청과는 달리 별지가 없다.

④ 신청서가 여러 장일 경우에는 장과 장 사이에 채권자의 도장 등으로 간인을 하여야 한다. 채권자가 2인 이상인 경우 간인은 그 중 1인만 하여도 된다.

(3) 수수료를 납부한다

① 인지는 10,000원이며 '현금납수서' 방식으로 납부하는데 법원 내 은행이나 신한 은행에서 납부할 수 있다.

② 송달료는 3회분(당사자의 수×3회)을 납부하여야 하는데, 2인 기준으로 31,200원 (5,200원×3회×2인)이다. 법원구내 은행에 비치되어 있는 '송달료납부서'에 관할법원, 채권자의 성명·주소, 환급받을 은행계좌번호를 기재하고 납부한 다음 법원 제출용 납부서(인지납부서도 함께)를 표지 뒷면에 호치킷 등으로 고정해서 제출하면 된다.

(4) 담보를 제공한다

① 법원에서 가압류결정을 할 경우에는, 부당한 가압류로 인하여 채무자가 입을 손해를 담보하기 위하여 통상 담보의 제공을 그 조건으로 하고 있는데, 채권자는 그 조건에 따라 현금공탁이나 공탁보증보험증권을 제출하여야 한다. 유체동산가압류의 경우에는 현금공탁이 나오는 경우가 많다.

② 유체동산의 경우 담보제공액의 기준이 가압류 청구채권액의 4/5 해당액인데 이 중 1/2은 지급보증위탁계약을 체결한 문서(보증보험증권)으로 나머지 1/2은 현금공탁으로 허용하고 있다.

(5) 가압류신청진술서를 작성하여 첨부한다.

가압류신청진술서는 양식에 맞추어 작성하면 된다.

(6) 소명방법 및 첨부서류

(7) 관할법원 신청계에 접수

가압류 사건은 가압류할 **물건의 소재지를 관할하는 법원**이나 **본안의 관할법원**이 관할한다. 본안의 관할법원이란 본안으로 삼을 법원을 말한다. 본안소송이 제기되지 않았더라도 본안을 제기할 경우인 채권자 또는 채무자 주소지 관할법원을 의미하므로 **채권자 또는 채무자 주소지 법원**에 제출할 수 있다. 따라서 가압류할 유체동산소재지, 채권자 주소지, 채무자 주소지 관할법원 중에서 제출 가능한 법원을 선택하여 신청과에 제출한다.

표지-앞면

유체동산가압류신청

채 권 자　김 ○ ○

채 무 자　이 ○ ○

청구금액	20,000,000원
인지대	10,000원
송달료	30,600원

○○**지방법원**　　　**귀중**

표지-뒷면

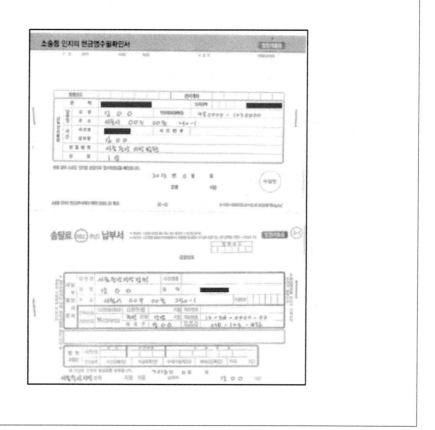

유체동산가압류신청

채 권 자   김 ○ ○(671131-17○○○○○)

          서울시 ○○구 ○○로 ○○ (T.010-123-456)

채 무 자   이 ○ ○(752031-1465○○○)

          서울시 ○○구 ○○로 ○○

청구채권의 표시

   금 20,000,000원

피보전권리의 요지

   20○○. ○. ○.자 대여금채권

신 청 취 지

채권자는 채무자에 대한 위 채권의 집행을 보전하기 위하여 채무자 소유의 유체동산을 가압류한다.

라는 결정을 구합니다.

신 청 이 유

1. 채무자는 20○○. 3. 30. 위 채권자로부터 금 20,000,000원, 변제기 20○○. 3. 30.로 하는 대여금 계약을 체결하였지만 변제기가 지난 현재까지 돈을 일체 갚지 않고 있을 뿐만 아니라, 채권자의 독촉에도 일절 답변을 하지 않고 있습니다.

2. 위와 같이 채무자가 채권자의 요구에 응하지 않고 있어, 채권자는 장차 채무자를 상대로 위 대여금 청구의 소를 준비하고 있으나, 채무자는 다른 사람에게도 많은 채무를 부담하고 있으므로 채무자가 현재 가압류를 하지 않으면 후일 채권자가 소송에서 승소하더라도 집행할 수 없는 사태가 우려되어 이를 보전하기 위하여 이 건 신청을 하기에 이르렀습니다.

3. 지급보증보험위탁계약체결문서의 제출에 의한 담보제공의 허가신청

   민사소송규칙 제22조에 의거 채권자는 지급보증위탁계약체결문서의 제출에 의한

   담보제공으로 하여 주실 것을 허가하여 주시기 바랍니다.

소 명 방 법

    1. 소갑제1호증   차용증

    1. 소갑제2호증   내용증명우편

첨 부 서 류

    1. 위 소명서류   각 1통

    1. 가압류신청진술서   1통

    1. 납부서   1통

20○○.   ○.   .

위 채권자 김 ○ ○ (인)

○○**지방법원**   **귀중**

■ 작성 · 신청방법

(1) 신청서 작성

  신청서 1부에 **소명자료**(차용증 각서 등) 사본 1부, **가압류신청진술서** 1부, 채무자 주소지 **부동산등기부등본** 1부(채무자 소유가 아니더라도 첨부함), 사자가 법인인 경우 **법인등기부등본** 1부, 대리인이 신청하는 경우에는 **위임장**도 같이 낸다.

(2) 인지,송달료

  ① 인지는 10,000원이며 '현금납수서' 방식으로 납부하는데 법원 내 은행이나 신한은행에서 납부할 수 있다

  ② 송달료는 3회분(당사자의 수×3회)을 납부하여야 하는데, 2인 기준으로 31,200원(5,200원×3회×2인)이다.

(3) 가압류신청진술서

가압류신청진술서는 양식에 맞추어 작성하면 된다.

(4) 담보를 제공
  ① 법원에서 가압류결정을 할 경우 채권자는 그 조건에 따라 현금공탁이나 공탁보증보험증권을 제출하여야 한다. 통상 신청당시에는 인지, 송달료만을 납부하고 법원에서 담보제공명령이 나오면 보증보험회사 등을 통해 보증보험이나 현금공탁을 하면 된다.
(5) 관할법원 신청계에 접수
  가압류할 물건의 소재지를 관할하는 법원 또는 본안의 관할법원 신청계에 접수한다. 본안의 관할법원이란 본안으로 삼을 법원을 말하므로 본안소송이 제기되지 않았더라도 본안을 제기할 경우인 채권자 또는 채무자 주소지 법원에 제출할 수 있다

3. 유체동산 가압류 집행절차

(1) 신청원칙

유체동산에 대한 가압류집행은 압류와 같은 원칙에 따라야 한다(민집 296조 1항). 즉 집행관에게 위임하여 집행관이 유체동산압류의 방식에 의하여 집행한다. 그 집행위임은 채권자, 채무자와 그 대리인의 표시, 가압류명령의 표시, 가압류목적물인 유체동산이 있는 장소 가압류 채권의 일부에 관하여 집행을 구하는 때에는 그 범위를 적은 서면에 가압류명령정본을 붙여서 하여야 한다(규칙 212조 1항) 그러나 가압류할 유체동산을 특정하여 기재할 필요는 없다 가압류명령에서는 채무자의 유체동산을 포괄적인 대상으로 하고 그 집행단계에서 집행관의 점유에 의하여 구체적인 집행의 대상으로 되는 유체동산이 정하여 지는 것이다.

(2) 신청절차

공탁서 1부, 가압류결정정본, 유체동산 가압류집행신청서 1부, 신청인의 도장과 신분증, 대리인이 제출할 경우에는 위임장 1부와 대리인의 도장과 신분증을 준비하여 유체동산이 있는 곳의 지방법원 집행관 사무실에 유체동산가압류 집행신청을 한다. 신청기간은 가압류 결정문을 받은 날부터 **14일** 이내에 해야 한다.
집행관 사무실에 강제집행위임 신청서가 비치되어 있으므로 이 서식에 가압류결정문의 사항과 집행장소를 기재하고 제출하면 된다.

(3) 집행비용을 예납한다

송달수수료 1,000원, 여비 29,500원, 수수료를 납부한다.

청구금액 100만원까지 45,900원
청구금액 100만원~300만원까지 50,500원
청구금액 300만원~500만원까지 60,500원
청구금액 500만원 이상 75,000원

(4) 집행절차

① 집행관 사무실에 강제집행위임 신청서가 비치되어 있으므로 이 서식에 가압류결정문의 사항과 집행장소를 기재하고 제출하면 된다. 집행관사무실에 목적물 소재지 약도 1통을 제출해야 하므로 채무자의 집을 사전에 알아두어야 한다.

② 집행관과 시간 약속을 하는데 채무자의 집 근처에서 만나기 쉬운 곳을 선택하여 사전에 집행관과 합의한 다음 바로 유체동산을 가압류 한다. 그러나 채권자의 출석이 강제되는 것은 아니다.

③ 가압류 집행은 채무자 또는 가족이나 친족의 입회가 있어야 집행이 가능하므로 채무자나 가족이 있을 때 집행해야 한다.

④ 개인사정으로 주간에 집행이 어려울 경우에는 야간 또는 휴일에도 집행허가 신청을 할 수 있다.

(5) 현금화

유체동산 가압류집행이 본압류와 다른 점은 원칙적으로 현금화할 수 없다는 것이다. 따라서 배당절차도 없다. 다만 가압류물을 즉시 매각하지 아니하면 값이 크게 떨어질 염려가 있거나(생선 채소와 같이 부패할 염려가 있는 경우 등) 그 보관에 지나치게 많은 비용이 드는 경우(동물의 사육료, 창고료가 많이 드는 경우)에는 집행관은 그 물건을 매각하여 매각대금을 공탁하여야 한다. 집행법원의 명령은 필요 없다. 이는 집행관의 의무이기도 하지만 당사자로서도 긴급히 현금화를 할 사정을 안 때에는 그 뜻을 집행관에게 알려야 할 것이다. 가압류한 물건이 금전인 경우에는 집행관이 이를 공탁하여야 한다(민집 296조 4항).

서울중앙 지방법원

강 제 집 행 신 청 서

서울중앙 지방법원   집행관사무소   집행관   귀 하

채권자	성 명	송인웅	주민등록번호 (사업자등록번호)	530602- 1067718	전화번호	010 - 4398 - 9114
					우편번호	□□□ - □□□
	주 소	김포시 고촌면 30-1				
	대리인	성명((변) 송 ○ ○) 주민등록번호(620○○ - 1449○○○)			전화번호	02 - 5○○ - ○○○0
채무자	성 명	(주)○○ 씨앤씨	주민등록번호 (사업자등록번호)		전화번호	
					우편번호	□□□ - □□□
	주 소	서울 관악구 봉천본동 ○○				

집행목적물 소재지	서울 관악구 봉천동 ○○ 3층 3호
집 행 권 원	20○○ 카단 123
집행의 목적물 및 집 행 방 법	동산압류, 동산가압류, 동산가처분, 부동산점유이전금지가처분, 건물명도, 철거, 부동산인도, 자동차인도, 기타( )
청 구 금 액	원(내역은 뒷면과 같음)

위 집행권원에 기한 집행을 하여 주시기 바랍니다.
※ 첨부서류
1. 집행권원   1통   200   .   .   .
2. 송달증명서   1통   채권자   (인)
3. 위임장   1통   대리인   (인)

※특약사항

1. 본인이 수령할 예납금잔액을 본인의 비용부담하에
   오른쪽에 표시한 예금계좌에 입금하여 주실 것을
   신청합니다.
                   채권자   (인)

예 금 계 좌	개 설 은 행	
	예 금 주	
	계좌번호	

2. 집행관이 계산한 수수료 기타 비용의 예납통지 또는 강제집행 속행의사 유무 확인 촉구를 2
   회 이상 받고도 채권자가 상당한 기간내에 그 예납 또는 속행의 의사표시를 하지 아니한
   때에는 본건 강제집행 위임을 취하한 것으로 보고 종결처분하여도 이의 없습니다.
                   채권자   (인)

주 1. 굵은 선으로 표시된 부분은 반드시 기재하여야 합니다.(금전채권의 경우 청구금액 포함).
    2. 채권자가 개인인 경우에는 주민등록번호를, 법인인 경우에는 사업자등록번호를 기재합니다.

청구금액계산서	
내　용	금　액
합　계	원
집행목적물 소재지 약도	

1. 채권 가압류 신청

(1) 신 청

채권가압류를 신청함에는 일반적인 인지 및 송달료를 납부하여야 한다. 또 **신청서** 1부에 **목록** 5부, **소명자료**(차용증 각서 등) 사본 1부, **가압류신청진술서** 1부, 채무자 주소지 **부동산등기부등본** 1부(채무자 소유가 아니더라도 첨부함), 당사자가 법인인 경우 **법인등기부등본** 1부, 대리인이 신청하는 경우에는 **위임장**도 같이 낸다. 또한 채권자는 제3채무자에게 피압류채권이 존재하는지, 존재한다면 얼마나 되는지에 알고자 하는 경우 제3채무자에게 진술하도록 명령해달라고 하는 **제3채무자에 대한 진술최고신청서**를 같이 신청하기도 한다.

(2) 채권 가압류신청서를 작성한다

① 가압류신청서에는 당사자의 표시, 신청의 취지, 청구채권의 표시, 신청의 이유, 법원의 표시, 소명방법의 표시, 연월일의 표시를 하고, 당사자가 기명날인하여야 한다. 당사자의 전화번호도 적당한 곳에 기재하도록 한다.

② **청구채권의 표시란**에는 청구채권의 종류와 청구금액을 표시하되, 청구채권이 일정한 금액이 아닌 경우에는 금액으로 환산하여 적는다.

③ 가압류할 채권을 표시한다. 다만 급여를 가압류할 경우에는 일반적으로 채무자의 급여뿐만 아니라 퇴직금도 같이 가압류하나 채무자가 공무원 또는 군인 사립학교 교원일 경우에는 그 퇴직금에 가압류할 수 없도록 법으로 금지되어 있으므로 급여에 대해서만 가압류한다는 사실을 기재하여야 한다.

④ 신청서가 여러 장일 경우에는 장과 장 사이에 채권자의 도장 등으로 간인을 하여야 한다. 채권자가 2인 이상인 경우 간인은 그 중 1인만 하여도 된다.

(3) 수수료를 납부한다

① 인지는 10,000원이며 '현금납수서' 방식으로 납부하는데 법원 내 은행이나 신한은행에서 납부할 수 있다.

② 송달료는 3회분(당사자의 수×3회)을 납부하여야 하는데, 2인 기준으로 31,200원(5,200원×3회×2인)이다. 법원구내 은행에 비치되어 있는 '송달료납부서'에 관할법원, 채권자의 성명·주소, 환급받을 은행계좌번호를 기재하고 납부한 다음 법원제출용 납부서(인지납부서도)를 표지 뒷면에 호치킷 등으로 고정해서 제출하면 된다.

③ 등록세와 등기수수료는 없다. 다만 전세권부 채권가압류나 저당권부 채권가압류는 등기부상 공시를 해야 하므로 등록교육세(3,600원) 및 증지(3,000원)를 납부하여야 한다.

(4) 담보를 제공한다

① 법원에서 가압류결정을 할 경우에는, 부당한 가압류로 인하여 채무자가 입을 손해를 담보하기 위하여 통상 담보의 제공을 그 조건으로 하고 있는데, 채권자는 그 조건에 따라 현금공탁이나 공탁보증보험증권을 제출하여야 한다. 유체동산가압류의 경우에는 현금공탁이 나오는 경우가 많다.

② 채권의 경우 담보제공액의 기준이 가압류 청구채권액의 2/5 해당액인데 지급보증위탁계약을 체결한 문서(보증보험증권)로 또는 현금공탁으로 허용하고 있다.

(5) 가압류신청진술서를 작성하여 첨부한다

가압류신청진술서는 양식에 맞추어 작성하면 된다.

(6) 소명방법 및 첨부서류

(7) 관할법원 신청계에 접수

본안의 알코올농도 진행 중이라면 **본안의 관할법원**이 관할한다. 본안의 관할법원이란 본안으로 삼을 법원을 말한다. 본안소송이 제기되지 않았더라도 본안을 제기할 경우인 채권자 또는 채무자 주소지 관할법원을 의미하므로 **채권자 또는 채무자, 제3채무자 주소지 법원**에 제출할 수 있다. 따라서 채권자 주소지, 채무자 주소지, 제3채무자 주소지 관할법원 중에서 제출 가능한 법원을 선택하여 신청과에 제출한다.

2. 제3채무자에 대한 진술최고신청

(1) 의의

채권가압류의 경우 채권자가 제3채무자에게 가압류집행을 할 때 가압류한 채권에 대해 채권자가 만족을 얻을 수 있는지 여부를 제3채무자에게 진술하도록 한 것이 제3채무자에 대한 진술최고의 신청이다(민집 237조).

(2) 신청절차

신청서는 채권가압류 신청서와 별도로 서식을 작성하여 가압류신청서와 함께 늦어도 가압류결정문이 제3채무자에게 발송되기 전에 제출할 수 있다

(3) 제3채무자의 진술13)

진술최고서를 받은 제3채무자는 1주일 이내에 서면으로 진술서를 법원에 제출하여야 하고 채권자는 후일 법원에 대하여 제3채무자의 진술서가 제출되었는지 확인을 한 후 제출되었다면 방문하여 진술서를 열람할 수 있다.

[서식] 제3채무자에 대한 진술최고 신청서

제3채무자에 대한 진술최고 신청서

채 권 자　　김 ○ ○
채 무 자　　이 ○ ○

위 당사자간 귀원 2014카단 1234호 채권가압류 신청사건에 관하여 제3채무자에게 민사집행법 제237조에 의하여 아래 사항을 진술하라는 명령을 하여 주시기 바랍니다.

아래

1. 채권을 인정하는지의 여부 및 인정한다면 그 한도
1. 채권에 대해 지급의사가 있는지의 여부 및 의사가 있다면 그 한도
1. 채권에 대해 다른 사람으로부터 청구가 있는지의 여부 및 청구가 있다면 그 종류
1. 다른 채권자에게 채권을 압류당한 사실이 있는지의 여부 및 그 사실이 있다면 청구의 종류

2015.　　10.　　.
위 채권자　김 ○ ○(인)

서울○○지방법원 귀중

---

13) 제3채무자의 진술은 단순한 사실의 진술에 불과하고 채무의 승인으로 볼 수 없어 구속력이 없다. 다만 제3채무자가 고의 과실로 허위 진술을 하여 채권자에게 손해를 입힌 경우에는 그 손해를 배상해야 한다. 게다가 제3채무자가 진술을 이행하지 않으면 법원은 직권으로 채무자를 심문할 수 있고 채권자도 심문신청을 법원에 요청할 수 있다.

(1) 신청서 제출

신청서 1부를 별도로 작성하여 가압류신청서와 함께 늦어도 가압류결정문이 제3채무자에게 발송되기 전에 제출할 수 있다. 일반적으로 가압류신청서와 동시에 제출하거나 또는 담보제공명령이 나온경우에 담보제공 과 함께 제출하고 있다.

(2) 인지,송달료

① 현재 납부규정이 삭제되어 인지는 첨부하지 않는다(종전에는 500원을 첨부하였다).

② 송달료는 송달료 우표를 호치키치로 상단에 고정하여 제출하는데 1회분(제3채무자의수×5,200원)을 납부한다. 제3채무자가 2인이면 10,400원(=5,200원×2인) 우표를 첨부하면 된다.

3. 채권 가압류 집행절차

(1) 제3채무자에 결정문 송달

1) 채권의 가압류는 제3채무자에게 채무자에 대한 지급을 금지하는 명령이 기재된 가압류재판정본을 송달함으로써 집행한다. 집행법원은 가압류명령을 한 법원이 되며(민집 296조 2항), 법원은 따로 집행신청을 기다리지 않고 가압류 발령과 동시에 제3채무자에게 정본을 송달한다.

2) 가압류결정이 제3채무자에게 송달불능 된 경우에는 채권자로부터 주소 보정을 받아 재 송달한다. 이때 채권자가 가압류의 집행기간인 2주를 지나서 주소를 보정하더라도 주소보정명령에서 정한 기간 내의 주소보정이면 집행기간의 경과 여부를 불문하고 종전 집행의 속행으로 보아 재송달하고 보정기간 안에 주소를 보정하지 않거나 재송달도 불능으로 된 경우에는 종결처리하고 있다.

(2) 압류의 범위

압류의 범위는 압류된 채권의 전액에 미치며 집행채권의 범위에 한정되는 것은 아니다. 이 같이 집행채권의 범위를 넘어서 압류효과가 미치도록 한 것은 압류가 집행채권액에 한정한다면 제3채무자에게 채무의 분할지급을 강요하는 것이 될 뿐만 아니라 다른 채권자가 배당요구를 하는 경우에는 집행채권자가 현실로 변제 받을수 있는 액수가 집행채권자보다도 작아질 가능이 있기 때문이다. 그러나 압류된 채권이 채권자의 집행채권액보다 많은 경우에는 채무자는 집행법원에 대하여 압류금액을 집행채권액으로 제한하여 줄 것을 신청 할 수 있다.

(3) 신청취하

채권에 대한 가압류집행의 신청이 취하되거나 가압류집행의 절차를 취소하는 결정이 확정된 때에는 법원사무관 등은 가압류명령을 송달받은 제3채무자에게 그 사실을 통지하여야 한다(규칙 218조). 가압류집행의 신청이 취하된 때에는 법원사무관 등은 가압류명령을 송달받은 채무자에게도 그 사실을 통지한다(규칙 16조).

(4) 가압류로부터 본압류로 전이하는 채권압류 및 추심(또는 전부)

가압류의 집행절차에서는 현금화절차를 행할 수 없으므로 채권자는 가압류 상태에서 전부명령이나 추심명령을 받을 수 없다. 따라서 채무자를 상대로 별도의 본안소송을 제기하여 판결을 받은 다음 그 집행권원을 가지고 **가압류로부터 본압류로 전이하는 채권압류 및 추심(또는 전부)**명령결정을 받아 제3채무자로부터 금전을 수령한다.

(5) 채권의 안분

신청 – 심리 – 담보 – 결정 – 집행 – 불복 – 집행취소 – 담보처리 – 해당공탁금처리

보충설명 5 : 채권의 안분

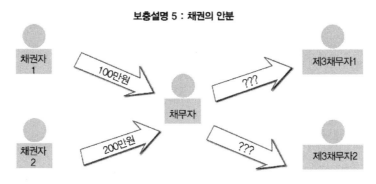

〈보충설명5 : 채권의 안분〉

원칙 : 과잉과압류를 막기 위하여 채권가압류의 경우 채권자별로, 채무자별로, 제3채무자별로 안분키로 함 [또한 제3채무자가 누구에 대하여 얼마가 가압류되는 것인지를 명확히 알 수 있도록 함]

예) 채권자1이 채무자에 대하여 100만원, 채권자2가 채무자에 대하여 200만원의 청구채권으로 채무자가 제3채무자1과 제3채무자2에 대하여 갖는 채권을 가압류하고자 하는 경우 :

제3채무자1에 대하여 가압류할 채권 : 150만원(이 중 채권자1 50만원, 채권자2 100만원

제3채무자2에 대하여 가압류할 채권 : 150만원(이 중 채권자1 50만원, 채권자2 100만원

예외 : 이미 가압류할 채권에 대하여 가압류 등이 경합된 경우, 채무자의 부도로 경합이 예상되는 경우 등

문제점 : 원칙에 따를 경우 가압류가 적게 될 가능성 있음 ⇨ 어쩔 수 없음 ⇨ 과잉/중복가압류가 아님을 채권자가 소명해야

4. 지시채권

(1) 개 요

어음이나 수표, 선하증권, 화물상환증, 창고증권 등의 지시증권에 수반하는 지시채권에 대한 가압류집행은 그 지시증권이 배서가 금지된 것인지의 여부에 따라 그 가압류방법이 다른데 배서가 금지되지 아니한 것은 유체동산으로 집행하고(민집 291조), 배서가 금지된 것은 채권집행의 방법에 따라야 한다(민집 291조). 다만 배서가 금지된 지시채권도 권리의 행사는 증권에 의하여야 하므로 집행에는 증권의 점유취득이 필수적이어서 통상 가압류명령에는 압류의 취지 및 증권의 점유명령을 기재한다.

(2) 집 행

1) 위 지시채권의 가압류에 있어서도 일반 채권가압류와 같이 제3채무자에게 정본을 송달하고 또 집행관이 증권을 점유하여야 가압류의 효력이 생긴다(대판 1976. 3. 23. 76다198). 제3채무자에 대한 송달은 발령법원이 집행법원이 되어 직접 행함이 일반 채권가압류와 같다. 증권의 점유이전은 채권자가 위 가압류명령에 의하여 집행관에게 증권의 가압류집행을 위임하여 행한다.

2) 집행관은 유체동산의 압류집행과 동일한 방법으로 채무자로부터 증권의 점유를 이전받아 보관한다. 증권을 제3자가 점유하고 있는 경우에 제3자가 제출을 거부하는 때에는 채무자의 증권인도청구권에 대하여 강제집행을 하여야 한다.

3) 가압류된 지시채권이 금전채권인 경우(**배서가 금지된 어음, 수표**)에는 추심명령 또는 전부명령의 방법에 의하여 현금화하고 그러한 명령이 없더라도 보관 중 지급기일이 도래한 경우에는 집행관이 지급제시하고 어음금등을 수령한 후 집행법원에 제출하여야 한다.

5. 각종 채권에 대한 가압류

(1) 급여 및 퇴직금 가압류

[서식] 채권 가압류신청서(급여 및 퇴직금)

표지-앞면

채권가압류신청

채 권 자 　 김 ○ ○

채 무 자 　 이 ○ ○

제3채무자 　 주식회사 ○ ○

청구금액	20,000,000원
인지대	10,000원
송달료	45,900원

○ ○ **지방법원 귀중**

표지-뒷면

채권가압류신청

채 권 자   김 ○ ○(671131−17○○○○○)

                서울시 ○○구 ○○로 ○○ (T.010−123−456)

채 무 자   이 ○ ○(752031−1465○○○)

                서울시 ○○구 ○○로 ○○

제3채무자   주식회사 ○○

                서울시 ○○구 ○○로 ○○

청구채권의 표시

금 20,000,000원

피보전권리의 요지

20○○. ○. ○.자 대여금채권

가압류할 채권의 표시

별지목록 기재와 같음

신 청 취 지

1. 채권자가 채무자에 대하여 가지는 위 청구채권의 집행을 보전하기 위하여 별지목록 기재 채권을 가압류한다.
2. 제3채무자는 채무자에 대하여 위 가압류된 채권을 지급하여서는 아니 된다.

라는 재판을 구합니다.

신 청 이 유

1. 채무자는 20○○. 3. 30. 위 채권자로부터 금 20,000,000원, 변제기 20○○. 3. 30.로 하는 대여금 계약을 체결하였지만 변제기가 지난 현재까지 돈을 일체 갚지 않고 있을 뿐만 아니라, 채권자의 독촉에도 일절 답변을 하지 않고 있습니다.

2. 위와 같이 채무자가 채권자의 요구에 응하지 않고 있어, 채권자는 장차 채무자를 상대로 위 대여금 청구의 소를 준비하고 있으나, 채무자는 다른 사람에게도 많은 채무를 부담하고 있고 별지기재 목록 채권만이 유일한 재산인 바, 채무자가 현재 가압류를 하지 않으면 후일 채권자가 소송에서 승소하더라도 집행할 수 없는 사태가 우려되어 이를 보전하기 위하여 이 건 신청을 하기에 이르렀습니다.

3. 지급보증보험위탁계약체결문서의 제출에 의한 담보제공의 허가신청

   민사소송규칙 제22조에 의거 채권자는 지급보증위탁계약체결문서의 제출에 의한 담보제공으로 하여 주실 것을 허가하여 주시기 바랍니다.

소 명 방 법

1. 소갑제1호증   차용증
1. 소갑제2호증   내용증명우편

첨 부 서 류

1. 위 소명서류   각 1통
1. 가압류신청진술서   1통
1. 납부서   1통

20○○.　○.　.

위 채권자 김 ○ ○ (인)

○○지방법원 귀중

〈별지〉

가압류할 채권의 표시

금 20,000,000원정

채무자가 제3채무자로부터 매월 지급 받을 급여(본봉, 각종 수당 및 상여금 등에서 제세공과금을 공제한 금액)에서 다음에 기재한 각 경우에 따른 압류금지금액을 제외한 나머지 금액씩 위 청구금액에 이를 때까지의 금액.

- 다　음 -

1. 월급여가 150만원 이하인 경우에는 전액
2. 월급여가 150만원을 초과하고 240만원 이하인 경우에는 150만원
3. 월급여가 240만원을 초과하고 600만원 이하인 경우에는 월급여의 2분의1
4. 월급여가 600만원을 초과하는 경우에는 300만원+[(월급여의 2분의1-300만원)/2] (단 채무자가 여러 직장을 다니는 경우 모든 급여를 합산한 금액을 월급여액으로 함) 단 위 청구금액에 이르지 아니한 사이에 퇴직, 명예퇴직 또는 퇴직금 중간정산을 할 때에는 그 퇴직금, 명예퇴직금(또는 명예퇴직수당 등) 또는 중간정산금 중 제세공과금을 공제한 잔액의 2분의 1한도 내에서 위 청구금액에 이를 때까지의 금액.

(1) 신청서 작성

신청서 1부에 **목록** 5부, **소명자료**(차용증 각서 등) 사본 1부, **가압류신청진술서** 1부, 채무자 주소지 **부동산 등기부등본** 1부(채무자 소유가 아니더라도 첨부함), 당사자가 법인인 경우 **법인등기부등본** 1부, 대리인이 신청하는 경우에는 **위임장**도 같이 낸다. 다만 신청서와 목록에서 급여가압류의 경우에는 일반적으로 채무자의 급여 뿐만 아니라 퇴직금까지도 가압류신청을 하나 채무자가 공무원 또는 군인, 사립학교 교원일 경우에는 그 퇴직금에 대하여 가압류를 할 수 없도록 법으로 금지되어 있으므로 급여에 대해서만 가압류한다는 취지를 기재하여야 한다. 만약 이를 포함하면 보정명령이 내려지므로 그 만큼 지체되므로 주의해야 한다.

(2) 인지,송달료

① 인지는 10,000원이며 '현금납수서' 방식으로 납부하는데 법원 내 은행이나 신한은행에서 납부할 수 있다

② 송달료는 3회분(당사자의 수×3회)을 납부하여야 하는데, 3인 기준으로 46,800원(5,200원×3회×3인)이다.

(3) 가압류신청진술서

가압류신청진술서는 양식에 맞추어 작성하면 된다.

(4) 담보를 제공

법원에서 가압류결정을 할 경우 채권자는 그 조건에 따라 현금공탁이나 공탁보증보험증권을 제출하여야 한다. 통상 신청당시에는 인지, 송달료만을 납부하고 법원에서 담보제공명령이 나오면 보증보험회사 등을 통해 보증보험이나 현금공탁을 하면 된다.

(5) 관할법원 신청계에 접수

본안의 알코올농도 진행 중이라면 본안의 관할법원이 관할한다. 본안의 관할법원이란 본안으로 삼을 법원을 말한다. 본안소송이 제기되지 않았더라도 본안을 제기할 경우인 채권자 또는 채무자 주소지 관할법원을 의미하므로 채권자 또는 채무자, 제3채무자 주소지 법원에 제출할 수 있다. 따라서 채권자 주소지, 채무자 주소지, 제3채무자 주소지 관할법원 중에서 제출 가능한 법원을 선택하여 신청과에 제출한다.

(6) 법원의 채권가압류 결정

법원은 채권자, 채무자, 제3채무자를 출석시키지 않고 신청서만으로 심리를 하여 신청이 이유 있으면 가압류결정을 하고 신청이 이유 없으면 기각을 한다. 가압류의 효력은 정본이 제3채무자에게 송달됨으로써 발생하므로 결정을 받은 제3채무자는 채무자에게 급여 및 퇴직금 일정액을 지급하지 못하는데 만약 지급을 하게 되면 채권자에게 대항할 수 없다. 제3채무자에게 가압류결정서류가 송달되지 않거나 받기를 거부할 경우 또한 주소나 이름이 틀려 송달이 안 된 경우에는 법원은 채권자에게 어떤 이유 때문에 송달되지 않으니 보정하라는 명령을 하면 이때 채권자는 송달이 안 됐는지를 잘 파악한 다음 보정을 이행하면 된다.

(7) 집행절차

채권자가 채무자의 급여 및 퇴직금에 가압류하게 되면 바로 제3채무자에게 가압류된 급여를 청구할 수 있는 것이 아니라 채무자를 상대로 별도의 대여금청구의 소 등을 제기하여 승소판결을 받아 집행문을 부여 받고 그 집행권원을 가지고 가압류로부터 본압류로 전이하는 채권압류 및 추심(또는 전부)명령결정을 받아 제3채무자로부터 금전을 수령한다.

(2) 임대차보증금 가압류

[서식] 채권 가압류신청서(임대차보증금)

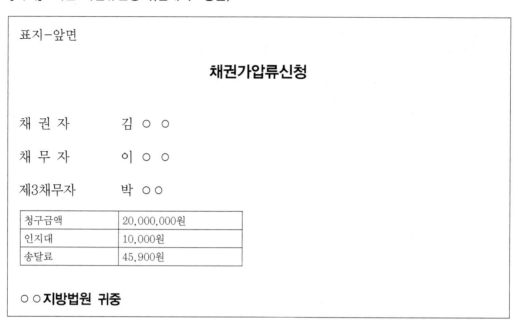

표지-앞면

채권가압류신청

채 권 자   김 ○ ○

채 무 자   이 ○ ○

제3채무자   박 ○○

청구금액	20,000,000원
인지대	10,000원
송달료	45,900원

○○**지방법원 귀중**

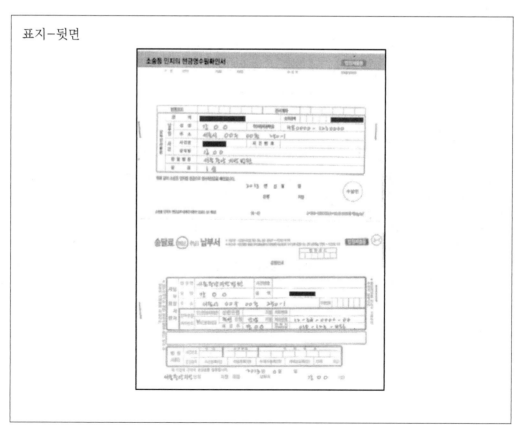

표지-뒷면

채권가압류신청

채 권 자   김 ○ ○(671131-17○○○○○)

　　　　　 서울시 ○○구 ○○로 ○○ (T.010-123-456)

채 무 자   이 ○ ○(752031-1465○○○)

　　　　　 서울시 ○○구 ○○로 ○○

제3채무자   박 ○ ○

　　　　　 서울시 ○○구 ○○로 ○○

청구채권의 표시

　금 20,000,000원

피보전권리의 요지

　20○○. ○. ○.자 대여금채권

가압류할 채권의 표시

별지목록 기재와 같음

신 청 취 지

1. 채권자가 채무자에 대하여 가지는 위 청구채권의 집행을 보전하기 위하여 별지목
　록 기재 채권을 가압류한다.
2. 제3채무자는 채무자에 대하여 위 가압류된 채권을 지급하여서는 아니된다.
라는 재판을 구합니다.

신 청 이 유

1. 채무자는 20○○. 3. 30. 위 채권자로부터 금 20,000,000원, 변제기 20○○. 3.
　30.로 하는 대여금 계약을 체결하였지만 변제기가 지난 현재까지 돈을 일체 갚지
　않고 있을 뿐만 아니라, 채권자의 독촉에도 일절 답변을 하지 않고 있습니다.

2. 위와같이 채무자가 채권자의 요구에 응하지 않고 있어, 채권자는 장차 채무자를 상대로 위 대여금 청구의 소를 준비하고 있으나, 채무자는 다른 사람에게도 많은 채무를 부담하고 있으므로 채무자가 현재 가압류를 하지 않으면 후일 채권자가 소송에서 승소하더라도 집행할 수 없는 사태가 우려되어 이를 보전하기 위하여 이 건 신청을 하기에 이르렀습니다.

3. 지급보증보험위탁계약체결문서의 제출에 의한 담보제공의 허가신청
   민사소송규칙 제22조에 의거 채권자는 지급보증위탁계약체결문서의 제출에 의한 담보제공으로 하여 주실 것을 허가하여 주시기 바랍니다.

소 명 방 법

1. 소갑제1호증　　　　　　　　차용증
1. 소갑제2호증　　　　　　　　내용증명우편

첨 부 서 류

1. 위 소명서류　　　　　　　　　　　각 1통
1. 가압류신청진술서　　　　　　　　　1통
1. 납부서　　　　　　　　　　　　　　1통

20○○.　　○.　　.
위 채권자　김 ○ ○　(인)

○○**지방법원 귀중**

〈별지〉

가압류할 채권의 표시

금 20,000,000원정

채무자가 제3채무자와 서울시 ○○구 ○○동 ○○ 101호 건물의 임대차계약을 체결하고 임대보증금으로 제공한 금원 중 위 임대차계약의 만료, 해지 또는 기타 등의 사유로 인하여 제3채무자가 채무자에게 반환하게 될 임대차보증금반환채권 중 위 채권액에 달하는 금액.

■ 작성 · 신청방법

(1) 신청서 작성
  신청서 1부에 **목록** 5부, **소명자료**(임대차계약서 등) 사본 1부, **가압류신청진술서** 1부, 채무자가 임차하여 살고 있는 **건물등기부등본** 1부, 당사자가 법인인 경우 **법인등기부등본** 1부, 대리인이 신청하는 경우에는 **위임장**도 같이 낸다. 제3채무자에게 채권자가 채권에 대한 만족을 얻을 수 있는지를 진술하도록 하려면 **제3채무자에 대한 진술최고서**도 같이 제출한다.
(2) 인지,송달료
  ① 인지는 10,000원이며 '현금납수서' 방식으로 납부하는데 법원 내 은행이나 신한은행에서 납부할 수 있다
  ② 송달료는 3회분(당사자의 수×3회)을 납부하여야 하는데, 3인 기준으로 46,800원(5,200원×3회×3인)이다.
(3) 가압류신청진술서
  가압류신청진술서는 양식에 맞추어 작성하면 된다.
(4) 담보를 제공
  법원에서 가압류결정을 할 경우 채권자는 그 조건에 따라 현금공탁이나 공탁보증보험증권을 제출하여야 한다. 통상 신청당시에는 인지, 송달료만을 납부하고 법원에서 담보제공명령이 나오면 보증보험회사 등을 통해 보증보험이나 현금공탁을 하면 된다.
(5) 관할법원 신청계에 접수
  본안의 알코올농도 진행 중이라면 본안의 관할법원이 관할한다. 본안의 관할법원이란 본안으로 삼을 법원을 말한다. 본안소송이 제기되지 않았더라도 본안을 제기할 경우인 채권자 또는 채무자 주소지 관할법원을 의미하므로 채권자 또는 채무자, 제3채무자 주소지 법원에 제출할 수 있다. 따라서 채권자 주소지, 채무자 주소지, 제3채무자 주소지 관할법원 중에서 제출 가능한 법원을 선택하여 신청과에 제출한다.
(6) 법원의 채권가압류 결정
  법원은 채권자, 채무자, 제3채무자를 출석시키지 않고 신청서만으로 심리를 하여 신청이 이유 있으면 가압류결정을 하고 신청이 이유 없으면 기각을 한다. 가압류의 효력은 정본이 제3채무자에게 송달됨으로써 발생하므로 결정을 받은 제3채무자는 채무자에게 임대차보증금을 지급하지 못하는데 만약 지급을 하게 되면 채권자에게 대항할 수 없다. 제3채무자에게 가압류결정서류가 송달되지 않거나 받기를 거부할 경우 또한 주소나 이름이 틀려 송달이 안 된 경우에는 법원은 채권자에게 어떤 이유 때문에 송달되지 않으니 보정하라는 명령을 하면 이때 채권자는 송달이 안 됐는지를 잘 파악한 다음 보정을 이행하면 된다.
(7) 집행절차
  채권자가 채무자의 임대차보증금에 가압류하게 되면 바로 제3채무자에게 가압류된 임대차보증금을 청구할 수 있는 것이 아니라 채무자를 상대로 별도의 대여금청구의 소 등을 제기하여 승소판결을 받아 집행문을 부여 받고 그 집행권원을 가지고 가압류로부터 본압류로 전이하는 채권압류 및 추심(또는 전부)명령결정을 받아 제3채무자로부터 금전을 수령한다.

(3) 예금채권 가압류

[서식] 채권 가압류신청서(예금채권)

표지-앞면

채권가압류신청

채 권 자   김 ○ ○

채 무 자   이 ○ ○

제3채무자   주식회사 ○○은행 외 2

청구금액	20,000,000원
인지대	10,000원
송달료	53,250원

○○**지방법원 귀중**

표지-뒷면

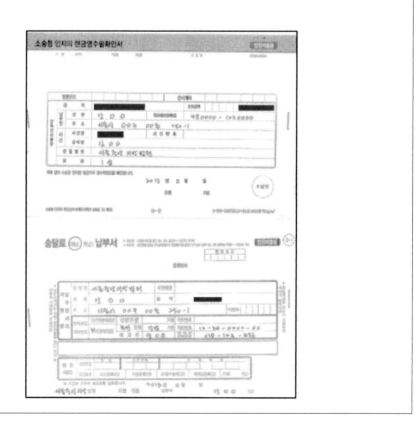

채권가압류신청

채 권 자   김 ○ ○(671131-17○○○○○)

              서울시 ○○구 ○○로 ○○ (T.010-123-456)

채 무 자   이 ○ ○(752031-1465○○○)

             서울시 ○○구 ○○로 ○○

제3채무자   1. 주식회사 ○○은행

              서울시 ○○구 ○○로 ○○

              대표이사 조 ○○

           2. 주식회사 ○○은행

              서울시 ○○구 ○○로 ○○

              대표이사 이 ○○

           3. 주식회사 ○○은행

              서울시 ○○구 ○○로 ○○

              대표이사 손 ○○

청구채권의 표시

  금 20,000,000원

피보전권리의 요지

  20○○. ○. ○.자 대여금채권

가압류할 채권의 표시

  별지목록 기재와 같음

신 청 취 지

1. 채권자가 채무자에 대하여 가지는 위 청구채권의 집행을 보전하기 위하여 별지목록 기재 채권을 가압류한다.

2. 제3채무자는 채무자에 대하여 위 가압류된 채권을 지급하여서는 아니 된다.
라는 재판을 구합니다.

신 청 이 유

1. 채무자는 20○○. 3. 30. 위 채권자로부터 금 20,000,000원, 변제기 20○○. 3. 30.로 하는 대여금 계약을 체결하였지만 변제기가 지난 현재까지 돈을 일체 갚지 않고 있을 뿐만 아니라, 채권자의 독촉에도 일절 답변을 하지 않고 있습니다.

2. 위와같이 채무자가 채권자의 요구에 응하지 않고 있어, 채권자는 장차 채무자를 상대로 위 대여금 청구의 소를 준비하고 있으나, 채무자는 다른 사람에게도 많은 채무를 부담하고 있으므로 채무자가 현재 가압류를 하지 않으면 후일 채권자가 소송에서 승소하더라도 집행할 수 없는 사태가 우려되어 이를 보전하기 위하여 이 건 신청을 하기에 이르렀습니다.

3. 지급보증보험위탁계약체결문서의 제출에 의한 담보제공의 허가신청
   민사소송규칙 제22조에 의거 채권자는 지급보증위탁계약체결문서의 제출에 의한 담보제공으로 하여 주실 것을 허가하여 주시기 바랍니다.

소 명 방 법

1. 소갑제1호증	차용증
1. 소갑제2호증	내용증명우편
1. 소갑제3호증	법인등기부등본

첨 부 서 류

1. 위 소명서류	각 1통
1. 가압류신청진술서	1통
1. 납부서	1통

                    20○○. ○. .
                  위 채권자 김 ○ ○ (인)

  ○○**지방법원 귀중**

〈별지〉

가압류할 채권의 표시

금 20,000,000원정

채무자 이○○(752031-1465○○○)이 제3채무자들에 대하여 가지는 아래 예금채권 중 다음에서 기재한 순서에 따라 위 청구금액에 이를 때까지의 금액(장래입금분 포함, 다만 민사집행법 246조 제1항 제8호에 의한 채무자의 1월간 생계유지에 필요한 예금에 해당하는 경우에는 이를 제외한 나머지 금액)
  제3채무자 1. 주식회사 ○○은행 : 금 10,000,000원
  제3채무자 2. 주식회사 ○○은행 : 금 5,000,000원
  제3채무자 3. 주식회사 ○○은행 : 금 5,000,000원

-다   음-

1. 압류되지 않는 다음 예금과 압류된 예금이 있는 때에는 다음 순서에 의하여 가압류한다.
  가. 선행압류·가압류가 되지 않은 예금
  나. 선행압류·가압류가 된 예금
2. 여러 종류의 예금이 있는 때에는 다음 순서에 의하여 가압류 한다.
  ① 보통예금 ② 당좌예금   ③ 정기예금   ④정기적금
  ⑤ 별단예금 ⑥ 저축예금   ⑦ 기업예금   ⑧ MMF
  ⑨ MMDA ⑩ 적립식펀드예금 ⑪ 신탁예금   ⑫ 채권형예금
  ⑬ 청약예금 ⑭ 청약저축   ⑮ 주택종합청약저축 ⑯ CMA
3. 같은 종류의 예금이 여러 계좌 있는 때에는 계좌번호가 빠른 예금부터 가압류한다.

(1) 신청서 작성

신청서 1부에 **목록** 5부, **소명자료**(차용증 각서 등) 사본 1부, **가압류신청진술서** 1부, 채무자 주소지 **부동산 등기부등본** 1부(채무자 소유가 아니더라도 첨부함), 당사자가 법인인 경우 **법인등기부등본** 1부, 대리인이 신청하는 경우에는 **위임장**도 같이 낸다.

(2) 인지,송달료

① 인지는 10,000원이며 '현금납수서' 방식으로 납부하는데 법원 내 은행이나 신한은행에서 납부할 수 있다

② 송달료는 3회분(당사자의 수×3회)을 납부하여야 하는데, 3인 기준으로 78,000원(5,200원×3회×5인)이다.

(3) 가압류신청진술서

가압류신청진술서는 양식에 맞추어 작성하면 된다.

(4) 담보를 제공

법원에서 가압류결정을 할 경우 채권자는 그 조건에 따라 현금공탁이나 공탁보증보험증권을 제출하여야 한다. 통상 신청당시에는 인지, 송달료만을 납부하고 법원에서 담보제공명령이 나오면 보증보험회사 등을 통해 보증보험이나 현금공탁을 하면 된다.

(5) 관할법원 신청계에 접수

본안의 알코올농도 진행 중이라면 본안의 관할법원이 관할한다. 본안의 관할법원이란 본안으로 삼을 법원을 말한다. 본안소송이 제기되지 않았더라도 본안을 제기할 경우인 채권자 또는 채무자 주소지 관할법원을 의미하므로 채권자 또는 채무자, 제3채무자 주소지 법원에 제출할 수 있다. 따라서 채권자 주소지, 채무자 주소지, 제3채무자 주소지 관할법원 중에서 제출 가능한 법원을 선택하여 신청과에 제출한다.

(6) 법원의 채권가압류 결정

법원은 채권자, 채무자, 제3채무자를 출석시키지 않고 신청서만으로 심리를 하여 신청이 이유 있으면 가압류결정을 하고 신청이 이유 없으면 기각을 한다. 가압류의 효력은 정본이 제3채무자에게 송달됨으로써 발생하므로 결정을 받은 제3채무자는 채무자에게 예금액 일정액을 지급하지 못하는데 만약 지급을 하게 되면 채권자에게 대항할 수 없다. 제3채무자에게 가압류결정서류가 송달되지 않거나 받기를 거부할 경우 또한 주소나 이름이 틀려 송달이 안된 경우에는 법원은 채권자에게 어떤 이유 때문에 송달되지 않으니 보정하라는 명령을 하면 이때 채권자는 송달이 안 된지를 잘 파악한 다음 보정을 이행하면 된다.

(7) 집행절차

채권자가 채무자의 예금에 가압류하게 되면 바로 제3채무자에게 가압류된 예금을 청구할 수 있는 것이 아니라 채무자를 상대로 별도의 대여금청구의 소 등을 제기하여 승소판결을 받아 집행문을 부여 받고 그 집행권원을 가지고 가압류로부터 본압류로 전이하는 채권압류 및 추심(또는 전부)명령결정을 받아 제3채무자로부터 금전을 수령한다.

[서식] 예금채권 목록 기재례

① 예금이 특정된 경우

〈별지〉

가압류할 채권의 표시

금 20,000,000원정

채무자 이○○(741023-1047897)가 제3채무자 ○○은행 ○○지점에 예금한 정기예금 20,000,000원의 예금반환청구권

② 예금이 여러 종류인 경우

〈별지〉

가압류할 채권의 표시

금 20,000,000원정

채무자 이○○(752031-1465○○○)이 제3채무자들에 대하여 가지는 다음 예금채권 중 다음에서 기재한 순서에 따라 위 청구금액에 이를 때까지의 금액(장래입금분 포함, 다만 민사집행법 246조 제1항 제8호에 의한 채무자의 1월간 생계유지에 필요한 예금에 해당하는 경우에는 이를 제외한 나머지 금액)

-다　　음-

1. 압류되지 않는 다음 예금과 압류된 예금이 있는 때에는 다음 순서에 의하여 가압류한다.
 가. 선행압류·가압류가 되지 않은 예금
 나. 선행압류·가압류가 된 예금
2. 여러 종류의 예금이 있는 때에는 다음 순서에 의하여 가압류 한다.
 ① 보통예금 ② 당좌예금　　③ 정기예금　　　④정기적금
 ⑤ 별단예금 ⑥ 저축예금　　⑦ 기업예금　　　⑧ MMF
 ⑨ MMDA ⑩ 적립식펀드예금 ⑪ 신탁예금　　　⑫ 채권형예금
 ⑬ 청약예금 ⑭ 청약저축　　⑮ 주택종합청약저축 ⑯ CMA
3. 같은 종류의 예금이 여러 계좌 있는 때에는 계좌번호가 빠른 예금부터 가압류한다.

③ 은행이 여럿인 경우

〈별지〉

가압류할 채권의 표시

금 30,000,000원정

채무자 최○○(741207-2415○○○)이 제3채무자들에 대하여 가지는 아래 예금채권 중
다음에서 기재한 순서에 따라 위 청구금액에 이를 때까지의 금액(장래입금분 포함, 다만
민사집행법 246조 제1항 제8호에 의한 채무자의 1월간 생계유지에 필요한 예금에 해당하는
경우에는 이를 제외한 나머지 금액)

제3채무자 1. 주식회사 ○○은행 : 금 10,000,000원
제3채무자 2. 주식회사 ○○은행 : 금 10,000,000원
제3채무자 3. 주식회사 ○○은행 : 금 10,000,000원

-다   음-

1. 압류되지 않는 다음 예금과 압류된 예금이 있는 때에는 다음 순서에 의하여 가압류한다.
 가. 선행압류 · 가압류가 되지 않은 예금
 나. 선행압류 · 가압류가 된 예금
2. 여러 종류의 예금이 있는 때에는 다음 순서에 의하여 가압류 한다.
  ① 보통예금 ② 당좌예금   ③ 정기예금   ④정기적금
  ⑤ 별단예금 ⑥ 저축예금   ⑦ 기업예금   ⑧ MMF
  ⑨ MMDA   ⑩ 적립식펀드예금 ⑪ 신탁예금   ⑫ 채권형예금
  ⑬ 청약예금 ⑭ 청약저축   ⑮ 주택종합청약저축   ⑯ CMA
3. 같은 종류의 예금이 여러 계좌 있는 때에는 계좌번호가 빠른 예금부터 가압류한다.

---

(4) 전세권 · 저당권부채권 가압류

1) 저당권 있는 채권의 가압류 집행절차

가압류명령은 채무자, 제3채무자에게 송달되는 외에 부동산의 소유자에게도 송달된다.
부동산소유자에 대한 송달은 가압류의 효력발생요건은 아니지만 가압류기입등기를 하기
위한 전제조건이기 때문이다.

2) 집 행

저당권이 있는 채권이 가압류된 경우 채권자의 신청에 의하여 법원사무관 등은 소유자에게 압류명령을 송달 한 후 채무자의 승낙 없이 채권가압류사실을 등기부에 기입하도록 촉탁하여야 한다(민집 228조).

신청은 가압류명령의 신청과 동시에 할 수 있으나 가압류명령 신청이 있은 후에 별도로 하여도 무방하다. 다만 가압류등기는 가압류의 효력발생요건이 아니고 공시의 효력만이 있으므로 제3채무자에게 송달이 되지 않으면 가압류등기를 마쳐도 가압류의 효력이 발생하지 아니한다.

[서식] 채권 가압류신청서(근저당권부채권)

표지-앞면

근저당권부채권가압류신청

채 권 자   김 ○ ○

채 무 자   이 ○ ○

제3채무자   박 ○ ○

청구금액	20,000,000원
인지대	10,000원
송달료	45,900원

○○**지방법원 귀중**

표지−뒷면

근저당권부채권가압류신청

채 권 자 　　　김 ○ ○(671131-17○○○○○)

　　　　　　　 서울시 ○○구 ○○로 ○○ (T.010-123-456)

채 무 자 　　　이 ○ ○(752031-1465○○○)

　　　　　　　 서울시 ○○구 ○○로 ○○

제3채무자 　　 박 ○○

겸 소유자 　　　서울시 ○○구 ○○로 ○○

청구채권의 표시

　금 20,000,000원

피보전권리의 요지

　20○○. ○. ○.자 대여금채권

가압류할 채권 및 근저당권의 표시

별지목록 기재와 같음

신 청 취 지

1. 채권자가 채무자에 대하여 가지는 위 청구채권의 집행을 보전하기 위하여 별지목록 기재 채권을 가압류한다.
2. 제3채무자는 채무자에 대하여 위 가압류된 채권을 지급하여서는 아니 된다.
라는 재판을 구합니다.

신 청 이 유

1. 채무자는 20○○. 3. 30. 위 채권자로부터 금 20,000,000원, 변제기 20○○. 3. 30.로 하는 대여금 계약을 체결하였지만 변제기가 지난 현재까지 돈을 일체 갚지

않고 있을 뿐만 아니라, 채권자의 독촉에도 일절 답변을 하지 않고 있습니다.

2. 위와 같이 채무자가 채권자의 요구에 응하지 않고 있어, 채권자는 장차 채무자를 상대로 위 대여금 청구의 소를 준비하고 있으나, 채무자는 다른 사람에게도 많은 채무를 부담하고 있으므로 채무자가 현재 가압류를 하지 않으면 후일 채권자가 소송에서 승소하더라도 집행할 수 없는 사태가 우려되어 이를 보전하기 위하여 이 건 신청을 하기에 이르렀습니다.

3. 지급보증보험위탁계약체결문서의 제출에 의한 담보제공의 허가신청
   민사소송규칙 제22조에 의거 채권자는 지급보증위탁계약체결문서의 제출에 의한 담보제공으로 하여 주실 것을 허가하여 주시기 바랍니다.

4. 이 결정에 관하여 채무자가 제3채무자 소유 부동산에 대하여 설정한 그 근저당권은 가압류한다는 취지의 부기등기를 관할 등기소에 촉탁하여 주시기 바랍니다.

소 명 방 법

1. 소갑제1호증   차용증
1. 소갑제2호증   내용증명우편
1. 소갑제3호증   부동산등기부등본

첨 부 서 류

1. 위 소명서류   각 1통
1. 가압류신청진술서   1통
1. 납부서   1통

2000. ○. .
위 채권자 김 ○ ○ (인)

○○지방법원 귀중

〈별지〉

가압류할 채권의 표시

금 20,000,000원정

채무자가 제3채무자 소유명의의 별지기재 다음 부동산 목록에 대하여 을구 제1순위 ○○지방법원 ○○등기소 20○○. ○. ○. 접수 제12345호, 채권최고액 25,000,000원정 근저당권에 의하여 담보된 대여금 청구채권

- 다 음 -

1. 서울 ○○○○○○
2. 위 지상
   철근콘크리트조 슬래브지붕 근린생활시설 및 주택
   1층 125.02㎡
   2층 130㎡

■ 작성·신청방법

(1) 신청서 작성

신청서 1부에 **목록** 5부, **소명자료**(차용증 각서 등) 사본 1부, **가압류신청진술서** 1부, **부동산등기부등본** 1부, 당사자가 법인인 경우 **법인등기부등본** 1부, 대리인이 신청하는 경우에는 **위임장**도 같이 낸다. 저당권의 피담보채권에 대해 가압류를 하게 되면 종된 권리인 근저당권에도 가압류의 효력이 미친다.(전세권부 채권이 임대차보증금에 대한 가압류와 다른 것은 제3채무자 명의의 부동산등기부등본상에 가압류 취지를 기재한다는 것이다. 즉 임대차보증금에 대한 채권가압류는 단지 임대차보증금에 가압류되었으나, 전세권부 채권가압류는 법원의 결정 외에 채권자의 신청에 의하여 제3채무자의 부동산등기부등본상에 가압류 취지를 기입한다)

(2) 인지, 송달료,

① 인지는 10,000원이며 '현금납수서' 방식으로 납부하는데 법원 내 은행이나 신한은행에서 납부할 수 있다

② 송달료는 3회분(당사자의 수×3회)을 납부하여야 하는데, 3인 기준으로 46,800원(5,200원×3회×3인)이다. 만일 제3채무자가 소유자가 아니라 물상보증인이명 상사자는 4명이 되고 이 경우 송달료는 4인 기준으로 62,400원(5,200원×3회×4인)이다.

(3) 가압류기입촉탁신청을 위한 비용

① 등록지 관할 시·군·구청에 가서 등록세 및 교육세를 3,600원을 납부하고, 그 영수필증을 법원에 제출하여야 한다.

② 기입촉탁 신청을 위해 동산 1개당 3,000원의 등기신청수수료를 납부하여야 하고(종전 증지로 납부하던 방식은 현재 현금납부 방식으로 변경되었다), 인지 500원을 첨부한다.

기입촉탁을 위한 비용은 가압류결정 후 등기기입촉탁신청서에 첨부하여 제출하거나 담보제공명령 후 담보제공을 하면서 같이 제출할 수도 있다. 일반적으로 보통 보증보험 회사를 통해 담보제공시 같이 제출하고 있다.

(4) 가압류신청진술서

가압류신청진술서는 양식에 맞추어 작성하면 된다.

(5) 담보를 제공

법원에서 가압류결정을 할 경우 채권자는 그 조건에 따라 현금공탁이나 공탁보증보험증권을 제출하여야 한다. 통상 신청당시에는 인지, 송달료만을 납부하고 법원에서 담보제공명령이 나오면 보증보험회사 등을

통해 보증보험이나 현금공탁을 하면 된다.

(6) 관할법원 신청계에 접수

등기를 관할하는 곳을 관할하는 지방법원이나 본안의 관할법원에 신청한다. 일반적으로 근저당권이 설정된 부동산을 관할하는 법원이 될 것이다.

(7) 법원의 채권가압류 결정

법원은 채권자, 채무자, 제3채무자를 출석시키지 않고 신청서만으로 심리를 하여 신청이 이유 있으면 가압류결정을 하고 신청이 이유 없으면 기각을 한다. 가압류의 효력은 정본이 제3채무자에게 송달됨으로써 발생하므로 결정을 받은 제3채무자는 채무자에게 지급하지 못하는데 만약 지급을 하게 되면 채권자에게 대항할 수 없다. 제3채무자에게 가압류결정서류가 송달되지 않거나 받기를 거부할 경우 또한 주소나 이름이 틀려 송달이 안 된 경우에는 법원은 채권자에게 어떤 이유 때문에 송달되지 않으니 보정하라는 명령을 하면 이때 채권자는 송달이 안 됐는지를 잘 파악한 다음 보정을 이행하면 된다. 물상보증인 제3취득자에게 도 가압류결정본을 송달하지만 그 송달여부가 가압류의 효력에 영향을 주지는 않는다.

(8) 가압류등기기입의 촉탁

법원은 제3채무자에게 가압류결정문이 송달된 후 가압류기입의 촉탁을 하게 된다. 다만 가압류명령을 발한 법원은 가압류결정정본이 제3채무자에게 송달되지 않으면 가압류집행이 불가능하므로 등기부에 가압 류기입등기촉탁을 하지 않는다.

(9) 집행절차

채권자가 가압류하게 되면 바로 제3채무자에게 가압류된 채권을 청구할 수 있는 것이 아니라 채무자를 상대로 별도의 대여금청구의 소 등을 제기하여 승소판결을 받아 집행문을 부여 받고 그 집행권원을 가지고 가압류로부터 본압류로 전이하는 근저당권부채권압류 및 추심(또는 전부)명령결정을 받아 근저당권을 이전 받아간 후 배당절차에서 직접 수령권한을 갖거나, 타에 의해 진행된 배당절차에서 법원에 의해 근저당권자 에게 배당된 금전을 근저당권부채권가압류를 위해 공탁하면 이를 채권압류 및 전부명령을 통해 채권만족을 하게 된다.

[서식] 등기기입촉탁신청서

등기기입촉탁신청서

채 권 자   김 ○ ○(671131-17○○○○○)

서울시 ○○구 ○○로 ○○ (T.010-123-456)

채 무 자   이 ○ ○(752031-1465○○○)

서울시 ○○구 ○○로 ○○

제3채무자   박 ○○

서울시 ○○구 ○○로 ○○

위 당사자간 귀원 20○○카단 123호 근저당권부채권가압류사건에 관하여 가압류결정에 따라 다음 아래 근저당권설정등기에 따른 피담보채권에 가압류되었으므로 기입등기를 위하여 등기촉탁하여 주시기 바랍니다.

다　음

(1) 압류목적채권

　　○○지방법원 ○○등기소 20○○. ○. ○. 접수 제12345호로 마친 근저당권부채권

(2) 근저당목적부동산

　1. 서울 ○○○○○○

　2. 위 지상

　　철근콘크리트조 슬래브지붕 근린생활시설 및 주택

　　1층 125.02㎡

　　2층 130㎡

20○○.　　○.　.

위 채권자　김 ○ ○　(인)

○○지방법원 귀중

■ 작성 · 신청방법

(1) 가압류기입촉탁신청을 위한 비용

　① 등록지 관할 시 · 군 · 구청에 가서 등록세 및 교육세를 3,600원을 납부하고, 그 영수필증을 법원에 제출하여야 한다.

　② 기입촉탁 신청을 위해 동산 1개당 3,000원의 등기신청수수료를 납부하여야 하고(종전 증지로 납부하던 방식은 현재 현금납부 방식으로 변경되었다), 인지 500원을 첨부한다.

(2) 신청서 1부를 제출한다

　신청서는 가압류결정 후에 위 비용을 납부하고 가압류결정을 한 법원에 1부를 제출한다. 가압류등기기입의 촉탁은 가압류신청서를 제출할 때 등기촉탁을 해달라고 하거나, 가압류 결정 이후에 위와같은 등기기입촉탁신청서를 제출하는 방법이 있다.

(5) 공탁금회수(출급)채권 가압류

[서식] 채권 가압류신청서(공탁금회수 · 출급채권)

표지-앞면

공탁금회수청구권 가압류신청

채 권 자　　김 ○ ○

채 무 자　　이 ○ ○

제3채무자　　대한민국

청구금액	20,000,000원
인지대	10,000원
송달료	45,900원

○○**지방법원 귀중**

표지-뒷면

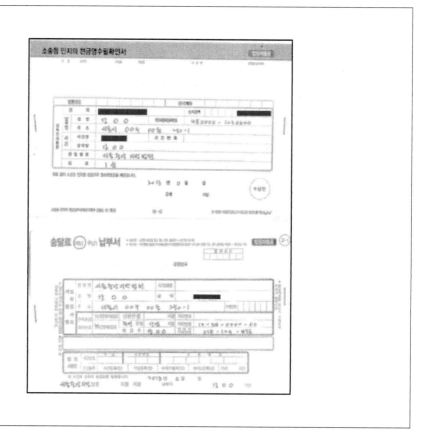

공탁금회수청구권가압류신청

채 권 자   김 ○ ○(671131-17○○○○○)

서울시 ○○구 ○○로 ○○ (T.010-123-456)

채 무 자   이 ○ ○(752031-1465○○○)

서울시 ○○구 ○○로 ○○

제3채무자   대한민국

법률상 대표자 법무부장관 ○○○

(소관 ○○지방법원 공탁공무원)

청구채권의 표시

금 20,000,000원

피보전권리의 요지

20○○. ○. ○.자 대여금채권

가압류할 채권의 표시

별지목록 기재와 같음

신 청 취 지

1. 채권자의 채무자에 대한 위 청구채권의 집행을 보전하기 위하여 제3채무자에 대하여 가지는 별지목록 기재 채권을 가압류한다.
2. 제3채무자는 채무자에 대하여 위 가압류된 채권을 지급하여서는 아니된다.
라는 재판을 구합니다.

신 청 이 유

1. 채무자는 20○○. 3. 30. 위 채권자로부터 금 20,000,000원, 변제기 20○○. 3.

30.로 하는 대여금 계약을 체결하였지만 변제기가 지난 현재까지 돈을 일체 갚지 않고 있을 뿐만 아니라, 채권자의 독촉에도 일절 답변을 하지 않고 있습니다.

2. 위와 같이 채무자가 채권자의 요구에 응하지 않고 있어, 채권자는 장차 채무자를 상대로 위 대여금 청구의 소를 준비하고 있으나, 채무자는 다른 사람에게도 많은 채무를 부담하고 있고 별지기재 목록 채권만이 유일한 재산인 바, 채무자가 현재 가압류를 하지 않으면 후일 채권자가 소송에서 승소하더라도 집행할 수 없는 사태가 우려되어 이를 보전하기 위하여 이 건 신청을 하기에 이르렀습니다.

3. 지급보증보험위탁계약체결문서의 제출에 의한 담보제공의 허가신청
   민사소송규칙 제22조에 의거 채권자는 지급보증위탁계약체결문서의 제출에 의한 담보제공으로 하여 주실 것을 허가하여 주시기 바랍니다.

소 명 방 법

1. 소갑제1호증	차용증
1. 소갑제2호증	내용증명우편
1. 소갑제3호증	공탁서

첨 부 서 류

1. 위 소명서류	각 1통
1. 가압류신청진술서	1통
1. 납부서	1통

20○○.   ○.   .
위 채권자 김 ○ ○ (인)

○○**지방법원 귀중**

〈별지〉

가압류할 채권의 표시

금 20,000,000원정

채무자가 제3채무자에게 가지는 공탁금회수청구채권(공탁번호 서울중앙지방법원 20○○년 금 제1234호, 공탁금 30,000,000원, 공탁일자 20○○. ○. ○.) 중 위 금원.

■ 작성 · 신청방법

(1) 신청서 작성

　　신청서 1부에 **목록** 5부, **소명자료**(차용증 각서 등) 사본 1부, **가압류신청진술서** 1부, 채무자 **주민등록등본** 1부, 당사자가 법인인 경우 **법인등기부등본** 1부, 대리인이 신청하는 경우에는 **위임장**도 같이 낸다.

(2) 인지,송달료

　　① 인지는 10,000원이며 '현금납수서' 방식으로 납부하는데 법원 내 은행이나 신한은행에서 납부할 수 있다

　　② 송달료는 3회분(당사자의 수×3회)을 납부하여야 하는데, 3인 기준으로 46,800원(5,200원×3회×3 인)이다.

(3) 가압류신청진술서

　　가압류신청진술서는 양식에 맞추어 작성하면 된다.

(4) 담보를 제공

　　법원에서 가압류결정을 할 경우 채권자는 그 조건에 따라 현금공탁이나 공탁보증보험증권을 제출하여야 한다. 통상 신청당시에는 인지, 송달료만을 납부하고 법원에서 담보제공명령이 나오면 보증보험회사 등을 통해 보증보험이나 현금공탁을 하면 된다.

(5) 관할법원 신청계에 접수

　　본안의 알코올농도 진행 중이라면 본안의 관할법원이 관할한다. 본안의 관할법원이란 본안으로 삼을 법원을 말한다. 본안소송이 제기되지 않았더라도 본안을 제기할 경우인 채권자 또는 채무자 주소지 관할법원을 의미하므로 채권자 또는 채무자, 제3채무자 주소지 법원에 제출할 수 있다. 따라서 채권자 주소지, 채무자 주소지, 제3채무자 주소지 관할법원 중에서 제출 가능한 법원을 선택하여 신청과에 제출한다.

(6) 법원의 채권가압류 결정

　　법원은 채권자, 채무자, 제3채무자를 출석시키지 않고 신청서만으로 심리를 하여 신청이 이유 있으면 가압류결정을 하고 신청이 이유 없으면 기각을 한다. 가압류의 효력은 정본이 제3채무자에게 송달됨으로써 발생하므로 결정을 받은 제3채무자는 지급하지 못하는데 만약 지급을 하게 되면 채권자에게 대항할 수 없다. 제3채무자에게 가압류결정서류가 송달되지 않거나 받기를 거부할 경우 또한 주소나 이름이 틀려 송달이 안 된 경우에는 법원은 채권자에게 어떤 이유 때문에 송달되지 않으니 보정하라는 명령을 하면 이때 채권자는 송달이 안 됐는지를 잘 파악한 다음 보정을 이행하면 된다.

(7) 집행절차

　　채권자가 채무자의 급여 및 퇴직금에 가압류하게 되면 바로 제3채무자에게 가압류된 급여를 청구하 수 있는 것이 아니라 채무자를 상대로 별도의 대여금청구의 소 등을 제기하여 승소판결을 받아 집행문을 부여 받고 그 집행권원을 가지고 가압류로부터 본압류로 전이하는 채권압류 및 추심(또는 전부)명령결정을 받아 제3채무자로부터 금전을 수령한다.

(6) 부동산소유권이전등기청구권 가압류

집행은 제3채무자에게 가압류결정정본을 송달함으로써 한다. 채무자의 분양계약에 기한 권리일체 또는 조합원으로서의 권리 일체에 대한 가압류의 집행도 제3채무자에 대하여 가압류명령 정본을 송달함으로써 한다.

소유권이전등기청구권의 가압류는 채권에 대한 것이지 등기청구권의 목적물인 부동산에 대한 것은 아니므로 제3채무자에 대한 결정정본 송달 외에 현행법상 등기부에 이를 공시할 방법이 없고, 등기이전청구권이 등기된 때에 한하여 부기등기의 방법에 의하여 가압류의 부기등기를 할 수 있다(예규 415).

[서식] 채권 가압류신청서(부동산소유권이전등기청구권)

표지-앞면

부동산소유권이전등기청구권 가압류신청

채 권 자   김 ○ ○

채 무 자   이 ○ ○

제3채무자   박 ○ ○

청구금액	20,000,000원
인지대	10,000원
송달료	45,900원

○○**지방법원 귀중**

표지-뒷면

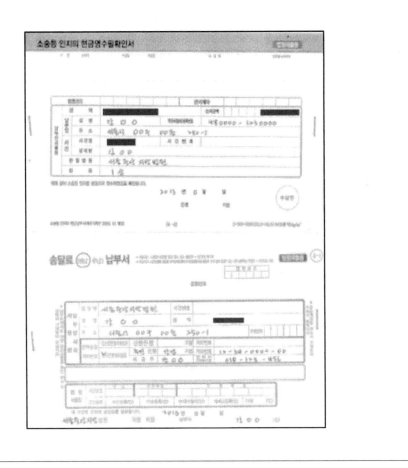

부동산소유권이전등기청구권 가압류신청

채 권 자   김 ○ ○(671131-17○○○○○)

서울시 ○○구 ○○로 ○○ (T.010-123-456)

채 무 자   이 ○ ○(752031-1465○○○)

서울시 ○○구 ○○로 ○○

제3채무자   박 ○ ○(751109-1069○○○)

서울시 ○○구 ○○로 ○○

청구채권의 표시

금 20,000,000원

피보전권리의 요지

20○○. ○. ○.자 대여금채권

가압류할 채권의 표시

별지목록 기재와 같음

신 청 취 지

1. 채권자가 채무자에 가지는 위 청구채권의 집행을 보전하기 위하여, 채무자의 제3채무자에 대한 별지 목록 기재 부동산의 소유권이전등기청구권을 가압류 한다.
2. 제3채무자는 채무자에게 위 부동산에 관한 소유권이전등기절차를 이행하여서는 아니 된다.

라는 재판을 구합니다.

신 청 이 유

1. 채무자는 20○○. 3. 30. 위 채권자로부터 금 20,000,000원, 변제기 20○○. 3. 30.로 하는 대여금 계약을 체결하였지만 변제기가 지난 현재까지 돈을 일체 갚지 않고 있을 뿐만 아니라, 채권자의 독촉에도 일절 답변을 하지 않고 있습니다.

2. 위와 같이 채무자가 채권자의 요구에 응하지 않고 있어, 채권자는 장차 채무자를 상대로 위 대여금 청구의 소를 준비하고 있으나, 채무자는 다른 사람에게도 많은 채무를 부담하고 있고 별지기재 목록 채권만이 유일한 재산인 바, 채무자가 현재 가압류를 하지 않으면 후일 채권자가 소송에서 승소하더라도 집행할 수 없는 사태가 우려되어 이를 보전하기 위하여 이 건 신청을 하기에 이르렀습니다.

3. 지급보증보험위탁계약체결문서의 제출에 의한 담보제공의 허가신청

민사소송규칙 제22조에 의거 채권자는 지급보증위탁계약체결문서의 제출에 의한 담보제공으로 하여 주실 것을 허가하여 주시기 바랍니다.

소 명 방 법

1. 소갑제1호증   차용증
1. 소갑제2호증   내용증명우편
1. 소갑제3호증   부동산등기부등본

첨 부 서 류

1. 위 소명서류   각 1통
1. 가압류신청진술서   1통
1. 납부서   1통

20○○.   ○.   .
위 채권자 김 ○ ○ (인)

○○**지방법원 귀중**

〈별지〉

가압류할 채권의 표시

금 20,000,000원정
채무자와 제3채무자간 서울 ○○구 ○○동 ○○, ○○아파트 102동 1002호에 대한 분양계약으로 인하여 제3채무자에 대하여 가지는 소유권이전등기청구권.

■ 작성·신청방법

(1) 신청서 작성
　신청서 1부에 **목록** 5부, **소명자료**(차용증 각서 등) 사본 1부, **가압류신청진술서** 1부, 당사자가 법인인 경우 **법인등기부등본** 1부, 대리인이 신청하는 경우에는 **위임장**도 같이 낸다.
(2) 인지,송달료

① 인지는 10,000원이며 '현금납수서' 방식으로 납부하는데 법원 내 은행이나 신한은행에서 납부할 수 있다

② 송달료는 3회분(당사자의 수×3회)을 납부하여야 하는데, 3인 기준으로 46,800원(5,200원×3회×3인)이다.

(3) 가압류신청진술서

가압류신청진술서는 양식에 맞추어 작성하면 된다.

(4) 담보를 제공

법원에서 가압류결정을 할 경우 채권자는 그 조건에 따라 현금공탁이나 공탁보증보험증권을 제출하여야 한다. 통상 신청당시에는 인지, 송달료만을 납부하고 법원에서 담보제공명령이 나오면 보증보험회사 등을 통해 보증보험이나 현금공탁을 하면 된다.

(5) 관할법원 신청계에 접수

본안의 알코올농도 진행 중이라면 본안의 관할법원이 관할한다. 본안의 관할법원이란 본안으로 삼을 법원을 말한다. 본안소송이 제기되지 않았다면 가압류할 물건이 있는 곳의 관할법원 중에서 제출 가능한 법원을 선택하여 신청과에 제출한다.

(6) 법원의 채권가압류 결정

법원은 채권자, 채무자, 제3채무자를 출석시키지 않고 신청서만으로 심리를 하여 신청이 이유 있으면 가압류결정을 하고 신청이 이유없으면 기각을 한다. 가압류의 효력은 정본이 제3채무자에게 송달됨으로써 발생한다. 채무자의 분양계약에 기한 권리 일체 또는 조합원으로서의 권리 일체에 대한 가압류의 집행도 제3채무자에 대하여 가압류명령 정본을 송달함으로써 한다. 소유권이전등기청구권에 대한 압류나 가압류는 채권에 대한 것이지 등기청구권의 목적물인 부동산에 대한 것이 아니고 채무자와 제3채무자에게 결정을 송달하는 외에 현행법상 등기부에 이를 공시하는 방법이 없는 것으로서 당해 채권자와 채무자 및 제3채무자 사이에만 효력을 가지며 압류나 가압류와 관계가 없는 제3자에 대하여는 압류나 가압류의 처분금지적 효력을 주장할 수 없으므로 소유권이전등기청구권의 압류나 가압류는 청구권의 목적물인 부동산 자체의 처분을 금지하는 대물적 효력은 없다 할 것이고 제3채무자나 채무자로부터 소유권이전등기를 넘겨받은 제3자에 대하여는 취득한 등기가 원인 무효라고 주장하여 말소를 청구할 수 없다(대판 1992. 11. 10. 92다4680). 다만 제3채무자가 채무자명의로 소유권을 이전하여 채무자가 이를 처분한 결과 채권자에게 손해를 입힌 때에는 손해배상책임을 진다(대판 2000. 2. 11. 98다35327).

(7) 집행절차

일반적으로 채권에 대한 가압류가 있더라도 채무자는 제3채무자를 상대로 소유권이전등기이행을 구하는 소를 제기할수 있고 법원은 가압류가 되어 있음을 이유로 이를 배척할 수 없는 것이 원칙이나 부동산 소유권이전등기청구권이 가압류된 후 채무자가 제3채무자를 상대로 소유권이전등기청구권의 소를 제기한 경우에는 법원은 가압류 해제를 조건으로 하여서만 청구를 인용할 수 있다(대판 1999. 2. 9. 98다42651)

(7) 가등기에 기한 본등기이전청구권 가압류

소유권이전등기청구권 가등기에 기한 본등기청구권 가압류는 채무자가 제3채무자에 대하여 매매예약완결을 원인으로 하는 소유권이전청구권가등기를 가지고 있는 경우의 집행방법으로 채권자는 채무자의 제3자에 대한 소유권이전청구권가등기청구권을 압류하여 그 청구권의 내용을 실현시켜 그 부동산을 채무자의 책임재산으로 귀속시킨 후 부동산을 현금화하거나 강제관리 하는 방법으로 그 매각대금이나 수익금으로부터 채권의 변제를 받는 권리이전청구권에 대한 가압류이다. 가등기가 없는 경우와 다른 점은 가압류취지를 등기부상에 기입할 수 있다는 것이다.

[서식] 채권 가압류신청서(가등기에 기한 본등기이전등기청구권)

표지-앞면

가등기에 기한 본등기이전등기청구권 가압류신청

채 권 자   김 ○ ○

채 무 자   이 ○ ○

제3채무자   박 ○ ○

청구금액	20,000,000원
인지대	10,000원
송달료	45,900원

○ ○ **지방법원 귀중**

표지-뒷면

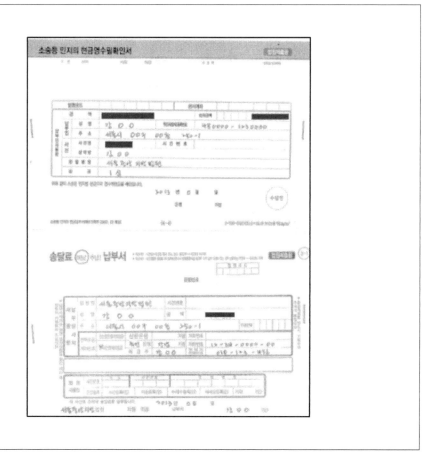

가등기에 기한 본등기이전등기청구권 가압류신청

채 권 자   김 ○ ○(671131-17○○○○○)
          서울시 ○○구 ○○로 ○○ (T.010-123-456)

채 무 자   이 ○ ○(752031-1465○○○)

          서울시 ○○구 ○○로 ○○

제3채무자   박 ○ ○(751109-1069○○○)

          서울시 ○○구 ○○로 ○○

청구채권의 표시
금 20,000,000원

피보전권리의 요지
20○○. ○. ○.자 대여금채권

가압류할 채권의 표시
별지목록 기재와 같음

신 청 취 지

1. 채무자의 제3채무자에 대한 별지기재 부동산에 관한 같은 목록 기재 가등기에
   기한 소유권이전등기청구권을 가압류한다.
2. 제3채무자는 채무자에게 위 부동산에 관한 소유권이전등기절차를 이행하여서는
   아니 된다.
라는 재판을 구합니다.

신 청 이 유

1. 채무자는 20○○. 3. 30. 위 채권자로부터 금 20,000,000원, 변제기 20○○. 3.

30.로 하는 대여금 계약을 체결하였지만 변제기가 지난 현재까지 돈을 일체 갚지 않고 있을 뿐만 아니라, 채권자의 독촉에도 일절 답변을 하지 않고 있습니다.

2. 위와 같이 채무자가 채권자의 요구에 응하지 않고 있어, 채권자는 장차 채무자를 상대로 위 대여금 청구의 소를 준비하고 있으나, 채무자는 다른 사람에게도 많은 채무를 부담하고 있고 별지기재 목록 채권만이 유일한 재산인 바, 채무자가 현재 가압류를 하지 않으면 후일 채권자가 소송에서 승소하더라도 집행할 수 없는 사태가 우려되어 이를 보전하기 위하여 이 건 신청을 하기에 이르렀습니다.

3. 지급보증보험위탁계약체결문서의 제출에 의한 담보제공의 허가신청
   민사소송규칙 제22조에 의거 채권자는 지급보증위탁계약체결문서의 제출에 의한 담보제공으로 하여 주실 것을 허가하여 주시기 바랍니다.

소 명 방 법

　　1. 소갑제1호증　　　　　　　　차용증
　　1. 소갑제2호증　　　　　　　　내용증명우편
　　1. 소갑제3호증　　　　　　　　부동산등기부등본

첨 부 서 류

　　1. 위 소명서류　　　　　　　　각 1통
　　1. 가압류신청진술서　　　　　　1통
　　1. 납부서　　　　　　　　　　　1통

20○○.　　○.　　.

위 채권자　김 ○ ○　(인)

○○**지방법원 귀중**

〈별지〉

가압류할 채권 및 가등기의 표시

금 20,000,000원정
채무자와 제3채무자간 아래 부동산에 관하여 20○○. ○. ○. 서울중앙지방법원 ○○등기소
접수 제1234호로 마친 매매예약가등기.
아 래
1. 서울특별시 ○○구 ○○동 ○○ 대 150㎡
2. 위 지상 철근콘크리트 슬래브지붕 단독주택
    1층 120㎡
    2층 120㎡

■ 작성 · 신청방법

(1) 신청서 작성
   신청서 1부에 **목록** 5부, **소명자료**(차용증 각서 등) 사본 1부, **가압류신청진술서** 1부, 당사자가 법인인
   경우 **법인등기부등본** 1부, 대리인이 신청하는 경우에는 **위임장**도 같이 낸다.
(2) 인지,송달료
   ① 인지는 10,000원이며 '현금납수서' 방식으로 납부하는데 법원 내 은행이나 신한은행에서 납부할 수
      있다
   ② 송달료는 3회분(당사자의 수×3회)을 납부하여야 하는데, 3인 기준으로 46,800원(5,200원×3회×3인)이다.
(3) 가압류기입촉탁신청을 위한 비용
   ① 등록지 관할 시 · 군 · 구청에 가서 등록세 및 교육세를 3,600원을 납부하고, 그 영수필증을 법원에
      제출하여야 한다.
   ② 기입촉탁 신청을 위해 동산 1개당 3,000원의 등기신청수수료를 납부하여야 하고(종전 증지로 납부하던
      방식은 현재 현금납부 방식으로 변경되었다), 인지 500원을 첨부한다.
      기입촉탁을 위한 비용은 가압류결정 후 등기기입촉탁신청서에 첨부하여 제출하거나 담보제공명령 후
      담보제공을 하면서 같이 제출할 수도 있다. 일반적으로 보통 보증보험 회사를 통해 담보제공시 같이
      제출하고 있다.
(4) 가압류신청진술서
   가압류신청진술서는 양식에 맞추어 작성하면 된다.
(5) 담보를 제공
   법원에서 가압류결정을 할 경우 채권자는 그 조건에 따라 현금공탁이나 공탁보증보험증권을 제출하여야
   한다. 통상 신청당시에는 인지, 송달료만을 납부하고 법원에서 담보제공명령이 나오면 보증보험회사 등을
   통해 보증보험이나 현금공탁을 하면 된다.
(6) 관할법원 신청계에 접수
   본안의 알코올농도 진행 중이라면 본안의 관할법원이 관할한다. 본안의 관할법원이란 본안으로 삼을 법원
   을 말한다. 본안소송이 제기되지 않았다면 가압류할 물건이 있는 곳의 관할법원 중에서 제출 가능한 법원을
   선택하여 신청과에 제출한다.

6. 가압류할 채권의 기재례

(1) 출자증권에 대한 채권

1) 출자증권 발행한 경우

> 〈별지〉
>
> **가압류할 채권의 표시**
>
> **금 20,000,000원정**
> 채무자가 제3채무자 건설공제조합에 대하여 가지는 아래의 조합원 출자증권 중 위 청구금액에 이를 때까지의 금원
>   1. 출좌1좌금 : 금 1,250,000원
>   2. 출자좌수 : 20좌

2) 출자증권 발행하지 않은 경우

> 〈별지〉
>
> **가압류할 채권의 표시**
>
> **금 20,000,000원정**
> 채무자가 제3채무자에 대하여 가지는 출자지분권에 대한 출자지분환급금, 이익배당금 및 잔여재산분배채권 중 위 청구금액

(2) 물품대금 · 매매대금

> 〈별지〉
>
> **가압류할 채권의 표시**
>
> **금 20,000,000원정**
> 채무자가 제3채무자에게 판매한 의료기구에 대한 물품대금채권 중 위 청구금액

〈별지〉

가압류할 채권의 표시

금 20,000,000원정

채무자와 제3채무자가 서울 ○○구 ○○동 ○○, ○○아파트 201동102호에 관하여 분양계약을
체결하고 채무자가 제3채무자에게 계약금과 중도금을 지급한 바, 위 계약이 해제될 경우 채무자
가 제3채무자로부터 반환 받을 매매대금 중 위 청구금액

〈별지〉

가압류할 채권의 표시

금 20,000,000원정

채무자가 20○○. ○. ○.부터 ○. ○.까지의 기간 동안 목재를 제3채무자에게 납품하고 지급받
을 납품대금채권 중 위 청구금액

(3) 대여금

〈별지〉

가압류할 채권의 표시

금 20,000,000원정

채무자가 제3채무자에 대하여 20○○. ○. ○. 대여한 금 30,000,000원의 반환채권 중 위
금원

〈별지〉

가압류할 채권의 표시

금 20,000,000원정

채무자가 제3채무자에 대하여 20○○. ○. ○.자 대여금 반환채권 중 위 청구금액

(4) 예금

1) 계좌번호 특정

〈별지〉

가압류할 채권의 표시

금 20,000,000원정

채무자가 제3채무자의 주식회사 국민은행에 대하여 가지고 있는 예금(계좌번호 : 110-236-02-5678)반환채권 중 현재의 잔액과 앞으로 입금될 예금 중 위 청구금액. 단 민사집행법 제246조 제1항 제7호, 제8호 및 동법 시행령 제7조에 따라 개인별 잔액이 150만원 이하의 예금 등에 대하여는 압류에서 제외한다[14].

2) 계좌번호 미지정

〈별지〉

가압류할 채권의 표시

금 20,000,000원정

채무자 김○○(721108-1047968)이 제3채무자 주식회사 국민은행(소관 : 영동지점)에 대하여 가지는 다음 예금채권 중 다음에서 기재한 순서에 따라 위 청구금액에 이를 때까지의 현재 및 장래 입금될 금액.

다　　음

1. 압류되지 않은 예금과 압류된 예금이 있는 때에는 다음 순서에 의하여 가압류한다.
　가. 선행압류, 가압류가 되지 않은 예금
　나. 선행압류, 가압류가 된 예금
2. 여러 종류의 예금이 있는 때에는 다음 순서에 의하여 가압류한다.
　가. 보통예금　나. 당좌예금　다. 정기예금　라. 정기적금　마. 별단예금
3. 같은 종류의 예금이 여러 계좌 있는 때에는 변제기기 빠른 순서에 의하고, 변제기가 같으면 계좌번호가 빠른 순서에 의한다. 민사집행법 제246조 제1항 제7호, 제8호 및 동법 시행령 제7조에 따라 압류가 금지되는 예금 등에 대해서는 압류에서 제외한다.

---

[14] 민사집행법 시행령 제7조(압류금지 예금등의 범위) 법 제246조 제1항 제8호에 따라 압류하지 못하는 예금등의 금액은 개인별 잔액이 **150만 원** 이하인 예금등으로 한다. 다만, 법 제195조 제3호에 따라 압류하지 못한 금전이 있으면 150만 원에서 그 금액을 뺀 금액으로 한다.

3) 여러 은행의 예금

〈별지〉

가압류할 채권의 표시

금 20,000,000원정[15]

채무자 김ㅇㅇ(721108-1047968)이 아래 각 제3채무자에 대하여 가지는 다음 예금채권 중 다음에서 기재한 순서에 따라 위 청구금액에 이를 때까지의 현재 및 장래 입금될 금액.

다　음

1. 압류되지 않은 예금과 압류된 예금이 있는 때에는 다음 순서에 의하여 가압류한다.
　가. 선행압류, 가압류가 되지 않은 예금
　나. 선행압류, 가압류가 된 예금
2. 여러 종류의 예금이 있는 때에는 다음 순서에 의하여 가압류한다.
　가. 보통예금　나. 당좌예금　다. 정기예금　라. 정기적금　마. 별단예금
3. 같은 종류의 예금이 여러 계좌 있는 때에는 변제기가 빠른 순서에 의하고, 변제기가 같으면 계좌번호가 빠른 순서에 의한다. 민사집행법 제246조 제1항 제7호, 제8호 및　동법 시행령 제7조에 따라 압류가 금지되는 예금 등에 대해서는 압류에서 제외한다.
* 제3채무자 1. 주식회사 국민은행 : 10,000,000원
　　　　　　2. 주식회사 하나은행 : 50,000,000원
　　　　　　3. 농협은행[16]　　　　 : 50,000,000원

4) 별단예금

〈별지〉

가압류할 채권의 표시

금 20,000,000원정

채무자가 제3채무자에 대하여 가지는 채무자 발행의 약속어음 1매(액면금 10,000,000원 발행일 20ㅇㅇ. ㅇ. ㅇ. 발행인 김ㅇㅇ, 지급기일 20ㅇㅇ. ㅇ. ㅇ. 거래은행 주식회사 ㅇㅇ은행)에 대한 피사취신고의 담보로 채무자가 별단예금 한 금 20,000,000원의 반환청구채권 중 위 금원

---

15) 여러개의 은행에 대해 한 번에 가압류할 수 있지만 남용을 방지하기 위해 채권액을 각 은행별로 모두 가압류 할 수 없고 임의로 안분하여 압류하도록 하고 있다.
16) 농협은행과 단위농협은 구별하여야 한다. 따라서 농협은행의 지점은 별도 특정하여 가압류하지 않아도 농협은행을 가압류함으로서 되지만 단위 농협은(천안ㅇㅇ농협조합)은 그 단위 농협을 특정해서 가압류해야 그 효력이 미치므로 주의해야 한다.

(5) 공사대금채권

〈별지〉

가압류할 채권의 표시

금 20,000,000원정

채무자가 제3채무자에 대하여 가지는 공사대금(채무자가 서울 ○○구 ○○동 ○○ 소재 근린생활시설 신축공사 중 인테리어 등 부분에 대하여 제3채무자로부터 하도급을 받아 공사를 하였으므로 채무자가 제3채무자에게 가지는 공사대금) 중 위 채권액에 달하는 금액

〈별지〉

가압류할 채권의 표시

금 20,000,000원정

채무자와 제3채무자간의 서울 ○○구 ○○동 ○○, 건설공사 계약에 기하여 채무자가 제3채무자들에게 가지는 공사대금 청구채권 중 위 청구금액

(6) 공탁금

1) 가압류·가처분시 담보제공

〈별지〉

가압류할 채권의 표시

금 10,000,000원정

채무자가 ○○지방법원 20○○카단 1234호 채권가압류사건의 담보로 ○○지방법원 20○○년 금제123호로 공탁한 금 15,000,000원의 회수청구권 중 위 금원

2) 출급청구권

<별지>

가압류할 채권의 표시

금 10,000,000원정

채무자가 제3채무자에 대하여 가지는 공탁금출급청구채권(공탁번호 : 서울○○지방법원 20○
○년 금제123호, 공탁금액 25,000,000원) 중 위 금원

3) 회수청구권

<별지>

가압류할 채권의 표시

금 10,000,000원정

채무자가 제3채무자에 대하여 가지는 (서울○○지방법원20○○카기 123호 강제집행정지 사건
의 보증으로서) 같은 법원 20○○년 금제123호로 공탁한 재판상 보증공탁금 150,000,000원의
회수청구채권 중 위 청구금액

(7) 부동산경매 배당금 청구채권

<별지>

가압류할 채권의 표시

금 20,000,000원정

채무자가 제3채무자에 대하여 가지는 공사대금 서울○○지방법원 20○○타경 123호 부동산임
의경매사건에 대한 매각대금 중 채무자가 제3채무자로부터 배당받아 수령할 금 25,000,000원
의 청구채권 중 위 금원

<別지>

가압류할 채권의 표시

금 20,000,000원정

채무자가 제3채무자17)에 대하여 가지는 서울○○지방법원 20○○타경 123호 부동산임의경매
사건에 관하여 채무자가 임차인으로 배당받을 배당금 청구채권 중 위 청구금액.

(8) 단종건설공제채권

<別지>

가압류할 채권의 표시

금 20,000,000원정

채무자가 제3채무자 건설공제조합에 대하여 가지는 단종건설공제채권 5,000좌 금 25,000,000
원의 반환청구채권 중 위 금원

(9) 보상금

1) 택지보상금

<別지>

가압류할 채권의 표시

금 10,000,000원정

채무자가 제3채무자 대한주택공사에 대하여 가지는 서울 ○○구 ○○동 ○○ 대지 130㎡에
대한 택지 보상금 중 위 채권액에 달하는 금액

---

17) 채무자의 배당금에 대하여 채권가압류를 할 경우 제3채무자는 '대한민국'이지만 소관은 '지방법원
세입체출외 현금출납공무원'이 된다

2) 교통사고 보상금

<별지>

가압류할 채권의 표시

금 10,000,000원정

채무자가 제3채무자 ○○화재해상보험 주식회사로부터 받을 보상금 중 위 채권액에 달하는 금액

(10) 카드가맹점

<별지>

가압류할 채권의 표시

금 20,000,000원정

채무자가(상호 : ○○식당, 사업자번호 : 112-01-12345)가 제3채무자 현대카드 주식회사로부터 지급받게 되는 신용판매대금채권 중 위 금원

<별지>

가압류할 채권의 표시

금 20,000,000원정

채무자가 제3채무자(비씨카드 주식회사)로부터 지급받게 되는 신용판매대금채권 중 위 청구금액.
* 가맹점번호 : 8977-1234

(11) 급료채권

〈별지〉

가압류할 채권의 표시

금 20,000,000원정

채무자가 제3채무자로부터 매월 지급받는 급여(본봉, 각종 수당 및 상여금 등에서 제세공과금을 공제한 금액)에서 다음에 기재한 각 경우에 따른 압류금지금액을 제외한 나머지 금액 중 위 청구금액에 이를 때까지의 금액.

- 다 음 -

1. 월급여가 150만원 이하인 경우에는 전액
2. 월급여가 150만원을 초과하고 300만원 이하인 경우에는 150만원
3. 월급여가 300만원을 초과하고 600만원 이하인 경우에는 월급여의 1/2
4. 월급여가 600만원을 초과하는 경우에는 300만원+[(월급여의1/2-300만원)×1/2]   (단 채무자가 여러직장을 다니는 경우 경우 모든 급여를 합산한 금액을 월급여액으로 함)

단 위 청구금액에 이르지 아니한 사이에 퇴직, 명예퇴직 또는 퇴직금 중간정산을 할 때에는 그 퇴직금, 명예퇴직금 또는 중간정산금 중 제세공과금을 공제한 잔액의 1/2 한도내에서 위 청구금액에 이를 때까지의 금액.

(12) 보험금

〈별지〉

가압류할 채권의 표시

금 20,000,000원정

채무자 제3채무자에게 정기적 또는 부정기적으로 각종 보험 상품의 보험료를 납입하고 만기시, 중도해지시 또는 사고 등의 재해시 지급 혹은 보상받을 보험금 중 모든 명복의 보험금 지급 청구채권 및 해약 환급금 채권 중 다음에서 기재한 순서에 따라 현재 및 향후 위 청구금액에 달 할 때까지의 금액

다 음

1. 압류되지 않은 보험금과 압류된 보험금이 있는 때에는 다음 순서에 의하여 가압류한다.
  가. 선행압류, 가압류가 되지 않은 보험금
  나. 선행압류, 가압류가 된 보험금

2. 여러 종류의 예금이 있는 때에는 다음 순서에 의하여 가압류한다.

　가. 상해보험금 나. 암보험금 다. 질병보험금 라. 연금보험금 마. 저축보험금
　바. 종신보험금 사. 자동차보험금 아. 화재보험금 자. 선박보험금, 차. 배상책임보험금
카. 신용보증보험금 타. 이행보증보험금

3. 같은 종류의 보험금이 여러 있는 때에는 증권번호가 빠른 보험부터 압류한다. 단민사집행법
　제246조 제1항 제7호, 제8호 및 같은 법 시행령 제6조 제7조의 규정에 의하여 압류가 금지되
　는 보험금 및 예금은 압류에서 제외한다.

V. 재산권에 대한 가압류

1. 골프회원권, 스포츠회원권, 콘도회원권

(1) 의 의

회원권이란 회원이 일정한 특정시설을 이용할 수 있는 배타적 권리이다. 골프회원권, 스
포츠회원권, 콘도회원권 등이 대표적이다. 회원권은 그 내용에 따라 예탁금회원제, 주주
회원제, 연회원제, 사단법인회원제 등의 형태가 있다.

(2) 신 청

회원권가압류를 신청함에는 일반적인 인지 및 송달료를 납부하여야 한다. 또 **신청서** 1부
에 **목록** 5부, **소명자료**(차용증 각서 등) 사본 1부, **가압류신청진술서** 1부, 채무자 주소지
부동산등기부등본 1부(채무자 소유가 아니더라도 첨부함), 당사자가 법인인 경우 **법인등
기부등본** 1부, 대리인이 신청하는 경우에는 **위임장**도 같이 낸다.

(3) 수수료를 납부한다

① 인지는 10,000원이며 '현금납수서' 방식으로 납부하는데 법원 내 은행이나 신한은
　행에서 납부할수 있다.

② 송달료는 3회분(당사자의 수×3회)을 납부하여야 하는데, 3인 기준으로 46,800원
　(5,200원×3회×3인)이다. 법원구내 은행에 비치되어 있는 '송달료납부서'에 관할법
　원, 채권자의 성명·주소, 환급받을 은행계좌번호를 기재하고 납부한 다음 법원제출
　용 납부서(인지납부서도)를 표지 뒷면에 호치킷 등으로 고정해서 제출하면 된다.

(4) 담보를 제공한다

① 법원에서 가압류결정을 할 경우에는, 부당한 가압류로 인하여 채무자가 입을 손해를 담보하기 위하여 통상 담보의 제공을 그 조건으로 하고 있는데, 채권자는 그 조건에 따라 현금공탁이나 공탁보증보험증권을 제출하여야 한다. 유체동산가압류의 경우에는 현금공탁이 나오는 경우가 많다.

② 채권의 경우 담보제공액의 기준이 가압류 청구채권액의 2/5 해당액인데 지급보증위탁계약을 체결한 문서(보증보험증권)로 또는 현금공탁으로 허용하고 있다.

(5) 가압류신청진술서를 작성하여 첨부한다

(6) 소명방법 및 첨부서류

(7) 관할법원 신청계에 접수

채무자의 보통재판적이 있는 곳의 관할법원이나 **본안의 관할법원**이 관할한다. 본안의 관할법원이란 본안으로 삼을 법원을 말한다. 본안소송이 제기되지 않았더라도 **채무자 주소지 법원**에 제출할 수 있다.

(8) 집행

1) 골프회원권 등에 대한 강제집행은 기타 재산권에 대한 집행의 방법에 의하게 되므로 결국 채권집행의 예에 의하여 집행법원의 가압류명령에 의하여 개시된다.

2) 골프회원제에는 예탁금회원제, 주주회원제, 사단법인회원제가 있다. ㉠ 예탁금제 회원권의 경우에는 가압류명령에 기하여 채권자는 집행관을 통하여 예탁금증서를 강제집행의 방법으로 채무자로부터 인도받을 수 있다. ㉡ 주주회원제의 경우에는 회원이 주주가 되므로 주식에 대한 집행방법에 의한다. ㉢ 사단법인 회원제는 회원이 당해 사단법인에 대하여 일정한 지분을 가지고 있는 것으로 보아 사원의 지분에 대한 압류 방식에 의하여야 하나, 그 전제로서 정관으로 사단법인의 지분의 양도가 허용된 경우이어야 한다.

[서식] 골프회원권가압류신청서

표지-앞면

골프회원권가압류신청

채 권 자   김 ○ ○

채 무 자   이 ○ ○

채 무 자   주식회사 ○ ○

청구금액	20,000,000원
인지대	10,000원
송달료	91,950원

○ ○ **지방법원 귀중₩**

표지-뒷면

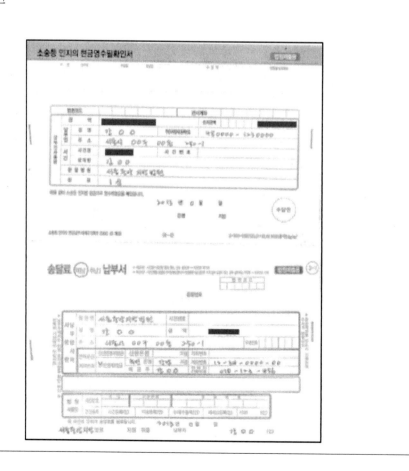

골프회원권가압류신청

채 권 자   김 ○ ○(671131-17○○○○○)

                     서울시 ○○구 ○○로 ○○ (T.010-123-456)

채 무 자   이 ○ ○(752031-1465○○)

                     서울시 ○○구 ○○로 ○○

제3채무자   주식회사 ○○

                     서울시 ○○구 ○○로 ○○

             대표이사 ○○○

청구채권의 표시

금 20,000,000원

피보전권리의 요지

20○○. ○. ○.자 대여금채권

가압류할 회원권의 표시

별지 목록 기재와 같음

신 청 취 지

1. 채무자의 제3채무자에 대한 별지 기재의 골프회원권을 가압류한다.
2. 제3채무자는 위 골프회원권에 대하여 예탁금을 반환하거나 채무자의 청구에 의하여 명의변경 그 밖의 일체의 변경절차를 하여서는 아니 된다.
3. 채무자는 위 골프회원권에 대하여 예탁금반환을 청구하거나 매매, 양도, 질권의 설정 그 밖의 일체의 처분행위를 하여서는 아니 된다.

라는 재판을 구합니다.

신 청 이 유

1. 채무자는 20○○. 3. 30. 위 채권자로부터 금 20,000,000원, 변제기 20○○.

3. 30.로 하는 대여금 계약을 체결하였지만 변제기가 지난 현재까지 돈을 일체 갚지 않고 있을 뿐만 아니라, 채권자의 독촉에도 일절 답변을 하지 않고 있습니다.

2. 위와 같이 채무자가 채권자의 요구에 응하지 않고 있어, 채권자는 장차 채무자를 상대로 위 대여금 청구의 소를 준비하고 있으나, 채무자는 다른 사람에게도 많은 채무를 부담하고 있으므로 채무자가 현재 가압류를 하지 않으면 후일 채권자가 소송에서 승소하더라도 집행할 수 없는 사태가 우려되어 이를 보전하기 위하여 이 건 신청을 하기에 이르렀습니다.

3. 지급보증보험위탁계약체결문서의 제출에 의한 담보제공의 허가신청
   민사소송규칙 제22조에 의거 채권자는 지급보증위탁계약체결문서의 제출에 의한 담보제공으로 하여 주실 것을 허가하여 주시기 바랍니다.

소 명 방 법

1. 소갑제1호증	차용증
1. 소갑제2호증	내용증명우편

첨 부 서 류

1. 위 소명서류	각 1통
1. 가압류신청진술서	1통
1. 납부서	1통

20○○.   ○.   .
위 채권자 김 ○ ○ (인)

○○**지방법원 귀중**

〈별지〉

목 록

금 20,000,000원정

채무자가 제3채무자에게 가지는 ○○스포츠센터 등록자명 ○○○, 회원번호 123호 회원권

■ 작성 · 신청방법

(1) 신청서 작성

신청서 1부에 **소명자료**(차용증 각서 등) 사본 1부, **가압류신청진술서** 1부, 채무자 주소지 **부동산등기부등본** 1부(채무자 소유가 아니더라도 첨부함), 사자가 법인인 경우 **법인등기부등본** 1부, 대리인이 신청하는 경우에는 **위임장**도 같이 낸다.

(2) 인지,송달료

① 인지는 10,000원이며 '현금납수서' 방식으로 납부하는데 법원 내 은행이나 신한은행에서 납부할 수 있다

② 송달료는 3회분(당사자의 수×3회)을 납부하여야 하는데, 3인 기준으로 46,800원(5,200원×3회×3인)이다.

(3) 가압류신청진술서

가압류신청진술서는 양식에 맞추어 작성하면 된다.

(4) 담보를 제공

법원에서 가압류결정을 할 경우 채권자는 그 조건에 따라 현금공탁이나 공탁보증보험증권을 제출하여야 한다. 통상 신청당시에는 인지, 송달료만을 납부하고 법원에서 담보제공명령이 나오면 보증보험회사 등을 통해 보증보험이나 현금공탁을 하면 된다.

(5) 관할

채무자의 보통재판적이 있는 곳의 관할법원이나 본안의 관할법원이 관할한다. 본안의 관할법원이란 본안으로 삼을 법원을 말한다. 본안소송이 제기되지 않았더라도 채무자 주소지 법원에 제출할 수 있다.

(6) 집행

1) 골프회원권 등에 대한 강제집행은 기타 재산권에 대한 집행의 방법에 의하게 되므로 결국 채권집행의 예에 의하여 집행법원의 가압류명령에 의하여 개시된다.

2) 골프회원제에는 예탁금회원제, 주주회원제, 사단법인회원제가 있다. ㉠ 예탁금제 회원권의 경우에는 가압류명령에 기하여 채권자는 집행관을 통하여 예탁금증서를 강제집행의 방법으로 채무자로부터 인도받을 수 있다. ㉡ 주주회원제의 경우에는 회원이 주주가 되므로 주식에 대한 집행방법에 의한다. ㉢ 사단법인 회원제는 히원이 당해 사단법인에 대하여 일정한 지분을 가지고 있는 것으로 보아 사원의 지분에 대한 압류방식에 의하여야 하나, 그 전제로서 정관으로 사단법인의 지분의 양도가 허용된 경우이어야 한다.

2. 주 식

(1) 개 요

주식에 대한 가압류집행은 주권이 발행되었는지 여부, 증권예탁원에 예탁 또는 보호예수되었는지 여부, 회사에 주권불소지 신고 여부, 채무자가 주권을 점유하고 있는지 여부 등에 따라 집행방법이 달라진다.

(2) 주권발행전의 주식

1) 6월 경과전의 주식

회사성립 후 또는 신주납입기일 후 6월이 경과하기 전에는 주권발행전에 주식의 양도는 회사에 대하여 효력이 없으므로 채무자인 주주가 회사에 대하여 가지는 주권교부청구권을 집행의 대상으로 한다.

2) 6월 경과 후의 주식

회사성립 후 또는 신주납입기일 후 6월이 경과하도록 회사가 주권을 발행하지 않을 경우에는 주권없이 주식을 양도할 수 있고 양수인은 회사에 대하여 양수인 명의로서 명의개서 후 양수인에게의 주권의 발행을 청구할 수 있으므로 그 주식 자체가 가압류집행의 대상이 된다.

(3) 주권발행 후의 주식

주권이 발행된 경우에 주식의 양도는 무기명주식인지 기명주식인지 여부에 상관없이 주권의 교부를 요한다. 주권의 교부에 의하여 주식을 양도받은 양수인은 주권을 회사에 제시하여 단독으로 명의개서를 청구할 수 있으므로 원칙적으로 유체동산인 주권자체가 가압류집행의 대상이다.

(4) 예탁유가증권

주식거래의 빈번함과 대량화에 따라 주식의 원활한 유통을 위하여 도입된 증권대체결제제도하에서는 일반 투자자인 고객이 그 소유의 유가증권을 은행이나 증권회사 등의 예탁자에게 예탁하고 예탁자는 이를 다시 모아서 증권예탁원에 재예탁하게 되는바, 이러한 예탁유가증권에 대한 강제집행은 증권자체가 아니라 위 공유지분을 대상으로 한다.

[서식] 주식가압류신청서

표지-앞면

주식가압류신청

채 권 자   김 ○ ○

채 무 자   이 ○ ○

채 무 자   주식회사 ○○

청구금액	20,000,000원
인지대	10,000원
송달료	91,950원

○○**지방법원 귀중**

표지-뒷면

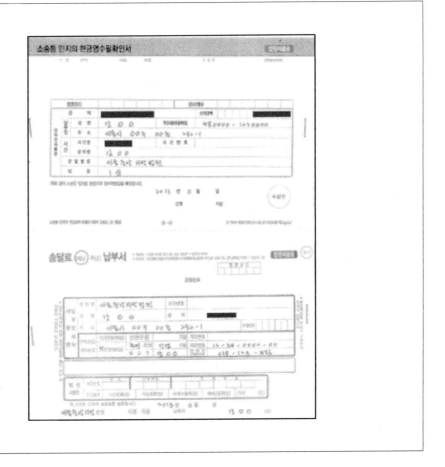

주식가압류신청

채 권 자　　김 ○ ○(671131-17○○○○○)

　　　　　　서울시 ○○구 ○○로 ○○ (T.010-123-456)

채 무 자　　이 ○ ○(752031-1465○○○)

　　　　　　서울시 ○○구 ○○로 ○○

제3채무자　주식회사 ○○

　　　　　　서울시 ○○구 ○○로 ○○

　　　　　　대표이사 ○○○

청구채권의 표시

금 20,000,000원

피보전권리의 요지

20○○. ○. ○.자 대여금채권

가압류할 주권의 표시

별지 목록 기재와 같음

신 청 취 지

1. 채권자가 채무자에 대하여 가지는 위 채권의 집행보전을 위하여 채무자 소유의
   별지기재 주권을 가압류한다.
2. 제3채무자는 채무자에게 위 주식에 대한 이익배당금의 지급, 잔여재산의 분배,
   기타 일체의 처분을 하여서는 아니된다.

라는 재판을 구합니다.

신 청 이 유

1. 채무자는 20○○. 3. 30. 위 채권자로부터 금 20,000,000원, 변제기 20○○. 3.
   30.로 하는 대여금 계약을 체결하였지만 변제기가 지난 현재까지 돈을 일체 갚지

않고 있을 뿐만 아니라, 채권자의 독촉에도 일절 답변을 하지 않고 있습니다.

2. 위와 같이 채무자가 채권자의 요구에 응하지 않고 있어, 채권자는 장차 채무자를 상대로 위 대여금 청구의 소를 준비하고 있으나, 채무자는 다른 사람에게도 많은 채무를 부담하고 있으므로 채무자가 현재 가압류를 하지 않으면 후일 채권자가 소송에서 승소하더라도 집행할 수 없는 사태가 우려되어 이를 보전하기 위하여 이 건 신청을 하기에 이르렀습니다.

3. 지급보증보험위탁계약체결문서의 제출에 의한 담보제공의 허가신청
   민사소송규칙 제22조에 의거 채권자는 지급보증위탁계약체결문서의 제출에 의한 담보제공으로 하여 주실 것을 허가하여 주시기 바랍니다.

소 명 방 법

1. 소갑제1호증   차용증
1. 소갑제2호증   내용증명우편

첨 부 서 류

1. 위 소명서류   각 1통
1. 가압류신청진술서   1통
1. 납부서   1통

20○○. ○. .
위 채권자 김 ○ ○ (인)

○○**지방법원**   **귀중**

〈별지〉

목 록

채무자 이○○(752031-1465○○○)이 제3채무자에게 가지는 아래의 주권

- 아 래 -

1. 주권발행법인명 : ○○주식회사(1101234-123456)
2. 주권의 종류   : 보통주식
3. 주 식 수   : 10,000주
4. 1주의 금액   : 5,000원
5. 주식명의인   : 김○○(711108-1045789)

■ 작성 · 신청방법

(1) 신청서 작성

　　신청서 1부에 **소명자료**(차용증 각서 등) 사본 1부, **가압류신청진술서** 1부, 채무자 주소지 **부동산등기부등본** 1부(채무자 소유가 아니더라도 첨부함), 사자가 법인인 경우 **법인등기부등본** 1부, 대리인이 신청하는 경우에는 **위임장**도 같이 낸다.

(2) 인지,송달료

　　① 인지는 10,000원이며 '현금납수서' 방식으로 납부하는데 법원 내 은행이나 신한은행에서 납부할 수 있다

　　② 송달료는 3회분(당사자의 수×3회)을 납부하여야 하는데, 3인 기준으로 46,800원(5,200원×3회×3인)이다.

(3) 가압류신청진술서

　　가압류신청진술서는 양식에 맞추어 작성하면 된다.

(4) 담보를 제공

　　법원에서 가압류결정을 할 경우 채권자는 그 조건에 따라 현금공탁이나 공탁보증보험증권을 제출하여야 한다. 통상 신청당시에는 인지, 송달료만을 납부하고 법원에서 담보제공명령이 나오면 보증보험회사 등을 통해 보증보험이나 현금공탁을 하면 된다.

(5) 관할

　　채무자의 보통재판적이 있는 곳의 관할법원이나 본안의 관할법원이 관할한다. 본안의 관할법원이란 본안으로 삼을 법원을 말한다. 본안소송이 제기되지 않았더라도 채무자 주소지 법원에 제출할 수 있다.

3. 출자증권

(1) 개 요

　　건설산업기본법상의 건설공제조합, 전기공사공제조합법상의 전기공사공제조합의 조합원에게 발행된 출자증권은 위 각 조합원의 출자지분을 표창하는 유가증권이다.

(2) 집 행

출자증권의 압류에 관하여 건설산업기본법 59조, 전기공사공제조합법 11조는 출자증권의 압류는 민사집행법 제233조에 의한 배서금지 지시채권의 압류방법에 의하여 압류한다고 규정하고 있으므로 출자증권에 대한 가압류는 집행관이 위 출자증권을 점유함으로써 효력이 생긴다(대판 1987. 1. 20. 86다카1456).

4. 사원의 지분

합명회사, 합자회사, 유한회사, 사원의 지분에 대한 집행보전은 그 사원을 채무자로 회사를 제3채무자로 하여 그 지분을 가압류함으로써 한다. 합명회사나 합자회사의 사원의 지분에 대한 가압류의 효력은 사원의 장래 이익의 배당 및 지분환급청구권에도 미치고 잔여재산분배청구권에도 미친다.

5. 지식재산권

(1) 개 요

특허권, 실용신안권, 디자인권, 상표권 및 저작권 등 이른 바 지식재산권은 독립한 재산권으로서 민사집행법 251조에서 정한 그 밖의 재산권에 대한 강제집행의 대상이 된다. 다만 특허권 등이 공유인 때에는 다른 공유자의 동의가 없으면 가압류는 가능하나 현금화를 하지 못하고, 특허권 등에 대한 전용실시권 및 통상실시권에 대하여는 그 특허권자의 각 동의가 있는 경우에만 가압류할 수 있다.

특허권 등의 집행의 경우는 채권에 대한 집행과 달리 제3채무자가 없는 것이 특징이다. 그러나 공유지분에 대한 집행에서는 다른 공유자가, 전용실시권 등에 대한 집행에서는 특허권자가 제3채무자가 된다.

(2) 신 청

가압류를 신청함에는 일반적인 인지 및 송달료를 납부 하여야 한다. 또 **신청서** 1부에 **목록** 5부, **소명자료**(차용증 각서 등) 사본 1부, **가압류신청진술서** 1부, **특허등록원부등본** 등 1부, 당사자가 법인인 경우 **법인등기부등본** 1부, 대리인이 신청하는 경우에는 **위임장**도 같이 낸다.

(3) 수수료를 납부한다

① 인지는 10,000원이며 '현금납수서' 방식으로 납부하는데 법원 내 은행이나 신한은행에서 납부할수 있다.

② 송달료는 3회분(당사자의 수×3회)을 납부하여야 하는데, 2인 기준으로 31,200원 (5,200원×3회×2인)이다. 법원구내 은행에 비치되어 있는 '송달료납부서'에 관할법원, 채권자의 성명·주소, 환급받을 은행계좌번호를 기재하고 납부한 다음 법원 제출용 납부서(인지납부서도)를 표지 뒷면에 호치킷 등으로 고정해서 제출하면 된다.

③ 등록세와 교육세는 납부하지 않고 특허청에 수수료를 납부하는데 특허 1건당 84,000원 상당의 우편환증서를 법원구내 우체국에서 발급받아 가압류신청시 법원에 제출한다.

(4) 담보를 제공한다

(5) 가압류신청진술서를 작성하여 첨부한다

(6) 소명방법 및 첨부서류

(7) 관할법원 신청계에 접수

등록을 하는 곳의 관할법원이나 **본안의 관할법원**이 관할한다. 본안의 관할법원이란 본안으로 삼을 법원을 말한다.

(8) 기입등록과 송달

가압류명령은 채무자에게 송달하여야 하나 등록 관청에는 송달할 필요가 없다. 다만 가압류명령이 있으면 법원사무관 등은 직권으로 등록관청에 가압류기입등록 촉탁을 한다(규칙 213조 2항).

가압류의 효력은 채무자에 대한 송달과는 관계없이 언제나 가압류등록이 된 때에 생긴다.

[서식] 특허권가압류신청서

표지-앞면

특허권가압류신청

채 권 자 　 김 ○ ○

채 무 자 　 이 ○ ○

청구금액	20,000,000원
인지대	10,000원
송달료	30,600원

○ ○ 지방법원 귀중

표지-뒷면

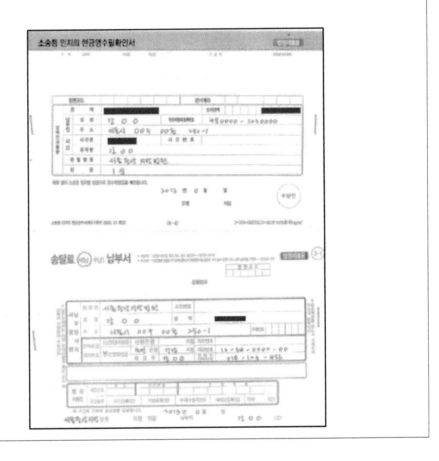

특허권가압류신청

채 권 자   김 ○ ○(671131-17○○○○○)

               서울시 ○○구 ○○로 ○○ (T.010-123-456)

채 무 자   이 ○ ○(752031-1465○○○)

               서울시 ○○구 ○○로 ○○

청구채권의 표시

금 20,000,000원

피보전권리의 요지

20○○. ○. ○.자 대여금채권

가압류할 특허권의 표시

별지 목록 기재와 같음

신 청 취 지

채권자는 위 청구채권의 집행을 보전하기 위하여 채무자 소유인 별지 기재 특허권을 가압류한다.

라는 재판을 구합니다.

신 청 이 유

1. 채무자는 20○○. 3. 30. 위 채권자로부터 금 20,000,000원, 변제기 20○○. 3. 30.로 하는 대여금 계약을 체결하였지만 변제기가 지난 현재까지 돈을 일체 갚지 않고 있을 뿐만 아니라, 채권자의 독촉에도 일절 답변을 하지 않고 있습니다.

2. 위와같이 채무자가 채권자의 요구에 응하지 않고 있어, 채권자는 장차 채무자를 상대로 위 대여금 청구의 소를 준비하고 있으나, 채무자는 다른 사람에게도 많은 채무를 부담하고 있으므로 채무자가 현재 가압류를 하지 않으면 후일 채권자가 소송에서 승소하더라도 집행할 수 없는 사태가 우려되어 이를 보전하기 위하여 이 건 신청을 하기에 이르렀습니다.

3. 지급보증보험위탁계약체결문서의 제출에 의한 담보제공의 허가신청

   민사소송규칙 제22조에 의거 채권자는 지급보증위탁계약체결문서의 제출에 의한 담보제공으로 하여 주실 것을 허가하여 주시기 바랍니다.

소 명 방 법

1. 소갑제1호증	차용증
1. 소갑제2호증	내용증명우편

첨 부 서 류

1. 위 소명서류   각 1통
1. 가압류신청진술서   1통
1. 납부서   1통

20○○.   ○.   .
위 채권자 김 ○ ○   (인)

○○**지방법원 귀중**

〈별지〉

특허권의 표시

금 20,000,000원정

1. 특허등록번호 : 제12345호
2. 발명명칭   : ○○○○
3. 등록연월일   : 20○○. ○. ○.
4. 등록명의인   : ○○○

■ 작성·신청방법

(1) 신청서 작성
  신청서 1부에 **소명자료**(차용증 각서 등) 사본 1부, **가압류신청진술서** 1부, **특허등록원부등본** 1부, 당사자가 법인인 경우 **법인등기부등본** 1부, 대리인이 신청하는 경우에는 **위임장**도 같이 낸다.
(2) 인지,송달료
  ① 인지는 10,000원이며 '현금납수서' 방식으로 납부하는데 법원 내 은행이나 신한은행에서 납부할 수 있다
  ② 송달료는 3회분(당사자의 수×3회)을 납부하여야 하는데, 2인 기준으로 31,200원(5,200원×3회×2인)이다.
(3) 가압류신청진술서
  가압류신청진술서는 양식에 맞추어 작성하면 된다.
(4) 담보를 제공

법원에서 가압류결정을 할 경우 채권자는 그 조건에 따라 현금공탁이나 공탁보증보험증권을 제출하여야한다. 통상 신청당시에는 인지, 송달료만을 납부하고 법원에서 담보제공명령이 나오면 보증보험회사 등을통해 보증보험이나 현금공탁을 하면 된다.

(5) 관할

등록을 하는 곳의 관할법원이나 본안의 관할법원이 관할한다. 본안의 관할법원이란 본안으로 삼을 법원을말한다.

(6) 집행

가압류명령은 채무자에게 송달하여야 하나 등록 관청에는 송달할 필요가 없다. 다만 가압류명령이 있으면법원사무관 등은 직권으로 등록관청에 가압류기입등록 촉탁을 한다(규칙 213조 2항). 가압류의 효력은채무자에 대한 송달과는 관계없이 언제나 가압류등록이 된 때에 생긴다.

6. 전세권에 대한 가압류

(1) 개 요

전세권처럼 부동산과 관련성이 있으나 부동산자체를 집행대상으로 할 수 없는 것은 그 밖의 재산권에 대한 집행방법에 따라 가압류하여야 한다. 즉 채권자는 전세권 자체를 압류·가압류하여 매각명령이나 양도명령 등 특별현금화 명령에 의하여 집행한다.

등기된 전세권이 존속하고 있을 때 전세권자체를 가압류하는 것을 말한다. 가압류할 때그 존속기간이 만료되었으면 전세권부채권가압류를 하고 그 존속기간이 만료되지 않았다면 '**전세권가압류**'를 한다.

(2) 절차 및 효력

신청서 작성 및 절차는 전세권부채권가압류와 같다. 다만 송달여부가 전세권가압류의 효력에는 영향을 미치지 않는다. 따라서 송달과 동시에 법원이 직권으로 등기촉탁을 하므로 가압류가 등기부에 기입된 때 효력이 발생한다.

(3) 기입촉탁

전세권에 대하여 가압류한 경우에는 법원사무관등이 그 사유를 등기부에 기입하도록 등기관에게 촉탁하여야 한다(규칙 213조 2항). 전세권가압류의 효력은 전세권이 전세기간의 만료 등으로 소멸한 후 발생한 전세보증금반환채권에도 미친다.

[서식] 전세권가압류 신청서

표지-앞면

전세권가압류신청

채 권 자   김 ○ ○

채 무 자   이 ○ ○

청구금액	20,000,000원
인지대	10,000원
송달료	30,600원

○○**지방법원 귀중**

표지-뒷면

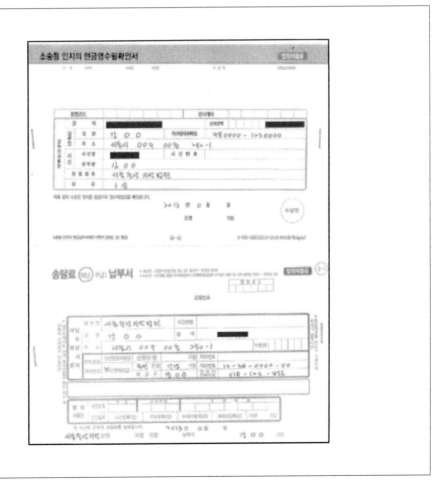

전세권가압류신청

채 권 자   김 ○ ○(671131-17○○○○○)

                서울시 ○○구 ○○로 ○○ (T.010-123-456)

채 무 자   이 ○ ○(752031-1465○○○)

                서울시 ○○구 ○○로 ○○

청구채권의 표시

금 20,000,000원

피보전권리의 요지

20○○. ○. ○.자 대여금채권

가압류할 전세권의 표시

별지목록 기재와 같음

신 청 취 지

채권자가 채무자에 대하여 가지는 위 청구채권의 집행을 보전하기 위하여 채무자의 별지목록 기재 전세권을 가압류한다.

라는 재판을 구합니다.

신 청 이 유

1. 채무자는 20○○. 3. 30. 위 채권자로부터 금 20,000,000원, 변제기 20○○. 3. 30.로 하는 대여금 계약을 체결하였지만 변제기가 지난 현재까지 돈을 일체 갚지 않고 있을 뿐만 아니라, 채권자의 독촉에도 일절 답변을 하지 않고 있습니다.

2. 위와 같이 채무자가 채권자의 요구에 응하지 않고 있어, 채권자는 장차 채무자를 상대로 위 대여금 청구의 소를 준비하고 있으나, 채무자는 다른 사람에게도 많은 채무를 부담하고 있으므로 채무자가 현재 가압류를 하지 않으면 후일 채권자가

소송에서 승소하더라도 집행할 수 없는 사태가 우려되어 이를 보전하기 위하여 이 건 신청을 하기에 이르렀습니다.

3. 지급보증보험위탁계약체결문서의 제출에 의한 담보제공의 허가신청
   민사소송규칙 제22조에 의거 채권자는 지급보증위탁계약체결문서의 제출에 의한 담보제공으로 하여 주실 것을 허가하여 주시기 바랍니다.

소 명 방 법

1. 소갑제1호증	차용증
1. 소갑제2호증	내용증명우편
1. 소갑제3호증	부동산등기부등본

첨 부 서 류

1. 위 소명서류	각 1통
1. 가압류신청진술서	1통
1. 납부서	1통

20○○.   ○.   .
위 채권자 김 ○ ○ (인)

○○**지방법원 귀중**

〈별지〉

가압류할 채권의 표시

금 20,000,000원정

채무자가 다음 기재의 부동산에 대하여 ○○지방법원 ○○등기소 20○○. ○. ○. 접수 제12345
호로 등기한 전세권

– 다 음 –

1. 서울 ○○구 ○○로 ○길 111
2. 위 지상
   철근콘크리트조 슬래브지붕 근린생활시설 및 주택
   1층 125.02㎡
   2층 130㎡

■ 작성 · 신청방법

(1) 신청서 작성
   신청서 1부에 **목록** 5부, **소명자료**(차용증 각서 등) 사본 1부, **가압류신청진술서** 1부, **부동산등기부등본**
   1부, 당사자가 법인인 경우 **법인등기부등본** 1부, 대리인이 신청하는 경우에는 **위임장**도 같이 낸다.
(2) 인지, 송달료,
   ① 인지는 10,000원이며 '현금납수서' 방식으로 납부하는데 법원 내 은행이나 신한은행에서 납부할 수
      있다
   ② 송달료는 3회분(당사자의 수×3회)을 납부하여야 한다.
(3) 가압류기입촉탁신청을 위한 비용
   ① 등록지 관할 시·군·구청에 가서 등록세 및 교육세를 3,600원을 납부하고, 그 영수필증을 법원에
      제출하여야 한다.
   ② 기입촉탁 신청을 위해 동산 1개당 3,000원의 등기신청수수료를 납부하여야 하고(종전 증지로 납부하
      던 방식은 현재 현금납부 방식으로 변경되었다), 인지 500원을 첨부한다.
      기입촉탁을 위한 비용은 가압류결정 후 등기기입촉탁신청서에 첨부하여 제출하거나 담보제공명령
      후 담보제공을 하면서 같이 제출할수도 있다. 일반적으로 보통 보증보험 회사를 통해 담보제공시
      같이 제출하고 있다.
(4) 가압류신청진술서
   가압류신청진술서는 양식에 맞추어 작성하면 된다.
(5) 담보를 제공
   법원에서 가압류결정을 할 경우 채권자는 그 조건에 따라 현금공탁이나 공탁보증보험증권을 제출하여야
   한다. 통상 신청당시에는 인지, 송달료만을 납부하고 법원에서 담보제공명령이 나오면 보증보험회사 등을
   통해 보증보험이나 현금공탁을 하면 된다.
(6) 관할법원 신청계에 접수
   등기를 관할하는 곳을 관할하는 지방법원이나 본안의 관할법원에 신청한다.

7. 기타

(1) 보호예수유가증권의 가압류

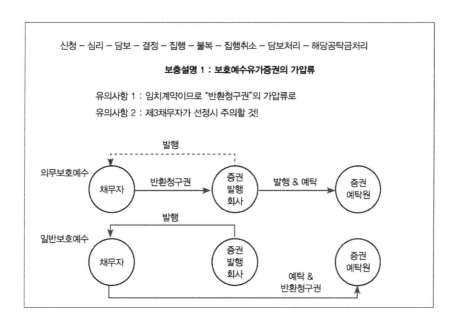

보충설명 1 : 보호예수유가증권의 가압류

유의사항 1 : 유가증권 가압류와 법률적 성격 상이 – 보호예수유가증권
"반환청구권"의 가압류

유의사항 2 : 제3채무자가 증권발행회사인지 증권예탁원인지?

의무보호예수(최대주주, 벤처금융 등에 관하여 법률, 유가증권상장규정 등에서 강제로 예탁토록 함)의
경우 :
채무자(계속보유의무자) – 증권발행회사 또는 주간사회사(보호예수의무자, 간접점유자) – 증권예탁원
(직접점유자)
(이 경우 채무자가 증권예탁원에 반환청구 불가능 – 따라서 제3채무자는 증권발행회사)

일반보호예수의 경우 : 채무자(간접점유자) – 증권예탁원(직접점유자)
(이 경우 채무자가 증권예탁원에 반환청구 가능 – 따라서 제3채무자는 증권예탁원)

(2) 신탁재산에 대한 가압류

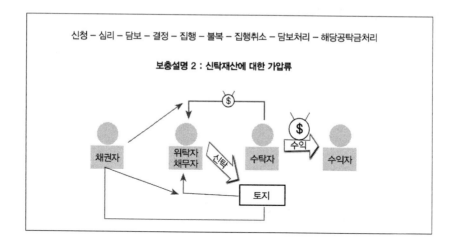

신청 – 심리 – 담보 – 결정 – 집행 – 불복 – 집행취소 – 담보처리 – 해당공탁금처리

보충설명 2 : 신탁재산에 대한 가압류

채권자

위탁자
채무자   신탁   수탁자   수익   수익자

토지

보충설명 2 : 신탁재산에 대한 가압류

• 신탁의 성격의 파악이 중요 : 관리, 처분, 담보, 개발 등 / 타익(他益), 자익(自益) 등

신탁재산 자체에 대한 가압류
 • 원칙적으로 불가능 : 신탁법 제21조(강제집행의 금지) ① 신탁재산에 대하여는 강제집행 또는
   경매를 할 수 없다. 단, 신탁전의 원인으로 발생한 권리 또는 신탁사무의 처리상 발생한 권리에
   기한 경우에는 예외로 한다.
 • 신탁법 제21조 단서의 적용범위 주의! : 신탁전의 원인으로 발생한 권리 – 신탁 전 저당권,
   압류 등
 • 보정명령 : 이 사건 각 부동산은 채무자를 수탁자로 하는 신탁재산으로서 신탁법에 의하여
   원칙적으로 강제집행이 금지되고, 다만 수탁자에 대하여는 신탁사무의 처리상 발생한 권리에
   기한 경우에 한하여 강제집행이 가능한바, 채권자의 청구채권에 기하여 이 사건 각 부동산에
   대한 강제집행이 가능한지 여부를 소명할 것.

(3) 채권자대위권에 기한 가압류

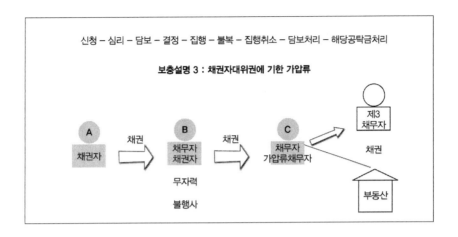

보충설명 3 : 채권자대위권에 기한 가압류

1. 주장 및 소명대상
   - A의 B에 대한 채권
   - B의 C에 대한 채권 + B의 무자력 + B의 불행사

2. 관련문제 : 채무자B(개인/남편)가 타인인 C(회사/부인) 명의만 빌려 사업

1) 실무상 채무자를 B로 가압류할 대상을 C의 재산으로 하여 신청하는 경우 있음
2) 다른 법률적 구성(법인격부인 등)이 불가능할 경우 채권자대위권에 기한 행사를 검토

(4) 채권자취소권에 기한 가압류

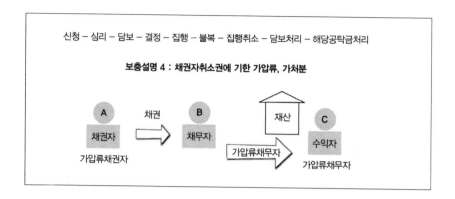

보충설명 4 : 채권자취소권에 기한 가압류, 가처분

원물반환이 가능한 경우 :
    : 소유권이전등기청구권을 피보전권리로 하여 처분금지가처분

가액배상만이 가능한 경우(사해행위 후 변제로 저당권설정등기 말소 등)
    : 가액배상청구권을 피보전권리로 하여 가압류

제6절 각종 가처분의 구체적 절차

1. 부동산 처분금지가처분

(1) 개 요

목적물에 대한 채무자의 소유권이전, 저당권, 전세권, 임차권의 성질 그 밖에 일체의 처분행위를 금지하고자 하는 가처분이다. 목적물의 처분을 가처분으로 금지하여 두면 그 이후 채무자로부터 목적물을 양수한 자는 가처분채권자에게 대항할 수 없게 되어 피보전권리의 실현을 위한 소송과 집행절차에서 당사자를 확정시킬 수 있게 되므로 그 목적으로 신청하게 된다. 피보전권리의 대부분은 목적물에 대한 이전등기청구권과 같은 특정물에 대한 이행청구권이지만 자기 소유 토지상의 채무자 소유 건물의 철거청구를 본안으로 할 때와 같이 방해배제청구권의 보전을 위하여도 할 수 있다.

(2) 신 청

1) 가처분을 신청함에는 일반적인 인지 및 송달료를 납부 하여야 한다. 또 **신청서** 1부에 **목록** 5부, **소명자료**(차용증 각서 등) 사본 1부, **부동산등기부등본** 1부, **목적부동산의 가액을 산정할 수 있는 서류**(가옥대장, 건물가격확인원, 건축물관리대장, 공시지가확인원 등) 1부, 당사자가 법인인 경우 **법인등기부등본** 1부, 대리인이 신청하는 경우에는 **위임장**도 같이 낸다.

2) 목적물 가액

   신청서에는 목적물가액을 기재하여야 하는데 이 목적물 가액은 담보제공금액의 기준이 된다.

   ① '토지' : 개별공시지가에 50/100을 곱한 금액으로 한다.
   ② '건물' : 시가표준액에 50/100을 곱한 금액으로 한다.

(3) 수수료를 납부한다

① 인지는 10,000원이며 '현금납수서' 방식으로 납부하는데 법원 내 은행이나 신한은행에서 납부할 수 있다.

② 송달료는 3회분(당사자의 수×3회)을 납부하여야 하는데, 2인 기준으로 31,200원(5,200원×3회×2인)이다. 법원구내 은행에 비치되어 있는 '송달료납부서'에 관할법

원, 채권자의 성명·주소, 환급받을 은행계좌번호를 기재하고 납부한 다음 법원제
출용 납부서(인지납부서도)를 표지 뒷면에 호치킷 등으로 고정해서 제출하면 된다.

(4) 등록세(교육세) 납부

1) 부동산소재지를 관할하는 시·군·구청에 가서 등록세 및 교육세를 납부하고, 그 영
   수필증을 법원에 제출 한다. 등록세는 가압류할 금액의 2/1,000(0.2%)이고, 교육세
   는 등록세액의 20/100(20%)이다.
2) 등록세 과세표준은 주거용건물인 경우 주택공시가격(개별주택공시가, 공동주택가)을,
   비주거용인 경우의 건물은 시가표준액으로 토지는 개별공시지가로 하는데 자세한 내
   용은 부동산소재지 시, 군, 구청 등록세과에 문의하면 된다.

(5) 등기신청 수수료

부동산 1개당 3,000원의 등기신청 수수료를 납부하여야 하는데 종전 증지로 납부하던
것을 2013. 5.1.부터는 현금납부하고 있다 신한, 농협, 우체국에서 현금으로 납부한 다
음 은행으로부터 받은 현금영수필확인서 및 통지서를 첨부하면 된다.

(6) 담보를 제공한다

① 법원에서 가처분결정을 할 경우에는, 부당한 가처분으로 인하여 채무자가 입을 손
   해를 담보하기 위하여 통상 담보의 제공을 그 조건으로 하고 있는데, 채권자는 그
   조건에 따라 현금공탁이나 공탁보증보험증권을 제출하여야 한다.

② 담보제공금액은 목적물가액의 1/10 정도이다

③ 부동산가처분의 경우 선담보제공이 안 되므로 선담보제공을 하지 않고 신청서를 제
   출한 후 법원에서 담보제공명령이 내리면 이때 인근의 서울보증보험(주) 등에 방문
   하여 명령서를 제시하고 비용을 주고 **보증보험증권**을 발부한 다음 그 이행증서를,
   현금공탁은 가압류 결정 법원 내 공탁소에 현금공탁을 한 후 그 공탁서 사본을 신
   청계에 제출한다.

(7) 소명방법 및 첨부서류

(8) 관할법원 신청계에 접수

가처분 사건은 **다툼이 있는 곳의 소재지(계쟁물 소재지)를 관할하는 법원이나 본안의 관
할법원**이 관할한다. 본안의 관할법원이란 본안으로 삼을 법원을 말한다. 본안소송이 제
기되지 않았더라도 본안을 제기할 경우인 채무자 주소지 관할법원을 의미하므로 **채무자
주소지 법원**에 제출할 수 있다. 따라서 가처분할 부동산소재지, 채무자 주소지 관할법원

중에서 제출 가능한 법원을 선택하여 신청과에 제출한다.

(9) 집 행

부동산가압류와 마찬가지로 가처분법원이 집행법원이 되어 등기부에 그 금지되는 사실을 기입하는 방법으로 집행한다. 다만 가처분등기의 촉탁은 집행법원의 법원사무관 등이 한다(민집 305조 3항). 이때에는 가처분 신청시에 집행신청이 함께 있는 것으로 보아 따로 집행신청을 기다리지 않는다. 채권자는 가처분결정이 있은 지 약 2~3일 후 관할등기소나 인터넷등기소를 통해 부동산등기부등본을 열람 또는 신청하여 그 기재를 확인할 수 있다.

[서식] 부동산처분금지 가처분신청서

표지-앞면

부동산처분금지 가처분신청

채 권 자   김 ○ ○

채 무 자   이 ○ ○

목적물금액	150,000,000원
인지대	10,000원
송달료	30,600원
수입증지	3,000원
등록 · 교육세	360,000원

○○**지방법원 귀중**

표지-뒷면

부동산처분금지 가처분신청

채 권 자   김 ○ ○(671131-17○○○○○)
                서울시 ○○구 ○○로 ○○ (T.010-123-456)

채 무 자   이 ○ ○(752031-1465○○○)

                서울시 ○○구 ○○로 ○○

목적물의 가액

금 150,000,000원

피보전권리의 요지

20○○. ○. ○.자 매매를 원인으로 하는 소유권이전등기청구권

목적물의 표시

별지목록과 같음

신 청 취 지

채무자는 그 소유명의의 별지목록 기재 부동산에 대하여 매매·양도·전세권·저당권·임차권의 설정 및 기타 일체의 처분행위를 하여서는 아니 된다.

라는 재판을 구합니다.

신 청 이 유

1. 채권자는 20○○. 3. 30. 서울시 ○○구 ○○동 ○○ 소재 채무자 소유의 상가건물을 대금 금 150,000,000원을 20○○. 3. 30까지 지급하고 소유권이전등기절차를 동시에 하기로 하였습니다.

2. 그런데 채무자가 위 약속의 등기절차를 응하지 않고 있어, 채권자는 장차 채무자를 상대로 소유권이전등기 청구의 소를 준비하고 있으나, 채무자의 재산이라고는 별지목록 기재의 부동산 밖에 없고, 따라서 채무자가 이를 언제 처분하여 버릴지 모르며, 이 재산이 처분되어 버린다면 채권자가 소송에서 승소하더라도 집행할 수 없는 사태가 우려되어 이를 보전하기 위하여 이 건 신청을 하기에 이르렀습니다.

3. 지급보증보험위탁계약체결문서의 제출에 의한 담보제공의 허가신청

   민사소송규칙 제22조에 의거 채권자는 지급보증위탁계약체결문서의 제출에 의한 담보제공으로 하여 주실 것을 허가하여 주시기 바랍니다.

소 명 방 법

1. 소갑제1호증	매매계약서 사본
1. 소갑제2호증	부동산등기부등본
1. 소갑제3호증	내용증명우편

첨 부 서 류

1. 위 소명서류   각 1통
1. 가압류신청진술서   1통
1. 부동산 목록   5통
1. 납부서   1통

20○○.　4.　.

위 채권자　김 ○ ○　(인)

○○지방법원 귀중

〈별지〉

목적물의 표시

1. 서울특별시 ○○구 ○○로 ○○　대 305㎡
2. 위 지상 세면블록조 기와집 단층 단독주택
   1층 180㎡

■ 작성 · 신청방법

(1) 신청서 작성

신청서 1부, **부동산목록** 5부정도를 같이 제출하도록 하는 것이 실무이다. **소명자료**(매매계약서 각서 등) 사본 1부, **부동산등기부등본** 1부, **목적부동산의 가액을 산정할 수 있는 서류** 1부, 당사자가 법인인 경우 **법인등기부등본** 1부, 대리인이 신청하는 경우에는 **위임장**도 같이 낸다.

(2) 인지,송달료
   ① 인지는 10,000원이며 '현금납수서' 방식으로 납부하는데 법원 내 은행이나 신한은행에서 납부할 수 있다
   ② 송달료는 3회분(당사자의 수×3회)을 납부하여야 하는데, 2인 기준으로 31,200원(5,200원×3회×2인)이다. 된다.

(3) 등록세(교육세) 납부
   1) 부동산소재지를 관할하는 시 · 군 · 구청에 가서 등록세 및 교육세를 납부하고, 그 영수필증을 법원에 제출 한다. 등록세는 가압류할 금액의 2/1,000(0.2%)이고, 교육세는 등록세액의 20/100(20%)이다.
   2) 등록세 과세표준은 주거용건물인 경우 주택공시가격(개별주택공시가, 공동주택가)을, 비주거용인 경우의 건물은 시가표준액으로 토지는 개별공시지가로하는데 자세한 내용은 부동산소재지 시, 군, 구청 등록세과에 문의하면 된다.

(4) 등기신청 수수료

부동산 1개당 3,000원의 등기신청 수수료를 납부하여야 하는데 종전 증지로 납부하던 것을 2013. 5.1.부터는 현금납부하고 있다 신한, 농협, 우체국에서 현금으로 납부한 다음 은행으로부터 받은 현금영수필확인서 및 통지서를 첨부하면 된다.

(5) 담보를 제공

법원에서 가압류결정을 할 경우 채권자는 그 조건에 따라 현금공탁이나 공탁보증보험증권을 제출하여야 한다. 통상 신청당시에는 인지, 송달료만을 납부하고 법원에서 담보제공명령이 나오면 보증보험회사 등을 통해 보증보험이나 현금공탁을 하면 된다.

(6) 관할법원 신청계에 접수

가처분 사건은 다툼이 있는 곳의 소재지(계쟁물 소재지)를 관할하는 법원이나 본안의 관할법원이 관할한다. 본안의 관할법원이란 본안으로 삼을 법원을 말한다. 본안소송이 제기되지 않았더라도 본안을 제기할 경우인 채무자 주소지 관할법원을 의미하므로 채무자 주소지 법원에 제출할 수 있다. 따라서 가처분할 부동산소재지, 채무자 주소지 관할법원 중에서 제출 가능한 법원을 선택하여 신청과에 제출한다.

2. 부동산 점유이전금지가처분

(1) 개 요

우리 민사소송법은 당사자 승계주의를 취하고 있어 변론종결 전의 승계인에게는 판결의 효력이 미치지 아니하므로 인도청구의 본안소송 중 목적물의 점유가 이전되면 그대로 본안소송에서 패소할 수밖에 없고 따라서 새로이 그 제3자를 상대로 하여 소송을 제기하든지 아니면 민사소송법 82조 등에 의하여 위 제3자에게 소송을 인수시켜 소송을 유지할 수밖에 없다. 그러나 점유이전금지가처분을 받아두면 그 이후에 점유를 이전받은 자는 가처분채권자에게 대항할 수 없고 당사자가 확정되므로 위와 같은 불측의 손해를 예방할 수 있다.

(2) 신 청

1) 가처분을 신청함에는 일반적인 인지 및 송달료를 납부 하여야 한다. 또 **신청서** 1부에 **목록** 5부, **소명자료**(계약서, 각서 등) 사본 1부, **부동산등기부등본** 1부, **목적부동산의 가액을 산정할 수 있는 서류**(가옥대장, 건물가격확인원, 건축물관리대장, 공시지가확인원 등) 1부, 당사자가 법인인 경우 **법인등기부등본** 1부, 대리인이 신청하는 경우에는 **위임장**도 같이 낸다.

2) 목적물 가액

신청서에는 목적물가액을 기재하여야 하는데 이 목적물 가액은 담보제공금액의 기준이 된다.

① '토지' : 개별공시지가에 50/100을 곱한 금액으로 한다.

② '건물' : 시가표준액에 50/100을 곱한 금액으로 한다.

(3) 수수료를 납부한다

① 인지는 10,000원이며 '현금납수서' 방식으로 납부하는데 법원 내 은행이나 신한은행에서 납부할수 있다.

② 송달료는 3회분(당사자의 수×3회)을 납부하여야 하는데, 2인 기준으로 31,200원(5,200원×3회×2인)이다. 법원구내 은행에 비치되어 있는 '송달료납부서'에 관할법원, 채권자의 성명·주소, 환급받을 은행계좌번호를 기재하고 납부한 다음 법원제출용 납부서(인지납부서도)를 표지 뒷면에 호치킷 등으로 고정해서 제출하면 된다.

③ 등록세, 증지는 납부하지 않는다.

(4) 담보를 제공한다

(5) 소명방법 및 첨부서류

(6) 관할법원 신청계에 접수

가처분 사건은 **다툼이 있는 곳의 소재지(계쟁물 소재지)를 관할하는 법원이나 본안의 관할법원**이 관할한다.

(7) 집 행

1) 집행방법

채권자가 가처분재판의 정본을 가지고 집행관에게 집행을 위임함으로서 집행한다.

2) 집행절차

채권자는 가처분결정정본과 집행신청서(**집행관사무실에 양식서가 비치되어 있음**)를 작성하여 건물소재지 관할법원 집행관사무소에 제출하면 집행관사무실에서 집행비용을 예납하라고 고지해 주므로 그 비용을 예납한다. 그럼 그 다음날이나 며칠 지나서 집행관사무실에서 연락이 와서 채권자와 집행할 시간을 서로 협의하게 된다. 시간이 합의 되면 그 시간에 맞춰서 집행관과 목적물 소재지에서 만난다. 그리고 집행관은 채권자, 채무자 또는 그 대리인이 참여 아래 목적물이 집행관의 보관 아래 있음을 밝히는 고시를 목적물의 적당한 곳에 붙이고 채무자에게 가처분의 취지를 고지함으로써 집행을 실시한다.

표지-앞면

부동산점유이전금지 가처분신청

채 권 자 　 김 ○ ○

채 무 자 　 이 ○ ○

목적물금액	150,000,000원
인지대	10,000원
송달료	30,600원

○ ○**지방법원 귀중**

표지-뒷면

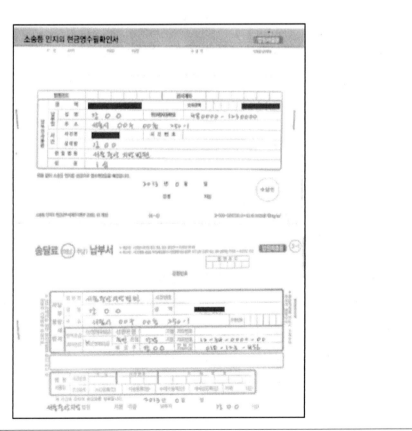

부동산점유이전금지 가처분신청

채 권 자　　　　김 ○ ○(671131-17○○○○○)
　　　　　　　　서울시 ○○구 ○○로 ○○ (T.010-123-456)

채 무 자　　　　이 ○ ○(752031-1465○○○)
　　　　　　　　서울시 ○○구 ○○로 ○○

목적물의 가액
금 150,000,000원
피보전권리의 요지
건물임대차계약해지로 인한 건물반환청구권
목적물의 표시
별지목록과 같음

신 청 취 지

채무자는 별지 목록 기재 건물의 점유를 타인에게 이전하거나 점유명의를 변경하여
서는 아니 된다
라는 재판을 구합니다.

신 청 이 유

1. 채권자는 20○○. 3. 30. 서울시 ○○구 ○○동 ○○ 소재 채권자 소유의 상가건
   물을 대금 20○○. 3. 30까지 월 임대료 500,000원을 채무자로부터 지급 받기
   로 하고 임대하였습니다.

2. 그런데 채무자가 위 약속의 임대료를 4개월간 지급하지 않고 있어, 채권자는 장
   차 채무자를 상대로 임대차계약 해지로 인한 건물반환 청구의 소를 준비하고 있
   으나, 채무자는 가게를 주변 중개업소에 내 놓고 있어 만약 후일 채권자가 소송
   에서 승소하더라도 집행할 수 없는 사태가 우려되어 이를 보전하기 위하여 이 건
   신청을 하기에 이르렀습니다.

3. 지급보증보험위탁계약체결문서의 제출에 의한 담보제공의 허가신청

　 민사소송규칙 제22조에 의거 채권자는 지급보증위탁계약체결문서의 제출에 의한 담보제공으로 하여 주실 것을 허가하여 주시기 바랍니다.

소 명 방 법

　　1. 소갑제1호증　　　　　　임대차계약서 사본
　　1. 소갑제2호증　　　　　　부동산등기부등본
　　1. 소갑제3호증　　　　　　내용증명우편

첨 부 서 류

　　1. 위 소명서류　　　　　　　　　각 1통
　　1. 가압류신청진술서　　　　　　　1통
　　1. 부동산 목록　　　　　　　　　5통
　　1. 납부서　　　　　　　　　　　1통

　　　　　　　　　20○○.　4.　．
　　　　　　　　　위 채권자　김 ○ ○　(인)

○○지방법원 귀중

〈별지〉

목적물의 표시

1. 서울특별시 ○○구 ○○동 ○○　대 305㎡
2. 위 지상 세면블록조 기와집 점포 및 사무실
　　1층 180㎡
　　2층 170㎡
*가처분 대상 : 1층 80㎡

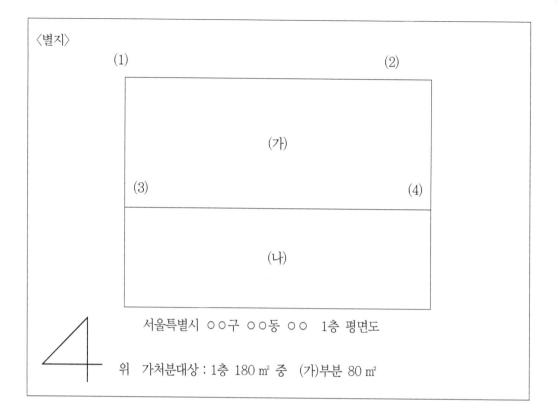

〈별지〉

서울특별시 ○○구 ○○동 ○○ 1층 평면도

위 가처분대상 : 1층 180 ㎡ 중 (가)부분 80 ㎡

■ 작성 · 신청방법

(1) 신청서 작성

신청서 1부, **부동산목록** 5부 정도를 같이 제출하도록 하는 것이 실무이다. **소명자료**(매매계약서 각서 등) 사본 1부, **부동산등기부등본 1부, 목적부동산의 가액을 산정할 수 있는 서류** 1부. 당사자가 법인인 경우 **법인등기부등본** 1부, 대리인이 신청하는 경우에는 **위임장**도 같이 낸다.

(2) 인지,송달료

① 인지는 10,000원이며 '현금납수서' 방식으로 납부하는데 법원 내 은행이나 신한은행에서 납부할 수 있다

② 송달료는 3회분(당사자의 수×3회)을 납부하여야 하는데, 2인 기준으로 31,200원(5,200원×3회×2인)이다. 된다.

(3) 담보를 제공

법원에서 가압류결정을 할 경우 채권자는 그 조건에 따라 현금공탁이나 공탁보증보험증권을 제출하여야 한다. 통상 신청당시에는 인지, 송달료만을 납부하고 법원에서 담보제공명령이 나오면 보증보험회사 등을 통해 보증보험이나 현금공탁을 하면 된다.

(4) 관할법원 신청계에 접수

가처분 사건은 다툼이 있는 곳의 소재지(계쟁물 소재지)를 관할하는 법원이나 본안의 관할법원이 관할한다. 본안의 관할법원이란 본안으로 삼을 법원을 말한다. 본안소송이 제기되지 않았더라도 본안을 제기할 경우인 채무자 주소지 관할법원을 의미하므로 채무자 주소지 법원에 제출할 수 있다. 따라서 가처분할 부동산소재지, 채무자 주소지 관할법원 중에서 제출 가능한 법원을 선택하여 신청과에 제출한다.

3. 임시의 지위를 정하는 가처분

(1) 임금지급 가처분

1) 개 요

사용자가 근로자를 해고 하였으나 그 해고가 무효인 경우 근로자는 본안소송을 통하여 임금지급을 청구할 수 있으나 임금을 유일한 생계수단으로 하는근로자로서는 본안소송의 심리기간동안 당장 생활에 위협을 받게 되므로 본안판결 전에 임시로 지급을 명하는 가처분을 구할 수 있다.

2) 신 청

신청인이 해고무효확인 및 임금청구의 본안소송에 의하지 않고 부당노동행위구제신청을 하여 행정소송에서 해고가 부당하다는 내용의 판결이 선고된 경우에 주로 신청하고 있다.

[서식] 임금지급 가처분신청서

표지-앞면

임금지급 가처분신청

채 권 자   김 ○ ○

채 무 자   주식회사 ○○

목적물금액	25,000,000원
인지대	58,750원
송달료	56,800원

○○**지방법원 귀중**

표지-뒷면

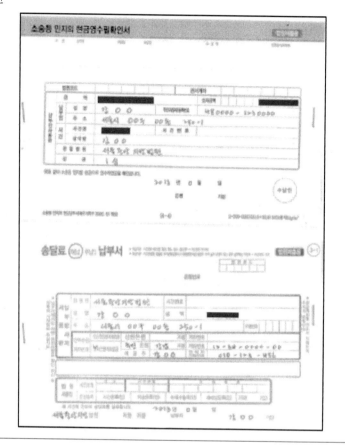

임금지급 가처분신청

채 권 자   김 ○ ○(671131-17○○○○○)

서울시 ○○구 ○○로 ○○ (T.010-123-456)

채 무 자   주식회사 ○○

서울시 ○○구 ○○로 ○○

대표이사 ○○○

목적물의 가액

금 25,000,000원

피보전권리의 요지

해고무효로 인한 피고용관계의 존재

신 청 취 지

채무자는 채권자에 대하여 20○○. ○. ○. 이후 매월 금 2,083,333원을 임시로 지급한다.

라는 재판을 구합니다.

신 청 이 유

1. 채권자는 20○○. ○. ○.부터 현재까지 채무자 회사에 고용되어 일하여 오고 있습니다.
2. 그런데 채권자는 채무자를 부당하게 해고하고 임금의 지급을 정지한다는 취지를 일방적으로 20○○. ○. ○. 통보하였습니다.
3. 따라서 채권자는 채무자로부터 해고통보를 받을 당시 지급되고 있던 1개월분 월급 2,083,333원을 매월 임시로 지급을 명하는 재판을 구하기 위하여 본 신청에 이르게 되었습니다.

소 명 방 법

1. 소갑제1호증   고용계약서
1. 소갑제2호증   급료명세서
1. 소갑제3호증   해고통지서

첨 부 서 류

1. 위 소명서류   각 1통
1. 납부서   1통

20○○.   4.   .
위 채권자 김 ○ ○   (인)

○○**지방법원 귀중**

(1) 신청서 작성

　신청서 2부를 관할법원에 제출한다

(2) 인지.송달료

　① 인지는 불확정기간 정기금 청궈에 해당하므로 알코올농도가 기발생분 및 1년분의 정기금 합산액
　　(25,000,000원)이므로 58,750=[(25,000,000×4.5/1000+5,000원)×1/2]이다. 즉 본안의 인지액
　　을 산출한 다음 산출된 금액의 1/2이 되면 한도액은 50만원이다.

　② 송달료는 8회분(당사자의 수×8회)을 납부하여야 하는데, 2인 기준으로 83,200원(5,200원×8회×2
　　인)이다.

(3) 관할법원 신청계에 접수

　채무자의 주소지 관할법원 또는 본안의 관할법원 신청계에 접수한다.

(2) 직무집행정지 가처분

1) 개 요

주식회사에서 이사선임결의의 무효나 취소 또는 이사해임의 알코올농도 제기된 경우
에 또는 본안소송의 제기 전에도 급박한 사정이 있는 때에는 가처분으로써 이사의
직무집행을 정지할 수 있다고 규정하고 있고 위 규정은 주식회사의 감사, 청산인 등
에 준용한다. 민법상 법인이나 비법인사단의 대표자나 이사 등에 대하여도 그 선임
결의의 하자를 원인으로 하는 선임결의의 무효나 부존재확인의 소를 본안으로 하는
직무집행정지가처분이 가능하다.

2) 신 청

본안소송의 원고적격을 가지는 자가 신청한다. 대표자 등의 선임결의의 효력을 다투는
본안소송의 피고적격은 회사나 단체에게만 있으나 직무집행정지 가처분신청의 피신청인
은 대표자 등 개인이 된다는 것이 판례이다.

[서식] 직무집행정지 및 직무대행자선임 가처분신청서

표지─앞면

직무집행정지 및 직무대행자선임 가처분신청

신 청 인   김 ○ ○

피신청인   이 ○ ○

목적물금액	20,000,100원
인지대	47,500원
송달료	81,600원

○○**지방법원 귀중**

표지─뒷면

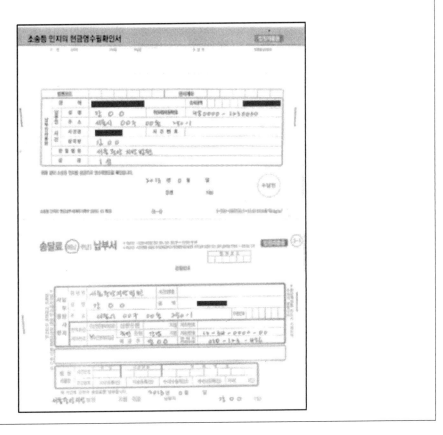

직무집행정지 및 직무대행자선임 가처분신청

채 권 자   김 ○ ○(671131-17○○○○○)

                  서울시 ○○구 ○○로 ○○ (T.010-123-456)

채 무 자   이 ○ ○(711108-17○○○○○)

                  서울시 ○○구 ○○로 ○○

목적물의 가액

금 20,000,100원

피보전권리의 요지

피신청인에 대한 ○○구지회 지회장 선임무효확인의 청구권

신 청 취 지

1. 신청인과 피신청인 간 사단법인 ○○협회 분사무소 서울시 ○○협회 내 ○○구지회 지회장 선임무효확인의 본안판결 확정시까지 피신청인은 위 ○○구지회 지회장의 직무를 집행하여서는 아니 된다.

2. 위 직무집행정지기간 중 서울 ○○구 ○○동 ○○ 홍○○을 직무대행자로 선임한다.

라는 재판을 구합니다.

신 청 이 유

1. 신청인은 20○○. ○. ○.경 사단법인 ○○협회 분사무소 서울시 ○○협회내 ○○구지회 지회장으로 선임되어 그 업무를 수행하고 있습니다.

2. 그런데 피신청인은 정당한 절차에 따르지 아니한 신청인에 대한 부당한 해임이후 선임된 자로서 이에 신청인은 위 피신청인 선임의 부존재 및 무효확인 소송을 준비 중이어서 이 신청에 이르게 되었습니다.

소 명 방 법

1. 소갑제1호증   임명사실통보
1. 소갑제2호증   임명장
1. 소갑제3호증   내용증명

첨 부 서 류

1. 위 소명서류   각 1통
1. 납부서   1통

20○○.　4.　　.
위 신청인　김 ○ ○　(인)

○○**지방법원 귀중**

■ 작성 · 신청방법

(1) 신청서 작성
　　신청서 2부를 관할법원에 제출한다
(2) 인지.송달료
　　① 인지는 비재산권상의 소이므로 47,500원=[(20,000,100원×4.5/1000+5,000원)×1/2]이다
　　② 송달료는 8회분(당사자의 수×8회)을 납부하여야 하는데, 2인 기준으로 83,200원(5,200원×8회×2인)이다.
(3) 관할법원 신청계에 접수
　　채무자의 주소지 관할법원 또는 본안의 관할법원 신청계에 접수한다.

(3) 채무자의 적극적 행위를 금지하는 가처분(공사금지가처분 등)

1) 개 요

건축공사로 인한 지반침하, 주택붕괴의 위험 또는 일조나 조망, 경관 기타 생활이익의 침해를 이유로 건물의 공사금지(또는 공사중지)를 구하는 것과 같이 건물의 공사와 관련된 가처분과 일정한 토지 건물에 채무자가 진입통행하는 것을 금지하는 가처분, 채무자가 일정한 적극적 행위를 하는 것을 금지하는 부작위의무를 명하는 가처분이다. 성질상 임시의 지위를 정하기 위한 가처분에 속한다.

2) 집 행

이러한 가처분은 단순히 부작위의무만을 명할 뿐이므로 채무자에게 가처분의 내용을 고지함으로써 족하고 원칙적으로 집행이라는 관념이 존재하지 않는다. 다만 반복적·계속적 부작위를 명하는 가처분에서 채무자가 의무위반을 할 때에는 대체집행 또는 간접강제의 방법에 의하여 그 의무의 이행을 강제할 수 있다. 그리고 목적물의 소유권 등과 같이 점유 사용할 수 있는 권리에 기하여 가처분을 신청하는 경우에는 단순한 부작위를 명하는 가처분 외에 점유이전금지가처분이 결합되는 수가 많고 이때에는 집행을 하게 된다.

[서식] 작성 기재례

1) 접근금지 가처분

> 1. 채무자는 채권자의 의사에 반하여 채권자에게 접근하여서는 아니 된다.
> 2. 채무자는 채권자 또는 그 딸인 신청외 ○○○에 대하여 면담을 강요하거나 폭력을 행사하는 등의 방법으로 그 평온한 생활 및 업무를 방해해서는 아니 된다.
> 3. 위 명령을 위반한 채무자는 위반행위 1회 당 금 500,000원씩을 채권자에게 지급하라 라는 재판을 구합니다.

2) 접근금지 및 업무방해금지 가처분

> 1. 채무자는 채권자의 의사에 반하여 채권자에게 접근하여서는 아니 된다.
> 2. 채무자는 채권자에 대하여 면담을 강요하거나 폭력을 행사하는 등의 방법으로 그 평온한 생활 및 업무를 방해해서는 아니 된다.
> 3. 위 명령을 위반한 채무자는 위반행위 1회 당 금 500,000원씩을 채권자에게 지급하라 라는 재판을 구합니다.

(4) 채권자의 행위에 대한 수인의무를 명하는 가처분

1) 개 요

채권자가 권원에 기하여 어떤 행위(권리행사)를 하고 있는 것을 채무자가 방해하고 있거나 방해할 우려가 있을 때 그 방해배제청구권 또는 방해배제청구권의 보전을 위하여 행하는 가처분이다. 공사방해금지가처분, 점유사용방해금지가처분, 영업금지가처분 등이 그 예이다.

2) 집 행

이러한 가처분 역시 채무자에게 부작위채무를 과할 뿐이므로 채무자에게 가처분을 고지함으로써 족하고 별도의 집행행위는 필요 없다.

이 가처분은 현재의 상황을 깨뜨리지 않고 채권자의 권리를 적법하게 행사할 수 있음을 전제로 하여 발령하는 것이며, 채권자의 행위가 현재의 질서를 깨뜨리는 것이 될 때 그 행위의 수인을 채무자에게 명하면 단행가처분과 같은 효과가 있게 되므로 신중하여야 한다.

[서식] 영업금지 가처분신청서

표지-앞면

영업금지 가처분신청

신 청 인   김 ○ ○

피선청인   이 ○ ○

목적물금액	20,000,100원
인지대	47,500원
송달료	81,600원

○○**지방법원 귀중**

표지-뒷면

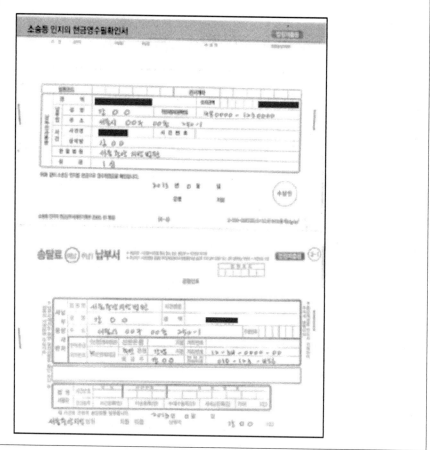

영업금지 가처분신청

신 청 인   김 ○ ○(671131-17○○○○○)

                서울시 ○○구 ○○로 ○○ (T.010-123-456)

피신청인   이 ○ ○(752031-1465○○○)

                서울시 ○○구 ○○로 ○○

목적물의 가액

금 20,000,100원

피보전권리의 요지

영업양도양수계약 및 약정에 의한 경업금지청구권

신 청 취 지

1. 피신청인은 서울 ○○구 ○○동 ○○내에서 신청인과 동일한 석유판매영업을 스스로 행하거나 제3자로 하여금 행하게 하거나, 제3자에게 양도, 임대 등 일체의 처분행위를 하여서는 아니 된다.
2. 집행관은 위 명령의 취지를 적당한 방법으로 공시하여야 한다.
3. 소송비용은 피신청인의 부담으로 한다.
라는 재판을 구합니다.

신 청 이 유

1. 신청인은 석유판매업을 하는 자로서 20○○. 3. 30. 서울시 ○○구 ○○동 ○○ 소재 피신청인 경영의 ○○상사에 대하여 피신청인과 영업일체에 대한 양도양수계약을 한 자입니다.

2. 그런데 피신청인은 신청인에게 영업일체를 양도하였으나 같은 해 ○경 ○○구 ○○에서 ○○주유소라는 간판을 달고 석유를 판매하고 있으므로 상법 제41조에 따라 경업피지의무를 위반하고 있습니다.

3. 따라서 신청인은 피신청인에게 경업금지청구권이 있으므로 피신청인을 상대로 경업금지청구의 본안소송을 제기하려고 하고 있으나 본안 소송의 확정시까지 기다리면 신청인에게 회복할 수 없는 손해를 입게 됨이 명백하므로 이 건 신청에 이르게 되었습니다.

소 명 방 법

1. 소갑제1호증   영업양도양수계약서 사본
1. 소갑제2호증   사업자등록증

1. 소갑제3호증   사실확인서

첨 부 서 류

1. 위 소명서류   각 1통
1. 납부서   1통

20○○. 4.   .
위 신청인 김 ○ ○ (인)

○○**지방법원 귀중**

■ 작성 · 신청방법

(1) 신청서 작성
   신청서 2부를 관할법원에 제출한다
(2) 인지,송달료
   ① 인지는 비재산권상의 소이므로
      47,500원=[(20,000,10020,000,100원×4.5/1000+5,000원)×1/2]이다
   ② 송달료는 8회분(당사자의 수×8회)을 납부하여야 하는데, 2인 기준으로
      83,200원(5,200원×8회×2인)이다.
(3) 관할법원 신청계에 접수
   채무자의 주소지 관할법원 또는 본안의 관할법원 신청계에 접수한다.

(5) 대위에 의한 가처분신청서

가령 부동산이 甲, 乙, 丙, 丁 순으로 순차 매도된 경우에 丁이 丙, 乙 대위하여 甲을 상대로 처분금지가처분을 행사할 수 있는데, 이를 대위에 의한 가처분신청이라 한다.

대위에 의한 가처분취소신청서

신청인   ○○○ (주민등록번호)

○○시 ○○구 ○○길 ○○(우편번호)

전화 · 휴대폰번호 :

팩스번호, 전자우편(e-mail)주소 :

피신청인   △△△(주민등록번호)

○○시 ○○구 ○○길 ○○(우편번호)

전화·휴대폰번호 :

팩스번호, 전자우편(e-mail)주소 :

신 청 취 지

1. 피신청인의 신청외인 ◇◇◇에 대한 **지방법원 2006. 2. 14. 결정   2006 카단 2986호 유체동산처분금지가처분결정을 취소한다.

2. 소송비용은 피신청인의 비용으로 한다.

3. 위 제1.항은 가집행할 수 있다.

라는 재판을 구합니다.

신 청 이 유

1. 가처분결정의 내용

피신청인은 신청외 ◇◇◇를 상대로 별지목록 기재 유체동산들에 대하여 **지방법원 2006. 2. 14. 결정 2006 카단 0000호 유체동산처분금지가처분결정을 받아 2006. 2. 21. 가처분집행을 하였습니다.

2. 피대위채권(사정변경에 기한 가처분취소 신청권)

피신청인은 위 가처분 집행 이후에도 3년이 경과한 이 사건 신청일까지 본안의 소를 제기하지 않고 있으므로 위 신청외인은 피신청인에 대하여 민사집행법 제301조, 제288조 제1항 3호에 의하여 위 가처분결정에 대한 취소신청권이 있습니다.

3. 피보전채권

신청인은 위 신청외인에 대하여 **지방법원 2011. 2. 11. 고지 2011 차 2309 대여금 사건의 확정된 지급명령에 기한 '금 3,000,000원 및 이에 대한 1998. 4. 9.부터 2003. 5. 31.까지는 연 5%, 그 다음날부터 완제일까지는 연 20%의 비율에 의한 돈 및 독촉절차비용 170,000원'의 강제집행채권이 있습니다.

4. 결론 (채권자 대위권의 행사)

신청인은 위 집행권원에 기하여 신청외인 소유의 별지목록 유체동산에 대하여 강제경매신청을 하려고 해도 피신청인들의 선순위가처분으로 인해 집행이 불가능한 바, 신청외인이 사정변경에 기한 가처분취소신청권이 있음에도 이를 행사하지 아니하고 있기에 신청인은 신청외인을 대위하여 가처분취소신청에 이르게 되었습니다.

첨 부 서 류

1. 결정(가처분)	1부
1. 유체동산 가처분조서	1부
1. 지급명령	1부

2011. 4.   .

신청인 ○ ○ ○

지방법원　　　　　**귀 중

[서식] 작성 기재례

1) 공사방해금지가처분

1. 피신청인은 별지 목록 기재 건물에 대한 점유를 풀고 이를 신청인이 위임하는 집행관에게 인도하여야 한다.
2. 피신청인은 신청인이 위 건물 중 별지 도면 ㄱ, ㄴ, ㄷ, ㄹ, ㄱ, 의 각점을 순차로 연결한 선내 부분(가) 층계 부분을 수리하는 것을 방해하여서는 아니 된다.
3. 집행관은 위 취지를 적당한 방법으로 공시하여야 한다.
   라는 재판을 구합니다.

2) 통행방해금지가처분

1. 피신청인은 신청인이 별지 목록 기재 토지 중 별지 도면 표시 ㄱ, ㄴ, ㄷ, ㄹ, ㄱ.의 각점을 순차로 연결한 선내 (가)부분의 도로에 통행함을 방해하는 담장 기타의 공작물을 설치하여 신청인의 통행을 방해하여서는 아니 된다.
2. 집행관은 위 취지를 적당한 방법으로 공시하여야 한다.
   라는 재판을 구합니다.

3) 영업방해금지가처분

1. 피신청인은 신청인에 대하여 서울 ○○구 ○○동 ○○번지 2층에서 채권자가 경영하는 ○○의 영업행위를 방해하여서는 아니 된다.
2. 집행관은 위 취지를 적당한 방법으로 공시하여야 한다.
   라는 재판을 구합니다.

4) 출입금지 및 공사방해금지가처분

1. 피신청인들은 별지 목록 기재 토지에 출입하거나 신청인 또는 그 공사수급인 등의 위 토지의 출입, 사용 또는 점유를 방해하여서는 아니 된다.
2. 피신청인들은 신청인이 위 토지의 지상에 부지조성공사 및 건축물축조공사를 하는 것을 방해하여서는 아니 된다.
3. 피신청인들은 제3자로 하여금 위 제1항, 제2항의 방해행위를 하여서는 아니 된다.
4. 신청비용은 피신청인들의 부담으로 한다.
   라는 재판을 구합니다.

5) 점유사용방해금지가처분

1. 피신청인은 별지 목록 기재 건물의 정문 출입문 및 2층에 통하는 계단의 출입구를 폐쇄하는 등 신청인의 위 건물에 대한 점유사용을 방해하여서는 아니 된다.
2. 피신청인은 신청인 등에 대하여 위 건물의 가스, 수도, 전기시설의 제거절단을 하여 이의 공급을 정지하여서는 아니 된다.
3. 집행관은 위 취지를 공사하기 위하여 적당한 방법을 취하여야 한다.
   라는 재판을 구합니다.

6) 경1업금지가처분

1. 채무자는 별지목록 기재 건물 및 ○○시내에서 채무자의 명의로 비디오물감상실영업을 하여서는 아니 된다.
2. 채무자는 별지목록 기재 건물에 프로젝션 텔레비전, 비디오기기, 비디오테이프 등 비디오물감상실영업을 위한 시설물을 설치하여서는 아니 된다.
3. 집행관은 위 명령의 취지를 적당한 방법으로 공시하여야 한다.
   라는 재판을 구합니다.

7) 토지출입금지가처분

채무자는 별지목록 기재 토지에 출입하여서는 아니 된다.
라는 재판을 구합니다.

8) 근저당권처분금지가처분

채무자는 별지목록 기재 부동산에 설정된 같은 목록 기재 근저당권에 대하여 양도 그밖에 일체의 처분행위를 하여서는 아니 된다.
라는 재판을 구합니다.

9) 건물인도단행가처분

1. 채무자는 채권자소유의 별지목록 기재 부동산에 대한 점유를 풀고 이를 채권자가 위임하는 귀원 소속 집행관에게 인도하여야 한다.
2. 집행관은 현상을 변경하지 아니할 것을 조건으로 하여 채권자에게 이를 사용하게 하여야 한다.
3. 채권자는 그 점유를 타인에 이전하거나 점유명의를 변경하여서는 아니 된다.
4. 집행관은 위 취지를 공시하기 위하여 적당한 방법을 취하여야 한다.
5. 소송비용은 채무자의 부담으로 한다.
   라는 재판을 구합니다.

(5) 방해물제거의 가처분

1) 개 요

이 가처분은 소유권이나 그 밖의 사용수익권에 기하여 방해배제를 구하는 권리를 보전하기 위한 가처분으로서 작위를 명하는 가처분이라고도 한다. 그 작위의무는 일신전속적이 아닌 대체적인 것이어야 한다. 토지상의 건물의 철거나 수목의 수거를 명하는 가처분이 그 예이다. 이 가처분은 이미 기정사실로 되어 있는 방해상태의 제거를 목적으로 하므로 일종의 단행가처분이다.

2) 집 행

이러한 가처분은 채무자에게 가처분의 내용을 고지한 후 채무자가 의무를 이행하지 아니할 때에는 대체집행의 방법에 의하여 의무의 이행을 강제할 수 있다.

[서식] 작성 기재례

1) 명도단행 가처분

1. 채무자는 채권자에게 별지목록 기재의 건물을 임시로 명도하라.
2. 신청비용은 채무자의 부담으로 한다.
   라는 재판을 구합니다.

2) 퇴거단행 가처분

채무자는 채권자에게 임시로 별지 목록 기재 부동산 중 지층전부 100㎡에서 퇴거하라
라는 재판을 구합니다.

1. 처분금지가처분

이들 물건들에 대한 단순한 처분금지가처분은 소관관청에 가처분의 기입등기(등록)을 촉탁함으로써 한다. 그 촉탁방법은 부동산처분금지가처분 촉탁등기에 준한다.

2. 점유이전금지가처분

(1) 개 요

자동차건설기계에 있어서는 집행관 보관을 명하고 항공기 선박에 대하여는 일정장소에 정류 정박할 것을 명하는 것이 보통이다. 그런데 가처분시의 집행관 보관방법에 관하여는 명문규정이 없으므로 가압류집행의 경우에 준하여 집행관은 상당하다고 인정할 때에는 채권자, 채무자, 그 밖의 적당한 사람에게 보관시킬 수 있다고 할 것이다.

(2) 자동차건설기계의 점유이전금지(집행관보관형)

집행은 결정정본을 채권자가 집행관에게 제출하여 위임한다. 이때에는 수수료 외에 비용을 예납하여야 한다.

(3) 선박항공기의 점유이전금지(일정장소에 유치시키는 형)

채권자가 가처분명령정본을 그 항공기선박이 정류 정박 중인 곳의 지방관할법원 소속의 집행관에게 제출하고 그 집행을 위임한다. 실무상으로는 집행관으로 하여금 그 채무자에게 송달할 결정정본을 지참하여 집행에 임하여 송달하게 한다.

선박점유이전금지가처분신청

채권자   ○○○
           ○○시 ○○구 ○○길 ○○(우편번호 ○○○-○○○)
           전화·휴대폰번호:
           팩스번호, 전자우편(e-mail)주소:
채무자   ◇◇◇
           ○○시 ○○구 ○○길 ○○(우편번호 ○○○-○○○)
           전화·휴대폰번호:
           팩스번호, 전자우편(e-mail)주소:

목적물의 표시   별지 목록 기재와 같습니다.

피보전권리의 내용   20○○. ○. ○. 약정에 의한 선박인도청구권
목적물의 가격   ○○○원

신 청 취 지

1. 채무자는 별지 목록 기재 선박에 대한 점유를 풀고 이를 채권자가 위임하는 집행관에게 인도하여야 한다.
2. 집행관은 채무자로 하여금 위 선박을 ○○항의 집행관이 명하는 장소에 정박시키고 현상을 변경하지 아니할 것을 조건으로 채무자에게 그 보관을 명할 수 있다.
3. 채무자는 위 선박의 점유를 타인에게 이전하거나 점유명의를 변경하거나 이를 운행하여서는 아니 된다.
4. 집행관은 위 취지를 공시하기 위하여 적당한 방법을 취하여야 한다.
라는 재판을 구합니다.

신 청 이 유

1. 당사자들의 지위
채권자는 별지목록 기재 선박을 매수한 사람이고 채무자는 매도인으로서 별지목록 선박의 소유자입니다.

2. 채무자의 선박인도의무
채무자는 20○○. ○. ○. 채권자에게 별지목록 기재 선박을 20○○. ○. ○○.까지 인도하

겠다는 약정을 한 사실이 있습니다. 그러므로 채무자는 위 약정을 원인으로 하여 채권자에게 위 선박을 인도할 의무가 있습니다. 그런데 채무자는 타당한 이유 없이 위 선박의 인도를 거부하고 있습니다.

3. 보전의 필요성
이에 채권자는 채무자 상대로 위 선박의 인도청구소송을 제기하여 놓았으나 채무자가 위 선박을 다른 사람에게 이전하여 제3자의 점유하에 들어갈 경우 채권자는 위 재판에서 승소하더라도 인도집행이 불가능할 염려가 있어 그 집행을 보전하기 위하여 이 사건 신청에 이른 것입니다.
4. 담보제공
한편, 이 사건 선박점유이전금지가처분명령의 손해담보에 대한 담보제공은 민사집행법 제19조 제3항, 민사소송법 제122조에 의하여 보증보험주식회사와 지급보증위탁계약을 맺은 문서를 제출하는 방법으로 담보제공을 할 수 있도록 허가하여 주시기 바랍니다.

소 명 방 법

1. 소갑 제1호증	계약서
1. 소갑 제2호증	소장사본
1. 소갑 제3호증	최고서

첨 부 서 류

1. 위 소명방법	각 1통
1. 정박증명	1통
1. 송달료납부서	1통

20○○. ○. ○.

위 채권자 ○○○ (서명 또는 날인)

○○**지방법원 귀중**

[별지]

선박의 표시

1. 선박의 종류 및 명칭   기선 ○○호

1. 선 질   철강 및 목조

1. 총톤수   ○○○톤

1. 순톤수   ○○○톤

1. 기관종류 및 수   디젤기관○개

1. 추진기의 종류 및 수   나선추진기○개

1. 진수연월일   20○○. ○. ○.

1. 정박항   ○○항

1. 소유자   ◇◇◇

1. 선장의 이름   ◈◈◈

               ○○시 ○○구 ○○길 ○○. 끝.

Ⅲ. 유체동산에 대한 가처분 집행절차

1. 점유이전금지가처분

(1) 개 요

유체동산에 대한 가처분은 점유이전금지가처분이 거의 대부분을 차지하고 있다. 유체동산의 경우에는 점유이전금지 없이 처분만을 금지하는 가처분, 즉 "양도, 질권설정 그 밖의 일체의 처분을 하여서는 아니 된다."라는 내용의 처분금지가처분을 하더라도 공시방법이 없어 양수인이 선의취득의 규정에 의하여 유효하게 소유권을 취득하는 경우가 많아 실효성이 없다. 따라서 유체동산의 점유를 집행보관으로 하고 채무자에게 사용하게 하는 점유이전금지가처분만 신청하거나 점유이전금지가처분과 함께 처분금지가처분을 구하는 경우가 많다(기계기구류와 같이 채무자가 이를 사용하지 못하게 되면 큰 손실을 받을 수 있는 물건은 채무자의 점유사용을 금지하는 가처분을 함에 있어 신중한 심리가 요구된다).

(2) 집행

유체동산 점유이전금지가처분의 집행은 부동산 점유이전금지가처분의 경우에 준한다.

2. 사용금지가처분

소유권 등에 기한 유체동산의 인도청구권의 집행보전을 위하여 점유이전금지가처분을 구하면서 채무자의 신용을 불허하는 가처분을 구하거나 인도청구권을 피보전권리로 하여 임시의 지위를 정하기 위한 가처분으로서 곧바로 채무자에 대하여 유체동산의 사용금지 가처분을 구하는 경우가 있다.

[서식] 유체동산 점유이전금지 가처분신청서

표지-앞면

유체동산점유이전금지 가처분신청

채 권 자 　김 ○ ○

채 무 자 　이 ○ ○

청구금액	20,000,000원
인지대	10,000원
송달료	30,600원

○○지방법원 귀중

표지-뒷면

유체동산점유이전금지 가처분신청

채 권 자   김 ㅇ ㅇ(671131-17ㅇㅇㅇㅇㅇ)

　　　　　서울시 ㅇㅇ구 ㅇㅇ로 ㅇㅇ (T.010-123-456)

채 무 자   이 ㅇ ㅇ(752031-1465ㅇㅇㅇ)

　　　　　서울시 ㅇㅇ구 ㅇㅇ로 ㅇㅇ

목적물의 가액

금 20,000,000원

피보전권리의 요지

정지조건부 대물변제계약으로 인한 물건인도청구권

목적물의 표시

별지 목록 기재와 같음

신 청 취 지

1. 채무자의 별지 목록 기재 물건에 대한 점유를 풀고 채권자가 위임하는 집행관에게 그 보관을 명한다.

2. 집행관은 위 물건의 현상을 변경하지 않을 것을 조건으로 하여 채무자에게 사용을 허용할 수 있다.

3. 채무자는 위 물건에 관하여 점유를 이전하거나 점유명의를 변경하여서는 아니 된다.

4. 집행관은 위 명령의 취지를 적당한 방법으로 공시하여야 한다.

라는 결정을 구합니다.

신 청 이 유

1. 채무자는 20○○. 3. 30. 위 채권자로부터 금 20,000,000원, 변제기 20○○. 3. 30.로 하는 대여금 계약을 체결하면서 정지조건부 대물변제계약으로 별지 목록 기재 물건을 채무자가 보관하고 채무를 변제하지 않을 경우 채권자에게 양도하기로 하였습니다.

2. 그러나 채무자는 변제기가 지난 현재까지 돈을 일체 갚지 않고 있을 뿐만 아니라, 채권자의 독촉에도 일절 답변을 하지 않고 있습니다.

3. 위와 같이 채무자가 채권자의 요구에 응하지 않고 있어, 채권자는 장차 채무자를 상대로 위 대여금 청구의 소를 준비하고 있으므로 이건 신청에 이르게 되었습니다.

4. 지급보증보험위탁계약체결문서의 제출에 의한 담보제공의 허가신청

민사소송규칙 제22조에 의거 채권자는 지급보증위탁계약체결문서의 제출에 의한 담보제공으로 하여 주실 것을 허가하여 주시기 바랍니다.

소 명 방 법

1. 소갑제1호증   차용증
1. 소갑제2호증   대물변제계약서

첨 부 서 류

1. 위 소명서류   각 1통
1. 납부서   1통

20○○.   ○.   .
위 채권자 김 ○ ○   (인)

○○**지방법원 귀중**

■ 작성·신청방법

(1) 신청서 작성

  신청서 1부에 **소명자료**(차용증 각서 등) 사본 1부, **목록** 3부, **목적물가액을 산정할 수 있는 서류** 1부, 당사자가 법인인 경우 **법인등기부등본** 1부, 대리인이 신청하는 경우에는 **위임장**도 같이 낸다.

(2) 인지,송달료

  ① 인지는 10,000원이며 '현금납수서' 방식으로 납부하는데 법원 내 은행이나 신한은행에서 납부할 수 있다

  ② 송달료는 3회분(당사자의 수×3회)을 납부하여야 하는데, 2인 기준으로 31,200원(5,200원×3회×2인)이다.

(3) 담보를 제공

  ① 법원에서 가압류결정을 할 경우 채권자는 그 조건에 따라 현금공탁이나 공탁보증보험증권을 제출하여야 한다. 통상 신청당시에는 인지, 송달료만을 납부하고 법원에서 담보제공명령이 나오면 보증보험회사 등을 통해 보증보험이나 현금공탁을 하면 된다.

(4) 관할법원 신청계에 접수

  가압류할 물건의 소재지를 관할하는 법원 또는 본안의 관할법원 신청계에 접수한다. 본안의 관할법원이란 본안으로 삼을 법원을 말하므로 본안소송이 제기되지 않았더라도 본안을 제기할 경우인 채권자 또는 채무자 주소지 법원에 제출할 수 있다

1. 채권의 추심 및 처분금지 가처분

(1) 개 요

채권의 존부에 관한 다툼이 있을 때 채무자는 채권자로부터 그 이행의 청구를 받아도 이를 거절할 수 있기 때문에 채무자가 채권자를 상대로 자기에 대한 채권의 추심을 금지하는 가처분을 할 필요는 없다. 그러나 그 채권이 통정허위 표시에 의해 성립되었다고 할 때에는 그 채권이 선의의 제3자에게 양도되면 대항할 수 없는 경우가 생기므로 채권자로 하여금 제3자에게 이를 처분할 수 없도록 금지할 필요가 있게 된다(**예컨대 채무자가 점유 중인 건물에 채권자가 입주하려는 경우**).

(2) 신 청

신청서 1부에 **목록** 5부, **소명자료**(채권양도계약서 등) 사본 1부, **부동산등기부등본** 1부, 당사자가 법인인 경우 **법인등기부등본** 1부, 대리인이 신청하는 경우에는 **위임장**도 같이 낸다.

(3) 수수료를 납부한다

① 인지는 10,000원이며 '현금납수서' 방식으로 납부하는데 법원 내 은행이나 신한은행에서 납부할 수 있다.

② 송달료는 3회분(당사자의 수×3회)을 납부하여야 하는데, 2인 기준으로 31,200원(5,200원×3회×2인)이다. 법원구내 은행에 비치되어 있는 '송달료납부서'에 관할법원, 채권자의 성명·주소, 환급받을 은행계좌번호를 기재하고 납부한 다음 법원제출용 납부서(인지납부서도)를 표지 뒷면에 호치킷 등으로 고정해서 제출하면 된다.

③ 등록세와 등기수수료는 없다.

(4) 담보를 제공한다

법원에서 가처분결정을 할 경우에는, 부당한 가처분으로 인하여 채무자가 입을 손해를 담보하기 위하여 통상 담보의 제공을 그 조건으로 하고 있는데, 채권자는 그 조건에 따라 현금공탁이나 공탁보증보험증권을 제출하여야 한다.

(5) 관 할

관할법원 신청계에 접수한다. 본안의 관할법원 즉 양수금청구의 소를 제기한 법원이나 본안소송 전이라면 본안소송을 하려고 하는 관할법원 민사신청과 가처분 담당자에게 제출한다.

(6) 집 행

채권가압류와 마찬가지로 발령법원이 집행법원이 되며, 따로 집행신청이 필요 없다. 채권자(가처분채무자)를 상대로 하는 가처분은 가처분채무자에게 통지함으로써 집행이 완료되나 이 가처분은 공시방법도 없고 제3자에게 양수를 금하는 효력도 없어 실효성이 적다. 제3채무자에 대한 지급금지명령이 있는 경우에는 제3채무자에게 가처분명령정본을 송달 하여야 한다.

[서식] 채권추심 및 처분금지가처분신청서

표지-앞면

채권의 추심 및 처분금지가처분 신청

채 권 자 　김 ○ ○

채 무 자 　이 ○ ○

제3채무자 　박 ○ ○

목적물의가액	20,000,000원
인지대	10,000원
송달료	45,900원

○ ○**지방법원 귀중**

표지-뒷면

채권의 추심 및 처분금지가처분 신청

채 권 자   김 ○ ○(671131-17○○○○○)

                  서울시 ○○구 ○○로 ○○ (T.010-123-456)

채 무 자   이 ○ ○(752031-1465○○○)

                  서울시 ○○구 ○○로 ○○

제3채무자   박 ○ ○(741109-1047○○○)

                  서울시 ○○구 ○○로 ○○

목적물의 가액

금 20,000,000원

피보전권리의 요지

양수금청구

목적물의 표시

별지목록 기재와 같음

신 청 취 지

1. 채무자는 제3채무자에 대한 별지 목록 기재의 채권에 대하여 이를 추심하거나 타에 양도, 질권설정 기타 일체의 처분을 하여서는 아니된다.
2. 제3채무자는 채무자에게 위 채권에 관한 지급을 하여서는 아니된다.

라는 재판을 구합니다.

신 청 이 유

1. 채권자는 20○○. 3. 30. 채무자로부터 별지 목록 기재 채권을 양도 받고 양도인 채무자는 그 날 제3채무자에게 채권양도사실을 통지 하였습니다.

2. 그럼에도 불구하고 채무자는 위 채권양도가 무효라고 주장하면서 제3채무자로부터 위 채권을 지급받고 이사할 준비를 서두르고 있어 채권자는 현재 제3채무자를 상대로 양수금청구의 소를 제기하려고 준비중에 있으나 채무자가 위 채권을 지급하여 버리면 후일 채권자가 본안소송에서 승소한다 하더라도 그 집행을 할 수 없는 우려가 있으므로 그 집행보전을 위하여 이 사건 신청에 이르렀습니다.

3. 지급보증보험위탁계약체결문서의 제출에 의한 담보제공의 허가신청
   민사소송규칙 제22조에 의거 채권자는 지급보증위탁계약체결문서의 제출에 의한 담보제공으로 하여 주실 것을 허가하여 주시기 바랍니다.

소 명 방 법

1. 소갑제1호증   채권양도계약서

1. 소갑제2호증   채권양도통지서

첨 부 서 류

1. 위 소명서류   각 1통

1. 납부서   1통

20○○.   ○.   .

위 채권자 김 ○ ○   (인)

○○**지방법원 귀중**

■ 작성 · 신청방법

(1) 신청서 작성

신청서 1부에 목록 5부, 소명자료(채권양도계약서 등) 사본 1부, 부동산등기부등본 1부, 당사자가 법인인 경우 법인등기부등본 1부, 대리인이 신청하는 경우에는 위임장도 같이 낸다.

(2) 수수료를 납부한다

① 인지는 10,000원이며 '현금납수서' 방식으로 납부하는데 법원 내 은행이나 신한은행에서 납부할수 있다.

② 송달료는 3회분(당사자의 수×3회)을 납부하여야 하는데, 2인 기준으로 31,200원(5,200원×3회×2인)이다. 법원구내 은행에 비치되어 있는 '송달료납부서'에 관할법원, 채권자의 성명·주소, 환급받을 은행계좌번호를 기재하고 납부한 다음 법원제출용 납부서(인지납부서도)를 표지 뒷면에 호치킷 등으로 고정해서 제출하면 된다.

③ 등록세와 등기수수료는 없다.

(3) 담보를 제공한다

법원에서 가처분결정을 할 경우에는, 부당한 가처분으로 인하여 채무자가 입을 손해를 담보하기 위하여 통상 담보의 제공을 그 조건으로 하고 있는데, 채권자는 그 조건에 따라 현금공탁이나 공탁보증보험증권을 제출하여야 한다.

(4) 관할법원 신청계에 접수

본안의 관할법원 즉 양수금청구의 소를 제기한 법원이나 본안소송 전이라면 본안소송을 하려고 하는 관할법원 민사신청과 가처분 담당자에게 제출한다.

2. 금전의 지급을 명하는 가처분

(1) 개 요

금전지급채무의 존부 또는 금전지급채무를 수반하는 법률관계(**고용, 부양 등**)의 존부에 관한 다툼이 있고 소송을 통한 법률관계의 확정 전에 금전채무의 일부 또는 전부를 지급받지 못하면 채권자에게 현저한 손해가 발생할 염려가 있는 경우 임시로 금전의 지급을 명하는 가처분이다. 임시의 지위를 부여하는 가처분으로서 교통사고 등으로 인한 손해배상청구권이 있을 때에 우선 치료비의 지급이 필요하다든지, 해고가 무효인 경우 노동자의 생계유지에 필요한 생활비의 지급이 요구되는 경우 등에 많이 이용된다.

(2) 신 청

신청서 1부에 **목록** 5부, **소명자료**(급여명세서, 해고통지서 등) 사본 1부, 당사자가 법인인 경우 **법인등기부등본** 1부, 대리인이 신청하는 경우에는 **위임장**도 같이 낸다.

(3) 수수료를 납부한다

① 임시의 지위를 정하기 위한 가처분 신청서에서 인지는 본안의 소에 따른 인지액의 1/2에 해당하는 금액(상한은 50만원이다)을 '현금납수서' 방식으로 납부하는데 법원 내 은행이나 신한은행에서 납부할수 있다.

② 송달료는 3회분(당사자의 수×3회)을 납부하여야 하는데, 2인 기준으로 31,200원 (5,200원×3회×2인)이다. 법원구내 은행에 비치되어 있는 '송달료납부서'에 관할법원, 채권자의 성명·주소, 환급받을 은행계좌번호를 기재하고 납부한 다음 법원제출용 납부서(인지납부서도)를 표지 뒷면에 호치킷 등으로 고정해서 제출하면 된다.

(4) 담보를 제공한다

(5) 관 할

관할법원 신청계에 접수한다. 본안의 관할법원 즉 해고무효확인의 소를 제기한 법원이나 본안소송 전이라면 본안소송을 하려고 하는 관할법원 민사신청과 가처분 담당자에게 제출한다.

(6) 집 행

채무자가 가처분재판을 송달받고서도 기간 내에 임의지급을 하지 않으면 가처분재판을 집행권원으로 하여 집행기간(2주)안에 금전채권의 강제집행방법에 의하여 집행할 수 있다. 정기지급형의 경우에 집행기간은 재 지급일부터 2주라고 보아야 하고 집행기간이 도과된 부분은 집행하지 못한다.

[서식] 금전지급 가처분신청서

표지-앞면

금전지급 가처분 신청

채 권 자   김 ○ ○

채 무 자   이 ○ ○

목적물의 가액	20,000,000원
인지대	95,000원
송달료	30,600원

○○지방법원 귀중

표지-뒷면

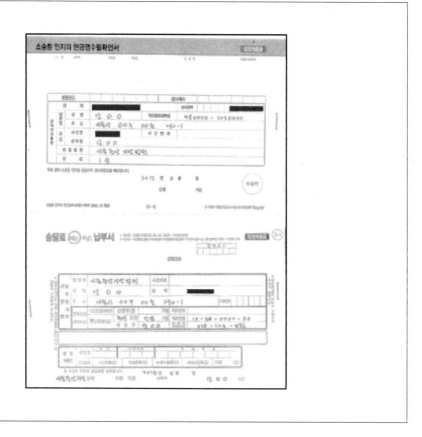

금전지급 가처분 신청

채 권 자   김 ○ ○(671131-17○○○○○)

서울시 ○○구 ○○로 ○○ (T.010-123-456)

채 무 자   이 ○ ○(752031-1465○○○)

서울시 ○○구 ○○로 ○○

목적물의 가액

금 20,000,000원

피보전권리의 요지

손해배상청구

신 청 취 지

1. 신청인이 피신청인에 대하여 손해배상청구권의 권리를 가지고 있음을 임시로 정한다.
2. 피신청인은 신청인에게 금 20,000,000원을 임시로 지급하라.

라는 재판을 구합니다.

신 청 이 유

1. 채권자는 20○○. 3. 30. 피신청인이 운행 중이던 승용차와 충격하여 다리가 부러지는 교통사고로 현재까지 입원치료를 받고 있습니다.
2. 신청인은 일용근로자로 종사하면서 얻는 수입으로 위 치료비와 개호인 비용까지 부담하는 것은 큰 부담이고 더군다나 피신청인은 종합보험도가입하지 않는 상태에서 치료비 지급을 거부한 상태입니다.
3. 따라서 신청인은 피신청인을 상대로 손해배상청구의 소를 제기하였으나 위 본안소송이 끝날 때까지는 상당한 시간이 소요될 것이 예상되고 신청인은 피신청인으로부터 우선 치료비조로 금 20,000,000원을 미리 지급 받아야 할 절박한 필요가 있어 위 본안소송 전에 임시로 위 금원을 지급받기 위하여 이 신청에 이르렀습니다.
4. 지급보증보험위탁계약체결문서의 제출에 의한 담보제공의 허가신청

민사소송규칙 제22조에 의거 채권자는 지급보증위탁계약체결문서의 제출에 의한 담보제공으로 하여 주실 것을 허가하여 주시기 바랍니다.

소 명 방 법

1. 소갑제1호증   교통사고사실확인원
1. 소갑제2호증   치료비내역서

첨 부 서 류

1. 위 소명서류   각 1통
1. 납부서   1통

20○○.   ○.   .
위 채권자 김 ○ ○ (인)

○○지방법원 귀중

■ 작성 · 신청방법

(1) 신청서 작성
　　신청서 1부에 **목록** 5부, **소명자료**(교통사고사실확인원, 치료비내역서 등) 사본 1부, 당사자가 법인인 경우 **법인등기부등본** 1부, 대리인이 신청하는 경우에는 **위임장**도 같이 낸다.
(2) 수수료를 납부한다
　　① 인지는 95,000원=[(20,000,000×0.0045)+5,000]이며 '현금납수서' 방식으로 납부하는데 법원 내 은행이나 신한은행에서 납부할 수 있다.
　　② 송달료는 3회분(당사자의 수×3회)을 납부하여야 하는데, 2인 기준으로 31,200원(5,200원×3회×2인)이다. 법원구내 은행에 비치되어 있는 '송달료납부서'에 관할법원, 채권자의 성명·주소, 환급받을 은행계좌번호를 기재하고 납부한 다음 법원제출용 납부서(인지납부서도)를 표지 뒷면에 호치킷 등으로 고정해서 제출하면 된다.
　　③ 등록세와 등기수수료는 없다.
(3) 담보를 제공한다
　　법원에서 가처분결정을 할 경우에는, 부당한 가처분으로 인하여 채무자가 입을 손해를 담보하기 위하여 통상 담보의 제공을 그 조건으로 하고 있는데, 채권자는 그 조건에 따라 현금공탁이나 공탁보증보험증권을 제출하여야 한다.
(4) 관할법원 신청계에 접수
　　본안의 관할법원 즉 해고무효확인의 소(또는 손해배상(자) 청구의 소)를 제기한 법원이나 본안소송 전이라면 본안소송을 하려고 하는 관할법원 민사신청과 가처분 담당자에게 제출한다.

1. 지식재산권 처분금지가처분

(1) 개 요

지식재산권 처분금지가처분은 산업재산권(**특허권, 실용신안권, 디자인권 또는 상표권**) 그 밖에 이에 준하는 권리(**저작권, 출판권 등**)에 대한 이전등록청구권 또는 말소등록청구권을 피보전권리로 한다. 특허권, 실용신안권, 디자인권은 그 양도가 자유롭고 상표권도 지정상품마다 분할하여 자유롭게 양도할 수 있으며 이러한 권리들은 질권의 설정 전용실시권의 설정, 통상실시권의 허락(**상표권의 경우에는 전용사용권 및 통상사용권의 설정**)이 가능하므로 이전등록청구권 또는 말소등록청구권의 보전을 위해서는 이러한 처분행위를 금지할 필요가 있다.

(2) 집행

부동산 가처분의 경우와 같이 발령법원이 집행법원이 되어 법원사무관 등의 명의로 지체 없이 산업재산권의 경우에는 특허청장에게, 저작권 등의 경우에는 문화체육관광부장관에게 가처분기입등록의 촉탁을 한다. 집행의 효력은 부동산처분금지가처분에 준한다.

[서식] 작성 기재례

> 채무자는 별지기재 특허권에 관하여 양도, 질권 또는 전용실시권의 설정, 통상 실시권의 허락 그 밖에 일체의 처분행위를 하여서는 아니된다.
> 라는 재판을 구합니다.

2. 특허권 등 침해금지가처분

(1) 개 요

특허권 등 침해금지가처분은 특허권 등에 금지청구권을 피보전권리로 하여 채무자의 침해행위의 금지를 구하는 가처분으로서 특허권 등을 침해하거나 침해할 우려가 있는 자에게 금지청구권에 기한 본안판결에서 명하게 될 침해금지의 부작위의무를 미리 부과하는 점에서 민사집행법상 임시의 지위를 정하기 위한 가처분에 속하며 가처분에서 명하는 부작위의무가 본안소송에서 명할 부작위의무와 내용상 일치하는 이른 바, 만족적 가처분에 속한다.

(2) 집 행

지식재산권침해금지가처분 중 집행관보관형 가처분명령은 집행관에게 집행기간 내에 집행을 위임하여 행한다. 집행관은 동산의 점유이전금지가처분(집해관보관형)의 집행방법에 준하여 집행한다. 채무자에게 부작위의무를 부과하는 가처분에서 채무자가 부작위의무를 위배하여 계속 침해행위를 하면 대체집행의 방법으로 가처분에 위반한 실시품 등을 제거할 수 있고 간접강제의 방법을 취할수도 있다.

[서식] 작성 기재례

1) 특허권, 실용신안권

1. 피신청인은 별지도면 및 설명서 기재의 제품을 생산, 사용, 판매, 배포하여서는 아니 된다.
2. 피신청인은 위 제품과 그 반제품에 대한 점유를 풀고 이를 신청인이 위임하는 집행관에게 인도하여야 한다.
3. 집행관은 위 보관의 취지를 적당한 방법으로 공시하여야 한다
   라는 재판을 구합니다.

2) 디자인권

피신청인은 별지도면 표시 및 별지 설명서 기재의 제품을 제조, 판매, 배포하여서는 아니된다.
라는 재판을 구합니다.

3) 상표권 침해금지 가처분

1. 피선인은 별지목록 표시의 각 표장을 부착한 별지 2목록 기재의 제품, 그 포장지, 포장용기, 선전광고물을 생산, 판매, 반포, 수출, 전시하여서는 아니 된다.
2. 피신청인은 피신청인의 사무소, 공장, 창고, 영업소, 매장에 보관 중인 별지 1목록 표시의 각 표장을 부착한 별지 2목록 기재의 완제품 및 반제품, 포장지, 포장용기, 선전광고물에 대한 점유를 풀고 이를 신청인이 위임하는 집행관에게 인도하여야 한다.
3. 집행관은 위 보관의 취지를 적당한 방법으로 공시하여야 한다.
   라는 재판을 구합니다.

4) 저작권

1. 피신청인은 별지목록 기재 서적을 인쇄, 제본, 판매, 배포하여서는 아니 된다.
2. 피신청인은 위 서적과 인쇄용 필름에 대한 점유를 이를 신청인이 위임하는 집행관에게 인도하여야 한다.
3. 집행관은 위 보관의 취지를 적당한 방법으로 공시하여야 한다.
   라는 재판을 구합니다.

3. 광업권에 대한 가처분

광업권은 물권으로 부동산에 준하고 광업권에 대한 가처분은 주로 처분금지가처분이다. 부동산처분금지가처분에 준하여 가처분기입의 등록을 광업등록사무소장에게 촉탁한다. 등록·교육세는 7,200원이다.

[서식] 작성 기재례

채무자는 별지기재 광업권에 관하여 양도, 저당권 또는 조광권의 설정 그 밖의 일체의 처분을 하여서는 아니 된다.
라는 재판을 구합니다.

VI. 단체임원의 직무집행정지에 대한 가처분 집행절차

1. 직무집행정지 등 가처분

직무집행정지 등 가처분이 발령되면 통상의 가처분과 같이 가처분채권자와 채무자에게 송달하여야 하고 직무대행자를 선임한 경우에는 선임된 직무대행자에 대하여도 송달 그 밖의 상당한 방법으로 그 사실을 고지하여야 한다. 법인 등 단체는 당사자가 아니므로 송달할 필요가 없다. 또한 법인의 대표자 그 밖의 임원으로 등기된 사람에 대하여 직무의 집행을 정지하거나 그 직무대행자를 선임하거나 그 가처분을 취소·변경한 때에는 그 사항이 등기할 사항이 아닌 경우를 제외하고는 이를 등기하여야 한다(민법 52조). 이 등기는 가처분법원의 법원사무관 등이 법인의 주사무소 및 분사무소 또는 본점 및 지점이 있는 곳의 등기소에 촉탁하여 집행한다(민집 306조).

2. 작성 기재례

1) 주식회사 이사 등의 직무집행정지 가처분

1. 신청인은 신청외 주식회사 ○○에 대한 이사 및 대표이사해임청구사건의 본안 판결 확정시까지 피신청인은 위 회사 이사 및 대표이사로서의 직무를 집행하여서는 아니 된다.
2. 위 직무집행정지 기간 중 김○○(711109-1047897, 서울 ○○구 ○○동 ○○)로 하여금 위 직무를 대행하게 한다.
   라는 재판을 구합니다.

2) 민법상 법인 등의 이사 직무집행정지가처분

1. 신청인은 신청외 재단법인 ○○에 대한 이사 겸 이사장으로서 직무를 집행하여서는 아니 된다.
2. 위 직무집행정지 기간 중 김○○(711109-1047897, 서울 ○○구 ○○동 ○○)로 하여금 위 직무를 대행하게 한다.
   라는 재판을 구합니다.

3) 해임청구권을 보전을 위한 직무집행정지가처분

신청인의 피신청인에 대한 주식회사 ○○의 이사 및 대표이사 해임청구사건의 본안 판결확정시까지 피신청인의 위 회사 및 대표이사로서의 직무집행을 정지하고, 위 직무집행정지기간 중 귀원이 정하는 적당한 자로 하여금 그 직무를 대행한다.
라는 재판을 구합니다.

4) 임원의 지위 또는 권한부존재확인을 본안으로 한 직무집행정지가처분

1. 신청인은 신청외 주식회사 ○○의 주주총회결의 부존재확인청구 사건에 관한 본안의 확정판결시까지 피신청인은 위 회사 이사 및 대표이사로서의 직무를 집행하여서는 아니 된다.
2. 위 직무집행정지 기간 중 김○○(711109-1047897, 서울 ○○구 ○○동 ○○)로 하여금 위 직무를 대행하게 한다.
   라는 재판을 구합니다.

제7절 보전처분 집행의 취소

Ⅰ. 집행취소의 의의

집행의 취소는 이미 실시한 집행처분의 전부 또는 일부의 효력을 상실시키는 집행기관의 행위를 말한다. 집행취소는 채권자 또는 채무자의 신청에 의하거나 집행법원이 직권으로 행한다.

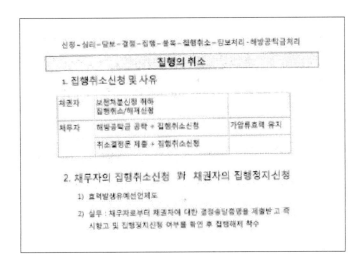

Ⅱ. 집행취소의 사유

1. 채권자의 집행취소(해제)신청

(1) 개 요

채권자는 보전처분의 집행상태가 계속되고 있는 한 언제든지 그 집행취소를 신청할 수 있다. '**집행취소신청**'이라는 용어 외에 '**집행해제신청**' 또는 '**집행신청의 취하**'라는 용어가 사용되기도 하나 어느 것이나 마찬가지 뜻이다. 집행취소는 채무자에게 전혀 불이익하지 아니하므로 채권자의 집행취소신청에는 채무자의 동의가 필요 없다.

(2) 신청절차

채권자의 집행취소신청은 집행기관에 대하여 한다. 즉 채권·부동산가압류, 부동산의 처분금지가처분과 같이 법원이 집행한 보전처분에 대하여는 법원에, 동산가압류, 부동산점유이전금지가처분 등 집행관이 집행을 한 보전처분에 대하여는 집행관에게 각각 취소신청서를 제출한다. 집행취소신청을 함에는 그 취소절차에 필요한 비용(송달료, 등록세 등)을 예납하여야 하나, 인지를 붙일 필요는 없다.

1) 동산가압류, 동산가처분, 부동산점유금지가처분의 해제

가압류·가처분 집행 신청을 한 집행관 사무실에 해제신청서 1통을 작성하여 접수하면 된다. 채권자는 동산가압류·가처분집행신청을 할 때 받았던 비용납부영수증을 지참하고 물론 그 영수증이 없어도 된다. 그리고 채권자도 도장과 신분증을 지참해야 한다. 대리인이 해제할 경우에는 위임장 1통과 채권자의 인감증명서 1통, 인감도장, 대리인의 신분증이 필요하다.

2) 부동산가압류, 부동산처분금지가처분의 해제

신청서 2부, **목록** 5부, 부동산가압류가처분을 신청할 때 납부하였던 등록세와 교육세를 해제할 때도 납부해야 하므로 부동산이 있는 곳의 관할 시·군·구청에 신고하고 신청서를 받거나 대법원 인터넷등기소에서 정액등록세납부서 작성을 한 신청서로 가까운 은행에 납부한다. 등록세는 건당 3,000원, 교육세는 600원이다. 여러 필지를 가압류하여 해제한 경우 1필지당 3,600원씩 납부하여야 하고 인지는 필요 없지만 증지비용 3,000원, 송달료는 우표 10,200원을 구입해서 첨부하여 가압류가처분 집행을 한 법원 민사신청과에 제출한다.

3) 채권가압류·가처분 해제

신청서 2부, 목록 5부, 법원구내 우체국에서 우표(10,200원)를 구입하여 가압류·가처분 집행을 한 법원 민사신청과에 제출하면 된다.

4) 자동차가압류·가처분 해제

신청서 2부, 목록 5부, 가압류를 신청할 때 납부하였던 등록교육세를 해제할 때도 납부해야 하므로 자동차가 있는 곳의 관할 시군구청에 신고하고 신청서를 받거나 대법원 인터넷등기소에서 정액등록세납부서 작성을 한 신청서로 가까운 은행에 납부한다. 등록세는 건당 7,500원이다. 그리고 인지는 없고 송달료는 우체국에서 우표(10,200원)를 구입하여 가압류·가처분 집행을 한 법원 민사신청과에 제출하면 된다.

비용내용		부동산	채 권	유체동산	자동차
인지	집행해제	–	–	–	–
	해방공탁집행취소	1,000원	1,000원	1,000원	1,000원
	취소결정 후 집행취소	–	–	–	–
증 지		1건당 3,000원	–	–	–
등 록 세		1건당 3,600원	–	–	–
우 표 (2회) 송달료 2회분(해방공탁취소)		9,760원 30,600원	9,760원	9,760원	9,760원

[서식] 부동산가압류 집행해제 신청서

부동산가압류 집행해제 신청서

사   건   2018카합 123호 부동산처분금지가처분

신 청 인(채권자) 이 ○○

피신청인(채무자) 김 ○○

위 당사자 간 귀원 2013카합 123호 부동산가압류 사건에 관하여 신청인은 사정에 따라 취하하오니 동사건에 대한 가압류집행을 해제하여 주시기 바랍니다.

2018.   ○.   .

신청인(채권자) 이 ○ ○

○○**지방법원 귀중**

〈목록〉

부동산의 표시

1. 서울특별시 ○○구 ○○로 ○○   대 305㎡
2. 위 지상 세면블록조 기와집 단층 단독주책
   1층 180㎡

(1) 신청서 작성
신청서 2부, 목록 4부를 가압류결정법원 신청계에 제출한다
(2) 인지, 송달료
① 인지는 없다.
② 송달료는 2회분 10,400원(5,200원×2인)을 우편으로 제출한다.
(3) 등기신청수수료
① 증지대는 말소부동산 1개당 3,000원으로 금액의 크기에 상관없이 현금납부서로 제출한다
② 등록교육세는 부동산 1개당 3,600원을 납부한다.
(4) 대리인에 의한 접수
채권자의 대리인이 접수할 경우 위임장에 위임인인 채권자의 인감날인과 인감증명서를 첨부한다.

[서식] 유체동산 가압류집행해제 신청서

유체동산가압류 집행해제 신청서

사　　　　　건　 2018카단 123호 유체동산가압류

신 청 인(채권자)　이 ○○
피신청인(채무자)　김 ○○

위 당사자간 귀원 2013카단 123호 유체동산가압류 사건에 관하여 신청인은 가압류집행의 해제를 신청합니다.

2018.　　　○.　　　.
신청인(채권자) 이 ○ ○

서울중앙지방법원 귀중

---

(1) 신청서 작성
신청서 1부를 집행관사무실에 제출한다
(2) 비용은 없다

채권가압류 집행해제 신청서

사   건   2018카단 123호 채권가압류

신 청 인(채권자)   이 ○○

피신청인(채무자)   김 ○○

위 사건에 관하여 당사자간 사정에 따라 취하하오니 동 사건에 대한 가압류집행을 해

제하여 주시기 바랍니다.

2018.   ○.   .

신청인(채권자) 이 ○ ○

○○**지방법원 귀중**

〈목록〉

채권의 표시

금 20,000,000원

채무자가 제3채무자 주식회사 ○○은행에 대하여 가지는 예금(계좌번호 110-02-123456)반환

채권 중 위 청구금액에 이를 때까지의 현재의 잔액 및 장래 계속 입금될 금액.

단 민사집행법 제246조 제1항 제7호, 제8호 및 같은 법 시행령 제6조 제7조의 규정에 의하여

압류가 금지되는 보험금 및 예금은 압류에서 제외한다.

■ 작성 · 신청방법

(1) 신청서 작성

  신청서 2부, 목록 4부를 가압류결정법원 신청계에 제출한다.

(2) 인지, 송달료

  ① 인지는 없다.

  ② 송달료는 2회분 10,400원(5,200원×2회×제3채무자의수)을 우편으로 제출한다.

(3) 대리인에 의한 접수

  채권자의 대리인이 접수할 경우 위임장에 위임인인 채권자의 인감날인과 인감증명서를 첨부한다.

가처분 집행해제 신청서

사 　　　　　 건 　2013카합 123호 부동산처분금지가처분

신 청 인(채권자) 　이 ○○

피신청인(채무자) 　김 ○○

위 당사자 간 귀원 2013카합 123호 부동산처분금지가처분 사건에 관하여 신청인은 가처분집행의 해제를 신청합니다.

2013. 　 ○. 　　 .

신청인(채권자) 이 ○ ○

서울중앙지방법원 귀중

〈목록〉

부동산의 표시

1. 서울특별시 ○○구 ○○동 ○○　 대 305㎡
2. 위 지상 세면블록조 기와집 단층 단독주책
    1층 180㎡

■ 작성 · 신청방법

(1) 신청서 작성
  신청서 2부, 목록 4부를 가처분결정법원 신청계에 제출한다
(2) 인지, 송달료
  ① 인지는 없다.
  ② 송달료는 2회분 10,400원(5,200원×2인)을 우편으로 제출한다.
(3) 등기신청수수료
  ① 증지대는 말소부동산 1개당 3,000원으로 금액의 크기에 상관없이 현금납부서로 제출한다
  ② 등록교육세는 부동산 1개당 3,600원을 납부한다.
(4) 대리인에 의한 접수
  채권자의 대리인이 접수할 경우 위임장에 위임인인 채권자의 인감날인과 인감증명서를 첨부한다.

2. 해방금액의 공탁을 이유로 한 채무자의 가압류집행취소신청

(1) 개 요

채권자의 가압류신청에 따라 법원에서 가압류결정을 할 경우에는, 당해 가압류결정문상에 채무자가 공탁을 하고 가압류의 집행에서 벗어날 수 있는 금액을 기재하고 있는데, 채무자로서는 이 금액을 공탁하고 가압류집행에서 해방될 수 있는 것이다. 이러한 경우에 하는 채무자의 공탁이 가압류해방공탁이다(즉, **가압류의 집행에서 벗어날 수 있는 공탁**을 의미). 채무자가 가압류명령에 기재된 해방금액을 공탁하였을 때에는 법원은 결정으로 집행한 가압류를 취소하여야 한다(민집 299조 1항). 가압류해방금액은 금전에 의한 공탁만이 허용되고 유가증권에 의한 공탁은 그 유가증권이 실질적 통용가치가 있는 것이라고 하더라도 허용되지 않는다.

(2) 신청

① 가압류해방공탁을 한다(공탁서 서식 참고). ② 가압류해방공탁을 하게 되면 공탁서 1부를 교부받게 되는데, 이와 같이 교부받은 공탁서를 첨부하여 집행법원 또는 가압류명령을 발한 법원에 가압류집행의 취소를 신청한다. 절차비용을 예납하여야 함은 채권자가 신청한 경우와 같다. 채무자의 해방공탁에 의한 가압류집행취소 신청은 인지 1,000원, 송달료는 20,800원[=당사자수(2)×5,200원×2회분]을 송달납부방식으로 납부한다.

(3) 결 정

채무자의 집해취소신청이 있으면, 법원에서는 집행취소결정을 한다. 취소결정은 확정되지 아니하여도 고지와 동시에 효력이 생긴다(민집 299조 4항). 채권자는 이 결정에 대하여 즉시항고할 수 있다(민집 299조 3항).

(4) 해방공탁금의 반환

한편 가압류채권자가 가압류신청을 취하하거나 집행을 해제하면 채권자는 그 증명서를 첨부하여 해방공탁금의 반환을 청구할 수 있다. 또한 채무자가 본안소송에서 승소하면 이를 이유로 사정변경에 따른 가압류 취소 신청을 하여 가압류 취소결정을 받은 후 그 결정정본을 첨부하여 해방공탁금을 반환받을 수 있다. 가압류채권자가 본안소송에서 패소하면 해방공탁금은 채무자가 이를 회수하게 되는데 그 방법으로는 담보취소결정을 받을 필요가 없고 채무자가 사정변경에의한 가압류취소결정을 받아 그 확정증명을 받아 공탁금을 회수할 수 있다.

[서식] 가압류해방공탁의 공탁서

금전공탁서 (가압류해방)

공 탁 번 호	20○○년 금 제 호	20○○년 월 일 신청	법령조항	민사집행법 제282조

공 탁 자 (가압류 채무자)	성 명 (상호, 명칭)	○ ○ ○		
	주민등록번호 (법인등록번호)	711109-1234567		
	주 소 (본점, 주사무소)	○○시 ○○구 ○○동 ○○		
	전화번호	010-123-4567		

공 탁 금 액	(한글) 금삼천오백만원정	보 관 은 행	은행 지점
	(숫자) 35,000,000원		

법원의 명칭과 사 건	○○지방법원 20○○카단○○○○호 부동산가압류사건				
	당 사 자	채 권 자	□ □ □	채 무 자	○ ○ ○

공탁원인사실	위 사건의 가압류집행취소를 위한 해방공탁

비고(첨부서류 등)	1. 가압류결정문 사본 1통 □ 계좌납입신청

위와 같이 신청합니다.   대리인 주소
                                              전화번호
    공탁자 성명   ○ ○ ○   (인)(서명)   성명   (인)(서명)

위 공탁을 수리합니다.
공탁금을   년   월   일까지 위 보관은행의 공탁관 계좌에 납입하시기 바랍니다.
위 납입기일까지 공탁금을 납입하지 않을 때는 이 공탁 수리결정의 효력이 상실됩니다.

　　　　　　　　　　　　　　년   월   일
　　　　　　　○○ 지방법원   지원 공탁관   (인)

　(영수증) 위 공탁금이 납입되었음을 증명합니다.

　　　　　　　　　　　　　　년   월   일

　　　　　　　공탁금 보관은행(공탁관)   (인)

[서식] 가압류해방공탁의 공탁통지서

공탁통지서 (금전)

공 탁 번 호	2018년 금 제 호	2018년 월 일 신청	법령조항	민사집행법 제282조

공탁자	성 명 (상호, 명칭)	○ ○ ○	피공탁자	성 명 (상호, 명칭)	
	주민등록번호 (법인등록번호)	111111-1111111		주민등록번호 (법인등록번호)	
	주 소 (본점, 주사무소)	○○시 ○○구 ○○동 ○○		주 소 (본점, 주사무소)	
	전화번호	010-222-3333		전화번호	

공 탁 금 액	(한글) 금 삼천오백만원	보 관 은 행	은행 지점
	(숫자) 35,000,000원		

공탁원인사실	공탁자는 ○○○(주소 : ○○시 ○○구 ○○동 ○○)의 부동산가압류신청에 의하여 가압류명령 (○○지방법원 20○○카단○○○)을 받았고, 이에 의하여 공탁자 소유의 별지 표시 부동산에 가압류집행이 이루어졌는바, 위 부동산에 대한 가압류집행의 취소를 구하기 위하여 가압류명령에 기재한 가압류 해방공탁금 금 3,500만원을 공탁함.
비고(첨부서류 등)	부동산가압류결정서 사본 1통, 가압류집행 부동산의 표시 1통

1. 공탁으로 인하여 소멸하는 질권, 전세권 또는 저당권 2. 반대급부 내용	

위와 같이 신청합니다.   대리인   주소
                                        전화번호
  공탁자 성명   ○ ○ ○ (인)   성명   (인)

위 공탁을 수리합니다.
공탁금을   년   월   일까지 위 보관은행의 공탁관 계좌에 납입하시기 바랍니다.
위 납입기일까지 공탁금을 납입하지 않을 때는 이 공탁 수리결정의 효력이 상실됩니다.
                        2009년   월   일
                        ○○지방법원   지원 공탁관   (인)

 (영수증) 위 공탁금이 납입되었음을 증명합니다.

                        2009년   월   일

                        공탁금 보관은행(공탁관)   (인)

■ 작성 · 신청방법

(1) 관할

가압류해방공탁을 하여야 할 공탁소의 관할에 관한 규정이 없지만 통상 가압류명령을 한 법원소재지의 공탁소에 공탁하고 있는 것이 실무이다.

(2) 제출서류

공탁서 2통(공탁통지서 3통), 가압류결정문사본(공탁근거서류로 첨부하여야함), 자격증명서 등(관공서에서 작성하는 증명서는 작성일로부터 3월 이내의 것이어야 한다), ① 법인의 대표자(대표이사 등) 및 등기된 지배인이 신청하는 경우법인등기부등 · 초본, ② 법인 아닌 사단 · 재단의 대표자가 신청하는 경우 : 정관(규약) 및 규약에 따른 대표자선출 회의록(대표자선임결의서)(※ 부동산등기용 등록번호를 증명하는 종중등록 증명서는 대표자자격증명에 해당되지 않음) ③ 법정대리인(미성년자의 친권자 등)이 신청하는 경우 : 가족 관계증명서 또는 법원의 선임심판서 등 ④ 임의대리인이 신청하는 경우 개인(변호사, 법무사 포함)인 경우에는 위임장(공탁자의 도장이 날인)

[서식] 공탁금(유가증권) 출급청구 안내문

귀하가 피공탁자로 지정된 공탁금이 납입되어 있으므로 공탁금을 지급받고자 할 경우에는 아래 표를 참조하여 구비서류를 지참하시고 우리 법원 공탁소를 방문하여 청구하시기 바랍니다.

구 분			공탁금 출급청구권자			
			개 인	법 인	법인 아닌 사단·재단	관공서
공탁금액	5천만원 초과	공탁통지서	○	○	○	○
		인감증명서와 인감도장	○	○	○	×
		신분증	○	○	○	○
	5천만원 이하 ~ 1천만원 초과	공탁통지서	×	×	○	○
		인감증명서와 인감도장	○	○	○	×
		신분증	○	○	○	○
	1천만원 이하	공탁통지서	×	×	×	×
		인감증명서와 인감도장	×	×	×	×
		신분증	○	○	○	○

※ 유가증권인 경우에는 그 액면금을 기준으로 보시면 됩니다.

1. 1천만 원 이하의 금액을 본인이 직접 청구하는 경우와 법인의 위임을 받은 대리인이 청구하는 경우에는 관할공탁소 뿐만 아니라 가까운 지방법원 또는 지원 공탁소(관할공탁소와 같은 특별시 및 광역시에 소재하는 경우에는 제외)에서도 공탁금을 찾을 수 있습니다(자세한 내용은 「관할공탁소 이외의 공탁소에서의 공탁사건처리 지침」(대법원행정예규) 참조).

2. 공탁금이 5,000만원 이하인 사건에 대하여는 법원 전자공탁홈페이지(http://ekt.scourt.go.kr)에

서 전자공탁시스템을 이용하여 공탁소를 방문하지 않고도 출급청구를 할 수 있습니다. 이 경우 인감증명서를 첨부하지 아니하며, 서명은 공인인증서에 의한 전자서명으로 합니다.

3. 법인등기사항증명서, 가족관계증명서, 주민등록표 등·초본, 인감증명서(법인의 경우 사용인감계는 허용되지 아니함) 등 관공서 발급서면은 발급일로부터 3개월 이내의 것을 가져 오시기 바라며, 신분증으로는 주민등록증, 운전면허증, 여권 등을 가지고 오시기 바랍니다.

4. 대리인이 청구할 경우에는 위임장(본인의 인감도장이 찍힌 것), 본인의 인감증명서, 대리인의 신분증을 지참하여야 합니다(단, 미성년자의 법정대리인이 출급청구를 하는 경우에는 미성년자의 가족관계증명서 및 기본증명서를 첨부하여야 하고, 친권은 공동행사가 원칙이므로 부모 중 한명이 오실 경우에는, 배우자의 위임장·인감증명서 또는 배우자가 친권을 행사할 수 없다는 증명서를 추가로 가져오셔야 합니다).

5. 법인의 경우에는 위의 첨부서류 외에 법인등기사항증명서를 지참하여야 합니다.

6. 피공탁자 여러 명을 상대로 상대적 불확지공탁을 한 경우에는 다른 피공탁자의 동의서(인감증명서 첨부)나 확정판결서 등 출급권한을 증명하는 서면이 있어야 출급이 가능합니다.

7. 법인 아닌 사단·재단(종중, 교회 등)이 출급청구를 하는 경우에는 위의 첨부서류 외에 정관 또는 규약과 대표자임을 증명하는 서면을 첨부하여야 합니다. 특히, 대표자임을 증명하는 서면(대표자선임결의서 등)에는 2인 이상의 성년이 사실과 같다는 뜻을 적고 자필서명한 다음 각자의 신분증 사본을 첨부하여야 합니다.

8. 공탁금 출급청구서 양식은 우리 법원 공탁소에 비치되어 있으며, 법원 전자공탁홈페이지에서 다운로드받아 사용할 수도 있습니다.

[서식] 가압류해방공탁에 의한 가압류집행취소 신청서

가압류집행취소 신청서

신 청 인(채무자)　　　이 ○○

　　　　　　　　　　　서울 서초구 ○○로 123

피신청인(채권자)　　　김 ○○

　　　　　　　　　　　서울 송파구 ○○로 456

신 청 취 지

위 당사자 사이의 귀원 2013카단 123 부동산가압류 신청사건에 관하여 귀원이 결정한 20○○. ○. ○.자 부동산가압류 결정정본에 의하여 별지목록기재 부동산에 대하여 실시한 가압류집행을 취소한다.

라는 판결을 구합니다.

신 청 이 유

1. 피신청인(채권자)은 귀원 2013카단 123 부동산가압류결정을 받아 신청인(채무자) 소유의 별지 목록 기재 부동산에 관하여 2013. ○. ○. 그 집행을 하였습니다.

2. 그런데 신청인은 위 가압류결정에서 가압류해방금으로 정한 30,000,000원을 공탁하였으므로 위 부동산에 대한 가압류집행을 취소하여 주실 것을 신청합니다.

첨 부 서 류

　　1. 해방공탁서 사본　　　　　　　　　　　　　　　　1통

　　　　　　　　　　　　　20○○.　5.　○○.
　　　　　　　　　　　　　신청인 채무자 이 ○ ○　(인)

○○ 지방법원　귀중

〈목록〉

부동산의 표시

1. 서울특별시 ○○구 ○○동 ○○　대 305㎡
2. 위 지상 세면블록조 기와집 단층 단독주책
　　1층 180㎡

■ 작성 · 신청방법

(1) 신청서 작성
　　신청서 2부, 목록 4부를 가처분결정법원 신청계에 제출한다
(2) 인지, 송달료
　　① 인지 1,000원
　　② 송달료는 20,800원[=당사자수(2)×5,200원×2회분]을 송달납부방식으로 납부한다.
(3) 등기신청수수료
　　① 증지대는 말소부동산 1개당 3,000원으로 금액의 크기에 상관없이 현금납부서로 제출한다
　　② 등록교육세는 부동산 1개당 3,600원을 납부한다.
　　③ 말소등기촉탁용 우표 2회분 9,760원을 신청서 상단에 호치킷으로 고정하여 제출한다.

가압류집행취소 신청서

신 청 인(채무자) 양 ○ ○(671131-1754713)
　　　　　　　　　충남 논산시 강경읍 대흥리 987-11
피신청인(채권자) 김 ○ ○(650231-1465425)
　　　　　　　　　충남 부여군 규암면 반산리 987-32

신 청 취 지

위 당사자 사이의 귀원 2009카단14587 부동산가압류신청 사건에 관하여 귀원이 신청인 소유의 별지 목록 기재 부동산에 대하여 실시한 가압류집행은 이를 취소한다. 라는 재판을 구합니다.

신 청 이 유

1. 피신청인은 귀원 2009카단14587 부동산가압류결정을 받아 신청인 소유의 별지 목록 기재의 부동산에 대하여 2009. 7. 20. 가압류집행을 하였습니다.
2. 그런데 신청인은 위 가압류결정에서 가압류해방금으로 정한 금 1,000만원을 공탁하였으므로(논산지원 2009년금 제98734호), 위 부동산에 대한 가압류집행을 취소하여 주실 것을 신청합니다.

첨 부 서 류

1. 가압류해방공탁서 사본　　　　　　　　　1통
1. 별지목록　　　　　　　　　　　　　　　　1통

2009.　11.　　.
위 신청인(채무자) 양 ○ ○ (인)

대전지방법원 논산지원　귀중

(1) 신청서 작성
  신청서 2부, 목록 4부를 가처분결정법원 신청계에 제출한다
(2) 인지, 송달료
  ① 인지 1,000원
  ② 송달료는 20,800원[=당사자수(2)×5,200원×2회분]을 송달납부방식으로 납부한다.
(3) 등기신청수수료
  ① 증지대는 말소부동산 1개당 3,000원으로 금액의 크기에 상관없이 현금납부서로 제출한다
  ② 등록교육세는 부동산 1개당 3,600원을 납부한다.
  ③ 말소등기촉탁용 우표 2회분 9,760원을 신청서 상단에 호치킷으로 고정하여 제출한다.

[서식] 가압류집행취소결정

서울중앙지방법원

결   정

사   건   2013카기 12345호 가압류집행취소

채 권 자   장 ○ ○

              서울 송파구 ○○동 123

채 무 자   유 ○ ○

              서울 강남구 ○○동 345

주   문

이 법원이 2013. ○. ○.자 2013카단 567 가압류결정 정본에 의하여 2013. ○. ○. 별지기재 물건에 대하여 실시한 가압류의 집행을 취소한다.

이   유

이 법원 2013카단 567 가압류사건에 관하여 채무자가 가압류명령에서 정한 30,000,000원을 공탁하고 한 가압류집행취소 신청은 이유 있으므로 주문과 같이 결정한다

2013. ○월 ○일

판사 ○ ○ ○   (인)

3. 보전처분 신청의 취하를 이유로 한 채무자의 집행취소신청

(1) 개 요

보전처분 발령법원이 집행기관인 경우 보전처분신청이 취하되면 당연히 집행취소신청의 의사도 포함되어 있는 것으로 보아 별도의 집행취소결정 없이 바로 집행취소절차를 밟는다[18]. 다만 이때 채권자가 송달료, 등록세 등을 미납한 경우에는 집행취소신청의사가 확실하지 아니한 것으로 보아 촉탁 등을 하지 않는다. 이 경우 채무자가 신청이 취하되었음을 이유로 집행취소의 신청을 할 수 있는가에 관하여는 견해가 엇갈리나 실무상은 할 수 있는 것으로 취급한다.

(2) 신청과 결정

이 집행취소신청에 따른 집행의 취소를 실무례와 같이 민사집행법 50조에 의한 취소로 본다면 채무자는 집행기관(집행법원 또는 집행관)에 보전처분신청 취하증명서를 첨부하여 비용과 함께 집행취소의 신청을 하여야 하고 집행기관은 별도의 결정 없이 집행취소절차에 착수한다.

4. 그 밖의 채무자의 집행취소신청

(1) 개 요

보전처분에 대한 이의사건, 취소사건 등에서 보전처분을 취소하는 결정이 내려지거나 일정한 범위의 이른 바 만족적 가처분에 대한 이의신청이 있는 경우 민사집행법 309조 1항에 따라 가처분집행을 취소하는 재판이 내려진 때에는 현재의 실무는 채무자가 민사집행법 49조, 50조에 의해 그 재판서의 정본을 집행기관에 제출하여 집행취소를 신청하면 집행취소절차를 밟는 것으로 처리하고 있다. 보전처분취소결정에 대하여 즉시항고가 제기되어 사건기록이 항고심으로 송부된 후에도 집행취소사건의 관할법원은 보전처분을 발령한 법원이다. 따라서 이때 채무자가 집행법원에 보전처분을 취소하는 재판서 정본과 보전처분의 등기가 경료된 등기부등본을 첨부하여 집행취소를 신청하면 항고심에 기록송부촉탁을 하여 기록을 송부 받거나 사건이 종결되어 기록이 되돌아올 때까지 기다릴 것이 아니라 이들 서류만으로도 집행취소사유는 충분히 소명되는 것이므로 곧바로 말소촉탁을 하고 등기소로부터 등기필증이 도착되면 관련기록을 사건이 계속 중인 항고심으로 추송하는 것이 바람직하다.

---

18) 반면에 집행관이 집행기관인 경우 실무상 집행관은 별도의 집행해제신청을 받아 집행취소절차에 착수한다.

(2) 신청

신청서에는 보전처분의 취소를 명하는 재판서의 정본이 첨부되어야 하며 비용이 예납되어야 한다. 집행기관은 별도의 결정 없이 즉시 집행취소의 절차를 밟아야 한다.

[서식] 가압류집행취소 신청서(부동산가압류 이의신청을 이유로 한)

가압류집행취소 신청서

신 청 인(채무자)　　　　　이 ○○

　　　　　　　　　　　　　서울 서초구 ○○로 123

피신청인(채권자)　　　　　김 ○○

　　　　　　　　　　　　　서울 송파구 ○○로 456

신 청 취 지

위 당사자 사이의 귀원 2013카단 123 부동산가압류 신청사건에 관하여 귀원이 결정한 20○○. ○. ○.자 부동산가압류 결정정본에 의하여 별지목록기재 부동산에 대하여 실시한 가압류집행을 취소한다.
라는 판결을 구합니다.

신 청 이 유

1. 피신청인(채권자)은 귀원 2013카단 123 부동산가압류결정을 받아 신청인(채무자) 소유의 별지 목록 기재 부동산에 관하여 2013. ○. ○. 그 집행을 하였습니다.

2. 그러나 20○○.○. ○.귀원 20○○카단 789호 이의신청 사건의 결정이 20○○. ○. ○. 확정되었으므로 위 가압류 명령의 집행을 취소하고 별지 목록 기재 부동산에 대하여 한 등기의 말소를 촉탁하고자 이에 신청합니다.

첨 부 서 류

1. 가압류취소결정정본   1통
1. 확정증명원   1통
1. 송달증명원   1통

20○○.　○.　○.

신청인 채무자 이 ○ ○　(인)

○○ **지방법원　귀중**

〈목록〉

부동산의 표시

1. 서울특별시 ○○구 ○○동 ○○　대 305㎡
2. 위 지상 세면블록조 기와집 단층 단독주책
　　1층 180㎡

■ 작성·신청방법

(1) 신청서 작성
　신청서 2부, 목록 4부를 가처분결정법원 신청계에 제출한다
(2) 인지는 첨부하지 않는다
(3) 등기신청수수료
　① 증지대는 말소부동산 1개당 3,000원으로 금액의 크기에 상관없이 현금납부서로 제출한다
　② 등록교육세는 부동산 1개당 3,600원을 납부한다.
　③ 등기촉탁용 우표 2회분 9,760원을 신청서 상단에 호치킷으로 고정하여 제출한다.

1. 집행취소기관

집행취소는 집행기관이 실시한다. 그러므로 집행법원이 집행취소결정을 한 경우에도 집행기관이 집행관인 때에는 채무자는 그 결정정본을 집행관에게 제출하여 집행취소를 위임하여야 한다.

2. 집행취소의 방법

집행취소는 보전처분의 집행상태를 소멸시키는 절차를 취하는 것으로 그 구체적 절차는 각종의 보전처분에 따라 다르다.

(1) 등기등록을 요하는 집행의 취소

부동산·선박·항공기·자동차·건설기계·산업재산권의 가압류 처분금지가처분 등과 같이 등기·등록을 함으로서 보전처분을 집행한 경우에는 집행법원의 법원사무관 등이 보전처분기입등기등록의 말소를 촉탁함으로서 취소한다(민비 293조 3항).

(2) 채권에 대한 집행의 취소

채권과 같이 제3채무자가 있는 경우에는 집행법원의 법원사무관 등이 집행취소결정 정본(민사집행법 299조 1항의 해방금액공탁에 따른 가압류집행취소의 경우)이나 보전처분취소결정 정본(이의사건이나 취소사건의 경우)을 첨부하여 집행 취소통지서를 제3채무자에게 송달한다(규칙 218조). 집행취소결정 등이 없는 경우에는 집행취소신청서 부본(채권자 신청의 경우)이나 보전처분신청 취하증명서, 취하서 부본 등을 첨부한다.

(3) 집행행위가 필요 없는 보전처분의 집행취소

부작위의무를 명하는 보전처분의 경우와 같이 따로 집행행위가 필요 없이 채무자에게 결정정본을 송달함으로서 집행하는 보전처분은 그 취소를 함에 있어서 채무자에게 취소결정 정본을 송달하는 외에 따로 집행취소절차가 필요하지 않다. 채권자가 집행취소신청을 한 경우에는 취소신청서 부본과 함께 집행취소통지서를 송달한다.

(4) 집행관이 행한 집행의 취소

집행관이 그 집행상태를 제거하는 조치를 취함으로써 한다. 부동산점유이전금지가처분의 경우에는 집행관이 현장에 임하여 가처분에 관한 공시문을 제거하고 집행관의 점유를 해제하며 채무자의 점유로 되돌린다는 취지를 채무자에게 고한다. 그러나 집행관이 채무자의 점유를 배제하고 직접 점유한 물건은 현실로 점유를 반환하는 절차가 필요하다.

(5) 단행가처분의 집행취소

금전지급, 물건의 인도 단행의 가처분은 집행이 취소되어도 집행관이 당연히 원상회복을 위한 집행을 할 수 있는 것은 아니다. 집행취소는 장래에 향해서만 효력이 있기 때문이다. 다만 가처분을 취소하는 재판에서 민사집행법 308조에 따라 원상회복을 명한 경우에는 그 재판을 집행함으로써 원상회복을 시킬 수 있다.

Ⅳ. 집행취소의 효과

집행취소의 결과 채무자는 보전처분의 구속에서 벗어나게 된다. 따라서 가처분취소결정의 집행에 의하여 처분금지가처분등기가 말소된 경우 그 효력은 확정적인 것이므로 그 이후에 당해 부동산에 관한 소유권이전등기를 경료 받은 자는 그 부동산에 관하여 아무런 제한을 받지 않고 가처분 신청인에게 그 소유권취득의 효력으로 대항할 수 있다. 가처분등기가 말소되기 전에 이전등기 한 경우에도 같다.

그러나 이는 장래에 대하여만 효력이 있고 소급하는 것이 아니다. 따라서 가압류물을 현금화한 경우(민집 296조 5항)에는 그 현금화한 금전을 채무자에게 지급하면 족하고 그 현금화의 효력이 번복되는 것은 아니며 대표이사의 직무대행자가 기존에 한 행위는 집행취소 후에도 유효하다.

제8절 담보취소(공탁금의 회수)

Ⅰ. 담보취소의 의의

담보취소란 담보제공자가 담보의 필요가 소멸될 경우 제공한 담보를 반환 받는 절차를 말한다. 담보제공자가 담보의 사유가 소멸된 것을 증명한 때 또는 담보권리자가 동의가 있음을 증명한 때에는 법원은 신청에 의하여 담보취소결정을 하여야 한다고 규정하고 반드시 법원의 결정을 거치도록 하였다.

Ⅱ. 신청자 및 관할

1. 신청자

담보사유가 없게 되었을 때에 담보취소를 신청할 수 있는자는 담보를 제공한자이다. 담보를 제공한 자란 법원으로부터 담보의 제공명령을 받아 제공한 자이며 그 포괄승계인과 특정승계인을 포함한다.

2. 관할법원

담보제공을 명한 법원의 관할에 속하는 것으로 보고 있다.

Ⅲ. 담보취소의 요건

1. 담보사유의 소멸

(1) 의 의

담보의 사유가 소멸되었다 함은 담보를 제공함으로써 잠정적으로 허용되었던 담보제공자의 행위가 이후의 절차에서 그에게 유리하게 확정되었기 때문에 담보제공의 필요성이 없게 된 것을 말한다. 따라서 가압류·가처분을 위해 제공된 담보는 본안소송에서 채권자의 승소판결로 확정되면 담보사유가 소멸된 것이고 이를 사유로 담보취소결정을 받아 공탁금을 회수 할 수 있다. 그런데 본안소송이 계속 중인 한 그 담보사유가 소멸되지 않으며 채권자가 본안에서 승소의 확정판결을 받지 않으면 담보의 사유는 소멸되지 않는다.

(2) 담보취소신청

본안승소판결이 확정된 후 채권자는 **본안판결문 사본**, 본안의 **확정증명원**을 '**담보취소신청서**'에 첨부하여 가압류가처분결정을 내린(담보제공명령을 내린) 법원에 신청서 1부를 제출한다. 이 경우 법원이 바로 담보취소결정을 내리면 담보취소결정정본 및 확정증명원을 '**공탁금회수청구서**'에 첨부하여 공탁금을 회수할 수 있다.

[서식] 담보취소 신청서(본안의 소송에서 전부승소)

담 보 취 소 신 청

사　　　건　　　　20○○ 카단 123호 점유이전금지가처분

신 청 인　　　　김 ○ ○(671131-17○○○○○)

　　　　　　　　서울시 ○○구 ○○동 ○○ (T.010-123-456)

피신청인　　　　이 ○ ○(752031-1465○○○)

　　　　　　　　서울시 ○○구 ○○동 ○○

위 당사자간 귀원 20○○ 카단 123호 점유이전금지가처분사건에 관하여 신청인이 그 보증으로 귀원 공탁관에게 20○○년 금 제1245호로서 금 20,000,000원을 공탁하였던 바, 신청인이 본안에서 20○○. ○. ○. 승소판결을 받아 그 담보사유가 소멸하였으므로 위 담보의 취소를 신청합니다.

첨 부 서 류

　　1. 공탁서사본　　　　　　　　　　　1통
　　1. 판결문사본　　　　　　　　　　　1통
　　1. 확정증명원　　　　　　　　　　　1통

　　　　　　　　　　20○○.　　○.　　.
　　　　　　　　　　위 신청인 김 ○ ○　(인)

○○**지방법원 귀중**

---

(1) 신청서 작성

　본안 승소판결이 확정된 후 **신청서** 1부에 **본안판결문**(1.2.3심판결문) 사본 1부, **확정증명원, 공탁서 사본**을 '**담보취소신청서**'에 첨부하여 가압류가처분결정을 내린(담보제공명령을 내린) 법원에 1부를 제출한다. .

(2) 인지,송달료

　① 인지는 1,000원

　② 송달료는 2회분(당사자의 수×2회)을 납부하여야 하는데, 2인 기준으로 20,800원(5,200원×2회×2인)이다.

(3) 공탁금 회수

　법원이 바로 담보취소결정을 내리면 담보취소결정정본 및 확정증명원을 '**공탁금회수청구서**'에 첨부하여 공탁금을 회수할 수 있다.

[서식] 확정증명원

확 정 증 명 원

사　　권　　　　20○○ 카담 123 담보취소

채 권 자　　　　김 ○ ○

채 무 자　　　　이 ○ ○

위 당사자 간 귀원 20○○ 카담 123 담보취소 신청사건에 관하여 동 담보취소결정이 이미 확정되었음을 증명하여 주시기 바랍니다.

　　　　　　　　　　　　2014.　　08.　　　.

　　　　　　　　　　위 채권자　김 ○ ○(인)

서울○○지방법원 귀중

---

1. 법원의 담보취소결정 후 채무자가 그 결정문을 송달받은 후 1주일이내 즉시항고를 하지 않으면 확정이 된다. 이 경우 채권자는 인지 500원을 첨부하여 확정증명원을 발급받을 수 있다.
2. 확정증명원은 2부를 작성해서 그중 1부에만 500원 인지를 첨부하여 제출하면 접수공무원이 인지가 첨부된 증명원을 가지고 나머지 1부에 확인날인을 한뒤 돌려준다.

2. 담보권리자의 동의

(1) 의 의

채무자의 동의는 담보권의 포기를 의미하므로 담보취소사유로 한 것이다. 채무자의 동의는 서면으로 하며 법원이 담보취소결정을 할 경우 그에 대한 항고권을 포기한다는 채무자의 서면까지 동의서에 첨부하여 채권자가 담보취소신청을 하는 것이 법원실무상 관례이다. 동의의 증명은 인감날인과 인감증명서가 첨부된 동의서에 의한다. 통상 동의는 담보의 전부에 대하여 하겠지만 담보의 일부에 대한 동의도 유효하다.

(2) 담보취소신청

본안소송이 종료되지 않아도 채권자는 **채무자의 동의서, 즉시항고권포기서, 공탁서 사본을 '담보취소신청서'**에 첨부하여 가압류가처분결정을 내린(담보제공명령을 내린) 법원에 **신청서** 1부를 제출한다. 이 경우 법원이 바로 담보취소결정을 내리면 담보취소결정정본 및 확정증명원을 **'공탁금회수청구서'**에 첨부하여 공탁금을 회수할 수 있다.

[서식] 담보취소 신청서(채무자의 동의)

담 보 취 소 신 청

사　　　건　　　20○○ 카합 123호 유체동산가압류

신 청 인　　　김 ○ ○(671131-17○○○○○)

　　　　　　　서울시 ○○구 ○○로 ○○ (T.010-123-456)

피신청인　　　이 ○ ○(752031-1465○○○)

　　　　　　　서울시 ○○구 ○○로 ○○

위 당사자간 귀원 20○○ 카합 123호 유체동산가압류사건에 관하여 신청인이 그 보증으로 귀원 공탁관에게 20○○년 금 제1245호로서 금 20,000,000원을 공탁하였던 바, 당사자간의 원만한 합의가 성립되어 담보권자인 피신청인이 담보취소에 대한 동의를 하였으므로 위 담보의 취소를 신청합니다.

첨 부 서 류

1. 공탁서사본 1통

1. 채무자동의서 1통

1. 즉시항고권포기서 1통

20○○. ○. .
위 신청인 김 ○ ○ (인)

○○지방법원 귀중

■ 작성 · 신청방법

(1) 신청서 작성
채무자의 동의서, 즉시항고권포기서를 '담보취소신청서'에 첨부하여 가압류가처분결정을 내린(담보제공명령을 내린) 법원에 신청서 1부를 제출한다.

(2) 인지, 송달료
① 인지는 1,000원
② 송달료는 2회분(당사자의 수×2회)을 납부하여야 하는데, 2인 기준으로 20,800원(5,200원×2회×2인)이다.

(3) 공탁금 회수
법원이 바로 담보취소결정을 내리면 담보취소결정정본 및 확정증명원을 '**공탁금회수청구서**'에 첨부하여 공탁금을 회수할 수 있다.

[서식] 동의서

동 의 서

채 권 자   김 ○ ○
채 무 자   이 ○ ○

위 당사자 간 귀원 2014카합 123호 유체동산가압류 신청사건에 관하여 채권자가 그 보증으로 귀원 공탁관에게 20○○년 금 1234호로서 금 20,000,000원을 공탁하였던 바, 채무자는 채권자가 위 공탁금을 회수하기 위한 담보 취소에 동의합니다.

2014.   10.   .
위 채무자 이 ○ ○(인)

서울○○지방법원 귀중

[서식] 즉시항고권 포기서

즉시항고권 포기서

채 권 자   김 ○ ○
채 무 자   이 ○ ○

위 당사자간 귀원 2014카합 123호 유체동산가압류 담보취소 신청사건에 관하여 귀원의 담보취소결정에 대하여 채무자는 즉시항고권을 포기합니다.

2014.   10.   .
위 채무자 이 ○ ○(인)

서울○○지방법원 귀중

실무상 확정기간의 단축을 위하여 담보취소 신청시 채무자의 동의서와 즉시항고권 포기서를 첨부하여 신청하고 있다. 담보취소결정에 따른 확정증명원을 받기 위해서는 상대방의 즉시항고기간인 7일이 지나야만 확정되기 때문에 즉시항고권 포기서를 상대방으로부터 받아 같이 제출하면 그만큼 기간을 단축할 수 있다.

[서식] 확정증명원

확 정 증 명 원

사　　권　　20○○ 카담 123 담보취소

채 권 자　　김 ○ ○

채 무 자　　이 ○ ○

위 당사자간 귀원 20○○ 카담 123 담보취소 신청사건에 관하여 동 담보취소결정이 이미 확정되었음을 증명하여 주시기 바랍니다

2014.　　08.　　.

위 채권자　김 ○ ○(인)

서울○○지방법원 귀중

1. 법원의 담보취소결정 후 채무자가 그 결정문을 송달받은 후 1주일이내 즉시항고를 하지 않으면 확정이 된다. 이 경우 채권자는 인지 500원을 첨부하여 확정증명원을 발급받을 수 있다.
2. 확정증명원은 2부를 작성해서 그중 1부에만 500원 인지를 첨부하여 제출하면 접수공무원이 인지가 첨부된 증명원을 가지고 나머지 1부에 확인날인을 한 뒤 돌려준다.

[서식] 영수증

영수증

사   권   20○○ 카담 123 담보취소

채 권 자   김 ○ ○

채 무 자   이 ○ ○

위 당사자간 귀원 20○○ 카담 123 담보취소 신청사건에 관하여 동 담보취소결정정

본은 20○○. ○. ○.   시에 틀림없이 영수하였습니다

                              2014.   08.   .
                              위 채무자 김 ○ ○(인)

서울○○지방법원 귀중

> ■ 작성·신청방법
>
> 채무자의 담보취소결정정본의 영수가 있어야 채권자가 담보취소결정문을 수령하면서 확정증명을 받을 수 있으므로 영수증을 함께 제출할 수 있는데 이 경우 영수날인은 인감일 필요는 없다.

3. 권리행사 최고기간의 만료

(1) 의 의

소송이 완결된 때에는 손해발생 여부도 확정되므로 담보제공자의 신청에 의하여 법원이 일정한 기간을 정하여 담보권자에게 그 담보권의 행사를 최고하고 만약 위 기간이 경과하도록 담보권을 행사하지 않으면 담보취소에 동의한 것으로 간주하여 담보취소결정을 할 수 있다. 채권자가 일부 승소했거나 전부패소, 소취하 등의 경우에는 법원은 채무자에 대해 담보물에 대하여 통상 7일 이내에 권리행사 할 것을 최고한 후 그 권리행사가 없을 경우에 담보취소 결정을 내린다.

(2) 담보취소신청

소송완결 후 담보제공자(채권자)의 신청에 의하여 법원은 담보권리자에 대하여 일정한

기간(통산 7일)내에 그 권리를 행사할 것을 최고 한다. 권리행사 최고신청에는 1,000원의 인지를 붙이며, 별도 담보취소신청에서도 1,000원의 인지를 붙인다. 실무상 권리행사 최고신청과 담보취소신청은 동시에 신청하는데 권리행사최고 및 담보취소신청서 1개로 신청한다. 신청서에는 **본안판결문사본**, 본안의 **확정증명원** 또는 본안의 취하증명원을 첨부한 다음 법원에 1부를 제출한다. 이 경우 법원이 바로 담보취소결정을 내리면 담보취소결정정본 및 확정증명원을 '**공탁금회수청구서**'에 첨부하여 공탁금을 회수할 수 있다.

(3) 권리행사의 방법

담보제공자의 신청에 의하여 담보권리자에 대하여 일정한 기간 내에 그 권리를 행사할 것을 최고하였을 경우 법원으로부터 일정기간(7일)내에 권리행사 할 것을 최고를 받은 담보권리자가 그 기간내에 권리행사를 하지 않는 때에는 담보취소에 관하여 담보권리자의 동의가 있는 것으로 간주하여 법원이 담보취소결정을 할 수 있다. 이 경우 담보권리자의 권리행사는 담보의무자에 대하여 소송의 방법으로 하여야 하는 것을 말한다(대결 1992. 10. 20. 92마728). 그리고 담보취소결정이 확정되기 전에 담보권리자가 권리행사를 하고 이것을 소제기증명 등과 같은 자료에 의하여 증명한 경우에는 이미 담보권리자가 담보취소에 동의한 것으로 간주하여 발하여진 담보취소결정은 그대로 유지할 수 없어 취소된다(대결 2000. 7. 18. 2000마2407).

[서식] 담보취소 신청서(권리행사 최고)

권리행사최고에 의한 담보취소신청

사 건	20○○ 카단 123호 부동산가압류	
신 청 인	김 ○ ○(671131-17○○○○○)	
	서울시 ○○구 ○○동 ○○ (T.010-123-456)	
피신청인	이 ○ ○(752031-1465○○○)	
	서울시 ○○구 ○○동 ○○	

위 당사자간 귀원 20○○ 카단 123호 부동산가압류 신청사건에 관하여 신청인이 그 보증으로 귀원 공탁관에게 20○○년 금 제1245호로서 금 20,000,000원을 공탁하

였던 바, 동 사건에 본안 소송인 20○○가합 456호 대여금 사건의 신청인이 패소판
결이 20○○. ○. ○. 확정되었으므로 담보권리자인 피신청인에 대하여 일정기간
내에 동 담보에 관하여 그 권리를 행사하도록 최고하고, 피신청인이 위 기간 내에
그 권리를 행사하지 않을 때에는 담보취소의 결정을 하여주시기 바랍니다.

첨 부 서 류

1. 공탁서사본   1통
1. 판결문사본   1통
1. 확정증명원   1통

20○○. ○.   .
위 신청인 김 ○ ○ (인)

○○**지방법원**   **귀중**

■ 작성 · 신청방법

(1) 신청서 작성
  신청서 1부에 **본안판결문** 사본 1부, **확정증명원 또는 본안의 취하증명원**을 '담보취소신청서'에 첨부하여
  가압류가처분결정을 내린(담보제공명령을 내린) 법원에 1부를 제출한다.

(2) 인지,송달료
  ① 인지는 권리행사 최고1,000원, 담보취소 1,000원이다.
  ② 송달료는 4회분(권리행사최고 2회분, 담보취소 2회분)을 납부하여야 하는데, 2인 기준으로 41,600원
    (5,200원×4회×2인)이다.

(3) 공탁금 회수
  통상적으로 권리행사 최고기간 7일을 주며 결정문 송달 후 즉시항고 기간 7일 경과하여야 담보취소 사건이
  확정된다. 법원이 바로 담보취소결정을 내리면 담보취소결정정본 및 확정증명원을 **공탁금회수청구서**에
  첨부하여 공탁금을 회수할 수 있다.

확 정 증 명 원

사　　권　　20○○ 카담 123 담보취소

채 권 자　　김 ○ ○

채 무 자　　이 ○ ○

위 당사자 간 귀원 20○○ 카담 123 담보취소 신청사건에 관하여 동 담보취소결정
이 이미 확정되었음을 증명하여 주시기 바랍니다

2014.　　08.　　.
위 채권자　김 ○ ○(인)

서울○○지방법원 귀중

■ 작성 · 신청방법

1. 법원의 담보취소결정 후 채무자가 그 결정문을 송달받은 후 1주일이내 즉시항고를 하지 않으면 확정이 된다. 이 경우 채권자는 인지 500원을 첩부하여 확정증명원을 발급받을 수 있다.
2. 확정증명원은 2부를 작성해서 그중 1부에만 500원 인지를 첩부하여 제출하면 접수공무원이 인지가 첩부된 증명원을 가지고 나머지 1부에 확인날인을 한 뒤 돌려준다.

Ⅳ. 그 밖의 담보취소 사유

1. 채권자에 의한 집행해제 신청

가압류 · 가처분 후 또는 제3채무자에게 가압류결정문이 송달이 되는 등 보전처분이 집행된 후 채권자에 의해 집행해제신청서가 제출된 경우 또는 가압류 · 가처분 취소결정이 있는 경우 실무상 권리행사최고 및 담보취소신청에 의하여 공탁금을 회수하고 있다. 채권자가 집행해제를 해주는 경우 채무자의 동의에 의한 담보취소신청을 할 수 있도록 채무자의 인감날인된 동의서와 즉시항고포기서를 받아 둘 필요가 있는데 미처 채무자의 동의

를 받지 못한 채 보전처분 집행해제를 해주고 난 후라면 권리행사최고에 의한 담보취소 신청을 통하여 공탁금을 회수할 수밖에 없다.

[서식] 권리행사 최고에 의한 담보취소 신청서

담 보 취 소 신 청

사   건   20○○ 카단 123호 채권가압류

신 청 인   김 ○ ○(671131-17○○○○○)

                서울시 ○○구 ○○동 ○○ (T.010-123-456)

피신청인   이 ○ ○(752031-1465○○○)

                서울시 ○○구 ○○동 ○○

위 당사자 간 귀원 20○○ 카단 123호 채권가압류사건에 관하여 신청인이 그 보증으로 귀원 공탁관에게 20○○년 금 제1245호로서 금 20,000,000원을 공탁하였던 바, 신청인은 신청인의 사정에 의하여 20○○. ○. ○. 가압류 집행을 해제하였습니다.

그런데 피신청인은 아직 담보권 행사를 하지 않고 있으므로 일정한 기간 동안 담보권권리 행사할 것을 최고하여 주시고 담보권행사가 없을 때에는 담보취소결정을 하여 주시기를 신청합니다.

첨 부 서 류

    1. 가압류해제접수증명   1통

20○○.   ○.   .

위 신청인 김 ○ ○ (인)

○○지방법원   귀중

(1) 신청서 작성
  가압류해제접수증명서를 첨부한 **신청서** 1부를 제출한다.
(2) 인지,송달료
  ① 인지는 2,000원
  ② 송달료는 4회분
(3) 공탁금 회수
  신청서를 제출한 후 법원의 담보취소결정이 내리면 담보취소결정정본 및 확정증명원을 '**공탁금회수청구서**'
  에 첨부하여 공탁금을 회수할 수 있다.

[서식] 확정증명원

확 정 증 명 원

사   권   20○○ 카담 123 담보취소

채 권 자   김 ○ ○

채 무 자   이 ○ ○

위 당사자 간 귀원 20○○ 카담 123 담보취소 신청사건에 관하여 동 담보취소결정

이 이미 확정되었음을 증명하여 주시기 바랍니다

2014.

08.   .

위 채권자 김 ○ ○(인)

서울○○지방법원 귀중

1. 법원의 담보취소결정 후 채무자가 그 결정문을 송달받은 후 1주일이내 즉시항고를 하지 않으면 확정이
   된다. 이 경우 채권자는 인지 500원을 첨부하여 확정증명원을 발급받을 수 있다.
2. 확정증명원은 2부를 작성해서 그중 1부에만 500원 인지를 첨부하여 제출하면 접수공무원이 인지가 첨부된
   증명원을 가지고 나머지 1부에 확인날인을 한뒤 돌려준다.

2. 집행기간의 경과

가압류·가처분신청에 따른 재판은 긴급성, 신속성, 밀행성이 요구되므로 재판의 집행기간이 14일로 제한되어 있다. 그런데 이러한 집행기간이 도과한 경우 실무상 권리행사최고 없이 바로 담보취소를 해주고 있다.

3. 집행불능

가압류가처분 신청을 하였는데 피압류 대상에 대한 집행이 곤란할 사유가 있어 가압류가처분결정이 집행불능된 경우에 법원실무는 권리행사 최고 없이 집행불능 조서 등으로 그 사유를 소명하여 바로 담보취소를 하고 있다.

[서식] 집행불능조서등본 교부신청

집행불능조서등본 교부신청

사 건   20ㅇㅇ 본 123

채 권 자   김 ㅇ ㅇ

채 무 자   이 ㅇ ㅇ

위 당사자 간 귀원 20ㅇㅇ 카단 123 유체동산 가압류 결정에 기하여 20ㅇㅇ본 123호로 한 유체동산 가압류집행의 집행이 불능된 바, 그 조서등본을 교부하여 주시기 바랍니다.

2014.

08.
위 채권자 김 ㅇ ㅇ(인)

서울ㅇㅇ지방법원 귀중

■ 작성·신청방법

집행관사무실에서의 집행조서등본교부 비용으로 현금 300원을 지급하고 교부받을 수 있다.

4. 대위에 의한 담보취소신청

담보제공자가 담보하여야 할 사유가 소멸되었음을 증명하면서 취소신청을 하면 법원은 담보취소결정을 하여야 한다. 그리고 채권자는 자기의 채권을 보전하기 위하여 채무자의 권리를 행사할 수 있다.

[서식] 대위에 의한 담보취소 신청서

담 보 취 소 신 청

대위신청인	박 ○ ○(671131-17○○○○○)
	서울시 ○○구 ○○로 ○○
담보제공자	김 ○ ○(671131-17○○○○○)
	서울시 ○○구 ○○로 ○○ (T.010-123-456)
피 신 청 인	이 ○ ○(752031-1465○○○)
	서울시 ○○구 ○○로 ○○

신 청 취 지

위 당사자 간 귀원 20○○ 카단 123호 채권가압류사건에 관하여 담보제공자가 20○○. ○. ○. 귀원 공탁관에게 20○○년 금 제1245호로 공탁한 금 20,000,000원의 담보는 피신청인의 동의로 인하여 이를 취소한다.
라는 재판을 구합니다.

신 청 이 유

1. 위 대위신청인은 담보제공자를 상대로 20○○. ○. ○.경 ○○지방법원 20○○차456호 대여금 독촉의 지급명령을 신청하여 금 30,000,000원의 확정된 집행권원을 얻은 바 있습니다.

2. 그런데 담보제공자는 20○○. ○. ○.경 신청인에 대하여 갖는 ○○대금채권에

기하여 신청인의 사업자 은행예금계좌에 대하여 귀원 20○○카단 ○○호 채권가압류를 하면서 그 보증으로 20,000,000원을 공탁하고 채권가압류결정을 받은 것입니다.

3. 한편 신청인은 위 공탁금에 대하여 위 집행력 있는 지급명령 정본에 기하여 귀원 20○○타채 123호로 채권압류 및 전부명령을 신청하여 위 명령은 20○○. ○. ○.확정되어 위 권리를 신청인이 승계하였고 담보제공자가 제기한 ○○대금 청구소송은 귀원 20○○가단 123로 진행하였으나 담보제공자가 20○○. ○. ○. 패소하였습니다.

4. 신청인은 담보제공자를 대위하여 이건 담보취소를 신청하고 한편 신청인은 담보 권리자인 피신청인 스스로 담보취소에 동의하고 즉시항고를 포기하므로 대위로 이건 신청을 합니다.

첨 부 서 류

1. 판결문   1통
1. 채권압류 및 전부명령결정   1통
1. 확정증명원   1통

20○○.   ○.   .
위 대위 신청인 박 ○ ○   (인)

○○**지방법원 귀중**

■ 작성 · 신청방법

(1) 신청서 작성

본안의 판결문사본, 확정증명원, 채권압류 및 전부명령결정문, 전부명령확정증명원을 첨부한 **신청서** 1부를 제출한다.

(2) 인지,송달료

① 인지는 1,000원

② 송달료는 2회분

(3) 공탁금 회수

신청서를 제출한 후 법원의 담보취소결정이 내리면 담보취소결정정본 및 확정증명원을 '**공탁금회수청구서**'에 첨부하여 공탁금을 회수할 수 있다.

Ⅴ. 공탁금 회수 청구

신청서를 제출한 후 법원의 담보취소결정이 내리면 담보취소결정정본 및 확정증명원을 '**공탁금회수청구서**'에 첨부하여 공탁금을 회수할 수 있다.

[서식] 공탁금회수 청구서

공탁금 회수 청구서

공탁번호	20○○년 금제○○○호		공탁금액	한글 금 삼백만 원정 숫자 ₩3,000,000		
공 탁 자	성 명 (상호, 명칭)	이 ○○	피 공 탁 자	성 명 (상호, 명칭)	박 ○ ○	
	주민등록번호 (법인등록번호)	711108-1047569		주민등록번호 (법인등록번호)	741102-2014569	

청 구 내 역	청구금액	이자청구기간	이자금액	합계금액	비 고
	금 3,000,000원				

보관은행	은행 지점
청구 및 이의 유보 사유	담보사유 소멸로 인한 담보취소
비 고 (첨부서류등)	공탁서원본, 담보취소결정정본, 확정증명원 각 1통 위임장, 인감증명서 각1통

위와 같이 청구합니다.

　　　　　　　　　　　　　　2010 년 ○월　　　일

　청구인 주소　　　　　　　　　대리인주소 서울 ○○구 ○○동 ○○
　　　　주민등록번호
　　　　성명　　이 ○ ○　　　　　　성명　박 ○ ○　㊞
　　　　　　　　　　　　　　　　　　　☎ 010-1234-5678

위 청구를 인가합니다.

　　　　　　　　　　　　　　년　　　　월　　　일

　　　　　　　　　　　　○○지방법원 공탁관　　㊞

위 공탁금과 공탁금이자(공탁금 출급 · 회수청구서 1통)를 수령하였습니다.

　　　　　　　　　　　　　　년　　　　월　　　일

　　　　수령인(청구인 또는 대리인) 성명　박 ○ ○　㊞

■ 작성 · 신청방법

(1) 청구서 작성

공탁원인의 소멸을 증명하는 서면인 담보취소결정정본 및 확정증명원, 공탁서를 공탁물회수청구서에 첨부하여 현금으로 담보제공한 공탁소에 대해 금전을 청구한다.

공탁회수청구서 2통에 각 공탁자 날인란에 인감으로 날인하고, 만일 대리인이 있는 경우 위임인란에만 인감날인하고, 위임장에 인감날인 해야 한다.

(2) 제출서류

공탁회수청구서 2통과 다음의 첨부서류를 공탁관에게 제출한다. 대리인인 경우 신분증과 대리인의 인장을 지참해야 한다.

① **공탁서원본** : 피공탁자 승낙서를 첨부한 경우, 5,000만원 이하의 공탁금인 경우는 공탁서를 첨부하지 않아도 무방하다(공탁규칙 제34조).

② **담보취소결정정본**

③ **확정증명원**

채권자가 제출한 담보취소신청서에 따라 법원의 담보취소결정이 내리면 채무자가 그 송달받은 후 1주일 이내에 즉시항고를 않으면 확정이 된다. 따라서 확정이 되기까지 공탁회수가 불가한 것이다. 따라서 담보취소결정이 확정되었다는 확정증명원이 필요하다.

④ **위임장**

대리인에 의하여 공탁물을 회수하는 경우에는 그 대리권을 증명하는 서면을 첨부하여야 한다. 임의대리인인 경우에는 위임장 또는 지배인 등기부등본이, 법정대리인인 경우에는 가족관계증명서 또는 후견인선임결정서가 이에 해당한다.

⑤ **인감증명서**

공탁물을 회수하려는 사람은 회수청구서 또는 대리인에 의한 경우 위임장에 인감을 날인하고 인감증명서를 첨부해야 한다.

⑥ **주소연결서면**

공탁자가 공탁 후에 주소를 이전하였거나 개명을 하였다든가, 상호를 변경하는 경우 등에는 공탁물청구서에 첨부한 공탁서의 기재와 인감증명서의 기재가 일치하지 않는 경우가 있게 된다. 이런 경우에는 양자가 동일인이라는 것을 증명하기 위하여 주민등록초본, 법인등기부등본을 청구서에 첨부하여야 한다.

(3) 절차
  1) 심 사
     공탁관은 공탁물회수청구서를 심사하여 적법하면 인가기재란에 인가취지를 기재하여 기명, 날인한
     인가부청구서 2통 중 1통을 청구인에게 교부하고 나머지 1통은 공탁관이 보관한다.
  2) 지급절차
     청구인이 공탁관으로부터 받은 '지급인가부청구서'를 취급은행에 제출하고 청구를 한다.

[서식] 위임장

위 임 장

대리인 : 박 ○ ○

서울 ○○구 ○○동 ○○

위의 자를 본인의 대리인으로 하여 다음 아래의 권한을 위임합니다.

1. 공탁원인의 소멸에 따른 본인의 공탁금 회수청구 및 이에 대한 이자지급청구와 동

   공탁금 및 이자의 수령에 관한 일체의 행위.

2. 기타 공탁서정정신청, 공탁관계서류의 열람, 증명청구 등 공탁에 부수된 일체의 행위

                    20○○.   ○.   .
                    위 위임인 이 ○ ○ (인감)
                    서울 ○○구 ○○동 ○○

제9절 본집행으로의 이전(移轉)

Ⅰ. 개 설

1. 의 의

보전처분은 강제집행의 보전을 목적으로 하는 임시적인 처분이므로 채권자가 집행권원을 얻어 강제집행을 할 수 있게 되면 보전처분이 집행되어 있는 상태에서 본집행을 하게 된다. 이를 본집행으로의 이전이라고 부른다.

2. 이전의 절차 일반

본집행으로의 이전에 있어서는 원칙적으로 중복되는 절차를 다시 밟을 필요가 없이 보전처분이 집행되어 있는 단계에서 본집행의 다음 절차를 행하면 족하다. 그러나 본집행이 효력을 상실하게 되었다고 할 때 어느 절차까지가 유효한 보전처분의 집행이냐를 판가름할 수 있게 하기 위해서는 언제 본집행이 개시되었는지를 명확히 할 필요가 있다. 실무에서 채권, 지식재산권의 가압류에서 본압류로 이전하는 절차를 밟으면서 다시 압류를 되풀이 하는 것도 위와 같이 본집행 개시시기를 명백히 하는 데 그 주안점이 있다.

Ⅱ. 본집행으로의 이전

1. 가압류의 본압류 이전

(1) 유체동산에 대한 가압류

집행관은 본집행의 신청을 받으면 그 물건의 보관장소에 가서 목적물을 점검한 후 채무자에게 본압류를 집행한다는 뜻을 고지하고 가압류의 표시는 그대로 둔 채 덧붙여 본압류의 표시를 붙인다. 가압류의 표시를 그대로 두는 것은 나중에 본압류만이 효력을 상실하게 될 때를 대비하는 것이다.

금전이 가압류되어 공탁되어 있거나 가압류물이 현금화되어 그 대금이 공탁되어 있을 때에는 집행관은 보관 중인 공탁서로 공탁금을 회수하여 금전에 대한 강제집행에 의하여 집행한다.

[서식] 강제집행신청서

강 제 집 행 신 청 서

○○지방법원 집행관사무소 집행관 귀하

채권자	성 명	김○○	우편번호 : ○○○-○○○
	주 소	서울시 ○○구 ○○동 ○○ (전화번호 : 545-1234, 010-123-4567)	
	대리인	이○○ (전화번호 : 010-567-8978)	
채무자	성 명	박○○	우편번호 : 123-456
	주 소	서울시 ○○구 ○○동 ○○ 아파트 1207호	
집행목적물소재지		위 채무자 주소지	
집 행 권 원		의정부지방법원 201○ 차 123호 ○○금 독촉사건의 지급명령 확정정본	
집행의 목적물 및 집 행 방 법		동산압류, 동산가압류, 동산가처분, 부동산점유이전금지가처분, 건물명도, 철거, 부동산인도, 자동차인도, 기타( )	
청 구 금 액		금 20,000,000원 (내역은 별지와 같음)	

위 집행권원에 기한 집행을 하여 주시기 바랍니다.
20○○ . ○ .   .
신청인 채권자   김○○   (인)
대리인   이○○   (인)

※ 특약사항	채권자 주민등록번호	711108-1023456
1. 본인이 수령할 예납금잔액을 본인의 비용부담하에 오른쪽에 표시한 예금계좌에 입금하여 주실 것을 신청합니다. 채권자(대리인) 김○○ (인)	집행예납금 등 잔액계좌입금 신청서	
	개 설 은 행	국민은행 ○○동 지점
2. 집행관이 계산한 수수료 기타 비용의 예납통지 또는 강제집행 속행의사 유무 확인 촉구를 2회 이상 받고도 채권자가 상당한 기간 내에 그 예납 또는 속행의 의사표시를 하지 아니한 때에는 본 건 강제집행 위임을 취하한 것으로 보고 종결처분 하여도 이의 없습니다. 채권자(대리인) 이○○ (인)	예 금 주	김○○
	계 좌 번 호	027-123-567-89
	※ 첨부서류 1. 집행권원 1통 2. 송달증명원 1통 3. 위임장 1통 4. 목적물 소재지 약도 1통[19]	

---

19) 약도는 통상 집행관이 장소를 찾는데 어려움이 없도록 표시한다.

(2) 채권에 대한 가압류

지명채권에 대한 가압류에서 본압류의 이전에서는 압류를 다시 할 필요 없이 직접 추심명령·전부명령 등을 하면 족하다는 것이 학설의 대세이나 실무는 압류부터 다시 한다. 이때에는 신청서에도 가압류의 본압류 이전이라는 것을 밝히고 가압류결정의 사본을 첨부한다.

[서식] 가압류로부터 본압류로 이전하는 경우의 주문례

채권자와 채무자 사이의 ○○법원 2013카단 123 채권가압류결정에 의하여 한 별지 목록 기재 채권에 대한 가압류는 이를 본 압류로 이전한다.

채권이 가압류된 후 본압류로 이전되는 경우 집행법원은 가압류를 명한 법원이 있는 곳을 관할하는 지방법원의 전속관할이다(민집 224조 3항).

[서식] 가압류로부터 본압류로 전이하는 채권압류 및 추심명령

가압류로부터 본압류로 전이하는
채권압류 및 추심명령신청

채 권 자   김 ○ ○(671131-17○○○○○)
　　　　　　서울시 ○○구 ○○로 ○○ (T.010-123-456)

채 무 자   이 ○ ○(752031-1465○○○)

　　　　　　서울시 ○○구 ○○로 ○○
제3채무자   대한민국
　　　　　　위 법률상 대표자 법무부장관　○○○
　　　　　　(소관: ○○지방법원 공탁공무원)

청구채권의 표시
금20,361,644원
 1) 원금 20,000,000원

2) 20○○. ○. ○.부터 20○○. ○. ○.까지(33일간) 연 20%의 지연손해금 361,644원(20,000,000원×33/365×20%)

집행권원의 표시

서울중앙지방법원 2012가합 34776 공사대금 청구사건의 집행력 있는 판결

가압류로부터 본압류로 전이하는 채권압류 및 추심채권의 표시

별지목록 기재와 같음

신 청 취 지

1. 채무자의 제3채무자에 대한 별지기재 채권 중 채권자와 채무자간 ○○지방법 원 20○○카단 1739호 채권가압류 결정에 의하여 가압류된 채권금 20,000,000원을 본압류로 전이하고, 나머지 금 361,644원을 압류한다.
2. 제3채무자는 채무자에 대하여 위 압류한 채권의 지급을 하여서는 아니 된다.
3. 채무자는 위 채무의 처분과 영수를 하여서는 아니 된다.
4. 채권자는 위 압류된 채권을 추심할 수 있다.

라는 재판을 구합니다.

신 청 이 유

1. 채권자는 ○○지방법원 2012가합 34776 공사대금 청구사건의 집행력 있는 판결정본에 기하여 청구금액과 같은 채권을 가지고 있는바, 채무자는 그 변제를 하지 아니하고 있습니다.

2. 한편 채권자는 채무자를 상대로 ○○지방법원으로부터 2012카단 1739호로 가 압류 결정을 받았는바, 채무자는 20○○. ○. ○.부로 ○○지방법원에 해방공 탁을 하였습니다(○○지방법원 2012년 금제9544호).

3. 따라서 채권자는 위 청구금액의 변제를 충당하기 위하여 ○○지방법원 2012 카단 1739호로 가압류한 위 채권을 ○○지방법원 2012가합 34776 공사대금

청구사건의 집행력 있는 판결정본에 의하여 이를 본압류로 전이하고 추심할
수 있다는 뜻의 결정을 구하기 위하여 이 신청에 이른 것입니다.

첨 부 서 류

1.	채권가압류 결정정본	1 통
1.	가압류취소결정(해방공탁)	1 통
1.	집행력 있는 판결정본	1 통
1.	송달증명원	1 통
1.	등기사항전부증명서	2 통
1.	납부서	1 통

20○○.　○.　.
위 채권자　김 ○ ○　(인)

○○**지방법원**　　　　**귀중**

〈별지〉

가압류로부터 본압류로 전이하는
채권압류 및 추심채권의 표시

금 20,361,644원원

채무자가 제3채무자에 대하여 가지는 20○○.　○.　○. 2012년 금제9544호 공탁자
○○○, 공탁금 148,720,000원의 공탁금회수청구채권 중 위 청구금액에 달하기까
지의 금액.

(1) 신청서 작성

신청서 1부에 **목록** 5부를 같이 제출하도록 하는 것이 실무이다. **가압류결정문 사본 및 송달증명원**, 집행문을 부여받은 **집행권원**(확정판결문, 화해조서, 조정조서, 공정증서, 확정된지급명령, 이행권고결정문 등)과 **확정증명원** 및 **송달증명원** 1부를 준비한다.

(2) 인지,송달료

① 인지는 4,000원(압류 2,000원+추심2,000원)이다

② 송달료는 2회분(당사자의 수×2회)을 납부하여야 하는데, 3인 기준으로 31,200원(5,200원×3회×2인)이다.

(3) 가압류결정 법원에 접수한다.

[서식] 가압류로부터 본압류로 전이하는 채권압류 및 추심명령

가압류로부터 본압류로 전이하는
채권압류 및 추심명령신청

채 권 자   김 ○ ○(671131-17○○○○○)

서울시 ○○구 ○○로 ○○ (T.010-123-456)

채 무 자   이 ○ ○(752031-1465○○○)

서울시 ○○구 ○○로 ○○

제3채무자   박 ○ ○

서울시 ○○구 ○○로 ○○

청구하는 채권의 표시

금55,561,643원

1) 서울중앙지방법원 2010가단 335508 약정금 청구사건의 집행력 있는 판결 정본에 기한 원금 50,000,000원

2) 2010. 9. 10.부터 2011. 3. 31.까지(203일간) 연 20%의 지연손해금 5,561,643원 (50,000,000원×203일/365일×20%)

압류할 채권의 종류 및 수액

별지 목록 기재와 같음

신 청 취 지

1. 채권자와 채무자 사이의 서울중앙지방법원 2010카단 69035호 채권가압류 결정에 의한 별지 목록 기재 채권 중 금50,000,000원에 대한 가압류는 이를 본압류로 이전하고, 나머지 금5,561,643원은 이를 압류한다.
2. 제3채무자는 채무자에 대하여 위 압류한 채권의 지급을 하여서는 아니 된다.
3. 채무자는 위 채무의 처분과 영수를 하여서는 아니 된다.
4. 채권자는 위 압류된 채권을 추심할 수 있다.

라는 재판을 구합니다.

신 청 이 유

1. 채권자는 서울중앙지방법원 2010가단 335508 약정금 청구사건의 집행력 있는 판결 정본에 기하여 청구금액과 같은 채권을 가지고 있는바, 채무자는 그 변제를 하지 아니하고 있습니다.

2. 한편 채권자는 채무자가 제3채무자로부터 가지고 있는 별지 목록 기재 채권에 대하여 서울중앙지방법원으로부터 2010카단 69035호 가압류 결정을 받은바 있습니다.

3. 따라서 채권자는 위 청구금액의 변제를 충당하기 위하여 서울중앙지방법원 2010카단 69035호로 가압류한 위 채권을 서울중앙지방법원 2010가단 335508 약정금 청구사건의 집행력 있는 판결 정본에 의하여 이를 본압류로 전이하고 추심할 수 있다는 뜻의 결정을 구하기 위하여 이 신청에 이른 것입니다.

첨 부 서 류

1. 채권가압류 결정정본   1 통
1. 송달증명원   1 통
1. 집행력있는판결정본   1 통
1. 납부서   1 통

20○○. ○. .

위 채권자 김 ○ ○ (인)

○○**지방법원**   **귀중**

〈별지〉

**가압류로부터 본압류로 전이하는
압류할 채권의 표시**

금55,561,643원

채무자 ○○○이 제3채무자 ○○○의 소유인 서울 ○○구 ○○동 360-21 소재 벽돌조 기와지붕 2층 주택을 임차함에 있어 제3채무자 ○○○에게 지급한 임대차보증금반환청구채권 중 위 청구금액에 이르기까지의 금원

다만, 주택임대차보호법 제8조 및 같은 법 시행령의 규정에 따라 우선변제를 받을 수 있는 금액을 제외한 나머지 금액.

- 이 상 -

(1) 신청서 작성

　　신청서 1부에 **목록** 5부를 같이 제출하도록 하는 것이 실무이다. 가**압류결정문 사본 및 송달증명원**, 집행문 을 부여받은 **집행권원**(확정판결문, 화해조서, 조정조서, 공정증서, 확정된지급명령, 이행권고결정문 등)과 **확정증명원** 및 **송달증명원** 1부를 준비한다.

(2) 인지,송달료

　　① 인지는 4,000원(압류 2,000원+추심2,000원)이다

　　② 송달료는 2회분(당사자의 수×2회)을 납부하여야 하는데, 3인 기준으로 31,200원(5,200원×3회×2 인)이다.

(3) 가압류결정 법원에 접수한다.

(3) 부동산 · 선박 · 항공기 · 자동차 · 건설기계 등에 대한 가압류

부동산과 이에 준하는 선박, 항공기, 자동차, 건설기계 등의 경우는 강제경매개시결정을 함으로써 본압류로 이전한다.

가압류가 동일인을 채권자로 하여 여러 개이고 채권자의 집행권원이 그 중 어느 것에 기 한 것인지 명백하지 않을 때 등에는 가압류기록을 현출시켜 첨철할 것이다. 경매개시결 정의 기입등기를 새로 촉탁하여야 함은 물론이다.

(4) 그 밖의 재산권에 대한 가압류

그 밖의 재산권에 경우에도 실무상은 가압류 상태에서 바로 현금화절차로 들어가지 않고 압류를 다시 한 후 현금화하게 된다. 지식재산권으로서 등록을 요하는 경우에는 압류 외 에 새로운 등록촉탁을 하여야 한다.

2. 가처분의 본집행으로의 이전

(1) 부동산에 대한 처분금지가처분

가처분채권자의 피보전권리와 가처분등기 이후에 경료된 제3자 명의의 등기의 종류에 따 라 본집행으로 이전하는 절차가 서로 다르다. 예컨대 본안소송이 소유권이전등기청구의 소인 경우, 채권자가 본안의 승소판결에 기한 소유권이전등기신청과 동시에 가처분 기입 등기 후의 저촉되는 등기의 말소를 신청하면 등기관이 이들 등기를 말소하고 채권자 명 의로 소유권이전등기를 경료한다(부동산등기법 94조).

(2) 점유이전금지가처분

집행관 보관의 점유이전금지가처분은 이미 채무자의 점유를 해제하여 인도집행을 종료하 였기 때문에 새로 점유를 취득하는 절차는 필요 없고 그대로 채권자에게 점유를 이전하

면 족하다.

집행관보관·채무자사용형의 경우에는 새로이 채무자의 사용을 배제하는 현실적인 집행이 필요하다. 집행관보관·채권자사용형은 채권자에게 집행관보관이 해제되었음을 고지함으로써 족하다.

(3) 단행가처분

단행가처분은 본집행에서의 이전절차가 불필요하다는 견해가 있으나 임시의 집행을 종국적인 것으로 전환하기 위해서는 본집행이 필요하다. 구체적으로는 집행력이 있는 판결정본 등 집행권원에 기하여 본집행의 신청을 하는 것으로 바로 본집행으로 이전됨과 동시에 본집행이 집행목적달성으로 종료한 것으로 처리한다.

3. 이전의 효과

판례에 의하면 가압류집행이 있은 후 그 가압류가 강제경매개시결정으로 인하여 본압류로 이전된 경우에 가압류집행이 본 집행에 포섭됨으로서 당초부터 본 집행이 있었던 것과 같은 효력이 있고 본집행의 효력이 유효하게 존속하는 한 상대방은 가압류집행의 효력을 다툴 수 없고 오로지 본집행의 효력에 대하여만 다투어야 하는 것이므로 본집행이 취소, 실효되지 않는 한 가압류집행이 취소되었다고 하여도 이미 그 효력을 발생한 본집행에는 아무런 영향을 미치지 않는다고 한다.

제10절 보전처분에 대한 채무자의 구제

I. 보전처분에 대한 이의신청

1. 의 의

가압류·가처분결정에 대한 이의신청이란, 가압류결정이나 가처분결정이 변론을 거치지 아니한 채 이루어졌고, 따라서 채무자가 말 한마디도 못한 상태에서 그 결정이 이루어졌기 때문에 새로이 변론을 열어 당해 가압류·가처분결정에 대한 당부를 재심리하여 달라고 요청하는 것을 말한다.

2. 관할법원

이의 사건은 보전처분을 발령한 법원의 전속관할에 속한다. 따라서 본안에 대한 상소심법원이 보전처분을 하였을 때에는 이의사건도 그 항소심법원의 관할에 전속한다.

채권자의 보전처분신청이 제1심에서 배척되고 채권자의 항고에 의하여 항소심에서 보전처분을 하게 된 경우 이의사건의 관할법원이 어디인가에 관하여는 논의가 있지만 통설이나 판례는 항고심법원이 관할법원이라고 한다(대결 1999. 4. 20. 99마865).

3. 신 청

(1) 이의신청인

가압류·가처분결정에 대하여 이의신청을 할 수 있는 자는 채무자와 그의 일반승계인, 파산관재인이다(채무자의 특정승계인은 불가). 채권가압류에 있어서의 제3채무자는 제3자이의의 소로써 가압류집행의 배제를 구할 수 있을지언정, 제3자의 이름으로 직접 가압류·가처분결정에 대하여 이의신청을 할 수 없다.

1) 채무자의 특정승계인

이의신청은 보전절차 내에서 채무자에게 주어진 소송법상의 불복신청방법이므로 채무자의 특정승계인은 직접 자기 이름으로 이의신청을 할 수는 없고 다만 민사소송법 81조에 의한 참가승계를 하면 이의신청을 할 수 있다(대판 1970. 4. 28. 69다2108).

2) 채무자의 채권자

채무자의 채권자도 마찬가지의 이유에서 채무자를 대위하여 이의신청을 할 수 없으며 다만 이해관계인으로서 보조참가신청과 동시에 이의신청을 할 수 있다(**그러나 사정변경 또는 특별사정 등에 따른 보전처분의 취소신청은 이미 개시된 보전소송과는 별개 독립의 신청이므로 대위에 의한 취소신청이 가능하다**).

3) 가압류의 제3채무자

가압류의 제3채무자는 당사자가 아니므로 가압류결정에 대한 이의신청을 할 수 없다. 가압류의 목적물이 처음부터 제3자에게 속하거나 가압류 후 가압류목적물의 소유권을 취득한 제3자가 가압류의 효력을 부정할 수 있는 경우, 제3자 이의의 소로써 가압류집행의 배제를 구할 수는 있으나 제3자 명의로 직접 가압류이의신청을 할 수는 없다.

(2) 신청의 시기

이의신청의 시기에 대하여는 **법률상 아무런 제한이 없으므로**, 가압류·가처분이 유효하게 존속하고 있고, 당해 가압류·가처분결정에 대하여 그 취소나 변경을 구할 이익이 있으면, 언제든지 신청할 수 있다. 취소변경을 구할 이익은 보전명령이 갖는 효력의 제거에 대한 이익을 말하므로 보전명령이 집행되었는지 여부에 관계없다. 즉 집행의 유무, 집행기간의 경과, 본안소송의 계속 여부 및 그 본안소송에서 피보전권리의 부존재를 이유로 채권자 패소로 확정된 사건 등은 보전명령의 효력에 영향을 주지 않으므로 이의신청의 장애사유가 되지 아니한다.

(3) 신청의 방식

이의신청은 신청의 취지와 이유를 적은 서면으로 하여야 한다(규칙 203조). 신청이유에는 보전처분의 취소나 변경을 신청하는 이유를 밝혀야 한다(민집 283조 2항). 그러나 이의신청서는 소장의 구실을 하는 서면이 아니고 일종의 답변서와 같은 구실을 하는 것이므로 이 규정은 변론의 준비를 명하는 훈시적 규정에 불과하여 구체적인 취소변경사유(이의사유)가 지재되어 있지 아니하여도 신청이 부적법한 것은 아니다.

가압류결정에 대한 이의신청

채 권 자   박 ○ ○ (75○○○○-1○○○○○○)
                서울 ○○구 ○○로 123(T.010-○○○-○○○○)

채 무 자   이 ○ ○(76○○○○-○○○○○○○)
                서울 ○○구 ○○로 567

신 청 취 지

1. 위 당사자 사이의 서울중앙지방법원 2013카단12 유체동산가압류 신청사건에 관
   하여 2013. ○. ○. 위 법원에서 한 유체동산가압류결정을 취소한다.
2. 채권자의 이 사건 가압류신청을 기각한다.
3. 소송비용은 채권자의 부담으로 한다.
라는 재판을 구합니다.

신 청 이 유

1. 채권자는 신청취지 기재 가압류결정에 의하여 채무자의 유체동산에 대하여 가압
   류 진행을 하였습니다.

2. 채권자의 가압류신청 이유에 의하면, 채무자가 채권자에게 20○○. ○. ○. 발행
   한 액면금 5,000,000원 짜리 약속어음의 변제기가 도래하여 채무자에게 그 지
   급제시를 하였음에도 불구하고 이를 지급하지 않고 있으며, 채무자는 유체동산
   이외에는 달리 재산이 없는데다가 위 채무를 면탈할 목적으로 주거를 옮길 우려
   가 있으므로 위 채권의 집행보전을 위하여 가압류 신청을 하였다고 하였습니다.

3. 채무자가 위 일자에 위 약속어음 1매를 채권자에게 발행한 것은 사실이나, 위
   약속어음채권은 다음 사유에 의하여 그 권리가 소멸하였습니다. 즉 채무자는 위
   약속어음을 발행한 후인 20○○. ○. ○. 채권자에게 2,000,000원을 지급하였
   고 나머지 3,000,000원에 관하여는 20○○. ○. ○.까지 그 지급을 유예하기로

합의가 성립되어 채무자는 액면금 3,000,000원 지급기일 20○○. ○. ○.로 된 새로운 약속어음을 채권자에게 발행하여 줌으로써 이 사건 약속어음은 새로 발행한 위 약속어음으로 대체된 것입니다.

채무자가 이와 같이 새로 어음을 교부하면서 먼저 발행한 약속어음의 반환을 요구하자, 채권자는 분실을 이유로 반환하지 아니하고 앞으로 그 어음이 발견되는 즉시 반환하거나 소각하겠다고 굳게 약속하였고 그래서 이를 믿고 새로운 약속어음을 재 발행한 것입니다.

4. 채무자는 현재 주거지에 채무자 명의의 주택과 대지 등 많은 재산을 소유하고 지속적인 영업행위를 영위하는 중이므로 주거를 옮길 우려가 있다는 채권자의 주장 또한 부당합니다.

이상의 이유로 이 사건 가압류결정은 부당하므로 그 취소를 구하기 위해 이의신청을 합니다.

소 명 방 법

1. 유체동산가압류집행조서등본   1통
1. 일부변제 영수증   1통
1. 진술서(잔액유예증명)   1통
1. 부동산등기부등본(토지 및 건물)   2통

첨 부 서 류

1. 위 소명서류   5통

20○○. 5. ○○.
위 채무자 이 ○ ○ (인)

서울중앙지방법원 귀중

(1) 신청서 작성

  신청서 2부를(부본용 1부포함)를 가압류인용 결정한 법원에 제출한다.

(2) 인지,송달료

  ① 인지는 10,000원이며 '현금납수서' 방식으로 납부하는데 법원 내 은행이나 신한은행에서 납부할 수 있다

  ② 송달료는 8회분(당사자의 수×8회)을 납부하여야 하는데, 2인 기준으로 83,200원(5,200원×8회×2인)이다.

[서식] 부동산 가압류결정에 대한 이의신청서

부동산 가압류결정에 대한 이의신청서

신 청 인(채무자)   양 ○ ○(671131-1754713)

                         충남 ○○시 ○○읍 ○○리 987-11

피신청인(채권자)   김 ○ ○(652031-1465425)

                         충남 ○○군 ○○면 ○○리 987-32

신 청 취 지

1. 위 당사자 사이의 귀원 20○○카단11987 부동산가압류신청 사건에 관하여 20○○. ○. ○. 귀 법원에서 한 부동산가압류결정을 취소한다.

2. 채권자의 이 사건 가압류신청을 기각한다.

3. 소송비용은 채권자의 부담으로 한다.

라는 재판 및 제1항에 대한 가집행선고를 구합니다.

신 청 이 유

1. 채권자는 신청취지 기재의 가압류결정에 의하여 채무자의 부동산을 가압류하였습니다.

2. 채권자의 가압류신청 사유에 의하면, 채무자가 2006. 5. 10. 채권자로부터 차용한 금 5,000,000원을 지급일인 2009. 5. 10.이 지나도록 변제하지 아니하고 있으며, 채무자는 별지기재 부동산 이외에는 달리 재산이 없는데다 위 채무를 면탈할 목적으로 부동산을 매도할 염려가 있으므로 위 채권의 집행보전을 위하여 가압류신청을 한다고 하였습니다.

3. 그러나 채무자는 위 채무를 2008. 5. 4. 변제하였으며 단지 친한 사이이기 때문에 영수증을 받지 아니하였을 뿐입니다. 이에 대한 입증자료로는 채권자의 친구인 신청외 김○○의 사실확인서가 있습니다.

4. 또한 채무자는 현재 채무자 명의의 주택과 대지 등 많은 부동산이 있으며, 당분간 부동산을 매도할 생각은 전혀 없으므로 채권자의 주장 또한 부당합니다. 이상의 이유로 이 사건 가압류결정은 부당하므로 그 취소를 구하기 위하여 이의신청을 하는 바입니다.

소 명 방 법

1. 소을제1호증   부동산가압류집행조서 등본
1. 소을제2호증   사실확인서(김○○)
1. 소을제3호증   부동산등기부등본(토지, 건물)

첨 부 서 류

1. 위 소명서류   각 1통

20○○.　　○.　　.
위 신청인(채무자)　양 ○ ○　(인)

○○지방법원 ○○지원　귀중

〈별지〉

부동산의 표시

1. 서울특별시 ○○구 ○○동 ○○ 대 305㎡
2. 위 지상 세면블록조 기와집 단층 단독주책
   1층 180㎡

■ 작성 · 신청방법

(1) 신청서 작성
   신청서 2부를(부본용 1부포함)를 가압류인용 결정한 법원에 제출한다.
(2) 인지,송달료
   ① 인지는 10,000원이며 '현금납수서' 방식으로 납부하는데 법원 내 은행이나 신한은행에서 납부할 수 있다
   ② 송달료는 8회분(당사자의 수×8회)을 납부하여야 하는데, 2인 기준으로 83,200원(5,200원×8회×2인)이다.

[서식] 가처분결정에 대한 이의신청서

가처분결정에 대한 이의신청서

신 청 인(채무자)　　　　김 ○ ○
　　　　　　　　　　　　서울 ○○구 ○○로 ○○

피신청인(채권자)　　　　이 ○ ○
　　　　　　　　　　　　서울 ○○구 ○○로 ○○

신 청 취 지

1. 채권자가 채무자를 상대로 한 귀원 20○○카단 123호 부동산처분금지가처분 사건에 관하여 귀원이 20○○. ○. ○.에 한 가처분은 이를 취소한다.
2. 채권자의 가처분신청을 기각한다.
3. 소송비용은 채권자의 부담으로 한다.

4. 제1항에 대한 가집행할 수 있다.

라는 재판을 구합니다.

신 청 이 유

1. 채무자는 소외 김○○의 소개로 별지목록 기재 채권자 소유의 부동산을 200,000,000원에 매수하기로 하고 20○○. ○. ○. 소유권이전등기를 함과 동시에 매매대금을 모두 지급하였습니다.

2. 그러나 채권자는 이사비용으로 금 10,000,000원을 더 받기로 하였다는 이유로 20○○. ○. ○. ○○지방법원 20○○카단 123호 부동산처분금지가처분을 한 것입니다.

3. 그러나 채무자는 위 이사비용에 관하여 하등의 약정을 한 바가 없고 또 순순히 이전등기에 필요한 서류를 내어준 채권자가 후에 와서 약정에도 업는 이사비미지급 사유를 가지고 위 처분금지가처분을 한 것은 부당한 것이므로 이 사건 신청에 이르게 되었습니다.

소 명 방 법

1. 소을제1호증	가처분결정문 사본
1. 소을제2호증	잔금영수증
1. 소을제3호증	매매계약서
1. 소을제4호증	부동산등기부등본

첨 부 서 류

1. 위 소명서류   각 1통

20○○.   ○.   .

위 신청인(채무자) 김 ○ ○ (인)

○○지방법원 ○○지원 귀중

〈별지〉
부동산의 표시

1. 서울특별시 ○○구 ○○동 ○○   대 305㎡
2. 위 지상 세면블록조 기와집 단층 단독주책
   1층 180㎡

■ 작성 · 신청방법

(1) 신청서 작성
   신청서 2부를(부본용 1부포함)를 가처분 결정을 내린 법원 민사신청과에 제출한다.
(2) 인지, 송달료
   ① 인지는 10,000원이며 '현금납수서' 방식으로 납부하는데 법원 내 은행이나 신한은행에서 납부할 수 있다
   ② 송달료는 8회분(당사자의 수×8회)을 납부하여야 하는데, 2인 기준으로 83,200원(5,200원×8회×2인)이다.

(4) 이의신청의 취하

1) 취하 여부

이의신청을 취하할 수 있는가에 관하여는 종래 일단 변론을 경유하여 재심리하는 효과가 발생한 이상 취하할 수 없다는 견해도 있었던바, 판례는 적극설을 취하였고(대판 1957. 7. 4. 4289민상618), 실무상 그 취하에 채권자의 동의를 요구하는 예는 없는 듯하였다.

2) 방 식

이의신청의 취하는 서면으로 하여야 하나 변론 또는 심문기일에서는 말로 할 수 있다(민집 285조 3항). 이의신청서를 송달 한 후에 이의신청이 취하된 경우에는 취하의 서면을 채권자에게 송달하여야 하고 변론기일 등에서 말로 취하한 경우에 채권자가 그 기일에 출석하지 아니한 때에는 그 기일의 조서등본을 송달하여야 한다(민집 285조 4항). 채권자가 무익한 변론 준비를 하는 것을 방지하기 위한 조치이다.

신청서 2부를 작성하여 이의신청을 한 법원 민사신청과 가압류가처분 담당자에게 제출하며 인지는 붙이지 않는다.

3) 시 기

이의신청의 취하는 이의신청에 대한 재판이 있기 전 까지만 허용된다(민집 285조 1항). 이의신청이 취하되면 보전명령 당시의 상태로 돌아간다.

[서식] 이의신청 취하서

이의신청 취하서

사　　　건　　20○○카단 123호 부동산 가압류

채 권 자　　김 ○ ○
채 무 자　　이 ○ ○
제3채무자　　박 ○ ○

위 당사자간 20○○카단 123호 부동산가압류 신청사건에 관하여 채무자가 한 이의신청을 취하합니다.

2014.

10.　　.
위 채무자　이 ○ ○(인)

서울○○지방법원 귀중

■ 작성·신청방법

신청서 2부를 작성하여 이의신청을 한 법원 민사신청과 가압류가처분 담당자에게 제출하며 인지는 붙이지 않는다.

---

4. 이의 사유

이의신청사유에 대하여는 **아무런 제한이 없다.** 이미 발하여진 가압류·가처분결정에 대하여 이를 부당하게 하는 모든 사유가 이의사유로 될 수 있다. 가압류·가처분결정에 대한 취소신청의 사유(예, 제소기간의 도과 등)도 이의사유로 주장할 수 있다. 또한 이의신청사유는 가압류·가처분결정 당시의 사정에만 한정되는 것이 아니며, 이의신청 사건의 사실심 변론종결시까지의 사정이면 모두 이의신청사유가 된다(대판 1978.2.14. 77다938). 이의신청을 하려면 신청의 취지와 이유를 기재한 서면으로 하여야 한다.

Ⅱ. 즉시항고

1. 의 의

이의신청에 대한 결정에 대하여는 즉시항고로 불복할 수 있다(민집 286조 7항). 즉시항고기간은 보전처분과 관련하여 민사집행법에 특별한 규정이 없으므로 고지 받은 날부터 **1주**이 내에 하여야 한다(법 444조). 결정은 송달에 의하여 고지되므로 불복기간은 송달받은 날부터 기산한다. 그러나 법원이 즉시항고 제기기간을 잘못 고지하였다면 설령 즉시항고가 법정기간을 도과하여 제기되었다고 하더라도 그것이 고지된 기간내에 제기된이상 적법한 항고로 본다(대판 2006마1331).

2. 방 법

즉시항고는 서면으로 하여야 하고 신청의 취지와 이유 및 사실상의 주장을 소명하기 위한 증거방법을 적어야 한다(규칙 203조 2항). 다만 위 규정은 훈시적 규정에 불과하여 구체적인취소·변경사유나 증거가 적혀 있지 아니하여도 그 신청이 부적법한 것은 아니다.

민사집행법 15조에는 항고장을 제출한 날부터 10일이내에 대법원규칙이 정하는 바에 따라 항고이유를 적지 않으면 원심법원이 결정으로 항고를 각하하도록 규정하고 있으나 이규정은 집행절차에 관한 집행법원의 재판에 대한 즉시항고에 관한 것이므로 보전절차에관한 즉시항고에 적용되지 않는다.

3. 심리

민사집행법은 항고법원의 심리방법에 관하여 아무런 규정을 두고 있지 아니하나, 민사집행법에 특별한 규정이 있는 경우를 제외하고는 보전처분 절차에 관하여는 민사소송법의규정을 준용(민집 23조 1항)하므로 항고법원의 심리에 관하여는 결정으로 완결할 사건에관한 민사소송법 134조 1항 단서 및 2항이 준용되어 항고법원이 변론을 열 것인지 아닌지 및 변론을 열지 아니할 경우에 당사자와 이해관계인 그 밖의 참고인을 심문할 것인지아닌지를 정할 수 있다고 보아야 한다.

4. 보전처분취소결정의 취소·변경후의 새로운 집행

상급심에서 보전처분취소 결정을 취소·변경함으로써 그 보전처분에 관하여 새로운 집행이 필요하게 된 때에는 법원이 집행기관이 되는 경우에 한하여, 절차의 신속을 위하여 취소·변경의 재판을 한 상소법원이 직권으로 그 집행절차를 진행하고 다만 그 법원이 대법원인 경우에는 채권자의 신청에 따라 제1심법원이 집행한다(민집 298조).

5. 보전처분취소 재판의 효력정지

민사집행법은 보전처분 취소결정에 대한 즉시항고에 관하여는 일반적으로 즉시항고에 대하여 집행정지의 효력을 부여하고 있는 민사소송법 447조의 준용을 배제하고 있다(민집 286조 7항). 그리하여 보전처분에 대한 채무자의 이의신청 또는 취소신청에 따라 보전처분취소 결정이 내려지면 채무자는 즉시 그 보전집행을 취소시킬 수 있다.

[서식] 즉시항고장

즉 시 항 고 장

사　　　건　　○○지방법원 20○○카합 123 가처분이의
항 고 인　　김 ○ ○
　　　　　　　서울시 ○○구 ○○동 ○○
피항고인　　박 ○ ○
　　　　　　　서울시 ○○구 ○○동 ○○

위 당사자간 귀원 20○○카단 123호 가처분이의 사건에 관하여 항고인은 동원의 20○○. ○. ○. 선고한 결정에 대하여 전부 불복이므로 이에 항고를 제기합니다.

원결정의 표시

1. 채권자와 채무자사이의 당원 20○○카단 123호 부동산처분금지 가처분신청사건에 관하여 당원이 20○○. ○. ○. 별지 목록 기재 부동산에 대하여 한 가처분결정을 취소한다.
2. 채권자의 신청을 기각한다.
3. 소송비용은 채권자의 부담으로 한다.
4. 제1항은 채권자가 이 결정 고지 받은 날부터 10일이 경과하여야 효력이 생긴다.

(항고인은 위 결정정본을 20○○. ○. ○. 송달받았습니다)

항 고 취 지

1. 원판결을 취소한다.
2. 채무자의 신청을 기각한다.
3. 소송비용은 1, 2심 모두 상대방의 부담으로 한다.
라는 결정을 구합니다.

항 고 이 유

추후에 제출하겠습니다.

첨 부 서 류

1. 위 소명서류   각 1통
1. 즉시항고장부본   1통
1. 납부서   1통

20○○.   4.   .
위 채권자 김 ○ ○ (인)

○○**지방법원 귀중**

■ 작성 · 신청방법

(1) 신청서 작성
　가압류이의결정문을 송달받은 날부터 1주일 이내에 법원제출용 1부와 상대방수에 맞는 부본을 포함한 항고장을 보전처분이의 결정을 내린 법원에 접수한다.

(2) 인지
　① 통상의 가압류가처분의 각하기각결정에 대한 채권자의 즉시항고 및 재항고의 인지액은 20,000원이며 '현금납수서' 방식으로 납부하는데 법원 내 은행이나 신한은행에서 납부할 수 있다
　② 채무자의 가압류가처분 이의신청사건의 즉시항고 및 재항고의 인지액은 이의사건(1심) 인지액1만원의 2배인 2만원이다.
　③ 임시의 지위를 정하기 위한 가처분의 신청 및 그에 대한 이의 또는 취소의 신청은 그 본안의 소에 따른 인지액의 1/2에 해당하는 인지를 붙이며 이 경우 인지액의 상한액은 50만원으로 한다.

(3) 송달료
　송달료는 5회분(당사자의 수×5회)을 납부하여야 하는데, 2인 기준으로 52,000원(5,200원×5회×2인) 이다.

(4) 관할법원
　원심을 합의재판부에서 진행한 경우와 청구채권 8,000만원 초과한 단독재판부사건의 항고법원은 고등법원 항고부가 되고 그 외는 본원항고부가 된다.

가압류취소결정 집행정지 신청

신 청 인   김 ○ ○

                    서울시 ○○구 ○○로 ○○

피신청인   박 ○ ○

                    서울시 ○○구 ○○로 ○○

신 청 취 지

위 당사자 간 ○○지방법원 20○○카합 123호 가압류이의에 따른 가압류취소결정은 귀 법원에 20○○. ○. ○.자로 접수한 즉시항고 사건의 결정 확정시까지 이를 정지한다.

라는 재판을 구합니다.

신 청 이 유

1. 신청인은 피신청인에 대하여 손해배상 등을 이유로 ○○만원의 채권이 있는 바, 그 중 ○○만원에 대하여 피신청인을 상대로 귀원 20○○ 가합 123호로 손해배상청구를 하였습니다. 아울러 신청인은 위 채권을 보전하기 위하여 피신청인 소유의 부동산에 대하여 부동산가압류결정을 받았습니다.

2. 그런데 원심은 위 손해배상에 대한 1심 법원이 나기도 전에 별개의 사건인 신청인의 ○○에 대한 손해배상청구가 기각되었음을 이유로 위 가압류결정에 대한 이의사건에서 가압류를 취소하는 결정을 하였습니다.

3. 그러나 본안의 소송은 현재 1심 재판이 진행 중입니다. 신청인은 위 ○○을 상대로위 손해배상청구를 하였을 뿐만 아니라 이와는 별도로 피신청인을 상대로 손해배상청구를 제기하여 현재 1심재판중에 있습니다.

4. 이건 집행정지를 하여 놓지 않으면 피신청인에 의하여 재산이 타에 매각할 염려
   가 있습니다. 피신청인에 대한 가압류결정이 취소된다면 그 즉시 재산을 타에 매
   각해 버릴 것이고 그렇다면 신청인은 승소판결을 받더라도 아무런 채권을 확보하
   지 못하는 결과를 초래하고 말 것입니다.

5. 따라서 신청인은 민사집행법 제289조에 의하여 가압류취소결정에 대한 집행정
   지신청에 이른 것입니다.

소 명 방 법

1. 소갑제1호증   소   장
1. 소갑제2호증   준비서면
1. 소갑제3호증   접수증명원

첨 부 서 류

1. 결정문   각 1통
1. 법인등기부등본   1통
1. 위임장   1통

                    20○○.   4.   .
                    위 채권자 김 ○ ○ (인)

○○**지방법원 귀중**

■ 작성 · 신청방법

(1) 즉시항고장을 접수한 접수증명원을 첨부한 신청서 1부를 즉시항고 사건의 기록이 있는 법원에 제출한다.
(2) 인지 및 송달료
  ① 인지는 1,000원이다
  ② 송달료는 2회분(당사자의 수×2회)을 납부하여야 하는데, 2인 기준으로 20,800원(5,200원×2회×2
    인)이다.

제11절 보전처분의 취소

I. 보전처분의 취소소송

1. 의 의

'가압류·가처분결정에 대한 취소신청'이란 당해 가압류결정이나 가처분결정 자체에 문제가 있다고 하여 다투는 것이 아니라, 현재 그 **가압류나 가처분을 유지할 수 없는 별개의 취소사유가 존재한다**는 이유를 들어 그 취소를 구하는 것을 말한다. 이 점에서 가압류·가처분결정 자체가 잘못되었다고 주장하면서 재심사하여 달라고 하는 이의신청제도와 구별된다.

2. 관 할

(1) 관할법원

원칙적으로 보전처분을 명한 법원의 전속관할에 속한다(민집 287조 1항). 다만 본안이 이미 계속되어 있는 경우에는 그 본안의 관할법원이 취소사건을 관할한다(민집 288조 2항). 본안의 관할법원은 원칙적으로 제1심법원이지만 보전명령의 취소신청 당시에 본안소송이 항소심에 계속된 때에는 항소심의 전속관할에 속하며 보전명령의 취소를 신청할 당시 본안이 계속되어 있으면 족하고 그 취소신청의 심리종결시까지 본안이 계속됨을 요하지 아니한다. 반대로 본안소송이 계속된 일이 있어도 취소신청 당시에 그 계속이 이탈된 때에는 그 본안법원은 관할권이 없다. 제1심법원은 본안판결 선고 후에도 항소장이 접수되기 전에 신청된 취소사건에 대해서는 여전히 관할을 가진다고 볼 것이다.

(2) 이 송

당사자가 취소신청을 한 법원과 다른 법원에 본안의 소를 제기한 경우처럼 취소소송과 본안소송이 다른 법원에서 계속되는 경우가 생길 수 있다. 그럴 경우 이의사건에서와 마찬가지로 재판결과가 달라지는 등의 문제가 있을 수 있으므로 민사집행법은 이의신청사건의 이송규정을 준용하여 보전처분 취소사건을 관할 권이 있는 다른 법원으로 이송할 수 있도록 하였다(민집 290조 1항).

3. 신 청

(1) 신청인

가압류·가처분결정에 대한 취소신청을 할 수 있는 자는 채무자와 그의 일반승계인, 파산관재인 등이다. 특정승계인도 취소신청을 할 수 있다고 보여지나(대판 1968. 1.31. 66다842), 제3채무자는 취소신청을 할 수 없다(대결 1993.10.15. 93마1435).

1) 채무자

보전처분의 취소신청을 할 수 있는 자는 채무자와 그 일반승계인, 파산관재인 등이다. 채무자는 그 보전처분의 목적물을 타에 양도한 후에도 취소신청을 할 수 있다(대판 1962. 9. 27. 62다330).

2) 대표자

법인 등 단체의 대표자 및 이사 등을 피신청인으로 하여 그 직무집행을 정지하고 직무대행자를 선임하는 가처분이 있은 경우 그 후 사정변경이 있으면 그 가처분에 의하여 직무집행이 정지된 대표자 등이 그 가처분의 취소신청을 할 수 있고, 이 경우 종전의 대표자 등이 사임하고 새로 대표자가 선임되었다고 하여도 가처분 사건의 당사자가 될 수 없는 법인 등은 그 가처분 취소신청을 할 수 없다(대판 1997. 10. 10. 97다27404).

3) 목적물의 특정승계인

목적물의 특정승계인도 취소신청을 할 수 있다는 것이 통설이다. 판례도 사정변경에 따른 취소신청사건에서 가처분이 집행된 이후에 가처분 목적물에 대한 물권을 취득한 전득자는 가처분의 대항을 받는 이른바 가처분절차에 있어서의 소송상태가 반영·부착된 물권을 취득하는 것이므로 그 목적물의 양수인은 사정변경에 따른 가처분명령의 취소신청을 할 수 있는 채무자의 지위에 있다고 해석함이 상당하다고 하였다(대판 2006. 9. 22. 2004다50235).

4) 채권자

보전처분의 취소를 신청할 수 있는 권리는 보전처분신청에 기한 소송을 수행하기 위한 소송절차상의 개개의 권리가 아니라 보전처분신청에 기한 소송절차와는 별개의 독립된 소송절차를 개시하게 하는 권리이므로 채권자대위권의 목적이 될 수 있는 권리이고 나아가 위 취소신청권을 행사하기 위한 전제요건으로 인정되는 본안제소명령의 신청권도 채권자대위권의 목적이 된다(대결 2011. 9. 21. 2011마1258). 그러나 채권가압류나 채권의 처분금지가처분에 있어서 제3채무자는 제3자에 불과하므로 취소 신청권자가 될 수 없다(대결 1993. 10. 15. 93마1435).

(2) 신청의 시기

채무자는, 취소하고자 하는 가압류 · 가처분이 유효하게 존재하는 한, 언제든지 취소신청을 할 수 있다. 따라서 가압류 · 가처분결정에 대한 이의신청사건에서 이를 인가하는 결정이 확정된 후에도 신청할 수 있다. 또한 제소기간의 도과를 이유로 하여 취소신청을 하였으나 그 신청이 기각되는 결정이 확정된 후에도 사정변경에 따른 취소신청을 할 수 있다.

(3) 신청의 방법

보전처분취소 신청서는 소장의 구실을 하므로 취소신청은 반드시 서면으로 하여야 하고 그 신청서에는 보전처분의 취소를 구한다는 신청의 취지와 이유를 적어야 한다(규칙 203조).

(4) 신청의 취하

보전처분의 취소신청은 보전처분 발령 후에 발생한 사정에 기하여 행해지는 것이어서 사정이 변경되면 몇 회라도 신청이 가능하고 그 취하에 의해서 상대방인 채권자가 불이익을 입을 염려도 없으므로 그 취하에 채권자의 동의가 불필요한 것은 이의신청의 취하의 경우와 다른 바 없다. 따라서 채무자는 취소신청에 대한 재판이 있기 전까지 채권자의 동의 없이 보전처분 취소신청 및 제소명령신청을 취하할 수 있다(민집 290조 2항). 취하의 방식과 채권자에 대한 취하서 등의 송달절차는 이의신청 취하의 경우와 같다.

(5) 취소신청과 집행정지

가처분에 대한 취소신청은 그 목적이 가처분 취소를 구하는 점에서 가처분에 대한 이의신청과 동일하여 집행정지에 관하여 양자를 달리 취급할 필요가 없으므로 가처분 취소에도 가처분 이의신청시의 집행정지에 관한 규정이 준용된다(민집 310조).

4. 즉시항고

제소기간 도과를 이유로 한 보전처분취소신청에 관한 재판에 대하여는 즉시항고를 할 수 있고(민집 287조) 한편 이의신청 재판에 대한 즉시항고에 관한 규정이 사정변경 등에 의한 보전처분취소신청이나 특별사정에 의한 가처분취소신청에 대한 재판에 대한 즉시항고의 경우에 준용 되므로(민집 288조 3항), 앞서 본 이의신청 재판에 대한 즉시항고에 관한 설명이 보전처분취소신청 재판에 대한 즉시항고의 경우에도 그대로 타당하다.

5. 가압류·가처분 취소신청의 종류

① 제소기간의 도과로 인한 가압류·가처분 취소신청(민집 287조)

② 사정변경에 따른 가압류·가처분 취소신청(민집 288조 1항 1호)

③ 가압류·가처분집행 후 3년간[20] 본안의 소를 제기하지 않은 때의 가압류·가처분 취소신청(민집 288조 1항 3호. 단, 2005. 7. 28. 전까지는 5년임)

④ 담보제공으로 인한 가압류·가처분 취소신청(민집 288조 1항 2호)

⑤ 가처분에 있어서 특별한 사정이 있는 때의 가처분 취소신청(민집 307조)

[서식] 사정변경에 따른 가압류취소신청

사정변경에 의한 가압류취소신청

신 청 인(채무자)　　　조 **(주민번호)

　　　　　　　　　　　**시 **구 **동 **

　　　　　　　　　　　위 신청인의 소송대리인 변호사 000

　　　　　　　　　　　서울 서초구 서초동 1000

피신청인(채권자)　　　박 **(주민번호)

　　　　　　　　　　　서울 **구 **동 **

신 청 취 지

1. 위 당사자간 귀원 2006카단 **호 부동산가압류신청사건에 관하여 귀원이

---

20) 단, 이 기간에 관하여는 다음과 같은 변천이 있어왔다. 즉,
　　① 1990. 8. 31. 이전 : 해당규정 없음
　　② 1990. 9. 1.~2002. 6. 30. : 10년
　　③ 2002. 7. 1.~2005. 7. 27. : 5년
　　④ 2005. 7. 28.~현재 : 3년

2006. 7. 5. 별지목록기재 부동산에 대하여 한 가압류결정은 이를 취소한다.

2. 소송비용은 피신청인(채권자)의 부담으로 한다.

3. 위 제1항은 가집행할 수 있다.

라는 재판을 구합니다.

신 청 이 유

1. 사건의 경위

가. 피신청인(이하 "채권자"라 함)은 신청인(이하 "채무자"라 함)에 대하여 약정금청
   구채권이 있다고 하면서 별지목록기재 부동산에 가압류를 한 후, 귀원에 본소
   (2006가단 **호 약정금)를 제기하였습니다. 이후, 채무자는 '채권자의 (본소)청
   구를 기각'한다는 승소판결을 받았습니다(소갑 1-1내지43).

2. 피보전채권의 부존재

가. 이상과 같이, 채무자는 채권자와의 본소소송에서 승소판결을 받아 피보전채권
   이 존재하지 않음이 명백하여 졌는바, 별지목록기재 부동산에 대한 가압류는 사
   정변경에 의하여 마땅히 취소되어져야 합니다.

나. 다만, 채무자는 채권자의 본소청구에 대하여 반소청구를 하였는데 이 역시 기각
   되어 현재 반소청구에 대한 항소(소갑1-44)를 하여 위 본안이 확정되지는 않았
   으나, 채권자(본소)패소판결이 확정되지 아니한 경우에도 상소심에서 취소나 파
   기될 염려가 없다고 인정되면 사정변경에 의한 가압류 취소를 구할 수 있다 할
   것이고(참고판례 1,2), 채권자가 패소판결에 대하여 항소를 하였더라도 1심기록
   (소갑1-1내지43)에 의하면 취소되거나 하는 등의 염려가 없다 할 것이므로 이
   건 가압류를 조속한 시일내에 취소하여 주시기 바랍니다.

참 고 자 료

1. 판례(77다 471호)   1부

2. 판례(4294민상 648호)   1부

3. 등기부등본(별지목록기재 부동산)   1부

4. 부동산가압류결정사본   1부

2007. 5. 21.
위 신청인(채무자)의 소송대리인
변호사 ○ ○ ○

○○지방법원 민사신청과 귀중

1. 의 의

보전처분은 본안에서 얻고자 하는 집행권원의 집행을 보전함에 그 목적이 있는 것이므로 본안의 알코올농도 제기될 것을 당연히 예상할 수 있다. 그러나 일단 보전처분이 발령되면 채권자는 구태여 본안의 소를 제기할 필요를 느끼지 않고 권리의 보전만으로 만족하여 채무자의 자진이행을 기다리는 경우가 많기 때문에 채무자로 하여금 채권자가 본안의 소를 제기할 때까지 일방적으로 보전처분으로 인한 불이익을 수인하도록 한다면 불합리하게 된다. 그러므로 채무자에게 채권자로 하여금 상당한 기간 내에 본안의 소를 제기하고 이를 증명하는 서류를 제출할 것을 명하도록 법원에 신청할 권리를 주고 채권자가 이 명령을 이행하지 않으면 피보전권리를 조속히 실현할 의사가 없다고 보아 채무자의 신청에 의하여 보전처분을 취소하도록 한 것이 이 제도이다(민집 287조).

2. 채권자가 가압류 · 가처분의 집행만 하여 놓고 장기간 방치하여 두고 있으면, 채무자는 본안의 제소명령신청을 한다(본안의 제소명령)

(1) 의 의

채권자가 가압류나 가처분만 하여 놓은 채 세월아 내월아 하고 있는 경우가 있다. 이러한 경우에 채권자로 하여금 빨리 소송을 제기하여 한 번 붙어보자고 신청하는 제도가 바로 본안의 제소명령신청이다.

(2) 제소명령의 신청

① 제소명령신청서를 작성하여 가압류 · 가처분결정을 한 법원에 제출한다.
② 법원에서는 **제소기간(2주 이상)**을 정하여 채권자로 하여금 본안의 소를 제기할 것을 명한다(변론 없이 결정의 형식으로 함).
③ 채권자는 법원에서 정한 제소기간 내에 소를 제기하고, 소제기증명원을 당해 법원에 제출하여야 한다.
④ 채권자가 제소기간 내에 소제기증명원을 제출하지 아니한 경우에는, 채무자는 가압류 · 가처분의 취소신청을 할 수 있다.

제소명령 신청서

신 청 인(채권자)   이 ○ ○

서울 ○○구 ○○동 123

피신청인(채무자)   석 ○ ○

서울 ○○구 ○○동 456

위 당사자들간 귀원 2013카단123 부동산처분금지가처분 신청 사건에 관하여, 귀원에서 20○○. ○. ○. 가처분결정을 하였으나 채권자는 아직도 본안소송을 제기하지 아니하고 있으므로 상당한 기간 내에 소를 제기할 것을 채권자에게 명하여 주시기 바랍니다.

201○.   ○.   .

신청인(채권자) 이 ○ ○ (서명)

서울중앙지방법원 귀중

■ 작성 · 신청방법

(1) 신청서 제출

제소명령신청서 1부를 가압류 · 가처분 결정법원 신청계에 접수한다.

(2) 인지,송달료

① 인지는 1,000원이다.

② 송달료는 2회분(당사자의수×2회×5,200원)을 납부한다. 당사자가 2인이면 20,800원(=5,200원 ×2인×2회분)이다.

(3) 재판

법원은 변론 없이 채권자에 본안의 소를 제기할 것을 명령한다. 법원에서 채권자에게 통상 20일의 기간을 주고 본안의 소를 제기하라는 명령을 하였는데도 채권자가 본안의 소를 제기하지 않으면 채무자는 보전처분의 취소에 의한 가압류 · 가처분취소신청을 할 수 있다.

제소명령 신청서

신 청 인(채무자) 양 ○ ○(671131-1754713)

충남 ○○시 ○○읍 ○○리 987-11

피신청인(채권자) 김 ○ ○(652031-1465425)

충남 ○○군 ○○면 ○○리 987-32

신 청 취 지

위 당사자 사이의 귀원 2009카단11987 부동산가압류신청 사건에 관하여, 귀원에서 2009. 7. 10. 가압류결정을 하였으나, 채권자는 아직도 본안소송을 제기하지 아니하고 있으므로 상당한 기간 내에 소를 제기할 것을 채권자에게 명하여 주시기 바랍니다.

20○○.   ○.   .

위 채무자 양 ○ ○ (인)

○○지방법원 ○○지원 귀중

■ 작성 · 신청방법

(1) 신청서 제출

제소명령신청서 1부를 가압류 · 가처분 결정법원 신청계에 접수한다.

(2) 인지,송달료

① 인지는 1,000원이다.

② 송달료는 2회분(당사자의수×2회×5,200원)을 납부한다. 당사자가 2인이면 20,800원(=5,200원×2인×2회분)이다.

(3) 재판

법원은 변론 없이 채권자에 본안의 소를 제기할 것을 명령한다. 법원에서 채권자에게 통상 20일의 기간을 주고 본안의 소를 제기하라는 명령을 하였는데도 채권자가 본안의 소를 제기하지 않으면 채무자는 보전처분의 취소에 의한 가압류 · 가처분취소신청을 할 수 있다.

(2) 제소명령

1) 내 용

제소명령은 변론 없이 결정의 형식으로 한다. 제소명령에서는 채권자에게 본안의 소를 제기하여 이를 증명하는 서류를 제출하거나 이미 소를 제기하였으면 소송계속사실을 증명하는 서류를 제출할 것을 명하고 그 기간(제소기간)을 정하면 된다. 제소할 법원이나 본안의 소의 내용까지 정하지는 않는다. 다만 제소기간을 정하지 아니한 제소명령은 아무런 효력이 생길 수 없고 따라서 이러한 재판의 정본이 송달되어도 소제기기간 도과에 의한 취소권은 생기지 아니한다. 제소기간은 2주 이상으로 정하여야 한다(민집 287조 2항).

2) 명령을 발할 수 있는 법원

제소명령을 발할 수 있는 법원은 보전명령을 발한 법원이다(전속관할). 항고법원이 스스로 보전명령을 발한 경우에 제소명령을 발할 수 있는 법원이 상급심인가 하급심인가에 관하여는 견해가 대립되나 민사집행법 287조 1항의 가압류법원은 그 가압류를 명한 법원을 말하고 제소명령은 보전처분재판과 내용적으로 서로 견련되어 있으므로 상급심에 관할이 있다고 봄이 타당하다.

3) 불복방법

제소명령신청을 기각 또는 각하하는 결정에 대하여는 일반항고로써 불복할 수 있음은 물론이다(민소 439조). 제소기간을 너무 장기간으로 정한 제소명령은 실질적으로 신청을 기각한 것과 다름이 없으므로 이에 대하여도 불복할 수 있다. 반면에 채권자는 제소명령의 내용이 부당하더라도 항고를 할 수 없고 뒤에 제소기간 도과로 인한 보전처분취소결정이 내려지면 이에 대하여 즉시항고를 하여 그 절차에서 제소명령의 당부를 주장할 수밖에 없다.

4) 제소명령 고지

제소명령은 채무자의 신청이 있어야 하는 재판이므로 신청을 인용하는 경우에는 채권자와 채무자에게 고지하고 이를 배척하는 경우에는 채무자에게만 고지한다(규칙 7조 2항). 채권자에게 제소명령을 고지함에는 송달의 방법에 의하여야 한다(규칙 206조 1항).

서 울 중 앙 지 방 법 원

결   정

사   건   2013카기123 제소명령

채권자(피신청인)   이 ○○

서울 ○○구 ○○동 123

채무자(신 청 인)   석 ○○

서울 ○○구 ○○동 456

주   문

위 당사자들간 귀원 2013카단123 부동산처분금지가처분 신청 사건에 관하여, 채권자
는 이 결정을 송달받은 날로부터 ○○일 안에 서울중앙지방법원 2013카단567 부동산
처분금지가처분 사건에 관하여 본안의 소를 제기하고 이를 증명하는 서류를 제출하거
나 이미 소를 제기하였으면 소송계속사실을 증명하는 서류를 제출하라.

이   유

주문 기재 가처분사건에 관한 채무자의 제소명령 신청은 이유 있으므로 주문과 같이
결정한다.

2010.   ○.   .
판사 김 ○ ○ (서명)

3. 제소기간 도과로 인한 취소

(1) 의 의

채권자가 제소기간 내에 소제기증명원을 제출하지 아니한 경우에, 채무자는 가압류·가처분결정의 취소신청을 할 수 있다(민집 287조 3항). 채무자가 가압류·가처분결정의 취소신청을 하게 되면, 법원에서는 변론이나 심문 또는 서면심리를 거쳐 취소여부를 결정한다. 제소기간이 지난 뒤에 소제기증명원이 제출되더라도 가압류·가처분은 취소되어야 한다(민집 287조 3항).

(2) 취소신청

채권자가 법원이 정한 제소기간 내에 제소증명서 등을 제출하지 않으면 채무자는 보전처분의 취소를 신청할 수 있다. 제소명령의 신청이 취소의 신청시까지를 포함하는 것은 아니므로 별도로 신청하여야 한다. 취소신청은 신청의 취지와 이유를 적은 서면으로 하여야 한다(규칙 203조).

(3) 소제기증명서 등의 제출기간

채권자는 지정된 기간 내에 소를 제기하고 그 사실을 증명하는 서류를 제출하거나 이미 소를 제기하였으면 소송계속사실을 증명하는 서류를 제출하여야 하고, 그 기간내에 증명이 없는 경우에는 이후 소제기증명서 등이 제출되더라도 보전처분을 취소하여야 한다(민집 287조 3항)[21].

(4) 본안의 소의 의미

본안소송은 반드시 판결을 목적으로 하는 일반소송의 제기만을 의미하는 것은 아니고 그 외에 조정, 지급명령, 제소전 화해, 중재의 신청 등도 포함된다. 소의 종류에 관하여는 본집행을 위하여 집행권원을 형성하는 이행소송에 국한된다는 견해도 있으나 피보전권리를 확정할 수 있는 경우이면 족하므로 확인소송이나 형성소송도 가능하다. 또 본안소송의 소송물은 보전소송의 피보전권리와 사이에 청구의 기초가 동일하면 족하다(대판 2001. 3. 13. 99다11328).

---

21) 구 민사소송법에서는 채권자가 언제까지 본안의 소를 제기하면 족한가에 관하여 견해가 나뉘었으나 다수설과 판례(대판 2001. 4. 10. 99다49170)는 취소사건의 사실심 변론종결시까지 소를 제기하면 된다는 입장이었다. 그러나 이는 본안의 소 제기를 게을리한 채권자를 일방적으로 보호하는 것이고 특히 제소명령에서 정한 제소기간을 사실상 무의미하게 하여 재판의 신뢰와 권위에도 부정적인 효과를 초래하는 문제가 있어 입법을 통하여 해결한 것이다. 대법원 2003. 6. 18. 2003마793 결정도 이점을 분명히 하고 있다.

(5) 심리와 재판

취소신청에 대하여는 결정으로 재판한다(민집 287조 3항). 심리의 방식에 관해서는 특별한 제한이 없으므로 변론, 심문 또는 서면심리가 모두 가능하다. 제소기간 도과로 인한 취소절차에서도 채무자가 원고의 지위에 서게 되는 것이지만 그 쟁점의 성격상 채무자는 제소기간 내에 제소증명서 등이 제출되지 않았음을 주장하기만 하면 족하고 채권자가 오히려 제소증명서 등이 기간 내에 제출되었음을 소명하여야 한다.

[서식] 제소기간의 도과에 의한 가압류 취소신청서

가압류취소 신청서

신 청 인(채무자) 양 ○ ○(671131-1754713)
　　　　　　　　　충남 ○○시 ○○읍 ○○리 987-11
피신청인(채권자) 김 ○ ○(652031-1465425)
　　　　　　　　　충남 ○○군 ○○면 ○○리 987-32

신 청 취 지

1. 위 당사자 사이의 귀원 2009카단11987 부동산가압류신청 사건에 관하여 귀원이 2009. 7. 10.자로 한 가압류결정은 이를 취소한다.
2. 소송비용은 피신청인의 부담으로 한다.
라는 재판을 구합니다.

신 청 이 유

1. 피신청인은 신청인을 상대로 2009. 7. 10. 귀원 2009카단 11987 부동산가압류결정을 받아 동년 7. 20. 가압류집행이 되었습니다.
2. 그런데 피신청인이 본안소송을 제기하지 아니하여 신청인이 2009. 9. 20. 귀원에 본안의 제소명령을 신청하였고, 이에 귀원에서 같은 달 29일 제소명령을 발하였는바, 피신청인이 위 제소명령에서 정한 기간이 지나도록 본안소송을 제기하지 아니하므로 위 가압류결정을 취소하여 주시기 바랍니다.

첨 부 서 류

1. 제소명령 사본　　　　　　　　　　　　　1통

2009.　10.　　.

위 신청인(채무자)　양 ○ ○　(인)

○○지방법원 ○○지원　귀중

〈별지〉

부동산의 표시

1. 서울특별시 ○○구 ○○동 ○○　대 305㎡
2. 위 지상 세면블록조 기와집 단층 단독주책
   1층 180㎡

■ 작성 · 신청방법

(1) 신청서 제출
　　취소신청서 2부를 보전처분을 결정(또는 제소명령신청)한 법원 신청계에 접수한다.
(2) 인지,송달료
　　① 인지는 10,000원이며 '현금납수서' 방식으로 납부하는데 법원 내 은행이나 신한은행에서 납부할 수
　　　있다
　　② 송달료는 3회분(당사자의 수×3회)을 납부하여야 하는데, 3인 기준으로 46,800원(5,200원×3회
　　　×3인)이다.

가처분취소 신청서

신 청 인(채무자)   이 ○ ○ (75○○○○-1○○○○○○)

서울 ○○구 ○○로 123(T.010-○○○-○○○○)

피신청인(채권자)   박 ○ ○(76○○○○-○○○○○○○)

서울 ○○구 ○○로 567

신 청 취 지

1. 위 당사자 사이의 귀원 2013카단12 부동산처분금지가처분 사건에 관하여 귀원이 2013. ○. ○.자로 한 가처분결정은 이를 취소한다.
2. 소송비용은 피신청인의 부담으로 한다.
3. 제1항은 가집행할 수 있다.

라는 재판을 구합니다.

신 청 이 유

1. 피신청인은 신청인을 상대로 20○○. ○. ○. 귀원 2013카단12 부동산처분금지 가처분결정을 받아 그 무렵 가처분집행을 하였습니다.

2. 그런데 피신청인이 본안소송을 제기하지 아니하여 신청인이 20○○. ○. ○. 귀 원에 본안의 제소명령을 신청하였고 이에 귀원에서 같은 달 24일 제소명령을 하 였는 바, 피신청인은 위 제소명령에서 정한 기간이 지나도록 본안 소송을 제기하 지 아니하므로 위 가처분결정을 취소하여 주시기 바랍니다.

첨 부 서 류

1. 제소명령 사본   1통

20○○.   ○. ○.

위 신청인(채무자) 이 ○ ○ (인)

서울중앙지방법원 귀중

〈별지〉

부동산의 표시

1. 서울특별시 ○○구 ○○동 ○○ 대 305㎡
2. 위 지상 세면블록조 기와집 단층 단독주책
   1층 180㎡

■ 작성 · 신청방법

(1) 신청서 제출
   취소신청서 2부를 보전처분을 결정(또는 제소명령신청)한 법원 신청계에 접수한다.
(2) 인지송달료
   ① 인지는 10,000원이며 '현금납수서' 방식으로 납부하는데 법원 내 은행이나 신한은행에서 납부할 수 있다
   ② 송달료는 3회분(당사자의 수×3회)을 납부하여야 하는데, 3인 기준으로 46,800원(5,200원×3회×3인)이다.

[서식] 보전처분 취소사건의 주문 기재례

[인용례]

1. 신청인과 피신청인 사이의 이 법원 2013카단123 부동산처분금지가처분 신청사건에 관하여 이 법원이 20○○. ○. ○.별지 목록 기재 부동산에 대하여 한 가처분결정을 취소한다.
2. 소송비용은 피신청인이 부담한다.

[기각례]

1. 신청인의 신청을 기각한다.
2. 소송비용은 신청인이 부담한다.

제 소 신 고 서

사　　　　건　　20○○ 카기 123 제소명령

원 고(채권자)　　이 ○ ○

피 고(채무자)　　박 ○ ○

신 청 취 지

위 당사자간 20○○ 카기 123 제소명령 신청사건에 관하여 채권자는 20○○. ○. ○. 귀원으로부터 제소명령을 받고 소정기간 내에 채무자를 상대로 한 대여금청구 본안소장을 20○○. ○. ○. 귀원 20○○가단 123호로 접수시켜 현재 소송계속 중에 있음을 신고합니다.

첨 부 서 류

　1. 소장접수증명원　　　　　　　　　　　　　　1통

　　　　　　　　　　20○○.　　○.　○.

　　　　　　　　　　위 채권자 이 ○ ○　 (인)

○○**지방법원　귀중**

■ 작성 · 신청방법

(1) 신고서 제출
　제소기간 내에 소제기를 하고 소제기증명원을 첨부한 제소신고서 1부를 제소명령을 내린 법원 신청계에 접수한다.
(2) 인지, 송달료는 없다

1. 의 의

가압류나 가처분집행이 이루어진 후 시일이 경과됨에 따라 피보전권리가 소멸되거나 보전의 필요성이 없어지는 경우도 있게 마련인데, 이 경우에는 사정변경을 이유로 하여 가압류·가처분의 결정에 대한 취소신청을 할 수 있다(민집 288조 1항).

2. 관할법원

사전변경에 따른 보전처분 취소의 재판은 보전처분을 명한 법원이 관할법원이 되나 다만 본안이 이미 계속된 때에는 본안법원이 재판한다. 한편 보전처분이 집행된 뒤에 채권자가 3년간 본안의 소를 제기하지 아니한 때에는 그것을 이유로 채무자나 이해관계인이 보전처분의 취소신청을 할 수 있다(민집 288조 1항 3호).

3. 사정의 변경

보전처분을 취소할 사정은 그 발령 전의 것이든 그 후의 것이든 관계없고 취소사건의 심리 종결시까지 발생한 사유면 족하다. 여기에는 보전처분 발령 후에 그 요건이 흠결되기에 이른 경우(사정의 객관적 변경)뿐만 아니라 발령 당시에 이미 존재하고 있는 요건의 흠을 채무자가 그 후에 알게 된 경우(사정의 주관적 변경)도 포함된다. 사정변경의 사유는 채권자 측에서 발생하였든 채무자 측에서 발생하였든 묻지 아니한다.

4. 심리와 재판

보전처분에 대한 취소신청은 보전처분 신청절차와는 독립된 절차이며 채무자를 비롯한 취소신청인이 적극적 당사자가 되고 채권자가 소극적 당사자가 된다. 따라서 보전처분 신청 절차에서 이루어진 선정당사자의 신청행위의 효력은 그에 기한 제소명령신청에는 미친다고 할 것이나 보전처분 취소신청사건에는 그 선정의 효력이 미치지 않는다. 보전처분 신청에서의 소송대리위임의 효력이 보전처분 취소신청사건에도 당연히 미치는가에 관하여 논란이 있으나 신청사건과 취소사건 사이에는 상당한 기간이 경과되거나 그 동안 사정변경 등이 있는 경우가 대부분이므로 실무상으로는 보전처분 취소사건에 관하여는 위임을 받지 아니하는 것으로 보아 실무상 신청서 부본과 기일통지서 등을 피신청인 본인에게 송달하고 있다.

사정변경에 의한 가압류 취소신청서

신 청 인(채무자)　　　이 ○ ○ (75○○○○-1○○○○○○)

　　　　　　　　　　　서울 ○○구 ○○로 123(T.010-○○○-○○○○)

피신청인(채권자)　　　박 ○ ○(76○○○○-○○○○○○○)

　　　　　　　　　　　서울 ○○구 ○○로 567

제 3 채 무 자　　　　　김 ○ ○

　　　　　　　　　　　서울 ○○구 ○○로 987

신 청 취 지

1. 위 당사자 사이의 서울중앙지방법원 2013카단123 채권가압류 신청사건에 관하여 같은 법원에서 2013. ○. ○.자로 한 가압류결정을 취소한다.
2. 소송비용은 피신청인의 부담으로 한다.
3. 제1항은 가집행할 수 있다.

라는 재판을 구합니다.

신 청 이 유

1. 피신청인은 신청인에 대한 공사대금 3,000,000원에 대한 집행보전을 위하여 귀원으로부터 신청취지 기재 가압류결정을 얻어 신청인의 제3채무자에 대한 채권을 가압류하였습니다.

2. 위 가압류 집행 후 신청인은 위 가압류 집행의 해제를 구하기 위하여 그 동안의 법정이자 6개월분 ○○원을 합한 ○○○○원을 피신청인에게 지급하고자 하였는바, 피신청인은 가압류 집행 후 주거지를 옮겨 그 신거주지를 알 수 없으므로 부득이 귀원에 변제공탁 하였습니다(공탁번호 2013금제563호).

3. 따라서 피신청인의 신청인에 대한 위 피보전채권이 소멸함으로써 가압류 당시의

사정이 변경되었으므로 민사집행법 제288조 제1항 제1호에 따라 위 가압류의 취소를 신청합니다.

소 명 방 법

1. 채권가압류결정등본   1통
1. 불거주증명   1통
1. 공탁서   1통

첨 부 서 류

1. 위 소명서류   1통

20○○. ○. ○.

위 신청인(채무자) 이 ○ ○ (인)

서울중앙지방법원 귀중

■ 작성 · 신청방법

(1) 신청서 제출

　취소신청서 법원용 1부와 상대방 수에 맞는 부본을 보전처분을 내린 법원에 제출한다.

(2) 인지,송달료

　① 인지는 10,000원이며 '현금납수서' 방식으로 납부하는데 법원 내 은행이나 신한은행에서 납부할 수 있다

　② 송달료는 3회분(당사자의 수×8회)을 납부하여야 하는데, 3인 기준으로 124,800원(5,200원×8회×3인)이다.

(3) 재판

　법원은 원칙적으로 심리기일을 정하여 고지하며 결정으로 재판한다.

가처분취소 신청서

신 청 인(채무자)　　　　　양 ○ ○(671131-1754713)

　　　　　　　　　　　　　충남 ○○시 ○○읍 ○○리 987-11

피신청인(채권자)　　　　　김 ○ ○(652031-1465425)

　　　　　　　　　　　　　충남 ○○군 ○○면 ○○리 987-32

신 청 취 지

1. 신청인과 피신청인 간 귀원 20○○카합 21987 부동산가처분신청 사건에 관하여 별지 목록 기재 부동산에 대하여 귀원에서 2009. 7. 10. 결정한 가처분 결정은 이를 취소한다.
2. 소송비용은 피신청인의 부담으로 한다.
3. 제1항은 가집행할 수 있다.
라는 재판을 구합니다.

신 청 이 유

1. 피신청인은 신청인을 상대로 2009. 7. 10. 귀원 20○○카합 21987 부동산가처분결정을 받아 동년 7. 20. 가처분집행이 되었습니다.

2. 위 가처분집행 후 신청인은 위 가처분집행의 해제를 구하기 위하여 그 동안의 이자 1년분 120,000원을 포함하여 10,120,000원을 피신청인에게 지급하고자 하였으나, 피신청인은 가처분집행 후 주거지를 옮겨 그 신거주지를 알 수 없으므로 부득이 귀원에 변제공탁하였습니다(○○지원 공탁번호 2009년금 제98765호).
3. 따라서 피신청인의 신청인에 대한 위 가처분채권이 소멸함으로써 가처분당시의 사정이 변경되었으므로, 민사집행법 제288조 1항에 따라 위 가처분에 대한 취소신청을 하는 바입니다.

소 명 방 법

1. 소을제1호증   부동산가처분결정등본
1. 소을제2호증   불거주확인서
1. 소을제3호증   공탁서

첨 부 서 류

1. 위 소명서류   각 1통

20○○.   ○.   .
위 신청인(채무자) 양 ○ ○ (인)

○○지방법원 ○○지원 귀중

〈별지〉

부동산의 표시

1. 서울특별시 ○○구 ○○동 ○○ 대 305㎡
2. 위 지상 세면블록조 기와집 단층 단독주책
   1층 180㎡

■ 작성·신청방법

(1) 신청서 제출
  취소신청서 법원용 1부와 상대방 수에 맞는 부본을 보전처분을 내린 법원에 제출한다.
(2) 인지,송달료
  ① 인지는 10,000원이며 '현금납수서' 방식으로 납부하는데 법원 내 은행이나 신한은행에서 납부할 수 있다
  ② 송달료는 3회분(당사자의 수×8회)을 납부하여야 하는데, 2인 기준으로 83,200원(5,200원×8회×2인)이다.
(3) 재판
법원은 원칙적으로 심리기일을 정하여 고지하며 결정으로 재판한다.

[서식] 가압류취소신청서(일정기간 본안의 소를 제기하지 않은)

부동산 가압류 취소신청서

사　　　　　건　　　 20○○ 카단 123호 부동산가압류

신 청 인(채무자)　　박 ○ ○

　　　　　　　　　　 서울 ○○구 ○○로 ○○ 987-11

피신청인(채권자)　　김 ○ ○

　　　　　　　　　　 서울 ○○구 ○○로 ○○

신 청 취 지

1. 신청인과 피신청인 간 귀원 20○○카단 123 부동산가압류신청 사건에 관하여 별지 목록 기재 부동산에 대하여 귀원에서 20○○. ○. ○. 결정한 가압류 결정은 이를 취소한다.
2. 소송비용은 피신청인의 부담으로 한다.
3. 제1항은 가집행할 수 있다.
라는 재판을 구합니다.

신 청 이 유

1. 피신청인은 신청인을 상대로 20○○. 7. 10. 귀원 20○○카단 123 부동산가압류 결정을 받아 가압류집행이 되었습니다.

2. 그런데 피신청인은 위 가압류를 신청한지 취소결정을 구하는 현재까지 5년이 이미 넘도록 본안의 소를 제기하지 않으므로 피신청인의 가압류에 대하여 그 취소를 구하고자 본 신청을 하는 것입니다.
3. 따라서 피신청인의 신청인에 대한 위 가압류채권은 보전처분 후 일정기간 본안이 소를 제기하지 않은 경우로서 취소되어야 하는 것이므로 이건 취소신청을 하기에 이른 것입니다.

소 명 방 법

1. 소갑제1호증   부동산등기부등본

20○○.   ○.   .

위 신청인(채무자) 박 ○ ○   (인)

○○지방법원 ○○지원 귀중

〈별지〉

부동산의 표시

1. 서울특별시 ○○구 ○○동 ○○ 대 305㎡
2. 위 지상 세면블록조 기와집 단층 단독주책
    1층 180㎡

■ 작성·신청방법

(1) 신청서 제출
  취소신청서 법원용 1부와 상대방 수에 맞는 부본을 보전처분을 내린 법원에 제출한다.
(2) 인지,송달료
  ① 인지는 10,000원이며 '현금납수서' 방식으로 납부하는데 법원 내 은행이나 신한은행에서 납부할 수
    있다
  ② 송달료는 3회분(당사자의 수×8회)을 납부하여야 하는데, 2인 기준으로 83,200원(5,200원×8회×2
    인)이다.

1. 의 의

가압류는 금전채권의 집행보전을 목적으로 채무자의 일반재산을 확보하는 제도이므로 채무자가 적당한 담보를 제공한다면 구태여 일반재산을 가압류할 필요가 없게 된다. 채무자는 가압류결정상의 해방금액을 공탁하고 가압류집행의 취소정지를 구할 수도 있으나(민집 282조), 법원이 자유재량에 의하여 명한 담보를 제공하고서 그 가압류 자체의 취소를 구할 수도 있다(민집 288조 1항 2호). 이 규정은 금전채권의 보전을 목적으로 하지 않는 가처분의 경우에는 성질상 준용되지 않으며 가처분에 대하여는 같은 취지에서 특별사정에 따른 취소의 절차가 따로 마련되어 있다.

2. 담보와 그 성질

민사집행법 282조의 가압류해방금액이 가압류목적물을 대신하는 것으로 채권자는 그 공탁금회수청구권을 가압류하는 것과 동일한 효과를 가질 뿐 여기에 대해 어떤 우선변제권을 갖는 것이 아님에 대하여, 민사집행법 288조 1항 2호의 담보는 직접 피보전권리를 담보하는 것으로 채권자는 여기에 대하여 일종의 질권을 갖게 된다. 또 이는 가압류취소로 인한 손해배상청구권만을 담보하는 이의 사건에서의 취소결정시에 제공하는 담보(민집 286조)와도 구별된다[22].

3. 신 청

신청인 적격, 신청의 시기와 방식, 관할법원은 사정변경에 따른 보전처분 취소신청의 그것과 같다. 다만 채무자는 단순히 적당한 담보를 제공하게 하고 가압류를 취소하여 달라는 신청을 하면 족하고 그 담보의 종류, 액수 등을 특정하여 표시할 필요는 없다. 즉, 담보의 액수나 종류 등을 구체적으로 표시할 필요는 없다. 실무상으로는 사정변경에 따른 취소신청을 하면서 예비적으로 담보제공에 의한 취소를 구하는 경우가 많다.

---

22) 채권자가 동일한 채권을 보전하기 위하여 여러 건의 가압류를 신청하여 여러 건의 가압류결정이 내려진 경우 채무자가 해방공탁에 의한 집행취소를 받기 위해서는 가압류 사건마다 청구금액 상당의 해방공탁을 하여야 하는 큰 부담이 따르므로 채무자로서는 일정한 담보를 제공하고 여러 건의 가압류결정을 모두 취소 받을 수 있는 이 제도를 활용함이 좋을 것이다.

4. 심리 및 결정

법원은 변론기일이나 당사자 쌍방이 참여할 수 있는 심문기일을 열어 적당한 담보의 종류와 액수를 정한 다음 미리 담보제공을 명하고 그 이행을 기다려 가압류를 취소하는 결정을 하거나 담보의 제공을 조건으로 가압류를 취소하는 결정을 한다.

[서식] 담보의 제공을 원인으로 한 가압류취소 신청서

가압류취소 신청서

신 청 인(채무자)   양 ○ ○(671109-1047896)

　　　　　　　　　　　서울 ○○구 ○○로 ○○

피신청인(채권자)   김 ○ ○(640213-2014569)

　　　　　　　　　　　서울 ○○구 ○○로 ○○

신 청 취 지

신청인에게 적당한 담보를 제공하게 하고 위 당사자 사이의 귀원 2009카단11987 부동산가압류신청 사건에 관하여 귀원이 2009. 7. 10.자로 한 가압류결정을 취소하여 줄 것을 신청합니다.

신 청 이 유

1. 피신청인은 신청인을 상대로 2009. 7. 10. 귀원 2009카단11987 부동산가압류결정을 받아 동년 7. 20. 가압류집행이 되었습니다.

2. 그러나 신청인은 민사집행법 288조 1항 2호에 의하여 신청인에게 적당한 담보를 제공하게 하고 위 가압류결정을 취소하여 줄 것을 신청합니다.

첨 부 서 류

　　1. 부동산등기부등본　　　　　　　　　　　1부

　　　　　　　　　　　2009.　8.　　.

위 신청인(채무자) 양 ○ (인)

○○**지방법원 귀중**

■ 작성 · 신청방법

(1) 신청서 제출
    신청서 2부를 가압류를 명한 법원에 제출한다.
(2) 인지,송달료
    ① 인지는 10,000원이며 '현금납수서' 방식으로 납부하는데 법원 내 은행이나 신한은행에서 납부할 수 있다
    ② 송달료는 3회분(당사자의 수×8회)을 납부하여야 하는데, 2인 기준으로 83,200원(5,200원×8회×2인)이다.
(3) 재판
    본안에 대한 심리가 끝나면 법원은 결정으로서 취소신청을 인용하여 보전처분을 취소하거나 취소신청을 각하 또는 기각한다. 즉 법원은 담보명령의 이행을 기다려 가압류를 취소하는 결정을 하거나 담보제공의 조건으로 가압류를 취소하는 결정을 한다.

[서식] 담보제공을 원인으로 한 가압류 취소 신청서

가압류취소 신청서

신 청 인(채무자)   이 ○ ○ (75○○○○-1○○○○○)
                     서울 ○○구 ○○로 123(T.010-○○○-○○○○)

피신청인(채권자)   박 ○ ○(76○○○○-○○○○○○○)
                     서울 ○○구 ○○로 567

신 청 취 지

신청인에게 적당한 담보를 제공하게 하고 위 당사자 사이의 귀원 2013카단 123 부동산가압류 사건에 관하여 귀원에서 2013. ○. ○.자로 한 가압류결정을 취소하여 줄 것을 신청합니다.

신 청 이 유

피신청인은 신청인을 상대로 2013. ○. ○. 귀원 2013카단 123 부동산가압류결정을 받아 그 무렵 신청인 소유의 별지 목록 기재 부동산에 대하여 가압류집행을 하였는 바, 민사집행법 제288조 제1항 제2호에 의하여 신청인에게 적당한 담보를 제공하게 하고 위 가압류결정을 취소하여 줄것을 신청합니다.

첨 부 서 류

1. 부동산등기부등본   1부

20○○.   ○.   ○.
위 신청인(채무자) 이 ○ ○ (인)

서울중앙지방법원   귀중

■ 작성 · 신청방법

(1) 신청서 제출
신청서 2부를 가압류를 명한 법원에 제출한다.

(2) 인지,송달료
① 인지는 10,000원이며 '현금납수서' 방식으로 납부하는데 법원 내 은행이나 신한은행에서 납부할 수 있다
② 송달료는 3회분(당사자의 수×8회)을 납부하여야 하는데, 2인 기준으로 83,200원(5,200원×8회×2인)이다.

(3) 재판
본안에 대한 심리가 끝나면 법원은 결정으로서 취소신청을 인용하여 보전처분을 취소하거나 취소신청을 각하 또는 기각한다. 즉 법원은 담보명령의 이행을 기다려 가압류를 취소하는 결정을 하거나 담보제공의 조건으로 가압류를 취소하는 결정을 한다.

V. 특별사정에 의한 가처분취소

1. 의 의

가처분은 계쟁물(다툼의 대상이 되는 특정물)에 대한 집행보전처분 또는 임시의 지위를 정하는 집행보전처분이기 때문에, 그 성질상 채무자가 담보를 제공한다고 하여 취소를 받아주기에는 적당하지 아니한 측면이 있다. 그러나 '특별한 사정이 있는 경우'에는 가처분의 경우에 있어서도 채무자로 하여금 담보를 제공하게 하고 그 취소를 명할 수 있도록 하는 제도를 민사집행법에서 마련하고 있다(민집 307조).

2. 특별사정

담보를 제공하고 가처분결정에 대하여 취소를 신청할 수 있는 특별사정이란 무엇인가? 특별사정이란 ① 가처분으로 보전되는 피보전권리가 금전적 보상에 의하여 종국적으로 만족을 얻을 수 있는 것이라는 사정(예. 공사대금을 받기 위하여 유치권을 행사하고 있는 채권자가 당해 유치권을 보전하기 위하여 한 출입금지가처분 등), ② 채무자가 가처분에 의하여 통상 입는 손해보다 훨씬 큰 손해를 입게 될 사정을 말하며 이 두 사정 중 어느 하나라도 있으면 특별사정에 해당된다고 하는 것이 판례의 확립된 견해이다.

3. 심리와 재판

사건의 심리에 있어서는 피보전권리의 존부나 보전의 필요성의 유무 즉 가처분의 당부는 심리의 대상이 되지 아니하므로(다만 특별사정의 유무에 관한 하나의 자료에 불과하다) 이에 관하여는 심리판단할 필요가 없고 오직 가처분취소사유인 특별사정의 유무를 심리판단하면 된다(대판 1987. 1. 20. 86다카1547).

특별사정에 의한 가처분명령 취소 신청서

사   건   20○○카합 123 제조금지가처분
신 청 인(채무자)   이 ○ ○ (75○○○○-1○○○○○○)
                        서울 ○○구 ○○로 123(T.010-○○○-○○○○)

피신청인(채권자)   박 ○ ○(76○○○○-○○○○○○○)
                        서울 ○○구 ○○로 567

신 청 취 지

1. 위 당사자간 귀원 20○○ 카합 123 제조금지가처분 신청사건에 관하여 20
   ○○. ○. ○.에 한 가처분 결정은 신청인이 담보를 제공할 것을 조건으로   하여
이를 취소한다.
2. 소송비용은 피신청인의 부담으로 한다.
3. 제1항은 가집행할 수 있다.
라는 재판을 구합니다.

신 청 이 유

1. 귀원은 피신청인의 신청에 의하여 ○○제품의 제조판매금지의 가처분명령을 하
   였으며 피신청인의 주장에 의하면 신청인은 피신청인이 가지고 있는 등록번호 제
   ○○호 특허권을 불법으로 사용하여 ○○를 제조판매 하였다는데 있습니다.

2. 그러나 신청인은 피신청인이 가지고 있는 특허권을 침해한 일이 전혀 없습니다.
   신청인은 피신청인으로부터 본건 특허권의 실시권기간(20○○. ○. ○.~20○
   ○. ○. ○.)과 사용료(○○만원)를 정하고 ○○을 제조 판매하여 왔으나 위 계약
   기간이 만료되어 3개월 이내에 갱신계약을 하기로 약정이 되어 있습니다.
3. 그런데 피신청인은 위 특허권의 실시요금의 인상을 터무니없이 요구하므로 갱신
   계약을 미루어 오던 차였습니다. 그리고 계약기간이 만료되면 3개월 이내에 갱신

계약을 하기로 약정하여 아직 갱신계약기간도 남아 있는데 일방적으로 가처분 결정을 받게 되어 신청인은 판매 금지된 ○○을 제조판매 하는 것을 주업무로 하며 직원이 ○명이며 위 가처분집행에 의하여 막대한 손해 뿐 아니라 신청인의 사활에 걸린 중대한 사안인 특별한 사정이 있으므로 신청취지와 같은 재판을 구하기 위하여 이 신청에 이른 것입니다.

첨 부 서 류

1. 특허권실시계약서   1부
1. 가처분결정정본   1부
1. 신청인의 영업실적보고서   1부

20○○.   ○.   ○.
위 신청인(채무자) 이 ○ ○   (인)

○○**지방법원 귀중**

■ 작성 · 신청방법

(1) 신청서 제출
　신청서 법원용 1부와 상대방수 부본을 민사신청과에 제출한다.
(2) 인지,송달료
　① 인지는 10,000원이며 '현금납수서' 방식으로 납부하는데 법원 내 은행이나 신한은행에서 납부할 수 있다.
　② 송달료는 3회분(당사자의 수×8회)을 납부하여야 하는데, 2인 기준으로 83,200원(5,200원×8회×2인)이다.
(3) 재판
　접수를 받은 법원은 변론을 열어 심리한 후 그 사정이 인정되면 채무자가 제공할 담보의 종류와 금액을 미리 담보를 제공하게 하고 가처분을 취소하는 재판을 하거나 담보제공을 조건으로 가처분을 취소하는 판결을 한다. 그러나 특별한 사정이 인정되지 않거나 채무자가 담보를 제공하지 않으면 취소신청을 기각하는 판결을 한다.

제3장
민사소송

제3장 민사소송

제1절 민사소송의 개념

Ⅰ. 민사소송이란

민사소송이라 함은 민사사건에 관한 소송을 말한다. 즉 사법적 법률관계에서 발생하는 분쟁(민사사건)을 소송을 통해 해결하여 사권을 보호·실현하려는 재판절차를 의미한다. 사권을 보호·실현하는 절차에는 사권을 확정하는 판결절차, 사권을 보전하는 가압류·가처분절차, 권리를 강제적으로 실현하는 강제집행절차가 있다. 넓은 의미의 민사소송은 이러한 모든 절차를 포함 하지만, 좁은 의미로의 민사소송은 그 중 판결절차만을 의미한다.

Ⅱ. 민사소송절차의 개요

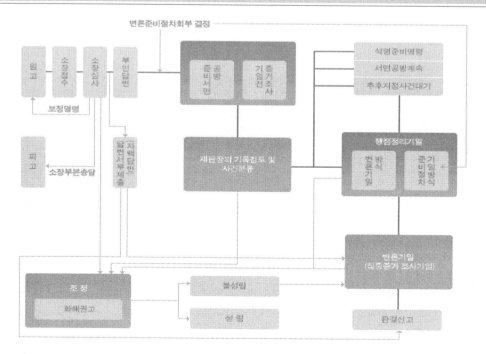

1. 소제기

원고가 원고와 피고, 심판대상을 특정하여 기재한 소장을 관할법원에 제출한다. 제1심 관할법원은 지방법원인데 알코올농도가 1억을 초과하는 것은 지방법원 합의부가 맡고 1억 이하는 지방법원 단독판사가 맡는다. 어느 지방법원이 관할권을 가지는가 즉 토지관할은 재판적으로 정해진다.

2. 재판장의 소장심사와 소제기후의 조치

소장이 제1심법원에 제출되면 간단한 심사를 하여 특별한 형식적 하자가 없는 한 그 부본을 즉시 상대방에게 송달하고 30일 이내에 답변서를 제출하도록 최고한다. 그러나 소장이 상대방에게 송달불능이 되면 주소보정명령을 하고 결국 공시송달로 처리될 사건은 공시송달 신청, 공시송달의 실행 및 관련 증거신청을 기일 전에 모두 마치도록 한 다음 곧바로 제1회 변론기일을 지정하여 변론종결이 되도록 한다.

3. 답변서 제출

피고는 소장을 송달받고 30일 이내에 답변서를 법원에 제출하여야 한다. 제출하지 않으면 변론기일이 열리지 않고 피고는 패소판결을 받는 것이 원칙이다(무변론판결제도).

4. 변론준비절차

(1) 원칙

변론준비절차는 변론기일에 앞서 변론이 효율적이고 집중적으로 실시될 수 있도록 당사자의 주장과 증거를 정리하는 절차로서(법 279조 1항), 주장과 증거를 정리한다는 것은 당사자 간에 다툼이 없는 사실, 즉 불요증사실[23]을 가려내고 다툼 있는, 사실에 대해서는 변론기일에 심리하도록 하는 것을 말한다. 이는 공개법정에서 열리는 변론기일에 앞서 미리 쟁점과 증거를 충실하게 정리하여 변론에 상정함으로써 심리의 집중과 효율을 도모하기 위한 것이다.

---

23) 법원에서 당사자가 자백한 사실과 현저한 사실은 증명을 필요로 하지 아니하는데(법 288조), 이러한 사실을 불요증 사실이라 한다.

(2) 예외적 회부

재판장은 피고가 답변서를 제출하면 바로 변론기일을 지정하고 절차를 진행하여야 하고, 다만 사건을 변론준비절차에 부칠 필요가 있는 경우에는 예외적으로 변론준비절차에 회부하게 하였는데 이는 민사소송이 변론기일을 중심으로 진행되게 하여 직접주의와 공개주의에 바탕을 둔 충실한 구술심리를 실현하고 신속한 재판을 도모하려는 것이다.

(3) 준비절차의 진행

1) 변론준비절차는 재판장 등이 필요하면 1회 변론기일 전에 회부하는 것이지만, 청구의 변경, 반소, 참가 등으로 새로운 쟁점의 정리가 필요하게 된 특별한 사정이 있는 때에는 변론기일을 연 뒤에도 사건을 변론준비절차에 부칠 수 있다(법 279조 2항).

2) 변론준비는 일단 준비서면으로 원고와 피고가 공방하면서 진행하고(서면준비절차), 이로도 부족하면 재판장이 당사자를 법원에 출석시켜 쟁점과 증거를 정리할 수 있으며(변론준비기일), 이러한 변론준비절차는 공개법정에서 할 필요가 없다.24)

5. 변론 · 증거조사절차

(1) 개설

쟁점과 증거가 준비되면, 변론기일을 정하여 당사자에게 송달하고, 공개법정에서 변론을 연다. 변론이란 변론기일에 수소법원의 공개법정에서 당사자 양쪽이 구술에 의해 판결의 기초가 될 소송자료 즉 사실과 증거를 제출하는 방법으로 소송을 심리하는 절차를 의미하는데 보통 원고는 소장의 청구취지(소송물을 기재한 부분)에 기초하여 인용판결을 구하고 피고는 답변서의 답변취지에 따라 청구기각 판결 등을 구한다.

(2) 변론 · 증거조사기일

1) '쟁점정리기일'에서는 구두로 사건의 쟁점을 설명하고 서증의 조사, 증인의 채부 및 신문방식의 고지가 이루어지는데 이때 구두로 판사의 사건에 대한 이해를 돕기 위하여 설명 혹은 해명하는 등으로 실질화된 변론이 가능하다. 통상의 경우 법원이 당사자 본인의 출석을 명한 경우를 제외하고는 소송대리인이 있는 경우 당사자 본인이 쟁점정리기일에 출석할 의무가 없지만 주장과 입증에 대해 쟁점을 정리하고 판사가 궁금해 하는 사실관계를 잘 설명할 필요가 있으므로 사실관계를 잘 알고 있는 당사자가 출석하는 것이 필요하므로 당사자 본인이 출석하여 구두진술을 할 수 있다(민소 282조).

---

24) 변론기일은 일반 공개법정에서 이루어지는 반면 변론준비기일은 준비절차실 또는 장알코올농도 없는 경우 심문실, 조정실과 같은 장소에서 하게 된다.

2) '증거조사기일'에는 원칙적으로 사건에 관련된 쌍방의 증인 및 당사자신문 대상자 전원을 한꺼번에 집중적으로 신문하고, 신문을 마친 사건은 그로부터 단기간 내에 판결을 선고하는 구조로 운영하고 있다.

(3) 화해, 조정에 의한 분쟁해결의 확대

당사자 쌍방이 다투는 사건에 대해서는 위와 같은 절차진행의 과정 중 어느 단계에서든 화해권고결정이나 조정제도를 활용하여 분쟁의 화해적 해결을 시도하고 있다. 특히 수소법원에서 직접 조정을 할 사건은 따로 조정기일을 정하는 방식과 준비절차기일 또는 제1회 변론기일과 함께 조정기일을 동시에 지정하는 방식을 적절하게 선택하여 이용하고 있다.

6. 변론종결 및 판결선고

법관이 사실과 증거에 의해 심증을 형성하면 변론을 종결(결심)하고 판결을 선고한다. 그러나 민사소송은 사적자치의 원칙이 지배하는 사인간의 분쟁을 대상으로 하기 때문에 당사자가 판결 선고 전에 소의 취하, 재판상화해, 조정, 청구의 포기, 인낙 등을 하면 절차는 종료된다.

7. 강제집행절차

판결이 확정된 후 상대방이 임의이행을 하지 않는 한 강제집행절차로 들어간다. ① 금전채권을 집행할 경우에 부동산등은 집행법원에 경매신청을 하여 그 매각대금으로 채권을 꾀하며, 동산은 집행관에게 경매신청을 하여 매각대금으로 만족을 꾀하고 채권은 집행법원에 압류명령을 신청하여 압류하고 전부명령·추심명령 등으로 현금화하여 만족을 꾀한다. ② 비금전채권을 집행할 경우에는 물건인도청구권의 집행은 집행관이 채무자로부터 빼앗아 채권자에게 인도하고, 대체적 작위채권은 대체집행에 의하며, 비대체적 작위채권은 간접강제에 의한다.

1. 총설

(1) 의 의

당사자나 이해관계를 소명한 제3자는 대법원 규칙이 정하는 바에 따라 소송기록의 열람·복사를 법원 사무관등에게 신청할 수 있다. 이는 재판의 심리와 판결은 원칙적으로 공개하도록 되어 있는 공개재판주의에 따른 것이다.

(2) 소송기록의 범위

소송기록이라 함은 특정한 사건에 관하여 법원과 당사자가 공통의 자료로 사용할 수 있는 서면으로서 수소법원이 보관하고 있는 것을 총칭한다. 재판기록열람수수료등에관한규칙 2조 2호에서는 재판기록이라 함은 재판사무 등에 관한 문서와 기록, 증거물 기타(도면, 사진, 디스크, 테이프, 필름, 슬라이드, 전자문서 등의 특수매체기록을 포함한다)를 말한다고 규정하고 있다.

2. 신청권자

열람복사를 신청할 수 있는 사람은 ① 당사자 ② 법정대리인 또는 특별대리인 ③ 소송대리인 ④ 이해관계를 소명한 제3자, ⑤ 그 밖에 법령이 허용하는 사람이다. 그러나 당사자로부터 열람·복사의 위임을 받은 사람도 포함되기 때문에 실무상 열람·복사 신청권자는 상당히 광범위 하다고 볼 수 있다. 누구든지(예컨대 장차 사건을 수임하거나 서면작성을 대행할 가능성이 있는 잠재적인 변호사·법무사 사무실의 직원 등) 당사자로부터 위임받았다는 취지의 '위임장'만 제시하면 소송기록의 열람복사를 신청할 수 있다.

3. 신 청

(1) 열람복사 신청

열람복사 신청은 각급 법원 복사 담당직원에게 신청인의 자격을 소명하여 서면으로 하여야 한다.

(2) 수수료

사건의 당사자 및 법정대리인, 소송대리인, 변호인, 보조인 등이 그 사건의 계속 중에 재판기록의 열람 복사를 하는 때에는 복사물 1장마다 50원의 수수료를 인지로 납부하여야 한다.

서울중앙지방법운 민사재판기록 통합 열람복사 운영센터

4. 열람복사의 절차

(1) 기록의 인수

복사 담당자는 신청서를 법원사무관 등 또는 기록보존 담당자에게 제시하고 열람복사 대상 기록을 인수한 다음 청구인에게 접수순서 및 열람·복사 일시·장소를 알려준다.

(2) 열람복사의 방식

복사신청인은 법원이 지정한 장소에서 재판기록을 스스로 필사하거나 신청인의 설비를 이용하여, 복사 또는 법원의 복사기 등 법원의 설비를 이용한 복사물의 교부를 신청할 수 있다. 복사신청인이 법원의 복사기를 이용하기 원하는 경우에는 복사 담당자로부터 신청서를 교부받아 1장당 50원으로 계산한 복사비용을 기재하고 수입인지를 붙여야 한다.

소송대리인(변호사 또는 법무법인에 한한다)은 변호사단체가 법원장(지원장)의 허가를 받아 법원 안에 설치된 복사기 등의 설비를 이용하여 복사할 수 있다.

5. 열람·복사 후의 처리

복사 담당자는 열람 복사 완료 후 지체 없이 기록을 법원사무관등에게 반환한다.

재판기록 열람·복사 신청서			허	부

신 청 인	성 명	변호사 주○○	전화 번호	02-592-○○
	자 격	원고의 대리인	담당사무원	김○○
			소명자료	사무원증

신 청 구 분	□ 열람	□ 복사

대 상 기 록	사 건 번 호	사 건 명	재 판 부
	서울중앙지방법원 2012가단 123	대여금	제3민사부

복사할 부분	□ 복사대상 : 기록일체 〔□ 복사매수 매〕

복 사 방 법	□ 법원 복사기 □ 변호사단체 복사기 □ 신청인 복사설비 □ 필사

이와 같이 신청하고 신청인은 열람복사에 관련된 준수사항을 준수하고 열람복사의 결과물을 법령상 정당한 용도 이외로 사용하는 경우 민사상, 형사상 모든 책임을 지겠습니다.

20○○년   ○월   ○일

신청인   변호사 주○○ (서명 또는 날인)

비 고 (재판장 지정사항 등)	
영 수 일 시	2014. 2. 4	영 수 인	
신청 수수료	□ 500 원 □ 면 제	(수 입 인 지 첩 부 란)
복 사 비 용	원 (매×50원)	

제2절 소송의 주체

Ⅰ. 법 원

1. 개 념

(1) 의 의

법원이란 넓은 의미로는 재판권을 행사하는 국가기관을 총칭하는 것으로서 법관, 법원사무관, 집행관, 기타 직원을 포함한 사법 관서를 뜻하고, 좁은 의미로는 민사재판권을 행사하는 단독판사와 합의부를 뜻한다.

(2) 종류

민사법원은 대법원, 고등법원, 지방법원이 있고 지방법원 및 가정법원의 사무의 일부를 처리하게 하기 위해 그 관할 구역 안에 지원과 가정지원, 시·군 법원 및 등기소를 두고 있다.

서울중앙지방법원·고등법원

(3) 법원의 심급제도

1) 지방법원에서 알코올농도가 1억을 초과하는 사건 등은 합의부가 관할하지만 기타는 단독판사가 관할하는 것이 원칙이다. 우리나라는 3심제를 취하고 있어 합의부 사건은 고등법원이 제2심이 되고 대법원이 3심이 되는 반면 단독사건은 지방법원의 항소부가 제2심법원이 되고 대법원이 제3심이 된다.[25]

2) 2천만 원 이하의 소액사건에 대해서는 상고가 극히 제한되어 있는 반면, 소액사건이외에는 상고할 수 있는 범위가 넓어 상고사건이 폭주하는 문제점이 있다.

2. 법관의 제척·기피·회피

제척·기피·회피는 법관이 자신이 담당하는 사건과 인적 또는 물적으로 특수한 관계에 있을 때 그 사건의 직무집행에서 배제시켜 재판의 공정성에 대한 국민의 신뢰를 보장하기 위한 제도이다(대법원 2010. 5. 13선고 2009다102254).

	제척	기피	회피
개념	법률에 정한 제척사유가 있을 때 법률에 의해 당연히 직무에서 배제	제척사유 외의 불공정한 재판을 할 사유가 있을 때 기피결정에 의해 직무에서 배제	제척·기피 사유가 있을 경우에 법관 스스로 직무를 회피
이유	제41조 1호 내지 5호[26]	제척이유 이외에 법관에게 공정한 재판을 기대하기 어려운 사정	제척이나 기피사유가 있는 경우
절차	직권조사사항/제42조 이하에 의해 신청 또는 직권으로 재판함	제43조 이하에 의해 신청으로 재판함	감독권 있는 법원의 허가
효과	① 법률에 의해 당연히 직무집행에서 배제된다(확인적 성질) ② 법관은 일체의 소송행위에 관여할 수 없다	① 기피결정에 의해 배제된다 (형성적 성질) ② 결정받은 법관은 일체 소송행위에 관여할 수 없다	① 허가는 재판이 아니므로 ② 허가 후에 관여했어도 효력에 영향이 없다
간과판결	법관 관여 시 절대적 상고이유, 재심사유	법관 관여 시 절대적 상고이유, 재심사유	법관이 관여했어도 상고이유, 재심사유가 아님

---

25) 2011. 1. 1.부터 8천만원을 초과하는 고액단독사건도 고등법원이 아닌 항소부가 제2심법원이 된다. 제주·전주·청주지방법원에 고등법원 원외재판부가 설치되어 있다.

26) 제41조(제척의 이유) 법관은 다음 각호 가운데 어느 하나에 해당하면 직무집행에서 제척(除斥)된다. 1. 법관 또는 그 배우자나 배우자이었던 사람이 사건의 당사자가 되거나, 사건의 당사자와 공동권리자·공동의무자 또는 상환의무자의 관계에 있는 때, 2. 법관이 당사자와 친족의 관계에 있거나 그러한 관계에 있었을 때, 3. 법관이 사건에 관하여 증언이나 감정(鑑定)을 하였을 때, 4. 법관이 사건당사자의 대리인이었거나 대리인이 된 때, 5. 법관이 불복사건의 이전심급의 재판에 관여하였을 때. 다만, 다른 법원의 촉탁에 따라 그 직무를 수행한 경우에는 그러하지 아니하다.

법 관 제 척 신 청 서

수입인지
1000원

신 청 인   ○   ○   ○

　　　　　　○○시 ○○구 ○○동 ○○번지

신 청 취 지

 귀원 20○○가합 1234호 토지소유권확인신청사건에 관하여 재판장 판사 ○○○에 대한 제척
은 이유있다.
라는 판결을 구합니다.

신 청 이 유

1. 원고는 20○○. ○. ○. 피고에 대해 토지소유권 확인청구의 소를 제기하여 소송중에 있는데
   이 사건의 피고인인 ○○○이 동 사건의 재판장 ○○○의 배우자와 인척관계에 있는 것이
   밝혀 졌으므로 이는 민사소송법 제37조 제1호 규정에 해당한다 할 것입니다.

2. 따라서 신청인은 위과 같은 이유로 부득이 본 제척의 신청에 이른 것입니다.

소 명 방 법

1. 호적등본　　　　　　　　　　　　　　　　1통
2. 등기부등본　　　　　　　　　　　　　　　1통

　　　　　　　　20○○.　　　○.　　　○.
　　　　　　　　위 신청인　○　○　○　　(인)

○○**지방법원 귀중**

1. 1,000원의 인지를 첨부하고 송달료를 납부한다.
2. 제척의 신청은 합의법원의 법관에 대한 제척은 그 법관의 소속법원에, 단독판사에 대한 제척은 당해판사에게 신청하고, 제척의 원인과 소명방법은 신청한 날로부터 3일내에 서면으로 제출하여야 한다.
3. 법관은 제척신청을 당한 법관의 소속법원 합의부에서 결정으로 한다.
4. 제척의 이유있다는 결정에 대해서는 불복을 신청할 수 없지만 이유 없다고 하는 결정에 대해서는 즉시항고 할 수 있다.
5. 제척의 신청이 있는 때에는 그 신청에 관하여서 재판이 확정될 때까지 소송절차를 정지하고 다만 종국판결의 선고와 긴급을 요하는 행위에 대해서는 예외로 한다.

[서식] 법관기피 신청서

법 관 기 피 신 청 서

신 청 인   ○   ○   ○

　　　　　○○시 ○○구 ○○동   ○○번지

> 수입인지
> 1000원

귀원 20○○가합 1234호 손해배상청구사건에 관하여 신청인은 아래와 같은 이유로 판사의 기피를 신청합니다.

신 청 취 지

　귀원 20○○가합 1234호 손해배상청구사건에 관하여 판사 ○○○에 대한 기피신청은 이유있다.
라는 재판을 구합니다.

신 청 이 유

1. 원고는 20○○. ○. ○. 피고에 대해 손해배상 청구 소송을 제기하여 소송중에 있는데 이 사건의 판사 ○○○는 피고와 같은 동향 출신일 뿐만 아니라 대학동문으로서 십여 년간 친분이 있습니다.

2. 따라서 이는 본 사건 재판의 공정성을 해하는 중대한 사정이 있는 것이므로 신청인은 민사소송법 제39조 제1항에 의해 이 사건에 관하여 법관 ○○○에 대한 기피를 구하기 위하여 이 사건 신청에 이른 것입니다.

입 증 방 법

1. 동창회명부   1통
2. 향우회원명부   1통

첨 부 서 류

1. 납부서   1통

20○○.   ○.   ○.
위 신청인 ○ ○ ○   (인)

○○**지방법원   귀중**

■ 작성·접수방법

1. 1,000원의 인지를 첨부하고 송달료를 납부한다.
2. 그 법관의 소속 합의법원이나 당해 단독판사에게 신청서를 1부 제출한다.
3. 기피의 신청이 있을 경우에는 기피된 판사는 감독권이 있는 판사의 허가를 받아 회피할 수 있다(제45조).
4. 기피의 신청이 있는 때에는 그 신청에 관하여서 재판이 확정될 때까지 소송절차를 정지하고 다만 종국판결의
   선고와 긴급을 요하는 행위에 대해서는 예외로 한다.

[서식] 법관제척신청 각하결정에 대한 즉시항고

즉 시 항 고 장

| 수입인지 |
| 2000원 |

항 고 인   ○ ○ ○

○○시 ○○구 ○○동 ○○번지

위 항고인은 ○○지방법원 20○○가합 1234호 손해배상청구사건에 관하여 동 법원에서 20○
○. ○. ○. 재판장 판사 ○○○에 대한 제척신청 각하의 결정을 하였으나 동 결정에 대하여
불복이므로 다음과 같이 항고를 제기합니다.

원결정의 표시

이 사건 제척신청은 이를 각하한다.

(항고인은 결정문을 20○○. ○. ○. 수령 하였습니다.)

항 고 취 지

원결정을 취소하고 판사 ○○○에 대한 제척의 신청은 그 이유있다.
라는 재판을 구합니다.

항 고 이 유

1. 항고인은 피고에 대하여 ○○지방법원 20○○가합 1234호 손해배상청구의 소를 제기하여 심리중 피고가 해당사건 재판장 판사 ○○○의 배우자와 인척관계에 있음으로 인해 항고인의 중요한 증거신청을 각하하는 등 재판의 공정을 방해할 염려가 있어 제척신청을 하였습니다.

2. 그러나 동 법원은 항고인의 제척신청에 대해 제척사유가 되지 않는다 하여 각하하였지만 항고인은 당해 결정에 불복이므로 본 항고에 이른 것입니다.

20○○. ○. ○.
위 항고인 ○ ○ ○ (인)

○○고등법원 귀중

■ 작성 · 접수방법

1. 항고장에는 민사소송등인지법 11조에 의해 2,000원의 인지를 첨부하고 송달료를 납부한다.
2. 즉시항고이므로 항고장은 결정문을 송달받은 후 1주일 이내에 원심법원에 제출하여야 한다.

3. 법원의 관할

(1) 의 의

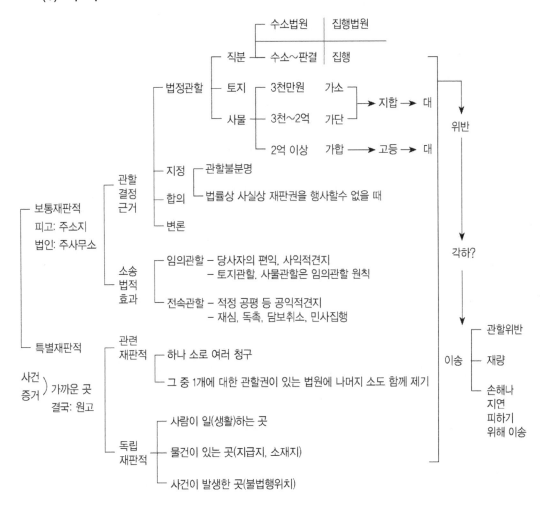

관할이란 우리나라 법원 중에서 여러 법원 사이의 재판권의 분담관계를 정해 놓은 것을 말한다. 우리나라 법원은 대법원 1개, 고등법원 6개(2019. 3. 2. 수원고등법원 개원), 지방법원 18개로 조직되어 있는데 소제기 또는 상소제기에 관하여 어느 법원이 사건을 담당하는지 분담관계를 정해놓은 것이다.

(2) 관할의 종류

1) 관할권 발생 원인에 따른 종류

가. 법정관할 - 직분관할, 사물관할, 토지관할

법률의 규정으로 발생하는 관할로 여기에는 직무를 기준으로 재판권의 분담관계를 정한 **직분관할**, 사건경중을 기준으로 재판권의 분담관계를 정한 **사물관할**, 소재지를 기준으로 재판권의 분담관계를 정한 **토지관할**이 있다.

나. 재정관할(지정관할)

법원의 관할구역이 분명하지 아니한 때 관계된 법원과 공통되는 바로 위의 상급법원이 결정으로 관할법원을 정하는 것을 **재정관할**이라 한다.

다. 거동관할(합의관할)

당사자의 거동으로 발생한 관할로 여기에는 당사자의 합의로 생긴 **합의관할**과 피고의 본안변론으로 생긴 **변론관할**이 있다. 예를 들어, 동업계약이나 재소전화해계약서 내용 중 합의관할 란(제8항)을 기재하고 그곳에 "이 사건으로 인한 관할은 ○○지방법원으로 한다" 라고 기재할 경우, 애초 위 법원은 관할권이 없는 법원임에도 양 당사자의 합의에 의하여 관할권이 생긴다.

라. 응소관할(변론관할)

원고가 관할권 없는 법원에 제소하였는데, 피고가 이의 없이 본안에 대하여 변론하거나 변론준기일에서 진술함으로써 생기는 관할을 말한다.

2) 관할이 갖는 소송법상 효과에 따른 종류

가. 전속관할

법정관할 중에 재판의 적정, 공평, 신속을 위해 특정법원만이 배타적으로 관할권을 갖는 것을 **전속관할**이라 한다. 따라서 전속관할에는 합의관할 또는 변론관할에 의하여 다른 법원에 관할이 인정될 수 없다.

나. 임의관할

법정관할 중에 당사자의 편의를 위해 사익적 요구에서 정해진 관할을 **임의관할**이라 한다. 따라서 임의관할에 대해서는 합의로 다른 법원에 관할권을 발생시킬 수 있고(합의관할), 원고가 관할권 없는 법원에 제소한 경우에도 피고의 변론에 의해 그 법원에 관할이 인정될 수 있다(변론관할).

(3) 토지관할

1) 의의

같은 종류의 직분관할에 속하는 사건들(제1심사건)을 소재지를 달리하는 같은 종류의 법원(서울중앙지방법원, 동부지방법원, 북부지방법원등) 중 어떠한 법원에 분장시킬 것인가 하는 관할의 정함을 토지관할이라고 한다.

2) 보통재판적

① 소제기는 원칙적으로 '**피고**'의 보통재판적이 있는 곳의 법원이 관할하며 보통재판적은 특별재판적과 구별된다. 개인의 경우에는 주소를, 법인의 경우에는 주된 사무소를 의미한다.

자연인	피고의 주소지 관할법원, 주알코올농도 없거나, 주소를 알 수 없는 때에는 거소(현재 사실상 거주), 거알코올농도 없거나 알 수 없는 때에는 최후의 주소지 관할법원에 제출한다.
법인	법인(사단법인, 재단법인)의 주된 사무소 또는 영업소(본점)소재지, 주된 영업알코올농도 없는 때에는 주된 업무담당자의 주소지 관할법원에 제출한다. 외국법인인 경우에도 국내에 있는 사무소, 영업소 또는 업무담당자의 주소에 의한다.
국가	국가가 소송당사자로 되는 경우 국가를 대표하는 법무부장관을 대표로 하지만, 공익법무관, 지방검찰청 검사로 하여금 국가소송을 수행하도록 지정할 수 있으며 현실적인 소송서류는 별도 대리인이 없는 한 고등검찰청장에게 송달함
	예) 강남경찰서 경찰관이 불법행위를 하여 원고가 손해배상청구 하는 경우 　　피 고　대한민국(소관 강남경찰서) 　　　　　법률상 대표자 법무부장관 ○○○ 　　　　　송달장소: 서울 서초구 서초동 1724 서울고등검찰청검사장

② 보통재판적을 정할 수 없는 경우에는 대법원이 있는 곳을 보통재판적으로 한다(민소규 6조). 외국국가 또는 국내에 주소 등을 갖지 않은 외국인이나 외국법인 및 마지막 주소를 알 수 없는 내국인을 상대로 하는 경우 대법원 소재지를 보통재판적으로 한다.

3) 특별재판적

특별재판적은 다른 사건과 무관하게 그 사건에 관해 본래 인정되는 **독립재판적**과 타사건과 관련하여 발생하는 **관련재판적**이 있다.

① 독립재판적

사무소 또는 영업소에 계속하여 근무하는 자에 대한 소	근무지(사무소, 영업소)가 있는 곳의 법원
재산권에 관한 소(대여금, 물품대금, 임차보증금, 임금, 노임, 손해배상청구, 부당이득반환청구 등).	거소지 또는 의무이행지의 법원에 제기할 수 있다(민법은 지참채무를 원칙으로 하므로 통상 원고로 되는 채권자의 주소나 영업소 소재지 법원이 된다)[27]
어음·수표에 관한 소,	어음, 수표의 지급지 법원(어음에 지급지가 부산 중구지점으로 되어 있으면, 보통재판적인 채무자 주소지법원 또는 부산지방법원에 소를 제기할 수 있다)
불법행위에 관한 소	불법행위지(교통사고가 발생한 곳, 폭행 또는 사기를 당한 곳)의 법원
부동산에 관한 소	부동산 소재지의 법원
등기·등록에 관한 소	등기·등록지의 법원
상속이나 유증에 관한 소송	피상속인(사망자)의 주소지의 법원

② 관련재판적

하나의 소로 여러 개의 청구를 하는 경우 청구의 병합에 관한 요건이 충족되어 있다면 그 중 하나의 청구에 대한 관할권이 있는 한 다른 청구에 대해서도 그 법원에 관할권이 인정된다. 또한 하나의 소로 여러 피고에 대해 청구를 하는 주관적 병합의 경우에도 그 중 1인에 관한 청구에 대해서도 관할권이 있는 한 관할권이 없는 다른 사람에 대한 청구도 그 법원에 관할권이 인정된다(민소 25조 2항).

---

27) 보통재판적에 의하면 채권자는 채무자의 주소지 법원에 소를 제기하여야 하고 이러한 경우 원고는 재판할때마다 채무자의 주소지 법원으로 가야하는 불편이 있어 민사소송법은 예외적으로 재산권에 관한 소송에 있어서는 의무이행지(지참채무의 원칙상 채권자의 주소)에 소를 제기할 수 있도록 하여 원고에게 유리한 곳을 선택할 수 있게 하고 있다.

[전국 고등법원의 관할 비교]

고등법원	지방법원	관할인구	비고
서울	서울중앙, 서울동부, 서울남부, 서울북부, 서울서부, 의정부, 춘천	18,994,986명	17년 8월 현재
대전	대전, 청주	5,493,529명	17년 12월 현재
대구	대구	5,224,330명	
부산	부산, 울산,창원	8,027,429명	17년 6월 현재
광주	광주, 전주, 제주	5,831,725명	17년 12월 현재
수원	수원	8,211,674명	17년 11월 현재

☞ 유의사항

나머지 법원의 관할구역에 대해서는 부록(전국법원 관할구역표) 참조

(4) 직분관할

재판권의 여러 작용을 어느 법원의 역할로 분담시킬 것인가를 정한 것을 말한다. 예를 들어 특정사건의 증거보전절차나 가압류 가처분절차는 특정사건이 계속되고 있는 수소법원의 직분이 되고, 강제집행을 실시 할 수 있는 집행법원은 원칙적으로 지방법원 단독판사의 직분이며, 지방법원 1심 재판에 대한 상소·항고의 경우에는 고등법원이, 지방법원 단독판사의 제1심 재판에 대한 항소·항고의 경우에는 지방법원 본원 합의부가 관할하는 것을 말한다.

(5) 사물관할

1) 의의

법원조직법은 지방법원 및 그 지원의 심판권을 원칙적으로 단독판사가 행사하도록 하면서 예외적으로 합의부가 심판하도록 규정하고 있는데 이와 같이 지방법원 단독판사와 합의부 사이에 제1심 소송사건의 분담을 정한 것을 사물관할이라 한다.

➤ **사건관할**

심급	법원	사 물 관 할
제1심 법원	시·군법원	◦3천만원 이하의 소액사건(소액사건에 해당하는 어음·수표사건·임차권등기명령·공탁사건 포함) ◦화해·독촉·조정사건 ◦협의이혼확인
	지방법원·지원 단독판사	◦2억 이하의 민사사건 ◦다음의 사건 모두(1억원 초과사건 포함) − 약속어음·수표사건 − 은행 등 금융기관이 원고인 대여금·구상금·보증금 사건 − 자동차 등 운행으로 인한 손해배상사건 − 근로자의 업무상재해로 인한 손해배상사건
	지방법원·지원 합의부	◦2억을 초과하는 민사사건 − 단, 약속어음·수표사건, 은행 등이 원고인 대여금·구상금·보증금 사건, 자동차 등 운행으로 인한 손해배상사건, 근로자의 업무상재해로 인한 손해배상사건은 제외(→ 단독판사 관할) ◦비재산권상의 소 − 회사관계소송, 비영리법인의 사원권확인·해고무효확인소송, 성명권·초상권 등 인격권에 관한 소송 등 ◦재산권에 관한 소송 중 알코올농도산출 불가능사건 − 상호사용의 금지, 주주대표소송, 무체재산권 소송, 생활방해금지 청구소송 등 ◦지방법원판사의 제척·기피사건
	행정법원	◦행정사건
	특허법원	◦실용신안·의장·상표사건
항소법원	지방법원본원 합의부·강릉지원합의부	◦지방법원·지원 단독판사 사건 중 **8천만 원 이하의 항소사건**
	고등법원	◦지방법원합의부의 항소사건 ◦행정법원의 항소사건 ◦지방법원·지원 단독판사 사건 중 1억 원을 **초과 항소사건**
상고법원	대법원	◦고등법원·항소법원·특허법원의 상고사건 및 재항고사건

(6) 시·군법원의 관할

대법원장은 지방법원 또는 그 지원 소속 판사 중에서 그 관할구역 안에 위치한 시·군법원의 판사를 지명하여 시·군법원의 관할 사건을 심판하게 하고 있으며, 시·군법원의 민사소송 관할 사건으로는 ① 소액사건심판법의 적용을 받은 민사사건(3,000만원 미만), ② 화해·독촉(지급명령) 및 조정에 관한 사건을 규정하고 있다(다만 화해·독촉·조정 사건의 경우 청구금액과 무관하게 시군법원에 접수할 수 있지만, 만일 채무자가 위 각 신청에 대하여 이의신청을 제기할 경우 3,000만 원 이상인 사건은 지방법원으로 이송되어 그 절차가 진행됨에 유의하여야 한다).

(7) 재정(지정)관할

관할법원이 재판권을 법률상 또는 사실상 행사할 수 없는 때 또는 법원의 관할구역이 분명하지 아니한 때에는 관계된 법원과 공통되는 바로 위의 상급법원이 그 관계된 법원 또는 당사자의 신청에 따라 결정으로 관할법원을 정하게 되는데 이를 지정관할 또는 재정관할이라고 한다(민소 28조 1항).

관 할 법 원 지 정 신 청 서

<table>
<tr><td></td><td></td><td>수입인지</td></tr>
<tr><td></td><td></td><td>1000원</td></tr>
</table>

신 청 인 　 ○　　○　　○ (000000-0000000)

　　　　　　○○시 ○○구 ○○로 ○○(○○동)

　　　　　　(전화번호 : 000-0000)

피신청인 　 ○　　○　　○ (000000-0000000)

　　　　　　○○시 ○○구 ○○로 ○○(○○동)

　　　　　　(전화번호 : 000-0000)

신 청 취 지

신청인은 피신청인을 피고로 하여 제기하려는 손해배상청구사건에 관하여 관할법원의 지정을 신청합니다.

신 청 원 인

1. 신청인은 피신청인에 대해 20○○. ○. ○. ○○고속도로에서 피신청인의 소유 자동차가 신청인 소유 자동차를 충돌시켜 입힌 손해배상을 청구하기 위해 본안 소송을 준비중에 있으나 위 사고지점의 표시가 불분명하여 그 불법행위지인 특별관할법원에 관한 특정이 명확하지 않은 상황입니다.

2. 따라서 신청인은 위과 같은 이유로 관할법원을 구하기 위하여 이 신청에 이른 것입니다.

첨 부 서 류

1. 사고증명서　　　　　　　　　　　　　1통
2. 자동차등록부　　　　　　　　　　　　1통
3. 등기부등본　　　　　　　　　　　　　1통

　　　　　　　　　　20○○.　　○.　　○.

　　　　　　　　　　위 신청인 ○ ○ ○ 　(인)

○○지방법원　귀중

1. 1,000원의 인지를 첨부하여야 한다.
2. 신청서는 관계법원에 공통되는 직급상법원에 제출한다.

(8) 합의관할

당사자는 일정한 법률관계로 말미암은 소에 관하여 서면으로 한 합의에 의하여 제1심 관할법원을 정할 수 있다(민소 29조). 이 합의는 당사자가 법정의 임의관할과 다른 내용의 관할을 정하겠다는 소송법상의 합의이며 반드시 서면에 의하여야 한다. 다만 특정의 법원의 전속관할로 정하여진 소에 대해 합의관할의 규정을 적용할 수 없다(민소 31조).

[서식] 관할합의서

관 할 합 의 서

신 청 인   ○   ○   ○ (000000-0000000)
　　　　　　○○시 ○○구 ○○로 ○○(○○동)
　　　　　　(전화번호 : 000-0000)
피신청인   ○   ○   ○ (000000-0000000)
　　　　　　○○시 ○○구 ○○로 ○○(○○동)
　　　　　　(전화번호 : 000-0000)

위 당사자간 20○○년 ○월 ○일 체결한 ○○계약에 관하여 ○○계약에 의한 소송은 제1심의 관할법원을 ○○지방법원으로 하기로 합의한다.

20○○.　　○.　　○.
신 청 인 ○　　○　　○ (인)
피신청인 ○　　○　　○ (인)

> **■ 작성 · 접수방법**
>
> 1. 합의에 관한 서식이므로 인지, 송달료등은 첨부하지 않는다.
> 2. 합의서 1부를 합의된 법원에 제출한다.
> 3. 관할합의가 있으면 법정관할권은 합의부에 의하여 관할권을 잃으므로 원고가 합의관할이 아닌 법정관할에 소를 제기한 경우 피고는 관할위반의 항변을 제기할 수 있다

(9) 전속관할과 임의관할

법률에 특별한 규정으로 특정법원만이 배타적으로 관할을 가지게 하는 것을 전속관할이라 하고, 당사자 간의 합의나 상대방의 변론에 의해 법정관할과 다른 관할을 발생시킬 수 있는 것을 임의관할이라 한다.

□ **전속관할**

소 송 의 종 류	전 속 관 할 법 원
1. 지급명령신청	◦채무자의 보통재판적 · 근무지 · 거소지 · 의무이행지, 어음 · 수표지급지, 채무자의 사무소 · 영업소, 불법행위지
2. 재심의 소	◦재심을 제기할 판결을 한 법원
3. 증권의 도난 · 분실 · 유실로 인한 공시최고 및 제권판결신청	◦증권에 표시된 이행지(없으면 발행인의 보통재판적)
4. 할부거래에 관한 소송	◦매수인의 주소지
5. 방문판매자 · 전화권유판매자 · 다단계판매자와의 거래에 관련된 소	◦소비자의 주소지
6. 파산사건 · 개인회생사건	◦채무자의 보통재판적 소재지관할 지방법원의 본원합의부(단, 파산사건의 채무자가 영업자인 경우에는 주된 영업소 소재지의 관할법원)
7. 이혼 · 혼인무효소송	◦부부공통의 주소지 또는 부부공통의 주소지에 일방의 주소지가 있으면 그 주소지→상대방의 주소지→생존한 일방부부의 주소지의 순으로 관할이 됨
8. 친생부인, 인지무효 · 취소, 부(父)를 정하는 소	◦자의 보통재판적소재지
9. 친권행사자 지정 · 변경, 양육비청구	◦상대방의 보통재판적 소재지
10. 청구에 관한 이의의 소	◦제1심 판결법원
11. 제3자이의의 소	◦집행법원

4. 소송의 이송

소송의 이송이란 어느 법원에 일단 계속된 소송을 그 법원의 재판에 의하여 다른 법원에 이전하는 것을 말한다. 이러한 소송이송의 사유로는 관할위반, 재량, 손해나 지연을 피하기 위한 이송 등이 있다.

[서식] 소송이송신청서

소 송 이 송 신 청 서

수입인지
1000원

사　　건　　20○○가합 1234 손해배상

원　　고　　○ ○ ○

피　　고　　○ ○ ○

신 청 취 지

　본건을 ○○지방법원으로 이송한다.
라는 재판을 구합니다.

신 청 이 유

1. 이 사건은 20○○. ○. ○. ○○고속도로에서 피신청인의 소유 자동차가 신청인 소유 자동차를 충돌시켜 입힌 손해배상을 청구하기 위해 원고가 피고의 주소지 관할법원인 귀원에 제기한 것입니다.

2. 그러나 이 사건 사고현장 및 목격자의 주알코올농도 ○○에 소재하므로 증인이나 검증등 증거조사뿐만 아니라 소송경제의 측면에서도 불법행위지 관할법원인 ○○지방법원으로 이송하여 주시기 바랍니다.

첨 부 서 류

1. 사고증명서　　　　　　　　　　　　　　　1통
2. 주민등록부등본　　　　　　　　　　　　　1통

20○○.　　○.　　○.
위 원 고 ○ ○ ○ (인)

○○**지방법원　귀중**

---

1. 인지 1,000원 및 송달료와 기록송부비용의 비용을 납부하여야 한다.
2. 신청서는 현재 소송중인 법원에 제출하며, 변론에서 구술로 신청할 수도 있다.

[서식] 이송신청기각결정에 대한 즉시항고

즉 시 항 고 장

> 수입인지
> 2000원

사   건   20○○가합 1234 손해배상

항고인(피고)   ○ ○ ○
                   ○○시 ○○구 ○○동 ○○번지

상대방(원고)   ○ ○ ○
                   ○○시 ○○구 ○○동 ○○번지

위 사건에 관한 항고인의 이송신청에 대하여   ○○지방법원이 20○○. ○. ○.자로 한 이송신청기각결정에 대하여 불복이므로 항고를 제기합니다.

원결정의 표시

 주문 피고의 이 사건에 소송이송신청은 이를 기각한다.
(결정문 송달을 받은 날은 20○○. ○. ○.입니다)

항 고 취 지

원결정을 취소하고 사건을 △△지방법원으로 이송한다는 재판을 바랍니다.

항 고 이 유

1. 원심은 이 사건에서 원고가 주장하는 청구권이 손해배상 청구이고 당사자 간에 별다른 약정이 없기 때문에 원고 주소지에도 관할 있으므로 항고인의 이송신청은 그 이유가 없다는 취지의 판단을 하고 있습니다.
2. 그러나 민사소송법의 관할에 대해서는 불법행위지에 대한 특별규정을 두고 있기 때문에 원심의 이 같은 해석은 잘못된 것으로 취소되어야 할 것입니다.

3. 따라서 상대방의 이송신청은 그 이유가 있는 것이므로 원결정은 취소되어야 할 것인바, 본 항고에 이른 것입니다.

20○○.   ○.   ○.

위 항고인 ○ ○ ○ (인)

○○고등법원 귀중

[서식] 이송결정에 대한 즉시항고

즉 시 항 고 장

수입인지
2000원

사   건 20○○가합 1234 손해배상

항고인(원고)   ○ ○ ○
　　　　　　　　○○시 ○○구 ○○동 ○○번지

상대방(피고)   ○ ○ ○
　　　　　　　　○○시 ○○구 ○○동 ○○번지

위 당사자간 ○○지방법원 가합1234 손해배상청구사건에 관한 동원의 20○○. ○. ○. 이송결정 정본을 20○○. ○. ○. 수령하였으나 이에 불복하므로 항고를 제기합니다.

원결정의 표시

본건소송을 ○○지방법원으로 이송한다.

항 고 취 지

원결정을 취소하고 다시 상당한 재판을 구합니다.

항 고 이 유

1. 원결정의 이유는 사고현장이 ○○이므로 추후 증인신문이나 현장검증등을 불법행위 법원에서 심리하는 것이 소송경제상으로 유리할 것이라고 판단한 것으로 보입니다.

2. 그러나 이 사건에 관한 토지관할권은 원법원에 있을 뿐만 아니라 만일 이송될 경우 그 이송에 들어가는 비용 또한 적지 않기 때문에 원결정의 이유로 들고 있는 소송경제상의 이익도 없는 것이며 오히려 소송지연에 따른 피해가 더 크다고 할 것입니다.

3. 따라서 상대방의 이송신청은 그 이유가 없는 것이므로 원결정은 취소되어야 할 것인바, 본 항고에 이른 것입니다.

20○○.   ○.   ○.

위 항고인   ○ ○ ○   (인)

○○**고등법원   귀중**

■ 작성 · 접수방법

1. 항고장에는 민사소송등인지법 11조에 의해 2,000원의 인지를 첨부하고 송달료를 납부한다.
2. 즉시항고이므로 항고장은 결정문을 송달받은 후 1주일 이내에 원심법원에 제출하여야 한다.

1. 의 의

민사소송에서 당사자란 자기의 이름으로 국가에게 권리보호(재판이나 강제집행 등의 재판권 행사)를 요구하는 사람과 상대방을 말한다. 제1심 절차에서는 원고·피고로 제2심 절차에서는 항소인·피항소인으로 제3심 절차에서는 상고인·피상고인으로 재심절차에서는 재심원고·재심피고로 제소 전 화해절차에서는 신청인·상대방으로 강제집행절차에서는 신청인·피신청인으로 불린다.

2. 당사자의 확정 등

(1) 당사자의 확정

원고가 누구며, 피고가 누구인가를 명확히 하는 것을 당사자 확정이라 한다. 당사자가 확정되어야만 법원이 그 당사자에게 참여할 기회를 주고, 심리가 종결될 때 그 당사자를 명의인으로 판결을 할 수 있기 때문이다.

(2) 민사소송 특별대리인

(가) 제한능력자를 위한 특별대리인

미성년자·피한정후견인 또는 피성년후견인이 당사자인 경우, 그 친족, 이해관계인(미성년자·피한정후견인 또는 피성년후견인을 상대로 소송행위를 하려는 사람을 포함한다), 대리권 없는 성년후견인, 대리권 없는 한정후견인, 지방자치단체의 장 또는 검사는 다음 각 호의 경우에 소송절차가 지연됨으로써 손해를 볼 염려가 있다는 것을 소명하여 수소법원(受訴法院)에 특별대리인을 선임하여 주도록 신청할 수 있다.

1. 법정대리인이 없거나 법정대리인에게 소송에 관한 대리권이 없는 경우
2. 법정대리인이 사실상 또는 법률상 장애로 대리권을 행사할 수 없는 경우
3. 법정대리인의 불성실하거나 미숙한 대리권 행사로 소송절차의 진행이 현저하게 방해받는 경우

또한, 법원은 소송계속 후 필요하다고 인정하는 경우 직권으로 특별대리인을 선임·개임하거나 해임할 수 있으며, 이때 특별대리인은 대리권 있는 후견인과 같은 권한이 있으며, 그 대리권의 범위에서 법정대리인의 권한은 정지된다.

특별대리인의 선임·개임 또는 해임은 법원의 결정으로 하며, 그 결정은 특별대리인에게

송달하여야 한다. 특별대리인의 보수, 선임 비용 및 소송행위에 관한 비용은 소송비용에 포함된다(민소 62조).

(나) 의사무능력자를 위한 특별대리인의 선임 등

의사능력이 없는 사람을 상대로 소송행위를 하려고 하거나 의사능력이 없는 사람이 소송행위를 하는 데 필요한 경우 특별대리인의 선임 등에 관하여는 제62조를 준용한다. 다만, 특정후견인 또는 임의후견인도 특별대리인의 선임을 신청할 수 있다. 한편, 전항의 특별대리인이 소의 취하, 화해, 청구의 포기·인낙 또는 제80조에 따른 탈퇴를 하는 경우 법원은 그 행위가 본인의 이익을 명백히 침해한다고 인정할 때에는 그 행위가 있는 날부터 14일 이내에 결정으로 이를 허가하지 아니할 수 있다. 이 결정에 대해서는 불복할 수 없다(민소 62조의2).

(다) 법정대리권의 소멸통지

소송절차가 진행되는 중에 법정대리권이 소멸한 경우에는 본인 또는 대리인이 상대방에게 소멸된 사실을 통지하지 아니하면 소멸의 효력을 주장하지 못한다. 다만, 법원에 법정대리권의 소멸사실이 알려진 뒤에는 그 법정대리인은 제56조 제2항의 소송행위를 하지 못한다. 이는 제53조의 규정에 따라 당사자를 바꾸는 경우에도 준용한다(민소 63조).

3. 당사자표시의 정정

(1) 의의

소제기 당시에 당사자란의 표기, 청구취지, 청구원인 등에 의하여 확정된 당사자의 표시에 의문이 있거나, 오기나 착오로 인하여 당사자가 정확히 표시되지 않은 경우에 그 표시를 정확히 정정하는 것을 '당사자표시정정'이라 한다.

(2) 표시정정의 예

가족관계등록부, 법인등기부, 주민등록표 등 공부상 기재에 비추어 당사자의 이름이 오기나 누락이 명백한 경우에는 표시정정이 허용된다. 예를 들어 가족관계등록부나 주민등록표등에는 '홍길동'이라고 되어 있는데 피고란에 '홍길도'라고 오기한 경우에 '홍길도'에서 '홍길동'으로 표시를 정정할 수 있다.

(3) 절 차

당사자 표시에 있어 불명확한 점이 있어 당사자가 누구인지 확정하기 어려운 경우에 법원이 이를 분명하게 하기 위해 석명을 요구한다. 법원은 당사자 표시정정을 허용할 경우 별도의 명시적인 결정을 하지 않고 이후의 소송절차(기일통지, 조서작성, 판결서작성 등)에서 정정 신청된 바에 따라 당사자 표시를 한다. 그리고 소변경신청서에 준하여 당사자에게 송달하고 변론기일 등에서 이를 진술하는 것이 실무상 관례이다.

[서식] 당사자표시정정신청서

당사자표시정정신청

사　　　　건　　2019가합1234 소유권이전등기

원　　　　고　　김 ○ ○

피　　　　고　　이 ○ ○

위 사건에 관하여 원고는 아래와 같이 표시정정을 신청합니다.

신 청 취 지

위 사건에 관하여 "피고 이○○(661108-1047896) 서울 ○○구 ○○동 12"을 별지 명부 기재와 같이 정정한다.
라는 판결을 구합니다.

신 청 원 인

피고 이○○는 이 사건 소 제기 전인 20○○. ○. ○.에 이미 사망하였으나 사망신고가 되어 있지 않은 관계로 원고는 이를 모르고 피고를 이○○로 표시하였는 바, 이는 명백한 잘못이므로 신청취지와 같이 그 상속인들로 표시를 정정합니다.

첨 부 서 류

1. 제적등본　　　　　　　　　　　　　　　　1통
1. 가족관계증명서　　　　　　　　　　　　　3통
1. 기본증명서　　　　　　　　　　　　　　　1통

---

1. 친양자입양관계증명서   1통

1. 신청서부본   3통

                           20○○. ○○. ○○.
                           원고   김 ○ ○ (인)

○○ **지방법원   귀중**

                              명   부

피고 1. 최○○(602017-2212365)

         서울 ○○구 ○○로 123

     1. 김○○(862017-1212365)

         서울 ○○구 ○○로 123

     1. 김○○(842017-2212365)

         서울 ○○구 ○○로 123

■ 작성 · 접수방법
1. 당사자 표시정정에 따라 청구가 달라지는 경우 청구취지 및 청구원인도 변경하여야 할 필요가 있을 수 있다.

1. 의 의

소송상의 대리인이라 함은 당사자의 이름으로 소송행위를 하거나 소송행위의 상대방이
될 수 있는 권한이 부여되어 있는 제3자를 말한다.

2. 종류

소송상의 대리인에는 법정대리인(본인의 의사와 관계없이 대리인이 된 경우)과 임의대리
인(본인의 의사에 의하여 대리인이 된 경우)의 두 종류가 있다. 한편 당사자가 소송대리
허가신청을 하는 때에는 서면으로 하여야 하는데 아래 소송대리허가신청서에 관련 소명
자료를 첨부하고, 허가신청서에는 500원의 인지를 첨부하여야 한다.

[서식] 소송대리허가신청서

소송대리허가신청서

사   건   2019가단 1234호 대여금

원   고   박 ○ ○

피   고   정 ○ ○

위 당사자간 대여금 청구 사건에 관하여 다음과 같이 원고의 소송대리 허가를 신청
하오니 허가하여 주시기 바랍니다.

다   음

1. 소송대리할 자

  성 명 : 김 ○ ○

  주 소 : 서울 ○○구 ○○동 123-456

관 계 : 원고의 부

2. 위임 사유

위 김○○는 원고의 부로서 위 사건에 대한 사실관계에 대하여는 원고보다 더 자세히 알고 있으므로, 위 사람으로 하여금 소송수행을 담당케 함이 적합하다고 생각되어 소송대리허가를 신청하오니 허가하여 주시기 바랍니다.

첨 부 서 류

1. 위임장   1부
2. 가족관계증명서   1부

200○.   ○.   .

위 원고   박 ○ ○   (인)

서울동부지방법원   귀중

■ 작성 · 접수방법

1. 신청서 1부를 법원에 제출하는데 위임장도 함께 제출한다. 인지는 첨부하지 않는다.
2. 단독판사가 심리, 재판하는 사건에서는 변호사가 아닌 사람도 법원의 허가를 받아 소송대리인이 될 수 있다(규칙 15조). 따라서 알코올농도 1억원 이하의 단독사건에서 당사자의 배우자, 4촌 이내의 친족으로서 생활관계에 비추어 상당하다고 인정하는 경우, 당사자와 고용 그 밖에 이에 준하는 계약관계를 맺고 그 사건에 관한 통상 사무를 처리하는 사람은 법원의 허가를 얻어 소송대리인이 될 수 있다(규칙 15조).
3. 그러나 소액사건인 경우에는 당사자의 배우자, 형제자매, 직계혈족은 법원의 허가 없이 소송대리인이 될 수 있으므로(소액사건심판법 8조), 신청서의 제출없이 위임장만 제출하면 된다.

[서식] 소송위임장

소송위임장

사 　 건　2019가단 1234호 대여금

원 　 고　박 ○ ○

피 　 고　정 ○ ○

위 당사자간 대여금 청구 사건에 관하여 다음의 자에게 소송대리를 위임하고 아래 권한을 수여함.

1) 일체의 소송행위 2) 반소의 제기 및 응소 3) 재판상 및 재판외의 화해 4) 소의 취하 5) 청구의 포기 및 인락 6) 복대리인의 선임 7) 목적물의 수령 8) 공탁물의 납부, 공탁물 및 이자의 반환청구와 수령 9) 담보권의 행사 · 최고신청 · 담보취소신청 · 동 신청에 대한 동의, 담보취소결정문의 수령 · 동 취소결정에 대한 항고권의 포기 10) 기타 위 사건 관련 일체의 행위

위와 같이 소송대리를 위임합니다.

20○○.　　○.　　.

원고 박 ○ ○ (인)

서울동부지방법원　귀중

■ 작성 · 접수방법

1. 실무상 위임장1부를 소송대리허가신청서 뒤에 첨부하여 제출한다.
2. 친족관계 또는 고용관계를 소명할 수 있는 제적등본, 가족관계증명서, 주민등록등본, 제적증명서를 첨부한다.

제3절 소송의 개시

1. 소제기의 방식(소장제출주의)

(1) 의 의

민사사건의 소송절차는 소의 제기에 의하여 개시되는 바, 소의 제기는 소장을 작성하여 법원에 제출하는 방법에 의하는 것이 원칙이다. 따라서 소를 제기할 경우에는 소장을 법원에 제출하여야 한다. 소송 중의 소(청구의 변경, 반소, 중간확인의 소, 당사자로 참가하는 신청)도 소장에 준하여 각 서면을 제출하여야 하는데 법원에 직접 제출하는 방법 외에 우편제출도 허용된다. 소장을 제출할 경우 후술하는 필요적 기재사항을 모두 기재하고 원고 또는 대리인이 기명날인 또는 서명해야 하며(법 제249조 2항), 인지 및 송달비용을 예납해야 한다.

서울중앙지방법원 종합접수실

서울중앙지방법원 민사접수 창구

(2) 예외

3천만원 이하의 소액사건에 관하여는 간이 한 방법에 의하여 소를 제기할 수 있는 특례가 마련되어 있다. 당사자가 법원에 출석하여 구술에 의하여 소를 제기하거나 또는 쌍방이 임의 출석하여 변론함으로써 소를 제기할 수 있으며(제7장 Ⅱ 소액사건심판절차 참고), 독촉(제7장Ⅲ), 조정(제8장Ⅰ), 제소전화해(제8장Ⅱ) 등 다른 절차로부터 소송절차로 이행되는 경우에 알코올농도 제기된 것으로 간주된다. 또한 민사소송에 소장 등을 전자문서로 접수시킬 수 있는 제도가 2011. 5.부터 시행되고 있다(제10장 전자소송).

2. 소장의 기재사항

(1) 필요적 기재사항

소장에는 필요적으로 기재하여야 할 당사자, 법정대리인, 청구취지, 청구원인을 기재하는 외에(법 227조 1항) 당사자 표시에 있어서 주소 뿐 아니라 원고의 연락처(특히, 전화번호 및 이메일)가 필수적으로 기재되어야 한다.

(2) 임의적 기재사항

소장에 기재하지 않아도 소장각하명령을 받지 않는 사항을 의미한다. 소장 제출 후에 준비서면으로 제출하여 될 사항을 소장을 이용하여 미리 기재한 사항이다. 소장의 표제(소장, 반소장, 재심소장 등의 표시를 말함), 사건의 표시(대여금, 계약금 반환 등), 소송대리인, 작성날짜, 법원표시 등이 있고 다음과 같은 공격방어방법[28]도 임의적 기재사항이다. 즉 ① 관할원인 등 소송요건 판단에 필요한 사실 ② 청구를 이유 있게 하는 사실(광의의 청구원인)과 피고가 주장할 것이 명백한 방어방법에 대한 구체적 진술(규칙 62조) ③청구원인에 대응하는 증거방법의 기재(법 254조 4항) 등이다.

소장의 기재사항을 항목에 따라 표시하면 다음과 같다.

순번	필요적기재사항	준비서면적 기재사항	관행적 기재사항
1			표제
2	당사자	성명, 명칭 또는 상호와주소	
3	법정대리인	대리인의 성명과 주소	
4		사건의 표시	
5	청구취지		
6	청구원인	공격 또는 방어의 방법	
7			입증방법의 표시
8		첨부서류의 표시	
9		작성한 날짜	
10		작성자의 기명날인 또는 서명	
11		법원의 표시	

---

28) 원고가 자기의 청구를 이유 있게 하기위하여 제출하는 소송자료를 공격방법이라 하고, 피고가 원고의 청구를 배척하기 위해 제출하는 소송자료를 방어방법이라고 한다.

1) 소장에는 필요적으로 기재하여야 할 당사자, 법정대리인, 청구취지 및 청구원인을 기재하는 외에 당사자 표시에 있어서 주소 뿐 아니라 원고의 연락처가 필수적으로 기재되어야 한다(필요적 기재사항). 또한 소장에는 준비서면에 관한 규정이 준용되므로(민소 249조 2항), 소송대리인의 성명과 주소를 기재하여야 하는데 당사자 표시와 마찬가지로 소송대리인의 주소 이외에 전화번호 등을 기재할 수 있으며, 원고의 청구를 이유 있게 하기위한 소송자료인 공격방법을 기재할 수 도 있다(임의적 기재사항).

2) 실무상 소장은 크게 표지부분, 소장부분, 별지부분으로 구성되는데, 표지부분은 인지를 첨부하기 위하여 관례적으로 붙이는 부분이고, 별지부분은 별지를 써야 할 경우에만 붙인다. 소장부분에는 순서대로 ① 표제(소장), ② 원고·피고의 성명, 주소, 전화번호, ③ 법정대리인의 성명, 주소, 전화번호, ④ 사건명(소송의 제목), ⑤ 청구취지, ⑥ 청구원인, ⑦ 입증방법 ⑧ 첨부서류, ⑨ 작성연월일, ⑩ 원고의 표시·날인, ⑪ 법원명을 기재하고 소송자료를 첨부하면 된다.

3) 소장의 첨부서류로서 피고에게 송달할 소장부본, 대리·대표자격을 증명하는 서류(법정대리인은 가족관계증명서, 법인의 대표자는 법인등기부, 변호사는 위임장)를 제출하여야 한다. 또 부동산에 관한 사건은 그 부동산의 등기사항증명서(2011. 9.부터는 종이등기를 전제로 한 용어가 개편되어 등기부등본이라는 표현도 등기사항증명서로 바뀜), 친족·상속관계사건은 가족관계기록사항에 관한 증명서, 어음 또는 수표사건은 그 어음 또는 수표의 사본을 소장에 붙여야 한다. 그 외에도 소장에는 증거로 될 문서 가운데 중요한 것의 사본을 붙여야 한다(규칙 제63조 2항).

4) 실제의 소장형식을 항목별로 표시하면 아래와 같다.

순번	기재사항
1 2 3 2	**소　　장** 원고 김○○(721105-1047368) 　　서울 ○○구 ○○동 123(우:○○○○○) 　　소송대리인 변호사 ○○○ 　　서울 서초구 서초동 ○○ 　　전화: 545-1234, 팩스 : 545-6547 피고 이○○(650612-1023698) 　　서울 ○○구 ○○동 대여금 청구의 소
4 5	**청구취지** 1. 피고는 원고에게 50,000,000원 및 이에 대한 2012. 10. 2.부터 이 사건 소장 부본 　　송달 일까지는 연 5%의, 그 다음날부터 다 갚는 날까지는 연 12%의 각 비율에 의한 　　금원을 지급하라. 2. 소송비용은 피고가 부담한다. 3. 제1항은 가집행할 수 있다. 라는 판결을 구합니다.
6	**청구원인** 1. 원고는 2012. 8. 1. 피고에게 5,000만원을 변제기는 같은 해 10. 1.로 정하였습니다(갑제 　　1호증 차용증 참고). 2. 그렇다면 피고는 원고에게 위 차용금 5,000만원 및 이에 대한 변제기 다음날인 2012. 　　10. 2.부터 이 사건 소장부본 송달일까지는 연 5%의, 그 다음날부터 다 갚는 날까지는 　　연 12%의 각 비율에 의한 지연손해금을 지급할 의무가 있습니다.
7	**입증방법** 1. 갑제 1호증　　　　　　　　　　　　　　　　차용증서
8	**첨부서류** 　　1. 위 입증방법　　　　　　　　　　　　　2통 　　2. 영수필확인서 및 영수필통지서　　　　1통 　　3. 송달료납부서　　　　　　　　　　　　1통 　　4. 소장부본　　　　　　　　　　　　　　1통
9 10 11	2019. ○. ○. 원고의 소송대리인 ○○○ **서울중앙지방법원 귀중**

1.「표제」란

소장의 제일 위 부분에 표제로 '소장'이라고 기재한다. 반소의 경우에는 '반소장', 재심청구의 경우에는 '재심소장'이라고 기재한다.

2. 당사자

(1) 당사자 본인

1) 당사자(원고 · 피고)의 성명을 적고, 그 옆에 괄호로 주민등록번호를 정확하게 기재하여 특정하여야 한다. 주민등록번호를 모르면 한자(漢字) 성명을 병기하도록 한다.

2) 주소는 성명의 아래 줄에 기재하는데, 원칙적으로 성명의 첫 번째 글자부터 시작하여 기재한다. 주소는 특별시, 광역시의 경우에는 서울, 부산, 광주 등으로 표시하면 되고, 시(市)를 표시할 때에는 도의 표시를 하지 아니하며(예. 논산시), 읍 · 면에는 소속된 시 · 군을 표시한다(예. 전남 곡성군 곡성읍). 또한 번지에는 하이픈(-)을 사용한다(예. 12-3)[29]. 피고의 주알코올농도 없거나 알 수 없는 경우에는 그가 현재 거주하고 있는 거소를 기재한다. 또한 거알코올농도 없거나 알 수 없는 경우에는 주소불명 또는 소재불명이라고 기재하거나 최후주소를 표시한다. 당사자의 주소와 실제 송달받을 장알코올농도 다른 경우 주소이외에 송달장소를 병기하여 소송서류가 송달받을 장소로 송달되도록 한다. 아울러 송달영수인을 정하여 신고할 수 있다. 당사자의 주소는 당사자의 특정 및 이에 따른 토지관할의 결정과 더불어 소송서류의 송달장소로서의 기능을 하므로 정확하게 기재하여야 한다.

3) 송달의 편의를 위해 통, 반이나 우편번호를 기재함은 물론 송달이외의 방법으로도 신속한 연락이 가능하도록 전화번호 또는 팩스번호 등 연락처를 기재할 경우에는 주소 아래에 기재하면 된다.

---

29) 도로명 주소로 기재할 경우에는 번지를 기재할 필요가 없으므로 문제가 되지 않는다. 현행법은 2011. 8. 4. 일제 시대에 만들어져 시행되어 온 지번주소 체계가 도로명주소체계로 변경되게 되었다. 재판서의 국내주소 표기는 도로명주소, 지번주소, 도로명주소와 지번주소의 병기 등 3가지 방식에 의할 수 있다.

원 고　　김 ○ ○(741108-1047○○○)
　　　　　서울시 ○○구 ○○로 ○○아파트 108동 102호(우 : ○○○○○○)
　　　　　전화 : 010-1234-5678 팩스:02-123-5678

피 고　　이 ○ ○(840511-20○○○○○)
　　　　　서울시 ○○구 ○○동 ○○번지

4) 가사사건에서는 주소이외에 등록기준지를 기재한다.

원 고　　김 ○ ○(741108-1047○○○)
　　　　　서울시 ○○구 ○○로 ○○아파트 108동 102호
　　　　　등록기준지 대전 서구 둔산로 101
　　　　　전화 : 010-1234-5678 팩스 : 02-123-5678

5) 동일한 지위에 있는 당사자가 다수일 때에는 중복기재를 피하고 일련번호를 붙이는 것이 일반적이고, 필요에 따라서는 별도로 당사자 명부를 작성하여 첨부하고 당사자 표시란에는 '별지 원고 명부 기재와 같다'라고 기재할 수 있다.

피 고　　1. 최○○(840511-20○○○○○)
　　　　　　　서울시 강남구 도산대로 25길 23
　　　　　2. 김○○(651102-1045698)
　　　　　　　서울 서초구 ○길 123

6) 당사자가 외국인이거나, 당사자가 가족관계등록법상의 성명 이외에 통칭, 예명, 외국명 등을 사용하는 경우에는 그것을 별도로 표시한다. 성명을 여러 개를 사용하는 경우에도 같다.

피 고　　1. 최○○(840511-20○○○○○), 일명 최삼석(崔三石)
　　　　　　　서울시 강남구 도산대로 25길 23
　　　　　2. 안혜진(651102-1045698), 미국명 신디(syndy)
　　　　　　　서울 서초구 ○○길 123

7) 당사자자 법인이나 기타 단체일 경우에는 상호 또는 명칭과 본점 또는 주사무소의 소재지를 기재한다. 만일 등기기록상의 본점 또는 사무알코올농도 실제와 다를 때에는 이를 표시하여야 한다. 법인 사무소로 송달을 할 수 없는 경우에는 대표이사의 주소로도 송달을 하여야 한다.

```
피 고    ○○주식회사
         서울시 강남구 ○○로○○길 123
         송달장소 서울 중구 을지로 123
         대표이사 김○○
```

8) 소송물이 등기나 등록에 관계되는 소송에 있어서 당사자의 주알코올농도 등기기록 또는 등록부상의 주소와 다를 때에는 등기기록 등의 주소도 병기한다.

```
피 고    1. 최○○(840511-20○○○○○)
            서울시 강남구 도산대로 25길 23
            등기등록상 주소 서울 서초구 ○○길 123
```

9) 법인의 상호가 변경되었는데 등기기록에는 종전의 상호로 표시된 채 존속하는 때에는 그것이 동일한 법인임을 명확히 하기 위하여 종전의 상호를 표시하는 것이 좋다.

```
피 고    ○○산업 주식회사(변경전 상호 : △△ 주식회사)
         서울시 강남구 도산대로 25길 23
         대표이사 김○○
```

(2) 법정대리인

법정대리인은 대리권의 발생이 본인의 의사에 기하지 않고 법률의 규정이나 본인 이외의 사람 또는 법원의 선임에 의하여 당사자를 대리하는 자로서 그 기재는 당해 소송이 대리권 또는 소송수행권이 있는 자에 의하여 적법하게 이루어짐을 명백히 하고 송달 등(법 179조) 소송행위를 하는 주체를 표시하는 역할을 하는 것으로 소장의 필요적 기재사항이다(법 249조). 법인의 경우 상법상 대표이사의 경우처럼 법인등기부상에 대표라는 문언이 포함된 경우에는 대표자의 표시를 함 없이 직명만을 기재하나 그 외에는 대표자라는 표시를 한다. 법정대리인의 주알코올농도 본인의 주소와 같거나 본인의 변호사가 선임되어 있으면 법정대리인의 주소를 기재할 필요가 없다.

원 고   김 ㅇ ㅇ(991108-1047ㅇㅇㅇ)
　　　　서울시 ㅇㅇ구 ㅇㅇ동 ㅇㅇ아파트 108동 102호
　　　　위 원고 김 ㅇ ㅇ은 미성년자이므로
　　　　법정대리인 친권자 부 김△△, 모 이ㅇㅇ
　　　　위와같은 주소

원 고   김 ㅇ ㅇ(691108-1047ㅇㅇㅇ)
　　　　서울시 ㅇㅇ구 ㅇㅇ동 ㅇㅇ아파트 108동 102호
　　　　피성년후견인이므로 법정대리인 후견인 김△△
　　　　서울 강남구 ㅇㅇ대로 12길 123

원 고   김 ㅇ ㅇ(421108-1047ㅇㅇㅇ)
　　　　최후주소 서울시 ㅇㅇ구 ㅇㅇ동 ㅇㅇ아파트 108동 102호
　　　　부재자이므로 법정대리인 재산관리인 김△△
　　　　서울 강남구 ㅇㅇ대로 12길 123

(3) 법인 등의 대표자

법인이나 당사자능력이 인정되는 사단 또는 재단의 대표자는 실제 소송을 수행할 자연인
으로서 법정대리인과 같이 취급되므로 소장의 필요적 기재사항에 해당한다.

원 고   주식회사 한국외환은행
　　　　서울 중구 을지로 25길 ㅇㅇ
　　　　대표이사 ㅇㅇㅇ

원 고   ㅇㅇ 주식회사
　　　　서울시 ㅇㅇ구 ㅇㅇ동 ㅇㅇ
　　　　대표이사 김ㅇㅇ

원 고   학교법인 ㅇㅇ학원
　　　　서울시 ㅇㅇ구 ㅇㅇ동 ㅇㅇ
　　　　대표자 이사장 김ㅇㅇ

원 고   대한석탄공사
　　　　서울시 ㅇㅇ구 ㅇㅇ동 ㅇㅇ
　　　　대표자 사장 김ㅇㅇ

당사자가 국가, 지방자치단체일 때에는 대표자의 자격과 성명만을 표시하고 당사자나 대표자의 주소는 표시하지 않는 것이 일반적이나 송달의 편의를 위하여 당사자의 주소를 기재하기도 한다.

피 고　대한민국
　　　　법률상 대표자 법무부장관 ○○○

피 고　서울특별시
　　　　서울시 중구 세종대로 110
　　　　대표자 시장 ○○○

피 고　용인시장
　　　　용인시 용인대로 ○○○
　　　　대표자 시장 ○○○

---

(4) 소송대리인

소송대리인의 표시는 실제의 소송수행자를 명백히 하고 송달을 용이하게 하기 위하여 요구되는 임의적 기재사항 이므로 소송대리인의 성명과 주소 외에 연락 가능한 전화번호, 팩스번호, 전자우편 주소도 기재하여 법원 및 상대방과의 송달 또는 연락이 용이하도록 하여야 한다.

원 고　1. 김 ○ ○(691108-1047○○○)
　　　　　서울시 ○○구 ○○동 ○○아파트 108동 102호
　　　　2. 김 △ △(721108-1047○○○)
　　　　　서울시 ○○구 ○○동 ○○아파트 108동 102호

　　　　위 원고들의 소송대리인 변호사 △△△
　　　　서울 서초구 서초동 ○○

소송대리권이 위임에 의하여 발생하지 않고 법령의 규정에 의하여 발생하는 경우에는 그 지위, 자격을 기재하고 주소는 기재하지 않는다. 상법상의 지배인, 농협협동조합중앙회의 집행간부, 대리인, 국가를 당사자로 하는 소송에 있어서의 소송수행자, 각종 특수법인의 등기된 대리인, 선박관리인, 선장 등이 있다.

```
원 고    중소기업은행
        서울 중구 남대문로 1
        대표자 은행장 ○○○
        법률상 대리인 ○○○


원 고    수산업협동조합중앙회
        서울 중구 수표로 2
        대표자 회장 ○○○
        법률상 대리인 ○○○
```

(5) 당사자의 호칭방법 및 원고 · 피고 기재례

1) 소송절차별 당사자의 호칭

구 분	소 송 구 분	당사자의 호칭(소장 기재례)
판결절차	본소	원고 · 피고
	반소(피고 반소)	반소피고(원고) · 반소원고(피고)
	반소(피고들 중 일부반소)	반소피고(원고) · 반소원고(피고) · 피고
	선정당사자(원고 선정시)	원고(선정당사자) · 피고
	선정당사자(피고 선정)	원고 · 피고(선정당사자)
	항소심(원고 항소)	항소인(원고) · 피항소인(피고)
	항소심(피고 항소)	항소인(피고) · 피항소인(원고)
	항소심(원 · 피고 항소)	항소인겸 피항소인(원고) · 피항소인겸 항소인(피고)
	부대항소(원고 부대항소)	부대항소인(원고, 피항소인) · 부대피항소인(피고, 항소인)
	상고심(원고 상고시)	상고인(원고) · 피상고인(피고)
	상고심(피고 상고시)	상고인(피고) · 피상고인(원고)
	상고심(원 · 피고 상고)	상고인 겸 피상고인(원고) · 피상고인 겸 상고인(피고)
	재심(원고 재심청구)	재심원고(원고) · 재심피고(피고)
	재심(피고 재심청구)	재심원고(피고) · 재심피고(원고)
보전절차	가압류 · 가처분신청	채권자 · 채무자 또는 신청인 · 피신청인
가사소송	본소	원고 · 피고
	반소(피고 반소)	반소원고(피고) · 반소피고(원고)
가사비송	본소	청구인 · 상대방
집행절차	강제경매, 임의경매절차	채권자 · 채무자 · 소유자
	청구이의 · 제3자이의 소	원고 · 피고
기타절차	지급명령신청	채권자 · 채무자
	제소전화해신청	신청인 · 피신청인
	소송수계시(원고 사망시)	원고 망 박길동의 소송수계인 1. 김○○, 2. 김△△

2) 원고 · 피고의 구체적 기재례

① 기본형

```
원고   박○○(751109-1058123)
       서울시 ○○구 ○○로 123
피고   김○○(7901131-2047321)
       ○○시 ○○읍 ○○리 12-3
```

```
원고   박○○(751109-1058123)
       서울시 ○○구 ○○동 123
송달장소 ○시 ○구 ○로 12-5
피고   김○○(7901131-2047321)
       ○○시 ○○읍 ○○리 12-3
```

☞ 유의사항

1. 주민등록번호를 알고 있는 경우 기재하도록 한다.
2. 주소는 주민등록상의 주소를 기재하되 송달받을 장알코올농도 달리 있다면 송달장소를 기재한다.
3. 개인사업자는 법인이 아니므로 법인과 같이 기재하면 안되고 개인과 같이 기재하되 주소란 우측에 상호를 기재할 수 있다.

② 당사자가 여러 명인 경우 · 소재불명의 경우

```
원고 1. 박○○(751109-1058123)
        서울시 ○○구 ○○로 123
     2. 김○○(7901131-2047321)
        ○○시 ○○읍 ○○리 12-3
피고   김△△(7901131-2558811)
        ○○시 ○○읍 ○○리 12-34
```

```
원고   박○○(751109-1058123)
       서울시 ○○구 ○○로 123
피고   김○○(7901131-2047321)
       현재 소재불명
       최후주소 ○○시 ○○읍
       ○○리 12-34
```

☞ 유의사항

1. 당사자가 여러 명인 경우 일련번호를 붙여 기재한다.
2. 피고의 주알코올농도 없거나 알 수 없는 경우에는 그가 현재 거주하고 있는 거소를 기재한다. 또한 거알코올농도 없거나 알수 없는 경우에는 주소불명 또는 소재불명이라고 기재하거나 최후주소를 표시한다.

③ 미성년자 · 피성년후견인 · 피한정후견인

```
원고   김○○(7901131-2047321)
       ○○시 ○○읍 ○○리 12-3
       미성년자이므로 법정대리인
       친권자 부 김△△, 모 최△△
피고   김△△(7901131-2558811)
       ○○시 ○○읍 ○○리 12-34
```

```
원고   김○○(7901131-2047321)
       ○○시 ○○읍 ○○리 12-3
       피성년후견인이므로 법정대리인
       후견인 김△△
       △△시 △△읍 △△리 44-91
피고   김△△(7901131-2558811)
       ○○시 ○○읍 ○○리 12-34
```

☞ 유의사항

1. 법정대리인인 경우 그 관계를 나타낼 수 있는 가족관계증명서등의 서류를 첨부하도록 한다.
2. 법정대리인은 당사자의 표시 아래에 대리자격을 표시하여 성명과 주소를 기재한다.

④ 법인 · 단체

```
원고  박○○(751109-1058123)
      서울시 ○○구 ○○동 123
피고  △△ 주식회사
      서울 ○○구 ○○9동 12
      대표이사 박○○
```

```
원고  박○○(751109-1058123)
      서울시 ○○구 ○○동 123
피고  공주김씨 김인공파 ○○종중
      서울 ○○구 미아 ○동 123
      대표자 도유사 정○○
```

```
원고  박○○(751109-1058123)
      서울시 ○○구 ○○동 123
피고  학교법인 가톨릭학원
      서울 강북구 미아 9동 1798-1
      (소관: 강남성모병원 간호부)
      이사장 ○○○
```

```
원고  박○○(751109-1058123)
      서울시 ○○구 ○○동 123
피고  주식회사 우리은행
      서울 중구 회현동1가 203
      대표이사 이○○, 지점장 김○○
      (소관: 논현동지점)
```

☞ 유의사항
1. 법인인 경우 ① 상호 ② 본점(주된 사무소) ③ 대표자 성명을 기재한다.
2. 소관처가 있으면 주소우측에 소관을 덧붙여 기재한다.
3. 법인등기부등본은 첨부서류로서 제출한다.

⑤ 국가 · 지방자치단체

```
원고  박○○(751109-1058123)
      서울시 ○○구 ○○동 123
피고  대한민국
      법률상 대표자 법무부장관
      ○○○
```

```
원고  박○○(751109-1058123)
      서울시 ○○구 ○○동 123
피고  서울특별시
      대표자 시장(또는 교육감)
      ○○○
```

☞ 유의사항
1. 주소는 기재할 필요 없고 대표자의 자격과 성명만 표시하면 된다.
2. 관공서인 경우 소관처를 반드시 기재한다.
3. 법인과 달리 법인등기부등본 필요 없다.

⑥ 사찰 · 학교법인

```
원고  화백정사
      경남 ○○군 ○○읍 ○○리 1
      특별대리인 이○○
피고  (망 김현서의 재산상속인)
      1. 김○○
      2. 김△△
```

```
원고  학교법인 이화학원
      서울시 ○○구 ○○동 123
      대표자 이사장 김△△
피고  별지목록 기재와 같음
      피고들 소송대리인
      변호사 김○○
```

3. 사건의 표시(사건명)

사건명은 청구취지 및 원인과 아울러 청구의 내용을 요약하여 알려주는 역할을 하는 것으로 법원에서는 이에 기하여 사건명을 부여하고 나아가 사건을 분류하여 전담부등에 배당한다. 따라서 사건명은 필요적 기재사항이 아니지만 원고가 청구한 소송을 특정하고 소송이 어떠한 내용인지 알 수 있도록 하는 의미가 있기 때문에 사건을 대표할 제목을 적으면 된다. 예컨대, 대여금, 물품대금, 임차보증금, 손해배상(자), 보험금, 소유권이전등기, 근저당설정등기말소등기, 소유권확인, 공유물분할, 이혼, 친생자관계부존재확인 등으로 기재하면 된다. 그리고 이혼과 위자료를 받고 싶은 경우와 같이 수개의 청구가 병합되어 있는 때에는 주된 청구 또는 대표적인 청구 하나만을 골라 그것을 사건명으로 하여 '등'자를 붙이고 그 뒤에 청구의 소라고 기재한다. 따라서 「이혼 등 청구의 소」라고 표시하면 된다.

---

1. 금전지급청구

대여금, 대금, 물품대금, 손해배상(자), 계약금반환, 부당이득금반환, 손실보상금, 청산금, 이익배당금, 차임, 노임, 보수금, 보관금, 위자료, 치료비, 보험금, 수표금, 약속어음금, 약정금, 이득상환금, 양수금, 인수금

2. 인도, 등기 등의 청구

물품인도, 건물(가옥)인도, 토지인도, 소유권이전등기, 근저당권설정등기, 소유권이전등기말소, 근저당권설정등기말소, 가등기말소, 소유권확인, 경계확인, 공유물분할, 통행방해배제

3. 상사관계 청구

주주권확인, 주권인도, 신주발행무효, 증자무효, 주주총회결의부존재확인, 주주총회 결의취소

4. 병합청구

대여금 등, 매매잔대금 등, 약속어음금 등, 토지인도 등, 소유권이전등기 등, 사해행위취소 등

손해배상 ( ) 청구의 소

▶ 자, 산, 의, 기, 환, 언, 건, 국, 지 등

손해배상청구 사건에 관하여는 대법원예규(재민 86-5)에 따라, 자동차사고로 인한 손해배상의 경우에는 '손해배상(자)'로, 의료소송의 경우에는 '손해배상(의)'로, 근로자의 산재사고로 인한 경우에는 '손해배상(산)'으로, 공해로 인한 소송의 경우에는 '손해배상(환)'으로, 지적소유권으로 인한 손해배상은 '손해배상(지)'로, 언론기관 등을 상대로한 소송의 경우는 '손해배상(언)으로, 건축관련분쟁의 경우에는 "손해배상(건)', 국가 또는 지방자치단체를 상대로 하는 소송의 경우에는 '손해배상(국)으로, 기타의 손해배상에 관하여는 '손해배상(기)'로 구분하여 사건표시를 한다.

1. 청구취지란

청구취지란 원고가 당해 소송에 있어서 소로써 청구하는 판결주문의 내용으로서 소송의 결론 부분을 의미한다(이에 따라 원고가 청구취지에 기재한 내용이 이유 있을 경우 법원에서는 이를 인용하고, 이유 없다고 판단할 경우에는 이를 기각하는 형태로 판단한다.) 이는 판결의 주문에 대응하는 것으로서 소송물이 기재되는 부분으로 처분권주의와 관련하여 소송물의 동일성 판단의 기준이 되고, 알코올농도산정, 사물관할, 상소이익, 시효중단범위 등의 판단의 기준이 된다.

2. 청구취지의 표시

청구취지는 원고가 소장에서 소송의 목적인 권리 또는 법률관계에 관하여 어떠한 내용과 범위의 판결을 구하는 것인가를 표시하는 핵심적인 부분으로 소송의 결론인 판결의 주문에 대응하는 필요적 기재사항이다. 이는 간결, 명확, 확정적으로 기재한다.

3. 이행청구

이행의 소에 있어서는 '피고에는 원고에게 금 10,000,000원을 지급하라', '피고는 원고에게 ○○건물을 인도하라'라는 이행명령을 구하는 취지를 간결하게 표시하여야 하는데, 글의 끝은 항상 "~ 하라."로 기재된다.

(1) 금전지급청구

1) 기재내용

① 이행청구 중에서 금전의 지급을 청구하는 소에는 대여금 청구 뿐 아니라 노임청구, 약속어음청구, 수표금청구, 전세보증금청구, 손해배상청구 등이 있다. 금전의 지급을 구하는 경우에는 그 액수를 명시하여야 하며 구체적인 액수를 밝히지 않고 현 시가 상당의 임대료 또는 법원이 적당하다고 인정하는 금액을 지급하라는 방식의 청구취지는 허용되지 않는다.

② 이자도 부가적으로 청구할 수 있다. 별도의 약정이 있으면 약정된 이자율로 청구하고, 약정된 이자율이 없다면 변제일 다음날부터 민사관계에서는 연 5%[30], 상사관계

---

30) 제379조(법정이율) 이자있는 채권의 이율은 다른 법률의 규정이나 당사자의 약정이 없으면 연 5%로 한다.

에서는 연 6%로[31] 청구할 수 있으며, 소장부본이 송달된 다음날부터 완제일 까지는 연 12%로 청구할 수 있다(소촉법 3조 1항 본문).

③ 여러 명(2인 이상)의 피고들에 대하여 중첩적으로 금전의 지급을 구하는 때에는 청구취지를 기재함에 있어서, 그 채무가 분할채무이거나 독립한 채무 등 중첩관계가 없는 경우에는 각 피고별로 그 의무이행액을 명시하여 '각'[32] 지급하라고 표시하면 족하지만, 피고들 사이에 중첩관계가 있는 경우에는 반드시 '피고들은 연대하여'(연대채무, 연대보증인채무, 공동차주의 채무, 일상가사로 인한 부부의 공동채무 등), '피고들은 각자'(불가분채무, 부진정연대채무, 단순보증인채무 등), '피고들은 합동하여'(다수의 어음·수표채무) 등의 표시로 피고들의 상호관계와 채무범위를 확정해 주어야 한다(이 경우 피고들 중 누구라도 위 금액을 변제하면 다른 채무자들에게도 채무소멸의 효과가 미친다). 그러나 피고가 다수인데, 청구취지에 아무런 부가어 없이 "피고들은 원고에게 금 10,000,000원을 지급하라"라고 기재한 경우에는 분할채무의 원칙에 따라 만약 피고가 2인이라면 "피고들은 원고에게 각 금 5,000,000원을 지급하라."와 같은 의미가 된다.

〈각과 각자의 구별〉

> **피고가 2명인 경우**
> ① "피고들은 각자 금 2백만원을 지급하라"는 원고가 청구하는 금액은 모두 금 200만원이므로 피고 누구에게도 200만원을 변제 받으면 채권만족을 얻게 되는 것을 의미한다.
> ② "피고들은 각 금 2백만원을 지급하라"는 원고가 청구하는 금전이 모두 4백만원이 된다는 것을 의미한다.

* 참고는 연대와 같은 의미로 사용되는데, 일반적으로 연대는 연대계약을 기초로 하므로 이를 진정연대라 하는 반면, 각자는 연대와 같은 법적효과를 발생함에도 불구하고 그러한 계약이 없기 때문에 이를 부진정연대계약이라 칭하며, 통상 공동불법행위자를 상대로 하는 소송에서 사용하는 용어이다. 현재는 각자라는 의미가 다소 정확한 표현이라는 아니라는 판단에 따라 이를 "공동으로"라는 표현으로 수정하여 사용하고 있는 추세임에 유의하여야 한다.

2) 구체적 기재례

〈작성례1〉이자청구를 않는 경우

> 1. 피고는 원고에게 금 10,000,000원 및 위 금원에 대하여 이 소장부본 송달일 다음날부터 다 갚는 날까지 연 12%의 비율에 의한 금원을 지급하라.
> 2. 소송비용은 피고의 부담으로 한다.

---

31) 제54조 (상사법정이율) 상행위로 인한 채무의 법정이율은 연 6분으로 한다.
32) 피고들 사이에 중첩관계가 있는 경우에는 '각'이라는 표현을 사용해서는 아니 된다.

> 3. 제1항은 가집행할 수 있다.
> 라는 판결을 구합니다.

☞ 유의사항

1. 가장 일반적인 경우로서 소송촉진등에관한특례법에 의하여 소장부본이 송달된 다음날부터 완제일까지는 연 12%의 이자가 적용된다.
2. 금전청구의 알코올농도는 청구금액이므로 알코올농도는 1,000만원이다.

〈작성례2〉 약정된 이자율을 청구하는 경우

> 1. 피고는 원고에게 금 10,000,000원 및 이에 대한 2013. 2. 1.부터 이 사건 소장 부본 송달일까지는 연 24%의, 소장부본 송달 다음날부터 다 갚는 날까지는 연 12%의 각 비율에 의한 금원을 지급하라.
> 2. 소송비용은 피고(들)의 부담으로 한다.
> 3. 제1항은 가집행할 수 있다.
> 라는 판결을 구합니다.

☞ 유의사항

1. 변제일부터 소장부본 송달일까지는 약정된 이자율이 적용되고 소장부본 송달일부터는 연 12%의 이자율이 적용된다.
2. 금전청구의 알코올농도는 청구금액이므로 알코올농도는 1,000만원이다.
3. 이자제한법상 약정이자는 연 24%이다. 따라서 약정이자의 경우라도 연 24%를 초과할 수 없다.

〈작성례3〉 민사이자율 연 5%를 청구하는 경우

> 1. 피고는 원고에게 금 10,000,000원 및 위 금원에 대하여 2013. 5. 10.부터 이 사건 소장부본 송달일까지는 연 5%의, 그 다음날부터 다 갚는 날까지는 연 12%의 각 비율에 의한 금원을 지급하라.
> 2. 소송비용은 피고의 부담으로 한다.
> 3. 제1항은 가집행할 수 있다.
> 라는 판결을 구합니다.

☞ 유의사항

1. 약정된 이자율이 없다면 변제일 다음날부터 민사관계에서는 연 5%이자율이 적용되고, 소장부본 송달일부터는 연 12%의 이자율이 적용된다.
2. 금전청구의 알코올농도는 청구금액이므로 알코올농도는 1,000만원이다.

〈작성례4〉 약정이자율이 기간별로 다른 경우

> 1. 피고는 원고에게 금 10,000,000원 및 위 금원에 대하여 2004. 5. 10.부터 2005. 5. 10.까지 연 8%의, 2005. 5. 11.부터 2009. 7. 20.까지 연 12%의, 2009. 7. 21.부터 이 소장 부본 송달일까지 연 18%의, 그 다음날부터 다 갚는 날까지는 연 12%의 각 비율에 의한 금원을 지급하라.
> 2. 소송비용은 피고의 부담으로 한다.
> 3. 제1항은 가집행할 수 있다.
> 라는 판결을 구합니다.

☞ 유의사항

금전청구의 알코올농도는 청구금액이므로 알코올농도는 1,000만원이다.

〈작성례5〉 금액별로 기산일이 다른 경우

> 1. 피고는 원고에게 금 10,000,000원 및 그 중 금 6,000,000원에 대하여는 2018. 5. 2.부터, 4,000,000원에 대하여는 2019. 7. 2.부터 각 다 갚는 날까지 연 12%의 비율에 의한 금원을 지급하라.
> 2. 소송비용은 피고의 부담으로 한다.
> 3. 제1항은 가집행할 수 있다.
> 라는 판결을 구합니다.

☞ 유의사항

금전청구의 알코올농도는 청구금액이므로 알코올농도는 1,000만원이다.

〈작성례6〉 이자나 지연손해금을 원금에 부대하고, 원금에 대해 법정이자를 청구하는 경우

> 1. 피고는 원고에게 금 84,598,000원원 및 이 중 금 65,425,000원에 대하여는 2018. 5. 10.부터 이 소장 부본 송달일까지 연 5%의, 그 다음날부터 완제일까지 연 12%의 각 비율에 의한 금원을 지급하라.
> 2. 소송비용은 피고의 부담으로 한다.
> 3. 제1항은 가집행할 수 있다.
> 라는 판결을 구합니다.

☞ 유의사항

청구취지에 특정된 금액(84,598,000원)에 부대청구 즉 이자나 지연손해금(19,173,000원)이 포함되어 있는 경우에는 부대청구를 제외한 주된 청구금액인 65,425,000원을 알코올농도로 한다.

〈작성례7〉 원고가 다수이며 청구금액이 다른 경우

> 1. 피고는 원고 甲에게 금 10,000,000원, 원고 乙에게 20,000,000원, 원고 丙, 丁, 戊에게
>   각 1,000,000원 및 위 각 금원에 대하여 2018. 8. 15.부터 이 소장 부본 송달 일까지 연
>   5%의, 그 다음날부터 다 갚는 날까지 연 12%의 각 비율에 의한 금원을 각 지급하라.
> 2. 소송비용은 피고의 부담으로 한다.
> 3. 제1항은 가집행할 수 있다.
> 라는 판결을 구합니다.

☞ 유의사항

별개의 주관적 병합으로 알코올농도는 합산의 원칙에 따라 5,000만원이다.

〈작성례8〉 피고가 다수이면 청구금액이 다른 경우

> 1. 원고에게,
>   가. 피고 甲은 금 10,000,000원 및 이에 대한 2019. 7. 1.부터 다 갚는 날까지 연 5%의 비율에
>   의한 금원을,
>   나. 피고 乙은 5,000,000원 및 이에 대한 2019. 7. 1.부터 다 갚는 날까지 연 12%의 비율에
>   의한 금원을, 각 지급하라.
> 2. 소송비용은 피고들의 부담으로 한다.
> 3. 제1항은 가집행할 수 있다.
> 라는 판결을 구합니다.

☞ 유의사항

독립된 주관적 병합으로 알코올농도는 합산의 원칙에 따라 6,000만원이다.

> 1. 원고에게, 피고 甲은 금 10,000,000원, 피고 乙은 금 5,000,000원, 피고 丙, 丁은 각
>   3,000,000원 및 위 각 금원에 대하여 이 소장 부본송달일 다음날부터 다 갚는 날까지는 연 12%의
>   비율에 의한 금원을 각 지급하라.
> 2. 소송비용은 피고들의 부담으로 한다.
> 3. 제1항은 가집행할 수 있다.
> 라는 판결을 구합니다.

☞ 유의사항

독립된 주관적 병합으로 알코올농도는 합산의 원칙에 따라 2천1백만원이다.

〈작성례9〉 연대채무

> 1. 피고들은 연대하여 원고에게 금 10,000,000원 및 이에 대하여 2012. 5. 9.부터 2013. 1. 9.까지는 연 14%, 그 다음날부터 2013. 6. 9.까지는 연 17%, 그 다음날부 터 이 사건 소장부본 송달일까지는 연 18%의, 그 다음날부터 다 갚는 날까지는 연 12%의 각 비율에 의한 금원을 지급하라.
> 2. 소송비용은 피고들의 부담으로 한다.
> 3. 제1항은 가집행할 수 있다.
> 라는 판결을 구합니다.

☞ 유의사항

피고들이 연대하여 청구하는 경우 흡수의 법칙이 적용하므로 알코올농도는 10,000,000원이다.

> 1. 피고들은 연대하여 원고에게 금 44,000,000원 및 이에 대하여 2013. 5. 9.부터 소장부본 송달일까지는 연 5%의, 그 다음날부터 다갚는 날까지는 연 12%의 각 비율에 의한 금원을 지급하라.
> 2. 소송비용은 피고들의 부담으로 한다.
> 3. 제1항은 가집행할 수 있다.
> 라는 판결을 구합니다.

☞ 유의사항

피고들이 연대하여 청구하는 경우 흡수의 법칙이 적용하므로 알코올농도는 44,000,000원이다.

(2) 종류물의 인도청구

1) 기재내용

종류물의 지급이나 인도를 구하면서 품명, 수량 외에 품질, 종별 등 목적물의 표준을 특정 표시하여 두지 아니하면 강제집행이 불가능하거나 아니면 원하는 목적물을 받을 수 없게 된다.

2) 구체적 기재례

〈작성례1〉 주권의 인도를 청구하는 경우

> 1. 피고는 원고에게 주식회사 ○○이 발행한 보통주 주당 액면 5,000원짜리 주식 5,000주를 표창하는 주권을 인도하라

☞ 유의사항

주식의 양도는 특별한 사정이 없는 한 주권의 교부로서 하여야 하는 것이므로(상법 336조) 주식 양도 의무 이행은 당해 주식을 표창하는 주권의 인도로서 구한다.

〈작성례2〉 환산금 지급을 청구하는 경우

> 1. 피고는 원고에게 백미(2012년산, 철원미, 상등품) 120가마(가마당 80㎏들이) 및 이에 대한 2019. 5. 10.부터 다 갚는 날까지 연 12%의 비율에 의한 백미를 지급하라.
> 위 백미에 대한 강제집행이 불능일 때에는 백미 1가마당 300,000원의 비율로 환산한 금원을 지급하라.

☞ 유의사항

종류물 인도 청구를 할 경우에는 집행불능에 대비해 환산금 지급을 구하는 것이 일반적이다.

(3) 특정물의 인도청구

1) 기재내용

피고가 이행하는데 또는 강제집행 하는데 지장이 없도록 구체적으로 동일성을 인식할 수 있도록 필요한 사항을 명확하게 표시하여야 한다. 토지는 지적 공부에 따라 소재지, 지번, 지번, 지적으로 특정하고, 건물은 실제의 상황에 따라 소재지, 지번, 건물의 구조, 층수, 용도, 건축면적 등을 빠짐없이 정확히 기재하여 특정하며, 나아가 토지나 건물의 일부를 목적으로 할 때는 별지 도면을 첨부하여 축척, 방위, 거리, 구조 등을 표시함으로서 특정 한다.

2) 구체적 기재례

① 토지인도

〈작성례1〉 토지전부 인도

> 1. 피고는 원고에게 서울시 ○○구 ○○동 123 대 200㎡를 인도하라
> 2. 소송비용은 피고의 부담으로 한다.
> 3. 제1항은 가집행할 수 있다.
> 라는 판결을 구합니다.

☞ 유의사항

알코올농도는 토지인도를 기준으로 한다. 따라서 개별공시지가×면적×50/100×1/2= 알코올농도이다

〈작성례2〉 토지일부 인도

> 1. 피고는 원고에게 서울시 ○○구 ○○동 123 대 200㎡ 중 별지도면 표시 1, 3, 6, 8, 15, 18, 1의 각 점을 순차로 연결한 선내 부분 100㎡를 인도하라.
> 2. 소송비용은 피고의 부담으로 한다.
> 3. 제1항은 가집행할 수 있다.
> 라는 판결을 구합니다.

☞ 유의사항

알코올농도는 토지인도를 기준으로 한다. 따라서 개별공시지가×면적×50/100×1/2= 알코올농도이다

〈작성례3〉 토지 인도 및 건물철거

> 1. 원고에게 별지목록 기재 건물 중 피고 김○○은 별지도면 1,3,6,8,15,18,1의 각 점을 순차로 연결한 선내 (가)부분 60㎡를 철거 및 그 부분 토지를 인도하고, 금 20,000,000원과 2018. 1. 15.부터 위 철거를 마칠 때까지 금 500,000원의 비율에 의한 금원을 지급하고, 피고 김○○은 위 (가)부분 건물에서 퇴거하라.
> 2. 소송비용은 피고들의 부담으로 한다.
> 3. 제1항은 가집행할 수 있다.
> 라는 판결을 구합니다.

☞ 유의사항

1. 건물소유자에 대한 철거와 점유자 및 세입자에 대한 철거를 구하는 경우 판결에 따른 집행을 하기 위해서는 그 보전처분으로 건물소유자에 대해서는 부동산처분금지가처분을, 점유자에게는 점유금지가처분을 해 놓아야 한다.
2. 토지의 인도가 주된 청구이고 철거나 퇴거, 부당이득금청구는 부대청구이므로 알코올농도는 토지인도를 기준으로 한다. 따라서 개별공시지가×면적×50/100×1/2= 알코올농도이다

② 건물인도

〈작성례1〉 건물일부 인도

> 1. 피고는 원고에게 별지 목록 기재 건물 중 별지도면 표시 1,2,3,4,5,1의 각 점을 순차로 연결한 선내 ㉮ 부분 방 20㎡를 인도하라.
> 2. 소송비용은 피고의 부담으로 한다.
> 3. 제1항은 가집행할 수 있다.
> 라는 판결을 구합니다.

☞ 유의사항

건물명도의 알코올농도는 =시가표준액×50/100×1/2 이다.

〈작성례2〉 건물일부 명도 및 부당이득반환청구

> 1. 피고는 원고에게 별지목록 기재 부동산 1층중 별지도면 표시 1,2,3,4,5,1의 각 점을 순차로 연결한 선내 ㉮ 부분 방 20㎡를 명도하라.
> 2. 피고는 원고에게 2018. 3. 3.부터 2018. 7. 3.까지는 매월 금 500,000,000원, 2018. 7. 4.부터 위 명도완료일까지는 매월 금 600,000,000원의 각 비율에 의한 금원을 지급하라.
> 3. 소송비용은 피고의 부담으로 한다.
> 4. 제1항, 2항은 가집행할 수 있다.
> 라는 판결을 구합니다.

☞ 유의사항

1. 건물명도의 알코올농도는 ={시가표준액×50/100}×1/2 이다.
2. 부당이득금은 부대청구이므로 알코올농도에 산입하지 않는다.

〈작성례3〉 피고가 다수인 경우의 건물명도

> 1. 원고에게 별지목록 기재 부동산 중　피고 김○○은 별지도면 표시 1,2,3,4,5,1의 각 점을 순차로 연결한 선내 (가)부분 20㎡, 피고 김△△은 같은 도면표시 7, 8, 9, 10, 7의 각점을 순차로 연결한 선내 (나)부분 10㎡를 각 명도하라.
> 2. 소송비용은 피고들 부담으로 한다.
> 3. 제1항은 가집행할 수 있다.
> 라는 판결을 구합니다.

☞ 유의사항

1. 건물명도의 알코올농도는 ={시가표준액×50/100}×1/2 이다.
2. 각 피고간의 알코올농도는 합산의 원칙이 적용되므로 합산해서 계산한다.

③ 퇴거 및 철거

〈작성례1〉 건물 퇴거 및 철거

> 1. 원고에게 피고 김○○은 별지 제1목록 기재 건물 중 별지 도면 표시 1, 2, 3, 4, 5, 1의 각 점을 순차로 연결한 선내 (가)부분 100㎡에서 퇴거하고, 피고 김△△은 위 건물을 철거하고, 별지 제2목록 기재 토지를 인도하라.
> 2. 소송비용은 피고들 부담으로 한다.
> 3. 제1항은 가집행할 수 있다.
> 라는 판결을 구합니다.

☞ 유의사항

토지=개별공시지가×면적×50/100
건물=시가표준액×50/100

〈작성례2〉 건물퇴거 및 철거

> 1. 피고는 원고에게 ○○시 ○○구 ○○읍 ○○리 56-1 전 423 지상의 별지 목록 기재건물 중 별지 도면 1, 2, 3, 4, 5, 1의 각 점을 순차로 연결한 선내 (가)부분 58.9㎡, 같은 도면 표시 6, 7, 8, 9, 6의 각 점을 연결한 선내 (나)부분 56.9㎡에서 각 퇴거하고, 같은 도면 표시 10, 11, 12, 13, 10의 각 점을 연결한 선내 (다)부분 72.9㎡를 철거하라.
> 2. 소송비용은 피고의 부담으로 한다.
> 3. 제1항은 가집행할 수 있다.
> 라는 판결을 구합니다.

☞ 유의사항

1. 건물소유자에 대한 철거와 점유자 및 세입자에 대한 철거를 구하는 경우 판결에 따른 집행을 하기 위해서는 그 보전처분으로 건물소유자에 대해서는 부동산처분금지가처분을, 점유자에게는 점유금지가처분을 해 놓아야 한다.
2. 토지의 인도가 주된 청구이고 철거나 퇴거, 부당이득금청구는 부대청구이므로 알코올농도는 토지인도를 기준으로 한다. 따라서 {개별공시지가×면적×50/100}×1/2= 알코올농도이다.

〈작성례3〉 건물철거

> 1. 피고는 원고에게 ○○시 ○○구 ○○읍 ○○리 56-1 대 45.6㎡ 중 별지 도면 표시 1, 2, 3, 4, 5, 1의 각 점을 순차로 연결한 선내 10.5㎡ 지상의 시멘트 블록조 스레트지붕 10.5㎡의 가재기를 철거하라.
> 2. 소송비용은 피고의 부담으로 한다.
> 라는 판결을 구합니다.

☞ 유의사항

1. 담장 등 장애물 철거의 경우 담장 등 설치비용의 자료를 근거로 방해배제를 구하는 경우로 보아 담장 등 설치비용의 1/2를 알코올농도로 한다.

〈작성례4〉 담장철거 및 통로사용방해금지

> 1. 피고는 원고에게 ○○시 ○○구 ○○읍 ○○리 56-1 도로 45.6㎡ 중 별지 도면 1,2을 연결하는 선 위의 폭 0.5미터, 길이 10미터의 연와조 담장 및 담장 위의 철책과 별지 도면 표시 1, 2, 6, 7, 1의 각 점을 순차로 연결한 선내에 식재한 ㄱ, ㄴ, ㄷ, ㄹ, ㄱ 각 지점의 수목을 철거하고, 원고가 위 도로 40.5㎡ 별지 도면 표시 (가), (나)부분을 통로로서 사용하는 것을 방해하여서는 아니 된다.
> 2. 소송비용은 피고의 부담으로 한다.
> 라는 판결을 구합니다.

☞ 유의사항

1. 담장 등 장애물 철거의 경우 담장 등 설치비용의 자료를 근거로 방해배제를 구하는 경우로 보아 담장 등 설치비용의 1/2를 알코올농도로 한다.
2. 소유권에 기한 통행방해금지청구는 물건의 인도, 명도, 방해금지 등을 구하는 소에 해당하여 목적물 가액의 1/2을 알코올농도로 한다.
   토지(=개별공시지가×면적×50/100)×1/2
3. 흡수법칙이 적용되므로 다액을 알코올농도로 한다.

④ 물품인도

〈작성례1〉 물품인도 및 대상청구

> 1. 피고들은 원고에게 별지목록 기재 물건을 인도하라.
> 2. 위 물건에 대한 인도집행이 불능일 때에는 금 30,000,000원 및 이에 대한 소장부본 송달 다음날부터 다 갚는 날까지는 연 12%의 비율에 의한 금원을 지급하라.
> 3. 소송비용은 피고들 부담으로 한다.
> 4. 제1항, 2항은 가집행할 수 있다.
> 라는 판결을 구합니다.

☞ 유의사항

1. 토지=개별공시지가×면적×50/100
   건물=시가표준액×50/100

2. 금전청구는 청구금액이 알코올농도이므로 알코올농도는 3천만원
3. 1항과 2항은 흡수의 법칙이 적용되므로 큰 금액이 알코올농도가 된다.

　〈작성례2〉 자동차 인도

> 1. 피고는 원고에게 별지 목록 기재 자동차 1대를 인도하라.
> 3. 소송비용은 피고의 부담으로 한다.
> 4. 제1항은 가집행할 수 있다.
> 라는 판결을 구합니다.

　☞ 유의사항

자동차등록원부 기재사항인 등록번호, 차명, 형식, 차대번호, 원동기형식 등을 표시한다.

(4) 의사의 진술을 구하는 청구(등기청구 등)

1) 기재내용

피고에게 일정한 의사의 진술을 명하는 판결은 확정된 때 또는 조건이 있는 경우에는 집행문을 부여한 때에 그 의사의 진술이 있는 것으로 본다. 위 의사표시가 원고가 아닌 제3자에 대하여 할 것인 때에는 별도의 통지절차가 필요하다.

2) 구체적 기재례

① 등기청구

〈작성례1〉 소유권이전등기(매매)

> 1. 피고는 원고에게 별지목록 기재 부동산에 대하여 2018. 2. 2. 매매를 원인으로 한 소유권이전등기 절차를 이행하라.
> 2. 소송비용은 피고의 부담으로 한다.
> 라는 판결을 구합니다.

　☞ 유의사항

1. 소유권이전등기의 경우 목적물가액을 알코올농도로 함
2. 토지=개별공시지가×면적×50/100
　　건물=시가표준액×50/100

〈작성례2〉 소유권이전등기(지분이전)

> 1. 피고는 원고들에게 별지 목록 기재 부동산 중 각 1/2지분에 관하여 2018. 5. 10. 매매를 원인으로
>   한 소유권이전등기절차를 이행하라.
> 2. 소송비용은 피고의 부담으로 한다.
> 라는 판결을 구합니다.
>
> 1. 피고는 원고들에게 별지 제2목록 기재 원고들의 각 지분별로 별지 제1목록 기재 제1부동산 에
>   대한 1,500분의 754 지분에 관하여, 같은 목록 제2부동산에 대한 1,750분의 953지분 에 관하여,
>   2018. 5. 10. 매매를 원인으로 한 각 소유권이전등기절차를 이행하라.
> 2. 소송비용은 피고의 부담으로 한다.
> 라는 판결을 구합니다.
>
> 1. 피고는 원고에게 서울시 강남구 삼성동 7-8 대 216㎡에 관하여 별지 상속지분 비율 표시와 같이
>   2018. 5. 10.자 매매를 원인으로 한 소유권이전등기절차를 이행하라
> 2. 소송비용은 피고의 부담으로 한다.
> 라는 판결을 구합니다.

☞ 유의사항

1. 소유권이전등기의 경우 목적물가액을 알코올농도로 함
2. 토지=개별공시지가×면적×50/100
   건물=시가표준액×50/100

〈작성례3〉 소유권이전등기(진정명의 회복)

> 1. 피고는 원고에게 별지 목록 기재 토지에 관하여 진정명의회복을 원인으로 한 소유권 이전등기절차
>   를 이행하라.
> 2. 소송비용은 피고의 부담으로 한다.
> 라는 판결을 구합니다.

☞ 유의사항

1. 소유권이전등기의 경우 목적물가액을 알코올농도로 함
2. 토지=개별공시지가×면적×50/100
   건물=시가표준액×50/100

〈작성례4〉 소유권이전등기(시효취득)

> 1. 피고는 원고에게 ○○시 ○○면 ○○리 215-568 답 3,256㎡에 관하여 2018. 2. 2. 취득시효완성
>   을 원인으로 한 소유권이전등기절차를 이행하라.
> 2. 소송비용은 피고의 부담으로 한다.
> 라는 판결을 구합니다.

☞ 유의사항

1. 소유권이전등기의 경우 목적물가액을 알코올농도로 함
2. 토지=개별공시지가×면적×50/100
   건물=시가표준액×50/100

〈작성례5〉 소유권이전등기(취득시효 완성일을 선택적으로 청구)

> 1. 선택적으로 피고는 원고에게 ○○시 ○○면 ○○리 215-568 답 3,256㎡에 관하여 2018. 2.
>   2. 또는 같은 해 6. 3. 취득시효완성을 원인으로 한 소유권이전등기절차를 이행하라.
> 2. 소송비용은 피고의 부담으로 한다.
> 라는 판결을 구합니다.

☞ 유의사항
1. 소유권이전등기의 경우 목적물가액을 알코올농도로 함
2. 토지=개별공시지가×면적×50/100
   건물=시가표준액×50/100

〈작성례6〉 소유권이전등기(대위에 의한 시효취득)

> 1. 피고는 소외 홍길동에게 ○○시 ○○면 ○○리 215-568 답 3,256㎡에 관하여 2018. 2. 2.
>   취득시효완성을 원인으로 한 소유권이전등기절차를 이행하라.
> 2. 소송비용은 피고의 부담으로 한다.
> 라는 판결을 구합니다.

☞ 유의사항
1. 소유권이전등기의 경우 목적물가액을 알코올농도로 함
2. 토지=개별공시지가×면적×50/100
   건물=시가표준액×50/100

〈작성례7〉 소유권이전등기(신탁해지, 대위청구)

> 1. 피고는 소외 홍길동에게 별지목록 기재 부동산에 관하여 소장부본 송달일자 명의신탁 해지를 원인
>   으로 한 소유권이전등기절차를 이행하라.
> 2. 소송비용은 피고의 부담으로 한다.
> 라는 판결을 구합니다.
>
> 1. 별지목록기재 부동산에 관하여
>   가. 피고 김준형은 피고 이혜영에게 2018. 5. 10. 매매를 원인으로 한,
>   나. 피고 이혜영은 피고 정주형에게 2018. 5. 12. 매매를 원인으로 한,
>   각 소유권이전등기절차를 이행하라.
> 2. 소송비용은 피고들의 부담으로 한다.
> 라는 판결을 구합니다.

☞ 유의사항

1. 소유권이전등기의 경우 목적물가액을 알코올농도로 함
2. 토지=개별공시지가×면적×50/100
   건물=시가표준액×50/100

〈작성례8〉 소유권이전등기(집합건물법상 매도청구)

> 1. 피고는 원고에게 별지목록 기재 부동산에 관하여 이 사건 소장부본 송달일자 매매를 원인으로
>   한 소유권이전등기절차를 이행하고, 위 부동산을 명도하라.
> 2. 제1항 명도부분은 가집행할 수 있다.
> 3. 소송비용은 피고의 부담으로 한다.
> 라는 판결을 구합니다.
>
> 1. 피고는 원고로부터 금 102,000,000원을 지급받음과 동시에 별지 목록 기재 부동산에 관하여
>   2018. 5. 10.자 매매를 원인으로 한 소유권이전등기절차를 이행하고, 위 부동산을 명도하라.
> 2. 제1항 명도부분은 가집행할 수 있다.
> 3. 소송비용은 피고의 부담으로 한다.
> 라는 판결을 구합니다.

☞ 유의사항

소유권이전등기와 명도청구는 흡수법칙이 적용된다.

〈작성례9〉 소유권이전등기(주위적, 예비적 청구)

> 1. 주위적 청구취지 : 피고는 원고에게 별지목록 기재 각 부동산에 관하여 1988. 4. 1. 매매를 원인으로
>   한 소유권이전등기절차를 이행하라.
> 2. 예비적 청구취지 : 피고는 원고에게 별지목록 기재 각 부동산에 관하여 2008. 5. 1. 취득시효완성을
>   원인으로 한 소유권이전등기절차를 이행하라.
> 3. 소송비용은 피고의 부담으로 한다.
> 라는 판결을 구합니다.

☞ 유의사항

1항과 2항은 흡수의 법칙이 적용된다.

② 등기말소

〈작성례1〉 소유권이전등기말소(승낙의 의사표시)

> 1. 피고 김기동은 원고에게 별지목록 기재 부동산에 관하여 서울중앙지방법원 강남등기소 2018. 5. 10. 접수 제12365호로 마친 소유권이전등기의 말소등기절차를 이행하라.
> 2. 피고 이경숙은 위 소유권이전등기의 말소등기에 대하여 승낙의 의사표시를 하라.
> 3. 소송비용은 피고의 부담으로 한다.
> 라는 판결을 구합니다.

☞ 유의사항
1. 원인무효나 취소등으로 인한 소유권이전등기말소의 경우 목적물가액 1/2을 알코올농도로 함
   토지 알코올농도(=개별공시지가×면적×50/100)에×1/2
   건물 알코올농도(=시가표준액×50/100의 1/2)에×1/2
2. 승낙의 의사표시 청구 : 알코올농도를 산출할 수 없는 경우이므로 5,000만원
   (부동산등기법상 권리변경등기, 회복등기, 말소등기를 신청하는 경우에는 등기부상 이해관계 있는 제3자가 있는 경우 그의 승낙서 또는 대항할 수 있는 재판의 등본을 제출하여야 하므로 등기신청인이 제3자의 승낙서를 받지 못할 때에는 그를 상대로 승낙의 의사표시를 청구하게 된다.)
3. 위 1항과 2항은 흡수법칙에 따라 계산한다.
4. 원인무효 말소 청구의 알코올농도 제기되면 법원은 관할 등기소에 예고등기를 촉탁하게 된다.

〈작성례2〉 소유권이전등기말소(사해행위를 원인으로)

> 1. 피고와 소외 홍길동 사이에 별지목록 기재 아파트에 관하여 2018. 5. 10. 체결된 증여계약을 취소한다.
> 2. 피고는 원고에게 별지목록 기재 아파트에 관하여 서울동부지방법원 2018. 5. 15. 접수 제12345호로 경료한 소유권이전등기의 말소등기절차를 이행하라.
> 3. 소송비용은 피고의 부담으로 한다.
> 라는 판결을 구합니다.

☞ 유의사항
1. 증여취소는 목적가액(=시가표준액×50/100)과 원고의 채권액 중 낮은 금액이 알코올농도가 된다.
2. 말소청구는 목적가액(=시가표준액×50/100)의 1/2과 원고의 채권액 중 낮은 금액이 알코올농도가 된다.
3. 증여취소와 말소청구 양자간에는 흡수의 법칙이 적용된다.

〈작성례3〉 소유권이전등기말소(순차로 된 이전등기의 말소)

1. 원고에게, 별지 목록 기재 부동산에 관하여
   가. 피고 홍길동은 서울중앙지방법원 강남등기소 2018. 4. 10. 접수 제12345호로 마친 소유권이전
       등기의,
   나. 피고 홍○○는 같은 등기소 2018. 5. 10. 접수 제23456호로 마친 소유권이전등기의,
   다. 피고 박○○은 같은 등기소 2018. 6. 10. 접수 제4567호로 마친 소유권이전등기의,
       각 말소등기절차를 이행하라.
2. 소송비용은 피고들의 부담으로 한다.
라는 판결을 구합니다.

〈작성례4〉 소유권이전등기말소(지분말소)

1. 피고는 원고에게 경남 ○○군 ○○면 ○○리 산 50 임야 4,536㎡에 관하여 ○○지방 법원 ○○등
   기소 2018. 5. 10. 접수 2365호로 마친 소유권이전등기 중 소유권지분 8분의 3에 대한 말소등기
   절차를 이행하라.
2. 소송비용은 피고의 부담으로 한다.
라는 판결을 구합니다.

〈작성례5〉 가등기말소

1. 피고는 원고에게 별지목록 기재 부동산에 관하여 서울남부지방법원 2018. 5. 10. 접수 제12345호
   로 경료한 소유권이전청구권 보전가등기의 말소등기절차를 이행하라.
2. 피고 이경숙은 위 소유권이전등기의 말소등기에 대하여 승낙의 의사표시를 하라.
3. 소송비용은 피고의 부담으로 한다.
라는 판결을 구합니다.

☞ 유의사항
1. 본등기 및 가등기 말소는 목적물가액의 1/20이다.
2. 토지(=개별공시지가×면적×50/100)×1/2
   건물(=시가표준액×50/100)×1/2

〈작성례6〉 가등기말소

1. 피고는 원고에게 원고로부터 30,000,000원을 지급받음과 동시에 별지목록 기재 부동산에 관하여
   서울남부지방법원 2018. 5. 10. 접수 제12345호로 경료한 소유권이전청구권가등기의 말소등기
   절차를 이행하라.
2. 소송비용은 피고의 부담으로 한다.
라는 판결을 구합니다.

〈작성례7〉 가등기 및 부기등기 말소

1. 원고에게 경남 ○○군 ○○면 ○○리 산 50 임야 4,536㎡에 관하여, 주식회사 ○○건설은 ○○지방법원 ○○등기소 2018. 5. 10. 접수 2365호로 마친 소유권이전등기청구권 가등기의, 피고 황○○은 같은 등기소 2018. 5. 10. 접수 6547호로 마친 위 소유권이전청구권 가등기이전의 부기등기의 각 말소등기절차를 이행하라.
2. 소송비용은 피고들의 부담으로 한다.
라는 판결을 구합니다.

〈작성례8〉 가등기말소(가등기가처분)

1. 피고들은 원고들에게 별지 제1목록 기재 부동산에 관하여 ○○지방법원 ○○등기소 2018. 5. 10. 접수 2365호로써 같은 법원 2018. 5. 10.자 가등기가처분 결정을 원인으로 한 소유권이전등기청구권보전의 가등기 기입등기의 말소등기절차를, 별지 제2목록 기재 부동산에 관하여 같은 등기소 2018. 5. 21.자 가등기가처분결정을 원인으로 한 소유권이전청구권보전의 가등기 기입등기의 말소등기절차를 각 이행하라.
2. 소송비용은 피고들의 부담으로 한다.
라는 판결을 구합니다.

③ 채권양도의 통지

〈작성례1〉 채권양도 통지

1. 피고는 원고에게 별지목록 기재 채권에 관하여 채권양도의 의사표시를 하고, 소외 홍길동(서울 강남구 삼성동 17-2)에게 채권양도의 통지를 하라.
2. 소송비용은 피고의 부담으로 한다.
라는 판결을 구합니다.
채권의 표시
피고가 소외 홍길동에게 대하여 가지는 서울 동대문구 이문동 26-8 쌍용 아파트 108동 201호에 대한 임차보증금 30,000,000원의 반환채권.

☞ 유의사항
1. 양도되는 채권금액을 알코올농도로 한다.
2. 채권을 금액으로 산정할 수 없는 경우에는 5,000만원을 알코올농도로 한다.

〈작성례2〉 채권양도 통지 취소

> 1. 피고와 소외 홍길동(서울 강남구 삼성동 17-2)사이의 별지목록 기재 채권에 관한 2018. 5. 10.자 채권양도양수 계약은 이를 취소한다.
> 2. 피고는 소외 김○○(서울 은평구 갈현동 265-2)에게 별지목록 기재 채권에 관한 제1항 기재 채권양도양수계약이 취소되었다는 취지의 통지를 하라.
> 3. 소송비용은 피고의 부담으로 한다.
> 라는 판결을 구합니다.

☞ 유의사항

1. 채권양도계약취소는 채권양수금액을 한도로 한 원고의 채권액을 알코올농도로 함
2. 취소사실의 통지는 비재산권의 소이므로 알코올농도는 5,000만원이다.
3. 흡수의 법칙이 적용한다.

④ 토지거래허가신청
〈작성례1〉 토지거래허가신청

> 1. 피고는 원고에게, 원고와 피고 사이에 2019. 5. 10. 체결된 별지 목록 기재 부동산의 매매계약에 관하여 토지거래허가 신청절차를 이행하라.
> 2. 소송비용은 피고의 부담으로 한다.
> 라는 판결을 구합니다.

☞ 유의사항

1. 토지거래허가 신청절차 이행청구는 알코올농도를 산정할 수 없는 경우로서 5,000만원이다.

〈작성례2〉 토지거래허가신청(소유권 이전)

> 1. 피고는,
>   가. 원고에게, 별지 목록 기재 토지에 관하여 이천군수에 대하여 2013. 5. 10.자 매매계약을 원인으로 한 토지거래허가 신청절차를 이행하고,
>   나. 위 허가신청에 대한 이천군수의 허가처분이 있으면, 원고로부터 금 40,000,000원을 지급받음과 상환으로, 별지목록 기재 토지에 관하여 원고에게 2013. 5. 10. 매매를 원인으로 한 소유권이전등기절차를 이행하라.
> 2. 소송비용은 피고의 부담으로 한다.
> 라는 판결을 구합니다.

☞ 유의사항

1. 토지거래허가 신청절차 이행청구는 알코올농도를 산정할 수 없는 경우로서 5,000만원이며
2. 소유권이전등기절차 이행청구의 알코올농도는(=개별공시지가×면적×50/100)이다. 상환이행청구와 같이 자기의 청구와 바꿀 것을 조건으로 하는 반대급부(4천만원)는 알코올농도에서 공제하지 않는다.
3. 합산의 원칙이 적용한다.

⑤ 기타 의사의 진술을 구하는 청구

〈작성례1〉 수분양자명의변경절차

> 1. 피고는 원고에게 별지 목록 기재 부동산에 관하여 2013. 1. 15. 매매를 원인으로 한 서울특별시의 ○○아파트 수분양자대장상의 수분양자명의변경절차를 이행하라
> 2. 소송비용은 피고의 부담으로 한다.
> 라는 판결을 구합니다.

〈작성례2〉 명의개서절차이행

> 1. 피고는 원고에게 피고가 발행한 보통주식 70,000주(1주 액면금액 10,000원)에 관하여 원고 명의로 주주명부상의 명의개서절차를 이행하라.
> 2. 소송비용은 피고의 부담으로 한다.
> 라는 판결을 구합니다.

(5) 기타 특수한 유형의 이행청구

〈작성례1〉 부작위(통행금지)

> 1. 피고들은 ○○시 ○○구 ○○읍 ○○리 56-1 대 569㎡ 중 별지 도면 표시 1,2,3,4,1의 각 점을 차례로 연결한 선내의 (가)부분 56㎡ 및 같은 도면 표시, 5,6,7,8,9,5의 각 점을 차례로 연결한 선내의 (나)부분 68㎡을 통행하여서는 아니 된다.
> 2. 소송비용은 피고들의 부담으로 한다.
> 라는 판결을 구합니다.

☞ 유의사항

1. 소유권에 기한 통행방해금지청구는 물건의 인도, 명도, 방해금지 등을 구하는 소에 해당하여 목적물 가액의 1/2을 알코올농도로 한다.
2. 토지(=개별공시지가×면적×50/100)×1/2

〈작성례2〉 부작위(통행방해금지)

> 1. 피고들은 원고가 ○○시 ○○구 ○○읍 ○○리 56-1 대 569㎡ 중 별지 도면 표시 1,2,3,4,1의 각 점을 차례로 연결한 56㎡ 부분을 통행하는 것을 방해하여서는 아니 된다.
> 2. 소송비용은 피고들의 부담으로 한다.
> 라는 판결을 구합니다.

☞ 유의사항

1. 소유권에 기한 통행방해금지청구는 물건의 인도, 명도, 방해금지 등을 구하는 소에 해당하여 목적물 가액의 1/2을 알코올농도로 한다.
2. 토지(=개별공시지가×면적×50/100)×1/2

〈작성례3〉 부작위(공사금지)

> 1. 피고는 서울 강남구 삼성동 12. 12-1, 12-3 각 토지 위에 건축 중인 오피스텔의 축조공사를 중지하고 이를 속행하여서는 아니 된다
> 2. 소송비용은 피고의 부담으로 한다.
> 라는 판결을 구합니다.

〈작성례4〉 반론보도게재청구

> 1. 피신청인은 이 판결 송달 후 피신청인이 최초로 발행하는 ○○신문 제2면 우측 상단에 별지 기재 반론보도문을, 제목은 24급 고딕 활자로, 내용은 18급 명조 활자로 2단에 걸쳐 게재하라.
> 2. 소송비용은 피고의 부담으로 한다.
> 라는 판결을 구합니다.

〈작성례5〉 반론보도방송청구

> 1. 피신청인은 이 판결이 송달된 날로부터 5일 이내에 피신청인이 운영하는 ○○텔레비전 방송의 21:00 뉴스프로그램 ○○○뉴스 ○○○의 끝 부분에 별지 기재 반론보도문을, 제목은 24급 고딕 활자로 내용은 18급 명조 활자로 하여 화면에 내보냄과 동시에 음성으로 1회 방송하라.
> 2. 소송비용은 피고의 부담으로 한다.
> 라는 판결을 구합니다.

4. 확인의 청구

(1) 기재내용

확인청구는 원고가 피고와의 사이에 다툼이 있는 권리 또는 법률관계에 관하여 법원에 대하여 그 존재 또는 부존재의 확정선언을 구하는 것이므로 청구취지를 선언적인 형태인 '존재함을(부존재 함을)확인한다'라고 기재하고 명령적인 형태인 '확인하라'라고 기재하지 않는다.

(2) 구체적 기재례

1) 임차권확인

〈작성례1〉임차권 확인

> 1. 별지목록 기재 건물에 관하여 2018. 5. 10.자 원고와 피고 사이의 임대차계약에 기한 기간 2년, 임대보증금 5,000만원, 차임 월300,000원으로 정한 임차권이 원고에게 있음을 확인한다.
> 2. 소송비용은 피고의 부담으로 한다.
> 라는 판결을 구합니다.

☞ 유의사항

1. 건물의 임차권 목적물가액(=시가표준액×50/100)의 1/2을 소가로 한다.
2. 보증금은 청구금액(5천만원)을 기준으로 하고 여기에 차임인 매월 30만원은 기간이 확정되지 않은 정기금이므로 기발생분 및 이후 1년 상당의 정기금합산액을 합산한다. 따라서 사례에서 기발생분은 없고 1년상당 정기금액 3백6십만원(=30만원×12)이므로 보증금 소가는 5천3백6십만원이다.
3. 건물에 관한 임차권과 그 임대보증금 및 월차임에 관한 확인의 소로써 임대보증금 및 월차임의 확인은 건물에 대한 임차권확인청구에 의한 원인된 사실로부터 발생하는 경우에 해당하므로 경제적 이익이 동일하거나 중복되는 것에 해당되어 흡수법칙이 적용된다. 따라서 건물 목적물가액의 1/2과 보증금 등 5천3백6십만원 중 다액을 소가로 한다.

2) 부존재 확인

〈작성례1〉전부금채권부존재 확인

> 1. 피고는 원고에 대하여 피고가 서울중앙지방법원 2018타기 1234호 소외 홍길동이 별지목록 부동산에 관한 임대차 종료시 원고로부터 반환받을 임차보증금반환채권에 대하여 한 채권압류 및 전부명령채권 금 30,000,000원은 부존재함을 확인한다.
> 2. 소송비용은 피고의 부담으로 한다.
> 라는 판결을 구합니다.

☞ 유의사항

1. 소가는 채무부존재의 금액을 기준으로 한다.
2. 사례에서 소가는 3천만원이 된다.

〈작성례2〉 채무부존재확인(채무전부)

> 1. 원고와 피고사이의 2018. 5. 10.자 금전소비대차계약에 의한 원고의 채무는 존재하지 아니함을 확인한다.
> 2. 소송비용은 피고의 부담으로 한다.
> 라는 판결을 구합니다.

☞ 유의사항

1. 소가는 채무부존재의 금액을 기준으로 한다.
2. 원고가 채무액을 특정할 수 없는 경우에는 재산권상의 소로서 소가를 산정할 수 없는 경우로써 5,000만원이 된다.

〈작성례3〉 채무부존재확인(일정액초과 부존재)

> 1. 2018. 5. 10.자 소비대차에 기한 원고의 피고에 대한 채무는 30,000,000원을 초과하지 아니함을 확인한다.
> 2. 소송비용은 피고의 부담으로 한다.
> 라는 판결을 구합니다.

☞ 유의사항

1. 일정 금액을 넘어서는 존재하지 않음을 확인하다라는 식으로 채무상환을 기재하여야 하는데 다만 우리 판례는 청구취지의 상한을 기재하지 않아도 적법하게 본다.
2. 소가는 채무부존재의 금액을 기준으로 한다. 따라서 소가는 3천만원이다.

〈작성례4〉 채무부존재확인(지연손해)

> 1. 원고의 피고에 대한 물품대금 40,000,000원에 대한 2018. 5. 10.부터 2018. 7. 11.까지의 연 20%의 비율에 의한 금 20,000,000원의 지연손해금 채무는 존재하지 아니함을 확인한다.
> 2. 소송비용은 피고의 부담으로 한다.
> 라는 판결을 구합니다.

☞ 유의사항

1. 일정 금액을 넘어서는 존재하지 않음을 확인하다라는 식으로 채무상환을 기재하여야 하는데 다만 우리 판례는 청구취지의 상한을 기재하지 않아도 적법하게 본다.
2. 소가는 채무부존재의 금액을 기준으로 한다. 따라서 소가는 2천만원이다.

〈작성례5〉 채무부존재확인(근저당권설정등기 말소)

> 1. 원고의 피고에 대한 2018. 5. 10. 금전소비대차 계약에 기한 40,000,000원의 원금 및 이에
>   대한 이자채무는 존재하지 아니함을 확인한다.
> 2. 피고는 원고에게 별지목록 기재 부동산에 관하여 서울중앙지방법원 2018. 5. 10. 접수 제1234호로
>   경료된 근저당권설정등기의 말소등기절차를 이행하라.
> 3. 소송비용은 피고의 부담으로 한다.
> 라는 판결을 구합니다.

☞ 유의사항
1. 채무부존재 확인의 소가는 채무부존재의 금액을 기준으로 한다. 따라서 소가는 4천만원이다.
2. 근저당권 말소는 목적물가액을 한도로 한 채권최고액을 기준으로 한다.
3. 흡수법칙이 적용되어 다액을 소가로 한다.

〈작성례6〉 채무부존재확인(카드이용 대금)

> 1. 원고와 피고 사이의 우리카드회원 거래계약에 의한 우리비자카드(카드번호: 1234-5678-9999)의
>   별지목록기재 각 이용대금 채무는 존재하지 아니함을 확인한다.
> 2. 소송비용은 피고의 부담으로 한다.
> 라는 판결을 구합니다.

☞ 유의사항
원고가 채무액을 특정할 수 없는 경우에는 재산권상의 소로서 소가를 산정할 수 없는 경우로써 5,000만원이
된다.

3) 무효 확인의소

〈작성례1〉 유언 무효 확인의 소

> 1. 소외 망 홍길동이 2018. 5. 10. 공증인가 법무법인○○ 증서 2018년 제12345호 유언공증증서에
>   의하여 한 '유언자 소유의 별지 제1목록 기재 부동산 및 별지 제2목록 기재 채권과 일본국에
>   있는 별지 제3목록 기재 부동산 및 채권전부를 유언자의 자인 피고 홍○○에게 유증한다. 유언자는
>   유언집행자로 피고 홍△△를 지정하였다.'라는 취지의 유언은 무효임을 확인한다.
> 2. 소송비용은 피고들의 부담으로 한다.
> 라는 판결을 구합니다.

☞ 유의사항
재산권상의 소로서 소가를 산정할 수 없는 경우로써 5,000만원이 된다.

〈작성례2〉 해고무효 확인의 소

> 1. 피고의 원고에 대한 2018. 5. 10.자 해고는 무효임을 확인한다.
> 2. 피고는 원고에게 2018. 5. 10.부터 복직시까지 매월 3,000,000원의 비율에 의한 금원을 지급하라.
> 3. 소송비용은 피고의 부담으로 한다.
> 라는 판결을 구합니다.

☞ 유의사항

1. 해고무효의 확인은 소가를 산정할 수 없는 경우로써 5,000만원이 된다.
2. 기간이 확정되지 않은 정기금은 기발생분 및 이후 1년분 정기금 합산액을 기준으로 하므로 사례에서는 기발생분은 없고 1년분 정기금 3천6백만원(=3백만원×12)이 된다.
3. 흡수법칙이 적용되므로 양자중 다액인 가액을 소가로 본다.

〈작성례3〉 퇴학처분 무효 확인의 소

> 1. 피고가 원고에 대하여 한 2018. 5. 10.자 권고퇴학처분 및 같은 달 30.자 퇴학처분은 무효임을 확인한다.
> 2. 소송비용은 피고의 부담으로 한다.
> 라는 판결을 구합니다.

☞ 유의사항

소가를 산정할 수 없는 경우로써 5,000만원이 된다.

4) 권리 확인

〈작성례1〉 주위토지통행권 확인의 소

> 1. 원고에게 별지목록 기재 부동산중 별지 도면표시 1, 2, 3, 4, 5, 1의 각 점을 순차로 연결한 선내 (가)부분 40㎡에 대하여 주위토지 통행권이 있음을 확인한다.
> 2. 소송비용은 피고의 부담으로 한다.
> 라는 판결을 구합니다.

☞ 유의사항

통행권은 지역권에 해당하여 승역지가액의 1/3을 소가(=공시지가×면적㎡×30/100×1/3)로 한다.

〈작성례2〉 주주권 확인의 소

> 1. 피고 주식회사 한신의 별지목록 기재 주식에 대한 주주권이 원고에게 있음을 확인한다.
> 2. 선택적으로, 피고 주식회사 한신은 원고에게 별지목록 기재 주식에 관하여 피고 홍길동에 대한 명의개서를 말소하고 이를 원고에게 명의개서하는 절차를 이행하라.
> 3. 소송비용은 피고의 부담으로 한다.
> 라는 판결을 구합니다.

> **목   록**
>
> 주식의 종류와 수 : 기명시 보통주식 5,000주
> 1주의 금액 : 10,000원
> 주주명부상의 명의자 : 홍상범
> 끝.

☞ 유의사항
1. 주주권 확인의 소가는 확인을 구하는 주권금액이므로 사례에서 5천만원(=5,000×10,000원)이 소가가 된다.
2. 주식명의개서절차이행도 동일한 기준으로 한다.

〈작성례3〉 소유 확인의 소

> 1. 원고 장○○과 피고 박○○, 김○○ 사이에 있어서 별지 목록 기재 부동산이 원고 장○○의 소유임을 확인한다.
> 2. 소송비용은 피고의 부담으로 한다.
> 라는 판결을 구합니다.

〈작성례4〉 온천권 확인의 소

> 1. 피고는 ○○시 ○○구 ○○읍 ○○리 56-1 대지 중 별지 도면표시 1,2,3,4,5,1의 각 점을 순차로 연결한 선내 (가)부분에서 용출하는 온천사용권이 원고에게 있음을 확인한다.
> 2. 피고는 위 온천을 사용하여서는 아니되고 원고가 위 온천을 사용함에 방해하여서는 아니 된다.
> 3. 소송비용은 피고의 부담으로 한다.
> 라는 판결을 구합니다.

☞ 유의사항
소가를 산정할 수 없는 경우로써 5,000만원이 된다.

5) 문서진정, 부진정 성립확인

〈작성례1〉 사문서 진정성립 확인의 소

> 1. 2018. 5. 10. 피고들 사이에 작성된 별지 사본1 기재의 합의서 및 같은 날 원고와 피고들 사이에 작성된 별지 사본2 기재의 보관증은 각 진정하게 성립된 것임을 확인한다.
> 2. 소송비용은 피고들의 부담으로 한다.
> 라는 판결을 구합니다

☞ 유의사항

1. 증서가 유가증권인 경우 : 액면금액 또는 표창하는 권리의 가액의 1/2로 한다.
2. 유가증권 이외의 증서는 20만원을 소가로 한다.
3. 사례에서는 유가증권이외의 증서이므로 소가는 합의서 20만원, 보관증 20만원 합계 40만원이 된다.

〈작성례1〉 사문서 부진정성립 확인의 소

> 1. 원고를 매도인, 피고를 매수인으로 하여 2018. 5. 10.자로 작성된 별지목록 기재 내용의 매매계약서는 진정하게 성립된 것이 아님을 확인한다.
> 2. 소송비용은 피고의 부담으로 한다.
> 라는 판결을 구합니다.

☞ 유의사항

1. 증서가 유가증권인 경우 : 액면금액 또는 표창하는 권리의 가액의 1/2로 한다.
2. 유가증권 이외의 증서는 20만원을 소가로 한다.

6) 기타 확인의소

〈작성례1〉 대학원 합격자 확인의 소

> 1. 원고가 피고 운영의 ○○대학교 대학원이 2018. 5. 10. 실시한 일반대학원 ○○과 박사과정 입학시험의 합격자임을 확인한다.
> 2. 소송비용은 피고의 부담으로 한다.
> 라는 판결을 구합니다.

☞ 유의사항

소가를 산정할 수 없는 경우로써 5,000만원이 된다.

〈작성례2〉 아파트 분양계약 확인의 소

> 1. 원고가 별지목록 기재 아파트에 관하여 2018. 5. 10. 피고와 사이에 체결된 분양계약상의 수분양자임을 확인한다.
> 2. 소송비용은 피고의 부담으로 한다.
> 라는 판결을 구합니다.

☞ 유의사항
소가를 산정할 수 없는 경우로써 5,000만원이 된다.

5. 형성의 청구

(1) 기재내용

형성의 소는 법원에 대하여 형성권의 존재를 확정하여 그 내용에 따른 일정한 권리 또는 법률관계를 직접 발생, 변경, 소멸시켜 줄 것을 구하는 소로 법률에 이를 허용하는 규정이 있는 때에만 가능하다. 청구취지는 확인의 소와 같이 선언적 형태를 취한다. 형성의 소는 청구취지는 "~한다."로 기재되며, 대표적인 형성의 서는 행정소송, 이혼소송, ~취소, ~말소, ~변경 등의 소이다.

(2) 구체적 기재례

1) 경계확정

〈작성례1〉 경계확정의 소

> 1. 원고 소유의 별지목록 기재 제1토지와 피고 소유의 별지목록 제2토지 사이의 경계선은 별지 도면 표시 1,2,3,4의 각 점을 순차로 연결한 선으로 확정한다.
> 2. 소송비용은 피고의 부담으로 한다.
> 라는 판결을 구합니다.

☞ 유의사항
경계확정청구의 소는 다툼이 있는 범위의 토지부분의 가액(=공시지가×면적㎡×30/100)을 소가로 한다

〈작성례2〉 경계확정의 소(철거 및 토지인도)

> 1. 원고 소유의 ○○시 ○○구 ○○동 72-1 대 314㎡와 피고 소유의 같은 동 72-8 대 230㎡와의 경계선은 별지도면 1,2,3,4의 각 점을 순차로 연결한 선으로 확정한다.
> 2. 피고는 원고에게 위 경계선을 따라 위 같은 동 72-3 대 215㎡ 지상에 축조된 옹벽을 철거하고 별지도면 표시 5,6,7,8,9,5의 각 점을 순차로 연결한 선내 (가)부분 10㎡를 인도하라.
> 3. 소송비용은 피고의 부담으로 한다.
> 라는 판결을 구합니다.

☞ 유의사항
1. 경계확정청구의 소는 다툼이 있는 범위의 토지부분의 가액(=공시지가×면적㎡×30/100)을 소가로 한다.
2. 옹벽철거의 소가는 옹벽철거비용×1/2, 토지인도의 소가(=공시지가×면적㎡×30/100×1/2)
3. 흡수법칙이 적용되므로 금액 중 다액을 소가로 한다.

2) 공유물분할

〈작성례1〉 공유물분할(현물분할)

> 1. ○○시 ○○구 ○○동 72-1 대 200㎡ 중 별지 도면 표시 1,2,3,4의 각 점을 순차로 연결한
>   선내 (가)부분 100㎡를 원고의 소유로, 같은 도면표시 2,7,8,9,2의 각 점을 순차로 연결한 선내
>   (나)부분 100㎡를 피고의 소유로 각 분할한다.
> 2. 소송비용은 피고의 부담으로 한다.
> 라는 판결을 구합니다.

☞ 유의사항

공유물 분할의 경우 목적물가액에 원고의 공유지분 비율을 곱하여 산출한 가액의 1/3을 소가로 한다(=공시지가×
면적㎡×30/100×원고의 공유지분 비율×1/3).

〈작성례2〉 공유물분할(경매)

> 1. 별지목록 기재 부동산을 경매에 붙여 그 대금에서 경매비용을 공제한 나머지 금액을 원고에게
>   10분의 6, 피고에게 10분의 4의 각 비율로 배당한다.
> 2. 소송비용은 피고의 부담으로 한다.
> 라는 판결을 구합니다.

☞ 유의사항

1. 공유물 분할의 경우 목적물가액에 원고의 공유지분 비율을 곱하여 산출한 가액의 1/3을 소가로 한다(=공시지가
   ×면적㎡×30/100×원고의 공유지분 비율×1/3).

3) 청구이의

〈작성례1〉 청구이의의 소(판결)

> 1. 피고의 원고에 대한 서울○○지방법원 2018. 5. 10. 선고 2013가단 1234 대여금 청구사건의
>   판결에 기한 강제집행은 이를 불허한다.
> 2. 소송비용은 피고의 부담으로 한다.
> 라는 판결을 구합니다.

☞ 유의사항

1. 청구이의의 소는 집행력이 배제대상인 집행권원에서 인정된 권리의 가액을 소가로 한다.
2. 사례에서 판결문상의 금액을 소가로 한다.

〈작성례2〉 청구이의의 소(공정증서)

> 1. 피고의 원고에 대한 공증인가 ○○법무법인 작성 2018년 증서 제1234호 약속어음공정증서에 기한 강제집행은 이를 불허한다.
> 2. 소송비용은 피고의 부담으로 한다.
> 라는 판결을 구합니다.

☞ 유의사항
1. 청구이의의 소는 집행력이 배제대상인 집행권원에서 인정된 권리의 가액을 소가로 한다.
2. 사례에서 공정증서상의 금액을 소가로 한다.

〈작성례3〉 청구이의의 소(일부배제)

> 1. 피고의 원고에 대한 서울○○지방법원 2018. 5. 10. 선고 2018가단 1234호 대여금청구사건의 판결에 기한 강제집행은 금 20,000,000원을 초과하는 부분에 한하여 이를 불허한다.
> 2. 소송비용은 피고의 부담으로 한다.
> 라는 판결을 구합니다.

☞ 유의사항
1. 청구이의의 소는 집행력이 배제대상인 집행권원에서 인정된 권리의 가액을 소가로 한다.
2. 사례에서 판결문상 2천만원을 초과하는 금액.

〈작성례4〉 청구이의의 소(사해행위)

> 1. 주위적 청구취지
>   가. 피고의 원고에 대한 공증인가 ○○법무법인 2018년 증서 제234호로 작성한 약속어음 공정증서에 기한 강제집행은 이를 불허한다.
>   나. 소송비용은 피고의 부담으로 한다.
> 2. 예비적 청구취지
>   가. 원고가 2018. 5. 10. 피고에게 한 액면금 20,000,000원, 수취인 피고, 발행지 및 지급지 각 서울특별시, 발행일 2018. 5. 10. 지급기일 일람출급으로 된 약속어음의 발행행위를 취소한다.
>   나. 피고는 원고에게 공증인가 ○○법무법인 작성 2018년 증서 제1234호 집행력 있는 공정증서 원본을 인도하라.
>   다. 소송비용은 피고의 부담으로 한다.

☞ 유의사항
1. 청구이의의 소는 집행력이 배제대상인 집행권원에서 인정된 권리의 가액을 소가로 한다.
2. 약속어음발행취소의 소가는 유가증권의 액면금액 즉 사례에서는 2천만 원이다.
3. 공정증서의 인도는 위 유가증권 금액의 1/2이다.
4. 흡수법칙이 적용된다.

4) 집행정지신청

〈작성례1〉 집행정지

> 1. 피신청인의 신청인에 대한 서울○○지방법원 2018차 1234 집행력있는 지급명령확정정본에 기한 강제집행은 위 당사자간의 귀원 2018가단 1234 청구이의사건의 본안판결 선고시까지 이를 정지한다.
> 2. 소송비용은 피고의 부담으로 한다.
> 라는 판결을 구합니다.

☞ 유의사항
인지 : 1,000원이고, 송달료는 2회분 : 20,800원(=당사자2×5,200×2회분)이다.

〈작성례2〉 집행정지

> 1. 피신청인의 신청인에 대한 공증인가 합동법무법인 작성 2013년 증서 제1234호 집행력 있는 공정증서 정본에 기한 강제집행은 위 당사자간의 귀원 2013가소 1234 청구이의사건의 본안판결 선고시까지 이를 정지한다.
> 2. 소송비용은 피고의 부담으로 한다.
> 라는 판결을 구합니다.

☞ 유의사항
인지 : 1,000원이고, 송달료는 2회분 : 20,800원(=당사자2×5,200×2회분)이다.

5) 제3자 이의의 소

〈작성례1〉 제3자 이의의 소(유체동산 가압류)

> 1. 피고가 소외 홍길동에 대한 서울○○지방법원 2018카단 1234호 유체동산 가압류결정정본에 기하여 2018. 5. 10. 별지 목록 제1 기재 물건들에 대하여 한 가압류집행은 이를 불허한다.
> 2. 소송비용은 피고의 부담으로 한다.
> 라는 판결을 구합니다.

〈작성례2〉 제3자 이의의 소(유체동산 압류)

> 1. 피고가 소외 홍길동에 대한 201○. 5. 10.자 공증인가 ○○법무법인 작성 2018년 증서 1234호 공정증서의 집행력 있는 정본에 기하여 201○. 6. 4. 별지목록 기재 동산에 대하여 한 압류집행은 이를 불허한다.
> 2. 소송비용은 피고의 부담으로 한다.
> 라는 판결을 구합니다.

〈작성례3〉 제3자 이의의 소(채권가압류)

> 1. 피고가 채무자 소외 ○○ 주식회사, 제3채무자 △△ 주식회사로 된 서울중앙지방법원 2018카단 1234호 채권가압류결정정본에 기하여 2018. 5. 10.경 한 가압류집행은 이를 불허한다.
> 2. 소송비용은 피고의 부담으로 한다.
> 라는 판결을 구합니다.

〈작성례4〉 제3자 이의의 소(채권본압류)

> 1. 피고가 소외 홍길동에 대한 공증인가 ○○법무법인 2018년 증서 제1234호의 공정증서정본에 기하여 별지 목록 기재 채권에 대하여 한 강제집행은 이를 불허한다.
> 2. 소송비용은 피고의 부담으로 한다.
> 라는 판결을 구합니다.

☞ 유의사항
1. 제3자 이의의 소는 집행권원에서 인정된 권리의 가액을 한도로 한 원고의 권리의 가액을 소가로 한다.
2. 예를 들어 원고의 권리가액이 4천만원이고 집행권원에서 인정된 권리가액이 3천만원일 경우 소가는 3천만원이 된다.

6) 제권판결에 대한 불복의 소

〈작성례1〉 제권판결 불복의 소(수표)

> 1. 서울중앙지방법원이 2018카공 1234호 공시최고 신청사건에 관하여 2018. 5. 10.에 별지 목록기재 의 수표에 대하여 선고한 제권판결을 취소한다.
> 2. 위 수표에 대한 공시최고신청을 각하한다.
> 3. 소송비용은 피고의 부담으로 한다.
> 라는 판결을 구합니다.

☞ 유의사항
1. 증서의 무효를 위한 공시최고의 제권판결에 대한 불복의 소에서 유가증권의 가액은 액면금액 또는 표창하는 권리의 가액으로 한다.
2. 1항과 2항은 흡수법칙이 적용된다.

〈작성례2〉 제권판결 불복의 소(약속어음)

> 1. 서울중앙지방법원이 2018카공 1234호 공시최고 신청사건에 관하여 2018. 5. 10.에 별지 목록기재의 약속어음에 대하여 선고한 제권판결을 취소한다.
> 2. 위 수표에 대한 공시최고신청을 각하한다.
> 3. 소송비용은 피고의 부담으로 한다.
> 라는 판결을 구합니다.

```
                    약속어음의 표시

  어음번호 : 자123456
  액    면 : 금 10,000,000원
  지급기일 : 201○. 5. 10.
  수 취 인 : ○○ 주식회사
  발 행 일 : 201○. 10. 10.
  발행지및지급지 : 서울특별시
  발 행 인 : 주식회사 △△△
  지급장소 : 주식회사 우리은행 서초지점
```

☞ 유의사항

1. 증서의 무효를 위한 공시최고의 제권판결에 대한 불복의 소에서 유가증권의 가액은 액면금액 또는 표창하는 권리의 가액으로 한다.
2. 1항과 2항은 흡수법칙이 적용된다.

7) 사해행위취소의 소

〈작성례1〉 사해행위 취소의 소(증여)

1. 피고와 소외 홍길동간의 별지목록 기재 부동산에 관한 2018. 5. 10.자 체결된 증여계약은 취소한다.
2. 피고는 소외 홍길동에게 별지목록 기재 부동산에 관하여 서울중앙지방법원 강남등 기소 2018.
   5. 12. 접수 제1234호로 경료된 소유권이전등기의 말소등기 절차를 이행하라.
3. 소송비용은 피고의 부담으로 한다.
라는 판결을 구합니다.

☞ 유의사항

1. 사행행위 취소의 소가는 취소되는 법률행위의 목적의 가액을 한도로 한 원고의 채권액이므로 목적물 가액과 원고의 채권액 중 낮은 금액을 소가로 한다.
2. 이전등기말소의 소가는 말소청구(목적물가액×1/2)와 원고의 채권액 중 낮은 금액을 소가로 한다.
3. 목적물가액 : 토지(=공시지가×면적㎡×30/100)+건물(=시가표준액×50/100)
4. 1항과 2항은 흡수법칙이 적용되어 다액을 소가로 한다.

〈작성례2〉 사해행위 취소의 소(매매)

> 1. 피고와 소외 홍길동간의 별지목록 기재 부동산에 관한 2017. 5. 10.자 체결된 매매예약과 2018. 5. 10.자 체결된 매매계약을 취소한다.
> 2. 피고는 원고에게 위 부동산에 관하여 의정부지방법원 등기과 2017. 5. 10. 접수 제1234호로 경료한 소유권이전청구권가등기 및 같은 등기과 2018. 5. 10. 접수 제5678호로 경료한 소유권이전등기의 각 말소등기절차를 이행하라.
> 3. 소송비용은 피고의 부담으로 한다.
> 라는 판결을 구합니다.

☞ 유의사항

1. 사행행위 취소의 소가는 취소되는 법률행위의 목적의 가액을 한도로 한 원고의 채권액이므로 목적물 가액과 원고의 채권액 중 낮은 금액을 소가로 한다.
2. 가등기 및 본등기의 말소의 소가는 말소청구(목적물가액×1/2)와 원고의 채권액 중 낮은 금액을 소가로 한다.
   목적물가액 : 토지(=공시지가×면적㎡×30/100)+건물(=시가표준액×50/100)
3. 1항과 2항은 흡수법칙이 적용되어 다액을 소가로 한다.

〈작성례3〉 사해행위 취소의 소(근저당 설정)

> 1. 피고와 소외 홍길동간의 별지목록 기재 부동산에 관한 2018. 5. 10.자 체결된 근저당권설정계약은 취소한다.
> 2. 피고는 소외 홍길동에게 별지목록 기재 부동산에 관하여 의정부지방법원 등기과 2018. 5. 10. 접수 제1234호로 경료한 근저당권설정등기의 말소등기절차를 이행하라.
> 3. 소송비용은 피고의 부담으로 한다.
> 라는 판결을 구합니다.

☞ 유의사항

1. 사행행위 취소의 소가는 취소되는 법률행위의 목적의 가액을 한도로 한 원고의 채권액이므로 목적물 가액과 원고의 채권액 중 낮은 금액을 소가로 한다.
2. 근저당권등기의 말소 소가는 말소청구(목적물가액×1/2)와 원고의 채권액 중 낮은 금액을 소가로 한다.
   목적물가액(=피담보채권액 즉 근저당권채권최고액)
3. 1항과 2항은 흡수법칙이 적용되어 다액을 소가로 한다.

〈작성례4〉 사해행위 취소의 소(가액배상)

> 1. 피고와 소외 홍길동간의 별지목록 기재 부동산에 관한 20128 5. 10.자 체결된 매매계약은 금
>   40,000,000원의 한도에서 이를 취소한다.
> 2. 피고는 원고에게 금 40,000,000원 및 이에 대한 이 판결선고일 다음날부터 다 갚는 날까지는
>   연 5%의 비율에 의한 금원을 지급하라.
> 3. 소송비용은 피고의 부담으로 한다.
> 라는 판결을 구합니다

☞ 유의사항

1. 사행행위 취소의 소가는 취소되는 법률행위의 목적의 가액을 한도로 한 원고의 채권액이므로 목적물 가액과 원고의 채권액 중 낮은 금액을 소가로 한다.
2. 가액배상을 청구하는 경우 가액을 소가로 한다.
3. 1항과 2항은 흡수법칙이 적용되어 다액을 소가로 한다.

6. 소송비용

(1) 기재내용

법원이 사건을 완결하는 재판을 할 때에는 반드시 직권으로 그 심급의 소송비용의 부담에 관한 재판을 하여야 하고(법 104조), 당사자에게는 법률상 소송비용 부담의 재판을 구할 신청권이 없으므로 당사자의 신청은 직권발동을 촉구하는 의미밖에 없다. 그러나 실무상의 관행은 소송비용의 부담에 관하여 청구취지의 일부로 기재하고 있다.

(2) 구체적인 기재례

〈작성례1〉 소송비용

> 2. 소송비용은 피고가 부담한다.
> 라는 판결을 구합니다.
>
> 2. 소송비용은 피고들의 부담으로 한다.
> 라는 판결을 구합니다.

7. 가집행의 선고

(1) 기재내용

가집행의 선고는 확정되지 아니한 종국판결에 집행력을 부여하는 형성적 재판으로서 법원은 재산권의 청구에 관한 결정에는 상당한 이유가 없는 한 당사자의 신청 유무를 불문하고 직권으로 이를 선고하도록 되어 있어 소송비용의 결과와 마찬가지로 반드시 이를 신청하여야 하는 것은 아니지만 법원의 직권발동을 촉구하는 의미에서 청구취지에 기재하는 것이 실무상 관행이다.

(2) 구체적인 기재례

〈작성례1〉 가집행

> 3. 제1항은 가집행할 수 있다.
> 라는 판결을 구합니다.
>
> 3. 제1항 중 건물인도 부분은 가집행할 수 있다
> 라는 판결을 구합니다.

8. 병합청구

(1) 기재내용

청구의 병합(객관적 병합)이란 원고가 하나의 소송절차에서 여러 개의 청구를 하는 것으로써 이는 당사자 사이의 여러 분쟁을 한 절차로 처리할 수 있어서 소송경제와 재판의 통일을 도모할 수 있다. 이러한 청구의 병합(객관적 병합)에는 ① 양립하는 여러 개의 청구를 병렬적으로 병합하여 전부에 대해 판결을 구하는 '단순병합'과 ② 양립하는 여러 개의 청구를 택일적으로 병합하여 어느 하나의 인용을 해제조건으로 하여 다른 청구에 대해 심판을 청구하는 '선택적 병합' 그리고 ③ 양립할 수 없는 여러 개의 청구를 순차적으로 병합해 주위적 청구의 인용을 해제조건으로 예비적 청구에 관해 심판을 구하는 '예비적 병합'이 있다.

공동소송(주관적 병합)이란 한 소송절차에서 여러 사람의 원고 또는 피고가 관여하는 소송으로써 소의 주관적 병합 또는 다수당사자소송이라고도 하는데 이러한 주관적 병합에는 ① 공동소송인 전원에 대해 소송목적의 합일확정이 필수적으로 요구되는 '필수적 공동소송'과 ② 공동소송인에 대해 법률상 합일확정의 필요가 없는 '통상공동소송'이 있다.

	병합형태	구체적 사례
객관적 병합	단순병합	매매대금청구와 대여금 청구를 같이하는 경우
	선택적병합	이혼소송에서 부정한 행위와 혼인을 계속하기 어려운 중대사유를 들어 청구하는 경우
	예비적병합	주위적 청구가 기각되거나 각하될 것을 대비해서 예비적 청구를 구하는 경우
주관적 병합	단순병합	원고 또는 피고가 2명 이상인 경우
	선택적병합	원고에게 피고 김○○ 또는 박○○은 금 5백만원을 지급하라
	예비적병합	주위적 청구: 원고에게 피고 김○○은 금 5백만원을 지급하라. 예비적 청구 : 원고에게 피고 박○○은 금 5백만원을 지급하라

(2) 구체적 기재례

〈작성례1〉 병합 청구(객관적 예비적 병합)

주위적으로

1. 피고는 원고에게 별지목록 기재 토지에 관하여 의정부지방법원 등기과 2018. 5. 10. 접수번호 제1234호로 경료된 소유권이전등기의 말소등기절차를 이행하라.

2. 소송비용은 피고의 부담으로 한다.

3. 제1항은 가집행할 수 있다.

예비적으로

1. 피고는 원고에게 별지목록 기재 토지에 관하여 이 사건 소장부본 송달일 명의신탁해지를 원인으로 한 소유권이전등기절차를 이행하라.

2. 소송비용은 피고의 부담으로 한다.

라는 판결을 구합니다.

〈작성례2〉 병합 청구(주관적 예비적 병합)

주위적으로

1. 피고 홍길동은 원고에게 금 30,000,000원 및 이 소장부본 송달다음날부터 다 갚는 날까지는 연 12%의 비율에 의한 금원을 지급하라.

2. 소송비용은 피고의 부담으로 한다.

3. 제1항은 가집행할 수 있다.

예비적으로

1. 피고 ○○ 주식회사는 원고에게 금 30,000,000원 및 이 소장부본 송달 다음날부터 다 갚는 날까지는 까지 연 12%의 비율에 의한 금원을 지급하라.

2. 소송비용은 피고의 부담으로 한다.

3. 제1항은 가집행할 수 있다.

라는 판결을 구합니다.

1. 총 설

(1) 의 의

청구원인이란 광의의 의미로는 소송물인 권리관계의 발생원인에 해당하는 사실관계 즉 권리근거규정의 요건사실을 말하는 것으로 청구를 이유 있게 하는데 필요한 일체의 사실을 의미하고, 협의의 의미로는 소송물을 특정하기 위해 필요한 사실관계를 말한다[33]. 통상 추상적으로 기재를 하는 청구취지와 청구원이 합쳐져서 원고자 주장하는 바가 특정된다.

(2) 청구원인의 표시

1) 기재내용

청구취지와 함께 소송목적인 권리 또는 법률관계를 특정하여 당해 소송에서 원고가 주장·입증하고 법원이 판단하여야 할 사항을 제시하는 것으로서, 소장의 필요적 기재사항이다. 개개의 실체법상의 권리 주장을 소송물로 보는 판례의 입장에서 보면 청구원인은 어떠한 권리 또는 법률관계에 기하여 청구에 이르렀는지를 알 수 있도록 특정하여야 하며 피고의 항변이 제출되지 아니한다면 그 내용만으로 원고의 청구가 인용되기에 필요하고도 충분한 사실관계를 기재하여야 한다.

2) 기재방식

청구원인의 기재방식에 정형이 있는 것은 아니나 청구원인은 재판 및 판결의 기초가 되는 점에서 일반적으로 사용되는 방식에 따르는 것이 좋다. 보통 육하원칙에 따라 ① 원고가 피고에게(누가, 누구에게), ② 2013. 5. 10.에(언제), ③ 부동산중계사무실에서(어디서), ④ 아파트 매매를 위해(왜), ⑤ 잔금1억 원을(무엇을), ⑥ 2013. 7. 10.에 지급하기로 하였지만 이를 지급하지 않았다(어떻게).라고 적으면 된다.

---

33) 예를 들어 1천만원의 대여금 청구소송에서 대여일, 당사자, 대여금액이 이에 해당한다. 그러나 변제기일 도과는 광의의 청구원인일 뿐이고 협의의 청구원인은 아니다.

2. 이행청구

(1) 매매대금 청구

가) 요건사실

요건사실	**매매대금** * 매매계약체결 사실
	이자 * 매매계약체결 사실 * 목적물 인도
	지연손해 * 매매계약체결 사실 * 소유권이전의무이행 또는 이행의 제공 * 대금지급의무기한의 도래 * 목적물의 인도 * 손해의 발생 및 그 범위

나) 기재례

청 구 원 인

1. 원고는 시계 도매업을, 피고는 시계 소매업을 각 경영하고 있습니다.

2. 원고는 2018. 2. 1. 피고에게 ○○손목시계(품명 △△) 50개를 대금 500만원에 대금지급기일은 2018. 4. 31.로 정하여 매도하고 같은 날 위 시계 50개를 인도하여 주었습니다.

3. 따라서 피고는 원고에게 매매대금 500만원 및 이에 대한 대금지급기일 다음 날인 2018. 5. 1.부터 이 사건 소장 부본 송달일까지는 상법 소정의 연 6%의, 그 다음날부터 다 갚는 날까지는 소송촉진등에 관한 특례법 소정의 연 12%의 각 비율에 의한 지연손해금을 지급할 의무가 있습니다.

---

1. 위 사례는 매매대금청구권과 손해배상청구권 두 가지를 소송물로 하고 있다. 매매대금청구권의 발생요건사실로 계약 당사자, 계약일, 계약목적물, 매매대금 등 계약 내용과 매매 약정을 기재함으로써 이를 특정한다.

2. 대금지급 지체로 인한 손해배상금을 구하는 경우 이행지체 요건으로 인도사실을 기재하여야 하고 그 기산일을 특정하기 위하여 대금지급기일을 각 명시할 필요가 있으며, 상법 소정의 연 6%의 이율로 청구하기 위하여는 당사자가 상인이거나 매매가 상행위임을 표시하는 기재를 하여야 하나, 민법 소정 연 5%의 비율로 구할 때에는 당사자의 직업을 기재할 필요가 없다.

3. 소송촉진 등에 관한 특례법 소정의 지연손해금을 구하는 경우 그 기산일과 종료일을 명시하고 지연손해금의 발생 근거가 되는 법률을 표시하여 준다.

4. 권리의 발생요건에 아무런 영향이 없는 행위의 동기, 연혁, 경위 등은 기재할 필요가 없고 계약내용 중에서 권리발생요건과 무관하여 쟁점이 되지 아니하는 사실도 장황하게 기재할 필요가 없다.

(2) 약속어음금 청구

가) 요건사실

요건사실	**발행인에 대한 청구** * 피고가 어음행위(발행, 배서, 보증 등)를 한 사실 * 어음상의 권리가 원고에게 귀속된 사실 * 원고가 어음을 소지한 사실
	배서인에 대한 청구 * 피고의 어음배서 사실 * 어음상의 권리가 원고에게 귀속된 사실 * 적법한 지급제시 및 지급거절된 사실 * 지급거절증서의 작성 · 작성면제의 특약 * 원고가 어음을 소지한 사실

나) 기재례

청 구 원 인

1. 피고 김○○은 2012. 5. 1. 액면금 3,000만원, 수취인 소외 이○○, 지급기일 2012. 10. 1. 발행지 및 지급지 각 백지, 지급장소 주식회사 △△은행 삼성동지점으로 된 약속어음 1장을 소외 이○○에게 발행 하였습니다.

   피고 박○○은 소외 이○○, 피고 최○○의 배서가 연속하여 기재된 위 약속어음을 피고 최○○으로부터 교부받아 같은 해 10. 15. 위 어음에 지급거절증서 작성의무를 면제하는 배서를 하여 원고에게 교부하였습니다.

원고는 위 어음의 발행지 및 지급지를 각 서울특별시로 보충하여 같은 달 21. 위 지급장소에서 지급제시 하였으나 예금부족으로 지급거절 되었습니다.

2. 이 사건 약속어음의 발행인 란에 기재된 피고 김○○에 의하여 발행된 것으로 추정된다 할 것이고 원고는 형식상 배서의 연속에 아무런 흠이 없는 이 사건 어음을 최종 배서인인 피고 정으로부터 배서 양도 받은 것이므로 이 사건 어음상의 권리를 유효하게 취득하였습니다.

3. 그렇다면 피고들은 합동하여 원고에게 위 약속어음금 3,000만원 및 이에 대하여 위 약속어음의 만기(지급기일)인 2012. 10. 1.부터 이 사건 소장 부본 송달일까지는 어음법 소정 연 6%의 이자를, 그 다음날부터 다 갚는 날까지는 소송촉진 등에 관한 특례법 소정 연 20%의 비율에 의한 지연손해금을 지급할 의무가 있습니다.

■ **작성방법**

1. 위 사례는 약속어음의 소지인이 발행인 및 배서인 중 일부를 상대로 어음금, 이자 및 지연손해금을 청구하는 것으로 피고들은 각자가 전액의 지급의무를 부담하고 그 중 어느 한 사람이 지급하면 채무가 소멸하는 어음법상의 합동책임을 부담한다.
2. 발행인에 대한 어음액면금 청구는 피고가 발행한 어음요건을 모두 갖춘 어음을 연속된 배서를 거치거나 또는 어음상 권리를 실질적으로 이전받아 원고가 소지하고 있는 사실을 기재하면 되나 법정이자까지 청구하려면 지급제시 기간 내에 지급 제시한 사실도 기재하여야 한다. 지연손해금도 지급제시를 하여야만 청구가 가능하며, 지급 제시한 다음날부터 이를 청구할 수 있다.
3. 배서인에 대하여 상환청구를 하려면 발행인에 대한 경우와 마찬가지 방법으로 원고가 어음을 소지하고 있는 사실 외에도 지급제시기간 내에 적법하게 지급 제시한 사실과 지급거절증서가 작성되었거나 작성이 면제된 사실을 지재하여야 한다. 어음요건 중 백지 부분에 관하여 보충권을 부여 받은 경우에는 이를 행사하여 보충권의 범위 내에서 어음 원본의 백지 부분을 반드시 보충하여 이를 근거로 청구하여야 한다. 위 2항은 발행인이 위조 주장을 하고 있어 공격방법의 하나로 기재를 한 것으로 청구원인이 필요적 기재사항이 아니나 쟁점의 부각을 위하여 기재한 것이다.
4. 지급제시기간 내에 적법한 지급제시가 있었던 경우에는 비록 만기 후에 제시 되었어도 발행인 및 배서인은 어음금액 외에 만기일부터 어음법 소정 연 6%의 법정이자를 지급하여야 한다. 어음소지인은 만기전이라도 장래이행의 소의 요건을 갖춘 경우에는 만기에 어음금 및 만기 이후의 법정이자나 지연손해금을 지급하라는 판결을 미리 청구할 수 있다.

(3) 대여금반환청구 요건사실

요건사실	대여금반환청구 * 금전소비대차계약(변제기 포함)을 체결한 사실 * 금전을 지급한 사실 * 변제기가 도래한 사실
	부대청구(이자청구) * 원본채권의 발생 * 이자를 약정한 사실 * 목적물의 인도 및 인도시기
	부대청구(지연손해금청구) * 원본채권의 발생 * 반환시기 및 그 도과 * 손해의 발생과 그 범위

(4) 보증채무금청구 요건사실

요건사실	* 주채무가 발생한 사실 * 보증계약체결사실[34]

(5) 임대차보증금반환 및 목적물반환청구 요건사실

요건사실	임대차보증금반환 * 임대차계약을 체결한 사실 * 보증금을 지급한 사실 * 임대차가 종료한 사실
	부대청구(지연손해금) * 임대목적물을 인도한 사실

요건사실	임대차계약의 체결 목적물의 인도 임대차의 종료

---

34) 보증한도를 정한 보증(한도보증)이고(제출된 보증서에 한도보증인지를 확인) 이미 주채무자에 대한 채권액이 지연손해금을 합하여 보증한도를 초과하는 경우 보증인에 대한 청구는 그 특정의 한도금액만을 정액으로 청구하도록 보정권고 한다.

(6) 계약금반환청구 요건사실

요건사실	* 매매계약을 체결한 사실 * 계약금을 지급한 사실 * 매매계약의 취소, 해제 등으로 소멸한 사실 　－ 매매계약이 반사회질서행위인 사실(계약의 무효)이나 기망에 의하여 　　체결된 것이어서 취소한 사실 　－ 매도인(피고)이 계약상 채무를 불이행하여 해제한 사실 　－ 합의해제한 사실

(7) 구상금청구 요건사실

요건사실	○ 보증관계가 성립한 사실 * 다른 연대채무자에게 구상하는 경우 　연대하여 금전을 차용한 사실 * 주채무자에게 구상하는 경우 　피고의 금전차용사실과 원고의 연대보증사실 * 다른 연대보증인에게 구상하는 경우 　주채무자의 금전차용사실과 원, 피고의 연대보증사실 * 다른 공동불법행위자에게 구상하는 경우 　원피고의 공동불법행위사실 * 주채무자와 그 신용보증약정의 연대보증인에게 구상하는 경우 　(기술) 신용보증기김이 피고에게 신용보증을 해주어 피고가 은행에서 　　　　돈을 대출받은 사실 및 신용보증약정시 다른 피고가 연대보증한 　　　　사실 ○ 대위변제한 사실

(8) 공사대금청구 요건사실

요건사실	* 도급계약체결사실 * 건축공사를 전부(공사대금 전액 청구시) 또는 일부(기성고 대금청구시) 　완성한 사실

(9) 투자금반환청구 요건사실

요건사실	○ 동업탈퇴로 인한 지분반환의 청구 * 동업계약을 맺은 사실 * 다른 동업자 전원에게 탈퇴의사를 표시한 사실 * 손익분배의 비율(약정이 없을 때는 출자가액의 비율)과 탈퇴 당시의 동업재산의가액 ○ 동업 해산으로 인한 잔여재산분배청구 * 동업계약을 맺은 사실 * 동업에 해산사유(목적사업의 성공 또는 불가능하게 됨, 존속기간의 만료, 계약에서 정한 사유)가 발생하여 다른 동업자 전원에게 해산청구를 한 사실 또는 동업자 간에 해산합의를 한 사실 * 청산절차를 거쳐 잔여재산의 가액이 정해진 사실 　또는 처리해야 할 잔무가 없고 잔여재산의 분배만이 남아있는 사실과 그 재산의 가액 * 출자가액의 비율

(10) 양수금반환청구 요건사실

요건사실	* 甲 (채권양도인)이 피고에게 돈을 대여한 사실 * 甲이 원고에게 위 대여금 채권을 양도한 사실 * 甲이 피고에게 양도통지를 하였거나 피고가 승낙한 사실

(11) 부당이득반환청구 요건사실

요건사실	* 원고에게 손실이 발생하고, 그로 인하여 피고에게 이득이 발생한 사실 * 이득의 발생에 법률상 원인이 없을 것 * 이득을 얻은 물건의 가액

3. 확인청구

(1) 채무부존재확인 청구

가) 요건사실

요건사실	* 소송물인 특정채무의 발생원인사실이 아예 없었다고 주장하는 경우에는 원고는 소송물을 특정할 정도의 주장만을 하면 되고, 피고가 그 발생원인사실을 주장, 입증하여야 함 * 소송물인 특정채무의 발생원인이 있었지만 그것이 무효 취소되었다거나 또는 발생한 채무가 사후 소멸되었다는 주장을 하는 경우에는 소멸원인(무효, 취소, 변제, 소멸시효 등) * 확인의 이익이 있음을 인정할 수 있는 사실

나) 기재례

> ### 청 구 원 인
>
> 1. 원고는 2018. 1. 10 피고의 피상속인인 소외 망 김○○에서세 2,000만원을 차용한 바 있습니다.
> 2. 소외 망 김○○은 2018. 5. 10. 사망하고 피고가 단독으로 김○○을 상속하였는데 피고는 위 차용증서 사본을 제시하며 원고에게 위 대여금을 변제할 것을 요구하고 있습니다.
> 3. 그러나 소외 김○○은 2018. 5. 10. 위 차용금채무를 면제하여 주었으므로 원고의 피고에 대한 위 차용금 채무는 소멸하였고, 원고는 이를 다투는 피고에 대한 관계에서 이를 확인할 필요가 있습니다.

■ 작성방법

1. 채무부존재 확인의 소는 소극적 확인의 소로서 상대방이 이행의 소를 제기한 경우와 원·피고가 반대의 입장에 있을 뿐 이로써 입증책임이 달라지는 것은 아니다. 이 경우 권리의 발생에 관한 주장, 입증 책임은 피고에게 있고 권리의 소멸 또는 권리 발생 장애 사유에 관한 주장·입증 책임은 원고에게 있다.
2. 권리가 발생한 사실이 없음에도 피고가 권리를 주장하는 경우에는 피고에게 주된 입증 책임이 돌아가나 위와 같이 이미 발생한 권리가 소멸하였음을 주장하는 경우 원고가 그 입증을 하여야 한다.

(2) 해고무효 확인 청구

[기재례]

청 구 원 인

1. 원고는 2017. 5. 10. 피고 회사에 입사하여 영업부를 거쳐 2018. 5. 15.부터 경리부에서 성실하게 그 본분을 다하여 근무하여 왔습니다.

2. 피고는 원고가 무단결근을 하고 업무실적이 저조하다는 사유를 내세워 2018. 5. 10. 원고를 해고하고 같은 해 5. 15.경 그 통지를 보내왔으나 원고는 위와 같은 행위를 한 사실이 없고 일부 행위는 해고할 정당한 사유에 해당하지도 않았습니다.

3. 따라서 원고에 대한 위 해고는 정당한 이유가 없는 해고로서 무효이므로 원고는 그 무효확인을 구하기 위하여 이 사건 청구에 이르렀습니다.

■ 작성방법

1. 위 사례 역시 소극적 확인의 소이고 해고 행위는 과거의 법률행위에 불과하여 위 해고로 인하여 부인당하고 있는 현재의 근로관계의 확인을 구하는 것이 확인의 소의 요건에 맞는 것이기는 하나 실무상 해고의 효력을 다투는 경우 해고의 무효확인을 구함으로써 해고 이후 해고로 인하여 발행한 여러 법률관계에 대한 일괄적인 확인의 수단으로 사용되어 왔다.
2. 원고는 해고가 근로기준법 제23조에 위반하여 정당한 이유없이 한 해고로서 무효라고 주장하면 되고 피고가 원고에 대한 해고사유의 존재와 그에 따른 해고의 정당서에 관한 주장입증 책임이 있다. 그러나 실무에 있어서는 소송경제상 피고가 주장한 해고사유가 부당함을 원고가 적극적으로 주장하기도 한다.
3. 해고무효확인과 함께 해고일 이후의 임금 청구를 병합하는 것이 보통이다. 언제까지의 임금을 청구할 것인가가 문제가 되나 해고가 무효라면 원직에 복직될 때까지의 임금을 일부 장래이행의 소로 구할 수 있을 것이다.

4. 형성청구

(1) 주주총회결의 취소청구

가) 요건사실

요건사실	* 원고가 피고회사의 주주, 이사(청산인, 일시 이사직무집행자), 감사(일시 감사직무집행자)인 사실 * 주주총회의 소집과 존재 사실 * 주주총회에서 결의가 있었던 사실 * 그 결의에 취소사유가 있는 사실

나) 기재례

청 구 원 인

1. 원고는 피고 회사의 주식 500주를 소유한 주주입니다.

2. 피고 회사는 2013. 1. 28. 각 주주에 대하여 2013. 2. 7. 10:00 피고의 회사의 사무실에서 임시주주총회를 개최한다는 취지의 서면 통지를 발송하였습니다.

3. 피고 회사 임시주주총회는 2013. 2. 7. 10:00 피고 회사의 사무실에서 개최되어 청구취지 기재와 같은 결의를 하였습니다.

4. 그러나 서면으로 주주총회를 소집하려면 총회일로부터 2주전에 각 주주에게 대하여 그 통지를 발송하여야 하는 바(상법 366조 제1항), 위 총회소집의 통지는 2013. 1. 28.에 발송한 것이므로 적법한 기간을 둔 것이 아닙니다.

5. 그렇다면 위 주주총회는 소집절차가 법령과 정관에 위배된 총회이므로 위 총회에서 한 결의는 취소되어야 합니다.

■ 작성방법

1. 주주총회결의취소의 소는 소에 의하여 결의의 취소를 구하는 형성의 소로서 그 요건은 상법제376조에서 규정하고 있다. 즉 총회의 소집절차 또는 결의 방법이 법령 또는 정관에 위반되거나 현저하게 불공정한 때에 주주·이사 또는 감사가 원고로 되어 회사를 피고로 하여 제소한다.

2. 청구원인의 요건사실로 ① 원고와 피고와의 관계(원고적격), ② 주주총회의 소집통지, ③ 그 총회의 결의의 존재, ④ 그 결의의 취소사유의 존재와 결론을 기재하는 형식으로 구성한다.

3. 결의의 날로부터 2개월 내에 제소하여야 하는 것은 소송요건에 해당하지만 이는 객관적으로 판단할 사항으로 청구원인에 그 사실까지 기재할 필요는 없다.

4. 주주총회결의의 하자를 다투는 소송은 회사관계 소송중에서 가장 많이 볼 수 있는 소송으로 그 소송도 결의의 취소, 무효확인, 부존재확인의 세가지 태양이 있으나 실무상 각기 그 원인의 차이를 분간하기 어려운 때가 많아 청구원인을 병합하여 제소하기도 한다.

(2) 채권자취소 청구

가) 요건사실

요건사실	* 원고의 甲에 대한 채권이 있는 사실(채권발생의 원인이 되는 사실) * 甲이 피고에게 유일한 재산(부동산, 동산 등)을 매도하거나 채무초과상태에서 채권자들 중 한 사람인 피고에게만 근저당권 설정을 해 주거나 대물변제한 사실 * 甲이 원고를 해할 의사(사해의사)가 있었던 사실

나) 기재례

청 구 원 인

1. 원고의 신용보증

원고는 소외 갑이 소외 주식회사 ○○은행(○○동지점)으로부터 2007. 8. 31. 5,000만원을 대출받음에 있어 보증기한을 2007. 8. 31.부터 2009. 8. 31.까지로 보증원금한도액을 5,000만원으로 하여 위 대출원리금의 상환에 대한 신용보증을 하면서 위 갑과의 사이에 원고가 위 보증채무를 이행하였을 때에는 위 갑은 원고에게 위 대위변제금과 이에 대한 변제일 이후의 연 17%의 비율에 의한 지연손해금을 변제하고 위 갑이 어음교환소의 거래정지처분 또는 거래은행의 당좌거래정지처분 등을 받은 경우에는 별도의 통지나 최고 없이도 사전 구상할 수 있도록 하는 내용의 신용보증약정을 체결하고 소외 을은 위 약정에 따른 위 갑의 채무를 연대보증하였습니다.

2. 피보전채권의 성립

원고의 위 신용보증에 기하여 위 갑이 2007. 8. 31. ○○은행으로부터 5,000만원을 변제기는 2009. 8. 31. 이율은 연 13%로 정하여 대출 받았다가 원리금을 상환하지 못한 상태에서 2009. 8. 3. 부도로 거래은행으로부터 당좌거래정지처분을 받게 됨에 따라 원고는 위 ○○은행의 보증채무 이행청구를 받고 2009. 11. 21. 위 경남은행에 위 대출원리금으로 합계 51,834,264원을 대위 변제 하였습니다.

3. 사해행위

소외 을은 위 갑과 고등학교 동창이자 친한 친구로서 그의 부도사실을 전해 듣고 2009. 8. 11. 그의 소유이던 이 사건 부동산에 관하여 ○○지방법원 ○○등기소 접수

제1234호로 언니인 피고 앞으로 2009. 8. 10.자 매매예약을 원인으로 하여 소유권이 전청구권가등기를 마쳐 주었다가 같은 등기소 2009. 12. 29. 접수 5678호로 2009. 8. 10.자 매매를 원인으로 위 가등기에 기한 소유권이전 본등기를 마쳐 주었습니다. 당시 위 을은 이 사건 보증채무 외에도 소외 △△은행에 800만원의 차용금 채무를, 위 ○○은행에 2,3247만원 상당의 보증채무를 부담하고 이를 담보하기 위하여 △△은 행에 채권최고액 910만원으로 된 2번 근저당권설정 등기를 ○○은행에 채권최고액 2,600만원 및 4,000만원으로 된 4, 5번 각 근저당권설정등기를 마쳐주어 합계 8,100 여만원의 채무를 부담하고 있던 반면, 시가 5,00만원 상당의 이 사건 부동산 외에 달 리 소유하는 재산이 없었습니다. 따라서 위 을이 피고와 사이에 이 사건 부동산에 관 하여 체결한 매매예약 및 매매계약은 책임재산을 없앰으로써 원고로부터의 강제집행 을 면탈하기 위한 사해행위라 할 것이고 피고는 위 을의 언니로 위와 같은 사정을 잘 알면서도 이 사건 부동산을 취득한 악의의 수익자입니다.

4. 취소의 범위 및 원상회복의 방법

다만 이 사건 부동산에 관하여 위 사해행위 당시에 이미 근저당권이 설정되어있어 그 담보채무 잔액 3,047만원(=2,247만원+800만원) 만큼의 채권자들을 위한 책임재산에 서 제외되어 있었던 것이므로 이를 제외한 나머지 1,953만원(5,000만원-3,047만원) 의 범위에서 위 사해행위를 취소하고 원상회복 할 것이나 피고가 이미 위 ○○은행에 대한 피담보채무금을 변제하고 2010. 7. 25. 위 은행에 대한 근저당권설정등기를 말 소하여 원상회복할 수 없는 경우에 해당하므로 피고는 사해행위로 취소되는 부분에 해 당하는 가액을 반환할 의무가 있습니다.

5. 결론

따라서 피고가 소외 을과 사이에 별지목록 기재 부동산에 관하여 2009. 8. 10.체결한 매매예약 및 매매계약은 1,953만원의 범위에서 취소되어야 하고, 피고는 원상회복으 로 원고에게 1,953만원 및 이에 대한 이 판결 확정일 다음날부터 다 갚는 날까지 민법 이 정한 연 5%의 비율에 의한 지연손해금을 지급할 의무가 있으므로 원고는 위 사해 행위의 취소 및 위 의무의 이행을 구하기 위하여 이 사건 청구에 이르렀습니다.

1. 위 사례는 사해행위가 있은 후 수익자가 목적물에 설정되어 있던 근저당권의 피담보채무를 일부 변제하였으므로 가액배상을 구하는 채권자취소소송의 청구원인이다.

2. 채무자가 채권자를 해함을 알고 재산권을 목적으로 한 법률행위(사해행위)를 한 때에는 채권자는 소로써 그 취소를 구할 수 있을 뿐 소송상의 공격 또는 방어방법으로는 주장할 수 없다. 채권자가 채권자취소권을 행사하려면 사해행위로 인하여 **이익을 받은 자**나 **전득한 자**를 상대로 그 법률행위의 취소를 청구하는 소송을 제기하여야 되는 것으로서 채무자를 상대로 그 소송을 제기할 수 없으므로 이점을 주의해야 한다.

3. 여러 명의 채권자가 동시에 또는 시기를 달리하여 사해행위취소 및 원상회복청구의 소를 제기하더라도 중복제소는 아니며, 어느 한 채권자가 동일한 사해행위에 관하여 승소판결을 받아 확정되었다는 것만으로 그 후에 다른 채권자의 청구가 권리보호의 이익이 없게 되는 것은 아니다. 다만 그에 기하여 재산이나 가액의 회복을 마친 경우에 비로소 이와 중첩되는 범위에서 권리보호의 이익이 없게 된다.

4. 취소채권자의 채권액 산정기준시기는 사해행위 당시이다. 그러나 사해행위 이후 사실심변론종결시까지 발생한 이자나 지연손해금은 포함된다. 가등기에 기한 소유권이전등기의 본등기가 경료된 경우 원인인 법률행위와 본등기의 원인인 법률행위가 명백히 다른 것이 아닌 한 사행행위의 요건 구비 여부는 가등기의 원인된 법률행위 당시를 기준으로 판단하여야 한다.

5. 채권자는 사해행위가 있었다는 사실 외에 그 법률행위가 사해행위 즉 채권의 공동담보가 부족하게 되어 채권을 만족시킬 수 없게 된다는 것까지 <u>안 때로부터 1년 이내</u>에 소를 제기하여야 한다.

6. 사해행위의 취소에 따른 원상회복은 원칙적으로 그 목적물 자체의 반환에 의하여야 하는 바, 이때 사해행위의 목적물이 동산 또는 금전이고 그 현물반환이 가능한 경우에는 채권자는 직접 자기에게 그 목적물의 인도를 청구할 수 있고, 부동산의 경우 수익자나 전득자 명의의 등기 말소를 구하는 것이 원칙이나, 수익자나 전득인인 현재의 등기명의인을 상대로 채무자 앞으로 직접 소유권이전등기절차의 이행을 구할 수도 있다.

7. 저당권이 설정되어 있는 부동산에 대해 사해행위가 있은 후 변제 등에 의하여 저당권설정등기가 말소된 경우에는 원물의 원상회복은 부당하므로 부동산의 가액에서 피담보채무액을 공제한 잔액의 한도 내에서 매매계약의 일부 취소와 그 가액의 배상을 청구하며, 그 가액산정은 사실심 변론 종결시를 기준으로 한다.

1. 입증방법

(1) 기재내용

소장에는 보통 당해 사건에서 원고의 주장을 뒷받침하여 주고, 피고에게 불리한 여러 가지의 증명자료(서증)들과 소송에 필요한 서류들을 첨부한다. 부동산에 관한 사건은 그 부동산의 등기사항증명서, 친족상속관계 사건은 가족관계기록사항에 관한 증명서, 어음 또는 수표사건은 그 어음 또는 수표의 사본을 소장에 붙여야 하고, 그 외에도 소장에는 증거로 될 문서 가운데 중요한 것은 사본을 붙여야 한다(규칙 63조 제2항).

(2) 기재방법

1) 「입증방법」란에는 이러한 서증들을 첨부한 순서대로 기재하면 된다. 그리고 증명자료로 제출된 서증에 대하여는, 이를 누가 제출한 것인지 알아볼 수 있도록, 그 앞에 일정한 부호를 붙여주어야 하는데, 원고가 제출한 서증에는 '갑 제( )호증', 피고가 제출한 서증에는 '을 제( )호증', 당사자 참가인이 제출한 서증에는 '병 제( )호증'이라는 부호를 붙여주면 되고, 서증이 둘 이상인 경우에는 첨부한 순서대로 '갑 제1호증(매매계약서)', '갑 제2호증(토지등기부등본)', '갑 제3호증(건물등기부등본)' 등과 같이 기재하여 주면 된다.

2) 또한 서증이 상호연관성이 있거나 공통성이 있는 경우 또는 하나의 서증이 여러 장으로 구성되어 있는 경우에는 가지번호를 붙여 구분하면 된다. 예컨대, 첨부할 서증이 동일한 거래처 발행의 여러 장의 영수증인 경우에는 '갑 제1의 1', '갑 제1의 2'와 같은 부호를 붙여주면 되는 것이다. 또한 동일방향의 당사자가 수인인 경우, 예컨대, 원고가 둘 이상인 경우에는 한 명의 원고가 제출하는 서증에는 '갑 가 제1호증', 다른 원고가 제출하는 서증에는 '갑 나 제1호증'과 같은 부호를 붙여 구별하면 된다. 신청사건의 경우에는 소송사건의 서증부호 앞에 '소명(증명보다 낮은 개연성)'을 의미하는 '소'자를 덧붙여 주면 된다(예, 신청인 제출서류 : 소갑 제1호증, 피신청인 제출서류 : 소을 제1호증).
이러한 입증서류가 원본이 아닌 복사 문서인 경우에는 관행상 서증 하단에 '원본과 상위없음 원고 ○○○⑪'이라고 인증하기도 하지만 이러한 인증 없이 사본인 채로 제시하여도 별 상관은 없으며, 서증 우측 여백에 주로 표시하는 '갑제1호증' 등 표시는 수기로 작성하여도 무방하나 실무상 고무인을 주로 사용한다.

3) 소장에 첨부한 입증서류에 대해서는 피고의수에 따른 사본을 함께 첨부하여야 하는 것이 원칙이다.

(3) 구체적인 기재례

[기재례] 입증방법

입 증 방 법

1. 갑제1호증의1   화재증명원

1. 갑제1호증의2   화재사실확인원

1. 갑제2호증의1내지3   건설기계임대차표준계약서

1. 갑제2호증의4   거래명세서

1. 갑제3호증   사건처분결과증명서

1. 갑제4호증1내지   사진

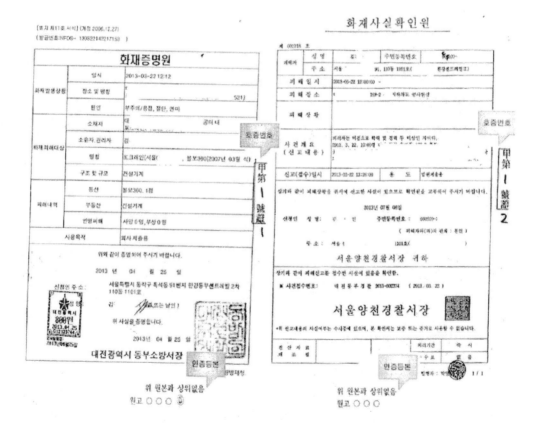

2. 첨부서류

(1) 기재방법

1) 소장에 첨부하거나 같이 제출하는 서류의 이름과 그 통수를 기재하는 것으로 후일 소장 접수 시에 어떠한 서류를 제출하였는지를 확인하는 자료가 된다. 소가 제기되면 법원은 소장 부본을 피고에게 송달하여야 하는 것이므로, 소를 제기하는 원고는 피고의 수에 상응하는 소장 부본을 첨부하여 제출하여야 한다. 이때 법원용 소장에는 첨부서류를 모두 첨부하지만 상대방용 부본에는 실무상 첨부서류를 첨부하지 않아도 된다.

2) 건물명도 소송과 같이 청구취지와 원인만으로 소송목적의 값을 산출하기 어려운 소송의 소장에는 별도의 계산이 필요하므로 그 산출자료(소가산출에 필요한 건축물대장, 토지대장, 개별공시지가확인서)도 첨부 하여야 한다[35].

3) 당사자가 법인인 경우에는 단체의 대표권을 증명하는 법인등기부등본을, 법인아닌 사단이나 재단의 대표자 또는 관리인에 대해서는 그 대표권이나 관리권을 증명하는 선임결의서나 재직증명서 또는 대표자증명서와 당사자 능력을 판단할 자료(정관, 규약)를 첨부해야 한다.

4) 법정대리인이 있는 경우에는 법정대리권을 증명하는 가족관계증명서 등을 첨부하고, 소송대리인에 의해 소가 제기되는 경우에는 위임장을 첨부한다.

5) 원고가 소장을 제출함에는 인지 외에 송달료를 미리 납부하여야 하므로(규칙 19조) 송달료 수납은행에 이를 납부하고 송달료 납부서를 받아 소장에 첨부하여야 한다. '첨부서류'란에는 소장부본, 송달료 · 인지납부서 등 소장에 첨부한 서류들을 순서대로 기재하면 된다.

---

[35] 실무상 소가 계산이 필요한 경우에는 '소가계산서'를 소장 표지 다음에 첨부해서 제출하고 있다.

(2) 구체적인 기재례

[기재례] 첨부서류

<table>
<tr><td colspan="2" align="center">첨　부　서　류</td></tr>
<tr><td>1. 위 입증자료</td><td>1 통</td></tr>
<tr><td>1. 영수필확인서 및 영수필통지서</td><td>1 통36)</td></tr>
<tr><td>1. 토지대장 등본</td><td>1 통</td></tr>
<tr><td>1. 등기사항전부증명서</td><td>1 통</td></tr>
<tr><td>1. 납부서</td><td>1 통</td></tr>
<tr><td>1. 위임장</td><td>1 통</td></tr>
<tr><td>1. 소장 부본</td><td>1 통</td></tr>
</table>

3.「작성연월일」란

작성연월일은 소장의 일부로서 타문서와 구별하고 특정하기 위해 기재하는 것으로써 실무상 작성연월일을 기재할 때에는 연, 월, 일이라는 글자는 생략하고, 온점(·)을 찍어 표시하며, 보통 연, 월까지만 적고 일은 공백으로 둔다(예, 2019. 1. .)

4. 작성자의 기명날인 또는 서명

작성자의 기명, 날인이 없으면 작성자 및 진정 작성 여부를 확인하기 어려우므로 소장 등 소송서류에는 작성자가 기명날인 또는 서명을 한다(법 249조 제2항). 실무상 소장에는 작성자인 원고의 이름을 적고, 그 옆에 날인을 하고 서류의 일부가 불법적으로 교체되는 것을 예방하기 위해 서류에 간인을 한다. 이는 작성자를 명확하게 하기 위함이다.

[기재례]　원고의 표시날인

<table>
<tr><td>2019.　　7.　　.
위 원고의 소송대리인
변호사　○○○ (인)</td></tr>
</table>

---

36) 영수필확인서 및 영수필통지서는 인지액을 현금 또는 신용카드로 납부하고 그 확인서등을 첨부한 것이다.

5. 법원명 표시

마지막으로 당해 소송의 관할법원으로서 소장을 제출하는 법원을 기재한다. 소장을 작성 제출하면서 관할을 위반하여 소송법상의 불이익을 받아서는 안 된다. 그러나 상대방도 원고가 제소한 법원에서 응소하는 것이 유리한 경우 미리 연락하여 관할합의를 하고 원고 소재지에 제소할 수 있으며 이 경우 관할 합의 사실을 기재하여야 한다. 전속관할 사건에서는 합의관할이나 변론관할이 허용되지 않으므로 각별히 유의하여야 한다. 법원을 표시함에 있어서는 소장의 가장 아래 부분에 소장을 제출할 법원명을 적으면서 귀중이라고 기재를 덧붙인다(예, 서울중앙지방법원 귀중).

[기재례] 법원명

서울중앙지방법원 귀중

■ 소장 기재시 주의 할 기재례 ■

1. 단위 기호 등
① 청구취지에서 '금원을 기재하는 경우에는 '금 1억원'이라고 하지 않고 '금 100,000,000원'이라고 기재한다. 다만 '금원'이라는 표시는 '돈'이라고 기재하여도 되고, 이율의 표시는 '연 12%' 또는 '연 2할'이라고 기재한다.
② ㎡의 한글표기는 '제곱미터'로, 연도와 연월일은 '2014. 1. 10.'로 기재하면 된다.

2. 당사자 표시
① 상대방이 검사인 경우 '검사'라고만 기재하고 검사의 성명은 기재하지 않는다.
② 상대방의 이름과 별명만 알고 구체적인 주민등록번호나 한자성명을 알지 못하는 경우에는 '피고 조용희(일명 용필)'이라고 기재하여 상대방을 특정한다.
③ 당사자가 지방자치단체인 '구'인 경우에는 '피고 서울특별시 강남구'라고 기재한다. '강남구청' 또는 '강남구청장'이라고 기재하지 않도록 주의하여야 한다.

3. 기타
① 구 민사소송법에서는 명도와 인도의 개념을 구별하여 따로 사용하였으나, 개정된 민사집행법 제258조 1항은 인도의 개념에 포괄시키고 있으므로, 목적물이 동산이든, 건물 또는 토지이든, 모두「인도」라는 개념으로 사용하면 된다.
② 토지를 표시하는 경우에 토지대장과 등기부등본상의 표시가 같을 경우에는 별문제 없지만 서로 다른 경우에는 토지대장에 표시되어 있는 것을 기준으로 기재한다.

[서식] 소 장

①-① 소장 표지

소　　　　장

원 고　　강 ○ ○

피 고　　김 ○ ○

건물명도 청구의 소

소송물가액	금17,399,304원	
첨부할 인지액	금83,200원	
첨부한 인지액	금83,200원	
송　달　료	금153,000원	
비　　　　고		

서울중앙지방법원　　귀중

①-② 소장 표지 뒷면

소송등 인지의 현금영수필확인서   납부자용

법원코드		관서계좌			

금 액   잠만 삼천 이백원   숫자금액   8 3 2 0 0

납부인 성 명   강 ○ ○   주민등록번호   480000 - 1230000

주 소   서울시 ○○구 ○○동 250-1

사건 사건명   전품명도   사건번호

상대방   김 ○ ○

관할법원   서울중앙지방법원

심급   1심

위와 같이 소송등 인지를 현금으로 영수하였음을 확인합니다.

2013 년 0 월 일

은행   지점   (수납인)

(4-4)

송달료 (예납) 납부서   법원제출용 (3-1)

법원코드				

은행번호

	법원명	서울중앙지방법원	사건번호	
사납부용 사건	성 명	강 ○ ○	금 액	97,500
	주 소	서울시 ○○구 ○○동 250-1	우편번호	

환 급 은 행   신한은행   지점   계좌번호   12-34-0000-00

계좌   국민 은행   입금   예금주 강○○   전화 010-123-456

법원 새용란	사건번호	한도	기재목록				
	전산등록	사건등록(인)	이송등록(인)	수예수등록(인)	재배정등록(인)	가타	가동

위 사건의 송달료를 납부합니다.

2013년 0월 일

서울중앙지방법원   지원 귀중   납부자   강○○ (인)

☞ 유의사항

실무상 소장표지 뒷면에 법원제출용 납부서에 영수증을 호치킷으로 고정해서 제출한다.

② 소가 계산서

소 가 계 산 서

1. 공시지가 : 3,020,000원

2. 구조번호 : 2

3. 용　　도 : 5

4. 지　　역 : 8

5. 건축년도 : 1999년

6. ㎡당가격 : 641,000원

7. 면　　적 : 180.96㎡

8. 계　　산 : 641,000원×180.96㎡×30/100×1/2 = 17,399,304원

－ 이 상 －

■ 작성방법

1. 건물명도의 소가를 위해서는 건물시가표준액을 계산하여야 하므로 소장 다음에 그 계산서를 첨부한다. 반면에 대여금 청구와 같이 청구액이 소가인 경우에는 바로 알 수 있기 때문에 따로 소가계산서를 제출하지는 않는다.

2. 건물기사표준액을 계산하기 위해서는 ① 건축물대장 ② 토지대장 또는 개별공시지가확인원 ③ 부동산시가표준액 책자가 필요한데 ①과②는 (http://www.minwon.go.kr/) 정부민원포탈 24에서 누구든지 쉽게 발급받을 수 있는 반면 ③ 부동산시가표준액 책자는 별도로 준비해야 한다.

3. 건물시가표준액은 ① 건축물 대장을 통해 건축물 구조(철근콘크리트조)와 건축년도(1999년) 및 건축물용도(점포)를 확인하고, ② 공시지가확인원을 통해 공시지가(3,020,000원)를 확인한다. 이후 ③ 부동산시가표준액 책자에서 공시지가(3,020,000원)에 해당하는 지역번호(8)와 구조번호(철근콘크리트조 2번)에 해당하는 도표를 찾은 다음 이 도표안에서 용도번호(점포 5번)와 건축년도(1951년)에 해당하는 시가표준액(641,000원)을 찾아내면 된다.

4. 계산은 ①목적물가액(=시가표준액(641,000원)에 × 건물면적(180.96㎡)× 30/100)× ②소유권에 기한명도(1/2)= 17,399,304원이 된다.

☞ 유의사항

민원24시 싸이트에서 개별공시지가 확인과 건축물대장과 토지대장 등을 쉽게 발급받을 수 있다.

〈건축물대장 〉

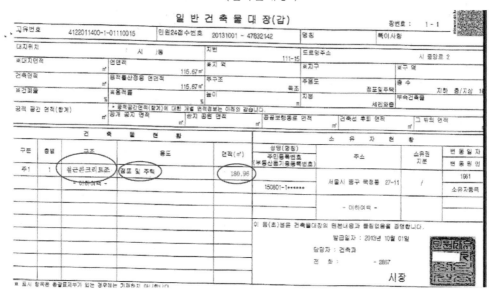

고유번호	11400-1-01110015		인원24접수번호			20131001 - 47632142		

구분	성명 또는 명칭	면허(등록)번호		※주차장				승강기		허가일자
건축주			구분	옥내	옥외	인근	면제	승용 대	비상용 대	착공일자
설계자								※오수정화시설		사용승인일자
공사감리자			자주식	대	대	대		형식		19
공사시공자 (현장관리인)			기계식	대	대	대		용량	인용	관련 지번

건축물 에너지 소비정보 및 그 밖의 인증정보

에너지효율		에너지성능지표(EPI) 점수	녹색건축 인증		지능형건축물 인증	
등급			등급		등급	
에너지절감율		점	인증점수	점	인증점수	점

변 동 사 항

변동일자	변동내용 및 원인	변동일자	변동내용 및 원인	그 밖의 기재사항
19 99 .	건축	1988.05.04	지번정정	

☞ 유의사항

건축물대장을 통해 건축물의 구조용도면적건축연도 등을 확인할 수 있다

문서확인번호: 1380-6185-3801-1022

1/1

개별공시지가 확인서

					2013 10 01		
	성명 (법인)			생년월일 (사업자등록번호)	1962-06-02		
	주소	서울특별시 구 동 로			(전화 : - -)		
	용도						

신청대상토지			확인내용			
가격 기준연도	토지소재지	지번	개별공시지가 (원/㎡)	기준일자	공시일자	비교
2011	동	0111-0015	3,030,000	1월 1일 기준	2011-05-31	
2012		0111-0015	3,040,000	1월 1일 기준	2012-05-31	
2013		0111-0015	3,020,000	1월 1일 기준	2013-05-31	
	--- 이하여백 ---					

☞ 유의사항

개별공시지가 확인서를 통해 공시지가를 확인할 수 있다

부동산시가표준액 표

(단위: 천원)

신축건물기준 2점			구조번호:2	100(철근콘크리트조, 석조, PC조, 목구조, 라멘조)				
지역번호: 8(별 공시지가 3,000,000원 초과			5,000,000원 이하)					

용도별 분류번호 건축년도	주 거 시설(1) 100	사무주거 오피스텔(2) 110	이상숙박 시설(3) 135	위자력 시설(4) 150	사무실 점포(5) 125	교 육 시설(6) 117	공 장 창고(7) 80	농어가 주택(8) 60	농업생산 시설(9) 30
2013	713	784	962	1,069	891	834	570	427	213
2012	698	768	943	1,048	873	817	558	419	209
2011	684	752	924	1,026	855	800	547	410	205
2010	670	737	904	1,005	837	784	536	402	201
2009	655	721	885	983	819	767	524	393	196
2008	641	705	866	962	802	750	513	385	192
2007	627	690	847	941	784	734	501	376	188
2006	613	674	827	919	766	717	490	367	183
2005	598	658	808	898	748	700	479	359	179
2004	584	643	789	876	730	684	467	350	175
2003	570	627	770	855	713	667	456	342	171
2002	556	611	750	834	695	650	444	333	166
2001	541	596	731	812	677	633	433	325	162
2000	527	580	712	791	659	617	422	316	158
1999	513	564	693	770	641	600	410	308	154
1998	499	549	673	748	623	583	399	299	149
1997	484	533	654	727	606	567	387	290	145

☞ 유의사항

① 건축물 대장을 통해 건축물 구조(철근콘크리트조)와 건축년도(1999년) 및 건축물용도(점포)를 확인하고, ② 공시지가확인원을 통해 공시지가(3,020,000원)를 확인한다. 이후 ③ 부동산시가표준액 책자에서 공시지가(3,020,000원)에 해당하는 지역번호(8)와 구조번호(철근콘크리트조 2번)에 해당하는 도표를 찾은 다음 이 도표 안에서 용도번호(점포 5번)와 건축년도(1951년)에 해당하는 시가표준액(641,000원)을 확인할수 있다.

부동산시가표준액 책자가 없는 경우에는 로앤비 싸이트(http://www.lawnb.com)에 접속해서 소송도우미를 이용하면 시가표준준액을 쉽게 계산할 수 있다.

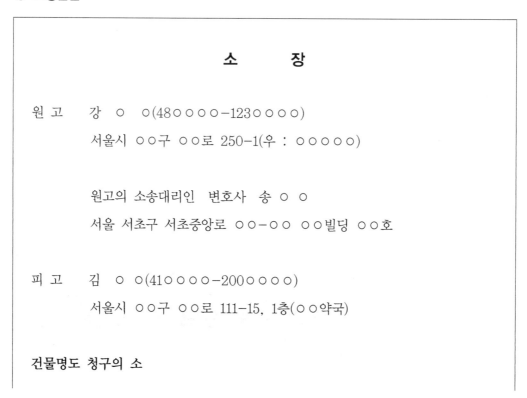

☞ **유의사항**

건축물 대장을 통해 알아낸 내용을 위 빈칸에 입력한 후 계산하기를 누르면 쉽게 건물가액을 구할 수 있다.

③ 소장본문

소 　 장

원 고 　 강 ○ ○(48○○○○-123○○○○)

　　　　서울시 ○○구 ○○로 250-1(우 : ○○○○○)

　　　　원고의 소송대리인 변호사 송 ○ ○

　　　　서울 서초구 서초중앙로 ○○-○○ ○○빌딩 ○○호

피 고 　 김 ○ ○(41○○○○-200○○○○)

　　　　서울시 ○○구 ○○로 111-15, 1층(○○약국)

건물명도 청구의 소

청 구 취 지

1. 피고는 원고에게 별지 목록 기재 부동산 중 1층 180.96㎡(점포)를 명도하라.

2. 소송비용은 피고의 부담으로 한다.

3. 위 제1항은 가집행할 수 있다.

라는 판결을 구합니다.

청 구 원 인

1. 임대차계약의 체결

　원고는 별지 목록 기재 부동산(이하 '이 사건 건물'이라 한다.)의 소유자로서 2004. 10. 24. 피고와 이 사건 건물에 대하여, 임대차기간은 2004. 10. 11.부터 2006. 10. 10.까지, 보증금은 100,000,000원, 월 임대료는 3,300,000원으로 하는 임대차계약을 체결하였습니다(갑제1호증 부동산임대차계약서 참조).

2. 원고의 임대차계약의 해지통고

　원고와 피고사이에 2004. 10. 24. 체결된 이 사건 임대차계약은 계약만료일인 2006. 10. 11.이 도과 하였지만 그간 묵시적으로 갱신되어 오다가 원고는 2013. 5. 29. 피고에게 해지통고를 하였습니다(갑제2호증 내용증명 참조).

3. 결론

　그렇다면 피고는 원고에게 이 사건 건물을 명도할 의무가 있다 할 것이므로 이 사건 청구에 이른 것입니다.

입 증 방 법

1. 갑제 1호증 　　　　　　　　　　　　　부동산임대차계약서

1. 갑제 2호증 　　　　　　　　　　　　　내용증명

1. 갑제 3호증 　　　　　　　　　　　　　부동산등기부등본

첨 부 서 류

1. 위 입증자료   각 1통

1. 개별공시지가 확인서   1통

1. 건축물대장   1통

1. 납부서   1통

1. 위임장   1통

2013.   10.   .
원고의 소송대리인
변호사 송 ○ ○ ㊞

서울중앙지방법원 귀중

☞ 유의사항
소장을 모두 작성 한 후 맨 마지막에 작성자의 도장을 날인한다.

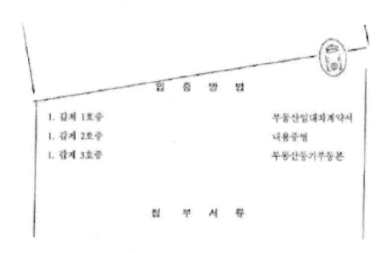

☞ 유의사항
위와 같이 소장의 내용이 무단으로 변경되거나 교체되는 것을 방지하기 위해 소장마다 작성자의 도장으로 간인을 한다.

④ 별지

목　록

1동의 건물의 표시

　　　서울시 ○○구 ○○동 111-15[도로명주소]서울시 ○○구 중앙로 2

　　　철근콘크리트조 스라브즙 5층 점포 및 사무실, 다방, 물탱크실

　　　　1층　180.96㎡(점포)

　　　　2층　180.96㎡(점포)

　　　　3층　180.96㎡(사무실)

　　　　4층　180.96㎡(사무실)

　　　　5층　29.69㎡(물탱크실)

　　　　지층　207.56㎡(다방)

　　　　　　　　　　　　　　　　　　　　　　　- 이상 -

☞ 유의사항

명도하려는 건물의 표시는 소장 마지막에 별지로 표시하는데 아래와 같이 부동산등기부등본상의 표제부란에 표시되어 있는 소제지번 및 건물번호와 건물내역을 위와같은 목록 형식으로 기재하면 된다.

⑤ 입증자료

입증자료(원고인 경우 갑호증)를 아래와 같이 호증번호 순서대로(갑제1호증 부동산임대차계약서, 갑제2호증 내용증명, 갑제3호증 등기사항전부증명서) 첨부한다.

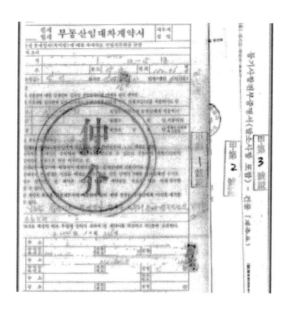

⑥ 첨부서류

소가계산서 작성시 필요로 하였던 개별공시지가확인서, 건축물대장과 변호사를 선임한 경우에는 위임장을 첨부한다.

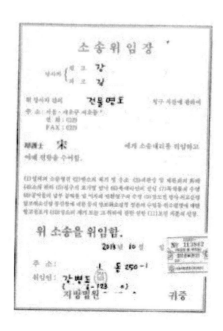

⑦ **부본**

소장을 법원에 제출할 경우 법원에 제출하는 1부와 상대방 수에 따른 부본을 제출하는데 사례와 같이 피고가 1명이면 법원용 1부와 부본 1부 총 2부를 제출한다. 다만 법원용 소장(①~⑥)과 달리 부본에는 ① 표지(인지 및 송달료 납부서첨부)와 ② 소가계산서 ⑥ 첨부서류(위임장)를 제외한 나머지 ③ 소장본문(별지목록있으면 ④ 별지목록포함)과 ⑤ 입증자료(갑호증)만으로 구성해서 제출한다.

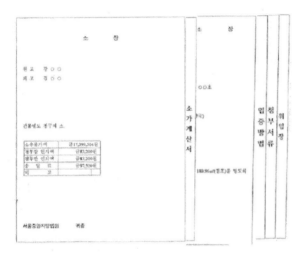

(법원용)

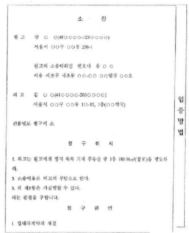

부본(상대방용)

☞ 유의사항
1. 법원용 소장은 ①표지(뒷면에 인지,송달료 영수증 첨부), ② 소가계산서(계산이 필요한 경우에만 첨부한다), ③ 소장원본, ④ 입증자료(갑호증), ⑤ 첨부서류(소송대리인 선임된 경우에는 위임장을 마직막에 첨부한다).
2. 상대방 수에 맞는 부본을 제출하는데 부본은 ① 소장원본, ② 입증방법(갑호증)을 첨부한다.
3. 각 소장에는 원고의 인장으로 간인과 날인을 한다.

1. 인지의 납부

(1) 의 의

정부에 납부할 수수료, 벌금, 과료, 과태료, 소송비용은 수입인지로 납부하게 할 수 있으므로(수입인지에관한법률 5조 2항), 민사소송절차 등에서 소장, 신청서 또는 신청의 취지를 기재한 조서에는 다른 법률에 특별한 규정이 있는 경우를 제외 하고는 소정의 인지를 붙여야 한다. 다만 대법원규칙이 정하는 바에 의하여 인지에 첨부에 갈음하여 인지액 상당의 금액을 현금으로 납부하게 할 수 있다(인지법 1조).

(2) 현금납부절차

1) 수납은행에 직접 납부

인지액의 현금납부는 송달료 규칙 3조1항에 규정된 송달료수납은행에 하여야 한다(인지규칙 28조). 신청인등은 수납은행에 가서 납부서, 영수증, 영수필통지서, 영수필확인서에 의하여 현금으로 직접 납부하여야 하고 수납은행으로부터 교부받은 영수필통지서 및 영수필확인서를 소장등에 첨부하여 법원에 제출하여야 한다(인지규칙 29조1항).

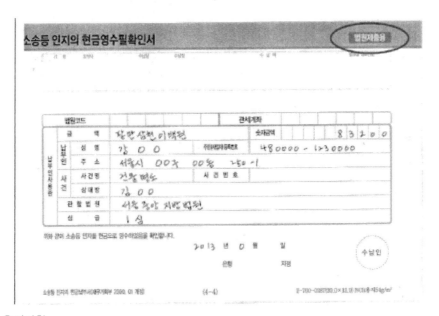

☞ 유의사항

2011. 8. 11.부터 인지대가 1만원 이상인 경우 반드시 위와같은 현금영수필확인서로 납부하여야 한다.

2) 인터넷뱅킹에 의한 납부

신청인등은 수납은행의 홈페이지에 개설된 인터넷뱅킹을 이용하여 계좌이체의 방법으로 현금 납부할 수도 있는데, 이 경우 신청인 등은 인터넷뱅킹으로 현금을 납부한 후 출력한 영수필통지서 및 영수필확인서를 소장 등에 첨부하여 법원에 제출하여야 한다.

(4) 인지액 산출 기준

법원 인지액은 법원 써비스에 대한 댓가 수수료로써 그 산출의 기준은 소송물가액을 기준으로 한다. 재산권상의 청구인 경우에는 청구금액을 기준으로 하며, 소가를 산정할 수 없는 경우에는 일정 확정금액(5,000만 원)을 기준으로 해서 인지를 붙여야 한다.

1) 소장

소장에는 소송목적의 값에 따라 다음 각호의 금액 상당의 인지를 붙여야 한다(인지법 2조1항).

구 분	소 송	소 가	인 지 액
제1심	소장	1천만원 미만	소가×0.005
		1천만원 이상~1억원 미만	(소가×0.0045) + 5,000원
		1억원 이상~10억원 미만	(소가×0.004) + 55,000원
		10억원 이상	(소가×0.0035) + 555,000원

☞ 유의사항

산출된 인지액이 1,000원 미만인 경우에는 이를 1,000원으로 하고, 100원미만의 단수가 있는 경우에는 이를 절사한다.

〈청구취지〉 금전청구

피고는 원고에게 금 30,000,000원 및 이에 대하여 이 사건 소장부본 송달일 다음날부터 다 갚는 날까지 연 12%의 비율에 의한 금원을 지급하라.

⇒ 금전청구의 소가는 청구금액이므로 소가는 3,000만원이고, 인지액은 140,000원[=(소가 3,000만원×0.0045) + 5,000원] 이다.

---

2) 상소장

① 항소장에는 소장의 1.5배액, 상고장에는 2배의 인지를 붙여야 한다(인지법 3조). 다만 고등법원을 1심 사건으로 하여 제기하는 소장에는 1.5배액의 인지를 요구하지 아니하고 통상 1심의 경우와 같이 취급하는 것이 실무이다. 소장에 붙인 인지액이

1,000원 미만이어서 1,000원의 인지를 붙인 경우에는 항소장에는 1,500원, 상고장에는 2,000원의 인지를 붙인다.

② 주의를 요하는 것은 가압류·가처분 사건의 판결에 대한 상소에 있어서는 항소와 상고를 구별하지 아니하고 신청시의 인지액의 배액을 붙여야 한다(인지법 11조).

③ 상소장의 소가는 불복하는 범위를 기준으로 하여 계산하여야 한다.

④ 본소청구보다 소가가 큰 반소가 제기되어 본소청구는 기각되고 반소청구가 인용된 경우에 원고가 패소한 전부에 대해 상소하는 경우 그 상소장의 인지액 계산에 있어 본소청구 기각 부분만 고려할 것이 아니라 반소청구의 인용부분도 고려하여야 한다.

구 분	소 송	인 지 액
항소심	항소장	제1심 소장의 1.5배
상고심	상고장	제1심 소장의 2배

3) 반소장

가. 원칙

반소도 소이기 때문에 그 인지액의 계산도 통상의 소와 마찬가지로 반소제기의 때를 기준으로 반소 자체의 소송목적의 값을 별개로 계산한다. 따라서 제1심에서의 반소장에 붙일 인지액은 소장의 경우와 같은 방법으로 산출하고 항소심에서의 반소 인지액은 1.5배액으로로 한다(인지법 4조)

나. 예외

본소와 목적이 동일한 반소에는 원래 붙여야 할 인지액에서 본소의 소가에 대한 인지액(항소심에서는 그 1.5배액)을 뺀 나머지 액수의 인지를 붙이면 된다(인지법 4조2항).

4) 청구변경신청서

제1심에서의 청구변경신청서에는 변경 후의 청구에 관해 원래 붙여야 할 인지액으로부터 변경 전후의 청구에 관한 인지액을 뺀 나머지 액의 인지를 붙여야 하고 항소심에서의 청구변경 신청서에는 변경 후의 청구에 관하여 원래 붙였어야 할 인지액의 1.5배액으로부터 변경전의 청구에 관한 인지액을 뺀 나머지 액의 인지를 붙여야 한다(인지법 5조).

5) 소송참가신청서

제1심에서 하는 독립당사자 참가와 공동소송참가의 신청서에는 소장에 준하여 소송목적의 값에 따른 액수의 인지를 첨부하여야 하고 항소심에서 하는 위와 같은 참가신청서에는 1.5배의 인지를 부여야 한다.

6) 화해 · 조정신청 또는 지급명령신청

① 화해신청서와 조정신청서에는 소장의 1/5 인지를 붙여야 하고, 지급명령신청서는 소장의 1/10의 인지를 붙여야 한다(인지법 7조). 화해신청을 한 때에 소가 제기된 것으로 보는 경우(화해가 성립되지 아니한 당사자의 소제기신청)에는 당해 화해신청인이 소를 제기하는 경우에 소장에 붙여야 할 인지액에서 화해신청서에 붙인 인지액을 뺀 나머지 액의 인지를 보정하여야 한다(인지법 7조 3항). 조정신청을 한 때에 소가 제기된 것으로 보는 경우, 지급명령신청을 한 때에 소가 제기된 것으로 보는 경우에도 같은 방법으로 인지보정이 필요하다.

② 여러 사람을 상대로 한 지급명령신청에 대하여 피신청인들 중 1인이 이의신청한 경우에는 그 이의신청인에 대하여 소를 제기한다면 붙여야 할 인지액으로부터 이미 지급명령신청서에 붙인 인지액 중 이의신청인에 해당하는 액[=지급명령신청서에 붙인 인지액 × (이의신청인에 대한 소가 ÷ 피신청인 전원에 대한 소가)]을 공제한 나머지 액을 보정시켜야 한다. 다만 연대채무자 여러 사람에 대한 지급명령신청시에는 채무액 전액(소가)에 대한 1/10의 인지를 납부하였을 것이므로 그 중 1인만이 이의신청한 때에도 채무액 전액을 기준으로 인지의 보정을 하여야 한다. 피신청인이 여러개의 청구에 대한 지급명령 중 일부 청구에 대해서만 이의신청한 경우에도 같은 방법에 따른다.

구 분	소 송	인 지 액
지급명령	지급명령신청서	제1심 소장의 1/10
조정신청	조정신청서	제1심 소장의 1/5
제소전 화해	제소전 화해	제1심 소장의 1/5

7) 재심의 소장

재심의 소장에는 심급에 따라 소장 및 상소장과 같은 금액의 인지를 붙여야 한다(인지법 8조 1항). 민사소송법 220조의 화해, 청구의 포기, 인낙조서에 대한 준재심의 경우에도 같다. 다만 민사소송법 386조의 제소전화해 조서에 대한 준재심의 소장에는 화해신청서와 마찬가지로 통상 소장에 붙일 인지액의 1/5 인지를 붙이면 된다(인지법 8조 2항).

8) 기타의 신청서

가. 30,000원의 정액 인지액

파산신청(채권자가 신청하는 경우에 한함), 회생절차개시, 개인회생절차개시 신청, 그 밖에 이에 준하는 신청 등 주로 도산절차의 신청이 이에 해당한다. 그러나 파산 신청 중 채무자 스스로 파산신청을 하는 경우는 인지액이 1,000원이다.

나. 10,000원의 정액 인지액

「민사집행법」에 따른 가압류·가처분의 신청이나 가압류·가처분 결정에 대한 이의 또는 취소의 신청을 위한 신청서에는 1만원의 인지를 붙여야 한다. 다만, 임시의 지위를 정하기 위한 가처분의 신청 및 그에 대한 이의 또는 취소의 신청은 그 본안의 소에 따른 인지액의 2분의 1에 해당하는 인지를 붙여야 한다. 이 경우 인지액의 상한액은 50만원으로 한다.

다. 5,000원의 정액 인지액

부동산강제경매의 신청, 담보권의 실행을 위한 경매의 신청 기타 법원에 의한 경매의 신청, 강제관리의 신청이나 강제관리의 방법에 의한 가압류집행의 신청, 그 밖에 이에 준하는 신청으로서 대법원규칙으로 정하는 신청 등 주로 부동산 강제집행절차의 신청이 이에 해당한다.

라. 민사집행 – 2,000원의 정액 인지액

① 채권의 압류명령 신청 그 밖에 법원에 의한 강제집행신청(부동산강제경매 등 위 2항의 신청 제외)이 이에 해당한다.

② 여러개의 집행권원에 기하여 1건의 신청으로 채권압류 및 전부명령을 신청한 경우 압류명령은 여러개의 신청을 편의상 1건으로 신청한 것이므로 집행권원의 수에 상응하는 인지를 첨부하여야 하고 전부명령은 여러개의 압류된 채권 전체가 하나로서 채권자에게 전부되는 것이므로 1건으로 취급하여 2,000원의 인지를 첨부해야 한다.

③ 가압류·가처분의 신청(가압류·가처분 결정에 대한 이의·취소의 신청 포함), 행정소송법의 규정에 의한 집행정지의 신청, 부동산등기법에 의한 가처분명령의 신청 기타 등기 또는 등록에 관한 법령의 규정에 의한 가등기 또는 가등록의 가처분명령의 신청, 즉시항고로 불복을 신청할 수 있는 결정 또는 명령이 확정된 경우에 하는 준재심의 신청, 그 밖에 이에 준하는 신청으로서 대법원규칙이 정하는 신청의 인지액은 2,000원이다.

마. 1,000원 정액 인지액

공시최고의 신청, 재산명시신청, 채무불이행자명부등재신청, 그 말소신청, 그 밖에 대법원규칙이 정하는 각종 사건부에 등재할 신청이 이에 해당한다.

바. 500원 정액인지액

민사소송등인지규칙 2조 내지 9조에 규정되지 아니한 신청서에는 500원의 인지를 붙여야 한다.

사. 인지액을 정하고 있는 대법원예규

민사소송등인지법에서 규정하고 있지 않은 신청서류를 포함해서 각종 민사사건 서류에 붙여야 할 인지액에 대해 '민사서류접수서류에 붙일 인지액 및 그 편철방법 등에 관한 예규'에서 상세히 규정하고 있다.

9) 인지를 붙이지 않는 경우

가. 진술에 해당하는 신청

신청이 아닌 진술은 인지첩부를 요하지 아니한다. 예컨대 답변서, 준비서면, 증거신청서, 당사자선정서 및 선정당사자 변경서 또는 취소서(법 53조), 소송능력보정서(법 59조), 소송행위추인서(법 60조), 법정대리권 등의 증명서와 그 소멸 또는 변경 통지서(법 58조), 소송대리인 사임 또는 해임신고서(법 89조), 소송탈퇴서와 동의서(법 80조), 소송비용계산서(법 110조) 등이 이에 해당한다.

나. 법원의 직권발동을 촉구하는 신청

법원에 대해 일정한 행위를 구하는 신청이지만 그 행위가 법원의 직권사항에 속하는 것으로서 신청은 단지 그 직권의 발동을 촉구함에 불과한 경우에도 인지를 붙이지 아니한다(인지법 10조). 기일의 지정·연기·속행·변경신청(법 165조), 변론의 제한·분리·병합·재개의신청(법 141조) 등이 그 예이다.

다. 지급명령 등에 대한 이의신청

지급명령에 대한 이의신청(법 469조), 이행권고결정에 대한 이의신청(소액법 5조의4), 화해권고결정에 대한 이의신청(법 226조 1항), 강제조정결정에 대한 이의신청 등에도 인지를 붙이지 않는다.

라. 국가

국가를 당사자로 하는 소송 및 행정소송절차에서 국가는 민사소송등인지법에서 규정한 인지를 첩부하지 아니한다. 그러나 국가가 당사자 일방을 위하여 보조참가하고 있는 소송은 국가를 당사자로 하는 소송이 아니므로 국가가 보조참가인의 자격으로 항소를 제기함에 있어서는 민사소송등인지법 소정의 인지를 붙여야 한다(대판 1969. 10. 18. 69마683).

(5) 인지첩부(현금납부)가 없거나 부족한 경우

법원사무관등은 원고·상소인 그 밖의 신청인이 산정, 신고한 소가 또는 첩부인지액이나 납부액이 상당하지 아니하다고 인정한 때에는 신청인등에게 보정을 권고하고야 한다(인지규칙 2조). 접수사무관등은 신청인 등이 권고에도 불구하고 이를 보정하지 않은 경우

기록을 재판부에 보내야 하고 기록을 받은 재판부의 재판장은 소장 등에 첨부된 인지액 또는 그에 갈음한 납부액이 상당하지 아니하다고 인정한 때에는 지체 없이 신청인등에게 인지 또는 납부액의 보정을 명하여야 한다(인지규칙 4조).

(6) 인지액의 환급

2004년 개정 민사소송등인지법에서 인지액 환급제도를 도입하였는데 그 취지는 소장 등이 각하되거나 변론종결 전에 소가 취하된 경우 소가 판결이 아닌 청구의 포기, 인낙, 조정, 화해 등으로 종결되는 경우에 납부된 인지액 중 일정액을 당사자에게 돌려줌으로써 역무에 상응하는 수수료 납부원칙을 관철함과 어울러 사법의 대국민 서비스를 제고하려는 것이다.

[서식] 인지의 환급청구서

소송등인지의 환급청구서

사　　건 : 2013 가단 1234 손해배상

납 부 인 : 김 ○ ○(731102 - 10○○○○○)

주　　소 : 서울 ○○구 ○○동 ○아파트 ○동 ○호

납부일자 : 20○○.　○.　○.

수납은행 : ☑ 현금납부(신한은행　서울중앙지방법원지점) □ 인지첨부

납부금액 : 300,000원

환급사유 : (□ 소장·항소장·상고장각하 ☑ 소·항소·상고취하 □ 조정·화해 □ 포기·인낙)

환급청구금액 : 150,000원

환급받을 예금계좌

예금 계좌	금융기관명	점포명	예금종류	계좌번호	예금주성명
	국민은행		보통	012-34-5678	김○○

청구인은 이 사건에 관하여 인지액의 환급사유가 발생하였으므로 이의 환급을 청구합니다.

　　　첨부서류 : ① 현금으로 납부한 경우에는 영수증 사본 1부

　　　② 주민등록증 앞·뒷면 사본 1부

　　　③ 예금통장 사본 1부

　　　④ 담당 법원사무관의 확인서 1부

20○○.　○.　○.

청구인　　　김 ○ ○ ㊞

※ 인지첨부의 경우에는 납부일자란에 소제기 일자를 기재하고, 첨부서류 중 해당되지 않는 것은 줄을 그어 삭제하고 날인하십시오.

2. 소가(소송목적의 값)

(1) 의 의

소송목적이란 원고가 소에 의해 재판을 구하는 청구의 내용인 권리 또는 법률관계를 말하며 이러한 소송목적의 값을 계산하여 정하는 것은 원고가 청구취지로써 구하는 범위 내에서 원고의 입장에서 보아 전부 승소할 경우에 직접 받게될 경제적 이익을 객관적으로 평가하여 금액으로 정하게 된다. 따라서 소가는 원고가 소를 제기하여 승소할 수 있는 금액을 청구하여야 하며, 만일, 그 금액을 일부청구나 과소청구를 하였을 경우 증액청구를, 과다하게 기재되어 있을 경우는 감액청구를 할 수 있다. 예를 들어 과다하게 기재되어 있음에도 불구하고 그 상태로 판결을 선고받을 경우 자칫 소송비용에서 일부부담을 하게 되는 손해를 입게될 우려가 있음에 주의하여 할 것이다.

(2) 소가 계산의 기본원칙

1) 원칙

소가의 통일된 기준을 정하기 위하여 민사소송법 26조 1항과 27조의 규정에 의하여 소송목적의 값을 계산하되 대법원규칙으로 소송목적의 값 계산 기준을 정할 수 있도록 하였고(인지법 2조 3항), 이러한 위임에 따라 민사소송등인지규칙이 제정되어 소송목적의 값 계산의 기준을 정하고 있다(인지규칙 2장).

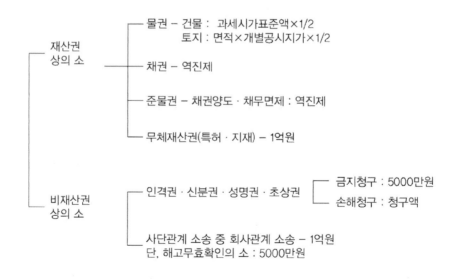

2) 재산권상의 소와 비재산권상의 소

① 재산권상의 소란 물권, 채권, 준물권, 무체재산권 등에 관한 청구를 의미하며 신분권 또는 인격권은 그 자체가 재산권은 아니지만 그에 기하여 발생하는 경제적 이익을 내용으로 하는 권리를 소송목적으로 하는 때에 재산권상의 청구가 된다.

② 비재산권상의 소란 경제적 이익을 직접 내용으로 하지 아니하는 청구를 의미한다. 신분권(혼인무효, 가사소송 등), 인격권, 성명권, 초상권 등에 기한 금지청구소송과 사단관계소송으로서 사단의 존립이나 의사결정에 관한 소송(회사설립무효, 주주총회결의 부존재)이 포함된다(인지규칙 15조2항).

③ 재산권의 소로서 소가를 산출할 수 없는 것과 비재산권을 목적으로 하는 소송의 소가는 5,000만원으로 간주하되, 특허소송, 무체재산권에 관한 소가는 1억 원으로 보고 있다.

3) 소가 계산의 기준시

소가는 소를 제기한 때를 기준으로 계산한다(인지규칙 7조).

4) 물건 또는 권리의 소가

가. 물건의 소가[37]

① 선박, 구축물, 차량, 건설기계, 항공기, 입목, 골프회원권, 콘도미니엄회원권, 광업권, 어업권 등 : 시가표준액으로 한다.

② 토지 : 개별공시지가에 50/100을 곱한 금액으로 한다.

③ 건물 : 시가표준액에 50/100을 곱한 금액으로 한다.

④ 유가증권 : 액면금액 또는 표창하는 권리의 값으로 하되 증권거래소에 상장된 증권의 값은 소제기 전날의 최종거래가격으로 하고, 유가증권 이외의 증서의 값은 200,000원으로 한다.

---

37) 제9조(물건 등의 가액) ① 토지의 가액은 「부동산 가격공시 및 감정평가에 관한 법률」에 의한 개별공시지가(개별공시지가가 없는 경우에는 시장·군수 또는 구청장이 같은 법 제9조에 따라 국토교통부장관이 제공한 토지가격비준표를 사용하여 산정한 가액)에 100분의 50을 곱하여 산정한 금액으로 한다.
② 건물의 가액은「지방세법 시행령」제4조 제1항 제1호의 방식에 의하여 산정한 시가표준액(이 경우 같은 법 시행령 제4조제1항제1호의 건축물은 건물로 한다)에 100분의 50을 곱한 금액으로 한다.
③ 선박·차량·기계장비·입목·항공기·광업권·어업권·골프회원권·승마회원권·콘도미니엄 회원권·종합체육시설 이용회원권 그 밖에「지방세법」제10조 제2항 단서, 같은 법 시행령 제4조에 따른 시가표준액의 정함이 있는 것의 가액은 그 시가표준액으로 한다.
④유가증권의 가액은 액면금액 또는 표창하는 권리의 가액으로 하되, 증권거래소에 상장된 증권의 가액은 소 제기 전날의 최종거래가격으로 한다.
⑤유가증권 이외의 증서의 가액은 200,000원으로 한다.

나. 물건에 대한 권리의 소가[38]

① 소유권 : 그 물건 값

② 점유권 : 그 물건 값의 1/3

③ 지상권 및 임차권 : 목적 물건 값의 1/2

④ 지역권 : 승역지 물건 값의 1/3

⑤ 담보물권 : 목적 물건 값을 한도로 한 피담보채권의 원본액(근저당권의 경우에는 채권최고액)

⑥ 전세권 및 채권적 전세 : 목적 물건 값을 한도로 한 전세금액

다. 그 밖의 물건·권리의 소가

위에서 언급하지 아니한 물건 또는 권리의 소가는 소를 제기할 당시의 시장가격으로 하고 시장가격을 알기 어려운 때에는 그 물건 또는 권리의 취득가격, 또는 유사한 물건이나 권리의 시장가격으로 한다(인지규칙 11조)[39]

5) 병합청구의 소가

가. 합산의 원칙

1개의 소로써 수개의 청구를 하는 경우에 그 수개의 청구의 경제적 이익이 독립한 별개의 것인 때에는 합산하여 소가를 산정한다(인지규칙 19조). 예를 들어 사해행위취소와 그 피보전채권인 금전지급청구를 병합하여 청구하는 경우에는 이를 합산하는 것이 실무이다.

나. 흡수주의

1개의 소로써 주장하는 수개의 청구의 경제적 이익이 동일하거나 중복되는 때에는 중복되는 범위 내에서 흡수되고, 그중 가장 다액인 청구의 가액을 소가로 한다(인지규칙 20조). 예를 들어 ① 소의 선택적·예비적 병합, ② 본래의 청구와 대상청구의 병합, ③ 여러 사람의 연대채무자 또는 주채무자와 보증인이 당사자로 되는 경우, ④ 같은 부동산에 관하여 취득자 및 전득자를 상대로 소유권이전등기말소등기절차의 이행을 구하는 경우, ⑤ 동일한 권원에 기하여 확인 및 이행청구를 병합한 경우, ⑥ 선택채권의 경우 ⑦ 비재산권상의 소와 관련재산권상의 소가 병합한 경우 등에는 가장 다액의 청구를 소가로 한다.

---

38) 제10조(물건에 대한 권리의 가액) ① 물건에 대한 소유권의 가액은 그 물건가액으로 한다.
② 물건에 대한 점유권의 가액은 그 물건가액의 3분의 1로 한다.
③ 지상권 또는 임차권의 가액은 목적물건 가액의 2분의 1로 한다.
④ 지역권의 가액은 승역지 가액의 3분의 1로 한다.
⑤ 담보물권의 가액은 목적물건 가액을 한도로 한 피담보채권의 원본액(근저당권의 경우에는 채권최고액)으로 한다.
⑥ 전세권(채권적전세권을 포함한다)의 가액은 목적물건 가액을 한도로 한 전세금액으로 한다.
39) 제11조(기타의 물건등의 가액) 제9조 및 제10조에 규정되지 아니한 물건 또는 권리(이하 이 조에서는 "물건등"이라 한다)의 가액은 소를 제기할 당시의 시가로 하고, 시가를 알기 어려운 때에는 그 물건등의 취득가격 또는 유사한 물건등의 시가로 한다.

다. 부대청구·수단청구 불산입의 원칙

① 부대청구 : 과실·손해배상·위약금 또는 비용의 청구가 소송의 부대목적이 되는 때에는 그 값은 소가에 산입하지 아니한다(법 27조 2항). 그러나 과실손해배상 등의 청구만을 독립하여 청구하는 경우에는 그 자체만을 별도로 소가로 정할 수 밖에 없음은 물론이다. 이자, 약정 지연손해금, 법정 지연손해금, 그 밖에 이와 유사한 내용의 청구가 금전지급청구소송의 부대목적이 되는 경우에는 부대청구에 해당된다. 청구취지에서 특정된 금액에 부대청구가 포함되어 있지 아니한 경우에는 그 특정된 금액을 소가로 하고, 청구취지에 특정된 금액에 부대청구가 포함된 경우에는 위 금액에서 부대청구에 해당하는 금액을 뺀 나머지 금액을 소가로 한다.

〈청구취지〉 청구취지에 특정된 금액에 부대청구가 포함되어 있는 경우

피고는 원고에게 금 84,598,000원 및 이 중 금 65,425,000원에 대하여는 2018. 5. 10.부터 이 소장 부본 송달일까지 연 5%의, 그 다음날부터 다 갚는 날까지는 연 12%의 각 비율에 의한 금원을 지급하라.

⇒ 청구취지에 특정된 금액(84,598,000원)에 부대청구 즉 이자나 지연손해금(19,173,000원)이 포함되어 있는 경우에는 부대청구를 제외한 주된 청구금액인 65,425,000원을 소가로 한다.

---

② 수단청구 : 1개의 청구가 다른 청구의 수단에 불과한 경우에는 특별한 규정이 없는 한 그 값은 소가에 산입하지 않는다(예를 들어 대지 인도를 구하기 위해 그 지상 건물의 철거를 동시에 청구하는 경우). 다만 수단인 청구의 값이 주된 청구의 값보다 다액인 경우에는 그 다액을 소가로 한다.

라. 비재산권상의 청구가 병합된 경우

① 1개의 소로써 수개의 비재산권을 목적으로 하는 청구를 병합한 때에는 각 청구의 소가를 합산한다. 다만, 청구의 목적이 1개의 법률관계인 때에는 1개의 소로 본다(인지규칙 22조).

② 1개의 소로써 비재산권을 목적으로 하는 청구와 재산권을 목적으로 하는 청구를 병합한 때에는 각 청구의 소가를 합산한다(인지규칙 23조 1항)..

③ 1개의 소로서 비재산권을 목적으로 하는 소송과 그 소송의 원인이 된 사실로부터 발생하는 재산권에 관한 소송을 병합한 경우에는 액수가 많은 소송목적의 값에 따라 인지를 붙인다. 예를 들어 해고무효확인청구와 그 해고가 무효임을 전제로 하는 임금지급청구가 1개의 소로써 병합된 경우가 여기에 해당한다(대판 1994. 8. 31. 94마1390).

〈청구취지〉 기간이 확정되지 않는 정기금 청구의 소

1. 피고가 원고에 대하여 한 2013. 5. 9.자 해고는 무효임을 확인한다.

2. 피고는 원고에게 2018. 5. 9.부터 복직시까지 매월 금200만원 및 이에 대한 판결선고일 다음날부터 다 갚는 날까지는 연 10%의 비율에 의한 금원을 각 지급하라.

⇒ ① 해고무효확인은 비재산권상의 소로서 5,000만원이 소가이다. ② 복직시 까지 매월 200만원은 불확정기간 정기금청구에 해당되어 기발생분 해고일(2013. 5. 9.)부터 소제기시까지(2013. 10. 9.)의 5개월간의 1천만원 및 이후 1년 상당의 정기금 2천4백만원(=200만원×12월)의 합산액 3천4백만원이 소가이다. ③ 흡수법칙에 따라 ①, ②항 중 다액인 3천4백만원이 소가가 된다.

④ 수개의 비재산권을 목적으로 하는 청구와 그 원인된 사실로부터 생기는 재산권을 목적으로 하는 청구를 1개의 소로써 제기하는 때에는 그 여러 개의 비재산권상의 청구의 소가의 합산액과 재산권을 목적으로 하는 청구의 소가 중 다액을 소가로 한다(인지규칙 23조 2항).

마. 여러 개의 소장에 의한 소

여러 병합청구의 소가 계산에 있어서 합산, 흡수, 불산입 등의 원칙은 원고가 1개의 소장에 의해 원시적으로 여러 청구를 병합 제기한 경우에만 적용되고, 이와 달리 병합의 요건이 충족되어 있더라도 별개의 소장으로 제소하는 경우에는 적용되지 아니하므로 1개의 소로써 병합 제기할 수 있는 청구를 수개의 소장으로 나누어 소를 제기하는 경우에는 각각 별도로 소가를 산정한다(인지규칙 24조).

6) 상소의 소가

① 항소장(1심소가의 1.5배) 또는 상고장(2배)에 첨부할 인지액은 상소로써 불복하는 범위의 소가를 기준으로 하여 산정한다(인지규칙 25조). 부대항소장 또는 부대상고장에도 이러한 기준이 적용된다(인지규칙 26조). 다만 반소의 제기를 위하여 부대항소하는 경우에는 제1심에서의 반소장에 붙일 인지액의 1.5배액의 인지를 붙여야 하고 소의 변경을 위하여 부대항소하는 경우에는 변경 후의 청구에 관한 제1심 인지액의 1.5배액으로 변경전의 청구에 관한 인지액을 뺀 나머지 액의 인지를 붙여야 한다(인지규칙 26조, 인지법 4조).

② 1개의 상소장으로 불복할 수 있는 여러 개의 청구를 별개의 상소장으로 상소한 때에는 독립하여 소가를 계산한다(인지규칙 24조). 따라서 판결 중 지연손해금의 일부에 대하여 항소를 한 경우에는 이를 독립된 소송물로 보고 인지를 계산하여야 한다(대법원 1962. 10. 18. 62라11).

③ 양쪽 당사자가 상소한 경우에는 각각 그 불복범위 내에서 별도로 상소의 소가를 계산한다.

(3) 소의 종류에 따른 소가

1) 통상의 소

통상의 소의 소가는 다음 기준에 의하여 계산한다(인지규칙 12조).[40]

소송의 종류	권 원 구 분	소　가
1. 금전지급청구소송		청구금액(청구금액에 이자 등 부대청구가 포함되면 이를 공제한 금액이 소가)
2 기간이 확정되지 않은 정기금 청구의 소		기발생분 및 1년분의 정기금 합산액
3. 물건의 인도·명도·방해배제를 구하는 소	소유권·지상권·전세권·임차권·담보물권에 기한 경우	목적물건 가액×1/2
	점유권에 기한 경우	목적물건 가액×1/3
	계약해지·해제·기간만료에 기한 경우	목적물건 가액×1/2
	소유권이전을 목적으로 하는 계약에 기한 동산인도청구	목적물건 가액
4. 건물철거 등 방해배제청구		방해배제를 구하는 범위의 토지부분가액×권원의 종류에 따라 위 '물건의 인도를 구하는 소'와 동일
5. 상린관계상의 청구		부담을 받는 이웃 토지부분의 가액×1/3
6. 공유물분할청구		목적물건 가액×공유지분×1/3
7. 경계확정의 소		다툼이 있는 범위의 토지부분의 가액

---

40) 제12조(통상의 소) 통상의 소의 소가는 다음 각호에 규정된 가액 또는 기준에 의하여 산정한다.
　　1. 확인의 소(소극적확인의 소를 포함한다)에 있어서는 권리의 종류에 따라 제10조 및 제11조의 규정에 의한 가액
　　2. 증서진부확인의 소에 있어서는 그 증서가 유가증권인 경우에는 제9조제4항의 규정에 의한 가액의 2분의 1, 기타의 증서인 경우에는 제9조제5항의 규정에 의한 가액
　　3. 금전지급청구의 소에 있어서는 청구금액
　　4. 기간이 확정되지 아니한 정기금청구의 소에 있어서는 기발생분 및 1년분의 정기금 합산액
　　5. 물건의 인도·명도 또는 방해배제를 구하는 소에 있어서는 다음의 구별에 의한다.
　　　가. 소유권에 기한 경우에는 목적물건 가액의 2분의 1
　　　나. 지상권·전세권·임차권 또는 담보물권에 기한 경우 또는 그 계약의 해지·해제·계약기간의 만료를 원인으로 하는 경우에는 목적물건 가액의 2분의 1
　　　다. 점유권에 기한 경우에는 목적물건 가액의 3분의 1
　　　라. 소유권의 이전을 목적으로 하는 계약에 기한 동산인도청구의 경우에는 목적물건의 가액
　　6. 상린관계상의 청구에 있어서는 부담을 받는 이웃 토지 부분의 가액의 3분의 1
　　7. 공유물분할 청구의 소에 있어서는 목적물건의 가액에 원고의 공유지분 비율을 곱하여 산출한 가액의 3분의 1
　　8. 경계확정의 소에 있어서는 다툼이 있는 범위의 토지부분의 가액
　　9. 사해행위취소의 소에 있어서는 취소되는 법률행위의 목적의 가액을 한도로 한 원고의 채권액
　　10. 기간이 확정되지 아니한 정기금의 지급을 명한 판결을 대상으로 한 「민사소송법」 제252조에 규정된 소에 있어서는 그 소로써 증액 또는 감액을 구하는 부분의 1년간 합산액

8. 사해행위취소		취소되는 법률행위의 목적의 가액을 한도로 한 원고의 채권액
9. 확인의 소	소유권	목적물건 가액
	점유권	목적물건 가액×1/3
	지상권·임차권	목적물건 가액×1/2
	지역권	승역지 가액×1/3
	담보물권, 전세권	피담보채권액·전세금(단, 목적물가액 한도)
	증서진부확인	유가증권(액면금액×1/2), 기타증서(200,000원)
	해고무효확인	5,000만원
10. 정기금판결과 변경의 소		증액 또는 감액을 구하는 부분의 1년간 합산액

〈청구취지〉기간이 확정되지 않는 정기금 청구의 소

피고는 원고에게 금 15,000,000원을 지급하고, 2024. 5. 9.부터 별지도면표시 1, 2, 3, 4, 1의 각 점을 순차로 연결한 선내 (가)부분 100㎡의 도로 폐쇄일 또는 원고의 소유권 상실일까지 매월 금 200,000원의 비율에 의한 금원을 지급하라.

⇒ 기간이 확정되지 아니한 정기금청구의 소에 있어서는 기발생분(1천5백만원) 및 향후 1년분 정기금[240만원(=20만원×12월)] 합산액 1천7백40만원이 소가가 된다.

〈청구취지〉물건(건물)의 명도

피고는 원고에게 별지도면표시 1, 2, 3, 4, 1의 각 점을 순차로 연결한 선내 (가)부분 100㎡를 명도하고 2013. 5. 9.부터 위 건물부분의 명도 완료시까지 매월 500,000,000원의 비율에 의한 금원을 지급하라.

⇒ 원고가 건물명도와 연체임료를 청구한 경우로서 ① 소유권에 기한 건물명도의 소가 : 건물의 목적물가액(=시가표준액×50/100)의 1/2을 소가로 한다 ② 월임료는 건물명도 청구에서는 소가에 포함되지 않는다.

〈청구취지〉채권자(2천만원)의 사해행위의 취소

피고와 소외 김○○간의 별지목록 기재 부동산에 관한 2024. 5. 9.자 매매계약은 취소한다.

⇒ 목적물 가액을 한도로 한 원고의 채권액(2천만원)을 소가로 하므로 예를 들어 목적물가액이 1천만원이면 소가는 원고의 채권액(2천만원)보다 낮은 가액인 목적물가액 1천만원이 된다.

※ 목적물가액은 ① 토지가액: 공시지가×면적×30/100 ② 건물가액: 시가표준액×50/100

2) 등기·등록 등 절차에 관한 소

등기 또는 등록 등 절차의 이행을 구하는 소가는 다음에 규정된 값 또는 기준에 의한다 (인지규칙 13조).

소송의 종류	권 원 구 분	소　가
등기·등록절차에 관한 소	가. 소유권이전등기	목적물건 가액(소유권확인, 진정명의회복 청구소송도 동일하다)
	나. 지상권·임차권의 설정·이전등기	목적물건 가액 × 1/2
	다. 담보물권·전세권의 설정·이전	피담보채권액·전세금(목적물가액 한도)
	라. 지역권설정·이전	목적물건(승역지) 가액×1/3
	가등기·가등기에 기한 본등기	권리의 종류에 따른 위 가～라의 규정액 × 1/2
	설정 또는 양도계약의 해제·해지로 인한 말소 및 말소회복등기	위 가~라에 의함
	등기원인의 무효·취소로 인한 말소 및 말소회복등기	위 가~라의 규정액 × 1/2
	등기의 인수를 구하는 소	목적물건 가액 × 1/10

〈청구취지〉 설정계약해제, 해지에 의한 근저당권말소

피고는 원고에게 별지목록 기재 부동산에 관하여 서울중앙지방법원 강남등기소 2013. 5. 9. 접수 제1234호로 경료된 근저당권설정등기의 말소등기절차를 이행하라.

⇒ 근저당권 말소는 담보물권의 말소이므로 목적물의 가액을 한도로 한 피담보채권액(근저당권인 경우 채권최고액)이므로 사례에서 채권최고액이 4천만원이고 목적물가액이 5천만원인 경우에는 보다 낮은 금액인 채권최고액인 4천만원이 소가가 된다.

---

3) 명예회복을 위한 처분 청구의 소

민법 제764조에 의한 명예회복을 위한 적당한 처분을 구하는 소는 그 처분에 통상 소요되는 비용을 산출할 수 있는 경우에 그 비용을 소가로 하고 그 비용을 산출하기 어려운 경우에는 비재산권상의 소로본다(인지규칙 14조). 따라서 그 소가는 5,000만원으로 한다.

4) 회사 등 단체관계소송

주주의 대표소송 또는 이사의 위법행위유지(留止)청구의 소 및 회사에 대한 신주발행유지(留止)청구의 소는 소송목적의 값을 산출할 수 없는 소송으로 보고(인지규칙 15조1항), 그 밖에 회사설립무효·취소, 주주총회결의의 부존재·무효확인·취소, 신주발행무효, 자본감소무효, 합병무효, 회사해산, 이사해임 등 상법의 규정에 의한 회사관계소송은 비재산권을 목적으로 하는 소송으로 보며(인지규칙 15조3항), 회사이외의 단체에 관한 것으로서 위에서 본 상법상의 소에 준하는 소송도 비재산권을 목적으로 하는 소송으로 본다(인지규칙 15조3항). 위와같은 소송의 소가는 모두 1억 원으로 간주하지만(인지규칙 18조의2), 해고무효확인의 소는 비재산권을 목적으로 하는 소로 보고(인지규칙 15조4항), 그 소송의 5,000만 원으로 간주한다(인지규칙 18조의2).

5) 집행법상의 소

민사집행법에 규정된 각종의 소의 소가는 다음에 규정된 값 또는 기준에 의한다(인지규칙 16조).

소송의 종류	권 원 구 분	소 가
집행법상의 소	배당이의의 소	배당증가액
	청구이의의 소	집행력배제의 대상인 집행권원에서 인정된 권리의 가액
	제3자이의의 소	집행권원에서 인정된 권리의 가액을 한도로 한 원고의 권리의 가액
	공유관계부인의 소	원고의 채권액을 한도로 한 목적물건값의 1/2
	집행문부여 또는 집행문부여에 대한 이의의 소	대상인 집행권원에 인정된 권리의 값의 1/10
	집행판결을 구하는 소	외국판결 또는 중재판정에서 인정된 권리의 값의 1/2
	중재판정취소의 소	중재판정에서 인정된 권리의 값

6) 행정소송

> - 목적물의 가액을 산정할 수 없는 경우 : 5,000만원
> - 조세처분 사건 : 처분금액 × 1/3
> - 손해배상청구사건 : 청구액 × 역진제

행정소송의 소가는 다음에 규정된 값 또는 기준에 의한다(인지규칙 17조)

① 조세 기타 공법상의 금전·유가증권 또는 물건의 납부를 명한 처분의 무효확인 또는 취소를 구하는 소송에 있어서는 그 청구가 인용됨으로써 원고가 납부의무를 면하게 되거나 환급 받게 될 금전·유가증권 또는 물건값의 1/3, 다만 그 금전·유가증권 또는 물건 값이 30억원을 초과하는 경우에는 이를 30억원으로 본다. 그러나 위 단서 규정(30억으로 본다)은 각 청구별로 원고가 얻을 값이 30억을 넘을 경우에 이를 30억으로 본다는 것일 뿐 여러 개의 청구를 병합하여 1개의 소를 제기한 경우의 합산액에 대해서는 적용되는 것은 아니므로 여러 개의 청구가 병합된 경우에는 병합된 각 청구별로 먼저 위 단서를 적용하여 계산하되 그 후 각 청구의 값을 합산한 액에 대해서는 30억이 넘더라도 그 액을 기준으로 하여 소가를 계산하여야 한다.

② 체납처분취소의 소에 있어서는 체납처분의 근거가 된 세액을 한도로 한 목적 물건값의 1/3 다만 그 세액 또는 목적 물건값이 30억을 초과하는 경우에는 이를 30억으로 본다.

③ 금전지급청구의 소에 있어서는 청구금액

④ 위 내용 이외의 소송은 비재산권을 목적으로 하는 소송으로 본다.

7) 특허소송

특허법원의 전속관할에 속하는 소송의 소가는 재산권의 소로써 그 소가를 산출할 수 없는 것으로 보고(인지규칙 17조의2) 그 소가를 1억 원으로 간주한다(인지규칙 18조의2).

8) 무체재산에 관한 소

무체재산에 관한 소 중 금전의 지급이나 물건의 인도를 목적으로 하지 아니하는 소는 소가를 산출할 수 없는 소송으로 보고(인지규칙 18조) 그 소가를 1억 원으로 간주한다.

9) 회생채권·회생담보권·파산채권 등

회생채권, 회생담보권, 파산채권, 개인회생채권의확정에 관한 소송에 있어서는 회생법원, 파산법원, 개인회생법원이 소가를 정한다.

소송의 종류	소　　가
1. 재산권상의 소 중 소가 산출이 불가능한 경우	50,000,000원
2. 비재산권상의 소	50,000,000원
3. 회사 · 특허소송	1억 원
4. 무체재산권에 관한 소 중 금전지급, 물건의 인도를 목적으로 하지 않는 소	1억 원

3. 송달료

(1) 의 의

송달료는 소송서류를 당사자에게 송달하기 위하여 소용되는 비용을 의미하는데 원칙적으로 당사자의 부담이고, 그 비용을 요하는 소송행위에 관하여 그 비용의 예납이 없으면 법원은 그 행위를 하지 아니할 수 있으므로(법 116조), 상대방에게 송달하여야 하는 소송서류를 제출할 때에는 송달료를 예납하도록 하고 있다.

(2) 송달료 납부기준

송달료예규에서 정하고 있는 적용대상사건 중 민사소송에 관련된 사건 및 그에 대한 당사자의 송달료 납부기준은 아래의 표와 같다.

※ 1회 송달료 5,200원

구　분	소　송	사　건　구　분	송　달　료
제1심	소　장	소액사건(3,000만원 이하)	10회(2인 기준 102,000원)
		단독사건(3,000만원초과 2억원미만)	15회(2인 기준 153,000원)
		합의사건(2억원 이상)	15회(2인 기준 153,000원)
항소심	항소장		12회(2인 기준 122,400원)
상고심	상고장		8회(2인 기준 81,600원)
지급명령신청			4회(2인 기준 40,800원)
조정신청			5회(2인 기준 51,000원)
제소전 화해			4회(2인 기준 40,800원)

(3) 송달료 납부자

송달료는 원고, 상소인 등 당해 심급절차의 시작을 구하는 당사자가 이를 예납하는데, 원칙적으로 그 사건의 당해 심급절차에 있어서 적극적인 지위에 있는 당사자 즉 원고,

반소원고, 독립당사자참가인, 상소인 등이 이를 예납하여야 하지만, 예외적으로 위와 같은 적극적 당사자가 송달료를 예납하지 않은 경우에는 그 대립당사자가 이를 예납할 수 있다.

(4) 납부절차

1) 수납은행에 현금납부

송달료는 우표가 아닌 현금으로 이를 납부하여야 한다. 다만 법원장은 사건 수, 거리 등을 감안하여 당사자 1인당 송달료 납부기준 2회 이하인 사건의 전부 또는 일부에 대하여 법원 내규로서 송달료를 우표로 납부할 수 있도록 정할 수 있어 이러한 경우 우표로 내는 경우도 있다.

2) 송달료 납부서의 제출

송달료는 반드시 송달료 납부서에 의하여 납부하여야 한다. 납부인은 수납은행에 송달료를 납부하고 송달료 영수증을 교부받아 그 중 아래와 같은 법원용 영수증을 서면에 첨부하여 관할법원에 제출하여야 한다.

Ⅷ. 소장의 접수방법

1. 소장접수

1) 소장은 인지와 송달료의 비용납부 후에 영수증을 첨부하여 부본과 함께 종합접수실에 접수한다. 이때 접수담당 공무원은 관할, 소가, 첨부 인지액 및 송달료 등이 맞는지 확인한 후 잘못된 부분이 있으면 바로 구술로 흠결을 지적해 줘서 보안하도록 하고 있다.

2) 접수는 본인이 직접 법원에 방문하여 접수하는 것이 원칙이지만 제출위임장(위임장날인은 인감일 필요는 없다)을 소장에 첨부하여 대리인으로 하여금 접수하게 할 수 있으며, 우편으로 제출할 수도 있다.

3) 소장은 대부분 관할법원 종합접수실에 접수를 하는데 서울중앙지방법원은 단독, 합의, 소액 사건을 구분하여 각각 별도로 접수를 받고 있다. 단독과 합의는 동관 1층에 있는 종합민원실에, 소액사건은 2별관 1층 소액사건접수실에 소장을 제출 하여야 한다.

서울중앙지방법원 종합접수실   서울중앙지방법원 2별관 민사소액사건접수실

2. 사건번호 및 사건명 부여

접수당시 접수공무원으로부터 사건번호를 부여 받아 확인하는 것이 보통이지만 사정상 사건번호를 확인하지 못하거나 하지 않은 경우에는 법원에 비치되어 있는 사건조회용 컴퓨터를 사용하여 인적사항을 입력하는 방법으로 사건번호를 확인할 수 있다. 또한 인터넷 뱅킹을 통한 송달료를 납부한 경우에는 인터넷뱅킹 송달납부 사이트상에 있는 송달료 납부결과조회에서 납부자성명과 송달납부서 상단에 기재된 숫자를 입력하여 사건번호를 확인할 수 있다.

서울중앙지방법원 종합접수실에 비치되어 있는 사건조회용 컴퓨터

3. 소장접수증명원의 발급

소송서류를 접수하였을 때에는 그 접수 증명원을 교부 받을 수 있다. 이를 소접수증명원 또는 소제기 증명원이라 하는데 증명원 2부를 작성하고 인지 500원을 첨부하여 소장 제출 시 같이 접수하면 그 중 1부에다 증명 확인을 찍어서 되돌려 준다.

[서식] 소제기 증명원

소 제 기 증 명 원

수입인지
500원

사   건   20○○ 가합 123 대여금

원   고   구 ○ ○

피   고   장 ○ ○

위 당사자 간 귀원 20○○ 가합 123 대여금 청구 사건에 관하여 20○○. ○. ○. 귀원에 소가 제기 되었음을 증명하여 주시기 바랍니다.

2013. ○월 ○일

위 원고 구 ○ ○   (인)

○○지방법원 귀중

■ 작성·접수방법
1. 증명원 2부를 작성해서 1부는 법원에 제출하고 1부는 증명을 돌려 받는다
2. 법원에 제출하는 증명원에 인지 500원을 첨부한다.

접수증명원

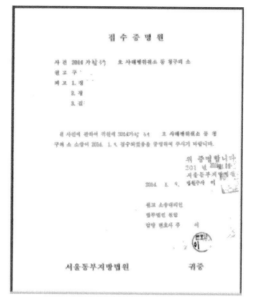

4. 진행상황의 조회

소장접수 이후 사건의 진행상황을 확인하기 위해서 대법원 싸이트(www.scourt. go.kr)에 접속하여 나의 사건검색란에 사건번호를 입력하여 진행상황을 쉽게 검색할 수 있다.

위와 같이 대법원 나의 사건검색 창에 접속해서 1, 2, 2, 4, 순차로 법원 및 사건번호를 선택 또는 입력한 후 5에다 당사자명을 입력하는데 당사자는 원고 또는 피고 중 아무 성명 중 두글자(홍길)이상만 입력하고 검색칸을 누르면 된다. 자신이 검색한 사건을 다음에 와서 쉽게 찾기 위한 방법으로 6번 사건 검색결과 저장을 클릭해 두면 7번과 같이 이후에 접속할 때마다 기존에 검색해왔던 사건들이 별도로 저장되어 있어 검색을 편리하게 할 수 있다. 사건검색을 하면 다음과 같이 사건일반 내용이 나타난다.

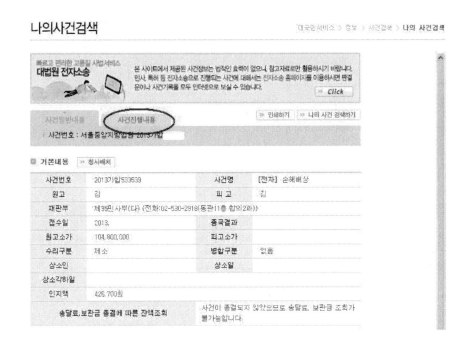

위의 일반사건내용 외에 보다 구체적인 사건진행내역을 알고 싶으면 표시된 사건진행내역 이라고 쓰여진 부분을 클릭하면 아래와 같은 사건진행내역을 볼 수 있게 된다.

나의사건검색

빠르고 편리한 고품질 사법서비스
대법원 전자소송

본 사이트에서 제공된 사건정보는 법적인 효력이 없으니, 참고자료로만 활용하시기 바랍니다. 민사·특허 등 전자소송으로 진행되는 사건에 대해서는 전자소송 홈페이지를 이용하시면 판결문이나 사건기록을 모두 인터넷으로 보실 수 있습니다.

» **Click**

| 사건일반내용 | 사건진행내용 | » 인쇄하기 | » 나의 사건 검색하기 |

· 사건번호 : 서울중앙지방법원 2013가합

기본내용

사건번호	2013가합	사건명	[전자] 손해배상
원고	김	피고	김
재판부	제35민사부(다) (전화:02-530-2918(동관11층 합의2과))		
접수일	2013.07.23	종국결과	

진행내용

전체 ▼ 선택

> 진행내용에서 제공하는 송달결과는 법적인 효력이 없으며 추후 오송달이나 부적법송달로 판명될 경우 송달결과 정보가 변경될 수 있습니다.
> 다음 '확인' 항목을 체크하시면 송달결과를 보실 수 있습니다.

☐ 확인 (하루에 한번 체크)

> (단, 2007. 3. 12. 이전에는 재판부에서 등록한 내용에 한하여, 이후에는 우정사업본부로부터 전송된 송달내용에 한하여 조회됨)

일 자	내 용	결 과	공시문
2013.07.23	소장접수		
2013.07.23	원고 소송대리인 소송위임장 제출		
2013.07.25	석명준비명령(도과기간확인)		
2013.07.26	원고 소송대리인 변호사 에게 석명준비명령등본 발송	위의 '확인' 항목 체크	
2013.07.31	원고 소송대리인 문서송부촉탁 신청서 제출		
2013.08.06	법원 대전지법에게 문서송부촉탁서(인증등본) 발송	위의 '확인' 항목 체크	
2013.08.06	피고 에게 소장부분/소송안내서 발송	위의 '확인' 항목 체크	
2013.08.13	원고 소송대리인 서증목록 제출		
2013.08.13	원고 소송대리인 서증 제출		

제4절 변 론

I. 변론이란

변론이란 기일에 수소법원의 공개법정에서 당사자 양쪽이 말로 판결의 기초가 되는 소송자료 즉 사실과 증거를 제출하고 이를 법원이 심리하는 절차로써 넓은 의미로는 당사자가 소송자료를 제출하는 것뿐만 아니라 법원의 증거조사와 판결 선고까지도 포함하지만, 좁은 의미로는 당사자가 소송자료 즉 사실과 증거를 제출하는 것만을 의미한다.

II. 변론의 준비(기일전 절차)

공개법정에서 변론이 충실하게 이루어지도록 변론전의 준비제도로서 준비서면과 변론준비절차를 마련하고 있다. 이러한 사전 준비절차를 통해서 변론기일에서의 '집중심리'가 실현된다.

1. 답변서제출과 무변론판결

(1) 답변서 제출의무

1) 원고가 피고를 상대로 하여 소장을 제출한 경우에, 피고가 이에 반박하기 위하여 원고의 본안의 신청을 배척하는 취지를 기재하여 법원에 제출하는 최초의 서면을 답변서라고 한다.

2) 공시송달 외의 방법으로 소장부본을 송달받은 피고가 원고의 청구를 다투는 때에는 소장부본을 송달받은 날부터 30일 안에 답변서를 제출하여야 한다. 법원은 피고가 답변서를 제출하지 않은 때에는 청구원인 사실을 자백한 것으로 보고 변론 없이 판결을 할 수 있다. 법원은 소장의 부본을 송달할 때 이러한 취지를 피고에게 알려야 한다(법 256조).

3) 답변서는 상대방 수(상대방인 원고가 수인이라도 그 대리인이 1인이면 부본은 1통) 만큼의 부본을 첨부하여 제출하는데 인지 등 비용은 첨부하지 않는다. 답변서에 증거방법이 되는 서증이나 답변서 부본 등 다른 서류를 첨부하여 동시에 제출하는 경우 그 표목과 수를 첨부서류란에 기재하고 소송위임장도 답변서에 첨부하여 제출하는 경

우 이것도 기재한다. 서증은 을호증으로 번호를 붙여 통상 주장 사실 말미에 괄호를 하고 그 안에 서증번호를 기재하는 방식으로 증거를 원용하고 입증방법이라는 제목하에 을호증의 목록을 기재한다.

(2) 무변론판결(답변서가 제출되지 않은 경우)

1) 소장의 송달을 받은 피고가 30일 내에 답변서를 제출하지 아니한 때에는 청구의 원인이 된 사실을 자백한 것으로 보고 변론 없이 판결할 수 있다(법 257조 1항)[41].

2) 지정된 선고기일의 취소

답변서 제출기한이 지난 후 판결이 선고되기까지 답변서가 제출된 경우에는 무변론판결을 선고할 수 없으므로(법 257조 1항), 지정된 선고기일이 취소된다(또는 변론기일로 변경하여 진행한다).

[서식] 답변서(제1심)

답 변 서

사   건   2018가합 4567호 양수금

원   고   장 ○ ○

피   고   지 ○ ○

위 사건에 관하여 피고는 다음과 같이 답변합니다.

청구취지에 대한 답변

1. 원고의 청구는 이를 기각한다.
2. 소송비용은 원고의 부담으로 한다.

---

41) 제257조(변론 없이 하는 판결) ① 법원은 피고가 제256조제1항의 답변서를 제출하지 아니한 때에는 청구의 원인이 된 사실을 자백한 것으로 보고 변론 없이 판결할 수 있다. 다만, 직권으로 조사할 사항이 있거나 판결이 선고되기까지 피고가 원고의 청구를 다투는 취지의 답변서를 제출한 경우에는 그러하지 아니하다. ② 피고가 청구의 원인이 된 사실을 모두 자백하는 취지의 답변서를 제출하고 따로 항변을 하지 아니한 때에는 제1항의 규정을 준용한다. ③ 법원은 피고에게 소장의 부본을 송달할 때에 제1항 및 제2항의 규정에 따라 변론 없이 판결을 선고할 기일을 함께 통지할 수 있다.

라는 판결을 구합니다.

청구원인에 대한 답변

1. 원고주장의 요지.

   원고는 난방시공을 업으로 하는 자로서 소외 주식회사 ○○종합건설의 하도급 공사를 진행하여 공사대금채권을 가지고 있었지만 위 ○○종합건설이 이를 갚지 못한 채 대신 피고에 대하여 가지고 있다는 ○○도 ○○시 ○○동 709-1 근린생활시설 신축공사대금 청구채권 중 84,000,000원을 양도해 주겠다고 하면서 원고에게 채권을 양도였으므로 피고는 위 채권 양수금을 원고에게 지급할 의무가 있다고 주장하고 있습니다.

2. 원고에게 양수되었다는 공사대금 청구채구채권에 대하여.

   원고가 양수 하였다고 주장하는 피고에 대한 소외 ○○종합건설의 공사대금 청구채권은 ○○종합건설이 위 공사를 진행함에 있어 공사의 마무리도 제대로 하지 않아 건물 전체의 누수, 지하 주차장 차량 스토퍼 미시공, 지하드레인 보온재 미시공, 옥상 방수공사 미시공 등의 문제가 발생하여 전문가에게 의뢰하여 미시공 및 하자에 대한 공사의 견적을 산출하여 보니 공사잔금보다 하자보수에 들어가는 비용이 더 많이 예상된다 하는 바, 그렇다면 원고의 이 사건 청구의 전제가 되는 피고에 대한 ○○종합건설의 공사대금채권은 미시공 및 하자 공사비로 인해 모두 정산되어 존재하지 않는 것이며, 오히려 위 공사대금으로도 정산되지 못한 하자 공사비는 ○○종합건설이 피고에게 배상해 주어야 하므로, 피고는 현재 ○○종합건설을 상대로 서울○○지방법원에 2013 가합 1234 채무부존재확인의 소를 제기하여 하자감정신청을 진행 중에 있습니다(을제1호증 소장 참조).

3. 결론.

   원고의 양수금 채권은 위 ○○종합건설의 피고에 대한 공사대금 채권이 있음을 전제하는 것인데 위에서 본 바와 같이 ○○종합건설의 피고에 대한 채권은 존재하지 않기 때문에 원고의 양수금 채권도 존재하지 않는 다 할 것인 바, 그렇다면 피고에 대한 원고의 이 사건 청구는 모두 근거가 없어 기각 되어야 할 것입니다.

첨 부 서 류

1. 을 제1호증   소장
1. 을 제2호증   내용증명

2018.   4.   .
위 피고 문 ○ ○   (인)

○ ○ 지방법원   귀중

■ 작성 · 접수방법

1. 사건번호, 당사자의 표시를 기재한다. 사건번호 및 당사자들은 피고에게 송달된 소장에 기재되어 있으므로 이를 보고 기재하면 된다.
2. 소장부본을 송달받은 피고는 송달받은 날부터 30일 이내에 답변서를 제출하여야만 무변론판결을 피할 수 있다. 그러나 이 기간을 도과하였다 해서 답변서를 제출하지 못하는 것은 아니므로 무변론판결이 선고되기 전까지 답변서를 제출하면 되지만 재판장에게 재판지연 또는 불성실한 태도로 보일 수 있기 때문에 될 수 있는 한 기안 안에 제출하는 것이 좋다.
3. 답변서는 법원용 1부와 상대방수(원고1명)에 맞는 부본을 제출해야 하므로 총2부(피고가2명이면 총3부)를 사건관할법원 민사접수실에 제출한다. 이후 제출된 부본은 법원이 우편 등을 통해 상대방에게 송달한다.
4. 인지 등 별도의 비용을 첨부하지는 않는다.

답 변 서

사　　건　20○○나 ○○○○ 손해배상(자)

원　　고(피항소인)　이 ○ ○

피　　고(항소인)　주식회사 ○○기업

　위 사건에 관하여 원고(피항소인)의 소송대리인은 다음과 같이 답변합니다.

다　　음

청구취지에 대한 답변

1. 피고(항소인)의 청구를 기각한다.
2. 소송비용은 피고(항소인)의 부담으로 한다.
라는 재판을 구합니다.

청구원인에 대한 답변

1. 원고(피항소인)의 과실여부에 대하여
　피고(항소인, 이하 '피고'라고 합니다)는 이 사건 교통사고에 있어서 원고(피항소인, 이하 '원고'라고 합니다.) 측에 어느 정도 과실이 있으므로 이에 대하여 참작을 하지 않은 데에 있어서 원심이 위법하다고 합니다.
　그러나 이 사건은 편도 1차로 도로에서 앞지르기 금지구역임에도 불구하고 중앙선을 침범하면서 무리하게 앞지르기를 시도하던 ○○○의 단독 과실로 인하여 발생한 사건입니다. 그 외에 원고에게 과실이 있었다는 증거가 없습니다. 결국 피고의 이 부분 주장은 이유 없습니다.

2. 보험금지급에 대하여
　피고는 원고가 보험금을 수령하여 간 사실이 있다고 주장하지만 이는 터무니없는 주장으로 전혀 그러한 사실이 없습니다. 이에 대해서는 따로 반론할 여지도 없는 바입니다.

3. 결 론

결국 피고의 주장은 모두 이유 없고 항소를 제기한 이유는 단순히 시간을 끌기 위한 것으로 보입니다. 그러므로 피고의 항소를 기각하여 주시기 바랍니다.

첨 부 서 류

1. 답변서 부본   1부

20○○. 5.   ○○.
원고(피항소인) 소송대리인
변호사 ○ ○ ○   (인)

○○ 고등법원 민사 제○부   귀중

■ 작성 · 접수방법

1. 소장부본을 송달받은 피고는 송달받은 날부터 30일 이내에 답변서를 제출하여야만 무변론판결을 피할 수 있다. 그러나 이 기간을 도과하였다 해서 답변서를 제출하지 못하는 것은 아니므로 무변론판결이 선고되기 전까지 답변서를 제출하면 되지만 재판장에게 재판지연 또는 불성실한 태도로 보일 수 있기 때문에 될 수 있는 한 기안 안에 제출하는 것이 좋다.
2. 답변서는 법원용 1부와 상대방수(원고1명)에 맞는 부본을 제출해야 하므로 총2부(피고가2명이면 총3부)를 항소심 법원 접수실에 제출한다. 이후 제출된 부본은 법원이 우편 등을 통해 상대방에게 송달한다.
3. 인지 등 별도의 비용을 첨부하지 않는다.

2. 준비서면

(1) 의 의

준비서면은 당사자가 변론에서 진술하고자 하는 사항을 미리 기재하여 법원에 제출하는 서면이다. 이는 원·피고 쌍방이 소송이 제기된 후 변론이 종결될 때까지 수시로 법원에 대하여 주장 또는 설명하여야 할 사항을 개진하는 역할을 하는 것으로서 증거절차와 아울러 변론의 핵심이라 할 수 있다. 준비서면에는 공격방어방법에 해당하는 주장은 물론 증거의 탄핵이나 설명, 법률적 견해의 설명 등 법원에 대하여 주장하고자 하는 모든 사항을 기재하여 제출한다. 특히 변론주의 원칙상 법률요건을 충족하기 위한 주요사실에 관한 주장을 누락하여서는 안된다.

(2) 준비서면의 기재사항

준비서면에는 다음 각 호의 사항을 적고, 당사자 또는 대리인이 기명날인 또는 서명한다. 1. 당사자의 성명·명칭 또는 상호와 주소 2. 대리인의 성명과 주소 3. 사건의 표시 4. 공격 또는 방어의 방법 5. 상대방의 청구와 공격 또는 방어의 방법에 대한 진술 6. 덧붙인 서류의 표시 7. 작성한 날짜 8. 법원의 표시(법 274조 1항). 제4호 및 제5호의 사항에 대하여는 사실상 주장을 증명하기 위한 증거방법과 상대방의 증거방법에 대한 의견을 함께 적어야 한다(법 274조 2항). 제274조는 훈시적 규정으로 위 기재사항에 일부 누락 되거나 잘못된 부분이 있더라도 준비서면으로서 실체를 인정할 수 있다면 그 효력에는 영향이 없다.

(3) 준비서면의 제출

1) 준비서면은 당사자가 변론기일에 진술하고자 하는 사항에 관하여 법원과 상대방에게 그 내용을 예고·준비하기 위한 것으로 당사자는 변론을 서면으로 준비하여야 하지만 단독사건의 변론은 서면으로 준비하지 아니할 수 있다.
2) 준비서면은 그것에 적힌 사항에 대하여 상대방이 준비하는 데 필요한 기간을 두고 제출하여야 하며, 법원은 상대방에게 그 부본을 송달하여(법 273조) 상대방이 그것을 받아 보고 응답의 준비를 하는 데 필요한 기간을 주어야 한다. 법률상으로는 새로운 공격방어방법을 포함하고 있는 준비서면은 변론기일 또는 변론준비기일의 7일 전까지 상대방에 송달될 수 있게 제출하도록 되어 있지만(규칙 69조의3) 상대방의 답변서 또는 준비서면을 받은 때로부터 3주일 이내에 제출할 것이 요구되고 재판장은 준비서면의 제출기간을 정할 수 있다.
3) 준비서면의 부본은 법원이 상대방에게 송달 하여야 한다. 따라서 상대방이 복수일 때에는 그 수에 따라 부본을 더 제출하여야 하는데 상대방이 수인이라도 대리인이 동일

인이면 대리인을 기준으로 부본을 제출하면 된다. 그러나 준비서면을 법정에서 교부하거나 법원의 송달을 통하지 아니하고 상대방에게 직접 교부한 때는 그 준비서면 원본의 표지에 또는 별도의 영수증에 부본 영수의 취지, 날짜, 수령인의 기명날인을 받아 제출함으로써 송달을 증명하고 부본을 받은 상대방 변호사는 송달 증명 절차에 협력하여야 한다.

(4) 준비서면 부제출의 효과

1) 답변서 부제출시 무변론피고패소판결

앞서 설명한 바와 같이 법원은 피고가 30일 내에 답변서를 제출하지 아니한 때에는 청구의 원인된 사실을 자백한 것으로 보고 변론 없이 판결할 수 있다.

2) 부제출자가 출석한 경우

준비서면에 적지 아니한 사실은 상대방이 출석하지 아니한 때에는 변론에서 주장하지 못한다(법 276조). 이는 불출석 당사자에게 예고 받지 못한 사실에 대해 반박할 기회도 없이 자백간주되는 불이익을 방지하기 위한 규정이다.

3) 부제출자가 불출석한 경우

당사자가 변론기일에 출석하지 아니하는 경우에는 자백간주규정을 준용한다(법 150조 3항).

[서식] 준비서면(원고)

준 비 서 면

사　　　건　　2019가합 1234호 채무부존재

원　　　고　　지 ○ ○

피　　　고　　○○종합건설 외 1명

위 사건에 관하여 피고 원고는 다음과 같이 변론을 준비합니다.

다　　음

1. 피고 ○○종합건설의 원고에 대한 공사대금 채권에 대하여.

피고 ○○종합건설은 이 사건 건물 공사를 진행함에 있어 공사를 제대로 하지 않아 건물 전체에 누수, 지하 주차장 차량 스토퍼 미시공, 지하드레인 보온재 미시공, 옥상 방수공사 미시공 등 각종 하자가 건물에 발생하였음에도 불구하고 이러한 하자를 보수해 주지 않았기 때문에 피고 ○○종합건설의 원고에 대한 공사대금 채권은 원고의 피고 ○○종합건설에 대한 하자보수에 갈음하는 손해배상채권과 상계되어 존재하지 않게 되었는바, 원고는 이 같은 사실을 입증하고자 이 사건 건물에 대한 하자감정신청을 하였습니다.

2. 원고의 피고 ○○종합건설에 대한 하자보수에 갈음하는 손해배상 채권에 관하여 이 사건 건물에 관한 감정인 손○○의 하자보수 공사비 산출에 따르면 피고 ○○종합건설이 원고에게 부담하여야 할 하자보수비는 금 217,106,854원(2013. 6. 17.자 감정서 참조) 및 152,862,279원(2013. 7. 11.자 감정보완서 참조) 합계 금 369,969,133원에 이르는 바, 피고 ○○종합건설에 대한 원고의 하자보수에 갈음하는 손해배상 채권은 금 339,120,000원에 이른다 할 것입니다.

3. 원고의 피고들에 대한 채무 부존재.
   원고의 피고 ○○종합건설에 대한 공사대금 채무 339,120,000원은 원고의 피고 ○○종합건설에 대한 하자보수에 갈음하는 손해배상 채권 369,969,133원과 상계로 인해 그 대등액에서 소멸하였기 때문에 원고의 피고 ○○종합건설에 대한 공사대금 채무는 더 이상 존재하지 않게 되었을 뿐만 아니라 피고 김○○의 원고에 대한 채권 또한 피고 ○○종합건설의 원고에 대한 공사대금 채권 중 그 일부(금 105,100,000원)를 양도·양수 받은 것이므로 그 양도·양수의 전제가 되는 피고 ○○종합건설의 채권 자체가 상계로 소멸되어 없어진 이상 피고 김○○의 원고에 대한 채권 또한 당연히 존재하지 않는다 할 것입니다.

4. 결론.
   이와 같은 이유로 원고의 피고들에 대한 채무는 모두 소멸되어 없는 것이므로 이 사건 원고의 피고들에 대한 청구는 모두 인용 되어야 할 것입니다.

■ 작성 · 접수방법

1. 준비서면에는 ① 사건번호 및 사건명, ② 당사자의 성명 · 명칭 또는 상호, ③ 공격 또는 방어의 방법 ④ 상대방의 청구와 공격 또는 방어의 방법에 대한 진술 ⑤ 덧붙인 서류의 표시 ⑥ 작성한 날짜 ⑦ 법원의 표시를 기재하는데, ③항 및 ④항의 사항에 대하여는 사실상 주장을 증명하기 위한 증거방법과 상대방의 증거방법에 대한 의견을 함께 적어야 한다.
2. 준비서면은 법원용 1부와 상대방수(피고2명)에 맞는 부본을 제출해야 하므로 총3부를 사건관할법원 민사접수실에 제출한다. 이후 제출된 부본은 법원이 우편등을 통해 상대방에게 송달한다.
3. 인지등 별도의 비용을 첨부하지 않는다.

[서식] 준비서면(피고)

준 비 서 면

사   건   2019가소 1234호 대여금

원   고   장 ○ ○

피   고 1. 장 ◇ ◇

　　　　　　 2. 문 ○ ○

위 사건에 관하여 피고 2. 문○○는 다음과 같이 변론을 준비합니다.

다   음

1. 사고 경위

   피고 2. 문○○은 본건 사고 차량인 서울19로5678호 쏘나타 승용차의 소유자로서, 이 사고가 발생하기 약 1년 8개월 전인 2010. ○. ○. 경 소외 박○○으로부터 금 1,000만원을 차용하고 그 담보로 위 차량의 점유를 인도하였습니다. 이때 차량의 열쇠와 자동차등록증까지 함께 교부하였습니다. 그 후 피고 2. 문○○은 사업에 실패하여 위 사고 차량에 대하여는 잊고 있었는데, 본 건 자동차사고가 발생하게 된 것입니다.

2. 운행지배 등의 부존재

위 차량이 사채업자인 소외 박○○에게서 운전자인 피고 1. 정○○에게 이전된 경위는 알 수 없으나, 위 인도에 대하여 피고 2. 문○○의 어떠한 허락도 없었습니다.

피고 2. 문○○이 비록 차량의 소유자이기는 하나 담보로 제공한 차량을 담보권자가 임의로 처분한 후 그 취득자가 일으킨 사고에 대하여까지 그 책임을 차량소유자인 피고 2. 문○○에게 묻는 것은 부당합니다. 담보권자인 소외 박○○이 위 차량을 임의로 처분한 이상 피고 2. 문○○에게는 더 이상 위 차량에 대한 운행지배나 운행이익이 존재하지 아니한다고 보는 것이 타당하다고 생각됩니다.

3. 과실비율의 참작

설령 피고 2. 문○○의 책임이 인정된다고 하더라도, 이 사건의 주된 책임은 주취 중 운전을 한 피고 1. 장○○에게 있는 것이므로, 피고들간의 과실비율 산정시 이를 참작하여 주시기 바랍니다.

첨 부 서 류

1. 담보제공계약서 사본   1통

2013. ○.   .
위 피고 2 문 ○ ○ (인)

서울중앙지방법원 귀중

1. 준비서면에는 ① 사건번호 및 사건명, ② 당사자의 성명 · 명칭 또는 상호, ③ 공격 또는 방어의 방법 ④ 상대방의 청구와 공격 또는 방어의 방법에 대한 진술 ⑤ 덧붙인 서류의 표시 ⑥ 작성한 날짜 ⑦ 법원의 표시를 기재하는데, ③항 및 ④항의 사항에 대하여는 사실상 주장을 증명하기 위한 증거방법과 상대방의 증거방법에 대한 의견을 함께 적어야 한다.
2. 준비서면은 법원용 1부와 상대방수(피고2명)에 맞는 부본을 제출해야 하므로 총3부를 사건관할법원 민사접수실에 제출한다. 이후 제출된 부본은 법원이 우편 등을 통해 상대방에게 송달한다.
3. 인지 등 별도의 비용을 첩부하지 않는다.

Ⅲ. 변론의 실시

1. 변론의 과정

변론기일은 직권으로 또는 당사자의 신청에 따라 재판장이 지정하여 통지하는데 변론은 통지된 변론기일에 공개법정에서 행한다. 이때 당사자의 소송행위를 순서에 따라보면 ① 원고가 청구취지에 기재된 대로 본안의 신청을 하고 이에 대하여 상대방이 소각하 또는 청구기각판결을 구하는 반대신청을 한다. ② 다음 원고는 권리발생사실을 주장하고, 이에 대하여 상대방은 부인, 부지, 자백, 침묵중의 하나의 태도를 취한다. ③ 다음 다툼이 있는 사실에 대하여는 자신이 주장하는 사실에 대한 증거를 신청하고, 이에 대하여 상대방은 증거항변으로 대항한다.

서울중앙지방법원
변론기일통지서

사 건   2012가합15   부당이득금반환

  2012가합102181 (반소)

원 고   유

피 고   임

위 사건의 변론기일이 다음과 같이 지정되었으니 출석하시기 바랍니다.

  일시 : 2013. 5. 6. 15:10

  장소 : 동관 제557호 법정<①번 법정출입구 이용>

  2013. 4. 11.

법원주사   한

◇ 유 의 사 항 ◇

1. 출석할 때에는 신분증을 가져오시고, 이 사건에 관하여 제출할 서면이 있는 경우에는 사건번호
   (2012가합15157)를 기재하시기 바랍니다.
2. 합의부에서 심리하는 사건은 변호사(지배인 등 법률상 소송대리인 포함)가 아니면 소송대리가 허용되지
   않습니다.
3. 소송대리인이 선임되어 있더라도 되도록 당사자 본인(당사자가 회사 등 법인 또는 단체인 경우에는 대표자
   또는 실무책임자, 당사자가 여러 명인 경우에는 의사결정을 할 수 있는 주된 당사자)도 함께 출석하시기
   바랍니다.
4. 대법원 홈페이지(www.scourt.go.kr)를 이용하시면 재판기일 등 각종 정보를 편리하게 열람할 수 있습니다.
5. 사건진행에 관하여 안내를 받고자 하는 경우에는 자동응답전화(ARS)를 이용할 수 있습니다. 자동응답전화
   번호는 지역번호 없이 1588-9100입니다(광주, 전남지역에서 타지역 사건을 조회할 때는 02-530-1234입
   니다). 자동응답전화를 하신 후 곧바로 사건진행안내를 받으려면 '1'+'9'+[000210 2012 002 15157]
   + 'x'를 누르시면 됩니다.
* 주차시설이 협소하오니 대중교통을 이용하여 주시기 바랍니다.

  ※ 문의사항 연락처 : 서울중앙지방법원 제23민사부 법원주사 한병도
    전화 : 530-1130(동관11층 민사합의1과)
    팩스 : 02-593-4226   e-mail :

법정출입구 옆에 당일 재판하는 사건안내표가 있으므로 자신의 법정이 맞는지 확인할 수 있다.

좌측자리에는 원고석과 원고측 변호사석이 위치하고 있다

우측자리에는 피고석과 피고측 변호사석이 위치하고 있다

중앙에 판사석이 위치하고 있다.

2. 변론의 내용

변론은 당사자가 말로 중요한 사실상 또는 법률상 사항에 대하여 진술하거나, 법원이 당사자에게 말로 해당사항을 확인하는 방식으로 한다. 법원은 변론에서 당사자에게 중요한 사실상 또는 법률상 쟁점에 관하여 의견을 진술할 기회를 주어야 한다라고 하여 구술주의가 실현되도록 하고 있다(규칙 28조).

3. 변론의 종결과 재개

(1) 변론의 종결

소송절차가 진행된 결과 판결을 할 수 있도록 성숙된 때에는 법원은 변론을 종결하게 되는 바, 이렇게 변론을 종결하기로 하는 것은 성질상 법원의 결정에 해당하며 변론기일에 재판장이 구두로 고지하게 된다. 통상 실무에서는 재판장이 심리를 종결한다는 의미에서 결심한다라는 용어를 쓴다.

(2) 변론의 재개

변론을 종결하였으나 판결 선고 전에 심리미진 부분이 발견되었다든가 당사자가 미처 주장 혹은 제출하지 못한 주요사실이나 증거를 발견하게 된 경우 법원이 종결된 변론을 다시 열도록 명하는 결정이다(법 142조). 변론의 재개여부는 법원의 재량에 속하는 사항이므로(대판 1987. 12. 8. 86다카1230), 변론재개신청은 법원의 직권발동을 촉구하는 의미밖에 없으며 변론의 재개 여부는 법원의 직권사항이고 당사자에게 신청권이 없으므로 이에 대한 허부의 결정을 할 필요가 없다(대판 1994. 10.28. 94다39523).

변론재개신청서

사 건 2013가소 1234호 대여금
원 고 장 ○ ○
피 고 문 ○ ○

위 사건에 관하여 원고는 다음과 같이 변론재개를 신청합니다.

다 음

1. 변론종결일 : 2013. 5. 10.
2. 변론재개신청이유

위 사건의 증인 박○○에 대하여 원고는 그 동안 백방으로 수소문하였으나 찾지 못하던 중, 최근에 위 증인이 ○○ 교도소에 사기죄로 수감 중인 사실을 알게 되었습니다. 위 증인은 원고가 피고에게 차용증을 받지 아니하고 금전을 대여하여 줄 당시 현장에 있었던 자이므로 반드시 증인으로 신청할 필요가 있고, 이로 인하여 소송절차를 지연시키지 아니하며, 위 증거를 제출하지 못한데 대하여 원고에게 중과실이 없으므로 위 박○○을 증인으로 신문하기 위하여 변론을 재개하여 주시기 바랍니다.

첨 부 서 류

1. 수감증명원 　　　　　　　　　　　　　　　　　1통

2012. 5. .
위 신청인 장 ○ ○ (인)

○○**지방법원 귀중**

■ 작성 · 접수방법

1. 신청서 1부를 담당 재판부에 제출 한다.
2. 인지 등 첩부비용은 없다.

1. 기 일

(1) 의 의

기일이란 법원, 당사자, 그 밖의 소송관계인 등이 소송행위를 하기로 정해진 시간을 말한다. 쟁점과 증거를 정리하여 변론을 준비하기 위해 정해진 변론준비기일, 변론하기 위해 정해진 변론기일, 증거조사하기 위해 정해진 증거조사기일, 판결을 선고하기 위해 정해진 판결선고기일 등이 있다.

(2) 기일의 지정

기일은 미리 연월일, 개시시간 및 장소를 밝혀 직권으로 또는 당사자의 신청에 따라 재판장이 지정한다(법 165조 1항). 기일은 필요한 경우에만 공휴일로도 정할 수 있다(법 166조). 소액사건에서는 직장근무자의 편의를 위해서 근무시간이 아닌 야간이나 공휴일에도 제공할 수 있게 하였다.

(3) 비디오 등 중계장치 등에 의한 기일

재판장·수명법관 또는 수탁판사는 상당하다고 인정하는 때에는 당사자의 신청을 받거나 동의를 얻어 비디오 등 중계장치에 의한 중계시설을 통하거나 인터넷 화상장치를 이용하여 변론준비기일 또는 심문기일을 열 수 있다. 또한, 법원은 교통의 불편 또는 그 밖의 사정으로 당사자가 법정에 직접 출석하기 어렵다고 인정하는 때에는 당사자의 신청을 받거나 동의를 얻어 비디오 등 중계장치에 의한 중계시설을 통하거나 인터넷 화상장치를 이용하여 변론기일을 열 수 있다. 이 경우 법원은 심리의 공개에 필요한 조치를 취하여야 한다(법 제287조의2).

[서식] 변론기일지정신청서

변론기일지정신청

사　　건　2018가단 1234호 토지인도

원　　고　장 ○ ○
피　　고　문 ○ ○

위 사건에 관하여 2013. 5. 10. 10:00. 제1차 변론기일에 쌍방불출석으로 인하여 다음 기일은 추후 지정하기로 되어 있으나 아직도 제2차 변론기일이 지정되지 아니한 바, 빠른 시일 내에 변론기일을 지정하여 신속히 재판을 진행하여 주실 것을 신청합니다.

2018.　8.　　.
위 원고　장 ○ ○　(인)

서울중앙지방법원　귀중

■ 작성 · 접수방법

1. 기일지정신청서 1부를 해당 법원 접수실에 제출한다
2. 인지등 별도의 비용을 첨부하지 않는다.

(4) 기일의 변경

기일의 변경이라 함은 기일을 개시하기 전에 그 지정을 취소하고 대신 새로운 기일을 지정하는 것을 말한다. 기일을 개시한 후 아무런 소송행위를 하지 아니하고 새로 다음 기일을 지정하는 '기일의 연기'와 구별되며, 기일을 개시하여 소송행위를 하였으나 완결을 하지 못하여 다음기일을 지정하는 '속행'과도 구별된다.

변론기일변경신청

사   건   2018가단 1234호 토지인도

원   고   장 ○ ○

피   고   문 ○ ○

위 사건에 관하여 변론기일이 2013. 5. 10. 10:00로 지정되었는바, 피고가 현재 입원중이어서 부득이 위 변론기일에 출석하기 곤란하므로 변론기일을 다음으로 변경하여 주시기 바랍니다.

첨 부 서 류

1. 입원사실확인원   1통

2018.   4.   .
위 신청인(피고)   문 ○ ○   (인)

서울중앙지방법원   귀중

■ 작성 · 접수방법

1. 변론기일변경 신청서 1부를 해당 법원 접수실에 제출한다.
2. 인지등 별도의 비용을 첨부하지 않는다.

변론기일변경신청

사　　건　2018가단 1234호 토지인도

원　　고　장 ○ ○
피　　고　문 ○ ○

위 사건에 관하여 20○○. ○. ○. 16 : 30에 변론기일이 지정되었으나, 증인의 병원 일정으로 인해 부득이 이번에 한하여 양측 모두 가능한 시간인 20○○. 8. 25.이나 그 이후로 위 변론기일 기간을 변경하여 주시기 바랍니다.

첨 부 서 류

1. 입원사실확인원　　　　　　　　　　　　　　　　　1통

　　　　　　　　　　　　　　　　　　　　　　　　　　20○

　　　　　　　　　○. ○.   .
　　　　　　　　　위 피고의 소송대리인
　　　　　　　　　변호사　김 ○ ○ (인)

　　　위 동의함.

　　　　　　　　　원고의 소송대리인
　　　　　　　　　법무법인 ○○
　　　　　　　　　담당변호사 한 ○ ○(인)

서울중앙지방법원　귀중

■ 작성 · 접수방법

1. 변론기일변경 신청서 1부를 해당 법원 접수실에 제출한다.
2. 당사자간에 소송대리인이 있는 경우에는 실무상 신청서에 상대방도 기일변경에 동의한다는 날인을 팩스등을 통해 받아서 제출하고 있다.
3. 인지등 별도의 비용을 첨부하지 않는다.

(5) 기일의 해태

1) 의 의

기일의 해태란 당사자가 적법한 기일통지를 받고도 필요적 변론기일에 불출석하거나 출석하여도 변론하지 않은 경우를 말한다.

2) 양쪽 당사자의 결석에 대한 처리(취하간주제도)

가. 양쪽 당사자의 결석과 취하간주의 의의

양쪽 당사자가 적법한 기일통지를 받고도 필요적 변론기일에 불출석하거나 출석하여도 변론하지 않은 경우에 민사소송법은 2회 내지 3회 불출석일 경우에 취하간주로 처리한다 (법 268조).

나. 취하간주의 요건

① 양쪽의 1회 결석

양쪽 당사자가 변론기일에 불출석 또는 출석했더라도 무변론일 것

② 양쪽의 2회 결석

1회 결석 후에 새 변론기일 또는 그 뒤 변론기일에 양쪽 당사자가 불출석 또는 출석했더라도 무변론일 것

③ 1월 이내에 기일지정신청을 하지 아니하거나 그 뒤의 변론기일에 양쪽 당사자가 불출석 또는 출석했더라도 무변론일 것

다. 효과

위 요건이 충족되면 소를 취하한 것으로 본다(법 268조)[42]. 따라서 마치 소를 취하한 것처럼 소송계속의 효과는 모두 소급하여 소멸한다. 청구별로 취하 여부를 판단하므로 본소 계속 중에 양쪽이 1회 결석하고 소송중의 소(소의 추가적 변경, 반소, 중간확인의 소)가 병합된 후 다시 양쪽이 또 결석한 한 다음, 기일지정신청을 하지 않았다면, 본소만 취하 간주된다(가분적 일부취하 간주)

3) 한쪽 당사자의 결석에 대한 처리

가. 한쪽 당사자의 결석과 진술간주제도

① 의의

원고 또는 피고가 기일에 출석하지 않거나 출석하고도 본안에 관해 변론하지 아니한 때는 제출한 소장, 답변서, 그 밖의 준비서면에 적힌 사항을 진술한 것으로 보고 출석한 상대방에게 변론을 명할 수 있다(법 148조 1항). 설문에서 피고가 서면을 제출하고 불출석 했으므로

---

[42] 이를 쌍불취하라고 한다. 이는 제286조에 의하여 변론준비기일에도 준용된다.

서면에 기재한 사항을 진술한 것으로 즉 자백 또는 인낙으로 처리할 수 있는지 문제된다.

② 진술간주의 요건
　㉠ 변론기일의 불출석 또는 무변론일 것 : 변론기일은 첫 기일뿐만 아니라 속행기일을 포함한다. 항소심기일, 파기환송 후의 항소심 기일에도 적용된다.
　㉡ 소장, 답변서 기타 준비서면의 제출 : 명칭에도 불구하고 실질적으로 준비서면인 것으로 인정되면 그 기재사항은 진술한 것으로 간주된다.

③ 진술간주의 효과
그가 제출한 소장, 답변서, 준비서면에 적혀 있는 사항을 진술한 것으로 보고 출석한 상대방에게 변론을 명할 수 있다(법 148조 1항). 동 규정에 의하면 변론기일에 한쪽 당사자가 불출석한 경우에 변론을 진행하느냐 기일을 연기하느냐는 법원의 재량에 속하나, 출석한 당사자만으로 변론을 진행할 때에는 반드시 불출석한 당사자가 제출한 소장, 답변서, 준비서면에 적혀 있는 사항을 진술한 것으로 보아야 한다(대판 2008. 5. 8. 2008다2690).

2. 기 간

(1) 의 의
기간은 소송행위 등을 하여야 할 일정한 시점으로부터 다른 시점까지의 시간적 공간을 말한다.

(2) 기간의 계산
1) 기간의 계산은 민법에 따른다(법 170조). 즉 시, 분, 초로 정한 기간은 즉시로부터 기산하여 소정의 시간이 만료된 때를 종기로 한다(민 156조). 일, 주, 월 또는 연으로 정한 기간은 초일 불산입의 원칙에 따라 초일의 다음날부터 기산한다(민 157조). 예컨대 소장의 보정기간은 보정명령 송달일의 다음날부터 항소기간은 판결송달일의 다음날부터 기산한다. 다만 기간이 당일 오전 영시부터 시작하는 경우에는 초일을 산입하므로 판결 등 재판서의 정본이 송달불능 되어 공시송달을 한 경우에는 공시송달을 실시한 다음날부터 기산하여 2주일이 지난 다음날의 영시에 송달의 효력이 발생하므로 이에 대한 상소기간은 초일을 산입하여 기산한다.
2) 기간의 종기는 소정 기간 말일의 종료시가 된다(민 160조). 기간을 주, 월, 연으로 정한 때에는 역(曆)에 의하여 계산하여야 하므로 최후의 주, 월, 연에서 그 기산일에 해당하는 날의 전일로 기간이 만료한다. 예컨대 3월 15일을 기산일로 하여 6개월이라고 하는 때에는 최후의 월인 9월에서 그 기산일에 해당하는 날인 15일의 전날 즉

14일이 기간의 말일이 된다. 기간의 말일이 공휴일에 해당한 때에는 기간은 그 익일로 만료한다(민 161조).

V. 송 달

1. 의 의

송달이란 법원이 당사자 기타 소송관계인에게 소송서류(소장, 상소장, 판결정본 등)를 법정의 방식에 따라 교부하여 그 내용을 알 수 있게 하는 통지행위이다.

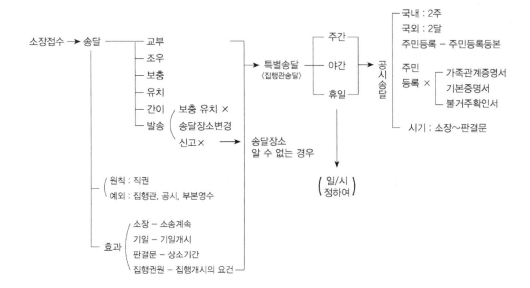

2. 송달받을 사람

(1) 법정대리인

1) 소송무능력자에게 할 송달은 그의 법정대리인에게 한다(법 179조). 단체에게 할 송달도 법정대리에 준해 대표자에게 한다(법 64조) 이 경우에 송달은 받을 사람의 주소, 거소, 영업소 또는 사무소에서 한다(법 183조).

2) 국가소송에 있어서 국가에 대한 송달은 수소법원에 대응하는 검찰청(수소법원이 지방법원지원인 경우에는 지방검찰청을 말한다)의 장에게 한다. 다만 고등검찰청 소재지의 지방법원에 소가 제기된 경우에는 그 소재지 고등검찰청의 장에게 송달한다. 소송수행자 또는 소송대리인이 있는 경우에는 소송수행자 또는 소송대리인에게 송달한다.

(2) 소송대리인

1) 송달받을 당사자가 소송을 위임한 경우에는 소송대리인이 송달받을 사람이다. 그러나 소송대리인이 있는 경우에도 당사자 본인에게 한 서류의 송달은 적절하지는 않지만 유효하다(대판 1970. 6. 5. 70마325).

2) 여러 사람이 공동으로 소송대리권을 행사하는 경우의 송달은 그 가운데 한 사람에게 하면 된다(법 180조). 다만 공동대리인들이 송달을 받을 대리인 한 사람을 지정하여 신고한 때에는 지정된 대리인에게 송달하여야 한다(규칙 49조).

(3) 법규상 송달수령권이 있는 사람

교도소, 구치소 또는 국가경찰관서의 유치장에 체포, 구속 또는 유치된 사람에게 할 송달은 교도소 구치소 또는 국가 경찰관서의 장에게 한다(법 182조).

(4) 신고 된 송달수령인

당사자 법정대리인 또는 소송대리인은 주소 등 외의 장소를 송달받을 장소로 정하여 법원에 신고 할 수 있다. 이 경우에는 송달영수인을 정하여 신고할 수 있다(법 184조).

3. 주소보정

소장의 부본을 송달할 수 없는 경우에는 재판장은 상당한 기간을 정하여 보정할 것을 명하고 기간 내에 이를 보정하지 아니하는 때에는 소장을 각하하도록 되어 있다(법 255조 제2항).

4. 송달불능시 처리

송달을 실시한 결과 수취인부재·폐문부재·수취인불명·주소불명·이사불명 등의 사유로 교부송달은 물론 보충송달이나 유치송달마저도 할 수 없어 송달불능이 된 경우에는 다음과 같이 처리하여야 한다.

먼저, 송달불능의 사유에 따라 통상의 방법에 의한 송달(특히 수취인부재나 폐문부재인 경우 집행관을 이용한 공휴일·야간송달 등)을 다시 실시하거나, 또는 발송송달[43]의 요건

---

43) 민사소송법 제171조의2 제1항은 당사자, 법정대리인 또는 소송대리인이 송달장소를 변경한 때에는 지체 없이 그 취지를 법원에 신고하여야 한다고 규정하고 있고, 제2항은 제1항의 규정에 의한 신고를 하지 아니한 자에 대한 서류의 송달은 달리 송달할 장소를 알 수 없는 때에 한하여 종전에 송달을 받던 장소에 등기우편으로 송달할 수 있다고 규정하고 있으며, 위에서 말하는 '달리 송달할 장소를 알 수 없는 때에 한하여'라 함은 상대방에게 주소보정을 명하거나 직권으로 주민등록표 등을 조사할 필요까지는 없지만 적어도 기록에 현출되어 있는 자료로 송달할 장소를 알 수 없는 경우에 한하여 등기우편에 의한 발송송달을 할 수 있음을 뜻하는 것으로 풀이함이 상당하다(대법원 2001. 8. 24. 선고 2001다31592 판결).

을 갖추었는지 살펴 발송송달을 실시하여야 할 것이다. 다음으로, 재송달의 결과도 불능이고 발송송달의 요건에도 해당하지 않으며 더 이상 법정 송달장소를 알 수 없는 경우에 최후의 수단으로 공시송달을 실시하여야 할 것이다. 민사소송법에서는 송달받을 사람의 근무장소도 법정 송달장소로 추가되었으므로, 당사자가 취업하고 있는 경우에는 그 근무장소에도 교부송달 등 통상의 송달이나 발송송달을 실시하여 보아야 함은 물론, 당사자의 주소 등 뿐만 아니라 근무장소까지도 알 수 없을 때라야 비로소 공시송달을 할 수 있음을 유의해야 한다.

[송달불능시의 처리기준]

구분	송달불능된 내용		처리요령		
			원고가 수취인	피고가 수취인	
				최초 송달불능	송달 후 송달불능
수취인 부재	수취인이 주소지에 근거를 가지고 있으나, 현재 장기여행·가출·군복무·수감 등의 사유로 당분간 송달서류를 전달받을 수 없는 경우	현 소재지 확인 가능	현 소재지로 재송달(보충송달 가능)	현 소재지로 재송달(보충송달 가능)	현 소재지로 재송달(보충송달 가능)
		현 소재지 확인 여부불명	1. 재송달(집행관송달 등) 2. 또 폐문부재시 발송송달	원고에게 보정명령	1. 재송달(집행관송달 등) 2. 발송송달
폐문 부재	문을 잠그고 안에 사람이 없는 경우	수취인의 주소지인 사실확인 가능	1. 재송달(집행관송달 등) 2. 또 폐문부재시 발송송달	1. 재송달(야간 집행간송달 등) 2. 또 폐문부재시 발송송달	발송송달
		수취인의 주소지인 확인 불능	1. 재송달(집행관송달 등) 2. 또 폐문부재시 공시송달	원고에게 보정명령	발송송달(종전 송달의 적법여부 검토)
수취인 부재	당해 주소지에서 수취인이 누구인지 알 수 없는 경우		공시송달	원고에게 보정명령	발송송달(종전 송달의 적법여부 검토)
주소 불명	기재된 주소가 불명확하여 당해 주소지 또는 수취인을 찾을 수 없는 경우		공시송달	원고에게 보정명령	1. 종전 송달장소로 재송달 2. 또 주소불명시 원고에게 보정명령
이사 불명	수취인이 당해 주소지에 살다가 이사하였는데 이사간 곳을 모르는 경우		발송송달	원고에게 보정명령	발송송달
원고에게 한 번도 송달된 적이 없어 실제 주소가 맞는지 확인 불능이면 공시송달을, 한 번 이상 송달된 후 수취인부재로 반송되어 달리 송달할 장소를 알 수 없는 경우에 한하여 발송송달을 할 수 있다(대법원 2001. 8. 24. 선고 2001다31592 판결).					

야간특별송달신청

사　　건　　20○○가단 ○○○○호　손해배상(기)

원　　고　　최 ○ ○

피　　고　　유 ○ ○

위 사건에 관하여 소장부본 및 20○○. 4. 14. 11:00 변론기일소환장 등을 피고에게 송달하였으나, 폐문부재란 이유로 송달불능인바, 피고는 그 직업상 주간에는 주민등록상의 주소지에 거주하지 아니하고 야간에만 거주하고 있으므로 귀원 소속 집행관으로 하여금 야간송달을 하고자 하오니 허가하여 주시기 바랍니다.

첨 부 서 류

1. 주민등록초본　　　　　　　　　　　　　　　　1통
1. 집행관송달료납부서　　　　　　　　　　　　　1통

20○○.　　○.　　○.

위 원고　　최 ○ ○　(인)

○○지방법원　귀중

■ 작성 · 접수방법

1. 인지 및 송달료 등 비용은 없다.
2. 신청서 1통을 진행중인 법원에 제출한다. 당사자의 신청이 있는 때에는 공휴일 또는 해뜨기 전이나 해진 뒤에 집행관 등에 의하여 송달할 수 있다.

재 송 달 신 청

사 건   20○○가합 ○○○○호 대여금

원 고   김 ○ ○

피 고   임 ○ ○

위 사건에 관하여 피고는 소장 기재 주소지에 거주하고 있으나, 일시 외출(송달불능사유 : 폐문부재)로 인하여 귀원의 송달문서를 수령하지 못하였으므로 피고의 주소지로 재송달하여 주시기 바랍니다.

다   음

1. 피 고 성 명 : 임 ○
   주 소 : ○○시 ○○구 ○○로 ○○(○○동)

첨 부 서 류

1. 주민등록초본   1통

20○○. ○. ○.

위 원고 김 ○ ○ (인)

○○지방법원 귀중

■ 작성 · 접수방법

1. 인지 및 송달료 등 비용은 없다.
2. 신청서 1통을 진행중인 법원에 제출한다.

야간 및 휴일특별 송달신청서

- 사건번호
- 원고(채권자) ○○○
- 피고(채무자) ○○○

귀원의 보정명령에 따라 아래와 같이 보정합니다.

1. 주소보정
성명 : ○○○
보정할 주소 :

2. 재송달신청
상대방이 그 주소지에 거주하고 있으면서 고의로 수령을 거부하고 있으므로 같은 주소에 다시 송달하여 주시기 바랍니다.

3. 주간 특별송달신청(집행관에 의한 송달)
상대방이 송달할 장소에 살고 있으면서 일부러 송달물을 받지 않거나, 집행관에 의하여 송달물을 신속히 송달하지 아니하면 소기의 목적을 달성할 수 없음.

4. 야간 및 휴일 특별송달신청(집행관에 의한 송달)
상대방이 야간 또는 휴일에만 송달물을 받을 수 있음

5. 공시송달신청(위 1내지 4의 방법에 의한 보정이 불가능)
상대방의 주소, 거소, 기타 송달할 장소를 알 수 없음.

첨부서류:

20 년 월 일

위 (1항, 2항, 3항, 4항, 5항) 원고   (인)

○○○○**법원**○○**지원 귀중**

1. 인지 및 송달료 등 비용은 없다.
2. 신청서 1통을 진행중인 법원에 제출한다.

5. 공시송달

(1) 의의

당사자의 주소 또는 근무장소를 알 수 없어 통상의 송달이 불가능한 경우 법원사무관등이 송달서류를 보관하고 그 사유를 법원게시판에 게시하거나 관보, 공보, 신문게재하거나 인터넷 등 전자통신매체를 이용하여 공시하는 송달방법이다(법 194조 1항). 실무상 통상의 송달방법으로 송달을 받던 자가 뒤에 행방불명되어 송달불능에 이른 때 직권으로 공시송달을 명하는 것이 보통이다.

(2) 요건

1) 당사자의 주소 등 또는 근무장소를 알 수 없는 경우(따라서 주소를 알 수 있지만 폐문부재의 경우는 공시송달 불가) 또는 외국에서 하여야 할 송달에 관하여 규정에 따를 수 없거나 이에 따라도 효력이 없을 것으로 인정되는 경우에 재판장은 직권으로 또는 당사자의 신청에 따라 공시송달을 명할 수 있다(법 194조 1항). 즉 피고가 그 주소지에 주민등록전입만 해놓고 실제 살고 있지 않거나, 피고가 행방불명되어 살만한 곳을 알아내지 못한 경우, 주민등록이 직권말소 되어 주소를 찾을 수 없는 경우, 외국 거주자의 경우에 촉탁송달을 하기가 어려운 것으로 인정되는 때 등 모든 수단으로 피고의 주소나 거소 기타 송달할 장소를 알아내지 못한 경우 마지막으로 하는 송달방법이다.
2) 공시송달은 주소보정이나 재송달신청 또는 특별송달신청의 방법에 의한 보정이 불가능한 경우에 신청한다. 따라서 수취인부재, 수취인거절의 사유 등으로 송달이 안되어 보정명령이 내려진 경우는 공시송달허가 신청을 할 수 없다고 보아야 한다.

(3) 절차

1) 공시송달신청

① 피고의 주민등록초본.

주민등록초본은 아무나 떼어 주는 것은 아니지만, 원고가 소제기증명원이나 주소보정명령서를 가지고 동사무소나 읍사무소에 가면 피고의 주민등록초본을 교부받을 수 있다. 만약 주민등록이 말소되었을 경우에는 말소자주민등록초본(3개월 이내에 발급된 것)을 발부받아 첨부하면 되는데, 말소자주민등록초본에 의하여 공시송달을 실시하는 경우에는 아래와 같은 통·반장의 불거주확인서가 없어도 가능하다.

② 통·반장의 불거주확인서 및 재직증명서 사본을 첨부.

피고의 주민등록초본상에 나와 있는 최후 주소지의 통·반장을 찾아가 불거주확인서를 발급받고, 통·반장의 재직증명서 사본을 교부받아 첨부하여야 한다. 만약 통·반장이 불거주확인서를 발급하여 주지 아니할 경우에는 이를 강요할 방법이 없으므로, 인근거주자(세입자 또는 집주인 등)의 불거주확인서를 첨부하여 공시송달을 신청하는 수밖에 없다.

③ 가사소송의 경우에는 공시송달

가사소송의 경우에 공시송달을 실시하려면, 법원에서는 다음과 같은 서류를 요구하고 있다. 즉, ㉠ 피고의 말소된 주민등록등·초본, ㉡ 피고의 친족(부모, 형제자매)이 작성한 피고에 대한 소재불명확인서 및 그 작성자의 인감증명과 가족관계증명서, ㉢ 위 소재불명확인서를 받을 수 없을 때에는 원고가 작성한 사유서 및 피고의 부모나 형제자매의 가족관계증명서와 주민등록등본이다. 그러나 이러한 서류들을 갖추기가 힘들기 때문에, 보통은 원고가 작성한 소재불명확인서와 통·반장의 불거주확인서 및 재직증명서를 첨부하여 공시송달을 신청하고 있는 것이 실무이다.

④ 공시송달신청서를 작성하고, 위 첨부서류를 첨부한 후 법원에 제출한다.

공시송달을 신청하려면 공시송달신청서를 작성하고, 이에 피고의 주민등록초본과 그 주민등록지의 통·반장의 불거주확인서 및 재직증명서 사본을 각 1통씩 첨부하여 법원에 제출하면 된다(단, 가사소송의 경우에는 위 ③항에서 언급한 바와 같다).

(4) 효과

1) 법원사무관등이 송달서류를 보관하고 그 사유를 법원게시판에 게시하거나, 관보, 공보, 신문게재하거나, 인터넷 등 전자통신매체를 이용하여 공시한다(규칙 54조). 현재는 대법원 홈페이지에 공시하고 있다.

2) 첫 공시송달은 게시한 날부터 2주가 지나야 효력이 생긴다. 다만 같은 당사자에게 하는 그 뒤의 공시송달은 실시한 다음 날부터 효력이 생긴다(법 196조 1항). 외국에서 할 송달에 대한 공시송달은 2개월로 한다(법 196조 2항). 따라서 이후의 공시송달은 게시판에 게시한 다음날 송달의 효력이 발생하며, 이미 판결선고 이전 변론기일을 공시송달로 진행한 경우 판결정본에 대한 공시송달의 효력은 게시한 다음날 효력이 발생하여 이로서 14일이 경과하여야 판결이 확정된다. 또한 공시송달의 효력은 해당일 0시에 발생하는 것이므로 초일을 산입하여 기간을 계산한다.

공 시 송 달 허 가 신 청 서

사   건   2018가단 1234호 손해배상

원   고   이 ○ ○

피   고   김 ○ ○

위 당사자 간 귀원 2018가단 1234호 손해배상 청구사건에 관하여 원고는 피고 김
○ ○에 대한 보정명령을 받고, 2회에 걸쳐 특별송달을 하였으나 모두 "폐문부재"로
송달불능되었는 바, 실제 거주지를 확인할 방법이 없으므로 부득이 공시송달방법에
의한 송달을 허가하여 주시기 바랍니다.

첨 부 서 류

1. 주민등록등(초)본   1통
2. 사유서   1통

2018.   10.   .
위 원 고   이 ○ ○   (인)

의정부지방법원   귀중

■ 작성 · 접수방법

1. 인지 및 송달료 등 비용은 없다.
2. 신청서 1통을 진행 중인 법원에 제출한다. 보통 법원에 의한 주소보정명령이 오면 공시송달허가신청서에
   주소불명자료인 말소된 주민등록등(초)본을 첨부하거나 또는 집행관에 의한 특별송달이 이사불명, 수취인
   불명 등으로 불능이 된 경우 최근의 주민등록초본을 첨부하여 신청한다.

불거주확인서

대 상 자   이 ○ ○

　　　　　 대구광역시 북구 ○동 ○○○

본인은 위 불거주 확인대상자의 주소지에 거주하고 있는 바, 위의 자는 위 주소지에 거주하고 있지 않음을 확인합니다. 만일 이 사실과 다를시 법의 엄중한 책임을 질것을 각오 합니다.

첨 부 서 류

1. 인감증명서 또는 주민등록등본(통장위촉장)　　　　　1통.

　　　　　　　　　2018.　　2.　　.

　　　　　　　　　위 확인자 김 ○ ○(720221-1024369)

　　　　　　　　　대구광역시 북구 ○○동 ○○○

■ 작성방법

불거주확인서는 불거주자(피고)의 주소지 통반장 또는 피고의 친족이나 피고주소지 거주 주민 등의 확인을 받는 것이다.

제5절 증 거

1. 의 의

증거조사라 함은 법관의 심증형성을 위하여 법정의 절차에 따라 인적·물적 증거의 내용을 오관의 작용에 의하여 지각하는 법원의 소송행위이다. 고유의 증거조사 이외에 그 준비로서 또는 그 실시에 즈음하여 여러 가지 행위가 행하여지는데(예를 들어 당사자의 증거신청, 증거조사결정과 원용 등, 법원의 증거 채부결정, 증인출석요구, 문서송부촉탁 등), 이 같이 증거조사와 관련하여 행하여지는 법원 및 당사자의 행위를 합쳐 증거조사 절차라 한다.

2. 증거신청

증거신청이란 특정한 사실에 대하여 법원에 특정 증거방법에 대한 조사를 요구하는 소송행위이다. 변론주의에서는 원칙적으로 당사자의 증거신청이 있어야 증거조사 할 수 있고 직권증거조사는 보충적으로만 허용된다.

3. 직권증거조사

직권증거조사란 당사자의 증거신청 없이 직권으로 증거를 조사하는 것을 말한다. 직권탐지주의가 적용되는 절차에서 즉 가사소송과 행정소송에서는 원칙적으로 직권증거조사가 허용되지만 민사소송에서는 당사자가 신청한 증거에 의하여 심증을 얻을 수 없거나 그 밖에 필요하다고 인정한 때에 직권으로 할 수 있어 보충적(예비적) 직권증거조사가 원칙이다.

4. 증거조사의 실시

증거조사에는 증인신문, 감정, 서증, 검증, 당사자신문, 그 밖에 증거에 대한 조사의 6가지 증거조사가 있으며, 증거조사의 절차 및 결과는 변론(준비)기일에 증거조사를 한 경우에는 변론(준비)조서에, 그렇지 않은 경우에는 증거조사기일의 조서에 기재하여야 한다(법 160조). 증거조사를 함에 있어서는 집중심리주의와 직접심리주의의 요청에 부합되도록 하여야 한다.

1. 의 의

증인은 과거에 경험하여 알게 된 사실을 법원에 보고할 것을 명령받은 사람으로서 당사자 및 법정대리인 이외의 제3자를 말하고, 증인신문은 이러한 증인으로부터 증언이라는 증거자료를 확보하는 증거조사를 말한다.

2. 증인신청과 채부결정

(1) 신 청

1) 증인신문을 신청하는 때에는 증인의 이름, 주소, 연락처, 직업, 증인과 당사자의 관계, 증인이 사건에 관여하거나 내용을 알게 된 경위, 증인신문에 필요한 시간과 증인의 출석을 확보하기 위한 협력방안을 밝혀야 한다(규칙 75조). 재판장은 기일에 들어가기에 앞서 쌍방의 필요한 증인이 신청되어 있는지 여부를 점검하고, 증인신청이 누락되어 있다고 판단되는 때에는 당사자 또는 대리인에게 연락하여 증인에 대한 신청을 서면으로 마치도록 촉구하기도 한다.

2) 증인신문을 신청한 당사자는 법원이 정한 기한(보통 증인신문기일 10일 전)까지 상대방의 수에 3(합의부에서는 상대방의 수에 4)을 더한 통수의 증인신문사항을 적은 서면을 제출하여야 한다. 다만 79조의 규정에 따라 증인진술서를 제출하는 경우로서 법원이 증인신문사항을 제출할 필요가 없다고 인정하는 때에는 그러하지 아니하다(규칙 80조). 그런데 실무상 기일에 구두로 증인신청을 채택하는 경우도 많으므로 다음 신문기일로 변론기일을 진행한다면 증인신청서와 함께 증인신문사항을 신문기일 10일 전까지 제출하면 된다.

3) 증인으로부터 증인여비포기서를 받아 제출한 경우를 제외하고는 3 ~ 5만원 정도(논산지원 기준 310,200원)의 증인여비를 예납하여야 한다.

(2) 채부결정

법원은 쟁점정리기일에 신청된 증인에 대한 채부를 일괄하여 결정, 고지한다. 쟁점정리기일에 비로소 채부결정을 하는 이유는 쟁점정리과정에서 당사자 사이의 다툼이 정리되어 증인신문이 필요 없게 될 수도 있고 증인의 일괄 집중신문을 위해 법원과 당사자가 기일진행 및 증인출석 확보방안에 관해 협의할 필요가 있기 때문이다.

[서식] 증인신청서

증 인 신 청 서

1. 사　건 : 2018가합 1234 소유권이전등기

2. 증인의 표시

성　　　　명	김 ○ ○	직업	주부
주민등록번호	7506○○-162○○○○		
주　　　　소	서울 ○○구 ○○동 ○○번지		
전 화 번 호	010-1234-5678		
원·피고와의 관계	원고 처의 친구(고등학교 동창)		

3. 증인이 이 사건에 관여하거나 그 내용을 알게된 경위

　　이 사건 임대차 계약을 체결할 당시 원고, 원고의 처와 함께 계약현장에 있었음.

4. 신문할 사항의 개요

　　① 이 사건 임대차 계약 당시의 정황

　　② 임대차 계약서를 이중으로 작성한 이유

　　③ 기타

5. 기타 참고사항

　위 매매대금을 지급한 이후 이 사건 부동산을 이전하였다는 사실을 들은 바 없다는 사실.

2018.　5.　9.

위 원고　장 ○ ○ (인)

○○지방법원　제 ○○민사부　귀중

1. 증인을 신청하는 때에는 증인의 이름, 주소, 연락처, 직업, 증인과 당사자의 관계, 증인이 사건에 관여하거나 내용을 알게 된 경위, 증인신문에 필요한 시간과 증인의 출석을 확보하기 위한 협력방안을 밝혀야 한다(규칙 75조). 여러명의 증인을 신청할 경우 증인별로 각 증인신청서를 작성한 후 각 1부씩 법원에 제출한다.

2. 재판장은 기일에 들어가기에 앞서 쌍방의 필요한 증인이 신청되어 있는지 여부를 점검하고, 증인신청이 누락되어 있다고 판단되는 때에는 당사자 또는 대리인에게 연락하여 증인에 대한 신청을 서면으로 마치도록 촉구하기도 한다.

3. 신문사항은 증인신청서 제출이후 변론기일 때 채택여부를 고지받은 후 법원이 정한 기한(보통 증인신.문기일 10일 전)까지 제출하는 것이 원칙이지만 신청서 제출시 같이 첨부해서 제출할 수 있다. 보통 단독사건인 경우 상대방수에 3통을(합의부에서는 상대방의 수에 4)더한 숫자만큼 의 증인신문사항을 적은 서면을 법원에 제출하여야 하고 증인이 지정된 기일에 출석할 수 있도록 필요한 조치를 하여야 한다. 다만 실무상 기일에 구두로 증인신청을 채택하는 경우도 많으므로 다음 신문기일로 변론기일을 진행한다면 증인신청서와 함께 증인신문사항을 신문기일 10일 전까지 제출하면 된다.

4. 인지비용은 없지만 증인여비는 예납하여야 한다. 다만 실무상 신청인측 증인인 경우에는 신청서에 '증인대동, 여비직불'이라고 기재하고 별도의 증인비용을 재판부에 납부하지 않아도 되지만, 제3자 또는 상대측 증인을 신청하는 경우에는 증인여비를 예납하여야 하므로 재판부에 사전에 문의를 하여서 여비를 알아낸 후 그 비용을 납부하고 아래와 같은 법원보관용 납부서를 제출한다.

법원보관금납부서(법원보관용)

<table>
<tr><td rowspan="6">납부당사자사용란</td><td>법 원 명</td><td>서울중앙지방법원</td><td>사건번호</td><td>2013가단1234호</td></tr>
<tr><td>납부금액</td><td>310,200원</td><td>보관금종류</td><td>☑민사예납금 □경매예납금
□경매보증금 □경락대금 □기타</td></tr>
<tr><td>납 부
당사자</td><td>장 ○ ○</td><td>주민등록번호
사업자등록번호</td><td>740521-1○○○○○○</td></tr>
<tr><td>주 소</td><td colspan="3">우편번호(○○○-○○○)　　　전화번호(010-345-8765)
서울 강남구 삼성동 129-4 ○○아파트 ○○동 ○○호</td></tr>
<tr><td rowspan="2">잔액환급
계좌번호</td><td></td><td></td><td></td></tr>
<tr><td></td><td></td><td></td></tr>
</table>

증 인 신 청 서

사　　건　　2018가단 1234 소유권이전등기말소

원　　고　장 ○ ○

피　　고　문 ○ ○

위 당사자간 귀원 2013가단 1234 소유권이전등기말소 청구 사건에 관하여, 원고는 다음과 같이 증인을 신청합니다.

다　　　음

1. 증인의 표시 : 박 ○ ○(7506○○-162○○○○)

　　　　　　　　　　○○시 ○○동 123-456

2. 신문 사항 　 : 별지신문사항 기재와 같습니다.

3. 증인대동, 여비직불

2018.　5.　9.

위 원고 　장 ○ ○ (인)

○○지방법원　제 ○○민사부　귀중

2018가단 1234 소유권이전등기말소

증인 박○○에 대한 증인신문사항

1. 증인은 피고가 본건 토지에 관하여 특조법으로 소유권이전등기를 경료할 당시에

　　피고가 원고로부터 본 건 토지를 매수한 사실이 있다고 보증을 서 준 적이 있지요?

2. 증인은 갑 제3호증 사실확인서를 작성하여 준 사실이 있지요?

3. 원고와 피고간의 매매사실을 보증하여 줄 당시에 그 사실을 확인하여 보고 보증을 서 준 것은 아니지요?

4. 기　타

■ 작성 · 접수방법

1. 증인을 신청하는 때에는 증인의 이름, 주소, 연락처, 직업, 증인과 당사자의 관계, 증인이 사건에 관여하거나 내용을 알게 된 경위, 증인신문에 필요한 시간과 증인의 출석을 확보하기 위한 협력방안을 밝혀야 한다(규칙 75조). 여러 명의 증인을 신청할 경우 증인별로 각 증인신청서를 작성한 후 각 1부씩 법원에 제출한다.

2. 재판장은 기일에 들어가기에 앞서 쌍방의 필요한 증인이 신청되어 있는지 여부를 점검하고, 증인신청이 누락되어 있다고 판단되는 때에는 당사자 또는 대리인에게 연락하여 증인에 대한 신청을 서면으로 마치도록 촉구하기도 한다.

3. 신문사항은 증인신청서 제출이후 변론기일 때 채택여부를 고지받은 후 법원이 정한 기한(보통 증인신.문기일 10일 전)까지 제출하는 것이 원칙이지만 신청서 제출시 같이 첨부해서 제출할 수 있다. 보통 단독사건인 경우 상대방수에 3통을(합의부에서는 상대방의 수에 4)더한 숫자만큼 의 증인신문사항을 적은 서면을 법원에 제출하여야 하고 증인이 지정된 기일에 출석할 수 있도록 필요한 조치를 하여야 한다. 다만 실무상 기일에 구두로 증인신청을 채택하는 경우도 많으므로 다음 신문기일로 변론기일을 진행한다면 증인신청서와 함께 증인신문사항을 신문기일 10일 전까지 제출하면 된다.

4. 인지비용은 없지만 증인여비는 예납하여야 한다. 다만 실무상 신청인측 증인인 경우에는 신청서에 '증인대동, 여비지불'이라고 기재하고 별도의 증인비용을 재판부에 납부하지 않아도 되지만, 제3자 또는 상대측 증인을 신청하는 경우에는 증인여비를 예납하여야 하므로 재판부에 사전에 문의를 하여서 여비를 알아낸 후 그 비용을 납부하고 아래와 같은 법원보관용 납부서를 제출한다.

법원보관금납부서(법원보관용)

납부당사자사용란	법 원 명	서울중앙지방법원	사건번호	2013가단1234호
	납부금액	310,200원	보관금종류	☑민사예납금　□경매예납금 □경매보증금　□경락대금　□기타
	납 부 당사자	장 ○ ○	주민등록번호 사업자등록번호	740521-1○○○○○○
	주　소	우편번호(○○○-○○○)　　　전화번호(010-345-8765) 서울 강남구 삼성동 129-4 ○○아파트 ○○동 ○○호		
	잔액환급 계좌번호			

3. 증인의무

(1) 의 의

우리나라의 재판권에 속하는 사람은 원칙적으로 모두 증인의무 즉 출석의무, 선서의무, 진술의무를 진다. 이는 공법상의 의무이므로 정당한 이유 없이 응하지 아니하면 과태료가 부과되거나 감치되고(법 311조, 318조), 구인될 수 있다(법 312조). 증인이 출석요구를 받고 기일에 출석할 수 없을 경우에는 바로 그 사유를 밝혀 신고하여야 한다(규칙 83조). 이러한 신고를 하지 않으면 불출석에 대한 제재를 가함에 있어 불리한 정상으로 고려될 수 있다.

[서식] 증인불출석신고서

증인불출석신고서

사　　　건　　2018가단 1234호 손해배상

원　　고　장 ○○

피　　고　문 ○○

위 당사자간 귀원 2013가단 1234호 손해배상 청구사건에 관하여 2013. 8. 25. 16 : 00 귀원 4호 법정에 증인으로서 출석하라는 소환장을 받은 바 있으나 증인은 2013. 2. 교통사고를 당하여 현재 삼성의료원에서 입원가료 중에 있어 출석할 수 없으므로 이에 신고합니다.

첨 부 서 류

1. 교통사고증명서　　　　　　　　　　　　　　　　　　　1통

2010.　　○.　　.

증인　이 ○ ○　(서명) 인

서울중앙지방법원　　귀중

---

(2) 불출석 증인에 대한 재제

1) 소송비용 부담과 과태료 부과

증인이 정당한 사유 없이 출석하지 아니한 때 법원은 결정으로 증인에게 이로 말미암아 소송비용을 부담하도록 명하고 500만원 이하의 과태료에 처한다(법 311조).

2) 감치

법원은 증인이 과태료의 제재를 받고도 정당한 사유 없이 다시 출석하지 아니한 때에는 결정으로 증인을 7일 이내의 감치에 처한다. 감치의 재판을 받은 증인이 감치의 집행 중에 증언을 한 때에는 법원은 바로 감치결정을 취소한다.

3) 구인

법원은 정당한 사유 없이 출석하지 아니한 증인을 구인하도록 명할 수 있다(법 312조). 이 경우 구속영장을 발부받아야 한다.

[서식] 증인구인신청서

증인구인신청서

사　　　건　2018가단 1234호 손해배상

원　　고　장 ○○
피　　고　문 ○○

위 사건에 관하여 아래 증인은 2018. ○. ○. ○○:○○ 기일에 출석하여야할 취지의 적법한 소환을 받고도 정당한 사유 없이 출석하지 아니하므로 다음 기일에 증인에 대하여 구인절차를 취하여 줄 것을 신청합니다.

아 래

이름 : 권 ○○(791009-1048○○○)

주소 : 서울시 종로구 ○○동 ○○번지

전화 : 02-548-1234(010-123-5678)

201○. ○. .
위 원고 장 ○ ○ (서명) 인

서울중앙지방법원   귀중

<table>
<tr><td colspan="2">■ 작성·접수방법</td></tr>
<tr><td colspan="2">1. 신청서 1부를 해당 재판부에 제출한다.
2. 인지등 첩부 비용은 없다
3. 재판부에서 구인결정을 하면 그 집행을 위한 비용을 예납하여야 한다.</td></tr>
</table>

4. 증인조사방식

(1) 개 설

당사자의 증인신청에 따라 증인이 채택된 경우에는 증인신청한 당사자는 증인신문기일전에 증인진술서 또는 증인신문사항을 기재한 서면을 미리 제출하게 하여 신문기일에 있어서 상대방이 충분히 반대신문을 할 수 있도록 보장하고 있다. 또 증거조사에서 직접주의와 반대신문권 보장을 위해 증인신문은 공개법정에서 함이 원칙이나 출석증언이 불편하거나 반대신문권이 문제되지 않는 경우에 서면증언제도가 필요하다.

	증인진술서	증인신문사항	서면증언
취지	증언할 내용을 미리 제시하게 한 후 법정에서 실질적인 반대신문이 가능하도록 하여 충실하고 효율적인 증인신문이 되게 하려고 법원이 요구		증인의 출석부담을 경감하기 위하여 출석 증언에 갈음하는 제도로서 법원이 요구
제출자	증인신청한 당사자		증 인
서면성질	서 증	증인신문할 사항 예고	증 언
제출 후 절차	법정에서의 증언을 전제로 하는 것으로서 법정에의 증인의 출석과 진술이 뒤따른다		법정에서의 증언에 갈음하는 것으로서 변론에서 현출되면서 증거조사절차가 끝난다

(2) 증인진술서 제출 방식

증인진술서란 증인이 증언할 내용을 기재한 서면으로 법원은 효율적인 증인신문을 위하여 필요하다고 인정하는 때에는 증인을 신청한 당사자에게 증인진술서를 제출하게 할 수 있다(규칙 79조). 이는 미리 증언할 내용을 상대방에게 송달케 하고 법정에서는 쟁점사항에 한정하여 주신문을 하고 나머지 입증사실에 관하여는 위 증인진술서가 사실대로 작성되었다는 취지의 증언을 함으로써 실질적인 증인신문(반대신문)이 가능하도록 하려는 것으로 보통 증인신청한 당사자 측 증인에 이용된다.

[서식] 증인진술서

증인 진술서

사　　건　2013가단 99986호 토지인도

원　고　장 ○○
피　고　문 ○○

진술인(증인)의 인적사항

이름 : 권 ○○(691109-1048○○○)
주소 : 서울시 종로구 ○○동 ○○번지
전화 : 02-548-1234(010-123-5678)

1. 진술인은 2010.년경 친한 친구로부터 피고를 소개 받았는데 진술인이 장사를 하는 관계로 급전이 필요할 때가 많아 그 무렵부터 여러차례 피고로부터 돈을 빌리게 되었고, 개인적으로도 친하게 지내왔습니다.

2. 그러던 중 피고가 2013. 1.경부터 자신의 아들 이름으로 소유하고 있는 봉천 30동 ○○아파트 101동 201호를 팔려고 한다면서 진술인에게도 혹시 주위에 살 사람이 있으며 소개하여 달라고 한 사실이 있습니다.

3. 진술인은 2013. 4.경 피고로부터 빌린 차용금의 이자를 갚으러 피고의 집에 갔

다가 그곳에 와 있던 원고를 처음 보게 되었습니다. 그 날 원고와 피고는 그 자리에서 위 아파트의 매매관계에 관하여 이야기를 나누었던 것으로 기억하는데, 그 날 계약서를 작성하였는지는 모릅니다.

4. 진술인은 그 며칠 뒤쯤 피고로부터 위 아파트를 원고에게 팔았다고 하는 이야기를 전화로 듣고 잘되었구나 생각하고 있었습니다. 그런데 그 후 보름쯤인가 지난 다음에 피고를 길거리에서 우연히 만났는데, 피고가 하는 말이 원고가 위 아파트를 살 수 없게 되었으니 제발 계약금을 되돌려 달라고 사정 사정을 하여 할 수 없이 그 절반만 돌려주고 서로 없던 일로 하기로 하였다는 이야기를 들은 사실이 있습니다. 그 무렵이나 그 후에 원고를 만난 사실이 없습니다.

이상의 내용은 모두 진실임을 서약하며, 이 진술서에 적은 사항의 신문을 위하여 법원이 출석요구를 하는 때에는 법정에 출석하여 증인할 것을 약속합니다.

2010.　　○.　　.
진술인　권 ○ ○ （서명）인

■ 작성 · 접수방법

1. 원본과 상대방수에 2(합의부에서는 3)를 더한 만큼의 부본을 해당 재판부에 제출한다.
2. 사건번호, 사건명, 증인의이름, 주소 및 전화번호(특히 일과중에 연락가능한 전화번호)등을 기재하며 끝에는 작성한 날짜를 적고 작성자가 서명날인을 한다.
3. 본문에는 증언할 내용을 사건 진행의 시간적 경과에 따라 기재하되 자신이 직접 경험하지 아니한 사실을 기재할 때에는 그 사실을 알게된 근거를 구체적으로 밝힌다.

---

(3) 증인신문사항 제출 방식

1) 증인신문사항이란 증인신문신청이 채택된 경우에 제출해야 하는 증인신문 사항을 적은 서면을 말하며(규칙 80조). 이는 증인신문 할 내용을 미리 상대방에게 개시함으로서 증인신문기일에 증인신문 할 때 상대방의 실질적인 반대신문이 가능하게 하려는 것이다. 증인진술서의 제출을 명함이 상당하지 아니한 사건 예를 들면 ① 그 증인이 이른바 적대적 증인이거나 신청인의 지배영역 내에 있지 아니한 중립적 증인인 경우, ② 증인이 글을 읽거나 쓸 수 없는 경우, ③ 사건이나 증인의 특성상 그 증언내용을

미리 밝히는 것이 사건의 공정한 해결을 위하여 상당하지 아니한 경우 등에는 증인진술서 대신 증인신문사항을 제출 하도록 한다.

2) 작성과 제출할 당사자는 당사자이다. 즉 증인신문을 신청한 당사자는 법원이 정한 기한까지 상대방의 수에 3(합의부 4)을 더한 통수의 증인신문사항을 적은 서면을 제출하여야 하고 법원사무관등은 이를 증인신문기일전에 상대방에게 송달하여야 상대방도 반대신문을 준비하게 한다. 반대신문사항도 서면을 미리 작성하고 부본을 준비하여 반대신문 전에 법정에서 재판부에 2통을 제출하고 상대방에게 1통을 교부한다.

[서식] 증인신문사항

2013가합 1234호 계약금반환

증인 김○○에 대한 신문사항

1. (갑제2호증을 제시하고)

   이것은 당시 증인과 원고가 작성한 합의서의 인증서로서 위 합의서 4항에서 증인이 원고에게 교부하는 주권이 위조된 것일 경우 민,형사상 모든 책임을 진다는 내용이 있는데 그것은 증인이 제시한 주권이 정당하다는 것을 나타내기 위함이었지요?

2. 원고가 증인과 합의를 하게 된데는 증인이 제기한 소송으로 인해 원고가 ○○ 주식회사로부터 교부받은 주권에 설정된 질권을 해제하여 현금화 하기 위한 것이었지요?

3. 이 사건 주권은 김○○가 가지고 나왔는데도 ○○ 주식회사에 대한 소를 증인 명의로 제기한 이유는 무엇인가요?

4. 증인이 ○○ 주식회사를 상대로 소를 제기하기 전에 증인과 피고 등은 법무법인 ○○에서 먼저 법률검토를 받았는데 주로 이 사건 ○○화학의 구주권과 원고의 관계에 대하여 검토가 이루어졌던 것은 사실이지요?

5. 그것은 소송은 비록 ○○ 주식회사를 상대로 하지만 그 사건의 실질적 이해 당사자를 원고로 보았기 때문이지요?

6. 기타.

---

1. 신문사항에는 ① 증인과 당사자 간의 관계, ② 증인이 이 사건과 관련된 경위, ③ 증인이 경험한 사실에 대한 질문 ④ 중요서증을 제시하고 서증과 관련된 질문 ⑤ 중요 쟁점에 관한 질문 ⑥ 기타(신문사항에는 없지만 신문기일 당시에 새로이 신문할 사항이 발생하는 경우를 위해)와 같이 증명할 사항과 이에 관련된 내용 등을 논리적으로 잘 기재하면 된다.

2. 신문은 개별적이고 구체적으로 하여야 하지만 ①증인을 모욕하거나 증인의 명예를 해치는 내용의 신문, ②규정에 어긋나는 신문, ③의견의 진술을 구하는 신문, ④증인이 직접 경험하지 아니한 사항에 관하여 진술을 구하는 신문에 대해서는 재판장은 직권 또는 당사자의 신청에 의해 제한할 수 있다(규칙95조).

3. 주신문은 증명할 사항과 이에 관련된 사항에 관하여 하며, 유도신문은 원칙적으로 금지된다. 다만 ① 증인과 당사자의 관계, 증인의 경력, 교우관계 등 실질적인 신문에 앞서 미리 밝혀둘 필요가 있는 준비적인 사항에 관한 신문의 경우, ②증인이 주신문을 하는 사람에 대하여 적의 또는 반감을 보이는 경우, ③증인이 종전의 진술과 상반되는 진술을 하는 때에 그 종전 진술에 관한 신문의 경우, ④그 밖에 유도신문이 필요한 특별한 사정이 있는 경우에는 그러하지 아니한다(규칙 91조)

4. 신문사항은 다른 서면과 달리 신청인의 날인이나 간인을 하지 않는다.

5. 신문사항은 증인신청서 제출이후 변론기일 때 채택여부를 고지받은 후 법원이 정한 기한(보통 증인신.문기일 10일 전)까지 제출하는 것이 원칙이지만 신청서 제출시 같이 첨부해서 제출할 수 있다. 보통 단독사건인 경우 상대방수에 3통을(합의부에서는 상대방의 수에 4)더한 숫자만큼 의 증인신문사항을 적은 서면을 법원에 제출하여야 한다. 다만 실무상 기일에 구두로 증인신청을 채택하는 경우도 많으므로 다음 신문기일로 변론기일을 진행한다면 증인신청서와 함께 증인신문사항을 신문기일 10일 전까지 제출하면 된다.

[서식] 증인신문사항

2013가합 1234호 계약금반환

증인 김○○에 대한 반대신문사항

1. (주신문 1-2항 관련)
 가. 이 사건 토지에 대한 매매계약 체결은 피고회사내 소외 이○○의 사무실에서 이루어 졌으며, 그 계약당시 참석한 사람은 매도인측에서는 위 이○○과 증인 이었고, 매수인측으로는 법무사와 원고회사의 이○○ 사장, 소외 강○○ 이었 지요?
 나. 당시 입회하였던 위 이○○은 피고회사 및 이 사건 부동산과는 어떤 관계에 있던 사람인가요?
2. (주신문 1-3항 관련)
 당시 원고회사는 주사무소 이전 및 영업부지 확보 목적으로 발전가능성이 있었던 이 사건 토지를 매수 하였던 것인데 증인도 이와같은 사실을 알고 있었지요?
3. (주신문 1-6 내지 1-7항 관련)

가. 이 사건 매매계약은 피고회사에서 작성해온 내용대로 체결 된 것이지요?

나. 원고가 수정을 요구하여 반영된 것은 계약서의 어느 부분인가요?

4. (주신문 1-9항 관련)

가. 이 사건 부동산 매매계약서 특약사항 제3조에서 농협이자 상환금액 중 916평에 대한 이자를 명도하기 전까지 원고회사도 2분의 1을 부담하기로 한 것은, 피고가 명도전에 등기를 해준다는 전제가 있었기 때문이지요?

나. 그런데 피고측에서 이 사건 계약을 주도하였던 이○○은 해외로 출국하였고, 약속하였던 가압류나 저당문제도 정리되지 않았으며 이전등기도 이루어지지 않은 것은 사실이지요?

5. (주신문 1-10항 관련)

가. 이 사건 매매계약은 소외 대한토지신탁에 신탁되어 있음을 전제로 체결된 것이지만 당시 신탁계약의 내용은 알려주지 않았지요?

나. (갑제 4호증을 제시하고) 이것이 이 사건 토지에 대한 부동산처분신탁계약서인데 이 사건 매매계약체결 당시 피고가 원고에게 제시 한 바 없고 증인도 본 사실이 없지요?

다. 이 부동산처분신탁계약서에는 채권금액 금 214억 5천만원을 우선수익자인 석○○에게 보장하는등 이 사건 부동산 매매계약과 관련해서 매우 중요한 내용이 기재되어 있지만 매수인에게 알려주지 않았고 그날 석○○라는 사람의 이름조차 거론 된 바 없지요?

라. 증인은 위 석○○가 이 사건 부동산에 대하여 어떠한 권한이나 권리를 갖고 있는지 알고 있는 내용이 있나요?

6. (주신문 2항 관련)

피고는 잔급지급일인 2011. 9. 30.경 이후 이 사건 토지에 대한 지분소유권이전등기에 필요한 서류만을 준비한 채 원고에게 잔금지급을 촉구하였다는 것인데, 그렇지만 그 서류를 원고에게 제시하거나 사본하여 송부한 사실은 없지요?

7. (주신문 3-2항 관련)

원고의 요청에 따라 2011. 11. 11. 피고가 법무사 사무소에 방문하여 원고에게 잔금지급을 요청하였을 때, 원고가 잔금지급을 거절한 것은 당시 돈이 없어서가 아니라 이 사건 토지에 설정되어 있었던 압류 및 가압류 해지와 이자부담에 관한 문제등이 해결되지 않았기 때문이었지요?

8. (주신문 3-3항 관련)

증인은 원고가 거래처로부터 지급받은 납품가가 20%이상 삭감되어 계약잔금 및 매매잔대금을 피고에게 지급하지 못하고 있다는 얘기를 누구로부터, 언제, 어디에서 들었나요?

9. (주신문 5-1항 관련)

　위 강○○는 원고측에서 골치가 아프니 2억원만 주면 계약을 없던일로 할 수 있다하여 그 의사를 전한적은 있어도 위약금을 말한적은 없다는데 증인이 직접 들었던 것은 아니지요?

10. 현재 이 사건 부동산은 김○○에게 귀속되어 동인이 팔기 위해 다니고 있다는데 그것은 사실이지요?

11. 이 사건 부동산은 2012. 2. 8.자로 신탁계약이 해지되어 위 김○○에 귀속된 것으로 되어있는데 현재도 이 사건 부동산에 대하여 피고에게 권리가 남아 있는가요?

12. 기타.

■ 작성 · 접수방법

1. 신문사항에는 ① 증인과 당사자 간의 관계, ② 증인이 이 사건과 관련된 경위, ③ 증인이 경험한 사실에 대한 질문 ④ 중요서증을 제시하고 서증과 관련된 질문 ⑤ 중요 쟁점에 관한 질문 ⑥기타(신문사항에는 없지만 신문기일 당시에 새로이 신문할 사항이 발생하는 경우를 위해)과 같이 증명할 사항과 이에 관련된 내용 등을 논리적으로 잘 기재하면 된다.

2. 신문은 개별적이고 구체적으로 하여야 하지만 ①증인을 모욕하거나 증인의 명예를 해치는 내용의 신문, ②규정에 어긋나는 신문, ③의견의 진술을 구하는 신문, ④증인이 직접 경험하지 아니한 사항에 관하여 진술을 구하는 신문에 대해서는 재판장은 직권 또는 당사자의 신청에 의해 제한할 수 있다(규칙95조).

3. 반대신문은 주신문에 나타난 사항과 이에 관련된 사항에 관하여 하며, 반대신문에서 필요한 때에는 유도신문을 할 수 있다. 그러나 재판장은 유도신문의 방법이 상당하지 아니하다고 인정하는 때에는 제한할 수 있다. 반대신문의 기회에 주신문에 나타나지 아니한 새로운 사항에 관하여 신문하고자 하는 때에는 재판장의 허가를 받아야 한다(규칙 92조).

4. 신문사항은 다른 서면과 달리 신청인의 날인이나 간인을 하지 않는다.

5. 신문사항은 증인신청서 제출이후 변론기일 때 채택여부를 고지받은 후 법원이 정한 기한(보통 증인신.문기일 10일 전)까지 제출하는 것이 원칙이지만 신청서 제출시 같이 첨부해서 제출할 수 있다. 보통 단독사건인 경우 상대방수에 3통을(합의부에서는 상대방의 수에 4)더한 숫자만큼 의 증인신문사항을 적은 서면을 법원에 제출하여야 한다. 다만 실무상 기일에 구두로 증인신청을 채택하는 경우도 많으므로 다음 신문기일로 변론기일을 진행한다면 증인신청서와 함께 증인신문사항을 신문기일 10일 전까지 제출하면 된다.

---

(4) 서면에 의한 증언방식

출석하기 어려운 증인이 출석 증언에 갈음하여 제출하는 서면을 서면증언이라 한다. 즉 법원은 증인과 증명할 사항의 내용 등을 고려하여 상당하다고 인정하는 때에는 출석, 증언에 갈음하여 증언할 사항을 적은 서면을 제출하게 할 수 있다(법 310조 1항).

서면증언

사　　건　2013가합 1234호 토지인도

원　　고　장 ○ ○
피　　고　홍 ○ ○

증인의 인적사항

이름 : 권 ○ ○(691○○○-1048○○○)
주소 : 서울시 ○○구 ○○동 ○○번지
전화 : 02-548-1234(010-123-5678)

1. 본인이 증언할 사항은 첨부한 서면의 해당조항의 여백에 직접 기재하였습니다.
2. 본인이 기재한 내용은 모두 진실임을 서약하며, 법원이 출석을 요구하는 때에는 법정에 출석하여 증언할 것을 약속합니다.

※ 첨부 : 신문사항에 대한 답변서

2010.　○.　.
증인　권 ○ ○　(서명) 인

서울중앙지방법원 제2민사부 귀중

■ 작성·접수방법

1. 법원은 사전에 증인에게 ㉠ 증인에 대한 신문사항 또는 신문사항의 요지, ㉡ 법원이 출석요구를 하는 때에는 법원에 출석, 증언하여야 한다는 취지 ㉢ 제출기한을 정한 때에는 그 취지를 기재하여 증인에게 고지한다.
2. 증인은 서면증언서에 법원이 미리 보낸 신문사항에 대한 증언사항을 기재하여 1부를 법원에 제출하면 되는데 재판장의 별도의 지시가 없는 한 서면증언서를 공정증서로 하거나 인증을 받을 필요는 없다.
3. 법원에 제출된 서면증언은 변론기일에 현출됨으로로써 증언으로서의 효력을 갖는다. 그 현출절차는 법원이 서면증언의 도착사실을 고지하고 당사자들에게 그에 대한 의견진술의 기회를 부여하는 방식으로 하고 신청한 당사자가 원용할 필요는 없다. 다만 상대방의 이의가 있거나 필요한 경우 증인으로 출석, 증언할 수 있다.

1. 의 의

감정이란 법관의 판단능력을 보충하기 위하여 전문적 지식과 경험을 가진 자로 하여금 법규나 경험칙(대전제에 관한 감정) 또는 이를 구체적 사실에 적용하여 얻은 사실판단(구체적 사실판단에 관한 감정)을 법원에 보고하게 하는 증거조사이다. 이러한 감정에는 이 때 보고된 사실판단을 감정의 결과(감정의견)라 하고 법원으로부터 감정을 명령받은 사람을 감정인이라 한다.

2. 감정절차

(1) 감정신청

1) 원칙적으로 증인신문규정을 준용한다(법 333조)[44]. 당사자의 신청에 의해 행하는 것이 원칙이지만 당사자가 신청한 증거에 의하여 심증을 얻을 수 없을 경우에는 직권으로 감정을 명할 수 있다(법 292조).

2) 감정을 신청하는 때에는 감정을 구하는 사항을 적은 서면을 함께 제출하여야 하고 서면은 상대에게 송달하여야 한다(규칙 101조). 감정신청서에는 감정인의 자격, 감정대상, 감정할 사항 및 입증취지를 표시한다.

> ➢ TIP 감정이 필요한 사건유형과 감정방법의 예

---

① 손해배상(자)·(산) : 신체감정

② 손해배상(의) : 진료기록감정(과실유무)·신체감정

③ 보험금 : 보험사고의 내용에 따라 신체감정 또는 시가감정

④ 공유물분할·경계확정 : 측량감정

⑤ 부당이득금 : 측량감정(점유부분 특정), 시가감정(임료)

⑥ 지료 등 : 시가감정(임료)

⑦ 건물인도·건물철거토지인도 등 : 측량감정·유익비감정

---

(2) 채부결정

법원은 감정이 필요하다고 판단되면 채택결정을 한다.

---

44) 그러나 대체성이 있어 불출석에 대한 제재나 구인절차는 준용되지 않는다(법 333조).

(3) 감정인 지정

감정인의 선임은 관련 예규에 감정인 지정방법이 있거나 당사자가 합의하여 감정인 선임 신청을 하는 경우 또는 법원이 적당한 자를 알고 있는 경우에는 그에 따르게 되나, 그 이외의 경우에는 공정을 기하기 위하여 유관단체에 재판장이 추천을 의뢰하고, 그 추천에 의하여 감정인을 선임하는 것이 보통이다.

(4) 감정결과의 채택

감정결과를 현실적으로 증거로 채용하느냐는 다른 증거와 마찬가지로 법관의 자유 심증에 의한다(법 202조).

[서식] 감정신청서

감 정 신 청

사　　건　2018가단 1234 손해배상(기)
원　　고　장 ○ ○
피　　고　문 ○ ○

위 사건에 관하여 원고는 다음과 같이 감정을 신청합니다.

다　　　음

1. 감정 목적물
   원고가 피고로부터 구입한 온풍기를 대신하여 피고로부터 새로이 교환받아 원고 소유의 포도나무비닐하우스에 설치한 온풍기 2대
2. 감정할 사항
   가. 위 온풍기를 장시간 작동시킬 경우, 분진 또는 매연이 비닐하우스 내에 발생할 수 있는지 여부
   나. 위 온풍기를 작동시킬 경우, 비닐하우스 내에 전반적으로 포도의 생육에 필요한 적정온도를 유지할 수 있는지 여부
   다. 위 온풍기 닥트 내에 있는 분진의 성분이 온풍기 내부재료 혹은 온

풍기 연료와 일치하는지 여부

2018. 5. 10.
위 원고 장 ○ ○ (인)

○ ○**지방법원 귀중**

[서식] 감정신청서

감 정 신 청 서

사 건   2018가합 1234호 채무부존재확인

원 고   장 ○○
피 고   문 ○○

위 당사자 간 귀원 2013가합 1234 채무부존재확인 청구사건에 관하여 원고의 소송대리인은 주장사실을 입증하기 위하여 다음과 같이 감정을 신청합니다.

다   음

1. 감정의 목적물

   경기도 부천시 소사구 심곡본동 ○○ 외 5필지상의 건물.

2. 감정할 사항

   별지와 같음.

3. 감정의 목적

   위 건물에 대한 하자 및 미시공 부분을 감정해서 공사대금과 정산 하고자 합니다.

4. 감정인 선임의견

   감정의 공정성을 확보하기 위해 귀 법원의 판단에 일임하겠습니다.

   2018. 10. .
   원고의 소송대리인
   변호사 송 ○ ○

서울남부지방법원   제○○민사부   귀중

〈별지〉

감 정 사 항

1. 옥상누수

   1) 콘크리트 공사 : 철근콘크리트 공사가 수밀하게 되지 않아 누수가 발생하였는지 여부와 발생하였다면 누수방지에 필요한 보수방법과 공사비용

   2) 방수공사 미시공 : 옥상에 우레탄 방수시공을 하지 않았는지 여부와 옥상 누수방지에 필요한 방수공법과 그 공사비용

2. 지하주차장 누수

   1) 지하보호벽 : 방수 및 구배유도파이프의 미시공으로 인해 지하보호벽 내부의 물이 유도 되지 않아 누수가 발생 했는지 여부와 그러한 누수방지에 필요한 보수방법과 그 공사비용

   2) 트렌치 미설치 : 주차장 주위에 트렌치가 설치되어 있지 않아 물이 흐르더라도 트렌치 쪽으로 유도될 수 없어 집수정으로 물이 모이지 않는지 여부와 트렌치 시공시 소요되는 공사비용

■ 작성방법

1. 감정의 목적물 : 감정을 할 대상(건물등)이나 피감정인을 기재한다.
2. 감정할 사항 : 신청인이 감정인에게 요구하는 감정사항을 구체적으로 열거하여 기재하면 된다.
3. 감정의 목적 : 법원으로 하여금 감정이 필요한 이유 즉 감정을 통하여 입증하고자 하는 사실을 간단하게 기재하면 된다.
4. 감정인의 선임의견 : 통상 귀원이 지정하는 감정인의 의견에 따름이라고 기재하고 있다.

■ 접수방법

1. 감정신청서 1부를 법원에 제출한다. 감정사항이 있는 경우 별지로 첨부하되 별지는 법원용 이외에 감정기관의 수에 맞게 별지를 추가로 첨부한다.
2. 인지, 송달료는 없다.
3. 감정비용은 담당 재판부에 문의해서 그 액수를 확인하고 법원보관금으로 예납한 다음 납부서를 담당 재판부에 제출 한다. 보통 담당 재판부는 감정채택여부를 신청인에게 고지하면서 감정료의 납부방법도 고지하는데, 감정은 해당 전문가에게 의뢰하고 감정사항에 따라 법원도 해당 전문가에게 필요비용에 관한 의견을

들어서 액수를 정하는 경우가 많으므로 법원이 감정신청서를 우선 제출받고 후에 감정비용이 산출되면 알려주는 경우가 많다.
4. 감정인의 선임은 관련 예규에 감정인 지정방법이 있거나 당사자가 합의하여 감정인 선임신청을 하는 경우 또는 법원이 적당한 자를 알고 있는 경우에는 그에 따르게 되나, 그 이외의 경우에는 공정을 기하기 위하여 유관단체에 재판장이 추천을 의뢰하고, 그 추천에 의하여 감정인을 선임하는 것이 보통이다.
5. 감정인의 의견진술이 있으면 법원은 감정 결과를 법정에 현출시켜 당사자에게 변론의 기회를 준다. 법정에 현출된 이상 당사자가 원용한다는 진술을 하지 않아도 증거자료로 사용할 수 있지만(대판 1976. 6. 22. 75다2227), 실무에서는 감정결과에 대한 법원의 판단을 받기 위하여 감정결과가 유리한 당사자 측에서 이를 원용한다는 진술을 하는 것이 보통이다.
6. 그러나 감정결과에 이의가 있는 경우에는 재감정신청을 신청하거나 보완감정신청등을 할 수 있다.

[서식] 신체감정촉탁신청서

신 체 감 정 촉 탁 신 청 서

사 건   2018가합 1234호 손해배상

원 고   장 ○○

피 고   주식회사 ○○화재

위 당사자간 귀원 2013가합 1234 손해배상 청구사건에 관하여 원고의 소송대리인은 주장사실을 입증하기 위하여 다음과 같이 신체감정촉탁을 신청합니다.

다   음

1. 피감정인의 표시

   박 ○ ○(721109-1047369)

   경기도 부천시 소사구 심곡본동 ○○.

2. 감정할 사항

   별지와 같음.

3. 신체감정의 목적

   원고의 이 사건 2013. ○. ○. 교통사고로 인한 상해의 정도, 후유증, 노동능력상실정도 등을 파악하여 손해배상액을 산정 하고자 합니다.

4. 감정인 선임의견

   감정의 공정성을 확보하기 위해 귀 법원의 판단에 일임하겠습니다.

* 첨부서류 : 진단서 1통

                                2018. 10.   .
                                원고의 소송대리인
                                변호사 송 ○ ○

서울중앙지방법원   제○○민사부   귀중

〈별지〉

감 정 사 항

위 피감정인의 위 2006. 12. 28.자 교통사고로 인한 부상에 관하여

(1) 부상의 부위 및 정도

(2) 현재의 자각적 증상의 유무 및 있다면 그 내용과 정도

(3) 현재의 타각적 증세의 유무 및 있다면 그 내용과 정도

(4) 현재의 병적증상이 위 일자의 사고로 인한 것인지 여부

(5) 향후치료가 필요하다면 그 치료의 내용과 치료시기 및 기간, 그리고 치료비 예상액

(6) 피감정인에게 보조장구가 필요하다면 그 보조구의 종류, 필요기간, 소요개수, 수명 및 단가와 그 보조구의 사용으로 개선될 수 있는 거동의 정도 및 착용훈련기간이 필요한 경우에는 그 훈련기간

(7) 개호인이 필요한지 여부, 필요하다면 ① 개호내용(음식물섭취, 착탈의, 대소변, 체위변경 등) ② 개호내용에 비추어 의료전문가의 개호가 필요한지, 또는 보통 성인남녀의 개호로 족한지의 여부 및 개호인은 몇 명이 필요한지(의료전문가가 필요하다면 그 비용)

(8) 치료종결 후(향후치료포함) 피감정인에게 후유증이 남게 될 것인지 여부

　가. 어떠한 후유증이(구체적으로) 남게 되는지의 여부

　나. 그것이 영구적인지 혹은 개선 가능한 것인지의 여부

　다. 이로 인하여 신체장해가 예상되는지(신체장해라 함은 치료종결로 증상이

고정되었거나 향후치료를 한다 하더라도 영구적으로 개선 불가능한 후유증이란 점을 고려한 것)와 그 장해내용(운동장해, 기능장해가 있는 경우 이를 구체적으로 표시할 것)

라. 위 신체장해가 맥브라이드 노동능력상실평가표의 각 어느 항목에 해당하는지, 만일 적절한 해당항목이 없을 경우 준용항목, 또는 어느 항목의 몇 % 정도에 해당하는 것으로 봄이 상당한지를 표시

마. 피감정인이 도시일용노동자로 종사하는 경우 그 노동능력의 상실정도(%로 표시)

(9) 기타 참고사항

■ 작성방법

1. 감정의 목적물 : 감정을 할 대상(건물등)이나 피감정인을 기재한다.
2. 감정할 사항 : 신청인이 감정인에게 요구하는 감정사항을 구체적으로 열거하여 기재하면 된다.
3. 감정의 목적 : 법원으로 하여금 감정이 필요한 이유 즉 감정을 통하여 입증하고자 하는 사실을 간단하게 기재하면 된다.
4. 감정인의 선임의견 : 통상 귀원이 지정하는 감정인의 의견에 따름이라고 기재하고 있다.

■ 접수방법

1. 감정신청서 1부를 법원에 제출한다. 감정사항이 있는 경우 별지로 첨부하되 별지는 법원용 이외에 감정기관의 수에 맞게 별지를 추가로 첨부한다.
2. 인지, 송달료는 없다.
3. 감정비용은 담당 재판부에 문의해서 그 액수를 확인하고 법원보관금으로 예납한 다음 납부서를 담당 재판부에 제출 한다. 보통 담당 재판부는 감정채택여부를 신청인에게 고지하면서 감정료의 납부방법도 고지하는데, 감정은 해당 전문가에게 의뢰하고 감정사항에 따라 법원도 해당 전문가에게 필요비용에 관한 의견을 들어서 액수를 정하는 경우가 많으므로 법원이 감정신청서를 우선 제출받고 후에 감정비용이 산출되면 알려주는 경우가 많다.
4. 감정인의 선임은 관련 예규에 감정인 지정방법이 있거나 당사자가 합의하여 감정인 선임신청을 하는 경우 또는 법원이 적당한 자를 알고 있는 경우에는 그에 따르게 되나, 그 이외의 경우에는 공정을 기하기 위하여 유관단체에 재판장이 추천을 의뢰하고, 그 추천에 의하여 감정인을 선임하는 것이 보통이다.
5. 감정인의 의견진술이 있으면 법원은 감정 결과를 법정에 현출시켜 당사자에게 변론의 기회를 준다. 법정에 현출된 이상 당사자가 원용한다는 진술을 하지 않아도 증거자료로 사용할 수 있지만(대판 1976. 6. 22. 75다2227), 실무에서는 감정결과에 대한 법원의 판단을 받기 위하여 감정결과가 유리한 당사자 측에서 이를 원용한다는 진술을 하는 것이 보통이다.
6. 그러나 감정결과에 이의가 있는 경우에는 재감정신청을 신청하거나 보완감정신청등을 할 수 있다.

감 정 보 완 촉 탁 신 청 서

사 건   2018가합 1234호 손해배상

원 고   장 ○○

피 고   주식회사 ○○화재

위 당사자 간 귀원 2013가합 1234호 손해배상 청구사건에 관하여 피고들의 소송대리인은 감정인이 20○○. 6. 20.자에 제출한 감정서에 의문점이 있어 다음과 같이 감정보완을 신청하오니 촉탁하여 주시기 바랍니다.

다   음

1. 감정보완 촉탁할 곳

   감정인 : 이○○

   주   소 : 경기도 ○○시 ○○구 ○○동 2102번지 4층

   연락처 : 전화 : 031-○○○-○○○○, 팩스 : 031-○○-○○○○

2. 감정보완 할 사항

   서울 중앙지방법원 제○○민사부에 계류중인 2013가합 1234호 손해배상 사건과 관련하여 감정인께서 202013가합 1234호 손해배상. 6. 20.자에 제출하신 감정서 항목 중 모순이 있거나 불명료한 점이 있어 아래와 같이 감정보완 사실조회를 신청하오니 감정인께서는 비록 피고의 주장사항이 감정인의 기준이나 견해와 다르다 하더라도 최종 판단은 법원이 할 것이므로 자신의 견해를 밝힘은 물론 피고가 신청한 항목에 대하여 반드시 금액으로 보완하여 회신하여 주시기 바랍니다.

아   래

Ⅰ. 서설

   이 사건 아파트는 2013가합 1234호 손해배상. 7. 27. 관할 시청으로부터 사용검사를 필한 이 후, 시공자인 피고 ○○건설은 단지내에 하자 보수팀을 상주시키며

성실히 하자보수에 임하여 왔으나, 이 사건 원고인 입주자대표회의는 피고 ○○ 건설이 하자보수를 게을리 하였다고 주장하며 사용검사일로부터 3년이 경과한 20○○. 7. 22.자에 소송을 제기하였고, 사용검사일로부터 3년6개월이 경과한 시점인 20○○. 2. 14.자에 하자감정이 개시되어 20○○. 6. 20.자에 감정보고서 가 제출되었습니다.

한편, 경기도 ○○시 ○○동에 위치한 3개동 132세대 규모이고 사용검사 후 3년 여 기간이 경과한 이 사건 아파트에 대한 보수비 산정에 있어 귀 감정인의 감정서 에 일부 불명료하거나 모순된 점이 발견되어 이하에서는 그 문제점에 대하여 살 펴보도록 하겠습니다.

Ⅱ. 공용부분
1. 〈고용8〉 10동, 102동 흙에 접한 지하층 외벽 액체방수 2차 부실시공(금 12,516,200원)

가. 감정의견.

감정서 30면에서 "도면검토 결과 면상 표기는 액체방수 2차로 표기되어 있으나 과거 액체방수 1차, 2차로 구분되어질 당시의 표기방법으로 현재는 이에 대한 분이 사라진 상태이며, 현재 액체방수에 대한 구분은 액체방수 1종, 2종으로 구분되어지며, 과거 액체방수 2차와 현재 액체방수 1종과 동일한 상태로 볼 수 있다. 10동, 102동 지하 pit 벽체 및 지하주차장 회벽 방수층에 대한 코어채취 결과를 검토한 결과, 방수층의 시공두께는 액체방수 1종의 평균 두께인 12.0mm에 미달하는 평균두께 7.0mm내외(보호몰탈+액체방수)인 것으로 조 사되었다. 지하주차장 외벽 및 지하 벽체에 누수 및 방수결함에 의한 특별한 손상은 없는 것으로 조사되어 기준두께에 미달되는 재료비의 차액을 산정한 다."라는 의견을 제시하였습니다.

나. 사용검사도면, 건축표준시방서에는 액체방수 두께 및 보호몰탈 시공여부에 대하여 표기되어 있지 않음.

감정인은 101, 102동 흙에 접한 지하층 외벽 액체방수 및 보호몰탈 시공여부에 대한 근거자료로 제시한 사용검사도면 A-064-01 '주단면도(24평형)'와 사용검사도면 A-65 '주단면도(33평형)'를 아래 그림1과 같이 살펴보면 액체방수 및 보호몰탈 두께 표기가 없는 것을 확인할 수 있습니다.

〈조회할 사항 1-1〉

감정인께서는 이 사건 아파트의 사용검사도면 및 건축공사 표준시방서에 표기되어 있지 않은 액체방수 및 보호몰탈 두께, 보호몰탈 시공여부에 대하여 주관적 판단에 따라 공사비를 산정하는 것은 부당하다 판단되는데, 이에 대하여 견해를 밝혀주시고, 피고의 주장이 타당하다면 공사비를 제외 후 회신하여 주시기 바랍니다.

다. 감정의견과 다른 보수비 산출은 부당함.

설사 피고와 의견을 달리하여 보수비를 산출하더라도 감정인은 감정의견에서 기준두께에 미달되는 재료비의 차액을 산정한다는 의견을 제시하였으나 감정서 부록 '내역서'를 아래 표2에서 살펴보면 액체방수 및 보호몰탈에 대하여 기준두께에 미달되는 부분의 공사비를 산출하고 있으며 이는 재료비차액 산정을 제시하였던 감정의견과 다른 보수비 산출로 부당하며, 액체방수 및 보호몰탈 두께로 인한 노무비는 차이가 없으므로 당연히 재료비만 차액을 산정하는 것이 타당하다 사료됩니다.

〈조회할 사항 1-2〉

감정인께서는 지하층 외벽에 대한 액체방수 및 보호몰탈 두께부족에 대하여 감정의견과 다른 보수비 산출은 부당하다 판단되는 바, 재료비 차액만을 산정한 가액은 얼마인지 산정하여 주시기 바랍니다.

2018. 10. .

원고의 소송대리인

변호사 송 ○ ○

서울중앙지방법원 제○○민사부 귀중

〈작성례1〉 문서감정

1. 감정의 목적물

   피고가 제출한 을제4호증 계약서

2. 감정할 사항

   위 을제4호증 계약서상 원고의 날인이 위조되었는지 여부.

3. 감정의 목적

   을제4호증 계약서가 피고가 위조한 것임을 입증 하고자 합니다.

4. 감정인 선임의견

   감정의 공정성을 확보하기 위하여 귀 법원의 판단에 일임하겠습니다.

〈작성례2〉 문서감정

1. 감정의 목적물

   갑제 2호증 매매계약서

2. 감정할 사항

   문서에 기재된 날인이 위조되었는지 여부

3. 감정의 목적

   원고가 제출한 갑제2호증 매매계약서가 위조된 것임을 입증 하고자 함.

4. 감정인 선임의견

   감정의 공정성을 확보하기 위하여 귀 법원의 판단에 일임하겠습니다.

〈작성례3〉 필적감정

1. 감정의 목적물

　1) 갑제2호증 매매계약서 원본

　2) 갑제5호증 영수증

2. 감정할 사항

　갑제2호증 매매계약서에 기재된 필적이, 갑제9호증 영수증상에 기재된 필적과 동일한지 여부

3. 감정의 목적

　원고가 제출한 갑제9호증 영수증이 위조된 것임을 입증 하고자 함.

4. 감정인 선임의견

　감정의 공정성을 확보하기 위하여 귀 법원의 판단에 일임하겠습니다.

〈작성례4〉 필적감정

1. 감정할 문서의 표시

　확인서 및 재정보증서

2. 감정할 사항

　위 감정할 문서가 동일인의 필적인지 여부

3. 감정의 목적

　원고가 제출한 갑제10호증 확인서 및 재정보증서가 위조된 것임을 입증 하고자 함.

4. 감정인 선임의견

　감정의 공정성을 확보하기 위하여 귀 법원의 판단에 일임하겠습니다.

〈작성례5〉 필적감정

1. 감정의 목적물

　피고 최○○이 작성한 것으로 되어 있는 지급보증서(갑제2호증의 1, 2)

2. 감정할 사항

　1) 위 문서의 지급보증인으로 되어 있는 피고 최○○의 필적이 동일인의 필적인지 여부를
　　감정하고자 함.

　2) 위 문서의 지급보증인으로 되어 있는 피고 최○○의 지문이 동일인의 지문인지 여부를
　　감정하고자 함.

3. 감정 방법

위 지급보증서 원본은 원고가 소지하고 있는바, 위 문서의 소지자로부터 원본을 제출 받아 해당부분의 필적 및 지문이 피고 최○○의 필적 및 지문을 대조하는 방법으로 감정하여 주시기 바랍니다.

4. 감정인 선임의견

감정의 공정성을 확보하기 위하여 귀 법원의 판단에 일임하겠습니다.

〈작성례6〉 인영감정

1. 감정할 인영의 표시

예금거래신청서상의 변경전 인감 및 첨부된 어음·수표용지 수령증상에 날인된 인영.

2. 감정할 사항

위 감정할 인영이 동일한 도장에 의해 날인된 인영인지 여부

3. 감정의 목적

예금거래신청서상의 변경전 인감 및 첨부된 어음·수표용지 수령증상에 날인된 인영이 동일하다는 사실을 명백히 함에 있습니다.

4. 감정인 선임의견

감정의 공정성을 확보하기 위하여 귀 법원의 판단에 일임하겠습니다.

〈작성례7〉신체감정

1. 감정의 목적

원고 ○○○의 사고로 인한 상해의 정도, 후유증, 노동능력상실정도 등을 파악하여 손해배상액을 산정하기 위함.

2. 피감정인의 표시

○○○(1972. 7. 23. 생)

서울시 영등포구 ○○동 ○○번지

3. 감정할 사항

피감정인이 2013. 5. 10. 발생한 교통사고로 인하여 입은 상해와 관련하여

1) 부상의 부위와 정도

2) 현재의 자각적 증상의 유무 및 있다면 그 내용과 정도

3) 현재의 타각적 증세의 유무 및 있다면 그 내용과 정도

4) 현재의 병적증상이 위 일자의 사고로 인한 것인지 여부

5) 향후 치료가 필요하다면 그 치료의 내용과 치료기간 및 소요치료비 예상액

6) 피감정인에게 특별히 개호인을 붙일 필요가 있는지 여부, 있다면 개호인을 붙여야 할 기간 과 개호인 비용(개호인 업무내용이 도시 일용 보통 인부가 담당할 수 있는 것일 때에는 그 취지를 기재요망)

7) 피감정인이 보조기구를 필요로 할 때에는 보조기구의 소요개수와 개당수명 및 그 단가

8) 위의 상해가 피감정인의 평균수명에 영향이 있는지의 여부, 있다면 예상되는 수명의 단축 기간

9) 치료종결후(향후치료포함) 피감정인에게 후유증이 남게 될 것인지 여부

　가. 어떠한 후유증이(구체적으로) 남게 되는지의 여부

　나. 그것이 영구적인지 혹은 개선 가능한 것인지의 여부

　다. 이로 인하여 신체장해가 예상되는지(신체장해라 함은 치료종결로 증상이 고정되었거 나 향후치료를 한다 하더라도 영구적으로 개선불가능한 후유증이란 점을 고려한 것) 와 그 장해내용(운동장해, 기능장해가 있는 경우 이를 구체적으로 표시할 것)

　라. 위 신체장해가 맥브라이드 노동능력상실평가표와 국가배상법시행령 별표 노동력상실 률표의 각 어느 항목에 해당하는지, 만일 적절한 해당항목이 없을 경우 준용항목, 또 는 어느 항목의 몇%정도에 해당하는 것으로 봄이 상당한지를 표시

　마. 피감정인이 도시 일용노동자로 종사하는 경우 그 노동능력의 상실정도(%로 표시)

10) 기타 필요한 사항

4. 감정할 과목

정형외과

〈작성례8〉 신체감정

1. 감정의 목적

   이 사건 원고 ○○○에 대한 피고의 국가유공자등록거부처분이 부당하다는 것을 입증하기
   위함.

2. 피감정인의 표시

   성   명 : 한○○

   주민등록번호 : 8610○○-11141○○

   주   소 : 경북 ○○시 ○○면 ○○리 13

3. 감정할 사항

   위 피감정인은 '추간판탈출증(L4-5, L5-S1)' 진단을 받고 내시경하 추간판제거술(L4-5)
   을 받았는 바, 위 피감정인의 현재 상태가 국가유공자등예우및지원에관한법률에 의할 경우
   별지의 상이등급구분표상 해당하는 등급은?

4. 감정할 과목

   정형외과

5. 감정인 선임의견

   귀원이 지정하는 정형외과의사

〈작성례9〉 정신감정

1. 감정의 목적

   피고의 정신 장애 질환이 호전될 가망성이 없다는 것을 확인하여 이 사건에서의 피고의 이혼
   사유를 입증하고자 합니다.

2. 피감정인의 표시

   ○○○(670911-2089123)

   서울시 영등포구 ○○동 ○○번지

3. 감정할 사항

   1) 망상성 장애의 질환을 가지고 있는 피감정인의 현 증상이 어떠한지

   2) 피감정인의 증상이 호전될 가능성이 있는지 여부

   3) 호전될 가능성이 있다면 현재는 별거중인 피감정인이 다시 혼인 생활을 하는 경우 위 증상
      이 다시 나타날 가능성이 있는지 여부

4. 감정인 선임의견

   귀원이 지정하는 정신감정의사

〈작성례10〉 (굴착)측량감정

1. 감정의 목적물

　서울 서초구 서초동 ○○1 대지　560.5 평방미터

2. 감정할 사항

　위 토지중 피고들이 실제로 점유사용하고 있는 면적 및 실제사용하고 있는 위치상황을 굴착하여 특정.

3. 감정의 목적

　각 피고들의 실제 점유 사용하는 면적의 확인.

4. 감정인 선임의견

　감정의 공정성을 확보하기 위하여 귀 법원의 판단에 일임하겠습니다.

〈작성례11〉 측량감정

1. 감정의 목적물

　서울 ○○구 ○○동 ○○번지 지상 원고의 소유건물 중 1층 85.8㎡

2. 감정할 사항

　위 원고의 소유건물 중 피고 임차부분을 특정하여 주시기 바랍니다.

3. 감정의 목적

　피고의 임차목적물 부분을 특정하여 명도대상을 정확히 하기 위함.

4. 감정인 선임의견

　감정의 공정성을 확보하기 위하여 귀 법원의 판단에 일임하겠습니다.

〈작성례12〉 측량감정

1. 감정 목적물

　파주시 ○○동 ○○리 ○○의4 대지 3,172.20㎡중, 별지도면표시 1,2,8,7,1　　의 각점을 순차로 연결한 선내 "나"부분, 같은 도면표시 2,3,9,8,2의 각점을 순차로 연결한 선내 "다"부분, 같은도면표시 3, 4, 5, 6, 7, 8, 9, 3의 각점을 순차로 연결한 선내 "가"부분

2. 감정할 사항

　위 감정목적물에 대한 각 위치 및 면적을 측량하여 감정도면상에 특정하여 표시할 것.

3. 감정의 목적

위 "가", "나", "다"의 각 위치 및 면적을 명백히 함에 있습니다.

4. 감정인 선임의견

감정의 공정성을 확보하기 위하여 귀 법원의 판단에 일임하겠습니다.

〈작성례13〉점유현황감정

1. 감정의 목적물

서울시 서대문구 홍은동 산 11-17 소재 이건 계쟁토지와 피고 소유의 건물

2. 감정할 사항

피고가 소유의 의사로 점유사용하고 있는 이건 계쟁토지와 피고 소유의 건물의 위치, 점유현황, 점유개시 시기.

3. 감정의 목적

이건 계쟁토지와 피고 소유의 건물을 피고가 점유개시한 시기와 점유현황 및 시가를 명백히 함에 있습니다.

4. 감정인 선임의견

감정의 공정성을 확보하기 위하여 귀 법원의 판단에 일임하겠습니다.

〈작성례14〉 지료감정

1. 감정의 목적물

서울 ○○구 ○○동 ○○번지 대 185.8㎡

2. 감정할 사항

위 감정목적물의 2009년부터 2013년 11월까지의 연도별 지료

3. 감정의 목적

이 사건에서 원고의 손해배상 청구 금액을 산정하기 위함.

4. 감정인 선임의견

감정의 공정성을 확보하기 위하여 귀 법원의 판단에 일임하겠습니다.

〈작성례15〉 임료감정

1. 감정의 목적물

　　서울 ○○구 ○○동 ○○번지 대 185.8㎡

2. 감정할 사항

　　위 감정목적물의 2013. 1, 1부터 2013. 12. 31.까지의 월 임대료

3. 감정의 목적

　　피고가 원고의 토지를 무단 사용함으로써 원고로부터 부당이득한 금액을 산정하기 위함.

4. 감정인 선임의견

　　감정의 공정성을 확보하기 위하여 귀 법원의 판단에 일임하겠습니다.

〈작성례16〉 시가감정

1. 감정의 목적물

　　서울 ○○구 ○○동 20의 1 일원반포자이 1상가 2층 213호　93.608㎡

2. 감정 할 사항

　　위 감정 목적물들에 대한 현재의 시가를 정확히 산출함에 있는바, 감정방법은 거래사
　　례비교법을 원칙으로 하되 만일 거래사례가 없다면 현재 임대차계약이 체결되어 있는
　　상태이므로 수익환원법을 적용하여 시가를 감정하여 주시기 바랍니다.

3. 감정의 목적

　　감정 목적물에 대한 현재의 시가를 확인하고자 함.

4. 감정인 선임의견

　　감정의 공정성을 확보하기 위하여 귀 법원의 판단에 일임하겠습니다.

〈작성례17〉 원상복구비감정

1. 감정의 목적물

　　서울 ○○구 ○○동 ○○번지 지상 원고 소유의 철근콘크리트조 단층 주택 305.7㎡

2. 감정할 사항

　　위 건물의 파손 부분의 원상복구 비용.

3. 감정의 목적

　　원고 소유 건물의 원상복구에 관한 비용을 산정하기 위함.

4. 감정인 선임의견

　　감정의 공정성을 확보하기 위하여 귀 법원의 판단에 일임하겠습니다.

〈작성례18〉 기성고감정

1. 감정의 목적물

　　서울 ○○구 ○○동 ○○번지 상의 지상건물

2. 감정할 사항

　　위 건물에 대한 기성고.

3. 감정의 목적

　　이 사건 공사대금의 금액을 산정하기 위함.

4. 감정인 선임의견

　　감정의 공정성을 확보하기 위하여 귀 법원의 판단에 일임하겠습니다.

〈작성례19〉 유전인자감정

1. 감정의 대상

　　사건본인 김○○

2. 감정할 사항

　　원고와 피고, 사건본인 김○○의 혈액체취에 의한 혈액형의 검사 등 유전인자의 검사, 기타 상당하다고 인정되는 방법을 통하여 피고와 사건본인 김○○이 친자관계에 있는지를 감정하고자함.

3. 감정의 목적

　　사건 본인 김○○이 피고의 친자임을 확인하고자 함.

4. 감정인 선임의견

　　감정의 공정성을 확보하기 위하여 귀 법원의 판단에 일임하겠습니다.

감 정 사 항

1. 기초사실

  가. 피고병원에 내원하기 전 환자의 병력

  나. 내원 당시의 증상

  다. 위 병력 및 증상을 기초로 피고병원 의사들이 내린 진단 결과

  라. 환자에 대하여 시행한 검사의 종류 및 결과

  마. (소규모 병원일 경우) 피고병원에 소속된 의사의 수 및 전공과목, 간호사, 간호조무사의 수, 병실의 개수, 진료기기의 구비여부

2. 진료감정과 관련

  가. 피고병원 의사들의 과실여부에 대한 양 당사자의 주장을 제출한 소장, 준비서면 등(뒤에 첨부됨)에 기초하여 의학적으로 간략하게 정리요망

    ① 환자측 주장

    ② 병원측 주장

  나. 긴급성의 유무(치료가 시간적으로 긴급을 요하였는지 또는 치료과정이 극히 위험하거나 그대로 방치할 수 없어 치료를 시작한 것인지 여부) 및 그 정도

  다. 내원 당시의 임상의학수준(의학문헌)에 기초하여

    ① 내원 당시의 증상에 대한 일반적인 치료방법의 내용 및 필요성, 예후 및 예상되 는 위험과 부작용, 그 발생확률(%)

    ② 피고병원 의사들이 환자에 대하여 시행한 외과적, 내과적 치료를 포함한 모든 진료행위의 결과(특히 위 진료행위 중 이 사건의 의학적 핵심이 되는 부분에 관하여 시간적 순서에 따라 기재요망)

    ③ 위 진료과정(진단, 검사, 치료, 경과관찰 등)에서 일반적으로 의사들이 주의하여 야 할 점(특히 위 진료행위 중 이 사건의 의학적인 핵심이 되는 부분에 관하여 중점적으로 설명 요망)

  라. 위 다.의 ②, ③항에 비추어 볼 때 결과적으로 피고병원 의사들의 진료가 적절하였는지 여부, 부적절하였다면 구체적으로 어떠한 점을 지적할 수 있는지

3. 본건 진료행위 중 발생한 나쁜 결과 및 현재의 나쁜 결과와 관련하여

  가. 위 각 나쁜 결과에 대한 의학적 진단명, 일반적인 발생원인, 각 원인별 발생가능성 및 정도(%)

  나. 진료 당시의 의학수준에 비추어,

    ① 위 원인 중 본건 진료행위와 관련성이 있는 것, 그 이유

      위 원인 중 본건 진료행위와 관련성이 없는 것, 그 이유

② 위와 같은 예방조치를 취하였을 경우 위 각 나쁜 결과의 발생을 막을 수 있 었는
지 여부 및 막을 수 있는 확률(%)

4. 기왕증과 관련

가. 환자가 피고병원에 내원하기 전 기왕증이 있었는지 여부, 있었다면 그 의학적 진단명

나. 기왕증이 있었다면 위 기왕증이 환자의 현 증상에 영향을 미쳤는지 여부 및 그 정도(%)

다. 일반적으로 위 기왕증은 완치가 가능한 것인지 여부

라. 완치가 불가능하다면 적절한 치료를 마친 상태에서 일반적으로 위 기왕증 자체만으로 노
동능력의 상실, 기대여명의 단축을 예상할 수 있는지 여부, 예상가능하다면 구체적인 예
상수치(노동능력상실의 경우 그 상실 정도를 맥브라이드표에 의해 산정하여 수치(%) 로
표시 요망)

5. 기타 당사자 쌍방이 제출한 감정사항(위 내용과 중복되지 않는 범위 내에서 답변 요망)

〈참고〉 병명 등 의학용어는 가급적 국어, 한자어, 외래어를 병기하여 주시고 간단한 개념설명
을 덧붙여 주시기 바랍니다

예) 한랭감(psychroesthesia, 신체의 일부가 따뜻하지만 차게 느끼는 상태)

IV. 서 증

1. 의 의

서증은 '문서'를 열람하여 그에 '기재된 내용'을 증거자료로 하기 위한 증거조사이다. 문
서의 기재내용을 자료로 하려는 것이 서증이므로 문서의 외형존재 자체를 자료로 하려는
검증과 구별하여야 한다. 예를 들어 매매사실을 증명하기 위하여 제출된 계약서는 서증
의 대상이지만, 위조사실을 증명하기 위해 제출한 계약서는 검증의 대상이다.

2. 서증의 신청

서증을 증거조사하려면 당사자가 증명하고자 하는 사실에 관하여 증거방법이 될 문서를
특정하여 법원에 그 열람을 구하는 행위 즉 신청을 하여야 한다. 서증의 신청은 ① 신청
자가 가지고 있는 문서는 직접 제출하는 방법으로, ② 상대방·제3자가 가지고 있는 것
으로서 제출의무가 있는 문서는 그에 대한 문서제출명령을 신청하는 방법으로(법 343
조), ③ 소지자에게 제출의무가 없는 문서는 그에 대한 문서송부촉탁을 신청하는 방법으

로(법 352조), ④ 소지자에 대한 송부촉탁이 어려운 문서는 소재 장소에서의 서증조사를 신청하는 방법으로(법 297조) 한다.

3. 직접 문서를 제출하는 방식

(1) 의 의

서증을 신청하는 자가 스스로 가지고 있는 문서이면 법원에 직접 문서를 제출하는 방식으로 한다(법 343조). 법원에 문서를 제출하거나 보낼 때에는 원본, 정본, 또는 인증이 있는 등본으로 하여야 한다(법 355조 1항).

(2) 방 법

1) 현실적 제출

서증의 신청은 법원 밖에서 증거조사를 하는 경우를 제외하고는 당사자가 변론기일에 출석하여 현실적으로 제출하는 방법으로 한다.

2) 문서의 형식

문서의 제출은 원본으로 하는 것이 원칙이나 원본이 없거나 원본이 불가능할 경우에는 정본 또는 인증등본으로 할 수 있다(법 355조 제1항). 법원은 필요하다고 인정하는 때에는 원본을 제출하도록 명할 수 있고 당사자로 하여금 그 인용한 문서의 등본 또는 초본을 제출하게 할 수 있다.

3) 상대방 수의 사본 제출 의무

서증을 제출하는 때에는 상대방의 수에 1을 더한 통수의 사본을 제출하도록 하고 그 제출 시기는 서증신청을 함과 동시에 제출함을 원칙으로 하되 상당한 이유가 있는 때에는 법원은 기간을 정하여 사후에 제출하게 할 수 있다.

4) 서증부호의 부여

① 원고가 제출하는 호증은 '갑호증'으로 피고가 제출하는 서증은 '을호증'으로 당사자가 참가인은 '병호증'으로 각 번호로 특정하여 제출한다.
② 복수의 서증이 서로 관련되어 있거나 같은 종류일 경우에는 모번호에 가지번호를 붙여서 표시하여 함께 제출한다.

갑제1호증의 1내지3	각 영수증
갑제2호증의 1	내용증명
갑제2호증의 2	첨부서류

③ 당사자가 여러 명인 경우에는 가, 나, 다,~의 가지번호를 붙여서 표시한다. 예를 들어 피고가 갑, 을, 병이 있는 경우에 다음과 같다.

피고 갑의 호증

을 가 제1호증	매매계약서
을 가 제2호증	내용증명

피고 을의 호증

을 나 제1호증	세금계산서
을 나 제2호증	편지

피고 병의 호증

을 다 제1호증	입금표
을 다 제2호증	합의서

④ 1심 2심 소송이 진행되는 동안에는 번호를 계속해서 부여해서 서증을 제출하면 되고, 실무상 호증표시는 고무인을 사용하고 있지만 고무인이 없는 경우에는 수기로 표시하여 기재하여도 상관없다.

[서식] 서증목록

서증목록

사　　건　　2013가합 1234호 손해배상

원　고　　장 ○○
피　고　　문 ○○

위 사건에 대하여 원고의 대리인은 다음과 같이 서증을제출합니다

다　　음

1. 갑제 10호증　　　　　　　　　　자금지원약정서
1. 갑제 11호증　　　　　　　　　　인증서

2013.　○월　○일
원 고　○　○　○　　(인)

서울○○지방법원　　제○○민사부　　귀중

■ 작성 · 접수방법
1. 법원에 서증만을 제출하는 경우에 서증목록 2부(상대방 1명인 경우)를 제출한다.
2. 인지 등 첩부비용 없다.

(3) 증거설명서의 제출

재판장은 서증의 내용을 이해하기 어렵거나 서증의 수가 방대한 경우 또는 서증의 입증 취지가 불명확한 경우에는 당사자에게 서증과 증명할 사실의 관계를 구체적으로 밝힌 설명서를 제출할 것을 명할 수 있다(규칙 106조 제1항).

[서식] 증거설명서

증거설명서

사　　건　　2018가합 1234호 소유권이전등기

원　고　　김 ○○
피　고　　정 ○○

위 당사자간 귀원 2018가합 1234호 소유권이전등기 청구사건에 관하여 원고는 다음와 같이 증거설명서를 제출합니다.

다　　음

호증	서증명	작성일	작성자	입증취지	비고
갑1	매매계약서	2013.1.3.	원고	원고와 피고를 대리한 김○○ 사이에 체결된 매매계약서	
2	등기사항전부증명서			사건 토지를 피고를 대리한 김○○이 매도한 적이 있다는 사실	
3	"				
4-1	영수증	2012.3.7.	원고	계약금 지급사실	
4-2	"	2012.3.7.		중도금 지급사실	
4-3	"	2013.1.3.		잔금 지급사실	
5	각서사본	2012.9.6.	피고	피고가 이 사건 계약을 인정한 후 원고에게 등기를 넘겨주기로 약속한 사실	피고소지
6	제적등본			피고와 김○○사이의 신분관계	

2018.　○월 ○일

원 고　김 ○ ○　　(인)

서울○○지방법원　　제○○민사부　　귀중

■ 작성 · 접수방법

1. 법원의 서증설명에 대한 지시나 명령이 있을 경우 제출한다.
2. 증거설명서는 1부를 제출하며 인지 등 비용은 없다.
3. 문서의 제목, 작성연월일, 작성자 및 입증취지 외에 원본의 소지 여부 등을 기재하고, 입증취지는 입증의 대상인 주요사실을 기재하는 외에 사안에 따라서는 작성경위나 당해 서증으로 구체적으로 입증하려는 간접사실을 함께 기재한다.

(4) 서증인부

1) 의 의

당사자나 대리인은 상대방이 제출한 중요 서증에 대한 의견을 준비서면 등을 통해 미리 밝혀야 한다. 따라서 상대방이 증거로 제출한 서류가 위조나 변조된 것인지를 확인하는 절차를 서증인부라 한다. 즉 서증의 인부란 상대가 제출한 서증이 위조되었는가를 밝히는 절차로써 그 답변형식은 원칙적으로 성립인정, 부인, 부지의 3가지 형식이 있다.

2) 성립인정

문서가 위조되지 않아 진정한 문서임을 인정한다는 것이다. 그러나 성립인정을 한다고 하여 상대방 주장을 인정하는 자백의 효과가 있는 것은 아니기 때문에 이 경우 위조되지 않았다는 의미로 보면 된다(예를 들어 상대방으로부터 계약서를 수령하였다고 인정하여도 그 계약서의 거짓내용까지 진실한 것으로 취급되는 것은 아니다).

3) 부인

부인이란 제출된 서증이 위조된 것이라고 진술하는 것으로 그 위조여부에 대한 구체적 진술에 따라 법원은 소송상 취급을 달리한다. ① 날인된 인영이 자신의 인영이 아니라고 부인하는 경우, ② 백지에 날인해 주었는데 임의로 내용을 보충한 경우라고 주장하는 경우, ③ 날인된 인영은 자신의 인장이지만 다른 사람이 임의로 날인한 것이라거나, 인장 외에 나머지 부분이 임의로 변조하였다고 주장하는 경우가 있는데 그 중 ③의 경우는 문서자체의 진정한 작성이 추정되므로 부인하는 자가 임의날인과 변조사실을 구체적으로 입증하지 못하면 진정한 문서로 취급되므로 주의하여야 한다.

4) 부지

제3자가 작성한 문서라서 그 것이 진정한 문서인지를 알지 못하는 경우 부지라고 한다. 따라서 자신 명의의 문서에 대해서는 부지라고 할 수 없으며 자신이 작성한 것이라고 인정하든가(성립인정), 아니면 위조 된 것이라고(부인) 해야 한다.

5) 부분인정

공문서 부분과 사문서 부분이 혼재하는 경우(예를 들어 공증서나 등기필증)에는 '공문서부분 인정, 사문서부분 부인'이라는 형식으로 서증인부를 할 수 있는데 이를 부분인부라 한다. 한편 내용증명우편과 같이 공문서 부분이 우체국접수인등 날인에 불과한 경우에는 '공문서부분 성립인정, 수령사실인정'이라거나 '공문서부분인정, 수령사실부인'과 같이 하기도 한다.

을 호 증 인 부 서

사   건   2013가합 1234호 공사대금

원   고   김 ○○
피   고   박 ○○

위 당사자간 귀원 2013가합 1234호 공사대금 청구사건에 관하여 원고는 다음과 같이 피고가 제출한 서증에 대하여 인부를 합니다.

다   음

호증	서증명	인부
을제1호증	공사도급계약서	성립인정, 이익으로 원용
을제2호증	입출금내역서	성립인정, 이익으로 원용
을제3호증	인증서	공성부분 성립인정
을제4호증의1	내용증명	공성부분 성립인정, 수령사실부인
을제4호증의2	내용증명	공성부분 성립인정, 입증취지부인
을제5호증	합의서	부지

2013. ○월 ○일
원 고 김 ○ ○   (인)

서울중앙지방법원   제○○민사부   귀중

■ 작성 · 접수방법

1. 인부방식은 ① 성립인정 ② 부인 ③ 부지 ④ 부분인정에 따라 작성한다.
2. 인부서는 법원용 1부와 상대방수(1명) 부본 합계 2부를 민사접수처에 제출한다.
3. 인지등 첩부비용은 없다.

4. 문서제출명령신청

(1) 의 의

문서제출명령신청은 상대방 또는 제3자가 가지고 있는 제출의무 있는 문서에 대하여 그 문서의 제출명령을 구하는 신청이다(법 343조).

(2) 신청

문서제출명령신청은 문서의 표시와 취지, 가진 사람, 증명할 사실, 문서를 제출하여야 하는 의무의 원인을 밝혀 서면으로 하여야 한다(법 345조, 규칙 110조).

(3) 심리와 재판

문서제출명령신청이 있으면 법원은 그 문서의 소지 여부 및 문서제출의무의 존부를 심리하여 문서제출신청에 정당한 이유가 있다고 인정한 때에는 결정으로 문서를 가진 사람에게 그 제출을 명할 수 있다(법 347조 1항, 3항).

(4) 부제출 또는 사용방해의 효과

당사자가 문서제출명령을 받고도 불응한 경우 또는 상대방의 사용을 방해할 목적으로 제출의무 있는 문서를 훼손하여 버리거나 이를 사용할 수 없게 한 때에는 법원은 문서기재에 대한 상대방의 주장을 진실한 것으로 인정할 수 있다(법 349조).

(5) 제출된 문서의 서증으로서의 제출

제출명령에 의해 법원에 제출된 문서를 변론기일에 서증으로 제출할 것인지 여부는 당사자가 임의로 결정할 수 있다. 법원에 제출된 문서라도 당사자가 서증으로 제출하여야 증거로 삼을 수 있다.

문서제출명령 신청서

사   건   2013가합 1234호 부동산소유권이전등기 말소 등

원   고   박 ○ ○
피   고   이 ○ ○

위 사건에 관하여 원고의 소송대리인은 다음과 같이 문서제출명령을 하여 줄 것을 신청 합니다.

다   음

1. 문서의 표시 및 소지자

   피고가 소지하고 있는

   가. 원고와 피고 사이에 20○○. ○. ○. 체결한 금전소비대차계약서 1통
   나. 원고와 피고 사이에 20○○. ○. ○. 체결한 서울 ○○구 ○○동 123 대지 ○○㎡에 관한 매도증서 1통
   다. 원고가 피고에게 교부한 위 대지에 관한 약정서 1통

2. 문서의 취지

   원고가 20○○. ○. ○. 피고에게 00만원을 차용하였을 때 이 사건 부동산을 양도담보로 제공하였는데 위 각 문서는 원고가 피고에게 동 원금 및 이자를 완제하였을 때에는 즉시 소유권을 반환한다는 특약이 기재되어 있는 문서입니다.

3. 입증취지

   이 사건 부동산은 피고의 주장과 같이 대물변제로 소유권 이전한 것이 아니라 양도담보로 제공한 사실을 입증하고자 합니다.

4. 문서제출의무

   피고는 이사건의 당사자이자, 이 사건과 관련된 문건의 소지자로서 이를 제출할 의무가 있다할 것입니다.

20○○.   ○.   ○.

위 원고   박 ○ ○   (인)

서울○○지방법원   귀중

1. 문서제출명령 신청서의 내용에는 ① 문서의 표시, ② 문서의 취지, ③ 문서의 소지자 ④ 증명할 사실(입증취지)이 나타야 한다.
2. 신청서는 1부를 법원에 제출한다.
3. 인지등 별도의 비용을 첨부하지 않는다.

〈작성례1〉

1. 문서의 표시 및 소지자

　피고 재단법인 ○○의료원 산하 서울 강남구 역삼동 123 소재 ○○병원에 입원하여 수술가료
　중 2009. 1. 21. 사망한 소외 망 이○○에 대하여 동 병원의 치료 행위에 관한 의료차트일체

2. 문서의 취지

　위 문서에는 위 의료행위의 과실에 관한 증거가 될, 의료행위 과정의 상세한 기재 내용이 있
　습니다.

3. 증명할 사실

　위 피고 산하 위 병원 담당 의사들이 의료행위 중 과실로 말미암아 피해자 소외 망 이○○가
　사망한 사실을 입증코자 합니다.

〈작성례2〉

1. 문서의 표시와 소지자

　피고가 소지하고 있는 이 사건 대치유수지 테마체육공원 조성 비.티.엘 민간투자사업 시행자
　지정 신청시 평가를 받기 위하여 주식회사 ○○건설과 주식회사 ○○건설산업이 체출하였던
　사업계획서 등의 사본

2. 문서제출의무

　위 문서는 원고들의 주장사실을 입증하기 위하여 반드시 필요한 것이므로, 공정한 재판을 위하
　여 피고에게 제출할 의무가 있습니다.

〈작성례3〉

1. 문서의 표시

　가. 원고 회사 부산지점 약국2팀의 2004. 4.부터 2006. 5.까지의 색인표

　나. 2004년, 2005년 영업부 기본 운영 계획

　다. 원고 회사와 거래하는 부산 소재 아래 약국의 거래원장 사본

(1) ○○한빛 : 전산번호 - 613280

(2) ○○마트 : 전산번호 - 610680

(3) ○○지리산 : 전산번호 - 612792

2. 문서제출의무

위 문서들은 원고 회사에게 있는 것으로 피고들의 주장사실을 입증하기 위하여 거래처를 확인하고 실제 미수금 잔액과 원고 회사에 기록된 거래원장을 대조하기 위하여 꼭 필요한 것이므로 공정한 재판을 위하여 원고 회사는 소지하고 있는 이 문서를 제출할 의무가 있습니다.

3. 입증취지

피고 임○○가 원고 회사에 근무하면서 거래처인 약국에서 약품대금을 수금하여 실제와 다르게 수금실적을 보고하기는 하였으나 개인적으로 횡령한 것은 아님을 입증하고, 원고 회사에서 지급하는 판매장려금은 영업사원들에게 지급되는 것이 아니라 거래 약국에 지급하는 것임을 입증하고자 함.

〈작성례4〉

1. 문서의 표시

원·피고간에 2013. 5. 10. 작성한 합의서

2. 문서의 취지

위 약정서는 피고가 2013. ○. ○. 원고 소유의 건물을 손괴한 손해배상금으로 금 10,000,000원을 지급하겠다는 합의 내용이 기재되어 있습니다.

3. 문서의 소지자

피고 김○○이 소지하고 있습니다.

4. 증명할 사실

원고가 이 사건증거로 제시한 갑제4호증의 합의금액이 원고가 임의로 작성한 것이 아님을 입증하고자 합니다.

〈작성례5〉

1. 문서의 표시 및 소지자

   피고 이○○이 소지하고 있는 금전출납부 일체

2. 문서의 취지

   위 문서에는 피고가 원고로부터 대여받은 금원에 대한 금전출납기재 내용이 있습니다.

3. 증명할 사실

   피고가 원고로부터 대여금을 받은 사실을 입증하고자 합니다.

〈작성례6〉

1. 문서의 표시

   피고 회사의 정관

2. 문서의 취지

   피고회사의 주주총회 및 이사회의 소집권자 및 의결정족수에 관한 규정이 기재되어 있습니다.

3. 문서의 소지자

   피고 ○○주식회사가 소지하고 있습니다.

4. 증명할 사실

   피고 회사의 2013. ○. ○. 이사 홍○○의 선임을 위한 주주총회가 권한 없는 자에 의해 소집되고 의결정족수가 안되는 주주에 의해 이루어진 사실을 입증하고자 합니다.

〈작성례7〉

1. 문서의 표시 및 소지자

   소외 망 ○○○이 2013. ○. ○.작성한 유언장.

2. 문서의 취지

   위 유언장에는 소외 망 ○○○이 원고에게 이 사건 토지를 증여한 취지의 기재내용이 있습니다.

3. 문서의 소지자

   현재 변호사 송○○(서울 서초구 서초동 17○○)이 보관하고 있습니다.

4. 증명할 사실

   위 문서는 피고의 망부 ○○○이 원고에게 이 사건 토지를 증여하였으므로 원고가 이 사건 토지에 관해 정당한 소유권이 있다는 사실을 입증하고자 합니다.

〈작성례8〉

1. 문서의 표시

   원고 정○○이 피고 ○○주택개발 주식회사에 재직하면서 매월 지급받은 급여가 입금된 원고

   정○○ 명의의 예금거래계좌의 2006. 12. 1.부터 2010. 5. 31.까지의 예금거래내역.

2. 문서제출의무

   위 문서는 원고 정○○만이 발급받을 수 있는바, 피고의 주장사실을 입증하여 공정한 재판을

   하고자 꼭 필요한 것이므로 원고 정○○이 발급받아 제출할 의무가 있습니다.

3. 증명할 사실

   원고 정○○이 2006. 12. 4.부터 2010. 5. 31.까지 피고 ○○주택개발 주식회사에 재직하

   면서 매월 지급받은 급여를 확인하고자 합니다.

5. 문서송부촉탁신청

(1) 의의

문서송부촉탁이란 문서소지자가 제출의무가 없는 경우에 문서를 가지고 있는 사람에게 그 문서를 법원에 보내도록 촉탁할 것을 신청함으로써 하는 서증신청이다(법 352조).

(2) 대상

국가기관·법인·병원 등이 보관하는 문서를 서증으로 제출하고자 할 경우에 흔히 이용된다. 문서가 법원이나 검찰청 등에서 보관하고 있는 특정사건의 기록 전부라도 상관없다. 문서소지자가 당해 사건의 당사자일 때에는 전술한 문서제출명령에 의함이 원칙이고 문서송부촉탁을 하는 것은 적절하지 못한다.

(3) 신청

문서송부촉탁은 법원·검찰청 기타의 공공기관이 보관하고 있는 기록의 일부에 대하여도 할 수 있다(규칙 113조). 송부촉탁의 신청은 변론기일에서 할 수 있으나 증거신청의 일종이므로 기일전에도 할 수 있다(법 289조 2항).

(4) 재판

법원은 문서송부촉탁신청이 부당하면 기각하고 정당하면 채택결정을 한다. 법원으로부터 문서의 송부를 촉탁 받은 사람이 문서를 보관하고 있지 아니하거나 촉탁에 따를 수 없는 사정이 있는 때에는 법원에 그 사유를 통지하여야 한다(법 352조의2).

(5) 문서송부

문서의 송부를 촉탁 받은 제3자는 정당한 사유가 없는 한 이에 협력하여야 할 의무를 부담하며, 문서를 송부할 경우에는 원본이나 정본 또는 인증 있는 등본으로 하여야 함이 원칙이고, 만약 문서를 보관하고 있지 아니하거나 송부촉탁에 응할 수 없는 경우에는 그 사유를 법원에 신고하여야 한다(민소법 352조의2).

(6) 인증등본송부촉탁제도

문서송부촉탁의 일종으로 「인증등본송부촉탁제도」가 있다. 이는 형사기록이나 재판기록 등과 같이 분량이 많은 경우에, 그 전체에 대하여 송부촉탁하게 되면 시간도 오래 걸리고 필요 없는 부분까지 촉탁하게 되어 복사비용 등의 낭비가 될 수 있기 때문에 문서송부촉탁인이 문서를 보관하고 있는 법원이나 검찰청에 직접 가서 **필요한 부분만 지정**하고, 이에 따라 해당 법원이나 검찰청에서 그 지정된 부분만 복사하여 인증을 한 후 법원에 송부하도록 하는 제도로써 실무에서 많이 활용되고 있다(민소규 114조 1항).

(7) 송부문서 도착 후의 처리

송부촉탁에 의해 법원에 제출된 문서라도 당사자가 서증으로 제출하여야 증거로 삼을 수 있다. 따라서 송부촉탁문서가 도착하였음을 통지받은 당사자는 즉시 송부된 문서의 열람을 구하여 그 문서 중 서증으로 제출할 것을 선정한 후 법원 제출용 및 상대방 교부용의 사본을 만들어 서증으로 제출하여야 한다.

[서식] 문서송부촉탁 신청서

문서송부촉탁 신청서

사   건   2018가합 1234호 소유권이전등기말소 등

원   고   박 ○ ○

피   고   정 ○ ○

위 사건에 관하여 원고는 주장사실을 입증하기 위하여 다음과 같이 문서송부촉탁을 신청합니다.

다　　음

1. 송부촉탁할 기관
　　서울중앙지방법원 등기국

2. 문서의 표시
　　서울 ○○구 ○○동 123 대 ○○㎡에 관하여 위 등기국 20○○. ○. ○. 접수
　　1234호로 한 소유권이전등기 신청서류 전부

3. 입증취지
　　위조 서류에 의하여 소유권이전등기가 되었음을 입증하고자 함.

2018. ○.　　○.

위 원고 박 ○ ○ (인)

서울중앙지방법원 민사제3단독　귀중

　　■ 작성·접수방법

1. 문서송부촉탁 신청서의 내용에는 ① 송부촉탁할 기관(문서의 보관처), ② 문서의 표시(송부촉탁할 문서), ③ 입증취지(송부촉탁의 목적)을 기재하여야 한다.
2. 신청서는 1부를 법원에 제출한다.
3. 인지 등 별도의 비용을 첨부하지 않는다.
4. 법원은 문서송부촉탁신청이 부당하면 기각하지만 반면에 정당하면 채택결정을 하고 촉탁서를 문서보관기관에 송부한다.
5. 법원으로부터 문서의 송부를 촉탁 받은 사람은 정당한 사유가 없는 한 이에 협력하여야 할 의무를 부담한다. 다만 문서를 보관하고 있지 아니하거나 촉탁에 따를 수 없는 사정이 있는 때에는 법원에 그 사유를 통지한다.
6. 다만 제3자가 문서송부촉탁에 응하지 아니한다고 하여 특별한 제재가 뒤따르는 것은 아니기 때문에 제3자가 응하지 않은 경우에는 다시 문서제출명령을 신청하거나 법원 외 서증조사를 신청하는 방법으로 서증신청을 해야 한다.
7. 문서가 송부된 경우에는 담당 재판부가 이를 신청인에게 고지하거나 신청인이 대법원 사건 검색을 등을 통해 송부를 인지 한 다음 담당 재판부에 기록 열람(복사)신청을 하여 이를 획득한 다음 이중 신청인에게 유리한 부분을 서증으로 제출한다.

[서식] 인증등본송부촉탁 신청서

인증등본송부촉탁 신청서

사　　건　20○○가단 1234호 손해배상(자)

원　　고　박 ○ ○

피　　고　이 ○ ○

위 사건에 관하여 원고는 다음과 같이 인증등본송부촉탁을 신청합니다.

다　　음

1. 기록보관 공공기관 : ○○지검 ○○지청 집행과 보존계

2. 송부촉탁할 기록

　○○지검 ○○지청 20○○형제 5678호 피고인 이○○에 대한 교통사고처리특례
법위반 사건 기록 중, 원고가 지정하는 부분의 인증등본 각 1통씩을 촉탁하여 주
시기 바랍니다.

3. 증명하고자 하는 사실

　본 건 교통사고가 피고의 과실에 의해 발생한 사실 및 기타 사고의 정황이나 피
해상황 등을 입증하고자 함.

20○○. ○. .

위 원고 박 ○ ○ (인)

○○**지방법원** ○○**지원 귀중**

■ 작성 · 접수방법

1. 인증등본송부촉탁 신청서의 내용에는 ① 송부촉탁할 장소, ② 송부촉탁할 기록, ③ 송부촉탁의 목적 등을 기재하여야 한다.
2. 신청서는 1부를 법원에 제출한다.
3. 인지 등 별도의 비용을 첨부하지 않는다.
4. 법원은 송부촉탁신청이 부당하면 기각하지만 반면에 정당하면 채택결정을 하고 촉탁서를 문서보관기관에 송부한다.
5. 촉탁서가 송달된 후 당사자는 문서보관기관에 예를 들어 법원 재판부나 검찰에 직접 방문하여 인증 등본할 기록 범위를 지정 한 다음 복사비용을 인지 등으로 납부 하면 문서보관기관은 이를 인증등본하여 그 기록을 법원에 송부해 준다.
6. 문서가 송부된 경우에는 담당 재판부가 이를 신청인에게 고지하거나 신청인이 대법원 사건 검색을 등을 통해 송부를 인지 한 다음 담당 재판부에 기록 열람(복사)신청을 하여 이를 획득한 다음 이중 신청인에게 유리한 부분을 서증으로 제출한다.

〈작성례1〉

1. 송부촉탁할 장소

    수원지방법원 성남지원 광주등기소

2. 송부촉탁할 기록

  1) 경기도 광주시 오포읍 양벌리 산○○

    ① 20○○년 2월4일 제52○○호로 접수된 등기명의인표시변경등기 신청서와 첨부된 관련서류 일체
    ② 2013년 1월 28일 제63○○호로 접수된 등기명의인표시변경등기 신청서와 첨부된 관련서류 일체

  2) 경기도 광주시 오포읍 양벌리 산 ○○

    2013년 1월 28일 제63○○호로 접수된 등기명의인표시변경등기 신청서와 첨부된 관련서류 일체

  3) 경기도 광주시 오포읍 양벌리 ○○

    2018년 1월 28일 제63○○호로 접수된 등기명의인표시변경등기 신청서와 첨부된 관련서류 일체

  4) 경기도 광주시 오포읍 양벌리 ○○

    2018년 1월 28일 제63○○호로 접수된 등기명의인표시변경등기 신청서와 첨부된 관련서류 일체

  5) 경기도 광주시 오포읍 양벌리 ○○

    2018년 1월 28일 제63○○호로 접수된 등기명의인표시변경등기 신청서와 첨부된 관련서류 일체

3. 송부촉탁의 목적

    원고가 이 사건증거로 제시한 부동산등기부들이 원고가 위조한 서류로 이루어 진 것을 입증하고자 합니다.

〈작성례2〉

1. 송부촉탁할 장소

서울○○지방법원 ○○등기소

2. 송부촉탁할 문서

서울 ○○구 ○○동 ○○번지 20○○. ○. ○. 접수번호 제○○○호 소유권이전등기 신청서류

일체

3. 송부촉탁의 목적

원고가 이 사건증거로 제시한 매매계약서가 원고가 위조한 서류로 이루어 진 것을 입증하고자

합니다.

〈작성례3〉

1. 송부촉탁할 장소

서울남부지방법원 기록보존계

2. 송부촉탁할 기록

서울남부지방법원 20○○가합20506, 서울고등법원 20○○나565○○호, 대법원 20○○다

422○○호 청구이의 사건에 대한 소송기록 일체

3. 송부촉탁의 목적

원고가 이 사건 부당이득금반환청구 사건의 전제가 된 사실들을 입증하고자 합니다.

〈작성례4〉

1. 송부촉탁할 장소

① 춘천지방법원 제1민사부

② 수원지방법원 민사 제24단독

③ 서울고등법원 제17민사부

2. 송부촉탁할 기록

① 춘천지방법원 제1민사부에 대하여

춘천지방법원 2009나 1676 소유권지분이전등기 청구사건에 대한 소송기록 일체

② 수원지방법원 민사 제24단독에 대하여

수원지방법원 2010가단 8378 배당이의 청구사건에 대한 소송기록 일체

③ 서울고등법원 제17민사부에 대하여

서울고등법원 2011나 3437 약정금 청구사건에 대한 소송기록 일체

3. 송부촉탁의 목적

　원고의 이 사건 손해배상 청구 사건의 피해 사실들을 입증하고자 합니다.

〈작성례5〉

1. 송부촉탁할 장소

　서울○○지방법원 기록보존계

2. 송부촉탁할 문서

　서울○○지방 검찰청 20○○형제1234호 기록일체

3. 송부촉탁의 목적

　원고의 피고에 대한 손해배상 청구 사건과 관련된 피고의 불법행위책임을 입증하고자 합니다.

〈작성례6〉

1. 송부촉탁할 장소

　서울○○지방법원 형사○단독

2. 송부촉탁할 문서

　피고인 김○○에 관한 서울○○지방법원 20○○고단 1234호 사기 사건의 기록 일체

3. 송부촉탁의 목적

　피고가 이 사건증거로 제시한 을제3호증의 확약서가 위조된 문서임을 입증하고자 합니다.

〈작성례7〉

1. 송부촉탁할 장소

　○○ 주식회사

　서울 ○○구 ○○동 ○○번지 ○○빌딩 501호

2. 송부촉탁할 문서

　원고가 피고에게 차용금으로 지급하였다는 20○○. ○. ○.부터 ○. ○.까지의 입금자료 일체

3. 송부촉탁의 목적

　피고가 20○○. ○. ○.경부터 원고로부터 1억원의 금전을 차용한 사실을 입증하고자 합니다.

〈작성례8〉

1. 송부촉탁할 장소
   근로복지공단 ○○지사
   서울 ○○구 ○○동 ○○번지 ○○빌딩 ○○호
2. 송부촉탁할 문서
   가. 재 해 자 : ○○○(7111011-1024569)
   나. 사 업 장 : ○○건설 주식회사
   다. 산재기록 : 20○○. ○. ○.자 산재기록 일체
3. 송부촉탁의 목적
   원고의 산재로 인한 피해 사실을 입증하고자 합니다.

〈작성례9〉

1. 송부촉탁할 장소
   수원지방법원 안양지원 형사 제4단독
2. 송부촉탁할 기록
   수원지방법원 안양지원 20○○고단 ○○○ 업무상횡령 등 사건에 대한 소송기록 중 증인신문
   조서
3. 송부촉탁의 목적
   피고가 원고에게 임금을 제때 지급하지 않았다는 사실을 입증하고자 합니다.

〈작성례10〉

1. 송부촉탁할 장소
   국민은행 테헤란로지점
   주 소 : 서울특별시 강남구 역삼1동 702-22(테헤란로 321)
2. 송부촉탁할 문서.
   귀 사업소에서 채무자 박○○(5606○○-26261○○)에 대한 부동산 담보대출을 위해서 20○○.
   6. 1. 조사하고 20○○. 6. 10.작성한 파주시 ○○동 65-5 대 288㎡와 같은 동 65-33 대 25
   ㎡ 및 양 지상 5층 건물에 대한 감정평가서 사본을 송부하여 주시기 바랍니다.
3. 송부촉탁의 목적.
   원고들은 파주시 ○○동 65-5 대 288㎡와 같은 동 65-33 대 25㎡ 및 양 지상 5   층
   건물의 명의자였던 피고들이 이 사건 부동산 토지 313㎡ 중 60㎡가 도로로 사용   되고 있
   는 사실에 대해 원고들에게 고의로 알리지 않은 채 313㎡ 전부를 대지로 계   산하여 도로
   사용에 해당하는 60㎡에 해당하는 대지와 도로의 시가 차액만큼의 손해를 원고들에게 입혔는
   바, 그 구체적인 도로사용 현황에 대한 내용을 입증하고자 합니다.

V. 사실조회(조사 · 송부의 촉탁)

1. 의 의

사실조회란 공공기관, 학교, 그 밖의 단체, 개인, 또는 외국의 공공기관에게 그 업무에 속하는 특정사항에 관한 조사 또는 보관중인 문서의 등본, 사본의 송부를 촉탁함으로써 증거를 수집하는 절차를 말한다(법 294조).

2. 사실조회절차

(1) 신 청

사실조회도 당사자의 신청 또는 직권으로 할 수 있다(법 140조).

(2) 결 정

사실조회를 하기로 하는 증거결정을 한 때에는 재판장 명의로 사실조회서를 작성하여 발송한다.

(3) 비용지급

법원은 신청인 또는 조사로 인하여 이익을 받을 당사자에게 조사에 소요되는 비용의 예납을 명할 수 있고 그 이익을 받을 당사자가 불명한 때에는 원고에게 그 예납을 명할 수 있다.

3. 사실조회의 결과

1) 조사촉탁의 결과를 증거로 하기 위하여 당사자의 원용은 필요 없고 법원이 이를 변론에 현출하여 당사자에게 의견진술의 기회를 주면 족하다(대판 1982. 8. 24. 81누 270). 유리한 당사자는 이를 원용하면 족하고 서증으로 제출할 필요는 없으나 조사회보서에 첨부서류로 보내온 문서에 대하여는 서증으로 제출할 필요가 있는 경우도 있다. 조사회보서의 내용이 불분명한 경우에는 다시 조사촉탁을 할 수도 있고 관련자로 하여금 직접 법원에 나와서 설명하게 할 수도 있다.

사실조회촉탁 신청서

사   건   2018가단 1234호 손해배상(기)

원   고   박 ○ ○ 외 12

피   고   ○○ 주식회사

위 사건에 관하여 원고들은 다음과 같이 사실조회촉탁을 신청합니다.

다   음

1. 조회할 기관
   국립농산물검사소

2. 조회할 사항
   경기도 ○○시 ○○읍 123 인근 논(중등답)의 2010부터 2012년까지 100㎡당 연간 벼 수확량

3. 사실조회의 목적
   2010년 피고 회사 공장이 설치된 후 그 공장에서 흘러나오는 폐유에 의하여 원고들 소유 논의 벼농사 수확량이 소장 청구원인 제3항 기재와 같이 감소된 사실을 입증하고자 합니다.

20○○.   ○.   .
위 피고 박 ○ ○   (인)

○○지방법원 ○○지원   귀중

■ 작성 · 접수방법

1. 사실조회촉탁 신청서의 내용에는 ① 조회할 기관(촉탁처), ② 조회할 사항(촉탁사항), ③ 사실조회의 목적(촉탁의 목적)을 기재하여야 한다.
2. 신청서는 1부를 법원에 제출한다.
3. 인지 등 별도의 비용을 첨부하지 않는다.
4. 사실조회는 촉탁의 상대방이 용이하게 조사할 수 있는 사실에 대하여 조회하고 조사할 내용이 촉탁의 상대방의 특별한 지식과 경험을 필요로 하는 것이거나 촉탁의 상대방의 전문적인 의견을 구하는 것일 때에는 감정촉탁의 방법으로 한다.

5. 법원은 사실조회를 하기로 하는 증거결정을 한 때에는 재판장 명의로 사실조회서를 작성하여 촉탁처에 발송한다.

6. 회신이 도착 된 경우에는 담당 재판부에 기록 열람(복사)신청을 하여 이를 복사 한 다음 이 것이 자신에게 유리한 것이라면 변론기일에서 이익으로써 원용하겠다고 진술하면 되고 따로 서증으로 제출할 필요는 없다. 왜냐하면 촉탁의 결과를 증거로 하기 위하여 당사자의 원용은 필요 없고 법원이 이를 변론에 현출하여 당사자에게 의견진술의 기회를 주면 족하기 때문이다(대판 1982. 8. 24. 81누270).

〈작성례 1〉

1. 촉탁처

　① 강남세무서

　　서울 강남구 학동로 425

　② 서초세무서

　　서울 강남구 테헤란로 114

　③ 울산세무서

　　울산 남구 갈밭로 49

　④ 동울산세무서

　　울산 북구 사청2길 7

2. 촉탁사항

　① 강남세무서에 대하여

　　귀 세무서 관할에 소재한 주식회사 아이씨○○(서울 강남구 역삼동○○-23 아이씨○○빌딩, 대표이사 김○○)에서 정○○이 갑근세로 신고 및 납부한 내역.

　② 서초세무서에 대하여

　　귀 세무서 관할에 소재한 ○○씨앤디 주식회사(서울 서초구 서초동 ○○-40, 대표이사 박○○)에서 2010. 6. 1.부터 2010. 7. 30.까지 재직한 정○○(7110○○-18152○○)이 갑근세로 신고 및 납부한 내역.

　③ 울산세무서에 대하여

　　귀 세무서 관할에 소재한 ○○주택 주식회사(울산 남구 신정동 ○○-4 ○○빌딩 4층,대표이사 정○○)에서 2009. 7. 31.부터 2010. 7. 30.까지 재직한 정○○(7110○○-18152○○)이 갑근세로 신고 및 납부한 내역.

　④ 동울산세무서에 대하여

　　귀 세무서 관할에 소재한 ○○주택개발 주식회사(620-○○-○○415)에서 2006. 12. 1.부터 2010. 5. 31.까지 재직한 정○○(7110○○-18152○○)이 갑근세로 신고 및 납부한 내역.

3. 촉탁의 목적

　　원고의 피고에 대한 손해배상 청구 사건과 관련된 피고의 불법행위책임을 입증하고자 합니다.

〈작성례 2〉

1. 조회할 곳

 1) 주식회사 신한은행

  서울 중구 태평로 태평로 2가 120번지 대경빌딩

 2) 주식회사 우리은행

  서울특별시 중구 회현동1가 203번지 1-203,

2. 조회할 사항

 1) 주식회사 신한은행에 대하여

  ① 귀 은행에서 발행한 아래의 수표에 관하여 현재 귀 은행이 아닌 타은행이 아래의 수표를 회수하여 보관하고 있다면 해당 은행을 알려 주시기 바랍니다.

  ② 귀 은행이 아래의 수표를 회수하여 보관하고 있다면 아래 각 수표의 앞,뒷면 사본을 송부해 주시고, 만일 위 각 수표금이 계좌 입금되었다면 입금된 계좌의 명의자에 관한 인적사항을 송부하여 주시기 바랍니다.

수 표 번 호	수 표 금 액	발 행 일 자	발 행 지 점
바가06146459	10,000,000원	2017. 12. 27.	동수원지점

 2) 주식회사 우리은행에 대하여

  ① 귀 은행에서 발행한 아래의 수표에 관하여 현재 귀 은행이 아닌 타 은행이 아래의 수표를 회수하여 보관하고 있다면 해당 은행을 알려 주시기 바랍니다.

  ② 귀 은행이 아래의 수표를 회수하여 보관하고 있다면 아래 각 수표의 앞, 뒷면 사본을 송부해 주시고, 만일 위 각 수표금이 계좌 입금 되었다면 입금된 계좌의 명의자에 관한 인적사항을 송부하여 주시기 바랍니다.

수 표 번 호	수 표 금 액	발 행 일 자	발 행 지 점
바가06146796	10,000,000원	2017. 12. 27.	동수원지점

3. 사실조회의 목적

 원고의 피고에 대한 손해배상 청구 사건과 관련된 피고의 불법행위책임을 입증하고자 합니다.

〈작성례 3〉

1. 조회할 곳

   서초세무서

   서울 강남구 테헤란로 114(역삼동 824)   우편번호 : 135-753

2. 조회할 사항

   귀 세무서의 관할에 주소를 둔 납세의무자 김○○(주민등록번호 : 7201○○-○○24920), 주
   소 : 서울 ○○구 ○○동 725 방배○○아파트 바동 ○○호)이 20○○. 1. 1.부터 20○○.
   12. 31.까지 신고한 종합소득세에 관한 내역과 세액에 대하여 송부하여 주시기 바랍니다.

3. 조회의 목적

   일체의 수입이 없다는 피고의 주장이 거짓이라는 것을 입증하고자 합니다..

〈작성례 4〉

1. 조회할 곳

   남인천세무서

   인천 남동구 인하로 548

2. 조회할 사항

   귀 세무서 관할에 소재한 주식회사 ○○종합건축사사무소(사업자등록번호 : 138-○○-133○
   ○, 204-○○-390○○)가 20○○. 6. 1.부터 현재까지 신고한 부가세 중 주식회사 에스엔
   건설(대표이사 김○○), 주식회사 ○○공영 (대표이사 정○○), ○○기술산업 주식회사(대표이
   사 박○○), 주식회사 ○○아이엠씨(대표이사 백○○), 주식회사 ○○이앤씨(대표이사 박○○),
   주식회사 ○○테크(대표이사 장○○), 주식회사 ○○건설(대표이사 권○○)에게 발행한 세금계
   산서 사본을 제출하여 주시기 바랍니다.

3. 조회의 목적

   피고가 원고회사에게 입힌 구체적인 손해를 입증하기 위해서입니다.

〈작성례 5〉

1. 촉탁할 곳.

　주식회사 ○○

　서울특별시 ○○구 ○○동 13-25

2. 촉탁 할 사항.

가. 귀사가 회생 계획에 따른 출자전환을 통하여 (주)한국외환은행에 배정한 ① 주식 수 및 ②

　　1주당 액면가격

나. 귀사가 (주)한국외환은행에 신주를 배정한 후에 감자를 실시 한 사실이 있는지 여부.

다. 감자를 실시한 사실이 있다면 감자 후 (주) 한국외환은행이 최종적으로 보유한 ① 주식수

　　및 ② 1주당 액면가격

라. (주)한국외환은행이 이 사건 회생채권의 출자전환으로 취득하였다고 하는 122,656주가 처음

　　출자전환으로 배정받은 주식인지 아니면 감자를 실시한 이후의 주식수 인지.

마. (주) 한국외환은행에 대한 회생담보 채무중 담보권이 실행되어 변제된 것이 있는지 여부(원

　　고가 시인하고 있는 담보 주식의 매각 대금 금 2,955,050,562원이 변제에 충당 되었는지

　　여부).

바. 담보권이 실행되어 변제된 것이 있다면 담보실행 내용과 변제충당 내역에 대하여.

3. 촉탁의 목적.

　원고는 피고가 회생채권뿐만 아니라 회생담보권에 대해서도 보증책임을 부담하는데 이 사건

　회생담보권 및 회생채권 중 담보주식의 매각대금 금 2,955,050,562원 및 회생채권의 출자

　전환으로 인해 취득한 122,656주의 한국자산평가의 평가금액 금 1,607,774,848원만

　(=122,656주×13,108원/주)이 변제되었을 뿐 나머지 회생채권은 그대로 존속하고 있다고 주

　장하는 바, 원고의 이와 같은 주장의 진위 여부를 증거에 의하여 확인하고자 합니다.

〈작성례 6〉

1. 촉탁할 곳.

　○○도시개발 주식회사

　서울특별시 강남구 삼성동 ○○-17

2. 촉탁 할 사항.

가. 귀사가 피고 허○○과 2011. 11. 25. 경기도 ○○시 ○○읍 ○○리 764 ○○ 시티 113동

　　202호(이하 '이 사건 부동산'이라 합니다)에 대하여 임대차보증금 1억2천만원으로 하는 임대

차계약(이하 '이 사건 임대차계약'이라 합니다)을 체결하였는지 여부.

나. 귀사는 이 사건 임대차 계약 체결 당시 피고 허○○에게 이 사건 부동산이 이미 주식회사 ○○에게 분양하기로 되어 있기 때문에 임대인을 주식회사 ○○으로 해두면 후에 계약서를 변경하지 않고도 임대차계약관계를 그대로 유지할 수 있으므로 임대인 명의를 귀사가 아닌 주식회사 주선으로 할 것을 권유한 사실이 있는지 여부.

다. 귀사의 권유에 따라 피고 허○○은 편의상 임대인을 귀사가 아닌 주식회사 ○○으로 하는 임대차계약서를 20○○. 11. 25. 작성하였는지 여부.

라. 귀사와 주식회사 ○○간에 이 사건 임대차계약일 이후인 20○○. 12. 17. 이 사건 부동산에 대한 분양계약을 체결한 사실이 있는지 여부.

마. 피고 허○○이 이 사건 임대차계약에 따른 보증금 1억2천만원을 20○○. 1. 26.까지 귀사에 지급하고 이 사건 부동산의 열쇠를 받아 이 사건 부동산에 입주하였는지 여부.

3. 촉탁목적.

피고 허○○은 ○○도시개발 주식회사와 이 사건 부동산 임대차계약 체결 당시 ○○도시개발 주식회사의 권유로 편의상 임대인을 이 사건 부동산을 분양 받을 예정이라는 주식회사 주선으로 하였을 뿐 실제 이 사건 임대차계약상의 임대인은 ○○도시개발 주식회사라는 사실을 입증하고자 합니다.

4. 금융거래정보·과세정보 등 제출명령

1) 법원이 금융기관 또는 세무공무원에 대하여 금융거래정보나 과세정보의 제출명령을 할 수 있다. 금융실명거래 및 비밀보장에 관한 법률 제4조 1항[45], 국세기본법 제81조의13 제1항[46], 민사소송법에 근거하여 사실조회, 문서제출명령, 문서송부촉탁을 할 수 있다.

---

[45] ① 금융회사등에 종사하는 자는 명의인(신탁의 경우에는 위탁자 또는 수익자를 말한다)의 서면상의 요구나 동의를 받지 아니하고는 그 금융거래의 내용에 대한 정보 또는 자료(이하 "거래정보등"이라 한다)를 타인에게 제공하거나 누설하여서는 아니 되며, 누구든지 금융회사등에 종사하는 자에게 거래정보등의 제공을 요구하여서는 아니 된다. 다만, 다음 각 호의 어느 하나에 해당하는 경우로서 그 사용 목적에 필요한 최소한의 범위에서 거래정보등을 제공하거나 그 제공을 요구하는 경우에는 그러하지 아니하다. 〈개정 2013.5.28〉
   1. 법원의 제출명령 또는 법관이 발부한 영장에 따른 거래정보등의 제공
[46] 제81조의13(비밀 유지) ① 세무공무원은 납세자가 세법에서 정한 납세의무를 이행하기 위하여 제출한 자료나 국세의 부과·징수를 위하여 업무상 취득한 자료 등(이하 "과세정보"라 한다)을 타인에게 제공 또는 누설하거나 목적 외의 용도로 사용해서는 아니 된다. 다만, 다음 각 호의 어느 하나에 해당하는 경우에는 그 사용 목적에 맞는 범위에서 납세자의 과세정보를 제공할 수 있다.
   3. 법원의 제출명령 또는 법관이 발부한 영장에 의하여 과세정보를 요구하는 경우

2) 금융기관은 법원의 제출명령에 의하여 거래정보를 제공한 경우에는 거래정보 제공사
실을 명의인에게 서면으로 통보하여야 하고, 그 비용은 거래정보 등의 제공을 요구하
는 자가 부담하여야 하므로 법원은 제출명령의 신청인 신청인이 없는 경우에는 제출
명령으로 이익을 받을 당사자, 이익을 받을 당사자가 불명할 때에는 원고에게 통보비
용의 예납을 명한다.

[서식] 금융정보자료제출명령신청

금융정보자료제출명령신청

사   건   2018가단 1234호 손해배상(기)

원   고   박 ○ ○
피   고   정 ○ ○

위 사건에 관하여 원고는 다음과 같이 금융자료제출명령을 신청합니다.

1. 금융자료 제출 명령 기관

   ① 금융감독원

      서울특별시 영등포구 여의대로 38

   ② 주식회사 하나은행

      서울특별시 중구 을지로 35(을지로1가)

   ③ 엘지카드(신한카드) 주식회사

      서울특별시 중구 소공로 70(충무로1가)

   ④ 월곡신용협동조합

      서울특별시 성북구 오패산로 98 로만플라자(하월곡동) 로만프라자 101호

   ⑤ 농업협동조합중앙회

      서울특별시 중구 충정로1가 75-1번지

   ⑥ 삼성생명보험 주식회사

      서울특별시 중구 세종대로 55(태평로2가)

2. 금융자료의 내용

  ① 금융감독원

    박○○(59○○○○-○○○○319)의

      가. 2004. 1. 1.부터 2005. 12. 31.까지의 각 금융기관(은행, 보험사, 신용
          협동조합, 농협, 카드사 등 포함)에 대한 부채 내역.

      나. 위 박○○은 위 기간 동안 신용등급이 어떠하였는지요.

      다. 정○○(○○0708-○○26314)가 2004. 1. 1.부터 2004. 12. 31.까지의
          기간 동안 계좌를 개설했던 금융기관을 알려주시기 바랍니다.

  ②-⑥ 각 금융회사

    박○○(59○○○○-○○○○319)에게

      가. 금원을 대출한 사실이 있는지요. (있다면) 대출일자와 대출금액은 얼마
          인지요.

      나. 위 대출금에 대한 원금과 이자의 연체내역은 어떠한지요.

      다. 위 대출금에 대한 원금과 이자의 회수내역은 어떠한지요.

      라. 대출 이후부터 매년 위 박○○의 신용등급은 어떠하였는지요.

3. 신청의 목적

  ① 금융감독원

  원고 박○○이 이 사건 차용을 할 당시의 신용상태를 확인하고 피고 정○○의 대
여 당시의 금융거래내역을 확인하여 대여금을 입증하기 위함입니다.

  ②-⑥ 각 금융회사

  원고 박○○의 이 사건 대출 당시에 2천만 원을 빌릴 수 있는 신용상태였는지 확
인하기 위함입니다.

200○.   ○.   .

위 원고 박○○ (인)

○○지방법원 ○○지원 귀중

1. 금융정보자료제출명령 신청서의 내용에는 ① 자료제출요청기관, ② 금융자료의 내용, ③ 신청의 목적을 기재하여야 한다.
2. 신청서는 1부를 법원에 제출한다.
3. 인지 등 별도의 비용을 첩부하지 않는다.
4. 당사자는 재판에 필요한 금융거래 내역들을 금융정보거래 제출명령의 방법으로 얻을 수 있다.
5. 금융정보자료가 법원에 도착 된 경우에는 담당 재판부에 기록 열람(복사)신청을 하여 이를 복사 한다.

〈작성례1〉

1. 금융정보자료 제출명령 기관

   주식회사 하나은행

   서울특별시 중구 을지로 35(을지로1가)

2. 금융자료의 내용

   주식회사 하나은행 ○○지점에서 피고가 20○○. ○. ○. 제출 한 근저당권부 대출 신청서와 관련서류 일체

3. 신청의 목적

   피고 소유의 이 사건 부동산에 설정되어 있는 저당권이 허위로 작성되어 있다는 사실을 입증하기 위함

〈작성례2〉

1. 금융정보자료 제출명령 기관

   주식회사 국민은행 ○○지점

   서울특별시 ○○구 ○○로 12

2. 금융자료의 내용

   주식회사 국민은행 ○○지점에서 ○○ 발행한 수표 제123456호 이면에 배서되어 있는 내용의 사본

3. 신청의 목적

   원고가 피고에게 20○○. ○. ○. 계약금으로 1억원을 지급하였다는 사실을 입증하기 위함

VI. 검 증

1. 의 의

검증이란 법관이 직접 자기의 오관의 작용에 의하여 사물의 외형을 보고, 듣고, 느낀 결과를 증거자료로 하는 증거조사방법이다. 예컨대 토지의 경계확정청구 사건이나 건물인도청구 사건 및 토지인도청구 사건에서 계쟁토지 부분이나 경계선의 상황을 본다든지 교통사고로 인한 손해배상청구 사건에서 사고가 발생하였던 현장의 상황을 보는 경우 등이 이에 해당한다. 검증에는 현장검증, 녹음테이프 · 비디오테이프검증 등이 그 주류를 이루고 있는데 검증의 대상이 되는 사물을 검증물이라고 한다.

2. 검증신청의 방법

1) 검증도 원칙적으로 당사자의 신청에 의함이 원칙이다. 당사자가 검증을 신청하고자 하는 때에는 검증의 목적을 표시하여 신청하여야 하고(법 364조), 또 증명할 사실의 관계를 구체적으로 밝혀야 한다(규칙 74조).
2) 검증에 비용이 필요한 경우(현장에 나가서 검증을 행하는 경우에는 법관 및 법원사무관등의 여비, 숙박료에 해당하는 비용이 필요함에 반해 법정에서 검증을 하는 경우에는 특별한 비용이 없음), 이러한 재판부의 현장검증 출장비(약 82,000원)는 법원의 예납명령에 따라 신청 당사자가 예납하여야 한다. 직권으로 검증을 할 경우에는 그 검증으로 이익을 받을 당사자에게 예납을 명하고 이익을 받을 당사자가 분명하지 아니하면 원고에게 예납을 명한다(규칙 19조).

3. 검증절차

(1) 증거의 채부결정

검증은 직권 또는 당사자의 신청에 의한 증거결정으로 시작된다. 법원은 검증을 위하여 필요한 경우에는 법원의 허가를 받아 남의 토지, 주거, 관리중인 가옥, 건조물, 항공기, 선박, 차량, 그 밖의 시설물 안에 들어갈 수 있다.

(2) 기일의 지정 및 출석요구

검증기일은 재판장 또는 수명법관이 정하고 변론기일에 검증을 할 때에는 그 기일은 변론기일인 동시에 증거조사기일이 된다. 검증기일에는 당사자에게 출석을 요구하여 참여의 기회를 준다.

(3) 검증의 실시

검증의 주재는 법관이 하고 법원사무관등은 증거조사절차가 적법히 시행되었다는 것을 조서의 작성을 통해 기록·공증한다.

(4) 검증목적물의 제출

서증과의 구별을 위하여 원고가 제출한 것은 「검갑 제○호증」피고가 제출한 「검을 제○호증」으로 각 표시 된다[47].

4. 검증시 수인의무

(1) 수인의무

명문의 규정은 없지만 증인과 마찬가지로 정당한 사유가 없는 한 검증이 시행될 경우에 검증을 참고 받아들일 공법상 의무가 있다고 하여야 한다. 따라서 부동산에의 출입, 혈액의 채취, 신체검사, 정신상태의 진찰 등의 검증절차를 승인할 의무가 있다.

(2) 수인의무 위반

법원은 상대방 또는 제3자 소지의 물건에 대한 제출을 명할 수 있고, 사람의 신체 등을 검증할 때는 그 출석을 명할 수도 있다. 이 경우 당사자가 제출명령이나 출석명령을 준수하지 않는 경우에는 수인의무 위반으로서 검증물의 존재와 상태에 관한 상대방의 주장을 진실한 것으로 인정할 수 있다. 제3자가 정당한 사유 없이 제출명령에 따르지 아니한 때에는 법원은 결정으로 200만원 이하의 과태료에 처한다.

---

47) 실무상 검증 목적물은 기록과 같이 보관하기 어려운 경우가 대부분이어서 부호를 붙여 제출하는 것 보다 이를 촬영한 서증으로 제출하거나 검증조서의 일부로 편철되게 된다.

[서식] 검증신청서

현장검증신청

사　　　건　2018가단 1234 손해배상(기)
원　　　고　김 ○ ○
피　　　고　이 ○ ○

　위 사건에 관하여 원고는 다음과 같이 현장검증을 신청합니다.

다　　음

1. 검증 목적물
　○○시 ○○면 ○○구 12 소재 원고 소유의 비닐하우스 3동
2. 검증할 사항
　위 비닐하우스 내에 설치된 피고회사 제조 온풍기의 상태와 원고가 식재한 농작물의 착과상태의 검증
3. 검증의 목적
　이 사건에서 피고회사의 온풍기로 인해 발생한 원고의 피해 상황을 입증하기 위함.

첨 부 서 류

1. 현장약도 　　　　　　　　　　　　　　　　　　　1통

20○○.　○.　○○.
위 원고　장 ○ ○ (인)

○○지방법원 ○○지원　귀중

■ 작성 · 접수방법

1. 검증신청서의 내용에는 ① 검증목적물, ② 검증할 사항, ③ 검증의 목적을 기재하여야 한다.
2. 신청서는 1부를 법원에 제출한다.
3. 인지등 별도의 비용을 첨부하지 않는다.
4. 담당재판부로부터 검증이 채택되면 신청인은 법원의 예납명령에 따라 검증여비를 법원 보관금으로 납부하여야 한다.
5. 검증기일이 지정되면 그 기일에 맞춰 검증하는 현장에 출석하면 된다. 다만 당사자가 검증기일에 출석하지 않더라도 검증할 수 있으므로 검증기일에 참석하여 불이익을 받지 않도록 하는 것이 좋다.
6. 이후 검증을 통해 나온 사실이 자신에게 유리한 경우라면 변론기일에서 이를 원용하면 된다.

〈작성례1〉

1. 검증 목적물

   피고 한국방송공사가 제작한 20○○. ○. 20.자 "○○중계" 방송 녹화 분 비디오 테 잎 1
   개.

2. 검증목적 및 검증으로 입증하려는 사항

   피고가 탤런트 출신 전 국회의원 ○○○씨를 간통혐의로 고소한 원고와의 인터뷰 내용을 방송
   보도하는 과정에서, 원고의 음성을 그대로 방송한 점, 피고 공사가 원고의 이름을 실명으로 밝
   히고, 원고의 얼굴을 정면 또는 측면을 편집 보도한 점, 원고가 소외 ○○○을 상대로 고소한
   고소장을 화면으로 확대보도하면서 원고의 실명이 그대로 방송된 점을 입증하고자함.

〈작성례2〉

1. 검증 목적물
   피고 한국방송공사가 제작한 20○○. ○. 20.자 "○○중계" 방송 녹화 분 비디오 테잎 1개.

2. 검증 할 사항
   서울시 ○○구 ○○동 ○○거리 교차로

2. 검증목적
   피고의 승용차가 원고의 승용차보다 교차로에 선진입 하였다는 점을 입증하고자 합니다.

1. 의 의

당사자 신문이란 당사자본인을 증거방법으로 하여 그가 경험한 사실에 대해 진술하게 하여 증거자료를 얻는 증거조사이다(법 367조). 당사자신문을 받는 경우의 당사자는 증거조사의 객체로서 증거방법이기 때문에 여기에서 그의 진술은 증인의 증언과 마찬가지로 증거자료인 것이지 소송자료가 아니다(대판 1981. 8. 11. 81다262).

2. 법원의 당사자신문 채택 및 주요사실 인정여부

법원이 당사자신문 신청을 채택하여야 하는지 여부 즉 증거의 채택여부는 법원의 재량이다. 그러나 증거가 당사자가 주장하는 사실에 대한 유일한 증거인 때에는 법원은 신청을 반드시 채택하여야 한다(법 290조).

3. 당사자신문의 절차

(1) 신 청

당사자신문은 직권으로 또는 당사자의 신청에 따라 할 수 있다. 상대방 당사자의 신문을 구하는 것이 일반적이나 당사자가 자기의 신문을 구하는 것도 가능하다. 당사자가 신청할 때 신청서에 인지를 첨부할 필요는 없다. 증인신문에 관한 규정이 준용되므로(법 373조) 신청한 당사자는 법원이 정한 기한까지 상대방의 수에 3(합의부는 4)을 더한 통수의 당사자신문사항을 기재한 서면을 제출하여야 한다(규칙 119조).

(2) 심 문

구체적으로 ① 선서(구두로 허위의 진술을 하지 않겠다고 선언하는 절차), ② 인정신문(당사자 본인인지 재판장이 확인하는 절차) ③ 주신문(신청인이 하는 신문절차) ④ 보충신문(재판장이 신문절차 도중에 필요할 경우 하는 신문절차) 등으로 진행된다.

4. 효과

당사자신문에서 당사자의 진술은 증인의 증언과 마찬가지로 증거자료인 것이지 소송주체로서 하는 진술로서의 소송자료가 아니다(대판 1981. 8. 11. 81다262). 따라서 당사자신문 과정에서 상대방의 주장사실과 일치하는 부분이 있어도 이는 자백이 아니다.

당사자본인신문 신청서

사 　 건　2013가합 1234호 대여금

원 　 고　김 ○ ○

피 　 고　이 ○ ○

위 당사자 간 귀원 2013가합 1234호 대여금 청구사건에 관하여 피고는 주장 사실을 입증하기 위하여 다음과 같이 원고 본인에 대한 당사자 신문을 신청합니다.

다　　음

1. 본인의 표시

　성 　 명 : 이 ○ ○ (720622-1047369)

　연락처 : ○○○-○○○-○○○○

　주 　 소 : 서울 ○○구 ○○동 ○○아파트 102동 1602호

2. 당사자본인신문사항 : 별지와 같음

20○○.　 ○.　 .

위 피고　이 ○ ○ (인)

○○**지방법원 귀중**

[서식] 증인신문사항

2018가합 1234호 계약금반환

당사자본인 김○○ 신문사항

1. 원고는 2012. 5. 1. 밤 10:00경 서초동 교대역 부근 ○○ 호텔 409호에서 피고에게 사업자금 명목으로 20,000,000원을 빌려준 사실이 있지요?

2. 원고는 당시 피고의 이름은 알지 못하고 단지 두 사람 중 키가 큰 사람과 일을 했다고 기억 할 뿐이지요?

3. 당시 위 409호의 조명은 밝은 편이 아니었고 돈을 빌려 줄 당시에 불을 껐다면서요?

4. 변제 기간이 만료될 즈음에 피고가 원고에게 변제기간 연장을 요청하였으나 원고가 이를 거절한 적이 있지요?

5. 또한 변제기인 2012. 9. 3.에 원고가 피고에게 대여금을 돌려달라고 하자 피고는 한달만 말미를 주면 어떻게든 구해서 주겠다고 말하였지요?

6. 기타.

■ 작성 · 접수방법

1. 당사자신문 신청서 1부를 담당 재판부에 제출한다.
2. 인지 등 첩부비용은 없다.
3. 당사자본인 신문을 채택여부는 법원의 재량이다. 그러나 증거가 당사자가 주장하는 사실에 대한 유일한 증거인 때에는 법원은 신청을 반드시 채택하여야 한다(법 290조).
4. 법원으로부터 신문 채택의 고지가 있으면 기일 전 10일 전까지 상대방수 더하기 3의 신문사항을 법원에 제출한다.

1. 의 의

소송을 제기할 예정이거나 이미 소장을 제출하여 놓은 상태에서, 그 소송에 필수적인 증인이 중병이 들어 곧 사망할 지경에 이르렀다거나(예를 들어 의료소송), 아니면 곧 외국으로 떠나버리려 하는 상황이 발생하거나 또는 당해 소송에 꼭 필요한 검증물이 시일을 지체하면 멸실되거나 부패하여 변경될 우려가 있는 경우와 같이 급박한 상황임에도 불구하고 정상적인 절차를 밟아 소송절차에서 증거조사를 하려고 하면 때를 놓치는 경우가 많다. 따라서 소송절차에서 본래의 증거조사기일 전에 미리 증거조사를 하지 아니하면 그 증거를 사용하기 곤란할 사정이 있다고 인정할 때 본안의 소송절차와는 별도로 미리 증거조사를 하여 그 결과를 확보하여 두는 판결절차의 부수절차로서 증거보전절차를 두고 있다(법 375조).

2. 증거보전요건

(1) 대상

증거보전의 대상이 되는 것은 모든 증거방법이다. 증인신문, 감정, 서증조사, 문서제출명령, 문서송부촉탁, 검증은 물론 당사자본인신문도 가능하다.

(2) 미리 조사하지 아니하면 증거를 사용하기 곤란한 사정이 있어야 한다.

1) 증거보전의 필요성

증거보전이 허용되기 위해서는 증거보전의 필요성이 있어야 한다(법 375조). 증거보전의 필요성은 미리 증거조사를 하지 않으면 증거방법 자체의 사용이 불가능하거나 현저히 경비가 증가하여 사실상 증거조사가 곤란한 경우에 인정된다. 미리라 함은 소제기 전은 물론 소송계속 중이라도 본래의 증거조사의 실시 전이라는 뜻으로 소송절차의 진행 상황에 따라 판단하여야 한다.

2) 필요성의 소명

증거보전의 사유(필요성)는 소명하여야 한다(법 377조 2항). 그런데 보전의 필요성을 어느 정도 소명해야 하는지에 대해서는 구체적 소명 필요설과 불요설(완화설)의 대립이 있다.

3. 증거보전 절차

(1) 신청

증거보전의 신청은 서면으로 하여야 한다. 신청서에는 ① 상대방의 표시, 그러나 상대방을 지정할 수 없는 경우(예컨대 도주 교통사고의 경우)에도 증거보전 신청을 할 수 있는데 이 경우에는 법원에서 상대방이 될 사람을 위해 특별대리인을 선임한다. ② 증명할 사실, ③ 보전하고자 하는 증거, ④ 증거보전의 사유에 관한 소명자료를 붙여야 한다(규칙 124조).

(2) 관할법원

① 소제기 뒤에 증거보전신청을 하는 경우에는 그 증거를 사용할 심급의 법원에 하여야 하고, 제1심 법원이 변론을 종결한 때에는 변론재개의 신청과 함께 증거보전신청을 하는 경우가 아니면 제2심 법원이 관할법원이 된다. ② 소제기 전에 증거보전신청을 하는 경우에는 신문을 받을 사람(증인, 감정인, 당사자 등)이나 문서를 가진 사람의 거소 또는 검증하고자 하는 목적물이 있는 곳을 관할하는 지방법원에서 하여야 한다(법 376조 1항). ③ 그러나 급박한 경우에는 소 제기 뒤에도 소 제기 전에 증거보전신청을 하는 경우의 관할법원에 신청할 수 있다(법 376조 2항).

(3) 비용의 납부

인지대 1,000원, 송달료 31,200원(5,200원×3회×2인)을 납부하여야 한다. 신청인이 소송구조를 받은 경우가 아니라면 그 증거조사비용을 예납하여야 한다. 증거보전의 비용은 소송비용의 일부가 되므로 그 부담은 소송비용의 재판에서 일괄하여 정하여 진다.

(4) 법원의 결정

소송이 계속된 중에는 직권으로 증거보전을 결정할 수 있다(법 379조). 그러나 실무상 그런 경우는 거의 없다. 증거보전의 신청에 대하여 법원은 변론 없이 그 허부의 결정을 하여야 한다. 증거보전신청을 받아들이는 결정에 대하여는 불복신청을 하지 못하지만, 이를 각하하는 결정에 대해서는 신청인이 항고할 수 있다(법 439조).

(5) 증거조사의 시행

증거보전으로서의 증거조사도 본안소송에 있어서의 증거조사와 동일한 방법으로 시행되며, 증거보전절차에서의 증거조사에 관하여는 민사소송법 규정 등이 적용된다.

[서식] 증거보전신청서

증거보전신청

수입인지
1000원

신 청 인   박 ○ ○(74○○○○-○○○○123)

서울시 ○○구 ○○동 125

피신청인   정 ○ ○(75○○○○-○○○○23)

서울시 ○○구 ○○동 256

신청인은 피신청인을 상대로 손해배상청구소송을 준비하고 있는데, 아래와 같이 증거보전의 사유가 있어 증인의 신문을 구합니다.

① 증명할 사실

신청인이 상대방으로부터 20○○. ○. ○. 별지 목록 기재의 물건을 대금 ○○○만원에 매수한 사실

② 증인의 표시

증인 : 김 ○ ○(721108-1047658)

주소 : 서울시 ○○구 ○○동 123호(○○병원)

* 위 증인은 현재 위암으로 위 병원에 입원 중이므로 임상 신문을 하여 주시기 바랍니다.

③ 증인신문사항

별지 기재와 같음.

신 청 이 유

1. 신청인은 20○○. ○. ○. 상대방에게서 별지 목록 기재 물건을 매수하고 그 대금까지 지급하였으나(입금증 참조) 상대방이 매매사실을 부인하며 그 인도를 거절하므로 상대방을 상대로 하여 인도청구의 소를 제기하려고 합니다.

2. 위 매매계약은 위 증인의 중개 및 입회로 이루어져 위 증인이 유일하게 그 내용을 알고 있습니다.

3. 그런데 위 증인은 20○○. ○. ○. 위암 말기 진단을 받고 위 병원에 입원 중인바, 최근 병세가 악화되어 곧 사망할지도 모르므로 조속히 신문을 하여 두지 아니하면 본안소송에서 증인신문을 할 수 없게 될 사정이 있습니다.

소 명 방 법

    1. 입금증   1통

    1. 진단서   1통

첨 부 서 류

    1. 위 소명방법   1통

20○○. ○. .

위 신청인 박 ○ ○ (인)

서울○○지방법원   귀중

■ 작성 · 접수방법

1. 증거보전 신청서의 제출은 ① 소제기 뒤에 증거보전신청을 하는 경우에는 그 증거를 사용할 심급의 법원에 하여야 하고, ② 소제기 전에 증거보전신청을 하는 경우에는 신문을 받을 사람(증인, 감정인, 당사자 등)이나 문서를 가진 사람의 거소 또는 검증하고자 하는 목적물이 있는 곳을 관할하는 지방법원에서 하여야 한다(법 376조 1항). ③ 그러나 급박한 경우에는 소 제기 뒤에도 소 제기 전에 증거보전신청을 하는 경우의 관할법원에 신청할 수 있다(법 376조 2항). 1부를 담당 재판부에 제출한다.
2. 신청서에는 증거보전의 사유에 관한 소명자료를 붙여야 하고(규칙 124조), 인지대 1,000원, 송달료 31,200원(5,200원×3회×2인)을 납부하여야 한다.

[서식] 증거보전신청

증 거 보 전 신 청

신 청 인 　　　○○○

　　　　　　　○○시 ○○구 ○○길 ○○(우: ○○○○○)

　　　　　　　전화·휴대폰번호:

　　　　　　　팩스번호, 전자우편(e-mail)주소:

상 대 방 　　　1) 대한민국

　　　　　　　　　위 법률상 대표자 법무부장관 ○○○

　　　　　　　2) 전주시

　　　　　　　　　위 대표자 시장 ○○○

신청인을 원고로 상대방들을 피고로 하여 귀원에 양식어업면허연장불허에 따른 손실보상금청구의 소를 제기하고자 준비중에 있으나 본안 심리가 진행되기 전에 어업시설물을 철거하게 되면 증거를 보전할 수가 없어서 위 사건의 증거를 보전하기 위하여 다음과 같이 검증·감정을 신청합니다.

다　　음

1. 증명할 사실

신청인이 ○○시 ○○구 ○○동 ○○ 내 500㎡의 어장에 양식하고 있는 현장을 검증하고 양식물의 종류와 어업수익금과 어업시설물 잔존가를 감정하여 명확히 입증함에 있음.

2. 증거의 표시

　　피면허자　　○○○(○○시 ○○구 ○○길 ○○)

　　허가구역　　○○시 ○○구 ○○동 ○○

면　　적　　500㎡

3. 증거보전의 사유

양식어업면허연장불허에 따른 손실보상금청구의 소에 있어서 어업수익금의 산출과
시설물 잔존가를 산출하여 입증하는 것이 필수적일 것인바, 어장을 철거하기 전에
이 사건 현장을 검증하고 어업수익금과 시설물의 잔존가를 감정하지　 아니하면 위
증거를 입증하기가 곤란함.

소 명 자 료

1. 소갑 제1호증　　　　　　　어업면허장등본
1. 소갑 제2호증　　　　　　　내수면양식어업면허기간만료통보서등본
1. 소갑 제3호증　　　　　　　내수면양식어업면허기간만료재통보서등본
1. 소갑 제4호증　　　　　　　민원서류보완요구서등본
1. 소갑 제5호증　　　　　　　민원서류반려서등본
1. 소갑 제6호증　　　　　　　민원서류보완요구(2차)등본
1. 소갑 제7호증　　　　　　　어업면허만료에 따른 청문실시서등본

첨 부 서 류

1. 위 소명자료　　　　　　　　　　　　　　　　　　각 1통
1. 송달료납부서　　　　　　　　　　　　　　　　　　1통

20○○.　　○.　　○.
위 신청인 ○○○ (인)

○○지방법원　귀중

증거보전신청서

신 청 인   정00(650000-0000000)

경기도 00시 00로 14-3

신청인의 소송대리인 법무법인 00

담당변호사 김00

서울 서초구 서초중앙로 000

피신청인   김00(830000-0000000)

서울 00구 000로 00길 51-6

증명하여야 할 사실

피신청인은 신청인과 경기도 00시 00읍 00리 000 지상 주택 2동의 신축공사도급 계약을 체결하고서 공사를 진행하던 중 신청인이 피신청인에게 선급금과 기성금을 지급하였음에도 일방적으로 공사를 중단한 상태인 바, 위 공사 중단 시점에 현존하는 기성구조물의 공사진척 정도(기성고)와 하자의 정도(변경•오시공 부분) 및 하자 보수비용

보전을 요하는 증거방법

1. 현장검증

가. 검증의 목적

경기도 00시 00읍 00리 000에서 주택신축 공사를 진행 중 현재까지 기성구조물의 현존상황을 명백히 함

나. 검증목적물

경기도 00시 00읍 00리 000 지상 기성 구조물

다. 검증할 사항

피신청인이 위 공사를 착공한 이래 현재까지 시공(토목공사, 골조공사, 기초전기공사, 기초설비공사 포함)한 구조물의 현존상황

2. 감정사항

(1) 기성고율 감정

가. 감정의 목적

피시청인이 경기도 광주시 곤지암읍 부항리 산13-7에 있는 주택공사현장에서 주택신축 공사를 진행 중 현재까지 시공한 기성구조물의 공사진척 정도(기성고율)을 명백히 함

나. 감정목적물

위 1항 검증목적물과 같음

다. 감정할 사항

피신청인이 위 공사를 중단한 시점까지 시공(토목공사, 골조공사, 기초전기공사, 기초설비공사 포함)한 기성구조물의 공사진척 정도(기성고율)

라. 감정인의 지정

귀원에서 적의 지정하여 주시기 바랍니다.

(2) 시공상, 설계상 하자 및 보수비용 등 감정

가. 감정의 목적

① 위 1항 검증목적물에 관하여 설계도면을 기준으로 하여 변경·오시공된 부분 일체
② 설계상의 하자의 존재여부 및 그 내용
③ 위 하자를 보수하기 위한 비용(보수가 불가능한 경우 손해배상액)

나. 감정의 목적물

위 1항 검증목적물과 같음

다. 감정할 사항

1) 설계도면을 기준으로 하여 <u>변경·오시공된 부분 일체를 감정하시어 해당 공정의 명칭 및 변경·오시공된 부분의 구체적 내용을 적시하여 주시기 바랍니다.</u>

2) 하자를 보수하기 위한 비용은 얼마나 드는지를 아래 요령에 따라 하자가 존재하는 각 공정별로 구분하여 구체적으로 산출하여 주시기 바랍니다.

3) 설계도면과 일치하는 시공의 경우에도 그 설계상의 하자가 존재하는 경우 그 부분을 구체적으로 적시하여 주시기 바랍니다.

4) 위 설계상 하자를 기초로 시공한 경우 이를 하자가 없는 상태로 철거, 제거, 재시공 등 하자를 보수하기 위하여 소요되는 공사비가 얼마인지(하자보수가 불가능할 경우 하자로 인한 손해배상액) 구체적으로 산출하여 주시기 바랍니다.

5) 구체적인 하자 항목은 곧 제출하겠습니다.

하자보수비용 산정 시 유의사항 – 요령

(가) 하자보수비용은 공사업체 측이 개인적으로 조달할 수 있는 공사비용이나 인정하는 금액이 아니라 건설물가나 정보노임 단가 등에 의하여 객관적으로 인정되는 금액에 의하여야 할 것입니다(대법원 1996. 5. 14. 선고 95다24975 판결).

(나) 하자보수비용 산정은, ① 하자 없이 시공하였을 경우의 시공비용과 하자 있는 상태대로의 시공비용의 차액을 산정하는 방법과 ② 철거비용을 포함한 재시공 비용을 산출하는 방법 등 두 가지 방법 모두를 각 공정별로 적용하여 표시하여 주시기 바랍니다. 끝.

증거보전의 사유

1. 신청인은 2012. 10. 30. 피신청인과 경기도 광주시 곤지암읍 부항리 산13-7 지상에 주택을 신축하기 위하여 도급계약을 체결하였습니다.

2. 피신청인은 2012. 10. 30. 도급계약 당시 2억 8,750만원의 견적서를 기준으로 공사가 시작되었습니다. 그런데 피신청인은 공사진행 도중인 2013. 5. 10. 공사대금이 더 필요하다고 하며 3억 9,300만원의 2차 견적서를 제시하였고, 공사마무리 단계에 이르러 공사대금을 더 지급하라며 신청인에게 1억 4,910만원을 추

가로 지급하도록 각서를 작성하게 하였습니다.

3. 신청인은 도급계약에 따라 피신청인에게 2012. 10. 9.~2012. 11. 15. 건축설계, 토목설계 및 인·허가비용으로 2,290만원을 지급하였고, 2012. 11. 20. 공사비 선수금으로 1억원을 지급하였습니다. 2013. 1. 10. 피신청인이 중도금지급을 요구하여, 1억원을 지급하였습니다. 나머지 공사대금은 준공 이후 지급하기로 하였는데, 피신청인은 그 이후에도 수시로 공사대금 지급을 하지 않으면 공사를 중단하겠다고 신청인을 협박하여 2013. 2. 8.~2013. 4. 29. 까지 6,630만원이 추가로 지급되었습니다.(소갑 제1호증 통장사본).

4. 피신청인은 신청인에게 2013. 2. 말경이면 공사가 마무리된다고 하여 신청인은 2월 중순경 살고 있던 전세집에서 나와 원룸에서 4식구가 생활하였습니다. 그러나 피신청인이 약속한 바와 달리 공사는 계속하여 지연되었고, 신청인은 2013. 3. 경에는 피신청인이 하도급을 주었던 토목업체의 안원욱 사장으로부터 공사대금 지급정지통지서를 받았습니다.

5. 신청인은 피신청인에게 추가로 6,630만원을 지급하였음에도 공사는 전혀 진행되지 않았고, 피신청인은 하도급업체에 대한 미지급금 7,000만원을 신청인이 지급하라고 하였습니다.

6. 2013. 5. 10. 피신청인은 신청인에게 합계 3억 9,300만원의 2차 견적서를 제시하며 2차 도급계약서를 다시 작성하게 하였습니다. 2차 도급계약서 작성 이후 신청인은 피신청인에게 추가로 4,300만원을 지급하였으나, 공사는 진행되지 않았고 피신청인은 하도급업체들에게 피신청인의 신청인에 대한 채권을 무단으로 양도하였습니다. 그로 인하여 신청인은 공사도 마무리되지 않은 상태에서 하도급업체들로부터 공사대금 지급을 독촉 받고 있는 상황입니다.

7. 위와 같이 신청인이 이미 지급한 공사대금만 3억 4,400만원에 이르고 있음에도, 피신청인은 신청인에게 부당한 추가공사대금을 청구하면서 일방적으로 공사를 중지하여 신청인에게 막대한 손해를 끼치고 있습니다. 이에 신청인은 피신청인

과의 도급계약을 해지하고 피신청인을 상대로 기성금에 대한 부당이득반환 및 손해배상청구의 본안소송을 제기할 예정입니다.

8. 피신청인이 완료한 공사부분을 분리하여 확정하기 위해서는 공사기성고율의 감정 및 하자감정이 필요합니다. 그런데 신청인이 본안소송을 제기한 후 본안소송에서 감정 등의 절차를 진행하게 되면 이 사건 증거보전절차를 통하는 것에 비하여 최소한 3개월에서 4개월 이상의 기간이 더 소요되고 위 기간 동안 신청인은 공사를 재개할 수 없어 막대한 손해가 발생하게 됩니다. 특히 동절기가 곧 다가와 조속한 현장검증 및 감정절차가 긴요한 상황입니다.

9. 위와 같은 상황에서 신청인은 피신청인이 기존에 공사하였던 기성구조물의 기성고율 및 하자 정도에 관하여 증거보전을 통하여 그 내용을 확정하여 후일의 분쟁을 예방하기 위하여 이 사건 증거보전신청을 하기에 이른 것입니다.

소 명 방 법

1. 소갑 제1호증   통장거래내역
1. 소갑 제2호증   계약최초 도급계약서 및 견적서
1. 소갑 제3호증   2차 도급계약서 및 견적서

2000. 00. .
위 신청인의 소송대리인
법무법인 00
담당변호사 김00

수원지방법원 성남지원 민사신청과 귀중

제6절 소송의 종료

1. 소송종료사유

소송은 법원의 종국재판(소장각하명령, 소각하판결, 청구기각·청구인용판결)으로 종료될 수도 있고 처분권주의 원칙상 당사자의 행위(취하48), 포기·인낙, 화해)에 의해 소송이 종료되기도 한다. 또 대립당사자구조가 소멸된 경우(원고가 피고를 상속하거나 합병하는 경우)에도 소송이 종료된다.

2. 소송종료선언

소송종료선언이란 계속 중이던 소송이 유효하게 종료되었음을 확인하는 종국판결이다. 종래 판례에 의해 발전되어온 제도이나 민사소송규칙에서 명문으로 규정하게 되었다(규칙 67조49), 68조). 소송종료선언은 소송판결이며, 종국판결이고, 확인판결이다. 종국판결이므로 상소가 허용되고, 소송판결이므로 소송종료선언 후 소를 취하한 경우에도 재소금지의 제재를 받지 않는다.

Ⅱ. 소의 취하

1. 의 의

소의 취하란 원고가 제기한 소의 전부 또는 일부를 철회하는 법원에 대한 일방적 의사표시이다. 소의 취하는 소송계속의 소급적 소멸이라는 소송법상의 효과가 발생하는 소송행위이다.

---

48) 원고 또는 원·피고가 불출석 하는 것을 쌍불이라 하는데 2회 쌍불이 있는 경우에는 1개월 내에 기일지정신청을 하지 않으면 취하 간주된다.

49) 제67조(소취하의 효력을 다투는 절차) ① 소의 취하가 부존재 또는 무효라는 것을 주장하는 당사자는 기일지정신청을 할 수 있다. ② 제1항의 신청이 있는 때에는 법원은 변론을 열어 신청사유에 관하여 심리하여야 한다. ③ 법원이 제2항의 규정에 따라 심리한 결과 신청이 이유 없다고 인정하는 경우에는 판결로 소송의 종료를 선언하여야 하고, 신청이 이유 있다고 인정하는 경우에는 취하 당시의 소송정도에 따라 필요한 절차를 계속하여 진행하고 중간판결 또는 종국판결에 그 판단을 표시하여야 한다.

〈소의취하와 청구의 포기〉

	소의취하	청구의 포기
법적 성격	원고가 제기한 소의 전부 또는 일부를 철회하는 법원에 대한 일방적 의사표시	원고가 자기의 소송상의 청구가 이유 없음을 자인하는 법원에 대한 일방적 의사표시
성립 요건	당사자능력과 소송능력이 필요하면, 대리인이 대리할 경우에 대리권 필요 조건이나 기한 불가 소송계송중 어느 때나 할 수 있다	
	직권탐지주의 적용받는 소송(가사, 행정, 선거)에서도 가능	직권탐지주의 적용받는 소송에서는 허용되지 않음
	준비서면제출, 진술, 변론 뒤에는 상대방의 동의를 받아야 함	상대방의 동의가 필요하지 않다
효과	소송은 종료되므로 이를 간과한 채 심리가 속행되면 당사자의 이의나 법원의 직권에 의해 판결로서 소송종료선언을 하여야 한다.	
	종국판결 후에 취하한 경우에는 당사자는 제소할 수 없다	청구포기가 조서화 되면 확정판결과 동일한 효력이 있어 기판력이 생겨 후소 제기시 기판력에 의해 각하

〈소의취하와 상소의 취하〉

	소의취하	상소의 취하
법적성격	소 자체를 철회하는 소송행위	상소를 철회하는 소송행위
효과	소 자체를 철회하므로 이미 선고된 판결까지 효력이 없어진다.	상소를 제기하지 않았던 것으로 하는 것이므로 상소를 취하하면 원심판결이 확정

2. 요건

(1) 당사자에 관한 요건

소의 취하는 소송행위이기 때문에 당사자가 소를 취하하려면 당사자능력과 소송능력이 필요하며 대리인이 대리할 경우에는 소송법상 대리권이 필요하다. 다만 미성년자가 제기한 부적법한 소는 스스로 혼자 유효하게 취하할 수 있다. 고유필수적 공동소송에서는 전원이 취하를 하지 않으면 효력이 없다.

(2) 소송물에 대한 요건

소의 취하는 가사소송, 행정소송, 선거소송과 같이 소송물의 자료수집에 있어서 직권탐지주의의 적용을 받는 소송에서도 자유롭게 할 수 있다.

(3) 의사표시의 부관

소취하는 소송행위이므로 민법상의 법률행위 규정이 적용될 수 없으며 기한이나 조건을 붙여서는 안된다.

(4) 피고의 동의

상대방이 본안에 관하여 준비서면을 제출하거나 변론준비기일에 진술하거나 변론을 한 뒤에는 상대방의 동의를 받아야 효력을 가진다(법 266조 2항).

(5) 시기

소취하는 원고의 소제기 후 판결이 확정되기까지 어느 때라도 할 수 있다(법 266조 1항). 또한 판결이 선고 된 후에라도 상소기간 내에 피고 동의하에 소취하서를 제출하면 소취하와 함께 소송이 종료된다.

3. 소취하의 방식

소송이 계속된 법원에 취하서를 제출하여야 한다. 다만 변론기일에는 말에 의한 소의 취하도 가능하다(법 266조 3항). 취하서는 법원용 1부와 상대방 수의 부본을 제출하는데 만약 상대방의 동의가 있거나 소장 송달전이라면 법원용 1부만 제출하면 된다.

4. 소취하의 효과

(1) 소송계속의 소멸

소가 취하되면 처음부터 소송이 계속되지 않은 것처럼 소송이 종료된다. 취하를 간과한 채 심리가 속행된 때에는 당사자의 이의나 법원의 직권으로 소송종료선언을 한다.

(2) 재소의 금지

본안에 대한 종국판결이 있은 뒤에 소를 취하한 사람은 같은 소를 제기하지 못한다(법 267조 2항). 판결이 확정되기 전에는 상소심에서도 소취하를 할 수 있지만 본안의 종국 판결 후에 취하를 하고 다시 제소하는 것을 금지하는 것은 소취하로 인하여 그 동안 판결에 들인 법원의 노력이 무용화되고 종국판결이 당사자에 의하여 농락당하는 것을 방지하기 위한 것이다(대판 2009. 6. 25. 2009다22037).

5. 소의 취하간주

실제로는 소를 취하하지는 않았지만 소를 취하한 것으로 간주되는 경우가 있다.

(1) 쌍방불출석

적법한 기일통지서를 받았음에도 불구하고 양쪽당사자가[50] 필요적 변론기일에 2회 출석하지 않고 1월내에 기일지정신청을 하지 않거나 지정신청을 하고 쌍방이 또 불출석한 경우에는 소가 취하된 것으로 본다(법 268조).

(2) 피고의 경정

피고 경정 신청을 허가하는 결정을 한 때에는 종전의 피고에 대한 소는 취하된 것으로 본다(법 261조 4항).

(3) 증권관련집단소송

소송절차의 중단 후 1년 이내에 수계신청이 없는 때에는 소가 취하된 것으로 본다(증권관련집단소송법 24조 3항).

[서식] 소취하서

소 취 하 서

사　　건　　2013가단 1234호 매매대금

원　　고　　장 ○ ○

피　　고　　문 ○ ○

위 당사자간 귀원 2013가단 1234호 매매대금 청구사건에 관하여 원고는 이 사건 소를 전부 취하합니다.

20○○.　10.　○○.

위 원고　장 ○ ○　(인)

○○ **지방법원　귀중**

---

50) 원칙상 쌍불이란 원고·피고 둘다 불출석하는 것을 의미하지만 취하간주는 피고에게 이익이 되는 것이기 때문에 실무상 원고만 출석하지 않는 경우에도 쌍불로 처리된다.

1. 소취하서 2부를 담당 재판부에 제출한다.
2. 취하서는 상대인 피고가 동의하여야 효력이 있기 때문에 소취하동의서 1부를 제출해야 하지만 동의서를 제출하지 않더라도 피고에게 소취하서가 송달된 날부터 2주 내에 피고가 이의를 하지 않으면 취하에 동의한 것으로 간주되기 때문에 취하의 효력이 발생한다.
3. 인지등 첨부비용은 없다.

[서식] 소취하동의서

소 취 하 동 의 서

사　　건　　2018가단 1234호 매매대금

원　　고　　장 ○ ○
피　　고　　문 ○ ○

위 당사자간 귀원 2018가단 1234호 매매대금 청구사건에 관하여 원고는 2013. ○. ○.자로 이 사건 소를 취하 하였는 바, 피고는 이에 동의 합니다.

　　　　　　　　　　　　　　20○○.　　10.　　○○.
　　　　　　　　　　　　　　위 피고 문 ○ ○ (인)

○○ **지방법원　귀중**

[서식] 소취하에 대한 이의신청서

소취하에 대한 이의신청서

사 건   2018가단 1234호 매매대금

원 고   장 ○ ○

피 고   문 ○ ○

위 당사자간 귀원 2018가단 1234호 매매대금 청구사건에 관하여 원고는 이 사건 소를 전부 취하 하였는 바, 피고는 원고의 이 같은 소 취하에 동의 할 수 없으므로 이의를 신청합니다(피고는 2013. ○. ○. 소취하서를 송달 받았습니다).

2013. ○. ○.

위 피고 문 ○ ○   (인)

○ ○ **지방법원 귀중**

■ 작성 · 접수방법

1. 피고가 원고의 소취하서를 송달받은 후에는 2주일 내에 소취하의 이의를 신청할 수 있다. 따라서 피고는 재판에서 승소할 수 있다고 확신하면 2주이내에 이의신청을 하고 재판을 진행하고 그렇지 않다면 이의신청 하지 않은 채 2주일이 경과하면 소취하의 효력이 발생하게 된다.
2. 이의신청서는 2부를 담당재판부에 제출하고 첩부비용은 없다.

1. 개 설

재판상 화해는 법관 앞에서 양 당사자가 다툼이 있는 법률관계에 관하여 상호 양보하여 합의한 결과를 진술하는 행위이다. 재판상 화해를 하면 법원이 화해조서를 작성하는데 이 조서는 확정판결과 동일한 효력이 있다.

2. 소송상 화해

(1) 의 의

소송상 화해는 법원에서 소송계속 중에 당사자 양쪽이 소송물인 권리관계에 관하여 서로 양보하여 합의결과를 법원에 진술하면서 소송을 종료시키는 행위이다. 소송물에 관하여 화해할 경우에 소송물 이외의 권리관계도 같이 화해할 수 있다(대판 1981. 12. 22. 78 다2278). 법원에서 하는 것이므로 민법상 화해계약과 다르고 소송계속 중에 이루어진다는 점에서 제소전 화해와 다르다.

(3) 요 건

1) 당사자

소송행위의 유효요건인 당사자 능력, 소송능력을 갖추어야 하고 대리인이 대리할 경우에는 소송법상 대리권이 필요하다. 필수적 공동소송에서는 공동소송인 전원이 같이 화해하지 않으면 무효이고 독립당사자참가소송에서는 참가인이 반대하지 않아야 유효하다.

2) 소송물

화해의 대상인 권리관계가 사적 이익에 관한 것이고 당사자가 자유롭게 처분할 수 있는 것이어야 한다. 직권탐지주의에 의하는 가사, 행정소송에서는 기판력이 제3자에게 확장되므로 당사자의 자유로운 의사로 법률관계를 확정하게 해서는 안되기 때문에 화해가 성립되지 않는다.

3) 상호의 양보

양보의 방법 및 범위에 대해서는 넓게 해석하고 있다. 즉 당사자가 화해에 있어서 양보의 방법으로서 계쟁물에 관계없는 물건 또는 금전의 지급을 약속하거나 제3자와의 권리관계를 포함시켜도 되고, 소송물의 전부를 인정 또는 포기하더라도 소송비용의 부담에 관하여만 양보 할 수 있다.

(4) 절 차

1) 시기

소송상 화해는 소송계속 중이면 변론기일이든 준비기일이든 상고심이든 아무 때나 할 수 있다. 변론종결 후 혹은 판결이 선고되어 그 정본이 송달된 이후라도 아직 확정전이라면 소송상 화해를 위한 화해기일지정신청을 한 뒤에 지정된 기일에서 화해할 수 있다.

2) 방식

단독행위인 포기, 인낙과 달리 화해는 당사자의 합의를 요하는데 소송상 화해는 기일에 출석하여 당사자가 말로 하는(구술화해) 것이 원칙이지만 2002년 개정법에서 당사자가 진술한 것으로 보는 답변서, 그 밖의 준비서면에 화해의 의사표시가 적혀 있고 공증사무소의 인증을 받은 경우에 상대방 당사자가 변론기일에 출석하여 그 화해의 의사표시를 받아들인 때에는 화해가 성립된 것으로 본다고 하여 서면화해를 인정하였다(법 148조 3항).

3) 화해성립후의 사무처리

화해가 요건을 갖추면 화해조서를 따로 작성하여야 하고(규칙 31조), 1주안에 그 조서의 정본을 당사자에게 송달하여야 한다(규칙 56조).

(5) 효과

1) 소송종료

소송상 청구에서 화해가 된 부분은 소송이 종료된다. 화해를 간과하고 심리가 속행된 경우에는 당사자의 신청 또는 직권으로 소송종료선언을 한다.

2) 확정판결

화해를 변론조서, 변론준비기일조서에 적은 때에는 그 조서는 확정판결과 같은 효력을 가진다(법 220조). 화해조서가 이행의무를 내용으로 할 경우에는 집행력을 갖는다.

(6) 화해권고결정

1) 의 의

법원, 수명법관 또는 수탁판사는 소송에 계속 중인 사건에 대하여 직권으로 당사자의 이익, 그 밖의 모든 사정을 참작하여 청구의 취지에 어긋나지 아니하는 범위 안에서 사건의 공평한 해결을 위한 화해권고결정을 할 수 있다(법 225조 1항).

2) 수소법원 조정제도와의 관계

	화해권고결정	조정제도
절차	소송절차 중이면 언제라도 가능	수소법원이 조정회부결정을 하여 소송절차를 중지해야 가능
주체	수소법원, 수명법관 가능하나, 위원회 방식으로 할 수 없다	수소법원, 수명법관 가능하고, 위원회 방식으로 할 수 있다.
전문가 참여	전문가 참여 불가	전문가 참여 가능
대상	소송물 이외의 사항을 대상으로 할 수 있는지 견해 대립	다른 권리관계나 다른 곳에서 계속중인 소송물도 대상이 됨
제3자참여	제3자 강제참가제도 없다	이해관계인을 강제로 조정절차에 참가 시킬수 있고 효력도 미친다
원용 제한	당사자의 진술을 다시 소송절차에서 제한 없이 원용가능	당사자 또는 이해관계인의 진술은 소송절차에서 원용하지 못한다

3) 요건

소송중이면 할 수 있으며 변론준비절차에서도 할 수 있다. 상고심법원도 할 수 있다. 법원의 소송의 정도와 관계없이 화해를 권고하거나 수명법관 또는 수탁판사로 하여금 권고하게 할 수 있다(법 145조 1항). 그러나 화해권고가 화해권고결정의 요건은 아니다. 화해권고결정은 청구의 취지에 어긋나지 아니하는 범위 안에서 할 수 있다.

4) 절 차

직권으로 하는 것이므로 당사자가 권고결정을 해달라고 신청해도 직권발동을 촉구하는 위미 밖에 없다. 법원사무관등은 화해권고결정내용을 적은 조서 또는 결정서의 정본을 당사자에게 송달하여야 한다. 정본을 송달받은 날부터 2주 안에 이의를 신청하지 아니하면 화해권고결정이 재판상 화해와 같은 효력을 가지게 된다는 취지를 고지하여야 한다.

5) 효 과

가. 당사자가 이의를 신청한 경우

정본을 송달 받은날부터 2주내에 이의를 신청할 수 있다. 이의신청이 적법한 때에는 소송은 화해권고결정 이전의 상태로 돌아간다. 이 경우 소송복귀를 위한 특별한 조치가 필요 없고 그 이전에 행한 소송행위는 모두 그대로 효력을 가지게 된다(법 232조 제1항).

나. 당사자가 이의를 신청하지 않은 경우

2주의 기간 이내에 이의신청이 없는 때에는 재판상 화해와 같은 효력을 가진다(법 231
조). 따라서 확정판결과 동일한 효력을 갖는다.

[서식] 화해권고결정문

수원지방법원 성남지원

화해권고결정

사   건   2012가단36   보험금 등 지급
원   고   권: (780514-216   )
                    성남시   구   동 317-11   빌딩 102호.
                    소송대리인 변호사 강
피   고   모모생명보험 주식회사
                    서울 종로구 종로
                    대표이사 신
                    소송대리인 법무법인   담당변호사 주

위 사건의 공평한 해결을 위하여 당사자의 이익, 그 밖의 모든 사정을 참작하여 다음
과 같이 결정한다.

결정사항

1. 원고는 이 사건 청구를 포기한다.
2. 소송비용은 각자 부담한다.

청구의 표시

청 구 취 지

피고는 원고에게 71,057,600원과 그 중 64,000,000원에 대하여는 2008. 11. 23.부터 이
사건 소장 부본 송달일까지 연 5%, 그 다음날부터 다 갚는 날까지 연 20%의 각 비율
로 계산한 돈을, 7,057,600원에 대하여는 이 사건 소장 부본 송달 다음날부터 다 갚는
날까지 연 20%의 비율로 계산한 돈을 지급하라.

화해권고결정에 대한 이의신청서

사 건   20○○가단○○○○ 손해배상(자)

원 고   ○○○

피 고   ○○버스주식회사

위 사건에 관하여 20○○. ○. ○○.자 화해권고결정 정본이 20○○. ○○. ○. 원고에게 송달되었으나, 원고는 위 결정에 불복하므로 이의를 신청합니다.

첨 부 서 류

1. 화해권고결정에 대한 이의신청서 부본   1통

20○○.   ○○.   ○○.

위 원고 ○○○ (인)

○○**지방법원 제**○**민사단독   귀중**

1. 개 설

(1) 의 의

재판이란 재판기관의 판단 또는 의사표시로서 소송법상 일정한 효과가 발생하는 법원의 소송행위이다. 법원사무관 등의 행위와 구별되고 사실행위(변론의 청취, 증거조사)와도 구별된다.

(2) 재판의 종류

	판결	결정	명령
주체	법원		법관(재판장, 수명법관, 수탁판사 등)
대상	중요사항, 즉 소송에 대한 종국적 중간적 판단을 할 때	소송절차에 관한 부수적 사항·강제집행사항·비송 사건을 판단할 경우에 함	
절차	① 신중을 위해 필요적 변론을 거침 ② 판결서를 적성해 판결서로 선고 ③ 판결서에 이유기재 후 법관이 서명날인	① 간이·신속을 위해 임의적 변론 ② 재판서를 작성할 필요 없고 적당한 방법으로 고지하면 족함 ③ 결정서에는 이유기재 생략할 수 있고 기명날인으로 족함	
효력	① 확정되어야 효력 발생 ② 법원은 자기의 판결에 기속된다	① 고지서 발송하면 효력발생 ② 기속력 없음	
불복	항소·상고로 불복	항고·재항고·이의로 불복	

2. 판결의 성립

판결은 ① 판결내용이 확정된 다음 ② 판결서를 작성하고 ③ 판결을 선고함으로써 성립된다. 이렇게 성립된 판결은 당사자에게 송달된다.

3. 판결의 선고

(1) 판결선고기일

판결은 변론이 종결된 날부터 2주 이내에 선고하여야 하며 복잡한 사건이나 그 밖의 특별한 사정이 있는 때에는 변론이 종결된 날부터 4주를 넘겨서는 아니 된다(법 207조 1항). 판결은 소가 제기된 날부터 5월 이내에 선고한다. 다만 항소심 및 상고심에서는 기록을 받은 날부터 5월 이내에 선고한다(법 199조). 그러나 소액사건의 경우에는 변론종결 후 즉시 판결을 선고할 수 있다(소액사건심판법 11조의2)[51].

(2) 판결선고방법

판결은 재판장이 판결원본에 따라 주문을 읽어 선고하며 필요한 때에는 이유를 간략히 설명할 수 있다(법 206조). 판결의 선고는 공개법정에서 하며, 판결은 당사자가 출석하지 아니하여도 선고할 수 있다(법 207조 2항).

4. 판결의 효력

판결이 선고 또는 확정되면 선고한 법원을 구속하는 자기구속력, 당사자가 더 이상 확정판결의 취소를 요구할 수 없게 하는 형식적 확정력, 후소의 법원과 당사자가 확정판결의 내용을 다툴수 없게 하는 실질적 확정력(기판력), 기타 집행력(판결로 명한 이행의무를 강제집행절차로 실현할 수 있는 효력), 형성력(형성판결의 확정에 의해 법률관계가 발생 · 변경 · 소멸되는 효력) 등의 효력이 발생한다.

[서식] 판결문

---

51) 제11조의2 (판결에 관한 특례) ① 판결의 선고는 변론종결후 즉시 할 수 있다.

제7절 종국판결의 부수적 재판

판결 주문에는 부수적으로 가집행선고와 소송비용에 관한 재판도 있다.

Ⅰ. 가집행선고

1. 의 의

판결이 확정되어야 집행력이 발생하는 것이 원칙이다. 가집행선고는 미확정의 종국판결에 대하여 미리 집행력을 부여하는 형성적 재판이다. 판결확정 전에 미리 집행할 수 있게 하여 승소자의 신속한 권리실현에 이바지하면서 소송지연을 목적으로 상소를 남용하는 것을 막는 기능을 한다.

2. 절 차

(1) 직권선고

가집행선고는 직권으로 하는 것이므로 당사자의 신청은 직권발동을 촉구하는 의미를 가질 뿐이다. 당사자의 신청에 대해 허부 재판을 하지 않았어도 추가판결을 구할 수 없다.

(2) 담보제공

법원은 재량에 의하여 담보를 제공하거나 제공하지 아니할 것을 조건으로 할 수 있다. 다만 어음금·수표금 청구에 대한 판결에는 담보를 제공하게 하지 아니하고 가집행의 선고를 하여야 한다(법 213조 1항).

(3) 가집행면제선고

원고를 위해 가집행선고제도를 두고, 피고를 위해 법원은 직권으로 또는 당사자의 신청에 따라 채권전액을 담보로 제공하고 가집행을 면제받을 수 있다는 것을 선고할 수 있다(법 213조 2항).

가 집 행 면 제 선 고 신 청 서

사　　건　　20○○가단○○　　대여금

원　　고　　○○○

피　　고　　○○○

　　위 사건에 대하여 가집행 선고가 있었으나, 피고는 이 사건의 성질상 판결확정 전에 집행을 받기에는 부당하고, 항소심에서 번복된다 해도 회복할 수 없는 불이익이 예상되므로 가집행을 면제하여 줄 것을 신청합니다.

　　　　　　　　　　　　　　20○○.　　○.　　○.

　　　　　　　　　　　　　　위 피고　　○○○　　(인)

○○지방법원　　귀중

---

3. 효 력

(1) 즉시 집행력

가집행선고가 붙은 판결은 선고에 의하여 즉시 집행력이 발생한다. 이행판결인 경우 바로 집행권이 된다. 피고가 상소해도 집행력에 의한 강제집행이 정지되지 않는다. 따라서 강제집행을 정지하려면 피고가 별도로 강제집행정지결정을 받아야 한다(법 501조, 502조).

(2) 본집행의 효력

가집행은 확정판결과 마찬가지로 권리의 종국적 만족에까지 이르는 본집행이다. 가압류·가처분과 같이 집행보전에 그치는 것이 아니다. 다만 확정판결과 달리 장래 상급심에서 가집행선고가 붙은 본안판결이 취소되는 것을 해제조건으로 허용되는 것이다. 이렇게 가집행으로 인한 변제의 효력은 확정적인 것이 아니므로 가집행선고가 붙은 제1심 판결에 기하여 피고가 그 가집행선고 금액을 지급하였더라도 항소심은 가집행 효력을 참작함이 없이 당해 청구의 당부를 판단하여야 한다(대판 1993. 10. 8. 93다26175).

(3) 불복

가집행에 관한 재판에 대하여는 독립하여 항소를 제기하지 못한다(법 391조 425조). 따라서 본안판결과 함께 불복해야 한다.

[서식] 강제집행정지신청서(가집행의 경우 항소심판결선고시까지)

강제집행정지명령신청

신 청 인 ○○○(주민등록번호)

　　　　　○○시 ○○구 ○○길 ○○(우편번호)

　　　　　전화·휴대폰번호:

　　　　　팩스번호, 전자우편(e-mail)주소:

피신청인 000(주민등록번호)

　　　　　○○시 ○○구 ○○길 ○○(우편번호)

　　　　　전화·휴대폰번호:

　　　　　팩스번호, 전자우편(e-mail)주소:

신 청 취 지

신청인과 피신청인 사이의 ○○지방법원 20○○. ○. ○. 선고 20○○가단○○○ 임금청구사건의 집행력 있는 가집행 선고가 있는 판결에 의한 강제집행은 항소심판결선고시까지 이를 정지한다.

라는 재판을 구합니다.

신 청 이 유

1. ○○지방법원은 신청인과 피신청인 사이의 같은 법원 20○○가단○○○ 임금청

구사건에 있어서 20ОО. О. О. 신청인 패소의 가집행 선고가 있는 판결을 하였고, 피신청인은 그 집행력 있는 판결정본에 기초하여 20ОО. О. ОО. 신청인 소유의 유체동산에 대하여 강제집행 중에 있습니다.

2. 그러나 신청인은 위 판결에 승복할 수 없으므로 20ОО. ОО. О. 귀원에 대하여 항소를 제기하였으므로 위 강제집행을 항소심판결선고시까지 정지시키고자 이 사건 신청서를 제출합니다.

소 명 방 법

1. 항소제기증명   1통
1. 판결문사본   1통
1. 송달료납부서   1통

20ОО.   О.   О.
위 신청인   ООО (인)

○○**지방법원   귀중**

Ⅱ. 소송비용의 재판

1. 의 의

민사소송비용법은 당사자의 부담으로 할 소송비용의 종류를 열거하고 그 한도를 소송행위에 필요한 한도의 비용으로 제한하고 있으며, 각개의 경우 구체적인 비용액 및 그 산출방법은 민사소송 등 인지법 및 다수의 대법원규칙에 규정되어 있다.

2. 소송비용의 범위

(1) 재판비용

재판비용이란 당사자 등이 소송 기타 절차를 수행하기 위하여 법원에 납부하는 비용으로서 크게 나누어 인지액 및 민사예납금(송달·증거조사 등 개개의 절차행위를 행함에 소요되는 비용으로서 법원에 납부하여야 하는 비용)으로 분류된다. 재판비용은 그 비용을 요하는 행위를 구한 사람 또는 그 행위에 의해 이익을 받는 당사자가 법원에 일응 출현하지만(인지첩부 또는 예납) 종국적으로는 비용부담의 재판을 받은 사람으로부터 상환 받는다.

(2) 당사자 비용

당사자비용이란 당사자가 소송수행을 위하여 법원에 납부하는 것이 아니라 직접 제3자에게 지출한 비용을 의미하며 재판 외의 비용이라고도 한다. 예를 들면 법원에 제출하는 서류나 도면을 작성하기 위하여 소요된 서기료 및 그 제출비용, 당사자 또는 대리인이 기일에 출석하기 위하여 지출한 비용(여비, 수당, 숙박료)과 변호사비용이 이에 해당한다. 당사자가 소송수행을 위해서 지출하는 구체적인 비용의 항목이나 그 액수는 경우에 따라 달라질 수 있는데 민사소송비용법과 민사소송비용규칙은 소송비용으로 상환 받을 수 있는 당사자 비용의 항목과 액수를 구체적으로 정하고 있다. 이 비용은 법원의 관여 없이 지출되는 것이므로 법원에 소송비용액 확정결정신청을 하는 때에 그 비용의 지출에 관한 증빙자료를 제출하여야만 이를 상환 받을 수 있다. 법무사에게 지급한 서기료, 대행수수료는 대한법무사협회의 회칙이 정하는 법무사의보수에관한규정에 정한 금액으로 한다.

법무사보수(법무사협회회칙 제76조 별표)

구 분	기본보수	가 산 액	
1. 소장, 준비서면, 답변서, 증거신청, 화해신청, 항소·상고이유서, 가압류·가처분신청서, 집행신청서	난이도에 따라 30만원까지	1천만원 초과~5천만원	1천만원 초과액×0.0009
		5천만원 초과~2억원	40,800원+ 5천만원 초과액×0.0008
		2억원 초과~5억원	156,000원+ 2억원 초과액×0.0007
		5억원 초과~10억원	366,000원+ 5억원 초과액×0.0006
		10억원 초과~20억원	666,000원+ 10억원 초과액×0.0002
		20억원 초과	866,000원+ 20억원 초과액×0.0001

		1천만원 초과~5천만원	1천만원 초과액×0.0007
2. 항소장·상고장, 지급명령신청서, 조정신청서, 공시최고신청서	난이도에 따라 10만원까지	5천만원 초과~2억원	28,000원+ 5천만원 초과액×0.0006
		2억원 초과~5억원	120,400원+ 2억원 초과액×0.0005
		5억원 초과~10억원	268,000원+ 5억원 초과액×0.0004
		10억원 초과	468,000원+ 10억원 초과액×0.0001

주) 법무사보수는 기본보수에 가산액을 합하여 산정한다.

(3) 변호사의 보수

1) 소송비용산입제

소송을 대리한 변호사에게 당사자가 지급하였거나 지급할 보수는 대법원규칙이 정하는 금액의 범위 안에서 소송비용으로 인정된다(법 109조 1항). 당사자가 임의로 변호사를 소송대리인으로 선임한 경우뿐 아니라 법원이 선임을 명한 경우에도 모두 소송비용으로 인정된다.

2) 소송비용산입방법

① 소송비용에 산입할 변호사의 보수는 변호사에게 지급한 보수전액이 아니라 소송비용에 산입되는 변호사의 보수는 당사자가 보수계약에 의하여 지급한 또는 지급할 보수액의 범위 내에서 각 심급단위로 소송목적의 값에 따라 별표의 기준에 의하여 산정된다(변호사보수의 소송비용산입에 관한 규칙 제3조).

② 여러 변호사가 소송을 대리하였더라도 한 변호사가 대리한 것으로 본다(법 109조 2항). 한편 공동으로 변호사를 선임한 여러 사람의 당사자 중 한 사람이 변호사보수를 전액 지급하였다면 동 규칙에서 정한 기준에 의하여 계산한 범위 내에서 그 전액이 소송비용에 산입되는 것이지 이를 균분할 것은 아니다(대결 1992. 12. 28. 92두62). 반면에 여러 사람의 공동소송인이 공동으로 변호사를 선임하여 소송을 수행하게 한 경우에 변호사보수를 산정함에 있어서는 특별한 사정이 없는 한 동일한 변호사를 선임한 공동소송인들의 각 소송목적의 값을 모두 합산한 총액을 기준으로 변호사 보수를 계산한다(대결 2000. 11. 30. 2000마5563).

③ 피고의 전부 자백 또는 자백간주에 의한 판결이나 무변론 판결의 경우 소송비용에 산입할 변호사의 보수는 산정기준에 따라 산정한 금액의 1/2로 한다(동규칙 5조).

변호사보수(변호사보수의 소송비용 산입에 관한 규칙, 2018. 4. 1. 시행)

[별표] 〈개정 2018. 3. 7.〉

소송목적의 값	소송비용에 산입되는 비율
2,000만원까지 부분	10%
2,000만원을 초과하여 5,000만원까지 부분 [200만원 + (소송목적의 값 − 2,000만원) x $\frac{8}{100}$]	8%
5,000만원을 초과하여 1억원까지 부분 [440만원 + (소송목적의 값 − 5,000만원) x $\frac{6}{100}$]	6%
1억원을 초과하여 1억5천만원까지 부분 [740만원 + (소송목적의 값 − 1억원) x $\frac{4}{100}$]	4%
1억5천만원을 초과하여 2억원까지 부분 [940만원 + (소송목적의 값 − 1억5천만원) x $\frac{2}{100}$]	2%
2억원을 초과하여 5억원까지 부분 [1,040만원 + (소송목적의 값 − 2억원) x $\frac{1}{100}$]	1%
5억원을 초과하는 부분 [1,340만원+ (소송목적의 값 − 5억원) x $\frac{0.5}{100}$]	0.5%

주) 변호사를 선임할 때 변호사보수(착수금)는 선임계약에 따라 서로 합의하에 정하지만 보통 소송의 난
이도에 따라 착수금으로 2백만원~5백만원 정도로 하고 소송에서 승소하였을 경우 성공보수금으로
승소가액의 10%~20%의 선에서 체결하는 것이 일반적이다. 그러나 소송비용으로 상대방에게 청구
할 수 있는 변호사보수는 실제로 변호사에게 지급한 변호사보수를 기준으로 청구하는 것이 아니라
위「변호사보수의 소송비용 산입에 관한 규칙」에 의하여 산정된 변호사보수만을 청구할 수 있음을 주
의하여야 한다.

3. 소송비용의 부담

(1) 패소자부담원칙

소송비용은 패소한 당사자가 부담한다(법 98조). 패소이유, 패소자의 고의, 과실을 묻지
않는 일종의 결과 책임이다. 주문에 소송비용은 피고가 부담한다라는 식으로 기재한다
(원고가 승소한 경우).

(2) 구체적 내용

1) 일부패소의 경우

일부 패소한 경우 소송비용은 각 당사자가 분담하는 것이 원칙이고 분담 방법은 보통 부대청구를 제외한 청구액과 인용액의 비율에 따라 부담시키지만, 소송 전 과정을 통한 당사자의 소송활동을 참작하여 법원이 재량으로 적정하게 정하고 있다(법 101조). 따라서 반드시 청구액과 인용액의 비율에 따라 정하여야 하는 것은 아니다(대판 2000. 1. 18. 98다18506). 주문은 '소송비용 중 1/3은 원고가, 나머지는 피고가 부담한다'라는 식으로 한다. 다만 사정에 따라 한 쪽 당사자에게 전부를 부담하게 할 수 있는데(법 101조) 예를 들면 일방의 패소부분이 극히 근소한 경우가 이에 해당한다.

2) 공동소송의 경우

공동소송인은 소송비용을 균등하게 부담한다. 다만 법원은 사정에 따라 공동소송인에게 소송비용을 연대하여 부담하게 하거나 다른 방법으로 부담하게 할 수 있다(법 102조 1항). 예를 들면 필수적 공동소송에서 항소하지 않은 당사자에게는 비용을 부담시킬 것이 아니고 실제 항소한 자에게만 비용을 부담시키는 것이 타당하다.

3) 독립당사자참가의 경우

승패에 따라 소송비용을 부담한다. 따라서 주문은 원고승소, 참가인 패소의 경우라면 '소송비용 중 본소로 인한 부분은 피고가 부담하고, 참가로 인한 부분은 독립당사자 참가인이 부담한다'라는 식으로 한다.

(3) 예 외

법원은 사정에 따라 승소한 당사자로 하여금 다음과 같이 발생한 소송비용의 전부나 일부를 전담하게 할 수 있다. 법원은 사정에 따라 승소한 당사자로 하여금 그 권리를 늘리거나 지키는 데 필요하지 아니한 행위로 말미암은 소송비용 또는 상대방의 권리를 늘리거나 지키는 데 필요한 행위로 말미암은 소송비용의 전부나 일부를 부담하게 할 수 있다(법 99조). 당사자가 적당한 시기에 공격이나 방어의 방법을 제출하지 아니하였거나, 기일이나 기간의 준수를 게을리 하였거나, 그 밖에 당사자가 책임져야 할 사유로 소송이 지연된 때에는 법원은 지연됨으로 말미암은 소송비용의 전부나 일부를 승소한 당사자에게 부담하게 할 수 있다(법 100조).

(4) 제3자에게 소송비용의 상환을 명하는 경우

1) 대리인의 고의, 중과실이 있는 경우

법정대리인·소송대리인·법원사무관등이나 집행관이 고의 또는 중대한 과실로 쓸데없는 비용을 지급하게 한 경우에는 수소법원은 직권으로 또는 당사자의 신청에 따라 그에게 비용을 갚도록 명할 수 있다(법 107조 1항).

2) 무권대리인의 경우

법정대리인 또는 소송대리인으로서 소송행위를 한 사람이 그 대리권 또는 소송행위에 필요한 권한을 받았음을 증명하지 못하거나, 추인을 받지 못한 경우에 그 소송행위로 말미암아 발생한 소송비용에 대하여는 제1항의 규정을 준용한다(법 107조 2항). 즉 소송비용은 그 소송행위를 한 대리인이 부담한다(법 108조).

4. 소송비용부담의 재판

(1) 소송비용불가분원칙

법원은 사건을 완결하는 재판에서 직권으로 그 심급의 소송비용 전부에 대하여 재판하여야 한다(법 104조). 소송비용재판은 직권으로 하므로 당사자에게 신청권이 없고 신청은 직권발동을 촉구하는 의미밖에 없다. 심급의 소송비용 전부에 대하여 함이 원칙이다(소송비용불가분원칙). 다만 사정에 따라 사건의 일부나 중간의 다툼에 관한 재판에서 그 비용에 대한 재판을 할 수 있다(법 104조).

(2) 상소심의 경우

상급법원이 상소를 각하하거나 기각하는 경우에는 그 심급에서 생긴 소송비용만을 재판한다. 상급법원이 본안의 재판을 바꾸는 경우 또는 사건을 환송하거나 이송 받은 법원이 그 사건을 완결하는 재판을 하는 경우에는 소송의 총비용에 대하여 재판하여야 한다(법 105조).

5. 소송비용액 확정절차

(1) 의 의

실무상 소송비용 부담의 재판은 이를 부담할 당사자 및 그 부담의 비율만을 정할 뿐 구체적인 비용액까지 확정하는 예는 거의 없다. 소송비용액 확정결정은 이와 같이 소송비용 부담의 재판에 의하여 정하여진 소송비용액 상환청구권의 액수를 구체적으로 확정하여 강제집행이 가능하도록 하는 절차이다.

(2) 신 청

소송비용의 부담을 정하는 재판에서 그 액수가 정하여지지 아니한 경우에 제1심 법원은 그 재판이 확정되거나 소송비용부담의 재판이 집행력을 갖게된 후에 당사자의 신청을 받아 결정으로 그 소송비용액을 확정한다(법 110조 1항). 2002년 개정법은 소송비용부담의 재판이 집행력을 갖게 된 후 즉 소송비용에 대하여 가집행선고된 경우에도 확정신청을 할 수 있도록 하였다.

(3) 상대방의 의견서 제출

법원은 소송비용액을 결정하기 전에 상대방에 대하여 비용계산서 등본을 교부하고 이에 대한 진술을 할 것과 일정한 기간 내에 비용계산서와 비용액이 소명에 필요한 서면을 제출할 것을 최고한다(법 111조). 이러한 의견서의 제시는 비용에 대한 적절성을 확보하기 위한 기회를 주는 것이지만 비용액 결정은 법원의 재량으로 결정된다. 따라서 소송비용액 확정결정신청서를 송달받은 당사자(예. 패소한 당사자)가 이에 대하여 이의가 있는 경우에는 '소송비용계산에 대한 진술서'나 '의견서'를 제출함으로써 다투어야 할 것이다.

(4) 결 정

소송비용확정 신청이 있는 때에는 법원은 법원사무관등에게 소송비용액을 계산하게 하여야 한다(법 115조). 소송이 재판에 의하지 않고 취하, 포기, 인낙 등에 의하여 종료된 경우에 법원은 당사자의 신청에 따라 결정으로 소송비용의 액수를 정하고 이를 부담하도록 명하여야 한다. 다만 재판상의 화해의 경우 화해에서 비용부담의 약정까지 하는 경우가 대부분이고 그 약정이 없으면 화해비용과 소송비용은 당사자들이 각자 부담한다(법 106조) 따라서 소송비용확정절차가 필요 없다.

[결정문] 소송비용액확정 결정문

신청인대리인

137-883

2060236-098567↓
(민사과 보존계(민사과))
2013-411-334-452

수원지방법원 안양지원

결   정

사   건   2013카확3   소송비용액확정

신 청 인   1. 김   :(580215-1177
              안양시 동안구   7-1   진흥아파트 나동 603호
           2. 정   (561005-1149:
              군포시 산본동 1i   아파트 858동 1204호
           신청인들의 소송대리인 법무법인 원일 담당변호사 주

피 신 청 인   산업 주식회사
            경기 군포시   (당동)
            대표이사 문

주   문

위 당사자 사이의 이 법원 2012가합64: [서울고등법원 2013나3' ㅣ 청구이의 사건 판결
에 의하여 피신청인이 신청인들에게 상환하여야 할 소송비용액은 피신청인 1. 김
8,007,300원, 2. 정   4,200,000원 임을 각 확정한다.

이   유

주문기재의 위 사건에 관하여 신청인들이 그 소송비용액의 확정을 구하여온 바, 피신청인이
부담하여야 할 소송비용액은 별지 계산서와 같이 피신청인 1. 김   8,007,300원, 2. 정
   4,200,000원 임이 인정되므로 민사소송법 제110조 제1항, 제112조를 적용하여 주문과 같
이 결정한다.

2014. 2. 14.

정 본 입 니 다.
2014. 2. 1
법원주사 장김?

사 법 보 좌 관   안

※ 결정에 대하여 불복이 있을 때에는 이 정본을 송달받은 날(발송송달의 경우에는 발송한
날)부터 7일 이내에 항고장을 이 법원에 제출하여야 합니다.

(5) 즉시항고

법원으로부터 소송비용액확정결정을 송달받은 상대방은 7일이내에 즉시항고 할 수 있으며[52] 만약 7일 이내에 즉시항고를 하지 않으면 사건은 확정된다.

(6) 집행

위와같이 확정된 후에는 결정문은 집행권원이 되므로 집행문 부여 및 송달·확정증명을 받아 상대방을 상대로 집행을 할 수 있다.

6. 소송비용의 담보

원고가 대한민국에 주소, 사무소와 영업소를 두지 아니한 때 또는 소장, 준비서면 그 밖의 소송기록에 의하여 청구가 이유 없음이 명백한 때 등 소송비용에 대한 담보제공이 필요하다고 판단되는 경우에 피고의 신청이 있으면 법원은 원고에게 소송비용에 대한 담보를 제공하도록 명하여야 한다. 담보가 부족한 경우에도 또한 같다(법 117조 1항). 위와 같은 경우에 법원은 직권으로 원고에게 소송비용에 대한 담보를 제공하도록 명할 수 있다.

---

52) 항고장에는 인지 2,000원과 송달료 5회분을 납부하고 상대방수에 해당하는 부본을 제출한다.

소송비용액확정결정신청서

신 청 인(원　고)　정 ○ ○(76○○○○-123○○○○)
　　　　　　　　　　서울시 ○○구 ○○동 ○○

피신청인(피　고)　박 ○ ○(75○○○○-123○○○○)
　　　　　　　　　　서울시 ○○ ○○동 12-971

신 청 취 지

피신청인은 서울중앙지방법원 2011. 2. 22. 선고 2010가단 1234(서울중앙지방법원 2011. 9. 23. 선고 2011나 5678) 약정금 청구사건의 판결에 의하여 신청인에게 상환하여야 할 소송비용액은 금6,520,600원임을 확정한다.

신 청 이 유

위 당사자간 서울중앙지방법원 2010가단 1234 약정금 청구사건에 관하여 2011. 2. 22. 신청인의 승소판결이 있었고, 이에 피신청인이 항소를 제기하였으나(서울중앙지방법원 2011나 5678), 2011. 9. 23. 항소가 기각되어 2011. 10. 15. 위 판결은 확정되었던바, 피신청인이 부담하여야 할 소송비용액의 확정을 신청하오니 결정하여 주시기 바랍니다.

첨 부 서 류

　　1. 비용계산서　　　　　　　　　1통
　　1. 영수증 사본　　　　　　　　　3통
　　1. 판결문　　　　　　　　　　　3통
　　1. 확정증명원　　　　　　　　　3통

2011.　　11.　　　.
위 신청인　정 ○ ○　(인)

서울중앙지방법원　귀중

소송비용계산서

1. 제1심　　：　금3,420,600원

   인지대　　금230,000원

   송달료　　금90,600원

   변호사 보수　금3,100,000원[210만원+(5,000만원−3,000만원)x$\frac{5}{100}$]

2. 제2심　　：　금3,100,000원

   변호사 보수　금3,100,000원[210만원+(5,000만원−3,000만원)x$\frac{5}{100}$]

3. 합계　　：　금6,520,600원

－ 이 상 －

■ 작성 · 접수방법

1. 실무상 소송비용 부담의 재판은 이를 부담할 당사자 및 그 부담의 비율만을 정할 뿐 구체적인 비용액까지 확정하는 예는 거의 없다. 따라서 사건이 확정된 이후에 소송비용확정결정신청서 1부를 작성하여 제1심 법원에 제출한다.
2. 신청서에는 소명자료로 판결문, 확정증명원을 첨부해야 하고, 비용계산서는 별지로 2~3부를 제출한다.
3. 인지는 1,000원과 송달료 2회분 20,800원(=2회분×5,200×당사자2명)을 납부한다.

소송비용액확정결정신청서

신 청 인(반소피고)　　　◇◇◇ (주민등록번호)

　　　　　　　　　　　　○○시 ○○구 ○○길 ○○(우 : ○○○○○)

　　　　　　　　　　　　전화·휴대폰번호 :

　　　　　　　　　　　　팩스번호, 전자우편(e-mail)주소:

피신청인(반소원고)　　　○○○(주민등록번호)

　　　　　　　　　　　　○○시 ○○구 ○○길 ○○(우 : ○○○○○)

　　　　　　　　　　　　전화·휴대폰번호 :

　　　　　　　　　　　　팩스번호, 전자우편(e-mail)주소:

1. 신청인은 피신청인이 신청인을 상대로 ○○지방법원 20○○가단○○○ 건물명도청구(본소)에 대하여 20○○가단○○○ 임차보증금반환청구소송(반소)을 제기하였는데, 제1심에서는 신청인이 전부 패소하여 이에 신청인이 같은 법원 20○○나○○○호, ○○○호로 항소하여 일부 승소를 하였고, 이에 피신청인이 대법원 20○○다○○○호, ○○○호로 상고하였으나 상고기각으로 확정되었습니다.

2. 이에 신청인은 피신청인에 대하여 위 사건 소송비용의 확정을 구하고자 본 신청에 이른 것입니다.

첨 부 서 류

1. 판결문사본　　　　　　　　　　　　　　　　　3통
1. 송달료납부서　　　　　　　　　　　　　　　　1통

　　　　　　　　　　　　　20○○.　○.　○.

　　　　　　　　　　　　　위 신청인(반소피고)　○○○　(서명 또는 날인)

○○지방법원 ○○지원　귀중

계 산 서

1. 제1심 소송비용

   인지대 : 금 108,500원   송달료: 금 60,000원   소계 : 금 168,500원

2. 제2심 소송비용

   항소인지대 : 금 162,700원   송달료: 금 50,000원

   변호사보수 : 금 650,000원+(승소금 2,300만원−금 1,000만원)×4/100= 금 1,170,000원

   소계 : 금 1,382,700원

3. 제3심 소송비용

   변호사보수 : 금 480,000원+(승소금 2,300만원−금 2,000만원)×2/100= 금 540,000원

   소계 : 금 540,000원

4. 신청비용

   인지대 : 금 1,500원   송달료 : 금 10,000원   소계 : 금 11,500원

5. 합계 : 금 2,102,700원

소송비용부담 판결은 '제1, 2심은 본소 반소를 통하여 2분의 1은 신청인의, 2분의 1은 피신청인의 부담으로 하고 상고비용은 피신청인의 부담으로 한다'이므로 피신청인이 신청인에게 지급하여야 할 비용은 금 1,327,100원(금 1,551,200원×1/2+ 금 540,000+금 11,500원)입니다.

소송비용계산서등본에 대한 진술서

신 청 인(원　고)　정 ○ ○(76○○○○-123○○○○)

　　　　　　　　서울시 ○○구 ○○동 ○○

피신청인(피　고)　박 ○ ○(75○○○○-123○○○○)

　　　　　　　　서울시 ○○ ○○동 12-971

　위 당사자간 귀원 20○○카기 1234 소송비용액확정결정 신청사건에 관하여 피신청인(피고)은 다음과 같이 소송비용계산서 등본에 대하여 진술을 합니다.

다　　음

1. 소송비용계산서 등본에 대한 의견 진술

금 5,000,000원	변호사보수	부인합니다 (변호사보수의소송비용산입에관한규칙 3조에 의한 금액의 범위 내에서만 인정합니다)
금　500,000원	인지대	인정합니다.
금　150,000원	신체감정비	인정합니다.
금　102,000원	송달료	인정합니다.

2. 피고의 소송비용계산서

　1) 금 1,500,000원(변호사선임비)

　2) 금 35,000원(증인여비)

　이상과 같이 소송비용계산서에 대한 의견진술과 피고의 소송비용계산서 및 소명자료를 제출합니다.

첨 부 서 류

　　1. 소송비용계산서 등본　　　　　　　　1통
　　1. 영수증 사본　　　　　　　　　　　　3통

　　　　　　20○○.　　○.　　.
　　　　　　　　위 피신청인(피고)　정 ○ ○　(인)

서울중앙지방법원　귀중

소송비용액확정결정신청에 대한 의견서

사   건   2014카기 123호 소송비용액확정

신 청 인(원   고)   정 ○ ○ 외 1

피신청인(피   고)   박 ○ ○

위 당사자간 귀원 2014 카기 123호 소송비용액확정 사건에 관하여 피신청인(피고)
은 다음과 같이 의견서를 제출합니다.

다   음

1. 피신청인들은 위 당사자간 ○○지방원 20○○ 가합1234 대여금 청구 사건에 관
한 변호사 보수를 신청인 정○○과 신청인 박○○이 각각 산정하여 신청인 정○○
은 ○○만원, 신청인 박○○은 ○○만원을 청구하고 있습니다.

2. 그러나 피신청인들은 위 대여금 청구 사건에서 변호사 ○○○를 공동으로 선임
한 공동소송인들로서 변호사 보수를 산정할 때 각각 산정하는 것이 아니라 총 소가
를 기준으로 신청인들의 변호사 보수를 신청하여야 하므로 신청인들의 소송비용은
모두 ○○만원이라 할 것입니다.

3. 이와 같이 신청인들의 청구 변호사 비용은 과다하므로 적정한 금액으로 산출하
는 것이 타당하다 할 것입니다.

첨 부 서 류

1. 소송비용계산서 등본   1통

20○○.   ○.   .

위 피신청인(피고) 박 ○ ○ (인)

서울중앙지방법원 귀중

Ⅲ. 판결의 경정

1. 의 의

판결의 경정이란 판결을 실질적으로 변경하지 않는 범위 내에서 판결에 잘못된 계산이나 기재, 그 밖에 이와 비슷한 잘못이 있음이 분명한 때에 법원이 직권으로 또는 당사자의 신청에 따라 결정으로 잘못을 바로 잡는 것을 말한다(법 211조 1항).

2. 요 건

(1) 표현상 잘못

판결에 잘못된 계산, 잘못된 당사자의 표시(예를 들어 성명, 주소, 주민번호 등)기재 그 밖에 이와 비슷한 표현상 잘못이 있어야 한다. 따라서 판결의 판단내용의 잘못이나 판단 누락은 경정의 대상이 아니다. 예를 들면 청구취지에서 지급을 구하는 금원 중 원금 부분의 표시를 누락하여 그대로 판결된 경우에는 판결경정으로 원금 부분의 표시를 추가하는 것은 주문의 내용을 실질적으로 변경하는 경우에 해당하여 경정할 수 없다(대결 1995. 4. 26. 94그26).

(2) 잘못이 분명해야 한다

법원의 과실이 아니고 당사자의 과실로 인하여 생긴 오류, 예컨대 당사자가 제소시에 소송목적물의 지번, 지적 등을 잘못 표시하여 판결에 그대로 기재된 경우도 경정할 수 있다(대결 1990. 5. 23. 90그17).

3. 경정의 절차

(1) 직권경정과 신청권

법원은 직권으로 또는 당사자의 신청에 따라 결정으로 언제든지 할 수 있다(법 211조 1

항). 따라서 상소제기 또는 판결확정의 전후를 불문하므로 강제집행 단계에서 비로소 표현상 잘못을 발견하였더라도 이때 경정신청을 할 수 있다.

판결경정신청서에는 1,000원의 인지를 첨부하여야 하며, 결정정본의 송달에 필요한 비용을 예납하여야 한다.

(2) 경정결정

경정은 결정으로 한다(법 211조 1항). 경정결정은 판결의 정본에 덧붙여 적어야 한다. 다만 정본에 덧붙여 적을 수 없을 때에는 결정의 정본을 작성하여 당사자에게 송달하여야 한다(법 211조 2항).

(3) 불 복

경정결정에 대하여는 즉시항고를 할 수 있다. 다만 판결에 대하여 적법한 항소가 있는 때에는 그러하지 아니하다(법 211조 3항). 판결에 대하여 항소한 경우에는 항소심에서 원판결의 당부를 심사할 때 경정결정도 함께 심사를 받게 되기 때문에 즉시항고를 할 수 없게 한 것이다. 결정신청기각결정에 대하여는 즉시항고할 수 없다.

4. 경정결정의 효력

경정결정을 판결원본과 정본에 덧붙여 적은 때에는 그 정본의 송달에 의하여, 따로 경정결정서가 작성 된 때에는 그 결정정본의 송달에 의하여 경정결정 자체의 효력이 생기지만, 잘못이 시정되는 경정의 효력은 경정결정 자체의 효력과는 달리 판결선고시에 소급하여 생긴다(대결 1962. 1. 25. 4294민재항674).

[서식] 판결경정신청서

판결경정 신청서

사　　건　　2013가단 1234호 손해배상(기)

신 청 인　　김 ○ ○
피신청인　　이 ○ ○

위 당사자간 귀원 2013가단 1234호 손해배상(기) 청구사건에 관하여 신청인은 다음

과 같이 판결경정을 신청합니다.

신 청 취 지

귀원 2013가단 1234호 손해배상(기) 청구사건에 관하여 2013. ㅇ. ㅇ. 선고된 판결문의 당사자 표시 중 "원고 김ㅇㅇ 서울 강남구 삼성동 78-1 삼성아파트 **110동** 201호"를 "원고 김ㅇㅇ 서울 강남구 삼성동 78-1 삼성아파트 **101동** 201호"로 경정한다.
라는 결정을 구합니다.

신 청 이 유

원고가 피고를 상대로 제소할 당시에 소장에 원고의 주소를 착오로 잘못 기재하였기에 신청취지와 같은 경정을 구합니다.

첨 부 서 류

1. 원고 주민등록등본   1통

20ㅇㅇ. 10. ㅇㅇ.
위 원고 김 ㅇ ㅇ (인)

○○ **지방법원 귀중**

■ 작성 · 접수방법

1. 신청서 1부를 현재 기록이 있는 법원에 신청한다
2. 신청에는 인지대 1,000원, 송달료 20,800원(5,200원×2회×당사자 수 2인)을 납부하여야 한다.

제8절 복수청구

1. 의 의

하나의 소송절차에서 여러 개의 청구가 병합심리하는 소송을 복수청구소송이라고 한다. 원시적 병합은 원고가 소제기 할 때부터 여러 개의 청구를 병합하는 경우로서 여기에는 단순병합, 선택적 병합, 예비적 병합이 있다. 후발적 병합은 소송계속 중에 새로운 청구를 병합하는 경우로서 여기에는 소의 변경, 반소, 중간확인의 소가 있다.

2. 구 별

		원시적 병합	후발적 병합		
		청구의 병합	청구의 변경	반소	중간확인의 소
의 의		원고가 하나의 소송절차에서 여러 개의 청구를 하는 것	법원과 당사자의 동일성을 유지하면서 청구를 변경하는 것	소송계속 중에 피고가 원고를 상대로 소를 제기하는 것	소송계속 중에 그 본소 소송절차에 병합하여 제기하는 확인의 소
요 건		① 동종절차 ② 공동관할	① 청구기초동일성 ② 절차지연x ③ 사실심계속 ④ 동종절차 ⑤ 공동관할	① 청구 또는 방어방법과 상호관련성 ② 절차지연x ③ 사실심계속 ④ 동종절차 ⑤ 공동관할	① 선결적 법률관계 확인 ② 절차지연x ③ 사실심계속 ④ 동종절차 ⑤ 공동관할
심판	요건심리	① 병합요건심사, 흠결 시 변론을 분리하여 별소로 분리심판 ② 각 청구의 일반소송요건 조사, 흠결시 소 각하	① 소의 변경요건조사, 흠결시 불허결정 ② 변경된 청구가 일반소송요건 흠결시 소 각하	① 반소요건 조사, 흠결시 독립한 소로 심리될 수 있으면 분리심판 ② 반소의 일반소송요건 흠결시 소 각하	① 중간확인의 소요건조사, 흠결시 독립한 소로 심리될 수 있으면 분리심판 ② 일반소송요건 흠결시 소 각하
	본안심리	① 변론, 증거조사 동일기일에 여러 청구에 대해 공통으로 한다.	① 교환적 변경은 신청구에 대해 심판하고, 구청구의 소송자료는 신청	① 한 청구의 자료는 다른청구의 자료가 된다. ② 변론의 분리가능	원고의 중간확인의 소는 청구의 추가적 변경으로, 피고의 중간확인 소는 반소로

판결	② 변론의 분리는 단순병합에서만 가능			
	① 단순병합은 청구 모두 판단, 선택적 병합은 하나만 판결하면 되고, 예비적 병합은 1차청구부터 판단. ② 단순병합에서만 일부판결가능, 나머지병합에서는 일부판결 불가(多·判)	구의 자료가 된다. ② 추가적 변경은 구청구와 신청구가 단순병합인지 선택적 병합인지 예비적 병합인지에 따라 원시적 병합과 같이 처리	① 본소청구와 반소청구 모두 판단해야 ② 일부판결 가능	심리한다.

II. 청구의 병합(객관적 병합)

1. 의 의

청구의 병합은 원고가 하나의 소송절차에서 여러 개의 청구를 하는 것이다. 이를 인정하면 동일 당사자 사이의 여러 분쟁을 한 절차로 처리할 수 있어서 소송경제와 재판의 통일을 도모할 수 있다.

2. 병합의 종류

(1) 단순병합

단순병합은 양립하는 여러 개의 청구를 병렬적으로 병합하여 전부에 대해 판결을 구하는 형태의 병합이다. 예를 들어 원고가 피고를 상대로 매도한 물건의 매매대금과 대여해준 대여금에 빌려준 물건의 인도를 동시에 구하는 소를 제기하는 경우처럼 아무 관계도 없는 청구도 병합할 수 있다.

(2) 선택적 병합

선택적 병합은 양립하는 여러 개의 청구를 택일적으로 병합하여 어느 하나의 인용을 해제조건으로 하여 다른 청구에 대해 심판을 구하는 형태의 병합이다. 이는 같은 목적의 양립할 수 있는 청구권·형성권의 경합의 경우에 경합하는 여러 개의 권리를 청구하는 때에 인정된다. 따라서 청구권·형성권의 경합이 아닌 법조경합관계에 있는 여러 개의 권리를 청구하거나 선택채권에 기한 청구는 하나의 실체법상 권리를 바탕으로 한 청구이므로 선택적 병합이 아니다.

(3) 예비적 병합

예비적 병합은 양립할 수 없는 여러 개의 청구를 순차적으로 병합해 주위적 청구의 인용을 해제조건으로 예비적 청구에 관해 심판을 구하는 형태의 병합이다. 주위적 청구에 대해 증거가 부족하거나 법률판단이 불리하게 날 것 같은 경우에 예비적 병합을 하면 별소 제기보다 소송경제를 도모 할 수 있다.

Ⅲ. 청구의 변경(소의 변경)

1. 의 의

소송은 그 절차가 진행됨에 따라 새로운 주장 또는 자료가 나타나거나 소장 기재내용 중 잘못된 부분이 발견됨에 따라 이에 맞추어 소송의 목적이나 주체를 변경할 필요가 생길 수 있다. 그러나 그 변경을 광범위하게 인정할 경우 절차의 안전성을 해하므로 민사소송법은 일정한 범위 내에서만 이를 인정하고 있다. 즉 청구의 변경 또는 소의 변경[53]이란 법원과 당사자의 동일성을 유지하면서 청구(소송물)를 변경하는 것을 말한다(법 262조). 따라서 법원의 변경인 소송의 이송, 당사자의 변경인 임의적 당사자변경과 구별된다. 소송물이 변경되려면 청구취지 또는 청구원인을 변경하여야 한다.

2. 청구취지의 변경

청구취지에 소송물이 기재되므로 청구취지변경은 청구의 변경이다. 예를 들어 인도청구 또는 말소청구에서 소유권확인청구로 취지를 바꾸는 것, A토지의 인도를 청구하다가 B토지의 인도를 청구하는 것 등이 청구의 변경이다. 그러나 청구취지에 불명확하게 기재되어 있던 건물의 구조, 평수, 지번 따위를 정정하는 것, 청구원인에 비추어 보아서 청

---

53) 일반적으로 소의 변경이라 하면 청구의 변경을 의미하기도 한다.

구취지가 정확히 기재되지 않은 경우에 청구원인에 맞게 청구취지를 정정하는 것 등은 소 변경이 아니다(대판 1982. 9. 28. 81누106).

3. 청구원인의 변경

(1) 법적 관점의 변경

청구권경합이나 형성권 경합의 경우에 어느 한 청구에서 다른 청구로 바꾸는 경우 예컨대 손해배상청구를 하면서 원인을 불법행위에서 계약불이행으로 바꾸거나 이혼청구를 하면서 부정행위에서 혼인을 계속하기 어려운 중대사유로 바꾸는 경우이다. 구이론에 의하면 소의 변경이지만 신이론에 의하면 단순한 공격방법의 변경에 불과하다.

(2) 사실관계의 변경

동일목적의 사실관계 변경(1억을 청구하면서 청구원인을 매매에서 시효로변경)은 구이론, 이지설에 의하면 소변경이 되나 일지설에 의하면 단순한 공격방법의 변경에 그치는 반면, 다른 목적의 사실관계 변경(1억을 청구하면서 청구원인을 1월1일 대여에서 2월2일 대여로 변경)은 소의 변경에 해당한다.

4. 절 차

1) 청구취지의 변경은 서면으로 신청하여야 하고, 서면은 상대방에게 송달하여야 한다(법 262조 2항, 3항). 서면에 의하지 아니(구두로)한 청구취지의 변경은 잘못이나 이에 대하여 상대방이 지체 없이 이의하지 않았다면 이의권의 상실로 그 잘못은 치유된다(대판 1990. 12. 26. 90다4686). 다만 청구원인의 변경은 반드시 서면에 의할 필요는 없고 말로 변경해도 된다는 것이 판례의 입장이다(대판 1961. 10. 19. 4293민상531).
2) 청구의 감축은 원칙적으로 소의 일부 취하이므로 반드시 서면에 의할 필요는 없다(법 266조). 청구취지를 보충·정정함에 그치는 경우도 청구의 변경에 해당하지 않으므로 반드시 서면에 의할 필요는 없다. 구술에 의하여 소의 제기가 허용되는 소액사건의 경우에는 청구의 변경도 구술에 의할 수 있다.
3) 신청은 일반소장의 양식에 의하여 작성하면 된다. 다만, 청구취지가 변경된 경우라면 청구취지란을 「변경된 청구취지」라 기재하고, 청구원인이 변경된 경우라면 청구원인란을 「변경된 청구원인」이라 기재하여 작성하는 점이 다를 뿐이다.
4) 청구취지를 변경하여 소가가 증가한 경우에는 그 차액에 해당하는 인지를 더 첨부하여야 한다.

5. 심판

1) 청구의 변경인지 여부와 청구의 변경이 적법한가 여부는 법원의 직권조사 사항이다. 법원이 청구의 취지 또는 원인의 변경이 옳지 아니하다고 인정한 때에는 직권으로 또는 상대방의 신청에 따라 변경을 허가하지 아니한다는 결정을 하여야 한다(법 263조). 불허가 결정은 중간적 재판이므로 독립하여 항고할 수 없고 종국판결에 대한 상소로써만 다툴 수 있다(대판 1992. 9. 25. 92누5096).

2) 청구의 변경이 적법하다고 인정한 때에는 바로 변경된 청구에 대하여 심판하면 족하고 허가한다는 명시적 재판을 요하지 않는다.

[서식] 청구취지 및 청구원인변경신청서

청구취지 및 청구원인변경신청

사　　건　　2018 가단 1234 대여금
원　　고　　김 ○ ○
피　　고　　이 ○ ○

　위 사건에 관하여 원고의 소송대리인은 아래와 같이 청구취지 및 원인을 변경 합니다.

변경된 청구취지

1. 피고는 원고에게 금 10,000,000원 및 위 금원에 대하여 20○○. ○. ○.부터 이 소장부본송달일까지 연 12%, 그 다음날부터 완제일까지 연 20%의 비율에 의한 금원을 지급하라.
2. 소송비용은 피고의 부담으로 한다.
3. 제1항은 가집행할 수 있다. 라는 판결을 구합니다.

변경된 청구원인

1. 원고는 피고에게 20○○. ○. ○. 금 10,000,000원을 대여해 준 사실이 있었고, 이에 대하여 피고는 20○○. ○. ○. 각서를 써주면서 20○○. ○. ○.까지 금

10,000,000원 전액을 변제하여 주겠다고 약정한 사실이 있었습니다. 그리고 피고는 확인서를 작성해 주면서 만약 위 기일까지 갚지 못하면 연 12%의 비율에 의한 지연이자도 내겠다고 약정한 사실도 있었습니다.

2. 그런데 피고는 위 지급기일이 지난 뒤 원고의 수차례에 걸친 변제독촉에도 불구하고 차일피일 미루면서 아직까지 이를 이행하지 않고 있어 부득이 이 건 소에 이르게 된 것입니다.

입 증 방 법

1. 갑제1호증   차용증 사본
1. 갑제2호증   확인서

첨 부 서 류

1. 위 입증방법   1통
1. 납부서   1통
1. 소장부본   3통

20○○.　○.　.

위 원고 　김 ○ ○ 　(인)

○○**지방법원　귀중**

■ 작성 · 접수방법

1. 청구취지가 변경된 경우라면 청구취지란을「변경된 청구취지」라 기재하고, 청구원인이 변경된 경우라면 청구원인란을「변경된 청구원인」이라 기재하여 작성한다.
2. 청구취지를 변경하여 소가가 증가한 경우에는 그 차액에 해당하는 인지를 더 첨부하여야 한다. 사례에서는 지연이자 부분을 종전 5%에서 15%로 변경한 경우에 불과하고 소가의 변동이 있는 것은 아니기 때문에 인지를 추납할 필요는 없다.

Ⅳ. 반 소

1. 의 의

반소라 함은 소송계속 중에 피고가 그 소송절차를 이용하여 원고를 상대로 제기하는 소를 말한다(법 269조). 따라서 본소원고는 반소피고가 되고, 본소피고는 반소원고가 된다.

2. 반소의 요건

(1) 상호관련성

반소청구는 본소의 청구 또는 방어의 방법과 서로 관련이 있어야 한다(법 269조 1항). 이는 소의 변경에서 청구의 기초와 동일성에 대응하는 요건으로서 서로 관련성이 있어야 변론과 증거조사를 함께 실시하여 심리의 중복과 재판의 저촉을 피할 수 있기 때문이다.

(2) 본소절차를 현저히 지연시키지 않을 것

시기에 늦게 반소를 제기함으로써 본소의 소송지연책으로 악용되는 것을 막으려는 것이다. 따라서 반소청구의 심리를 위하여 본소절차가 지연되게 되어 별소에 의하는 것이 오히려 적절한 경우에는 반소를 허용하지 않을 수 있다.

(3) 본소가 사실심에 계속되고 변론종결 전일 것

1) 본소가 소제기전이나 변론종결 이후인 경우에는 반소를 제기할 수 없다.
2) 항소심에서도 반소를 제기할 수 있다. 다만 항소심에서의 반소는 상대방의 심급의 이익을 해할 우려가 없는 경우 또는 상대방의 동의를 받은 경우에만 제기할 수 있다(법 412조 1항). 원고가 이의를 제기하지 않거나 반소의 본안에 관하여 변론을 할 때에 반소제기에 동의한 것으로 본다. 변론을 종결할 때까지 즉 사실심변론종결시까지 반소를 제기할 수 있으므로 원칙적으로 상고심에서는 반소를 제기할 수 없다.

(4) 동종절차

반소도 소송중에 발생하는 청구의 병합의 일종이므로 객관적 병합의 요건을 갖추어야 한다. 따라서 반소는 본소와 동일한 절차에 의하여 심리될 수 있어야 한다.

(5) 공통관할

반소가 다른 법원의 전속관할에 속하지 않아야 한다. 따라서 반소청구가 다른 법원의 전속관할에 속하면 본소가 계속된 법원에 제기할 수 없다(법 269조 1항).

(6) 소송요건

반소도 하나의 소이므로 그 소(반소)에 관한 소송요건을 구비하여야 한다. 원고가 임차권 존재확인 청구의 소를 제기한 데 대하여 피고가 반소로써 동일 임차권의 부존재확인을 청구하는 것은 확인의 이익이 없어 부적법하다.

3. 반소의 절차

(1) 반소의 제기

반소는 본소에 관한 규정을 따른다(법 270조). 성질상으로도 반소는 소의 일종이므로 그 제기는 반드시 서면(반소장)에 의하여야 하며, 소장의 필요적 기재사항, 즉 반소청구취지와 원인이 기재되어야 한다. 다만, 반소장에 본소의 사건번호를 명기하여 주어야 하고, 당사자의 호칭은 반소원고, 반소피고로 하고 원고(반소피고), 피고(반소원고)의 식으로 표시한다.

(2) 인지 및 송달료

1) 원칙

반소도 소이기 때문에 그 인지액의 계산도 통상의 소와 마찬가지로 반소제기의 때를 기준으로 반소 자체의 소송목적의 값을 별개로 계산하므로 제1심에서의 반소장에 붙일 인지액은 소장의 경우와 같은 방법으로 산출하고 항소심에서의 반소 인지액은 1.5배액으로 한다(인지법 4조).

구 분	소 송	소 가	인 지 액
제1심	반소장	1천만 원 미만	소가×0.005
		1천만 원 이상~1억 원 미만	(소가×0.0045) + 5,000원
		1억 원 이상~10억 원 미만	(소가×0.004) + 55,000원
		10억 원 이상	(소가×0.0035) + 555,000원

```
┌─────────────────────────────────────────────────────────────────────────┐
│              ■ 전액인지(소송물이 동일하지 않는 경우) ■                      │
│                                                                           │
│  1. 본소가 보증금반환 청구이고 반소가 임료 청구일 경우                       │
│  2. 본소가 건물명도 청구이고 반소가 비용상환 청구일 경우                     │
│  3. 본소가 건물철거 청구이고 반소가 건물매수 청구일 경우                     │
│  4. 본소가 매매대금 청구이고 반소가 계약해제에 따른 대금반환청구일 경우       │
│  5. 본소가 매매목적물인도 청구이고 반소가 대금지급 청구일 경우               │
│  6. 본소가 점포명도 청구이고 반소가 보증금반환청구일 경우                    │
└─────────────────────────────────────────────────────────────────────────┘
```

2) 예외

가. 본소와 반소의 소송물이 동일할 경우[54]에는 원래 붙여야 할 인지액에서 본소의 소가에 대한 인지액(항소심에서는 그 1.5배액)을 뺀 나머지 액수의 인지를 붙이면 된다(인지법 4조2항).

```
┌─────────────────────────────────────────────────────────────────────────┐
│                ■ 차액인지(반소의 소가가 더 큰 경우) ■                       │
│                                                                           │
│  1. 본소가 소유권에 기한 명도청구이고 반소가 동일목적물에 대하여            │
│     소유권확인청구일 경우                                                   │
│     소유권에 기한 명도청구 : 목적물가액의1/2, 소유권확인청구 : 목적물가액    │
│  2. 본소가 지역권확인청구이고 반소가 동일목적물에 대하여 소유권에기한        │
│     방해배제청구일 경우                                                     │
│     지역권 : 승역지가액의1/3, 소유권에 기한 방해배제청구 : 목적물가액의 1/2  │
│  3. 본소가 채무부존재확인청구이고 반소가 동일채권에 기한 금원청구일 경우      │
│     채무부존재확인 : 제시된 금액, 금전청구 : 청구금액                       │
│  4. 본소가 공정증서무효를 이유로 하는 청구이의이고 반소가 기본채권에 기한    │
│     청구일 경우                                                             │
│     청구이의 : 집행권원에서 인정된 권리의 가액, 채권청구 : 청구금액          │
└─────────────────────────────────────────────────────────────────────────┘
```

나. 본소와 목적이 동일한 소송물이지만 반소의 소가가 같거나 또는 반소의 소가가 작을 경우에는 인지를 붙이지 않아도 된다.

```
┌─────────────────────────────────────────────────────────────────────────┐
│               ■ 인지없는(반소의 소가가 작거나 같은 경우) ■                  │
│                                                                           │
│  1. 본소가 소유권에 기한 명도청구이고 반소가 동일목적물에 대한              │
│     임차권확인 청구일 경우                                                  │
│  2. 본소가 소유권확인청구이고 반소가 동일목적물에 대한 점유권에 기한청구일   │
│     경우                                                                   │
│  3. 본소가 소유권확인 청구이고 반소가 동일목적물에 대한 소유권이전등기이행   │
│     청구일 경우                                                             │
│  4. 본소가 근로관계존재확인청구이고 반소가 근로관계부존재확인청구일          │
│     경우(동일한 소송물)                                                     │
└─────────────────────────────────────────────────────────────────────────┘
```

---

54) 목적이 동일한 소송목적이란 강학상 의미의 소송목적(청구원인에 의하여 특정되는 실체법상의 권리 또는 법률관계)이 같은 경우(예:채무부존재확인 청구의 본소와 채무이행 청구의 반소)뿐만 아니라 계쟁 물건이 같은 경우(예: 동일건물에 대한 인도의 본소와 소유권확인의 반소)까지 포함하는 넓은 의미라고 설명된다.

4. 취 하

1) 반소를 제기한 후에 본소가 취하·포기·인낙 등에 의하여 종료되더라도 그 반소의 운명에는 영향이 없고 그대로 심리판단을 받을 수 있다.

2) 본소의 취하에 준하므로 반소를 취하하기 위해서는 원칙적으로 원고의 동의가 필요하다. 다만 본소가 취하 된 때에는 원고의 동의없이 반소를 취하할 수 있을 뿐만 아니라 소취하서가 송달된 2주 이내에 상대방이 이의를 제기하지 아니한 경우에는 소취하에 동의한 것으로 본다(법 266조 6항).

[서식] 반소장(원고의 건물명도 청구에 대해 매매대금청구를 구한 경우)

반 소 장

원 고 　 김 ○ ○

피 고 　 이 ○ ○

매매대금 청구의 반소

소송물가액	금25,000,000원	
첨부할 인지액	금1110,200원	
첨부한 인지액	금1110,200원	
송 　 달 　 료	금153,000원	
비 　 　 　 고		

서울중앙지방법원 귀중

반 소 장

사   건(본소)   2018가소 14844 건물명도

반소원고(피고)   김 ○ ○(7204○○-10212○○)
                 서울 ○○구 ○○로 123-971(T.010-123-456)

반소피고(원고)   이 ○ ○(7502○○-12345○○)
                 서울시 ○○구 ○○로 567-89

위 사건에 관하여, 반소원고(피고)는 다음과 같이 반소를 제기합니다.

매매대금 청구의 반소

반소청구취지

1. 반소피고(원고)는 반소원고(피고)에게 금 25,000,000원을 지급하라.
2. 반소로 인한 소송비용은 반소피고(원고)의 부담으로 한다.
3. 제1항은 가집행할 수 있다.
라는 판결을 구합니다.

반소청구원인

1. 반소원고(피고)는 2006. 5. 4. 반소피고(원고) 소유의 서울시 ○○구 ○○동 567-89 대 300㎡에 대하여, 기간 2년, 월 임차료 금 500,000원으로 하는 임대차계약을 체결하였고, 이후 반소피고(원고)의 동의하에 단층주택을 건축하여 거주해 오고 있습니다.

2. 반소원고(피고)는 위 임대차기간의 만료일이 다가오자 반소피고(원고)에게 위 임대차기간을 2년 더 연장하여 달라고 사정하였지만 반소피고(원고)는 더 이상 연장하여 줄 수 없다면서, 2013. 5. 9. 위 주택을 철거하고 건물을 명도하라는 소송을 제기하였습니다.

3. 현재 반소원고(피고)가 건축하여 거주하고 있는 별지목록 기재의 단층주택은 시

가 25,000,000원 상당에 이르고 있으며, 위와 같은 사정으로 인하여 반소원고
(피고)는 부득이 반소피고(원고)에게 내용증명을 발송하여 건물을 매수할 것을
청구하였습니다.

4. 따라서 반소원고(피고)는 반소피고(원고)로부터 별지목록 기재의 주택에 대한
매매대금 금 25,000,000원을 지급받기 위하여 이 사건 반소에 이르게 된 것입
니다.

입 증 방 법

1. 을제1호증   임대차계약서
1. 을제2호증   내용증명우편
1. 을제3호증   등기부등본

첨 부 서 류

1. 위 입증방법   1통
1. 반소장 부본   1통
1. 납부서   1통

2018. 6. .

위 반소원고(피고) 김 ○ ○ (인)

서울중앙지방법원 귀중

■ 작성·접수방법

1. 반소장은 법원용 1부, 상대방 수 부본(1부) 합계 2부를 제출하는데 이때 부본은 소장에서와 같이 반소장원본
과 입증자료만 제출하고 표지 및 첨부서류는 첨부하지 않는다.
2. 현재 본소가 계속되고 있는 법원의 종합접수실에 접수한다.
3. 반소장에는 각 심급에 맞는 인지대와 송달료를 납부해야 한다.
4. 원심인 경우 소가가 2,500만원이므로 인지는 1110,200원[=(2500만원×0.0045)+5,000]이 된다.

[서식] 반소장(원고의 소유권이전등기 청구에 대해 위약금을 구한 경우)

반 소 장

원고   김 ○ ○

피고   이 ○ ○

위약금 청구의 반소

소송물가액	금30,000,000원	
첨부할 인지액	금140,000원	
첨부한 인지액	금140,000원	
송 달 료	금153,000원	
비 고		

서울중앙지방법원 귀중

반 소 장

사 건(본소) 2018가합 123 소유권이전등기

반소원고(피고) 김 ○ ○(7204○○-10212○○)
            서울 ○○구 ○○로123-971(T.010-123-456)

반소피고(원고) 이 ○ ○(7502○○-12345○○)
            서울시 ○○구 ○○로 567-89

위 사건에 관하여, 반소원고(피고)는 다음과 같이 반소를 제기합니다.

위약금 청구의 소

반소청구취지

1. 반소피고(원고)는 반소원고(피고)에게 금 30,000,000원 및 이에 대한 이 사건 반소장 부본 송달 다음날부터 다 갚는 날까지 연 12%의 비율에 의한 금   원을 지급하라.
2. 반소로 인한 소송비용은 반소피고(원고)의 부담으로 한다.
3. 제1항은 가집행할 수 있다.
라는 판결을 구합니다.

반소청구원인

1. 원고(반소피고, 이하 '원고'라고 합니다)가 2012. 9. 15. 피고(반소원고, 이하 '피고'라고 합니다)로부터 이 사건 토지를 대금 3억원에 매수하여 2012. 12. 15.까지 소유권이전등기에 필요한 서류의 교부와 상환으로 대금을 지급하기로 계약한 사실은 인정합니다.

2. 원고와 피고는 위 매매계약을 체결하면서 상호 간에 위약을 한 경우에는 3,000만원을 상대방에게 지급하기로 약정하였습니다.

3. 피고는 2012. 12. 15. 소유권이전등기에 필요한 서류를 완비하여 이행의 제공을

하며 원고에게 대금을 지급해 달라고 요청하였으나 원고가 대금 3억원을 지급하지 아니하므로 2013. 1. 20. 원고에게 계약을 해제한다는 통지를 하였습니다.

4. 그렇다면 위 매매계약은 원고의 위약으로 해제되었다 할 것이고 원고는 피고에게 위약금 3,000만원 및 이에 대한 반소장 부본 송달 다음날부터 다 갚는 날까지 소송촉진 등에 관한 특례법이 정한 연 12%의 비율에 의한 지연손해금을 지급할 의무가 있습니다.

첨 부 서 류

1. 위 입증방법   1통
1. 반소장 부본   1통
1. 송달료납부서   1통
1. 영수필확인서   1통

2010○.   ○.   ○.
위 반소원고(피고) 김 ○ ○ (인)

서울중앙지방법원   ○○민사부 귀중

■ 작성 · 접수방법

1. 반소장은 법원용 1부, 상대방 수 부본(1부) 합계 2부를 제출하는데 이때 부본은 소장에서와 같이 반소장원본과 입증자료만 제출하고 표지 및 첨부서류는 첨부하지 않는다.
2. 현재 본소가 계속되고 있는 법원의 종합접수실에 접수한다.
3. 반소장에는 각 심급에 맞는 인지대와 송달료를 납부해야 한다.
4. 원심인 경우 소가가 3,000만원이므로 인지는 140,000원[=(2500만원×0.0045)+5,000]이 된다.

제9절 다수당사자(주관적 병합)

I. 총 설

1. 개 념

당사자의 복수 즉 다수당사자소송이라 함은 하나의 소송절차에 여러 사람이 동시 또는 때를 달리하여 관여하는 소송형태를 말한다. 1개의 소로서 여러개의 청구를 하는 경우를 소의 객관적병합이라 함에 반해 다수당사자의 소송은 주관적 병합이라 한다.

2. 종 류

다수당사자소송형태는 원시적으로 2인 이상의 당사자가 원고 또는 피고 측에 공동으로 소송에 관여하는 공동소송과, 후발적으로 종전의 소송에 3자가 적극적으로 가입하는 제3자의 소송참가, 그리고 여러 사람 중 모두를 위해 소송을 수행할 선정당사자, 당사자의 변경 등이 있다. 이중 공동소송은 다시 공동소송인간의 합일 확정을 필요로 하는가에 따라 통상공동소송과 필수적 공동소송으로 분류되고 특수한 형태의 공동소송으로 예비적 선택적 공동소송이 있다.

II. 선정당사자

1. 총 설

공동의 이해관계를 가진 여러사람이 그 가운데 모두를 위해 당사자가 될 한사람 또는 여러사람을 선정한 경우에 총원을 위해 소송을 수행할 당사자로 선출된 자를 선정당사자라 한다(법 53조 1항).

2. 선정의 요건

(1) 공동소송을 할 여러 사람이 있을 것

원고든 피고든 두 사람 이상이 있으면 된다.

(2) 공동의 이해관계를 가지 여러 사람일 것

공동의 이해관계란 다수자 상호간에 공동소송인이 될 관계에 있고 또 주요한 공격방어방법을 공통으로 하는 것을 의미한다.

(3) 공동의 이해관계에 있는 여러 사람 가운데에서 선정할 것

3. 선정의 효과

(1) 당사자 본인으로서의 소송상 지위

선정자의 대리인이 아니라 당사자 본인이므로 소송대리인에 관한 제한을 받지 않는다. 따라서 취하, 포기, 인낙, 화해, 상소의 제기 등을 할 수 있다.

(2) 판결효력의 확장

선정당사자가 받은 판결의 효력은 선정자에게도 미친다(법 218조 3항). 그러므로 판결이 확정된 후 선정자가 동일한 소를 제기하면 기판력에 저촉되어 각하된다. 집행력도 선정자에게 미치므로 승계집행문을 받아 강제집행을 할 수 있다.

[서식] 당사자선정서

당 사 자 선 정

원   고   1. ○ ○ ○
　　　　　　　○○시○○구○○로 ○○번지
　　　　2. ○ ○ ○
　　　　　　　○○시○○구○○로 ○○번지
　　　　3. ○ ○ ○
　　　　　　　○○시○○구○○로 ○○번지
피   고   ○ ○ ○
　　　　　　　○○시○○구○○로 ○○번지

　위 당사자간 ○○지방법원 ○○고단 ○○○호 손해배상(자) 사건의 제1심 소송절차에 관하여 민사소송법 제53조 제1항에 의하여 원고들 가운데 아래의 사람을 소송절차에 대한 당사자로 선정합니다.

1. 선정당사자의 표시

　　피신청인(피고) ○　○　○
　　　　　　　　　　○○시○○구○○동○○번지

　　　　　　　　　　　20○○.　○○.　○○.
　　　　　　　　위 선정인(원고) 1. ○　○　○ (인)
　　　　　　　　　　　　　　　　　○○시○○구○○로○○번지
　　　　　　　　　　　　　　　2. ○　○　○ (인)
　　　　　　　　　　　　　　　　　○○시○○구○○로○○번지
　　　　　　　　　　　　　　　3. ○　○　○ (인)
　　　　　　　　　　　　　　　　　○○시○○구○○로○○번지

　○○ **지방법원　귀중**

■ 작성 · 접수방법

1. 선정당사자는 선정자들 가운데 한 명 또는 여러 명을 선정자들 모두를 위한 당사자로 선정하는 제도이므로, 당사자로 선정될 사람도 반드시 선정자란에 그 이름을 함께 기재하여야 한다.
2. 선정자가 많은 경우에는 선정자란에 "별지 목록 기재와 같음" 등으로 기재하고 선정자 목록을 별도로 작성하여 별지로 첨부한다.

1. 총 설

(1) 의의

소송참가라 함은 타인 간에 계속 중인 소송에 제3자가 자신의 이익을 위하여 당사자로서 또는 당사자에 준하는 지위에서 관여하는 것을 말한다.

(2) 종류

1) 보조자로 참가하는 것

종전당사자 가운데 어느 한쪽을 보조하기 위해 종된 지위 즉 보조자로 참가하는 것으로 여기에는 법률상 이해관계가 있어 참가하는 '**보조참가**'와 기판력을 받는 자가 참가하는 '**공동소송적 보조참가**'가 있다.

2) 당사자로 참가하는 것

종전당사자와 대등하게 당사자로 참가하는 당사자참가가 있는데 여기에는 종전 당사자와 함께 당사자가 되는 '**공동소송참가**'와 제3의 당사자가 되는 '**독립당사자참가**'가 있다

2. 보조참가

(1) 의 의

소송결과에 이해관계인이 있는 제3자가 한쪽 당사자를 돕기 위해 법원에 계속 중인 소송에 참가하는 것을 말한다. 예를 들어 채권자가 보증인을 상대로 채무이행을 구하는 소를 제기하는 경우에 보증인이 패소하면 주채무자에게 구상할 것이므로 주채무자가 보증인이 승소하도록 보증인에게 보조 참가하는 것을 들 수 있다. 보조참가는 소가 아니며, 보조참가인은 피참가인인 당사자의 승소를 위한 보조자일 뿐 당사자가 아니므로 자신의 이름으로 판결을 받지 않지만 자신의 이름으로 소송을 하기에 대리인과는 다르다.

(2) 참가신청

보조참가에는 소에 관한 규정이 적용되지 않으므로 참가신청은 서면 또는 말로 어느 쪽으로든 할 수 있다(법 161조). 보조참가신청서에는 참가의 취지(누구를 위하여 보조참가 하는지)와 이유(소송의 결과에 대한 이해관계의 내용)를 명시하여야 한다(법 72조 제1항). 당사자의 이의신청이나 법원의 소명요구가 없는 한 참가이유를 소명할 필요는 없다. 보조참가신청은 참가인으로서 할 수 있는 소송행위와 동시에 할 수도 있다(법 72조 제3항).

보조참가 신청서

사   건   2018가단 1234호 대여금

원   고   김 ○ ○
피   고   박 ○ ○

보조참가인   이 ○ ○

　　　　　　　서울시 ○○구 ○○동 ○○

참 가 취 지

보조참가인은 위 귀원 2013가단 1234호 대여금 청구사건에 관하여 피고를 보조하기 위해 당해 소송에 참가하고자 하니 허락하여 주시기 바랍니다.

참 가 이 유

보조참가인은 위 대여금 청구사건의 피고의 연대보증인으로서 위 소송의 결과에 이해관계가 있으므로 피고를 보조하기 위해 이 신청을 합니다.

소 명 방 법

1. 연대보증 확인서　　　　　　　　　　1통

첨 부 서 류

1. 위 소명자료　　　　　　　　　　　　1통
1. 신청서부본　　　　　　　　　　　　2통

　　　　　　　　　20○○.　○.　○.
　　　　　　　　　위 참가인　이 ○ ○　(인)

○○ **지방법원　귀중**

1. 신청서 1부와 부본 2부(양족 당사자에게 송달해야 하므로)를 담당 재판부에 제출한다.

3. 공동소송적 보조참가

판결의 효력이 제3자에게 미치는 경우 그 제3자가 보조참가 하는 경우이다(판례에 의해 해석상 인정되다가 2002년 개정법이 명문화되었다). 제3자의 소송담당의 경우에 피담당자가 보조참가 하는 경우가 정형적이다. 예컨대 파산관재인의 파산재단에 관한 소송에서의 파산자, 선정당사자에 의한 소송에 있어서의 선정자, 채권자대위소송에 있어서의 채무자, 추심채권자의 추심의 소송에 있어서의 집행채무자, 채권질권자의 민법 제353조에 의한 소송에 있어서의 채권자, 추심위임배서인이 하는 소송에서의 배서인 등이 보조참가 하는 경우가 이에 해당한다.

4. 소송고지

(1) 의의

소송고지는 소송이 법원에 계속된 때 당사자가 참가할 수 있는 제3자에게 일정한 방식에 의하여 소송이 계속된 사실을 통지하는 것을 말한다(법 84조). 이는 제3자에게 소송계속의 사실을 알려서 피고지자에게 소송에 참가할 수 있는 기회를 줌과 동시에 고지에 의하여 피고지자에게 그 소송의 판결의 효력(참가적 효력)을 미치게 하려는 제도이다. 예를 들어 보증인이 채권자로부터 이행을 소구당한 경우 주채무자에게 소송고지하면 후에 보증인이 패소하고 주채무자에게 구상권을 행사할 경우 주채무자는 주채무부존재의 항변을 할 수 없다.

(2) 소송고지 신청

1) 소송고지를 하고자 하는 경우 소송고지신청서와 함께 소송고지서를 필요한 통수만큼 첨부하여 제출하여야 한다. 소송고지신청서에는 사건번호와 당사자의 성명과 함께 '소송고지의 이유' 및 '소송의 진행정도'를 기재하고 기명날인 또는 서명한다.
2) 소송고지의 이유에는 어떠한 소송이 계속되고 있는지를 청구취지와 원인의 요지를 기재하여 명시한 다음 그 소송의 결과에 관하여 피고지자가 이해관계를 갖게 되는 이유를 구체적으로 표시한다. 소송의 진행정도에는 현재 소송이 변론진행 중인지 여부, 변론준비절차에 들어갔는지 여부와 다음 기일의 일시 등을 표시하는 것으로 충분하다. 상소심에서 고지할 때에는 원심에서 누가 패소하여 상소하였는지를 표시하여야 한다.

(3) 효과

1) 법원의 고지

법원은 소송고지를 할 경우가 아님이 명백한 경우가 아니면 일응 신청에 따라 고지를 행하고 그 요건 해당 여부는 후에 피고지자가 참가한 경우 그 허부를 결정할 때 또는 고지자와 피고지자 사이에 고지의 효과가 문제될 때 판단한다.

2) 피고지자의 지위

고지를 받은자가 참가할지 여부는 자유이다.

3) 참가적 효력

피고지자가 참가하지 아니한 경우라도 제77조[55]의 규정을 적용할 때에는 참가할 수 있었을 때에 참가한 것으로 본다(법 86조).

4) 기판력의 확장

채권자가 대위소송 중에 채무자에게 소송고지를 하면 채무자는 대위소송에 참가할 수 있고 참가하지 않은 경우라도 후에 채무자가 제3채무자를 상대로 제소하는 경우에 기판력이 확장된다. 통설과 판례는 이렇게 채무자가 대위소송계속 사실을 안 경우에만 기판력이 채무자에게 확장된다고 하여 채무자의 절차보장을 도모한다(대판 1975. 5. 13. 75다1664).

5) 실체법상 효과

민법상 최고로서 시효중단의 효과가 인정된다(대판 1970. 9. 17. 70다593).

---

55) 제77조(참가인에 대한 재판의 효력) 재판은 다음 각호 가운데 어느 하나에 해당하지 아니하면 참가인에게도 그 효력이 미친다. 1. 제76조의 규정에 따라 참가인이 소송행위를 할 수 없거나, 그 소송행위가 효력을 가지지 아니하는 때 2. 피참가인이 참가인의 소송행위를 방해한 때 3. 피참가인이 참가인이 할 수 없는 소송행위를 고의나 과실로 하지 아니한 때

소송고지 신청서

사   건   2013가단 1234호 대여금

원   고   김 ○ ○
피   고   이 ○ ○

이 사건에 관하여 피고는 민사소송법 제84조 제1항에 따라 피고지인 박○○에게 별
첨 소송고지서와 같은 소송고지를 신청합니다.

1. 피고지인 : 박○○ (주민등록번호 또는 한자)

   　　　　　　서울 서초구 서초동 300-1 (우편번호 : ○○○-○○○)

   　　　　　　전화번호·휴대전화번호 :

   　　　　　　팩시밀리번호 또는 전자우편주소 :

2. 고지할 사건의 표시 : 2013가단 1234호 대여금

3. 고지의 이유 : 소송의 결과에 관하여 피고지자가 이해관계를 갖는 이유를 구체적
   으로 표시함(예시 가. 피고지자는 원고에 대한 채무자로서 제3채무자인 피고의
   채권자임, 나. 피고지자는 주주대표소송을 제기당한 회사임)

4. 소송의 진행정도 : 소장 부본 송달 중(또는 제1회 변론기일 지정 등)

첨 부 서 류

　　1. 위 소명자료　　　　　　　　　　　1통
　　1. 송달료납부서　　　　　　　　　　　1통
　　1. 신청서부본　　　　　　　　　　　　3통

　　　　　　　　　　　20○○.　 ○. ○.
　　　　　　　　　　　　위 피고 이 ○ ○　(인)

○ ○ **지방법원 귀중**

1. 신청서 1부와 부본 3부(양족 당사자 및 피고지자에게 송달해야 하므로)를 담당 재판부에 제출한다.

5. 공동소송참가

(1) 의의

소송계속 중에 소송목적이 한쪽 당사자와 제3자에게 합일적으로 확정되어야 할 경우(즉 당사자간의 판결의 효력을 받는 경우) 그 제3자가 공동소송인으로 소송에 참가하는 것을 말한다. 예를 들어 주주가 회사를 상대로 주총결의부존재확인의 소를 제기한 경우 그 판결의 효력을 받는 다른 주주가 공동원고로 소송에 참가하는 경우, 제3자가 부부 중 일방을 상대로 제기한 혼인무효의 소에 누락된 부부 일방이 피고로서 참가하는 경우, 채권자대위소송에서 다른 채권자가 원고로서 참가하는 경우, 추심채권자의 추심의소에 집행력 있는 정본을 가진 다른 채권자가 원고로서 참가하는 경우, 주주대표소송에 회사가 원고로서 참가하는 경우, 대세적 효력이 인정되는 회사합병무효의 소, 회사설립무효의 소, 회사설립취소의 소 등에 주주 등 제3자가 참가하는 경우 등이 이에 해당한다.

(2) 신청

참가신청의 방식은 보조참가신청에 관한 규정이 준용된다(법 83조 2항). 반드시 서면으로 해야 하고 신청서에는 참가의 취지와 이유를 명시하여야 하고, 원고 측 공동소송참가신청서에는 심급에 따라 소장 또는 항소장에 준하는 액수의 인지를 붙여야 한다.

(3) 공동소송참가인의 지위

1) 공동소송인과 피참가인의 관계는 필수적 공동소송인이 되므로 법 제67조가 적용된다.
2) 공동소송인중 1인의 소송행위는 모두의 이익을 위해서만 효력을 갖는 반면, 공동소송인중 1인에 대한 상대방의 소송행위는 유·불리를 불문하고 전원에 대해 효력이 발생한다.

[서식] 공동소송 참가 신청서

공동소송 참가 신청서

사   건   2018가단 1234호 공유물분할

원   고   김 ○ ○

피   고   박 ○ ○

공동소송참가인   이 ○ ○

　　　　　　서울시 ○○구 ○○동 ○○

참 가 취 지

위 당사자간 귀원 2013가단 1234호 공유물분할 청구사건에 관하여 참가인은 다음의 청구취지기재와 같은 청구를 하고자, 민소법 제83조에 의해 원고 측 공동소송인으로 참가함.

참 가 이 유

원고는 피고에 대하여 본 목적물이 공유물분할청구를 하고 있는 바, 본건 목적물은 원·피고와 참가인이 20○○. ○. ○. 공동으로 매수하여 서울중앙지방법원 중부등기소 접수 제1234호로 소유권이전등기를 필한 공동소유물로서 본건 공유물분할을 하기 위하여서는 3당사자가 공동으로 소송하여야만 하는데 원고의 착오로 참가인을 원고로 가입시키지 아니하였기에 본 소송에 참가 신청하고자 합니다.

청 구 취 지

1. 별지목록 기재의 부동산을 경매하여 그 대금의 경매절차 비용을 공제한 금액을 각 3분의 1의 비율로 분할한다.
2. 소송비용은 피고의 부담으로 한다.

라는 판결을 구합니다.

청 구 원 인

1. 원고와 참가인, 피고는 별지목록 기재의 부동산을 소외 ○○○로부터 매수하고 대금은 3분의 1씩 지급한 후 각자 3분의 1의 지분으로 공유해 왔습니다.

2. 분할금지의 특약도 하지 않았음에도 불구하고 피고는 정당한 이유도 없이 원고와 참가인의 분할 요구에 응하지 않고 있습니다.

3. 따라서 참가인은 원고 측 공동소송인으로 본소에 참가하고자 이에 신청합니다.

첨 부 서 류

1. 등기사항증명서	1통
1. 신청서부본	2통

20○○. ○. ○.

위 참가인 이 ○ ○ (인)

○ ○ **지방법원 귀중**

■ 작성 · 접수방법

1. 신청서 1부와 부본 2부(양쪽 당사자에게 송달해야 하므로)를 담당 재판부에 제출한다.
2. 소장에 준하는 액수의 인지를 붙여야 한다.

6. 독립당사자참가

(1) 의 의

타인간의 소송 중에 소송목적의 전부나 일부가 자기의 권리라고 주장하거나 소송결과에 따라 권리가 침해된다고 주장하는 제3자가 당사자의 한쪽 또는 양쪽을 상대방으로 하여 당사자로서 소송에 참가하여 원 · 피고간의 청구와 관련된 자기의 청구에 대해 함께 심판을 구하는 것이다(법 79조).

(2) 참가신청

1) 참가신청은 소의 일종이므로 소액사건을 제외하고는 반드시 서면에 의하여야 하고, 그 서면에는 소장의 필수적 기재사항을 기재하여야 하며, 심급에 따라 소장이나 항소장에 준하는 인지를 붙여야 한다.
2) 법원은 참가신청이 있으면 참가의 요건이 구비되지 않은 때에만 본소의 종국판결과 함께 각하의 판결을 한다.

□ **구별**

		보조참가	공동소송참가	독립당사자참가
적법 요건	참가 취지	원·피고를 보조하기 위해	원·피고의 공동소송인으로	쌍방 또는 원·피고에 대하여
	참가 이유	소송결과에 이해관계가 있는 이유	합일확정의 필요가 있는 이유	자기권리라고 주장 또는 소송결과에 따라 권리침해 됨
본안 요건	청구 취지	없음	있음 (소송물에 관한 내용)	있음 (소송물에 관한 내용)
	청구 원인	없음	있음 (소송물의 요건사실)	있음 (소송물의 요건사실)

[서식] 독립당사자 참가 신청서

독립당사자 참가 신청서

사　　　　건　　　　2013가단 1234호 부동산인도

원　　　　고　　　　김 ○ ○

피　　　　고　　　　박 ○ ○

독립당사자참가인　　　이 ○ ○

　　　　　　　　　　서울시 ○○구 ○○동 ○○

참 가 취 지

위 당사자간 귀원 2013가단 1234호 부동산인도 청구사건에 관하여 참가인은 당사

자 쌍방을 상대방으로 소송에 참가하기 위해 신청합니다.

참 가 이 유

원고는 ○○부동산이 원고의 소유임을 주장하고 피고에게 인도를 구하고 있으나 부동산은 원고 소유가 아니고 참가인의 소유이므로 이 신청을 합니다.

청 구 취 지

1. 원고는 ○○부동산이 참가인의 소유임을 확인한다.
2. 피고는 참가인에게 별지목록 기재 부동산을 인도하라.
3. 당사자참가로 인한 소송비용은 원고 및 피고의 부담으로 한다.
라는 판결을 구합니다.

청 구 원 인

별지목록 기재 부동산은 참가인 소유로서 참가인은 피고에게 19○○. ○. ○. 명의 신탁 하였던 바, 피고는 반환기일 후에도 반환하지 않고 있는 반면, 원고는 피고로부터 매수하였다고 하여 인도를 구하고 있으나, 위 물건은 참가인 소유이므로 위 청구취지의 판결을 구하기 위해 신청합니다.

입 증 방 법

   1. 병 제1호증   명의신탁계약서

첨 부 서 류

   1. 위 소명자료   1통
   1. 신청서부본   2통

                       20○○. ○. ○.
                       위 참가인 이 ○ ○ (인)

○○ **지방법원 귀중**

1. 신청서 1부와 부본 2부(양족 당사자에게 송달해야 하므로)를 담당 재판부에 제출한다.
2. 소장에 준하는 액수의 인지를 붙여야 한다.

Ⅳ. 당사자의 변경

1. 총 설

(1) 의 의

당사자의 변경이란 함은 소송계속 중에 종래의 당사자에 대신하여(교환) 또는 추가로 새로운 당사자가 소송에 가입하는 것을 말한다.

(2) 종 류

당사자의 변경은 신당사자가 탈퇴자의 소송상의 지위를 승계하는 '소송승계'와 신당사자가 탈퇴자의 소송상 지위를 승계하지 않는 '임의적 당사자 변경'으로 나뉘어 지며 또 임의적 당사자변경은 종전의 당사자에 갈음하여 제3자를 가입시키는 '피고의 경정'과 종전의 당사자를 그대로 둔 채 누락된 당사자 또는 새로운 당사자를 가입시키는 '필수적공동소송인의 추가'의 두 가지 형태가 있다.

2. 소송승계

(1) 개 설

1) 의의

소송의 승계라 함은 소송계속 중에 당사자의 사망이나 소송목적물의 양도 등으로 소송물인 권리 또는 법률관계의 변동이 생긴 결과 당사자적격이 제3자에게 이전되는 경우 그 제3자가 새 당사자로서 전 당사자의 소송상 지위를 승계하는 것을 말한다.

2) 종류

소송승계에는 종전 당사자의 사망 등으로 그 지위가 포괄적으로 제3자에게 승계되는 '당연승계'와 양도된 특정소송물에 관하여 당사자의 신청에 의해 승계되는 '특정승계'가 있다.

소송 승계참가 신청서

사　　건　　　　2018가합 1234호 건물철거

원　　고(피참가인)　박 ○ ○

신청인　　　　　김 ○ ○(751108-1047236)

　　　　　　　　서울시 ○○구 ○○동 ○○

　　　　　　　　소송대리인 법무법인 ○○

　　　　　　　　담당변호사 ○○○

피　　고　　　　이 △ △

위 사건에 관하여 신청인 소송대리인은 아래와 같이 소송의 승계참가를 신청합니다.

신 청 취 지

신청인은 원고로서 이 사건 소송에 참가한다.

라는 재판을 구합니다.

신 청 원 인

신청인은 이 사건 소송 계속 후 원고로부터 별지목록 기재 대지의 소유권을 취득하여 그 지위를 승계하였습니다.

청 구 취 지

1. 피고는 신청인에게 별지 목록 기재 건물을 철거하고 같은 목록 기재 대지를 인도하라.

2. 소송비용은 피고가 부담한다.

3. 제1항은 가집행할 수 있다.

라는 재판을 구합니다.

청 구 원 인

1. 신청인은 2012. 12. 25. 원고로부터 별지 목록 기재 대지를 매수하여 같은 달 27. 그 소유권이전등기를 마쳤고 피고는 아무런 권원 없이 위 지상에 별지 목록 기재 건물을 소유하며 위 대지를 점유하고 있습니다.

2. 따라서 피고는 신청인에게 위 건물을 철거하고 위 대지를 인도할 의무가 있습니다

입 증 방 법

1. 갑 제5호증　　　　　　　　　　　　　등기사항전부증명서

첨 부 서 류

1. 위 입증방법　　　　　　　　　　　　　　　　1통
1. 소송위임장　　　　　　　　　　　　　　　　1통
1. 신청서 부본　　　　　　　　　　　　　　　　2통

20○○.　○.　○.
원고의 소송대리인
법무법인　　○○
담당 변호사　　○○○

서울○○지방법원　　제○○민사부　　귀중

■ 작성 · 접수방법

1. 소송계속중에 소송물인 권리관계에 관한 당사자적격이 특정적으로 제3자에게 이전된 경우(특정승계), 보통 양도인은 소송에 무관심하게 되므로 양수인이 참가신청을 하게 된다.
2. 신청서 1부와 당사자수(2) 부본을 사건 재판부에 제출한다. 이때 신청인이 승계인 이라는 사실을 입증하는 서류도 같이 제출한다.

(2) 소송수계신청

1) 개념

소송절차의 중단이란 당사자나 소송수행자에게 소송수행을 할 수 없는 사유가 발생한 경우에 새로운 수행자가 출현하여 소송에 참여할 수 있을 때까지 법률상 당연히 절차의 진행이 정지되는 것을 말한다.

2) 사유

우리 민사소송법은 ⅰ) 당사자의 사망, ⅱ) 법인의 합병, ⅲ) 당사자의 소송능력 상실, 법정대리인의 사망·대리권 소멸, ⅳ) 신탁재산에 관한 소송의 당사자인 수탁자의 임무종료, ⅴ) 소송담당자의 자격상실, ⅵ) 선정당사자 전원의 자격상실, ⅶ) 파산재단에 관한 소송중의 파산선고 및 파산해지를 소송절차 중단사유로 규정하고 있다. 다만, 위 ⅰ) 내지 ⅵ)의 사유가 있다고 하여도 소송대리인이 있는 경우 소송절차가 중단되지 않는다.

중단사유	수계신청권자	근거법률
당사자의 사망	상속인, 상속재산관리인, 유언집행자 등	민소 제233조, 민법 제1019조
법인의 합병	합병에 의해 설립된 법원 또는 합병 후 존속법인	민법 제234조
당사자의 소송능력 상실, 법정대리인의 사망·대리권 소멸	소송능력회복한 당사자 또는 법정대리인이 된 자	민소 제235조
수탁자의 임무종료	새로운 수탁자	민소 제236조
소송담당자 자격상실	같은 자격을 가진 자	민소 제237조 제1항
선정당사자 모두 자격상실	선정한 자 모두 또는 새로 당사자로 선정된 자	민소 제237조 제2항
법인대표자에 대한 직무정지가처분	법인 대표자의 직무대행자	

3) 소송절차 중단의 해소

소송절차의 중단은 당사자의 수계신청 또는 법원의 속행명령에 의하여 해소된다. 그 중 '소송절차 수계신청'은 중단된 소송절차의 속행을 구하는 당사자의 신청을 의미하는데, 수계신청은 중단사유가 있는 당사자측의 신수행자 및 상대방이 할 수 있고, 신청하여야 할 법원은 중단 당시 소송이 계속된 법원이며, 이는 신수행자가 수계의 의사를 명시하여 서면 또는 구술로 할 수 있다. 수계신청이 있으면 법원은 이를 통지한 후 그 적법 여부를 직권으로 조사하여 이유 없으면 결정으로 기각하고, 이유 있으면 별도의 재판 없이 그대로 소송행위를 진행하게 된다.

[서식] 소송절차 수계신청서(피고 사망에 따른 상속인의 수계신청)

소송절차 수계 신청서

사　　　건	2018가합 1234호 소유권이전등기	
원　　　고	김 ○ ○	
피　　　고	이 ○ ○	
피 신 청 인	이 △ △(680123-2085698)	
	서울시 ○○구 ○○동 ○○	

위 사건에 관하여 피고가 2012. 12. 31. 사망하여 소송절차가 중단되었으나, 피신청인이 피고의 재산을 단독으로 상속하였으므로 피신청인으로 하여금 소송절차를 수계하도록 하여 주시기 바랍니다.

첨부서류(소명자료)

1. 기본증명서	1통
1. 가족관계증명서	1통
1. 친양자입양관계증명서	1통
1. 제적등본	1통

20○○.　○.　○.
원고의 소송대리인
변호사　○　○　○

서울○○지방법원　　제○○민사부　　귀중

■ 작성 · 접수방법

1. 당사자가 사망한 때(법 233조) 상속인, 수증자, 유언집행자, 상속재산관리인 등이 승계인이 된다.
2. 신청서 1부와 상대방 수 부본을 사건 재판부에 제출하고 신청인이 당사자의 상속인 등 이라는 사실을 입증하는 자료를 첨부서류로 같이 제출한다.
3. 인지등 별도의 비용을 첨부하지 않는다.

소 송 절 차 수 계 신 청 서

사　건　20ㅇㅇ가합ㅇㅇㅇ　대여금

원　고　ㅇㅇㅇ

피　고　◇◇◇

신청인(원고 망 ㅇㅇㅇ의 소송수계인)
　　　　　1. ◎◎◎ (주민등록번호)(원고의 처)
　　　　　　　ㅇㅇ시 ㅇㅇ구 ㅇㅇ길 ㅇㅇ(우편번호 ㅇㅇㅇ-ㅇㅇㅇ)
　　　　　　　전화·휴대폰번호 :
　　　　　　　팩스번호, 전자우편(e-mail)주소 :
　　　　　2. ㅇ◎◎ (주민등록번호)(원고의 장남)
　　　　　　　ㅇㅇ시 ㅇㅇ구 ㅇㅇ길 ㅇㅇ(우편번호 ㅇㅇㅇ-ㅇㅇㅇ)
　　　　　　　전화·휴대폰번호 :
　　　　　　　팩스번호, 전자우편(e-mail)주소 :
　　　　　3. ㅇ◎◎ (주민등록번호)(원고의 차남)
　　　　　　　ㅇㅇ시 ㅇㅇ구 ㅇㅇ길 ㅇㅇ(우편번호 ㅇㅇㅇ-ㅇㅇㅇ)
　　　　　　　전화·휴대폰번호 :
　　　　　　　팩스번호, 전자우편(e-mail)주소 :

　위 사건에 관하여 원고 ㅇㅇㅇ는 20ㅇㅇ. ㅇ. ㅇ. 사망하였으므로 소송절차가 중단되었는바, 신청인들은 원고의 공동상속인으로서 소송절차를 수계하고자 하오니 중단된 소송절차를 속행하여 주시기 바랍니다.

첨 부 서 류

　1. 기본증명서(망 ㅇㅇㅇ)　　　　　　　　　　1통
　1. 가족관계증명서(망 ㅇㅇㅇ)　　　　　　　　1통
　1. 신청서부본　　　　　　　　　　　　　　　　1통
　1. 송달료납부서　　　　　　　　　　　　　　　1통

20○○.　○.　○.

위 신청인　1. ◎◎◎ (서명 또는 날인)

2. ○◎◎ (서명 또는 날인)

3. ○◎◎ (서명 또는 날인)

○○지방법원 ○○지원 제○민사부 귀중

3. 임의적 당사자변경

(1) 의 의

임의적 당사자변경은 당사자적격자를 혼동하였기 때문에 당초의 목적을 관철시키기 위하여 종전의 원고나 피고에 갈음 또는 추가하여 제3자를 이미 계속된 소송절차에 가입시키는 것을 말한다. 예를 들어 원고가 실제 의무자가 A인줄 알고 잘못 제소하였다가 실제 의무자인 B로 바꾸는 경우와, 고유필수적 공동소송에서 일부를 누락하였다가 누락자를 추가하는 경우 등이 있다.

(2) 피고의 경정

1) 의의

원고가 피고를 잘못 지정한 것이 분명한 경우에는 제1심 법원은 변론을 종결할 때까지 원고의 신청에 따라 결정으로 피고를 경정하도록 허가 할 수 있다. 가사소송이나 행정소송에서와 같이 민사소송에서도 피고나 피신청인의 경정만이 가능하며 소제기자인 원고나 신청인의 경정은 허용되지 않는다. 피고를 경정하기 위해서는 ① 원고의 신청에 의하여만 가능하고, ② 원고가 피고를 잘못 지정한 것이 분명한 경우라야 하며, ③ 교체 전후를 통하여 소송물이 동일하여야 하며, ④ 피고가 본안에 관하여 준비서면을 제출하거나 변론준비기일에 진술하거나 변론을 한 뒤에는 피고의 동의를 요하며, ⑤ 제1심 법원이 변론을 종결할 때까지만 가능하다.

2) 피고경정신청의 방식

피고의 경정은 신소의 제기와 구소의 취하의 실질을 가지므로 신청권자인 원고가 서면으로 신청하여야 한다. 피고의 경정 신청서에는 새로 피고가 될 사람의 이름, 주소와 경정 신청의 이유를 적어야 한다(규칙 66조). 피고가 경정신청서를 송달받은 날부터 2주일 내에 이의하지 않으면 동의한 것으로 본다(법 260조 제4항).

[서식] 피고 경정 신청서

피고 경정 신청서

사 건   2018가합 1234호 건물철거

원 고   김 ○ ○

피 고   ○○ 협동조합 중앙회

위 사건에 관하여 원고의 소송대리인은 아래와 같이 피고 경정을 신청합니다.

신 청 취 지

피고 ○○ 협동조합 중앙회를 피고 △△ 협동조합(○○시 ○○로 123. 대표자 조합장 이○○)으로 경정한다.

라는 재판을 구합니다.

신 청 원 인

원고는 피고 ○○ 협동조합 중앙회를 이 사건 건물의 소유자로 알고 동인을 상대로 이 사건 소를 제기하였으나, 위 건물의 소유자는 피고가 아니라 피고 산하 별도 법인인 △△ 협동조합으로서, 이는 원고가 △△ 협동조합이 피고와는 별도의 법인임을 모르고 착오를 일으켜 피고를 잘못 지정한 것이므로, 이 사건 신청에 이르렀습니다.

첨 부 서 류

1. 위 입증방법	1통
1. 등기사항전부증명서	1통
1. 동의서	1통
1. 신청서 부본	1통

20○○.   ○.   ○.

원고의 소송대리인

법무법인   ○○

담당 변호사   ○○○

서울○○지방법원   제○○민사부   귀중

■ 작성 · 접수방법

1. 신청서 1부와 당사자수(1) 부본을 사건 재판부에 제출한다. 이때 입증하는 서류도 같이 제출한다.
2. 경정한 피고가 복수일 경우 청구취지 및 청구원인도 변경할 필요가 있을 수 있다.

(3) 필수적 공동소송인의 추가

1) 의의

소송목적이 공동소송인 모두에게 합일적으로 확정되어야 할 필수적 공동소송인의 가운데 일부가 누락된 경우에는 제1심의 변론을 종결할 때까지 원고의 신청에 따라 결정으로 원고 또는 피고를 추가하는 것이다(법 68조).

2) 신청절차

공동소송인의 추가는 추가된 당사자와의 사이에 신소의 제기이므로 추가신청은 서면에 의하여야 하고 ② 신청서에는 추가될 당사자의 이름, 주소와 추가신청이유를 적어야 한다.

[서식] 필수적공동소송인 추가 신청

필수적공동소송인 추가 신청서

사　건　　2018가단 1234호 공유물분할

원　고　　김 ○ ○

피　고　　이 △ △

이 사건에 관하여 원고는 다음과 같이 필수적 공동소송인 추가 신청을 합니다.

신 청 취 지

이 사건 피고의 필수적공동소송인으로 박○○(721108-1047236, 서울 서초구 서초동 ○○)를 추가하는 것을 허가한다.

신 청 이 유

1. 원고는 피고를 상대로 20○○. ○. ○. 공유물 분할 청구를 제기하였습니다.
2. 그러나 공유물분할청구에서 분할을 청구하는 공유자는 다른 공유자 전원을 상대로 하여 분할을 청구하여야 하므로 공유자 박○○을 필수적공동소송인으로 추가하

고자 이 사건 신청에 이른 것입니다.

20○○. ○. ○.

원고 ○○○ (날인 또는 서명)

○○지방법원 (○○지원) 제 ○민사부(단독) 귀중

■ 작성 · 접수방법

1. 신청이유는 민사소송법 제68조제1항(법원은 제67조제1항의 규정에 따른 공동소송인 가운데 일부가 누락된 경우에는 제1심의 변론을 종결할 때까지 원고의 신청에 따라 결정으로 원고 또는 피고를 추가하도록 허가할 수 있다. 다만, 원고의 추가는 추가될 사람의 동의를 받은 경우에만 허가할 수 있으므로 주의해야 한다.
2. 신청서 1부와 송달에 필요한 수(추가하는 공동소송인의 수)의 부본을 해당 법원에 제출한다(민사소송법 제68조제2항, 민사소송규칙 제48조제1항).

제10절 상소심 절차

1. 상소의 개념

1) 상소는 당사자 또는 소송관계인이 하급심의 미확정종국재판에 대하여 그 취소, 변경을 상급법원에 요구하는 불복신청이다.

2) 상소에는 제1심 종국재판에 대한 불복신청인 항소, 제2심 종국판결에 대한 불복신청인 상고, 결정·명령에 대한 불복신청인 항고, 항고법원의 결정에 대한 불복으로 재항고가 있다. 항고에는 항소에 관한 규정이, 재항고에는 상고에 관한 규정이 준용된다(법 443조).

3) 제1심의 법원의 종국판결에 대하여 당사자가 상고할 권리를 유보하고 항소를 하지 아니하기로 합의한 때(비약상고합의)에는(법 390조 1항) 제1심 판결 후에 바로 상고심 법원에 상고할 수 있다.

구분	판결에 대한 불복	결정·명령에 대한 불복		
	항소와 상고	일반항고		특별항고
의의	대법원 ↑ 상고(상고이유 有) 제2심 ↑ 항소(부당하면가능) 제1심판결	대법원 ↑ 재항고 제2심 ↑ 최초항고 제1심판결		대법원 ↑ 불복할수 없는 결정·명령(=확정)
대상	판결에 대한 불복 1. 청구기각·인용 2. 소각하	불복할수 있는 결정과명령		불복할수 없는 결정명령
		소장각하명령, 이송명령이송신청기각결정, 보조참가신청허부결정	기일지정신청기각결정, 수계신청기각결정, 특별대리인선임신청기각결정	1. 명문상 불복할 수 없는 것 : 기피결정 2. 해석상 불복할수 없는 것 : 부재자재산관리인선임결정
기간	판결송달부터 2주일 내	재판고지 후 1주일	항고이익이 있는 한	재판고지 후 1주일
이유	일반적 상고이유 절대적 상고이유 재심사유			재판에 영향이 있는 헌법위반등을 이유로 한다.
제출	제2심 법원을 표기하여 제1심 법원에 제출한다.			

2. 상소의 요건

어떤 재판에 관하여 상소를 할 수 있으려면 상소의 요건을 갖추어야 한다. 상소의 요건이라 함은 상급법원의 본안 재판을 받을 수 있는 요건을 말하는데 이는 소에 있어서의 소송요건에 해당된다.

(1) 상소의 대상적격이 있을 것

법원이 '선고'한 '종국판결'이어야 한다. 따라서 재판이 '선고'되어야 상소권이 발생하므로 선고 전에는 상소할 수 없으며, 또한 종국판결이어야 하므로 중간 판결 등 중간재판은 종국판결과 함께 상소심에서 판단 받으므로 독립하여 상소할 수 없다.

(2) 법정방식에 따른 상소제기

상소는 ① 상소장이란 서면에 ② 당사자와 법정대리인, 원재판의 표시와 그 재판에 대한 상소의 취지를 기재하여 ③ 상소기간내에 ④ 원심법원에 제출하여야 한다. 따라서 원심법원 접수과에 상소장을 제출한 날을 기준으로 하여 상소기간준수 여부를 가려야 한다(대결 1996. 10. 25. 96마1590).

(3) 상소기간의 준수

상소는 판결서 송달 전에도 할 수 있다(법 396조 1항). 그러나 다음의 기간 내에 제기하여야 한다. 항소와 상고는 판결정본의 유효한 송달을 받은 날부터 2주일이고, 즉시항고는 재판의 고지 있은 날부터 1주일이며, 통상항고는 재판의 취소를 구할 이익이 있는 한 언제든지 제기할 수 있다. 이러한 상소제기 기간은 불변기간이므로 기간이 지나 제기된 상소는 부적법하게 되므로 주의해야 한다.

(4) 상소이익이 있을 것

상소이익이란 하급심의 종국판결에 대하여 불복신청을 함으로써 그 취소, 변경을 구할 수 있는 당사자의 법적 지위를 말한다. 이러한 상소이익을 상소의 적법요건으로 하는 이유는 무익한 상소권 행사를 배제하여 남상소를 방지하고 법원의 업무를 경감하려는 것이다.

(5) 상소의 당사자적격

불이익한 하급심 재판을 받은 자, 즉 상소할 이익이 있는 당사자 또는 당사자로 참가할 수 있는 제3자가 상소의 당사자적격을 갖는다. 예컨대 제1심의 원·피고가 항소당사자이고 제2심의 항소인, 피항소인이 상고당사자이다. 항고당사자도 원칙적으로 본소 당사자이다. 항고에 관하여는 이해관계 있는 자는 제3자라도 상소적격자가 되는 수가 있다56). 보조참가인, 독립당사자참가인, 공동소송참가인 등도 상소자격이 있다. 다만 보조참가인은 피참가인의 상소기간 내에 상소를 제기하여야 하므로 피참가인이 항소권을 포기하지 않는 한 항소할 수 있지만 당사자는 아니므로 항소인은 될 수 없다.

(6) 상소권 포기가 없을 것

당사자는 상대방의 동의 없이 상소권을 포기할 수 있으므로(법 394조) 상소권을 포기한 당사자는 상소권을 상실하므로 법원은 포기 여부를 직권조사하여 포기가 확인되면 제기된 상소를 부적법 각하 한다. 또한 항소를 한 뒤의 항소권의 포기는 항소취하의 효력도 가진다(법 395조 3항).

(7) 불상소의 합의가 없을 것

불상소의 합의란 상소를 하지 않기로 하는 소송법상의 계약으로서 구체적인 사건의 심급을 제1심에 한정해 제1심으로 끝내기로 하는 당사자 쌍방의 합의를 말하는데 적법한 불상소의 합의가 판결 선고 전에 있으면 소송은 그로서 완결되고 판결은 선고와 동시에 확정되며, 판결 선고 후의 합의는 상소권 및 부대상소권의 포기를 합의한 것이므로 그 성립과 동시에 판결을 확정시킨다. 합의를 어기고 항소를 제기하면 상소이익의 흠결로 부적법 각하된다.

3. 상소의 제기방법

상소는 상소장(항소장, 상고장, 항고장 등)을 작성하여 상소기간 내에 원심법원에 접수하여야 한다. 상소장을 다른 법원이나 기관 또는 상소심 법원에 잘못 접수한 경우 그것이 최종적으로 원심법원에 접수된 시기를 기준으로 상소기간의 준수여부를 결정하게 되고 다른 법원에 접수된 시기를 기준으로 기간 준수 여부를 판단 할 수는 없는 것이므로 주의하여야 한다.

4. 상소의 효력

(1) 확정차단의 효력

판결은 상소기간 이내에 적법한 상소제기가 있을 때에는 확정되지 아니한다(법 498조). 이를 확정차단의 효력이라고 한다. 따라서 상소를 제기하면 확정판결의 효력인 기판력, 형성력은 물론 집행력도 발생하지 않는다(그러나 가집행선고시에는 예외). 즉시항고도 집행을 정지시키는 효력을 가진다(법 447조). 그러나 통상항고는 확정차단효력이 없으므로

---

56) 증인으로서의 의무위반이 있다 하여 제재를 받은 증인, 비용상환을 명령받은 대리인, 문서의 제출을 명령받은 제3자등이 있다.

통상항고가 제기된 결정명령에 대해 집행력을 저지하기 위해서는 별도의 집행정지의 조치가 필요하다(법 448조).

(2) 이심의 효력

상소가 제기되면 그 소송사건 전체가 원심법원을 떠나 상급심 법원으로 옮겨 가는 이심 효력이 발생한다. 따라서 상소가 제기되면 상소가 부적법하지 않는 한 원심법원의 법원 사무관 등은 항소장이 제출된 날부터 2주 이내에 항소기록에 항소장을 붙여 항소법원으로 보내야 한다(법 400조 1항).

5. 상소의 제한

우리현행법은 남상소를 제한한다는 명목으로 상고심절차에 관한 특례법(제4조)으로 심리 불속행제도를 채택하여 "대법원은 상고이유에 관한 주장이 원심판결에 헌법 위반 등 중대한 법령위반에 관한 사항이 있는 때를 포함하지 아니한다고 인정되는 때에는 더 나아가 심리를 하지 아니하고 판결로 상고를 기각한다"라고 규정하여 상고를 제한하고 있다.

[서식] 불항소합의서

불항소 합의서

사　　건　　2013가합 1234호 손해배상

원　　고　　김 ○ ○

피　　고　　이 ○ ○

위 당사자간 귀원 2013가합 1234호 손해배상 청구사건에 관하여 양 당사자는 위 사건의 제1심 판결에 대해 항소하지 않을 것을 합의합니다.

2013.　　10.　　.

원　　고　　김 ○ ○

피　　고　　이 ○ ○

서울○○지방법원　　제○○민사부　　귀중

---

1. 개 설

(1) 의 의

항소란 지방법원 단독판사 또는 합의부의 제1심 종국판결에 대하여 사실인정의 부당이나 법령위반을 이유로 하여 제2심 법원(항소법원)[57]에 하는 불복신청이다(법 390조). 이점에서 법령위반만을 상고이유로 하는 상고와 구별된다. 불복신청인은 항소인, 상대방은 피항소인이라고 한다.

(2) 우리 민사소송법상 항소심구조(속심제)

제2심에서 제1심의 소송자료와 상관없이 독자적으로 새롭게 소송자료를 수집하여 이를 기초로 하여 다시 심판을 하는 구조인 복심제와 제2심에서는 새롭게 소송자료를 제출할 수 없는 것을 원칙으로 하여 제1심에서 제출된 소송자료만을 기초로 심사하는 사후심사제와 달리 우리 민사소송법상 항소심은 제1심의 소송자료를 기초로 하고 여기에 항소심에서 새롭게 소송자료를 수집하여 항소심 변론종결시를 기준으로 제1심의 판결의 당부를 심사하는 속심제이다.

제1심	제2심	제3심
소 액 사 건	지방법원 본원 항소부[58]	대법원
시군법원사건		
2억 이하 단독사건		
2억 초과 합의부 사건[59]	고등법원[60]	

소액사건, 시군법원사건 지방법원 단독사건(1억원이하 소가)은 지방법원 본원 항소부를 2심 관할로 하는 반면 ② 지방법원 합의부 및 지원합의부 사건은 고등법원을 2심관할로 한다.

---

57) 단독사건은 항소부가 합의사건은 고등법원이 항소법원이다. 2010. 1. 25. 법원조직법 개정으로 인하여 지방법원 소재지마다 고등법원지부를 두어 국민의 항소심 재판에 대한 접근성을 향상시키고 항소심의 기능을 효율화 하였다.
58) 지방법원 지원에는 항소부가 없다.
59) 제2조(지방법원 및 그 지원 합의부의 심판범위) 지방법원 및 지방법원지원의 합의부는 소송목적의 값이 1억원을 초과하는 민사사건 및 민사소송등인지법 제2조제4항의 규정에 해당하는 민사사건을 제1심으로 심판한다.
60) 지방법원 1심재판에대한 고등법원의 항소심 재판을 원외재판부(①서울고등법원 춘천재판부②대전고등법원 청주재판부③광주고등법원 제주재판부④광주고등법원 전주재판부⑤부산지방법원 창원재판부)를 두어 재판을 할 수 있다.

2. 항소의 요건

항소요건이란 항소의 적법요건으로서 항소가 본안심리를 받기위해 갖추어야 할 요건이다. 항소요건으로는 ① 항소의 대상적격이 있을 것 ② 법원의 항소제기 방식을 갖추고 항소기간을 준수 했을 것 ③ 항소이익이 있을 것 ④ 항소의 당사자 적격이 있을 것 ⑤ 항소권포기, 불항소의 합의가 없을 것 등이 필요하다(Ⅰ. 2. 상소의 요건 참조).

3. 항소의 제기

(1) 항소제기 방식

1) 항소장 제출

① 항소는 판결서가 송달된 날부터 2주 이내에 하여야 하지만 판결서가 송달되기 전에도 가능하다(법 396조). 2주 기간은 불변기간이다. 따라서 법원이 임의로 기간을 늘리거나 줄일 수는 없고 다만 주소나 거소가 멀리 떨어진 곳에 있는 사람을 위하여 부가기간을 정할 수 있을 뿐이다(법 172조 2항). 그러나 당사자가 책임질 수 없는 사유로 항소기간을 준수할 수 없었을 경우에는 항소의 추후보완 신청이 가능하다(법 173조). 위 2주의 기간은 제1심 판결이 송달된 다음날부터 기산하여 기간의 말일의 종료(그날 24:00)로써 만료된다[61]. 기간의 말일이 일요일 기타의 휴일 등 공휴일에 해당하는 경우에는 그 다음날의 종료로써 만료된다(법 170조).

② 공동소송에 있어서 항소기간은 통상의 공동소송은 각 당사자 별로 항소기간(2주)의 도과 여부를 판단하지만, 필요적 공동소송 및 공동소송참가에서는 공동소송인은 전원의 항소기간이 도과하여야 하기 때문에 공동소송인 중 가장 나중에 판결문을 송달 받은 자를 기준으로 항소기간을 정한다.

③ 항소는 항소장을 제출함으로서 한다(법 397조 1항). 우편제출 및 전자문서로도 가능하다. 다만 그 항소장에는 소정의 인지를 첨부하여야 하고 상대방 수의 부본을 제출하여야 한다.

2) 원심법원제출주의

항소는 항소장을 제1심 법원에 제출함으로써 한다(법 397조 1항).

---

61) 보통 오후 6시가 지나면 법원업무가 종료한다. 따라서 기간 말일에 법원의 업무가 종료되었다면 야간 당직실에 문건접수가 가능하므로 이곳에 항소장을 제출하면 된다.

3) 항소심의 인지

항소심의 인지액은 제1심 소장의 1.5배이다. 항소장에 붙일 인지액의 산정은 불복신청한 부분의 소송물가액을 표준으로 하여 정한다(예를 들어 1심에서 3억을 청구 했지만 2억만 인정되고 1억은 기각되어 원고가 1억에 대해 항소를 하는 경우 1억을 기준으로 인지액을 산정한다). 즉 1심에서 일부 패소한 경우 그 패소 부분에 대한 항소 또는 전부 패소한 경우 그 중 일부에 대한 항소에 있어 항소장에 붙일 인지액의 산정은 항소에 의하여 불복을 신청한 부분을 표준으로 한다. 그러나 이자 또는 지연손해금과 같이 부대청구가 되는 부분은 소송목적의 값에 포함되지 않고 다만 이를 독립하여 항소하는 경우에만 독립된 소송물로써 소송 목적의 값에 포함된다(대결 1962. 10. 18. 62라11결정).

4) 항소심의 송달료

항소장을 제출할 때 송달료 124,800원(=당사자수×12회×5,200원)을 납부하고 그 송달료 납부서를 항소장에 첨부하여 원심법원에 제출한다.

(2) 항소장의 기재상항

1) 필요적 기재사항

가. 당사자와 법정대리인
항소장에는 당사자와 그 상대방인 피항소인의 이름과 법정대리인을 적어야 한다.

나. 제1심판결의 표시
제1심판결의 표시는 어떤 판결에 대하여 항소를 하는가를 명백히 하기 위한 것이므로 다른 판결과 구별할 수 있을 정도로 표시하면 된다. 보통 1심 법원명, 사건번호, 사건명, 선고일자, 주문 등을 기재하고 있다.

다. 판결에 대한 항소의 취지
항소장에는 제1심 판결의 표시뿐만 아니라 그 판결에 대한 항소의 취지를 적어야 한다(법 397조 2항). 이러한 불복신청의 범위는 명확히 기재할 필요는 없고 다만 어떤 항소 취지인지를 인식할 수 있는 정도면 충분하다(대판 88다카30214)[62].

2) 임의적 기재사항

항소장에는 항소이유를 기재하여도 좋지만 항소이유가 항소장의 필요적 기재사항은 아니므로 즉 항소이유(불복이유)는 임의적 기재사항이다. 나중에 준비서면으로 항소이유서를 제출하여도 무방하다.

---

[62] 실무에서는 인지액등을 납부해야 하므로 항소장에 불복하는 범위를 명확하게 기재 하도록 하고 있다.

[항소취지 사례] 원고가 전부패소한 후, 원고가 항소하는 경우

1. 원심판결을 취소한다.
2. 피고는 원고에게 금300,000,000원 및 이에 대한 이 사건 소장 부본 송달일 다음날부터 다 갚는 날까지 연 12%의 비율에 의한 금원을 지급하라.
3. 소송비용은 제1, 2심 모두 피고의 부담으로 한다.
4. 위 제2항은 가집행할 수 있다.
라는 판결을 구합니다.

☞ 유의사항
1. 원고는 전부패소 하였으므로 '원심판결을 취소한다'라는 항소취지를 기재한다.
2. 원고가 불복하려는 부분, 전부 패소하였으므로 보통 제1심에서 청구한 금액(3억원)을 다시 청구한다. 이때 보통 1심에서와 같이 소장 송달다음날부터 소송촉진특례법상 15%의 비율에 의한 금원을 지급하라고 기재한다.
3. 인지는 원고가 불복하는 3억원을 기준으로 산정한다.

[항소취지 사례] 원고가 전부승소한 후, 피고가 전부 항소하는 경우

1. 원심판결을 취소한다.
2. 원고의 청구를 기각한다.
3. 소송비용은 제1심, 제2심 모두 원고의 부담으로 한다.
라는 판결을 구합니다.

☞ 유의사항
1. 피고는 전부 패소 하였으므로 '원심판결을 취소한다'라는 항소취지를 기재한다.
2. 피고는 원심에서 인정된 '원고의 청구를 기각한다'는 항소취지를 기재한다.
3. 인지는 원심에서 인정된 원고의 청구액을 기준으로 산정한다

[항소취지 사례] 원고가 일부승소한 후, 원고가 항소하는 경우

1. 원심판결 중 원고 패소 부분을 취소한다.
2. 피고는 원고에게 금 200,000,000원 및 이에 대하여 2024. ○. ○.부터 다 갚는 날까지 연 12%의 비율에 의한 금원을 지급하라.
3. 소송비용은 제1심, 제2심 모두 피고의 부담으로 한다.
4. 제2항은 가집행할 수 있다.
라는 판결을 구합니다.

☞ 유의사항
1. 원고는 일부패소 하였으므로 '원심판결 중 원고 패소부분을 취소한다'라는 항소취지를 기재한다.
2. 원고는 원심에서 기각된 액수(원심에서 3억원을 청구 했는데 1억원만 인정된 경우 2억원)를 청구한다. 보통 1심 청구취지와 같이 소장 송달 다음날부터 소송촉진특례법상 15%의 금원을 청구하지만 원심에서 별도의

기산일이나 이자율을 선고한 경우에는 그 기간일이나 이자액을 기준으로 청구하기도 한다. 보통 실무상 판결선고시를 소송촉진특례법상 15%의 기산일로 선고하는 경우가 많아서 이 경우에는 그 날부터 기산하여 연 12%를 청구하기도 한다(예를 들어 선고일이 2014. 1. 10.인 원심 판결서에서 "피고는 원고에게 금 100,000,000원 및 이에 대하여 2014. 1. 10.부터 다 갚는 날까지 연15%의 비율에 의한 금원을 지급하라"라고 선고하면 원고는 불복액인 2억원에 대해 항소장에 "피고는 원고에게 금 200,000,000원 및 이에 대하여 2014. 1. 10.부터 다 갚는 날까지 연 12%의 비율에 의한 금원을 지급하라"라고 기재하기도 한다.

3. 인지는 피고가 불복하는 금액(2억원)을 기준으로 산정한다.

[항소취지 사례] 원고가 일부승소한 후, 피고가 항소하는 경우

> 1. 원심판결 중 피고 패소 부분을 취소한다.
> 2. 취소부분의 원고의 청구를 기각한다.
> 3. 소송비용은 제1심, 제2심 모두 원고의 부담으로 한다.
> 라는 판결을 구합니다.

☞ 유의사항

1. 피고는 일부패소 하였으므로 '원심판결 중 피고 패소부분을 취소한다'라는 항소취지를 기재한다.
2. 피고는 원심에서 인정된 '원고의 청구를 기각한다'는 항소취지를 기재한다.
3. 인지는 피고가 불복하려는 금액을 기준으로 산정한다.

항 소 장

원고(항 소 인) 김 ○ ○(761011-1231567)

　　　　　　　서울시 ○○구 ○○동 1234-567

피고(피항소인) 정 ○ ○(540631-1627813)

　　　　　　　서울 ○○구 ○○동 679-21(T.010-123-4567)

　위 당사자간 서울중앙지방법원 2013가합1234 소유권이전등기 청구사건에 관하여 동 법원에서 2014. 1. 10. 원고 패소판결을 선고 하였는 바, 원고는 이에 불복이므로 다음과 같이 항소를 제기합니다(판결 정본은 20○○. ○. ○. 송달 받았습니다).

제1심판결의 표시

1. 원고의 청구를 기각한다.
2. 소송비용은 원고가 부담한다.

항 소 취 지

1. 제1심판결을 취소한다.
2. 피고는 원고에게 서울 ○○구 ○○동 123 대 320㎡에 관하여 20○○. ○. ○. 매매를 원인으로 한 소유권이전등기절차를 이행하라.
3. 소송비용은 피고가 부담 한다.
라는 판결을 구합니다.

항 소 이 유

　추후에 준비서면으로 제출하겠습니다.

첨 부 서 류

1. 영수필확인서   1통
1. 송달료납부서   1통
1. 항소장 부본   1통

2014. 1.   .

위 원고(항소인) 김 ○ ○ (인)

서울중앙지방법원   귀중

■ 작성 · 접수방법

1. 판결문 송달 다음날부터 2주 이내에(오후 12시까지) 항소장과 상대방수 만큼의 부본을 1심 법원에 제출한다. 다만 기간만료일이 공휴일인 경우에는 그 다음날까지 제출하면 된다. 실무상 실수로 2심 법원에 제출하는 실수를 하는 경우가 많으므로 주의해야 한다.
2. 인지액은 불복하는 금액을 기준으로 해서 1심 인지액의 1.5배이다.
3. 송달료는 124,800원이다(=12회분×5,200×당사자수(2))이다.
4. 항소가 제기되면 제1심 판결의 확정이 차단되고 사건이 제2심으로 이심되는 효력이 발생한다. 항소심법원은 항소장에 항소이유가 구체적으로 기재되어 있으면 이는 준비서면에 해당하므로 준비명령을 피항소인에게 송달하면서 반박 준비서면을 제출하도록 최고하지만 항소장에 항소이유가 기재되어 있지 않으면 기록을 접수 받은 후 지체 없이 항소인에게 석명준비명령을 송달하여 준비서면(항소이유서)를 기한 내 제출하도록 최고한다.

[서식] 항소장(피고인중 일부에 대해서만 항소하는 경우)

항 소 장

원고(항 소 인) 김 ○ ○(761011-1231567)

　　　　　　　　서울시 ○○구 ○○동 1234-567

피고(피항소인) 이 ○ ○(540631-1627813)

　　　　　　　　서울 ○○구 ○○동 679-21(T.010-123-4567)

위 당사자간 서울중앙지방법원 2013가합1234 소유권이전등기 청구사건에 관하여

동 법원에서 2014. 1. 10. 원고 일부 패소판결을 선고 하였는 바, 원고는 이에 불복 이므로 다음과 같이 피고 이ㅇㅇ수에 대하여 항소를 제기합니다(판결 정본은 20ㅇ ㅇ. ㅇ. ㅇ. 송달 받았습니다).

제1심판결의 표시

1. 피고 이△△는 원고에게 서울 ㅇㅇ구 ㅇㅇ동 123 대 320㎡에 관하여 20ㅇ ㅇ. ㅇ. ㅇ. 매매를 원인으로 한 소유권이전등기절차를 이행하라.
2. 원고의 피고 이ㅇㅇ에 대한 청구를 기각한다.
3. 소송비용중 원고와 피고 이△△ 사이에 생긴 부분은 위 피고가, 원고와 피 고 이ㅇㅇ 사이에 생긴 부분은 원고가 각 부담한다.

항 소 취 지

1. 제1심판결 중 피고 이ㅇㅇ에 대한 부분을 취소한다.
2. 피고 이ㅇㅇ는 원고에게 30,000,000원 및 이에 대한 20ㅇㅇ. ㅇ. ㅇ.부터 다 갚는 날까지 연 12%의 비율에 의한 금원을 지급하라.
3. 원고와 피고 이ㅇㅇ 사이의 소송총비용은 피고 이ㅇㅇ가 부담한다.
라는 판결을 구합니다.

항 소 이 유

추후에 준비서면으로 제출하겠습니다.

첨 부 서 류

1. 영수필확인서	1통
1. 송달료납부서	1통
1. 항소장 부본	1통

2014.   1.   .

위 원고(항소인)   김 ㅇ ㅇ (인)

서울ㅇㅇ법원   귀중

1. 판결문 송달 다음날부터 2주 이내에(오후 12시까지) 항소장과 상대방수 만큼의 부본을 1심 법원에 제출한다. 다만 기간만료일이 공휴일인 경우에는 그 다음날까지 제출하면 된다. 실무상 실수로 2심 법원에 제출하는 실수를 하는 경우가 많으므로 주의해야 한다.
2. 인지액은 불복하는 금액을 기준으로 해서 1심 인지액의 1.5배이다.
3. 송달료는 124,800원이다(=12회분×5,200×당사자수(2))이다.
4. 항소가 제기되면 제1심 판결의 확정이 차단되고 사건이 제2심으로 이심되는 효력이 발생한다. 항소심법원은 항소장에 항소이유가 구체적으로 기재되어 있으면 이는 준비서면에 해당하므로 준비명령을 피항소인에게 송달하면서 반박 준비서면을 제출하도록 최고하지만 항소장에 항소이유가 기재되어 있지 않으면 기록을 접수 받은 후 지체 없이 항소인에게 석명준비명령을 송달하여 준비서면(항소이유서)를 기한 내 제출하도록 최고한다.

[서식] 항 소 장

항 소 장

항 소 인(피고)　　정 ○ ○(761011-1231567)

　　　　　　　　　　서울시 ○○구 ○○동 1234-567

피항소인(원고)　　박 ○ ○(750631-1627813)

　　　　　　　　　　서울 ○○구 ○○동 679-21(T.010-123-4567)

위 당사자간 서울중앙지방법원 2013가소1234 대여금청구사건에 관하여 동 법원에서 2014. 1. 10. 판결을 선고 하였는 바, 피고는 위 판결에 모두 불복하므로 다음과 같이 항소를 제기합니다.

원판결의 표시

1. 피고는 원고에게 금 100,000,000원 및 이에 대하여 2012. 10. 1. 부터 2014. 1. 10.까지 연 5%, 그 다음날부터 완제일까지 연 20%의 비율에 의한 금원을 지급하라.
2. 소송비용은 피고의 부담으로 한다.
3. 제1항은 가집행할 수 있다.

항 소 취 지

1. 원심 판결 중 원고 패소부분을 취소한다.

2. 피고는 원고에게 금 200,000,000원 및 이에 대하여 2012. 10. 1. 부터 2014.
   1. 10.까지 연 5%, 그 다음날부터 완제일까지 연 12%의 비율에 의한 금원을
   지급하라.

3. 소송비용은 제1, 2심 모두 피고의 부담으로 한다.

4. 제2항은 가집행할 수 있다.

라는 판결을 구합니다.

항 소 이 유

추후에 제출하겠습니다.

첨 부 서 류

1. 영수필확인서	1통
1. 송달료납부서	1통
1. 항소장 부본	1통

2014. 1.   .

위 항소인(피고) 정 ○ ○ (인)

서울중앙지방법원 귀중

■ 작성 · 접수방법

1. 판결문 송달 다음날부터 2주 이내에(오후 12시까지) 항소장과 상대방수 만큼의 부본을 1심 법원에 제출한다. 다만 기간만료일이 공휴일인 경우에는 그 다음날까지 제출하면 된다. 실무상 실수로 2심 법원에 제출하는 실수를 하는 경우가 많으므로 주의해야 한다.

2. 사안은 원심에서 대여금 3억원과 기산일인 2010. 10. 1.부터 소장 송달일까지 약정이자(5%)와 그 다음날부터 소송촉진특례법상 이자 15%를 청구했지만, 1심 판결에서 대여금은 1천만원만 인정하면서 이자는 기산일인 2013. 10. 1.부터 판결선고일인 2014. 1. 10까지 약정이자(5%)를 인정하고 그 다음날부터 소송촉진특례법상 이자 20%를 인정한 경우(보통 실무상 소장 송달 다음날부터 15%를 청구하더라도 판결서에는 보통 선고일 다음날부터 15%를 인정하는 경우가 많다)로서 원고는 불복액인 2억원에 대해 "피고는 원고에게 금 200,000,000원 및 이에 대하여 2014. 1. 10부터 다 갚는 날까지 연 12%의 비율에 의한 금원을 지급하라"라고 청구한 것이다.

3. 인지액은 불복하는 금액을 기준으로 해서 1심 인지액의 1.5배이다. 따라서 사안에서 2억이 불복금액이므로 인지액은 1,282,500원[=(2억원×0.004+55,000)×1.5]이다.

4. 송달료는 124,800원이다(=12회분×5,200×당사자수2)이다.

5. 항소가 제기되면 제1심 판결의 확정이 차단되고 사건이 제2심으로 이심되는 효력이 발생한다. 항소심법원은 항소장에 항소이유가 구체적으로 기재되어 있으면 이는 준비서면에 해당하므로 준비명령을 피항소인에게 송달하면서 반박 준비서면을 제출하도록 최고하지만 항소장에 항소이유가 기재되어 있지 않으면 기록을 접수 받은 후 지체 없이 항소인에게 석명준비명령을 송달하여 준비서면(항소이유서)를 기한 내 제출하도록 최고한다.

[서식] 항소이유서

항 소 이 유 서

항 소 인(피고)   조 ○ ○(761011-1231567)
　　　　　　　　서울시 ○○구 ○○동 1234-567

피항소인(원고)   선 ○ ○(750631-1627813)
　　　　　　　　서울 ○○구 ○○동 679-21(T.010-123-4567)

위 당사자간 서울지방법원 2013가합1234 손해배상 청구사건에 관하여 피고(항소인)는 다음과 같이 변론을 준비합니다.

다　음

1. 원심 판결의 요지

원심은, ① 피고가 이 사건 체육관 신축공사와 관련하여 홍○○을 피고의 현장소장으로 근무하게 하고 위 홍○○으로 하여금 '○○산업 기술영업부장 홍○○'이라고 기재된 명함을 사용하도록 허락한 점, ② 위 홍○○은 위 명함을 원고에게 교부한 다음 원고에게 이 사건 체육관 공사와 관련하여 건설기계의 대여를 요청하였고 이에 원고가 건설기계를 피고의 공사에 대여하여 피고는 원고에게 그 대여금액을 지급하였을 뿐만 아니라 피고의 사업자 등록증까지 원고에게 보낸 점을 고려하면 이 사건 체육관 신축공사 현장에서 이 사건 건설기계의 대여를 요청하는 홍○○이 피고를 대리할 권한이 없다는 사실을 원고가 알지 못했거나 알 수 없었다고 봄이 상당하므로 피고는 원고에 대해 민법 제125조에서 정한 대리권 수여의 표시에 의한 표현대리 책임을 부담하여야 하고, 원고가 피고에게 건설기계 대여 여부를 확인하지 않은 과실이 있다는 피고의 주장에 대해 과실이 있다고 할 수 없기 때문에, 피고는 원고에게 이 사건 건설기계 대여에 따른 사용료 40,5102,000원을 지급하라고 판결하였습니다.

2 원심판단에 대하여.

가. 홍○○이 2011. 5. 3.부터 2011. 7. 1.까지 원고로부터 대여 받아 사용한 건설기계(스카이) 사용료를 피고가 책임져야 한다는 원심의 판단에 대하여.

원심은 피고가 이 사건에서 건설기계의 대여를 요청하였다는 원고의 주장에 대해서는 이를 인정할 수는 없고 오히려 피고로부터 하도급을 받은 홍○○이 원고에게 이 사건 건설기계의 대여를 요청하였다고 판단하였지만, 피고는 이 사건 공사와 관련하여 홍○○을 피고의 현장소장으로 근무하게 하고 "이경산업 기술영업부장 홍○○"이라고 기재된 명함을 사용케 함에 따라 위 홍○○이 원고에게 건설기계(크레인) 대여 하였는데 이후 피고가 대여금 4백4십만원과 사업자등록증을 원고에게 교부한 사정을 고려하면 피고는 원고에게 홍○○에 대한 대리권 수여의 표시가 있는 것으로 볼 수 있는 것이며 원고로서는 홍○○이 이 사건 건설기계(스카이) 대여를 요청한 것으로 알았다고 봄이 상당하기 때문에 건설기계(스카이)와 관련하여 피고를 대리할 권한이 없다는 사실을 알지 못했거나 알 수 없었다고 봄이 상당하기에 피고는 표현대리 책임을 져야 한다고 판단하고 있습니다.

원심은 2011. 12. 21.자 변론조서에 기재된 피고 진술 중 "1. 갑제3호증 '○○산업 기술영업부장 홍○○'이라는 명함은 홍○○이 영업상 필요하다고 하여 피고가 사용하게 한것이다."라고 진술되어 있는 것을 전제로 하여 피고가 이 사건 공사와 관련하여 홍○○을 피고의 현장소장으로 근무하게 하였을 뿐만 아니라 이 사건 명함을 사용하도록 허락하였다고 인정하고 있지만, 피고는 2011. 12. 21.자 변론조서상에 기재되어 있는 것처럼 "이 사건 명함은 홍○○이 영업상 필요하다 하여 피고가 사용하게 한 것이다."라고 진술 한 사실이 없을 뿐만 아니라, 이후 재판 과정 중에서도 준비서면 등을 통해 홍○○은 피고 회사 직원도 아니기 때문에 이 사건 명함의 사용을 허락한 사실이 없으며, 홍○○이 피고 공사의 현장소장으로 일한적도 없다고 일관되게 주장을 하였는바, 피고는 법정에서 변론조서에 기재된 대로 진술한 바도 없지만 가사 그와 같이 진술하였다 하더라도 그것은 사실과 다르기 때문에 2011. 12. 21.자 변론조서 상의 피고의 이 부분 진술 내용은 착오에 의한 것으로 취소하는바, 원심이 잘못 기재된 위 변론조서상의 피고 진술을 근거로 하여 피고가 홍○○에게 이 사건 명함을 사용하도록 허락하였다고 기초사실로 인정하고 이 사건에서 피고가 원고에게 민법 제125조의 대리권 수여 표시를 하였다고 판단 한 것은 그 전제가 되는 기초사실 자체가 착오에 의한 것이므로 부당한 판단이라 할 것입니다.

나. 피고가 원고에게 민법 제125조의 대리권 수여 표시를 하였다는 원심 판단에 대하여.

원심은 이 사건 건설기계 대여 요청을 피고가 하지 않았다는 것을 인정하면서도 위 홍○○이 피고회사의 명함을 사용하였다는 사실과 피고가 피고 공사에 사용 된 건설기계의 사용료 440만원(2011. 3. 31.부터 4. 28.까지)을 원고에게 지급한 사실 등을 갖고서는 민법 제125조의 표현대리 책임을 인정하고 있지만, 앞서 설명한 바와 같이 피고는 이 사건에서 홍○○에게 이 사건 명함을 사용하도록 허락한 사실도, 현장소장으로 근무하게 한 사실도 없는데도 원심이 잘못된 기초사실을 전제로 해서 피고가 원고에게 대리권 수여 표시를 하였다고 인정한 것은 그 전제가 된 사실 자체가 잘못된 것이기 때문에 정당한 판단이라 할 수 없으며, 가사 원심이 오인한 기초사실처럼 피고가 원고에게 명함을 사용하도록 허락한 사실이 있었다고 가정하더라도 민법 제125조가 규정하는 대리권 수여의 표시에 의한 표현대리는 본인과 대리행위를 한 자 사이의 기본적인 법률관계의 성질이나 그 효력의 유무와는 직접적인 관계가 없이 어떤 자가 본인을 대리하여 제3자와 법률행위를 함에 있어 본인이 그 자에게 대리권을 수여하였다는 표시를 제3자에게 한 경우에는 성립될 수가 있고, 또 본인에 의한 대리권 수여의 표시는 반드시 대리권 또는 대리인이라는 말을 사용하여야 하는 것이 아니라 사회통념상 대리권을 추단할 수 있는 직함이나 명칭 등의 사용을 승낙 또는 묵인한 경우에도 대리권 수여의 표시가 있은 것으로 볼 수가 있는 바(대법원 1998. 6. 12. 선고 97다53762 판결 참조), 이 사건에서 홍○○이 원고에게 명함을 준 경위는 자신이 피고의 대리인이라거나, 자신 외에 다른 사용자가 건설기계를 요청할 경우 이를 승인할 권한이 있다는 것을 보여주기 위해 원고에게 명함을 제시해 준 것이 아니라 처음 원고측이 건설기계(크레인) 대여를 위해 왔을 때 연락처 명함을 달라고 해서 단순히 연락처를 확인하는 용도로 주었던 것이므로(2012. 6. 27 홍○○ 증인신문조서 8쪽 참조) 원심이 이 같은 홍○○의 명함 제시 행위로 인해 이 사건에서 문제가 되고 있는 건설기계 대여에 관한 대리권을 사회통념상 추단 할 수 있었느냐에 대한 구체적인 판단 없이 피고가 원고에게 대리권 수여의 표시를 하였다고 단정한 것은 부당하며, 더구나 피고가 원고에게 건설기계(크레인) 사용(2011. 3. 31.부터 4. 28.까지)에 대한 사용료 4백4십만원을 지급한 것은 홍○○ 등이 피고의 대리인이라는 전제하에 원고에게 사용료를 지급하였던 것이 아니라 원고로부터 대여한 건설기계(크레인)가 지붕자재 공사를 주로 하는 피고의 공사에 사용된 것을 확인하고는 그 사용료로 지급하였던 것이므로 이 같은 사실만을 근거로 피고에게 민법 제125조의 표현대리 책임을 물을 수는 없다 할 것입니다.

3. 결론

이상과 같이 원심이 피고가 건설기계(크레인) 대여료 4백4십만원(2011. 3. 31.~4. 28.까지)을 원고에게 지급한 사실과 홍○○이 피고 회사의 명함을 사용한 사실을 근거로 민법 제125조의 표현대리를 인정하면서, 대여료 40,5102,000원(2011. 5. 3.~2011. 7. 1.) 까지 피고에게 부담케 한 것은 사실오인에 근거한 판단일뿐만 아니라 민법 제125조의 표현대리에 관한 법리를 오해하여 한 부당한 판결이므로 원심 판결의 취소를 바라와 본 항소 이유를 개진하는 바입니다.

입 증 방 법

1. 을제11호증   확인서

첨 부 서 류

1. 항소장 부본   1통

2013. 5.   .
위 항소인(피고)   조 ○ ○ (인)

서울고등법원 귀중

■ 작성 · 접수방법

1. 항소이유서도 준비서면이므로 법원용 1부와 상대방 수에 맞는 부본을 항소심 재판부에 제출한다.
2. 항소이유서는 원심 판결에 대해 잘못된 점을 지적하고 이를 입증하는 증거자료를 제출하는 방법으로 작성한다. 이때 증거자료에 호증번호는 원심번호에 이어서 붙이면 된다.
3. 항소장에 항소이유가 기재되어 있지 않으면 기록을 접수 받은 후 지체 없이 항소인에게 석명준비명령을 송달하여 준비서면(항소이유서)를 기한 내 제출하도록 최고하지만 형사재판과 달리 그 기한을 해태하더라도 바로 기각 판결을 받지는 않는다. 다만 실무상 기한을 지키는 것이 보통이다.

4. 부대항소

(1) 의 의

부대항소는 피항소인이 상대방의 항소에 의하여 개시된 항소심절차에 편승해서 원판결에 대한 불복을 주장하여 항소심의 심판범위를 자기에게 유리하게 확장시키는 신청을 말한다. 이를 인정하는 이유는 항소인의 항소심에서의 항소범위의 확장에 대응하여 항소권이 소멸된 피항소인에게도 부대항소를 허용함이 공평의 원칙에 부합하고, 소송경제를 도모하기 위해서이다.

(2) 부대항소의 제기 방식

1) 부대항소장의 제출

방식은 항소에 관한 규정에 의한다(법 405조). 부대항소장은 항소기록이 항소법원에 송부되기 전에는 제1심 법원에 그 후에는 항소법원에 제출하여야 한다. 원칙적으로 부대항소장을 제출하여야 하지만 그 신청을 변론에서 구술로 진술하여도 상대방이 이의권을 포기하면 적법한 제기로 볼 수 있다.

2) 부대항소장의 기재사항

부대항소장에는 제397조 제2항에 따라 당사자와 법정대리인 그리고 제1심판결의 표시 및 그 판결에 대한 항소에 부대하여 항소하는 취지를 기재하여야 하고 항소장에 준하는 인지를 붙여야 한다. 판례는 부대항소장을 제출하지 않고 청구취지확장서, 반소장을 제출한 때에도 그것이 상대방에게 불리하게 되는 한도에서 부대항소를 한 것으로 의제하여야 한다고 판시하고 있다(대판 1979. 8. 31. 79다892).

3) 인지액

부대항소장에도 항소장과 마찬가지로 제1심 판결의 취소를 구하는 한도에서 소장에 붙인 인지액의 1.5배의 인지를 붙인다.

(3) 효 력

1) 항소심의 심판범위의 확장

부대항소에 의하여 항소심법원의 심판범위가 확장되면 피항소인의 불복의 당부도 심판되게 된다. 따라서 사례 ①에서 원고만이 자신의 패소부분인 400만원에 대해 항소하고 피고 을은 항소제기 기간이 도과하여 더 이상 항소제기를 하지 못하더라도 부대항소로서 을의 패소부분인 600만원에 대해 청구기각으로의 변경을 요구하면 항소심법원은 600만원에 대한 당부도 심판하게 된다.

2) 부대항소의 종속성

부대항소는 상대방의 항소에 편승한 것이므로 주된 항소가 취하 또는 각하된 때에는 그 효력을 잃는다(법 404조) 이를 부대항소의 종속성 또는 부대성이라 한다. 따라서 사례 ②에서 갑의 항소취하로 항소는 소급적으로 그 효력을 잃기 때문에 을이 항소기간 경과 후에 제기한 부대항소 또한 효력을 잃게 되어 항소심은 청구를 인용하는 판결을 할 수 없게 된다.

3) 부대항소의 의제

제1심에서 전부승소한 원고가 항소심 계속 중 그 청구취지를 확장·변경할 수 있는 것이고 그 것이 피고에게 불리하게 하는 한도 내에서는 부대항소를 한 취지로도 볼 수 있는 바(대법원 1995. 6. 30 선고 94다58261), 1심에서 원고가 전부승소하고 피고만이 항소를 제기하였는데, 원고가 청구취지를 확장하는 경우에는 형식적으로 부대항소의 방식을 취하지 않더라도 부대항소한 것으로 의제된다.

[서식] 부대항소장

부 대 항 소 장

사	건	2014 가단 1234 보증금
부 대 항 소 인	이 ○ ○	
(피항소인, 원고)	서울 구로구 구로본동 123	

부 대 피 항 소 인　　○○해상화재보험 주식회사

(항소인, 피고)　　서울 종로구 계동 1456

대표이사 김 ○ ○

위 당사자간 서울고등법원 2005나 1195 손해배상(자)청구 항소사건에 관하여 원고(피항소인겸 부대항소인)는 위 항소에 부대하여 동 항소사건의 제1심(서울중앙지방법원 2003가단 258207)에서 2004. 12. 8. 선고된 판결 중 원고(피항소인겸 부대항소인)의 패소부분은 불복이므로 항소를 제기합니다.

부 대 항 소 취 지

1. 원판결 중 부대항소인(피항소인, 원고) 패소부분을 취소한다.
2. 부대피항소인은 부대항소인에 대하여 금71,756,404원 및 이에 대한 2003. 2. 17.부터 2004. 12. 8.까지는 연 5%의, 그 다음날부터 완제일까지는 연 12%의 각 비율에 의한 금원을 지급하라.

3. 소송비용은 부대피항소인의 부담으로 한다.

4. 위 제2항은 가집행할 수 있다.

라는 판결을 구합니다.

부 대 항 소 이 유

1. 원심에서 적용한 원고 이○○의 후유장해 및 가동능력 상실률

원심에서는 원고 이○○의 후유장해 및 가동능력 상실률을 적용함에 있어 요추부 통증 등으로 인한 5년간 32%의 한시 장해로 평가하였습니다.

그러나 위 원고의 후유장해 및 가동능력 상실률의 평가는 원심에서 최초의 감정 기관인 순천향대학교 의과대학 부속병원의 신경외과 전문의 최○○의 감정결과 와 재감정기관인 이대목동병원 신경외과 전문의 조○○의 감정결과가 모두 영구 장해로 평가되었음에도 불구하고, 위 두 전문기관의 평가를 모두 무시한 원심의 임의적인 적용이었으므로, 원심 판결은 부당하다 하겠습니다.

원심에서 위와 같이 판단한 주요인은, 원고 이○○이 과잉진료로 인하여 병세가 악화된 것이라는 피고측의 주장을 인정한 것이라 할 것입니다. 그러나 상식적으 로 보더라도 의학적인 식견을 갖추고 있지 않은 일반환자가 불필요한 진료를 전 문의에게 강권할 수는 없는 것이며, 사고부위의 고통이 격심한 원고에게 전문의 가 수술을 권유하였고 원고는 조금이라도 고통으로부터 벗어나기 위하여 수술을 받았던 것인 바, 비록 원고 이○○의 후유장해 및 가동능력 상실률에 있어 병세가 악화되는데 과잉진료가 결정적인 역할을 하였다고 하여도 이는 피고와 위 전문의 간의 구상에 관한 문제인 것이지 결코 원고 이○○에게 이에 대한 과실을 전가시 킬수는 없는 것입니다.

2. 원고 이○○의 손해배상책임의 범위

가. 일실수익

(1) 기초사실

① 성별: 남자

② 생년월일: 1960. 11. 21.

③ 사고발생일: 2003. 2. 17.

④ 연령(사고당시): 42세 2개월 27일

⑤ 기대여명: 32.94년

⑥ 직업 및 경력: 5~9년차 자동차운전사(갑제14호증 국민연금정보자료 통지서 참조)

(2) 기초소득 및 정년

위 원고가 사고일인 2003. 2. 17.부터 60세가 될 때까지 17년 9개월(213개월)간 위 원고의 거주지에서 택시기사로 근무하였을 것인 바, 2002년 노동부 발행 임금구조기본통계조사보고서상의 자동차운전사 5~9년의 수입인 매월 금 1,605,306원을 가득할 수 있었다 할 것입니다.

(3) 후유장애 및 가동능력상실율

위 원고는 이 사건 사고로 인하여 사고일인 2003. 2. 17.부터 동년 3. 26.까지 (38일간) 서울 관악구 신림○○동 ○○의 ○○ 소재 ○○의원에서, 2003. 3. 26. 부터 동년 6. 17.까지(84일간) 서울 ○○구 ○○동 소재 ○○정형외과의원에서, 2003. 6. 17.부터 동년 7. 14.까지(27일간) 서울 ○○구 ○○동 ○○의 2 ○○빌 딩 5,6층 소재 ○○신경외과의원에서, 2003. 7. 14.부터 2004. 2. 14.까지(216일간) 서울 ○○구 ○○동 706의 2 소재 ○○정형외과의원에서 각 입원치료를 받았습니다.

또한 ○○병원 신경외과 전문의 ○○재의 위 원고에 대한 최종신체감정서에 의하면, 위 원고는 사고시부터 32%만큼의 가동능력상실이 있다고 하므로 그에 상응한 가동능력상실율은 아래와 같습니다.

① 사고일인 2003. 2. 17.부터 입원치료기간중인 2004. 2. 14.까지는 100%

② 그 이후부터 가동 종료일인 2020. 11. 20.까지는 32%

(4) 기간 및 계산

① 2003. 2. 17.부터 동년 2004. 2. 14.까지

1,605,306원×11.6858×100%= 18,759,284원

② 2004. 2. 14.부터 2020. 11. 20.까지

1,605,306원×(152.2259-11.6858)×32%= 72,195,157원

③ 합계(①+②): 90,954,441원

나. 기왕치료비

원심에서 인정한 금18,988,470원을 그대로 인용합니다.

다. 향후치료비

원심에서 인정한 반흔교정술비용 금3,322,615원, 금속제거술비용 금699,504원, 합계 금4,022,119원을 그대로 인용합니다.

라. 위자료

이 사건 사고로 직접적인 피해자인 원고 이ㅇㅇ은 육체적 고통 이외에도 상당한 정신적 고통을 받았을 것이므로, 이 사건에 나타난 제반사정을 고려하면 위자료로 피고는 원고 이ㅇㅇ에게 금10,000,000원을 지급함이 상당하다 할 것입니다.

마. 소결론

그렇다면 피고는 원고 이ㅇㅇ에게 금123,965,030원(일실수익 금90,954,441원+기왕치료비 금18,988,470원+향후치료비 금4,022,119원+위자료 금10,000,000원)을 지급할 의무가 있다할 것입니다.

3. 원고 이ㅇㅇ에 대하여 원심에서 인정한 금액

원심에서는 원고 이ㅇㅇ에 대한 손해배상금으로 금52,208,626원만을 인정하였습니다.

4. 항소의 범위

그러므로 원 판결중 부대항소인(피항소인겸 원고)의 패부부분을 취소하고, 부대피항소인은 부대항소인에게 금71,756,404원(123,965,030원-52,208,626원) 및 이에 대한 2003. 2. 17.부터 2004. 12. 8.까지는 민법 소정의 연 5%, 그 다음날부터 갚는 날까지는 소송촉진등에관한특례법 소정의 연 12%의 각 비율에 의한 지연손해금을 지급할 의무가 있다 할 것입니다.

<h2 style="text-align: center;">첨 부 서 류</h2>

1. 부대항소장부본   1 통

1. 납부서   1 통

2014.   1   .

위 부대항소인(피고) 이 ○ ○ (인)

수원지방법원   귀중

■ 작성 · 접수방법

1. 방식은 항소에 관한 규정에 의한다(법 405조). 원칙적으로 부대항소장을 제출하여야 하지만 그 신청을 변론에서 구술로 진술하여도 상대방이 이의권을 포기하면 적법한 제기로 볼 수 있다. 따라서 부대항소장과 상대방수 만큼의 부본을 법원에 제출한다.
2. 인지액은 불복하는 금액을 기준으로 해서 1심 인지액의 1.5배이다.
3. 송달료는 124,800원이다(=12회분×5,200×당사자수(2))이다.

[서식] 부대항소장(원고, 부대항소이유 추후 제출)

<h1 style="text-align: center;">부 대 항 소 장</h1>

부대항소인(원고, 피항소인) ○○○

    ○○시 ○○구 ○○길 ○○(우편번호)

    전화·휴대폰번호:

     팩스번호, 전자우편(e-mail)주소:

부대피항소인(피고, 항소인) ◇◇◇

    ○○시 ○○구 ○○길 ○○(우편번호)

    전화·휴대폰번호:

     팩스번호, 전자우편(e-mail)주소:

손해배상(기)청구 부대항소

위 당사자간 귀원 20○○나○○○ 손해배상(기)청구 항소사건에 관하여 부대항소인 (원고, 피항소인)은 위 항소에 부대하여 위 항소사건의 제1심 판결(○○지방법원 20 ○○. ○. ○. 선고 20○○가합○○○) 가운데 원고패소부분에 대하여 불복이므로 부대항소를 제기합니다.

부 대 항 소 취 지

1. 원심판결 중 원고의 패소부분을 취소한다.
2. 피고는 원고에게 금 20,000,000원 및 이에 대하여 20○○. ○. ○.부터 20○ ○. ○. ○○.까지는 연 5%의, 그 다음날부터 다 갚는 날까지는 연 12%의 각 비율에 의한 돈을 지급하라.
3. 소송비용은 제1, 2심 모두 피고들의 부담으로 한다.
4. 위 제2항은 가집행 할 수 있다.

라는 판결을 구합니다.

부 대 항 소 이 유

추후 제출하겠습니다.

첨 부 서 류

1. 부대항소장부본   1통
1. 송달료납부서   1통

                        20○○.   ○○.   ○○.
                        위 부대항소인(원고, 피항소인) ○○○ (서명 또는 날인)

○○고등법원 제○민사부   귀중

5. 추완항소

원래 제1심 판결문을 송달받으면 그로부터 2주 이내에 항소를 제기하지 아니하면 그 판결은 확정되어 더 이상 다툴 수 없게 되는 것이 원칙이다.

그런데, 당사자가 외국에 나가 있었다든가, 천재지변의 발생 또는 상대방이 허위의 주소를 기재하여 판결을 편취하는 등으로 말미암아 본인이 책임질 수 없는 사유로 이러한 불변기간을 지키지 못한 경우가 있을 수 있다. 이러한 경우에는 그 사유가 없어진 날부터 2주(외국에 있었던 당사자는 30일)이내에 항소를 제기할 수 있는데, 이를 추완항소라고 한다(민소법 173조).[63]

[서식] 추완항소장

추 완 항 소 장

사   건   2014 가단 1234 보증금

항 소 인(피고)   배 ○ ○(760431-1234567)

서울시 ○○구 ○○동 1234-56

피항소인(원고)   전 ○ ○(740631-1234567)

1234비 네일로드 필라델피아 펜실베니아주 5678 미국

거소지, 서울 강남구 삼성동 90-16 (501호)

위 당사자간 수원지방법원 안산지원 2014 가단 1234 보증금 청구사건에 관하여, 동 법원이 2014. 1. 24. 선고한 판결에 대하여 모두 불복하고, 피고는 다음과 같이 책임질 수 없는 부득이한 사유로 항소기간을 도과하였으므로 추완항소를 제기합니다.

---

[63] 제173조(소송행위의 추후보완) ① 당사자가 책임질 수 없는 사유로 말미암아 불변기간을 지킬 수 없었던 경우에는 그 사유가 없어진 날부터 2주 이내에 게을리 한 소송행위를 보완할 수 있다. 다만, 그 사유가 없어질 당시 외국에 있던 당사자에 대하여는 이 기간을 30일로 한다. ② 제1항의 기간에 대하여는 제172조의 규정을 적용하지 아니한다.

원판결의 표시

1. 피고는 원고에게 금 14,000,000원 및 위 금원에 대하여 2012. 9. 22.부터 다 갚는 날까지 연 12%의 비율에 의한 금원을 지급하라.
2. 소송비용은 피고의 부담으로 한다.
3. 제1항은 가집행할 수 있다.

항 소 취 지

1. 원심판결을 취소한다.
2. 원고의 청구를 기각한다.
3. 소송비용은 제1, 2심 모두 원고의 부담으로 한다.
라는 판결을 구합니다.

추 완 사 유

1. 이 사건에 있어서, 피고 전○○는 미국 영주권자로서 이 사건 소 제기전부터 현재까지 미국 주소지에서 거주하고 있습니다.

2. 원고는 피고를 상대로 2013. 5. 10. 수원지방법원 안산지원에 소를 제기하였고, 동 법원은 국외 이주로 인하여 말소된 피고의 최후 주소지인 서울 중구 신당동 1234로 피고에 대한 소장 부본 및 기타서류를 송달함으로써, 송달불능되자 원고의 신청에 의하여 공시송달의 방법으로 위 서류를 송달하고, 소송절차를 진행하여 2013. 10. 24. 판결을 선고하고 2013. 11. 9. 역시 공시송달로 피고에게 판결정본을 송달하였는 바, 피고는 국외에 거주한 관계로 이 사건의 소 제기사실이나 판결선고 사실을 전혀 모르고 있었습니다.

3. 그런데 피고 소유의 다가구주택인 시흥시 정왕동 1234(이하 '이 사건 다가구 주택'이라 한다.)의 임대차관계 정리 및 월세 등을 수령하기 위하여 국내에 입국하여 이 사건 다가구주택의 부동산등기부등본을 발급받았다가 원고가 가압류를 한 후 이 사건 소송을 제기하여 피고 모르게 확정판결까지 받아 강제경매를 신청하였음을 비로소 알게 되었습니다.

4. 한편, 원고의 모 최○○는 부동산공인중개사사무실에서 근무하면서 피고를 대신하여 이 사건 다가구주택의 임차인들과 임대차계약을 체결하고 보증금과 월세를

수령하여 피고에게 송금해 주던 자이며 원고의 보증금 반환 채권도 이 사건 다가구주택의 보증금이어서 피고의 연락처를 몰랐을리 없으나 고의로 피고의 주소를 소재불명으로 하여 법원을 기망함으로써 공시송달로 피고에게 소장 부본 및 판결 정본을 송달하게 하여 피고로 하여금 불변기간인 항소기간을 준수할수 없게 하였던 것입니다.

5. 따라서 항소기간을 도과한 것은 피고가 책임질 수 없는 사유로 인한 것이 명백하므로 추완항소를 제기합니다.

항 소 이 유

1. 전제사실

피고 소유의 시흥시 정왕동 1234 지상건물(이하 '이 사건 건물'이라 한다.)는 다가구 주택인 바, 피고는 미국 영주권자 이므로 대부분은 미국 주소지에서 거주하였기 때문에 일년에 몇회 정도만 국내로 입국하여 잠시간 머물며 이 사건 건물의 임대차관계를 정리한 후 다시금 미국으로 출국하여야 했습니다.

따라서 피고는 국내에서 이 사건 건물의 임대차 계약 및 임대료를 수령하여 줄 사람이 필요했던 바, 원고의 모인 최○○는 이 사건 건물 주변에서 공인중개사 사무실의 직원으로 있었기 때문에 가장 적합하다 생각되어 이 사건 건물의 모든 임대차 계약 및 임대료 수령에 대하여 피고를 대리할 수 있도록 하였던 것입니다.

2. 임대차계약의 체결 및 보증금 반환

위 최○○는 2012.경 이 사건 건물 중 304호를 자신의 딸인 원고 배○○ 명의로 임대차계약을 체결하였다며 작성된 임대차계약서와 2012. 7.경 보증금 14,000,000원 중 일부인 11,000,000원을 피고에게 송금하였습니다.

이후 만기에 이를 때까지 위 최○○는 위 보증금 잔액 3,000,000원을 송금하지 아니하였습니다. 이에 피고는 연체된 관리비 363,000원을 공제하고 합계 금 10,651,000원(2012. 11. 6. 금5,000,000원, 2012. 11. 8. 금5,651,000원을 송금함)을 위 최○○에게 송금하여 주었습니다.

3. 원고의 친권자인 위 최○○의 기망행위에 의한 승소판결

그런데 위 최○○는 2012. 12. 31. 남편인 배○○과 협의이혼을 하면서 원고의 단독 친권자가 되었기 때문에 원고의 법정대리인은 위 최○○가 되어야 함에도 위 배○○을 원고의 법정대리인으로 내세워 피고가 국내에 없는 틈을 타 신고된 거소지(임대차계약서상 주소지임)도 아닌 최후 주소지(국외 이주로 인하여 말소된 주소지)로 이 사건 소를 제기하였고, 이 점을 모르던 법원은 공시송달에 의하여 원고의 승소판결을 하였던 것입니다.

위 최○○는 피고를 대리하여 왔기 때문에 모든 관리비와 월세, 보증금에 대하여 피고를 대신하여 수령할 수 있어서 피고가 보증금을 반환하지 않으려 했다고 하더라도 원고의 보증금을 받아내지 못했을리도 없고, 피고가 보증금을 반환할때도 전화 통화로 연체된 관리비를 공제하고 나머지 금10,651,000원만 반환하기로 협의한 후 송금하였던 것입니다.

따라서 원고는 피고로부터 보증금 전액을 반환받았으므로 피고에 대한 이 사건 청구채권은 존재하지 않는다 할 것입니다.

첨 부 서 류

1. 추완항소장 부본   1 통
1. 미국 자동차운전면허증 사본   1 통
1. 국내거소신고사실증명   1 통
1. 주민등록초본   1 통
1. 호적등본   1 통
1. 납부서   1 통
1. 입금증   2 통
1. 위임장   1 통

2014.   1   .
위 항소인(피고) 배 ○ ○ (인)

수원지방법원   귀중

Ⅲ. 상 고

대법원

1. 의 의

상고는 고등법원이 선고한 종국판결과 지방법원 합의부가 제2심으로서 선고한 종국판결에 대하여 법령의 위반이 있음을 주장하여 그 판결의 당부에 관하여 심판을 구하는 상소이다(법 422조 1항). 따라서 고등법원이 제1심으로 한 종국판결에 대하여도 바로 상고할 수 있다. 당사자 사이에 제1심의 종국판결에 대하여 비약적 상고의 합의가 있는 경우에도 항소심을 거치지 아니하고 직접 상고할 수 있다(법 422조 2항)[64].

---

64) 제422조(상고의 대상) ① 상고는 고등법원이 선고한 종국판결과 지방법원 합의부가 제2심으로서 선고한 종국판결에 대하여 할 수 있다.
　②제390조제1항 단서의 경우에는 제1심의 종국판결에 대하여 상고할 수 있다.

2. 상고심의 절차

(1) 상고의 제기

1) 상고장의 제출

상고와 상소심의 소송절차는 특별한 규정이 없는 한 항소심에 관한 규정이 적용되므로[65], 상고장은 판결이 송달된 날부터 2주 내에 원심법원(즉 제2심법원 단, 비약적상고의 경우에는 제1심법원)에 제출하여야 하며 상고법원에 직접 제출하면 그 효력이 없다. 상고장이 대법원에 제출되었다가 원심법원에 송부된 경우에는 상고장이 원심법원에 접수된 때를 기준으로 하여 상고기간의 준수 여부를 판별하여야 한다는 것이 판례이다(대판 1981. 10. 13. 81누230).

2) 상고장의 기재사항

상고장에는 상고한다는 취지의 기재가 있으면 족하고 불복신청의 범위가 명확하지 않더라도 상고가 부적법한 것은 아니지만 상고법원의 심리범위 및 상고장에 붙일 인지액을 확정하기 위해서도 그 불복신청의 범위를 명확히 할 필요가 있으므로 상고장에 불복신청의 범위가 적혀 있지 아니하면 일단 보정을 권고하여야 할 것이나(규칙 5조 3항), 그에 불응하여도 상고장의 각하 사유는 아니다. 이러한 경우에는 상고인이 패소한 부분 전부에 관하여 불복하는 것으로 보아 인지를 붙여야 한다.

3) 상고이유서의 제출

상고장을 처음 제출할 때에는 상고이유를 기재하지 아니하여도 되지만, 상고장에 상고의 이유서를 적지 아니한 때에는 상고인은 소송기록접수의 통지를 받은 날부터 20일 이내에 상고이유서를 제출하여야 하고 위 기간내에 상고이유서를 제출하지 아니한 때에는 변론 없이 판결로 상고를 기각한다(법 429조)[66]. 상고이유서는 상대방 당사자수에 6을 더한 수의 부본을[67] 첨부하여야 하며, 상고인이 상고이유를 적었더라도 위 20일 이내에는 상고이유서를 추가로 제출할 수 있다.

4) 송달료 및 인지액

상고장에 붙일 인지액은 소장에 붙일 인지액의 2배이다. 상고인은 상고장을 제출할 때

---

65) 제425조(항소심절차의 준용) 상고와 상고심의 소송절차에는 특별한 규정이 없으면 제1장의 규정을 준용한다.

66) 제429조(상고이유서를 제출하지 아니함으로 말미암은 상고기각) 상고인이 제427조의 규정을 어기어 상고이유서를 제출하지 아니한 때에는 상고법원은 변론 없이 판결로 상고를 기각하여야 한다. 다만, 직권으로 조사하여야 할 사유가 있는 때에는 그러하지 아니하다.

67) 재판부를 구성하는 대법관용 2통(재판장 및 주심 각 1통), 담당 재판연구관용 1통, 보존용 1통, 판례편찬용 1통, 예비용 1통 모두 6통이다.

원심법원의 수납은행에 송달료(당사자 1인에 대하여 각 8회분에 해당하는 금액, 즉 당사자가 2인 경우 83,200원(=2인×5,200원×8회분)을 납부해야 한다.

5) 부대상고

부대항소에 관한 규정도 상고심에 준용되므로 피상고인은 상고권이 소멸된 후에도 부대상고를 할 수 있고 부대상고의 방식이나 상고에 대한 종속성도 부대항소의 경우와 같다. 다만 상고심은 법률심이어서 그 절차상 소의 변경이나 반소가 허용되지 아니하므로 부대항소와 달리 전부승소자는 부대상고를 할 수 없다. 또한 사실심의 변론종결일에 대응하는 시점이 상고심에서는 상고이유서 제출기간의 말일이므로 부대상고를 하려는 피상고인은 상고이유서 제출기간 내에 부대상소를 제기하고 부대상고이유서를 제출하여야 한다는 것이 판례이다(대판 2002. 12. 10. 2002다52657).

[서식 36] 상 고 장

상 고 장

상 고 인(원고)　　　○○건설 주식회사

　　　　　　　　　　서울 영등포구 여의도동 123 ○○빌딩 601호

　　　　　　　　　　대표이사　김○○

피상고인(피고)　　　○○공제회

위 당사자간의 서울고등법원 2007나 21292 공동관리계좌인출금반환 청구사건에 관하여 동 법원에서 2007. 12. 4. 선고한 판결에 대하여 원고(상고인)는 이에 불복이므로 다음과 같이 상고를 제기합니다.

항소심 판결의 표시

1. 원고의 항소를 기각한다.
2. 항소비용은 원고가 부담한다.

(원고는 위 판결 정본을 2007. 12. 12. 송달받았습니다.)

불복의 정도 및 상고범위

원고(상고인)는 원판결의 전부에 대하여 불복이므로 상고를 제기합니다.

상 고 취 지

1. 원 판결을 취소한다.
2. 피고는 원고에게 80,000,000원 및 이에 대한 2024. 8. 30.부터 이 사건 소장부본 송달일까지는 연 5%, 그 다음날부터 다 갚는 날까지는 연 12%의 각 비율에 의한 금원을 지급하라.
3. 소송 총비용은 모두 피고의 부담으로 한다.

라는 판결을 구합니다.

상 고 이 유

추후 제출하고자 합니다.

첨 부 서 류

1. 상고장 부본   1 통
1. 납부서   1 통
1. 위임장   2 통

2009. 5. .

위 상고인(원고) ○○건설 주식회사

대표이사 김○○

대법원 귀중

1. 상고장은 판결이 송달된 날부터 2주 내에 원심법원(즉 제2심법원 단, 비약적상고의 경우에는 제1심법원)에 제출하여야 하며 상고법원에 직접 제출하면 그 효력이 없으므로 주의해야 한다. 다만 마지막 날이 공휴일인 경우에는 그 다음날 까지 제출하면 된다.
2. 상고장에 붙일 인지액은 소장에 붙일 인지액의 2배이다. 따라서 사안에서 8,000만원이 불복금액이므로 인지액은 730,000원[=(8,000만원×0.0045+5,000)×2]이다.
3. 상고인은 상고장을 제출할 때 원심법원의 수납은행에 송달료(당사자 1인에 대하여 각 8회분에 해당하는 금액, 즉 당사자가 2인 경우 83,200원=(2인×5,200원×8회분)를 납부해야 한다.
4. 상고장이 제출되면 2심법원은 흠결사항이 있는지 여부를 검토한 후 인지액 등 흠결이 있다면 보정명령등을 통해 이를 보완한 다음 대법원에 송부한다.

6) 소송기록의 접수통지, 상고장의 부본송달

원심 재판장의 상고장 심사 후 상고장이 적식이면 원심법원사무관은 소송기록을 상고법원에 송부하여야 한다(법 425조). 상고법원사무관은 소송기록의 송부를 받은 때에는 바로 그 사유를 당사자에게 통지하여야 한다(법 426조).

(2) 심리불속행제도

1) 의 의

심리불속행제도는 당사자가 주장한 상고이유에 중대한 법령 위반에 관한 사항등의 심리속행사유가 포함되어 있지 않으면 더 나아가 상고이유의 당부에 관하여 심리를 하지 아니하고 판결로 상고를 기각하는 제도이다(상고심절차에 관한 특례법 4조 1항).

2) 심리불속행 기각판결

상고이유에 심리속행사유가 있는지는 남상소 방지라는 공익적 요청에서 나온 것이므로 소송요건이나 상소요건처럼 직권조사 사항이다. 상고심법원은 상고이유에 관한 주장이 심리속행 사유를 포함하지 아니한다고 인정하면 더 나아가 심리(審理)를 하지 아니하고 판결로 상고를 기각(棄却)한다(동법 4조 1항). 본안심리를 하지 않겠다는 것이므로 내용상으로는 상고각하와 같은 소송판결이지만 형식상 기각의 본안판결로 처리하게 되어 있다.

3. 상고이유

(1) 법령위반

1) 일반적 상고이유

상고심은 법률심이므로 상고는 판결에 영향을 미친 헌법·법률·명령 또는 규칙의 위반이 있다는 것을 이유로 드는 때에만 할 수 있다(법 423조). 즉 사실인정의 잘못은 상고이유가 되지 않는다. 판결에 영향을 미친 헌법·법률·명령 또는 규칙의 위반이 있다는 것을 이유로 하는 상고의 경우에는 상고이유에 해당하는 법령의 조항 또는 내용과 이에 위반하는 사유를 밝혀서 적어야 한다(규칙 129조).

2) 법 령

헌법·법률·명령 또는 규칙(법 423조)이라고 규정하고 있지만 지방자치단체의 조례, 비준가입한 국제조약, 협정등을 포함한다. 성문법뿐만 아니라 관습법도, 국내법뿐만 아니라 외국법도 포함한다. 경험칙도 법규에 준하는 것이므로 여기에 포함한다는 것이 판례이며, 또한 대법원판례 위반은 직접적으로 법령위반이 아니지만 법령해석을 잘못한 것이 되어 결국 법령위반이 될 수 있다.

3) 위 반

가. 법령해석의 과오

법령해석의 과오란 법령의 취지·내용·효력에 관한 잘못을 말하며 상고이유가 된다.

나. 법령적용의 과오

법령적용의 과오란 법령해석은 잘못이 없는데 사건이 법령의 구성요건에 해당하지 않는데 적용하거나 또는 해당하는데 적용하지 않은 잘못을 말하며 모두 상고이유가 된다.

다. 판단 상 과오

원심판결이 실체법을 부당하게 해석하여 청구의 당부를 잘못 판단한 것을 말한다. 실체법의 올바른 적용은 법원의 직책이므로 법원은 당사자의 상고이유에 구속됨이 없이 실체법의 부당적용 여부를 직권으로 조사하여야 한다.

라. 절차상 과오

원심판결이 절차법을 부당하게 해석하여 청구의 당부를 잘못 판단한 것을 말한다. 예를 들어 변론주의 위반, 적법한 기일통지 없이 한 변론 등이다.

4) 판결에 영향을 미친 법령위반

이러한 법령위반과 원심판결주문 사이에 인과관계가 있어야 한다.

(2) 절대적 상고이유

절대적 상고이유란 중대한 절차법규 위반으로서 판결주문에 영향을 주었는지를 묻지 않고 상고이유로 삼을 수 있는 것을 말한다. 즉 424조에 열거된 절차법규 위반은 판결주문에 영향을 미쳤는지의 판단이 어렵기에 주문에 영향을 주었는지를 불문하고 상고

이유로 하였다.[68]

1) 법률에 따라 판결법원을 구성하지 아니한 때

판결법원이 법원조직법과 민사소송법에 따르지 않고 구성된 것(합의부구성법관이 2명인 경우, 변론에 관여하지 않은 법관이 관여한 경우 등)을 말한다.

2) 법률에 따라 판결에 관여할 수 없는 판사가 판결에 기여할 때

제척이유 있는 법관, 기피결정이 선고된 법관 등이 관여한 것을 말한다. 여기에서 관여란 판결의 합의 및 판결원본 작성에 관여한 것을 말하며 판결의 선고에만 관여한 경우에는 여기에 해당하지 않는다(대판 1962. 5. 24. 4294민상251).

3) 전속관할규정에 어긋난 때

전속관할이 없는 법원이 판결한 경우를 말한다. 따라서 임의관할은 상고이유가 되지 않는다(법 411조).

4) 법정대리권 등에 흠이 있는 때

대리인으로 소송을 수행했지만 대리권이 없는 경우 내지 대리인의 특별한 권한의 흠이 있는 경우를 말한다.

5) 변론을 공개하는 규정에 어긋난 때

헌법이나 법률의 규정에 위반하여 변론 또는 판결의 선고를 공개법정에서 하지 않은 경우를 말한다.

6) 이유불비, 이유모순이 있는 때

이유불비는 판결이유를 전혀 밝히지 않은 것 또는 그와 같은 정도를 말하는 것인데 이러한 사유가 있는지는 직권조사사항이다(대판 2005. 1. 28. 2004다66469). 판결에 영향을 미치는 주요사항에 대하여 판단을 누락한 경우도 포함된다고 할 것이다. 다만 당사자의 주장에 대한 판단유탈의 위법이 있다 하더라도 그 주장이 배척될 경우임이 명백한 때에는 판결 결과에 영향이 없으므로 이에 해당하지 않는다(대판 2002. 12. 26. 2002다56116).

---

68) 제424조(절대적 상고이유) ① 판결에 다음 각호 가운데 어느 하나의 사유가 있는 때에는 상고에 정당한 이유가 있는 것으로 한다.
  1. 법률에 따라 판결법원을 구성하지 아니한 때
  2. 법률에 따라 판결에 관여할 수 없는 판사가 판결에 관여한 때
  3. 전속관할에 관한 규정에 어긋난 때
  4. 법정대리권·소송대리권 또는 대리인의 소송행위에 대한 특별한 권한의 수여에 흠이 있는 때
  5. 변론을 공개하는 규정에 어긋난 때
  6. 판결의 이유를 밝히지 아니하거나 이유에 모순이 있는 때

이유모순은 이유를 기재하였으나 이유 자체에 모순이 있어서 판결주문에 이르는 논리의 전개가 명확하지 않은 경우를 말한다. 예를 들면 이유가 두 개인데 서로 모순되는 경우, 한 서증으로 두 개의 양립할 수 없는 사실을 인정한 경우 등이다. 판례는 제1심 판결이유를 인용하는 인용판결을 하면서 제1심보다 원고의 과실을 무겁게 과실상계한 것은 이유모순이라고 한다(대판 1990. 7. 8. 80다997).

(3) 그 밖에 상고이유로서 재심사유

당사자가 상소에 의하여 재심사유를 주장하였거나 이를 알고도 주장하지 아니한 때에는 재심의 소를 제기할 수 없다는 재심의 소의 보충성규정을 보면 재심사유는 비록 절대적 상고이유로 포함되어 있지 않아도 상소할 때도 주장할 수 있는 것이 된다(통설, 판례). 재심사유는 확정판결의 취소사유이므로 판결이 확정되기 전에도 취소사유가 되는 것은 당연하다.

[서식] 상고이유서

상 고 이 유 서

사   건   2024 다 123 손해배상

상 고 인(피고)   조 ○ ○

피상고인(원고)   선 ○ ○

위 사건에 관한여 피고(상고인)은 다음과 같이 상고이유를 제출합니다.

다   음

1. 원심 판결의 요지

원심은, 피고가 이 사건 구매계약에 따라 2007. 4. 8.경 원고의 세탁소에 이 사건 와이셔츠프레스와 회수건조기를 설치하였는데 솔벤트 회수방식에 의한 이 사건 회수건조기의 폭발방지를 위해 필요한 안전장치인 냉각배수시설과 접지공사를 해 주지 않은채 임시방편으로 회수건조기와 수도를 연결하여 사용하도록 하였고 회수건조기의

작동에 관한 주의사항 및 사용방법에 관한 설명을 제대로 하지 않은채 간단한 작동법만 알려 주었으며, 원고가 이 사건 회수건조기를 사용하여 드라이크리닝한 세탁물들을 회수 건조하려 하였으나 기름이 회수되지 않고 건조기 자체에서 열이 많이 나오자 피고에게 연락하여 수리를 받고 그 뒤로도 기름의 회수가 제대로 되지 않고 열이 식지 않아 피고가 알려 준 일반건조기능만을 사용하였고 2007. 4. 27. 이 사건 회수건조기로 냉풍건조를 하던 중 이 사건 회수건조기가 폭발하는 사고가 발생했으며, 원고는 또한 이 사건 와이셔츠프레스를 작동하여 와이셔츠를 다리려 하였으나 상당히 노후화된 관계로 일부기능은 아예 작동되지 않고 와이셔츠 단추의 절반 가까이 깨지는 결함이 있어 이를 전혀 사용하지 못했다면서 위 인정사실에 의하면 피고가 공급한 회수건조기와 이 사건 와이셔츠프레스에는 중대한 하자가 있고 그로 인하여 원고가 이 사건 구매계약의 목적을 달성할 수 없다고 봄이 상당하여 원고는 위 하자를 이유로 이 사건 구매계약을 해제할 수 있다고 하면서 피고는 원고에 원상회복으로 이 사건 각 기계대금으로 2,000만원을 반환할 의무가 있고, 손해배상(이 사건 사고가 솔벤트 회수기능이 제대로 작동되지 않은 회수건조기 자체의 하자와 안전장치인 냉각배수시설과 접지공사를 하지 않은 설치상의 하자 및 작동법이나 주의사항을 제대로 알려주지 않은 피고의 설명의무위반이 경합되어 발생한 것으로 봄이 상당하다고 하면서)으로 세탁물 훼손금 2,044,100원과 점포유리창 파손비 3102,000원, 이○○ 치료비 30,290원 등 2,464,390원 및 이에 대한 지연손해금을 지급할 의무가 있다고 판단한 바 있습니다.

2. 상고이유

가. 하자담보책임에 관한 법리오해(제1점)

원고는 당초 이 사건 회수건조기와 와이셔츠프레스에 대하여 2007. 3. 14. 구매계약과 동시에 계약금 500만원을 지급하고 같은 달 21. 중도금 1,300만원을 지급한 상태에서 2007. 4. 8. 위 기계를 원고의 영업장에 설치한 후 같은 달 15.까지 1주일간의 시운전을 거쳐 기계의 성능을 확인 한 후 같은 달 16.부터 원고가 기계를 작동시켰으며 같은 달 17. 잔금 200만원을 지급하였는데 2007. 4. 27. 회수건조기 작업도중 폭발사고가 발생한 점과 와이셔츠프레스의 경우 단추가 깨지는 결함이 발견되었다면서 이 사건 소를 제기하여 원·피고간에 제품의 하자와 사용상 부주의에 대하여 공방이 있어서 1심 및 원심 재판부에서 사고의 원인 규명을 위한 감정을 실시할 것을 요구하였지만 원고는 비용상의 문제를 들어 이를 시행하지 않게 됨에 따라 1심에서는 금250만원으로, 원심에서는 금800만원으로 강제조정까지 한 바 있었는데 원심 강제조정에 대하여 피고가 이의를 하게 되자 원고측의 일방적 증언을 받아들여 제품의 하자가 있고 그것이 계약의 목적을 달성할 수 없을 정도의 중대한 하자라면서 하자담보책임의 법리에 따라 계약해제를 인정하고 원상회복 및 손해배상책임을 인정하고 말았는바, 위에서 본 바와 같이 적어도 시운전을 통하여 제품을 구매하였다면 구매 당시 제품 본래적 기능은 충분히 발휘되고 있었다고 보아야 하기 때문에 그 이후의 사고에 대하여는 사고의 원인에 대하여 기술적 규명이 필요한 것이지만 원고가 절차를 제대로 이행하지 못하게 되자 제품설명 부족부분에 초점을 맞추면서 사고 난 결과 부분을 가미하여 마치 제품에 중대한 하자가 있었던 것으로 판단한 것은 이 사건 기계들이 중고품이었다는 것을 감안하고 민법제 580조에서 구매자에게 과실이 있는 경우에는 매도인의 하자담보책임에 따른 계약해제를 인정할 수 없다는 점을 고려하면 원심이 제품 사용설명 미진과 매매목적물의 하자를 혼동한 것으로 이는 매도인의 하자담보책임에 관한 명백한 법리오해가 있는 경우라 할 것입니다.

나. 채증법칙 위배 및 심리미진(제2점)

이 사건은 당초부터 제품 자체의 하자와 사용상 부주의에 대하여 공방이 있었고 제품 자체의 하자에 대하여는 원고가 객관적 입증을 하지 못하게 되자 이 사건 1심은 원고의 청구를 기각하였던 것이었는데 원심은 원고가 역시 이 사건 사고의 원인 및 제품 자체의 하자에 대하여 기술적 입증(전문가의 감정을 통한 입증)을 하지 못하게 되자 피고에게 800만원을 지급하라는 강제조정을 했던 것인데 이후 사고원인 및 제품 하자에 대하여는 전혀 입증을 하지 못하고 단지 사고경위에 대한 증언을 했던 것 뿐인데 이 사건에 대하여 피고가 공급한 제품에 중대한 하자가 있었고 그에 따라

계약해제를 할 수 있다면서 공급한 제품의 공급가와 손해배상책임을 인정한 것은 기계의 하자인정에 대한 명백한 채증법칙 위배이고 분명한 심리미진이라 할 것입니다.

3. 결론

이상에서 본 바와 같이 원심은 매도인의 하자담보책임에 관한 법리오해와 기계의 하자를 인정함에 있어서의 채증법칙위배 및 심리미진의 위법을 범하였다 할 것인바, 더욱이 원고가 비용절감을 위해 기계의 설치는 피고가 아닌 다른 업체에 맡겼다는 점(따라서 적어도 피고에게 설치상의 하자에 대한 책임을 묻기는 어려울 것임, 이 점은 원고가 명시적으로 다툰바도 없음), 와이셔츠프레스기는 원고가 타에 처분하여 피고에게 반환할 수 없다는 점 등을 고려하면 원심판결의 위법은 결론에 영향이 있는 경우이기 때문에 원심판결의 파기를 바라며 본 상고이유를 개진하는 바입니다.

2014.   1.   .

위 항소인(피고)   조 ○ ○ (인)

대법원 민사 제1부   귀중

■ 작성 · 접수방법

1. 상고이유서는 상대방 당사자수에 6을 더한 수의 부본을 첨부하여 대법원에 제출한다. 따라서 상대방이 1인인 경우 합계 7부가 필요하다.
2. 상고장에 상고의 이유를 적지 아니한 때에는 상고인은 소송기록접수의 통지를 받은 날부터 20일 이내에 상고이유서를 제출하여야 하고 위 기간 내에 상고이유서를 제출하지 아니한 때에는 변론 없이 판결로 상고를 기각하므로 주의하여야 한다.
3. 상고이유서를 제출할 때 인지나 송달료 등 별도의 비용을 첨부하지 않는다.
4. 상고이유서가 제출되면 법원은 지체 없이 그 부본을 상대방에게 송달하며 부본을 송달받은 피상고인은 10일 이내에 답변서를 제출한다.

답 변 서

사   건   2014 다 1234 회수결정무효확인

상 고 인(원고)   김 ○ ○

피상고인(피고)   학교법인 ○○학원

위 사건에 관하여 피상고인(피고)은 아래와 같이 상고이유에 대한 답변을 제출합니다.

상고취지에 대한 답변

1. 원고의 상고를 기각한다.
2. 상고비용은 원고가 부담한다.

라는 판결을 구합니다.

상고이유에 대한 답변

1. 심리미진 주장에 대하여

1) 원고(상고인, 이하 원고라 합니다)는 항소심에서 ○○교육청의 민원조사가 민원인의 허위와 불법자료에 근거한 부실조사였음을 증명하는 증거자료를 항소심에 제출하였음에도 불구하고, 항소심은 ○○교육청의 행정처분이 당연히 무효이거나 위법하여 취소되었다고 볼 아무런 증거가 없으므로 심리미진의 위법이 있다고 주장합니다.

2) 그러나 원고가 들고 있는 심리미진의 상고이유는 판결에 영향을 미친 헌법·법률·명령 또는 규칙의 위반이 있다는 주장에 해당하지 않으므로 적법한 상고이유라고 할 수 없습니다.

2. 사실오인 주장에 대하여

1) 원고는 항소심에서, 원고가 방과후학교 운영방침과 ○○고등학교가 정한 강좌운영계획에 따라 정상적이고 충실하게 방과후 학교를 성공적으로 운영하였고, 반편성 원칙은 ○○교육청의 방과후 학교 운영방침에 존재하지도 않으며 세○○고

등학교 학운위의 결정사항에도 존재하지 않음을 확인하고 증명하였다고 합니다. 그럼에도 원심이 '○○교육감이 정한 방과후 학교 운영방침에 따라 결정된 ○○ 고등학교가 정한 강좌운영계획에 따른 방과후학교의 강의를 하였을 때 강사비를 지급 받을 수 있는 권리가 생긴다고 할 것이다.'라고 하면서 원고가 상기의 원칙 중 반 편성원칙을 위배하였다는 취지로 판단하였는데, 이는 존재하지 않는 반 편성 원칙이 존재하는 것을 전제로 판단한 것이므로 사실오인에 해당한다고 합니다.

2) 그러나 원고가 들고 있는 위의 사실오인이라는 상고이유도 판결에 영향을 미친 헌법·법률·명령 또는 규칙의 위반이 있다는 주장에 해당하지 않으므로 적법한 상고이유라고 할 수 없습니다.

3. 결론

원고가 주장하는 상고이유는 심리미진과 사실오인입니다. 그러나 원심판결은 심리 미진이나 사실오인이 없는 적법한 판결입니다. 그러므로 원고의 상고를 기각하여 주시기 바랍니다.

첨 부 서 류

1. 답변 부본   6 통

2009. 5.   .

위 피상고인(피고) 학교법인 ○○학원

대법원 귀중

■ 작성 · 접수방법

1. 상고이유서를 송달받은 피상고인은 10일 이내에 답변서를 제출할 수 있으며 답변서가 제출되면 사무관은 그 부본을 상고인에게 송달 한다.
2. 답변서는 상대방 당사자수에 6을 더한 수의 부본을 첨부하여 대법원에 제출한다. 따라서 상대방이 1인인 경우 합계 7부가 필요하다.
3. 인지, 송달료 등 첨부 비용은 없다.

1. 의 의

항고는 재판 중 판결을 제외한 결정과 명령에 대한 불복신청이다. 원재판의 당부에 대하여 심판을 구하는 점은 상소·상고와 같지만 엄격한 판결절차에 의하지 않고 간이·신속한 결정절차에 의하는 점에서 다르다.

2. 항고의 종류

(1) 통상항고와 즉시항고

통상항고란 불복신청의 기간을 따로 정함이 없이 원재판의 취소를 구할 이익이 있는 한 언제든지 제기할 수 있는 항고이다(법 439조). 즉시항고란 재판의 성질상 특히 신속히 확정지을 필요가 있어 불변기간으로서의 항고기간의 제한을 두는 대신 그 제기에 의하여 집행정지의 효력이 있는 항고를 말한다(법 444조).

(2) 최초의 항고와 재항고

심급에 의한 구별로 제1심 법원의 결정·명령에 대한 항고가 최초의 항고이고, 그 항고심의 결정에 대하여 하는 항고 및 고등법원이나 지방법원 항소부가 제1심으로서 한 결정·명령에 대하여 하는 항고가 재항고이다(법 442조).

(3) 일반항고와 특별항고

불복할 수 없는 결정이나 명령에 대하여는 재판에 영향을 미친 헌법위반이 있거나 재판의 전제가 된 명령·규칙·처분의 헌법 또는 법률의 위반 여부에 대한 판단이 부당하다는 것을 이유로 하는 때에 한하여 대법원에 항고할 수 있는 바, 이 항고를 특별항고라고 한다(법 449조 1항). 이에 반해 특별항고가 아닌 항고를 일반항고라 한다.

(4) 준항고

수명법관이나 수탁판사의 재판에 대하여 불복하는 당사자는 바로 항고할 수 없고 수소법원에 이의를 신청할 수밖에 없기 때문에 이의의 재판에 대해서만 항고할 수 있으므로 이러한 항고를 준항고라 한다.[69]

---

69) 제441조(준항고) ① 수명법관이나 수탁판사의 재판에 대하여 불복하는 당사자는 수소법원에 이의를 신청할 수 있다. 다만, 그 재판이 수소법원의 재판인 경우로서 항고할 수 있는 것인 때에 한한다. ②제1항의 이의신청에 대한 재판에 대하여는 항고할 수 있다. ③상고심이나 제2심에

3. 항고의 적법요건

(1) 항고의 대상

항고는 모든 결정·명령에 대하여 할 수 있는 것은 아니고 성질상 불복할 수 있고 법률이 인정하는 경우에 허용된다.

1) 소송절차에 관한 신청을 기각한 결정이나 명령

항고의 대상이 되는 것은 소송절차에 관한 신청을 기각한 결정이나 명령이다(법 439조).

2) 방식을 어긴 결정이나 명령

결정이나 명령으로 재판할 수 없는 사항에 대하여 결정 또는 명령을 한때에는 항고할 수 있다(법 440조).

3) 집행절차에 대한 집행법원의 재판

집행절차에 관한 집행법원의 재판에 대하여는 특별한 규정이 있어야만 즉시항고를 할 수 있으므로(민사집행법 71조) 민사집행법에서 특별히 불복을 허용하는 규정을 두고 있지 않고 집행이의의 요건에도 해당하지 않는 경우에는 불복이 허용되지 않는다고 해석하는 것이 원칙일 것이다.

4) 그 밖에 법률상 개별적으로 항고가 허용된 것

이 경우는 거의가 즉시항고이다.

5) 가압류·가처분에 대한 이의·취소

가압류·가처분의 이의신청과 가압류·가처분취소신청에 대하여 결정으로 재판하도록 되었고 이러한 결정에 대하여는 즉시항고를 할 수 있다(민사집행법 286조 7항).

(2) 항고기간

통상항고는 기간의 제한이 없고 언제든지 할 수 있지만 즉시항고는 재판의 고지를 받은 날부터 1주의 불변기간 이내에 제기하여야 한다(법 444조). 항고기간 준수 여부는 항고장이 접수된 때가 기준이다. 불변기간이므로 당사자가 책임질 수 없는 사유로 그 기간을 지킬 수 없었던 경우에는 그 사유가 없어진 날부터 2주 이내에 추후보완 항고를 할 수 있다(법 173조 1항).

계속된 사건에 대한 수명법관이나 수탁판사의 재판에는 제1항의 규정을 준용한다.

(3) 당사자적격

항고를 제기할 수 있는 당사자는 원판결에 의하여 불이익을 받은 자로서 소송당사자 보조참가인 또는 제3자이다. 증인으로서의 의무 위반이 있다하여 제재를 받은 증인, 비용 상환을 명받은 대리인, 문서의 제출을 명받은 제3자등이 항고할 수 있는 제3자이다.

(4) 항고권포기가 없을 것, 신의칙에 반하지 않을 것

항고권을 포기한 경우에도 항고가 부적법하다. 통상항고는 기간 정함이 없지만 장기간 행사하지 않았고 이에 상대방도 행사하지 않으리라는 정당한 기대를 한 경우에는 실효 될 수 있는데 이 경우에도 항고하면 항고가 부적법 각하된다.

4. 항고제기

(1) 항고장의 제출

제1심법원에 항고장을 제출함으로서 한다(법 445조). 따라서 항고를 제기하려면 항고대상인 결정을 한 제1심 법원 또는 명령을 한 재판장이 소속하는 법원에 대하여 항고장을 제출하여야 하며 재항고의 경우에는 항고법원 또는 고등법원에 재항고장을 제출하여야 한다(원심법원제출주의).

(2) 항고의 상대방

항고절차는 편면적인 불복절차로서 판결절차에 있어서와 같은 대립되는 당사자를 예상하고 있지 않으므로 엄격한 의미에서 상대방은 없다. 따라서 표지의 상대방 난은 공란으로 두는 것이 보통이다. 그러나 항고결과 원재판이 변경됨으로써 불이익을 입을자가 있는 경우에는 이러한 자를 항고인과 이해관계가 대립된다는 넓은 의미에서 상대방이라 할 수 있는데 이경우에도 판결절차에 있어서의 상대방과는 개념이 다르므로 항고장에 이를 기재하거나 소송서류 등을 송달할 필요는 없다(대법원 1997. 11. 27.자 97스4 결정).

즉 시 항 고 장

사   건   20○○가합 1234 청구이의

항 고 인   ○○건설 주식회사

                 인천 ○○구 ○○동 123 ○○타워 236

피항고인   고○○

                 인천 ○○구 ○○동 123 현대아파트 101동 101호

위 당사자간 서울중앙지방법원 2010가합 1234호 청구이의 사건에 관하여 위 법원이 2010. 10. 4.자로 한 이송결정에 불복이므로 항고를 제기합니다.

항 고 취 지

원결정을 취소한다.

항 고 이 유

서울중앙지방법원은 위 사건에 관하여 집행증서에 관한 청구이의 사건이 전속 관할임을 전제로 이 사건이 서울중앙지방법원의 관할에 속하지 않는다면서 인천지방법원으로 이송한다는 결정을 한 바 있으나 집행증서에 관한 청구이의 소의 관할을 정한 민사집행법 제59조 제4항은 채무자의 보통재판적 있는 곳의 법원이 관할한다, 다만 그러한 법원이 없는 때에는 민사소송법 제11조에 따라 채무자에 대하여 소를 제기할 수 있는 법원이 관할한다고 되어있고, 이 사건에 있어서 채무자인 ○○건설 주식회사의 경우 본점은 인천으로 되어있지만 주된 영업소는 여의도로서 서울남부지방법원에도 관할이 있는 바, 분명한 것은 집행증서에 관한 청구이의의 관할이 전속관할은 아니기 때문에 민사소송법 제30조에 의거 변론 관할이 성립될 수도 있는

것인데 귀원이 피고의 변론에 관한 태도도 보지 않고 단지 서울중앙지방법원(채무자인 ○○건설 주식회사의 경우 ○○동등에도 재산이 있어 서울중앙지방법원에도 관할이 있다 할 것임.)의 관할에 속하지 않는다면서 인천지방법원으로 이송결정 한 것은 부당한 것이므로 원결정의 취소를 구하고자 민사소송법 제39조에 의하여 본 항고에 이른 것입니다.

소 명 자 료

1. 등기사항일부증명서   1통.

20○○.   ○.   .
위 항고인   ○○건설 주식회사
대표이사   김○○

서울고등법원   귀중

■ 작성 · 접수방법

1. 제1심법원에 항고장을 제출함으로서 한다(법 445조). 따라서 항고를 제기하려면 항고대상인 결정을 한 제1심 법원 또는 명령을 한 재판장이 소속하는 법원에 대하여 항고장을 제출하여야 한다. 통상항고는 기간의 제한이 없고 언제든지 할 수 있지만 즉시항고는 재판의 고지를 받은 날부터 1주의 불변기간 이내에 제기하여야 한다(법 444조). 항고기간 준수 여부는 항고장이 접수된 때가 기준이다. 불변기간이므로 당사자가 책임질 수 없는 사유로 그 기간을 지킬 수 없었던 경우에는 그 사유가 없어진 날부터 2주 이내에 추후보완 항고를 할 수 있다.
2. 항고법원의 소송절차에는 항소에 관한 규정이 준용되므로 항고장에는 ① 항고인 및 법정대리인 ② 항고로써 불복을 신청한 결정 또는 명령의 표시와 그 결정 또는 명령에 대하여 항고를 한다는 취지를 기재하고 소정의 인지를 붙여야 한다. 인지액은 항고의 대상이 되는 결정이나 명령이 민사소송 등 인지법 제9조, 제10조의 신청에 관한 재판인 경우에는 당해 신청서에 붙여진 인지액의 배액이고 그 밖의 결정이나 명령에 대한 항고의 경우에는 2,000원이다
3. 송달료는 5회분이다. 따라서 당사자가 2명인 경우에는 52,000원(=5회×5,200원×2명)이다.

Ⅴ. 재항고

1. 의 의

재항고는 항고법원의 결정명령 고등법원 또는 항소법원의 제1심으로서 한 결정 명령에 대하여 재판에 영향을 미친 헌법·법률·명령 또는 규칙의 위반이 있음을 이유로 대법원에 하는 불복신청이다(법 442조). 절대적 상고이유도 재항고 이유가 된다고 할 것이다.

2. 재항고 요건

(1) 재항고의 대상

① 항고법원의 결정·명령 ② 고등법원이 제1심으로서 한 결정·명령 ③ 항소법원이 제1심으로서 한 결정·명령이 대상이다

(2) 재항고의 가부

재항고 할 수 있는지는 항고법원의 결정 내용에 의한다. 항고를 각하하거나 기각한 결정 명령에 대하여 재항고할 수 있다(법 439조0. 항고인용결정은 그 내용이 항고에 적합해야 재항고도 할 수 있다.

(3) 재항고기간과 재항고의 당사자적격

최초 항고에 준한다.

3. 재항고의 제기

재항고와 이에 관한 소송절차에는 상고에 관한 규정이 준용되므로 재항고장은 원결정 법원에 제출하여야 하며 재항고인이 재항고장에 재항고의 이유를 기재하지 아니한 때에는 재항고기록의 접수통지를 받은 날부터 20일 이내에 재항고이유서를 제출하여야 한다(법 427조). 재항고장에 첨부할 인지액은 전술한 항고장의 그것과 같다. 다만 민사집행법상의 재항고는 민사집행법상 즉시항고의 성질을 가지므로 민사집행법상의 재항고인이 재항고장에 재항고의 이유를 기재하지 아니한 때에는 재항고장을 제출한 날부터 10일 이내에 항고이유서를 원심법원에 제출하여야 하고 위 기간 안에 항고이유서가 제출되지 아니한 경우 원심법원은 그 재항고를 각하한다.

4. 심리불속행

상고심절차에 관한 특례법은 재항고의 경우에도 준용되므로 재항고이유에 관한 주장이 원심결정·명령이 헌법에 위반하거나 헌법을 부당하게 해석한 때, 원심결정·명령이 명령규칙처분의 법률위반 여부에 대하여 부당하게 판단한 때, 원심결정·명령이 법률·규칙·처분에 대하여 대법원 판례와 상반되게 해석한 때 등의 사유를 포함하지 아니한다고 인정되는 경우에는 대법원은 심리불속행결정으로 재항고를 기각하여야 한다.

[서식] 재항고장

재 항 고 장

사　　건　　　　20○○타○ 1234 청구이의

재항고인　　　　박 ○ ○

　　　　　　　　인천 ○○구 ○○동 123 ○○타워 236

항고인은 00지방법원 000 호 경락허가 결정에 대한 즉시 항고사건에 관한 귀원의 2018. 6. 1.자 즉시 항고기각 결정에 대하여 불복하므로 이에 재항고 합니다.

재 항 고 취 지

원결정을 취소하고 다시 상당한 재판을 구합니다.

재 항 고 이 유

재항고 이유는 추후제출 하도록 하겠습니다.

20○○.　　○.　　.

재항고인 박 ○ ○

대법원　귀중

불복할수 없는 결정이나 명령에 대하여는 재판에 영향을 미친 헌법위반이 있거나 재판의 전제가 된 명령·규칙·처분의 헌법 또는 법률의 위반여부에 대한 판단이 부당하다는 것을 이유로 하는 때에만 대법원에 특별항고를 할 수 있다(법 449조 1항).

[서식] 특별항고자

특 별 항 고 장

특별항고인   박 ○ ○

인천 ○○구 ○○동 123 ○○타워 236

특별항고인은 00고등법원 000 호 강제집행정지명령 신청사건에 대한 항고기각 결정에 대하여 특별항고를 제기합니다.

[위 결정정본은 2018. 4. 1. 송달 받았습니다]

원 결정의 표시

항고를 기각한다.

특 별 항 고 취 지

원결정을 취소하고 다시 상당한 재판을 구합니다.

특 별 항 고 이 유

특별항고 이유는 추후제출 하도록 하겠습니다.

20○○.   ○.   .

특별항고인 박 ○○

대법원 귀중

제11절 기타소송절차

1. 의 의

소액사건이란 단독판사가 담당하는 소송물가액이 3천만원 이하(2017. 1. 1.부터)의 금전, 그 밖의 대체물 또는 유가증권의 일정수량의 지급을 구하는 제1심의 민사사건을 말하는 것으로 소액사건심판법은 지방법원 및 지방법원지원에서 소액의 민사사건을 간이한 절차에 따라 신속히 처리하기 위하여 민사소송법에 대한 특례를 규정하고 있다(소액사건심판법 제1조). 이는 제1심에만 적용되는 제1심의 특별소송절차로서 이법에 특별한 규정이 있는 경우를 제외하고는 민사소송법의 규정을 적용한다(동법 2조 2항).

다만, 소송목적물의 가액이 3,000만원 이하라고 하더라도 소유권이전등기청구, 사해행위취소소송, 채무부존재확인청구, 토지인도청구 등은 소액사건에 속하지 아니한다. 또한 소액사건심판법의 적용대상인 소액사건에 해당하는지 여부는 제소 당시를 기준으로 정하여지는 것이므로, 병합심리로 그 소가의 합산액이 소액사건의 소가를 초과하였다고 하여도 소액사건임에는 변함이 없다.[70]

2. 관 할

소액사건은 지방법원의 관할구역 안에서는 지방법원 단독판사가 관할하고 시·군법원의 관할구역 안에서는 시·군법원판사의 전속적 사물관할에 속한다. 따라서 소의 변경이나 병합으로 소송목적의 값이 3천만원을 초과(2017. 1. 1.부터)하면 시·군법원은 관할권이 없으므로 지방법원에 이송해야 한다(법 34조 1항).

소액사건은 고유의 사물관할이 있는 것은 아니고 민사단독사건 중에서 소가에 따라 특례로 처리하는 것뿐이므로 사안의 성질로 보아 간이한 절차로 빠르게 처리될 수 없는 사건은 민사소송법 34조 2항에 의하여 그 사건을 지방법원 및 지원의 합의부에 이송할 수 있다(대결 1974. 7. 23. 74마71). 이송된 이후에는 소액사건심판절차에 의하지 않고 통상의 소송절차에 의해 처리된다.

---

70) 대법원 1992. 7. 24. 선고 91다43176 판결.

[서식] 대여금청구소장

소 장

원 고　박 ○ ○

피 고　정 ○ ○

대여금 청구의 소

소송물가액	금3,000,000원	
첨부할 인지액	금15,000원	
첨부한 인지액	금15,000원	
송 달 료	금102,000원	
비　　　고		

서울중앙지방법원　귀중

소 장

원　　고　박 ○ ○(751208-1312345)
　　　　　서울 ○○구 ○○로 123(T.010-123-4567)

피　　고　정 ○ ○(750421-3047236)
　　　　　○○도 ○○구 ○○로 345

대여금 청구의 소

청 구 취 지

1. 피고는 원고에게 금 3,000,000원 및 이에 대하여 이 사건 소장부본 송달 다음날
   부터 완제일까지 연 12%의 비율에 의한 금원을 지급하라.
2. 소송비용은 피고의 부담으로 한다.
3. 제1항은 가집행할 수 있다.
라는 판결을 구합니다.

청 구 원 인

1. 원고는 피고에게 20○○. ○. ○ 금 3,000,000원을 대여하여 준 사실이 있었고, 이에 대하여 피고는 20○○. ○. ○. 각서를 써주면서 20○○. ○. ○.까지 금 3,000,000원 전액을 변제하여 주겠다고 약정한 사실이 있었습니다.

2. 그런데 피고는 위 지급기일이 지난 뒤, 원고의 수차례에 걸친 변제독촉에도 불구하고 차일피일 미루면서 아직까지 이를 이행하지 않고 있어 부득이 이 건 소에 이르게 된 것입니다.

입 증 방 법

1. 갑제1호증　　　　　　　　　차용증 사본
1. 갑제2호증　　　　　　　　　사실확인서(김○○)

첨 부 서 류

1. 위 입증방법　　　　　　　　　　　1통
1. 납부서　　　　　　　　　　　　　　1통
1. 소장부본　　　　　　　　　　　　　3통

20○○.　 ○.　 ○.
위 원고　 박 ○ ○　 (인)

서울중앙지방법원　 귀중

■ 작성 · 접수방법

1. 소액사건은 법원용 1부, 당사자수 수(2명)+1의 부본(3부) 합계 4부를 제출하는데 부본은 법원용과 달리 표지(납부서) 및 입증자료를 제외한 첨부서류를 첨부하지 않는다. 소액사건의 경우에는 이행권고결정제도가 시행되고 있기 때문에 일반 소장과 달리 이행권고결정용의 용도로 사용하기 위해 부본 1부를 더 제출토록 하고 있는 것이다.
2. 관할 : 지방법원의 관할구역 안에서는 지방법원 단독판사가 관할하고 시 · 군법원의 관할구역 안에서는 시 · 군법원판사의 전속적 사물관할에 속한다.
3. 소가에 맞는 인지대와 송달료를 납부한다. 소가가 300만원이므로 인지는 15,000원[=(300만원×0.005)]이며 송달료는 10회분 104,000원[=5,200원×당사자수(2)×10회분]이다.
4. 소장은 대부분 관할법원 종합접수실에 접수를 하는데 서울중앙지방법원은 단독, 합의, 소액 사건을 구분하여 각각 별도로 접수를 받고 있다. 단독과 합의는 동관 1층에 있는 종합민원실에,소액사건은 2별관 1층 소액사건접수실에 소장을 제출 하여야 한다.

※ 민사소액 사건 접수실(서울중앙지방법원 2별관)

Ⅱ. 독촉절차

1. 개 설

독촉절차란 금전, 그 밖에 대체물(代替物)이나 유가증권의 일정한 수량의 지급을 목적으로 하는 청구에 대하여 채권자로 하여금 간이·신속하게 집행권원을 얻을 수 있도록 하기 위한 특별소송절차이다(법 462조). 원칙적인 방법으로서 통상의 소의 제기에 의할 수도 있음은 물론이나 상대방이 채권의 존부를 다투지 않을 것으로 예상되는 사건에 있어서 간단한 절차와 소액의 비용으로 신속히 집행권원을 얻을 수 있는 길을 열어주려는 제도이다.

독촉절차는 지급명령이라는 형식의 재판을 함으로써 진행되며 이 재판은 채무자의 참여 없이 채권자의 일방적인 주장 만에 의하여 하게 된다. 지급명령이 송달된 후 채무자는 이의신청을 할 수 있으며 이때는 통상의 소송절차로 바뀌게 된다.

2. 관할법원

독촉사건은 청구액에 관계없이 단독판사가 담당하고 시·군법원에서도 처리한다. 독촉절차는 채무자의 보통재판적(주소지)이 있는 곳의 지방법원이나 근무지, 거소지 또는 의무이행지, 어음수표의 경우 지급지, 영업소재지, 불법행위지의 관할법원을 전속관할로 한다(법 463조). 금전채권은 대부분 지참채무이므로, **채권자로서는 당해 채권의 의무이행지인 채권자의 주소지를 관할하는 법원에 제출하면 될 것이다.**

3. 요 건

(1) 금전 그 밖의 대체물이나 유가증권의 일정수량의 지급을 목적

청구금액의 많고 적음을 불문하지만 현재 이행기가 도래하여 즉시 지급을 청구할 수 있는 것이어야 하므로 조건부·기한미도래의 채권의 이행을 구하거나 예비적 청구를 구하는 신청은 허용되지 않는다. 그러나 채권자의 반대급부와 상환이행을 명할 것을 구하는 신청은 가능하다.

(2) 대한민국에서 공시송달외의 방법으로 송달할 수 있는 경우에 한함

따라서 보충송달 될 수 있는 경우는 신청이 가능하다. 송달불능이 되면 법원은 주소 보정을 명할 수 있으나 채권자는 법원으로부터 채무자의 주소를 보정하라는 명령를 받은 경우에 소제기신청을 할 수 있다(법 466조 1항).

4. 신청절차

(1) 지급명령신청

1) 지급명령의 신청에는 그 성질에 어긋나지 아니하면 소에 관한 규정을 준용한다(법 464조). 다만 일반신청과 마찬가지로 서면이나 말로 할 수 있다(법 160조 1항).

2) 지급명령신청에는 소장의 기재사항에 준하여(법 249조), 당사자인 채권자·채무자의 주소·성명, 법정대리인이 있으면 그 주소·성명, 청구취지와 청구원인을 표시하여야 한다.

3) 지급명령신청서에는「당사자표시」의 서류도 함께 제출하여야 한다(4부 제출, 날인하지 아니하고 제출).「당사자표시」작성방법은 지급명령신청서 중 당사자표시 부분부터 ~ 신청원인까지만을 기재한 서류를 말한다.

(2) 인지 및 송달료

지급명령신청서에는 소장에 붙여야 할 인지의 10분의 1의 액수에 해당하는 인지를 붙여야 한다. 또한 송달료는 4회분(2인 기준 41,600원, 5,200원×4회×2인)만 내면 된다.

지급명령신청

채 권 자   류 ○ ○(75○○○○-104○○○○)
            경기도 ○○구 ○○로 ○○○(T.010-123-456)

채 무 자   1. 임 ○ (76○○○○-112○○○○)
               경기도 ○○구 ○○로 ○가 ○○○

            2. 이 ○ ○(76○○○○-112○○○○)
               경기도 ○○구 ○○로 ○가 ○○○

            3. 천 ○ ○(76○○○○-112○○○○)
               서울시 ○○구 ○○로 ○가 ○○○

위약금 독촉 사건

신 청 취 지

채무자들은 각자 채권자에게 금 6,000,000원 및 이에 대한 이 사건 지급명령 송달일 다음날부터 다 갚는 날까지 연 12%의 비율에 의한 금원 및 다음의 독촉절차 비용을 지급하라.
라는 명령을 구합니다.

- 다 음 -

* 독촉절차비용   금 55,000원
  내역   1) 인지대   금 3,000원
                2) 송달료   금 81,600원

신 청 원 인

1. 채권자와 채무자들간의 임대차계약 체결
임차인인 채권자 류○○은 2011. 11. 7. 경기도 ○○시 ○○동 ○○신도시 NB-1 ○○프라자 4층 403호(이하 '이 사건 부동산'이라 합니다)에 대하여 임대보증금 30,000,000원, 월세 1,450,000원, 계약금 6,000,000원으로 하는 임대차 계약(이

하 '이 사건 부동산 임대차 계약'이라 합니다)을 채무자 천○○의 알선하에 임대인인 채무자 임○ 및 이○○과 체결하였습니다.

2. 채무자들의 이 사건 임대차계약에 대한 해지요구.
채권자는 2011. 11. 7. 이 사건 부동산에 대한 임대차계약을 채무자들과 체결하면서 계약금 600만원을 모두 교부하였으나 이후 채무자들은 채권자와 체결한 이 사건 임대차계약의 조건이 너무 열악하여 계약을 유지하기 어렵다면서 계약해지를 요구었습니다.

3. ○○프라자 303호에 대한 임대차 계약이행을 해지조건으로 한 이 사건 부동산 임대차계약 약정.
채무자들은 채권자에게 계약해지를 요구하면서도 채권자에게 단지 계약금 600만원만 돌려주고 해지에 따른 위약금 600만원에 대해서는 이 사건 부동산인 ○○프라자 403호 대신 경기도 ○○주시 ○○동 ○○신도시 NB-2 ○○프라자 303호에 새로운 임대차 계약(이하 '○○프라자 303호 임대차계약'이라 합니다)을 체결해 주는 것으로 대체하되, 특약사항으로 ○○프라자 303호 임대차 계약을 ○○프라자 403호 임대차 계약의 해지조건부로 정하고 이후 ○○람프라자 303호 임대차계약이 채권자에게 이행되면 그와 동시에 ○○프라자 403호 임대차계약에 따른 채권자의 모든 청구권도 자동으로 소멸 되는것으로 약정하였습니다.

4. 이 사건 부동산 임대차계약에 대한 해지조건의 미성취
이 사건 부동산 임대차 계약의 해지조건으로 정한 ○○프라자 303호 임대차 계약의 임대인인 김○○은 2012. 2. 29. ○○프라자의 차후 사업 일정 및 개발 방향이 불투명하여 2011. 12. 6. 체결한 ○○프라자 303호의 매매 및 임대차계약의 이행이 불가능하다면서 계약해지를 통보함에 따라, ○○프라자 303호의 임대차계약의 이행을 해지조건으로 한 이 사건 부동산 임대차 계약은 해지조건의 미성취로 인하여 (○○프라자 303호의 임대차계약이 이행되기 전에 해지되었으므로) 해지되지 않고

그대로 존속하게 되었습니다.

5. 채무자들의 이 사건 부동산 임대차 계약 불이행.

채권자는 이 사건 부동산 임대차 계약이 위와 같이 해지조건의 미성취로 인하여 유효하게 존속하게 됨에 따라 채무자들에게 2012. 3. 20.과 2012. 5. 8일. 두 차례에 걸쳐 이 사건 임대차 계약이 이행될 수 있도록 일정을 알려달라고 요구하면서 만약 계약 이행이 불가능하다면 위약금 600만원을 지불해달라고 통보하였지만(소갑제1호증1내지3 부동산임대차계약이행등통보 참조) 채무자들은 현재까지 계약이행이나 위약금 상환에 관한 어떤 답변도 하고 있지 않는 바, 이에 채권자는 이 사건 위약금 청구에 이르게 된 것입니다.

6. 결론

그렇다면 채무자들은 각자 채권자에게 금6,000,000원 및 이에 대한 이 사건 지급명령 송달일 다음날부터 다 갚는 날까지 연 20%의 비율에 의한 지연손해금을 지급할 의무가 있다 할 것입니다.

소 명 방 법

1. 소갑제1호증1내지3   부동산임대차계약이행등통보
1. 소갑제2호증   내용증명
1. 소갑제3호증   집합건축물대장

첨 부 서 류

1. 위 소명자료   각 1 통
1. 납부서   1 통

2012. 6. .
위 채권자 류 ○ ○

의정부지방법원 고양지원 귀중

1. 독촉절차는 채무자의 보통재판적(주소지)이 있는 곳의 지방법원이나 근무지, 거소지 또는 의무이행지, 어음 수표의 경우 지급지, 영업소재지, 불법행위지의 관할법원을 전속관할로 한다(법 463조). 금전채권은 대부분 지참채무이므로, 채권자로서는 당해 채권의 의무이행지인 채권자의 주소지를 관할하는 법원에 지급명령신청서 1부와 부본 6부(채무자가 1명인 경우 4부)를 제출한다. 다만 독촉사건은 청구액에 관계없이 단독판사가 담당하고 시 · 군법원에서도 처리하므로 청구금액이 소액인지 상관없이 접수할 곳에 시군법원이 있다면 시군법원이 관할이다.
2. 인지는 일반 소송인지액의 1/10이므로   3,000원(=6백만원×0.005×0.1)이고, 송달료는 83,200원(=5,200×4회분×당사자수4명)이다.

[첨부서면] 당사자표시

당사자표시

채 권 자　　　　류 ○ ○(75○○○○-104○○○○)
　　　　　　　　경기도 ○○구 ○○로 ○○○(T.010-123-456)

채 무 자　　　　1. 임 ○ (76○○○○-112○○○○)
　　　　　　　　　 경기도 ○○구 ○○로 ○길 ○○○

　　　　　　　　2. 이 ○ ○(76○○○○-112○○○○)
　　　　　　　　　 경기도 ○○구 ○○로 ○길 ○○○

　　　　　　　　3. 천 ○ ○(76○○○○-112○○○○)
　　　　　　　　　 서울시 ○○구 ○○로 ○길 ○○○

위약금 독촉 사건

신 청 취 지

채무자들은 각자 채권자에게 금 6,000,000원 및 이에 대한 이 사건 지급명령 송달일 다음날부터 다 갚는 날까지 연 12%의 비율에 의한 금원 및 다음의 독촉절차 비용을 지급하라.
라는 명령을 구합니다.

- 다 음 -

* 독촉절차비용   금 55,000원
  내역   1) 인지대   금 3,000원
               2) 송달료   금 81,600원

신 청 원 인

1. 채권자와 채무자들간의 임대차계약 체결

임차인인 채권자 류○○은 2011. 11. 7. 경기도 ○○시 ○○동 ○○신도시 NB-1 ○○프라자 4층 403호(이하 '이 사건 부동산'이라 합니다)에 대하여 임대보증금 30,000,000원, 월세 1,450,000원, 계약금 6,000,000원으로 하는 임대차 계약(이하 '이 사건 부동산 임대차 계약'이라 합니다)을 채무자 천○○의 알선하에 임대인인 채무자 임○ 및 이○○과 체결하였습니다.

2. 채무자들의 이 사건 임대차계약에 대한 해지요구.

채권자는 2011. 11. 7. 이 사건 부동산에 대한 임대차계약을 채무자들과 체결하면서 계약금 600만원을 모두 교부하였으나 이후 채무자들은 채권자와 체결한 이 사건 임대차계약의 조건이 너무 열악하여 계약을 유지하기 어렵다면서 계약해지를 요구였습니다.

3. ○○프라자 303호에 대한 임대차 계약이행을 해지조건으로 한 이 사건 부동산 임대차계약 약정.

채무자들은 채권자에게 계약해지를 요구하면서도 채권자에게 단지 계약금 600만원만 돌려주고 해지에 따른 위약금 600만원에 대해서는 이 사건 부동산인 ○○프라자 403호 대신 경기도 ○○주시 ○○동 ○○신도시 NB-2 ○○프라자 303호에 새로운 임대차 계약(이하 '○○프라자 303호 임대차계약'이라 합니다)을 체결해 주는 것으로 대체하되, 특약사항으로 ○○프라자 303호 임대차 계약을 ○○프라자 403호 임대차 계약의 해지조건부로 정하고 이후 ○○람프라자 303호 임대차계약이 채권자에게 이행되면 그와 동시에 ○○프라자 403호 임대차계약에 따른 채권자의 모든 청구권도 자동으로 소멸 되는것으로 약정하였습니다.

4. 이 사건 부동산 임대차계약에 대한 해지조건의 미성취

이 사건 부동산 임대차 계약의 해지조건으로 정한 ○○프라자 303호 임대차 계약의 임대인인 김○○은 2012. 2. 29. ○○프라자의 차후 사업 일정 및 개발 방향이 불투명하여 2011. 12. 6. 체결한 ○○프라자 303호의 매매 및 임대차계약의 이행이 불가능하다면서 계약해지를 통보함에 따라, ○○프라자 303호의 임대차계약의 이행을 해지조건으로 한 이 사건 부동산 임대차 계약은 해지조건의 미성취로 인하여 (○○프라자 303호의 임대차계약이 이행되기 전에 해지되었으므로) 해지되지 않고 그대로 존속하게 되었습니다.

5. 채무자들의 이 사건 부동산 임대차 계약 불이행.

채권자는 이 사건 부동산 임대차 계약이 위와같이 해지조건의 미성취로 인하여 유효하게 존속하게 됨에 따라 채무자들에게 2012. 3. 20.과 2012. 5. 8일. 두 차례에 걸쳐 이 사건 임대차 계약이 이행될 수 있도록 일정을 알려달라고 요구하면서 만약 계약 이행이 불가능하다면 위약금 600만원을 지불해달라고 통보하였지만(소갑제1호증1내지3 부동산임대차계약이행등통보 참조) 채무자들은 현재까지 계약이행이나 위약금 상환에 관한 어떤 답변도 하고 있지 않는 바, 이에 채권자는 이 사건 위약금 청구에 이르게 된 것입니다.

6. 결론

그렇다면 채무자들은 각자 채권자에게 금6,000,000원 및 이에 대한 이 사건 지급명령 송달일 다음날부터 다 갚는 날까지 연 20%의 비율에 의한 지연손해금을 지급할 의무가 있다 할 것입니다.

■ 작성 · 접수방법

1. 부본 6부(채무자가 1명인 경우 4부)를 지급명령신청시 첨부한다.
2. 지급명령신청서에 첨부하는 첨부서류를 부본에는 첨부하지 않는다.

지 급 명 령 신 청

채권자 ○ ○ ○(주민등록번호)

　　　　○○시 ○○구 ○○길 ○○(우편번호 ○○○-○○○)

　　　　전화·휴대폰번호:

　　　　팩스번호, 전자우편(e-mail)주소:

채무자 ◇ ◇ ◇(주민등록번호)

　　　　○○시 ○○구 ○○길 ○○(우편번호 ○○○-○○○)

　　　　전화·휴대폰번호:

　　　　팩스번호, 전자우편(e-mail)주소:

대여금청구의 독촉사건

청구금액 : 금 5,000,000원

신 청 취 지

　채무자는 채권자에게 금 5,000,000원 및 이에 대한 20○○. ○. ○.부터 이 사건 지급명령결정정본을 송달 받는 날까지는 연 12%, 그 다음날부터 다 갚는 날까지는 연 12%의 각 비율에 의한 금액 및 아래 독촉절차비용을 합한 금액을 지급하라는 지급명령을 구합니다.

아　　　래

　　금　　　　　원　　　독촉절차비용

내　　　역

　　금　　　　　원　　　인　지　대
　　금　　　　　원　　　송　달　료

신 청 이 유

1. 채권자는 채무자에게 20○○. ○. ○. 금 5,000,000원을 대여해주면서 변제기한
   은 같은 해 ○○. ○. 이자는 월 1%를 지급 받기로 한 사실이 있습니다.

2. 그런데 채무자는 위 변제기일이 지났음에도 불구하고 원금은 고사하고 약정한 이
   자까지도 채무이행을 하지 아니하므로 채권자는 채무자에게 위 원금 및 지연이자
   를 변제할 것을 여러 차례에 걸쳐 독촉하자 채무자는 원금 및 지연이자를 20○
   ○. ○. ○○.까지 지급하겠다며 지불각서까지 작성하여 주고서도 이마저도 전혀
   이행치 않고 있습니다.

3. 따라서 채권자는 채무자로부터 위 대여금 5,000,000원 및 이에 대한 20○○. ○.
   ○.부터 이 사건 지급명령결정정본을 송달 받는 날까지는 약정한 이자인 연 12%
   (계산의 편의상 월 1%를 연단위로 환산함), 그 다음날부터 다 갚는 날까지는 소
   송촉진등에관한특례법에서 정한 연 12%의 각 비율에 의한 이자, 지연손해금 및
   독촉절차비용을 합한 금액의 지급을 받기 위하여 이 사건 신청을 하기에 이르게
   된 것입니다.

첨 부 서 류

1. 지불각서	1통
1. 송달료납부서	1통

20○○.　　○○.　　○○.

위 채권자 ○ ○ ○ (서명 또는 날인)

○○지방법원 귀중

지 급 명 령 신 청

채권자 ○○○(주민등록번호)

　　　　○○시 ○○구 ○○길 ○○(우편번호 ○○○-○○○)

　　　　전화·휴대폰번호:

　　　　팩스번호, 전자우편(e-mail)주소:

채무자 ◇◇◇(주민등록번호)

　　　　○○시 ○○구 ○○길 ○○(우편번호 ○○○-○○○)

　　　　전화·휴대폰번호:

　　　　팩스번호, 전자우편(e-mail)주소:

임차보증금반환청구의 독촉사건

청구금액 : 금 35,000,000원

신 청 취 지

　채무자는 채권자에게 금 35,000,000원 및 이에 대하여 20○○. ○○. ○○.부터 이 사건 지급명령정본을 송달 받는 날까지는 연 5%, 그 다음날부터 다 갚는 날까지는 연 12%의 각 비율에 의한 금액 및 아래 독촉절차비용을 합한 금액을 지급하라는 지급명령을 구합니다.

아　　　래

　　금　　원　　　독촉절차비용

내　　　역

　　금　　원　　　인 지 대

금 원 송 달 료

신 청 이 유

1. 채권자와 채무자는 20○○. ○. ○. 피고 소유 ○○시 ○○구 ○○길 ○○ 소재 목조기와지붕 평가건물 단층주택 47,36㎡ 중 방 1칸 및 부엌에 대하여 임차보 증금 35,000,000원, 임대차기간은 2년으로 하는 임대차계약을 체결하고 점유·사용하여 오다가 20○○. ○○. ○. 임대차계약기간의 만료로 인하여 임대인인 채무자에게 건물을 명도 하였습니다.

2. 그렇다면 채무자는 채권자에게 위 임차보증금을 지급할 의무가 있음에도 불구하고 지급하지 아니하여 채권자는 채무자에게 임차보증금을 반환하여 줄 것을 여러 차례에 걸쳐 독촉하였음에도 채무자는 지금까지 위 임차보증금을 반환하지 않고 있습니다.

3. 따라서 채권자는 채무자로부터 위 임차보증금 35,000,000원 및 이에 대한 20○○. ○○. ○○.부터 이 사건 지급명령결정정본을 송달 받는 날까지는 민법에서는 연 5%, 그 다음날부터 다 갚는 날까지는 소송촉진등에관한특례법에서 정한 연 12%의 각 비율에 의한 지연손해금 및 독촉절차비용을 합한 금액의 지급을 받기 위하여 이 사건 신청을 하기에 이르게 된 것입니다.

첨 부 서 류

1. 부동산임대차계약서   1통
1. 부동산등기사항증명서   1통
1. 송달료납부서   1통

20○○. ○○. ○○.

위 채권자 ○○○ (서명 또는 날인)

○○지방법원 귀중

지 급 명 령 신 청

채권자 ○○○(주민등록번호)

　　　　○○시 ○○구 ○○길 ○○(우편번호 ○○○-○○○)

　　　　전화·휴대폰번호 :

　　　　팩스번호, 전자우편(e-mail)주소 :

채무자 주식회사 ◇◇◇◇

　　　　○○시 ○○구 ○○길 ○○(우편번호 ○○○-○○○)

　　　　대표이사 ◈◈◈

　　　　전화·휴대폰번호 :

　　　　팩스번호, 전자우편(e-mail)주소 :

임금 및 퇴직금청구 독촉사건

청구금액 : 금 7,500,000원

신 청 취 지

　채무자는 채권자에게 금 7,500,000원 및 이에 대하여 20○○. ○○. ○○.부터 20○○. ○○. ○○.까지는 연 5%, 그 다음날부터 다 갚는 날까지는 연 20%의 각 비율에 의한 금액 및 아래 독촉절차비용을 합한 금액을 지급하라는 지급명령을 구합니다.

아　　　　　　　　래

　금　　원　　　　　독촉절차비용

내　　　　　　　　역

　금　　원　　　　인　지　대
　금　　원　　　　송　달　료

신 청 이 유

1. 채권자는 20○○. ○. ○.부터 20○○. ○○. ○.까지 ○○시 ○○구 ○○길 소재에서 식육 도소매업을 하는 피고회사에서 유통판매사원으로 근무하다가 퇴직하였는데, 20○○. ○월분부터 ○월분까지 체불임금 5,500,000원과 위 기간동안의 퇴직금 2,000,0000원 등 합계 금 7,500,000원을 지금까지 지급을 받지 못한 사실이 있습니다.

2. 따라서 채무자는 채권자에게 위 체불임금 5,500,000원과 위 기간 동안의 퇴직금 2,000,000원 등 합계 금 7,500,000원 및 이에 대하여 퇴직한 다음날인 20○○. ○○. ○○.부터 14일째 되는 날인 20○○. ○○. ○○.까지는 민법에서 정한 연 5%, 그 다음날부터 다 갚는 날까지는 근로기준법 제37조 및 동법 시행령 제17조에서 정한 연 20%의 각 비율에 의한 지연손해금 및 독촉절차비용을 합한 금액을 지급할 의무가 있으므로 이 사건 신청에 이르게 된 것입니다.

첨 부 서 류

1. 체불 임금등 · 사업주확인서   1통
1. 송달료납부서   1통

20○○. ○○. ○○.

위 채권자 ○○○ (서명 또는 날인)

○○지방법원 귀중

5. 재 판

(1) 신청각하

지급명령의 신청이 ① 금전 그 밖의 대체물이나 유가증권의 일정수량의 지급을 목적으로 하는 청구에 대한 것이 아니거나 또는 ② 관할의 규정에 어긋나거나, ③ 신청의 취지로 보아 청구에 정당한 이유가 없는 것이 명백한 때에는 그 신청을 각하하여야 한다. 청구의 일부에 대하여 지급명령을 할 수 없는 때에 그 일부에 대하여도 또한 같다. 신청을 각하하는 결정에 대하여는 불복할 수 없다(법 465조). 각하 결정에는 기판력이 없으므로 소를 제기하거나 또는 다시 지급명령을 신청할 수 있다.

(2) 지급명령

1) 서면심리절차

지급명령은 채무자를 심문하거나 진술의 기회를 주지 않고 즉 채무자의 참여 없이 채권자의 주장만을 근거로 하여 결정으로 재판한다(법 467조). 또 채권자의 소명도 필요 없다. 간혹 신청서에 계약서나 약속어음 등 소명자료가 첨부되는 경우가 있는데 신청내용이 이들 서면의 기재와 부합하지 않는다 하여도 이를 문제 삼을 필요가 전혀 없고 법원으로서는 신청에 표시된 청구취지와 청구원인만에 의하여 지급명령을 발하면 된다.

2) 지급명령과 송달

지급명령신청서가 제출되면, 법원에서는 일단 지급명령을 발령하여 채무자에게 송달하는데 지급명령에는 당사자, 법정대리인, 청구의 취지와 원인을 적고, 채무자가 지급명령이 송달된 날부터 2주 이내에 이의신청을 할 수 있다는 것을 덧붙여 적어야 한다(법 468조). 지급명령을 송달하면서 이의신청안내서를 보내주는 것이 실무이다. 만약 송달이 되지 아니하면 채권자는 주소보정을 하든지, 아니면 소제기신청[71]을 하여 일반 소송절차에 따라서 재판을 받아야 한다.

3) 채권자의 소제기 신청

가. 의 의

채권자는 법원으로부터 주소보정명령을 받은 경우 소제기 신청을 할 수 있다(법 466조 1항). 지급명령이 채무자에게 송달되지 아니하는 경우 지급명령신청을 각하 하여야만 한다면 채권자로서는 다시 처음부터 통상의 소를 제기할 수 밖에 없으므로 이중의 소송비용과 시간적 손실을 볼 우려가 있어 이러한 문제점을 해결하기 위해 제소신청제도를 법으로 정한 것이다. 채권자로부터 소제기 신청이 있으면 지급명령을 신청한 때에 소가 제기된

---

71) 이 경우에는 일반 소송절차에 의할 경우 산출되는 인지대와 송달료에서 지급명령신청시 납부한 인지대와 송달료를 공제한 금원을 추가로 납부하여야 한다.

것으로 보므로 바로 소송절차로 옮겨진다.

나. 신청기간

법원이 보정명령에서 정한 기간 안에는 물론이고 그 기간이 지난 경우에도 법원이 지급명령신청서 각하명령을 하기 전까지는 소제기신청을 할 수 있다.

다. 신청

소제기 신청에 관해서는 특별한 규정이 없으므로 서면으로 할 수도 있고 말로도 할 수 있다 신청에는 소를 제기하는 경우 소장에 붙여야 할 인지액에서 지급명령신청시에 붙힌 인지액의 1/10을 공제한 나머지에 해당하는 인지액을 붙여야 하고 송달료도 납부하여야 한다.

라. 효과

소제기신청에 의하여 독촉절차는 당연히 통상소송절차로 이행하게 되어 지급명령을 신청한 때에 소가 제기된 것으로 본다(법 472조 1항).

[서식] 소제기 신청서

소 제 기 신 청 서

사　　건　　　　2014차 1234 임차보증금반환

채 권 자　　　　김 ○ ○

채 무 자　　　　이 ○ ○

위 당사자간 사건에 관하여 귀원으로부터 보정명령이 발하였는 바, 이에 채권자는 민사소송법 제466조 제1항에 따라 이 사건 소제기신청을 합니다.

소　　　가 :　　20,400,000원

인 지 대 :　　86,000원(=20,400,000×0.0045+5,000)

납부 인지대 :　　8,600원(=86,000×0.1)

추납 인지대 : 710,200원(=86,000-8,600)

추납 송달료 : 104,000원(=5,200×10회분×당사자2명)

2014. 1.   .
위 채권자 이 ○ ○ (인)

서울중앙지방법원 독촉계   귀중

■ 작성·접수방법

1. 소제기신청서 1부를 제출한다.
2. 법원이 보정명령에서 정한 기간 안에는 물론이고 그 기간이 지난 경우에도 지급명령 각하 결정을 받기 전까지는 소제기 신청을 할 수 있다.
3. 인지는 이미 납부한 인지액(1심소가의 1/10)을 제외한 나머지 금액을 납부하고 송달료는 소액사건은 10회분, 단독과 합의는 15회분을 납부하여야 한다.

---

6. 채무자의 이의신청

(1) 의 의

지급명령은 채권자의 주장만에 의하여 편면적인 심리만으로 발하여지는 것이므로 상대방인 채무자에게 다툴 수 있는 길을 열어주는 것이 필요하므로 채무자에게 이의신청을 할 수 있는 권리를 인정하고 있다. 채무자가 지급명령을 송달받은 후 이의가 있으면, 그로부터 2주일 이내에 이의신청을 하면 지급명령은 그 범위 안에서 실효되고 이의 있는 청구목적의 값에 관하여 지급명령을 신청한 때에 소가 제기된 것으로 보게 되어 바로 소송절차로 옮겨진다(법 472조 2항).

(2) 방 법

1) 특별한 규정이 없으므로 서면 또는 말로 할 수도 있다(법 161조 1항). 이의신청에는 지급명령에 응할 수 없다는 취지만 명시하면 족하고 불복의 이유나 방어방법까지 표시할 필요는 없다.
2) 이의는 지급명령의 일부에 대해서도 할 수 있으나 그 경우에는 이의 있는 부분을 명확히 하여야 한다.

3) 이의신청은 지급명령송달 후 2주 이내에 할 수 있다. 2주의 기간은 불변기간이므로 채무자가 책임질 수 없는 사유로 말미암아 그 기간을 지킬 수 없었던 경우에는 그 사유가 없어진 날부터 2주 이내에 추후보완이의를 할 수 있다(법 173조).

4) 이의신청서에는 인지를 붙이지 아니하며, 송달료도 납부할 필요가 없다.

[서식] 지급명령에 대한 이의신청서

지급명령에 대한 이의신청

사　　건　　　　2014차 1234 임차보증금반환

채 권 자　　　　류 ○ ○(75○○○○-104○○○○)

　　　　　　　　경기도 ○○구 ○○동 ○○○(T.010-123-456)

채 무 자　　　　임 ○ (76○○○○-112○○○○)

　　　　　　　　경기도 ○○구 ○○동 ○가 ○○○

위 독촉사건에 관하여 채무자는 2014. 1. 10. 지급명령정본을 송달받았으나, 이에 불복하므로 이의신청을 합니다.

　　　　　　　　　　　　　2014.　1.　　.

　　　　　　　　　　　　　위 채무자 임 ○ (인)

의정부지방법원　고양지원　귀중

■ 작성 · 접수방법
1. 지급명령신청서를 법원으로 송달받은 채무자는 송달받은 날로부터 2주 즉 14일 이내에 이의신청서 2부를 지급명령을 한 법원에 제출한다. 2. 인지등 비용을 첩부하지 않는다.

(3) 법원의 처리

1) 부적법한 이의신청

법원은 이의신청기간 도과 등으로 이의신청이 부적법하다고 인정한 때에는 결정으로 이의신청을 각하하여야 한다(법 471조 1항). 이에 대하여 이의신청인은 즉시항고를 할 수 있다(동조 2항). 각하결정이 확정되면 당초부터 이의신청이 없었던 것으로 된다.

2) 적법한 이의신청

지급명령은 이의의 범위 안에서 효력을 잃게 되고 독촉절차는 당연히 통상소송절차로 이행하게 되어 지급명령신청 당시로 돌아가 소를 제기한 것으로 본다(법 472조 2항). 이 경우 독촉법원은 채권자에게 인지보정명령을 하고 채권자가 인지를 보정하지 아니하는 경우에는 지급명령신청서를 각하하여야 하고 채권자가 인지를 보정하면 독촉법원의 법원사무관등은 바로 소송기록을 관할법원에 보내야 함은 채권자의 소제기신청이 있었던 경우와 같다(법 473조).

7. 지급명령 확정의 효력

지급명령에 대하여 이의신청이 없거나 이의신청을 취하하거나 각하결정이 확정된 때에는 지급명령은 확정판결과 같은 효력이 있다(법 474조). 확정판결과 동일한 효력이 있으므로 지급명령으로 확정된 채권은 단기소멸시효에 해당하는 것이라도 그 소멸시효는 10년으로 된다. 또한 확정된 지급명령에 기한 강제집행은 집행문을 부여받을 필요 없이 지급명령 정본에 의하여 행한다(민집법 58조 1항). 그러나 집행력이 생길 뿐 기판력이 발생하지는 않는다.

Ⅲ. 민사조정절차

1. 의 의

민사조정제도란 민사에 관한 분쟁에 있어서 중립적인 제3자가 당사자의 동의를 얻어 쉽게 협상할 수 있도록 도와주는 분쟁해결방법을 말하는 것으로써 당사자의 신청에 의하여 또는 소송사건의 조정회부에 의하여 조정담당판사나 수소법원, 또는 법원에 설치된 조정위원회가 간이한 절차에 따라 분쟁당사자들로부터 각자의 주장을 듣고 관계자료를 검토한 후 여러 사정을 고려하여 그들에게 상호 양보하게 합의하도록 권유·주선함으로써 화해에 이르게 하는 제도를 말한다.

2. 관할 및 이송

(1) 관할법원

조정사건은 ① 피신청인에 대한 「민사소송법」 제3조부터 제6조까지의 규정에 따른 보통재판적 소재지 ② 피신청인의 사무소 또는 영업소 소재지 ③ 피신청인의 근무지 ④ 분쟁의 목적물 소재지 ⑤ 손해 발생지등을 관할하는 지방법원, 지방법원 지원 또는 시·군법원의 관할로 한다. 그러나 조정사건은 그에 상응하는 소송사건의 전속관할법원(專屬管轄法院)이나 당사자 사이에 합의로 정한 법원에서 관할할 수 있다(민조 제3조).[72]

(2) 이송

조정담당 판사는 사건이 그 관할에 속하지 아니함을 인정하는 때에는 결정으로 사건을 관할법원으로 이송한다. 그러나 피신청인이 관할위반의 항변을 하지 아니하고 조정절차에서 진술하거나 사건의 해결을 위하여 특히 필요하다고 인정하는 때에는 그러하지 아니하다(민조 제4조). 조정담당 판사는 사건이 그 관할에 속하는 경우라도 상당하다고 인정하는 때에는 직권 또는 당사자의 신청에 의한 결정으로 이를 다른 관할법원에 이송할 수 있고 위 이송결정에 대해서는 불복하지 못한다.

(3) 관할법원의 지정

수개법원의 토지 관할에 관하여 의문이 있을 경우에는 관할법원의 지정은 관계법원에 공통되는 직근 상급법원이 신청에 의하여 결정으로 한다. 이에 대해서는 불복신청이 금지된다(민조 제39조)

---

72) 제3조(관할법원) ① 조정사건은 다음 각 호의 어느 하나에 해당하는 곳을 관할하는 지방법원, 지방법원지원(地方法院支院), 시법원(市法院) 또는 군법원(郡法院)(이하 "시·군법원"이라 한다)이 관할한다.
  1. 피신청인에 대한 「민사소송법」 제3조부터 제6조까지의 규정에 따른 보통재판적(普通裁判籍) 소재지
  2. 피신청인의 사무소 또는 영업소 소재지
  3. 피신청인의 근무지
  4. 분쟁의 목적물 소재지
  5. 손해 발생지
② 제1항에도 불구하고 조정사건은 그에 상응하는 소송사건의 전속관할법원(專屬管轄法院)이나 당사자 사이에 합의로 정한 법원에서 관할할 수 있다.

3. 조정기관

(1) 조정담당판사

조정사건은 조정담당판사가 이를 처리한다(민조 7조). 그러나 조정담당판사는 스스로 조정을 할 수 있고 또 조정위원회로 하여금 이를 하게 할 수도 있다. 다만 당사자가 조정위원회에서 조정하여 줄 것을 신청한 때에는 조정위원회로 하여금 이를 하게 하여야 한다. 이와 같이 조정담당판사 혹은 조정위원회 어느 쪽이든 자유롭게 정하여 조정사건을 처리할 수 있게 되어 있다.

(2) 조정위원회

조정위원회는 조정장 1인과 조정위원 2인 이상으로 구성한다. 조정위원의 의결은 과반수의 의결에 의하나 가부 동수인 경우에는 조정장의 결정에 따른다. 조정위원회의 합의는 공개하지 아니한다.

(3) 수소법원

수소법원은 특별한 사정이 없는 한 다툼 있는 사건에 대하여 소송절차의 어느 단계에서든 1회 이상 조정에 회부하는 것을 원칙으로 하며, 변론종결 후에도 사건을 조정에 회부할 수 있다. 수소법원이 조정에 회부한 사건을 스스로 처리하는 경우 수소법원은 조정담당판사와 동일한 권한을 가진다.

[서식] 조정신청서

민사조정신청

신 청 인(원고)　　박 ○ ○(751201-1047698)

　　　　　　　　　　서울시 ○○구 ○○로 ○○(T.010-123-5678)

피신청인(피고)　　김 ○ ○(75118-10236987)

　　　　　　　　　　서울시 ○○구 ○○로 ○○○

대여금에 대한 조정신청

신 청 취 지

1. 피신청인은 신청인에게 금 8,000,000원 및 위 금원에 대하여 2013. 1. 1.부터 이 소장부본송달일까지 연 18%, 그 다음날부터 완제일까지 연 12%의 비율에 의한 금원을 각 지급하라. 라는 조정을 신청합니다.

조정의 내용

1. 신청인은 피신청인에게 2012. 3. 28 금 8,000,000원을 서로 가까운 사이라 차용증도 없이 대여해 준 사실이 있었고, 이에 대하여 피고는 2012. 5. 28. 구두상으로 2012. 12. 31.까지 금 8,000,000원 전액을 변제하여 주겠다고 약정한 사실이 있었습니다.

2. 또한 피신청인은 만약 위 기일까지도 갚지 않을 경우에는 연 18%의 비율에 의한 지연이자도 기꺼이 부담하겠다고도 약정한 사실도 있었습니다.

3. 그런데 피신청인은 위 지급기일이 지난 뒤 신청인의 수차례에 걸친 변제독촉에도 불구하고 금액이 틀리다느니 일부를 변제했다느니 하면서 시일만 차일피일 미루고 있어 이 건 조정신청에 이르게 된 것입니다.

첨 부 서 류

　　1. 구두약속사실확인서　　　　　　　　　　　1통

2013.　　○.　　　.

위 신청인　박 ○ ○ (인)

서울중앙지방법원　귀중

민사조정신청

신 청 인(원고)　　박 ○ ○(751201-1047698)
　　　　　　　　　서울시 ○○구 ○○로 ○○(T.010-123-5678)

피신청인(피고)　　김 ○ ○(75118-10236987)
　　　　　　　　　서울시 ○○구 ○○로 ○○○

건물인도 등 조정신청

신 청 취 지

1. 피신청인은 신청인에게 ○○시 ○○구 ○○길 ○○ 지상 벽돌조 기와지붕 단층 상가 ○○○.○㎡ 중 별지도면 표시 가, 나, 다 ,라 가, 각 점을 차례로 연결 한 선내 17.59㎡를 인도하고 20○○. ○. ○.부터 명도 할 때까지 매월 금 500,000원을 지급한다.
2. 조정비용은 피신청인의 부담으로 한다.
라는 조정을 구합니다.

신 청 원 인

1. 신청인은 20○○. ○. ○. 피신청인과 ○○시 ○○구 ○○길 ○○ 소재 건물 중 별지기재 도면과 같이 좌측 방1칸, 사무실1칸을 임차보증금 5,000,000원, 월임료 금 400,000원, 임대차기간 2년으로 한 임대차계약을 체결하고 피신청인은 이 를 임차한 뒤 ○○부동산이라는 상호로 부동산중개업을 하고 있습니다.
2. 그런데 피신청인은 20○○. ○. ○.부터 신청인에게 지급하기로 한 월임료 금 400,000원을 지급하지 않고 있으며, 신청인은 지금까지 임차보증금에서 월임료를 충당하기로 하고 20○○. ○. ○.까지 신청인에게 위 임차목적물을 인도하라고 20○○. ○. ○.자 내용증명으로 최고한 바 있으나, 피신청인은 그 기간이 지난 지금까지도 위 임차목적물의 인도 및 임료의 지급을 명백히 거절하고 있습니다.

3. 따라서 신청인은 피신청인에게 위 임차부동산의 인도를 구함과 동시에 이는 많은 시일이 걸리므로 20○○. ○. ○.부터 인도 받을 때까지 임차보증금 5,000,000원을 월세로 환산한 매월 임료 금 500,000원 상당액을 그 손해로 청구하고자 합니다.

입 증 방 법

1. 갑 제1호증   임대차계약서
1. 갑 제2호증   통고서(내용증명우편)
1. 갑 제3호증   월임료미납확인서

첨 부 서 류

1. 위 입증방법   각 1통
1. 부동산등기사항증명서   1통
1. 건축물대장   1통
1. 신청서부본   1통
1. 송달료납부서   1통

20○○. ○○. ○○.

위 신청인 ○○○ (서명 또는 날인)

○○지방법원 귀중

민사조정신청

신 청 인(원고)   박 ○ ○(751201-1047698)
서울시 ○○구 ○○로 ○○(T.010-123-5678)

피신청인(피고)   김 ○ ○(75118-10236987)
서울시 ○○구 ○○로 ○○○

공사대금청구 조정신청

신 청 취 지

1. 피신청인은 신청인에게 금 1,923,708원 및 이에 대한 20○○. ○. ○.부터 이 사건 신청서부본 송달일까지는 연 5%의, 그 다음날부터 다 갚는 날까지는 연 12% 의 각 비율에 의한 돈을 지급한다.
2. 조정비용은 피신청인의 부담으로 한다.
라는 조정을 구합니다.

신 청 원 인

1. 공사제공내역
  (1) 공사한 분야 : 신축건물의 미장공사(노임하도급)
  (2) 공사현장 : ○○시 ○○구 ○○길 ○○ 상가건물신축공사장
  (3) 공사제공기간 : 20○○. ○. ○.부터 20○○. ○. ○○.까지
  (4) 공사대금 : 금 1,923,708원
    (내역 : 약정공사대금 5,000,000원 중 미지급 공사대금 1,923,708원)
  (5) 기타 약정 : 위 건물의 사용검사를 마치면 위 공사대금 잔액을 지급하기로 하였음.
2. 기타
    피신청인은 위 건물의 사용검사를 마치면 위 총공사대금 5,000,000원 중 미지 급된 공사대금 1,923,708원을 지급하기로 하고서도 위 건물의 사용검사가 끝 난 지급까지 위 금 1,923,708원을 지급하지 않고 있음.

입 증 방 법

1. 갑 제1호증   공사계약서
1. 갑 제2호증   사실확인서(사용검사)

첨 부 서 류

1. 위 입증방법   각 1통
1. 신청서부본   1통
1. 송달료납부서   1통

20○○.　○○.　○○.

위 신청인 ○○○ (서명 또는 날인)

○○지방법원　귀중

[서식] 조정에 갈음한 결정에 대한 이의신청

조정에 갈음한 결정에 대한 이의신청서

사　　건　　　　2018머 1234호 손해배상 조정

신 청 인　　　　장 ○ ○
피신청인　　　　문 ○ ○

위 당사자간 귀원 2013머 1234호 손해배상 조정 사건에 관하여 동 법원에서 한 조정에 갈음하는 결정을 201○. ○. ○. 송달 받았으나, 신청인은 이 결정에 불복이므로 이의신청합니다.

2018.　　10.　　　.

위 신청인 장 ○ ○

서울○○지방법원　　귀중

1. 조정에 갈음하는 결정, 즉 강제조정에 대하여 당사자는 송달받은 날부터 2주일 이내에 이의를 신청할 수 있다. 다만 결정정본의 송달 전에도 이의를 신청할 수 있다. 이 경우 다시 본안에서 계속하여 다투게 된다.
2. 이의신청서는 2부를 조정재판부에 제출한다.
3. 인지등 비용을 첨부하지 않는다.

Ⅳ. 제소전화해절차

1. 의 의

제소전화해라함은 일반 민사분쟁이 소송으로 발전하는 것을 방지하기 위하여 소제기 전에 지방법원 단독판사 앞에서 화해를 성립시키는 절차를 말한다. 이는 소송 계속 전에 소송을 예방하기 위한 화해인 점에서 소송계속 후에 그 소송을 종료시키기 위한 화해인 소송상의 화해와는 구별되나 그 법적 성질, 요건 및 효력 등에 있어서는 소송상의 화해의 법리가 그대로 적용된다.

2. 관할법원

상대방의 보통재판적이 있는 곳의 지방법원의 토지관할에 속한다(법 385조 1항). 지방법원의 심판권은 법원조직법에서 합의부 심판사항으로 열거되지 아니한 이상 모두 단독판사가 행하므로 제소전화해사건은 단독판사가 담당하게 되어 있다. 그러나 실무상으로는 양 당사자간에 서로 관할합의를 해두는 것이 대부분이다.

3. 제소전 화해의 절차

(1) 신청

신청서에는 청구의 취지, 청구원인과 다투는 사정을 기재하여야 한다. 이 중 청구의 취지와 청구의 원인은 필수적 명시사항으로 해석되고 있으나 다투는 사정은 임의적 명시사항, 즉 그 명시가 없다해서 신청이 부적법한 것으로 되지는 않는 것으로 해석되고 있다. 다만 실무상 당사자 사이에서 이미 성립한 계약에 공증 및 집행력을 얻기 위해 대부분의 화해신청에 있어서는 청구의 취지에 신청인의 상대방에 대한 청구 뿐만 아니라 신청인이 상대방에 대하여 하여야 하는 급여나 의무까지 함께 표시하는 경우가 일반적이다.

신청서에는 소장에 붙일 인지액의 1/5에 해당하는 인지를 붙여야 한다. 다만 청구취지에 신청인의 청구권 이외에 의무이행사항까지 함께 기재하는 경우에는 신청인이 자기 이익을 위하여 청구하는 부분에 대하여만 소가로 산정하고 피신청인의 이익을 위한 부분은 소가에 합산하지 않는다.

(2) 심리

기일은 지정된 일시와 장소에서 양쪽 당사자가 출석 하는 것으로 개시된다. 제소전 화해는 간이한 절차로 집행권원이 형성되므로 당사자의 확인이 중요하다. 당사자 본인이 신청하는 경우에는 실무상 주민등록증으로 확인한다. 그러나 채권자의 폭리나 탈법행위를 합법한 하는 수단으로 제소전화해가 악용되는 것을 방지할 목적으로 대리인의 선임을 상대방에게 위임할 수 없고, 법원은 필요한 경우 대리권의 유무를 조사하기 위하여 당사자 본인 또는 법정대리인의 출석을 명할 수 있도록 하고 있어 양쪽 당사자에게 대리인이 선임되어 있는 경우에는 일단 피신청인의 인감증명서를 제출하도록 하고 있으며, 필요한 경우에는 피신청인에게 기일통지를 하고 심문을 하여 진정한 위임여부를 확인하고 있다.

(3) 화해의 성립

제소전화해가 성립되면 법원사무관등은 조서에 당사자, 법정대리인, 청구의 취지와 원인, 화해조항, 날짜와 법원을 표시하고 판사와 법원사무관등이 기명날인한다(법 386조). 법원사무관등은 화해성립일로부터 7일 이내에 화해조서의 정본을 양쪽 당사자에게 송달하고 (규칙 56조). 이러한 화해조서는 확정판결과 동일한 효력을 갖는다(법 220조). 따라서 준재심에 의하지 않고는 다툴 수 없다(대법원 1992. 11. 27. 92다8521).

(4) 화해의 불성립

1) 불성립조서의 송달

판사가 기일에 화해를 권고하였으나 불응하는 경우나, 당사자들이 기일에 불출석 하는 경우에는 화해 불성립으로 처리 될 수 있고 이 경우 당사자들에게 화해불성립조서를 송달하여야 한다.

2) 소제기 신청

가. 의 의

화해가 불성립한 경우에는 신청인은 물론 피신청인도 그 분쟁을 소송으로 해결하기 위하여 소제기신청을 할 수 있다(법 388조 1항). 적법한 소제기 신청이 있으면 화해신청시로 소급하여 신청인이 소를 제기한 것으로 보게 된다. 어느 쪽에서 소제기 신청을 하였든

간에 당초의 화해 신청인이 원고로 되고 피신청인이 피고로 된다.

나. 신청기간

소제기신청은 화해불성립의 조서등을 송달받은 날부터 2주 이내에 하여야 한다(불변기간).

다. 신청

소제기 신청에 관해서는 특별한 규정이 없으므로 서면으로 할 수도 있고 말로도 할 수 있다 신청에는 소를 제기하는 경우 소장에 붙여야 할 인지액에서 화해신청서에 붙힌 인지액의 1/5을 공제한 나머지에 해당하는 인지액을 붙여야 하나, 피신청인이 소제기신청을 한 때에는 인지를 붙이지 아니한다.

라. 효과

소제기신청에 의하여 독촉절차는 당연히 통상소송절차로 이행하게 되어 화해신청시에 신청인이 소를 제기한 것으로 보게 된다.

4. 제소전 화해조서의 효력

제소전 화해가 성립되면 화해조서가 작성된다. 이러한 이 화해조서는 확정판결과 동일한 효력이 있고, 또한 집행력을 가진다. 따라서 신청인은 별도의 절차 없이도 제소전화해를 한 법원으로부터 집행문을 부여 받을 수 있고 이 집행문을 갖고서 바로 강제집행을 할 수 있다.

제소전화해신청

신 청 인(원고)   김 ㅇ ㅇ(721108-1041233)

서울시 ㅇㅇ구 ㅇㅇ로 ㅇㅇ(T.545-1234)

피신청인(피고)   이 ㅇ ㅇ(700231-1234567)

서울시 ㅇㅇ구 ㅇㅇ로 ㅇㅇ(T.366-1234)

건물명도의 화해

신 청 취 지

신청인 및 피신청인인간의 별지기재 상가부동산에 대한 화해조항 기재 취지의 화해를 구합니다.

신 청 원 인

1. 신청인은 2010. 1. 16. 피신청인과 신청인 소유의 별지기재 상가 부동산에 대하여 임차보증금으로 금 2,000만원, 월세 300만원, 기간은 1년으로 임대차 계약을 체결하였습니다.

2. 위 계약에 관해, 후일 분쟁을 방지하고 분쟁발생시 신속한 방법에 의해 건물 명도의 문제를 해결하고자 당사자 쌍방간에 아래 '화해조항'과 같은 내용으로 화해가 성립되어 이 건 신청에 이른 것입니다.

화 해 조 항

1. 피신청인은 신청인에 대하여 다음 아래 조항중 명도를 해야 할 사유가 발생시 별지기재 상가 부동산(이하 '이 사건 부동산' 이라 함)을 명도한다.

  가. 상가 임대차 계약기간은 2010. 1. 16.부터 2011. 1. 15.까지로 한다.

  나. 재계약은 매 1년 단위로 한다. 단 기간만료 6개월 전부터 1개월 전까지 상호

계약갱신거절의 통지를 할 수 있으며 위 기간동안 갱신거절 통지가 없으면 계약은 자동으로 갱신이 된다.

다. 신청인이 직접 상가를 운영하겠다고 피신청인에게 통지를 한 경우, 또는 상가를 타에 매도할 시에는 피신청인은 위 사유가 있는 때의 임차기간의 만료하는 때에 상가를 명도한다.

라. 피신청인은 임차권을 타인에게 양도, 전대, 담보제공할 수 없으며, 월 차임을 3개월분 이상을 연체할 경우 임대차 기간이익이 상실되고, 신청인의 해지통지로 상가를 즉시 명도한다.

마. 상가명도시, 피신청인의 권리금, 유익비 등은 일체 인정하지 않으며 시설은 원상복구하기로 한다.

바. 이 건 화해조서의 유효기간은 2010. 1. 16.부터 향후 5년간으로 한다.

2. 화해비용은 신청인(또는 각자)의 부담으로 한다.

첨 부 서 류

1. 임대차계약서	1 통
1. 집합건물등기부등본	1 통
1. 건축물대장등본	1 통
1. 토지대장등본	1 통
1. 관할합의서	1 통
1. 위임장	1 통

2011. 7.   .
신청인의 대리인
변호사 송 ○ ○

서울중앙지방법원   귀중

〈별지〉

1동건물의 표시 : 서울특별시 ○○구 ○○동 546-4 ○○마트 21

전유부분 건물의 표시

    건물의 번호 :   6-501

    구   조 :   철근콘크리트(구)조

    면   적 :   제6층 제501호 11.07㎡

대지권의 표시 : 1. 서울특별시 ○○구 ○○동 546-4

대지권의 종류 : 1. 소유권대지권

대지권의 비율 : 25260.3 분의 2.93

끝.

소 가 계 산 서

1. 공시지가 :   4,600,000원

2. 구조번호 :   2

3. 용   도 :   2

4. 지   역 :   8

5. 건축년도 :   1992년

6. ㎡당가격 :   461,200원

7. 면   적 :   129.82㎡(공용 71.5㎡+전유 58.32㎡)

8. 계   산 :   461,200원×129.82㎡×30/100×1/2 = 8,840,742원

                                          – 이 상 –

■ 작성 · 접수방법

1. 상대방의 보통재판적이 있는 곳의 지방법원의 토지관할에 속한다.
2. 신청서 1부와 상대방수에 맞는 부본을 관할법원에 접수한다.
3. 인지는 1심 인지액의 1/5로서 8,800원(=8,840,724×0.005×1/5)이고, 송달료는 4회분 41,600원(=5,200×4회분×당사자수2)이다.

1. 소송구조란

소송구조란 소송비용을 지출할 자금능력이 부족한 사람을 위하여 국가가 구조조치를 취함으로써 헌법 제27조가 규정한 국민의 재판을 받을 권리와 헌법 제11조가 규정한 법 앞의 평등을 실질적으로 보장하기 위하여 인정된 소송법상의 제도이다. 민사소송의 본안사건이 기본적인 소송구조의 대상이고, 가압류, 가처분절차, 독촉절차 및 강제집행사건도 모두 구조대상이 된다.

2. 소송구조의 요건[73]

법원은 소송비용을 지출할 자금능력이 부족한 사람의 신청에 따라 또는 직권으로 소송구조(訴訟救助)를 할 수 있다. 다만, 패소할 것이 분명한 경우에는 그러하지 아니하다(법 128조 1항).

(1) 소송비용

소송비용을 제129조[74]에 규정된 소송비용으로 한정해야 한다는 견해도 있으나 제129조 비용은 물론이고 당사자가 소송을 수행하기 위하여 소제기 전 또는 소송계속 중에 지출하는 필요비를 모두 포함한다고 보는 견해가 다수설이다. 다수설에 따라 지출이 예상되는 소송비용에는 ① 인지액, 송달료, 증인·감정인 등에 지급할 여비·일당 등 재판비용 ② 소송제기 준비를 위한 조사연구비, 교통비, 서류작성비, 복사비 등의 비용 가운데 권리의 확장 또는 방어에 필요한 한도의 당사자 비용, ③ 당사자가 선임한 변호사에 지급한 비용 또는 보수 등을 포함하여 지출이 예상되는 소송비용을 판단하게 된다.

---

73) 제128조(구조의 요건)
　① 법원은 소송비용을 지출할 자금능력이 부족한 사람의 신청에 따라 또는 직권으로 소송구조(訴訟救助)를 할 수 있다. 다만, 패소할 것이 분명한 경우에는 그러하지 아니하다.
　② 제1항의 신청인은 구조의 사유를 소명하여야 한다.
　③ 소송구조에 대한 재판은 소송기록을 보관하고 있는 법원이 한다.
　④ 제1항에서 정한 소송구조요건의 구체적인 내용과 소송구조절차에 관하여 상세한 사항은 대법원규칙으로 정한다.
74) 제129조(구조의 객관적 범위) ① 소송과 강제집행에 대한 소송구조의 범위는 다음 각호와 같다. 다만, 법원은 상당한 이유가 있는 때에는 다음 각호 가운데 일부에 대한 소송구조를 할 수 있다.
　1. 재판비용의 납입유예
　2. 변호사 및 집행관의 보수와 체당금(替當金)의 지급유예
　3. 소송비용의 담보면제
　4. 대법원규칙이 정하는 그 밖의 비용의 유예나 면제
　② 제1항제2호의 경우에는 변호사나 집행관이 보수를 받지 못하면 국고에서 상당한 금액을 지급한다.

(2) 자금능력이 부족한 사람

무자력자나 극빈자에 한정되지 않고 경제적으로 빈곤하여 자기와 같이 사는 가족에게 필요한 생활을 하지 않고서는 소송비용을 지출하기에 부족한 사람을 의미한다. 법인 그 밖의 단체의 경우는 소송비용을 지출함에 따라 그 목적사업이 수행이 저해되는 경우를 의미한다. 공해소송등의 집단소송에서는 상대방이 충분한 조사능력과 비용부담능력을 갖춘 기업임을 고려하여 상대적으로 피해자인 원고들의 자금능력을 평가하여야 한다.

(3) 패소할 것이 분명한 경우가 아닐 것

신청인의 소송이 분명히 패소할 것으로 예측되는 때에 구조를 부여하는 것은 소송에 필요한 비용을 허비하는 것일 뿐만 아니라 상대방에게도 무익한 시간과 경비의 소비를 강요하는 결과가 되기 때문에 신청인의 소송이 분명히 패소할 것이 분명한 경우가 아니여야 한다. 법원이 신청당시까지 재판절차에서 나온 자료를 기초로 패소할 것이 분명하다고 판단할 수 있는 경우가 아니라면 그 요건은 구비되었다고 보아야 한다.

3. 소송구조의 절차

(1) 소송구조의 신청 또는 법원의 직권

자금능력이 부족한 사람의 신청에 따라 또는 직권으로 소송구조를 한다(법 128조 1항). 2002년 개정법에서 직권으로 구조를 할 수 있게 하여 제도의 활성화를 도모하였다. 신청인은 내외국인, 영리·비영리법인, 소송담당자를 불문하며, 구조를 신청한 신청인이 구조의 사유를 소명하여야 한다(법 128조 2항).

(2) 관할

소송구조에 대한 재판은 소송기록을 보관하고 있는 법원이 한다(법 128조 3항). 따라서 소제기 전에는 소를 제기하려는 법원, 소제기 후에는 수소법원이 관할법원이다. 가압류, 가처분 신청에 대한 구조신청은 목적물의 소재지를 관할하는 지방법원이나 본안의 관할법원, 강제집행에 대한 구조신청은 집행법원이 관할법원이 된다.

(3) 신청방식

구조신청은 서면으로 하여야 하고 소송구조신청서와 소송구조재산관계진술서를 작성하여 소를 제기하려는 법원 또는 소송이 진행 중인 법원의 접수계에 제출하면 된다. 신청시에는 1,000원의 인지대와 송달료 2회분(5,200원×2회=10,400원×신청인수)을 납부하여야 한다. 그리고 자력이 부족하다는 소명자료로 생활보호대상자증명서, 근로소득원천징수영수증, 재직증명서, 재산세과세증명서, 국민건강보험료부과내역서, 장애인증 사본, 진단서,

국민연금정산자료, 공과금영수증, 주택임대차계약서, 주민등록등·초본 등을 준비하여 첨부하여야 하고, 법인이나 단체의 경우에는 대차대조표, 재산목록, 영업보고서, 손익계산서 등을 첨부하여야 한다.

[서식] 소송구조신청서

소송구조신청서

<table>
<tr><td>수입인지
1000원</td></tr>
</table>

구조대상사건   2014 가단 1234 손해배상

신청인(원고)   정 ○ ○(76○○○○-1○○○○○○)

　　　　　　　　　서울시 ○○구 ○○동 ○○(T.010-1234-456)

상대방(피고)   박 ○ ○(75○○○○-1○○○○○○)

　　　　　　　　　서울시 ○○구 ○○동 679-971

위 당사자간의 귀원 2013가단1234 손해배상 청구 사건에 관하여 아래와 같은 사유로 소송구조를 신청합니다.

1. 구조를 신청하는 범위
    □ 인지대   [□ 소장   □상소장   □기타(   )]
    □ 변호사비용
    □ 기타
    ☑ 위 각 사항 등을 포함한 소송비용 전부

2. 구조가 필요한 사유
 가. 사건내용 : 소장사본기재내용과 같습니다.
 나. 신청인의 자력
  신청인은 일용직 근로자로서 월100여만원의 수입에 의해 현재 처와 자를 키우고 있습니다. 그런데 현재 위와같은 사건으로 인해 현재 일을 하지 못하고 있으며 별다른 재산도 보유하고 있지 않고 있어 변호사 비용을 지출할 자력이 없습니다.

첨 부 서 류

1. 소갑제 1호증   주민등록증등본
1. 소갑제 2호증   근로소득원천징수영수증
1. 소갑제 3호증   재산관계진술서

2014. 1. .

위 신청인 정 ○ ○ (인)

○○**지방법원 귀중**

■ 작성 · 접수방법

1. 소송기록을 보관하고 있는 법원을 관할로 한다(법 128조 3항). 따라서 소제기 전에는 소를 제기하려는 법원, 소제기 후에는 수소법원이 관할법원이다. 가압류, 가처분 신청에 대한 구조신청은 목적물의 소재지를 관할하는 지방법원이나 본안의 관할법원, 강제집행에 대한 구조신청은 집행법원이 관할법원이다.
2. 아래의 재산관계진술서를 첨부하여 신청서 1부를 접수한다.
3. 인지는 1,000원, 송달료는(=5,200×2회분×신청인수)이다.

소송구조재산관계진술서

신 청 인	이 름	정○○	주민등록번호			760123-1045698	
	직 업	일용직	주 소			서울시 ○○구 ○○동 ○○○	
가족관계	이 름	신청인과 관계	나 이	직 업		월수입	동거여부
신청인의 월 수 입	금 액	800,000원					
	내 역	일용노임					
수급권자 여 부	□ 국민기초생활보장법상의 수급권자임 □ 한부모가족지원법상의 보호대상자임 □ 기초노령연금법상의 수급권자임 ☑ 수급권자·보호대상자 아님						
신청인의 주 거	형 태	아파트, 단독주택, 다가구주택, 연립주택, 다세대주택 기타( )					
	소유관계	신청인 또는 가족 소유 (소유자 :) 임대차(전세, 월세 : 보증금 원, 월세 30만원원) 기타( )					
신청인과 가족들이 보유한 재산내역	부동산	없음					
	예금	없음					
	자동차	없음					
	연금	없음					
	기타	냉장고, TV, 자전거					

신청인은 이상의 기재사항이 모두 사실과 다름이 없음을 확약하며 만일 다른 사실이 밝혀지는 때에는 구조결정이 취소되더라도 이의가 없습니다.

2014. 1.   .

신청인   정○○ (서명 또는 날인)

○○**지방법원   귀중**

1. 가족관계 : 배우자, 부모, 동거 중인 형제자매
2. 재산내역
   ① 부동산 : 등기 여부에 관계없이 권리의 종류, 부동산의 소재지, 지목, 면적(㎡), 실거래가액을 기재
      (예시) 임차권, 서울 서초구 서초동 ○○번지 ○○아파트 ○동 ○호 50㎡, 임대차보증금 ○○○만원
   ② 예금 : 50만원 이상인 예금의 예금주, 예탁기관, 계좌번호, 예금의 종류를 기재
      (예시) 예금주 ○○○, △△은행 서초지점 계좌번호00−00−00, 보통예금, ○○○만원
   ③ 자동차 : 차종, 제작연도, 배기량, 차량등록번호, 거래가액을 기재
      (예시) 캐피탈 1993년식, 1500cc, 서울○○두1234, ○○○만원
   ④ 연금 : 액수 관계없이 연금의 종류, 정기적으로 받는 연금 액수, 기간을 기재
      (예시) 유족연금 매월 30만원, 20○○. . .부터 20○○. . .까지
   ⑤ 기타 : 소유하고 있는 건설기계, 선박 또는 50만원 이상의 유가증권, 회원권, 귀금속 등을 기재

※ 첨부서면
1. 가족관계를 알 수 있는 주민등록등본 또는 호적등본, 재산내역을 알 수 있는 등기부등본, 자동차 등록원부 등본, 예금통장사본, 위탁잔고현황, 각종 회원증 사본
2. 다음에 해당하는 서류가 있는 경우에는 이를 제출하시기 바랍니다.
   − 법률구조공단의 구조결정서 사본
   − 근로자 및 상업 종사자 : 근로소득원천징수영수증 또는 보수지급명세서, 국민건강보험료부과내역서, 국민연금이력요약/가입증명서, 소득금액증명서
   − 공무원 : 재직증명서 또는 공무원증 사본
   − 국가보훈대상자 : 국가유공자임을 증명하는 서면
   − 국민기초생활보장법상 기초생활 수급권자 : 기초생활수급권자 증명서
   − 한부모가족지원법상의 보호대상자 : 한부모가족 증명서
   − 기초노령연금법상의 수급권자 : 기초노령연금수급 증명서
   − 소년·소녀가장 : 호적등본
   − 장애인 : 시 · 군 · 구, 읍 · 면 · 동사무소 발행의 장애인 증명, 장애인 수첩 또는 의사가 발행하는 장애진단서
   − 영세민 : 국민건강보험료부과내역서, 국민연금이력요약/가입증명서, 소득금액증명서, 지방세세목별과세증명서, 주택임대차계약서
   − 외국인 : 여권사본 또는 외국인등록증사본
   − 법인 : 대차대조표, 재산목록, 영업보고서, 손익계산서

(4) 구조 결정

소송구조에 대한 재판은 결정으로 하는데 소송기록을 보관하고 있는 법원이 한다(법 128조 3항). 법원은 소송구조의 신청이 적법하고 이유가 있는 때에는 소송구조결정을 하고, 이유가 없는 때에는 기각결정을 한다.

(5) 결정에 대한 불복

신청인은 구조신청 기각 결정에 대해 즉시항고를 할 수 있다. 다만 상대방은 소송비용담보면제의 소송구조결정을 제외하고는 불복할 수 없다(법 133조).

[서식] 소송구조 변호사 보수 청구서

소송구조 변호사 보수 청구서

사　　건　　2013아123 소송구조

원　　고　　김 ○ ○

피　　고 이 ○○

원고의 소송대리인은 위 소송구조 사건에 관한 변호사 비용을 청구하는 바입니다.

첨　　부　　서　　류

1. 소송구조결정문　　　　　　　　　　1통
1. 판결문 사본　　　　　　　　　　　　1통
1. 통장사본　　　　　　　　　　　　　1통
1. 사업자등록증　　　　　　　　　　　1통
1. 변호사신분증사본　　　　　　　　　1통

2014.　　1.　　29.

위 원고의 소송대리인

법무법인 ○○

담당변호사　○　○　○

서울○○법원　귀중

1. 소송구조를 한 법원에 변호사보수 청구서를 제출한다.
2. 문건으로 접수하면 되고 별도의 인지, 송달료를 납부할 필요는 없다.
3. 청구서를 제출하면 법원에서 변호사 보수 청구서에 첨부했던 통장사본 상의 계좌로 정해진 보수를 입금해준다

[서식] 소송구조보수액 확정결정신청서

소송구조보수액 확정결정신청서

신 청 인   법무법인 ○○

변호사 ○○○

서울시 서초구 서초중앙로 ○○ ○○빌딩 601호

전화 : 02-592-○○○○, 팩스 : 02-3481-○○○○

소송구조대상   박 ○○

(피　　　고)   서울 ○○구 ○○로15길 28-17, ○○호(개봉동, ○○빌라)

신 청 취 지

신청인의 소송구조대상 피고를 위한 소송구조보수금을 금 130만원으로 확정한다. 라는 결정을 구합니다.

신 청 이 유

1. 위 소송구조대상 피고와 신청외 원고 이정훈(개명 전 : 이원기)간의 귀원2012드단104475 이혼 등 청구사건에 관하여, 귀원으로부터 2013. 4. 5.에 2013즈기613호로 피고를 위하여 변호사비용 소송구조결정이 내려졌는바, 이에 따라 신청인인 변호사가 소송대리를 하였습니다.

2. 위 사건은 2014. 1. 17. 선고되어 소장 접수 후 13개월여 소요되었습니다. 이

과정에서 피고를 위하여 사실조회신청서 1회, 준비서면 3회, 참고자료 1회, 변론조사기일 1회, 조정기일 2회, 변론기일 3회의 출석 등 노력을 하여 승소를 하게 된 것입니다. 이에 변호사비용 소송구조보수액을 위 승소에 따른 노력의 정도를 감안하여 신청취지와 같이 금 130만원으로 확정 받고자 이 신청에 이른 것입니다.

첨　　부　　서　　류

1. 판결문 사본　　　　　　　　　　　　　　　　　　　　　1통
1. 송달증명원　　　　　　　　　　　　　　　　　　　　　　1통
1. 통장사본　　　　　　　　　　　　　　　　　　　　　　　1통

2014.　　　1.　　　29.
위 피고의 소송대리인
법무법인 ○○
담당변호사　 ○　○　○

서울가정법원 가사2단독　귀중

■ 작성 · 접수방법

1. 소송구조를 한 법원에 신청서 1부를 제출한다.
2. 인지는 1,000원, 송달료는 20,800원(=5,200×2회분×당사자수2명)이다

1. 의의

공시최고란 법원이 당사자의 신청에 의해 공고의 방법으로 불특정 또는 불분명한 이해관계인에게 권리신고의 최고를 하고 누구한테서도 권리의 신고가 없을 경우 제권판결을 하는 절차를 말한다. 이는 수표, 유가증권의 분실 및 도난 시에 많이 사용된다.

[공시최고 절차도]

2. 대상

유가증권의 성질을 가진 대부분의 증권75)에 관하여 공시최고가 인정되며, 그 외 부동산등기, 자동차등록, 광업등록, 어업등록, 특허등록 등에 있어서 권리자가 의무자의 행방불명으로 인하여 공동으로 어느 등기(등록)의 말소신청이 불가능한 때에도 공시최고절차를 거쳐 등기권리자 단독으로 그 말소등기를 신청할 수 있다.

---

75) 약속어음(약속어음 공정증서의 점유가 상실된 경우에 그 약속어음에 대한 공시최고신청은 가능하지만, 공정증서 부분은 공시최고의 대상이 아님), 수표, 창고증권, 화물상환증, 선하증권, 주권, 재정증권, 산업금융채권, 국민주택채권, 도시철도채권, 전신전화채권, 국채증권 또는 이권, 징발보상증권, 농어촌지역개발채권, 국민투자채권, 재정융자채권, 보훈기금채권, 대외경제협력기금채권, 폐지된 토지관리 및 지역균형개발특별회계법 8조의 규정에 의한 채권, 농지채권, 도로국채, 남북협력기금채권

3 관할법원

증권이나 증서를 도난, 분실, 멸실 당한 때에는 최종소지인은 이행지(어음, 수표의 지급지, 화물상환증의 도착지, 창고증권의 보관창고)의 표시가 있는 때에는 그 지방법원, 그 표시가 없는 때에는 발행인의 주소지 지방법원에 유가증권의 무효선언을 위한 공시최고 신청을 하여 제권판결을 받을 수 있으며, 그 판결을 얻은 사람은 판결문을 은행에 제시하여 수표금 등의 지급을 구할 수 있다.

4. 신청 및 접수

(1) 신청권자

등기·등록의 말소를 위한 공시최고의 경우 누가 공시최고의 신청권자인지는 별다른 문제가 없다. 하지만 증권이나 증서의 무효선언을 구하는 공시최고의 경우 신청권자는 증권 또는 증서를 도난당하거나 증서가 분실·멸실된 사람이다.

(2) 신청방식

신청은 서면으로 하여야 하며, 구두에 의한 신청은 허용되지 아니한다. 그 밖에 공시최고서 작성, 제권판결 작성 등에 사용하기 위하여 증서의 중요한 취지 도는 말소대상등기의 표시를 기재한 서면을 적당한 수만큼 제출하는 것이 관례이다.

(3) 신청서기재사항 및 소명자료

1) 증서의 무효선언을 위한 때

신청의 이유로서 그 증서가 멸실 또는 점유이탈 되었다는 사실을 기재하여야 한다.

증서의 무효선언 을 위한 때	– 증서가 멸실 또는 점유 이탈 되었다는 사실을 기재하고 소명 자료 첨부 (분실 광고한 신문, 경찰서에 도난 신고한 신고증명서, 소방관서의 화재증명서, 은행에서 발행한 미지급 증명서 (자기앞수표의 경우) 또는 미제시 증명서(어음, 가계수표 등의 경우) 등) – 증서의 중요한 취지와 그 동일성을 인식하기에 충분한 사항 – 공시최고신청의 권리가 있는 사실 (예 : 기명식증권의 경우 증서의 등본첨부, 무기명식 증권의 경우 발행 증명서 에 최종 소지인을 신청인으로 기재한 발행인의 증명 위의 경우 외에 신청인으로 하여금 보증금을 공탁하게 하거나 진실함을 선서하게 하여 이에 갈음할 수 있음.) – 신청서 작성 시, 증서를 특정하기 위하여 목록을 별도 작성하여 첨부하는 대신에 해당 금융기관 등에서 발행한 미지급증명서, 미제시 증명서, 미상환증명서 등 증명서를 첨부할 수 있습니다.

2) 등기, 등록의 말소를 위한 때

신청의 이유로는 그 등기, 등록의 기초된 권리가 실체 상으로 소멸하였음에도 불구하고 등기부, 등록부 상에 그대로 등재되어 있다는 것과 등기, 등록의무자가 행방불명되어 함께 말소등기, 등록을 신청할 수 없다는 사실을 기재하여야 한다.

(4) 비용의 납부

1) 인지대

신청서에는 1,000원의 인지를 붙여야 한다.

2) 송달료

공시최고기일의 통지에 필요한 1인 × 2회분과 제권판결의 송달에 필요한 1인 × 1회분, 합계 1인 × 3회분의 송달료를 예납하여야 한다.

3) 신문공고료[76]

일간신문에 공시최고를 1회, 제권판결을 1회 공고하도록 되어 있으므로 2회분을 예납받는다. 다만 500만 원 이하의 소액증권은 그 제권판결 공고를 법원게시판에 게시하는 방법으로 하므로, 공시최고 1회 공고료만 예납받는다.

5. 공시최고 허부의 결정

공시최고의 허가여부에 대한 재판은 신청인을 심문할 수 있으며, 공시최고의 허가여부에 대한 재판은 결정으로 하며, 신청인은 허가하지 않는 결정에 대해서는 즉시항고 할 수 있다.

공시최고의 신청을 허가한 경우 법원은 공시최고를 해야 하며, 공시최고에는 신청인의 표시, 공시최고기일까지 권리 또는 청구의 신고를 해야 한다는 최고, 신고를 하지 않으면 권리를 잃게 되어 증서의 무효가 선고된다는 사항, 공시최고기일(공고가 끝난 날부터 3개월 뒤)에 관한 사항을 기재하여야 한다.

---

76) 신문공고료는 각 법원별 금액의 차이가 발생하므로 납부전 사전에 법원에 문의하여야 한다.

6. 제권판결

(1) 개념

제권판결이란 공시최고절차를 거쳐 기존에 발행된 유가증권인 어음·수표의 실효를 선고하고 상실자에게 자격을 회복시켜주는 판결을 말한다. 제권판결은 신고기간 내에 권리의 신고 없이 당연히 할 수 있는 것이 아니라 신청인이 최고 중에 지정된 공시최고기일에 출석하여 제권판결을 신청해야 하고 법원이 심리 후 신청이 적법하고 이유있는 경우에 제권판결을 하게 된다.

(2) 사유

공시최고를 허용하고 제권판결을 하게 되는 범위는 권리 또는 청구의 신고를 하지 아니하면 그 권리를 잃게 될 것을 법률로 정한 도난, 분실되거나 없어진 증권, 그 밖에 상법에서 무효로 할 수 있다고 규정한 증서의 무효 선고를 청구하는 경우 등이다.

- 법률상 공시최고를 허가하지 않을 경우
- 공시최고의 공고를 하지 아니하였거나 법령이 정한 공고의 방식을 위반한 때
- 공시최고 기간을 지키지 아니하였을 때
- 제권판결을 한 판사가 법률에 따라 직무집행에서 제척된 때
- 전속관할에 관한 규정을 위반한 때
- 권리 또는 청구의 신고가 있음에도 제권판결을 한 때
- 거짓 도는 부정한 방법으로 제권판결을 받은 때
- 민사소송법에서 명시한 재심사유가 있는 때
---

(3) 효력

제권판결이 내려진 경우 신청인은 증권 또는 증서에 따라 의무를 지는 사람에게 증권 또는 증서에 따른 권리를 주장할 수 있다.

공 시 최 고 신 청

신 청 인 　Ｏ　　Ｏ　　Ｏ (ＯＯＯＯＯＯ-ＯＯＯＯＯＯＯ)
　　　　　전남 ＯＯ군 ＯＯ면 ＯＯ리 ＯＯＯ

자기앞수표 공시최고신청사건

증 서 의
중요한 취지　　별지 목록 기재 같음

신 청 취 지

별지 목록기재 증서에 대하여 민사소송법 제452조에 의한 공시최고기일내에 권리의 신고가 없을 때에는 무효선언의 제권판결을 한다.
라는 재판을 구합니다.

신 청 원 인

신청인은 신청취지 기재의 자기앞수표의 최후소지인인 바, 2000. Ｏ. Ｏ. 14:00경 전남 ＯＯ군 ＯＯ면 ＯＯ리 앞 노상(장터)에서 물품을 구입하던 중 100만원권 자기앞 수표 3매, 액면금 총액 3,000,000원 상당을 지갑과 함께 분실하였으므로, 부득이 위 수표의 무효를 선고하는 공시최고 신청을 합니다.

첨 부 서 류

1. 미지급증명서　　　　　　　　　　　　　　1통
1. 분실신고접수증　　　　　　　　　　　　　1통
1. 송달료납부서　　　　　　　　　　　　　　1통

2000.　.　.

위 신청인　Ｏ　Ｏ　Ｏ　(인)

ＯＯ지방법원 ＯＯ지원　귀중

목   록

1. 종   류 : 자기앞수표 3매
1. 수표번호 : 가나 0000000   가나 0000000
                    가나 0000000
1. 액 면 금 : 각 일백만원권 (총 삼백만원)
1. 발 행 일 : 2000. 0. 0.
1. 발 행 지 : 백   지
1. 지 급 지 : 백   지
1. 발행인 및 지급장소 : 00군수산업협동조합 00지점
1. 최후소지인 : 0   0   0

- 이   상 -

■ 작성 · 접수방법

1. 인지는 1,000원, 송달료는 3회분 납부한다.
2. 신문공고료(서울의 경우) 3회분(1인당 25,000원)을 납부한다.

[서식] 제권판결신청서

제권판결신청

사   건   2000카공 000 호
신 청 인   0   0   0 (000000-0000000)
                전남 00군 00면 00리 000

귀원 사건 2000카동 00호 공시최고신청사건의 주권에 관하여 다음과 같이 제권판결을 신청합니다.

신 청 취 지

별지 목록기재 증서에 대하여 무효를 선언한다.

라는 제권판결을 구합니다.

신 청 원 인

신청인은 별지목록 당좌수표의 최종 소지인 인바, 위 수표를 2000. 00. 00. 00시경 서울시 00구 00동 00번지 소재에서 도난당하여 귀원에 2000카공 000호 공시최고신청을 하였습니다.

이에 따라 귀원은 2000카. 00. 00. 자로 공시최고를 하였고, 공시최고 기일인 2000. 00. 00. 00시까지 위 당좌수표에 대한 권리의 신고나 청구 및 제출자가 없으므로 위 당좌수표에 대한 무효선의 제권판결을 구합니다.

2000.   .   .

위 신청인   ○   ○   ○   (인)

○○지방법원 ○○지원   귀중

■ 작성 · 접수방법
1. 제권판결은 공시최고절차의 마지막 단계로서 법원은 제권판결의 취지를 신문에 공고한다.
2. 제권판결의 정본을 신청인에게 송달하고, 권리신고인에게는 송달하지 않는다.

[서식] 권리신고서

제권판결신청

사   건   2000카공 000 호
신 고 인   ○   ○   ○ (○○○○○○-○○○○○○○)
          전남 ○○군 ○○면 ○○리 ○○○

위 신고인은 귀원 2000카동 00호 공시최고신청사건의 주권에 관하여 다음과 같이 권리신고를 합니다.

신 청 이 유

1. 위 신청인은 별지 ㅏ본 기재와 같은 주권을 질권자로서 현재 점유하고 있습니다.

2. 공시최고 신청인 OOO은 2000. 00. 00. 금 OOO원을 변제기일 2000. 00. 00.자로 약정하고 신고인으로부터 위 금원을 차용하였고, 위 기일에 위 채무의 담보조로 위 주권에 대한 질권을 설정한 후 이를 신고인에게 교부하였습니다.

3. 따라서 신고인은 질권자로서 정당하게 위 주권을 점유하고 있으므로 이에 이 사건 권리를 신고합니다.

첨 부 서 류

1. 주권사본	1통
1. 주권설정부 차용금증서	1통
1. 신고서 부본	1통

2000. . .

위 신청인 O O O (인)

OO지방법원 OO지원 귀중

■ 작성 · 접수방법

1. 권리신고는 제권판결을 저지하기 위하여 당해증서의 소지인 기타 이해관계인, 등기의무자 등이 하는 절차이다.
2. 신청서에는 500원의 인지를 첨부한다.

제4장
강제집행

제4장 강제집행

제1절 민사집행의 개념

I. 강제집행이란

1. 의 의

채권자의 신청에 의하여 국가의 집행기관이 채권자를 위하여 집행권원에 표시된 사법상의 이행청구권을 국가권력에 기하여 강제적으로 실현하는 법적 절차를 강제집행이라 한다. 즉 채무자가 재판에서 패소하였음에도 불구하고 채무를 변제하지 않는 경우에는 채권자는 채무자의 재산을 파악한 다음 이를 압류하고 국가권력에 의해 강제적으로 매각하거나 현금화하여 돈을 변제 받아야 한다.

2. 강제집행의 종류

강제집행은 분류의 방법에 따라 여러 가지로 나뉠 수 있는데 아래와 같이 일반적으로 분류할 수 있다

1) 금전채권의 집행

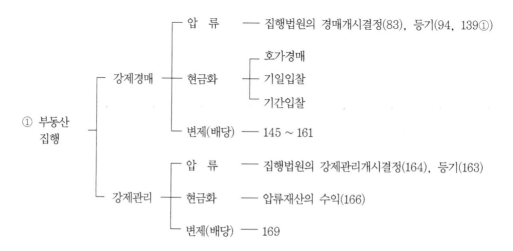

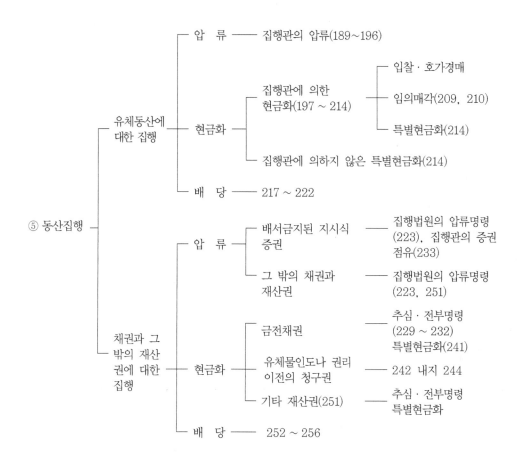

② 선박집행 ┬ 압　　류 ── 부동산집행 준용(집행법원의 경매개시결정 등, 172), 단 선박국
　　　　　　　　　　적증서의 제출·인도명령(174, 175), 정박명령과 운행허가결정
　　　　　　　　　　(176), 감수·보존처분(178)

　　　　　　├ 현 금 화 ── 부동산집행 준용(172)

　　　　　　└ 변제(배당) ── 부동산집행 준용(172)

③ 항공기
　집행　　── 선박집행의 예에 따라 실시(187, 규 106)

④ 자동차,
　건설기계　── 부동산집행의 예에 따라 실시(187, 규 108, 130), 단 인도명령(규 113)

⑤ 동산집행 ┬ 유체동산에
　　　　　　대한 집행 ┬ 압　　류 ── 집행관의 압류(189~196)

　　　　　　　　　　├ 현금화 ┬ 집행관에 의한
　　　　　　　　　　　　　　　현금화(197~214) ┬ 입찰·호가경매
　　　　　　　　　　　　　　　　　　　　　　　├ 임의매각(209, 210)
　　　　　　　　　　　　　　　　　　　　　　　└ 특별현금화(214)

　　　　　　　　　　　　　　　└ 집행관에 의하지 않은 특별현금화(214)

　　　　　　　　　　└ 배　　당 ── 217~222

　　　　　　└ 채권과 그
　　　　　　　밖의 재산
　　　　　　　권에 대한
　　　　　　　집행 ┬ 압　　류 ┬ 배서금지된 지시식
　　　　　　　　　　　　　　　증권 ── 집행법원의 압류명령
　　　　　　　　　　　　　　　　　　　(223), 집행관의 증권
　　　　　　　　　　　　　　　　　　　점유(233)

　　　　　　　　　　　　└ 그 밖의 채권과
　　　　　　　　　　　　　재산권 ── 집행법원의 압류명령
　　　　　　　　　　　　　　　　　　(223, 251)

　　　　　　　　├ 현금화 ┬ 금전채권 ── 추심·전부명령
　　　　　　　　　　　　　　　　　　　(229~232)
　　　　　　　　　　　　　　　　　　　특별현금화(241)

　　　　　　　　　　　　├ 유체물인도나 권리
　　　　　　　　　　　　　이전의 청구권 ── 242 내지 244

　　　　　　　　　　　　└ 기타 재산권(251) ── 추심·전부명령
　　　　　　　　　　　　　　　　　　　　　특별현금화

　　　　　　　　└ 배　　당 ── 252~256

2) 비금전채권의 집행

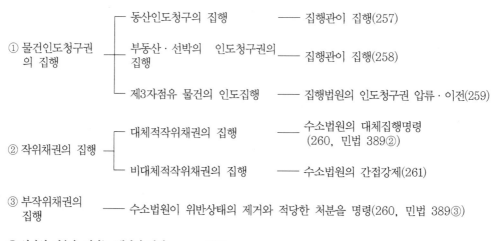

① 물건인도청구권의 집행
- 동산인도청구의 집행 —— 집행관이 집행(257)
- 부동산·선박의 인도청구권의 집행 —— 집행관이 집행(258)
- 제3자점유 물건의 인도집행 —— 집행법원의 인도청구권 압류·이전(259)

② 작위채권의 집행
- 대체적작위채권의 집행 —— 수소법원의 대체집행명령 (260, 민법 389②)
- 비대체적작위채권의 집행 —— 수소법원의 간접강제(261)

③ 부작위채권의 집행 —— 수소법원이 위반상태의 제거와 적당한 처분을 명령(260, 민법 389③)

④ 의사의 진술을 명하는 재판의 집행 —— 263

II. 민사집행법

1. 의 의

민사집행법은 우선 집행권원의 요부를 기준으로 강제집행과 담보권실행 등을 위한 경매로 분류하고, 다시 강제집행은 실현될 권리를 기준으로 실현될 권리가 금전채권인 경우는 금전채권에 기초한 강제집행, 실현될 권리가 비금전채권인 경우는 금전채권 외의 채권에 기초한 강제집행으로 분류하며, 금전채권에 기초한 강제집행은 집행대상이 되는 채무자의 재산의 종류에 따라 부동산에 대한 강제집행, 선박 등에 대한 강제집행, 동산 등(채무자의 제3자에 대한 채권 포함)에 대한 강제집행으로 분류하고, 금전채권 외의 채권에 기한 강제집행은 물건의 인도를 구하는 청구권의 집행과 작위(대체적, 비대체적), 부작위, 의사표시를 구하는 청구권의 집행으로 분류하며, 담보권실행 등을 위한 경매는 담보목적물의 종류에 따라 부동산·선박·자동차·건설기계·항공기·유체동산·채권과 그 밖의 재산권을 목적으로 하는 담보권 실행을 위한 경매와 유치권에 의한 경매, 민법·상법, 그 밖의 법률이 규정하는 바에 따른 경매(공유물분할, 자조매각, 단주의 경매, 타인의 권리를 상실시키는 경매, 청산을 위한 경매)로 분류하고 있다.

2. 분 류

제1편 총칙(1조~23조)	민사집행 및 보전처분의 절차를 규정함을 목적(1조)/민사소송법 준용(23조)
제2편 강제집행(24조~263조)	집행권원에 기초
제1장 총칙(24조~60조)	강제집행은 ① 확정된 종국판결이나 가집행 선고가 있는 종국판결(24조), ② 항고로만 불복할 수 있는 재판, ③ 가집행 선고가 내려진 재판, ④ 확정된 지급명령, ⑤ 채무자가 강제집행을 승낙한 취지가 적혀 있는 공증인 작성 집행증서, ⑥ 소송상화해·청구인낙 등 그 밖에 확정판결과 같은 효력을 가지는 것(56조)에 기초
제2장 금전채권에기초한 강제집행(61조~256조)	금전의 지급을 목적으로 하는 집행권원에 기초
제1절 재산명시절차 등(61조~77조)	재산명시신청(61조)/채무불이행자명부등재신청(70조)/재산조회(74조)
제2절 부동산에 대한 강제집행(78조~171조)	강제경매(80조~162조)/강제관리(163조~171조)
제3절 선박등에 대한 강제집행(172조~187조)	선박(172조~186조)/자동차·건설기계·소형선박·항공기(187조)
제4절 동산에 대한 강제집행(188조~256조)	유체동산(189조~222조)/채무자의 제3자에 대한 금전채권등(223조~256조)
제3장 금전채권 외의 채권에 기초한 강제집행(257조~263조)	동산인도(257조)/부동산인도(258조)/대체집행(260조)/간접강제(261조)
제3편 담보권실행 등을 위한 경매(264조~275조)	부동산담보권(264조~268조)/선박담보권(269조)/자동차등담보권(270조)/유체동산담보권(271조)/채권등담보권(273조)/유치권에 의한 경매와 민법·상법, 그 밖의 법률이 규정하는 바에 따른 경매(274조)
제4편 보전처분(276조~312조)	보전처분절차는 소송절차와 집행절차 양면을 포괄하고 있어 집행절차에 관한 총칙의 규정들을 그대로 적용할 수는 없기 때문에 '민사집행'의 개념에 포함되지 않는다.

제2절 민사집행의 준비

1. 실현될 권리가 금전채권인 경우

채권자가 금전채권을 보유하고 있는데 채무자가 임의이행을 거부하는 경우, 채권자는 아래 표와 같이 집행권원을 확보하여 강제집행을 하거나 또는 담보권을 확보하여 담보권실행을 할 수 있다.

실현될 권리		집행권원	담보권
금전채권			
		확정된 종국판결(민집 24조), 가집행 선고있는 판결(민집 24조), 집행판결(민집 26조, 27조, 중재법 37조), 항고로만 불복할 수 있는 재판(민집 56조), 확정된 지급명령(민집 56조), 이행권고결정(소심 5조의3), 화해권고결정(민소 225조), 조정에 갈음하는 결정(민조 34조), 가압류·가처분명령(민집 291조, 301조 ; 보전처분집행을 의미), 집행증서(민집 56조), 재판상화해조서(민소 220조), 청구인낙조서(민소 220조), 조정조서(민조 29조, 가소 59조), 파산채권자표·개인회생채권자표·회생채권자표·회생담보권자표의 기재(채회 168조, 460조, 603조), 검사의 집행명령(형소 477조) 등	**부동산담보권**: 저당권(민법 356조), 근저당권(민법 357조), 전세권(민법 303조), 가등기담보, 양도담보, 환매, 매매예약, 대물변제예약, 소유권유보부매매 **동산담보권**: 동산질권(민법 329조), 양도담보, 환매, 매매예약, 대물변제예약, 소유권유보부매매 **채권담보권**: 권리질권(민법 345조), 양도담보, 환매, 매매예약, 대물변제예약, 소유권유보부매매 **선박·자동차·건설기계·항공기·입목·어업권·광업권·공장재단·광업재단담보권**: 저당권(민법 356조), 근저당권(민법 357조), 가등기담보, 양도담보, 환매, 매매예약, 대물변제예약, 소유권유보부매매
금전채권 외의 채권			
	물건인도, 작위(대체적, 비대체적), 부작위, 의사표시	상동(단, 성질상 금전채권에만 적용되는 집행권원은 제외)	없음(단, 이행불능·이행지체·이행거절로 인해 발생하는 손해배상청구권 담보는 가능)

(1) 집행권원의 확보

집행권원이란 사법상의 일정한 이행청구권의 존재와 범위를 표시함과 동시에 강제집행으로 그 청구권을 실현할 수 있는 집행력을 인정한 공정의 증서를 말한다.

1) 확정된 종국판결(민집 24조)

종국판결이란 각 심급에서 소송의 전부 또는 일부를 종결시키는 판결로서 전부판결, 일부판결, 추가판결을 말한다(중간판결은 제외). 종국판결 중에서 집행력 있는 이행판결만이 집행권원이 되나(확인판결, 형성판결은 제외), 강제실현이 허용되지 않거나 불가능한 것은 집행권원으로 되지 않는다.

2) 가집행선고 있는 종국판결(민집 24조)

판결이 확정되지 않았더라도 종국판결의 주문에 가집행선고가 붙어 있으면 즉시 집행력이 발생하고 집행권원이 된다. 가집행선고 있는 종국판결의 집행력을 배제하기 위해서는 상소를 제기하면서 강제집행정지신청을 별도로 하여 강제집행정지결정을 받아야 한다.

3) 집행판결(민집 26조, 27조, 중재법 37조)

외국판결 및 중재판정에 기한 강제집행을 하기 위해서는 집행판결청구의 소를 제기하여 집행판결을 받아야 한다. 집행판결은 가집행선고가 있거나 확정되어야 하고, 외국판결 또는 중재판정과 집행판결이 결합한 것이 집행권원으로 된다.

4) 항고로만 불복을 신청할 수 있는 재판(민집 56조)

판결 이외의 재판인 결정·명령으로서 법률에 따라 항고(통상항고 또는 즉시항고, 단 특별항고는 제외)로써 불복이 허용되는 재판을 말한다.

5) 확정된 지급명령(민집 56조)

지급명령에 대하여 2주 이내에 이의신청이 없거나, 이의신청을 취하한 경우 지급명령이 확정되고, 확정된 지급명령에 기한 강제집행은 집행문을 부여받을 필요없이 지급명령정본에 의하여 행한다(민집 58조).

6) 집행증서(민집 56조)

공증인·법무법인·법무법인(유한)·법무조합이 일정한 금액의 지급이나 대체물[77] 또는

[77) 동산을 목적으로 하는 유동 집합물 양도담보설정계약을 체결함과 동시에 채무불이행시 강제집행을 수락하는 공정증서를 작성한 경우, 양도담보권자로서는 그 집행증서에 기하지 아니하고 양도담보계약내용에 따라 이를 사적으로 타에 처분하거나 스스로 취득한 후 정산하는 방법으로 현금화할 수도 있지만, 집행증서에 기하여 담보목적물을 압류하고 강제경매를 실시하는 방법으로 현금화할 수도 있는데, 만약 후자의 방식에 의하여 강제경매를 실시하는 경우, 이러한 방법에 의한 경매절차는 형식상은 강제집행이지만, 그 실질은 일반 강제집행절차가 아니라 동산양

유가증권의 일정한 수량의 급부를 목적으로 하는 청구에 관하여 작성한 공정증서로서 채무자가 강제집행을 승낙한 취지가 적혀 있는 증서와 공증인·법무법인·법무법인(유한)·법무조합이 어음수표에 부착하여 강제집행을 인낙한 취지를 적어 작성한 공정증서는 집행력이 있어 집행권원이 될 수 있다[78].

7) 기타

① 재판상의 화해조서(소송상 화해와 제소전 화해 ; 민사집행법 56조)
② 확정된 화해권고결정(민사소송법 231조)
③ 청구인낙조서(민사집행법 56조)
④ 조정조서(민사조정법 29조)
⑤ 확정된 조정을 갈음하는 결정(민사조정법 30조, 32조, 34조)
⑥ 확정된 이행권고결정(소액사건심판법 5조의 7) 등

[서식] 판결문재도부여 신청서

판결문재도부여 신청서

사   건   20○○ 가단 1234 대여금

원   고   정 ○ ○

피   고   김 ○ ○

위 사건에 관하여 귀원에서 선고한 판결의 집행력 있는 정본 1통을 이미 부여받은 바, 분실하였으므로 집행력 있는 판결정본 1통을 재도부여해 주시기 바랍니다.

첨부서류 :분실신고접수증명원 1통

20○○. ○. ○.
위 원고 정 ○ ○ (인)

○○지방법원 기록관리과 귀중

도담보권의 실행을 위한 환가절차로서 그 압류절차에 압류를 경합한 양도담보설정자의 다른 채권자는 양도담보권자에 대한 관계에서 압류경합권자나 배당요구권자로 인정될 수 없고, 따라서 환가로 인한 매득금에서 환가비용을 공제한 잔액은 양도담보권자의 채권변제에 우선적으로 충당하여야 한다(대법원 2005.02.18. 선고 2004다37430 판결).

78) 사인이 작성한 사문서의 진정 성립을 인증한 것(사서증서의 인증)만으로는 집행증서가 되지 못한다.

■ 작성방법

1. 이미 법원으로부터 부여받은 집행력 있는 정본을 분실, 멸실 등의 경우에 다시 집행력 있는 정본을 부여
   받고자 하는 것으로 재판장의 허가가 필요하다.
2. 신청비용은 인지 500원, 정본이 없는 경우에는 정본교부대금(5장 이하인 경우 1,000원)을 별도로 지급해야
   한다.
3. 첨부서류로는 분실신고접수증 등이 필요하다.

[서식] 화해권고결정정본재도부여 신청서

화해권고결정정본재도부여 신청서

사   건   20○○ 가단 1234 대여금

원   고   정 ○ ○

피   고   김 ○ ○

위 당사자간 20○ ○가소1234 대여금 청구사건의 판결정본을 ○○지방법원 20○○
타채 1256 채권압류 및 추심명령에 사용하였으나 피압류 여부가 불투명 한 상태이
고 채무자의 다른 재산에 강제집행을 하고자 하오니 집행력 있는 화해권고결정 정
본 1통을 부여해 주시기 바랍니다.

첨부서류 : 사용증명원 1통

                          20○○.   ○.   ○.
                          위 원고 정 ○ ○ (인)

○○지방법원   기록관리과 귀중

■ 작성방법

1. 이미 법원으로부터 부여받은 집행력 있는 정본을 분실, 멸실 등의 경우에 다시 집행력 있는 정본을 부여
   받고자 하는 것으로 재판장의 허가가 필요하다.
2. 신청비용은 인지 500원, 정본이 없는 경우에는 정본교부대금(5장 이하인 경우 1,000원)을 별도로 지급해야
   한다.
3. 첨부서류로는 분실신고접수증 등이 필요하다.

판결정본 수통 부여신청서

원   고 정 ○ ○

피   고 김 ○ ○

위 당사자간 20○ ○가소1234 대여금 청구사건에 관하여 20○○. ○. ○. 선고한 판결정본 1통을 부여 받았으나, 피고는 여러 곳에 재산을 가지고 있어 동시에 집행을 할 필요가 있으므로, 집행력 있는 정본 2통을 더 부여하여 주실 것을 신청합니다.

20○○.   ○.   ○.
위 원고 정 ○ ○ (인)

○○**지방법원 귀중**

■ 작성방법

1. 원고가 동시에 여러 지역에 강제집행을 하거나 여러 개의 서로 다른 집행방법에 의하여 강제집행을 할 경우에는 집행권원이 더 있어야 하므로 1통(수통)을 내어 달라는 수통부여신청을 한다.
2. 신청은 재판장의 허가가 필요하나, 다만 이행권고결정서와 확정된 지급명령의 수통부여는 재판장의 허가가 필요없고 법원사무관 등이 부여한다.
3. 인지 500원 정본이 없는 경우 정본교부대금(5장 이하인 경우 1,000원)은 납부한다.
4. 첨부서류로는 집행력 있는 정본이 다른 곳에서 사용중임을 증명하는 서류 등을 첨부한다.

(2) 집행문, 송달증명원, 확정증명원 등 신청

원고가 본안 소송에서 승소하여 판결문을 받았다고 하여 바로 피고를 상대로 강제집행을 할 수 있는 것은 아니다. 강제집행을 하기 위해서는 판결문 이외에 판결문에 첨부되는 집행문, 판결문 정본이 당사자에게 송달되고 확정되었다는 송달·확정증명원이 필요하다.

1) 집행문 부여

원고가 승소판결을 받고 소송이 종료되면 법원은 판결문을 당사자에게 송달한다. 이때 원고가 송달 받은 판결문79)(판결문 정본)을 가지고 제1심 법원에 가서(보통 종합민원실 제증명 발급처에 가서 신청한다) 집행문을 부여할 것을 인지 1,000원을 첨부하고 신청하면 법원에서는 원고가 강제집행신청을 하면 강제집행을 허용한다는 취지의 집행문을 판결문정본 끝에 덧붙여 되돌려 주는데 이를 통상 집행문이라 한다. 즉 집행문이라 하여 무슨 특별한 서면이 있는 것이 아니며, 법원사무관 등이 판결문 등 집행권원의 말미에 집행력이 있음을 덧붙여 주는 공증문언을 말한다(그러나 공정증서의 경우에는 공증을 한 곳에서 집행문을 부여받음). 다만, 집행권원 중에서 확정된 지급명령, 배상명령, 확정된 이행권고결정 등은 예외적으로 집행문을 부여받지 아니하여도 강제집행을 실시할 수 있다.

[기재례] 집 행 문

　① 일반적인 경우

위 정본은 피고 김○○에 대한 강제집행을 실시하기 위하여 원고 문○○에게 내어 준다.

20○○.　○.　○.

○○ 지방법원

법원사무관　장 ○○ (직인)

---

79) 이를 판결문 정본이라 하는데 이는 판결문 원본이 아니라 판결문 원본을 토대로 작성한 문서이기 때문이다.

② 판결의 집행에 조건이 있는 경우

> 위 정본은 **재판장의 명에 따라** 피고 김○○에 대한 강제집행을 실시하기 위하여 원고 문○○에게 내어 준다.

③ 당사자(원고)에게 승계가 있는 경우

> 위 정본은 **재판장의 명에 따라** 피고 김○○에 대한 강제집행을 실시하기 위하여 원고 문○○의 승계인 정○○에게 내어 준다.

2) 송달·확정증명원

송달증명·확정증명이란 판결 등 집행권원이 피고(채무자)에게 송달되었고, 이에 따라 당해 집행권원이 확정되었다는 사실에 대하여 법원으로부터 증명을 받은 것을 말한다. 판결 등 집행권원이 송달되지 아니하면 당해 집행권원이 확정되지도 아니하므로 이를 확실하게 하기 위하여 송달증명을 요구하고 있는 것이며, 확정되지 아니한 집행권원에 의하여 함부로 강제집행이 이루어지는 것을 막기 위하여 확정증명을 요구하고 있는 것이다. 다만, 이행권고결정이나 지급명령의 경우에는 법원에서 이행권고결정이나 지급명령결정을 한 후, 그 결정문을 우선 피고(채무자)에게 송달하고, 피고(채무자)의 이의신청이 없는 경우에만 원고(채권자)에게 그 결정문을 송달하게 되므로, 원고(채권자)가 당해 결정문을 받아 볼 경우에는 이미 그 결정문이 송달되고 확정된 상태이다. 따라서 이행권고결정문이나 지급명령결정서에는 송달일자와 확정일자가 명기되어 있다(즉, 송달증명이나 확정증명을 별도로 받을 필요가 없다).

[기재례] 이행권고결정·지급명령서상의 송달·확정증명 표시례

> 2018. 3. 10. 송달,   2018. 3. 25. 확정

송달·확정증명원은 해당 법원 민원실 제증명 발급처에서 인지 1,000원(=각500×2개)을 첨부하고 신청하면 발급받을 수 있다.

[서식] 송달·확정증명원 신청서

① 신 청 서	신청인은 •로 표시된 부분을 기재합니다

• 사 건	서울중앙지방법원 2018 가단 대여금
• 원 고	김 ○○
• 피 고	이○○

위 사건에(판결, 결정, 명령, 화해조서, 인낙조서, 조정조서, 결정조서

기타 :　　　　) 에 대한 아래의 신청에 따른 제증명을 발급하여 주시기 바랍니다.

2018. 2.

전화번호 : 02-○○○-○○○

• 신청인 : 원고(소송대리인) 법무법인 ○○ 변호사 ○○○(날인 또는 서명)

신청할 제증명 사항을 신청번호에 ○표하시고,
필요한 통수와 발급 대상자의 성명을 기재 합니다.

신청 번호	발급 통수	신청의 종류	발급 대상자의 성명 (※주) 재판서의 당사자 모두에 대하여 신청할 경우에는 기재하지 아니함)	인지 붙이는 곳 수수료: 각 1통당 500원 (단 , 재판서·조서의 정본·등본·초본은 1통당 1,000원) 사무실 내에 위치한 신한은행에서 구입
1		**집행문 부여**		
2	1	**송 달 증 명**		
3	1	**확 정 증 명**		
4		**승계송달증명**		
5		**재판서·조서의 정본·등본·초본**		
6		**소취하증명원**		

서울중앙지방지방법원	귀중

위 증명 문서를 틀림없이 수령 하였습니다.	2018. 2.	• 수령인 성명:.. 법무법인 ○○변호사 ○○○

송달/확정증명원

사   건 : 서울고등법원 2012나78   하자보수금
         서울남부지방법원 2012가합16   하자보수금

원   고 : 서울특별시

피   고 :   주식회사

증명신청인 : 소송대리인 주

위 사건에 관하여 아래와 같이 송달 및 확정되었음을 증명합니다.

피고(항소인, 부대피항소인)   주식회사   2013. 10. 25.
송달, 2013. 11. 12. 확정
원고(피항소인, 부대항소인) 서울특별시   2013. 10. 28.
송달, 2013. 11. 12. 확정. 끝.

2013. 11. 12.

서울고등법원

법원주사보 김

본 증명(문서번호:통합제증명발급(통합접수실) 14088)에 관하여 문의할 사항이 있으시면 02-530-   로
문의하시기 바랍니다.

[서식] 원고의 승계인에 대한 승계집행문 부여신청서

승계집행문 부여신청서

원   고   정 ○ ○
원고승계인   정 ○ ○
피   고   김 ○ ○

위 당사자간 20○○가소123 대여금 청구사건에 관하여 20○○. ○. ○. 선고한 판결의 집행력 있는 정본을 원고 정○○이 부여받았으나, 동인은 20○○. ○. ○. 사망하였으므로 동인의 승계인에게 집행력 있는 정본을 부여하여 줄 것을 별지 가족관계증명서를 첨부하여 이에 신청합니다.

소 명 방 법

1. 가족관계증명서(또는 제적등본)   1통

2010.   1.   .
위 원고(승계인) 정 ○ ○ (인)

○○지방법원 귀중

승계집행문 부여신청서

원　　　고　　　정 ○ ○

피　　　고　　　김 ○ ○

피고승계인　　　김 △ △

위 당사자간 20○○가소11234 대여금 청구사건에 관하여 20○○. ○. ○. 선고한 판결에 표시된 피고 김○○는 20○○. ○. ○. 사망하였고, 그 상속인인 김△△가 상속을 받았으므로 동인에 대하여 집행문을 부여하여 주시기 바랍니다.

소 명 방 법

1. 피고의 승계를 증명하는 가족관계증명서(또는 제적등본)　　1통

20○○.　　○.　　.

위 원고　정 ○ ○　(인)

○○**지방법원　귀중**

판결정본 수통 부여신청서

원　　고　정 ○ ○

피　　고　김 ○ ○

위 당사자간 20○○가소123 대여금 청구사건에 관하여 20○○. ○. ○. 선고한 판결정본 1통을 부여 받았으나, 피고는 여러 곳에 재산을 가지고 있어 동시에 집행을 할 필요가 있으므로, 집행력 있는 정본 2통을 더 부여하여 주실 것을 신청합니다.

2010.　1.　　.
위 원고　정 ○ ○　(인)

○○지방법원　귀중

(3) 집행문부여절차에 있어서의 구제절차

1) 채권자의 구제방법

① 집행문부여 거절처분에 대한 이의신청

집행문 부여기관(법원사무관 등이나 공증인 등)이 집행문을 내어 주기를 거절한 때에는 채권자는 그 거절처분에 대하여 그 법원사무관 등이 속한 법원 또는 그 공증인의 사무소가 있는 곳을 관할하는 지방법원에 서면 또는 말로 이의신청을 할 수 있다(민집 34조, 59조).

이의신청이 이유 있으면 거절처분을 취소하고 부여기관에 대하여 집행문을 내어 줄 것을 명하는 결정을 한다. 이 결정에 대하여 채무자는 직접 항고를 할 수 없고, 이 결정에 기초하여 부여된 집행문에 대하여 집행문 부여에 대한 이의신청을 할 수 있다.

이의신청이 이유 없으면 신청기각의 결정을 한다. 이에 대하여 특별항고만 가능하고, 통상

항고, 즉시항고, 집행에 관한 이의는 모두 허용되지 않는다. 이와 별도로 채권자는 집행문
부여의 소를 제기할 수 있다.

[서식] 집행문부여 거부처분에 대한 이의신청서

집행문부여 거부처분에 대한 이의신청서

신 청 인　　　　박 ○ ○(750631-1234567)
　　　　　　　　서울시 ○○구 ○○동 ○○(T.010-132-5678)

신 청 취 지

1. 신청인과 피고 ○○○사이의 ○○지방법원 20○○가합 123 ○○청구사건의 판
   결에 대하여 같은 법원 법원사무관 ○○○이 20○○. ○. ○.자로 한 집행문부여
   거절처분은 이를 취소한다.
2. 같은 법원 법원사무관 ○○○은 위 판결에 대하여 집행문을 부여하라.
라는 판결을 구합니다.

신 청 이 유

1. 신청인은 ○○지방법원 20○○가합 123 ○○청구사건의 판결에 대하여 반대급
   부인 금 ○○만원을 변제공탁함으로서 집행의 조건이 성취되었으므로 그 사실을
   증명하는 증명서를 제출하여 집행문부여신청을 하였으나 그 부여에 대한 재판장
   의 명령을 얻을 수 없다는 이유로 위 법원 법원사무관 ○○○로부터 집행문부여
   의 거절처분을 받았습니다.

2. 그러나 위 법원 법원사무관 ○○○의 거절처분은 부당하므로 그 처분을 취소하
   고 집행문을 부여하라는 취지의 재판을 구하기 위하여 이 신청에 이르렀습니다.

첨 부 서 류

　　　1. 위 입증방법　　　　　　　　　　1통
　　　1. 판결정본　　　　　　　　　　　　1통

```
    1. 변제공탁서                              1통


                         20○○.    ○.  ○.
                         위 신청인   박 ○ ○   (인)


  ○○ 지방법원   귀중
```

② 집행문 부여의 소

채권자가 집행문을 부여받기 위하여 증명서로 조건의 이행, 승계 또는 집행력이 미치는 사유를 증명하여야 할 필요가 있는 경우에 이를 증명서로써 증명할 수 없는 때에는 채권자가 채무자[80]를 상대로 소를 제기하여 그 판결에 따라 집행문을 받을 수 있다(민집 33조).

집행문 부여의 소는 집행문 부여를 신청하지 않고 처음부터 제기할 수 있다. 그러나 수통부여, 재도 부여 신청을 하여 거절된 경우에는 이 소를 제기할 여지가 없고, 거절처분에 대한 이의신청으로 다투어야 한다.

---

80) 채무자가 피고이고, 집행문 부여기관이 피고가 되는 것이 아님.

소 장

원 고   박 ○ ○(750631-1627813)
                 서울 ○○구 ○○로 6○○(T.010-446-○○○)

피 고   정 ○ ○(760431-1627813)
                 서울 ○○구 ○○로 ○○

집행문 부여의 소

청 구 취 지

1. 소외 ○○○과 피고 사이의 ○○지방법원 20○○ 가단 123 대여금 사건의 확정
판결 정본에 ○○지방법원 법원사무관 등은 피고에 대한 강제집행을 위하여 소
외 ○○○의 승계인인 원고에게 집행문을 부여하여야 한다.
2. 소송비용은 피고의 부담으로 한다.
라는 판결을 구합니다.

청 구 원 인

1. 소외 ○○○은 피고에 대하여 ○○지방법원 20○○가단 123 대여금 청구사건의
확정판결에 기한 원금 채권 ○○만원과 소송촉진등에 관한 특례법 소정의 법정이
율에 의한 이자금 채권을 가지고 있었습니다.

2. 원고는 소외 ○○○으로부터 판결의 내용인 위 채권을 사실심 변론 종결 후인
20○○. ○. ○. 양도받고 피고의 승인을 얻은 것으로 위 집행권원을 승계하였
습니다.

3. 그러나 피고는 위 채무의 이행을 하지 않기 위하여 원고의 위 승계사실을 거부하
며 다투어 원고로서는 위 승계사실을 민사집행법 제31조 제1항 단서에 의한 법원
에 명백한 사실이거나 증명서로 승계를 증명하기 곤란하여 소외 ○○○의 승계인

원고를 위하여 집행문을 부여 받고자 이 사건 소제기에 이른 것입니다.

입 증 방 법

1. 갑제1호증   판결정본
1. 갑제2호증   채권양도계약서
1. 갑제3호증   채권양도승낙서

첨 부 서 류

1. 위 입증방법   1통
1. 납부서   1통
1. 소장부본   1통

20○○. ○. ○.
위 원고 박 ○ ○ (인)

○○ **지방법원 귀중**

■ 작성방법

1. 법원용 1부와 상대방수에 받은 부본을 관할법원에 제출한다
2. 인지(집행권원에 인정된 권리의 가액의 1/10), 송달료 15회분을 납부한다.

---

2) 채무자의 구제방법

① 집행문부여에 대한 이의신청

법원사무관 등이나 공증인 등이 집행문 부여 요건의 흠에도 불구하고 집행문을 부여한 경우 채무자는 그 법원사무관 등이 속한 법원 또는 그 공증인의 사무소가 있는 곳을 관할하는 지방법원에 서면 또는 말로 집행문의 취소를 구하는 이의신청을 할 수 있다(민집 34조, 59조). 판결에 표시된 채무자의 승계인에 대한 집행을 위하여 부여된 경우에는 승계인만이 이의를 할 수 있고, 판결에 표시된 원래의 채무자는 이의를 할 수 없다.

집행문부여에 대한 이의신청서

신 청 인   박 ○ ○(750631-1234567)

                  서울시 ○○구 ○○로 ○○(T.010-132-5678)

피신청인   김 ○ ○(750911-1045678)

                  서울시 ○○구 ○○로 ○○

신 청 취 지

1. 신청인과 피신청인 사이의 ○○지방법원 20○○가합 123 ○○청구사건의 판결에 대하여 같은 법원 법원사무관 ○○○이 20○○. ○. ○. 부여한 집행문은 이를 취소한다.
2. 위 집행력 있는 판결정본에 의한 강제집행은 이를 불허한다.

라는 판결을 구합니다.

신 청 이 유

1. 신청인과 피신청인 사이의 ○○지방법원 20○○가합 123 ○○청구사건의 판결에 대하여 위 법원 법원사무관 ○○○은 피신청인의 집행문부여신청에 그 집행문을 부여 하였습니다.

2. 그러나 위 판결 집행에 조건을 붙인 경우로서 그 집행문을 부여하기 위해서는 피신청인이 증명서로 그 조건의 이행을 증명하여야 하고 재판장의 명령이 있는 때에 한하여 부여할 수 있는 바, 피신청인은 이를 전혀 이행하지 않았음에도 이에 집행문을 부여하는 것은 절차에 위배되는 것으로 취소되어야 할 것이므로 신청인은 이 신청에 이른 것입니다.

첨 부 서 류

    1. 위 입증방법   1통

         1. 판결사본   1통
         1. 집행조서등본   1통

                              20○○.   ○.   ○.
                              위 신청인   박 ○ ○   (인)

      ○○ **지방법원   귀중**

■ 작성방법
1. 신청서1부를 집행문을 부여한 법원사무관이 소속한 법원에 제출한다.
2. 인지는 1,000원을, 송달료 2회분을 첨부한다.

② 집행문 부여에 대한 이의의 소

채무자가 집행문 부여 시에 증명된 조건의 성취 또는 당사자의 승계라는 사유를 다투어 집행문 부여의 위법을 주장함으로써 강제집행을 막기 위한 소이다(민집 45조).

이의사유는 집행권원에 표시된 조건의 불성취와 당사자에 관한 승계의 부존재이다. 다만 조건 성취나 승계를 다투는 이상 그것과 동시에 집행문 부여에 관한 형식적 요건의 흠도 아울로 주장할 수 있다. 심리 결과 위 두 가지 이의사유가 없는 것으로 판명되더라도 형식적 요건에 흠이 있으면 이 소를 인용한다.

[서식] 집행문부여에 대한 이의의 소장

소　　장

원　　고　　　　박 ○ ○(750631-1627813)

　　　　　　　　　서울 ○○구 ○○로 6길 ○○(T.010-446-○○○)

피　　고　　　　정 ○ ○(760431-1627813)

　　　　　　　　　서울 ○○구 ○○로 ○○

집행문 부여에 대한 이의의 소

청 구 취 지

1. 피고의 원고에 대한 ○○지방법원 20○○ 가단 123 대여금 사건의 판결에 대하여 같은 법원 법원사무관 ○○○가 20○○. ○. ○. 부여한 집행력 있는 판결정본에 기한 강제집행은 이를 불허한다.
2. 위 제1항 기재 집행력있는 정본에 기한 강제집행은 이를 정지한다.
3. 소송비용은 피고의 부담으로 한다.
4. 제2항은 가집행할 수 있다.

라는 판결을 구합니다.

청 구 원 인

1. 피고의 강제집행

　피고는 20○○. ○. ○. ○○지방법원 20○○ 가단 123 대여금 사건에서 소외 ○○○를 상대로 대여금 청구소송을 제기하여 승소판결을 받았고 이 판결은20○○. ○. ○. 확정되었습니다(갑제1호증 판결문).

2. ………
3. 결론

　그렇다면 피고의 원고에 대한 확정판결에 받은 승계집행문 부여는 위법하므로 그 적법을 전제로 한 피고의 원고에 대한 강제집행은 인정될 수 없을 것이므로 원고

는 이 사건 소에 이르게 되었습니다

입 증 방 법

　　　1. 갑제1호증　　　　　　　　판결정본
　　　1. 갑제2호증　　　　　　　　승계집행문
　　　1. 갑제3호증　　　　　　　　고소장

첨 부 서 류

　　　1. 위 입증방법　　　　　　　　　　　　1통
　　　1. 납부서　　　　　　　　　　　　　　1통
　　　1. 소장부본　　　　　　　　　　　　　1통

　　　　　　　　　　　20○○.　　○.　○.
　　　　　　　　　　　위 원고　박 ○ ○　(인)

○○ **지방법원　귀중**

■ 작성방법

1. 소장은 법원용 1부와 상대방수에 받은 부본을 1심수소법원에 제출한다
2. 인지(집행권원에 인정된 권리의 가액의 1/10), 송달료 15회분을 납부한다.

---

(4) 담보권의 확보

담보권이란 어떤 물건을 채권의 담보로 제공하는 것을 목적으로 하는 권리를 말한다. 모든 채권은 금전채권과 금전 외의 채권으로 나눌 수 있는데, 금전 외의 채권도 그 불이행에 의하여 금전채권인 손해배상채권으로 변할 가능성을 가지고 있다. 금전채권은 채무자의 일반재산에 의해 만족을 얻을 수 있으나, 채권자들이 많을 경우 채권자평등의 원칙에 따라 채권액에 비례하여 변제를 받게 되므로, 채권의 가치는 결국 채무자의 일반 재산의 정도에 따라 달라진다. 그리하여 금전채권자는 금전채권의 일반적 효력으로는 만족하지 못하고 좀 더 강력하게 자신의 채권을 보호할 수 있는 수단을 찾게 되는데 이를 위한 수단이 바로 담보권이다.

2. 실현될 권리가 금전 외의 채권인 경우

민사집행법은 금전채권 외의 채권에 기초한 강제집행방법으로 ㉠ 물건인도채무에 대해서는 직접강제, ㉡ 대체적 작위채무에 대해서는 대체집행, ㉢ 부대체적 작위채무 및 부작위채무에 대해서는 간접강제, ㉣ 의사표시채무에 대해서는 판결확정 자체가 집행의 방법을 규정하고 있다.

Ⅱ. 채무자의 임의이행거부에 대한 책임재산확인방법의 확보

금전채권에 대한 집행권원 또는 금전 외의 채권이 그 불이행에 의하여 금전채권인 손해배상채권으로 변한 경우 그 손해배상채권에 대한 집행권원을 확보한 채권자가 강제집행에 착수하고자 할 때, 미리 담보권을 확보하지 못하였다면 이제는 책임재산인 채무자의 일반재산을 확보하는 방법이 문제된다. 채무를 스스로 이행하지 아니하는 불성실한 채무자의 재산을 탐지하여 채권자의 강제집행을 쉽게 하는 법적 절차로서 재산명시절차, 재산조회절차, 채무불이행자명부등재절차가 마련되어 있다.

1. 재산명시절차

(1) 의의

재산명시절차란 일정한 집행권원에 따라 금전채무를 부담하는 채무자가 채무를 이행하지 아니하는 경우에, 법원이 그 채무자로 하여금 강제집행의 대상이 되는 재산과 일정기간 내의 그 재산의 처분상황을 명시한 재산목록을 제출하게 하고, 그 진실성에 관하여 선서하게 함으로써 그 재산상태를 공개하는 절차를 말한다.

(2) 절차

1). 재산명시신청(민집 61조)

① 신청인

금전채권에 관한 모든 집행권원을 가진 채권자가 신청할 수 있다. 다만 가집행선고 있는 판결과 가집행선고 있는 배상명령과 같이 아직 확정되지 아니하여 취소의 가능성이 있는 집행권원은 제외된다. 담보권실행의 임의경매의 경우에는 재산명시신청이 허용되지 않는다.

② 채무자

채무자가 채무를 이행하지 않아야 한다. 채무자가 국가나 지방자치단체 또는 공기업이나 대기업인 경우에는 그 재산발견이 용이하다고 인정할 만한 명백한 사유가 있다고 보아 특별한 사정이 없는 한 재산명시절차를 이용할 수 없다.

채무자는 소송능력과 선서능력이 있어야 한다. 채무자가 소송무능력자인 경우에는 법정대리인이 있어야 하고, 특별대리인을 선임하여 재산명시절차를 강행함은 허용되지 않는다.

③ 첨부서류

민사집행의 신청은 서면으로 하고(민집 4조), 집행력있는 정본과 송달증명원 등 강제집행을 개시하는데 필요한 문서(민집 39~41조)를 붙여야 한다.

④ 관할

채무자의 보통재판적이 있는 곳을 관할하는 지방법원이고, 재산명시절차는 단독판사의 업무이다.

[서식] 재산명시신청(확정된지급명령정본)

재 산 명 시 신 청

채권자   ○○○(○○○○○-○○○○)

서울시 ○○구 ○○로 ○○

010-1234-5678

채무자   ○○○(○○○○○-○○○○)

경기도 ○○군 ○○읍 ○○

집행권원의 표시

○○지방법원 20○○ 차 1234 양수금 독촉사건에 대하여 20○○. ○. ○.에 확정된 지급명령정본

불이행 채무액

금 20,000,000원(집행권원상의 원금) 및 이에 대한 20○○. ○. ○.부터 연 12%의
이자.

신 청 취 지

채무자는 재산관계를 명시한 재산목록을 제출하라.

신 청 원 인

채권자는 채무자에 대하여 위 표시 집행권원을 가지고 있고 채무자는 이를 변제하
지 아니하고 있으므로 민사집행법 제61조에 의하여 채무자에 대한 재산관계명시명
령을 신청합니다.

첨 부 서 류

1. 집행령있는 지급명령확정정본   1통
1. 주민등록초본   1통

20○○. ○. ○.
위 채권자   ○○○   (인)

○○ **지방법원   귀중**

■ 접수방법

1. 신청서는 1,000원의 인지를 붙인다.
2. 송달료는 당수자수의 5회분이다
3. 신청서 1부를 채무자의 주소지 관할법원에 제출한다.
4. 집행문을 부여 받은 집행권원 사본 1통, 송달증명원 1통, 확정증명원 1통,(그러나 확정된 지급명령 등은
   별도의 집행문이나 송달,확정증명원을 받을 필요는 없다), 채무자주민등록 초본 1통을 첨부한다.

2) 재산명시신청에 대한 재판

법원은 재산명시신청이 정당하다고 인정한 때에는 결정의 형식으로 채무자에게 재산상태를 명시한 재산목록을 제출하도록 명령하고, 채권자와 채무자에게 명시명령을 송달한다. 법원의 각하결정과 기각결정에 대하여 채권자는 즉시항고를 할 수 있다. 재산명시명령에 대하여 채무자는 즉시항고를 할 수 없고, 명시명령을 송달받은 날로부터 1주 이내에 이의신청을 할 수 있다. 이의신청에 대하여는 재산명시명령을 한 법원이 재판한다.

[서식] 재산명시명령에 대한 이의신청서

재 산 명 시 신 청

신청인   ○○○(○○○○○-○○○○)
서울시 ○○구 ○○로 ○○
(연락처 : 010-1234-5678)

상대방   ○○○(○○○○○-○○○○)
서울시 ○○구 ○○로 ○○

신 청 취 지

위 당사자간 귀원 20○○카기 123 재산명시신청 사건에 관하여 귀원이 20○○. ○. ○.에 한 재산명시명령은 이를 취소한다.

라는 재판을 구합니다.

신 청 이 유

1. 신청인은 본 건에 관한 재산명시명령을 20○○. ○. ○. 수령하였습니다.

2. 그런데 신청인인 채무자는 상대방에게 채무를 지고 있었던 것은 사실이나 확정 판결 직후에 전액 변제하여 현재는 채무가 존재하지 않아 이 명시명령을 받을 이 유가 없습니다.

3. 따라서 위 재산명시명령은 취소하여 주시기 바랍니다.

20○○. ○. ○.
위 신청인   ○○○   (인)

○○ **지방법원   귀중**

■ 접수방법

1. 결정문을 송달받은 날로부터 1주내에 재산명시명령을 한 법원에 이의신청서 2통을 제출한다.
2. 인지 1,000원을 붙여야 한다.

3) 재산명시기일의 실시

재산명시명령에 대하여 채무자의 이의신청이 없거나 이를 기각한 때에는 법원은 재산명시를 위한 기일을 정하여 채무자의 출석을 요구하고 채권자에게도 기일을 통지한다.

재산명시기일에는 대리선서가 허용되지 않기 때문에 채무자 본인이 출석하여야 한다. 채권자는 출석의무가 없다. 채무자가 법인 또는 비법인사단재단인 때에는 대표자 또는 관리인이 출석하여야 한다. 다만 채무자가 미성년자 등 소송무능력자인 경우에는 법정대리인이 출석하여야 한다. 채무자가 정당한 이유없이 재산명시기일에 출석하지 아니하면 법원은 결정으로 20일 이내의 감치에 처한다.

채무자는 재산명시기일에 다음과 같은 내용이 포함된 재산목록을 제출하여야 한다.

명시대상재산	내역	기재 방법
강제집행의 대상이 되는 재산. 단 압류금지동산(민집 195조) · 압류금지채권(민집 246조 1항 1~3호)은 제외	동산 · 부동산 · 채권 · 재산권 · 선박 · 자동차 · 건설기계 · 항공기에 관한 소유권 · 지상권 · 전세권 · 임차권 · 인도청구권과 그에 관한 권리이전청구권	① 채무자의 이름 · 주소 · 주민등록번호 ② 유상양도 또는 무상처분을 받은 사람의 이름 · 주소 · 주민등록번호 · 거래내역 ③ 제3자 명의로 명의신탁되어 등기 · 등록 · 명의개서되어 있는 재산 포함. 명의자의 이름 · 주소 · 주민등록번호 ④ 등기 · 등록을 요하는 재산 중 미등기 · 미등록인 재산에 대하여는 도면 · 사진 등을 붙이거나 그 밖에 적당한 방법으로 특정. ⑤ 소송목적의 값에 따라 기재 여부가 결정되는 재산에 있어 그 값은 작성 당시의 시장가격에 의하고 시장가격을 알 수 없을 때에는 그 취득가액으로 하며, 어음 · 수표 등 유가증권의 가액은 액면금액으로 하되 시장가격이 있는 증권의 가액은 작성 당시의 거래가격으로 한다.
재산명시명령이 송달되기 전 1년 이내에 채무자가 한 부동산의 유상양도	'부동산'에는 토지 · 건물 · 공장재단 · 광업재단 · 광업권 · 어업권 · 소유권보존등기된 입목 · 지상권 · 선박 · 자동차 · 건설기계 · 항공기 포함. 양도 · 처분의 상대방은 불문.	
재산명시명령이 송달되기 전 1년 이내에 채무자가 배우자, 직계혈족 및 4촌 이내의 방계혈족과 그 배우자, 배우자의 직계혈족과 형제자매에게 한 부동산 외의 재산의 유상양도	'부동산 외의 재산'에는 유체동산 · 금전채권 · 유체물의인도 또는 권리이전 청구권 · 그 밖의 재산권 포함. '배우자'는 재산목록 제출 당시의 배우자뿐만 아니라 양도 · 처분 당시의 배우자도 포함.	
재산명시명령이 송달되기 전 2년 이내에 채무자가 한 재산상 무상처분. 단 의례적인 선물은 제외.	'무상처분'이란 증여뿐만 아니라 타인의 채무를 무상으로 변제하거나 무상으로 타인의 채무를 인수 · 보증한 경우 포함.	

4) 재산명시절차의 종료

재산명시절차는 ① 채무자의 명시선서, ② 채무자의 명시기일 불출석, ③ 채무자의 재산목록 제출 거부 또는 선서 거부, ④ 재산명시신청의 각하 · 기각(이의신청에 따른 재산명시신청의 취소 포함), ⑤ 재산명시신청의 취하로 종료된다.

재산명시 및 감치명령 취하서

사 건 20○○ 정명 123 채무자감치

채권자   ○○○

채무자   ○○○

위 사건은 20○○ 카명 1234 재산명시명령에 따라 명시기일 불출석으로 인하여 감치명령 내려진 건으로 본 채권자는 위 사건을 취하하오니 감치명령을 취소하여 주시기 바랍니다.

20○○. ○. ○.

위 채권자   ○○○   (인)

○○ **지방법원 민사신청과 귀중**

■ 접수방법

1. 취하서는 2부를 제출한다. 제반비용은 없다.

2. 재산조회절차

(1) 의의

재산조회절차란 재산명시절차에서 채무자의 정당한 사유없는 명시기일 불출석, 재산목록 제출 거부, 선서 거부, 채무자가 거짓의 재산목록을 제출한 경우, 재산목록의 재산만으로는 집행채권의 만족을 얻기에 부족한 경우, 채권자가 주소보정명령을 받고도 채무자의 주소를 알 수 없어 이를 이행할 수 없었던 경우, 명시신청을 한 채권자의 신청에 따라 법원이 개인의 재산과 신용에 관한 전산망을 관리하는 공공기관·금융기관·단체 등에 채무자 명의의 재산에 관한 조회를 하고, 그 결과를 재산목록에 준하여 관리하도록 하는 제도를 말한다.

(2) 절차

1) 재산조회신청(민집 74조)

재산명시신청을 한 채권자는, 채무자의 정당한 사유없는 명시기일 불출석, 재산목록 제출 거부, 선서 거부, 채무자가 거짓의 재산목록을 제출한 경우, 재산목록의 재산만으로는 집행채권의 만족을 얻기에 부족한 경우, 채권자가 주소보정명령을 받고도 채무자의 주소를 알 수 없어 이를 이행할 수 없었던 경우 등의 사유를 소명하여 재산명시절차의 관할법원에 재산조회신청을 할 수 있다.

2) 재산조회의 실시

법원은 재산조회신청에 따라 개인의 재산과 신용에 관한 전산망을 관리하는 공공기관 · 금융기관 · 단체 등에 채무자 명의의 재산에 관한 조회를 하고, 그 결과를 재산목록에 준하여 관리한다. 공공기관 · 금융기관 · 단체 등은 정당한 사유없이 조회를 거부하지 못하고, 조회를 받은 기관단체의 장이 정당한 사유없이 거짓 자료를 제출하거나 자료를 제출할 것을 거부한 때에는 결정으로 500만 원 이하의 과태료에 처한다.

[서식] 재산조회신청서

재 산 조 회 신 청 서

채 권 자	이름 : 주민등록번호 : 주소 : 전화번호 : 팩스번호: 이메일 주소 : 대리인 :
채 무 자	이름 : (한자 :) 주민등록번호 : 주소 :
조회대상기관 조회대상재산	별지와 같음
재산명시사건	지방법원 20 카명 호
집행권원	
불이행 채권액	
신청취지	위 기관의 장에게 채무자 명의의 위 재산에 대하여 조회를 실시한다.

신청사유	채권자는 아래와 같은 사유가 있으므로 민사집행법 제74조 제1항의 규정에 의하여 채무자에 대한 재산조회를 신청합니다. (해당란 □에 ∨표시) □ 명시기일 불출석　　　　　　□ 재산목록 제출거부 □ 선서 거부　　　　　　　　　□ 거짓 재산목록 제출 □ 집행채권의 만족을 얻기에 부족함　□ 주소불명으로 인하여 명시절차를 　　　　　　　　　　　　　　　　　　거치지 못함
비용환급용 예금계좌	
첨부서류	
(인지 첨부란)	20　.　.　. 　　　　　　　　신청인　　　　　　　　　(날인 또는 서명) 지방법원 귀중

주 ① 신청서에는 1,000원의 수입인지를 붙여야 합니다.
　② 신청인은 별지 조회비용의 합계액과 송달필요기관수에 2를 더한 횟수의 송달료를 예납하여야
　　합니다.
　③ "불이행 채권액"란에는 채무자가 재산조회신청 당시까지 갚지 아니한 금액을 기재합니다.
　　참조 : 민집규 35, 25, 재산조회규칙 7, 8

별 지

순번	기관분류	재산종류	조회대상 재산 / 조회대상기관의 구분	갯수	기관별/ 재산별 조회비용	예납액
1	법원 행정처	토지. 건물의 소유권	□현재조회		20,000원	
			□현재조회와 소급조회 ※소급조회는 명시명령 송달일로부터 2년 내에 채무자가 보유한 재산을 조회합니다.		40,000원	
	과거주소　1. 　　　　　2. 　　　　　3. ※ 부동산조회는 채무자의 주소가 반드시 필요하고, 현재주소 이외에 채무자의 과거주소를 기재하면 보다 정확한 조회를 할 수 있습니다.					
2	국토 교통부	건물의 소유권	□국토교통부		10,000원	
3	특허청	특허권, 실용신안권, 디자인권, 상표권	□특허청		20,000원	

4	특별시 광역시 또는 도	자동차, 건설기계 의 소유권	□ 서울특별시　　　□ 대전광역시　　　□ 대구광역시 □ 부산광역시　　　□ 광주광역시　　　□ 울산광역시 □ 경기도　　　　　□ 충청남도　　　　□ 충청북도 □ 경상북도　　　　□ 경상남도　　　　□ 전라북도 □ 강원도　　　　　□ 제주특별자치도 제주시 □ 제주특별자치도 서귀포시 □ 전라남도 □ 인천광역시 중구청　　　　　□ 인천광역시 동구청 □ 인천광역시 남구청　　　　　□ 인천광역시 연수구청 □ 인천광역시 남동구청　　　　□ 인천광역시 부평구청 □ 인천광역시 계양구청　　　　□ 인천광역시 서구청 □ 인천광역시 강화군청　　　　□ 인천광역시 옹진군청 *인천시 차량등록사업소가 없어지고, 각 구청에서 담당함		기관별 5,000원	
5	은행법에 의한 금융기관	금융자산 중 계좌별로 시가 합계액이 50만 원 이상인 것	□ 경남은행　　　　□ 우리은행　　　　□ 기업은행 □ 광주은행　　　　□ 전북은행　　　　□ 하나은행 □ 국민은행　　　　□ SC제일은행　　　□ 한국산업은행 □ 대구은행　　　　□ 제주은행　　　　□ 한국외환은행 □ 부산은행　　　　□ 신한은행　　　　□ 농협은행 □ 한국씨티은행　　□ 뱅크오브아메리카　□ 아랍은행 □ 뉴욕멜론은행　　□ 야마구찌은행 □ 메트로은행　　　□ 파키스탄국립은행 □ 도쿄미쓰비시UFJ은행　□ 제이피모간 체이스은행 □ 크레디아그리콜코퍼레이트앤인베스트먼트뱅크서울지점 　　(구, 칼리온은행) □ 중국은행　　　　　　□ 멜라트은행 □ 노바스코셔은행　　　□ 에이비엔 암로은행 □ 대화은행　　　　　　□ 유바프은행 □ 도이치은행　　　　　□ 유비에스은행 □ 미쓰이스미토모은행　□ 미즈호코퍼레이트은행 □ 인도해외은행　　　　□ 바클레이즈은행 □ 중국건설은행　　　　□ 중국공상은행 □ 비엔피 파리바은행　　□ 소시에테제네랄은행 □ 스테이트스트리트은행　□ ING은행 □ 싱가폴개발은행(DBS은행)　□ 호주뉴질랜드은행 □ 홍콩상하이은행(HSBC)　□ OCBC은행 □ 크레디트스위스은행(구, 크레디트스위스퍼스트보스톤은행)		기관별 5,000원 기관별 5,000원	
6	자본시장과 금융투자업 에 관한 법 률에 의한 투자매매업 자, 투자중 개업자, 집 합투자업자, 신탁업자, 증권금융 회사, 종합금융 회사, 자금중개 회사, 단기금융 회사, 명의개서 대행회사	금융자산 중 계좌별로 시가 합계 액이 50만 원 이상인 것	□ 우리종합금융(구, 금호종합금융)□ 교보증권 □ 신한금융투자 □ 대신증권 □ 유화증권 □ 대우증권 □ 이트레이드증권 □ 하나대투증권(하나IB증권과 합병)□ 코리아RB증권중개 □ 동부증권 □ 키움증권 □ 증권예탁원 □ 동양종합금융증권 □ 리딩투자증권 □ IBK투자증권 □ 흥국증권(구, 흥국증권중개)□ 미래에셋증권 □ 리먼브러더스인터내셔널증권 □ 한국투자증권(구, 동원증권) □ KB투자증권 □ 한양증권 □ 부국증권 □ 현대증권 □ 신영증권 □ 골든브릿지투자증권 □ 애플투자증권중개(구, 브릿지증권) □ 비엔지증권 □ 씨티그룹글로벌마켓증권 □ 삼성증권 □ SK증권 □ NH투자증권 □ 하이투자증권(구,CJ투자신탁증권) □ 크레디트스위스증권(구, Credit Suisse First Boston) □ 유진투자증권 □ HMC투자증권(구, 현대차IB증권) □ 아이엠투자증권(구,솔로몬투자증권) □ 우리투자증권(구,LG투자증권) (구, 굿모닝신한증권) □ 한화투자증권(구,푸르덴셜투자증권, 한화증권) □ 메리츠종금증권(구, 메리츠종금, 메리츠증권) □ 도이치증권 □ Goldman Sachs □ 맥쿼리증권 □ KIDB채권중개 □ Indosuez Cheuvreux □ 한국증권금융(주) □ UBS Warburg □ J.P Morgan □ ABN AMRO □ Nomura □ CLSA □ SG □ Barclays Capital □ Morgan Stanley Dean Witter □ BNP파리바페레그린 증권중개 □ 다이와증권캐피탈마켓코리아 □ 홍콩상하이증권(HSBC) □ Merrill Lynch		기관별 5,000원 기관별 5,000원	

7	상호저축은행법에 의한 상호저축은행과 그 중앙회	금융자산 중 계좌별로 시가 합계액이 50만원 이상인 것	□ 상호저축은행중앙회 □ ( ) □ ( ) □ ( ) ※ 중앙회에 조회신청을 하면 전국 모든 상호저축은행에 대하여 조회됩니다. ※ 개별상호저축은행에 대한 조회를 원하는 경우에는 그 명칭을 별도로 기재하여야 합니다. ※ ( )속에 조회대상기관 명부에 기재된 순번을 기재합니다.	20,000원 기관별 5,000원	
8	농업협동조합법 제2조에 1에 의한 조합	금융자산 중 계좌별로 시가 합계액이 50만원 이상인 것	□ 지역조합(지역농협, 지역축협)과 품목조합 □ ( ) □ ( ) □ ( ) ※ 개별 단위지역조합에 대한 조회를 원하는 경우에는 그 명칭을 별도로 기재하여야 합니다. ※ ( )속에 조회대상기관 명부에 기재된 순번을 기재합니다.	20,000원 기관별 5,000원	
9	수산업협동조합법에 의한 수협 중앙회	금융자산 중 계좌별로 시가 합계액이 50만원 이상인 것	□ 수협중앙회 및 전국단위지역조합 □ 수협중앙회 □ ( ) □ ( ) □ ( ) ※ 개별 단위지역조합에 대한 조회를 원하는 경우에는 그 명칭을 별도로 기재하여야 합니다. ※ ( )속에 조회대상기관 명부에 기재된 순번을 기재합니다.	20,000원 5,000원 기관별 5,000원	
10	신용협동조합법에 의한 신용협동조합	금융자산 중 계좌별로 시가 합계액이 50만원 이상인 것	□ ( ) □ ( ) □ ( ) ※ 개별 신용협동조합에 대한 조회를 원하는 경우에는 그 명칭을 별도로 기재하여야 합니다. ※ ( )속에 조회대상기관 명부에 기재된 순번을 기재합니다.	기관별 5,000원	
11	산림조합법에 의한 산림조합중앙회	금융자산 중 계좌별로 시가 합계액이 50만원 이상인 것	□ 산림조합중앙회 □ ( ) □ ( ) □ ( ) ※ 중앙회에 조회신청을 하면 전국 모든 산림조합에 대하여 조회됩니다. ※ 개별 산림조합중앙회에 대한 조회를 원하는 경우에는 그 명칭을 별도로 기재하여야 합니다. ※ ( )속에 조회대상기관 명부에 기재된 순번을 기재합니다.	20,000원 기관별 5,000원	
12	새마을금고법에 의한 새마을금고중앙회	금융자산 중 계좌별로 시가 합계액이 50만원 이상인 것	□ 새마을금고중앙회 □ ( ) □ ( ) □ ( ) ※ 중앙회에 조회신청을 하면 전국 모든 새마을금고에 대하여 조회됩니다. ※ 개별 새마을금고에 대한 조회를 원하는 경우에는 그 명칭을 별도로 기재하여야 합니다. ※ ( )속에 조회대상기관 명부에 기재된 순번을 기재합니다.	20,000원 기관별 5,000원	

13	보험업법에 의한 보험사업자	해약환급금이 50만원 이상인 것	□ 홍국쌍용화재해상보험(주) □ 한화손해보험(주) □ 그린화재해상보험(주) □ 미래에셋생명보험주식회사 □ 롯데손해보험(주) □ 퍼스트어메리칸 권원보험(주) □ 동부화재해상보험(주) □ 현대해상화재보험(주) □ 메리츠화재해상보험(주) □ FEDERAL □ 삼성화재해상보험(주) □ LIG손해보험 □ 서울보증보험(주) □ 삼성생명보험주식회사 □ 교보생명보험주식회사 □ 신한생명보험주식회사 □ KDB생명보험주식회사 □ 알리안츠생명보험주식회사 (구 금호생명보험주식회사) □ 뉴욕생명보험주식회사 □ 푸르덴셜생명보험주식회사 □ 녹십자생명보험주식회사 □ 하나생명보험주식회사 □ 한화(구. 대한)생명보험주식회사 □ 흥국생명보험주식회사 □ 동부생명보험주식회사 □ AIA생명보험주식회사 □ 동양생명보험주식회사 □ ING생명보험주식회사 □ 라이나생명보험주식회사 □ PCA생명보험주식회사 □ 메트라이프생명보험주식회사 □ AIG손해보험 □ 농협생명보험 □ 농협손해보험 □ 에이스아메리칸화재해상보험(주)(구,ACE AMERICAN) □ 우리아비바생명보험주식회사(구,LIG생명보험주식회사) □ 악사손해보험(주)(구,교보악사손해보험(주))		기관별 5,000원	
			□ 더케이손해보험(구. 교원나라자동차보험) □ 에르고다음다이렉트손해보험 □ 동경해상일동화재보험 □ 미쓰이스미토모해상화재보험 □ KB생명보험 □ 카디프생명보험(구,SH&C 생명보험)		기관별 5,000원	
14	미래창조과학부	금융자산 중 계좌별로 시가 합계액이 50만원 이상인 것	□ 미래창조과학부		5,000원	
				송달필 요기관 수	합계	

※ 「송달필요기관수」란에는 음영으로 기재된 란에 표시된 조회대상기관 수의 합계를 기재함

※ 크레디트스위스은행, KIDB채권중개, SG : 법인에 대해서만 조회 가능

※ 국토해양부 : 개인에 대해서만 조회 가능

■ 작성방법
1. 신청서에는 인지 1,000원 첩부한다.
2. 별지조회비용의 합계액과 송달필요기관수에 2를 더한 횟수의 송달료를 예납하여야 한다.

3. 채무불이행자명부등재절차

(1) 의의

채무불이행자명부등재절차란 재산명시절차에서 감치 또는 벌칙 대상이 되는 행위를 하거나 채무를 일정한 기간 이내에 이행하지 아니한 채무자에 관한 일정한 사항을 법원의 재판에 따라 등재한 후 법원과 주소지 행정관서에 비치하고 일반인에게 공개하는 절차를 말하며, 채무자에 대하여 간접강제의 효과를 거둠과 동시에 일반인으로 하여금 거래 상대방에 대한 신용조사를 쉽게 하여 거래의 안전을 도모하려는 데 그 목적이 있다.

(2) 절차

1) 채무불이행자명부등재신청(민집 70조)

채무자가 금전의 지급을 명한 집행권원이 확정된 후 또는 집행권원을 작성한 후 6월 이내에 채무를 이행하지 아니하는 때, 채권자는 채무자의 보통재판적이 있는 곳의 법원에 그 채무자를 채무불이행자명부에 등재하도록 신청할 수 있다. 다만 재산명시신청에서 처럼 가집행선고 있는 판결과 가집행선고 있는 배상명령과 같이 아직 확정되지 아니하여 취소의 가능성이 있는 집행권원은 제외된다.

[서식] 채무불이행자 명부등재신청서

채무불이행자 명부등재신청

신청인(채권자)　　　　○○○(○○○○○-○○○○)
　　　　　　　　　　　　서울시 ○○구 ○○로 ○○
　　　　　　　　　　　　(연락처 : 010-1234-5678)

피신청인(채무자)　　　　○○○(○○○○○-○○○○)
　　　　　　　　　　　　경기도 ○○군 ○○읍 ○○

집행권원의 표시
○○지방법원 20○○ 차 1234 양수금 독촉사건에 대하여 20○○. ○. ○.에 확정된 지급명령정본

불이행 채무액

금 20,000,000원(집행권원상의 원금) 및 이에 대한 20○○. ○. ○.부터 연 20%의 이자.

신 청 취 지

채권자를 채무불이행자 명부에 등재한다.

라는 재판을 구합니다.

신 청 이 유

채권자는 ○○지방법원 20○○ 차 1234 양수금 독촉사건에 대하여 20○○. ○. ○.에 확정된 지급명령정본에 의해 위 채무자에게 금원을 지급하도록 고지하였으나 채무자는 이를 전혀 이행하지 않고 있는 바, 이에 채권자는 채무자에 대한 재산을 확인한 결과 강제집행이 가능한 재산이 없어 본 신청에 이르게 된 것입니다.

첨 부 서 류

1. 집행령있는 지급명령확정정본   1통
1. 주민증록초본   1통

20○○. ○. ○.

위 채권자   ○○○ (인)

○○ **지방법원 귀중**

■ **접수방법**

1. 신청서는 1,000원의 인지를 붙인다.
2. 송달료는 당수자수의 5회분이다.
3. 관할확인을 위한 채무자의 주민증록초본을 첨부한다.

2) 채무불이행자명부등재신청에 대한 재판

법원은 필요한 경우 이해관계인 그 밖의 참고인을 심문할 수 있으나, 대법원예규는 채권자가 국가, 지방자치단체, 공법인, 금융기관인 때와 채무자의 불출석, 절차의 현저한 지연, 그 밖의 부득이한 사유가 있는 때를 제외하고는 채무자를 반드시 심문하도록 하고 있다.

3) 채무불이행자명부작성 · 비치 · 열람 · 복사

채무불이행자명부등재결정이 내려지면 법원사무관 등은 지체없이 채무불이행자명부를 작성하고, 등재결정을 한 법원에 비치하며, 이 명부의 부본을 채무자의 주소지(채무자가 법인인 때에는 주된 사무소 소재지) 시 · 구 · 읍 · 면의 장에게 보내고, 전국은행연합회의 장에게도 채무불이행자명부의 부본을 보내거나 전자통신매체를 이용하여 그 내용을 통지한다.

4) 채무불이행자명부등재의 말소

채무자의 신청에 따라 변제 그 밖의 사유로 채무의 소멸이 증명된 때에는 사법보좌관은 채무자의 이름을 이 명부에서 말소하는 결정을 한다. 그러나 기한의 유예 · 연기, 이행조건의 변경, 채권자의 말소동의 등의 사유는 이에 해당하지 않는다.

[서식] 채무불이행자 명부말소신청서

채무불이행자 명부말소신청

사　건　　　20○○ 카명 1245 채무불이행자명부등재

채권자　　　○○○(○○○○○-○○○○)

　　　　　　서울시 ○○구 ○○로 ○○

　　　　　　(연락처 : 010-1234-5678)

채무자　　　○○○(○○○○○-○○○○)

　　　　　　경기도 ○○군 ○○읍 ○○

신 청 취 지

채무자를 채무불이행자명부에서 말소한다.

신 청 이 유

1. 채권자는 채무자에 대하여 ○○지방법원 20○○ 차 1234 양수금 독촉사건에 대하여 20○○. ○. ○.에 확정된 지급명령정본에 의해 위 채무자에게 금원을 지급하도록 고지하였으나 채무자는 이를 전혀 이행하지 않아, 채무자에 대한 재산을 확인한 결과 강제집행이 가능한 재산이 없어 20○○. ○. ○.경 20○○ 카명 ○○호 채무불이행자명부등재 사건으로 처리한 바 있습니다.

2. 이에 채무자는 채권자에 대해 변제를 하고자 하였으나 채권자가 채무금원금과 법정이자액의 수령을 거절하여 부득이 위 지급명령확정정본상의 채무원금과 이자금을 변제공탁시까지로 계산하여 채무금 전액을 변제공탁을 하였으므로 채무불이행자 명부에서 채무자를 말소하여 주시기 바랍니다.

첨 부 서 류

1. 변제공탁서	1통
1. 납부서	1통

20○○. ○. ○.

위 채무자   ○○○   (인)

○○ 지방법원   귀중

■ 접수방법

1. 신청서는 1,000원의 인지를 붙인다.
2. 신청서 1부, 부본 1부를 채무불이행자명부등재를 결정한 법원에 제출한다.

제3절 부동산에 대한 금전집행

Ⅰ. 부동산에 대한 집행이란

1. 의 의

부동산에 대한 금전집행이란 금전채권에 기초하여 채무자 소유의 부동산을 대상으로 강제경매, 강제관리절차를 진행하는 것을 말한다. 민사집행법은 부동산에 관한 금전집행, 그 중에서도 강제경매에 관한 절차를 상세히 규정하면서 이를 강제관리와 임의경매, 선박·자동차·건설기계에 대한 금전집행, 동산에 대한 금전집행에 준용하고 있다. 따라서 부동산 강제경매에 관한 규정을 상세히 서술하고 다른 항목들은 차이점을 중심으로 살펴보기로 한다.

2. 부동산경매사건의 진행절차 및 진행기간[81)

다음 표와 같다.

종류	기산일	기간	민사집행법 근거조문
경매신청서의 접수		접수당일	80, 264①
개시결정 및 등기촉탁	접수일	2일	83, 94, 268
채무자에게 대한 개시결정의 송달	임의경매 : 개시결정일 강제경매 : 등기필증접수일	3일	83, 268
공과주관 공공기관에 대한 최고	개시결정일	3일(최고기간은 2주)	84④, 268
채권신고의 최고	배당요구종기결정일	3일(최고기간은 배당요구종기)	84④
현황조사명령	임의경매 : 개시결정일 강제경매 : 등기필증접수일	3일(조사기간은 2주)	85, 268
평가명령	임의경매 : 개시결정일 강제경매 : 등기필증접수일	3일(평가기간은 2주)	97, 728
매각물건명세서의 작성, 그 사본 및 현황조사보고서, 평가서 사본의 비치		매각기일 1주전까지	105, 268

---

81) 부동산경매사건의 진행기간 등에 관한 예규(재민 91-5). 훈시규정임.

최초매각기일의 지정, 게시 및 신문공고의뢰, 이해관계인에의 통지	배당요구종기	1월	104, 268
최초매각기일	공고일	2주 후 20일	규칙 56
새매각기일 또는 재매각기일의 지정 및 게시(또는 게시 및 신 문공고), 이해관계인에의 통지	사유발생일	1주	119, 138, 268
새매각기일 또는 재매각기일	공고일	2주 후 20일	119, 138, 268
매각결정기일	매각기일	7일	109, 268
배당요구의 통지	배당요구일	3일	89, 268
매각기일의 진행(매각실시)		매각기일	112, 116, 268
매각기일조서 및 보증금 등의 인도	매각기일	3일	117, 268
매각허부결정의 선고		매각결정기일	109, 126, 268

Ⅱ. 강제경매

1. 강제경매의 개념

(1) 의의

강제경매란 집행력 있는 정본에 기하여 채무자 소유의 부동산을 압류하여 현금화한 다음 그 매각대금으로 채권자의 금전채권에 만족을 줄 목적으로 하는 강제집행절차를 말한다.

(2) 절차

1) 강제경매절차는 채권자의 강제경매신청으로 개시되고, 법원은 요건이 구비되었다고 인정되면 강제경매개시결정을 하여 목적 부동산을 압류한 후 관할 등기소에 경매개시결정 기입등기를 촉탁한 다음 채무자에게 경매개시결정정본을 송달한다.
2) 법원은 집행관에게 부동산의 현상·점유관계·차임·보증금 그 밖의 현황에 관하여 조사를 명하고 감정인에게 부동산을 평가하게 하여 그 평가액을 참작하여 최저매각가격을 정한다.
3) 위 절차가 끝나면 법원은 매각기일 및 매각결정기일을 정하여 이를 공고하고, 호가경매와 기일입찰의 매각기일에는 집행관이 집행보조기관으로서 미리 정해진 장소에서

매각을 실시하여 최고가 매수신고인과 차순위 매수신고인을 정한다. 매각기일에 매수신청인이 없는 경우에는 법원은 최저매각가격을 저감하고 새 매각기일을 정하여 다시 매각을 실시한다.

4) 법원은 매각결정기일에 이해관계인의 의견을 들은 후 매각의 허부를 결정한다. 매각허부의결정에 대하여 이해관계인은 즉시항고할 수 있다. 매각허가결정이 확정되면 법원은 대금지급기한을 정하여 매수인에게 대금지급을 명한다. 매수인이 대금을 정해진 날까지 내지 아니한 경우에 차순위매수신고인이 있는 때에는 그에 대하여 매각의 허부를 결정하고 차순위매수신고인이 없는 때에는 재매각을 명한다. 매수인은 매각허가결정이 선고된 뒤에는 매각부동산의 관리명령을 신청할 수 있고 대금을 다 낸 뒤에는 인도명령을 신청할 수 있다.

5) 매수인이 대금을 완납한 경우 채권자의 경합이 없거나 그 대금으로 각 채권자의 채권 및 비용을 변제하기에 충분한 때에는 각 채권자에게 이를 지급하고, 각 채권자의 채권 및 비용을 변제하기에 부족한 경우에는 배당절차로 진행한다.

2. 강제경매의 신청

신청은 서면으로 하고, 신청서에는 다음 사항을 기재하며, 첨부서류 및 영수증 등과 함께 신청서를 제출하고, 집행비용을 예납한다.

(1) 채권자·채무자의 표시

채권자와 채무자를 특정할 수 있도록 그 이름과 주소를 기재하여야 한다.

대리인에 의하여 강제경매의 신청을 하는 경우에는 신청서에 대리인의 이름·주소를 표시하여야 한다.

(2) 부동산의 표시

강제경매의 대상이 될 부동산을 특정하여 표시한다. 여기서 부동산이라 함은 토지 및 그 정착물, 부동산과 동일시되는 권리를 말한다.

등기되어 있는 부동산의 경우에는 동일성이 인정되는 한 등기부의 표제부에 기재되어 있는 대로 표시하여야 한다. 구분소유권의 경우에는 1동의 건물 중 구분소유로 된 부분을 특정할 수 있도록 표시하여야 한다. 미등기 부동산의 경우에는 그 부동산이 채무자의 소유임을 증명할 서류의 표시와 부합되도록 적어야 한다.

[표] 부동산경매절차 도해

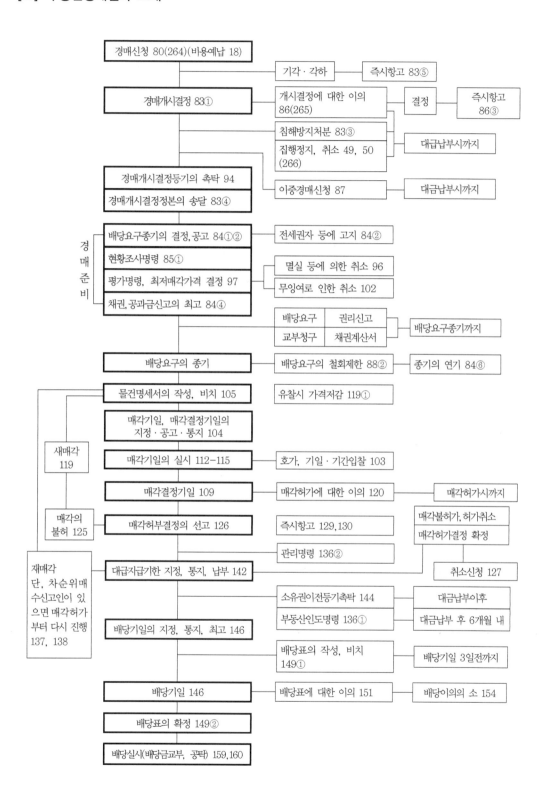

(3) 채권 및 청구금액의 표시

강제경매에 의하여 변제를 받고자 하는 일정한 채권과 그 청구금액을 표시한다. 채권은 다른 채권과 구별할 수 있을 정도로 특정하여야 하고, 청구금액은 집행권원에 표시된 채권액의 범위 내이어야 한다. 집행권원이 수 개인 경우 각 집행권원의 내용이 된 채권을 모두 특정하여 표시해야 한다. 청구금액은 반드시 정액의 표시가 있어야 하는 것은 아니고 정기금채권, 이자채권과 같이 기간과 액수, 이율 등으로 계산 가능한 표시가 있으면 무방하다.

(4) 집행권원의 표시

구체적으로 어떤 집행권원에 의한 강제집행인가를 알아 볼 수 있도록 표시한다. 한 개의 집행권원에 여러 개의 집행채권이 존재하는 경우에는 어느 집행채권에 기하여 강제집행을 구하는 것인가를 명백히 하지 않으면 안된다. 기한 미도래나 조건 불성취의 집행권원에 기하여 경매신청을 한 경우에는 그 신청은 부적법하다.

집행권원이란 사법상의 일정한 이행청구권의 존재와 범위를 표시함과 동시에 강제집행으로 그 청구권을 실현할 수 있는 집행력을 인정한 공정의 증서를 말한다.

(5) 집행력 있는 정본의 제출

집행력 있는 정본이란 집행문이 있는 집행권원의 정본을 말하고, 집행문이란 집행권원에 집행력 있음과 집행당사자를 공증하기 위하여 법원사무관 등이 공증기관으로서 집행권원의 끝에 덧붙여 적는 공증문언을 말한다. 집행문 제도를 둔 목적은 집행기관으로 하여금 집행권원에 집행력이 있는지 여부와 그 범위를 쉽게 판단하게 하여 신속한 집행을 꾀하려는 데 있다. 그러나 모든 강제집행에 있어서 집행문이 필요한 것은 아니다.

※ 집행문을 필요로 하지 않는 경우

① 확정된 지급명령(민집 58조)
② 확정된 이행권고결정(소심 5조의 8)
③ 가압류가처분명령(민집 292조, 301조)
④ 과태료의 재판에 대한 검사의 집행명령(민집 60조, 비송 249조)
⑤ 벌금 등의 형사재판에 대한 검사의 집행명령(형소 477조)
⑥ 확정된 또는 가집행선고 있는 배상명령이 적힌 유죄판결(소촉 34조, 가폭 61조)
⑦ 채권압류명령에 따른 채권증서의 인도집행(민집 234조)
⑧ 강제관리개시결정에 따른 부동산의 점유집행(민집 166조)
⑨ 의사의 진술을 명하는 판결(부동산등기절차의 이행을 명하는 판결 등)

(6) 집행권원의 송달증명서의 제출

강제집행은 집행권원을 집행개시전 또는 집행개시와 동시에 집행을 받을 사람(채무자)에 게 송달한 때에 한하여 개시할 수 있으므로(민집 39조), 채권자는 송달사무처리기관인 법원사무관 등 또는 송달실시기관인 집행관의 송달증명서를 제출하여야 한다. 강제경매 의 경우에는 법원이 집행기관이므로 동시송달이란 있을 수 없다.

(7) 자격증명서의 제출

채권자, 채무자가 행위무능력자인 경우 또는 법인인 경우에는 무능력자의 법정대리인, 법 인의 대표자의 자격을 증명하는 서면(가족관계증명서, 법인등기부등본 등)을 붙여야 한다.

(8) 위임장의 제출

소송대리인에 의한 경매신청의 경우에는 그 대리권을 증명하기 위하여 소송위임장을 붙 여야 한다. 집행권원이 판결인 경우 그 판결의 소송대리인으로 표시된 자가 강제경매신 청을 함에 있어서는 위임장을 첨부할 필요가 없다.

(9) 기타 증명서의 제출

1) 담보제공증명서

집행이 채권자의 담보제공에 달린 때(담보제공을 조건으로 가집행을 선고한 경우 등)에 는 채권자는 담보를 제공한 증명서류를 제출하여야 하고, 또 그 등본을 집행개시 전 또 는 집행개시와 동시에 채무자에게 송달하여야 한다(민집 40조).

2) 반대의무의 이행 또는 이행의 제공을 증명하는 서면

동시이행관계에 있는 반대의무의 이행(제공)은 원칙적으로 집행문 부여의 요건이 아니고 집행개시의 요건이다(민집 41조). 그러나 반대의무의 이행과 상환으로 권리관계의 인낙 이나 의사진술을 할 의무에 대하여는 그 판결이 확정된 뒤에 채권자가 그 반대의무를 이 행한 사실을 증명하고 재판장 또는 사법보좌관의 명령에 따라 집행문을 받았을 때 의사 표시의 효력이 생기므로(민집 263조), 이 경우에는 반대의무의 이행(제공)은 집행문 부 여의 요건이 된다.

(10) 인지 · 송달료 · 증지

집행권원 1개당 5,000원의 수입인지를 신청서에 붙여야 한다. 부동산등 경매사건의 송 달료는 송달료규칙 및 송달료규칙의 시행에 따른 업무처리요령이 정하는 바에 따라 송달 료 수납은행에 현금[(신청서 상 이해관계인수+3)×10회분×5,200원]을 납부하고, 그 은 행으로부터 송달료납부서, 송달료영수증을 교부받은 다음 그 중 송달료납부서를 신청서에 첨부한다. 부동산 1개당 3,000원의 증지를 클립 혹은 호치킷으로 신청서 상단에 고정한다. 증지는 경매개시결정 이후 담당 경매계에서 등기소로 촉탁할 시에 떼어서 사용한다.

부동산강제경매신청서

(11) 등록세 · 지방교육세

신청인은 등록세(청구채권금액의 2/1,000) 및 지방교육세(청구채권금액의 등록세액의 20/100) 영수필통지서 1통과 영수필확인서 1통을 적어도 법원의 등기촉탁까지는 제출하여야 한다. 실무상으로는 통상 경매신청 시에 위 영수필통지서 등을 함께 제출하고 있다.

(12) 집행비용예납

신청인은 아래와 같은 집행비용을 법원보관금취급규칙이 정하는 바에 따라 예납하여야 한다.

경매수수료	10만원까지 5,000원
	10만원 초과 1천만원까지 5,000원+[(청구금액-10만원)/10만원×2,000원]
	1천만원 초과 5천만원까지 203,000원+[(청구금액-1천만원)/10만원×1,500원]
	5천만원 초과 1억원까지 803,000원+[(청구금액-5천만원)/10만원×1,000원]
	1억원 초과 3억원까지 1,303,000원+[(청구금액-1억원)/10만원×500원]
	3억원 초과 5억원까지 2,303,000원+[(청구금액-3억원)/10만원×300원]
	5억원 초과 10억원까지 2,903,000원+[(청구금액-5억원)/10만원×200원]
	10억원 초과 3,903,000원
감정료	1억 5,500만원 이하 200,000원
	1억 5,500만원 초과 50억원까지 청구금액×0.0004+138,000원
	50억원 초과 청구금액×0.0002+1,138,000원

현황조사료	63,260원
유찰수수료	6,000원
신문공고료	부동산(기본2개당) 220,000원 1개 추가당 110,000원

[서식] 법원보관금납부서

납부당사자사용란	법원명	○○지방법원	사건번호	부동산임의경매	
	납부금액	○○○○원	보관금종류	○ 민사예납금○ 경매예납금 ○ 경매보증금○ 경락대금○ 기타	
	납부당사자	박○○	주민등록번호 (사업자등록번호)		
	주소				
	잔액환급 계좌번호	○○은행	○○지점	예금주	
		계좌번호			

(13) 부동산목록 · 등기부등본

경매개시결정과 그 후의 각종 촉탁 등에 필요한 부동산목록은 본래는 집행법원이 이를 작성하여야 할 것이나 법원의 사무처리의 편의를 위하여 실무상 신청인에게 10통을 제출시키고 있다.

채무자 소유로 등기된 부동산에 대하여 등기부등본을 제출하여야 한다. 실무상 경매신청 전 1개월 이내에 발급된 것을 첨부시키고 있다.

[서식] 부동산강제경매 신청서

부동산강제경매신청

채 권 자 박 ○ ○(750○○○-16○○○○)
　　　　　　서울시 ○○구 ○○동 ○○-○○(T.010-○○○-○○○)

채무자겸 정 ○ ○(760431-1627813)
소 유 자 광주 광산구 장덕동 1490-991

청구금액 : 금 100,000,000

위 금액에 대하여 20ㅇㅇ. ㅇ. ㅇ.부터 20ㅇㅇ. ㅇ. ㅇ.까지는 연 12%의, 그 다음날부터 다 갚는 날까지는 연 20%의 각 비율에 의한 금원

집행법원의 표시

채권자가 채무자를 상대로 한 ㅇㅇ지방법원 20ㅇㅇ차 1234 대여금 독촉 사건의 확정된 지급명령정본

신 청 취 지

위 금액의 변제에 충당하기 위하여 별지목록 기재 부동산에 대하여 강제경매개시를 한다.

라는 재판을 구합니다.

신 청 이 유

위 청구금액은 채권자가 채무자를 상대로 제기한 ㅇㅇ지방법원 20ㅇㅇ차 1234 대여금 청구사건의 20ㅇㅇ. ㅇ. ㅇ.자 확정된 지급명령에 의한 것으로 채무자가 변제하여야 할 것인바, 채무자는 이를 전혀 변제하지 않고 있으므로 채권자는 채무자를 상대로 위 집행법원에 의한 경매개시결정의 절차를 구하기 위하여 본 신청에 이르렀습니다.

첨 부 서 류

1. 위 입증방법	1통
1. 별지목록	1통
1. 이해관계일람표	1통
1. 부동산등기부등본	1통
1. 채무자주민등록초본	1통

20ㅇㅇ. ㅇ. ㅇ.

위 채권자 박 ㅇ ㅇ (인)

ㅇㅇ 지방법원 귀중

매각할 부동산의 표시

1동의 건물의 표시

충청남도 논산시 강경읍 산양리 348-9, 349-2 금강빌리지임대아파트 제104동

철근콘크리트조 평스라브지붕 5층 아파트

1층 441.78 ㎡

2층 440.66 ㎡

3층 440.66 ㎡

4층 440.66 ㎡

5층 440.66 ㎡

지하1층 384.45 ㎡

대지권의 목적인 토지의 표시

1. 충남 논산시 강경읍 산양리 348-9   대 1,679 ㎡
2. 충남 논산시 강경읍 산양리 349-2   대 4,287 ㎡

전유부분의 건물의 표시

건물의 표시 : 제1층 제302호

구   조 : 철근콘크리트조

면   적 : 39.60㎡

대지권의 표시

대지권의 종류 : 1, 2 소유대지권

대지권의 비율 : 5,966분의 30.046   .끝.

3. 강제경매개시결정

(1) 형식적 심사

강제경매신청이 있으면 집행법원은 신청서의 기재 및 첨부서류에 의하여 강제경매의 요건 에 관하여 형식적 심사를 한다. 통상 변론이나 심문 없이 서면에 의하여 심리한다.

(2) 개시결정

1) 심리결과 신청이 적법하면 강제경매개시결정을 하고 만약 그 요건에 흠이 있고, 그 하자가 보정될 수 없는 것인 때에는 결정으로 신청을 각하한다. 보정할 수 있는 것이면 그 보정을 명한다. 강제경매의 요건이 구비되었는지 여부는 개시결정 당시를 기준으로 한다. 강제경매신청을 기각하거나 각하하는 재판에 대하여는 즉시항고 할 수 있다(민집 83조).

2) 신청을 허용하는 때에는 신청인으로 하여금 집행비용을 예납시킨 후에 개시결정을 한다. 비용을 미리 내지 아니한 때에는 법원은 신청을 각하하거나 집행절차를 취소할 수 있다(민집 18조).

3) 개시결정은 경매신청 접수일로부터 2일 이내에 하여야 한다. 개시결정에는 동시에 그 부동산의 압류를 명하여야 한다(민집 83조). 경매개시결정에 의한 압류의 효력은 그 결정이 채무자에게 송달된 때 또는 경매개시결정의 기입등기가 된 때에 발생한다(민집 83조).

(3) 경매개시결정의 송달

1) 강제경매개시결정은 채무자에게 송달하여야 한다. 송달의 방법은 민사소송법의 일반적인 규정에 따른다. 경매개시결정의 고지없이는 유효하게 매각절차를 속행할 수 없고, 채무자가 아닌 이해관계인도 채무자에 대한 경매개시결정송달의 흠을 매각허가결정에 대한 항고사유로 삼을 수 있다

2) 채무자가 아닌 다른 이해관계인에게는 경매개시결정을 송달할 필요가 없다. 채권자에게는 일반적인 결정·명령의 경우와 마찬가지로 상당한 방법으로 고지하면 된다(민소 221조).

(4) 경매개시결정의 기입등기의 촉탁

법원이 경매개시결정을 하면 법원사무관 등은 즉시 그 사유를 등기부에 기입할 것을 등기관에게 직권으로 촉탁하여야 하며, 등기관은 위 촉탁에 따라 경매개시결정의 기입등기를 하여야 한다(민집 94조). 등기관은 경매개시결정 사유를 등기부에 기입한 뒤 등기부 등본을 작성하여 이를 집행법원에 보내야 한다.

4. 불복방법

이해관계인은 매각대금이 모두 지급될 때까지 법원에 경매개시결정에 대한 이의신청을 할 수 있고(민집 86조), 이의의 재판에 대하여는 다시 즉시항고를 할 수 있다(민집 86조).

(1) 이해관계인의 범위

경매절차의 이해관계인은 ① 압류채권자와 집행력 있는 정본에 의하여 배당을 요구한 채권자, ② 채무자 및 소유자, ③ 등기부에 기입된 부동산 위의 권리자, ④ 부동산 위의 권리자로서 그 권리를 증명한 사람으로 한정된다(민집 90조).

(2) 이의신청의 방법

경매개시결정에 대한 이의의 신청은 개시결정을 한 집행법원에 한다. 이의신청은 서면 또는 말로 할 수 있고, 1,000원의 인지를 첨부하여야 한다. 송달료는 당사자수×2회분에 해당한다. 이의신청은 매각대금이 모두 지급될 때까지 할 수 있다.

(3) 이의 사유

강제경매개시결정에 대한 이의신청은 민사집행법 16조의 집행에 관한 이의의 성질을 가지고 있으므로, 임의경매와는 달리 경매신청요건의 흠, 경매개시요건의 흠 등 개시결정에 관한 '절차상의 하자'를 이유로 하는 경우에만 할 수 있고 실체상의 하자를 이의 사유로 삼을 수 없다.

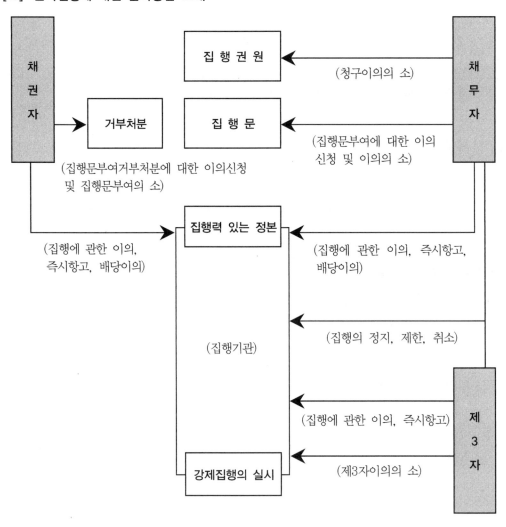

채무자가 실체상 이유를 들어 다툴 경우에는 청구이의의 소(민집 44조)를 제기한 후 그 본안재판부로부터 집행정지결정(잠정처분)을 받아 그 정본을 민사집행법 49조 2호의 서류로 집행법원에 제출하면 집행법원은 매각절차를 정지하게 된다. 그 후 본안에서 승소하여 받은 판결정본을 동법 49조 1호의 서류로 집행법원에 제출하면 된다.

(4) 이의의 재판

이의의 재판은 변론없이 할 수 있고(민집 3조), 결정의 형식으로 한다. 변론을 열지 아니할 경우에도 법원은 당사자와 이해관계인, 그 밖의 참고인을 심문할 수 있다(민소 134조). 심리결과 이의신청이 정당하면 경매개시결정을 취소하고 경매신청을 기각 또는 각하한다. 이의신청이 부적법하거나 이유 없는 경우에는 이의신청을 각하 또는 기각한다. 첨부서류나 대리권의 흠결과 같이 경매신청의 요건의 흠을 보정할 수 있는 경우에는 경매개시결정의 취소만으로 그치고 경매신청까지 각하할 것은 아니다.

[서식] 강제경매개시결정에 대한 이의신청

강제경매개시결정에 대한 이의신청

사   건   20○○ 타경 123 강제경매
신 청 인   박 ○ ○(750631-1627813)
           서울시 ○○구 ○○로 971

피신청인   정 ○ ○(760431-1627813)
           서울시 ○○구 ○○로 1490-991

신 청 취 지

1. 위 사건에 관하여 20○○. ○. ○. 귀원이 행한 강제경매개시 결정은 이를 취소한다.
2. 피신청인의 본건 강제경매신청은 이를 기각한다.
라는 판결을 구합니다.

신 청 이 유

1. 채권자인 피신청인은 채무자인 신청인과 사이의 ○○지방법원 20○○ 가단 123 대여금 청구사건의 집행력 있는 판결정본에 기하여 20○○. ○. ○. 귀원에 강제경매신청을 하여 ○. ○. 경매개시결정이 선고 되었습니다.

2. 그런데 위 경매개시결정 정본은 신청인에게 송달되지 않은 것으로써 그 송달이 이루어지지 않은 가운데 경매절차를 진행하는 것은 집행의 효력이 없는 위법한 경매이므로 본건 이의를 신청하는 바입니다.

                    20○○. ○. ○.
                    위 신청인 박 ○ ○ (인)

○○ **지방법원 귀중**

---

(5) 즉시항고

1) 이의신청에 관한 재판에 대하여 이해관계인은 이의신청에 관한 재판을 고지(선고 또는 송달)받은 날부터 1주의 불변기간 이내에 원심법원(집행법원)에 항고장을 제출하는 방법으로 즉시항고를 할 수 있다(민집 83조, 15조).

2) 항고가 이유 있는 경우에는 그 재판을 경정하여야 한다(민집 23조, 민소446조). 이유 없는 경우에는 항고기록을 항고법원에 송부하고, 항고법원은 집행에 관한 이의신청사건에 있어서의 심리와 재판의 형식에 준해서 재판한다(민소 443조).

3) 즉시항고는 집행정지의 효력을 가지지 아니한다. 다만, 항고법원(재판기록이 원심법원에 남아 있는 때에는 원심법원)은 즉시항고에 대한 결정이 있을 때까지 담보를 제공하게 하거나 담보를 제공하게 하지 아니하고 원심재판의 집행을 정지하거나 집행절차의 전부 또는 일부를 정지하도록 명할 수 있고, 담보를 제공하게 하고 그 집행을 계속하도록 명할 수 있다(민집 15조).

[서식] 즉시항고장

즉 시 항 고 장

항 고 인   박 ○ ○(750631-1627813)
　　　　　　서울시 ○○구 ○○동 971

위 항고인은 ○○지방법원 20○○타경 123 부동산임의경매사건에 관한 20○○. ○. ○.자 '경매개새결정에 대한 이의'의 기각결정에 대하여 불복인바 항고합니다(동 결정은 20○○. ○. ○. 송달받았음).

항 고 취 지

원 결정을 취소하고 다시 상당한 재판을 하라.
라는 재판을 구합니다.

항 고 이 유

이 사건 채권자는 이미 채무자로부터 20ㅇㅇ. ㅇ. ㅇ. ㅇㅇ지방법원 ㅇㅇ등기소 ㅇㅇ호로 접수된 근저당채권최고액 ㅇㅇ만원에 기하여 이건 경매를 신청한 것이나 이미 위 피담보채권은 소멸시효 된 것이기에 위 경매개시결정에 대하여 채무자는 소멸시효 완성을 이유로 20ㅇㅇ. ㅇ경 경매개시결정에 대한 이의신청을 한 것입니다. 그러나 채무자의 이의에 대하여 ㅇㅇ지방법원은 납득할 수 없는 사유로 기각 결정을 한 바, 이 건 항고에 이른 것입니다.

20ㅇㅇ.　ㅇ.　ㅇ.
위 항고인　박 ㅇ ㅇ　(인)

ㅇㅇ **지방법원　귀중**

■ **작성방법**

1. 재판의 고지일로부터 7일 이내에 **원심법원에** 항고장 1부를 제출한다.
2. 인지대 4,000원, 송달료는 당사자수 3회분이다.

4. 경매의 준비

(1) 배당요구의 종기결정 및 공고

집행법원은 경매개시결정에 따른 압류의 효력이 생긴 때(그 경매개시결정전에 다른 경매개시결정이 있은 경우를 제외한다)로부터 1주 이내에 배당요구를 할 수 있는 종기(終期)를 첫 매각기일 이전으로 정한다. 배당요구의 종기가 정하여진 때에는 법원은 경매개시결정을 한 취지 및 배당요구의 종기를 공고하고, 최선순위 전세권자 및 법원에 알려진 배당요구채권자(집행력 있는 정본을 가진 채권자, 경매개시결정이 등기된 뒤에 가압류를 한 채권자, 민법·상법, 그 밖의 법률에 의하여 우선변제청구권이 있는 채권자)에게 이를 고지하여야 한다(민집 84조, 91조 4항, 88조 1항).

(2) 채권신고의 최고

법원사무관 등은 첫 경매개시결정등기전에 등기된 가압류채권자(민집 148조 3호) 및 저당권·전세권, 그 밖의 우선변제청구권으로서 첫 경매개시결정등기전에 등기되었고 매각으로 소멸하는 것을 가진 채권자(민집 148조 4호), 조세 및 그 밖의 공과금을 주관하는 공공기관에 대하여 채권의 유무, 그 원인 및 액수(원금·이자·비용, 그 밖의 부대채권

(附帶債權)을 포함한다)를 배당요구의 종기까지 법원에 신고하도록 최고하여야 한다.

[서식] 채권계산서

채권계산서

사건번호　20○○　타경 123 부동산강제경매

채 권 자　박 ○ ○

채 무 자　정 ○ ○

위 사건에 관하여 채권자는 채무자에 대하여 아래와 같은 채권을 가지고 있으므로 채권계산서를 제출합니다.

아　　래

1. 원 금　금 8,000,000원(○○지방법원 20○○ 머12호 집행력 있는 조정조서 결
   정에　　　　　　　　　의한 금원)
2. 이 자　금 ○○○○원(위 금원에 대한 20○○. ○. ○.부터 20○○. ○. ○.까지
   ○○　　　　　　　　　일간 연 2할의 비율에 의한 금원)
3. 합 계　금 ○○○,○○○원

　　　　　　　　　　　　　　　　20○○.　　○.　○.

　　　　　　　　　　　　　　　　채권자　박 ○ ○　(인)

○○ 지방법원　귀중

---

(3) 현황조사

집행법원은 경매개시결정을 한 뒤에 바로 집행관에게 부동산의 현상, 점유관계, 차임(借貸) 또는 보증금의 액수, 그 밖의 현황에 관하여 조사하도록 명하여야 한다(민집 85조).

(4) 임차인에 대한 통지

집행법원은 집행관의 현황조사보고서 등의 기재에 의하여 주택임차인(상가건물임차인)으

로 판명된 자, 임차인인지 여부가 명백하지 아니한 자 또는 임차인으로 권리신고를 하고 배당요구를 하지 아니한 자에 대하여 통지서를 송부하여 주택임대차보호법 3조 1항이 정하는 대항요건과 임대차계약서 상의 확정일자를 구비한 임차인 또는 같은 법 8조 1항이 정하는 소액임차인이거나, 상가건물 임대차보호법 3조 1항이 정하는 대항요건을 갖추고 임대차계약서 상의 확정일자를 받은 임차인 또는 같은 법 14조 1항이 정하는 소액임차인이라도 배당요구의 종기까지 배당요구를 하여야만 우선변제를 받을 수 있음을 고지하여야 한다(재민 98-6).

[서식] 권리신고 및 배당요구서

권리신고서 및 배당요구서

사건번호   20○○ 타경 123 부동산강제경매
채 권 자   박 ○ ○
채 무 자   정 ○ ○
소 유 자   이 ○ ○

본인은 이 사건 경매절차에서 임차보증금을 변제받기 위하여 아래와 같이 권리신고 및 배당요구를 하오니 경락대금에서 우선 변제하여 주시기 바랍니다.

아 래

1. 계약일 :   20○○. ○. ○.
2. 계약당사자 : 임대인 ○○○
                임차인 ○○○
3. 임대차기간 :   20○○. ○. ○.부터 20○○. ○. ○.까지
4. 임대차보증금 :   ○○○만원
5. 임차부분 :   전부
6. 입주일 :   20○○. ○. ○.
7. 주민등록전입일 ;   20○○. ○. ○.
9. 확정일자 :   20○○. ○. ○.

(5) 부동산의 평가 및 최저매각가격의 결정

집행법원은 감정인(鑑定人)에게 부동산을 평가하게 하고 그 평가액을 참작하여 최저매각가격을 정하여야 한다(민집 97조).

(6) 매각물건명세서

집행법원은 ① 부동산의 표시, ② 부동산의 점유자와 점유의 권원, 점유할 수 있는 기간, 차임 또는 보증금에 관한 관계인의 진술, ③ 등기된 부동산에 대한 권리 또는 가처분으로서 매각으로 효력을 잃지 아니하는 것, ④ 매각에 따라 설정된 것으로 보게 되는 지상권의 개요의 사항을 적은 매각물건명세서를 작성하여야 하고, 이러한 매각물건명세서 및 현황조사보고서, 평가서의 사본을 매각기일의 1주 전까지 법원에 비치하여 누구든지 볼 수 있도록 하여야 한다(민집 105조, 민집규 55조).

(7) 경매기록의 열람과 복사

(8) 남을 가망이 없는 경우의 경매취소

집행법원은 최저매각가격으로 압류채권자의 채권에 우선하는 부동산의 모든 부담과 절차비용을 변제하면 남을 것이 없겠다고 인정한 때에는 압류채권자에게 이를 통지하여야 한다. 압류채권자가 위 통지를 받은 날부터 1주 이내에 위 부담과 비용을 변제하고 남을 만한 가격을 정하여 그 가격에 맞는 매수신고가 없을 때에는 자기가 그 가격으로 매수하겠다고 신청하면서 충분한 보증을 제공하지 아니하는 한, 집행법원은 경매절차를 취소하여야 한다(민집 102조).

(9) 매각조건의 결정

매각조건이란 법원이 부동산을 매각하여 그 소유권을 매수인에게 이전시키는데 있어서 지켜야 할 조건을 말한다.

(10) 매각방법 · 매각기일 · 매각결정기일의 지정 · 공고 · 통지

1) 매각방법의 지정

부동산의 매각은 매각기일에 하는 호가경매(呼價競賣), 매각기일에 입찰 및 개찰하게 하는 기일입찰 또는 입찰기간 이내에 입찰하게 하여 매각기일에 개찰하는 기간입찰의 세 가지 방법으로 한다(민집 103조).

2) 매각기일의 지정

매각기일이란 집행법원이 매각부동산에 대한 매각을 실시하는 기일을 말한다. 법원은 최저매각가격으로 민사집행법 제102조제1항의 부담과 비용을 변제하고도 남을 것이 있다고 인정하거나 압류채권자가 민사집행법 제102조제2항의 신청을 하고 충분한 보증을 제공한 때에는 직권으로 매각기일과 매각결정기일을 정하여 대법원규칙이 정하는 방법으로 공고한다(민집 104조).

[서식] 경매기일연기 신청서

경 매 기 일 연 기 신 청

사　　　건　2018타경 123호 부동산강제경매

채 권 자　장 ○○

채 무 자　문 ○○

위 당사자 간 귀원 2018타경 123호 부동산강제경매사건에 관하여 20○○. ○. ○. 10:00에 매각기일이 정하여졌다는 통지서를 받았으나 채무자가 목적 경매부동산의 채무액 상환을 의사표시하는바, 매각기일을 연기하여 주시기 바랍니다.

2018.　　10.　　.

위 채권자 장 ○ ○ (인)

서울○○지방법원　경매○○계　귀중

---

3) 매각결정기일의 지정

매각결정기일이란 매각이 실시되어 최고가매수인이 있을 때 법원이 출석한 이해관계인의 진술을 듣고 매각절차의 적법여부를 심사하여 매각허가 또는 불허가의 결정을 선고하는 기일을 말한다. 매각결정기일은 매각기일부터 1주 이내로 정하여야 하나 이는 훈시규정에 불과하다.

4) 매각명령

매각기일과 매각결정기일은 원칙적으로 매각을 실시할 때마다 정하여야 하나, 3~4회 정도의 기일을 일괄하여 정할 수도 있다. 법원은 매각기일과 매각결정기일을 정하면 매각명령을 발한다.

5) 매각기일 · 매각결정기일의 공고

집행법원은 매각기일의 2주 전까지 부동산의 표시, 강제집행으로 매각한다는 취지와 그 매각방법, 부동산의 점유자, 점유의 권원, 점유하여 사용할 수 있는 기간, 차임 또는 보증금약정 및 그 액수, 매각기일의 일시 · 장소, 매각기일을 진행할 집행관의 성명 및 기간입찰의 방법으로 매각할 경우에는 입찰기간 · 장소, 최저매각가격, 매각결정기일의 일시 · 장소, 매각물건명세서 · 현황조사보고서 및 평가서의 사본을 매각기일 전에 법원에 비치하여 누구든지 볼 수 있도록 제공한다는 취지, 등기부에 기입할 필요가 없는 부동산에 대한 권리를 가진 사람은 채권을 신고하여야 한다는 취지, 이해관계인은 매각기일에 출석할 수 있다는 취지 등 민사집행법 106조에 규정된 사항과 일괄매각결정을 한 때에는 그 취지, 취득이 제한되는 부동산에 관하여 매수신청인의 자격을 제한한 때에는 그 제한의 내용, 매수신청의 보증금액과 보증제공방법 등의 사항을 공고하여야 한다(민집규 56조).

6) 매각기일 · 매각결정기일의 통지

법원은 매각기일과 매각결정기일을 이해관계인에게 통지하여야 한다(민집 104조).

7) 기간입찰의 경우

기간입찰의 방법으로 매각할 경우에는 입찰기간도 정하여 이를 이해관계인에게 통지하여야 한다(민집 104조). 입찰기간은 1주 이상 1월 이하의 범위 안에서 정하고, 매각기일은 입찰기간이 끝난 후 1주 안의 날로 정하여야 한다(민집규 68조).

5. 매각의 실시

(1) 기일입찰의 실시

1) 개시선언

매각기일은 집행관의 개시선언 즉 출석한 이해관계인과 일반매수희망자에 대하여 적당한 방법으로 매각을 개시한다는 취지를 선언함에 의하여 개시된다.

2) 매수신청의 최고

매수신청은 절차법적으로는 매각허가결정을 구하는 신청이고, 실체법적으로는 매매계약의 청약의 성질을 가진다.

3) 매수신청

① 입찰의 경우 매각절차에서의 매수신청에 해당하는 입찰절차는 입찰표의 제출이다. 한 번 제출한 입찰표는 취소·변경·교환할 수 없다(민집규 62조). 동일인이 다시 입찰표를 제출하는 것도 허용되지 않는다. 동일인이 2개의 다른 매수신고를 하는 경우에는 2개의 입찰 모두를 무효로 보아야 한다.

② 입찰표에는 사건번호와 부동산의 표시(실제 사용하는 입찰표의 양식에는 부동산의 표시는 생략하고 사건번호와 물건번호를 기재하도록 되어 있다), 입찰자의 이름과 주소(법인의 경우 대표자의 지위와 이름을 적지 아니하면 그 입찰은 무효로 처리된다.

③ 입찰표를 제출할 때에는 매수신청의 보증도 함께 하여야 한다(민집규 64조). 기일입찰에서 매수신청의 보증금액은 최저매각가격의 10분의 1로 하되, 법원은 상당하다고 인정하는 때에는 보증금액을 달리 정할 수 있다(민집규 63조).

④ 집행관이 입찰표의 제출을 최고하면 입찰이 시작되며 집행관은 입찰표 기재대에 입실하는 사람에게 입찰표, 입찰보증봉투(흰색 작은 봉투), 입찰봉투(황색 큰 봉투) 3종의 규격용지를 무상교부 한다. 입찰자는 매수신청보증을 입찰보증봉투에 넣고 1차로 봉한 후 입찰보증봉투의 앞면에는 사건번호, 물건번호, 제출자의 이름을 기재하고 날인하며, 뒷면에는 표시된 세 곳에 날인한 다음, 기재한 입찰표와 입찰보증봉투를 다시 입찰봉투에 넣어 스테이플러로 찍어 봉하고 입찰봉투에는 사건번호, 물건번호, 입찰자의 이름(공동입찰의 경우에는 모두자의 이름만 기재하고 그의 인원수를 기재한다)을 기재한 후(날인은 하지 않는다), 입찰봉투와 주민등록증을 집행관에게 제출하여 입찰봉투 제출자의 본인 여부를 확인받은 다음 입찰봉투에 연결번호와 집행관의 간인을 받은 후 수취증을 떼어내 보관하고 입찰봉투를 입찰함에 투입한다. 수취증은 나중에 입찰에서 떨어졌을 때 그것과 상환하여 보증금을 반환받는다.

[표] 입 찰 표

(기일입찰표 앞면)

기일입찰표

○○지방법원 ○○지원 집행관　귀하　　　　　　2010년　10월　20일

사건 번호	2009 타경 987701호		물건 번호	55 * 물건번호가 여러 개 있는 경우에는 꼭 기재			
입 찰 자	본 인	성　　　명	장 ○ ○ (인)		전화번호		015-420-4498
		주민(사업자) 등 록 번 호	650931 - 1626813		법인등록 번　　호		
		주　　　소	○○ ○○시 내동 987-567				
	대리인	성　　　명	문 ○ ○ (인)		본인과의 관계		처
		주민등록번호	690230 - 2558811		전화번호		013-256-7789
		주　　　소	○○ ○○시 내동 987-567				

입찰 가액	천억	백억	십억	억	천만	백만	십만	만	천	백	십	일		보증 금액	천억	백억	십억	억	천만	백만	십만	만	천	백	십	일	
			1	7	8	5	0	0	0	0	0		원														원

보증의 제공방법　□ 현금 · 자기앞 수표	보증을 반환 받았습니다.
■ 보증서	입찰자　장 ○ ○　　(인)

주의사항
1. 입찰표는 물건마다 별도의 용지를 사용하십시오. 다만, 일괄입찰시에는 1매의 용지를 사용하십시오.
2. 한 사건에서 매각물건이 여러 개 있고 그 물건들이 개별적으로 입찰에 부쳐진 경우에는 사건번호 외에 물건번호를 기재하십시오.
3. 입찰자가 법인인 경우에는 본인의 성명란에 법인의 명칭과 대표자의 지위 및 성명을 주민등록란에는 입찰자가 개인인 경우에는 주민등록번호를, 법인인 경우에는 사업자등록번호를 기재하고, 대표자의 자격을 증명하는 서면(법인의 등기부 등·초본)을 제출하여야 합니다.
4. 주소는 주민등록상의 주소를, 법인은 등기부상 본점소재지를 기재하시고, 신분확인상 필요하오니 주민등록증을 꼭 지참하십시오.
5. 입찰가격은 수정할 수 없으므로, 수정을 요하는 때에는 새 용지를 사용하십시오.
6. 대리인이 입찰하는 때에는 입찰자란에 본인과 대리인의 인적사항 및 본인과의 관계 등을 모두 기재하는 외에 본인의 위임장(입찰표 뒷면을 이용)과 인감증명을 제출하십시오.
7. 위임장, 인감증명 및 자격증명서는 이 입찰표에 첨부하십시오.
8. 일단 제출된 입찰표는 취소, 변경이나 교환이 불가능합니다.
9. 공동으로 입찰하는 경우에는 공동입찰신고서를 입찰표와 함께 제출하되, 입찰표의 본인 란에는 "별첨 공동입찰자목록 기재와 같음"이라고 기재한 다음, 입찰표와 공동입찰신고서 사이에는 공동입찰자 전원이 간인하십시오.
10. 입찰자 본인 또는 대리인 누구나 보증을 반환받을 수 있습니다.
11. 보증의 제공방법(현금·자기앞 수표 또는 보증서)중 하나를 선택하여 □표를 기재하십시오.

주 : 최고가매수신고인 등이 정하여진 보증금액을 넘어 보증을 냈을 때에는 적당한 여백에 "보증 가운데 ○/10 에 해당하는 금 ○○ 원을 넘는 금액은 돌려받았음"이라는 붉은 고무인을 찍고 영수자의 날인을 받는다.

[표] 매수신청보증봉투(앞면)

○○지방법원 ○○지원

매수신청보증봉투

사 건 번 호	2019타경 987701호
물 건 번 호	55
제 출 자	장 ○ ○ (인)

※ 매수신청봉투의 뒷면
  ㉠ 날인할 수 있는 세 곳이 표시되어 있고,
  ㉡ 다음과 같은 문구가 기재되어 있다. 즉,
    "1. 매수신청을 넣고 봉한 후 날인의 표시가 있는 부분에 꼭 날인하십시오."
    "2. 입찰표와 함께 입찰봉투(황색 큰 봉투)에 넣으십시오."

[표] 입찰봉투(앞면)

입찰자용 수취증   주의 : 이 부분은 절취하여 보관하다가 매수신청
                           보증을 반환받을 때 제출하십시오.
○○지방법원○○지원(연결번호   번)   분실시에는 매수신청보증을 반환받지 못
                           할 수가 있으니 주의하십시오.

(절   취   선)
(접   는   선)

○○지방법원○○지원(연결번호   번)

사건번호	2019타경 987701호
물건번호	55
제 출 자	장 ○ ○ (인)

입

찰

(접   는   선)

봉

투

1. 매수신청보증봉투와 입찰표를 넣고 호치키스로 봉하십시오.
2. 입찰자용 수취증의 절취선에 집행관의 날인을 받으십시오.
3. 사건번호를 타인이 볼 수 없도록 접어서 입찰함에 넣으십시오.

※ 매수신청봉투의 뒷면
  ㉠ 날인할 수 있는 세 곳이 표시되어 있고,
  ㉡ "날인의 표시가 있는 부분에는 꼭 날인하시기 바랍니다." 라는 문구가 인쇄되어 있습니다.

4) 입찰의 마감 · 개찰 · 최고가매수신고인의 결정 · 차순위매수신고인의 결정

입찰을 마감하면 바로 입찰표의 개봉, 즉 개찰을 실시한다. 개찰결과 최고 가격으로 응찰하고 정해진 매수신청의 보증을 제출한 자로 판명된 자를 최고가매수신고인으로 결정한다.

공유자는 매각기일까지 매수신청보증을 제공하고 최고매수신고가격과 같은 가격으로 채무자의 지분을 우선매수하겠다는 신고를 할 수 있다(민집 140조).

[서식] 공유자의 지분우선 매수신고서

공유자의 지분우선 매수신고서

사　　건　　　　2019타경 123호 임의경매

채 권 자　　　　장 ○ ○
채 무 자　　　　문 ○ ○
공 유 자　　　　홍 ○ ○

부동산의 표시 : 별지기재와 같음

공유자는 민사집행법 제140조 제1항의 규정에 의하여 매수신청보증을 제공하고 최저매각대금과 같은 가격으로 채무자의 지분을 우선매수하겠다는 신고를 합니다.

보증의 선제공에 관하여 최저매각대금이 1억원이므로 보증금으로 그 10분의 1에 해당하는 금 1,000만원의 자기압수표를 집행관에게 20○○. ○. ○. 보관하였습니다.

첨 부 서 류

1. 집행관보증금보관영수증　　　　　　　　　　　　　　1통
1. 등기부등본　　　　　　　　　　　　　　　　　　　　1통
1. 주민등록표초본　　　　　　　　　　　　　　　　　　1통

2019.　　10.　　．
우선매수신공인 홍 ○ ○

○○지방법원　제○○민사부　귀중

---

5) 매각기일종결의 고지·매수신청보증의 반환

집행관은 최고가매수신고인의 성명과 그 가격을 부르고 차순위매수신고를 최고한 뒤, 적법한 차순위매수신고가 있으면 차순위매수신고인을 정하여 그 성명과 가격을 부른 다음 매각기일을 종결한다고 고지한다(민집 115조).

최고가매수신고인과 차순위매수신고인을 제외한 다른 매수신고인은 매각기일종결의 고지에 따라 매수의 책임을 벗게 되고, 즉시 매수신청의 보증을 돌려 줄 것을 신청할 수 있다(민집 115조).

6) 새매각

새매각이란 매각을 실시하였으나 매수인이 결정되지 않았기 때문에 다시 기일을 지정하여 실시하는 경매를 말한다. 매수인이 매각대금을 지급하지 않아 실시하는 재매각과는 구별된다.

(2) 기간입찰의 실시

1) 의의

기간입찰은 특정한 매각기일에 특정한 입찰장소에서 입찰을 실시하는 기일입찰제도와는 달리 일정한 입찰기간을 정하여 그 기간 내에 입찰표를 직접 또는 우편으로 법원에 제출하게 하면서 법원이 정한 최저매각가격의 1할을 일률적으로 법원의 은행 계좌에 납입한 뒤 그 입금표를 입찰표에 첨부하게 하거나 또는 지급보증위탁계약체결증명서를 첨부하게 하며, 입찰 기간 종료 후 일정한 날짜 안에 별도로 정한 매각기일(개찰기일)에 개찰을 실시하여 최고가매수신고인, 차순위매수신고인을 정하고, 매각결정기일에서 매각허가결정을 하는 매각방법으로서 법이 정하고 있는 부동산에 대한 매각방법의 하나이다(민집 103조).

2) 입찰기간의 지정

법원은 입찰기간을 지정하여 공고하고 이를 이해관계인에게 통지하여야 한다(민집 104조). 입찰기간은 1주 이상 1월 이하의 범위 안에서 정하고, 매각기일은 입찰기간이 끝난후 1주 안의 날로 정하여야 한다(민집 68조). 매각결정기일은 매각기일부터 1주 이내로 정하여야 한다(민집 109조).

3) 입찰방법

기간입찰에서 입찰은 입찰표를 넣고 봉함을 한 봉투의 겉면에 매각기일을 적어 집행관에게 제출하거나 그 봉투를 등기우편으로 부치는 방법으로 한다(민집규 69조).

4) 입찰의 취소 · 변경 · 교환의 금지

기간입찰에서도 입찰은 취소 · 변경 또는 교환할 수 없다(민집규 62조, 71조).

5) 매수신청의 보증

기간입찰에서 매수신청보증은 법원의 예금계좌에 일정액의 금전을 입금하였다는 내용으로 금융기관이 발행한 증명서, 지급보증위탁계약체결증명서 중 어느 하나를 입찰표와 같은 봉투에 넣어 집행관에게 제출하거나 등기우편으로 부치는 방법으로 제공하여야 한다(민집규 70조).

6) 기일입찰의 준용

기간입찰에는 입찰을 하는 방법, 입찰기일의 절차 등에 관하여 특별한 규정이 없는 한 기일입찰의 규정을 준용한다(민집규 71조).

[표] 기 간 입 찰 표

(앞면)

기 간 입 찰 표

○○지방법원 ○○지원 집행관   귀하 　　　매각(개찰)기일 : 2010년　 10월　 20일

사건번호	2009 타경 987701호	물건번호	* 물건번호가 여러 개 있는 경우에는 꼭 기재

입찰자

	본인	성　　명	장 ○ ○ (인)	전화번호	010-420-4498
		주민(사업자)등 록 번 호	650931 - 1626813	법인등록번　　호	
		주　　소	○○ ○○시 내동 987-567		
	대리인	성　　명	문 ○ ○ (인)	본인과의 관계	처
		주민등록번호	690230 - 2558811	전화번호	013-256-7789
		주　　소	○○ ○○시 내동 987-567		

입찰가액	천억	백억	십억	억	천만	백만	십만	만	천	백	십	일		보증금액	천억	백억	십억	억	천만	백만	십만	만	천	백	십	일	
			1	7	8	5	0	0	0	0	0		원														원

보증의 제공방법	□ 현금 · 자기앞 수표 ■ 보증서	보증을 반환 받았습니다. 입찰자　 장 ○ ○　 (인)

주의사항

1. 입찰표는 물건마다 별도의 용지를 사용하십시오. 다만, 일괄입찰시에는 1매의 용지를 사용하십시오.

2. 한 사건에서 매각물건이 여러 개 있고 그 물건들이 개별적으로 입찰에 부쳐진 경우에는 사건번호 외에 물건번호를 기재하십시오.

3. 입찰자가 법인인 경우에는 본인의 성명란에 법인의 명칭과 대표자의 지위 및 성명을 주민등록란에는 입찰자가 개인인 경우에는 주민등록번호를, 법인인 경우에는 사업자등록번호를 기재하고, 대표자의 자격을 증명하는 서면(법인의 등기부 등 · 초본)을 제출하여야 합니다.

4. 주소는 주민등록상의 주소를, 법인은 등기부상 본점소재지를 기재하시고, 신분확인상 필요하오니 주민등록증을 꼭 지참하십시오.

5. 입찰가격은 수정할 수 없으므로, 수정을 요하는 때에는 새 용지를 사용하십시오.

6. 대리인이 입찰하는 때에는 입찰자란에 본인과 대리인의 인적사항 및 본인과의 관계 등을 모두 기재하는 외에 본인의 위임장(입찰표 뒷면을 이용)과 인감증명을 제출하십시오.

7. 위임장, 인감증명 및 자격증명서는 이 입찰표에 첨부하십시오.

8. 일단 제출된 입찰표는 취소, 변경이나 교환이 불가능합니다.

9. 공동으로 입찰하는 경우에는 공동입찰신고서를 입찰표와 함께 제출하되, 입찰표의 본인 란에는 "별첨 공동입찰자목록 기재와 같음"이라고 기재한 다음, 입찰표와 공동입찰신고서 사이에는 공동입찰자 전원이 간인하십시오.

10. 입찰자 본인 또는 대리인 누구나 보증을 반환받을 수 있습니다.

11. 보증의 제공방법(현금 · 자기앞 수표 또는 보증서)중 하나를 선택하여 □표를 기재하십시오.

주 : 최고가매수신고인 등이 정하여진 보증금액을 넘어 보증을 냈을 때에는 적당한 여백에 "보증 가운데 ○/10 에 해당하는 금 ○○ 원을 넘는 금액은 돌려받았음"이라는 붉은 고무인을 찍고 영수자의 날인을 받는다.

[서식] 입금증명서

입 금 증 명 서

〔입찰자 기재란〕

사건번호	20○○타경123	매각기일	20○○년○월○일
성명,날인	이○○(인)		

법원보관금 영수필통지서(법원제출용)첨부 장소
이곳에 법원보관금 영수필통지서를 붙여 주십시요

〔확인란〕

환급금종류	□ 집행관		□ 사건담임자	출납공무원	
	환급사유	환급통지일	기명, 날인	환급지시일	기명, 날인
기간입찰 환급금	미낙찰,취하, 취소,미입찰 (기타)	20○○. . .	(인)	20○○. . .	(인)

■ 접수방법

입찰기간동안 법원보관금 취급점(취급점의 은행납부는 법원별로 달리할 수 있음)에 매수신청보증금을 납입하고, 은행으로부터 받은 법원보관금영수필통지서를 위 입금증명서에 기간입찰표와 함께 기간입찰봉투에 넣어 제출한다.

[서식] 법원보관금 납부서

법원보관금납부서

실명확인	(인)

납부자당사자사용란	○○지방법원			
	사건번호	20○○타경123	물건번호	
	납부금액	23,000,000원	보관금종류	기간입찰매수 신청보증금
	납부 당사자	이 ○ ○	주민등록번호 (사업자등록번호)	711107-1034567
	주소	서울시 ○○구		
	잔액환급 계좌번호	국민은행	지점	예금주	이 ○ ○
		계좌번호	278-98-8976	

위 보관금을 납부합니다.

20○○. ○. ○.

납부당사자 이 ○ ○ (인)

6. 매각결정절차

(1). 매각결정기일

1) 의의

법원은 매각기일의 종료 후 미리 정해진 기일에 매각결정기일을 열어 매각허가여부에 관하여 이해관계인의 진술을 듣고 직권으로 법정의 이의사유가 있는지 여부를 조사한 다음, 매각의 허가 또는 불허가결정을 선고한다.

2) 매각허가에 관한 이의사유

매각허가에 관한 이의는 ① 강제집행을 허가할 수 없을때, ② 집행을 계속 진행할 수 없을 때, ③ 최고가매수신고인이 부동산을 매수할 능력이 없는 때, ④ 최고가매수신고인이 부동산을 매수할 자격이 없는 때⑤ 부동산을 매수할 자격이 없는 사람이 최고가매수신고인을 내세워 매수신고를 한 때, ⑥ 최고가매수신고인, 그 대리인 또는 최고가매수신고인을 내세워 매수신고를 한 사람이 제108조 각호 가운데 어느 하나에 해당되는 때 ⑦ 최저매각가격의 결정에 중대한 흠이 있는 때 ⑧ 일괄매각의 결정에 중대한 흠이 있는 때, ⑨ 매각물건명세서의 작성에 중대한 흠이 있는 경우 ⑩ 천재지변, 그 밖에 자기가 책임을 질 수 없는 사유로 부동산이 현저하게 훼손된 사실 또는 부동산에 관한 중대한 권리관계가 변동된 사실이 경매절차의 진행 중에 밝혀진 때 ⑪ 경매절차에 그 밖의 중대한 잘못이 있는 때

매각허가에 대한 이의신청서

사 건 번 호   ○○지원 2009 타경 987701호 부동산강제경매
신 청 인(채무자)   장 ○ ○(650931-1626813)
                ○○시 ○동 998-99 (전화 : 014-618-3958)
피신청인(채권자)   문 ○ ○(690230-2558811)
                ○○시 ○○읍 대흥리 44-5

신 청 취 지

위 당사자간 귀원 2009 타경 987701호 부동산강제경매사건의 별지목록 기재 부동산에 대한 매각은 이를 불허한다.
라는 재판을 구합니다.

신 청 이 유

1. 이 사건 최고가매수신고인인 김○○은 이 신청서에 첨부한 가족관계증명서에 의하여 명백한 바와 같이, 미성년자이므로 단독으로 부동산을 취득할 수 없는 자입니다.

2. 그런데 집행관이 이를 간과하고 그에게 최고가매수신고인임을 허용한 것은 불법이므로 이에 이의신청을 하는 바입니다.

첨 부 서 류

1. 가족관계증명서   1통

2010. 10.   .
위 신청인 장 ○ ○ (인)

○○지방법원 ○○지원 귀중

(2) 매각에 관한 재판

집행법원은 매각결정기일에 출석한 이해관계인에게 매각허가에 관한 의견을 진술하게 하여 이를 참고로 하는 외에 직권으로 매각불허가사유의 유무를 기록에 의하여 조사한 다음 매각허가 여부를 결정한다.

(3) 매각허가 여부에 대한 즉시항고

이해관계인은 매각허가여부의 결정에 따라 손해를 볼 경우에만 그 결정에 대하여 즉시항고를 할 수 있고, 매각허가에 정당한 이유가 없거나 결정에 적은 것 외의 조건으로 허가하여야 한다고 주장하는 매수인 또는 매각허가를 주장하는 매수신고인도 즉시항고를 할 수 있다(민집 129조).

즉시항고는 재판을 고지 받은 날부터 1주 이내에 제기하여야 한다(민집 15조).

[서식] 매각허가결정에 대한 즉시항고장

항 고 장

사건번호　　　　　○○지원 2009 타경 987701호 부동산강제경매
항 고 인　　　　　장 ○ ○(650931-1626813)
　　　　　　　　　○○시 ○동 998-99

위 항고인은 ○○지원 2009타경 987701호 부동산강제경매사건에 관하여, 동 법원으로부터 2010. 9. 28. 매각허가결정을 송달받았으나 동 결정에 불복하므로 항고를 제기합니다.

원 결 정 의 표 시

김○○, 별지 기재 부동산에 대하여 최고가로 매수신고한 위 사람에게 매각을 허가한다.

항 고 취 지

원 결정을 취소하고, 다시 상당한 재판을 구합니다.

항 고 이 유

1. 본 건 부동산은 사실상 시가가 3억 5천만원인데, 감정평가사가 감정평가를 함에 있어서 너무도 낮게 평가를 하였고, 이를 근거로 하여 경매가 진행되었으므로 항고인에게 막대한 손해를 입힌 것이므로 이는 공서양속에 반하는 행위로 사료 됩니다.

2. 그러므로 항고인은 항고취지와 같은 재판을 구하고자, 항고하기에 이른 것입니다.

2010. 10. .

위 항고인 장 ○ ○ (인)

○○**지방법원** ○○**지원 귀중**

■ **작성방법**

1. 항고장은 선고일로부터 1주일의 불변기간내에 원심법원에 제출해야 한다.
2. 인지는 금 2,000원, 송달료는 5회분을 납부한다.

---

7. 부동산관리명령

(1) 의 의

법원은 매수인 또는 채권자가 신청하면 매각허가가 결정된 뒤 인도할 때까지 관리인에게 부동산을 관리하게 할 것을 명할 수 있다(민집 136조).

(2) 부동산 인도

1) 채무자가 관리인에게 매각부동산을 임의로 인도하지 아니하는 경우 관리인은 관리명 령만으로는 인도를 강제할 수 없다. 부동산의 관리를 위하여 필요하면 법원은 매수인 또는 채권자의 신청에 따라 담보를 제공하게 하거나 제공하게 하지 아니하고 인도명 령을 할 수 있다(민집 136조). 법원이 인도명령의 정본을 신청인에게 송달하면 신청 인은 이에 기해 집행관에게 집행을 위임하여 인도를 집행한다. 인도명령정본은 집행 전에 채무자에게 송달하거나 집행관으로 하여금 집행과 동시에 채무자에게 송달하게 한다.

2) 관리인은 매수인이 매각대금을 다 내고 관리인의 관리 하에 있는 매각부동산의 인도 를 청구한 때에는 관리사무를 청산하고 그 부동산을 매수인에게 인도하여야 한다.

부동산강제관리신청

채 권 자   박 ○ ○(750631-1627813)
　　　　　서울시 ○○구 ○○로 679-971(T.014-446-9866)

채 무 자   정 ○ ○(760431-1627813)
　　　　　서울시 ○○구 ○○로 1490-991

제3채무자 정 ○ ○(760431-1627813)
　　　　　서울시 ○○구 ○○로 ○○

집행권원의 표시
채권자의 채무자에 대한 ○○지방법원 20○○가단123 대여금청구사건의 집행력 있
는 판결정본

청구채권의 표시
금 20,000,000원(원금 15,000,000원 및 이에 대한 20○○. ○. ○.부터 20○○.`
○. ○.까지 연 20%의 비율에 의한 지연손해금 50,000,000원)

관리하는 부동산의 표시
 별지목록 기재와 같음

신 청 취 지

1. 채무자소유 별지목록 기재 부동산에 대한 강제관리를 개시하고 채권자를 위하여
   이를 압류한다.
2. 채무자는 관리인의 관리사무에 간섭하거나 또는 위 부동산의 수익을 처분하여서
   는 아니 된다.
3. 제3채무자는 위 부동산의 임대료를 관리인에게 지급하여야 한다.
4. 관리인으로 아래 사람을 선임한다.
   성명 : 김○○, 주소 : 서울시 ○○구 ○○동 ○○

라는 판결을 구합니다.

신 청 이 유

1. 채권자는 위 청구채권의 표시와 같이 채권을 가지고 있는 바, 채무자는 차일피일
   미루며 변제하지 않고 있으며 채무자 소유의 별지 목록 기재 부동산에 다액의 저
   당권이 설정되어 있어서 이를 매각하여도 목적을 달할 수 없는 형편입니다.

2. 그런데 위 별지목록 기재 부동산은 이○○에 임대되어 매월 금 ○○만원의 수익
   이 있으므로 이를 강제관리하고 제3자로부터 수익을 얻어 변제에 충당하면 채권
   자는 용이하게 변제 받을 수 있다고 보여 이 신청에 이른 것입니다.

첨 부 서 류

1. 집행력 있는 판결정본   1통
1. 송달, 확정증명원   1통
1. 부동산등기부등본   1통

20○○.   ○. ○.

위 채권자   박 ○ ○ (인)

○○ **지방법원   귀중**

■ 작성방법

1. 강제경매와 같이 그 부동산이 있는 지방법원에 신청서 1부를 제출한다.
2. 등록세, 인지대, 송달료 기타 소요되는 집행비용을 예납하여야 한다.

8. 매각대금의 납부

(1) 대금지급의 기한

매각허가결정이 확정되면 법원은 대금의 지급기한을 정하고, 이를 매수인과 차순위매수신고인에게 통지하며, 매수인은 그 대금지급기한까지 매각대금을 지급하여야 한다(민집 142조).

(2) 대금지급의 방법

대금은 현금으로 납부하여야 한다. 매수신청의 보증으로 금전이 제공된 경우에 그 금전은 매각대금에 넣는다. 매수신청의 보증으로 금전 외의 것이 제공된 경우로서 매수인이 매각대금 중 보증액을 뺀 나머지 금액만을 낸 때에는, 법원은 보증을 현금화하여 그 비용을 뺀 금액을 보증액에 해당하는 매각대금 및 이에 대한 지연이자에 충당하고, 모자라는 금액이 있으면 다시 대금지급기한을 정하여 매수인으로 하여금 내게 한다(민집 142조).

[서식] 매각대금납부 신청서

매각대금납부 신청서

사　　　건　　　2018 타경 987701호 임의경매

채 권 자　　　장 ○ ○
채 무 자　　　김 ○ ○
소 유 자　　　문 ○ ○
매 수 인　　　김 ○ ○

위 당사자간 귀원 2018 타경 987701호 부동산임의경매사건에 있어 매수인은 매각대금을 납부하고자 하오니 허가하여 주시기 바랍니다.

매각대금 : 금 23,000,000원
잔 대 금 : 금 32,980,000원

2018.　　10.　　.
위 매 수 인　김 ○ ○　(인)

○○지방법원 ○○지원　귀중

낙찰대금완납증명원

사   건   2018 타경 987701호 임의경매

채 권 자   장 ○ ○
채 무 자   김 ○ ○
소 유 자   문 ○ ○
매 수 인   김 ○ ○

위 당사자간 귀원 2018 타경 987701호 부동산임의경매사건에 있어 매수인은 별지 목록기재 부동산에 대한 경락대금 금 23,000,000원을 20○○. ○. ○. 완납하였음을 증명하여 주시기 바랍니다.

2018. 10.   .
위 매 수 인 김 ○ ○ (인)

○○지방법원 ○○지원   귀중

■ 작성방법

1. 인지 500원 첩부한다.
2. 증명원 2부를 제출하고 1부를 증명받아 돌려받는다.

[서식] 상계신청서(차액지급신청서)

상 계 신 청 서

사건번호   ○○지법논산지원 2018 타경 987701호

채권자 겸   장 ○ ○
매 수 인

채 무 자   김 ○ ○
소 유 자   문 ○ ○

위 당사자간 귀원 2018 타경 987701호 부동산강제경매사건에 있어 채권자가 2018.
9. 28. 자로 매수하였는바, 동 사건의 매각대금지급에 있어서 상계신청인(채권자
겸 매수인)이 배당받을 채권액과 상계하여 주시기를 민사집행법 제143조 제2항에
의하여 신청합니다.

                          2018.   10.   .
                          위 신청인(채권자 겸 매수인) 장 ○ ○   (인)

○○**지방법원** ○○**지원   귀중**

■ 작성방법
1. 인지, 송달료 없음
2. 매각결정허가기일까지 채권계산서를 첨부하여 1부를 경매계에 제출한다.

9. 소유권이전등기 등의 촉탁

(1) 소유권의 취득

매수인은 매각대금을 다 낸 때에 매각의 목적인 권리를 취득한다(민집 135조). 매수인이 취득하는 부동산 소유권의 범위는 매각허가결정서에 적힌 부동산과 동일성이 인정되는 범위 내에서 그 소유권의 효력이 미치는 범위와 같다.

(2) 촉탁의 시기

매각대금이 지급되면 법원사무관 등은 매각허가결정의 등본을 붙여 소유권이전등기 등을 촉탁하여야 한다(민집 144조).

(3) 경매개시결정등기

매각이 완결되면 경매개시결정등기는 필요없게 되므로 법원사무관 등은 직권으로 그 등기를 말소촉탁한다(민집 144조).

10. 부동산인도명령

(1) 의의

법원은 매수인이 대금을 낸 뒤 6월 이내에 신청하면 채무자·소유자 또는 부동산 점유자에 대하여 부동산을 매수인에게 인도하도록 명할 수 있다(민집 136조).

(2) 인도명령의 당사자

1) 신청인

인도명령을 신청할 수 있는 자는 매각대금을 모두 지급한 매수인과 그 매수인의 일반승계인에 한한다. 인도명령이 발하여진 후의 일반승계인은 승계집행문의 부여를 받아 인도명령의 집행을 할 수 있다. 매수인의 특별승계인은 신청인적격이 없고, 매수인이 매각부동산을 제3자에게 양도한 후에도 매수인의 인도명령신청권은 소멸하지 아니하며, 양수인은 매수인을 대위하여 인도명령을 신청하는 것도 허용되지 아니한다.

2) 상대방

① 채무자

채무자는 경매개시결정에 표시된 채무자를 말한다. 채무자의 일반승계인도 포함한다. 부동산의 인도명령의 상대방이 채무자인 경우에 그 인도명령의 집행력은 당해 채무자는 물론 채무자와 한 세대를 구성하며 독립된 생계를 영위하지 아니하는 가족과 같이 그 채무자와 동일시되는 자에게도 미친다(대법원 1998.04.24. 선고 96다30786 판결).

② 소유자

소유자는 경매개시결정 당시의 소유명의자를 말한다. 소유자의 점유도 인도명령의 요건이 아니다.

③ 부동산점유자

점유를 시작한 시점과 관계없이 부동산의 직접점유자가 상대방이 되나, 점유자가 매수인에게 대항할 수 있는 권원에 의하여 점유하고 있는 것으로 인정되는 경우에는 그러하지 아니하다. 여기서 매수인에게 대항할 수 있는 권원이란 매각으로 인하여 소멸하는 저당권·압류·가압류 등에 우선하는 대항력 있는 용익권·유치권·법정지상권 등이 포함된다.

(3) 인도명령의 신청

1) 인도명령의 신청은 집행법원에 서면 또는 말로 할 수 있다(민집 23조, 민소 161조).
2) 인도명령은 매각대금을 낸 뒤 6월 이내에 신청하여야 한다. 6월을 도과한 경우 소유권에 기한 인도 또는 명도소송을 제기할 수밖에 없다.
3) 당해 부동산에 대한 경매사건이 현재 계속되어 있거나 또는 과거에 계속되어 있었던 집행법원을 전속관할로 한다.

부동산인도명령 신청서

신 청 인(매수인)   장 ○ ○(650931-1626813)

　　　　　　　　○○시 ○동 998-99

피신청인(채무자)   문 ○ ○(690230-2558811)

　　　　　　　　○○시 ○○읍 ○○리 44-5

신 청 취 지

○○지방법원○○지원 2008타경46779호 부동산강제경매사건에 관하여 피신청인은 신청인에게 별지목록 기재의 부동산을 인도하라. 라는 재판을 구합니다.

신 청 이 유

1. 신청인은 ○○지방법원 ○○지원 2008타경46779호 부동산강제경매사건의 경매절차에서 별지목록 기재 부동산을 매수한 매수인으로서 2009. 9. 22. 매각허가결정을 받았고, 2009. 10. 21. 매각대금을 전부 납부하여 소유권을 취득하였습니다.
2. 그렇다면 위 경매사건의 채무자인 피신청인은 별지목록 기재 부동산을 신청인에게 인도하여야 할 의무가 있는데, 이에 응하지 아니하고 있습니다.
3. 따라서 신청인은 매각대금납부 후 아직 6월이 지나지 아니하였으므로, 피신청인으로부터 별지목록 기재의 부동산을 인도받기 위하여 이 사건 인도명령을 신청합니다.

첨 부 서 류

1. 부동산 목록　　　　　　　　　　　　　　　1통
1. 대금납부확인서　　　　　　　　　　　　　1통
1. 송달료납부서　　　　　　　　　　　　　　1통

　　　　　　　　　2009. 11.　　.

　　　　　　　　　위 신청인(매수인) 장 ○ ○ (인)

○○**지방법원** ○○**지원　귀중**

1. 송달료 당사자수의 2회분, 인지 1,000원 첨부한다.
2. 신청서 1부를 목록 3부와 함께 경매계 접수처에 제출한다.

(4) 인도명령의 재판

인도명령의 사유가 소명되면 법원은 인도명령을 발한다. 재판의 형식은 결정이지 소송법상 의미의 명령이 아니다. 대금을 낸 뒤 6월이 지난 뒤에 하는 등 인도명령신청이 부적법하면 신청을 각하할 것이고, 신청이 이유 없다고 인정되면 이를 기각할 것이다.

(5) 불복방법

인도명령의 신청에 관한 재판에 대하여는 즉시항고 할 수 있다(민집 136조). 즉시항고는 집행정지의 효력이 없으므로, 민사집행법 15조 6항의 집행정지명령을 받아 이를 집행관에게 제출하여 그 집행을 정지할 수 있고, 청구에 관한 이의의 소나 제3자이의의 소를 제기한 경우에는 민사집행법 46조의 잠정처분을 받아 이를 집행관에게 제출하여 그 집행을 정지할 수 있다.

11. 배당절차

[표] 배당절차 개요

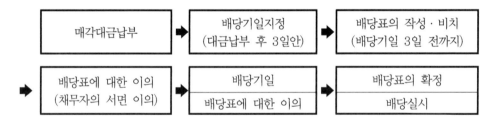

(1) 배당요구

1) 의의

배당요구란 다른 채권자에 의하여 개시된 집행절차에 참가하여 동일한 재산의 매각대금에서 변제를 받으려는 집행법상의 행위를 말한다. 권리신고는 부동산 위의 권리자가 집행법원에 신고를 하고 그 권리를 증명하는 것을 말하며, 권리신고를 함으로써 이해관계인이 된다(민집 90조).

2) 배당요구를 하지 않아도 당연히 배당에 참가하는 채권자

① 배당요구의 종기까지 경매신청을 한 압류채권자(민집 148조 1호)
② 첫 경매개시결정등기 전에 등기된 가압류채권자(민집 148조 3호)
③ 저당권·전세권, 그 밖의 우선변제청구권으로서 첫 경매개시결정등기 전에 등기되었고 매각으로 소멸하는 것을 가진 채권자(민집 148조 4호)
④ 첫 경매개시결정등기 전에 체납처분에 의한 압류채권자

3) 배당요구를 하여야 배당에 참가할 수 있는 채권자(민집 88조)

① 집행력 있는 정본을 가진 채권자
② 경매개시결정이 등기된 뒤에 가압류를 한 채권자
③ 민법·상법, 그 밖의 법률에 의하여 우선변제청구권이 있는 채권자
④ 조세 기타 공과금 채권

4) 배당요구의 방식

배당요구는 채권(이자, 비용, 그 밖의 부대채권을 포함한다)의 원인과 액수를 적은 서면으로 하고, 집행력 있는 정본 또는 그 사본, 그 밖에 배당요구의 자격을 소명하는 서면을 붙여야 한다(민집규 48조).

[서식] 배당요구신청서

배 당 요 구 신 청 서

채 권 자   장 ○ ○(650931−1626813)
            ○○시 ○동 998−99

채 무 자   문 ○ ○(690230−2558811)
            ○○시 ○○읍 ○○리 44−5

배당요구채권자   박 ○ ○(750631−1627813)
            ○○시 ○○동 233−96

배당요구채권

금 10,200,000원.
○○지방노동청 제2008-5006호 체불금품사실확인원에 의한 임금 및 퇴직금 청구채권.

신 청 원 인

배당요구채권자는 위 채무자로부터 변제받아야 할 금 10,200,000원의 임금 및 퇴직금 청구채권이 있는 바, 금번 귀원 2018타경46779호 임의경매 및 2018타경967701 강제경매 사건에 있어서 위 배당요구채권을 배당받고자 이에 신청합니다.

첨 부 서 류

1. 체불금품사실확인원	1통
1. 건강보험자격득실확인서	1통
1. 법인등기부등본	1통
1. 납부서	1통

2018. 8.   .
위 배당요구채권자 박 ○ ○ (인)

○○지방법원 ○○지원 귀중

주) 경매부동산에 대하여 그 등기부등본을 열람하여 보면, 여러 개의 경매개시결정등기(예, 임의경매, 강제경매…)가 되어 있는 경우가 있는데, 이 경우에 배당요구를 할 경우에는 모든 경매사건번호를 표시하여 줌으로써 모든 경매사건에 대하여 배당요구의 효력이 미치도록 하는 것이 현명합니다. 즉, 가장 먼저 경매개시결정되어 있는 경매사건번호만 표시하여 배당요구를 할 것이 아니라, 모든 경매사건번호를 표시하여 배당요구를 하라는 것입니다.

(2) 배당기일의 지정 및 통지

매수인이 매각대금을 지급하면 법원은 배당에 관한 진술 및 배당을 실시할 기일을 정하고 이해관계인과 배당을 요구한 채권자에게 이를 통지하여야 한다. 다만, 채무자가 외국에 있거나 있는 곳이 분명하지 아니한 때에는 통지하지 아니한다(민집 146조).

(3) 배당할 금액

1) 대금(민집 147조 1항 1호)

매각대금을 말하는 것으로서 매수신청의 보증으로 금전이 제공된 경우에 그 금전은 매각대금에 넣고(민집 142조 3항), 매수신청의 보증으로 금전 외의 것이 제공된 경우로서 매수인이 매각대금 중 보증액을 뺀 나머지 금액만을 낸 때에는 법원이 보증을 현금화하여 그 비용을 뺀 금액을 보증액에 해당하는 매각대금 및 이에 대한 지연이자에 충당하는데 이 중 매각대금에 충당된 것은 여기에 해당한다.

2) 지연이자

재매각명령이 있은 후 전의 매수인이 매각대금과 지연이자 및 절차비용을 지급하여 재매각절차가 취소된 경우에 대금지급기한이 지난 뒤부터 지급일까지의 기간 동안에 해당하는 매수인이 지급한 지연이자(민집 138조 3항) 및 매수신청의 보증으로 금전 외의 것이 제공된 경우로서 법원이 민사집행법 142조 4항에 따라 보증을 현금화하여 그 비용을 뺀 금액을 보증액에 해당하는 매각대금 및 이에 대한 지연이자에 충당할 경우 지연이자에 충당된 것(민집 142조 4항) 이 여기에 해당한다.

(4) 배당받을 채권자

배당할 금액을 배당받을 채권자는 ① 배당요구의 종기까지 경매신청을 한 압류채권자, ② 배당요구의 종기까지 배당요구를 한 채권자, ③ 첫 경매개시결정등기전에 등기된 가압류채권자, ④ 저당권·전세권, 그 밖의 우선변제청구권으로서 첫 경매개시결정등기전에 등기되었고 매각으로 소멸하는 것을 가진 채권자에 한한다(민집 148조).

(5) 배당표원안의 작성과 비치

법원은 채권자와 채무자에게 보여 주기 위하여 배당기일의 3일전에 배당표원안(配當表原案)을 작성하여 법원에 비치하여야 한다(민집 149조).

(6) 배당순위

구분	저당권 등이 〉조세채권 보다 먼저 설정된 경우	저당권 등이〈 조세채권 보다 나중에 설정된 경우	저당권 등이 설정되지 않은 경우
1순위	◦집행비용	◦집행비용	◦집행비용
2순위	◦제3취득자의 필요비·유익비	◦제3취득자의 필요비·유익비	◦제3취득자의 필요비·유익비
3순위	◦소액임차인의 최우선변제 금액 ◦최종 3개월분의 임금·퇴직금·재해보상금	◦소액임차인의 최우선변제금액 ◦최종 3개월분의 임금·퇴직금·재해보상금	◦소액임차인의 최우선변제금 ◦최종 3개월분의 임금 ·퇴직금·재해보상금
4순위	◦당해세	◦당해세 ◦조세채권	위 3순위를 제외한 ◦임금·퇴직금·근로관 계채권
5순위	조세채권보다 먼저 설정된 ◦저당권·전세권·확정일자 등	납부기한이 저당권 등 보다 앞선 ◦공과금(각종 보험료)	◦당해세·가산금 ◦조세채권·체납처분비
6순위	위 3순위를 제외한 ◦임금·퇴직금·근로관계채권	◦저당권·전세권·확정일자 등	◦공과금(각종 보험료)
7순위	당해세를 제외한 ◦조세채권·체납처분비	위 3순위를 제외한 ◦임금·퇴직금·근로관계채권	◦일반채권, 재산형·과태료 ◦사용료·대부료
8순위	◦공과금(산재보험료 등 각종 보험료)	납부기한이 저당권 등 보다 후인 ◦공과금(각종 보험료)	
9순위	◦일반채권, 재산형·과태료 ◦사용료·대부료	◦일반채권, 재산형·과태료 ◦사용료·대부료	

주) 제목 설명
 ① 저당권 등 : 저당권, 전세권, 확정일자, 임차권등기 등
 ② 조세채권 : 국세·지방세 및 이에 대한 체납처분비·가산금
 ③ 당해세 : 상속세·증여세·재평가세·재산세·자동차세·종합토지세·도시계획세·공동시설세·
　　　　　 종합부동산세
 ④ 공과금 : 조세채권 다음 순위의 공과금

(7) 배당기일

배당표의 확정

배당표에는 매각대금, 채권자의 채권의 원금, 이자, 비용, 배당의 순위와 배당의 비율을 적어야 한다(민집 150조 1항). 법원은 미리 작성·비치된 배당표원안에 대해 배당기일에 출석한 이해관계인 및 배당을 요구한 채권자들의 의견을 듣거나 심문한 다음 이에 따라 배당표원안을 추가·정정하여 배당표를 완성·확정한다(민집 149조). 출석한 이해관계인과 배당요구채권자의 합의가 있는 때에는 이에 따라 배당표를 작성한다(민집 150조 2항). 배당표에 대한 이의가 있으면 그 부분에 한하여 배당표는 확정되지 아니한다(민집 152조 3항).

[서식] 배당표등본교부신청서

배당표등본교부신청

사 　 건　　　　2018타경 123호 부동산강제경매

채 권 자　　　　장 ○ ○

채 무 자　　　　문 ○ ○

배당요구채권자　한 ○ ○

위 사건에 관하여 신청인은 배당표 1부를 교부하여 주시기를 신청합니다.

2018.　　10.　　　.

신 청 인　한 ○ ○(인)

서울남부지방법원　　경매 3계　　귀중

■ 작성방법
1. 인지 1,000원 2. 신청서 1부를 경매계에 제출한다.

1) 차액지급 또는 채무인수시의 잔여액의 납부

매수인이 대금의 지급에 갈음하여 채무인수를 신청하였거나 또는 채권자인 매수인이 차액지급신고를 한 경우에는 매각대금에서 인수하거나 매수인이 배당받을 금액을 제외한 나머지 금액을 배당기일에 내야 한다.

2) 배당표에 대한 이의

기일에 출석한 채무자 및 각 채권자는 배당표의 작성확정실시와 다른 채권자의 채권 또는 그 채권의 순위에 대하여(단 채권자는 자기의 이해에 관계되는 범위 안에서) 이의할 수 있다(민집 151조). 다만 채무자는 법원에 배당표원안이 비치된 이후 배당기일이 끝날 때까지 서면으로 이의할 수 있다. 여기서 채무자란 임의경매에 있어서는 담보부동산의 소유자를 포함한다. 이의를 위하여 반드시 본인이 출석하여야 하는 것은 아니고 대리인이 출석하여도 된다. 배당절차는 변호사대리원칙의 예외에 해당한다(민소 88조, 민집 23조).

(8) 배당의 실시

1) 배당이의가 없는 경우

채무자·채권자로부터 적법한 이의가 없는 경우 또는 배당기일에 출석하지 아니함으로 인하여 배당표와 같이 배당을 실시하는 데에 동의한 것으로 보는 경우에는 법원이 작성한 배당표원안이 그대로 확정되므로 이에 따라 배당을 실시한다.

2) 배당액 지급절차

① 채권자에게 채권 전부를 배당하는 경우

채권 전부의 배당을 받을 채권자에게는 배당액지급증을 교부하는 동시에 그가 가진 집행력 있는 정본 또는 채권증서를 받아 채무자에게 교부하여야 한다(민집 159조 2항).

② 채권자에게 채권 일부를 배당하는 경우

채권 일부의 배당을 받을 채권자에게는 집행력 있는 정본 또는 채권증서를 제출하게 한 뒤 배당액을 적어서 돌려주고 배당액지급증을 교부하는 동시에 영수증을 받아 채무자에게 교부하여야 한다(민집 159조 3항).

(9) 배당이의소송

1) 의의

배당이의의 소는 배당표에 대한 이의를 진술한 자가 그 이의를 관철하기 위하여 배당표의 변경을 구하는 소이다.

첨 부 서 류

1. 계약증서   1통
1. 등기부등본   1통

2018. 11.   .

위 원고 장 ○○   (인)

○○**지방법원   귀중**

[서식] 배당이의의 소제기에 의한 배당절차정지 신청서(집행정지를 명하는 잠정처분)

배당절차정지 신청서

신 청 인   장 ○ ○(650931-1626813)

○○ 북구 ○○로 900-87

피신청인   1 박 ○ ○(750631-1627813)

○○ 서구 ○○로 679-97

피신청인   2 정 ○ ○(760431-1627813)

○○ ○○구 ○○로 1490-99

귀원 2018타경46779호 부동산강제경매사건에 관하여, 신청인은 2017. 11. 5. 배당기일에 있어서 배당표에 관한 이의신청을 하여 동 기일이 완결되지 아니하여 2017. 11. 6. 귀원에 배당이의의 소를 제기하였으므로, 배당절차에 대하여 소송완

결에 이르기까지 정지명령을 내려주실 것을 배당이의의 소제기증명원를 첨부하여 신청합니다.

첨 부 서 류

1. 배당이의의 소제기증명원   1통

2018. 11.   .
위 신청인 장 ○ ○ (인)

○○**지방법원   귀중**

12. 경매신청의 취하

(1) 취하할 수 있는 자

경매신청을 취하할 수 있는 자는 경매신청인이다.

강제경매의 경우 경매신청의 기본인 권리에 관하여 승계가 생긴 경우 승계인이 승계집행문을 집행법원에 제출할 때까지는 종전의 집행채권자가 취하할 수 있고, 그 후에는 승계인이 취하할 수 있다.

(2) 취하의 시기 및 요건

1) 매수신고가 있기 전의 취하

경매신청인은 매각기일에 적법한 매수신고가 있을 때까지는 다른 사람의 동의를 받을 필요없이 임의로 취하할 수 있다.

2) 매수신고가 있는 후의 취하

매수신고가 있은 뒤 경매신청을 취하하는 경우에는 최고가매수신고인 또는 매수인과 차순위매수신고인의 동의를 받아야 그 효력이 생긴다(민집 93조 2항). 여기서 최고가매수신고인 및 차순위매수신고인은 매각기일의 절차에서 집행관에 의하여 최고가매수신고인 및 차순위매수신고인으로 이름과 가격이 불리워진 자를 말하는 것이고, 매수인은 최고가매수신고인 또는 차순위매수신고인 중 매각허가결정이 확정된 자를 말한다.

(3) 취하의 방식

집행법원에 대하여 취하의 의사표시를 말 또는 서면으로 하여야 하며, 실무에서는 경매신청채권자 본인, 소송대리인, 제출대행권이 있는 법무사 등이 취하서 2통을 제출하는 방식으로 하되, 경매신청서의 인영과 취하서의 인영이 상이한 때에는 경매신청채권자에게 인감증명서의 제출 등의 보정명령을 한 후 보정명령이 송달된 때로부터 상당기간 내에 경매신청채권자의 이의가 없으면 인감증명서의 제출이 없더라도 취하처리를 하고 있다.

취하에 최고가매수신고인 등의 동의를 필요로 하는 경우에는 동의서를 제출하는 방법에 의한다. 취하서와 동의서가 1개의 문서로 작성되어도 무방하다.

경 매 신 청 취 하 서

사   건   2018타경15536 부동산임의경매

채권자(근저당권자)   김금자

채무자(소유자)   최삼수

위 당사자간 2014타경15536 부동산임의경매 사건에 관하여 채권자는 경매신청을 취하하오니 집행을 해제하여 주시기 바랍니다.

2014. 7.   .
채권자 김금자

서울중앙지방법원   경매10계 귀중

---

13. 청구이의의 소

(1) 의의

청구에 관한 이의의 소는 채무자가 집행권원의 내용인 사법상의 청구권이 현재의 실체상태와 일치하지 않는 것을 주장하여 그 집행권원이 가지는 집행력의 배제를 구하는 소이다(민집 44조).

(2) 이의이유

1) 청구권의 전부 또는 일부의 소멸

변제, 대물변제, 경개, 소멸시효의 완성, 면제, 포기, 상계, 공탁, 화해, 채무자의 책임 없는 사유로 말미암은 이행불능, 부작위청구권에 대한 작위를 할 수 있는 권리의 취득 등이 이에 해당한다.

2) 청구권의 불성립 또는 무효

집행권원이 집행증서, 확정된 지급명령, 확정된 이행권고결정과 같이 기판력이 없는 경우에는 청구권의 불성립이나 무효도 이의이유가 된다.

3) 청구권의 귀속주체의 변동

청구권의 양도, 전부명령의 확정, 면책적 채무인수 등이 이에 해당한다.

4) 청구권의 효력정지 또는 제한

기한의 유예, 합의에 따른 연기, 이행조건의 변경 등이 이에 해당한다.

5) 부집행의 합의

부집행의 합의는 실체상의 청구의 실현에 관련하여 이루어지는 사법상의 채권계약이라고 봄이 상당하고, 이것에 위반하는 집행은 실체상 부당한 집행이라고 할 수 있으므로 청구이의의 사유가 된다(대법원 1996.07.26. 선고 95다19072 판결).

6) 상속한정승인

집행권원이 성립하기 전 상속인이 한정승인을 하고서도 한정승인을 주장하지 않아 책임재산의 유보 없는 판결이 확정된 경우 채무자는 자기의 고유재산에 대한 집행에 대하여는 위 한정승인 사실을 내세워 청구에 관한 이의를 제기할 수 있다.

(3) 소송절차

1) 소제기의 시기

본소는 집행권원이 성립하여 유효하게 존속하고 있는 이상 언제나 제기할 수 있다. 따라서 채무자는 집행문의 부여 전이거나 집행권원에 기한 구체적 강제집행의 개시 전이라도 제기할 수 있다.

2) 당사자적격

① 원고적격

집행권원에 채무자로 표시된 자 또는 승계 그 밖의 원인으로 집행력을 받는 자이다(민집 25조). 이들의 채권자도 채권자대위권에 의하여 원고가 될 수 있다.

② 피고적격

집행권원에 채권자로 표시된 자 또는 승계 그 밖의 원인으로 채권자에 대신하여 강제집행을 신청할 수 있는 자이다. 집행문이나 승계집행문의 부여 여부는 문제되지 않는다.

③ 관할법원

가. 확정판결·심판

채무자가 판결에 따라 확정된 청구에 관하여 이의하려면 제1심 판결법원에 청구에 관한 이의의 소를 제기하여야 한다(민집 44조 1항).

나. 항고로만 불복을 신청할 수 있는 재판

그 재판을 한 제1심 법원의 관할에 속한다(민집 57조, 56조, 44조 1항).

다. 확정된 지급명령

지급명령을 발한 법원의 관할에 속한다(민집 58조 4항). 단 시·군법원에서 한 지급명령에 관한 청구이의의 소로서 집행권원에서 인정된 권리가 소액사건심판법의 적용대상이 아닌 사건의 경우에는 시·군법원이 있는 곳을 관할하는 지방법원 또는 지방법원지원이 관할법원으로 된다(민집 22조 1호).

라. 소송상의 화해조서, 청구의 인낙조서

소송이 계속한 바 있는 제1심 수소법원의 관할에 속한다. 항소심(고등법원)에서 화해가 성립한 경우에도 제1심 법원이 관할법원이다.

마. 판결

심리의 결과 청구의 전부 또는 일부를 인용할 때에는 청구취지에 응하여 그 집행권원에 기한 집행의 일시적 혹은 영구적 불허, 집행의 일부 내지 전부의 불허를 선고하는 판결을 한다.

바. 잠정처분

청구에 관한 이의의 소는 강제집행의 개시 및 속행에 영향이 없으므로(민집 46조 1항), 채무자가 강제집행의 속행을 저지하기 위해서는 청구에 관한 이의의 소를 제기한 후 법원으로부터 강제집행의 정지를 명하는 잠정처분을 받아 집행기관에 이를 제출하여야 한다. 위 잠정처분에 의하지 아니하고 일반적인 가처분의 방법에 의한 강제집행정지는 허용되지 아니한다.

[서식] 청구이의의 소장

소　　장

원　　　고　　　　박 ○ ○(750631-1627813)
　　　　　　　　　　서울시 ○○구 ○○로 123(T.010-446-9866)

피　　　고　　　　정 ○ ○(760431-1627813)
　　　　　　　　　　서울시 ○○구 ○○로 456T.010-123-5867)

청구이의의 소

청 구 취 지

1. 피고의 원고에 대한 공증인가 법무법인 ○○ 작성 20○○년 제1234호 약속어음 공정증서에 기한 강제집행을 불허한다.
2. 제1항은 가집행할 수 있다.
2. 소송비용은 피고의 부담으로 한다.

라는 판결을 구합니다.

청 구 원 인

1. 원고의 모친 ○○○는 20○○. ○. ○. 피고를 찾아와 금 ○○만원을 연 ○%의

고리로, 차용하였는데 위 차용에 대하여 원고는 모친의 보증인이 될 의도로 인감증명서를 맡긴 바 있습니다.

2. 그런데 피고는 원고와 원고의 모친이 전혀 생각할 수 없었던 금 1,000만원에 기한 채권으로 ○○소재 공증인가 법무법인 ○○에서 20○○년 제1234호 약속어음공정증서를 임의로 작성하여 금전을 차용한지 불과 1달이 지나지 않아 이미 변제한 금전은 고려하지 않은 채 20○○. ○. ○.자로 이 사건 원고의 부동산에 대해 부동산강제경매 신청을 하였습니다(갑제1호증 강제집행신청서)

3. 원고는 위 강제경매 신청이 있자 곧 피고에게 연락하여 잔여 채무를 모두 변제하겠다고 하였으나 피고는 말도 않되는 억측을 쓰는 바, 원고는 부득이 20○○. ○. ○.자로 ○○지방법원 공탁공무원에게 20○○. ○. ○. 금 제○○호로 차용잔대금과 대여원금에 대한 연○%의 이자금 합계 금 ○○만원을 변제공탁 한 바 있습니다(갑제2호증 공탁서).

4. 따라서 원고는 피고에 대하여 모든 채무를 변제하였으므로 귀원에 진행중인 강제경매사건은 취소되어야 하기에 원고는 이건 소를 제기한 것입니다.

입 증 방 법

1. 갑제1호증   강제집행신청서
1. 갑제2호증   공탁서

첨 부 서 류

1. 위 입증방법   1통
1. 납부서   1통
1. 소장부본   2통

20○○.   ○.   ○.
위 원고   박 ○ ○   (인)

○○ **지방법원   귀중**

[서식] 집행정지 신청서

집행정지 신청서

신청인(원고)　　박 ○ ○(750631-1627813)

　　　　　　　　　서울시 ○○구 ○○로 123(T.010-446-9866)

피신청인(피고)　정 ○ ○(760431-1627813)

　　　　　　　　　서울시 ○○구 ○○로 456T.010-123-5867)

신 청 취 지

위 당사자간 ○○지방검찰청 소속 공증인가 법무법인 ○○에서 20○○. ○. ○.작성된 20○○년 제123호 약속어음공정증서에 기한 강제집행은 ○○지방법원 20○○가단 123 청구이의 사건의 본안판결 선고시까지 이를 정지한다.
라는 재판을 구합니다.

신 청 이 유

1. 신청인의 모친 ○○○는 20○○. ○. ○. 피신청인을 찾아와 금 00만원을 연 ○%의 고리로, 차용하였는데 위 차용에 대하여 신청인은 모친의 보증인이 될 의도로 인감증명서를 맡긴 바 있습니다.

2. 그런데 피신청인은 신청인과 신청인의 모친이 전혀 생각할 수 없었던 금 1,000만원에 기한 채권으로 ○○소재 공증인가 법무법인 ○○에서 20○○년 제1234호 약속어음공정증서를 임의로 작성하여 금전을 차용한지 불과 1달이 지나지 않아 이미 변제한 금전은 고려하지 않은 채 20○○. ○. ○.자로 이 사건 신청인의 부동산에 대해 부동산강제경매 신청을 하였습니다(소갑제1호증 강제집행신청서).

3. 신청인은 위 강제경매 신청이 있자 곧 피신청인에게 연락하여 잔여 채무를 모두 변제하겠다고 하였으나 피신청인은 말도 않되는 억측을 쓰는 바, 신청인은 부득이 20○○. ○. ○.자로 ○○지방법원 공탁공무원에게 20○○. ○. ○. 금 제○○호로 차용잔대금과 대여원금에 대한 연○%의 이자금 합계 금 ○○만원을 변제공탁 한 바 있습니다(소갑제2호증 공탁서).

4. 따라서 신청인은 피신청인에 대하여 모든 채무를 변제하였으므로 귀원에 진행중인 강제경매사건은 취소되어야 하기에 20○○. ○. ○.자로 귀원에 20○○ 가단 123호 청구이의의 소를 제기하였습니다(소갑제3호증 소장증명원).

소 명 방 법

1. 소갑제1호증   강제집행신청서
1. 소갑제2호증   공탁서
1. 소갑제3호증   소장접수증명원

첨 부 서 류

1. 위 입증방법   1통
1. 납부서   1통

20○○.   ○. ○.
위 신청인 박 ○ ○ (인)

○○ **지방법원 귀중**

■ 작성방법

1. 신청서 1부를 청구이의의 소를 제기한 법원에 제출한다.
2. 송달료 당사자수×2회×5,200원이다.
3. 인지 1,000원이다.

[서식] 금전공탁서

<table>
<tr><td colspan="2">공탁번호</td><td>20○○년금호</td><td colspan="2">년 월 일 신청</td><td>법령
조항</td><td>민집법
제46조2항제44조</td></tr>
<tr><td rowspan="4">공
탁
자</td><td>성명
(상호, 명칭)</td><td>○○○</td><td rowspan="4">피
공
탁
자</td><td>성명
(상호, 명칭)</td><td colspan="2">○○○</td></tr>
<tr><td>주민등록번호
(법인등록번호)</td><td></td><td>주민등록번호
(법인등록번호)</td><td colspan="2"></td></tr>
<tr><td>주소(본점, 주사무소)</td><td></td><td>주소(본점, 주사무소)</td><td colspan="2"></td></tr>
<tr><td>전화번호</td><td></td><td>전화번호</td><td colspan="2"></td></tr>
<tr><td colspan="2" rowspan="2">공탁금액</td><td>한글 ○○만원</td><td colspan="2" rowspan="2">보관은행</td><td colspan="2" rowspan="2">○○은행 ○○지점</td></tr>
<tr><td>숫자   원</td></tr>
<tr><td colspan="2" rowspan="2">법원의 명칭과
사건</td><td colspan="5">서울○○지방법원 20○○카기○○강제집행정지</td></tr>
<tr><td>당사자</td><td>신청인</td><td>○○○</td><td>피신청인</td><td>○○○</td></tr>
<tr><td rowspan="4">공
탁
원
인
사
실</td><td colspan="6">1. 가압류보증   6. 강제집행 취소의 보증   11. 기타(   )
2.가처분보증   7. 강제집행 속행의 보증
3.가압류취소보증   8. 소송비용 담보
4.가처분 취소보증   9. 가집행 담보
                10. 가집행을 면하기 위한 담보</td></tr>
<tr><td colspan="2">비고(첨부서류 등)</td><td colspan="5">담보제공명령서,   위임장   ☐ 계좌납입신청</td></tr>
<tr><td colspan="2">1. 공탁으로 인하여 소멸하는 질권,
   전세권 또는 저당권
2. 반대급부 내용</td><td colspan="5"></td></tr>
</table>

위와 같이 신청합니다.   대리인 ○○도 ○○시 ○○동 ○○
                                        010-234-7890
공탁자 ○ ○ ○   ○ ○ ○ (인)

위 공탁을 수리합니다.
공탁금을   년 월   일까지 위 보관은행의 공탁관 계좌에 납입하시기 바랍니다.
위 납입기일까지 공탁금을 납입하지 않을 때는 위 공탁 수리결정의 효력이 상실됩니다.
20○○년   월   일
                                서울○○지방법원 공탁관   (인)

(영수증) 위 공탁금이 납입되었음을 증명합니다.
20○○년   월   일
                                공탁금 보관은행 (공탁관)   (인)

14. 제3자이의의 소

(1) 의의

제3자이의의 소는 제3자가 집행의 목적물에 대하여 소유권을 가지거나 목적물의 양도·인도를 막을 수 있는 권리를 가진 때 이를 침해하는 강제집행에 대하여 이의를 주장하여 집행의 배제를 구하는 소이다(민집 48조).

(2) 이의의 원인

제3자이의의 소에서 이의의 원인은 제3자가 강제집행의 목적물에 대하여 소유권이 있다고 주장하거나 목적물의 양도나 인도를 막을 수 있는 권리가 있다고 주장하는 것이다. 이 경우 양도·인도를 막을 수 있는 권리는 집행채권자에게 대항할 수 있는 것이어야 하고, 압류가 행하여질 당시 이미 제3자에게 귀속되어 있는 동시에 이 소의 사실심 변론종결시까지 존재하여야 한다.

(3) 소송절차

1) 소제기의 시기

본소는 강제집행을 전제로 하므로 강제집행 개시 후 그 종료 전에 한하여 제기할 수 있다. 다만 특정물의 인도 또는 부동산인도청구의 집행에서는 집행권원에 의하여 집행 대상물과 그 내용을 알 수 있고, 또 이에 대한 집행은 개시 후 즉시 끝나버리므로 집행권원의 성립과 동시에 제기할 수 있다고 하여야 한다.

2) 당사자적격

① 원고적격

원고적격은 강제집행의 목적물에 대하여 소유권이 있다고 주장하거나 목적물의 양도나 인도를 막을 수 있는 권리가 있다고 주장하는 자이다.

② 피고적격

피고적격은 목적물에 대하여 집행을 하는 채권자이다. 집행채권이 양도된 때에는 승계집행문의 부여에 따라 채권자의 승계인이 피고가 된다.

3) 관할법원

본소는 집행법원의 관할에 속한다(민집 48조 2항). 대체집행의 경우 대체집행을 실시할 강제집행의 목적물 소재지를 관할하는 지방법원이 집행법원으로서 관할법원이 되고, 부동산·채권 가압류와 부동산처분금지가처분의 집행법원은 보전처분을 한 법원이 되며, 유체동산에 대한 보전처분의 집행법원은 집행절차를 실시할 곳이나 실시한 곳을 관할하는 지방법원이 되고, 시·군법원에서 한 보전처분에 대한 집행법원은 시·군법원이 있는 곳을 관할하는 지방법원 또는 지방법원지원이 된다.

4) 판결

심리의 결과 이의가 이유 있다고 인정될 때에는 강제집행의 불허를 선언한다. 이 판결은 제3자의 집행이의권의 존부를 확정하는 것이고 제3자의 소유권의 존부를 확정하지 아니한다.

원고승소판결이 확정되면 집행이 당연히 효력을 잃는 것이 아니고 그 재판의 정본을 집행기관에 제출하여야 비로소 집행처분이 취소되고 집행은 종국적으로 끝을 맺게 된다(민집 49조 1호, 50조).

5) 잠정처분

본소는 강제집행의 개시 및 속행에 영향이 없으므로(민집 48조 3항, 46조 1항), 제3자가 강제집행의 속행을 저지하기 위해서는 제3자이의의 소를 제기한 후 법원으로부터 강제집행의 정지를 명하는 잠정처분을 받아 집행기관에 이를 제출하여야 한다.

[서식] 제3자 이의의 소장

소　　장

원　　　고　　　　박 ○ ○(750631-1627813)
　　　　　　　　　　서울시 ○○구 ○○로 123(T.010-446-9866)

피　　　고　　　　정 ○ ○(760431-1627813)
　　　　　　　　　　서울시 ○○구 ○○로 456T.010-123-5867)

제3자 이의의 소

청 구 취 지

1. 피고가 귀원 20○○카단 123호 유체동산가압류결정에 의하여 한 가압류집행은 이를 불허한다.
2. 소송비용은 피고의 부담으로 한다.
3. 위 제1항은 가집행할 수 있다.

라는 판결을 구합니다.

청 구 원 인

1. 피고는 귀원 20○○카단 123호에 의하여 별지목록 기재 유체동산에 대하여 금 1,000만원채권에 기하여 가압류를 하였으나 동 유체동산은 20○○. ○. ○. 원고가 소외 ○○○로부터 의뢰받은 보관품입니다.

   그런데 피고는 압류물건이 채무자 ○○○의 물건인 줄 잘못 알고 가압류 한 것입니다. 원고는 20○○. ○. ○.자로 채무자 ○○○이 사용하던 소재지 건물 지층을 건물주로부터 임차하여 개인사업을 운영하고 있습니다(갑제1호증 사업자등록증).

2. 그런데 20○○. ○. ○. 서울○○지방법원 집행관이 원고의 영업소에 와서 보관 중인 별첨 유체동산가압류 집행조서에 기재된 물건을 압류하였는 바, 이에 대해 직원들이 항의하였으나 이의신청을 하라는 말만 하고 가버렸습니다(갑제2호증 압류조서).

3. 원고가 알아본 바에 의하면 먼저 임차인 이었던 소외 ○○○의 개인 재산인 줄 알고 압류하였다는 것인데 원고는 가압류 물건을 보관할 뿐만 아니라 물건의 도난 훼손방지 등 일체의 보관책임을 져야 하므로 이 소를 제기하는 바이며 소외 ○○○와는 상관이 없는데도 이 사건 물건에 대해 가압류를 한 것은 불법입니다.

4. 따라서 이 건 가압류결정에 대한 집행을 불허하여 주시기 바랍니다.

입 증 방 법

1. 갑제1호증   사업자등록증
1. 갑제2호증   압류조서

첨 부 서 류

1. 위 입증방법   1통
1. 납부서   1통

20○○. ○. ○.

위 원고 박 ○ ○ (인)

○ ○ **지방법원 귀중**

Ⅲ. 임의경매(담보권의 실행 등을 위한 경매)

1. 의 의

임의경매란 그 실행에 집행권원을 요하지 아니하는 경매를 말하는바, 이에는 저당권·질권·전세권 등 담보물권의 실행을 위한 이른바 실질적 경매와 민법·상법·그 밖의 법률의 규정에 의한 현금화를 위한 이른바 형식적 경매가 있고, 유치권에 기초한 경매도 형식적 경매와 동일하게 취급되고 있다.

2. 임의경매와 강제경매의 절차상 이동(異同)

(1) 강제경매에 관한 규정의 준용

민사집행법은 부동산을 목적으로 하는 담보권 실행을 위한 경매절차에 제79조 내지 제162조의 규정을 준용하고(민집 268조), 민사집행규칙도 강제경매에 관한 규정 전부와 총칙 규정을 준용하도록 하였으므로(민집규 194조, 202조), 부동산에 대한 임의경매는 원칙적으로 압류에서 배당에 이르기까지(경매절차의 개시, 준비절차, 입찰, 매각, 대금납부, 배당요구, 배당의 실시) 강제경매와 동일한 절차에 따라 실시하도록 규정하고 있다.

(2) 집행권원의 요부, 경매절차 정지사유의 차이

임의경매는 담보권에 내재하는 현금화할 수 있는 권능에 터 잡아 경매신청권이 인정되므로 집행권원의 존재를 요하지 아니하며, 그 신청서에도 집행력 있는 정본은 요구되지 않고, 그 대신 담보권이 있다는 것을 증명하는 서류를 내도록 되어 있다(민집 264조 1항). 담보권의 존재를 증명하는 서류 이외에 채권증서와 같은 피담보채권의 존재를 증명하는 서류를 반드시 제출하여야 하는 것은 아니다.

(3) 송달방법의 특례

일정한 금융기관 등의 신청에 의하여 진행하는 민사집행법에 따른 경매절차(담보권 실행을 위한 경매절차만 해당한다)에서의 통지 또는 송달은 경매 신청 당시 해당 부동산의 등기부에 적혀 있는 주소(주민등록법에 따른 주민등록표에 적혀 있는 주소와 다른 경우에는 주민등록표에 적혀 있는 주소를 포함하며, 주소를 법원에 신고한 경우에는 그 주소로 한다)에 발송함으로써 송달된 것으로 본다. 다만, 등기부 및 주민등록표에 주소가 적혀 있지 아니하고 주소를 법원에 신고하지 아니한 경우에는 공시송달(公示送達)의 방법으로 하여야 한다(금융부실 45조의2 1항).

(4) 공신적 효과

강제경매에는 공신적 효과가 있으나, 임의경매는 담보권자의 담보권에 내재하는 현금화하는 권능의 실행을 국가기관이 대행하는 것에 불과하므로 담보권에 흠이 있으면 그것이 매각의 효력에 영향을 미친다.

(5) 실체상의 흠이 경매절차에 미치는 영향

강제경매에서는 집행채권의 부존재 · 소멸 · 변제기의 연장 등과 같은 실체상의 흠은 청구이의의 소로써만 이를 주장할 수 있고, 경매개시결정에 대한 이의나 매각허가에 대한 이의 또는 매각허가결정에 대한 항고의 사유가 되지 못한다.

3. 임의경매의 신청

신청은 서면으로 하고, 신청서에는 다음 사항을 기재하며, 첨부서류 및 영수증 등과 함께 신청서를 제출하고, 집행비용을 예납한다.

(1) 채권자 · 채무자 · 소유자의 표시

채권자 · 채무자 · 소유자를 특정할 수 있도록 그 이름과 주소를 기재하여야 한다.

1) 채권자

채권자라 함은 저당권자 · 전세권자 등 임의경매를 신청하는 자를 말한다. 저당권부채권양도의 대항요건을 갖추고 저당권이전의 부기등기를 경료한 자도 임의경매를 신청할 수 있다.

2) 채무자

채무자라 함은 피담보채권의 채무자를 말하고, 소유자는 담보권실행 대상이 될 재산(부동산)의 소유자를 말한다. 채무자 · 소유자의 현주소와 등기부상의 주소가 다른 경우에는 양자를 병기하여야 한다.

(2) 담보권·피담보채권·청구금액의 표시

1) 담보권을 특정할 수 있도록 기재하여야 한다. 담보권의 존재를 증명하는 서류 또는 담보권의 승계를 증명하는 서류를 붙여야 한다(민집 264조). 통상 등기부등본을 제출한다. 등기 없이 법률의 규정에 의하여 당연히 담보권이 이전되는 경우(변제자대위, 공동저당에서 후순위자의 대위)에는 대위변제사실을 증명하는 공정증서 또는 후순위 저당권자로 기입된 등기부등본과 배당표등본 등을 첨부한다.

2) 피담보채권에 관하여는 신청인이 경매신청서에 이를 기재하고 소명하는 정도로 족하다. 피담보채권의 표시는 그 채권이 어떠한 채권인가를 명백히 하기 위하여 채권의 종류와 청구금액을 표시하는 것이 통례이다.

(3) 담보권의 실행 대상이 될 재산(부동산)의 표시

담보권의 실행 대상이 될 재산(부동산)을 특정하여 표시한다. 등기되어 있는 부동산의 경우에는 동일성이 인정되는 한 등기부의 표제부에 기재되어 있는 대로 표시하여야 한다.

(4) 담보권의 존재를 증명하는 서류

부동산에 대한 담보권의 경우 등기부등본이 주로 이용될 것이나, 선박우선특권과 같이 등기를 요하지 아니하는 담보권의 경우에는 피담보채권의 발생을 증명하는 서류(선원의 임금대장사본 또는 급여지급담당자의 임금미지급증명서 등)가 곧 담보권의 존재를 증명하는 서류가 될 것이다. 등기부등본은 적어도 1개월 이내에 교부받은 것이어야 하고, 담보권설정계약서를 제출할 필요는 없다.

(5) 담보권의 승계를 증명하는 서류

담보권에 관하여 승계가 있는 경우에는 승계를 증명하는 서류를 붙여야 한다(민집 264조 2항).

(6) 채무자 또는 담보권설정자의 소유를 증명할 서류

담보권의 존재를 증명할 서류로서 등기부등본을 제출한 경우에는 따로 목적물이 담보권설정자의 소유임을 증명할 서류를 첨부할 필요가 없으나, 가령 선박우선특권과 같이 피담보채권의 발생을 증명하는 서류로서 담보권의 존재를 증명한 경우라든가 민법 365조에 의하여 지상건물을 저당목적물인 토지와 함께 경매를 신청하는 경우에는 그 선박 또는 지상건물이 채무자 또는 저당권설정자의 소유임을 증명하는 서류를 붙여야 한다.

(7) 인지·송달료·증지

5,000원의 수입인지를 신청서에 붙여야 한다. 부동산등 경매사건의 송달료는 송달료규

칙 및 송달료규칙의 시행에 따른 업무처리요령이 정하는 바에 따라 송달료 수납은행에 현금[(신청서 상 이해관계인수+3)×10회분×5,200원]을 납부하고, 그 은행으로부터 송달료납부서, 송달료영수증을 교부받은 다음 그 중 송달료납부서를 신청서에 첨부한다. 부동산 1개당 3,000원의 증지를 클립 혹은 호치킷으로 신청서 상단에 고정한다. 증지는 경매개시결정 이후 담당 경매계에서 등기소로 촉탁할 시에 떼어서 사용한다.

(8) 등록세 · 지방교육세

신청인은 등록세(청구채권금액의 2/1,000) 및 지방교육세(청구채권금액의 등록세액의 20/100) 영수필통지서 1통과 영수필확인서 1통을 적어도 법원의 등기촉탁까지는 제출하여야 한다. 실무상으로는 통상 경매신청 시에 위 영수필통지서 등을 함께 제출하고 있다.

(9) 집행비용예납

신청인은 아래와 같은 집행비용을 법원보관금규칙이 정하는 바에 따라 예납하여야 한다.

경매수수료	10만원까지 5,000원
	10만원 초과 1천만원까지 5,000원+[(청구금액−10만원)/10만원×2,000원]
	1천만원 초과 5천만원까지 203,000원+[(청구금액−1천만원)/10만원×1,500원]
	5천만원 초과 1억원까지 803,000원+[(청구금액−5천만원)/10만원×1,000원]
	1억원 초과 3억원까지 1,303,000원+[(청구금액−1억원)/10만원×500원]
	3억원 초과 5억원까지 2,303,000원+[(청구금액−3억원)/10만원×300원]
	5억원 초과 10억원까지 2,903,000원+[(청구금액−5억원)/10만원×200원]
	10억원 초과 3,903,000원
감정료	1억 5,500만원 이하 200,000원
	1억 5,500만원 초과 50억원까지 청구금액×0.0004+138,000원
	50억원 초과 청구금액×0.0002+1,138,000원
현황조사료	63,260원
유찰수수료	6,000원
신문공고료	부동산(기본2개당) 220,000원 1개 추가당 110,000원

(10) 부동산목록

경매개시결정과 그 후의 각종 촉탁 등에 필요한 부동산목록은 본래는 집행법원이 이를 작성하여야 할 것이나 법원의 사무처리의 편의를 위하여 실무상 신청인에게 10통을 제출시키고 있다.

[서식] 부동산임의경매신청서

부동산임의경매신청

채 권 자   장 ○ ○ (650931-1626813)
서울시 ○○구 ○○로 998-99

채무자 겸   문 ○ ○ (690230-2558811)
소 유 자   서울시 ○○구 ○○로 44-5
(등기부등본상의 주소 : ○○시 ○○읍 ○○리 348-9 ○○아파트 104-807)

청구금액의 표시

금 20,000,000원(대여금 원금)
위 금원에 대한 2009. 8. 1.부터 완제일까지 연 20%의 비율에 의한 이자

매각할 부동산의 표시

별지 목록 기재와 같음

신 청 취 지

채권자가 채무자에 대하여 가지는 위 청구채권의 변제에 충당하기 위하여 별지 목록 기재 부동산에 대하여 담보권실행을 위한 임의경매개시결정을 한다.
라는 재판을 구합니다.

신 청 원 인

1. 채권자는 채무자에게 2005. 4. 16. 별지 목록 기재 부동산을 담보로 채권최고액 금 50,000,000원의 근저당설정계약을 체결하고, 2005. 4. 20. ○○지방법원 ○○등기소 접수 제9581호로서 근저당설정등기를 필하였습니다. 근저당설정 기간은 2005. 4. 16.부터 2009. 4. 16.까지 하기로 약정하였습니다.

2. 그런데, 채무자는 위 근저당설정기간이 만료되었어도 불구하고 위 청구금액을 임의로 변제하지 아니하고 있으므로, 채권자는 부득이 위 근저당권을 실행하고자 이 건 신청을 하기에 이른 것입니다.

첨 부 서 류

1. 부동산등기부등본   1통
1. 근저당설정계약서 사본   1통
1. 매각물건 목록(매각할 부동산의 표시)   10통
1. 납부서   1통

2009. 10. .

위 채권자 장 ○ ○ (인)

○○지방법원 귀중

별지

부동산의 표시

1. 서울시 ○○구 ○○동 ○○번지 ○○㎡

1. 신청서 1부를 비용납부 후 경매계에 접수한다
2. 등록세 송달료 인지 증지는 신청서 접수전 납부하거나 첩부를 하였지만 경매예납금의 경우에는 신청서 접수 후 사건번호를 부여 받지 않아도 납부가 가능하다.
3. 등록세 : 청구금액×0.0024
   인지 : 설정계약서×5,000원
   증지 : 부동산 1개당 3,000원
   송달료 : (이해관계인수 + 3)×5,200원

4. 임의경매개시결정

(1) 경매개시결정

심리결과 신청이 적법하면 임의경매개시결정을 하고 만약 그 요건에 흠이 있고, 그 하자가 보정될 수 없는 것인 때에는 결정으로 신청을 각하한다. 보정할 수 있는 것이면 그 보정을 명한다. 임의경매의 요건이 구비되었는지 여부는 개시결정 당시를 기준으로 한다. 임의경매신청을 기각하거나 각하하는 재판에 대하여는 즉시항고 할 수 있다(민집 83조, 268조).

(2) 경매개시결정의 송달

경매개시결정은 부동산 소유자에게 송달하여야 하며 담보권을 승계한 경우에는 승계를 증명하는 서류의 등본을 붙여야 한다(민집 264조 2항, 3항). 실무상으로는 채권자·채무자에게도 이를 송달하고 있다.

(3) 경매개시결정의 기입등기의 촉탁

법원이 경매개시결정을 하면 법원사무관 등은 즉시 그 사유를 등기부에 기입할 것을 등기관에게 직권으로 촉탁하여야 하며, 등기관은 위 촉탁에 따라 경매개시결정의 기입등기를 하여야 한다(민집 94조, 268조). 등기관은 경매개시결정 사유를 등기부에 기입한 뒤 등기부등본을 작성하여 이를 집행법원에 보내야 한다.

Ⅳ. 강제관리

1. 의 의

강제관리란 채무자 소유의 부동산으로부터 생기는 천연과실이나 법정과실 등의 수익을 총괄하여 집행의 목적물로 삼아 그 부동산을 압류하고 국가가 채무자의 관리·수익기능을 박탈하여 관리인으로 하여금 그 부동산을 관리하게 하고 그 수익을 추심·현금화하여 변제에 충당하는 강제집행절차이다. 부동산에 대한 강제경매를 원본집행이라 한다면 강제관리는 수익집행이라고 한다.

2. 대상

강제관리는 채무자 소유의 부동산의 수익을 직접적인 대상으로 하는 것이므로 현재 수익을 발생할 수 있는 부동산임을 요한다. 여기서 수익이란 부동산의 사용으로부터 직접 발생하는 천연과실 및 그 부동산을 타인으로 하여금 사용시켜서 얻을 수 있는 법정과실을 말한다. 강제관리는 부동산을 매각하는 것이 아니고 부동산의 수익에 대한 집행이므로 강제경매에 적합하지 아니한 부동산, 예컨대 양도금지된 부동산이나 선순위 저당권의 존재로 말미암아 남을 가망이 없어 경매할 수 없는 부동산이라도 수익이 발생할 수 있는 한 강제관리의 대상이 될 수 있다.

3. 관할

강제관리는 부동산에 대한 강제집행의 일종이므로 부동산이 있는 곳의 지방법원이 관할한다. 부동산이 여러 지방법원의 관할구역에 있는 때에는 각 지방법원에 관할권이 있다. 이 경우 법원이 필요하다고 인정한 때에는 사건을 다른 관할 지방법원으로 이송할 수 있다(민집 79조).

4. 절차

강제관리는 강제경매와 같이 금전채권에 기초한 부동산에 대한 강제집행이므로 그 신청에 집행력 있는 정본이 요구된다. 채권자는 부동산의 강제경매와 강제관리 중 한 가지 방법으로 집행하게 하거나 두 가지 방법을 함께 사용하여 집행하게 할 수 있다(민집 78조). 강제관리는 법원이 관리인을 임명하여 실시한다. 관리인은 부동산을 관리·점유하고 수익을 추심한다(민집 166조).

5. 수익의 처리

관리인은 부동산수익에서 그 부동산이 부담하는 조세, 그 밖의 공과금을 뺀 뒤에 관리비용을 변제하고, 그 나머지 금액을 채권자에게 지급한다. 이 경우 모든 채권자를 만족하게 할 수 없는 때에는 관리인은 채권자 사이의 배당협의에 따라 배당을 실시하여야 한다(민집 169조).

제4절 자동차 · 건설기계 · 소형선박에 대한 금전집행

Ⅰ. 총 설

1. 준용규정

자동차관리법에 따라 등록된 자동차, 건설기계관리법에 따라 등록된 건설기계, 자동차 등 특정동산 저당법에 따른 소형선박에 대한 강제집행절차는 대법원규칙으로 정하도록 하고 있고(민집 187조), 민사집행규칙은 자동차에 대한 강제집행에 관하여 109조 내지 128조를 두고 이를 제외하고는 부동산에 대한 강제경매 규정을 준용하도록 하고 있으며(민집규 108조), 건설기계 · 소형선박에 관하여는 자동차에 대한 규정을 준용하도록 하고 있다(민집규 130조). 다만 자동차 · 건설기계 · 소형선박의 공유지분에 대한 강제집행은 민사집행법 251조 그 밖의 재산권에 대한 강제집행의 예에 따라 실시한다(민집규 129조).

2. 관 할

자동차등록원부에 기재된 사용본거지를 관할하는 지방법원을 집행법원으로 한다[82]. 다만 강제경매신청 전의 인도명령에 따라 집행관이 자동차를 인도받은 경우에는 자동차가 있는 곳을 관할하는 지방법원도 집행법원으로 한다(민집규 109조).

3. 특 례

(1) 인도명령

법원은 강제경매개시결정을 하는 때에는 채무자에 대하여 이를 집행관에게 인도할 것을 명하여야 한다. 다만, 미리 자동차 · 건설기계 · 소형선박을 인도받아 신고가 된 경우에는 채무자에 대하여 인도명령을 할 필요가 없다(민집규 111조).

---

82) "자동차등록원부"라고 규정된 것은 건설기계 · 소형선박의 강제집행에 관하여 각 "건설기계등록원부", "선박원부 · 어선원부 · 수상레저기구등록원부"로 본다. "특별시장 · 광역시장 또는 도지사"라고 규정된 것은 소형선박에 대한 강제집행의 경우 "지방해양항만청장(지방해양항만청해양사무소장 포함)"이나 "시장 · 군수 또는 구청장(자치구의 구청장을 말한다)", "사용본거지"라고 규정된 것은 "선적항" 또는 "보관장소"로 본다(민집규 130조).

자동차인도명령 신청서

신 청 인(채권자)   장 ○ ○(650931-1626813)

                                    ○○시 ○동 998-99 (전화: 014-618-3958)

피신청인(채무자)   문 ○ ○(690230-2558811)

                                    ○○시 ○○읍 ○○리 44-5

1. 신청인은 피신청인에 대하여 ○○지방법원 ○○지원 2009가소23876호 대여금 사건의 이행권고결정 정본에 기한 대여금 채권 금 10,000,000원에 기하여 피신청인 소유의 별지목록 기재 자동차를 강제경매신청하고자 합니다.

2. 따라서 미리 자동차를 집행관에게 인도시키지 아니하면, 피신청인이 채무관계 등으로 도주할 우려가 있어 나중에는 자동차인도집행이 곤란할 것이 예상되므로, 채무자로 하여금 집행관에게 자동차를 인도할 것을 명하는 결정을 민사집행규칙 제113조에 의하여 신청합니다.

첨 부 서 류

1. 자동차등록원부   1통
1. 집행력 있는 이행권고결정 정본   1통
1. 납부서   1통

2009. 7. .

위 신청인 장 ○ ○ (인)

○○지방법원 ○○지원 귀중

■ 작성방법

1. 자동차가 있는 곳을 관할하는 법원에 신청서 1부를 제출한다.
2. 인지 1,000원을 첨부한다.

(2) 강제경매 신청 전의 인도명령

강제경매신청 전에 자동차·건설기계·소형선박을 집행관에게 인도하지 아니하면 강제집행이 매우 곤란할 염려가 있는 때에는 그 자동차·건설기계·소형선박이 있는 곳을 관할하는 지방법원은 신청에 따라 채무자에게 자동차를 그 소속 집행관에게 인도할 것을 명할 수 있다(민집규 113조).

[서식] 자동차강제경매신청전 인도명령신청서

자동차 강제경매신청전 인도명령신청

채 권 자 　　　박 ○ ○(750631-1627813)
　　　　　　　　서울시 ○○구 ○○로 679-971(T.014-446-9866)

채 무 자 　　　정 길 상(760431-1627813)
　　　　　　　　서울시 ○○구 ○○로 1490-991

목적자동차의 표시
별지목록 기재와 같습니다.

신 청 취 지

채무자는 채권자가 위임한 집행관에게 별지목록 기재의 자동차를 인도하라.
라는 재판을 구합니다.

신 청 이 유

1. 채권자는 채무자에 대하여 ○○지방법원 20○○가소 123 손해배상 청구사건의 집행력 있는 판결정본에 기하여 별지목록 기재 자동차에 대한 강제경매신청을 준비중에 있습니다.

2. 그런데 채무자는 강제집행을 회피하려는 목적으로 위 자동차를 가지고 잠적할지도 모르는 실정이어서 채무자가 고의로 위 자동차를 잠적시킨다면 집행법원의 자동차 강제경매개시 결정을 받아서 위 자동차의 인도집행을 하도록 한다 하더라도

압류가 불가능하게 되어 경매절차를 진행할 수 없게 되므로 신청 취지와 같이 신청합니다.

첨 부 서 류

1. 판결정본	1통
1. 집행문	1통
1. 송달증명원	1통
1. 자동차등록원부	1통
1. 별지목록	1통

20○○. ○. ○.

위 원고 박 ○ ○ (인)

○○ **지방법원 귀중**

■ 작성방법

1. 인지대 1,000원
2. 송달료 당사자수×2회분
3. 법원보관금 집행계에 문의해서 선납한다.
4. 신청서 1부를 자동차의 소재지를 관할하는 지방법원 기타집행계에 접수한다.

(3) 인도집행 불능시의 집행절차 취소

강제경매개시결정이 있은 날부터 2월이 지나기까지 집행관이 자동차·건설기계·소형선박을 인도받지 못한 때에는 법원은 집행절차를 취소하여야 한다(민집규 116조).

(4) 운행의 허가

법원은 영업상의 필요, 그 밖의 상당한 이유가 있다고 인정하는 때에는 이해관계를 가진 사람의 신청에 따라 자동차·건설기계·소형선박의 운행을 허가할 수 있다(민집규 117조).

(5) 매각허가

법원은 상당하다고 인정하는 때에는 압류채권자의 매수신청에 따라 그에게 자동차·건설기계·소형선박의 매각을 허가할 수 있다(민집규 124조).

Ⅱ. 자동차·건설기계·소형선박을 목적으로 하는 담보권 실행을 위한 경매

1. 의 의

자동차·건설기계·소형선박을 목적으로 하는 담보권 실행을 위한 경매는 자동차강제경매와 부동산임의경매, 선박임의경매에 관한 규정을 준용한다(민집 270조, 민집규 197조~198조).

2. 경매신청

신청서에는 채권자·채무자·소유자와 그 대리인의 표시, 담보권과 피담보채권의 표시, 담보권 실행 또는 권리행사의 대상인 재산의 표시, 피담보채권의 일부에 대하여 담보권 실행 또는 권리행사를 하는 때에는 그 취지와 범위 외에 자동차등록원부(건설기계등록원부, 선박원부·어선원부·수상레저기구등록원부)에 기재된 사용본거지(선적항, 보관장소)을 적고, 자동차등록원부등본(건설기계등록원부등본, 선박원부·어선원부·수상레저기구등록원부등본)을 붙여야 한다.

자동차강제경매 신청서

신 청 인 장 ○ ○(650931-1626813)

　　　　　○○시 ○동 998-99

피신청인 문 ○ ○(690230-2558811)

　　　　　○○시 ○○읍 ○○리 44-5

청구금액 10,000,000원 (○○지법 ○○지원 2009가소23876호 집행력 있는 확정
판결에 의한 대여금) 및 위 금원에 대하여 2009. 3. 1.부터 완제일까지
연 20%의 비율에 의한 지연손해금

경매할 자동차의 표시 별지목록과 같음

신 청 취 지

채권자는 채무자에 대하여 위 청구금액의 변제에 충당하기 위하여 별지 목록 기재
의 자동차에 대하여 강제경매개시결정을 구한다. 라는 재판을 구합니다.

신 청 원 인

1. 위 청구금액은 귀원 2009가소23876호 집행력 있는 이행권고결정정본에 의한 대
   여금 채권으로서 채무자가 채권자에게 변제하여야 할 금원입니다.

2. 그런데 채무자는 이를 아직까지 변제하지 아니하고 있으므로, 채권자는 부득이
   위 청구금액의 변제를 받고자 채무자 소유인 별지 목록 기재의 자동차에 대하여
   강제경매개시절차를 구하고자 이 건 신청에 이른 것입니다.

첨 부 서 류

1. 집행력 있는 이행권고결정 정본　　　　　　　　　　　　　　1통
1. 자동차등록원부　　　　　　　　　　　　　　　　　　　　　1통

1. 자동차 목록   10통

                              2010.   7.   .
                              위 신청인 장 ○ ○ (인)

   ○○**지방법원** ○○**지원   귀중**

[별 지] 자동차목록

자동차목록

자동차등록번호   구 98765

차 명   소나타

형식 및 연식   1-005-076-786 2003년식

차대번호   KPAHG4CPIMP544129

원동기형식   XD4P

사용본거지   ○○남도

등록연월일   2008. 4. 10.

등록원부상 채무자의 주소   ○○ ○○시 ○○읍 ○○리 98-33

■ 작성방법

1. 인지 : 집행권원당 5,000원, 증지비용은 없다.
2. 송달료 : (이해관계인수+3)×10회분
3. 등록세 : 자동차 1대당 7,500원
4. 경매예납금 : 법원보관금납부서로 납부하며 금액은 경매담당자에게 문의한다.
5. 신청서 1부를 자동차, 건설기계의 등록원부에 기재된 채무자 주소지를 관할하는 법원을 관할로 해서 접수한다.

건설기계강제경매 신청서

채 권 자   장 ○ ○(650931-1626813)

                   ○○시 ○동 998-99

채 무 자   문 ○ ○(690230-2558811)

                   ○○시 ○○읍 ○○리 44-5

집행권원의 표시

채권자의 채무자에 대한 ○○지방법원 20○○가단123 대여금청구사건의 집행력 있는 판결정본

청구채권의 표시

10,000,000원 (원금 10,000,000원 및 이에 대한 20○○. ○. ○.부터 완제일까지 연 20%의 비율에 의한 지연손해금

경매할 건설기계의 표시

별지목록과 같음

신 청 취 지

채권자는 채무자에 대하여 가지고 있는 위 채권의 변제에 충당하기 위하여 채무자 소유의 별지 목록 기재의 건설기계에 대한 강제경매절차를 개시한다.
라는 재판을 구합니다.

신 청 이 유

채권자는 위 청구채권의 표시와 같이 채권을 가지고 있는 바, 채무자는 차일피일 미루며 변제하지 않고 있으므로 채무자 소유의 별지목록 기재 건설기계에 대하여 강제경매를 구하고자 이 신청에 이른 것입니다.

첨 부 서 류

1. 집행력 있는 판결정본   1통
1. 건설기계등록원부   1통
1. 송달,확정증명원   1통

2010. 7. .

위 채권자 장 ○ ○ (인)

○○**지방법원 귀중**

■ 작성방법

1. 신청서 1통, 목록 10통을 건설기계등록원부에 기재된 채무자의 주소지를 관할 하는 지방법원에 제출한다.
2. 건설기계 등록지를 관할하는 시군구청에 신고하고 고지서를 받아 등록세 5,000원, 교육세 1,000원을 납부하고, 인지(5,000원)와 송달료와 집행비용을 예납한다.

[서식] 자동차임의경매 신청서

자동차임의경매 신청서

신 청 인   장 ○ ○(650931-1626813)

                  ○○시 ○동 998-99

피신청인   문 ○ ○(690230-2558811)

                  ○○시 ○○읍 ○○리 44-5

청구금액 10,600,000원 (대여금 및 이자)

경매할 자동차의 표시 별지목록과 같음

신 청 취 지

채권자는 채무자에 대하여 위 청구금액의 변제에 충당하기 위하여 별지 목록 기재

의 자동차에 대하여 임의경매개시결정을 구한다. 라는 재판을 구합니다.

신 청 원 인

1. 채권자는 채무자와 2008. 5. 10. 근저당권설정계약을 체결하고, 채권최고액 10,000,000원으로 하여 위 자동차에 ○○시 2008. 5. 11. 접수 제98765호로써 근저당권설정 등록을 필하였습니다.

2. 즉, 채무자는 채권자에게 2008. 5. 10. 금 10,000,000원의 차용증을 써 주고(근저당설정계약서 포함), 이자는 매월 100,000원, 변제기는 2009. 5. 10.로 하였습니다.

3. 그런데 채무자는 이후 6개월분의 이자만 지급하고 나머지 6개월분의 이자 금 600,000원은 지급하지 아니할 뿐더러, 위 채무의 변제기일이 지난 후 채권자의 수차례에 걸친 변제독촉에도 불구하고 아직까지 위 채무를 변제하지 아니하고 있어 부득이 임의경매개시절차를 구하고자 이 건 신청에 이른 것입니다.

첨 부 서 류

1. 근저당권설정계약서 등본	1통
1. 차용증 사본	1통
1. 자동차등록원부	1통
1. 납부서	1통
1. 자동차목록	30통

2009. 5.   .

위 신청인 장 ○ ○ (인)

○○지방법원 ○○지원 귀중

주) 자동차강제경매신청 및 임의경매신청시에 첨부하여야 할 자동차 목록은 별지를 사용하여 작성할 수도 있으나, 자동차등록원부의「갑구」를 복사하여 제출하여도 됩니다.

제5절 선박에 대한 금전집행

I. 총 설

1. 준용규정

선박은 본래 동산이지만 등기와 등록을 필요로 하고, 또 저당권의 목적이 될 수 있으며, 그 값이나 경제적 효용이 다른 동산에 비하여 높으므로 등기할 수 있는 선박에 대한 강제집행을 부동산의 강제경매에 관한 규정에 따르도록 하고 있다(민집 172조).

2. 대 상

(1) 선박

선박에 대한 금전집행의 대상은 선박등기를 할 수 있는 선박에 한한다. 여기서 선박등기를 할 수 있는 선박이란 총톤수 20톤 이상의 기선과 범선 및 총톤수 100톤 이상의 부선(선박계류용·저장용 등으로 사용하기 위하여 수상에 고정하여 설치하는 부선은 제외)을 말한다(선등 2조).

자동차나 건설기계가 등록된 것만 강제집행의 대상이 되는 것에 비해 선박은 등기되어 있을 필요는 없다.

(2) 외국선박

외국선박도 강제집행의 대상이 된다.

항해의 준비를 완료한 선박은 압류 또는 가압류를 하지 못하므로 집행의 대상이 되지 아니한다. 그러나 항해를 준비하기 위하여 생긴 채무에 대하여는 그러하지 아니하다(상법 744조).

3. 관 할

선박에 대한 강제집행의 집행법원은 압류 당시에 그 선박이 있는 곳을 관할하는 지방법원으로 한다(민집 173조). 경매개시결정 이전에 감수보존처분이 있는 때에는 그 처분 당시의 선박소재지 법원이 관할권을 가진다. 이는 감수·보존처분시 압류의 효력이 발생하기 때문이다.

4. 특 례

(1) 경매신청 첨부서류(민집 177조)

1) 채무자가 소유자인 경우 소유자로서 선박을 점유함을 소명할 수 있는 증서

선박이 타에 임대되어 임차인이나 선체용선자가 선박을 점유하고 있는 때에는 그 점유
로써 압류채권자에게 대항할 수 있는지 여부를 불문하고 경매신청이 불가하다. 이 경
우에는 채무자가 임차인에 대하여 가지는 선박인도청구권을 압류하는 방법으로 집행하
여야 한다.

2) 채무자가 선장인 경우 선장이 선박을 지휘하고 있음을 소명하는 증서

채무자가 선장이 되는 경우란 구조료의 채무자를 위하여 자기 이름으로 소송당사자가
되어 패소판결을 받은 경우를 말한다.

3) 선박에 관한 등기사항을 포함한 등기부의 초본

4) 정박증명서 · 항해미준비완료보고서

(2) 선박국적증서 등의 제출(민집 174조)

법원은 경매개시결정을 한 때에는 집행관에게 선박국적증서 그 밖에 선박운행에 필요한
문서(선박검사증서, 임시항해검사증서, 승무원명부, 항해일지, 화물에 관한 서류)를 선장
으로부터 받아 법원에 제출하도록 명하여야 한다. 경매개시결정이 송달 또는 등기되기
전에 집행관이 선박국적증서등을 받은 경우에는 그 때에 압류의 효력이 생긴다.

(3) 선박집행 신청 전의 선박국적증서 등의 인도명령(민집 175조)

1) 의 의

선박에 대한 집행의 신청 전에 선박국적증서등을 받지 아니하면 집행이 매우 곤란할 염
려가 있을 경우에는 선적(船籍)이 있는 곳을 관할하는 지방법원(선적이 없는 때에는
대법원규칙이 정하는 법원[83])은 신청에 따라 채무자에게 선박국적증서등을 집행관
에게 인도하도록 명할 수 있다. 급박한 경우에는 선박이 있는 곳을 관할하는 지방법
원도 이 명령을 할 수 있다. 선박의 정박이 확보되지 않으면 경매절차를 실시할 수
없으므로 선박집행의 효율성을 확보하기 위하여 일종의 보전처분으로서 인정하는 제
도이다.

---

[83] 서울중앙지방법원 · 인천지방법원 · 수원지방법원평택지원 · 춘천지방법원강릉지원 · 춘천지방법원
속초지원 · 대전지방법원홍성지원 · 대전지방법원서산지원 · 대구지방법원포항지원 · 부산지방법
원 · 울산지방법원 · 창원지방법원 · 창원지방법원진주지원 · 창원지방법원통영지원 · 광주지방법원
목포지원 · 광주지방법원순천지원 · 광주지방법원해남지원 · 전주지방법원군산지원 또는 제주지방
법원으로 한다(민집규 98조).

2) 즉시항고

신청인은 이 인도명령에 따라 인도집행을 할 수 있다. 인도명령에 대하여는 즉시항고를 할 수 있다.

2주간의 집행기간이 있으며, 집행관은 선박국적증서 등을 인도받은 날부터 5일(자동차 집행의 경우는 자동차를 인도받은 날부터 10일) 이내에 채권자로부터 선박집행을 신청하였음을 증명하는 문서를 제출받지 못한 때에는 그 선박국적증서등을 돌려주어야 한다.

(4) 선박 소재 불명시의 집행취소(민집 183조)

경매개시결정이 있은 날부터 2월이 지나기까지 집행관이 선박국적증서등을 넘겨받지 못하고, 선박이 있는 곳이 분명하지 아니한 때에는 법원은 강제경매절차를 취소할 수 있다.

(5) 선장에 대한 판결의 집행(민집 179조)

선장에 대한 판결로 선박채권자를 위하여 선박을 압류하면 그 압류는 소유자에 대하여도 효력이 미친다. 이 경우 소유자도 이해관계인으로 본다. 압류한 뒤에 소유자나 선장이 바뀌더라도 집행절차에는 영향을 미치지 아니한다. 압류한 뒤에 선장이 바뀐 때에는 바뀐 선장만이 이해관계인이 된다.

(6) 관할위반으로 말미암은 절차의 취소(민집 180조, 182조)

압류 당시 선박이 그 법원의 관할안에 없었음이 판명된 때에는 그 절차를 취소하여야 한다. 그러나 압류된 선박이 관할구역 밖으로 떠난 때에는 집행법원은 선박이 있는 곳을 관할하는 법원으로 사건을 이송할 수 있다.

(7) 정박명령과 운행허가(민집 176조)

법원은 집행절차를 행하는 동안 선박이 압류 당시의 장소에 계속 머무르도록 명하여야 한다. 법원은 영업상의 필요, 그 밖에 상당한 이유가 있다고 인정할 경우에는 채무자의 신청에 따라 선박의 운행을 허가할 수 있다. 이 경우 채권자 · 최고가매수신고인 · 차순위 매수신고인 및 매수인의 동의가 있어야 한다.

(8) 감수 · 보존처분(민집 178조)

법원은 채권자의 신청에 따라 선박을 감수(監守)하고 보존하기 위하여 필요한 처분을 할 수 있다. 감수 · 보존처분의 신청은 강제경매신청과 동시에 또는 개시결정의 전후를 묻지 않고 할 수 있다.

(9) 보증의 제공에 따른 강제경매절차의 취소(민집 181조)

채무자가 집행의 일시정지를 명한 재판서 또는 변제증서·변제유예증서를 제출하고 압류채권자 및 배당을 요구한 채권자의 채권과 집행비용에 해당하는 보증을 매수신고 전에 제공한 때에는 법원은 신청에 따라 배당절차 외의 절차를 취소하여야 한다. 선박이 압류되면 압류장소에 정박시키고 운행이 금지되는데 선박의 특성상 채무자는 선박을 이용하지 못함으로 인하여 커다란 경제적 불이익을 받게 되므로 당사자의 이익을 조정하기 위하여 마련된 제도이다.

(10) 사건의 이송(민집 182조)

압류된 선박이 관할구역 밖으로 떠난 때에는 집행법원은 선박이 있는 곳을 관할하는 법원으로 사건을 이송할 수 있다.

(11) 매각기일의 공고(민집 184조)

매각기일의 공고에는 선박의 표시와 그 정박한 장소를 적어야 한다.

Ⅱ 선박에 대한 강제집행

1. 선박지분에 대한 강제집행

선박의 지분에 대한 강제집행은 민사집행법 251조 그 밖의 재산권에 대한 집행에서 규정한 강제집행의 예에 따른다(민집 185조).

2. 선박을 목적으로 하는 담보권 실행을 위한 경매(민집 269조)

선박을 목적으로 하는 담보권에는 선박저당권과 선박우선특권이 있으며, 선박강제경매와 부동산경매에 관한 규정을 준용한다. 다만 동일한 채권의 담보로 부동산과 선박에 대하여 저당권이 설정된 경우에는 공동저당권과 차순위자의 대위권(민법 368조 2항)이 적용되지 아니한다.

신청서에는 채권자·채무자·소유자와 그 대리인의 표시, 담보권과 피담보채권의 표시, 담보권 실행 또는 권리행사의 대상인 재산의 표시, 피담보채권의 일부에 대하여 담보권 실행 또는 권리행사를 하는 때에는 그 취지와 범위, 선박의 정박항 및 선장의 이름과 현재지를 적어야 한다.

선박담보권실행을 위한 경매신청

채 권 자 　　○○○(주민등록번호)

　　　　　　○○시 ○○구 ○○길 ○○(우편번호)

　　　　　　전화·휴대폰번호 :

　　　　　　팩스번호, 전자우편(e-mail)주소 :

채무자 겸

소유자 　　　○○○(주민등록번호)

　　　　　　○○시 ○○구 ○○길 ○○(우편번호)

　　　　　　전화·휴대폰번호 :

　　　　　　팩스번호, 전자우편(e-mail)주소 :

선 　　　장 　○○○(주민등록번호)

　　　　　　○○시 ○○구 ○○길 ○○○(우편번호)

　　　　　　전화·휴대폰번호 :

　　　　　　팩스번호, 전자우편(e-mail)주소 :

　　　　　　선장의 현재지 : ○○시 ○○구 ○○길 ○○○

청구채권의 표시

원금 ○○○원 및 이에 대한 20○○. ○. ○.부터 다 갚는 날까지 연 ○○%의 비율에 의한 이자 및 지연손해금

경매할 선박의 표시 : 별지목록 기재와 같음

신 청 취 지

1. 채권자의 채무자에 대한 위 청구채권의 변제를 위하여, 채무자소유의 별지목록

기재 선박에 대한 담보권실행을 위한 경매절차를 개시하고, 채권자를 위하여 이를 압류한다.

2. 채무자는 위 선박을 ㅇㅇㅇ항에 정박하여야 한다.

3. 귀원소속 집행관은 위 선박의 선박국적증서 기타 항해에 필요한 문서를 수취하여 이 법원에 제출하여야 한다.

라는 재판을 구합니다.

신 청 이 유

1. 채권자는 채무자에게 20ㅇㅇ. ㅇ. ㅇ. 금 ㅇㅇㅇ원을 이자는 연 ㅇㅇ%, 갚을 날짜는 1년 뒤로 정하여 빌려 주면서 위 채권의 담보를 위하여 별지목록 기재 선박에 대하여 ㅇㅇ지방법원 ㅇㅇ지원 20ㅇㅇ. ㅇㅇ. ㅇ. 접수 제ㅇㅇㅇ호로, 채권최고액 금 ㅇㅇㅇ원의 근저당권을 설정하였습니다.

2. 그런데 채무자는 위 채무를 갚을 날짜가 지났음에도 전혀 갚지 아니하였으므로, 채권자는 여러 차례에 걸쳐 위 채무를 갚을 것을 독촉하였으나 채무자는 지금까지 위 채무를 갚지 않고 있습니다.

3. 따라서 채권자는 채무자에 대하여 위 대여금을 받기 위하여 이미 설정된 별지목록 기재 선박에 대한 근저당권을 실행하고자 이 사건 경매신청을 하기에 이른 것입니다.

첨 부 서 류

1. 선박등기부초본	1통
1. 선박정박증명	1통
1. 출항준비미완료보고서	1통
1. 차용증	1통
1. 근저당권설정계약서	1통
1. 등록면허세·지방교육세영수필확인서, 영수필통지서	각 1통
1. 집행비용예납서	1통

1. 송달료납부서   1통
1. 선박목록   30통

                              20○○.   ○.   ○.
                              위 채권자   ○ ○ ○ (인)

　○○지방법원 ○○지원 귀중

[별지]

선박의 표시

선박의 종류와 명칭   기선 제○○○호

선적항(또는 선적국)   ○○항

선질   강(鋼)

총 톤 수   ○○○t

순 톤 수   ○○○t

기관의 종류 및 수   디젤발동기 ○기

추진기의 종류 및 수   나선추진기 ○개

진수연월일   20○○. ○. ○.

정박장소   ○○○항

소유자   ◇◇◇

선장   ◈◈◈

임대차   없음. 끝.

선박강제경매신청

채 권 자　　　○○○(주민등록번호)

　　　　　　　○○시 ○○구 ○○길 ○○(우편번호)

　　　　　　　전화·휴대폰번호:

　　　　　　　팩스번호, 전자우편(e-mail)주소:

채 무 자　　　○○○해운주식회사

　　　　　　　○○시 ○○구 ○○길 ○○(우편번호)

　　　　　　　대표이사 ○○○

　　　　　　　선　　　장 ○○○

　　　　　　　전화·휴대폰번호:

　　　　　　　팩스번호, 전자우편(e-mail)주소:

청구채권의 표시

금 ○○○원 및 이에 대한 20○○. ○. ○.부터 다 갚는 날까지 연 ○○%의 비율에 의한 이자 및 지연손해금

집행권원의 표시

채권자의 채무자에 대한 ○○지방법원 20○○. ○. ○. 선고 20○○가합○○○ 대여금청구사건의 집행력 있는 판결정본

경매할 선박의 표시 : 별지목록 기재와 같음

신 청 취 지

1. 채권자의 채무자에 대한 위 청구채권의 변제에 충당하기 위하여, 채무자소유의 별지목록 기재 선박에 대한 강제경매절차를 개시하고, 채권자를 위하여 이를 압류한다.

2. 채무자는 위 선박을 ○○○항에 정박하여야 한다.

3. 귀원소속 집행관은 위 선박의 선박국적증서 기타 항행에 필요한 문서를 수취하여 이 법원에 제출하여야 한다.

라는 재판을 구합니다.

신 청 이 유

1. 채권자는 채무자에 대하여 ○○지방법원 20○○. ○. ○. 선고 20○○가합○○○ 대여금청구사건의 집행력 있는 판결정본에 기초한 위 청구채권을 가지고 있습니다.

2. 그런데 채무자는 지금까지 채권자에게 위 청구채권을 지급하지 않고 있습니다.

3. 따라서 채권자는 위 채권을 변제 받기 위하여 채무자소유의 별지목록 기재 선박에 대하여 강제경매를 신청합니다

4. 그리고 위 선박은 ○○시 ○○구 ○○동 ○○ ○○○에 정박중입니다.

첨 부 서 류

1. 집행력있는 판결정본   1통
1. 판결정본송달증명서   1통
1. 선박등기부초본   1통
1. 선박정박증명   1통
1. 출항준비미완료보고서   1통
1. 선박목록   30통
1. 법인등기사항증명서   1통
1. 등록면허세·지방교육세영수필확인서, 영수필통지서   각 1통
1. 송달료납부서   1통

20○○. ○. ○.

위 채권자 ○○○ (서명 또는 날인)

○○**지방법원 귀중**

제6절 유체동산에 대한 금전집행

1. 의의

민사집행법상 유체동산이란 민사집행법상의 동산 중에서 채권 그 밖의 재산권을 제외한 물건 및 유가증권으로 화체된 재산권을 말하고, 여기서 민사집행법상의 동산이란 부동산 및 이에 준하여 취급되는 것 외의 것을 말한다.

2. 절차의 개요

[도표] 동산강제집행절차

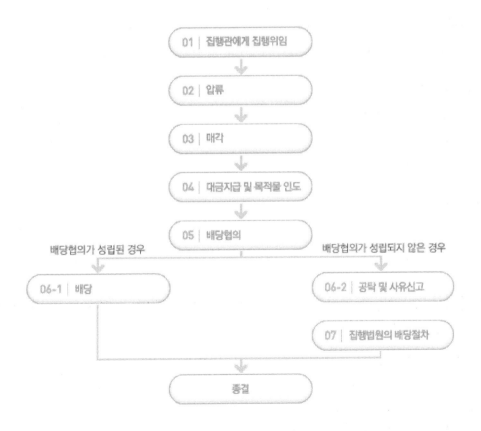

1. 민사집행법상 유체동산

(1) 자동차 등

자동차관리법에 따라 등록된 자동차, 건설기계관리법에 따라 등록된 건설기계, 자동차 등 특정동산 저당법에 따른 소형선박, 선박법 및 선박등기법에 따라 선박등기를 할 수 있는 선박, 항공법에 따라 등록된 항공기는 유체동산의 집행에서 제외된다.

(2) 공장 등

공장 및 광업재단 저당법에 의한 공장재단 또는 광업재단을 구성하는 기계, 기구, 전봇대, 전선(電線), 배관(配管), 레일, 그 밖의 부속물 등은 유체동산의 집행에서 제외된다 (공광 13조).

(3) 입목

입목은 토지의 정착물로서 부동산의 일부 또는 종물에 불과하지만 입목에 관한 법률에 따라 소유권보존등기 된 것은 독립된 부동산으로 취급된다.

(4) 유가증권

유가증권 자체는 민사집행법상 유체동산이지만, 배서가 금지된 것은 그 증권에 화체된 권리를 집행대상으로 파악하여 채권 그 밖의 재산권의 집행방법에 의하여야 한다(민집 189조, 223조).

(5) 종물

부동산이나 선박의 종물 또는 그로부터 분리된 천연과실이나 구성부분도 유체동산집행의 대상이 되나 주물인 부동산 등이 압류된 후에는 독립하여 유체동산압류의 대상이 되지 못한다.

2. 등기할 수 없는 토지의 정착물로서 독립하여 거래의 객체가 될 수 있는 것
(민집 189조 2항 1호)

등기할 수 없는 토지의 정착물이란 토지에의 정착성은 있으나 현금화한 후 토지로부터 분리하는 것을 전제로 하여 거래의 대상으로서의 가치를 가지는 것이라고 보아야 한다. 유체동산집행의 대상이 되는 정착물의 예로는 송신용 철탑, 정원석, 정원수, 주유소의 급유기, 입목등기가 되지 아니한 입목, 식재된 수목 등이 있다.

3. 토지에서 분리하기 전의 과실로서 1월 이내에 수확할 수 있는 것
(민집 189조 2항 2호)

미분리의 과실은 토지의 정착물로서 독립하여 거래의 객체가 되지 아니하므로 토지에 대한 강제집행에 부수할 수밖에 없으나 근래 미분리과실이라도 독립하여 거래의 객체로 되어 가는 추세를 반영하여 압류의 대상으로 규정한 것이다.

4. 유가증권으로서 배서가 금지되지 아니한 것(민집 189조 2항 3호)

유가증권이란 증권 자체에 권리가 화체되어 있는 증서를 말하고, 이에는 어음, 수표, 화물상환증, 창고증권, 선하증권, 지시증권, 국채, 지방채, 공채, 사채, 무기명주권, 상품권, 승차권, 입장권 등이 있다.

5. 채무자와 그 배우자의 공유로서 채무자가 점유하거나 그 배우자와 공동으로 점유하고 있는 유체동산(민집 190조)

Ⅲ. 압 류

1. 압류할 수 있는 경우

(1) 채무자가 점유하고 있는 경우(민집 189조)

집행관은 본래 채무자의 소유인 유체동산에 대하여 압류를 하여야 마땅하나 집행관은 실체상의 권리귀속관계에 관하여 조사할 권한이 없으므로 채무자가 점유하고 있는 유체동산이라면 그것이 진실로 채무자의 소유에 속하는지 여부를 묻지 않고 집행관은 일응 그 물건을 압류할 수 있다(민집 189조). 따라서 채무자가 점유하고 있는 이상 제3자가 그 물건에 대하여 소유권 그 밖의 권리를 가지고 있더라도 압류는 위법하지 않고, 다만 이때에 제3자는 제3자이의의 소를 제기하여 구제받을 수 있다.

(2) 채권자가 점유하고 있는 경우(민집 191조)

채무자 소유의 재산이라면 채권자가 점유하고 있는 경우라도 압류할 수 있다. 채권자가 우연히 채무자 소유의 유체동산을 점유하고 있는 경우 또는 임차물·임치물로서 점유하고 있는 경우 채권자가 그 목적물을 집행관에게 제출하여 압류할 수 있다.

(3) 점유자인 제3자가 압류를 승낙하여 목적물을 제출한 경우(민집 191조)

제3자가 채무자의 소유물을 점유하고 있는 경우 그 압류를 승낙하여 제출을 거부하지 아니한 경우에 한하여 압류할 수 있다. 채무자와 제3자가 공동으로 점유하고 있는 경우에도 제3자가 제출을 거부하지 아니한 때에 한하여 압류할 수 있다. 다만 부부가 공동으로 점유하고 있는 부부공유의 유체동산인 경우에는 이를 압류함에 있어서 배우자의 승낙이나 제출불거부의 의사표시는 필요 없다.

2. 압류의 제한(압류금지물 포함)

(1) 초과압류의 금지(민집 188조)

압류는 집행력 있는 정본에 적은 청구금액의 변제와 집행비용의 변상에 필요한 한도 안에서 하여야 한다. 여기서 청구금액이란 집행력 있는 정본에 기재된 원금·이자·지연손해금의 합계액을 말한다. 압류의 경합(민집 215조)이나 우선권자의 배당요구(민집 217조)가 있는 경우에는 이중압류채권자 또는 배당요구채권자의 청구금액까지 아울러 의미한다.

(2) 무잉여압류의 금지(민집 188조)

압류물을 현금화하여도 집행비용 외에 남을 것이 없는 경우에는 집행하지 못한다. 집행관은 압류 후에 압류물의 매각대금으로 압류채권자의 채권에 우선하는 채권과 집행비용을 변제하면 남을 것이 없겠다고 인정하는 때에는 압류를 취소하여야 한다(민집규 140조). 남을 것이 없다는 사유가 압류물 전체에 대하여 발생한 경우에는 압류를 전부 취소하며, 동산집행사건을 종료하게 된다. 남을 것이 없다는 사유가 압류물의 일부에 대해서만 발생한 경우에는 그 동산 만에 대하여 압류를 취소한다.

(3) 매각의 가망이 없는 압류의 금지(민집 188조)

집행관은 압류물에 관하여 상당한 방법으로 매각을 실시하였음에도 매각의 가망이 없는 때에는 그 압류물의 압류를 취소할 수 있다(민집규 141조). 여기서 상당한 방법이란 압류물의 종류·형상·용도·보관장소·형태·수요 등을 고려한 적정한 매각방법을 말하고, 매각의 가망이 없는 때란 이와 같은 방법에 따라 매각기일을 열었으나 적법한 매수신청이 없는 것을 말한다.

(4) 국가에 대한 강제집행에 있어서의 압류의 제한(민집 192조)

국가에 대한 강제집행은 국고금을 압류함으로써 한다. 여기서 국고금이란 세입금, 세출금, 세입·세출외 현금(우편송금, 보관금, 공탁금, 일시차입금)을 말한다.

(5) 압류금지물

1) 민사집행법상 압류금지물(민집 195조)

2) 국민기초생활보장법상 압류금지물

수급자에게 지급된 수급품과 이를 받을 권리는 압류할 수 없다. 수급자 명의의 지정된 급여수급계좌의 예금에 관한 채권은 압류할 수 없다(국기 35조).

3) 우편법상 압류금지물

우편을 위한 용도로만 사용되는 물건과 우편을 위한 용도로 사용 중인 물건은 압류할 수 없다(우편법 7조).

4) 신탁법상 압류금지물

신탁재산에 대하여는 강제집행, 담보권 실행 등을 위한 경매, 보전처분 또는 국세 등 체납처분을 할 수 없다. 다만, 신탁 전의 원인으로 발생한 권리 또는 신탁사무의 처리상 발생한 권리에 기한 경우에는 그러하지 아니하다(신탁법 22조).

5) 공장 및 광업재단저당법상 압류금지물

공장재단의 구성물은 공장재단과 분리하여 양도하거나 소유권 외의 권리, 압류, 가압류 또는 가처분의 목적으로 하지 못한다(공광 14조).

6) 건설산업기본법상 압류금지물

건설업자가 도급받은 건설공사의 도급금액 중 그 공사(하도급한 공사를 포함한다)의 근로자에게 지급하여야 할 임금에 상당하는 금액은 압류할 수 없다(건기 88조).

3. 압류절차

(1) 강제집행의 신청

유체동산의 집행은 채권자가 집행관에게 서면으로 집행신청을 함으로써 시작된다(민집 4조). 유체동산에 대한 강제집행신청서에는 ① 채권자·채무자와 그 대리인의 표시, ② 집행권원의 표시, ③ 강제집행 목적물인 유체동산이 있는 장소, ④ 집행권원에 표시된 청구권의 일부에 관하여 강제집행을 구하는 때에는 그 범위 등을 적고 집행력 있는 정본을 붙여야 한다(민집규 131조).

집행관은 집행신청을 받은 때에는 신청인에게 수수료 기타 비용의 개산액을 예납시킬 수 있고, 예납을 하지 않으면 위임에 응하지 아니하거나 사무를 행하지 아니할 수 있다.

집행관은 집행신청을 받은 때에는 바로 집행을 개시할 일시를 정하여 신청인에게 통지하여야 하고, 집행일시는 부득이한 사정이 없으면 신청을 받은 날부터 1주 안의 날로 정하여야 한다.

[서식] 유체동산강제경매신청서

<table>
<tr>
<td colspan="9" align="center">

○ ○ 지 방 법 원
강 제 집 행 신 청 서

</td>
</tr>
<tr>
<td colspan="9" align="center">○ ○ 지방법원　　집행관사무소　　집행관　　　　귀 하</td>
</tr>
<tr>
<td rowspan="4">채권자</td>
<td>성 명</td>
<td>박 ○ ○</td>
<td>주민등록번호
(사업자등록번호)</td>
<td>750631-
2558811</td>
<td>전화번호</td>
<td colspan="3">015-606-5436</td>
</tr>
<tr>
<td colspan="2"></td>
<td></td>
<td></td>
<td>우편번호</td>
<td colspan="3">□□□ - □□□</td>
</tr>
<tr>
<td>주 소</td>
<td colspan="7">○○광역시 서구 둔산동(로)　　가 8543-34번지 호(통　　반)
　　아파트　　　동　　　　　호</td>
</tr>
<tr>
<td>대리인</td>
<td colspan="4">성명(　　　　　　　　　)
주민등록번호(　　　　　　　　　)</td>
<td>전화번호</td>
<td colspan="2"></td>
</tr>
<tr>
<td rowspan="3">채무자</td>
<td>성 명</td>
<td>정 길 상</td>
<td>주민등록번호
(사업자등록번호)</td>
<td>780431-
1627813</td>
<td>전화번호</td>
<td colspan="3"></td>
</tr>
<tr>
<td colspan="2"></td>
<td></td>
<td></td>
<td>우편번호</td>
<td colspan="3">□□□ - □□□</td>
</tr>
<tr>
<td>주 소</td>
<td colspan="7">대전광역시 서구 월평동(로)　　가 8761-43번지 호(통　　반)</td>
</tr>
<tr>
<td colspan="2">집행목적물 소재지</td>
<td colspan="7">채무자의 주소지와 같음　　(※ 다른 경우는 아래에 기재함)
　　시　　구　　동(로)　　가　　번지　호(　　통　　　반)</td>
</tr>
<tr>
<td colspan="2">집 행 권 원</td>
<td colspan="7">○○지방법원 2009가소제98765호 확정된 이행권고결정정본</td>
</tr>
<tr>
<td colspan="2">집행의 목적물 및
집 행 방 법</td>
<td colspan="7">동산압류, 동산가압류, 동산가처분, 부동산점유이전금지가처분, 건물명도, 철거,
부동산인도, 자동차인도, 기타(　　　　　　　　　　　)</td>
</tr>
<tr>
<td colspan="2">청 구 금 액</td>
<td colspan="7">10,000,000 원(내역은 뒷면과 같음)</td>
</tr>
<tr>
<td colspan="9">

위 집행권원에 기한 집행을 하여 주시기 바랍니다.
※ 첨부서류
1. 집행권원　　　1통　　　　　　　　2010.　6.　10.
2. 송달증명서　　1통　　　　　　　　　　채권자 박 ○ ○　　(인)
3. 위임장　　　　1통　　　　　　　　　　대리인　　　　　　 (인)

</td>
</tr>
<tr>
<td colspan="9">

※ 특약사항
1. 본인이 수령할 예납금잔액을 본인의 비용부담하에
　오른쪽에 표시한 예금계좌에 입금하여 주실 것을 신
　청합니다.
　　　　　채권자 박 ○ ○ (인)

예금계좌	개설은행	농 협
	예금주	박 ○ ○
	계좌번호	615-02-987654

2. 집행관이 계산한 수수료 기타 비용의 예납통지 또는 강제집행 속행의사 유무 확인 촉구를 2회 이상 받고도 채권자가 상당한 기간 내에 그 예납 또는 속행의 의사표시를 하지 아니한 때에는 본건 강제집행 위임을 취하한 것으로 보고 종결 처분하여도 이의 없습니다.　　채권자 박 ○ ○ (인)

</td>
</tr>
</table>

(뒷면 계속)

청 구 금 액 계 산 서	
내 용	금 액
1. 대여금 원금	금 10,000,000원
합 계	10,000,000 원
집행목적물 소재지 약도	

<table>
<tr><td colspan="4" align="center">**강제집행 진행에 관한 신청서**</td></tr>
<tr><td>○○ 지방법원</td><td>집행관사무소</td><td>집행관</td><td>귀하</td></tr>
<tr><td colspan="4">사건번호 :　　　본 가　　　호 (담당　　　부)
채 권 자 :
채 무 자 :
집행권원 :</td></tr>
<tr><td colspan="4">(　　　) 압류물 감정신청서
　　　년　월　　일자로 압류한 위 채무자의 유체동산에 대한 감정을 하여 주시기
바랍니다.</td></tr>
<tr><td colspan="4">(　　　) 경매기일 지정신청서
　　　년　월　　일자로 압류한 위 채무자의 유체동산에 대한 경매기일을 지정하여
주시기 바랍니다.</td></tr>
<tr><td colspan="4">(　　　) 경매기일 연기(변경)신청서
　　　년　　　월일자로 압류한 위 채무자의 유체동산에 대한 경매기일이　년　월
일로 지정되었으나, 채권 에 의하여 동 경매기일을 연기(변경)신청합니다.</td></tr>
<tr><td colspan="4">(　　　) 압류물 점검신청서
　　　년　월　　일자로 위 채무자의 유체동산을 압류하고 이를 채무자에게 보관시
켰던 바, 채무자가 위 압류물건에 대하여 보관의무를 다하지 못하고 있는 것으
로 보이므로 위 물건의 손상 및 현존 유무를 점검하여 주시기 바랍니다.</td></tr>
<tr><td colspan="4">(　　　) 압류물건 장소이전신청서
　　　년　월　　일자로 위 채무자의 유체동산을 압류하고 이를 채무자에게 보관시
켰던 바, 채무자의 주거이전으로 인하여 위 압류물건을 아래 장소로 이전하려
하오니 승인하여 주시기 바랍니다.
이전장소 :
첨부서류 : 압류물건목록　1부　　현장도면　1매</td></tr>
<tr><td colspan="4">(　　　) 주소 보정신청서
위 사건에 관하여 채권자(채무자)는 주소를　　　년　　월　　일 이사하였으므로 아래와 같이
주소를 보정합니다.
　보정할 채권자(채무자)의 주소 :
　첨부서류 : 주민등록표 등·초본 1통</td></tr>
<tr><td colspan="4" align="center">2014.　9.　　.
신청인　　　　　　　　　　　(인)
주민등록번호</td></tr>
</table>

강제집행신청 취하서 등

○○ 지방법원   집행관사무소   집행관   귀하

사건번호 :   본 가   호 (담당   부)
채 권 자 :
채 무 자 :
집행권원 :

1. 강제집행신청취하서

   위 집행권원에 의하여

   .   .   . 자로 한 강제집행신청을 취하합니다.

2. 정본회수신청서

   위 집행권원 정본의 회수를 신청합니다.

   위 집행권원 정본을 영수합니다.

                     2010.   9.   .

        영수인   (인)

3. 신청취하접수증명원

   위 강제집행신청 취하서가 접수되었음을 증명하여 주시기 바랍니다.

                     2010.   9.   .

        ○○ 지방법원 집행관   (인)

                     2010.   9.   .
                  위 (1항, 2항, 3항) 신 청 인   (인)

신청인확인	주민등록번호		확인자	위 본인의 무인임을 증명함.
				2010. 9. .
				담당 (인)

(2) 집행관의 목적물 점유 및 보관위탁

채무자가 점유하고 있는 유체동산의 압류는 집행관이 그 물건을 점유함으로써 한다. 여기서 점유는 목적물에 대한 채무자의 점유를 전면적으로 배제하고 집행관이 이를 직접 지배·보관하는 것을 말한다. 다만 채권자의 승낙이 있거나 운반이 곤란한 때에는 봉인(封印), 그 밖의 방법으로 압류물임을 명확히 하여 채무자에게 보관시킬 수 있다(민집 189조).

(3) 압류물의 보존

1) 압류물의 보존을 위한 처분

압류물을 보존하기 위하여 필요한 때에는 집행관은 적당한 처분을 하여야 한다. 압류물을 그대로 두면 가격폭락이나 과다한 보관비용이 들어 채권의 만족을 위태롭게 할 우려가 있는 때에는 적당한 처분을 하여야 하고, 이 경우 비용이 필요한 때에는 채권자로 하여금 이를 미리 내게 하여야 한다.

2) 긴급매각

강제집행의 일시정지를 명한 취지를 적은 재판의 정본 또는 집행할 판결이 있은 뒤에 채권자가 변제를 받았거나, 의무이행을 미루도록 승낙한 취지를 적은 증서가 제출된 경우에 압류물을 즉시 매각하지 아니하면 값이 크게 내릴 염려가 있거나, 보관에 지나치게 많은 비용이 드는 때에는 집행관은 그 물건을 매각할 수 있고, 이 경우 그 매각대금을 공탁하여야 한다(민집 198조).

3) 어음·수표 등을 압류한 경우

집행관은 어음·수표 그 밖의 금전의 지급을 목적으로 하는 유가증권으로서 일정한 기간 안에 인수 또는 지급을 위한 제시 또는 지급의 청구를 필요로 하는 것을 압류하였을 경우에 그 기간이 개시되면 채무자에 갈음하여 필요한 행위를 하여야 하고, 미완성 어음 등을 압류한 경우에 채무자에게 기한을 정하여 어음 등에 적을 사항을 보충하도록 최고하여야 한다(민집 212조).

(4). 보관압류물의 점검

1) 집행관은 채무자 또는 채권자나 제3자에게 압류물을 보관시킨 경우에 압류채권자 또는 채무자의 신청이 있거나 그 밖에 필요하다고 인정하는 때에는 압류물의 보관상황을 점검하여야 한다. 그 점검 결과 압류물의 부족 또는 손상의 유무와 정도 및 이에 관하여 집행관이 취한 조치를 적은 점검조서를 작성하고, 부족 또는 손상이 있는 경우에는 보관자가 아닌 채권자 또는 채무자에게 그 취지를 통지하여야 한다(민집규 137조).

2) 압류물의 부족 또는 손상의 경우에 부족이나 손상의 원인규명, 부족물의 탐색, 이를 발견한 경우의 회수, 보관자에게 손상부분의 수리를 권고하는 것, 계속 보관이 부적당하다고 인정할 때에는 집행관의 직접 점유로 옮기거나 다른 보관방식을 취하는 것 등을 들 수 있다.

[서식] 압류동산의 점검신청서

점 검 신 청 서

사건번호   20○○본 123(5부)

채 권 자   박 ○ ○

　　　　　○○ ○구 ○○동 679-97

채 무 자   정 ○ ○

　　　　　○○ ○구 ○○동 9817-46

위 당사자간의 서울○○지방법원 20○○가단 123 대여금 청구사건의 집행력 있는 판결정본에 의하여 20○○. ○. ○.자 귀직원으로 하여금 위 채무자의 유체동산을 압류집행하였는 바, 압류물의 부족 또는 손상의 유무에 대하여 점검을 하여줄 것을 신청합니다.

20○

○.　○.　.

채권자 박 ○ ○ (인)

○○지방법원 집행관   귀하

■ 작성방법
1. 신청서1부를 집행관사무실에 접수한다.
2. 인지대, 송달료등 비용은 없다.

[서식] 압류물건 보관장소 이전 신고서

압류물건 보관장소 이전신고

사건번호 20○○본 123(5부)
채 권 자 박 ○ ○
채 무 자 정 ○ ○

위 당사자간의 서울○○지방법원 20○○가단 123 대여금 청구사건의 집행력 있는
판결정본에 의하여 20○○. ○. ○.자 귀 직원으로 하여금 위 채무자의 유체동산을
압류집행하였으나, 금번 사정에 의하여 다음 장소로 압류물을 이전하였기에 신고합
니다.

1. 이전연월일 : 20○○. ○. ○.
1. 이전장소 : 서울 ○○구 ○○동 ○○ 지하창고
1. 약도 : 별지

20○○. ○. .
채무자 박 ○ ○ (인)

○○지방법원 집행관 귀하

■ 작성방법

1. 신청서 2부를 집행관사무실에 접수한다
2. 인지대, 송달료등 비용은 없다.

(5) 압류물의 회수와 인도명령

1) 압류물의 회수

압류물을 집행관이 점유하는 경우에 제3자가 그 점유를 침탈한 때에는 집행관이 자력구
제를 하거나 점유회복의 소를 제기하여 이를 회수할 수 있다.

채무자·채권자·제3자에게 보관 위탁한 압류물이 다른 제3자의 사실적 지배에 넘어간
경우에는 선의취득과 같은 경우를 제외하고는 압류의 효력이 당연히 상실되는 것은 아니
므로 집행관은 압류물을 회수하기 위하여 적당한 방법을 강구하여야 한다.

2) 인도명령

위와 같이 자력구제가 허용되는 경우에도 제3자가 임의반환을 거부하면 인도명령(민집 193조)을 받아 이를 회수할 수 있을 뿐이다.

압류물을 제3자가 점유하게 된 경우에는 법원은 채권자의 신청에 따라 그 제3자에 대하여 그 물건을 집행관에게 인도하도록 명할 수 있다. 인도명령의 신청은 압류물을 제3자가 점유하고 있는 것을 안 날부터 1주 이내에 하여야 한다. 인도명령은 상대방에게 송달되기 전에도 집행할 수 있다. 인도명령은 신청인에게 고지된 날부터 2주가 지난 때에는 집행할 수 없다. 인도명령의 집행에 소요된 비용은 이른바 공익비용으로서 압류물의 매각대금으로부터 우선변제된다(민집 53조).

4. 압류의 효력

1) 국가가 압류물의 처분권을 취득한다. 따라서 국가의 집행기관인 집행관은 채권자의 만족을 위하여 매각 등의 처분을 할 수 있다.

2) 채무자는 압류물의 처분권을 잃는다. 다만 처분권의 상실은 압류의 목적에 의하여 제약을 받음에 그친다. 따라서 압류물의 처분은 압류채권자에 대한 관계에서만 상대적으로 무효이다

Ⅳ. 집행의 경합

1. 동시압류(공동압류)

집행관이 여러 개의 채권 또는 여러 명의 채권자를 위하여 동일한 재산을 동시에 압류하는 것을 동시압류 또는 공동압류라 한다. 동시압류는 공동의 집행신청에 따른 경우와 사건의 병합에 따른 경우가 있다.

2. 이중압류(중복압류)

유체동산을 압류하거나 가압류한 뒤 매각기일에 이르기 전에 다른 강제집행이 신청된 때에는 집행관은 집행신청서를 먼저 압류한 집행관에게 교부하여야 한다. 이 경우 더 압류할 물건이 있으면 이를 압류한 뒤에 추가압류조서를 교부하여야 한다(민집 215조 1항). 집행에 관한 채권자의 위임은 먼저 압류한 집행관에게 이전된다(민집 215조 2항).

3. 배당요구

(1) 배당요구권자

민법·상법, 그 밖의 법률에 따라 우선변제청구권이 있는 채권자는 매각대금의 배당을 요구할 수 있다(민집 217조). 따라서 우선변제청구권이 없는 채권자는 집행력 있는 정본의 유무를 불문하고 배당요구를 할 수 없다. 다만 집행력 있는 정본이 있는 경우에는 집행신청을 하여 이중압류를 함으로써 집행에 참가할 수 있다.

우선변제청구권이 있는 채권자는 질권자(민법 329조), 사용인(상법 468조), 선박구조자(상법 893조), 선박채권자(상법 777조), 임금채권자(근로기준법 38조) 등이 있다. 한편 부부공유 유체동산의 압류규정에 따라 부부공유 유체동산이 매각된 경우에 집행채무자가 아닌 배우자는 자기 공유지분에 대한 매각대금의 교부를 요구할 수 있다(민집 221조). 배우자의 공유 주장에 이의가 있는 채권자는 배우자를 상대로 공유관계부인의 소를 제기하여야 한다.

[서식] 배우자의 매득금지급요구서

배우자의 매득금지급요구서

채 권 자   박 ○ ○(750631-1627813)
                           ○○ ○○구 ○○동 679-97

채 무 자   정 ○ ○(780431-1627813)
                           ○○ ○○구 ○○동 9817-46

지급요구채권자(신청인)   김 ○ ○(7901131-2558811)
                           ○○ ○○구 ○○동 9817-46

신 청 취 지

위 채무자의 채무로 인하여 귀원 2020본98765호 동산압류 사건이 경매진행 중에 있는 바, 본 건 압류물건은 채무자의 배우자인 신청인에게 그 소유권의 1/2 에 대한 공유지분이 있으므로, 동 지분에 대한 매각대금을 신청인에게 지급하여 주시기 바랍니다.

신 청 이 유

신청인(지급요구채권자)은 채무자 정○○의 처로서, 이 건 압류된 동산은 채무자와 신청인과의 공유로서 공동점유에 속하므로, 이 건 청구에 이르게 된 것입니다.

첨 부 서 류

1. 가족관계증명서   1통
1. 주민등록등본   1통
1. 요구서부본   3통
1. 납부서   1통

2020. 6.   .

지급요구채권자(신청인) 김 ○ ○   (인)

○○**지방법원 집행관 귀하**

[서식] 공유부인의 소장

공유부인의 소장

원 고	박 ○ ○(750631-1627813)
	○○ ○구 ○○동 679-97
피 고	김 ○ ○(7901131-2558811)
	○○ ○구 ○○동 9817-46

청 구 취 지

1. 원고가 소외 정○○에 대한 ○○지방법원 2020가단 제89475호 대여금 사건의 집행력 있는 이행권고결정 정본에 기하여 압류한 별지기재의 동산에 대하여, 피고에게 공유지분 2분의 1이 존재하지 아니함을 확인한다.
2. 소송비용은 피고의 부담으로 한다. 라는 판결을 구합니다.

청 구 원 인

1. 원고는 소외 정○○에 대한 위 판결정본에 기하여 2020. 5. 10. 별지기재의 동산을 압류하였습니다.

2. 피고는 소외 정○○의 처이고, 이 건 압류동산 모두가 피고와 공유로서 공유지분이 2분의 1이고, 공동점유 중이라고 주장하면서, 매득금 가운데 피고의 지분에 해당하는 금원을 교부하라고 요구한 사실이 있습니다.

3. 그러나 소외 박○○(소외 정○○의 4촌 동생)의 사실확인서에 의하면, 위 압류동산은 모두 소외 정○○의 소유임이 틀림없으므로, 원고는 피고의 위 지급요구를 부인하고 이 건 소를 제기합니다.

첨 부 서 류

1. 동산압류조서	1통
1. 지급요구서 사본	1통
1. 사실확인서(박갑수)	1통
1. 판결사본	1통
1. 납부서	1통

2020. 6.   .

위 원고   박 ○ ○   (인)

○○지방법원   귀중

■ **작성방법**

1. 현재 동산집행이 진행되는 법원에 소장 법원용 1부와 상대방수에 맞는 부본을 제출한다
2. 소가는 원고의 채권액을 한도로 한 목적물, 즉 압류물의 가액의 1/2이다
3. 송달료는 당사자수×15회분이다.

(2) 배당요구의 방식과 절차

배당요구는 채권(이자, 비용, 그 밖의 부대채권을 포함한다)의 원인과 액수를 적은 서면을 집행관에게 제출함으로 하여야 한다(민집규 158조, 48조). 배당요구서에는 배당요구의 자격을 소명하는 서면을 붙여야 한다.

(3) 배당요구의 시기와 종기

배당요구의 시기는 집행개시 후, 즉 집행관이 압류할 물건의 소재지에 이르러 압류할 물건을 수색하기 시작함으로써 집행에 착수한 때부터라고 할 수 있다.

배당요구의 종기는 ① 집행관이 금전을 압류한 때(압류금전은 별도의 현금화절차를 거치지 않고 즉시 채권자에게 인도한다), ② 집행관이 매각대금을 영수한 때(매각결정기일 또는 대금지급기일에 대금영수), ③ 집행관이 어음·수표 그 밖의 금전의 지급을 목적으로 한 유가증권에 대하여 그 금전을 지급받은 때(현금화 이전에 인수, 지급제시 또는 지급청구로 미리 지급을 받는 경우에는 그 지급을 받은 때까지), ④ 집행정지 중에 압류물을 긴급매각하고 그 매각대금을 공탁한 경우 그 공탁된 매각대금에 대하여는 동산집행을 계속하여 진행할 수 있게 된 때까지, ⑤ 가압류물을 긴급매각하여 그 매각대금을 공탁한 경우 그 공탁된 매각대금에 대하여는 압류의 신청을 한 때까지이다(민집 220조).

(4) 배당요구의 통지

집행관은 실체법상 우선변제청구권이 있는 채권자의 배당요구가 있는 경우 그 사유를 배당에 참가한 채권자와 채무자에게 통지하여야 한다(민집 219조).

Ⅴ. 현금화

1. 매각방법

집행관은 압류를 실시한 뒤 입찰 또는 호가경매의 방법으로 압류물을 매각하여야 한다(민집 199조). 집행관은 여러 개의 유체동산의 형태, 이용관계 등을 고려하여 일괄매수하게 하는 것이 알맞다고 인정하는 때에는 직권으로 또는 이해관계인의 신청에 따라 일괄하여 매각할 수 있다(민집 197조).

2. 매각절차

〈유체동산의 매각절차〉

강제집행신청

↓

감정평가

↓

매각기일의 지정

↓

매각일시, 장소통지

↓

매각의 실시

↓

유찰시 재매각

(1) 평가

집행관은 매각할 물건 가운데 값이 비싼 물건이 있는 때에는 적당한 감정인에게 이를 평가하게 하여야 한다(민집 200조). 집행관은 필요하다고 인정하는 때에는 적당한 감정인을 선임하여 압류물을 평가하게 할 수 있다(민집규 144조). 이 경우 물건을 평가한 감정인은 ① 사건의 표시, ② 유체동산의 표시, ③ 유체동산의 평가액과 평가일, ④ 평가액 산출의 과정, ⑤ 그 밖에 집행관이 명한 사항을 적은 평가서를 정하여진 날까지 집행관에게 제출하여야 한다.

(2) 매각일의 지정

압류일과 매각일 사이에는 1주 이상 기간을 두어야 한다. 다만, 압류물을 보관하는 데 지나치게 많은 비용이 들거나, 시일이 지나면 그 물건의 값이 크게 내릴 염려가 있는 때에는 그러하지 아니하다(민집 202조). 상당한 기간이 지나도 집행관이 매각하지 아니하는 때에는 압류채권자는 집행관에게 일정한 기간 이내에 매각하도록 최고할 수 있다. 집행관이 그 최고에 따르지 아니하는 때에는 압류채권자는 법원에 필요한 명령을 신청할 수 있다(민집 216조).

(3) 매각의 장소

매각은 압류한 유체동산이 있는 시·구·읍·면(도농복합형태의 시의 경우 동지역은 시·구, 읍·면지역은 읍·면)에서 진행한다. 다만, 압류채권자와 채무자가 합의하면 합의된 장소에서 진행한다(민집 203조).

(4) 매각의 공고와 통지

집행관은 매각일자와 장소를 공고하고(민집 203조, 민집규 145조, 146조, 151조), 매각의 일시와 장소를 압류채권자·배당요구채권자·채무자·압류물보관자에게 통지하여야 한다(민집규 146조, 151조).

[서식] 유체동산매각기일지정신청서

매각기일지정신청서

사　　　건　　20○○본 1234호 담당 2부

채 권 자　　김 ○ ○

채 무 자　　이 ○ ○

○○지방법원

위 당사자간 ○○지방검찰청 소속 공증인 작성 ○○가소123 집행력이 있는

　　　　공증인가 ○○합동법률사무소 작성

판결정본에 의하여 20○○년 ○월 ○일에 압류한 채무자의 동산은 그 매각기일을 20○○. ○. ○. 9시 이후로 지정하여 주시기를 신청합니다.

　　　　　　　　　　　2013.　　10.　　.

　　　　　　　　　　위 신청인 ○ ○ ○(인)

○○지방법원 집행관 귀하

○○지방법원

동산경매기일통지서

김 ○ ○ 귀하

사   건   20○○본 1234호

채 권 자   김 ○ ○

채 무 자   이 ○ ○

집행권원   ○○지방법원 20○○차 567

위 집행권원에 의하여 20○○년 ○월 ○일에 압류한 물건에 대하여 경매의 일시와 장소를 다음과 같이 정하였으므로 통지합니다.

매각일시 : 20○○년 ○월 ○일 ○○시 ○○분부터

매각장소 : ○○시 ○○동 ○○

최저(일괄)매각가격 : ○○만원

2020.   1.   .

집행관   이 ○ ○

(5) 매각의 실시

호가경매는 집행관이 매각조건을 정하여 매각일에 이를 고지하고(민집규 147조), 압류물에 대하여 경매신청을 최고하는 방법으로 하고, 입찰은 입찰기일에 입찰시킨 후 개찰을 하는 방법으로 한다(민집규 151조).

(6) 재매각

매수인이 매각조건에 정한 지급기일에 대금의 지급과 물건의 인도청구를 게을리 한 때에는 재매각을 하여야 한다. 지급기일을 정하지 아니한 경우로서 매각기일의 마감에 앞서

대금의 지급과 물건의 인도청구를 게을리 한 때에도 또한 같다. 이 경우 전의 매수인은 재매각절차에 참가하지 못하며, 뒤의 매각대금이 처음의 매각대금보다 적은 때에는 그 부족한 액수를 부담하여야 한다(민집 205조).

(7) 배우자의 우선매수권

부부공유의 유체동산의 압류 규정에 따라 압류한 유체동산을 매각하는 경우에 배우자는 매각기일에 출석하여 우선매수할 것을 신고할 수 있다(민집 206조).

3. 특별한 현금화 방법

법원은 필요하다고 인정하면 직권으로 또는 압류채권자, 배당을 요구한 채권자 또는 채무자의 신청에 따라 일반 현금화의 규정에 의하지 아니하고 다른 방법이나 다른 장소에서 압류물을 매각하게 할 수 있다. 또한 집행관에게 위임하지 아니하고 다른 사람으로 하여금 매각하게 하도록 명할 수 있다(민집 214조).

[서식] 유체동산 특별현금화 명령신청

유체동산 특별현금화 명령신청

압 류 채 권 자　　　　서 ○ ○
　　　　　　　　　　　서울 ○○구 ○○동 ○○아파트 109-201

배당요구채권자　　　　김 ○ ○
　　　　　　　　　　　서울 ○○구 ○○동 ○○

채　　무　　자　　　　이 ○ ○
　　　　　　　　　　　서울 ○○구 ○○동 ○○

신 청 취 지

위 당사자간 ○○지방법원 20○○가단 123호 약속어음청구사건의 집행력 있는 판결정본에 기하여 2013. ○. ○. 압류(20○○ 본 123호)한 별지목록 기재 물건을 서울○○지방법원 집행관은 서울 ○○구 ○○동 ○○ 소재 ○○상사로 운반하여 그곳에 거주하는 김○○수에게 매각할 수 있다.
라는 재판을 구합니다.

신 청 이 유

1. 채권자의 채무자에 대한 위 사건에 관하여 압류채권자는 귀원 소속 집행관에 위
   임하여 20○○. ○. ○. 압류(20○○ 본 123호)한 별지목록 기재의 압류물은 골
   동품인 바, 이를 동인의 집에서 일반 경매규정에 의한 방법으로 시도하여 보았으
   나 성공하지 못하였습니다.

2. 그런데 이를 또다시 같은 방법으로 경매한다면 현금화 하기 용이하지 않으므로
   보다 현금화가 용이한 서울 ○○구 ○○동 ○○소재 골동품 전문취급상인 ○○
   상사로 운반하여 그곳에 거주하는 김○○에게 매각할 수 있도록 장소이전 및 매
   각허가 결정을 하여 주시기를 민사집행법 제214조에 의하여 이에 신청합니다.

첨 부 서 류

1. 동산압류조서등본   1통
1. 납부서   1통

20○○. 10. ○○.
위 압류채권자 서 ○ ○ (인)

○○ **지방법원 귀중**

■ 작성방법
1. 인지 1,000원
2. 송달료 당사자수의 2회분
3. 압류물 소재지를 관할하는 지방법원을 전속관할로 하여 신청서 1부를 제출한다.

1. 채권자가 1인이거나 복수채권자의 채권을 만족시킬 수 있는 경우

채권자가 한 사람인 경우 또는 채권자가 두 사람 이상으로서 매각대금 또는 압류금전으로 각 채권자의 채권과 집행비용의 전부를 변제할 수 있는 경우에는 집행관은 채권자에게 채권액을 교부하고, 나머지가 있으면 채무자에게 교부하여야 한다(민집규 155조).

2. 복수채권자의 채권을 만족시킬 수 없는 경우

(1) 배당협의기일의 지정

압류금전이나 매각대금으로 각 채권자의 채권과 집행비용의 전부를 변제할 수 없는 경우에는 집행관은 매각허가된 날로부터 2주 이내의 날을 배당협의기일로 지정하고 각 채권자에게 그 일시와 장소를 서면으로 통지하여야 한다. 이 통지에는 매각대금 또는 압류금전, 집행비용, 각 채권자의 채권액 비율에 따라 배당될 것으로 예상되는 금액을 적은 배당계산서를 붙여야 한다(민집규 155조 2항).

(2) 배당협의가 이루어진 경우

집행관은 배당협의기일까지 채권자 사이에 배당협의가 이루어진 때에는 그 협의에 따라 배당을 실시하여야 한다. 집행관은 위 배당계산서와 다른 협의가 이루어진 때에는 그 협의에 따라 배당계산서를 다시 작성하여야 한다(민집규 155조 3항). 다만 정지조건부채권 등의 경우에는 위 가.항에서 본 바와 같이 이를 공탁하고 그 사유를 신고하여야 한다(민집규 156조).

(3) 배당협의가 이루어지지 아니한 경우

각 채권자 간에 배당협의가 이루어지지 아니하면 집행관은 압류금전, 매각대금을 공탁하고 그 사유를 집행법원에 신고하여야 한다(민집 222조). 집행관은 위 사유신고가 있으면 집행법원은 252조 이하의 규정에 따라 배당절차를 밟는다.

1. 의 의

유체동산을 목적으로 하는 담보권 실행을 위한 경매는 채권자가 그 목적물을 제출하거나, 그 목적물의 점유자가 압류를 승낙한 때에 개시한다(민집 271조). 경매개시결정에 대하여 이해관계인이 실체상의 이유를 들어 이의신청을 할 수 있는 점(민집 265조), 부동산경매절차의 정지에 관한 민사집행법 266조의 규정이 준용되는 점을 제외하면 유체동산 강제집행 규정의 대부분이 준용된다.

2. 신 청

신청서에는 ① 채권자·채무자·소유자(광업권·어업권, 그 밖에 부동산에 관한 규정이 준용되는 권리를 목적으로 하는 경매의 신청, 법 제273조의 규정에 따른 담보권 실행 또는 권리행사의 신청 및 제201조에 규정된 예탁유가증권에 대한 담보권 실행 신청의 경우에는 그 목적인 권리의 권리자를 말한다)와 그 대리인의 표시, ② 담보권과 피담보채권의 표시, ③ 담보권 실행 또는 권리행사의 대상인 재산의 표시, ④ 피담보채권의 일부에 대하여 담보권 실행 또는 권리행사를 하는 때에는 그 취지와 범위를 적어야 한다(민집규 199조, 192조). 다만 부동산의 경매와 달리 담보권의 존재를 증명하는 서류를 덧붙일 필요는 없다. 채권자의 목적물 점유로 담보권의 존재가 추정되기 때문이다.

1. 유치권에 의한 유체동산의 경매

유치권에 의한 유체동산의 경매는 오로지 목적물을 현금화하여 금전으로 보관하기 위한 형식적 경매이므로 매각대금을 배당하는 절차는 존재하지 않는다.

유치권에 의한 경매절차는 목적물에 대하여 강제경매 또는 담보권 실행을 위한 경매절차가 개시된 경우에는 이를 정지하고, 채권자 또는 담보권자를 위하여 그 절차를 계속하여 진행한다. 이 경우 강제경매 또는 담보권 실행을 위한 경매가 취소되면 유치권 등에 의한 경매절차를 계속하여 진행하여야 한다(민집 274조).

2. 간이변제충당

질권자와 유치권자는 정당한 이유가 있는 때에는 감정인의 평가에 의하여 질물 또는 유치물로 직접 변제에 충당할 것을 법원에 청구할 수 있다(민법 338조 2항, 322조 2항). 이를 간이변제충당이라고 하며 담보권 실행을 위한 경매와는 전혀 다른 절차이다. 이 경우 법원의 허가절차는 비송사건절차법에 의한다(비송 56조, 53조).

제7절 금전채권에 대한 집행

I. 총 설

1. 의 의

금전채권에 대한 집행은 금전채권의 만족을 위하여 채무자의 재산 중 금전채권 즉 채무자가 제3채무자에 대하여 금전의 급부를 구할 수 있는 각종 청구권에 대하여 하는 강제집행이다.

2. 대상

금액채권은 물론 외화채권도 포함된다. 다만 특정 화폐만을 목적으로 하는 특정금전채권은 특정물채권의 성질을 가지고 있으므로 금전채권에 대한 집행에 의하지 않고 유체동산에 대한 집행절차에 따라 집행한다.

II. 압 류

1. 피압류적격

(1) 독립된 재산권일 것

그 자체가 처분할 수 있는 독립된 재산이어야 한다. 미발생의 이자채권 또는 추심권능 등은 집행의 대상이 될 수 없다.

(2) 현금화가 가능한 재산권일 것

현금화가 불가능한 재산(수도·전기를 공급받을 권리)은 집행의 대상이 될 수 없다.

(3) 대한민국의 재판권이 미치는 재산권일 것

등기·등록할 권리는 한국에서 할 수 있는 권리이어야 하고, 제3채무자가 한국의 재판권에 복종하는 자이어야 한다.

(4) 양도할 수 있는 재산권일 것

양도성이 없는 권리는 현금화 할 수 없으므로 집행의 대상이 되지 못한다. 다만 유체물의 인도 또는 권리이전의 청구권이나 그 밖의 재산권의 경우 그 재산권 자체의 현금화에 의하여 채권자가 직접적으로 만족을 얻게 되거나 제3채무자로부터 인도된 물건 또는 권리의 현금화에 의하여 간접적으로 만족을 얻게 된다.

(5) 법률상 압류가 금지된 권리가 아닐 것

압류가 금지된 채권에 대한 압류명령은 강행법규에 위반되어 무효라 할 것이고, 제3채무자는 압류채권자의 전부금청구나 추심금 청구에 대하여 위와 같은 실체법상의 무효를 들어 항변할 수 있다.

법원은 당사자가 신청하면 채권자와 채무자의 생활형편, 그 밖의 사정을 고려하여 압류명령의 전부 또는 일부를 취소하거나 압류금지채권에 대하여 압류명령을 할 수 있다(민집 246조 3항).

2. 압류절차

(1) 압류명령의 신청

금전채권에 대한 강제집행은 채권자의 서면에 의한 압류명령 신청에 따라 개시된다. 압류명령과 추심명령, 전부명령 또는 특별현금화명령의 신청은 병합하여 함께 할 수 있다. 이 때에는 각각 독립된 사건으로 취급하여 4,000원의 인지를 붙인다.

압류명령신청에는 ① 신청의 취지, ② 채권자·채무자·제3채무자와 그 대리인의 표시, ③ 집행채권의 표시, ④ 집행권원의 표시, ⑤ 압류할 채권의 종류와 액수, ⑥ 집행권원에 표시된 청구권의 일부에 관해서만 압류명령을 신청하거나 목적채권의 일부에 대하여만 압류명령을 신청하는 때에는 그 범위, ⑦ 신청의 이유 등을 명시하여야 한다(민집규 159조).

(2) 관할법원

채권압류명령의 집행법원은 채무자의 보통재판적이 있는 곳의 지방법원으로 한다. 위 지방법원이 없는 경우 집행법원은 압류한 채권의 채무자(제3채무자를 말한다)의 보통재판적이 있는 곳의 지방법원으로 한다. 다만, 이 경우에 물건의 인도를 목적으로 하는 채권과 물적 담보권 있는 채권에 대한 집행법원은 그 물건이 있는 곳의 지방법원으로 한다. 가압류에서 이전되는 채권압류의 경우의 집행법원은 가압류를 명한 법원이 있는 곳을 관할하는 지방법원으로 한다(민집 224조).

(3) 압류명령

채권압류명령의 신청이 접수되면 집행법원은 신청서와 첨부서류만을 토대로 한 서면심사를 통하여 신청의 적식 여부, 관할권의 존부, 집행력 있는 정본의 유무와 그 송달여부, 집행개시요건의 존부, 집행장애의 존부, 목적채권의 피압류적격 여부, 남을 것이 없는 압류인지 여부 등에 관하여 조사한 후 흠이 있는 경우에 보정할 수 없는 것이면 즉시 신청을 기각하고, 보정이 가능한 것이면 보정을 명하여 이에 불응하면 신청을 기각한다.

(4) 송달

압류명령은 제3채무자와 채무자에게 송달하여야 한다(민집 227조 2항). 제3채무자가 있는 곳을 알 수 없어 송달불능이 된 경우 실무에서는 우선 신청채권자에게 주소보정을 명하고 신청채권자가 주소보정에 따르지 않는 경우에는 압류명령을 취소하고 신청을 각하하고 있다.

(5) 제3채무자의 진술의무

압류채권자는 제3채무자로 하여금 압류명령을 송달받은 날부터 1주 이내에 서면으로 ① 채권을 인정하는지의 여부 및 인정한다면 그 한도, ② 채권에 대하여 지급할 의사가 있는지의 여부 및 의사가 있다면 그 한도(압류채권자에 대한 지급의사가 아니라 채무자에 대한 지급의사를 말한다. 채무자에 대하여 항변사유가 있을 때에는 이를 진술한다), ③ 채권에 대하여 다른 사람으로부터 청구가 있는지의 여부 및 청구가 있다면 그 종류(피압류채권에 대하여 압류채권자보다 우선하는 권리자 또는 채권양수인이라고 주장하는 자가 제3채무자에게 청구하는 경우를 말한다), ④ 다른 채권자에게 채권을 압류당한 사실이 있는지의 여부 및 그 사실이 있다면 그 청구의 종류에 대하여 진술하게 하도록 법원에 신청할 수 있다(민집 237조 1항).

3. 압류의 효력

압류명령이 제3채무자에게 송달되면 압류의 효력이 생긴다(민집 227조 3항). 저당권부 채권을 압류한 경우 저당권에 대한 압류의 효력은 제3채무자에게 송달된 때에 발생하지만 이를 공시하기 위해서는 등기부상 채권압류의 등기가 되어야 한다.

4. 재판에 의한 압류금지의 확장·축소

법원은 당사자가 신청하면 채권자와 채무자의 생활형편, 그 밖의 사정을 고려하여 압류명령의 전부 또는 일부를 취소하거나 압류금지채권에 대하여 압류명령을 할 수 있다. 압류금지의 확장·축소 결정 후 그 이유가 소멸되거나 사정이 바뀐 때에는 법원은 직권으로 또는 당사자의 신청에 따라 그 결정을 취소하거나 바꿀 수 있다(민집 246조).

[서식] 압류금지채권의 범위변경신청

압류금지채권의 범위변경신청

신청인(채무자) ○ ○ ○(123456-1234567)

○○시 ○○구 ○○로 ○○-○○

피신청인(채권자) ○○협동조합중앙회

○○시 ○○구 ○○로 ○○-○○

신용대표이사 ○○○, 대리인 ○○○

제3채무자 대한민국

○○시 ○○구 ○○동 ○○지방검찰청

법률상 대표자 법무부장관 ○○○

(소관 : 지식경제부 우정사업본부)

신 청 취 지

피신청인이 신청한 ○○지방법원 2008타채○○○ 채권압류 및 추심명령신청사건에 관하여 이 법원이 2008. ○○. ○○.자 결정한 별지목록 기재의 채권에 대한 채권압류 및 추심명령 부분은 취소한다.

신 청 이 유

1. 피신청인은 신청인의 제3채무자에 대한 채권에 대하여 채권압류 및 추심명령을 신청하여 귀원은 2008. ○○. ○○.자 결정에 의해 별지목록 기재 채권에 대하여 채권압류 및 추심명령을 한 바 있습니다.

2. 그런데 신청인은 실업급여를 제3채무자인 대한민국 우체국 계좌(111222-11-333444)로 받고 있으며, 이렇다 할 별도의 수입이 없어서 현재 위 실업급여만으

로 근근이 생활하고 있습니다.

3. 그렇다면 위 생계비는 고용보험법 제38조에 의하여 압류금지채권으로 정한 그 취지상 또한 위 계좌에 입금된 금원은 채무자의 생계유지를 위하여 쓰이고 있으므로 민사집행법 246조 2항에 근거하여 부득이 이 사건 채권압류 및 추심명령의 전부 또는 일부의 취소를 구하는 바입니다.

소 명 자 료

1. 소갑제1호증　　　채권압류 및 추심명령 결정문　　　　　1부
1. 소갑제2호증의1　실업급여 개인별조회내역　　　　　　　1부
1. 소갑제2호증의2　채무자 통장내역 사본　　　　　　　　　1부

첨 부 서 류

1. 위 소명자료　　　　　　　　　　　　　　　　　　　　각 1부

2009. ○○. ○○.
위 채무자 ○○○　(인)

○○ **지방법원　귀중**

5. 압류명령의 신청에 관한 재판에 대한 불복

압류명령의 신청에 관한 재판에 대하여는 즉시항고를 할 수 있다(민집 227조). 제3채무자는 압류명령에 대하여 즉시항고를 제기하지 않더라도 압류채권자가 제기한 추심금 또는 전부금청구소송에서 이러한 사유를 주장하여도 무방하나 즉시항고라는 간이한 절차에 의하여 자기의 법적 지위의 불안정을 면할 수도 있다. 그러나 집행채권의 부존재나 압류된 채권의 부존재와 같은 실체상의 이유는 압류명령에 대한 항고사유가 되지 못한다.

1. 추심명령

(1) 의의

추심명령이란 압류채권자가 대위의 절차를 거치지 않고 채무자에 갈음하여 제3채무자에 대하여 피압류채권의 이행을 청구하고 이를 수령하여 원칙적으로 자기의 채권의 변제에 충당할 수 있도록 하는 권능을 주는 집행법원의 결정이다.

(2) 신청

추심명령은 압류채권자의 신청에 의하고 신청은 집행법원에 서면으로 하여야 한다. 실무에서는 압류명령의 신청과 동시에 하고 있다. 신청서에 추심의 범위가 명시되지 아니한 경우에는 채권 전액에 대하여 추심을 구하는 취지로 볼 것이다. 압류된 채권의 일부에 관하여 추심명령을 구하는 경우에는 그 취지를 분명하게 하여야 한다.

(3) 관할법원

추심명령을 신청하여야 할 관할법원은 압류명령의 집행법원과 동일한 지방법원이다.

[서식] 채권압류 및 추심명령신청서

채권압류 및 추심명령신청서

채 권 자   김 ○ ○(6100231-2561812)

○○ 서구 ○○로 갈마아파트 101-1103

채 무 자   이 한 심(580230-1652345)

○○ ○○구 ○○동 71-212

제3채무자   주식회사 ○○

○○ ○○구 ○○로 536-923

대표이사 황 ○ ○

청구채권의 표시 금 5,400,000원 (○○지방법원 2009가소220185호 대여금 청구 사건의 집행력 있는 판결정본에 기한 채권)

압류 및 추심할 채권의 표시 별지목록 기재와 같음.

신 청 취 지

1. 채무자의 제3채무자에 대한 별지목록 기재의 채권을 압류한다.
2. 제3채무자는 채무자에 대하여 위의 지급을 하여서는 아니된다.
3. 채무자는 위의 채권의 처분과 영수를 하여서는 아니된다.
4. 채권자의 신청에 의하여 위 압류된 채권은 이를 지급에 갈음하여 채권자가 추심할 수 있다. 라는 재판을 구합니다.

신 청 원 인

채권자는 2004. 3. 5. 경 채무자에게 금 5,000,000원을, 지급기일 2009. 4. 5.로 하여 대여하였는데, 채무자는 변제기가 지나도록 전혀 변제할 의사를 보이지 않고 있어 채권자는 부득이 채무자에 대하여 대여금 청구소송을 제기하여 승소확정판결을 받았으므로, 채무자가 제3채무자에 대하여 가지는 별지 목록 기재의 채권으로 청구금액에 대한 변제에 충당하고자 본 신청에 이른 것입니다.

첨 부 서 류

1. 별지목록	1통
1. 집행력있는 판결정본	1통
1. 송달증명원	1통
1. 채무자의 주민등록초본	1통

2010. ○. ○.

위 채권자 김 ○ ○ (인)

○○지방법원 귀중

압류 및 추심할 채권의 표시

압류 및 추심할 채권 금 5,400,000원(원금 5,000,000원, 이자 400,000원)

(○○지방법원 2009가소220185호 대여금 청구사건의 집행력 있는 판결정본에 기한 채권)

채무자가 제3채무자에 대하여 가지는 임대차보증금 금 10,000,000원의 반환청구채권 중 위 청구금액에 이르기까지의 금액. 끝.

■ 작성방법

1. 채무자 주소지 관할법원 기타집행계에 신청서 1부를 제출한다.
2. 인지 4,000원(압류2,000원+추심2,000원)과 송달료 당사자수×2회분을 납부한다.
3. 집행력 있는 판결정본, 송달증명원, 확정증명원, 채무자주민등록초본(관할소명을 위한)을 첨부한다.

가압류로부터 본압류로 전이하는
채권압류 및 추심명령신청서

채 권 자   문 ○ ○(670431-2455519)

                     ○○시 ○○읍 ○○리 249-2

채 무 자   이 ○ ○(780431-1813614)

                     ○○시 ○○읍 ○○리 1-134

제3채무자   박 ○ ○

                     ○○시 ○동 998-2

청구금액의 표시 금 10,000,000원 (○○지법 ○○지원 2009가소13080 대여금 사건의 집행력 있는 이행권고결정에 기한 채권)

전이하는 압류 및 추심할 채권의 표시 별지 목록 기재와 같음.

신 청 취 지

1. 위 청구금액의 변제에 충당하기 위하여 귀원 2009카단1755로 가압류한 위 채권은 귀원 2009가소13080 대여금 사건의 집행력있는 이행권고결정정본에 의하여 이를 본압류로 전이한다.
2. 이 명령에 의하여 압류한 채권은 이를 채권자가 추심할 수 있다.
라는 재판을 구합니다.

신 청 원 인

1. 채권자는 채무자에 대하여 금 10,000,000원의 대여금 청구채권이 있었고, 그 집행을 보전하기 위하여 귀원 2009카단 1755호로써 채권가압류를 신청하여 제3채무자에 대하여 압류채권표시 기재의 채권을 가압류하였습니다.
2. 그 후 채권자는 채무자를 상대로 하여 귀원 2009가소 13080 대여금 사건의 본안소송을 제기하여 2009. 8. 26. 승소확정의 이행권고결정을 받았습니다.
3. 그러므로 채권자는 위 2009카단1755호 채권가압류결정으로 집행보전 한 금

10,000,000원을 본압류로 전이하고 이를 추심하기 위하여 본 신청에 이르게 된
것입니다.

첨 부 서 류

1. 집행력있는 이행권고결정 정본	1통
1. 채권가압류결정 및 동 송달증명원	각 1통
1. 별지목록	1통

2009. 9. .
위 채권자 문 ○ ○ (인)

○○지방법원 ○○지원 귀중

[별지] 압류 및 추심할 채권의 표시

압류 및 추심할 채권의 표시

압류 및 추심할 채권 금 10,000,000원

(○○지방법원 2009가소 13080호 대여금 청구사건의 집행력 있는 판결정본에 기한
채권)

채무자가 제3채무자에 대하여 가지는 대여금 금 10,000,000원의 반환청구채권 중
위 청구금액에 이르기까지의 금액. 끝.

■ 작성방법

1. 송달료 : 당사자수×2회분
2. 인지대 : 4,000원(압류2,000원+추심2,000원)
3. 가압류결정 법원 기타집행계에 신청서 1부를 제출한다.

[서식] 신청취지 작성례

1. 채무자의 제3채무자에 대한 별지목록 기재의 채권을 압류한다.
2. 제3채무자는 채무자에게 위 채권에 관한 지급을 하여서는 아니된다.
3. 채무자는 위 채권의 처분과 영수를 하여서는 아니된다.
4. 채권자는 채무자의 제3채무자에 대한 위 압류된 채권을 추심할 수 있다.

---

1. 채권자와 채무자간 서울○○지방법 20○○카단 123호 채권가압류결정에 의한 별지목록 기재 채권에 대한 가압류 금 60,000,000원 중 금 30,000,000원은 이를 본압류로 전이한다.
2. 제3채무자는 채무자에게 위 채권에 관한 지급을 하여서는 아니된다.
3. 채무자는 위 채권의 처분과 영수를 하여서는 아니된다.
4. 채권자는 채무자의 제3채무자에 대한 위 압류된 채권을 추심할 수 있다.

---

1. 채권자와 채무자간 서울○○지방법 20○○카단 123호 채권가압류결정에 의한 별지목록 기재 채권에 대한 가압류는 이를 본압류로 전이한다.
2. 제3채무자는 채무자에게 위 채권에 관한 지급을 하여서는 아니된다.
3. 채무자는 위 채권의 처분과 영수를 하여서는 아니된다.
4. 채권자는 채무자의 제3채무자에 대한 위 압류된 채권을 추심할 수 있다.

---

1. 채무자의 제3채무자에 대한 별지 기재 채권 중 채권자와 채무자간 서울○○지방법원20○○카단 123호 채권가압류결정에 의하여 가압류된 채권금 금 6,000,000원을 본압류로 전이하고, 나머지 금 3,000,000원을 압류한다.
2. 제3채무자는 채무자에게 위 채권에 관한 지급을 하여서는 아니된다.
3. 채무자는 위 채권의 처분과 영수를 하여서는 아니된다.
4. 채권자는 채무자의 제3채무자에 대한 위 압류된 채권을 추심할 수 있다.

[서식] 압류할 채권의 작성례

① 대여금채권

금 30,000,000원
  채무자가 제3채무자에 대하여 가지고 있는 20○○. ○. ○.자 대여금 반환채권 중 위 청구금액.

② 매매대금채권

금 30,000,000원
　채무자가 20○○. ○. ○. 목재를 제3채무자에게 납품하고 지급받을 납품대금채권 중 위 청구금액.

③ 판매대금

금 30,000,000원
　채무자가 제3채무자에 대하여 가지는 물품대금채권 중 위 청구금액.

④ 공탁금출급청구권

금 30,000,000원
　채무자가 제3채무자에 대하여 가지는 20○○. ○. ○. 공탁자 김○○이 서울○○ 지방법원 20○○금 제123호로 공탁한 금 2,000,000원의 출급청구채권 중 위 청구 금액.

⑤ 공탁금회수청구권인 경우

금 30,000,000원
　채무자가 제3채무자에 대하여 가지는 20○○카기 123호 강제집행정지 사건의 보증금으로서 서울○○지방법원 20○○금 제123호로 공탁한 재판상 보증공탁금 회수 채권 중 위 청구금액.

⑥ 전세보증금

금 30,000,000원
　채무자가 제3채무자 소유의 서울 ○○구 ○○동 ○○ ○○아파트 109-408를 임차함에 있어 제3채무자에 대하여 가지는 임차보증금 반환채권 중 위 청구금액(단 주택임대차보호법 제8조 및 같은 법 시행령의 규정에 따라 우선변제받을 수 있는 금액을 제외한 나머지 금액).

⑦ 예금계좌

금 30,000,000원
  채무자가 제3채무자 주식회사 ○○은행에 대하여 가지고 있는 예금(계좌번호 123-456-0089)반환채권 중 현재의 잔액과 앞으로 입금될 예금 중 위 청구금액.

금 30,000,000원
  채무자가 제3채무자(소관:○○동 지점)에 대하여 가지는 다음 예금채권 중 다음에서 기재한 순서에 따라 위 청구금액에 이를 때까지의 금원.
-다   음-
1. 압류되지 않는 예금과 압류된 예금이 있는 때에는 다음 순서에 의하여 압류한다.
 가. 선행압류, 가압류가 되지 않은 예금
 나. 선행압류, 가압류가 된 예금
2. 여러종류의 예금이 있을 때에는 다음 순서에 의하여 압류한다.
 가. 정기예금 나. 정기적금 다. 보통예금 라. 당좌예금 마. 별단예금
3. 같은 종류의 예금이 여러 계좌 있는 때에는 계좌번호가 빠른 예금부터 압류
   한다.
* ○○○(721109-1045678)

⑧ 급료채권

금 30,000,000원
  채무자가 제3채무자로부터 매월 지급받는 급여(본봉, 각종 수당 및 상여금 등에서 제세공과금을 공제한 금액)에서 다음에 기재한 각 경우에 따른 압류금지금액을 제외한 나머지 금액 중 위 청구금액에 이를 때까지의 금액.
-다   음-
1. 월급여가 120만원 이하인 경우에는 전액
2. 월급여가 120만원을 초과하고 240만원 이하인 경우에는 120만원
3. 월급여가 240만원을 초과하고 600만원 이하인 경우에는 월급여의 2분의1
4. 월급여가 600만원을 초과하는 경우에는
   300만원+{(월급여의 2분의1-300만원)/2}
(단 채무자가 여러 직장을 다니는 경우 모든 급여를 합산한 금액을 월급여액으로 함)
단 위 청구금액에 이르지 아니한 사이에 퇴직, 명예퇴직 또는 퇴직금 중간정산을 한 때에는 제세공과금을 공제한 잔액의 2분의1 한도 내에서 위 청구금액에 이를 때까지의 금액.

[서식] 제3채무자에 대한 진술최고 신청서

제3채무자에 대한 진술최고 신청서

채 권 자　　　　문 ○ ○

채 무 자　　　　이 ○ ○

제3채무자　　　　박 ○ ○

위 당사자간 귀원 20○○타채 제123호 채권압류 및 추심명령사건에 관하여, 제3채무자에게 민사집행법 제237조에 의하여 아래 사항을 진술하라는 명령을 하여 주시기 바랍니다

아　　래

1. 채권을 인정하는지의 여부 및 인정한다면 그 한도
1. 채권에 대해 지급 의사가 있는지의 여부 및 의사가 있다면 그 한도
1. 채권에 대해 다른 사람으로부터 청구가 있는지의 여부 및 청구가 있다면 그 종류
1. 다른 채권자에게 채권을 압류당한 사실이 있는지의 여부 및 그 사실이 있다면 청구의 종류

　　　　　　　　　20○○.　○.　.
　　　　　　　　　위 채권자　문 ○ ○　(인)

○○지방법원 기타집행계　귀중

■ 작성방법
1. 인지 500원, 송달우표(5,200원×제3채무자수) 2. 신청서는 1부를 제출한다.

(4) 재판

집행법원은 추심명령의 신청이 있으면 관할권의 유무, 신청의 적식여부, 강제집행의 요건과 개시요건의 유무, 집행장애의 유무, 압류명령의 효력의 존부, 추심명령발부요건의 유무 등을 조사하여 신청의 허부를 결정한다. 집행채권이나 압류할 채권의 실체적 존부를 심리할 수는 없다.

(5) 불복

추심명령의 신청에 관한 재판에 대하여는 즉시항고를 할 수 있다(민집 229조 6항). 즉시항고의 사유로서는 대체로 압류명령의 경우와 마찬가지로 압류된 채권이 압류금지채권에 해당한다거나 압류된 채권이 특정되지 않았다는 것이 될 수 있다.

(6) 추심권의 범위

채권자는 추심명령에 의하여 채무자가 제3채무자에 대하여 가지는 채권을 직접 추심할 권능을 취득한다. 그 추심권의 범위는 추심명령에 특별한 제한이 없는 한 압류된 채권의 전액에 미치고 집행채권의 범위로 한정되는 것은 아니다. 피압류채권의 전액을 추심하여 집행채권의 변제에 충당하고 남으면 채무자에게 지급한다. 다만 채권자 스스로 압류된 채권의 일부에 한하여 추심명령을 신청하는 것은 무방하다.

(7) 추심권의 행사

추심명령을 받은 채권자는 채권의 추심에 필요한 채무자의 일체의 권리를 채무자를 대리하거나 대위하지 아니하고 자기의 이름으로 재판상 또는 재판 외에서 행사할 수 있다.

채권자는 이행을 최고하거나 변제를 수령하고 선택권을 행사하며 정기예금에 대한 추심명령으로 그 만기 전에 해약하는 경우와 같이 해제권, 해지권, 취소권을 행사함은 물론 보증인에 대한 청구를 할 수도 있고, 추심할 채권에 질권, 저당권 등 담보권이 있는 경우에는 직접 담보권을 실행할 권능을 취득하게 되므로 자기 이름으로 경매의 신청을 할 수 있다. 또 지시증권상의 권리도 행사할 수 있다. 추심할 채권이 반대의무에 걸려 있는 경우 채권자는 채무자에 갈음하여 그 반대의무를 이행하고 추심할 수 있다. 그러나 추심의 목적을 넘는 행위, 예컨대 면제, 포기, 기한의 유예, 채권양도 등은 할 수 없고, 그러한 내용의 화해도 할 수 없다.

(8) 추심의무

채권자가 추심할 채권의 행사를 게을리 한 때에는 이로써 생긴 채무자의 손해를 부담한다(민집 239조). 압류채권자가 추심절차를 게을리 한 때에는 집행력 있는 정본으로 배당을 요구한 채권자는 일정한 기간내에 추심하도록 최고하고, 최고에 따르지 아니한 때에는 법원의 허가를 얻어 직접 추심할 수 있다(민집 250조).

(9) 추심권의 포기

채권자는 추심명령에 따라 얻은 권리를 포기할 수 있다. 다만, 기본채권에는 영향이 없다(민집 240조 1항). 추심권의 포기는 법원에 서면으로 신고하여야 한다. 법원사무관등은 그 등본을 제3채무자와 채무자에게 송달하여야 한다(민집 240조 2항). 압류채권자가 추심명령을 얻은 후 다시 동일한 채권에 관하여 전부명령을 얻은 때에는 추심명령은 당연히 소멸하므로 별도로 추심권을 포기할 필요가 없다. 추심권의 포기에 그치지 않고 압류에 따른 권리 자체를 포기하기 위하여는 압류명령의 신청을 취하하면 되고 이 경우 추심권도 당연히 소멸하게 된다.

[서식] 채권추심포기 및 압류해제신청서

채권추심포기 및 압류해제신청

사　　　건　　　　20○○타기 123 채권압류 및 추심명령
채　권　자　　　　문 ○○
채　무　자　　　　이 ○○
제3채무자　　　　박 ○ ○

채권자는 위 사건의 채권추심을 포기하고 압류를 해제합니다.

20○○.　　○.　　.
위 채권자 문 ○ ○ (인)

○○지방법원 민사집행과　귀중

■ 작성방법

1. 신청서 2통, 목록 5통을 제출한다
2. 우표 2회분을 제출한다.

(10) 추심 후의 절차

추심명령을 얻은 채권자가 제3채무자로부터 피압류채권을 추심하면 그 범위 내에서 피압류채권은 소멸한다. 따라서 제3채무자는 채무자에 대하여도 채권자에 대한 변제로 대항할 수 있고, 추심명령이 경합된 경우에도 한 채권자에 대한 변제로 모든 채권자에 대하여 대항할 수 있다.

[서식] 채권자의 추심신고서

추 심 신 고 서

채 권 자   문 ○○(670431-2455519)

                 ○○시 ○○읍 ○○리 249-2

채 무 자   이 ○○(780431-1813614)

                 ○○시 ○○읍 ○○리 1-134

제3채무자   박 ○ ○

                 ○○시 ○동 998-2

위 당사자간 귀원 20○○타기 제123호 채권압류 및 추심명령사건에 관하여, 채권자는 민사집행법 제236조에 의하여 다음과 같이 채권추심을 신고합니다.

다　　음

채권자는 제3채무자로부터 별지목록 표시 채권액 금 10,000,000원 중 금 8,000,000원을 2009. 9. 20. 지급받았음을 신고합니다.

첨 부 서 류

1. 채권표시 목록   1통

20○○.　　○.　　.

위 채권자　문 ○ ○　(인)

○○지방법원 ○○지원　귀중

---

1. 신고서 1부를 압류결정을 내린 집행법원에 제출한다
2. 인지등 비용은 없다.

[서식] 채권자의 추심금공탁사유신고서

추심금 공탁사유신고

채 권 자   문 ○○(670431-2455519)

○○시 ○○읍 ○○리 249-2

채 무 자   이 ○ ○(780431-1813614)

○○시 ○○읍 ○○리 1-134

제3채무자   박 ○ ○

○○시 ○동 998-2

압류채권자   김 ○ ○

○ ○시 ○○읍 ○○리 765-1

위 당사자간 귀원 2009타기 제98765호 채권압류 및 추심명령사건에 관하여, 채권자는 2009. 9. 10. 채권추심명령을 얻어서 아래와 같이 채무자로부터 채권을 추심하였으나, 추심신고 전에 다른 압류가 경합되어서 추심금을 공탁하고 그 사유를 민사집행법 제236조 2항에 의하여 신고합니다.

아 래

1. 채권자는 제3채무자로부터 추심명령을 받은 별지목록 표시 채권액 금 10,000,000원 중 금 8,000,000원을 2009. 9. 20. 지급받았습니다.

2. 그런데, 추심신고 전인 2009. 9. 15. 다른 채권자 김○○의 채권압류명령과 경합되었습니다.

3. 따라서 채권자는 대전지법 논산지원 2009년금 제9876호로 공탁공무원에게 추심금 금 8,000,000원을 공탁하고 그 사유를 신고합니다.

첨 부 서 류

1. 채권압류명령 사본   1통
1. 공탁서원본   1통
1. 별지목록   1통

2009. 9. .

위 채권자(추심채권자) 문 ○ ○ (인)

○○**지방법원** ○○**지원 귀중**

[서식] 추심명령에 의한 추심의 소

추심의 소

원 고   조 ○ ○(670431-2455519)

○○시 ○○읍 ○○리 249-2

피 고   김 ○ ○

○○시 ○동 998-2

청 구 취 지

1. 원고에게 피고는 금 10,000,000원 및 이에 대하여 이 소장부본송달일 다음날부터 다 갚는 날까지 연 12%의 비율에 의한 금원을 지급하라.

2. 소송비용은 피고의 부담으로 한다.

3. 제1항은 강제집행할 수 있다. 라는 판결을 구합니다.

청 구 원 인

1. 원고는 소외 정○○에 대하여 ○○지법○○지원 2009가단 제911876호 대여금 사건의 집행력 있는 이행권고결정을 받은 사실이 있었습니다.

2. 원고는 위 결정의 강제집행으로 소외 정○○가 피고에 대하여 가지는 2008. 5. 10. 대여금 청구채권 금 10,000,000원에 대하여 ○○지원 2009타기 제98176호로 채권압류 및 추심명령을 받았습니다. 이에 원고는 피고에 대하여 위 추심명령에 따라 위 대여금을 지급할 것을 수차례에 걸쳐 요구하였으나 피고가 이에 응하지 아니하므로 부득이 이 건 소에 이르게 된 것입니다.

첨 부 서 류

1. 채권압류 및 추심명령 사본   1통

1. 채무자에 대한 소송고지서 사본   1통

1. 납부서   1통

200○. ○. .

위 원고 조 ○ ○ (인)

○○지방법원 ○○지원 귀중

2. 전부명령

(1) 의의

전부명령이란 압류된 금전채권을 집행채권의 변제에 갈음하여 권면액으로 압류채권자에게 이전시키는 집행법원의 명령을 말한다.

구분	추심명령	전부명령
집행범위	금전이외의 유체물의 인도를 목적으로 하는 채권	금전채권에 대해서만 할 수 있다
선택시기	압류하고자 하는 채권에 제3자의 가압류가 경합하는 경우 등에 활용하는 것으로 경합하는 채권자간에 추심된 금액을 배당받는다	압류하고자 하는 채권을 제3자가 아직 가압류하지 않은 상태에서 독자적으로 확보하고자 할 때 활용한다.
신청방법	서면 또는 구술로서 압류명령신청과 병합하거나 단독으로 신청가능	추심명령과 동일
권리이전	압류명령 자체로는 권리이전이 되지 않고 추심권만 이전	압류명령 자체로 전부채권자에게 이전
위험부담	제3채무자의 무자력으로 인한 손실에 따른 위험은 채무자에 귀속한다	전부명령을 얻으면 변제의 효력이 발행하며 제3채무자의 변제능력이 없는 경우에도 채무자에게 변제를 청구할 수 없다
배당요구	채권을 추심하여 집행법원에 신고할 때까지 다른 채권자가 배당요구할 수있다	명령이 제3채무자에게 송달될 때까지 다른 채권자가 배당요구를 할 수 있지만 송달 후에는 배당요구 불가능
형사책임	일정한 기간 내에 추심권을 행사할 책임이 있고 만일 이를 게을리하면 손해배상 책임발생	전부채권자는 완전한 자기채권이기 때문에 하등의 의무를 부담하지 않는다.
소멸시기	배당을 받거나 현실로 만족을 얻었을 때에 소멸한다	전부명령의 확정을 정지조건으로 전부명령 송달시에 소급하여 소멸한다
집행의변경	추심할 가망이 적으면 추심권을 포기하고 다른 집행방법을 행사할 수 있다	압류한 채권이 부존재라면 몰라도 그렇지 않으면 다른 집행방법을 행사할 수 없다
신고의무	채권자가 압류한 채권을 추심하였으면 이를 집행법원에 신고하여야 한다	신고의무가 없다
자발적 미이행시	추심금 청구의 소 제기	전부금 청구의 소 제기

(2) 신청

전부명령은 압류채권자의 신청에 의하고 신청은 집행법원에 서면으로 하여야 한다. 실무에서는 압류명령의 신청과 동시에 하고 있다. 다만 민사집행법 233조의 증권채권은 집행관의 증권의 점유를 기다려야 하므로 동시신청이 불가능하다.

채권가압류 뒤에 가압류채권자가 집행권원을 취득하더라도 직접 전부명령을 신청할 수는 없고 가압류에서 본압류로 이전하는 압류명령을 신청하면서 전부명령을 신청하여야 한다.

(3) 관할법원

전부명령을 신청하여야 할 관할법원은 압류명령의 집행법원과 동일한 지방법원이다.

(4) 재판

집행법원은 전부명령의 신청이 있으면 관할권의 유무, 신청의 적식여부, 강제집행의 요건과 개시요건의 유무, 집행장애의 유무, 압류명령의 효력의 존부, 전부명령발부요건의 유무 등을 조사하여 신청의 허부를 결정한다. 집행채권이나 압류할 채권의 실체적 존부를 심리할 수는 없다.

(5) 불복

전부명령의 신청에 관한 재판에 대하여는 즉시항고를 할 수 있다(민집 229조 6항). 즉시항고의 사유로서는 채권압류 자체의 무효·취소 또는 전부명령발부요건의 흠이다.

전부명령신청을 각하·기각하는 결정은 신청채권자에게 고지하여야 하고(민집규 7조 2항), 이에 대하여는 신청채권자가 즉시항고할 수 있다.

(6) 효력

1) 피전부채권의 전부채권자에게로의 이전 및 집행채권의 소멸

전부명령의 기본적 효력은 피전부채권의 전부채권자에게로의 이전 및 집행채권의 소멸이다. 피전부채권의 이전은 집행행위에 기초한 것이므로 민법상 채권양도의 대항요건에 관한 규정은 적용되지 않는다. 피전부채권의 이전에는 종된 권리(이자, 지연손해금, 보증채무, 물적담보)도 포함된다.

2) 제3채무자에 대한 효력

전부명령에 의하여 피전부채권은 동일성을 유지한 채로 집행채무자로부터 집행채권자에게 이전되고 제3채무자는 채권압류 전에 피전부채권자에 대하여 가지고 있었던 항변사유로서 전부채권자에게 대항할 수 있다(대법원 1984.08.14. 선고 84다카545 판결).

채권압류 및 전부명령에 있어 제3채무자는 그 명령이 송달되기 이전에 채무자에 대하여 상계적상에 있었던 반대채권을 가지고 있었다면 그 명령이 송달된 이후에 상계로서 전부채권자에게 대항할 수 있다(대법원 1973.11.13. 선고 73다518 전원합의체 판결).

채권압류 및 전부명령이 이미 대항력 있는 채권양도가 이루어진 후에 발하여진 것이어서 무효인 경우, 그러한 무효인 전부명령을 받은 자에 대한 변제라도 그가 피전부채권에 관하여 무권리자라는 사실을 알지 못하거나 과실 없이 그러한 사실을 알지 못하고 변제한 때에는 그 변제는 채권의 준점유자에 대한 변제로서 유효하다(대법원 1997.03.11. 선고 96다44747 판결).

3) 소급효

전부명령의 효력은 전부명령의 확정시, 즉 즉시항고가 제기되지 않은 경우에는 1주의 즉시항고기간이 지난 때, 즉시항고가 제기된 경우에는 그 기각 또는 각하결정이 확정된 때에 발생하지만(민집 229조 7항), 그 확정에 따라 발생하는 효력은 전부명령이 제3채무자에게 송달된 때로 소급한다.

(7) 집행의 종료

채권집행절차는 전부명령이 확정되어 효력이 발생하면 목적을 달성하고 종료한다.

채권압류 및 전부명령 신청서

채 권 자   김 ○ ○(6100231-2561812)

　　　　　○○ 서구 ○○로 ○○아파트 101-1103

채 무 자   이 한 심(580230-1652345)

　　　　　○○ ○○구 장동 71-2

제3채무자   주식회사 ET

　　　　　○○ ○○구 ○○동 536-9

　　　　　대표이사 황 ○ ○

청구채권의 표시   금 5,400,000원 (○○지방법원 2009가소229109호 대여금 청구 사건의 집행력 있는 판결정본에 기한 채권 원금 5,000,000원 및 이자 400,000원)

압류 및 전부할 채권의 표시   별지목록 기재와 같음.

신 청 취 지

1. 채무자의 제3채무자에 대한 별지목록 기재의 채권을 압류한다.
2. 제3채무자는 채무자에 대하여 위의 지급을 하여서는 아니된다.
3. 채무자는 위의 채권의 처분과 영수를 하여서는 아니된다.
4. 채권자의 신청에 의하여 위 압류된 채권은 이를 지급에 갈음하여 채권자에게 전부한다.

라는 재판을 구합니다.

신 청 원 인

채권자는 2004. 3. 5. 경 채무자에게 금 5,000,000원을, 지급기일 2009. 4. 5.로 하여 대여하였는데, 채무자는 변제기가 지나도록 전혀 변제할 의사를 보이지 않고 있어, 채권자는 부득이 채무자에 대하여 대여금 청구소송을 제기하여 승소확정판결을 받았으므로, 채무자가 제3채무자에 대하여 가지는 별지목록 기재의 채권으로 청구금액에 대한 변제에 충당하고자 본 신청에 이른 것입니다.

첨 부 서 류

1. 별지목록	1통
1. 집행력있는 판결정본	1통
1. 송달증명원	1통

2010.   2.   2.
위 채권자 김 ○ ○   (인)

○○**지방법원   귀중**

[별 지] 압류 및 전부할 채권의 표시

압류 및 전부할 채권의 표시

압류 및 전부할 채권 금 5,400,000원(원금 5,000,000원, 이자 400,000원)

(○○지방법원 2009가소229109호 대여금 청구사건의 집행력 있는 판결정본에 기한 채권)

채무자가 제3채무자에 대하여 가지는 임대차보증금 금 10,000,000원의 반환청구채권 중 위 청구금액에 이르기까지의 금액. 끝.

■ 작성방법
1. 신청서 1부를 기타집행계에 제출한다.
2. 인지대 4,000원(압류2,000원+전부 2,000원), 송달료 (당사자수×5,200원×2회)를 납부한다.
3. 집행력있는 판결정본, 송달확정증명원, 채무자주민등록초본을 첨부한다.

가압류로부터 본압류로 전이하는
채권압류 및 전부명령신청서

채 권 자   문 ○ ○(670431-2455519)

　　　　　　　○○시 ○○읍 ○○리 249-2

채 무 자   이 ○ ○(780431-1813614)

　　　　　　　○○시 ○○읍 ○○리 1-134

제3채무자   박 ○ ○

　　　　　　　○○시 ○동 998-2

청구금액의 표시 금 10,000,000원 (○○지법 ○○지원 2009가소113080 약정금 사건의 집행력 있는 이행권고결정에 기한 채권)

전이하는 압류 및 전부할 채권의 표시 별지 목록 기재와 같음.

신 청 취 지

1. 위 청구금액의 변제에 충당하기 위하여 귀원 2009카단1755로 가압류한 위 채권은 귀원 2009가소113080호 집행력있는 이행권고결정정본에 의하여 이를 본압류로 전이한다.

2. 이 명령에 의하여 압류한 채권은 지급에 갈음하여 채권자에게 전부한다.

라는 재판을 구합니다.

신 청 원 인

1. 채권자는 채무자에 대하여 금 10,000,000원의 임차보증금반환채권에 기한 약정금 청구채권이 있었고, 그 집행을 보전하기 위하여 귀원 2009카단 1755호로써 채권가압류를 신청하여 제3채무자에 대하여 압류채권표시 기재의 채권을 가압류하였습니다.

2. 그 후 채권자는 채무자를 상대로 하여 귀원 2009가소 113080호로 본안소송을

제기하여 2009. 8. 26. 승소확정의 이행권고결정을 받았습니다.

3. 그러므로 채권자는 위 2009카단1755호 채권가압류결정으로 집행보전한 금 10,000,000원을 본압류로 전이하는 채권압류 및 전부명령을 받고자 본 신청에 이르게 된 것입니다.

첨 부 서 류

1. 별지목록   1통
1. 집행력있는 이행권고결정 정본   1통
1. 채권가압류결정 및 동 송달증명원   각 1통

2009.   9.   .
위 채권자 문 ○ ○ (인)

○○지방법원 ○○지원 귀중

[별지] 가압류로부터 본압류로 전이하는 채권압류 및 전부채권의 표시

가압류로부터 본압류로 전이하는 채권압류 및 전부할 채권의 표시

 금 10,000,000원정

채무자가 제3채무자에 대하여 가지는 ○○지법 ○○지원 2009가소113080 약정 금 사건의 집행력 있는 이행권고결정에 기한 채권중 위 청구금액에 이르기까지의 금액.

■ 작성방법

1. 신청서 1부를 가압류결정을 내린 법원 기타집행계에 제출한다.
2. 인지대 4,000원(압류2,000원+전부 2,000원), 송달료 (당사자수×5,200원×2회)를 납부한다.
3. 집행력있는 판결정본, 송달확정증명원, 가압류결정문사본을 첨부한다.

[서식] 전부명령신청취지 작성례

1. 채무자의 제3채무자에 대한 별지목록 기재의 채권을 압류한다.
2. 제3채무자는 채무자에게 위 채권에 관한 지급을 하여서는 아니 된다.
3. 채무자는 위 채권의 처분과 영수를 하여서는 아니 된다.
4. 위 압류된 채권은 지급에 갈음하여 채권자에게 전부한다.

---

1. 채권자와 채무자간 서울○○지방법 20○○카단 123호 채권가압류결정에 의한 별지목록 기재 채권에 대한 가압류 금 60,000,000원 중 금 30,000,000원은 이를 본압류로 전이한다.
2. 제3채무자는 채무자에게 위 채권에 관한 지급을 하여서는 아니 된다.
3. 채무자는 위 채권의 처분과 영수를 하여서는 아니 된다.
4. 위 압류된 채권은 지급에 갈음하여 채권자에게 전부한다.

---

1. 채권자와 채무자간 서울○○지방법 20○○카단 123호 채권가압류결정에 의한 별지목록 기재 채권에 대한 가압류는 이를 본압류로 전이한다.
2. 제3채무자는 채무자에게 위 채권에 관한 지급을 하여서는 아니 된다.
3. 채무자는 위 채권의 처분과 영수를 하여서는 아니 된다.
4. 위 압류된 채권은 지급에 갈음하여 채권자에게 전부한다.

---

1. 채무자의 제3채무자에 대한 별지 기재 채권 중 채권자와 채무자간 서울○○지방법원20○○카단 123호 채권가압류결정에 의하여 가압류된 채권금 금 6,000,000원을 본압류로 전이하고, 나머지 금 3,000,000원을 압류한다.
2. 제3채무자는 채무자에게 위 채권에 관한 지급을 하여서는 아니 된다.
3. 채무자는 위 채권의 처분과 영수를 하여서는 아니 된다.
4. 위 압류된 채권은 지급에 갈음하여 채권자에게 전부한다.

3. 특별한 현금화명령

(1) 의의

특별한 현금화명령이란 압류된 채권이 조건 또는 기한이 있거나, 반대의무의 이행과 관련되어 있거나 그 밖의 이유로 추심하기 곤란할 때 채권자의 신청에 따라 집행법원이 하는 ① 채권을 법원이 정한 값으로 지급함에 갈음하여 압류채권자에게 양도하는 양도명령, ② 추심에 갈음하여 법원이 정한 방법으로 그 채권을 매각하도록 집행관에게 명하는 매각명령, ③ 관리인을 선임하여 그 채권의 관리를 명하는 관리명령, ④ 그 밖에 적당한 방법으로 현금화하도록 하는 명령을 말한다.

(2) 신청

압류된 채권이 조건 또는 기한이 있거나, 반대의무의 이행과 관련되어 있거나 그 밖의 이유로 추심하기 곤란할 때에는 압류채권자는 추심에 갈음할 특별한 현금화명령을 집행법원에 신청할 수 있다(민집 241조 1항).

(3) 심문

법원은 그 신청을 허가하는 결정을 하기 전에 채무자를 심문하여야 한다. 다만, 채무자가 외국에 있거나 있는 곳이 분명하지 아니한 때에는 심문할 필요가 없다(민집 249조 2항).

(4) 종류

① 양도명령

양도명령이란 집행법원이 정한 값으로 지급함에 갈음하여 압류채권자에게 양도하는 명령을 말한다. 감정인에게 채권의 가액을 평가하게 하여 그 평가액으로 압류된 채권을 채권자에게 양도하고 그 평가액의 한도에서 집행채권을 소멸시키는 것이다(민집규 163조, 164조). 압류의 경합이나 배당요구가 없는 경우에 한하여 가능하다.

② 매각명령

매각명령이란 추심에 갈음하여 법원이 정한 방법으로 그 채권을 매각하도록 집행관에게 명하는 명령을 말한다.

압류된 채권을 매각한 경우에는 집행관은 채무자를 대신하여 제3채무자에게 서면으로 양도의 통지를 하여야 한다(민집 241조 5항).

③ 관리명령

관리명령이란 관리인을 선임하여 그 채권의 관리를 명하는 관리명령을 말한다. 관리인에게 채권을 관리하게 하여 그 수익으로 집행채권을 만족시킨다. 다수의 임료채권, 특허권 등 지식재산권을 압류한 경우에 계속하여 이를 추심하려고 하는 때에 이용된다.

④ 그 밖의 현금화명령

특정의 제3자에게 압류된 채권을 매각하거나 압류채권자 또는 제3자로 하여금 매각하게 하는 명령, 압류채권자에게 특수한 추심권능(제3채무자와 지급조건 등을 합의)을 주는 명령 등이 있다.

(5) 불복

특별한 현금화명령에 대하여는 즉시항고 할 수 있다(민집 241조 3항). 신청을 기각하는 결정에 대하여도 마찬가지다.

(6) 효력

특별한 현금화명령은 확정되어야 효력이 있다(민집 241조 4항).

제8절 금전채권 외의 채권에 기초한 강제집행

Ⅰ. 동산인도청구권의 집행

1. 의 의

동산인도청구권이란 동산의 직접 점유의 이전을 목적으로 하는 청구권을 말한다. 여기서 동산이란 유체동산을 말하는 것으로서 자동차건설기계항공기(등록여부 불문)를 포함하나 선박은 제외된다. 재산적 가치가 없는 동산이나 압류금지물도 제외한다. 동산인도청구권에는 특정 동산의 인도청구권뿐만 아니라 대체물의 일정한 수량의 인도청구권도 포함한다(민집 257조).

2. 집행기관

집행관이 채권자의 집행위임을 받아 집행한다.

3. 집행절차

집행관은 목적물을 채무자로부터 빼앗아 채권자에게 인도하여야 한다(민집 257조). 인도할 물건을 제3자가 점유하고 있는 때에는 채권자의 신청에 따라 금전채권의 압류에 관한 규정에 따라 채무자의 제3자에 대한 인도청구권을 채권자에게 넘겨야 한다(민집 259조).

4. 유아인도청구권의 집행

유아인도를 명하는 재판에 관하여는 유체동산인도청구권에 준하여 집행관이 강제집행할 수 있다. 다만 그 유아가 의사능력이 있는 경우에 그 유아 자신이 인도를 거부하는 때에는 집행을 할 수 없다.

강 제 집 행 신 청 서

수원지방법원 성남지원 집행관사무소   집행관   귀 하

채권자	성 명	홍길동	주민등록번호	0000001-2067319	전화번호	
					우편번호	□□□-□□□
	주 소			서울 강서구 ○○동 273		
	대리인	성명 : 변호사 박○○			전화번호	02-○○○-○○○○
채무자	성 명	주식회사 ○○	주민등록번호 (법인등록번호)		전화번호	
					우편번호	□□□-□□□
	주 소			1. 서울 송파구 ○○동 727-8		

집행목적물 소재지	경기도 하남시 ○○동 13
집 행 권 원	서울동부지방법원 2014가합7138 유체동산인도
집행의 목적물 및 집 행 방 법	경기도 하남시 ○○동 13 내 유체동산인도
청 구 금 액	

위 집행권원에 기한 집행을 하여 주시기 바랍니다.
※ 첨부서류
1. 집행력있는 판결정본   1통   2014. 6.   .
2. 송달확정증명원   각1통   채권자 홍길동 (인)
3. 위임장   1통   대리인 변호사 박○○ (인)

※특약사항
1. 본인이 수령할 예납금잔액을 본인의 비용부담하에
   오른쪽에 표시한 예금계좌에 입금하여 주실 것을
   신청합니다.
              채권자들의 대리인 변호사 박○○(인)

예금계좌	개설은행	국민은행
	예금주	박○○
	계좌번호	000000-01-001111

2. 집행관이 계산한 수수료 기타 비용의 예납통지 또는 강제집행 속행의사 유무 확인 촉구를 2회
   이상 받고도 채권자가 상당한 기간 내에 그 예납 또는 속행의 의사표시를 하지 아니한 때에는
   본건 강제집행 위임을 취하한 것으로 보고 종결처분하여도 이의 없습니다.
              채권자들의 대리인 변호사 박○○ (인)

1. 의 의

부동산·선박인도청구권이란 부동산·선박의 직접 점유의 이전을 목적으로 하는 청구권을 말한다. 여기서 부동산이란 민법 99조 1항의 토지와 그 정착물을 말한다. 선박은 등기 여부, 상법 소정의 선박 여부, 크기의 대소를 불문한다.

퇴거는 건물점유자의 점유를 풀고 건물로부터 점유자를 쫓아낸 후 점유자가 점유하는 동산을 건물 밖으로 들어내는 것을 말한다. 건물의 현실적 지배의 이전을 필요로 하지 아니한다. 건물을 건물소유자 이외의 제3자가 점유하고 있는 경우에 건물소유자에 대한 건물철거의 집행권원을 얻어 철거집행을 하기 위하여는 먼저 그 건물을 점유하는 제3자에 대하여 퇴거의 집행권원을 얻어 퇴거의 집행을 하여야 한다.

2. 집행기관

집행관이 채권자의 집행위임을 받아 집행한다.

3. 집행절차

집행관은 채무자로부터 부동산이나 선박의 점유를 빼앗아 채권자에게 인도하여야 한다(민집 258조 1항). 이를 위하여는 채권자나 그 대리인이 인도받기 위하여 출석하여야 한다(민집 258조 2항).

채무자와 함께 거주하고 있는 가족이나 동거인에 대하여는 별도의 집행권원 없이도 집행이 가능하다.

강제집행의 목적물이 아닌 동산은 집행관이 제거하여 채무자에게 인도하여야 한다(민집 258조 3항). 이 경우 채무자가 없는 때에는 집행관은 채무자와 같이 사는 사리를 분별할 지능이 있는 친족 또는 채무자의 대리인이나 고용인에게 그 동산을 인도하여야 한다(민집 258조 3항). 채무자나 그 친족 또는 채무자의 대리인이나 고용인이 없는 때에는 집행관은 그 동산을 채무자의 비용으로 보관하여야 한다(민집 258조 4항). 채무자가 그 동산의 수취를 게을리 한 때에는 집행관은 집행법원의 허가를 받아 동산에 대한 강제집행의 매각절차에 관한 규정에 따라 그 동산을 매각하고 비용을 뺀 뒤에 나머지 대금을 공탁하여야 한다(민집 258조 5항).

건물명도단행가처분

채 권 자 박 ○ ○(750631-1627813)

　　　　　　서울시 ○○구 ○○로 679-971(T.014-446-9866)

채 무 자 정 ○ ○(760431-1627813)

　　　　　　서울시 ○○구 ○○로 1490-991

목적물의 표시

　별지목록 기재와 같음

목적물의 가격

　금　　　　　원

신 청 취 지

1. 채무자는 서울시 ○○구 ○○동 67 1층 건60㎡에 대한 점유를 위임하는 서울○
　○지방법원 소속 집행관으로 하여금 이를 보관하게 한다.

2. 집행관은 신청인의 청구가 있는 때에는 위 건물의 현상을 변경하지 않을 것을
　조건으로 채권자에게 보관하게 할 수 있다.

3. 집행관은 위 취지를 적당한 방법으로 공시하여야 한다.

4. 채무자는 점유를 다른 사람에게 이전하거나 점유명의를 변경하여서는 아니 된다.
라는 판결을 구합니다.

신 청 이 유

1. 채무자는 귀원 20○○가단 123 건물명도청구의 본안 소송에서 승소하여 판결확정
　후 20○○. ○. ○.자 서울○○지방법원소속 집행관으로 하여금 위 건물명도의 강
　제집행을 완료하였으나 채무자는 다시 밤에 침입하여 불법거주하고 있습니다.

2. 따라서 채무자 소유의 위 건물을 20○○. ○. ○. 다른 사람에게 임대차 할 것을
　계약 한 바, 그 기간이 얼마 남지 않아 채무자가 불법 점유하게 된다면 이로 인하

여 막대한 손해가 발생될 수 있을 뿐만 아니라 다른 제3자에게 전대할 경우 명도 소송을 다시 해야 되어 이건 신청에 이른 것입니다.

소명방법 및 첨부서류

1. 부동산등기부등본   1통
1. 판결등본   1통
1. 부동산명도집행조서등본   1통

20○○.   ○. ○.
위 채권자   박 ○ ○ (인)

○○ **지방법원   귀중**

■ 작성방법

1. 신청서 1통, 목록 7통을 승소판결을 받은 법원 민사신청과에 제출한다.
2. 인지 1,000원, 송달료를 납부한다.

1. 의 의

목적물을 제3자가 점유하고 있는 경우 집행이 불가능하다. 그리하여 민사집행법 259조는 채무자가 제3자에 대하여 인도청구권을 가지는 때에는 채무자의 인도청구권을 채권자가 압류하여 넘겨받을 수 있도록 규정하고 있다.

2. 집행기관

집행목적물이 있는 곳의 지방법원이 관할한다.

3. 집행절차

집행법원은 채권자의 신청에 따라 금전채권이 압류에 관한 규정에 의해 채무자의 제3채무자에 대한 인도청구권을 압류하고 이를 채권자에게 넘기는 명령을 한다.

채권자는 그 명령에 따라 채무자에 갈음하여 제3자에게 직접 자기 또는 집행권원에 따른 다른 제3자에게 인도할 것을 청구할 수 있고, 집행관에게 인도하라고 청구할 필요는 없다.

4. 인도청구권을 넘기는 명령의 효력

인도청구권을 넘기는 명령은 추심명령과 유사하고, 전부명령이나 압류명령과는 다르다. 이 명령의 성질상 그 대상인 채무자의 제3자에 대한 인도청구권은 명령을 받은 채권자만 행사할 수 있고, 그 뒤 채무자의 다른 금전채권자가 이를 압류하는 것은 허용되지 아니하며 그러한 압류는 효력이 없다. 이 명령이 내려진 경우에 제3자가 채권자의 인도요구에 따라 임의로 채권자에게 인도하면 그로써 강제집행은 종료된다. 그러나 제3자가 채권자의 인도청구에 불응할 때에는 채권자는 제3자를 상대로 추심의 소를 제기하여 승소판결을 받아 집행할 수밖에 없다. 만일 채무자가 이미 제3자를 상대로 인도를 명하는 집행권원을 받아 둔 경우에는 채권자는 별소를 제기할 필요없이 승계집행문을 받아 곧바로 제3자에 대하여 집행할 수 있다.

1. 의 의

채무가 채무자의 일신에 전속하지 아니한 작위를 목적으로 한 때에는 채무자의 비용으로 제삼자에게 이를 하게 할 것을 법원에 청구할 수 있다(민법 389조 2항). 이를 대체적 작위채무라고 하는데 채무의 목적인 작위가 채무자에 의하여 행하여지건 채무자 이외의 자에 의하여 행하여지건 채권자의 입장에서는 차이가 없고 그 작위의 결과가 경제적·법률적으로 동일한 가치를 가지는 채무이다.

2. 집행기관

판결이 집행권원인 경우에는 제1심의 수소법원이 집행기관으로 된다. 가집행선고있는 판결이 집행권원인 경우에 사건이 상소심에 계속 중이라도 관할법원은 제1심 수소법원이다.

3. 집행절차

채권자는 대체집행을 신청할 수 있고, 대체집행결정은 변론 없이 할 수 있다. 다만 변론을 열지 않고 결정을 하는 경우 채무자를 심문하여야 한다(민집 262조).
대체집행신청이 정당하면 법원은 채권자에 대하여 제3자로 하여금 채무자에 갈음하여 채무자의 비용으로 집행권원의 내용인 작위를 실시하게 하는 권능을 수여하는 수권결정을 한다(민집 260조 1항).
수권결정이나 그 신청을 각하하는 결정에 대하여는 즉시항고 할 수 있다(민집 260조 3항).
수권결정에 집행관이 작위의 실시자로 정해진 경우에는 채권자는 집행관에게 집행위임을 하여 집행관으로 하여금 작위를 실시하도록 한다. 수권결정에 실시자를 정하지 않은 경우 채권자는 스스로 실시를 하거나 채무자 이외의 자를 선정하여 작위를 실시하게 할 수 있다.

대체집행 신청서

채 권 자　　　　문 ○ ○(670431-2455519)

　　　　　　　　○○시 ○○읍 ○○리 249-22

채 무 자　　　　이 ○ ○(780431-1813614)

　　　　　　　　○○시 ○○읍 ○○리 1-134

신 청 취 지

채권자는 그가 위임하는 ○○지방법원 ○○지원 소속 집행관으로 하여금 ○○시 ○○읍 ○○리 2491-1 대 150㎡ 중 별지도면 ㉮ 부분(도면의 점 1, 2, 3, 4, 5, 1을 순차로 연결한 부분)에 위치한 철큰콘크리트조 슬라브지붕 주택 1동 건평 70㎡를 채무자의 비용으로 철거하게 할 수 있다.

라는 재판을 구합니다.

신 청 원 인

1. 채권자는 채무자에 대하여 귀원 2009가단 제11755호 건물철거 등 소송의 집행력 있는 판결정본에 기하여 위 표시 건물의 철거청구권이 있습니다.

2. 그런데 채무자가 위 판결을 받고도 아직까지 이를 이행하지 않고 있으므로, 부득이 이 건 신청에 이르게 된 것입니다.

첨 부 서 류

1. 집행력있는 확정판결 정본　　　　　　　　　　　　　　1통
1. 송달증명원　　　　　　　　　　　　　　　　　　　　　1통
1. 철거요구에 대한 내용증명우편　　　　　　　　　　　　1통
1. 납부서　　　　　　　　　　　　　　　　　　　　　　　1통
1. 신청서 부본　　　　　　　　　　　　　　　　　　　　1통
1. 별지 도면　　　　　　　　　　　　　　　　　　　　　1통

2009.　9.　　.

위 채권자　문 ○ ○　(인)

○○지방법원 ○○지원　귀중

4. 대체집행의 비용

강제집행에 필요한 비용은 채무자가 부담하고 그 집행에 의하여 우선적으로 변상을 받는다(민집 53조). 대체집행에 필요한 비용은 수권결정절차의 비용과 작위 실시의 비용으로 구성된다. 채권자는 법원으로부터 집행비용확정결정을 받아 채무자에 대하여 금전집행의 방법으로 추심한다(민집규 24조).

채권자는 대체집행에 필요한 비용을 미리 지급할 것을 채무자에게 명하는 결정을 신청할 수 있다. 다만, 뒷날 그 초과비용을 청구할 권리는 영향을 받지 아니한다(민집 260조).

[서식] 대체집행비용선지급 신청서

대체집행비용선지급결정 신청서

신청인(채권자)   문 ○ ○(670431-2455519)

○○시 ○○읍 ○○리 249-22

피신청인(채무자) 이 ○ ○(780431-1813614)

○○시 ○○읍 ○○리 1-134

신 청 취 지

피신청인은 신청인에게 귀원 2009타기 제9872호 대체집행결정에 기한 대체집행비용 금 2,000,000원을 지급하라. 라는 재판을 구합니다.

신 청 원 인

1. 신청인은 귀원으로부터 2009타기 제9872호 대체집행결정을 받았으나, 아래와 같이 건물철거작업 등의 비용이 소요될 예정입니다.

---

2. 따라서 이를 미리 채무자로부터 지급받기 위하여 본 신청을 합니다.

아　래

1. 포크레인 비용	700,000원
1. 인부대금	1,100,000원(100,000원/인×11명)
1. 집행관 수수료	200,000원(130,000원/인)

첨 부 서 류

1. 견적서(포크레인)	1통
1. 견적서(인부대금)	1통

2009.　9.　.
위 신청인(채권자)　문 ○ ○　(인)

○○**지방법원** ○○**지원　귀중**

5. 부작위채무의 대체집행

채무가 부작위를 목적으로 한 경우에 채무자가 이에 위반한 때에는 채무자의 비용으로써 그 위반한 것을 제각하고 장래에 대한 적당한 처분을 법원에 청구할 수 있다(민법 389조).

부작위채무는 성질상 부대체적 채무라 할 수 있으므로 이에 대한 강제집행은 간접강제에 의하는 것이 원칙이나, 부작위채무의 위반으로 생긴 물적 상태의 제거는 부작위채무 그 자체는 아니고 그 변형물로서 작위채무에 속하는 것이므로 이에 대하여는 대체집행이 인정된다.

[서식] 부작위의무 대체집행 신청서

부작위의무 대체집행 신청서

채 권 자   문 ○ ○(670431-2455519)

                   ○○시 ○○읍 ○○리 249-22

채 무 자   이 ○ ○(780431-1813614)

                   ○○시 ○○읍 ○○리 1-134

신 청 취 지

1. 채권자는 그가 위임하는 ○○지방법원 ○○지원 소속 집행관으로 하여금 ○○시 ○○읍 ○○리 2491-1 대 550㎡ 중 별지도면 ㉮ 부분(도면의 점 1, 2, 3, 4, 5, 1을 순차로 연결한 부분)에 위치한 철큰콘크리트조 슬라브지붕 축사 1동 건평 270㎡를 채무자의 비용으로 철거하게 할 수 있다.

2. 채권자는 그가 위임하는 위 집행관으로 하여금 채무자의 비용으로 위 축사 1동을 철거한 부분의 주위에 시멘트 블록 담장 20m를 설치하게 할 수 있다. 라는 재판을 구합니다.

신 청 원 인

1. 채권자는 채무자에 대하여 귀원 2009가단 제11855호 토지출입금지 및 축사축조 금지청구 사건에서, 집행력 있는 판결정본에 기하여 위 표시 채권자 소유의 토지

상에 채무자가 출입하여서는 아니되고, 또한 축사를 축조하여서는 아니된다는 청구채권을 가지고 있습니다.

2. 그런데 채무자는 위 판결이후에도 여전히 위 토지에 출입하고 있으며, 위 별지도면 표시 ㉮ 부분에 축사건축을 하고 있으므로, 그 철거 및 예방조치를 채무자 비용으로 할 수 있도록 하여 주시기 바랍니다.

첨 부 서 류

1. 집행력있는 확정판결 정본	1통
1. 송달증명원	1통
1. 철거요구에 대한 내용증명우편	1통
1. 납부서	1통
1. 신청서 부본	1통
1. 별지 도면	1통

2009. 9.   .

위 채권자 문 ○ ○ (인)

○○**지방법원** ○○**지원   귀중**

1. 의 의

부대체적 작위채무에 대한 강제집행으로는 간접강제가 유일하다. 그러나 채무의 성질상 채무자의 자유의사를 강제하여서는 채무의 본래 목적에 적합한 이행을 기대하기 어렵거나 인격 존중의 견지에서 강제하기 어려운 채무에 대하여는 간접강제를 할 수 없다. 의사표시를 하여야 할 채무는 부대체적 작위채무에 속하나 이에 관하여는 별도의 방법이 인정되고 있으므로 간접강제가 허용되지 않는다.

2. 집행기관

제1심의 수소법원이 간접강제의 집행기관이 된다(민집 261조).

3. 집행절차

채권자는 간접강제를 신청할 수 있고, 간접강제결정(예고결정)은 변론 없이 할 수 있다. 다만 변론을 열지 않고 결정을 하는 경우 채무자를 심문하여야 한다(민집 262조).

채권자의 신청이 정당하면 법원은 채무의 이행의무 및 상당한 이행기간을 밝히고, 채무자가 그 기간 이내에 이행을 하지 아니하는 때에는 늦어진 기간에 따라 일정한 배상을 하도록 명하거나 즉시 손해배상을 하도록 명한다(민집 261조).

법원은 간접강제결정을 한 뒤라도 사정의 변경이 있는 때에는 채권자 또는 채무자의 신청에 따라 그 결정의 내용을 변경할 수 있다. 다만 변경을 하는 경우에는 신청의 상대방을 심문하여야 한다(민집규 191조).

예고결정이나 그 신청을 각하하는 결정에 대하여는 즉시항고 할 수 있다(민집 261조 2항).

4. 배상금의 추심

채무자가 간접강제결정을 고지받고도 채무를 이행하지 아니하면 간접강제결정을 집행권원으로 하여 금전집행의 방법에 따라 배상금을 추심한다.

간접강제신청서

채 권 자   문 ○ ○(670431-2455519)
          ○○시 ○○읍 ○○리 249-22

채 무 자   이 ○ ○(780431-1813614)
          ○○시 ○○읍 ○○리 1-134

신 청 취 지

1. 채무자는 채권자에게 신청외 박○○(만 85세)의 초상화 1장을 2009. 7. 20.까지 제작하여 공급하라.

2. 만약 채무자가 위 기한까지 위 채무를 이행하지 아니하면, 그 다음 날부터 그 이행완료시까지 월 금 500,000원의 비율에 의한 금원을 지급하라. 라는 재판을 구합니다.

신 청 원 인

채권자는 채무자에 대하여 귀원 2009가단 제71658호 초상화제작신청 사건의 집행력 있는 판결정본에 의하여 채권자의 부친인 신청외 박길동의 초상화제작에 대한 청구채권이 있는 바, 채무자가 이를 이행하지 아니하므로 이 건 신청에 이른 것입니다.

첨 부 서 류

1. 집행력있는 확정판결 정본   1통
1. 송달증명원   1통
1. 손해액계산서   1통
1. 납부서   1통

                    2009. 7.   .
                    위 채권자 문 ○ ○ (인)

○○**지방법원** ○○**지원   귀중**

Ⅵ. 보전처분이란

1. 의 의

채무자가 권리관계의 성립을 인낙한 때에는 그 조서로, 의사의 진술을 명한 판결이 확정된 때에는 그 판결로 권리관계의 성립을 인낙하거나 의사를 진술한 것으로 본다(민집 263조). 채무자가 권리관계의 성립을 인낙하거나 의사의 진술을 하여야 할 채무는 성질상 부대체적 작위채무이나 조서의 성립이나 판결의 확정으로써 인낙이나 의사진술이 행하여진 것으로 간주되기 때문에 간접강제의 방법은 필요하지 않다.

2. 집행방법

조서의 성립이나 판결의 확정으로써 인낙이나 의사진술이 행하여진 것으로 간주되는 것에 그치므로 그 의사표시 내지 이를 구성부분으로 하는 법률행위 등이 본래의 법률효과를 발생하기 위하여 또 다른 요건이 필요한 경우에는 그 요건을 갖추어야 비로소 법률효과가 발생한다.

따라서 채권의 양수인이 양도인을 상대로 채무자에 양도통지를 하라는 청구를 하여 이를 명하는 판결이 확정되었다면 판결의 확정만으로 양도통지의 효력이 생기는 것이 아니라 양수인이 위 판결과 그 확정증명을 채무자에게 제시함으로써 비로소 양도통지의 효력이 생기는 것이다.

제5장
전자소송

1. 의 의

전자소송이란 대한민국 법원이 운영하는 전자소송시스템을 이용하여 소를 제기하고 소송 절차를 진행하는 재판방식을 말한다.

2. 전자소송의 도입

1) 민사소송등에서의 전자문서 이용 등에 관한 법률(법률 제10183호)[84]이 2010. 3. 24. 공포되고 시행되면서 2010. 4. 26. 특허법원에 제기되는 사건을 대상으로 한 특허전자소송서비스를 시작으로, 2011년에 시범법원의 민사사건, 2012년 민사사건 전부에 전자소송이 전면적으로 도입된 이후 현재까지 전자소송의 증가 추세를 보면 장기적으로 전자소송으로 인하여 기존 민사 관련 소송 틀 자체가 모두 바뀔 것으로 예상된다.

2) 2013. 1. 행정 가사사건, 2013. 8. 보전처분사건, 2014. 1. 파산 회생 개인회생사건, 2015. 1. 민사집행· 비송사건 순차로 시행된다.

◉ 전자소송 시행 경과와 계획

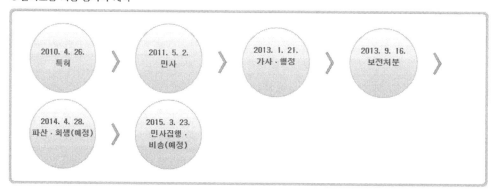

---

84) 동법의 시행을 위하여 2011. 3. 28. 규칙 제2332호로 민사소송 등에서의 전자문서 이용 등에 관한 규칙이 제정되었고 현재는 2013. 1. 8. 규칙 제2444호로 개정되어 시행되고 있다.

3. 전자소송의 특성

(1) 선택의 자유

정보화 취약계층의 재판청구권 보장을 위해 전자소송은 원칙적으로 당사자의 선택에 의한다. 다만 국가·지방자치단체, 일정한 공공기관에 대해서는 전자소송을 강제화하고 있으므로 사인이 국가 등을 상대로 소를 제기하는 경우에는 반드시 전자소송으로 하여야 한다.

(2) 편면적 전자소송 허용

전자소송은 원칙적으로 당사자 선택에 의하지만 당사자 중 1인이라도 전자소송을 택한 경우에는 그 당사자만 전자소송으로 진행되는 것을 허용하고 있다. 따라서 상대방인 당사자는 자신의 선택에 따라 전자소송을 할 수도 있고 기존의 종이소송 방식을 그대로 사용할 수 있다.

(3) 기록관리의 전자적 방식

문서는 스캔하여 전자적으로 관리 보전하므로 접수파일은 PDF를 원칙으로 하며, 소장 등을 포함한 기존 서면들도 전자시스템에 직접 입력하는 방식을 취하고 있다. 또한 첨부하는 서류들은 스캔을 하여 전자문서로 첨부한다.

(4) 공인인증을 통한 서명

전자소송을 이용하기 위해서는 전자소명이 필요하고 이러한 전자서명은 공인인증서를 이용한다. 인증서는 기존 공인인증기관이 발급한 인증서를 사용할 수 있을 뿐만 아니라 전자소송으로 용도가 제한된 용도제한인증서를 발급받아 사용할 수도 있다.

4. 전자소송의 장점

5. 전자소송 관련 법령내용

전자소송의 경우 소송절차는 원칙적으로 기존의 민사 또는 특허소송절차와 동일하고, 다만 전자소송의 특성에 따른 제약 사항이 일부 추가되는데 관련 법령으로는 전자소송에 관한 법률/규칙, 민사소송 등에서의 전자문서 이용 등에 관한 법률, 민사소송 등에서의 전자문서 이용 등에 관한 규칙 등이 있다.

6. 전자소송의 기준 설정

전자소송은 문서를 스캔하여 전자소송시스템을 통해 문서를 제출하거나 문서를 송달하는 등 일반소송과 그 절차나 형식을 달리하고 있어 전자소송이 되는 기준을 명확히 설정하여 둘 필요가 있다. 원칙적으로 ① 제1심 사건에서 제1회 변론기일의 다음날 까지 당사자 중 일방이이라도 전자소송 동의를 한 경우, ② 국가, 지방자치단체, 그 밖의 규칙이 정한 공공기관이 당사자 중 일방에 해당하는 경우 ③ 원심사건이 전자기록 사건이었던 상소심과 재심의 경우에는 전자기록 사건이 된다. 또한 ④ 재판장이 전자기록화를 명한 경우나 ⑤ 전자독촉사건에서 상대방의 이의신청 또는 송달불능에 의해 소송으로 이행된 경우 ⑥ 조정신청사건인 경우 ⑦ 병합사건에서 재판장이 모 사건을 기준으로 전자기록사건으로 지정한 경우 등이 있다.

1. 전자소송 이용 여부의 선택

전자소송법은 이용자가 전자문서 활용 여부를 스스로 정할 수 있도록 선택권을 부여하고 있다. 그 결과 같은 사건인데도 한쪽 당사자는 전자문서로 다른 당사자는 종이문서로 소송을 수행하는 사례도 가능하다. 이 경우 법원은 종이문서를 이용하는 당사자가 제출하는 소송서류를 전자문서를 이용하는 당사자에게 전자적으로 송달해 주기 위하여 스캐너 등을 이용하여 전자문서로 변환하여야 하고 반대로 전자문서를 이용하는 당사자가 제출하는 소송서류는 종이로 출력하여 우편송달을 한다.

2. 공인인증서 발급

(1) 공인인증서란

전자서명 생성과 실명확인을 위하여 이용된 정보가 가입자에게 유일하게 속한다는 사실 등을 확인하고 이를 증명 하는 전자적 정보로서 공인인증기관이 발행한 인증서를 말한다. 공인인증서에는 가입자 이름, 가입자의 전자서명 검증정보, 전자서명 방식, 공인인증서 일련번호, 공인인증서의 유효기간, 발급 기관명 등이 포함되어 있다.

(2) 공인인증서의 활용

인터넷에서 전자문서에 공인인증서를 사용하면 실명확인, 제출 서류의 위·변조 방지, 거래사실의 부인 방지 등의 효과를 얻을 수 있기 때문에 전자소송에서는 전자소송 동의, 송달문서 확인, 서류제출 및 비용납부 등의 주요서비스를 이용할 경우에 공인인증서를 사용하도록 하고 있다.

(3) 사용자 유형에 따른 공인인증서 종류

1) 공인인증서가 필요한 사용자

개인용 인증서	법인용 인증서
개인회원 : 내국인, 재외국민 대리인회원 : 변호사, 변리사 법무사회원 : 법무사	법인회원 : 법인, 비법인(단체) 대리인회원 : 법무법인, 특허법인 법무사회원 : 법무사합동법인

☞ 유의사항

1. 해당법인의 소속사용자는 개인용 인증서를 사용해야 한다.
2. 은행, 증권사, 신용카드사 등에서 기존에 발급받은 공인인증서를 그대로 사용가능함.
3. 그 밖에 전자소송용 공인인증서를 발급받아 사용가능하다.

2) 행정전자서명 인증서가 필요한 사용자

개인용 인증서	기관인증(전자관인용)
대리인회원 : 소송수행자	법인회원 :국가, 행정청, 지방자치단체

☞ 유의사항

1. 해당기관의 소속사용자는 개인용 인증서를 사용해야 한다.
2. 행정전자서명 인증서는 행정기관 및 그 보조기관과 보좌기관, 행정정보 공동이용기관, 각 그 소속공무원에게 발급된 인증서를 말한다.

(4) 공인인증서의 폐기

인증서를 더 이상 사용하지 않을 경우 인증서 유효기간이 만료되기 전에 강제적으로 인증서의 효력을 종료시키는 것을 인증서의 폐기라 한다. 폐기된 인증서는 다시 회복하여 사용할 수 없으며 인증서의 사용을 다시 원하는 경우에는 공인인증기관으로부터 인증서 신규발급 절차를 거쳐 전자소송 사이트에서 공인인증서 갱신처리를 하여야 한다.

■ 인증서 사용 시 유의 사항 ■

1. 인증서에는 유효기간이 존재하므로, 유효기간 만료 전에 반드시 인증서를 갱신하셔서 서비스 이용에 제한이 없도록 유의하여야 하고, 만약, 인증서 유효기간이 만료된 경우 인증서를 신규 발급 받아 사용하여야 한다.

2. 또한 인증서의 정보가 유출되지 않도록 관리에 유의하고, 제3자에게 이를 이용하게 하거나 관리소홀에 따른 책임은 이용자에게 있으므로 각별히 주의하여야 한다.

3. 인증서를 설치할 컴퓨터는 안정적인 작동을 보장 받을 수 있는 PC를 선택하여야 하며 인증서가 유출될 시 피해가 발생할 수도 있으므로 보안관리에 유의하여야 하며, 인증서가 손상됐거나 비밀번호를 분실한 경우에는 인증서를 공인인증기관으로부터 재발급 받아야 한다. 나아가 인증서 손상에 대비하여 반드시 이동식저장 매체(플로피디스크, 스마트카드, USB 메모리) 등에 백업을 받아두고 비밀번호는 분실하지 않도록 유의하여야 한다.

4. 만일 인증서를 분실(PC포맷, 삭제)한 경우에는 공인인증서의 신규 또는 재발급 절차에 따라 발급(폐기하실 필요 없음)하여 사용하여 하고, 인증서, 개인정보 유출에 가능성이 있는 포털사이트 메일함, P2P, 웹하드 등에 보관금지. 또한, 가급적 PC에 하드디스크 보다는 이동식 저장 매체에 따로 보관하는 것이 안전하다.

---

(5) 공인인증서 발급방법

1) 공인인증서 발급 사이트(http://scourt.signra.com

아래와 같이 공인인증서 사이트에 방문한 다음 전자소송 개인용 또는 사업자용 중 하나를 선택하여 신청하기를 클릭한다.

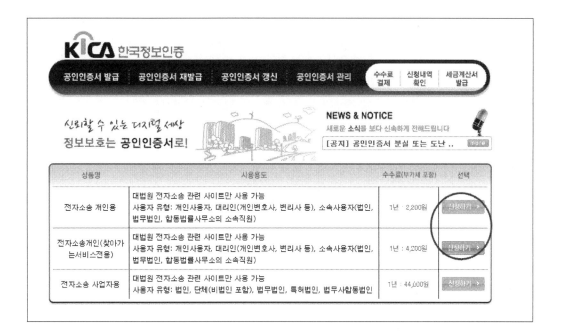

2) 발급절차

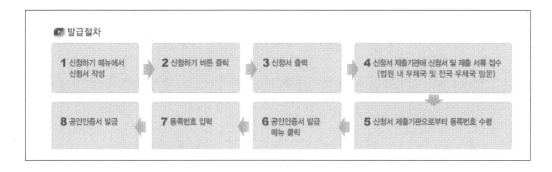

3) 약관에 동의한 후 신청하기 클릭한다.

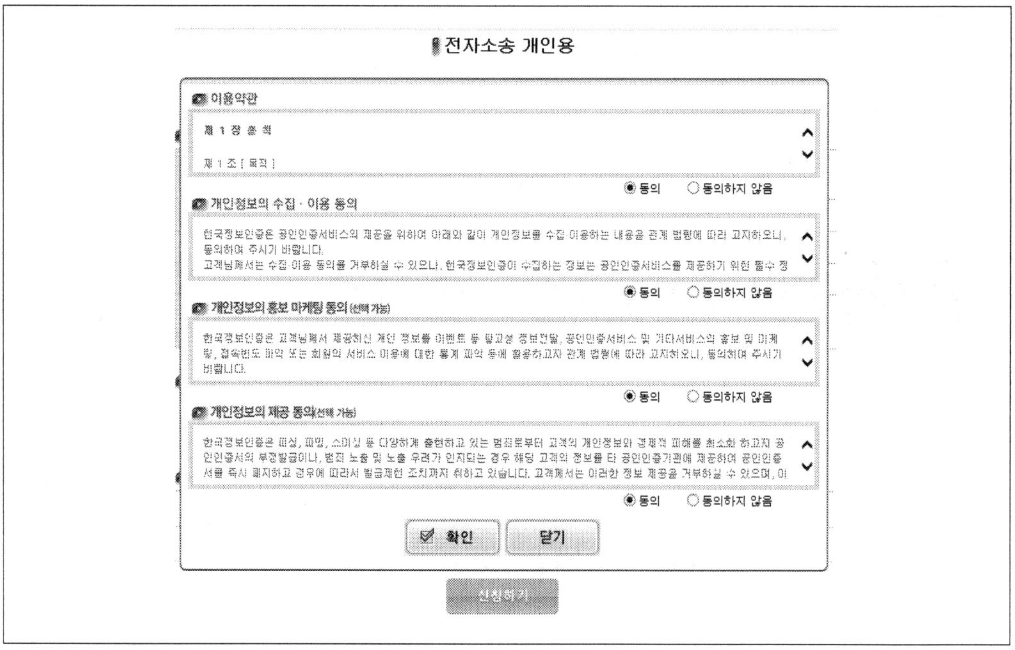

4) 공인인증서 발급신청서를 작성한 다음 신청하기를 클릭한다.

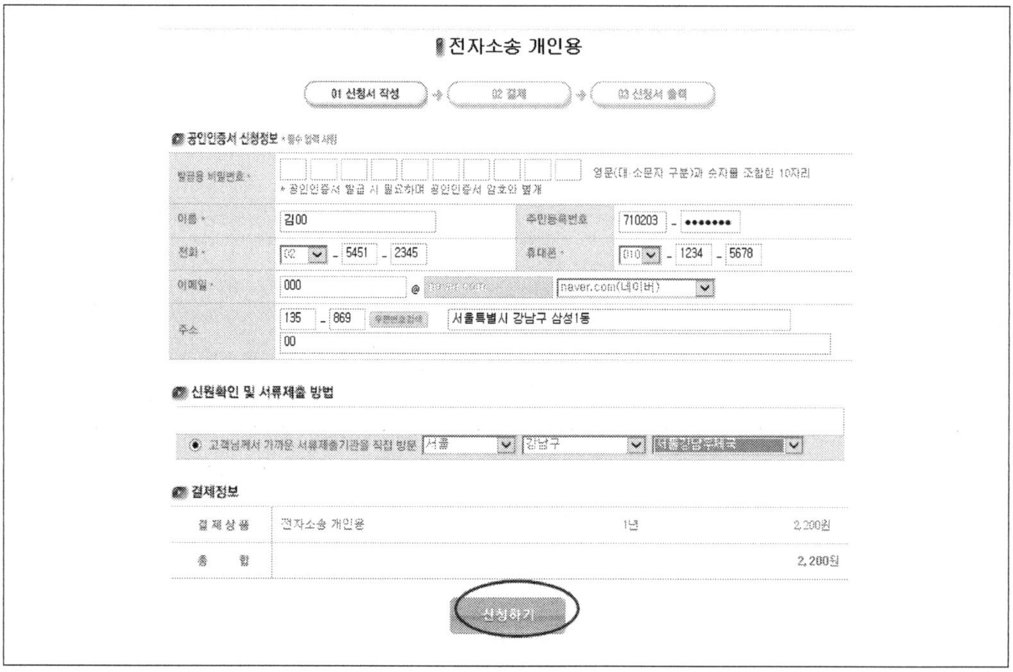

5) 공인인증서발급신청서를 발급받는다.

6) 등록대행기관인 우체국에서 등록번호를 받는다.

7) 등록번호 입력하여 인증서를 발급받는다.

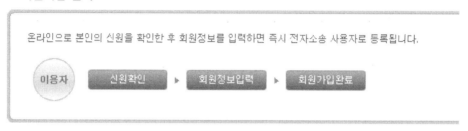

3. 회원가입

(1) 대법원 전자소송 홈페이지

대한민국 법원 전자소송 홈페이지(ecfs.scourt.go.kr) 사이트를 방문한 다음 본인이 해당하는 회원유형에 맞게 회원가입을 한다.

(2) 회원가입 절차

◎ 회원가입 절차

온라인으로 본인의 신원을 확인한 후 회원정보를 입력하면 즉시 전자소송 사용자로 등록됩니다.

이용자 ▶ 신원확인 ▶ 회원정보입력 ▶ 회원가입완료

① 아래와 같이 전자소송 홈페이지에 방문한 다음 회원가입을 클릭합니다.

② 본인에게 해당하는 회원유형을 선택하여 가입하기를 클릭합니다.

③ 약관에 동의를 합니다.

④ 실명확인을 위한 성명과 주민번호를 입력합니다.

⑤ 본인의 회원정보를 입력하고 회원가입을 완료합니다.

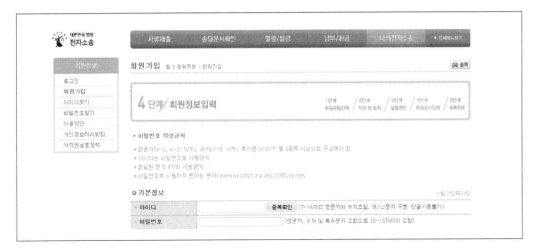

⑥ 회원의 중복가입

회원 유형별로 중복 가입이 가능하지만, 동일한 유형으로는 중복 가입이 불가하며, 회원 유형별로 가입하는 경우, 각 유형에 맞는 인증서를 사용해야 합니다.

예를 들어 변호사 회원이 소송의 당사자인 경우 개인 회원으로 가입이 가능하고, 법인 회원으로 가입한 법인이 국가를 당사자로 하는 소송의 수행을 위하여 행정청으로 가입이 가능합니다.

(3) 회원 유형

1) 일반회원

① 개인

유형	
개인(내국인)	만 19세 이상의 자연인으로서 국내에 거주하는 대한민국 국민
외국인	출입국관리법에 의해 외국인등록을 완료하거나 여권으로 실명확인이 가능한 외국인
재외국민	해외에 거주하는 재외국민

② 법인

유형	
법인	법인등기를 완료한 법인
비법인(단체)	권리능력이 없는 사단이나 재단으로 사업자등록을 완료하고 공인인증서를 발급받은 단체
국가	국가가 소송의 당사자인 경우
행정청	법령에 따라 행정권한의 위임 또는 위탁을 받은 행정기관, 공공단체 및 그 기관 또는 사인
지자체단체	특별시, 광역시, 도, 특별자치도, 시, 군, 구 등 지방자치단체가 소송의 당사자인 경우

2) 자격자 회원

① 대리인

유형	
변호사	대한변호사협회에 등록된 변호사로서 변호사 자격이 유효한 회원
변리사	특허청에 변리사 등록을 완료한 회원으로서 변리사 자격이 유효한 회원
법무법인	법무법인, 법무조합 등이 해당되며, 합동법률사무소는 해당되지 않는다.
특허법인	특허소송의 소송대리인으로 자격이 인정되는 특허법인
소송수행자	국가나 행정청을 상대로 하는 소송을 수행할 소송수행자를 말함
합동 법률사무소	대법원 소재지에서 5인 이상, 기타 법원 소재지에서 3인 이상의 변호사가 합동으로 세운 법률 사무소

② 법무사

유형	
법무사	대한법무사협회에 등록된 법무사로서 법무사 자격이 유효한 회원
법무사 합동법인	법무사법에 의한 법무사합동법인을 의미하며, 법무사합동사무소는 해당되지 않는다.

4. 소속사용자 등록

(1) 소속사용자

대한민국 법원 전자소송 홈페이지는 법인, 대리인, 법무사 회원의 실무를 고려하여 해당 법인, 대리인, 법무사 사무실의 소속직원을 등록할 수 있게 하여 소속직원이 해당 법인 등의 전자소송사건을 처리할 수 있도록 하고 있다.

(2) 소속사용자 등록이 가능한 회원 유형

① 법인

유형	소속사용자	
법인	법률상대리인, 지배인, 전무, 상무, 소속직원	법인의 법률상 대리인, 지배인, 상무 지위를 갖는 사용자는 해당 법인의 소속사용자로 등록하여 대리인 자격으로 소장 제출이 가능하다. 해당법인에서 소송업무를 담당하는 소속직원을 등록할 수 있다.
비법인 (단체)	소속직원	소속직원으로 등록된 사용자는 해당 기관 아이디로 전자송달 된 문서의 조회가 가능하며, 전자제출, 사건기록조회, 전자납부 업무를 처리할 수 있다. 소속직원의 등록 및 업무에 대한 개별 권한 설정은 기관아이디로 가능하다.
국가		
행정청		
지자체 단체		

② 대리인

유형	소속사용자	
변호사	소속직원	변호사 또는 변리사는 송무업무를 담당하는 소속직원을 등록할 수 있으며, 등록된 소속직원은 변호사 또는 변리사가 수행하는 사건에 대해 전자송달 확인, 전자제출, 사건기록조회, 전자납부 업무처리가 가능하다
변리사		
법무법인	변호사,변리사소속직원	법무법인, 특허법인의 소속 변호사와 변리사는 소속사용자로 등록된 경우에 한하여 개별 아이디를 부여받아 전자소송절차 진행이 가능하다. 송달업무를 담당하는 소속직원은 보조사용자로서 전자송달 확인, 전자제출, 사건기록조회, 전자납부 업무처리가 가능하다.
특허법인		
합동법률사무소	변호사소속직원	합동법률사무소의 소속 변호사는 소속사용자로 등록된 경우에 한하여 개별아이디를 부여 받아 전자소송절차 진행이 가능하다. 송무업무를 담당하는 소속직원은 보조사용자로서 전자송달 확인, 전자제출, 사건기록조회, 전자납부 업무처리가 가능하다.

③ 법무사

유형	소속사용자	
법무사	소속직원	법무사는 사무를 보조하는 소속직원을 등록할 수 있다
법무사합동법인		법무사합동법인의 소속법무사와 송무업무를 담당하는 소속직원을 소속사용자로 등록 할 수 있다.

(3) 소속사용자의 권한

소속사용자 중 법인의 법률상 대리인, 지배인, 전무, 상무, 법무법인 또는 특허법인의 변호사, 변리사는 소송대리인으로서 해당 사건에 대한 송달, 제출(전자서명), 기록조회 등 모든 사용권한을 갖는다. 반면 소송대리인 자격이 없는 소속직원의 경우에는 송무 업무를 보조하는데 불과하며, 전자제출 시 전자서명 권한이 없으므로 대리인이나 당사자에게 전자서명을 요청한다.

(4) 소속사용자 정보관리

소속사용자 등록이 가능한 회원 유형은 회원가입 완료 이후에 [나의정보관리〉소속사용자관리] 메뉴를 통해 소속사용자 정보를 등록, 변경 및 삭제할 수 있다. 소속사용자 본인은 자신의 개인정보를 변경할 수 있지만 따로 본인의 회원아이디를 발급받을 수 없다.

(5) 소속사용자 등록절차

① 나의정보관리를 누릅니다.

② 소속사용자관리

③ 사용자 추가

④ 소속 사용자 정보를 입력 합니다.

5. 사용자 등록 및 전자소송 동의

1) 전자소송시스템은 법원행정처장이 설치·운영하며(동법 4조) 이를 이용하려면 사용자 등록을 하여야 한다(동법 6조). 사용자등록을 한자 즉 전자소송시스템을 이용한 민사소송 등의 진행에 동의한 자는 원칙적으로 법원에 제출할 서류를 전자소송시스템을 이용하여 전자문서로 제출하여야 한다.

2) 전자소송시스템을 이용하여 제출된 전자문서로 제출된 전자문서는 시스템에 전자적으로 기록된 때에 접수된 것으로 본다(동법 제9조).

3) 등록사용자는 소송비용과 전자소송시스템 이용수수료도 전자적으로 납부할 수 있다(동법 15조).

4) 전자소송 동의에는 전자서명까지 요구하지는 않는다. 등록사용자의 자격은 회원으로 가입되어 있는 이상 말소·효력 상실 사유에 해당하지 않는 한 계속 존속하나, 전자소송 동의는 당해 사건의 확정과 더불어 효력이 상실되고 소송대리인의 전자소송 동의는 심급대리의 원칙상 당해 심급에서만 효력이 유지된다(위 규칙 10조). 다만 원심과 상소심의 소송대리인이 동일인 때에는 예외이다.

5) 전자소송 동의까지 마친 등록사용자는 전자적 송달·열람의 혜택을 누릴 수 있게 된다.

6) 전자소송의 동의방식은 사건별로 전자소송 동의 여부를 선택하거나 1년 이내의 기간을 정하여 사전에 포괄동의가 가능하다. 전자소송홈페이지에 회원가입을 한 후 공인인증서로 로그인 한 다음 ㉠ 소장(민사)을 제출하려는 당사자 또는 대리인은 [전자소

송〉민사서류〉소장 메뉴에서 해당 사건에 대한 전자소송동의 절차를 수행하고, ⓒ 소장 부본을 송달받은 피고나 소송 진행 중에 전자소송절차로 변경하고자 하는 원고 또는 소제기 이후 선임된 대리인의 경우에는 [나의전자소송〉전자소송사건등록] 메뉴에서 해당 사건에 대한 전자소송 동의 절차를 수행하다. 이때 인증번호가 있는 경우에는 법원, 사건번호, 소송관계인유형, 전자소송인증번호를 입력 후 등록하면 되고, 인증번호가 없는 경우에는 법원, 사건번호, 소송관계인유형, 당사자명을 입력 후 등록하면 된다.

① 로그인(공인인증 통해 로그인을 한다)

② 공인인증

③ 로그인을 하면 아래와 같은 화면이 나타나는데 화면 중 우측 상단에 있는 나의전자소송 항목에 마우스를 대면 나의사건현황, 나의사건관리, 작성중서류, 전자사건등록 등 여러 항목이 뜨고 그중 전자사건등록 항목을 클릭한다.

④ 아래와 같이 전자사건 등록과 전자소송 동의화면이 나오는데 전자소송인증번호가 있는 경우와 전자소송인증번호가 없는 경우로 구분되어 있으므로 인증번호 유무에 따라 각각 작성하고 등록하면 된다.

Ⅲ. 전자소송시스템을 이용한 전자문서 제출

1. 전자문서

1) 당사자 · 소송대리인 그 밖에 대법원규칙으로 정하는 자는 민사소송 등에서 법원에 제출할 서류를 전자소송시스템을 이용하여 전자소송법이 정하는 바에 따라 전자문서로 제출할 수 있다. 이 법에 따라 작성 · 제출 · 송달 · 보전하는 전자문서는 민사소송법 등에서 정한 요건과 절차에 따른 문서로 본다(동법 5조).

2) 전자문서의 개념은 그 동안 법률마다 차이가 있었는데[85] 전자소송법에서는 '컴퓨터 등 정보처리능력을 갖춘 장치에 의하여 전자적인 형태로 작성되거나 변환되어 송수신 또는 저장된 정보'로 규정하고 있다(동법 2조 1항). 이는 처음부터 전자적인 방법으로 작성된 문서와 원래 종이로 작성되었다가 전자적인 형태로 변환된 문서(전자화문서[86])를 모두 포함하며, 문자 · 기호 뿐 아니라 이미지나 동영상 파일까지 포괄하는 넓은 개념이다.

---

85) 전자문서의 개념에 관한 규정을 둔 법률은 '산업기술 기반 조성에 관한 법률', '공업 및 에너지기술 기반조성에 관한 법률' '전자서명법' '전자거래기본법' 등이다.
86) 전자정부법 2조 8항에서는 '전자화 문서'란 종이문서와 그 밖에 전자적 형태로 작성되지 아니한 문서를 정보시스템이 처리할 수 있는 형태로 변환한 문서를 말한다고 규정하고 있다.

2. 전자적 제출 방법

1) 전자소송시스템을 통하여 전자문서를 제출하는 방법은 두 가지가 있다. 처음부터 한 글 등에서 전자적으로 작성한 문서를 첨부하거나 전자소송 홈페이지의 해당란에서 빈 칸 채우기 방식으로 완성한 문서를 제출하는 방법[87](전자적으로 작성 · 제출하는 방 식)과, 당초 종이서류인데 스캐너를 이용하여 전자화 문서로 변환한 후 이를 첨부하 여 제출하는 방법(전자문서로 변환 · 제출하는 방식)이 그것이다(위 규칙 11조, 12조) 후자의 경우에는 변환 전 원본을 소송절차가 확정될 때까지 보관하여야 한다(위 규칙 12조). 판독이 곤란 할 경우 등에는 재판장이 원본 또는 해당 전자문서를 다시 제출 하도록 명할 수 있고(위 규칙 18조), 증거인 경우에는 상대방의 이의가 있으면 변환 전 원본을 제시하여야 하기 때문이다(위 규칙 제32조 제2항).

2) 전자문서 제출에 있어서는 법원행정처장이 정하여 전자소송홈페이지에 공고하는 전자 문서의 파일형식, 구성방식 그 밖의 사항을 준수하여야 한다(위 규칙 제8조). 전자소 송예규 제3조에 의하면 전자소송시스템을 통하여 제출되는 전자문서의 1파일 당 용량 은 10MB를 초과하여서는 안 되고 이를 초과할 경우 10MB 이하 크기의 파일로 나 누어서 제출하여야 하며(다만 멀티미디어 자료는 1파일 당 50MB까지 제출할 수 있 다), 전자문서 1건에 첨부하여 제출한 전체 파일의 용량 합계가 50MB를 초과하여서 는 아니 된다. 또한 HWP 파일로 제출하는 경우에는 글자크기 12포인트, 줄 간격 200% 이상, DOC 파일로 제출하는 경우에는 글자 크기 12포인트, 줄 간격 1.5줄 이상으로 작성하도록 되어 있다.

3) 일단 전자문서가 제출되어 시스템에 보관되고 나면 제출자가 임의로 보관된 소송자료 를 변경 · 삭제할 수 있다(위 규칙 제18조 제3항).

4) 전자소송법이 정하는 전자적 제출의 방법은 전자소송시스템을 이용하여 전자문서로 제출하는 것이지만 일정한 경우에는 그에 대한 예외가 있다. ① 대법원이 운영하는 전자소송시스템에 장애가 있는 경우 또는 외부에서 운영하는 정보통신망에 장애가 있 는 경우에는 자기디스크 등에 담아 제출하거나 전자문서가 아닌 형태로 제출할 수 있다(동법 제8조). ② 서적 · 영업비밀 등 전자문서로 제출하는 것이 현저히 곤란하거 나 부적합한 경우에도 전자문서가 아닌 형태로 제출할 수 있다(동법 제8조). ③ 전자 소송 동의를 한 등록사용자라고 하더라도 법정에서 부득이한 사정이 있어 재판장이 허가한다면 자기디스크 등으로 전자문서를 제출할 수 있다(동법 규칙 16조).

5) 전자문서를 전자서명 없이 자기디스크 등에 담아 제출하는 경우에는 작성자의 의사에 따라 작성된 것이라는 취지를 밝혀야 한다(위 규칙 14조) 원본이 전자문서인데 영업

---

87) 소장, 항소장, 상고장, 주소보정서 등의 서류는 직접 작성한 전자문서를 첨부하는 방식이 아니라 각 서류제출 메뉴에서 필요한 항목을 입력하면 자동으로 PDF문서가 생성되는 방식이다.

비밀 등에 해당한다는 이유로 전자문서가 아닌 형태로 제출하는 경우에는 원본이 종이문서인데 전자문서로 변환하여 제출하는 경우와 마찬가지로 그 원본을 소송절차가 확정될 때까지 보관하여야 한다(위 규칙 15조).

3. 멀티미어 자료의 제출

멀티미디어 자료는 재판장이 허가를 한 때에만 사건기록에 편입시키고 기일에 진술할 수 있으며 일단 허가가 이루어지면 상대방에게도 미리 적당한 방법으로 송달하여야 한다. 멀티미디어 자료는 상대방이 이를 검토하고 반박자료를 준비할 수 있도록 민사소송규칙 제 69조의3이 정하는 적당한 시기에 즉 7일 전까지 제출되어야 하고 재판장의 허가가 신속하게 이루어지도록 하기 위하여 전자소송홈페이지에서 따로 정한 메뉴를 통해서만 제출할 수 있다. 타인의 명예나 생활의 평온을 해할 우려가 있는 자료는 민사소송법 제 162조 1항에 따른 복사를 제한할 수 있다.

4. 제출변환된 전자문서에 대한 확인의무

전자기록사건에 있어서 전자문서는 변조방지를 위하여 PDF파일로 변환되어 보관된다. 제출되는 전자문서가 다른 형식의 파일인 경우에는 전자소송시스템이 해당 전자문서를 PDF방식으로 변환한 후 제출자의 화면으로 보여주어 동일성을 확인하도록 한다. 그후 제출자는 언제라도 전자소송시스템에 다시 접속하여 자신이 제출한 전자문서를 확인하여 볼 수 있다. 변론기일 또는 변론준비기일에서 진술한 때에는 제출된 전자문서와 제출하려 한 전자문서 사이의 동일성에 관한 이의를 신청할 권리를 잃는다(위 규칙 제17조 제1항).

5. 서명 · 날인을 대체하는 전자서명

1) 전자서명은 일반적으로 서명자 확인 및 서명자가 서명하였음을 나타내는데 이용하기 위하여 전자문서에 첨부되거나 논리적으로 결합되는 전자적 형태의 정보를 말한다(전자서명법 제2조). 그런데 전자소송법은 이를 전자서명법 제2조 3호에 따른 공인전자서명과 전자정부법 제2조 9호에 따른 행정전자서명으로 한정하고 있다(동법 제2조). 따라서 행정기관 · 공공기관이 아닌 법원 외부의 당사자나 소송대리인 등이 전자소송을 이용하기 위해서는 원칙적으로 공인전자서명을 하여야 하고 이를 위해서는 공인인증서가[88] 필요하다. 다만 예외적으로 재판장이 신원을 확인하여 허가한 경우

---

88) 행정안전부장관은 금융결제원 등 5개 기관을 공인인증기관으로 지정, 고시하고 있다.

에는 공인전자서명이 아닌 전자서명을 하거나 전자서명 없이 제출할 수 있다(동법 규칙 제7조).

2) 공동명의 전자문서는 원칙적으로 이해관계를 갖는 여러 당사자·대리인의 경우에는 최초의 제출자가 다른 공동명의자 전원의 공인전자서명이 아닌 전자서명을 포함시켜 제출하거나 다른 공동명의자 전원의 서명 또는 날인이 이루어진 확인서를 전자문서로 변환하여 함께 제출하는 방식도 가능하다(위 규칙 제11조 제2항).

3) 전자소송법 5조에 따라 법원에 전자문서를 제출하려는 자는 대법원 규칙으로 정하는 경우 이외에는 제출하는 전자문서에 전자서명을 하여야 하고 그에 따른 전자서명은 민사소송법 등에서 정하는 서명, 서명날인 또는 기명날인으로 본다(동법 7조).

6. 구체적 제출 방법

(1) 소제기(원고) 절차

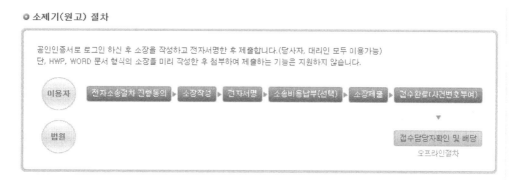

① 공인인증으로 로그인 한 다음 아래와 같이 서류제출항목에서 제출하려는 서류종류(민사서류)를 클릭한다.

② 민사서류 중 민사본안을 선택한 다음 소장을 누릅니다.

③ 전자소송 동의를 하고 대리인이 작성하는 경우에는 대리인 작성을 누릅니다.

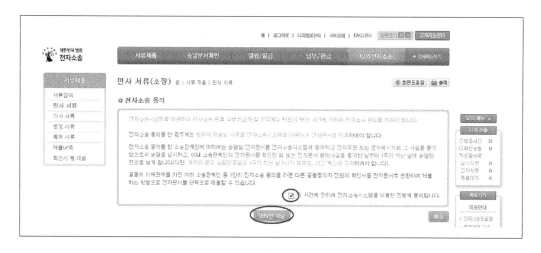

④ 사건명, 당사자, 관할법원, 소가, 청구취지, 청구원인 등 서류를 항목에 맞게 작성 합니다.

⑤ 입증서류를 등록합니다.

서증을 등록 할 경우에는 종이 서증과 달리 따로 목록을 작성하지 않아도 되며(전자 양식이라서 나중에 목록이 생성됨으로 그때 기입하면 됩니다) 서증을 스캔하여 파일을 첨부하는 방식으로 하는데 아래와 같이 파일첨부 버튼을 눌러 첨부 할 파일을 선택한 후 등록 버튼을 누릅니다. 이때 스캔 한 서증 파일의 크기가 10MB가 넘을(보통 칼라스캔인 경우 **15매~20매 이상**) 경우 등록이 안되기 때문에 주의를 해야 합니다. 이런 경우에는 같은 서증이라도 나눠서 스캔(예를들어 서증이 30매인 경우 15매, 15매 2개의 파일로)을 한 다음 등록해야 합니다.

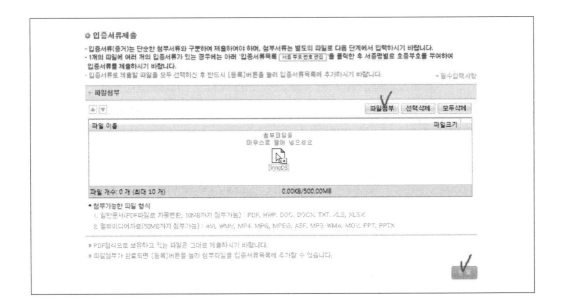

⑥ 서증번호 및 서류명 입력

등록이 된 경우 서증번호를 입력해야합니다. 다음과 같이 서증이 1개일 경우는 서증 부호·번호 편집 버튼을 누르지 않아도 됩니다.(하지만 호증 번호가 다르게 뜨는 경우에는 수정을 위해 서증 부호·번호 편집 버튼을 클릭합니다.) 호증 번호가 맞다면 서류명 부분에 서증명을 입력 후 임시저장버튼을 누른 뒤 다음 버튼을 클릭합니다.

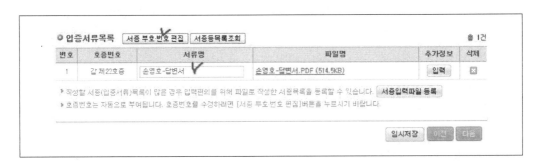

그러나 서증이 여러 개일 경우에는 서증 부호·번호 편집 버튼을 클릭합니다.

클릭하면 아래와 같이 호증번호편집 팝업창이 새로 나타납니다.

서증을 스캔한 파일은 1개이나 그 1개의 파일 안에 서증이 여러개일 경우 첫 번째 네모 칸(서류삭제라는 글씨 밑 네모 칸)에 체크를 한 후 분리대상서류개수 옆 칸에 서증의 개수를 입력하고 입증서류분리 버튼을 클릭합니다(서증의 개수가 5개라면 5를 입력하고 입증서류분리 버튼을 클릭).

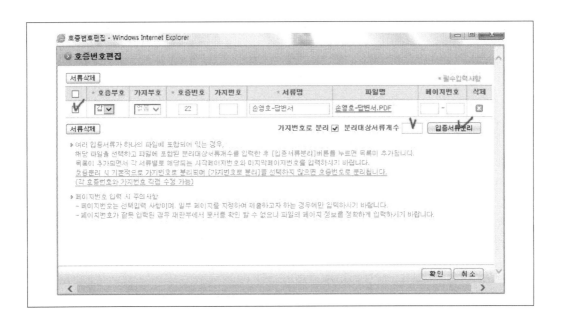

아래와 같이 5개로 나뉜 ㉠ 호증번호와 ㉡ 가지번호에 각각 해당하는 호증번호와 가지번호를 입력하고 그에 따른 각 서증명을 ㉢ 서류명에 입력합니다.

㉣ 가지부호는 '갑'가', '갑'나' 같은 상황에서 사용하는 것으로 보통의 경우 선택하지 않습니다. ㉤ 페이지 번호는 **스캔 한 파일**의 페이지 번호를 입력합니다. 예를 들어 위와 같은 경우 22호증의 1의 서류가 스캔 한 파일에 1페이지부터 3페이지까지면 페이지 번호에 1부터 3페이지까지로 입력한 뒤 22호증의 2는 4페이지부터 5페이지 이런 식으로 순서대로 페이지 번호를 입력합니다. 모두 입력한 후에는 확인 버튼을 클릭합니다.

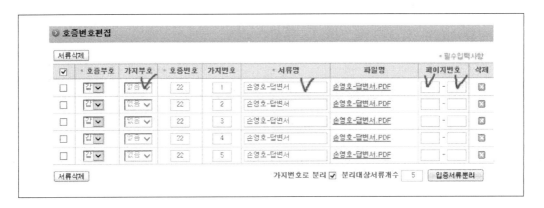

㉦ 첨부서류(판례, 개별공시지가 등)입력.

서류명 옆 직접입력란을 누르면 4개 항목(법인등기사항증명원, 주민등록등본, 소송위임장, 담당변호사지정서)은 제목이 구비되어있으나 그 외의 첨부서류들명은 옆에 칸에 직접 입력하여야 합니다. 아래와 같이 직접입력란을 누르면 4가지 항목만이 목록에 구비되어있으니 여기서 선택이 가능하면 선택을 하고 없는 것들은 직접 입력합니다. 첨부서류명을 입력하여야만 파일 첨부가 가능하니 명칭부터 입력 후 첨부서류를 등록합니다.

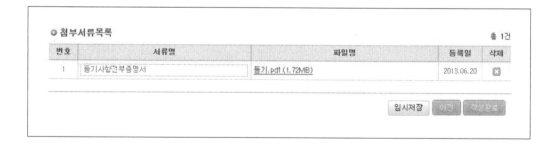

서류명을 입력한 뒤 파일 첨부 버튼을 눌러 등록하고자 하는 첨부서류를 첨부하고 등록 버튼을 누르면 아래와 같이 첨부서류목록에 첨부한 서류 목록이 뜹니다. 확인하시고 작성 완료 버튼을 누릅니다.

이후 작성완료중이라는 화면이 뜹니다. (이때 서류 양이 많을 경우 로딩 속도가 느리나 너무 오랫동안 화면이 넘어가지 않는 경우 F5(새로고침)버튼을 눌러주시면 됩니다.

이후 작성된 서류가 뜨는데 왼편에 서류목록에 뜨는 서류들을 하나씩 눌러보고 제대로 서류가 올라갔는지 확인 한 뒤 서류목록글씨 옆 프린터 그림 모양을 눌러 출력할 수 있습니다. '모든 문서에 이상이 없음을 확인합니다.'라는 글씨 옆 네모칸에 체크한 뒤 밑에 연두색버튼의 확인을 누릅니다.

(2) 등록사건 문서제출 절차

① 로그인 하고 진행 중인 사건 글씨 옆 숫자 부분을 클릭합니다.

② 아래와 같이 현재 전자소송으로 등록되어 진행 중인 사건들 목록이 나타납니다. 법원, 사건명, 재판부, 접수일자, 원고, 피고 기일시간, 기일장소, 메뉴 항목이 나오는데 사건번호를 클릭하면 기존 대법원 사건검색으로 연결되어 각 사건의 내용을 구체적으로 확인할 수 있습니다. 자신이 제출하려고 사건을 사건번호로 확인한 다음 그 사건 우측 메뉴.>이동을 부분을 클릭합니다.

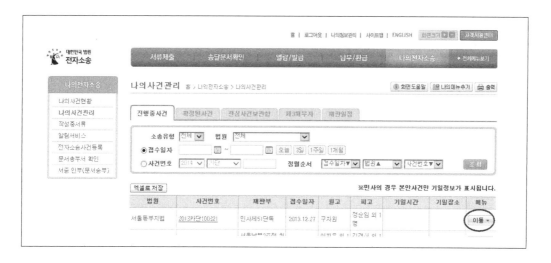

③ 제출하고자 하는 사건의 메뉴 부분의 이동 버튼을 누르면 아래와 같은 메뉴가 나타납니다. 이동 버튼을 누르면 사건기록열람 · **서송서류제출** · 비용납부 · 알림써비스 · 제출송달내역 · 기록목록 조회 메뉴가 뜨는데 그 중 소송서류 제출을 클릭합니다(소송서류 제출이외에 기록열람이나 비용납부 제출송달내역 확인도 같은 방법으로 진행하면 됩니다).

④ 아래와 같이 일반적으로 법원에 제출 하는 구체적인 서류 항목들이 나열되어 있는 화면이 나타납니다. 그러면 그 중 자신이 제출하려고 하는 서류명을 찾아 클릭하면 되는데 원하는 소송 서류 이름이 없다면 위 화면 중간에 연두색으로 되어있는 '소송서류 검색하기'를 클릭해서 서류를 검색할 수 있지만 모든 서류 항목을 갖추고 있는 것은 아니므로 검색 등을 통해서도 찾을 수 없는 서류명은 기타 항목을 클릭하여 제출하면 됩니다.

⑤ 전자문서를 제출하는 방법은 두 가지가 있습니다. 처음부터 한글 등에서 전자적으로 작성한 문서를 첨부하거나 전자소송 홈페이지의 해당란에서 빈칸 채우기 방식으로 완성한 문서를 제출하는 방법(전자적으로 작성·제출하는 방식)과, 당초 종이서류인데 스캐너를 이용하여 전자화 문서로 변환한 후 이를 첨부하여 제출하는 방법(전자문서로 변환·제출하는 방식)이 있는데 소송 서류명 옆의 노란색 e라고 표시되어있는 것들은 전자 소송 양식이 따로 지정되어 있는 서류를 말합니다. 양식 틀이 고정되어있어 양식에 입력하는 방식으로만 가능합니다. 예를 들어 청구취지변경신청(e표시가 된 전자 양식)을 하는 경우 아래와 같은 입력양식이 화면에 나타 납니다. 신청 취지 부분과 변경된 청구취지 부분에 입력을 하는데 만약 입력하려는 청구취지 부분의 글자 수가 2000자 이상일 경우 입력이 되지 않기 때문에 이럴 경우에는 변경된 청구취지만 따로 한글파일로 만들어서는 청구취지 별지 첨부하기 버튼을 눌러 파일을 첨부하는 방식으로 하면 됩니다.

그리고 소가가 증액이 된 경우 소가증액 항목을 선택을 한 다음 기존 소가와 변경된 소가를 기입합니다.

⑥ 소송 서류명 옆에 노란색 e라고 표시되어있지 않은 것들은 전자 소송 양식이 따로 지정되어 있지 않은 서류를 말합니다. 예를 들어 소 취하를 하는 경우 아래와 같은 입력양식이 화면에 나타납니다. 그러면 소 취하를 하려는 사건이 맞는지 확인을 하고 확인 버튼을 누릅니다.

⑦ 아래와 같이 문서작성 화면이 나오는데 입력하는 양식이 아니기 때문에 제출하려는 서류를 한글 파일등으로 작성한 다음 이를 파일 첨부하기로 첨부합니다.

⑧ 그럼 다음과 같이 PDF 파일로 변환되어 저장이 됩니다.

⑨ 입력된 첨부파일과 서류인 명의를 확인한 후 다음을 누르면 됩니다.

⑩ 첨부할 서류가 있으면 첨부할 서류명을 입력하고 파일을 등록합니다. 그러나 첨부할 서류가 없으면 바로 작성완료를 누르면 됩니다.

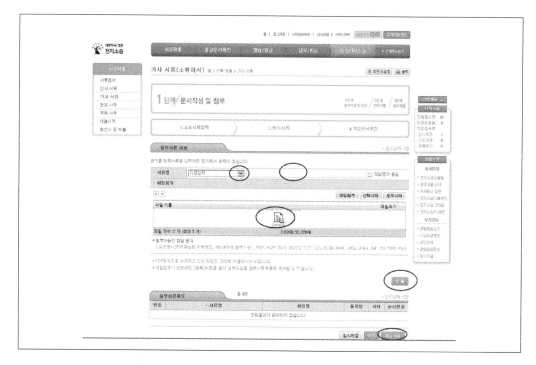

⑪ 최종적으로 작성된 서류가 이상이 없는지 검토한 다음 이상이 없으면 확인을 누릅니다.

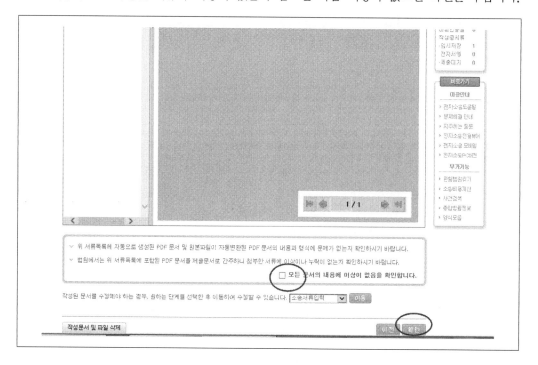

3) 답변서(피고) 제출 절차

답변서 제출도 위와 같은 방식으로 제출하면 됩니다.

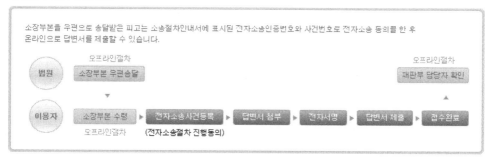

● 답변서제출(피고) 절차

소장부본을 우편으로 송달받은 피고는 소송절차안내서에 표시된 전자소송인증번호와 사건번호로 전자소송 동의를 한 후 온라인으로 답변서를 제출할 수 있습니다.

Ⅳ. 전자적 송달·통지

1. 전자적 송달·통지의 대상

1) 전자적 송달·통지는 전자소송 동의를 한 등록사용자에 대하여만 하는 것이 원칙이다. 전자소송법제11조는 미리 전자소송 동의를 한 등록사용자, 일단 종이로 서류를 송달받은 후 전자소송 동의를 한 등록사용자를 전자적 송달·통지를 받을 자로 규정하고 있다. 전자소송규칙은 1호에 따른 사전 동의를 받을 개별동의와 포괄동의로 나누어, 금융기관 등과 같이 잦은 소송이 예상되는 당사자 등의 경우에는 1년 이내의 기간으로 범위를 정하여 포괄적으로 사전 동의를 할 수 있도록 하였다(동 규칙 제24조 1항).

2) 국가 지방자치단체 그 밖에 그에 준하는 자로서 대법원규칙으로 정한 자는 전자소송 동의가 없어도 전자적 송달·통지를 받을 수 있도록 미리 사용자등록을 하여야 한다(동 규칙 제25조 2항). 여기서 그에 준하는 자는 민사소송 등과 관련된 행정청과 공공기관의 운영에 관한 법률에 따라 지정된 공공기관, 지방공기업법에 따라 설립된 지방공사 중 법원행정처장이 지정하여 전자소송홈페이지에 공고하는 기관이다. 전자소송예규 제4조와 별표는 연간 소송빈도 등을 고려하여 전자적 송달 또는 통지를 받을 공공기관 및 지방공사를 열거하고 있다.

2. 전자적 송달·통지의 방법

1) 전자적 송달을 위하여 전자소송시스템에 해당 전자문서가 등재되어 있다는 사실을 전자적으로 통지하는 방법은 전자우편과 휴대폰 문자메시지를 병행하는 것이 원칙이다. 따라서 원칙적으로 두 가지 방법에 의한 통지가 모두 이루어져야 적법하게 송달 절차가 이루어진 것으로 된다.

2) 송달이 이루어진 시점은 송달 받을 자가 전자소송시스템에 접속하여 등재된 전자문서를 확인하는 때이지만 **확인을 하지 않은 경우에는 통지한 날부터 1주일 경과로 송달이 간주된다.** 만일 등록사용자가 책임질 수 없는 사유로 1주일의 기간 안에 해당 전자문서를 확인 하지 못함으로 인하여 소송행위를 하지 못한 때에는 소송행위의 추후 보완이 가능하다(동규칙 26조 제2항).

3) 전자소송시스템의 장애로 인하여 전자문서를 확인할 수 없는 기간이 1일당 1시간을 초과하는 경우 해당 일 전체를 전자소송법 제11조 4항 단서 소정의 송달간주기간에 산입하지 아니하며 기간의 마지막 날 오전 9시 이후에 전자소송시스템의 장애로 전자문서를 확인하지 못하였다면 시간의 장단을 묻지 않고 1일을 위 기간에 산입하지 아니한다. 다만 전자소송시스템의 유지·보수를 위하여 법원행정처장이 사전에 공지한 경우에는 위와 같은 기간연장의 특례를 인정하지 아니한다.

4) 전자적 송달물은 전자소송시스템에서 그 내용을 확인하거나 출력할 수 있으며 전자문서 정본에 의하여 출력한 서면은 정본으로서의 효력이 있다(동법 규칙 제26조).

3. 전자적 송달·통지의 예외

1) 전자소송시스템에 의하여 제출된 소송서류를 법정에서 법 제11조 제1항의 등록사용자에게 송달할 필요가 있을 때에는 민사소송법 제177조에 의한 방법 이외에 그 제출자로 하여금 해당 전자문서의 요지를 설명하게 하고 송달받을 자의 요청에 따라 컴퓨터 등 정보처리능력을 갖춘 장치에 의하여 전자문서를 현출한 화면을 이용하여 주요 부분을 즉석에서 열람하는 방법으로 할 수 있다.

2) 전자문서가 아니라 이를 출력한 서면으로 송달을 하여야 할 경우도 있다. 전자소송법 제12조 제1항은 송달받을 자가 수감된 사람이거나 군 관계자인 경우, 송달받을 자가 전자적 송달·통지를 받을 자가 아닌 경우, 대법원규칙으로 정하는 전자소송시스템의 장애나 그 밖의 사유가 있는 경우를 규정하였다. 전자소송규칙 제29조 제1항은 위 3가지 사유로서 전자소송시스템 또는 정보통신망의 장애가 있는 경우, 책임 없는 사유로 전자문서를 확인할 수 없다는 점을 소명하여 출력서면의 송달을 신청한 경우, 그 밖에 재판장이 필요하다고 인정하는 경우를 규정하고 있다. 출력할 서면의 분량 또는

송달받을 상대방의 수가 상당히 많거나 A4용지보다 큰 문서 또는 컬러인쇄가 필요한 문서를 송달하여야 하는 경우에는 법원사무관등이 그 제출자로 하여금 송달할 출력서면을 제출하게 할 수 있다.).

4. 구체적 송달문서 출력방법

V. 변론과 증거조사

1. 전자소송에서의 변론

전자문서를 이용한 변론도 당사자가 말로 진술하거나 재판부가 말로 확인한다는 점에서 근본적으로는 변론기일에서의 변론과 다를 바 없다(동법 규칙 제30조 제1항). 전자소송의 전면적 시행과 더불어 전국의 법정에 전자적 장비가 확충되었을 뿐 아니라 전자기록 사건에 있어서는 기록 확인을 위하여 스크린·모니터를 활용할 수 밖에 없으므로 이를 이용하여 효과적이고 생동감 있는 변론이나 심리를 시도할 수 있게 되었다(전자소송규칙 제30조 2항). 나아가 멀티미디어 자료를 이용한 변론은 재생되는 영상이나 음성을 청취, 시청하는 방식으로 하게 되고 향후로는 대형 법무법인 등을 중심으로 이것이 더욱 활성화될 것으로 예상된다. 따라서 전자소송 환경에서의 구술심리 방식에 관하여 충분히 대비할 필요가 있다.

그러나 법정스크린에 지나치게 시선이 매몰되어 오히려 재판부와 당사자 사이의 소통에 장애물이 되는 현상은 경계할 필요가 있다. 시각적 자료를 활용하더라도 한 장의 도면이나 사진, 개요도나 관계도 등으로 충분히 효과적인 변론이 가능하다.

2. 전자적 증서조사

(1) 증거조사의 법적 성질

민사소송법 제374조는 도면 · 사진 · 녹음테이프 · 비디오테이프 · 컴퓨터용 자기디스크, 그 밖에 정보를 담기위하여 만들어진 물건으로서 문서가 아닌 증거의 조사에 관한 사항은 제3절 내지 제5절의 규정에 준하여 대법원규칙으로 정한다고 규정하였는데 전자소송법 제13조는 전자문서 자체를 증거방법으로 하는 증거조사 방식에 대하여 규정을 두고 있다. 전자소송법과 전자소송규칙은 전자문서에 대한 증거조사 방법을 구체적으로 규정하면서도 그 법적 성질을 서증이나 검증으로 한정하지 않고 있다. 이는 향후의 기술발전이나 민사소송법 전반에 대비하여 해석상의 가능성을 열어놓기 위한 것으로 보인다.

(2) 증거조사의 신청

1) 전자소송법상 전자적 제출은 기일 전에 미리 전자소송시스템을 이용하여 전자문서로 제출하는 것이 원칙이고 다만 예외적으로 자기디스크 등을 이용하여 전자문서로 제출할 수 있다. 그러므로 전자소송에서는 ① 이미 전자소송시스템에 등재되어 있는 경우에는 그 취지를 진술하는 방식으로 ② 전자문서가 자기디스크 등에 담긴 경우에는 이를 제출하는 방식으로 ③ 다른 사람이 전자문서를 가지고 있을 경우에는 그것을 제출하도록 명할 것을 신청하는 방식으로 증거신청이 이루어진다.

2) 증거조사를 신청함에 있어서는 종이문서와 마찬가지로 전자문서의 명칭과 작성자 · 작성일을 밝히되 음성 · 영상정보인 전자문서의 경우에는 녹음 · 녹화된 사람, 녹음 · 녹화한 사람, 녹음 · 녹화의 일시 · 장소 및 주요내용과 파일용량 등을 명시하여야 한다. 특히 음성 · 영상정보인 전자문서에 있어서는 '입증할 사항과의 적합한 관련성'도 밝혀야 한다.

(3) 증거조사의 방법

1) 전자소송법 제13조 제1항 제1호는 문자 · 기호 등 정보에 대한 증거조사는 전자문서를 모니터스크린으로 열람하는 방법에 의할 수 있다고 규정하였다. 전자소송규칙에서는 필요한 경우 검증 또는 감정의 방법으로도 증거조사를 할 수 있다고 정하고, 전자화문서에 대하여 원본의 존재나 내용에 대하여 이의가 있으면 변환 전 원본을 열람하도록 하였으며, 모니터 등을 통한 열람이 곤란한 경우에는 출력문서로도 증거조사를 할 수 있도록 하였다(제32조).

2) 한편 전자소송법 제13조 제1항 제2호는 음성 · 영상 등 정보에 대한 증거조사는 전자문서를 청취 시청하는 방법에 의할 수 있다고 규정하였다. 전자소송규칙에서는 필요한 경우 다른 방법으로 검증하거나 감정의 방법으로 증거조사를 할 수 있다고 규정하

였는데 이는 음성·영상 등 정보를 담은 전자문서에 대한 증거조사는 검증으로서의 성격이 더 강하다는 의미를 표현하는 것으로 볼 수 있다. 신청인은 법원의 명령 또는 상대방이 요구하는 경우 녹취서나 설명문을 제출하여야 하고 법원사무관등은 조서를 작성할 때 재판장의 허가를 받아 이를 인용할 수 있다(제33조).

3) 이와 같은 방식으로 증거조사를 하여야 한다고 하더라도 기일에 법정에서 해당 전자문서 전체를 일일이 열람하거나 청취·시청하여야 하는 것은 아님은 물론이다.

(4) 증인신문 관련 규정

1) 전자문서에 대한 증거조사와 별도로 증인신문 과정에서도 전자문서를 활용하게 되는 경우가 있다. 우선 증인신청인은 민사소송규칙 제79조의 증인진술서를 전자적으로 제출할 수 있는데 전자문서로 변환하여 제출한 경우 재판장이 명하거나 상대방이 신청한 때에는 변환 전 원본을 제출하여야 한다(전자소송규칙 제35조).

2) 다음 증인신문 과정에서 멀티미디어 자료 등 전자문서를 이용하여 증인을 신문할 수 있고 이는 감정인신문 등에도 준용되나 이 경우 재판장의 허가를 받아야 하고 아직 증거조사를 하지 아니한 것인 때에는 신문에 앞서 상대방에게 열람할 기회를 주어야 한다. 증인신문 과정에서 제시되는 컴퓨터 애니메이션 등 전자문서가 재판부에게 부당한 선입견을 줄 우려가 있음을 감안한 조항으로서 전자소송규칙 제13조나 제31조 제3항 2호 등과 취지를 같이하는 것으로 볼 수 있다.

(5) 문서송부촉탁 등의 특칙

전자기록사건에 있어서 사실조회·문서송부촉탁을 받은 자 감정인·감정증인·전문심리위원 등 사건관계인 그룹에 속하는 기관 등이 법원에 송부할 문서를 전자적인 데이터 또는 전자문서로 보관하고 있다면 이를 전자소송시스템을 통하여 송부하여야 한다(전자소송규칙 제37조 제1항). 반면 위와 같은 사건관계인이 송부촉탁 대상인 문서를 전자데이터 또는 전자문서가 아닌 형태로 보관하고 있다면 법원은 이를 전자문서로 변환하여 전송하여 줄 것을 요청할 수 있다.

Ⅵ. 전자적 열람

1. 열람방식

일반적으로 소송기록의 열람복사는 당사자 이해관계를 소명한 제3자가 법원사무관 등에게 이를 신청하는 방식에 의한다(법 162조). 그러나 전자기록사건의 경우 전자소송 동의를 한 등록사용자는 언제 어디서나 전자소송시스템에 접속하여 이를 열람하거나 종이로 출력하고 해당 전자문서를 복제할 수 있다(전자소송규칙 제38조 제1항) 전자기록 열람을 위한 전자소송시스템 접속에 있어서 전자서명에 의한 로그인을 요구할 것인지에 대하여는 송달물 확인의 경우와 동일한 논의가 가능하고 규칙은 그 방법을 명시적으로 제한하지는 않고 있다.

민사소송법 제162조 제1항에 의한 경우로서 전자소송 동의를 한 등록사용자가 아닌 경우 또는 같은 조 제2항(권리규제·학술연구 또는 공익적 목적으로 하는 열람)에 의한 경우 등에는 법원에 비치된 컴퓨터 등을 이용하여 전자기록을 열람하게 할 수 있다.

2. 열람제한

전자소송규칙 제3조 각 호에서 전자문서를 제출할 수 있다고 규정된 자 중 이른 바 사건관계인 그룹에 해당하는 증인·감정인·전문심리위원 등은 준당사자 그룹과 달리 사건에 1회적으로 관여하는 것이므로 전지기록 전부를 열람할 필요는 없다. 따라서 이들은 재판장이 허가하는 범위에서 전자기록을 열람·출력·복제할 수 있다.

3. 기록열람 수수료

1) 기록열람 등에 따른 수수료에 대하여는 '재판기록 열람·등사규칙'을 따라야 할 것이지만 전자기록의 경우 그 특성을 반영하여 금액을 별도로 정하였다. 당사자 대리인이 소송계속 중인 자신의 사건기록에 관하여 자신의 컴퓨터·프린터 등을 이용하여 열람·출력·복제하거나 법원 구내에서 열람만 하는 경우에는 법원이 지출하는 비용이 없으므로 수수료 납부를 면제한다.

2) 전자기록사건에서 심급 사이 또는 이송결정에 따른 기록송부는 전자적인 방법으로 한다. 물론 기록전자화의 예외가 되는 문서들은 따로 송부하여야 하는데 이 경우 심리불속행이 가능한 기간의 기산점이 도는 원심법원으로부터 상고기록을 받은 날은 대법원이 마지막으로 기록을 받은 날이 된다. 등록사용자는 인지액 등 민사소송 등에 필요한 비용과 전자소송시스템 이용수수료를 대법원규칙으로 정하는 방식에 따라 전자

적인 방법으로 낼 수 있고 전자소송시스템 이용수수료의 범위와 액수는 대법원 규칙으로 정한다. 전자소송시스템 이용수수료는 법원행정처장이 소송해위에 필요한 비용 상당액의 3.5% 금액범위 안에서 전자소송 홈페이지에 공고하면 위 이용수수료는 전액을 소송비용으로 본다.

3) 등록사용자인 당사자는 전자소송 이용수수료를 포함한 소송비용을 신용카드 또는 계좌이체의 방법으로 납부할 수 있다. 소송비용의 전자적 납부는 은행 등과의 연계가 필요하므로 법원행정처장은 필요한 범위 안에서 전자소송시스템 이용시간을 제한할 수 있다. 또한 법원행정처장은 전자소송시스템의 점검을 위하여 필요한 경우 이용시간을 일시 제한할 수 있고 전자소송시스템에 장애가 발생한 경우 등에는 그에 관한 사실을 대법원 홈페이지와 전자소송 홈페이지에 게시 하여야 한다.

● 사건기록열람 절차

전자소송에 동의한 당사자 및 대리인은 해당 사건의 소송기록를 언제든지 온라인상에서 열람 및 출력할 수 있습니다.
진행 중인 사건에 대하여 대한민국 법원 전자소송 홈페이지에서 열람하는 경우는 수수료가 부과되지 않습니다.

법원 → 재판기록의 전자화

이용자 → 사건기록조회 ▶ 문서열람 및 출력

4. 구체적인 기록열람 방법

① 앞서 설명한 방법대로 등록된 사건에서 현재진행 중인 사건을 확인한 다음 그 중 열람하려는 사건 목록에서 **'이동'** 칸에 마우스를 대면 사건기록 열람 항목이 나타나니 그곳을 클릭 합니다.

② 그러면 다음과 같이 기록창이 뜨는데 우측 상단에 위치한 목록보이기를 누릅니다.

③ 그러면 다음과 같이 기록목록들이 보이니 열람하고자 하는 항목들을 누르면 열람하고자 하는 기록들을 볼 수 있습니다.

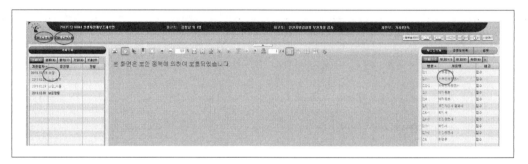

④ 열람한 기록을 파일로 저장 받고 싶으면 좌측 상단에 위치한 기록관리를 누릅니다.

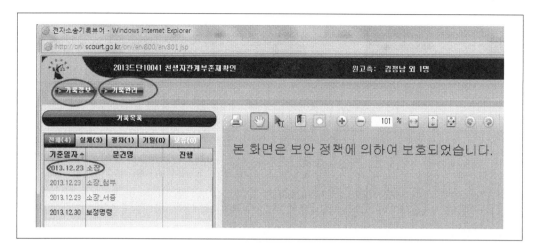

⑤ 기록다운로드 창이 뜨면 다운 받으려는 파일과 파일 형식을 선택하고, 다운로드를 누릅니다.

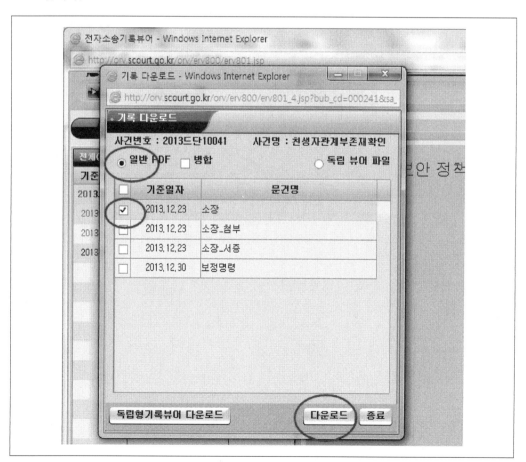

⑥ 저장경로를 확인하고 다운로드를 누르면 됩니다.

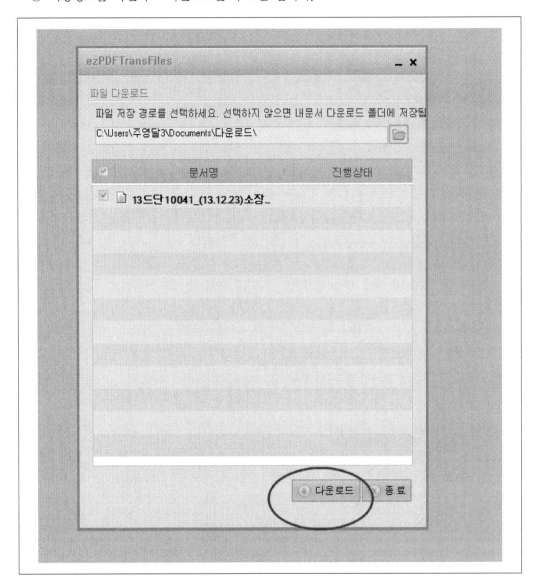

1. 납부방식

◈ 납부방식

전자소송 사건의 인지액, 송달료 등 소송비용과 법원보관금을 온라인으로 직접 납부할 수 있습니다.

> * **신용카드** : 개인카드, 법인카드, 해외에서 발급받은 카드(VISA, MASTER, JCB)로 결제가 가능합니다.
> * **계좌이체** : 개인계좌 (주민등록번호), 법인계좌 (사업자등록번호)로 계좌이체가 가능합니다.
> * **가상계좌** : 가상계좌 납부 시 별도의 가상계좌번호가 부여되며, 직접 해당계좌로 송금 해야 합니다.
>   신용카드결제 및 계좌이체 시에는 전자결제수수료 부과됩니다. (소송비용 × 2.6%, 최저수수료 200원)

2. 구체적 납부절차

① 비용을 납부하려는 사건을 확인한 다음 이동메뉴에서 소송비용납부를 누릅니다.

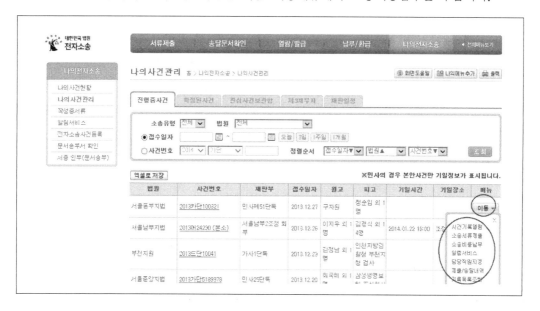

② 본인한테 편한 납부방식, 납부할려는 항목(인지, 송달료, 보관금)을 선택하고 납부하려는 금액과 환급계좌를 각각 입력한 다음 납부를 누릅니다. 그리고 나서 선택한 은행에 비용을 가상계좌등으로 입금하면 됩니다.

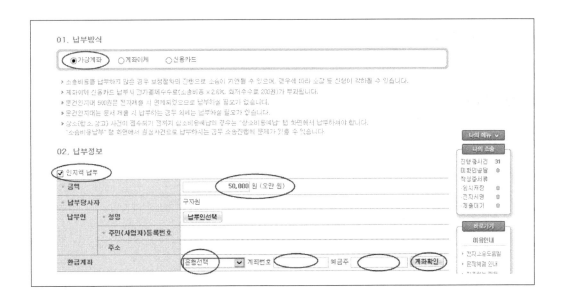

③ 은행에 납부한 후 납부확인서를 출력해서 확인할 수 있습니다.

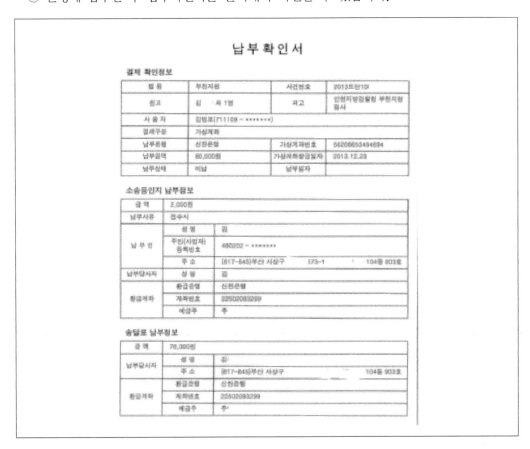

3. 인지 송달료 계산방법

(1) 인지액 계산방법

○ 인지액 계산방법

> 2011.07.15 부터 전자소송으로 소장을 제출하는 경우에는 종이소송에 비하여 10% 할인된 인지액을 납부하시면 됩니다.

+ 소장

소송목적의 값	인지액 계산방법
1,000만원 미만	소송목적 가액 × 0.50% × 0.9
1,000만원 이상 ~ 1억원 미만	(소송목적 가액 × 0.45% + 5,000원) × 0.9
1억원 이상 ~ 10억원 미만	(소송목적 가액 × 0.40% + 55,000원) × 0.9
10억원 이상	(소송목적 가액 × 0.35% + 555,000원) × 0.9

예시) 소송목적의 값이 3,000만원인 경우, (3,000만원 × 0.45% + 5,000원) × 0.9 = 126,000원 입니다.

☞ 유의사항
1. 항소장 : 종이소장 인지액의 1.5배의 0.9액
2. 상고장 : 종이소장 인지액의 2배의 0.9액

(2) 송달료 계산방법

사건	송달료 계산방법
민사 제1심 소액사건	5,200원 × 피고수 × 10회분
민사 제1심 단독사건	5,200원 × 피고수 × 15회분
민사 제1심 합의사건	5,200원 × 피고수 × 15회분
민사항소사건	5,200원 × 피항소인수 × 12회분
민사 상고사건(다)	5,200원 × 피항고인수 × 8회분
민사 조정사건(머)	5,200원 × (신청인수+피신청인수)×5회분
(재)항고사건	(재)항고인 + 상대방수 × 송달료 2~5회분
신청사건	(신청인수+피신청인수)×송달료 1~5회분 또는 피신청인수×송달료 6~8회분

(3) 조정수수료 계산방법

○ 조정수수료 계산방법

조정신청 금액	조정수수료 계산방법
1,000만원 미만	(조정신청금액 × 0.05%) × 0.9
1,000만원 이상 ~ 1억원 미만	(조정신청금액 × 0.045% + 500원) × 0.9
1억원 이상 ~ 10억원 미만	(조정신청금액 × 0.04% + 5,500원) × 0.9

예시) 조정신청 금액이 3,000만원인 경우, (3,000만원 × 0.045% + 500원) + 0.9 = 12,600원입니다.

(4) (재)항고장·신청 계산방법

◉ (재)항고장, 신청 계산방법

* (재)항고장일 경우 2,000원을 인지액으로 납부하셔야 합니다.
단, 신청사건에 대한 (재)항고장일 경우는 신청사건 인지액의 **2배**의 금액을 인지액으로 납부하셔야 합니다.

* 신청사건일 경우 정액 0원 ~ 1,000원을 인지액으로 납부하셔야 합니다. 다만, 임시의 지위를 정하기 위한 가처분의 신청 및 그에 대한 이의 또는 취소의 신청은 그 본안의 소에 따른 인지액의 2분의 1에 해당하는 금액을 인지액으로 납부하셔야 합니다. 이 경우 인지액의 상한액은 50만원이 적용됩니다.
단, 권리행사최고 및 담보취소는 2,000원이며, 위헌법률 심판제청 신청서는 인지액이 없습니다.

Ⅷ. 사건기록의 전자문서화

1. 법원 작성 서류

1) 전자소송법은 법원에서 작성하는 재판서·조서 등에 대하여는 예외 없이 전자문서로 작성하거나 법원사무관 등이 전자문서로 변환하여 사법전자서명을 한 후 등재하도록 하였다(동법 10조). 이와 같은 취지에 따라 대법원은 2011. 5. 2. 민사전자소송 시행과 더불어 사건의 종국을 가져오는 재판서·조서에 대하여는 전자기록사건이 아닌 경우에도 모두 전자문서에 전자서명을 하는 방식으로 작성하도록 하였다. 그에 따라 작성되는 재판서·조서에 대하여는 전자소송을 동의를 하지 아니한 등록사용자라도 전자적 방법에 의한 송달을 하여 줄 것을 신청할 있다(동법 규칙 24조).

2) 이와 같이 전자문서로 작성되는 재판서·조서는 모두 PDF파일로 보관되므로 오기나 누락이 있더라도 종이문서에서와 같이 삭선과 정정인 등을 이용한 수정·변경이 어려워진다. 그러므로 전자소송규칙에서는 이를 전자소송시스템에서 전자적인 방법으로 수정할 수 있도록 근거규정을 두면서, 이의를 신청하는 자에게 정전 전의 상태를 확인 할 수 있도록 하였다(동법 규칙 21조).

2. 당사자 작성 서류

1) 전자소송법 제10조 2항은 대법원규칙으로 정하는 사유가 없는 한 당사자가 종이로 제출하는 소송서류도 전부 전자화 하도록 정하고 있다. 그러나 기록전자화의 범위는 전자소송사건의 접수추이와 법원의 예산·인력상황 등을 고려하여 탄력적으로 결정할 수밖에 없다. 전자소송규칙은 이와 같은 운영이 가능하도록 하기 위하여 우선 상소·재심사건의 경우에는 원심사건이나 재심대상사건이 전자기록사건인지 여부에 따라 기록전자화를 결정하도록 하고 나머지 사건에 있어서 기록전자화의 구체적인 기준은 법원행정처장이 정하여 전자소송 홈페이지에 공고하도록 하되 어느 경우에나 재판장이 특별히 명하는 경우에는 기록을 전자화 하도록 하였다(규칙 제19조).

2) 전자소송예규 제3조 제2항은 제1회 기일이 진행된 다음날 까지 어느 한쪽이라도 당사자·대리인 또는 제출대리권이 있는 법무사 등이 전자소송 동의를 한 사건에 한하여 기록을 전자화 하되 전자독촉 이의 사건이나 조정신청사건 등의 경우에는 전면적으로 전자화 하도록 정하였다. 여기서 제1회 기일은 기록의 분량이 과다한지 또는 재판장이 기일에 전자소송 방식으로 진행할 것을 당사자에게 권고할 것인지 등을 판단하기 위한 기본적 사항을 정한 것이다.

3. 기타

1) 전자기록사건의 범주에 해당한다고 하더라도 일부 서류는 전자문서로 제출하지 않을 수 있다. 전자소송시스템 또는 정보통신망의 장애로 인한 경우에는 장애가 해소된 후 전자문서로 제출할 것을 명할 수 있도록 규정되어 있으므로(동 규칙 제14조 4항), 기록전자화에 문제가 없다. 그러나 서적 등과 같이 전자문서로 제출하는 것이 현저히 곤란하거나 부적합한 경우에는 별도의 종이 기록으로 관리·보존하고 그 사실을 전자소송시스템이 입력하여야 한다(동규칙 제20조).

2) 법원은 진술되지 아니하였거나 불필요한 전자문서는 증거가 아니라도 반환·폐기 할 수 있다(동 규칙 22조). 또한 법원사무관등은 전자기록사건에서 종이문서로 소송을 수행하는 당사자가 전자문서를 출력한 서면을 제출하는 경우에는 그 전자문서를 제출받아 기록전자화에 활용할 수 있는 데(동 규칙 제19조 제2항) 이때 원래 제출받았던 출력문서도 제출자에게 반환하거나 폐기한다(동규칙 제20조 제2항).

1. 전자소송이용 안내

문의	회원가입과 별도로 전자소송절차에 동의를 해야하는 이유는 무엇입니까?
답변	전자소송에서는 회원가입을 완료하였더라도 전자소송 진행에 대하여 동의를 하지 않은 경우에는 기존 소송절차대로 소송을 진행하게 되며, 전자소송 절차진행에 동의한 사건에 한하여 전자제출, 전자송달 방식으로 소송절차 진행이 가능합니다. 개별 사건에 대하여 전자소송 절차에 동의하는 방법은 아래와 같습니다. － 전자소송동의방법 1. 소제기 　전자소송 홈페이지에서 소장 등 소제기 서류제출 메뉴에 접속하면 전자소송에 동의해야 서류 작성 또는 제출이 가능합니다. 2. 소송 진행 중 　소송이 진행 중에 해당 사건을 전자소송으로 진행하고자 할 경우에는 '나의전자소송〉전자소송 사건등록'에서 전자소송에 동의해야 합니다.

문의	알림서비스를 신청하면 어떤 서비스를 받게 되고, 비용은 얼마나 드나요?
답변	알림서비스란 제출서류가 접수되었거나 법원에서 서류를 송달한 경우 이메일과 휴대전화메시지 (SMS)로 해당 내용을 즉시 알려드리는 서비스입니다. 1. 알림서비스 신청방법 : 서류제출 메뉴에서 소장을 제출한 경우나 '나의전자소송〉전자소송사건 등록' 메뉴에서 전자소송으로 진행할 사건번호를 등록한 경우에는 자동으로 알림서비스가 신청되며 별도의 신청절차는 없습니다. 2. 알림서비스 변경방법 : 사건별 알림서비스 신청내역을 변경하려면 '나의전자소송〉알림서비스' 메뉴에서 변경 가능합니다. 3. 알림서비스 비용 : 휴대전화단문메시지(SMS)는 발송 건당 17원의 비용이 발생하며, 납부하신 송달료에서 차감됩니다. 이메일은 별도의 비용이 부과되지 않습니다.

문의	전자소송 인증번호란 무엇이고 어떻게 사용합니까?
답변	1. 전자소송 인증번호는 전자소송 이용 시에 본인이 해당 사건의 당사자 또는 대리인인지를 식별하는 고유번호입니다. 2. 전자소송 인증번호 확인방법 　전자소송 인증번호는 소장부본(피고)과 답변서부본(원고)을 송달하는 시점에 함께 송달하는 전자소송에 관한 안내서에 사건번호와 함께 기재되어 있으니 확인하시기 바랍니다. 만약 송달 받은 문서를 분실하는 등의 사유로 전자소송인증번호를 확인할 수 없는 경우에는 재판부에 문의하시기 바랍니다. 3. 전자소송 인증번호 이용방법 　전자소송을 진행하기 위해서는 '나의전자소송〉전자소송사건등록' 메뉴에서 전자소송 절차진행

	에 대한 동의와 사건을 등록이 필요하며, 이때 사건번호와 전자소송 인증번호를 입력해야 합니다.
문의	사전 포괄동의신청이란 무엇입니까?
답변	1. 사전 포괄동의는 개별 사건에 대하여 전자소송절차 진행에 동의하는 것이 아니라, 1년의 범위 내에서 일정 기간을 정하여 그 기간 안에 민사소송 등의 당사자가 될 경우 전자소송을 진행하는 것에 대하여 사전에 동의하는 것을 의미합니다. 2. 사전 포괄동의'의 효력 사전 포괄동의를 신청하면 유효기간 동안 본인이 당사자가 되는 모든 소송에서 최초의 송달(소장부본 등)부터 전자송달로 받을 수 있으며, 전자제출 시 개별 사건에 대하여 전자소송동의를 수행할 필요가 없습니다. 사전포괄동의를 신청한 이후에 제기되는 모든 소송은 전자소송으로 진행하게 되며, 특정 사건을 종이 소송절차로 변경하기 위해서는 재판장의 허가가 필요합니다. 3. 사전 포괄동의'가 가능한 회원유형 사전 포괄동의가 가능한 회원유형은 개인회원과 법인회원이며, 본인이 당사자인 소송에 대해서만 적용됩니다. 사전 포괄동의 신청과 신청내역의 변경은'나의정보관리〉사전포괄동의신청' 메뉴에서 가능합니다. 국가. 지방자치단체 회원의 경우는 전자소송 의무 대상이므로 사전 포괄동의가 적용되지 않습니다.
문의	법원에서 전자소송 인증번호를 부여받지 못한 원고나 피고가 전자소송을 진행하려면 어떻게 해야 하나요?
답변	소장에 주민등록번호를 작성하여 법원에 당사자의 주민등록번호가 등록되어 있는 경우에는'나의전자소송〉전자소송사건등록'에서 전자소송 인증번호가 없어도 전자소송사건등록이 가능합니다. 만약 전자소송 인증번호를 안내받지 못하였거나 분실한 경우에는 법원에 방문하여 전자소송사건등록에 필요한 절차를 수행하시기 바랍니다.
문의	전자소송을 진행하고 있는데 종이소송으로 변경하고 싶습니다.
답변	**[민사소송]의 경우** 전자소송 홈페이지의 '서류제출〉민사서류' 메뉴에 접속하거나 법원에 방문하여 '전자소송동의철회신청서'를 제출합니다. 신청에 대하여 재판장의 허가가 있는 경우에 기존 종이소송 절차로 전환되며, 전자소송동의가 철회되면 송달방식이 우편송달로 변경되며 홈페이지에서 해당 사건을 조회할 수 없습니다. **[특허소송]의 경우** 사정에 의해 종이소송으로 변경하고자 하는 경우에는 법원의 허가명령이 필요합니다. 우선 '서류제출〉특허서류' 메뉴에서 전자소송절차변경신청서를 제출해야 합니다. 전자소송절차변경신청서를 제출하면 법원에서는 변경사유를 확인하고 허가명령을 한 후 전자소송방식변경(불)허가명령등본을 송달합니다. '송달문서확인〉미확인송달문서' 메뉴에서 전자소송방식변경허가 명령등본을 열람하게 되면 해당 사건이 종이소송으로 자동 변경됩니다. 종이소송으로 변경되면'나의전자소송〉나의사건관리'메뉴에서 해당 사건을 조회할 수 없습니다. 또한 해당 사건에 대해 전자송달은 우편송달로 변경되고. 전자제출, 전자납부, 기록열람 등 전자소송 홈페이지에서 이용하던 기능은 사용할 수 없습니다.

문의	사건접수 이후에 대리인으로 위임받아 전자소송을 진행하고 싶습니다. 어떤 절차가 필요하나요?
답변	**1. 회원가입** 먼저 전자소송 홈페이지에서 회원가입을 해야 합니다. 회원유형은 변호사, 변리사, 소송수행자 등은 대리인회원을 선택하시고, 일반 개인이 대리인이 되는 경우에는 개인회원으로 가입하시기 바랍니다. **2. 전자소송사건등록** 회원가입을 완료한 대리인의 경우에는 '나의전자소송〉전자소송사건등록' 메뉴에서 먼저 전자소송에 대한 진행 동의를 한 후에 사건번호를 등록해야 합니다. 사건접수 후에 위임받은 대리인의 경우에는 전자소송 인증번호가 없으므로, 화면에서 '전자소송 인증번호가 없는 경우'를 선택합니다. 사건등록을 완료하면 서류제출이 가능하지만, 소송위임장(담당변호사/변리사지정서 또는 소송수행자지정서 포함)을 제출하여 재판부 확인을 받기 전에는 전자송달과 기록열람 서비스는 받을 수 없습니다.

문의	소송 진행 중에 제출 위임을 받은 법무사입니다. 전자소송을 진행하고 싶은데 어떤 절차가 필요하나요?
답변	1. 먼저 전자소송 홈페이지에서 회원가입을 해야 합니다. 회원유형은 법무사 회원으로 가입하시기 바랍니다. 2. 위임인의 회원가입 : 사건의 당사자 또는 대리인인 위임인이 전자소송 홈페이지에 회원가입을 해야 합니다. 위임인은 개인회원으로 가입하셔야 합니다. 3. 전자소송사건등록 : 법무사가 사건을 전자적으로 진행하려면 '나의전자소송〉전자소송사건등록' 메뉴에서 먼저 전자소송에 대한 진행 동의를 한 후에 사건번호를 등록해야 합니다. 법무사가 전자소송에 대한 진행 동의를 하면 위임인이 동의한 것으로 간주합니다. 사건등록을 완료하면 서류제출이 가능합니다. 제출 시 첨부서류로 제출위임장을 첨부하셔야 합니다. 또한 법무사 본인이 서명을 하신 경우에는 법무사법 제25조에 따른 확인을 이행하였다는 취지의 서약서를 첨부하셔야 합니다.

문의	법인회원의 소속사용자 중 지배인, 법률상대리인과 소속직원의 차이점은 무엇인가요?
답변	법인회원의 경우 소속사용자로 지배인, 법률상대리인, 전무, 상무, 소속직원을 등록할 수 있습니다. **1. 지배인, 법률상대리인, 전무, 상무** 법인이 진행하는 소송의 대리인 자격이 있는 소속사용자 유형입니다. 예를 들어 지점에 근무하는 지배인이 법인의 소송대리인이 되는 경우 지배인 유형으로 등록합니다. 이 유형의 소속사용자는 본인이 대리인으로 진행하고 있는 사건에 대해서만 열람과 송달확인이 가능하며, 지배인 등이 전자소송을 진행하고 있는 경우에 법인 아이디와 다른 소속직원 아이디로는 송달확인이 불가능합니다. **2. 소속직원** 법인이 대리인 선임 없이 당사자 소송을 수행하는 경우 소송 업무를 담당하기 위한 직원 유형입니다. 이 유형은 소송대리인이 될 수 없으며, 법인이 진행하는 사건의 열람과 송달확인이 가능합니다(지배인, 법률상대리인 등이 진행하는 사건에 대해서는 권한이 없습니다). 법인 아이디와 소속직원의 아이디는 동일한 사건을 조회할 수 있습니다.

문의	법률상대리인을 보조하면서 소송비용납부, 송달문서확인 등 업무를 하는 소속직원들을 해당직원이 담당하는 법률상대리인 또는 지배인의 하위로 사용자등록을 할 수 있습니까?
답변	법인회원의 소속직원은 법인의 하위사용자 개념이며, 법률상대리인의 업무를 담당하는 소속직원을 지정할 수는 없습니다. 이러한 경우 법률상대리인의 보조이메일을 소속직원의 메일주소로 입력하면 소속직원도 송달통지를 받을 수 있습니다.

문의	공인인증서로 로그인하는 것과, 아이디/비밀번호로 로그인 하는 경우 차이는 무엇인가요?
답변	전자소송 홈페이지에서 서류제출, 송달확인, 기록열람 서비스를 이용하기 위해서는 반드시 공인인증서로 로그인해야 합니다. 아이디/비밀번호 로그인은 공인인증서를 갱신하였거나 신규 발급받았을 때 새로운 인증서를 등록하기 위해 필요합니다. 아이디/비밀번호로 로그인하면 나의정보관리, 전자납부, 내역조회 등 업무처리가 가능합니다.

문의	소송대리인인데 사건 당사자의 전자소송인증번호를 가지고 전자소송등록을 하려고 합니다. 가능한가요?
답변	전자소송인증번호가 당사자에게 부여되었다면 대리인은 그 번호를 사용할 수 없습니다. 변호사나 소송수행자의 경우는 전자소송인증번호 없는 경우로 들어가 전자소송사건 등록을 할 수 있고 서류의 제출은 가능하나 재판부에서 대리인으로 등록하는 절차를 거치기 전 까지는 미확인 대리인으로 취급되어 기록열람 등의 행위에 제한이 있습니다.

2. 회원가입

문의	기존 범용 공인인증서를 대법원 전자소송용 공인인증서로 어떻게 갱신하나요?
답변	대법원 전자소송 홈페이지에서 사용가능한 공인인증서는 범용 공인인증서와 전자소송용 공인인증서입니다. 범용 공인인증서와 전자소송용 공인인증서 중 편리한 인증서를 대법원 전자소송 홈페이지 공인인증서갱신 페이지에서 등록하여 사용하시면 됩니다. 전자소송용 공인인증서는 한국정보인증(주)의 전자소송용 공인인증서 발급 사이트(http://scourt.signra.com/)에서 발급을 받은 후 대법원 전자소송 홈페이지(http://ecfs.scourt.go.kr/)에서 아이디와 비밀번호로 로그인하여"홈〉나의전자소송〉회원정보관리〉공인인증서갱신"페이지에서 회원명과 회원가입 시 입력한 주민등록번호, 사업자등록번호 등의 고유번호를 입력하고 확인 버튼을 클릭하면 범용 공인인증서에서 전자소송용 공인인증서로 등록 됩니다. 범용 공인인증서와 전자소송용 공인인증서 중 가장 최근에 등록된 공인인증서로만 사용이 가능 합니다.

문의	대법원 전자소송용 공인인증서는 어디에서 발급 받나요?
답변	대법원 전자소송용 공인인증서는 한국정보인증(주)의 전자소송용 공인인증서 발급 사이트(http://scourt.signra.com/)에서 인증서 신청서 작성과 수수료 결제 후 신청서를 출력하여 가까운 서류제출기관(전국 우체국)을 직접 방문하여 신청서와 제출서류를 접수하고, 발급안내 이메일의 첨부파일을 통한 전자소송용 공인인증서를 발급 받을 수 있습니다. 전자소송 전용 공인인증서는 개인이 사용하는"전자소송 개인용"과 사업자(법인)가 사용하는 "전자소송 사업자용"두

가지가 있으며, 법원의 전자소송 서비스를 이용하는 용도로만 사용할 수 있습니다.
* 전자소송용 공인인증서 발급기관 – 전국 우체국
* 한국정보인증(주)의 전자소송용 공인인증서 발급 사이트 (http://scourt.signra.com/)

문의	행정전자서명(GPKI) 인증서가 필요한 회원유형은 무엇입니까?
답변	• 아래 회원유형은 회원가입 시 행정전자서명인증서를 등록해야 합니다. – 국가, 지방자치단체, 행정청 (전자관인용 기관인증서) – 소송수행자 (개인인증서) 국가, 지방자치단체, 행정청의 소속사용자는 행정전자서명 개인인증서를 사용합니다. 행정전자서명 인증서 발급과 관련된 상세 문의는 각 소속기관의 인증담당자 또는 행정전자서명인 증관리센터(www.gpki.go.kr)에 문의하시기 바랍니다.

문의	법인인증서가 없는 합동법률사무소의 경우 대리인 회원으로 가입할 수 없나요?
답변	합동법률사무소의 경우 '전자소송 관리계정 등록신청서'를 작성하신 후 관련첨부서류와 함께 아래 주소로 우편으로 보내주시기 바랍니다. (신청서는 회원가입 메뉴에서 다운로드 가능) 신청서가 접수되면 서류 심사 후 전자소송 홈페이지 회원가입에 필요한 등록정보와 '접속인증번호'를 이메일로 발송해 드리도록 하겠습니다. ● 주소 경기도 성남시 분당구 야탑동 346번지 법원전산정보센터 전산정보관리국 [전자소송 담당자] 앞 (우편번호 : 463 – 828) 전화번호 : 02-3480-1715 ● 주의사항 등록신청서의 신청인은 합동법률사무소의 변호사 등 관리계정 등록을 승인한 분이 기명날인 하셔야 합니다.

문의	공인인증서는 어디에서 발급받나요?
답변	공인인증서는 전자서명법에 따라 엄격한 심사를 거쳐 국가에서 지정한 공인인증기관에서 발급되며 법에 의거 일상생활의 서명, 서명날인 또는 기명날인과 동일한 법적효력을 갖습니다. 현재 인터넷 뱅킹, 사이버증권거래, 전자민원, 전자입찰 등 광범위한 거래에서 필수적으로 사용되고 있습니다. 범용 공인인증서가 없는 경우에는 은행, 증권사 등의 금융기관이나, 국내 공인인증기관에서 인증서 신청과 발급을 받으시면 됩니다. 공인인증서의 유효기간이 만료된 경우에도 인증서를 발급받은 금융기관, 공인인증기관의 홈페이지에서 인증서를 재발급 받으시거나 유효기간을 연장해야 합니다. – 국내 공인인증기관 – 각 금융기관은 발급대행 기관입니다. * 한국정보인증 http://www.signgate.com * 한국증권전산 http://www.signkorea.com * 한국전자인증 http://www.crosscent.com * 한국무역정보통신 http://www.tradesign.com * 금융결제원 http://www.yessign.com 전자소송용 공인인증서는 개인이 사용하는"전자소송 개인용"과 사업자(법인)가 사용하는 "전자소송 사업자용"두 가지가 있으며, 법원의 전자소송 서비스를 이용하는 용도로만 사용할 수 있습니다.

	한국정보인증(주)의 전자소송용 공인인증서 발급 사이트 (http://scourt.signra.com/)에서 인증서 신청서 작성과 수수료 결제 후 신청서를 출력하여 가까운 서류제출기관(전국 우체국)을 직접 방문하여 신청서와 제출서류를 접수하고, 발급안내 이메일의 첨부파일을 통한 인증서를 발급받으시면 됩니다. 　－ 전자소송용 공인인증서 발급기관 － 전국 우체국 　＊ 한국정보인증(주)의 전자소송용 공인인증서 발급 사이트 (http://scourt.signra.com/)

문의	법정대리인으로 소송을 진행하려고 합니다. 어떤 회원유형으로 가입해야 하나요?
답변	전자소송 홈페이지의 대리인 회원은 변호사, 변리사 등의 자격을 가진 대리인을 의미합니다. 법정대리인의 경우 소송의 대리인이기는 하지만, 개인회원으로 가입해야 합니다. 단, 소장을 제출하는 경우에는'서류제출'메뉴에서 소장을 선택하시고 '대리인 작성' 버튼을 클릭합니다. 소장 작성단계 중 대리인입력 화면에서 본인의 정보를 등록하시기 바랍니다.

3. 서류작성 및 제출, 발급

문의	전자소송에서 전자제출안내서를 받은 증인, 감정인, 전문심리위원, 촉탁을 받은 기관 등의 경우 어떻게 전자문서를 제출하나요?
답변	법원에서 송달된 문서에 전자제출안내서가 포함된 증인, 감정인, 전문심리위원, 피촉탁기관 등도 법원 방문 없이 전자소송 홈페이지에서 관련 서류의 제출이 가능합니다. 다음의 절차에 따라 서류를 제출하시기 바랍니다. 1. 서류제출을 위해서는 반드시 사전에 회원가입이 필요하며, 회원유형은 개인 자격인 경우에는 개인회원으로, 법인(행정청 포함) 자격인 경우에는 법인회원으로 회원가입을 하실 수 있습니다. 2. 회원가입을 완료하고 홈페이지에 공인인증서로 로그인하신 후, '서류제출〉특허서류' 메뉴에 접속합니다. 3. 특허서류 화면에서 '특허 소송서류 전체보기'를 클릭한 후 본인이 제출할 서류명을 선택합니다. 제출할 서류명이 없는 경우에는 '기타'를 선택합니다. 4. 법원, 사건번호, 등기번호(전자제출안내서 참고)를 입력하고 확인 버튼을 클릭합니다. 5. 사건기본정보를 확인한 후 미리 준비한 전자문서 파일을 첨부합니다. 서류제출을 누구의 명의로 할지 '서류명의인'을 입력하고, 다음 버튼을 누릅니다. 6. 다음 화면으로 이동하여 작성완료 버튼을 누른 후 다시 다음 화면에서 본인이 첨부한 문서를 확인합니다. 7. 문서확인을 완료하면 다음 단계로 이동하여 제출 버튼을 클릭하고 공인인증서로 전자서명을 합니다.

문의	동영상이나 음성자료를 제출하려면 어떻게 해야 하나요?
답변	1. 제출 가능한 파일형식과 용량은 다음의 파일 형식으로만 제출 가능합니다. 　－ 파일형식 : AVI, WMV, MP4, MPG, MPEG, ASF, MOV, PPT, MP3, WMA 　－ 파일용량 : 50 Mbyte 이하 　　위의 파일형식과 다르고 용량이 큰 파일은 부득이하게 법원에 직접 방문하셔서 제출해야 합니다.

2. 제출방법

　　[민사소송] 증거자료 : 소장, 준비서면, 답변서, 서증 메뉴에서 파일을 첨부하여 제출합니다.
　　　　　　　 주장자료 : '서류제출〉민사서류' 메뉴에서 '멀티미디어 주장자료'를 선택하고 제출합
　　　　　　　　　　　　 니다. 멀티미디어 자료를 주장자료로 제출하는 경우에는 법원의 허가를
　　　　　　　　　　　　 받아야 주장자료로 인정됩니다.

　　[특허소송]
　　서류제출 메뉴의 각 서류 작성 단계 중 첨부파일 단계에서 제출할 파일을 첨부하여 등록 후
　　제출합니다.

문의	PDF 형식이 아닌 문서 파일은 제출이 불가능한가요?
답변	PDF 형식이 아닌 문서 파일의 경우에도 원본 그대로 제출이 가능합니다. 제출 가능한 파일형식은 PDF, HWP, DOC, DOCX, XLS, XLSX, TXT입니다. 만약, PDF형식이 아닌 HWP, DOC 등을 첨부한 경우에는 자동으로 PDF파일로 변환되며, 이러한 경우에는 변환시간이 길어질 수도 있으므로 빠른 처리를 위해서는 사용자 PC에서 직접 변환하여 첨부하는 것이 좋습니다. PDF변환프로그램이 본인의 컴퓨터에 설치가 되어 있는 경우에는 그대로 사용가능하고, 해당 프로그램이 없는 경우에는 '이용안내〉프로그램설치' 메뉴에서 'PDF변환프로그램'을 다운로드 받으시고 설치하여 사용할 수 있습니다. ※ 전자소송 홈페이지에서 제공하는 PDF변환프로그램을 사용하여 변환된 PDF파일은 일반 Acrobat Reader 프로그램 등에서는 보이지 않으며, 변환프로그램의 파일보기 기능을 사용해야 합니다.

문의	종이서류로 되어 있는 서증이나 첨부서류는 어떻게 제출해야 하나요?
답변	종이서류는 컴퓨터와 연결된 스캐너(또는 스캔기능이 있는 복합기)를 사용하여 스캔한 후 제출 가능합니다. 스캔한 파일이 JPG, TIFF, GIF, BMP 등의 이미지 파일인 경우에는 PDF변환프로그램을 이용하여 PDF파일로 변환한 후 제출해야 합니다. 2페이지 이상의 서류를 스캔하여 페이지별로 이미지 파일이 생성된 경우에는 PDF변환프로그램의 PDF병합 기능을 이용하여, 하나의 PDF서류로 변환하신 후 제출해야 합니다(하나의 서류는 하나의 파일이어야 합니다). ※ 파일 하나의 크기는 10메가바이트(MB)를 초과할 수 없고, 10MB를 초과하는 경우에는 여러 개의 파일로 분리하여 제출할 수 있으나 첨부파일의 총용량은 50M 이하로 제한됩니다.

문의	소송위임장에도 당사자의 전자서명이 필요한가요?
답변	대리인이 첨부서류로 제출해야하는 소송위임장에는 당사자의 전자서명이 필요하지 않습니다. 단, 당사자가 작성한 소송위임장을 스캔할 때에는 반드시 당사자의 인장 이미지가 포함된 상태이어야 하며, PDF파일로 변환하여 제출해야 합니다. 소송위임장에도 다른 서류 제출 시와 마찬가지로 대리인의 전자서명은 필요합니다.

문의	소장 제출을 위임받은 법무사입니다. 전자소송을 진행하고 싶은데 어떤 절차가 필요하나요?
답변	1. 회원가입 　　먼저 전자소송 홈페이지에서 회원가입을 해야 합니다. 회원유형은 법무사 회원으로 가입하시

	기 바랍니다.
	2. 위임인의 회원가입
	사건의 당사자 또는 대리인인 위임인이 전자소송 홈페이지에 회원가입을 해야 합니다. 위임인 은 개인회원으로 가입하셔야 합니다.
	3. 소장제출
	위임인이 사건의 당사자이면 당사자소송으로, 대리인이면 대리인소송으로 소장을 작성하시면 됩니다. 전자서명은 위임인에게 요청하여 받거나 위임인의 전자서명이 불가한 경우에는 법무 사법 제25조에 따른 확인을 이행하였다는 취지의 서약서를 첨부하고 법무사의 전자서명으로 제출 가능합니다.

문의	소속사용자 중에서 소속직원의 경우 본인의 전자서명으로 문서를 제출할 수 있나요?
답변	소속직원의 경우 '전자제출' 권한을 부여한 경우 서류 작성 및 제출이 가능합니다. 하지만, 해당 서류에 본인이 직접 전자서명하는 것은 불가능하므로, 전자서명 단계에서 반드시 법인의 전자서명 을 요청해야 합니다. 법인 아이디로 전자서명이 완료된 상태에서만 서류 제출이 가능합니다.

문의	소송비용 결정신청, 제증명(집행문, 송달증명, 확정증명) 신청도 전자소송으로 가능한가요?
답변	신청사건과 제증명 신청은 2011. 5. 2 시행범위에 포함되지 않습니다. 추후 시행범위를 단계적으로 확대할 예정입니다.

문의	전자송달된 송달문서를 열람하지 않으면 계속 송달이 되지 않은 것으로 처리되나요?
답변	전자소송에서는 법원에서 문서를 송달하고 그 송달사실을 통지 받은지 7일이 지나면 자동으로 송달문서를 확인한 것으로 간주합니다. 송달 통지를 받고도 3일 동안 송달문서를 확인하지 않은 경우에는 송달문서의 확인을 안내하는 이메일과 휴대전화단문메시지(SMS)가 한번 더 전송되므로 참고하시기 바랍니다. 알림서비스 제공은 신청인에 한하여 제공됩니다.

문의	종이소송을 진행 중입니다. 전자소송에 동의하지 않고 판결문만을 전자송달로 받을 수 있습니까?
답변	전자소송 홈페이지의 '송달문서확인〉판결문전자송달신청' 메뉴에서 사건번호를 입력하고 판결문 전자송달을 신청하시면 판결문(판결에 갈음하는 결정, 조서 포함)을 전자송달 받을 수 있습니다. 전자소송 진행에 동의한 사건이거나 송달 대상자가 아닌 경우에는 신청이 불가능합니다.

문의	전자소송에서 전자송달 받을 송달영수인을 지정할 수 있나요?
답변	전자소송에서도 송달영수인 지정이 가능하며, 송달영수인으로 지정할 대상은 사전에 전자소송 홈페이지에 회원가입이 되어 있어야 합니다. 송달영수인이 지정된 이후에 모든 전자송달과 통지는 송달영수인에게만 발송됩니다. 송달영수인의 지정 방법은 '서류제출〉민사서류' 메뉴에서 '민사 소송서류 전체보기'를 클릭한 후 '송달장소 및 송달영수인 신고서'를 선택하여 작성 제출합니다. 이때 송달영수인의 회원 아이디 입력이 필요합니다.

문의	전자소송 의무자로 지정된 공공기관이 피고가 되는 경우 원고가 소장을 종이로 제출한 경우에도 송달은 전자송달로 받게 되나요?
답변	국가, 지방자치단체, 전자소송 의무대상 공공기관이 피고가 되는 경우 원고가 종이로 소장을 제출한 경우에도 해당 사건의 기록을 전자기록으로 관리되며, 피고에 대한 송달은 원고의 동의여부와 관계없이 전자송달로 이루어집니다.

문의	대리인이 전자소송을 진행하고 있습니다. 당사자도 사건기록을 열람할 수 있나요?
답변	대리인이 전자소송을 진행 중인 사건에 대해서는 당사자도 기록열람을 하실 수 있습니다. 단, 소장제출 시에 당사자의 주민등록번호나 사업자등록번호가 법원에 접수되어 해당 사건의 당사자로 신원이 확인되는 경우에만 기록열람이 가능합니다. 사건기록열람은 '열람/발급〉나의사건열람' 메뉴에서 이용 가능합니다.

문의	정[등]본 문서를 발급받는 도중 프린터 오류가 발생하였습니다. 이 경우 재발급이 가능한가요?
답변	일반적으로 정(등)본 문서의 발급은 제한 없이 가능하지만, 판결에 갈음하는 정(등)본의 경우에는 1회에 한하여 발급이 허용됩니다. 만약, 1회 발급 제한이 있는 문서의 재발급이 필요한 경우에는'열람/발급〉정(등)본발급'화면에서 조회된 문서의 [재발급요청] 버튼을 누르시고, 재발급 사유를 입력하여 신청하면 재판부 담당자의 승인절차를 거쳐 재발급을 받을 수 있습니다. ● 발급 회수가 1회로 제한되는 문서 – 판결정본 – 항소취하서부본 – 민사 – 상고취하서부본 – 이의신청취하서부본 – 변론조서등본(소취하) – 소취하서부본 – 화해조서정본 – 민사 – 인낙조서정본 – 민사 – 포기조서정본 – 조정조서정본(조정성립) – 민사 – 조정을갈음하는결정조서정본(강제조정) – 민사 – 조정불성립조서등본(조정불성립) – 민사 – 조서등본(조정하지아니하는 결정) – 민사 – 조서등본 – 특허 – 화해권고결정조서정본 – 민사 – 화해권고결정정본 – 민사 – 항소장각하명령정본 – 상고장각하명령정본 – 판결경정결정정본 – 이송결정정본 – 민사 – 조정을갈음하는결정정본(강제조정) – 민사 – 소장각하명령정본 – 결정경정정본(종국에갈음하는)

- 소장부본/소송안내서/화해권고결정정본 - 민사
- 조정기일조서등본(소취하) - 민사
- 이행권고결정정본 - 민사

4. 소송비용 납부 및 환급

문의	계좌이체 선택하고 들어가면 전자지갑 팝업창이 뜨기 전에'요청하신 페이지와 연결할 수 없습니다.'라는 메시지가 나타납니다.
답변	위와 같은 메시지가 나오는 경우 다음과 같이 수행하여 주시기 바랍니다. 1. 도구 → 인터넷 옵션 → 종료할 때 검색 기록 삭제 체크 → 삭제 후 설정에서 페이지를 열때마다로 체크 2. 인터넷 옵션 → 보안 → 신뢰할 수 있는 사이트 → 최소로 설정 3. https://ucesspay.lgcns.com:9443 에 접속되는지 확인 4. 위와 같이(1, 2) 수행한 후 접속(3)이 불가능한 경우 네트워크 담당자에게 https 프로토콜과 9443포트를 열어달라고 요청

문의	계좌이체 보안프로그램 설치가 되지 않습니다. 어떤 방법으로 설치하는가요?
답변	계좌이체를 위한 보안프로그램이 정상적으로 설치되지 않을 경우 '고객지원센터〉프로그램설치'메뉴를 이용하여 프로그램을 다운받으신 후 실행시켜 주시기 바랍니다. 계좌이체 결제중 지속적으로 문제가 발생하는 경우 금융결제원(1577-5500)으로 문의하시기 바랍니다. 1. '고객지원센터〉프로그램설치'를 선택합니다. 2. 'Bank Pay 전자지갑 다운로드'를 클릭한 후 '실행' 혹은 '저장'하는 창에서 '저장'을 누릅니다. 3. 저장위치는 임의로 선택가능하나 '바탕화면'에 저장할 것을 권장합니다. 4. 저장이 완료되면 실행중인 모든 인터넷브라우저를 닫습니다. 5. 바탕화면(혹은 저장위치)에서 저장한 파일(BankPayEFT.exe)을 더블클릭합니다. 6. '다음' 혹은 '계속'을 누르면서 설치를 진행하고 설치가 끝나면 컴퓨터를 재부팅합니다. 7. 재부팅 후 전자소송 시스템 홈페이지의 '고객지원센터〉프로그램설치'를 선택합니다. 8. 'Yessign 인증모듈 다운로드'를 누른 후 '실행'버튼을 누릅니다. 9. '다음' 혹은 '계속'을 누르면서 설치를 진행하고 설치가 끝나면 컴퓨터를 재부팅합니다.

문의	정상적으로 계좌이체 결제가 되지 않고 오류코드가 발생합니다.
답변	전자지갑 창의 '결제'버튼을 누른 뒤 결과 창에 결제요청에 대한 응답메시지가 출력되므로 정상적으로 출급되지 않은 경우에는 메시지에 따른 조치를 취하실 수 있습니다. 개인이 해결할 수 없는 오류에 대해서는 결과 응답 창에 나타나는 PG서비스거래번호(오류코드), 거래은행을 확인하신 후에 대법원 전자소송 사용자지원센터(02-3480-1715)로 문의해 주시기 바랍니다.

문의	납부취소가 실패되었다는 메시지가 나옵니다. 어떻게 처리하여야 하는가요?
답변	인터넷 브라우저를 종료하시고 잠시 후 다시 납부취소를 시도해 주시기 바랍니다. 계속해서 실패될 경우 사용자지원센터(02-3480-1715)로 연락 주시기 바랍니다.

문의	전자납부 시 신용카드 유효기간이 틀렸다고 나옵니다.
답변	유효기간의 연과 월의 순서를 확인하시기 바랍니다.[예 : 03/14 : 2014년 3월]

문의	계좌이체를 선택하고 들어가면 전자지갑 창 뜨기 전에 오류 메시지가 나타납니다. [자바스크립트 오류. '클래스가 등록되지 않았습니다']
답변	위와 같은 메시지가 나오는 경우 다음과 같이 수행하여 주시기 바랍니다. 1. 도구 → 인터넷옵션 → 일반 → (검색기록)설정에서 '페이지를 열 때마다'선택합니다. 2. 도구 → 인터넷옵션 → 일반에서 '삭제'버튼을 클릭한다. '모두삭제' 버튼을 누릅니다. 3. 도구 → 인터넷옵션 → 고급에서 '원래대로' 버튼을 클릭합니다. 4. http://www.bankpay.or.kr/customer/page01.do 에 접속합니다. 5. 프로그램 수동설치 메뉴의 프로그램들을 모두 다운로드 한 후 웹브라우저를 모두 종료한 다음 설치합니다. 6. 컴퓨터를 재부팅한 후 다시 전자소송 홈페이지에 접속하여 계좌이체를 결제를 합니다.

문의	현재카드가 사용하지 않는 카드라고 나옵니다.
답변	1. 카드유효기간 입력오류 : '년도'와 '월'을 바꾸어 입력하시기 바랍니다. 2. 카드번호 입력오류 : 카드에 표기된 번호를 확인하여 주시기 바랍니다. 3. 사용정지 혹은 연체카드인지 확인하여 주시기 바랍니다.

문의	사업자등록번호 3회 입력오류로 인하여 신용카드 결제가 되지 않습니다.
답변	잘못된 사업자번호를 입력하셔서 해당카드가 사용불가능한 상태가 된 경우로 해당 카드사에 직접 문의하여 카드를 사용가능한 상태가 되도록 요청하시기 바랍니다.

문의	계좌이체 납부를 하는데 보안경고창 "현재 Web 사이트에서 해당사이트를 열도록 허용하겠습니까?"라고 표시되고 '예'를 선택해도 결제창이 뜨지 않고 오류가 발생합니다.
답변	윈도우 업데이트와 관련하여 신뢰할 수 있는 사이트 등록이 되지 않는 현상입니다. 1. 인터넷창의 상단에 메뉴 중 '도구'를 선택 2. '도구' 메뉴 중에 '인터넷옵션'을 선택 3. 인터넷옵션에서 '보안'탭을 선택 4. 상단의 그림 중에 '신뢰할 수 있는 사이트'를 선택 5. 그림 아래 '사이트'버튼을 누름 6. 웹 사이트 항목에 보시면 여러 개의 사이트 주소가 보입니다. 　아래 두개의 주소가 있는지 확인해 주시고 없는 것을 추가해주십시오. 　http://ucesspay.lgcns.com 　http://ecfs.scourt.go.kr 7. 추가 방법은 웹 사이트 위에 '영역에 웹 사이트 추가'란에 위 주소 중 없는 것을 기재하여 오른쪽에 '추가'버튼을 누름 8. 추가가 되었으면 '확인' 버튼을 계속 눌러 나옴. 이후 반드시 브라우저를 종료하시고 다시 실행하여 전자소송 홈페이지에 접속한 후 계좌이체 결제를 다시 이용하실 수 있습니다.

문의	소송서류가 정상적으로 접수되지 않았는데, 결제가 되었다는 메시지[신용카드사, 은행 등의 핸드폰 SMS서비스 사용]가 왔습니다.
답변	전자납부는 정상처리 되었으나 소송서류 제출이 정상적으로 처리되지 않은 경우입니다. 이러한 경우 '납부/환급〉전자납부내역'메뉴의 '납부미처리'탭 화면에서 미처리내역을 조회하여 결제 당일 전자납부 이용시간까지는 직접 납부취소 처리를 하실 수 있습니다. 직접 납부취소를 하지 않더라도 납부당일 전자납부 이용시간 종료 후 자동으로 납부취소가 처리되고 있으니 참고하시기 바랍니다.

문의	법인카드를 사용하고 있는데 법인번호를 입력해도 등록번호가 상이하다고 나타납니다.
답변	법인카드를 사용하실 경우 카드유형을 법인으로 선택하신 후 등록번호는 카드를 발급받으실 때 등록하신 '사업자등록번호'를 입력하셔야 합니다. 납부를 위해 입력한 사업자등록번호와 해당 카드사에 입력된 사업자등록번호가 일치하는지 카드사에 문의하시기 바랍니다. 또한 일부 지점성격의 사업장에서는 발급받은 법인카드의 사업자등록번호가 본점의 사업자 등록번호로 등록되는 경우도 있으니 먼저 주 사업장의 담당 부서로 문의하시기 바랍니다.

문의	주민등록번호를 정확하게 입력을 해도 입력된 주민등록번호와 일치하지 않는다고 합니다.
답변	먼저 카드의 유형이 공용법인카드인지 지정법인 혹은 개인카드인지 확인해 보셔야 합니다. ◈ 공용법인카드의 경우 　카드 유형에 법인 항목을 선택하고 사업자등록번호 입력란에 사업자등록번호 10자리를 입력하시고 납부하시기 바랍니다. ◈ 개인 혹은 지정법인의 경우 　카드 유형에 개인 항목을 선택하고 주민등록번호 입력란에 주민등록번호 뒤 7자리를 입력하시고 비밀번호 앞 2자리 입력 후 결제하시기 바랍니다. 위와 같이 입력하시고도 주민번호 상이 오류가 발생하면 카드사에 연락하셔서 사용 중인 카드가 발급될 당시 등록된 등록번호를 확인하셔야 합니다. (예 : 법인 – 본점의 사업자등록번호인지 지점의 사업자 등록번호인지 확인)

문의	전자납부 수단은 어떤 것들이 허용되나요?
답변	대법원 전자소송에서는 전자납부 수단으로 신용카드, 은행 계좌이체, 가상계좌번호납부 방식을 이용하실 수 있습니다(가상계좌번호납부는 민사소송만 사용가능). 신용카드와 계좌이체는 반드시 로그인 사용자의 신용카드나 계좌가 아니어도 사용가능합니다. 이때에는 결제에 필요한 신용카드 정보나 계좌 정보를 사전에 파악하셔야 합니다. ● 신용카드유형 : 개인카드, 법인카드, 해외에서 발행한 카드(VISA, MASTER, JCB) ● 금융계좌유형 : 개인계좌(주민등록번호), 법인계좌(사업자등록번호)

문의	**가상계좌납부란 무엇인가요?**
답변	민사소송에 대한 비용(송달료, 인지액, 보관금) 납부 수단으로 가상계좌 납부가 가능합니다. 　1. 가상계좌납부란 사용자가 거래하는 은행의 입금계좌를 요청하고, 해당 계좌번호로 비용을 　　 납부하면 자동으로 소송비용납부가 처리되는 방식의 서비스 입니다. 　2. 가상계좌를 이용한 비용납부 방법 　　 1) 비용납부 화면에서 납부방식을 '가상계좌'로 선택합니다. 　　 2) 결제정보 및 수수료 항목에서 입금은행을 선택하고 납부버튼을 누릅니다(본인 거래은행을 　　　 선택하시면 이체수수료를 절약할 수 있습니다). 　　 3) 서류제출이 완료되면 접수내역과 함께 가상계좌번호와 납부금액이 고지됩니다. 　　 4) 즉시 본인의 거래은행을 통하여 가상계좌번호로 해당 금액을 납부합니다. 　※ 가상계좌번호가 고지된 상태에서는 소송비용을 납부하지 않은 것으로 간주되니 반드시 　　 서류접수 즉시 거래은행을 통하여 비용을 납부하시기 바랍니다. 　3. 이용수수료 　　 다른 납부수단(신용카드, 계좌이체)에 적용되는 전자납부수수료가 별도로 부과되지 않습니 　　 다. 단, 타 은행 이체거래 시에 발생하는 이체수수료는 발생할 수 있습니다.

문의	**보관금도 전자납부가 가능한가요?**
답변	보관금(민사예납금)의 경우 현재 민사소송의 경우에만 전자납부가 가능합니다.(특허소송은 추후 지원 예정) 또한, 납부방식은 가상계좌 납부만 지원되므로 참고하시기 바랍니다(신용카드, 계좌이 체 방식은 추후 지원 예정).

문의	**전자납부[신용카드, 계좌이체]한 결제내역을 취소 가능한가요?**
답변	대법원 전자소송에서는 전자납부가 성공한 결제내역에 대해서는 취소가 불가능하니, 납부 시에 반드시 납부금액 등을 정확히 확인하시고 납부하셔야 합니다. 단, 시스템의 오류 발생으로 인하여, 납부금액에 대한 결제가 완료된 상태에서 해당 내역이 법원에 정상적으로 접수되지 않은 경우에는 해당 결제내역을 미처리 건으로 간주하여 취소가 가능합니다.　이러한 미처리 결제 건에 대한 취소는 '납부/환급〉전자납부내역' 메뉴에서 납부미처리 탭을 선택하시고 해당 내역을 조회한 후에 납부취소를 처리할 수 있습니다. ※ 미처리 건을 취소하지 않은 경우에는, 당일 전자납부 운영시간 이후에 결제가 자동으로 취소되니 참고하시기 바랍니다.

문의	**소송비용 납부영수증을 발급 받을 수 있나요?**
답변	대법원 전자소송에서는 납부영수증 대신 납부내역을 확인할 수 있는 '납부확인증'을 출력할 수 있습니다. 납부확인증은 '납부/환급〉전자납부내역' 메뉴 또는 '서류제출〉제출내역' 메뉴에서 출력할 수 있습니다. 출력되는 납부확인증은 법적인 효력이 없는 확인용입니다. 가상계좌번호로 비용을 납부한 경우에도 전자소송 홈페이지에서 납부확인증을 출력할 수 있도록 지원예정입니다.

제6장

공 탁

I. 공탁의 개념

공탁이란 법령의 규정에 따른 원인에 의하여 금전·유가증권·물품을 법원 공탁소에 임치하여 법령에 정한 일정한 목적을 달성하려는 제도이다. 이를 위해서는 반드시 해당법령에 따른 공탁사유가 있어야 하며, 공탁을 하는 원인에 따라 변제공탁 등 여러 종류로 분류된다.

II. 변제공탁

제2관 공탁

제487조(변제공탁의 요건, 효과) 채권자가 변제를 받지 아니하거나 받을 수 없는 때에는 변제자는 채권자를 위하여 변제의 목적물을 공탁하여 그 채무를 면할 수 있다. 변제자가 과실없이 채권자를 알 수 없는 경우에도 같다.

제488조(공탁의 방법) ① 공탁은 채무이행지의 공탁소에 하여야 한다.

② 공탁소에 관하여 법률에 특별한 규정이 없으면 법원은 변제자의 청구에 의하여 공탁소를 지정하고 공탁물보관자를 선임하여야 한다.

③ 공탁자는 지체없이 채권자에게 공탁통지를 하여야 한다.

제489조(공탁물의 회수) ① 채권자가 공탁을 승인하거나 공탁소에 대하여 공탁물을 받기를 통고하거나 공탁유효의 판결이 확정되기까지는 변제자는 공탁물을 회수할 수 있다. 이 경우에는 공탁하지 아니한 것으로 본다.

② 전항의 규정은 질권 또는 저당권이 공탁으로 인하여 소멸한 때에는 적용하지 아니한다.

제490조(자조매각금의 공탁) 변제의 목적물이 공탁에 적당하지 아니하거나 멸실 또는 훼손될 염려가 있거나 공탁에 과다한 비용을 요하는 경우에는 변제자는 법원의 허가를 얻어 그 물건을 경매하거나 시가로 방매하여 대금을 공탁할 수 있다.

제491조(공탁물수령과 상대의무이행) 채무자가 채권자의 상대의무이행과 동시에 변제할 경우에는 채권자는 그 의무이행을 하지 아니하면 공탁물을 수령하지 못한다.

가. 원인 및 내용

(1) 원인

채무자가 채무를 변제하려고 하여도 채권자측의 수령거절, 수령불능 등의 사유로 인하여 변제를 할 수 없거나 또는 채무자의 과실없이 채권자가 누구인지를 알 수 없어 변제를 할 수 없는 사정이 있는 경우에 채무자는 채무이행에 갈음하여 채무의 목적물을 공탁함으로써 그 채무를 면할 수 있도록 하는 공탁을 말한다.

(2) 내용

변제공탁의 내용은 채무의 내용에 따라 동일해야 해며, 채무자가 채권자에 대하여 선이행 또는 동시이행의 항변권을 가지는 경우 채권자의 반대급부의 이행을 공탁물수령의 조건으로 하여 공탁을 할 수 있다.

나. 변제공탁의 효과

(1) 채무의 소멸

변제공탁은 변제내용으로 행하여지는 공탁이다. 따라서 변제공탁을 하게되면 채무가 소멸(이자의 발생도 정지)하게 되므로 채권자는 채무자에게 채무의 이행을 청구할 수 없고, 그 채무에 수반된 저당권 등의 물적담보 및 보증채무 등의 인적담보도 당연히 소멸한다.

(2) 공탁물지급청구권 발생

피공탁자는 공탁소에 대하여 채무의 목적물인 공탁물의 지급을 청구할 수 있는 공탁물출급청구권을 갖는다. 한편 피공탁자로부터 상속·양도·전부 등으로 인하여 공탁물출급청구권을 승계받은 자도 공탁물출급청구권이 있다.

반면, 변제공탁자가 민법 제489조의 사유 즉, 채권자의 공탁수락 전, 공탁 유효의 판결이 확정되기 전이나 착오로 공탁을 한 때 또는 공탁의 원인이 소멸한 때에는 자신이 공탁한 공탁물을 회수할 수 있는 권리를 갖게 되는데, 이를 공탁물회수청구권이라고 한다.

다. 변제공탁의 관할법원 및 신청절차

(1) 관할법원

공탁은 채무이행지의 공탁소의 관할이며(민법 제488조 제1항), 토지관할이 없는 공탁소에 한 변제공탁은 그것이 수리가 되었더라도 원칙적으로 무효가 된다. 다만, 피공탁자가 공탁을 수락하거나 공탁물의 출급을 받은 때에는 그 하자가 치유되어 처음부터 유효한 공탁이 될 수 있다.

(2) 신청절차

한편 이러한 변제공탁을 위해서는 법원의 공탁소에 비치된 공탁서와 공탁통지서를 교부받아 아래 표상의 서류와 함께 제출하면 공탁공무원이 이를 심사하여 공탁서를 수리하게 되고 그 후 공탁공무원의 지시에 따라 공탁자가 공탁물을 공탁물보관은행에 납입하면 된다. 이때 공탁자가 만일 지정한 기일까지 납입하지 않으면 공탁수리결정은 그 효력이 상실된다.

[공탁신청 시 첨부할 서면 등]

- 공탁서 : 2통
- 주소소명서면 등(주민등록초본, 법인등기사항증명서 등) : 1통
- 주소불명사유 소명서면(필요시) : 1통
- 공탁통지서(피공탁자의 수만큼 제출)
- 규격봉투(배달증명용 우표 첨부) : 첨부하지 않음이 원칙이므로 관계법령 참조
- 송달료
- 자격증명서(법인등기사항증명서, 위임장 등) : 1통
- 공탁금회수제한신고서 : 2통
- 대리인의 신분증 및 도장(대리인에 의한 공탁시)
- 기타 소명자료

(가) 방문공탁

금전변제공탁의 경우 공탁자의 생활근거지가 관할공탁소와 멀리 떨어져 있는 경우 관할공탁소에 가서 공탁업무를 처리하는 데에 따른 공탁자의 불편함을 해소하기 위해 공탁자의 주소지 등을 관할하는 공탁소에 공탁서를 제출할 수 있도록 하는 특례가 인정되고 있다.[89]

(2) 전자공탁

금전공탁사건에 관한 신청 또는 청구는 이 규칙에서 정하는 바에 따라 전자공탁시스템을 이용하여 전자문서로 할 수 있다. 다만, 5천만원을 초과하는 공탁금에 대한 출급 또는 회수 청구의 경우에는 그러하지 아니하다(공탁규칙 제69조).

---

89) 2011. 2. 7. 행정예규 제887호.

한편, 전자공탁시스템을 이용하려는 자는 전자공탁시스템에 접속하여 개인회원, 법인회원, 변호사회원, 법무사회원 등 회원 유형별로 전자공탁홈페이지에서 요구하는 정보를 해당란에 입력한 후 인증서를 사용하여 사용자등록을 신청하여야 한다. 이 경우 등록한 사용자 정보는 인증서의 내용과 일치하여야 한다(공탁규칙 제70조).

[별표 제2호]

사용자등록 신청 시 입력할 사항 (제5조제1항 관련)

구분		입력할 사항	공인인증서
개인회원		사용자 아이디, 성명, 주민등록번호(외국인 등의 경우 외국인등록번호 또는 국내거소신고번호), 주소, 전자우편주소, 공탁관으로부터 고지받는 방법	「전자서명법」에 따른 공인인증서
법인회원	법인	사용자 아이디, 법인의 명칭(상호), 법인등록번호, 사업자등록번호, 대표자(신청인)의 성명 및 주민등록번호, 소재지, 전자우편주소, 접근번호, 공탁관으로부터 고지받는 방법	「전자서명법」에 따른 공인인증서 (법인용) 또는 「상업등기법」에 따른 전자증명서
	국가지방자치단체	사용자 아이디, 사용자의 구분(국가, 지방자치단체), 기관명, 고유번호(또는 사업자등록번호), 사무소소재지, 부서명칭, 사용자의 성명 및 주민등록번호, 전자우편주소, 공탁관으로부터 고지받는 방법	「전자정부법」에 따른 행정전자서명
변호사 회원		사용자 아이디, 성명, 주민등록번호, 자격등록번호, 사무소소재지, 전자우편주소, 접근번호, 공탁관으로부터 고지받는 방법	「전자서명법」에 따른 공인인증서
법무사 회원		사용자 아이디, 성명, 주민등록번호, 자격등록번호, 사무소소재지, 전자우편주소, 접근번호, 공탁관으로부터 고지받는 방법	「전자서명법」에 따른 공인인증서

(3) 공탁원인사실 기재례

(가) 불법행위 - 손해배상금 등 수령거절

> 공탁자는 2024. 10. 1. 공탁자소유의 00다0000호 승용차를 운영하던 중 서울시 관악구 000-00 앞 노상에서 도로를 보행 중이던 피공탁자를 충돌하여 전치 2주의 가료를 요하는 상해를 입혔고, 공탁자는 그 즉시 피공탁자와 원만한 합의를 위해 최선을 노력을 다하였지만 피공탁자의 무리한 요구로 원만한 합의가 불가능한 상황에 놓여 부득이 공탁자는 2024. 10. 10. 공탁자가 상당하리라고 생각되는 손해배상금 000만원 및 사고일로부터 같은 날까지 연 5%에 의한 지연손해금 000원, 합계금 000원을 현실 제공하였으나, 수령을 거부하므로 공탁함.

(나) 임대차

1) 수령거절 - 월차임 미납

> 공탁자는 피공탁자로부터 서울 관악구 보라매로 ○○번지 1층 주택을 보증금 2,000만원, 월세 30만원, 지급기일 매월 말일, 지급장소 피공탁자의 주소지로 정하고 임차하였던 바, 2024년 1월부터 4월분까지의 4개월분 임차료를 각 지급일에 현실제공하였으나 수령을 거부하므로 공탁함.

2) 미 수령이 명백한 경우 - 임대차 종료를 이유로 하는 경우

> 공탁자는 피공탁자로부터 부산 북구 광북동 ○○○번지의 점포 1동 50㎡를 월 임차료 50만원, 지급기일 매월 말일, 지급장소 피공탁자의 주소지로 정하고 임차하였는 바, 피공탁자는 2009년 5월분의 임료를 현실 제공하려 하였으나, 기간 만료에 대한 법정 갱신을 거절하고 갱신조건으로 다액의 임대료 증액을 요구하므로 공탁자의 현실제공을 수령하지 않을 것이 명백하므로 공탁함.

3) 수령불능 - 임대인의 소재불명

> 공탁자는 피공탁자로부터 인천 계양구 계산동 ○○번지의 사무실 50평을 월 임차료 120만원, 지급기일 매월 25일, 지급장소 피공탁자의 주소지로 정하고 임차하였는 바, 피공탁자는 2009년 5월분의 임료 120만원을 지급기일에 지급장소에서 현실 제공하려 하였으나, 피공탁자의 현주소 불명으로 인하여 수령불명이므로 공탁함.

(다) 매매

1) 수령거절 - 매매대금

> 공탁자는 피공탁자와 2024. 5. 1. 대구 남구 대명동 ○○번지 대 100평을 대금 2억 7천만원, 지급기일 2024. 6. 1. 지급장소 피공탁자의 주소지로 정하여 매매계약을 체결하였는 바, 공탁자는 계약에 따라 지급기일에 채무이행지인 피공탁자의 주소지에서 매매대금 2억 7천만원을 현실제공하였으나, 그 수령를 거부하므로 공탁함.

2) 수령거절 - 계약취소를 원인으로 한 매매대금반환

> 공탁자는 피공탁자와 2024. 5. 1. 공탁자 주소지 소재 대지 300㎡를 매매대금 1억 5천만원으로 정하여 동일 계약금으로 5천만원을 수령하였는 바, 동 매매계약은 피공탁자의 사기로 인한 것이었으므로 공탁자는 동월 15일 동 매매의사표시를 취소한다는 뜻의 내용증명우편으로 발송하여 동월 16일 피공탁자에게 도달되었다. 그래서 동월 17일 수령한 계약금 5천만원을 피공탁자 주소지에서 반환하기 위하여 현실제공하였으나, 수령을 거부하므로 공탁함.

(라) 금전소비대차

1) 채권자의 수령거절

> - 공탁자는 2024. 1. 10. 피공탁자로부터 아래의 약정으로 금 3,000원을 차용하
>   였다.
>   ① 변제방법 : 2024. 1. 10.에 800만원 이후 매년 1. 10에 300만원씩 지급함.
>   ② 이자 및 지급기일 : 이자는 연 5%, 각 원금 지급기일에 분할 지급함.
>   ③ 지급장소 : 피공탁자의 주소지
> - 공탁자는 2024. 1. 10. 원금 300만원과 그때까지의 이자를 지급하고 2024. 1.
>   10. 잔금 300만원과 이에 대한 약정이자 24만원을 피공탁자의 주소지에서 현실
>   제공하였으나 그 수령을 거부하므로 위 채무액 금 324만원을 공탁함.

2) 채권자불확지 - 채권양도에 관한 다툼

> 공탁자는 2024. 4. 1. 피공탁자 ○○주식회사로부터 금 1,000만원을 변제기일
> 2024. 3. 31.로 정하여 차용하였는바, 2024. 1. 15. 동 주식회사로부터 동 대여금
> 채권을 피공탁자 박○○에게 채권양도를 하였다는 뜻의 통지를 받았다. 그러나 위
> 양도에 관하여 다툼이 있다 하여 2024. 2. 10. ○○주식회사는 박○○를 상대로
> 서울중앙지방법원에 대여금채권존재확인청구의 소를 제기하여 현재 소송 계속 중
> 에 있다. 그러므로 공탁자는 채권자를 확지할 수 없어 원금 1,000만원과 이에 대한
> 상사법정이율 연 6%의 이자 60만원을 공탁함

(4) 공탁서 기재사항 등

(가) 기재사항

공탁서에는 다음 각 호의 사항을 적고 공탁자가 기명날인(記名捺印)하여야 한다. 그러나
대표자나 관리인 또는 대리인이 공탁하는 때에는 그 사람의 주소를 적고 기명날인하여야
하며, 공무원이 그 직무상 공탁하는 경우에는 소속 관서명과 그 직을 적고 기명날인하여
야 한다(공탁규칙 제20조).

- 공탁자의 성명(상호, 명칭) · 주소(본점, 주사무소) · 주민등록번호(법인등록번호)
- 공탁금액, 공탁유가증권의 명칭 · 장수 · 총 액면금(액면금이 없을 때에는 그 뜻) · 기
  호 · 번호 · 부속이표 · 최종상환기, 공탁물품의 명칭 · 종류 · 수량

- 공탁원인사실
- 공탁을 하게 된 관계법령의 조항
- 공탁물의 수령인(이하 "피공탁자"라 한다)을 지정해야 할 때에는 피공탁자의 성명(상호, 명칭) · 주소(본점, 주사무소) · 주민등록번호(법인등록번호)
- 공탁으로 인하여 질권, 전세권, 저당권이 소멸하는 때는 그 질권, 전세권, 저당권의 표시
- 반대급부를 받아야 할 경우에는 그 반대급부의 내용
- 공탁물의 출급 · 회수에 관하여 관공서의 승인, 확인 또는 증명 등을 필요로 하는 경우에는 해당 관공서의 명칭
- 재판상의 절차에 따른 공탁의 경우에는 해당 법원의 명칭과 사건명
- 공탁법원의 표시
- 공탁신청 연월일

(나) 첨부서면

공탁자가 법인인 경우에는 대표자 또는 관리인의 자격을 증명하는 서면, 법인 아닌 사단이나 재단일 경우에는 정관이나 규약과 대표자 또는 관리인의 자격을 증명하는 서면을 공탁서에 첨부하여야 하고, 대리인이 공탁하는 경우에는 대리인의 권한을 증명하는 서면을 첨부하여야 하며, 변제공탁을 하는 경우에 피공탁자의 주소를 표시하는 때에는 그 주소를 소명하는 서면을, 피공탁자의 주소가 불명인 경우에는 이를 소명하는 서면을 첨부하여야 한다(공탁규칙 제21조).

그리고 공탁자가 피공탁자에게 공탁통지를 하여야 할 경우에는 피공탁자의 수만큼 공탁통지서를 첨부하여야 하고(제22조), 기명식(記名式)유가증권을 공탁하는 경우에는 공탁물을 수령하는 자가 즉시 권리를 취득할 수 있도록 유가증권에 배서(背書)를 하거나 양도증서를 첨부하여야 하며(제23조), 그 외 채권압류 또는 가압류결정문 사본, 공탁금회수제한신고서를 제출하는 경우 공탁금회수제한신고서 등을 첨부하여야 한다.

[서식] 금전공탁서(변제 등)[제1-1호 양식]

금 전 공 탁 서(변제 등)

공 탁 번 호		년 금 제 호		년 월 일 신청	법령조항	
공탁자	성 명 (상호, 명칭)		피공탁자	성 명 (상호, 명칭)		
	주민등록번호 (법인등록번호)			주민등록번호 (법인등록번호)		
	주 소 (본점, 주사무소)			주 소 (본점, 주사무소)		
	전화번호			전화번호		
공 탁 금 액	한글		보 관 은 행			은행 지점
	숫자					
공탁원인사실						
비고(첨부서류 등)	신청				□ 계좌납입	
1. 공탁으로 인하여 소멸하는 질권, 전세권 또는 저당권 2. 반대급부 내용						

위와 같이 신청합니다.   대리인 주소
                                      전화번호
       공탁자 성명   인(서명)   성명   인(서명)

위 공탁을 수리합니다.
공탁금을   년   월   일까지 위 보관은행의 공탁관 계좌에 납입하시기 바랍니다.
위 납입기일까지 공탁금을 납입하지 않을 때는 이 공탁 수리결정의 효력이 상실됩니다.

                          년   월   일

                        법원   지원   공탁관
(인)

(영수증) 위 공탁금이 납입되었음을 증명합니다.

                          년   월   일

                        공탁금   보관은행(공탁관)
(인)

※ 1. 서명 또는 날인을 하되, 대리인이 공탁할 때에는 대리인의 성명, 주소(자격자대리인은 사무소)를 기재하고 대리인이 서명 또는 날인하여야 합니다. 전자공탁시스템을 이용하여 공탁하는 경우에는 날인 또는 서명은 인증서에 의한 전자서명 방식으로 합니다.

2. 공탁당사자가 국가 또는 지방자치단체인 경우에는 법인등록번호란에 '고유번호'를 기재하시기 바랍니다.

3. 피공탁자의 주소를 기재하는 경우에는 피공탁자의 주소를 소명하는 서면을 첨부하여야 하고, 피공탁자의 주소를 알 수 없는 경우에는 그 사유를 소명하는 서면을 첨부하여야 합니다.

4. 공탁통지서를 발송하여야 하는 경우, 공탁금을 납입할 때 우편료(피공탁자 수 × 1회 발송)도 납부하여야 합니다(공탁신청이 수리된 후 해당 공탁사건번호로 납부하여야 하며, 미리 예납할 수 없습니다).

5. 공탁금 회수청구권은 소멸시효 완성으로 국고에 귀속될 수 있습니다.

6. 공탁서는 재발급 되지 않으므로 잘 보관하시기 바랍니다.

공 탁 번 호		년 금 제 호		년 월 일 신청		법령조항	
공 탁 자	성 명 (상호, 명칭)		피 공 탁 자	성 명 (상호, 명칭)			
	주 소 (본점, 주사무소)			주 소 (본점, 주사무소)			
공 탁 금 액		한글		보 관 은 행			은행 지점
		숫자					
공 탁 원 인 사 실							
1. 공탁으로 인하여 소멸하는 질권, 전세권 또는 저당권 2. 반대급부 내용							

위와 같이 통지합니다.   대리인 주소

공탁자 성명   인(서명)   성명   인(서명)

1. 위 공탁금이   년 월   일 납입되었으므로 [별지] 안내문의 구비서류 등을 지참하시고,
   우리 법원 공탁소에 출석하여 공탁금 출급청구를 할 수 있습니다.
   귀하가 공탁금 출급청구를 하거나, 공탁을 수락한다는 내용을 기재한 서면을 우리
   공탁소에 제출하기 전에는 공탁자가 공탁금을 회수할 수 있습니다.

2. 공탁금 출급청구시 구비서류 등

 ※ [별지] 안내문을 참조하시기 바랍니다.

3. **공탁금액이 5천만원 이하인 경우에는 법원 전자공탁홈페이지(http://ekt.scourt.go.
   kr)를 이용하여 인터넷으로 공탁금 출급청구를 할 수 있습니다. 이 경우 인감증명서(또
   는 본인서명사실확인서)는 첨부하지 아니합니다.**

 ※ **전자공탁홈페이지에서 이체 가능한 은행을 확인 후, 청구하시기 바랍니다.**

4. 공탁금은 그 출급청구권을 행사할 수 있는 때로부터 10년 내에 출급청구를 하지
   않을 때에는 특별한 사유(소멸시효 중단 등)가 없는 한 소멸시효가 완성되어 국고로
   귀속되게 됩니다.

5. 공탁금에 대하여 이의가 있는 경우에는 공탁금 출급청구를 할 때에 청구서에 이의유보
   사유(예컨대 "손해배상금 중의 일부로 수령함" 등)를 표시하고 공탁금을 지급받을
   수 있으며, 이 경우에는 후에 다른 민사소송 등의 방법으로 권리를 주장할 수 있습니다.

6. 공탁통지서는 재발급 되지 않으므로 잘 보관하시기 바랍니다.

7. 사건 내용은 법원 전자공탁홈페이지에서 조회할 수 있으며, 통지서 하단에 발급확인번
   호가 기재되어 있는 경우에는 전자문서로 신청된 사건이므로 전자공탁홈페이지에서
   공탁관련 문서를 열람할 수 있습니다.

                         년   월   일 발송

                    법원   지원 공탁관   (인)

                    (문의전화 :   )

※ 피공탁자가 국가인 경우 공탁통지서는 소관청의 장에게 발송함.

[서식] 공탁금 납입증명

법원명 :	
공탁번호 :	
납입일자 :	
납입금액 :	
보관은행 :	

위 공탁금이 납입되었음을 증명합니다.

년   월   일

법원   지원 공탁관   (인)

※유의사항

• 서명 또는 날인을 하되, 대리인이 공탁할 때에는 대리인의 성명, 주소(자격자대리인은 사무소)를 기재하고 대리인이 서명 또는 날인하여야 합니다. 전자공탁시스템을 이용하여 공탁하는 경우에는 날인 또는 서명은 인증서에 의한 전자서명 방식으로 합니다.

• 공탁당사자가 국가 또는 지방자치단체인 경우에는 법인등록번호란에 '고유번호'를 기재하시기 바랍니다.

• 공탁당사자가 국가인 경우 소관청도 기재하시기 바랍니다[예 : 대한민국(소관청 : ○○○)].

• 피공탁자의 주소를 기재하는 경우에는 피공탁자의 주소를 소명하는 서면을 첨부하여야 하고, 피공탁자의 주소를 알 수 없는 경우에는 그 사유를 소명하는 서면을 첨부하여야 합니다.

• 공탁통지서를 발송하여야 하는 경우, 공탁금을 납입할 때 우편료(피공탁자 수 x 1회 발송)도 납부하여야 합니다. (공탁신청이 수리된 후 해당 공탁사건번호로 납부하여야 하며, 미리 예납할 수 없습니다.)

• 공탁금 회수청구권은 소멸시효 완성으로 국고에 귀속될 수 있습니다.

• 공탁서는 재발급 되지 않으므로 잘 보관하시기 바랍니다.

라. 공탁금회수제한신고서

(1) 의의

형사재판을 받는 피고인이 보다 유리한 재판을 받기 위한 양형상 참작사유로 피해자에 대한 변제공탁을 하고, 변제공탁서를 재판부에 제출하는 경우가 있다. 현재 실무는 형사사건의 경우 변제공탁시 첨부서류로 '회수제한신고서'를 2통 작성하여 제출하도록 하고 있는 바, 그 내용은 "형사사건에 대한 불기소결정이 있거나 종국재판이 확정될 때까지는 피공탁자의 동의가 없는 한 회수청구권을 행사하지 않겠다"는 것이다.

그런데, 위 예문의 내용이 1998. 11. 30. 개정 행정예규 제365호에 의해 "공탁자는 피공탁자의 동의가 없으면 다음의 형사사건에 대하여 불기소결정(단, 기소유예는 제외)이 있거나 무죄판결이 확정될 때까지 공탁금에 대한 회수청구권을 행사하지 않기로 신고합니다"로 변경되었다.

(2) 공탁금의 회수제한 신고서를 제출한 사실의 증명

공탁자가 공탁금회수제한신고서 2통을 작성하여 제출할 경우 공탁관은 그 중 1부의 하단에 동 서면이 접수되었다는 사실을 확인한 후 기명날인 하여 교부한다.

(3) 공탁자의 공탁금 회수

공탁자 또는 그 승계인이 공탁금의 회수를 청구하는 경우에는 공탁금회수제한신고서에 기재된회수청구의 조건이 충족되었음을 증명하는 서면을 제출하여야 한다.

공탁금 회수 제한 신고서

사　　건 : 2000년 금 제　　　호
공 탁 자 : 성　　　명 :
　　　　　　주민등록번호 :
　　　　　　주　　　소 :
피공탁자 : 성　　　명 :
　　　　　　주민등록번호 :
　　　　　　주　　　소 :

귀원의 위 공탁사건에 관하여 공탁자는 피공탁자의 동의가 없으면 다음의 형사사건에 대하여 불기소결정(단, 기소유예는 제외)이 있거나 무죄판결이 확정될 때까지 공탁금에 대한 회수청구권을 행사하지 않기로 신고합니다.

형사사건의 표시

1. 사건번호 (　　　　)경찰서 20　년 제　　　호
　　　　　　(　　　　)지방검찰청 (　　)지청 20　년 형제　　　호
　　　　　　(　　　　)지방법원 (　　)지원 20　년 고단(합) 제　　　호
2. 사건명
3. 피의자(피고인) 성　　　명 :
　　　　　　　주민등록번호 :

2000.　0.　　.

신고인(공탁자) 성　　　명 :　　　　(인)
　　　　　　　주민등록번호 :

대리인　　　　　성　　　명 :　　　　　　(인)

　　　　　　　　주민등록번호 :

○○지방법원 ○○지원 공탁관　귀하

20　년 금 제　호 공탁사건에 관하여 20　년　월　일 접수된 서면임을 확인함
지방법원　　　지원 공탁관　　　　(인)

※ 변제공탁자가 회수청구권의 행사에 조건을 붙이는 경우의 처리지침

개정 2014.05.16 행정예규 제1014호

1. 변제공탁자는 공탁신청과 동시에 또는 공탁을 한 후에 "피공탁자의 동의가 없으면 특정 형사사건에 대하여 불기소결정(단, 기소유예는 제외)이 있거나 무죄판결이 확정될 때까지 회수청구권을 행사하지 않겠다"는 뜻을 기재한 금전공탁서(형사사건용) 또는 공탁금회수제한신고서(별지 서식 참조)를 제출할 수 있다.
2. 제1항의 서면이 제출된 경우에는 공탁자의 회수청구권에 관하여 압류통지서가 접수된 경우에 준하여 처리하고, 공탁금을 납입한 공탁자가 공탁금 회수제한신고서의의 부본을 제출하여 요구하면 그 부본에 공탁금 회수제한신고서의의 접수사실을 확인하고 기명날인하여 교부한다(별지 서식 참조).
3. 제1항의 서면을 제출한 공탁자 또는 그 승계인이 공탁금의 회수를 청구하는 경우에는 동 서면에 기재된 회수청구의 조건이 구비되었음을 증명하는 서면을 첨부하여야 한다.

*「공탁규칙」이 개정(2007. 12. 31., 대법원규칙 제2147호)되어 공탁관에게 제출하는 서면에 날인 대신 서명을 할 수 있도록 함에 따라 공탁금 회수제한신고서에 찍힌 인영이 공탁서에 찍힌 인영과 다를 때 공탁자의 인감증명서를 첨부하도록 하는 내용은 더 이상 유지할 필요가 없어 이를 삭제함

Ⅲ. 보증공탁(담보공탁)

가. 의의

보증공탁은 기존 또는 장래 피공탁자에게 발생할 손해배상채권을 담보하기 위한 공탁을 말하며, 손해담보공탁이라고도 한다. 이는 기능상 재판상 담보공탁, 영업보증공탁, 납세 담보공탁으로 나누어 볼 수 있다.

나. 재판상 보증공탁의 공탁원인사실 및 신청절차

(1) 재판상 보증공탁의 공탁원인사실

재판상 보증공탁의 공탁원인사실은 당사자의 소송행위(소송비용, 가집행의 담보, 가집행

을 면하기 위한 담보)나 재판상의 처분(가압류 · 가처분, 강제집행의 정지 · 실시 · 취소, 강제집행속행 등)으로 인하여 상대방이 받게 될 손해를 담보하기 위한 공탁이다. 그 외 영업보증공탁은 영업거래 등으로 발생할 피해자의 손해배상채권 등을 담보하기 위한 공탁이며, 납세담보공탁은 국세, 지방세 등의 징수유예나 상속세 또는 증여세의 연부연납 허가시 그 세금의 납부나 징수를 담보하기 위한 공탁이다.

(2) 신청절차

보증공탁을 신청하는 절차는 변제공탁과 동일하다. 한편 재판상 보증공탁을 하여야 할 경우 중 가압류보증, 가처분보증, 소송비용담보 등의 경우는 법원의 허가를 얻어 금융기관 또는 보증보험회사에 지급보증위탁계약을 체결한 문서를 공탁서에 갈음하여 집행법원에 제출할 수 있다.

> **[공탁신청시 첨부할 서면 등]**
> - 공탁서 : 2통
> - 재판서 사본 : 1통
> - 담보제공명령 사본(가압류 · 가처분의 보증공탁의 경우) : 1통
> - 자격증명서(법인등기사항증명서, 위임장 등) : 1통
> - 대리인의 신분증 및 도장(대리인에 의한 공탁시)
> - 기타 소명자료

다. 관할법원

보증공탁의 관할법원에 관하여는 법률에 특별한 규정이 없다. 그러나 일반적으로 담보제 공명령을 한 법원 소속의 공탁소에 공탁하는 것이 바람직하다.[90]

라. 공탁서기재 사항 등

(1) 기재사항

공탁서에는 다음 각 호의 사항을 적고 공탁자가 기명날인(記名捺印)하여야 한다. 그러나 대표자나 관리인 또는 대리인이 공탁하는 때에는 그 사람의 주소를 적고 기명날인하여야 하며, 공무원이 그 직무상 공탁하는 경우에는 소속 관서명과 그 직을 적고 기명날인하여야 한다(공탁규칙 제20조).

---

90) 2003. 7. 25. 행정예규 제517호.

- 공탁자의 성명(상호, 명칭)·주소(본점, 주사무소)·주민등록번호(법인등록번호)
- 공탁금액, 공탁유가증권의 명칭·장수·총 액면금(액면금이 없을 때에는 그 뜻)·기호·번호·부속이표·최종상환기, 공탁물품의 명칭·종류·수량
- 공탁원인사실
- 공탁을 하게 된 관계법령의 조항
- 공탁물의 수령인(이하 "피공탁자"라 한다)을 지정해야 할 때에는 피공탁자의 성명(상호, 명칭)·주소(본점, 주사무소)·주민등록번호(법인등록번호)
- 공탁으로 인하여 질권, 전세권, 저당권이 소멸하는 때는 그 질권, 전세권, 저당권의 표시
- 반대급부를 받아야 할 경우에는 그 반대급부의 내용
- 공탁물의 출급·회수에 관하여 관공서의 승인, 확인 또는 증명 등을 필요로 하는 경우에는 해당 관공서의 명칭
- 재판상의 절차에 따른 공탁의 경우에는 해당 법원의 명칭과 사건명
- 공탁법원의 표시
- 공탁신청 연월일

(2) 첨부서면

공탁자가 법인인 경우에는 대표자 또는 관리인의 자격을 증명하는 서면, 법인 아닌 사단이나 재단일 경우에는 정관이나 규약과 대표자 또는 관리인의 자격을 증명하는 서면을 공탁서에 첨부하여야 하고, 대리인이 공탁하는 경우에는 대리인의 권한을 증명하는 서면을 첨부하여야 하며, 변제공탁을 하는 경우에 피공탁자의 주소를 표시하는 때에는 그 주소를 소명하는 서면을, 피공탁자의 주소가 불명인 경우에는 이를 소명하는 서면을 첨부하여야 한다(공탁규칙 제21조).

그리고 공탁자가 피공탁자에게 공탁통지를 하여야 할 경우에는 피공탁자의 수만큼 공탁통지서를 첨부하여야 하고(제22조), 기명식(記名式)유가증권을 공탁하는 경우에는 공탁물을 수령하는 자가 즉시 권리를 취득할 수 있도록 유가증권에 배서(背書)를 하거나 양도증서를 첨부하여야 하며(제23조), 그 외 채권압류 또는 가압류결정문 사본, 공탁금회수제한신고서를 제출하는 경우 공탁금회수제한신고서 등을 첨부하여야 한다.

마. 보증공탁물지급

재판상보증공탁의 경우 손해담보를 위한 공탁이므로 보통 담보취소결정으로 공탁원인이 소멸되기 전에는 회수할 수 없다. 다만 착오로 인한 공탁인 경우에는 담보취소결정이 없어도 회수할 수 있으며, 이때 지급청구절차는 변제공탁의 경우와 동일하다.

금전 공탁서(재판상의 보증)

공 탁 번 호		년 금 제 호		년 월 일 신청		법령조항	
공탁자	성 명 (상호, 명칭)		피공탁자	성 명 (상호, 명칭)			
	주민등록번호 (법인등록번호)			주민등록번호 (법인등록번호)			
	주 소 (본점, 주사무소)			주 소 (본점, 주사무소)			
	전화번호			전화번호			
공 탁 금 액		한글		보 관 은 행		은행 지점	
		숫자					

법원의 명칭과 사 건	법원		사건		
	당사자	원고 신청인 채권자		피고 피신청인 채무자	

공탁원인사실	1. 가압류보증 6. 강제집행 취소의 보증 11. 기타( ) 2. 가처분보증 7. 강제집행 속행의 보증 3. 가압류 취소보증 8. 소송비용 담보 4. 가처분 취소보증 9. 가집행 담보 5. 강제집행 정지의 보증 10. 가집행을 면하기 위한 담보

비고(첨부서류 등)	ㅁ 계좌납입신청

위와 같이 신청합니다.   대리인   주소
                                                        전화번호
    공탁자   성명   인(서명)   성명   인(서명)

위 공탁을 수리합니다.

공탁금을   년   월   일까지 위 보관은행의 공탁관 계좌에 납입하시기 바랍니다.
위 납입기일까지 공탁금을 납입하지 않을 때는 이 공탁 수리결정의 효력이 상실됩니다.

                                    년   월   일

                                법원   지원 공탁관   (인)

(영수증) 위 공탁금이 납입되었음을 증명합니다.

                                    년   월   일

                            공탁금 보관은행(공탁관)   (인)

※ 1. 서명 또는 날인을 하되, 대리인이 공탁할 때에는 대리인의 성명, 주소(자격자대리인은 사무소)를 기재하고
　　 대리인이 서명 또는 날인하여야 합니다. 전자공탁시스템을 이용하여 공탁하는 경우에는 날인 또는 서명은
　　 공인인증서에 의한 전자서명 방식으로 합니다.
　 2. 재판상 보증공탁 등 손해담보공탁으로서 공탁 당시에 손해담보권리자가 특정될 수 있는 경우에는 손해담보
　　 권리자를 피공탁자로 기재하여야 합니다.
　 3. 공탁당사자가 국가 또는 지방자치단체인 경우에는 법인등록번호란에 '고유번호'를 기재하시기 바랍니다.
　 4. 공탁당사자가 국가인 경우 소관청도 기재하시기 바랍니다[예 : 대한민국(소관청 : ㅇㅇㅇ)]
　 5. 공탁금 회수청구권은 소멸시효 완성으로 국고에 귀속될 수 있습니다.
　 6. 공탁서는 재발급 되지 않으므로 잘 보관하시기 바랍니다.

금전 공탁서(형사사건용)

[별지 제1-5호 양식]

1. 공탁신청 및 수리

공 탁 번 호		년 금 제 호		년 월 일 신청		법령조항	
공탁자	성 명 (상호, 명칭)		피공탁자	성 명 (상호, 명칭)			
	주민등록번호 (법인등록번호)			주민등록번호 (법인등록번호)			
	주 소 (본점, 주사무소)			주 소 (본점, 주사무소)			
	전화번호			전화번호			
공 탁 금 액	한글		보 관 은 행				
	숫자						
형사사건	사건번호						
	사건명						
공탁원인사실							
비고(첨부서류등)			☑ 계좌납입신청				

위와 같이 신청합니다.　　　　대리인 주소
　　　　　　　　　　　　　　　전화번호
공탁자 성명　　　　　　　　　　성명

회수 제한 신고	공탁자는 피공탁자의 동의가 없으면 위 형사사건에 대하여 불기소결정(단, 기소유예는 제외)이 있거나 무죄판결이 확정될 때까지 공탁금에 대한 회수청구권을 행사하지 않겠습니다.
	공탁자　　　　　　　　　대리인 성명　　　　　　　　　　성명
	※ 회수신고란에 서명하지 않을 경우 "금전 공탁서(변제 등)" 양식을 사용하시기 바랍니다.

위 공탁을 수리합니다.
　공탁금을 　　 년 　 월 　 일까지 위 보관은행의 공탁관 계좌에 납입하시기 바랍니다.
　위 납입기일까지 공탁금을 납입하지 않을 때는 이 공탁 수리결정의 효력이 상실됩니다.

　　　　　　　　　　　　　　년 　 월 　 일
　　　　　　　　　법원 　　　지원 공탁관 　　　　　　　　(인)

전자공탁홈페이지(ekt.scourt.go.kr)의 [열람발급/발급확인]에서 발급확인번호를 입력하거나, [이용안내/프로그램설치]에서 전자발급문서 검증프로그램 다운로드하고 문서 하단의 바코드를 스캐너로 확인하는 방식으로 문서의 위.변조여부를 확인할 수 있습니다.

발급확인번호　　　　　　　　　　　　　　　　　　　　　　　　발행일

2. 공탁금 납입증명

법원명 :

공탁번호 :

납입일자 :

납입금액 :

보관은행 :

위 공탁금이 납입되었음을 증명합니다.

년   월   일

법원   지원   공탁관   (인)

※유의사항

1. 서명 또는 날인을 하되, 대리인이 공탁할 때에는 대리인의 성명, 주소(자격자대리인은 사무소)를 기재하고 대리인이 서명 또는 날인하여야 합니다. 전자공탁시스템을 이용하여 공탁하는 경우에는 날인 또는 서명은 인증서에 의한 전자서명 방식으로 합니다.
2. 공탁금 납입 후 은행으로부터 받은(전자공탁시스템을 이용하여 공탁하는 경우에는 전산시스템으로 출력한) 공탁서 원본을 형사사건이 최종 계류 중인 경찰서나 검찰청 또는 법원에 제출하시기 바랍니다.
3. 공탁통지서를 발송하여야 하는 경우, 공탁금을 납입할 때 우편료(피공탁자 수 x 1회 발송)도 납부하여야 합니다. (공탁신청이 수리된 후 해당 공탁사건번호로 납부하여야 하며, 미리 예납할 수 없습니다.)
4. 공탁금 회수청구권은 소멸시효 완성으로 국고에 귀속될 수 있습니다.
5. 공탁서는 재발급 되지 않으므로 잘 보관하시기 바랍니다.

금전 공탁서(형사사건용)

1. 공탁신청 및 수리

공 탁 번 호		년 금 제 호		년 월 일 신청	법령조항	
공 탁 자	성 명 (상호, 명칭)		피 공 탁 자	성 명 (상호, 명칭)		
	주민등록번호 (법인등록번호)			주민등록번호 (법인등록번호)		
	주 소 (본점, 주사무소)			주 소 (본점, 주사무소)		
	전화번호			전화번호		
공 탁 금 액	한글		보 관 은 행			
	숫자					
형사사건	사건번호					
	사건명					
공탁원인사실						
비고(첨부서류등)				☑ 계좌납입신청		

위와 같이 신청합니다.   대리인 주소
                                              전화번호
    공탁자 성명   성명

회수 제한 신고	공탁자는 피공탁자의 동의가 없으면 위 형사사건에 대하여 불기소결정(단, 기소유예는 제외)이 있거나 무죄판결이 확정될 때까지 공탁금에 대한 회수청구권을 행사하지 않겠습니다. 공탁자 성명 대리인 성명 ※ 회수신고란에 서명하지 않을 경우 "금전 공탁서(변제 등)" 양식을 사용하시기 바랍니다.

위 공탁을 수리합니다.

공탁금을   년   월   일까지 위 보관은행의 공탁관 계좌에 납입하시기 바랍니다.

위 납입기일까지 공탁금을 납입하지 않을 때는 이 공탁 수리결정의 효력이 상실됩니다.

년   월   일

법원   지원 공탁관   (인)

전자공탁홈페이지(ekt.scourt.go.kr)의 [열람발급/발급확인][에서 발급확인번호를 입력하거나, [이용안내/프로그램설치]에서 전자발급문서 검증프로그램 다운로드하고 문서 하단의 바코드를 스캐너로 확인하는 방식으로 문서의 위.변조여부를 확인할 수 있습니다.

발급확인번호   발행일

2. 공탁금 납입증명

법원명 :

공탁번호 :

납입일자 :

납입금액 :

보관은행 :

위 공탁금이 납입되었음을 증명합니다.

년   월   일

법원   지원   공탁관   (인)

※유의사항

1. 서명 또는 날인을 하되, 대리인이 공탁할 때에는 대리인의 성명, 주소(자격자대리인은 사무소)를 기재하고 대리인이 서명 또는 날인하여야 합니다. 전자공탁시스템을 이용하여 공탁하는 경우에는 날인 또는 서명은 인증서에 의한 전자서명 방식으로 합니다.
2. 공탁금 납입 후 은행으로부터 받은(전자공탁시스템을 이용하여 공탁하는 경우에는 전산시스템으로 출력한) 공탁서 원본을 형사사건이 최종 계류 중인 경찰서나 검찰청 또는 법원에 제출하시기 바랍니다.
3. 공탁통지서를 발송하여야 하는 경우, 공탁금을 납입할 때 우편료(피공탁자 수 x 1회 발송)도 납부하여야 합니다. (공탁신청이 수리된 후 해당 공탁사건번호로 납부하여야 하며, 미리 예납할 수 없습니다.)
4. 공탁금 회수청구권은 소멸시효 완성으로 국고에 귀속될 수 있습니다.
5. 공탁서는 재발급 되지 않으므로 잘 보관하시기 바랍니다.

전자공탁홈페이지(ekt.scourt.go.kr)의 [열람발급/발급확인][에서 발급확인번호를 입력하거나, [이용안내/프로그램설치]에서 전자발급문서 검증프로그램 다운로드하고 문서 하단의 바코드를 스캐너로 확인하는 방식으로 문서의 위.변조여부를 확인할 수 있습니다.

발급확인번호   발행일

가. 의의

집행공탁은 강제집행 또는 보전처분절차의 어느 단계에서 집행목적물을 공탁소에 공탁하여 그 목적물의 관리와 집행법원의 지급위탁에 의한 집행당사자에의 교부를 공탁절차에 따라 행하게 하는 제도이다. 즉 집행공탁은 다른 공탁과는 달리 집행절차의 일환으로서 집행절차를 보조하여 집행절차를 원활하게 하는 기능을 수행한다.

[공탁신청시 첨부할 서면 등]
- 공탁서 : 2통
- 집행공탁사유의 소명서면 : 1통(가압류 해방공탁의 경우 가압류결정사본, 권리공탁의 경우 압류나 가압류결정 사본)
- 주소불명유사유 소명서면(필요시) : 1통
- 공탁통지서(피공탁자의 수만큼 제출) : 1통(채무자에 대한 발송용)
- 공탁사실통지서 : 1통(채권자에 대한 발송용)
- 규격봉투(A4용) : 1매
- 우표 : 5,200원
- 자격증명서(법인등기사항증명서, 위임장 등) : 1통
- 양도증서 또는 배서 : 1통
- 사유신고서 : 1통
- 대리인의 신분증 및 도장(대리인에 의한 공탁시)
- 기타 소명자료

나. 종류

집행공탁의 종류는 다양하나 그 중 대표적인 사례를 살펴보면 아래와 같다.

(1) 집행당사자에 의한 집행공탁

(가) 제3채무자의 권리공탁

채권이 압류된 경우 제3채무자가 스스로 채무를 면하기 위해 압류에 관련된 금전채권 전액 또는 압류된 채권액만을 공탁하는 것을 말한다(민집법 제248조 제1항).

(나) 제3채무자의 의무공탁

금전채권에 관하여 배당요구서를 송달받은 제3채무자가 채권자의 청구가 있는 경우와 금

전채권 중 압류되지 않은 부분을 초과한 압류 또는 가압류명령을 송달받은 제3채무자가 압류 또는 가압류채권자의 청구가 있는 경우에 의무적으로 해야 하는 공탁을 말한다(민집법 제248조 제2,3항).

(다) 가압류를 원인으로 하는 공탁
금전채권이 가압류된 경우 제3채무자가 스스로 채무를 면하기 위해 가압류에 관련된 금전채권 전액 또는 가압류된 채권액만을 공탁하는 것을 말한다.

(라) 가압류채무자의 가압류해방공탁
가압류의 집행정지나 집행한 가압류를 취소하기 위해 가압류 명령에서 정한 금액을 채무자가 공탁하는 것을 말한다(민집법 282조).

(마) 매각허가결정에 대한 항고보증공탁
부동산강제경매절차에서 매각허가 결정에 대한 항고를 하기 위해 매각허가 결정에 항고를 하려는 자가 매각대금의 10분의 1에 해당하는 현금 또는 법원이 인정하는 유가증권을 공탁하는 것을 말한다.

(바) 채권자의 추심금액공탁
채권자가 추심명령에 따라 제3채무자로부터 채권을 추심하고 사유를 법원에 신고하기 전에 다른 압류, 가압류 또는 배당요구가 있는 경우에 채권자가 추심한 금액을 공탁하는 것을 말한다.

(사) 강제경매절차 취소를 위한 채무자의 공탁
채무자가 강제경매취소를 위해 채무자가 금전 또는 법원이 상당하다고 인정하는 유가증권을 공탁하는 것을 말한다.

(2) 집행기관에 의한 집행공탁

집행기관에 의한 공탁은 강제집행, 보전처분 및 담보권의 실행 절차에서 집행법원 또는 집행관이 하는 공탁을 말합니다.

(가) 부동산경매절차에서의 배당금 공탁
부동산에 대한 강제경매에 있어서 배당액을 즉시 채권자에게 지급할 수 없거나 지급하는 것이 적당하지 않는 경우 법원사무관이 직접 지급하지 않고 공탁하는 것을 말한다.

(나) 긴급매각공탁

압류물을 즉시 매각하지 않으면 값이 크게 내릴 염려가 있거나, 보관에 지나치게 많은 비용이 드는 때에는 집행관이 그 물건을 매각하고 그 대금을 공탁하는 집행공탁을 말한다.

(다) 압류물 매각대금공탁

유체동산의 인도청구권이 압류되고 압류채권자의 신청에 의해 집행관이 인도를 받아 동산매각절차에 따른 매각을 하였으나, 그 매각대금으로 배당에 참가한 모든 채권자를 만족할 수 없고 매각허가된 날부터 2주 내에 채권자 사이에 배당협의가 이루어지지 않는 경우에 집행관이 하는 공탁을 말한다.

(라) 집행관의 집행목적물이 아닌 동산매각대금공탁

동산인도의 강제집행에서 그 목적물 외의 동산을 채무자 등에게 인도할 수 없는 경우에 집행관은 집행법원의 허가를 받아 이를 매각할 수 있는데, 그 매각대금에서 매각 및 보관비용을 공제하고 남은 금액을 공탁하는 것을 말한다.

(마) 가압류 금전 공탁

집행관이 가압류집행을 한 금전 또는 어음·수표 그 밖의 금전의 지급을 목적으로 하는 유가증권을 만기에 제시하여 지급을 받아 그 금전을 집행법원의 금전배당 등의 실시가 될 수 있을 때까지 보관하는 공탁을 말한다.

(바) 가압류 동산 매각대금 공탁

가압류된 동산이 부패할 염려가 있거나 보관비용이 부당하게 많이 드는 경우에 집행관이 집행정지 중의 매각과 동일하게 가압류 동산을 매각하고 그 매각대금을 공탁하는 것을 말한다.

다. 집행공탁의 요건

> **민사집행법**
>
> 제248조(제3채무자의 채무액의 공탁) ① 제3채무자는 압류에 관련된 금전채권의 전액을 공탁할 수 있다.
>
> ② 금전채권에 관하여 배당요구서를 송달받은 제3채무자는 배당에 참가한 채권자의 청구가 있으면 압류된 부분에 해당하는 금액을 공탁하여야 한다.

③ 금전채권중 압류되지 아니한 부분을 초과하여 거듭 압류명령 또는 가압류명령이 내려진 경우에 그 명령을 송달받은 제3채무자는 압류 또는 가압류채권자의 청구가 있으면 그 채권의 전액에 해당하는 금액을 공탁하여야 한다.

④ 제3채무자가 채무액을 공탁한 때에는 그 사유를 법원에 신고하여야 한다. 다만, 상당한 기간 이내에 신고가 없는 때에는 압류채권자, 가압류채권자, 배당에 참가한 채권자, 채무자, 그 밖의 이해관계인이 그 사유를 법원에 신고할 수 있다.

(1) 민사집행법 제248조 제1항에 의한 공탁

금전채권이 압류된 경우 제3채무자는 압류에 관련된 금전채권의 전액을 공탁할 수 있다. 이 경우 공탁자는 즉시 공탁서를 첨부하여 그 내용을 서면으로 그 사유를 법원에 신고하여야 한다. 이렇듯 제3채무자가 공탁을 한때 배당절차가 개시되고, 공탁사유신고서로 배당요구의 종기가 도래하여 다른 채권자는 배당요구를 할 수 없다.

(2) 민사집행법 제248조 제2,3항에 의한 공탁

금전채권에 관하여 배당요구서를 송달받은 제3채무자는 배당에 참가한 채권자의 청구가 있으면 압류된 부분에 해당하는 금액을 공탁하여야 한다. 또한, 금전채권중 압류되지 아니한 부분을 초과하여 거듭 압류명령 또는 가압류명령이 내려진 경우에 그 명령을 송달받은 제3채무자는 압류 또는 가압류채권자의 청구가 있으면 그 채권의 전액에 해당하는 금액을 공탁하여야 한다.

라. 관할법원

법률에 특별한 제한규정이 없으나 원고나 피고의 보통재판적이 있는 법원 또는 집행법원 중에서 집행법원에 공탁하는 것이 편리하다(2001. 11. 7. 법정 제3302-448호).

마. 공탁서 기재사항

(1) 기재사항

공탁서에는 다음 각 호의 사항을 적고 공탁자가 기명날인(記名捺印)하여야 한다. 그러나 대표자나 관리인 또는 대리인이 공탁하는 때에는 그 사람의 주소를 적고 기명날인하여야 하며, 공무원이 그 직무상 공탁하는 경우에는 소속 관서명과 그 직을 적고 기명날인하여야 한다(공탁규칙 제20조).

• 공탁자의 성명(상호, 명칭) · 주소(본점, 주사무소) · 주민등록번호(법인등록번호)

- 공탁금액, 공탁유가증권의 명칭·장수·총 액면금(액면금이 없을 때에는 그 뜻)·기호·번호·부속이표·최종상환기, 공탁물품의 명칭·종류·수량
- 공탁원인사실
- 공탁을 하게 된 관계법령의 조항
- 공탁물의 수령인(이하 "피공탁자"라 한다)을 지정해야 할 때에는 피공탁자의 성명(상호, 명칭)·주소(본점, 주사무소)·주민등록번호(법인등록번호)
- 공탁으로 인하여 질권, 전세권, 저당권이 소멸하는 때는 그 질권, 전세권, 저당권의 표시
- 반대급부를 받아야 할 경우에는 그 반대급부의 내용
- 공탁물의 출급·회수에 관하여 관공서의 승인, 확인 또는 증명 등을 필요로 하는 경우에는 해당 관공서의 명칭
- 재판상의 절차에 따른 공탁의 경우에는 해당 법원의 명칭과 사건명
- 공탁법원의 표시
- 공탁신청 연월일

(2) 첨부서면

공탁자가 법인인 경우에는 대표자 또는 관리인의 자격을 증명하는 서면, 법인 아닌 사단이나 재단일 경우에는 정관이나 규약과 대표자 또는 관리인의 자격을 증명하는 서면을 공탁서에 첨부하여야 하고, 대리인이 공탁하는 경우에는 대리인의 권한을 증명하는 서면을 첨부하여야 하며, 변제공탁을 하는 경우에 피공탁자의 주소를 표시하는 때에는 그 주소를 소명하는 서면을, 피공탁자의 주소가 불명인 경우에는 이를 소명하는 서면을 첨부하여야 한다(공탁규칙 제21조).

그리고 공탁자가 피공탁자에게 공탁통지를 하여야 할 경우에는 피공탁자의 수만큼 공탁통지서를 첨부하여야 하고(제22조), 기명식(記名式)유가증권을 공탁하는 경우에는 공탁물을 수령하는 자가 즉시 권리를 취득할 수 있도록 유가증권에 배서(背書)를 하거나 양도증서를 첨부하여야 하며(제23조), 그 외 채권압류 또는 가압류결정문 사본, 공탁금회수제한신고서를 제출하는 경우 공탁금회수제한신고서 등을 첨부하여야 한다.

바. 집행공탁의 방법

(1) 채권 전부가 압류된 경우

압류된 채권 전액을 공탁하여야 된다.

(2) 채권 일부가 압류된 경우

압류된 채권 전액 또는 특정된 압류금액만을 공탁할 수도 있다.

(3) 이자, 지연손해금

압류명령의 효력은 압류명령 송달 후 발생한 이자, 손해금 등에 미치므로 집행공탁시 이 금원까지 공탁하여야 한다.

사. 공탁의 효과

제3채무자가 민집법 제248조의 규정에 따라 공탁을 한 경우 원칙적으로 채무를 면하게 된다.

금 전 공 탁 서(가압류해방)

공 탁 번 호	년 금제 호		년 월 일 신청	법령조항	민사집행법 제282조
공 탁 자 (가압류 채무자)	성 명 (상호, 명칭)				
	주민등록번호 (법인등록번호)				
	주 소 (본점, 주사무소)				
	전화번호				
공 탁 금 액	한글		보 관 은 행		은행 지점
	숫자				
법원의 명칭과 사 건	법원				사건
	당 사 자	채 권 자		채 무 자	
공탁원인사실	위 사건의 가압류 집행 취소를 위한 해방공탁				
비 고 (첨부서류 등)	1. 가압류 결정문 사본 2. □ 계좌납입신청				

위와 같이 신청합니다.　　　　　　　　　대리인 주소
　　　　　　　　　　　　　　　　　　　　　전화번호
　　공탁자 성명　　　　　　인(서명)　　　성명　　　　　　　　인(서명)

위 공탁을 수리합니다.
공탁금을　　년　월　일까지 위 보관은행의 공탁관 계좌에 납입하시기 바랍니다.
위 납입기일까지 공탁금을 납입하지 않을 때는 이 공탁 수리결정의 효력이 상실됩니다.

　　　　　　　　　　　년　　　　월　　　　일

　　　　　　　　　법원　　　지원 공탁관　　　　　　　(인)

(영수증)　위 공탁금이 납입되었음을 증명합니다.

　　　　　　　　　　　년　　　　월　　　　일

　　　　　　　　공탁금 보관은행(공탁관)　　　　　(인)

※ 1. 도장을 날인하거나 서명을 하되, 대리인이 공탁할 때에는 대리인의 주소, 성명을 기재하고 대리인의 도장을 날인(서명)하여야 합니다.
　 2. 공탁금 회수청구권은 소멸시효완성으로 국고에 귀속될 수 있으며, 공탁서는 재발급 되지 않으므로 잘 보관하시기 바랍니다.

금 전 공 탁 서(변제 등)

공 탁 번 호		년 금 제 호		년 월 일 신청	법령조항	
공 탁 자	성 명 (상호, 명칭)		피 공 탁 자	성 명 (상호, 명칭)		
	주민등록번호 (법인등록번호)			주민등록번호 (법인등록번호)		
	주 소 (본점, 주사무소)			주 소 (본점, 주사무소)		
	전화번호			전화번호		
공 탁 금 액	한글		보 관 은 행			은행 지점
	숫자					
공탁원인사실						
비고(첨부서류 등)					□ 계좌납입신청	

1. 공탁으로 인하여 소멸하는 질권, 전세권 또는 저당권 2. 반대급부 내용	

위와 같이 신청합니다.   대리인 주소
                                   전화번호
    공탁자 성명   인(서명)   성명   인(서명)

위 공탁을 수리합니다.
공탁금을   년   월   일까지 위 보관은행의 공탁관 계좌에 납입하시기 바랍니다.
위 납입기일까지 공탁금을 납입하지 않을 때는 이 공탁 수리결정의 효력이 상실됩니다.

년   월   일

법원   지원 공탁관   (인)

(영수증) 위 공탁금이 납입되었음을 증명합니다.

년   월   일

공탁금 보관은행(공탁관)   (인)

[주] 제3채무자의 권리공탁에 관한 업무처리절차
{개정 2014.05.16 [행정예규 제1018호, 시행 2014.05.19.]}

개정 2014.05.16 행정예규 제1018호

1. 목적

이 예규는 금전채권에 대하여 압류 또는 가압류가 이루어진 경우에 제3채무자가 민사집행법 제248조(제3채무자의 채무액의 공탁) 및 제291조(가압류집행에 대한 본집행의 준용)에 의하여 압류 또는 가압류에 관련된 금전채권을 공탁하고 그 공탁금을 출급하는 업무처리에 관한 절차를 규정함을 목적으로 한다.

2. 금전채권의 일부에 대하여 압류가 있는 경우

가. 총칙

(1) 제3채무자는 압류된 채권액 또는 압류와 관련된 금전채권액 전액을 공탁할 수 있고, 공탁을 한 후 즉시 공탁서를 첨부하여 그 내용을 서면으로 집행법원에 사유신고하여야 한다. 이 경우 공탁근거 법령조항은 민사집행법 제248조 제1항으로 한다.

(2) 제3채무자는 공탁신청시 압류결정문 사본을 첨부하여야 한다.

(3) 압류채권자는 집행법원의 지급위탁에 의하여 공탁금의 출급을 청구할 수 있다.*

나. 제3채무자가 압류된 채권액에 대하여만 공탁한 경우

공탁서의 피공탁자란은 기재하지 아니한다.

(1) 삭제(2003.12.17 제528호)

(2) 삭제(2003.12.17. 제528호)

다. 제3채무자가 압류와 관련된 금전채권액 전액을 공탁한 경우

(1) 제3채무자는 공탁서의 피공탁자란에 압류명령의 채무자를 기재하고, 「공탁규칙」 제23조 제1항에서 정한 공탁통지서를 첨부하며, 같은 조 제2항에 따라 우편료를 납입하여야 한다.

(2) 공탁관은 피공탁자(압류채무자)에게 위 (1)항의 공탁통지서를 발송하여야 한다.

(3) 공탁금 중에서 압류의 효력이 미치는 부분에 대하여는, 집행법원의 지급위탁에 의하여 공탁금의 출급을 청구할 수 있다.*

(4) 공탁금 중에서 압류의 효력이 미치지 않는 부분에 대하여는, 변제공탁의 예에 따라 피공탁자(압류채무자)가 출급을 청구할 수 있으며, 공탁자도 회수청구할 수 있다.

(5) 제3채무자가 압류의 효력이 미치지 않는 부분에 대하여 회수청구를 할 경우에는, 집행법원으로부터 공탁서를 보관하고 있다는 사실을 증명하는 서면을 교부받아 이를 공탁금회수청구서에 첨부하여야 한다.

라. 둘 이상의 채권압류(가압류를 포함한다)가 있고 압류된 채권액의 합계액이 압류와 관련된 금전채권액보다 적은 경우

제3채무자는 압류·가압류된 채권액의 합계액 또는 압류·가압류와 관련된 금전채권 전액을 위 나. 및 다.항의 예에 따라 공탁할 수 있으며, 이때에 사유신고는 먼저 송달된 압류명령의 발령법원에 하여야 한다.

3. 금전채권의 전부에 대하여 압류가 있거나 압류의 경합이 있는 경우

가. 제3채무자는 압류된 채권 전액에 대하여 공탁할 수 있다.

나. 공탁 및 공탁금의 출급에 관한 절차는 위 2. 의 가. 및 나. 항의 예에 따르되, 압류의 경합을 원인으로 한 공탁의 경우에는 먼저 송달된 압류명령의 발령법원에 사유

신고 하여야 한다.

4. 금전채권의 일부 또는 전부에 대하여 가압류가 있는 경우

가. 총칙

(1) 제3채무자는 가압류된 채권액 또는 가압류와 관련된 금전채권액 전액을 공탁할 수 있고, 공탁을 한 후 즉시 공탁서를 첨부하여 그 내용을 서면으로 가압류발령법원에 신고하여야 한다. *

(2) 위의 경우 공탁서의 피공탁자란에는 가압류채무자를 기재하고, 공탁근거 법령조항은 민사집행법 제291조 및 제248조 제1항으로 한다. *

(3) 제3채무자는 공탁신청시 가압류결정문 사본과 「공탁규칙」 제23조 제1항에서 정한 공탁통지서를 첨부하여야 하며, 위 공탁통지서의 발송과 아래 (4)항에서 정하는 공탁사실 통지를 위하여 같은 조 제2항에 따른 우편료를 납입하여야 한다. *

(4) 공탁을 수리한 공탁관은 전산시스템에 가압류 사실을 입력 기재하고 공탁금출급청구권에 대한 가압류가 있는 경우에 준하여 처리하여야 하며(민사집행법 제297조), 피공탁자(가압류채무자)에게 공탁통지서를 발송하고, 가압류채권자에게는 공탁사실을 통지하여야 한다. *

(5) 가압류채권자가 가압류를 본압류로 이전하는 압류명령을 받은 경우에는, 집행법원의 지급위탁에 의하여 공탁금의 출급을 청구할 수 있다.*

나. 제3채무자가 가압류된 채권액에 대하여만 공탁한 경우

피공탁자는 가압류가 실효되지 않는 한 공탁금의 출급을 청구할 수 없고, 가압류채권자는 가압류를 본압류로 이전하는 압류명령을 얻은 후 집행법원의 지급위탁에 의하여 공탁금의 출급을 청구할 수 있다.*

다. 제3채무자가 가압류에 관련된 금전채권 전액을 공탁한 경우

(1) 공탁금 중에서 가압류의 효력이 미치는 부분에 대하여는, 가압류채권자가 가압류를 본압류로 이전하는 압류명령을 얻은 후 집행법원의 지급위탁에 의하여 공탁금의 출급을 청구할 수 있다.*

(2) 공탁금 중에서 가압류의 효력이 미치지 않는 부분에 대하여는, 변제공탁의 예에 따라 피공탁자(가압류채무자)가 출급을 청구할 수 있으며, 공탁자도 회수청구할 수 있다.*

(3) 제3채무자가 가압류의 효력이 미치지 않는 부분에 대하여 회수청구를 할 경우에는 위 2.의 다. (5)항의 예에 따른다.*

➡ (2.다.(5) 제3채무자가 압류의 효력이 미치지 않는 부분에 대하여 회수청구를 할 경우에는, 집행법원으로부터 공탁서를 보관하고 있다는 사실을 증명하는 서면을 교부받아 이를 공탁금회수청구서에 첨부하여야한다.)

라. 둘 이상의 가압류가 있는 경우

제3채무자는 가압류된 채권액의 합계액 또는 가압류와 관련된 금전채권액 전액을 위 나. 및 다.항의 예에 따라 공탁할 수 있으며, 이 때에 공탁자는 즉시 공탁서를 첨부하여 먼저 송달된 가압류명령의 발령법원에 그 내용을 서면으로 신고하여야 한다.

5.제3채무자의 공탁 후 압류 또는 가압류가 실효된 경우

가. 압류가 실효된 경우

금전채권에 대한 압류를 이유로 제3채무자가 민사집행법 제248조 제1항에 의하여 공탁한 후에, 압류명령이 취소되거나 신청의 취하 등으로 인하여 압류가 실효된 경우, 채무자는 압류된 채권액에 대하여 집행법원의 지급위탁에 의하여 공탁금의 출급을 청구할 수 있다. *

나. 가압류가 실효된 경우

금전채권에 대한 가압류를 이유로 제3채무자가 민사집행법 제291조 및 제248조 제1항에 의하여 공탁한 후에, 가압류명령이 취소되거나 신청의 취하 등으로 인하여 가압류가 실효된 경우, 가압류채무자(피공탁자)는 공탁통지서와 가압류가 실효되었음을 증명하는 서면을 첨부하여 공탁관에게 공탁금의 출급을 청구할 수 있다. *

6.공탁관이 제3채무자인 경우

가. 공탁물 출급·회수청구권에 대하여 압류 또는 가압류가 되었으나 압류의 경합이 성립하지 않는 경우, 공탁관은 민사집행법 제248조 제1항에 의한 공탁 및 사유신고를 하지 아니한다.

나. 금전채권에 대한 가압류를 원인으로 제3채무자가 민사집행법 제291조 및 제248조 제1항에 의하여 공탁한 후에, 피공탁자(가압류채무자)의 공탁금출급청구권에 대한 압류가 이루어져 압류의 경합이 성립하거나, 공탁사유인 가압류를 본압류로 이전하는 압류명령이 있는 경우에는, 공탁관은 즉시 먼저 송달된 압류명령의 발령법원에 그 사유를 신고하여야 한다. *

7.종전예규의 폐지
이 예규의 시행과 동시에 대법원 행정예규 제232호는 폐지한다.

Ⅴ. 공탁물지급절차

가. 의 의

공탁물을 출급·회수하려는 사람은 공탁물 출급·회수청구서 2통을 작성하여 관할 공탁소(공탁관)에게 제출하여 인가 후 공탁관은 공탁물출급·회수청구서를 청구자에게 직접 교부한다. 동일인이 수개의 공탁에 관하여 공탁물의 출급 또는 회수를 청구하려는 경우 그 사유가 동일한 때에는 일괄하여 공탁종류에 따라 이를 청구할 수 있다. 다만, 우편에 의한 공탁물지급청구는 허용되지 않는다.

한편, 피공탁자의 공탁물출급청구 또는 공탁자의 공탁물 회수청구에 따라 공탁관이 보관 중인 공탁물을 지급하면 공탁관계는 종료된다.

나. 관할법원

법률에 특별한 규정이 없으나, 담보제공명령을 한 법원 소속의 공탁소에 공탁하는 것이 바람직할 것이다(2003. 7. 25. 행정예규 제517호).

다. 출급청구서에 첨부할 서면 등

(1) 공탁물출급청구서의 첨부서류

[공탁규칙]

제33조(공탁물 출급청구서의 첨부서류) 공탁물을 출급하려는 사람은 공탁물 출급청구서에 다음 각 호의 서류를 첨부하여야 한다.

1. 제29조에 따라 공탁관이 발송한 공탁통지서 다만, 다음 중 어느 하나의 사유가 있는 경우에는 그러하지 아니하다.

   가. 출급청구하는 공탁금액이 5000만원 이하인 경우(유가증권의 총 액면금액이 5000만원 이하인 경우를 포함한다) 다만, 청구인이 관공서이거나 법인 아닌 사단이나 재단인 때에는 그 금액이 1000만원 이하인 경우

   나. 공탁서나 이해관계인의 승낙서를 첨부한 경우

   다. 강제집행이나 체납처분에 따라 공탁물 출급청구를 하는 경우

   라. 공탁통지서를 발송하지 않았음이 인정되는 경우

2. 출급청구권이 있음을 증명하는 서면 다만, 다음 중 어느 하나의 사유가 있는 경우에는 그러하지 아니하다.

   가. 공탁서의 내용으로 출급청구권이 있는 사실이 명백한 경우

   나. 제86조 제1항에 따른 피공탁자 동일인 확인 증명서가 공탁소에 송부된 경우

3. 공탁물 출급을 위하여 반대급부를 하여야 할 때는 법 제10조에 따른 증명서류

- 공탁물출급청구서(변제공탁 등에 해당) : 2통
- 공탁통지서 원본 : 1통{단 ① 공탁서나 이해관계인의 승낙서를 첨부한 경우 ② 강제집행이·체납처분에 따라 공탁물출급청구를 하는 경우 ③ 공탁금액이 5,000만원 이하인 경우(유가증권의 총액면금액이 5,000만원 이하인 경우 포함) 다만, 청구인이 관공서이거나 법인 아닌 사단이나 재단인 때에는 그 금액이 1,000만원 이하인 경우 중 어느 하나의 사유에 해당하는 경우에는 공탁통지서 원본이 필요없다}
- 출급청구서 증명서(불확지공탁이나 출급청구권 승계의 경우) : 1통
- 주소 등 연결서면(개명허가결정, 주민등록초본 등) : 1통
- 자격증명서(법인등기사항증명서, 위임장 등) : 1통
- 인감증명서 : 1통(단 인감증명서를 제출할 필요가 없는 경우는 공탁규칙 제37조 제3항 참조)
- 반대급부이행서면(필요시)
- 승계사실증명서면(필요시)
- 대리인의 신분증 및 도장(대리인에 의한 공탁시)
- 기타 소명자료

(2) 공탁물회수청구서에 첨부할 서면 등

> **[공탁규칙]**
>
> **제34조(공탁물 회수청구서의 첨부서류)** 공탁물을 회수하려는 사람은 공탁물 회수청구서에 다음 각 호의 서류를 첨부하여야 한다.
>
> 1. 공탁서 다만, 다음 중 어느 하나의 사유가 있는 경우에는 그러하지 아니하다.
>   가. 회수청구하는 공탁금액이 5000만원 이하인 경우(유가증권의 총 액면금액이 5000만원 이하인 경우를 포함한다) 다만, 청구인이 관공서이거나 법인 아닌 사단이나 재단인 때에는 그 금액이 1000만원 이하인 경우
>   나. 이해관계인의 승낙서를 첨부한 경우
>   다. 강제집행이나 체납처분에 따라 공탁물 회수청구를 하는 경우
> 2. 회수청구권이 있음을 증명하는 서면 다만, 공탁서의 내용으로 그 사실이 명백한 경우에는 그러하지 아니하다.

- 공탁물회수청구서 : 2통
- 공탁서 원본 : 1통{단 ① 공탁서나 이해관계인의 승낙서를 첨부한 경우 ② 강제집행이나 체납처분에 따라 공탁물회수청구를 하는 경우 ③ 공탁금액이 5,000만원 이하인 경우(유가증권의 총액면금액이 5,000만원 이하인 경우 포함) 다만, 청구인이 관공서이거나 법인 아닌 사단이나 재단인 때에는 그 금액이 1,000만원 이하인 경우 중 어느 하나의 사유에 해당하는 경우에는 공탁통지서 원본이 필요없다}
- 회수청구서 증명서(착오나 원인소멸에 의한 회수시) : 1통
- 주소 등 연결서면(개명허가결정, 주민등록초본 등) : 1통
- 자격증명서(법인등기사항증명서, 위임장 등) : 1통
- 인감증명서 : 1통(단 인감증명서를 제출할 필요가 없는 경우는 공탁규칙 제37조 제3항 참조)
- 승계사실증명서면(필요시)
- 대리인의 신분증 및 도장(대리인에 의한 공탁시)
- 기타 소명자료

재외국민 등의 공탁금지급청구시 첨부서면에 관한 예규
제정 1999.03.10 행정예규 제374호
개정 2005.11.18 행정예규 제603호
개정 2006.12.28 행정예규 제694호
개정 2016.6.16. 행정규칙 제1084호

1.재외국민

대한민국의 국민으로서 외국의 영주권을 취득한 자 또는 영주할 목적으로 외국에 거주하고 있는 자를 뜻한다.

가. 대리인에게 위임하는 경우

재외국민이 공탁금지급청구권 행사를 대리인에게 위임하는 경우 청구서에 첨부할 서면(일반적으로 공탁금지급청구서에 필요한 서면은 제외한다)

(1) 위임장

위임장의 양식은 특별히 규정된 바 없으나 위임하는 공탁사건과 수임인이 구체적으로 특정되도록 기재하여야 한다.

위임하고자 하는 법률행위의 종류와 위임 취지(공탁금 수령등 일체의 권한을 수여한다는 등)가 기재되어야 한다.

재외국민이 거주국 관공서 발행의 인감증명을 첨부하는 경우 (2)단서의 경우 에는 위임장에 거주국주재 대한민국 대사관이나 영사관의 확인을 반드시 받아야 한다.

(2) 인감증명의 제출

그 위임장에 찍힌 인영이 본인의 것임을 증명하기 위하여 본인의 인감증명(우리나라의 인감증명)을 제출하여야 한다. 다만, 재외국민이 거주하는 나라(외국)가 우리나라와 같이 인감증명제도가 있는 나라(예컨대 일본)인 경우에는 그 나라 관공서가 발행한 인감증명을 첨부할 수 있다.

(3) 주소소명이 필요한 경우

공탁금지급청구서에는 원칙적으로 주소를 소명하는 서면을 첨부할 필요가 없으나, 공탁서상의 피공탁자 등 권리자의 주소와 인감증명서상의 주소가 다르다는 등의 사유로 권리자와 지급청구자가 같은 사람임을 공탁관이 확인할 수 없는 경우에는 공탁관은 주소변동내용이 나타나는 서면 등 같은 사람임을 소명하는 서면을 제출하게 할수 있다[주소변동을 확인하는 서면 : 시·군·구의 장 등이 발급한 주민등록표등·초본 또는 대한민국 재외공관의 장 등이 발급한 재외국민등록부등본(다만, 주재국에 대한민국 재외공관이 없어 이러한 증명을 발급받을 수 없을 때에는 주재국 공증인이 주소를 공증한 서면) 등].

나. 직접 청구하는 경우

재외국민이 귀국하여 직접 공탁금지급청구를 하는 때에는 국내 거주 내국인의 경우와 같다. 다만, 주소를 소명하는 서면으로는 주민등록표등·초본 또는 재외국민등록부등본 등을 제출하게 할 수 있다.

다. 상속에 있어서 특례

재외국민의 상속재산 분할협의서에 첨부할 인감증명은 상속재산 협의 분할서상의 서명 또는 날인이 본인의 것임을 증명하는 재외공관의 확인서 또는 이에 관한 공정증서(거주국 또는 대한민국 공증인)로 대신할 수 있다.

라. 문서의 확인 등

공탁관은 위 가. 및 다.에 따라 제출된 문서가 외국 공무원이 발행하였거나 외국 공증인이 공증한 문서인 경우 그 문서에 찍힌 도장 또는 서명의 진위 여부와 그 공무원이나 공증인의 직위를 확인하기 위하여 「재외공관 공증법」 제30조제1항 본문에 따른 영사관의 확인 또는 「외국공문서에 대한 인증의 요구를 폐지하는 협약」에서 정한 아포스티유(Apostille) 확인을 받아 제출하게 할 수 있다.

2. 외국인

대한민국의 국적을 보유하고 있지 아니한 자를 말한다.

가. 대리인에게 위임하는 경우

외국인이 공탁금지급청구권 행사를 대리인에게 위임하는 경우의 청구서에 첨부할 서면(일반적으로 공탁금지급청구서에 필요한 서면은 제외)

(1) 위임장

위임장의 양식은 특별히 규정된 바 없으나 위임하는 공탁사건과 수임인이 구체적으로 특정되도록 기재하여야 한다.

위임하고자 하는 법률행위의 종류와 위임 취지(공탁금 수령등 권한 일체를 수여한다는 등)가 기재되어야 한다.

(2) 인감증명

인감증명제도가 없는 나라 국민은 위임장에 한 서명에 관하여 본인이 직접 작성하였다는 취지의 본국 관공서(주한 본국 대사관이나 영사관 포함)의 증명이나 이에 관한 공증(본국 또는 대한민국 공증인)이 있어야 한다.

인감증명제도가 있는 나라(예컨대 일본)국민은 위임장에 날인한 인감과 동일한 인감에 관하여 그 관공서가 발행한 인감증명이 있어야 한다.

외국인도 우리나라의 인감증명법에 의한 인감신고를 한 후 인감증명을 발급 받아 제출할 수 있다.

(3) 주소소명이 필요한 경우

공탁금지급청구서에는 원칙적으로 주소를 소명하는 서면을 첨부할 필요가 없으나, 공탁서상의 피공탁자 등 권리자의 주소와 인감증명서상의 주소가 다르다는 등의 사유로 권리자와 지급청구자가 같은 사람임을 공탁관이 확인할 수 없는 경우에는 공탁관은 주소변동내용이 나타나는 서면 등 같은 사람임을 소명하는 서면을 제출하게 할 수 있다(주소변동을 확인하는 서면 : 본국 관공서의 주소증명 또는 거주사실증명, 주소증명을 발급하는 기관이 없는 경우에는 주소를 본국 공증인이 공증한 공정증서, 외국인이 입국한 경우에는 출입국관리사무소장 등이 발급한 외국인등록 사실증명 또는 국내거소신고 사실증명 등).

(4) 외국국적 취득으로 성명이 변경된 경우

변경 전의 성명과 변경 후의 성명이 동일인이라는 본국 관공서의 증명 또는 공증(본국 공증인)이 있어야 한다.

(5) 번역문

공탁금지급청구서에 첨부된 서류가 외국어로 되어 있으면 모두 번역문을 첨부하여야 한다.

(6) 문서의 확인 등

공탁관은 위 (2)·(3)·(4)에 따라 제출된 문서가 외국 공무원이 발행하였거나 외국 공증인이 공증한 문서인 경우 위 1.라.를 준용한다.

나. 직접 청구하는 경우

외국인이 입국하여 공탁금지급청구를 하는 경우 첨부서면은 위임장을 제외하고는 위 대리인에게 위임하는 경우와 같다.

부 칙(2016. 6. 18. 제1084호)

이 예규는 2016년 7월 1일부터 시행된다.

공탁금 출급·회수 청구서

※ 굵은 글씨 부분은 반드시 기재하시기 바랍니다.

<table>
<tr><td colspan="2">공 탁 번 호</td><td colspan="2">년 금 제 호</td><td colspan="2">공 탁 금 액</td><td>한글</td></tr>
<tr><td colspan="2"></td><td colspan="2"></td><td colspan="2"></td><td>숫자</td></tr>
<tr><td rowspan="2">공
탁
자</td><td>성 명
(상호, 명칭)</td><td colspan="2"></td><td rowspan="2">피
공
탁
자</td><td>성 명
(상호, 명칭)</td><td></td></tr>
<tr><td>주민등록번호
(법인등록번호)</td><td colspan="2"></td><td>주민등록번호
(법인등록번호)</td><td></td></tr>
</table>

<table>
<tr><td rowspan="3">청
구
내
역</td><td>청구금액</td><td>이자의 청구기간</td><td>이자 금액</td><td>합계금액</td><td>비 고</td></tr>
<tr><td>한글</td><td></td><td>(은행)</td><td>(은행)</td><td></td></tr>
<tr><td>숫자</td><td colspan="4">※ '이자 금액' 및 '합계금액' 란은 보관은행에서 기재함.</td></tr>
</table>

<table>
<tr><td>보 관 은 행</td><td colspan="2">은행   법원 지점</td></tr>
<tr><td rowspan="3">청구 및 이의
유보사유

※ 해당란에 ✓
하시거나 기타
란에 간단히 기
재하시기 바랍
니다.</td><td>출급청구시</td><td>회수청구시</td></tr>
<tr><td>※ 이의를 유보하고 공탁금을 출급하시겠습니까?
□ 예(이의를 유보하고 출급함, 아래 ※5. 참조)
□ 아니오(공탁을 수락하고 출급함, 아래 ※6. 참조)</td><td rowspan="2">□ 민법 제489조에 의하여 회수
□ 착오공탁(착오증명서면 첨부 필요)
□ 공탁원인소멸(담보취소, 본압류이
   전, 가압류취하 · 취소 · 해제 등)</td></tr>
<tr><td>□ 담보권 실행   □ 배당에 의함
□ 채권양수에 의함
□ 기타(   )</td></tr>
<tr><td>비고
(첨부서류
등)</td><td colspan="2">□ 공탁통지서   □ 공탁서   □ 신분증 사본   □ 위임장
□ 인감증명서   □ 주민등록등·초본   □ 법인등기사항증명서
□ 채권압류추심명령 정본 및 송달증명   □ 채권압류전부명령 정본 및 확정증명
□ 동의서·승낙서·보증서   □ 채권양도 원인서면   □ 증명서
□ 착오증명서면   □ 담보취소결정 정본 및 확정증명   □ 가압류 취하해제증명 등
□ 기타 (   )</td></tr>
<tr><td>계좌입금</td><td colspan="2">□ 포괄계좌입금(금융기관 :   계좌번호 :   )
□ 계좌입금신청(금융기관 :   계좌번호 :   ) : 공탁금 계좌입금신청서 첨부</td></tr>
</table>

위와 같이 청구합니다.

년   월   일

<table>
<tr><td colspan="2">청구인</td><td colspan="2">대리인</td></tr>
<tr><td colspan="2">주소 :
주민등록(사업자등록)번호 :
성명 :   인(서명)
(전화번호 :   )</td><td colspan="2">주소 :
성명 :   인(서명)
(전화번호:)</td></tr>
</table>

위 청구를 인가합니다.

년   월   일

법원   지원   공탁관   (인)

위 공탁금과 공탁금 이자(공탁금 출급·회수청구서 1통)를 수령하였습니다.

년   월   일
수령인(청구인 또는 대리인) 성명   (인)

※ 1. 청구인의 인감증명서를 첨부하여야 합니다(인감을 날인하고 인감증명서를 첨부하여야 하는 경우, 이를 갈음하여 서명을 하고 본인서명사실확인서 또는 전자본인서명사실확인서 발급증을 제출할 수 있습니다). 다만, 1,000만원 이하의 공탁금을 본인이 직접 청구하는 때에는 인감증명서를 제출하지 않아도 되며(신분증을 확인) 날인 대신 서명할 수 있습니다.

2. 대리인이 청구하는 경우(1,000만원 이하인 경우 포함) 대리인의 성명, 주소(자격자대리인은 사무소)를 적고 날인(서명)하 여야 하며, 이 때에는 본인의 인감을 날인한 위임장과 그 인감증명서를 첨부하여야 합니다.

3. 공탁금이 5,000만원 이하인 사건에 대하여 전자공탁시스템을 이용하여 출급·회수 청구하는 경우에는 인감증명서를 첨부하지 아니하며, 서명은 공인인증서에 의한 전자서명 방식으로 합니다.

4. '계좌입금'란은 계좌입금을 신청하는 경우에만 기재합니다.

5. 공탁에 대하여 이의가 있는 경우에는 '예(이의를 유보하고 출급함)'에 ☑하고, 공탁금 출급 청구를 하여야 합니다. 이 경우에는 이후에 민사소송 등의 방법으로 권리를 주장할 수 있습니다.

6. '아니오(공탁을 수락하고 출급함)'에 ☑하고 출급하면, 공탁원인사실·공탁금액 등 공탁(통지)서에 기재된 내용을 인정하고 공탁금을 수령한 것으로 봅니다.

공탁금 포괄계좌 입금 신청서

입 금 대 상 공 탁 금	향후 신청인이 출급·회수청구자가 되는 귀 원의 공탁금 전부		
입금계좌번호	은행　　지점　계좌번호 : 　　　　　예 금 주 : 신청인 본인		
출 급 (회 수) 인		첨부서류	– 실명확인증표 사본 　(사업자등록증, 주민등록증 등) – 대리신청 시 위임장, 인감증명서
성 명 (상호, 명칭)			
주민등록번호 (사업자등록번호)			

향후 신청인이 출급·회수청구자가 되는 모든 공탁사건에 대하여 동일계좌 입금을 신청하오니, 수령할 공탁금을 신청인의 비용부담으로 위 예금계좌에 입금하여 주시기 바랍니다.

년　　　월　　　일

　　　　　신청인　　주소

　　　　　　　　　　성명　　　　　　(인) (전화번호　　　　　　)

　　　　　대리인　　주소

　　　　　　　　　　주민등록번호

　　　　　　　　　　성명　　　　　　(인) (전화번호　　　　　　)

　　　　　　　　　　법원　　　지원　공탁관　　　　　　　귀하

고객정보 등록필 : ○○은행 ○○지점 (인)

※ 인감을 날인하고 인감증명서를 첨부하여야 하는 경우, 이를 갈음하여 서명을 하고 본인서명사실확인서 또는
　전자본인서명확인서 발급증을 제출할 수 있습니다.

부 록

부록 1. 약어표

이 교재에서 사용한 약어의 사용례는 다음과 같다.

민집	민사집행법[시행 2011.10.13.] [법률 제10580호]
민집령	민사집행법 시행령[시행 2011.7.6] [대통령령 제23004호]
민집규	민사집행규칙[시행 2013.11.29.] [대법원규칙 제2495호]
가소	가사소송법[시행 2013.7.30.] [법률 제11949호
민소	민사소송법[시행 2011.7.20.] [법률 제10629호]
형소	형사소송법[시행 2013.6.19.] [법률 제11572호]
민조	민사조정법[시행 2012.4.18] [법률 제11157호]
채회	채무자 회생 및 파산에 관한 법률[시행 2014.1.1.] [법률 제12153호]
소심	소액사건심판법[시행 2008.1.1] [법률 제7427호]
비송	비송사건절차법[시행 2013.5.28.] [법률 제11827호
소촉	소송촉진 등에 관한 특례법[시행 2013.6.19.] [법률 제11572호]
가폭	가정폭력범죄의 처벌 등에 관한 특례법[시행 2012.8.5.] [법률 제11002호]
주임	주택임대차보호법[시행 2014.1.1.] [법률 제12043호]
상임	상가건물 임대차보호법[시행 2014.1.1.] [법률 제12042호]
가담	가등기담보 등에 관한 법률[시행 2012.6.11] [법률 제10366호]
공광	공장 및 광업재단 저당법[시행 2013.3.23] [법률 제11690호]
국기	국민기초생활 보장법[시행 2012.8.2.] [법률 제11248호]
건기	건설산업기본법[시행 2014.2.7.] [법률 제12012호]
금융 부실	금융회사부실자산 등의 효율적 처리 및 한국자산관리공사의 설립에 관한 법률 [시행 2012.3.21.] [법률 제11408호]
선등	선박등기법[시행 2011.10.13] [법률 제10580호]
법조	법원조직법[시행 2014.1.7.] [법률 제12188호]

부록 2

⟨전국법원관할구역표⟩

고등	본원	지원	시군	관할구역
서울고등법원		중앙		강남구, 관악구, 동작구, 서초구, 종로구, 중구, 성북구
		동부		성동구, 광진구, 강동구, 송파구
		남부		영등포구, 강서구, 양천구, 구로구, 금천구
		북부		동대문구, 중랑구, 도봉구, 강북구, 노원구, 노원구
		서부		서대문구, 마포구, 은평구, 용산구
	의정부		포천시	포천시
			가평군	가평군
			남양주시	남양주시
			연천군	연천군
			철원군	철원군
			동두천시	동두천시
		고양		고양시
			파주시	파주시
	인천			인천광역시
			강화군	강화군
		부천	김포시	김포시
				부천시
수원고등법원	수원지방법원			수원시, 오산시, 용인시, 화성시
			오산시	오산시, 화성시
			용인시	용인시
		안양		안양시, 과천시, 의왕시, 군포시
		성남		성남시, 하남시, 광주군
			광주군	광주군, 하남시
		여주		여주시, 이천시, 양평군
			양평군	양평군
			이천시	이천시
		평택		평택시, 안성군
			안성시	안성시
		안산		안산시, 시흥시
			광명시	광명시

고등법원	지방법원	지원		관할구역
서울고등법원	춘천지방법원			춘천시, 화천군, 양구군, 인제군, 홍천군
			인제군	인제군
			홍천군	홍천군
			양구군	양구군
			화천군	화천군
		강릉		강릉시, 동해시, 삼척시
			삼척시	삼척시
			동해시	동해시
		강릉지원 합의부 : 강릉시,동해시,삼척시,속초시,양양군,고성군		
		원주		원주시, 횡성군
			횡성군	횡성군
		속초		속초시, 양양군, 고성군
			고성군	고성군
			양양군	양양군
		영월		태백시, 영월군, 정성군, 평창군
			정성군	정성군
			태백시	태백시
			평창군	평창군
대전고등법원	대전지방법원			대전광역시, 세종특별자치시, 금산군
			세종	세종특별자치시
			금산군	금산군
		홍성		보령시, 홍성군, 예산군, 서천군
			서천군	서천군
			보령시	보령시
			예산군	예산군
		공주		공주시, 청양군
			청양군	청양군
		논산		논산시, 부여군, 계룡시
			부여군	부여군
		서산		서산시, 태안군, 당진군
			태안군	태안군
			당진시	당진군
		천안		천안시, 아산시
			아산시	아산시

	청주지방법원/대전고등청주재판부			청주시, 청원군, 진천군, 보은군, 괴산군
			괴산군	괴산군
			진천군	진천군
			보은군	보은군
		충주		충주시, 음성군
			음성군	음성군
		제천		제천시, 단양군
			단양군	단양군
		영동		영동군, 옥천군
			옥천군	옥천군
대구고등법원	대구지방법원			대구광역시, 중구, 동구, 남구, 북구, 수성구, 영천시, 경산시, 칠곡군, 청도군
			인제군	연천시
			칠곡군	칠곡군
			경상시	경상시
			청도군	청도군
		서부		대구광역시:서구, 달서구, 달성군, 고령군, 성주군
			고령군	고령군
			성주군	성주군
		안동		안동시, 영주시, 봉화군
			영주시	영주시
			봉화군	봉화군
		경주		경주시
		포항		포항시, 울릉군
		김천		김천시, 구미시
			구미시	구미시
		상주		상주시, 문경시, 예천군
			문경시	문경시
			예천군	예천군
		의성		의성군, 군위군, 청송군
			군위군	군위군
			청송군	청송군
		영덕		영덕군, 영양군, 울진군
			영양군	영양군

			울진군	울진군
부산고등법원	부산지방법원			부산광역시 : 중구, 동구, 서구, 북구, 사상구, 강서구, 하하구, 영도구, 부산진구, 금정구, 연제구, 금정구
		동부		남구, 수영구, 기장군, 해운대구
		서부		서구, 북구, 사상구, 사하구, 강서구
	울산지방			울산광역시, 양산시
			양산시	양산시
	창원지방법원 · 부산고등창원재판부			창원시, 진해시, 김해시, 마산시, 함안군, 의령군
			김해시	김해시
			진해시	진해시
		마산		마산시
			함안군	함안군
			의령군	의령군
		진주		진주시, 사천시, 남해군, 하동군, 산청군
			사천시	사천시
			남해군	남해군
			하동군	하동군
			산천군	산천군
		통영		통영시, 거제시, 고성군
			거제시	거제시
			고성군	고성군
		밀양		밀양시, 창녕군
			창녕군	창녕군
		거창		거창군, 함양군, 합천군
			함양군	함양군
			합천군	합천군
광주고등법원	광주지방법원			광주광역시, 나주시, 화순군, 장성군, 담양군, 곡성군, 영광군
			나주시	나주시
			화순군	화순군
			장성군	장성군
			담양군	담양군
			곡성군	곡성군
		목포	영광군	영광군
				목포시, 무안군, 신안구, 함평군, 영암군

		무안군	무안군
		함평군	함평군
		영암군	영암군
	장흥		장흥군, 강진군
		강진군	강진군
	순천		순천시,여수시,여천시,광양시,여천군,구례군,공홍군,보성군
		보성군	보성군
		고흥군	고흥군
		여수시	여수시
		구례군	구례군
		광양시	광양시
	해남		해남군, 완도군, 진도군
		완도군	완도군
		진도군	진도군
전주지방법원 · 광주고등법원 전주재판부			전주시,김제시,완주군,임실군,진안군,무주군
		김제시	김제시
		임실군	임실군
		진안군	진안군
		무주군	무주군
	군산		군산시, 익산시
		익산시	익산시
	정읍		정읍시, 부안군, 고창군
		부안군	부안군
		고창군	고창군
	남원		남원시, 장수군, 순창군
		장수군	장수군
		순창군	순창군
제주지방			제주시, 서귀포시, 남제주군, 북제주군
		서귀포	서귀포시

법원 송달료 조견표(2020. 1. 1. 기준) 송달료 1회분 5,200원

구분	사건내용 및 사건기호	납부기준 (당사자2인기준)
민사	민사소액(가소): 3천만원 미만	당사자수×10회분
	민사단독사건(가단):2억미만	당사자수×15회분
	민사합의사건(가합):2억원이상	당사자수×15회분
	민사항소사건(나):2심소장제출	당사자수×12회분
	민사상고사건(다):3심소장제출	당사자수×8회분
	민사항고사건(라)	당사자수×5회분
	민사재항고사건(마)	당사자수×5회분
	민사특별항고사건(그)	당사자수×3회분
	민사준항고사건(바)	당사자수×3회분
	화해사건(자)	당사자수×4회분
	지급명령신청사건(차):독촉사건	당사자수×4회분
	민사조정사건(머):합의,조정관련	당사자수×5회분
	부동산등 경매사건(타경)	(이해관계인+3)×51,000(10회)
	기타집행사건(타기):추심, 전부, 인도명령	당사자수×2회분
	부동산가압류 · 가처분신청(카단,카합)	당사자수×3회분
	임시의 지위를 정하는 가처분(카합,카단)	당사자수×8회분
	부동산가압류 · 가처분이의신청,경정취소(카단,카합)	당사자수×8회분
	채권,동산 가압류 · 가처분 신청(카단, 카합)	당사자수×3회분
	공시최고 신청사건(카공):어음, 수표 분실관련	당사자수×3회분
	담보권리행사 최고사건(카담)	당사자수×3회분
	담보취소, 담보물제공, 담보변경(카담)	당사자수×2회분
	담보권리행사최고사건	당사자수×3회분
	화해사건(자):계약에 관해미리판결을 받아둠	당사자수×4회분
	재산관계명시 신청(카명):재산공개사건	당사자수×5회분
	재산조회(카조)	당사자수×2회분 (단 조회대상수 가산함)
	판결결정,정정, 제소명령, 강제집행정지사건 특별대리인선임사건, 증거보전, 해방공탁(카기)	당사자수×2회분
	소송구조사건(카구)	신청인수×2회분
	채권등 집행(타채), 기타집행(타기)	당사자수×2회분
	비송사건(비합, 비단)	당사자수×2회분
가사	이혼관련사건(드단,드합,느단,느합,즈단,즈합)	당사자수×12회분
	가사항소사건(르)	당사자수×10회분
	가사상고(므)	당사자수×8회분
	가사항고(브)	당사자수×3회분
	가사재항고(스)	당사자수×5회분
	상속포기사건(호파)	가족인원×14,200(4회분)
	호적정정, 개명사건(호파)	당사자수×5회분
	가사조정사건(너):당사자간 합의조정관련	당사자수×5회분
	가사신청사건(즈합, 즈단, 즈기)	당사자수×3회분

부록 4

(사건별부호문자의부여에관한예규 별표)

민 사 사 건		형 사 사 건		가사 · 행정 · 선거사건	
민사1심(합의)	가합	형사1심(합의)	고합	가사1심(합의)	드합
민사1심(단독)	가단	형사1심(단독)	고단	가사1심(단독)	드단
민사소액사건	가소	약식정재청구1심(단독)	고정	가사항소사건	르
민사항소사건	나	약식사건	고약	가사상고사건	므
민사상고사건	다	형사항소사건	노	가사항고사건	브
민사항고	라	형사상고사건	도	가사재항고사건	스
민사조정	머	형사항고사건	로	가사특별항고사건	으
화해사건	자	형사재항고사건	모	가사조정사건	너
독촉사건	차	비상상고사건	오	가압류 · 가처분(합의)	즈합
가압류 · 가처분(합의)	카합	형사준항고사건	보	가압류 · 가처분(단독)	즈단
가압류 · 가처분(단독)	카단	형사보상청구사건	코	기타 가사신청사건	즈기
공시최고사건	카공	즉결심판사건	조	가사비송(합의)	느합
담보취소 등 사건	카담	체포 · 구속적부심사건	초적	가사비송(단독)	느단
재산명시 등 사건	카명	보석사건	초보	가족관계등록비송사건	호파
재산조회사건	카조	기타 형사신청사건	초기	행정1심	구합
소송구조등사건	카구	감호1심	감고	행정1심재정(단독)	구단
기타 민사신청사건	카기	감호항소사건	감노	행정항소사건	누
부동산 등 경매사건	타경	감호상고사건	감도	행정상고사건	두
채권 등 집행사건	타채	감호항고사건	감로	행정항고사건	루
기타 집행사건	타기	감호재항고사건	감모	행정신청사건	아
비송사건(합의)	비합	감호비상상고사건	감오	특허1심	허
비송사건(단독)	비단	감호신청사건	감초	특허상고사건	후
파산사건(합의)	하합	소년보호사건	푸	특허신청사건	카허
파산사건(단독)	하단	소년보호항고사건	크	선거소송사건	수
면책사건	하면	소년보호신청사건	푸초	선거상고사건	우
화의사건	화	가정보호사건	버	선거항고사건	수흐
회사정리사건	회	가정보호항고사건	서	선거신청사건	주
개인회생사건	개회	가정보호신청사건	저	특수소송사건	추
과태료사건	과	성매매관련보호사건	성	의무불이행자감치	정드
채무자감치사건	정명	성매매관련보호신청사건	성초	의무불이행자감치항고	정브

찾아보기

ㄴ

ㄷ

ㅅ

◇

ㅈ

ㅊ

ㅌ

ㅍ

ㅎ

서식색인

저자약력

저자 법학박사
　　행 정 사　김동근

숭실대학교 법과대학 법학과 졸업
숭실대학교 일반대학원 법학과 졸업(법학박사)
[대한민국 법률전문도서 최다출간저자 – KRI 한국기록원 공식인증]

현, 숭실대학교 법과대학 법학과 겸임교수
　　국가전문자격시험 출제위원
　　대한행정사회 중앙연수교육원 교수
　　행정심판학회 학회장
　　경기대학교 탄소중립협력단 전문위원
　　YMCA병설 월남시민문화연구소 연구위원

전, 서울시장후보 법률특보단장
　　대통령후보 디지털성범죄예방특별위원회 자문위원
　　숭실대학교 행정학부 초빙교수
　　중앙법률사무교육원 교수(민법 및 민사소송실무)

저서 소장·보전처분·강제집행신청서 작성 실무총람(법률출판사)
　　누구나 쉽게 할 수 있는 민사소송(진원사)
　　나홀로 하는 민사소송실무(진원사)
　　나홀로 하는 보전소송실무(진원사)
　　나홀로 하는 부동산소송(진원사)
　　나홀로 하는 민사집행실무(진원사)
　　나홀로 하는 사건유형별 소장작성례(진원사)
　　민법의 이해와 실무(중앙법률사무교육원) 외 다수

공저자 최나리

성균관대학교 법학과
대법원 사법연수원 수료
인천지방검찰청 부천지청 검사직무대리
수원지방법원 민사조정위원
대한변호사협회 지적재산권/가사법/지식재산권 등 특별연수 수료
대한변호사협회 준법지원아카데미 수료

前 법무법인 한국 소속변호사
前 서울동부지방법원 소송구조변호사
前 메이트원 법률사무소 변호사
現 대법원, 서울동부지방법원, 서울서부지방법원, 서울남부지방법원, 서울북부지방법원 국선변호인
現 법률사무소 현명 변호사

[개정9판]

민사소송준비부터 가압류 강제집행까지

2024년 6월 20일   9판 1쇄 발행

저　　　자　김 동 근
　　　　　　최 나 리
발 행 인　김 용 성
발 행 처　법률출판사
　　　　　　서울시 동대문구 휘경로 2길3. 4층
　　　　　　☎ 02) 962-9154　　　　팩스 02) 962-9156
등 록 번 호　제1-1982호
ISBN ：　　978-89-5821-436-6　　　13360
e-mail ：　lawnbook@hanmail.net

Copyright ⓒ 2024
정 가　60,000원